Adel in Schlesien

Band 4

Simon Donig

Adel ohne Land – Land ohne Adel? Lebenswelt, Gedächtnis
und materielle Kultur des schlesischen Adels nach 1945

Schriften des Bundesinstituts für Kultur und Geschichte der Deutschen im östlichen Europa

Band 49

Adel in Schlesien

Band 4

Simon Donig

Adel ohne Land – Land ohne Adel?
Lebenswelt, Gedächtnis und materielle Kultur
des schlesischen Adels nach 1945

DE GRUYTER
OLDENBOURG

Redaktion: Stephan Scholz, Oldenburg

Bibliographische Information der Deutschen Nationalbibliothek
Die Deutsche Nationalbibliothek verzeichnet diese Publikation in der Deutschen Nationalbibliographie; detaillierte bibliographische Daten sind im Internet über http://dnb.d-nb.de abrufbar

Library of Congress Cataloging-in-Publication Data
A CIP catalog record for this book has been applied for at the Library of Congress.

© 2019 Bundesinstitut für Kultur und Geschichte der Deutschen
   im östlichen Europa (BKGE), Oldenburg

Veröffentlicht durch den Verlag de Gruyter Oldenbourg, Berlin/Boston

Umschlaggestaltung: NRDesign AGD, Oldenburg

Satz, Layout und Druck: TZ-Verlag & Print GmbH, Roßdorf

ISBN: 978-3-11-034373-1
ISSN: 2190-1899

Inhalt

Danksagung

> The tale and the memory may include materials shared with others, but rememberer and the teller are always individual persons who take on the task of remembering and the responsibility of telling.[1]

Ein großer Teil dieser Monografie beruht auf Interviews mit Menschen aus Familien des schlesischen Adels. Deshalb ist es mehr als nur angebracht, hier an allererster Stelle diesen Menschen zu danken – für ihre Zeit und für ihr Vertrauen, dafür dass sie mir ihre Häuser, Wohnungen und Herzen geöffnet haben. Oral History ist in vielerlei Hinsicht anders als die archivalische Überlieferung mit der Historikerinnen und Historiker für gewöhnlich arbeiten. Dort tritt uns die Vergangenheit in einer scheinbar unmittelbaren, durch Zeichen fixierten Form gegenüber, die es durch den Akt des Erzählens einzuordnen und als Wissen neu zu verbreiten gilt. Hier ist es ein geteilter Akt. Je nach Fragendem und Erzählenden, je nach spezifischer Erzählsituation verändert sich das Narrativ das letztlich schriftlich fixiert wird. Es ist eine Erzählung mit einer geteilten Autorschaft, wie es Alessandro Portelli, der *Doyen* einer erzählerisch dichten Oral History, einmal ausgedrückt hat – jener des Fragenden und jener der Erinnernden.[2]

Dennoch ist dieses Buch – oder jener Teil davon, der auf Oral History beruht – nicht einfach eine gemeinsame Vergangenheitserzählung. Ich habe ausgewählt, Passagen zu Arien und Chören im Sinne Portellis zusammengestellt, sie womöglich kontextualisiert und mit anderen Quellengattungen angereichert. Es ist eine Interpretation, die in ganz anderer Weise sinnstiftend sein kann, als die ihr zugrunde liegenden Erzählungen. Es wäre nicht möglich gewesen, ohne die Bereitschaft zahlreicher Angehöriger von schlesischen Adelsfamilien, mir geduldig und großzügig einen Einblick in ihr Leben und das ihrer Familien zu gegeben. Bedanken möchte ich mich daher zwar kumulativ, aber doch ganz besonders herzlich bei all jenen, die mir ihre kostbare Zeit geschenkt haben und so Interviewmaterial von mehr als 90 Stunden zusammengebracht haben:

Herrn Gotthard Graf von Ballestrem

Herrn Nikolaus Graf von Ballestrem

Frau Benigna von Bergmann-Korn

Frau Elisabeth Bomhard, geb. von Schaubert

Frau Dr. med. Marie Elisabeth Dammermann, geb. Gräfin von Praschma

Frau Veronika von Donat, geb. von Donat

Herrn Dr. Johannes Moriz von Eichborn

Herrn Dr. Hans-Wilhelm von Haugwitz

Herrn Peter Graf Henckel von Donnersmarck (†)

Herrn Andreas Graf Henckel von Donnersmarck

Herrn Ulrich von Küster

---

1 Portelli 2003, S. 14.
2 Ebd., nicht paginiert „The Narrators".

Frau Brigitte von Kulmiz
Frau Ingeborg von Kulmiz, geb. von Debschitz
Herrn Botschafter a. D. Dr. Mario Graf von Matuschka
Herrn Matthias von Mutius
Herrn Wolf Peter von Mutius
Herrn Hans-Reimar von Mutius
Herrn RA. Albrecht Graf von Reichenbach
Herrn Dr. Jasper Freiherr von Richthofen
Herrn Georg-Dietrich Prinz v. Schoenaich-Carolath
Frau Dipl. Rest. Eleonore Prinzessin von Schoenaich-Carolath, M. A.
Herrn Hans Christoph Graf von Schweinitz
Herrn Erwin Freiherr von Seherr-Thoß
Frau Renate Freiin von Seherr-Thoß
Frau Therese Gräfin von Seherr-Thoß, geb. Kuhnat
Herrn Ingo Freiherr von Stillfried und Rattonitz
Herrn Norbert Graf von Stillfried und Rattonitz
Herrn Johannes Hyacinth Graf Strachwitz von Groß-Zauche u. Camminetz
Herrn Dominik Graf Strachwitz von Groß-Zauche u. Camminetz
Herrn Johannes Graf Strachwitz von Groß-Zauche u. Camminetz (†)
Herrn Heinrich-Prott von Uechtritz und Steinkirch
Herrn Gotthardt von Wallenberg Pachaly
Herrn Ministerialrat a. D. Dr. Michael von Websky
Herrn Jürgen von Willert
Herrn Konrad-Sigismund Freiherr v. Zedlitz und Neukirch, Major i.G. a.D. (†)

Möglich wurden diese Interviews durch die großzügige Förderung des Forschungs-
projekts „Schlesischer Adel im 20. Jahrhundert. Krisenerfahrung, Elitentransformation und Gedächtnis im Zeitalter der Extreme" durch den damaligen Beauftrag-
ten der Bundesregierung für Kultur und Medien. Ihm gebührt außerordentlicher
Dank. Ebenso sehr gilt mein besonderer Dank Prof. Dr. Matthias Weber, dem
Direktor des BKGE in Oldenburg, der diese Schrift als vierten Band in die Reihe „Adel in Schlesien" aufgenommen hat, sowie den Mitarbeiterinnen und Mitarbeitern des Instituts für die mir gewährte Unterstützung. Insbesondere gilt mein
Dank für das sorgfältige Lektorat Dr. Jens Stüben, PD Dr. Beate Störtkuhl sowie
PD Dr. Stephan Scholz.
    Besonders bedanken möchte ich mich bei Prof. Dr. Thomas Wünsch, dem In-
haber des Lehrstuhls für Neuere und Neueste Geschichte Osteuropas und seiner
Kulturen an der Universität Passau, der als Projektleiter stets an dieses Unterfangen
geglaubt hat und der es verstanden hat, seinen Mitarbeitern gleichermaßen den Rücken zu stärken und dabei ihr wissenschaftliches Erwachsenwerden zu fördern. Im
Winter 2018 ist diese Arbeit an der Universität Passau zur Promotion angenommen worden. Mein aufrichtiger Dank geht deshalb an meinen Doktorvater, Thomas
Wünsch, sowie die Zweit- und Drittgutachter Prof. Dr. Jan-Oliver Decker, Passau
und Prof. Dr. Eckart Conze, Marburg.

Mein inniger Dank für seine wertvolle Unterstützung gilt Sławomir Oxenius, der die Arbeit freundschaftlich verbunden und mit großem Engagement begleitet hat und ohne den mehr als eine Klippe nicht zu meistern gewesen wäre. Dies betrifft insbesondere seine Hilfe bei der Beschaffung von Material aus den Archiven der Breslauer Woiwodschaftskonservatorin, der Zweigstelle des Nationalinstituts für Kulturerbe (NID) und ganz besonders seine Anwesenheit vor Ort für die Beantragung von Reproduktionen als Abbildungen für diese Studie. Er hatte immer einen guten Vorschlag für komplexe Übersetzungsfragen und unschätzbares Hintergrundwissen über die Lebenswelt in Schlesien in der Zeit der Volksrepublik.

Zudem danke ich meinen Kollegen Michał Witkowski und Mirosław Węcki für ihre Hilfe bei den Recherchen in polnischen Archiven. Dank für die Mitarbeit bei der Transkription der Interviews geht schließlich an die studentischen Hilfskräfte Sonia Aichele, Eva-Maria Richter, Ricarda Sorg, Karolina Szwalka und Vivian Weitzl.

Einleitung

In diesem Buch geht es um Identität – um Selbst- und Fremdwahrnehmung, darum, wie sich Menschen in Raum und Zeit verorten, und nicht zuletzt um Zugehörigkeit zu einer sozialen Gruppe. Eine Zugehörigkeit, die erlernt und erfahren, auf positive wie negative Weise an Menschen von außen herangetragen, angenommen oder abgelehnt wird. Es geht um eine Gruppe von Menschen, die – so hat es jüngst Éric Mension-Rigau umschrieben – auch heute noch diejenige von allen sozialen Gruppen bleibe, die am dichtesten mit Bildern, Diskursen und Repräsentationen gesättigt sei: den Adel.[3]

Adel, so könnte eine an der Wurzel jeder Vergemeinschaftung ansetzende Definition lauten, das ist nach dem Wegfall der staatlichen Garantie einer rechtlichen Identität 1918 wie jede Gruppenzugehörigkeit an erster Stelle eine Selbstbeschreibung sowie eine Differenzerfahrung beziehungsweise eine Differenzzuschreibung. In den Interviews von insgesamt über 90 Stunden Dauer, die ich in dreieinhalb Jahren, zwischen 2010 und 2013, geführt habe, sind solche Erfahrungen der Protagonisten mit den Händen zu greifen. Da betrachten zum Beispiel die Klassenkameraden einen Interviewpartner bei einer Sportverletzung daraufhin, ob er denn „blaues Blut" habe, oder fragen einen anderen danach, ob der Vater vielleicht manchmal eine Ritterrüstung trage, nur um auf die Versicherung, dass das nicht der Fall sei, mit der erstaunten Rückfrage zu reagieren: „Ja auch am Sonntag nicht?".[4] Auch wenn manche dieser aus der Nachschau vorgetragenen und mit viel Humor gewürzten Anekdoten, die letztlich Selbststilisierungen sind, überspitzt erscheinen mögen, verweisen sie doch auf die Auseinandersetzung mit grundlegenden Fragen nach Identität, die in Erfahrungen des „Andersseins" oder „Anders-behandelt-Werdens" ihren Niederschlag finden.

Es geht in diesem Buch also einerseits um eine Alltags- und Erfahrungsgeschichte des Adelig-Seins und adeliger Sozialisation in der zweiten Hälfte des 20. Jahrhunderts. Es geht um das, was Menschen, nach den materiellen und emotionalen Verlusten des Kriegsendes, nach Schuld, Indifferenz und Widerstand in der Zeit davor, wieder neu und noch vereint. Es geht aber auch um das Trennende, die Pluralisierung der Lebenswege, die sich dadurch verändernden Beziehungen zu einer Gesellschaft, in der ein bürgerliches Moment dominierte, und um die Frage, inwieweit Adelige nach 1945 durch ihre Annäherung an den „Wertehimmel" dieser Gesellschaft „verbürgerlichten".[5]

---

3 Mension-Rigau 2015, S. 15.

4 Ballestrem, G. 2012: 01:23:13-9 – 01:24:12-4 („blaues Blut"); Stillfried und Rattonitz, N. 2012: 02:07:33-9 – 02:08:48-9 („Ritterrüstung").

5 Conze 2005a, S. 353, 369–371. Verbürgerlichung ist hier nicht im Sinne des engen Bürgertumsbegriffs des 19. Jahrhunderts zu verstehen, ebensowenig als reiner Gegenbegriff zu „adelig", wie ihn viele Sprechende aus adeligen Familien gebrauchten, sondern als Annäherung an eine sozioökonomische Praxis und soziokulturelle Werthaltungen, die die Mittelstandsgesellschaft der Nachkriegszeit in der Bundesrepublik gekennzeichnet haben.

Nicht nur Differenzerfahrungen, sondern ihre doppelte Brechung stehen dabei im Vordergrund. Denn die deutschsprachigen „Adelslandschaften" sind ein durchaus heterogener Raum – während ein Teil des südwestdeutschen historischen Adels als ein gerade auch in sozio-ökonomischer Hinsicht sehr stabiles Milieu betrachtet werden kann,[6] gilt dies für den Adel aus den ehemaligen deutschen Ostgebieten kaum. Flucht und Vertreibung haben das Selbstverständnis dieser Gruppe in einschneidender Weise geprägt, nicht nur weil ein großer Teil der Familien die wirtschaftliche Absicherung des landgesessenen Adels in Form der Güter verloren hat, sondern auch weil eine ganze Geographie, eine „Beziehung zwischen den Familien, den Höfen, den Häusern"[7] und damit ein wesentlicher Bestandteil von Vergemeinschaftung in der sozialen Gruppe, verloren gegangen ist und alleine durch die Erinnerung weiter existiert.

Noch einen zweiten Bruch thematisiert dieses Buch im Auseinanderklaffen von Verlusterfahrung und Fremdzuschreibung, denn nach wie vor scheint dabei das „von" im Namen – ob nun „Adelsprädikat" oder nicht – semantisch auf eine soziale Besserstellung zu verweisen. In Gestalt des vertriebenen Adels trifft dieses Perzeptionsverhältnis nun auf eine soziale Gruppe, deren Mitglieder sich nach dem Zweiten Weltkrieg zumindest in materieller Hinsicht kaum noch als bessergestellt begreifen konnten und wollten. In den Augen vieler Interviewpartner und -partnerinnen führte das zu einem Paradox: Einerseits wünschte man sich, mit seinem Schicksal gehört und angenommen zu werden; andererseits musste man, aus der Angst falsch verstanden und als adeliger Flüchtling doppelt stigmatisiert zu werden, Verlusterfahrungen unterdrücken und hat deren Artikulation häufig auf einen engen sozialen Kreis beschränkt. Mit Ulrike Jureit und Christian Schneider könnte man davon sprechen, dass hier die für den bundesdeutschen Vergangenheitsdiskurs normbildende „Erinnerungsfigur des gefühlten Opfers", zwangsläufig den Verdacht einer Opferkonkurrenz erwecken musste.[8] Vor 20 oder 30 Jahren, gab sich etwa eine meiner Interviewpartnerinnen im Vorgespräch überzeugt, wäre dieses Interview gar nicht möglich gewesen. Womit sie zugleich andeutete, dass der Adel – zumal der hohe Adel – immer eine unartikulierte Sondergruppe im west- und später auch gesamtdeutschen Gedächtnis an „Flucht und Vertreibung"[9] gebildet habe.

---

6 Etwa Endres 2006; Haus der Geschichte 2007.

7 Stillfried und Rattonitz, N. 2012: 01:27:46-6 – 01:29:49-5.

8 Jureit/Schneider 2010, S. 33. Derartige Konflikte mit dem Gedächtnis an andere Opfer von Zwangsmigration gibt es auch in internationaler Perspektive, so werden die Selbstbeschreibungen und die gesellschaftliche Wahrnehmung von Vertriebenen in der Bundesrepublik gerade auch seitens der polnischen Opfer von Zwangsmigration im 20. Jahrhundert durchaus aufmerksam verfolgt (Hirsch 2013, S. 41f.).

9 Dieser im deutschen Sprachraum gebräuchliche formularische Ausdruck – Mathias Beer spricht von einer Chiffre (Beer 2015, S. 100) – beschreibt letztlich einen Erinnerungsort und ist entsprechend mit vielfältigen Deutungen aufgeladen (Hahn/Hahn 2001; Hahn/Hahn 2010, S. 15f.). Jürgen Joachimsthaler spricht von einer „Ideologisierung", die dem Begriff innewohnt, und geht an einer Stelle gar so weit, ihn nur noch in Anführungszeichen zu gebrauchen (Joachimsthaler 2007a, S. 61). Hubert Orłowski 1999 hat angeregt, stattdessen den Terminus „Zwangsaussiedlung" zu gebrauchen, der derartige Aufladungen vermeidet. Ich selbst gebrauche in dieser Arbeit sowohl die

Dies bedeutet nun nicht, dass im Jahr 1945 die Geschichte des schlesischen Adels in Schlesien selbst zu Ende ging, dass nach Flucht und Vertreibung in den ehemaligen deutschen Ostgebieten quasi eine adelsgeschichtliche *tabula rasa* entstanden ist. Ein beachtlicher Teil des Beziehungsgeflechts – nämlich die Höfe und Häuser – blieb trotz aller Zerstörungen in einer ganz anderen, ihrem Selbstverständnis nach „neuen" Gesellschaft erhalten. Diese Überreste der materiellen Kultur des schlesischen Adels wurden, stellvertretend für die Herrschaft über Polen sowie deren Ausbeutung und kulturelle Unterdrückung durch Deutsche in Preußen, zu einem potentiell konflikthaft aufgeladenen Erinnerungsort. Im Laufe der Jahre wurden die physischen Orte aber auch als ein Teil der Lebenswelt von den Menschen in Schlesien angeeignet, die hier als Kinder Sommerlager verbrachten, tagtäglich auf den Staatsgütern ihrer Arbeit nachgingen oder in den Schlössern ihre Hochzeiten ausrichteten.

Die Zäsur von 1945 markiert weiter einen fundamentalen Unterschied zwischen dem Adel in den ehemaligen Ostgebieten Deutschlands und jenem im Westen, wie überhaupt dem westeuropäischen Adel. Die für den mitteleuropäischen Adel lange Zeit diskursiv bestimmende Einheit zwischen der Familie und dem Land zerbrach oder wurde zumindest erheblich geweitet. Die Trennung in einen „Adel ohne Land" und ein „Land ohne Adel" verstellte diesen Weg der gruppenspezifischen Identitätskonstruktion, die dem Adel im Westen offen stand, eröffnete ihm aber umgekehrt auch andere und manchmal sogar ähnliche Mechanismen zur Herstellung von Identität – besonders da, wo es gelang, den eigenen Verlust als einen Verlust von Kulturerbe einer ganzen Gesellschaft umzustilisieren.

Begriffe „Vertriebene" als auch „Flüchtlinge", wenn diese Eigenschaften sich jeweils an konkreten Schicksalen festmachen, und spreche summarisch von „Zwangsmigranten", einem universellen, in der jüngeren Forschung für vielfältige Prozesse von erzwungener Migration verwendeten Konzept. Vgl. etwa die jüngere Darstellung von Kruke 2006 und den Sammelband von Faulenbach/ Helle 2005.

1 Adelsgeschichte in der zweiten Hälfte des 20. Jahrhunderts

1.1 Desiderate

Die vorliegende Monografie versteht sich somit vor allem auch als Beitrag zu einer Zeitgeschichte des Adels im 20. Jahrhundert.[10] Hier besteht für die historische Forschung nach wie vor nicht unwesentlicher Forschungsbedarf. Denn während wir – bei allen selbstverständlich nach wie vor bestehenden Desideraten – ein relativ klares Bild davon haben, was „Adel" im 18. Jahrhundert bedeutete[11] und gegen welche Begriffe (allen voran „Bürger" und „bürgerlich") er abzugrenzen ist,[12] während wir beachtliche Fortschritte darin gemacht haben, die Umbrüche und Stabilisierungsprozesse der mit diesem Begriff beschriebenen sozialen Gruppe im 19. Jahrhundert zu verstehen,[13] und während wir inzwischen einiges über den deutschen Adel von der „klassischen Moderne" bis in den Nationalsozialismus wissen,[14] steckt eine Adelsgeschichte der Zeit nach 1945 noch in den Anfängen.[15] Bis vor einem Jahrzehnt schien noch nicht einmal klar, dass für den deutschen Raum eine Adelsgeschichte nach 1945 überhaupt einen legitimen Gegenstand hatte.[16]

Die deutsche Forschung steht hier allerdings kaum alleine. Die Geschichte des europäischen Adels nach 1945 bildet in verschiedenen nationalen Historiografien seit längerem ein Desiderat, das von der Forschung erst allmählich gefüllt wird.[17] Während es für Großbritannien und Frankreich einige Studien gibt, die vor allem von der britischen Sozialgeschichte und der französischen Kulturanthropologie vorangetrieben worden sind,[18] waren die meisten historischen Arbeiten, die bisher

---

10 Einen aktuellen Überblick zum Forschungsstand gibt Marburg 2016.

11 Asch 2007; Frie 2005a; Hartmann 1998; Haug-Moritz/Hye/Raffler 2009; Heinickel 2000.

12 Vgl. insbesondere allen voran: Frie 2005b; Birke/Kettenacker 1989; Bratvogel 1999; Fehrenbach 1994a; Fehrenbach 1994b; Fehrenbach 1994c; Gall 1994; zur Nobilitierungspraxis Cecil 1970; Hertz-Eichenrode 2006; Kučera 2012; sowie konzeptionell Kučera 2011.

13 Conze/Wienfort 2004; Frie 2007; Conze 2006a; Conze 2006b; Godsey Jr. 2002; Diemel 1998.

14 An erster Stelle ist die wegweisende Arbeit von Conze 2000 zu nennen, außerdem der auch methodisch sehr einflussreiche Beitrag von Malinowski 2003a. Weitere Arbeiten zum deutschsprachigen Raum umfassen Wienfort 2007; ältere Arbeiten umfassen unter anderem: Baranowski 1987; Baranowski 1996; Berdahl 1972; und einflussreicher: Berdahl 1980; Berdahl 1988.

15 Ausnahmen im deutschen Sprachraum bilden etwa die Arbeit von Eckart Conze 2000 zu den Grafen Bernstorff oder die Arbeit von Michael Seelig 2015 zum vertriebenen ostelbischen Adel in der Ära Adenauer. Als einzige umfassende Publikation zum adeligen Kulturerbe in der Gesellschaft Frankreichs kann derzeit die vor kurzem erschienene Monografie von Éric Mension-Rigau 2015 gelten, die auf seiner 1994 verfassten Habilitationsschrift (Mension-Rigau 1997) zur Persistenz adeliger Identitäten im 20. Jahrhundert beruht.

16 So drückt etwa noch Conze 2000, S. 11 die Sorge aus, man könnte im Ende der Monarchie 1918 „den endgültigen Schlusspunkt des adeligen Zeitalters erblicken".

17 Für Deutschland vgl. dazu den Literaturbericht von Menning 2010.

18 Für Großbritannien besonders: Cannadine 1994; Cannadine 1980. Jüngst zwei Arbeiten von Wasson 2006; Wasson 2010. Für Frankreich vgl. Lancien/Saint Martin 2007; Saint Martin 2003; Mension-Rigau 1990; Mension-Rigau 1997; Mension-Rigau 2003; Brelot 1995. Eher als coffee-table-book angelegt ist: Mension-Rigau/Lefébure 2007.

den deutschen Adel im 20. Jahrhundert thematisiert haben,[19] zwischen zwei Polen gefangen: dem Bild des Adels als „Steigbügelhalter Hitlers" und „Totengräber" der ersten deutschen Republik auf der einen, jenem des Kreisauer Kreises und des 20. Juli 1944 auf der anderen Seite – also dem der Mitverantwortung und dem des Widerstandes während des Nationalsozialismus.[20] Beide Narrative schrieben dem Adel eine gegenüber anderen gesellschaftlichen Gruppen besondere Verantwortung zu und wurden deshalb nicht zuletzt auch von Menschen aus adeligen Familien als eine besondere Form der Selbststilisierung aufgegriffen. Zugleich erschwerte dies jedoch, Adelige als ganz gewöhnliche Subjekte des „Zeitalters der Extreme"[21] zu sehen. Hinzu kommt noch, dass sich, anders als Widerstand und Schuld, der Erinnerungsort „Flucht und Vertreibung" sehr wenig für ein heroisch-sinnstiftendes Narrativ eignete. Das bedeutet nicht, dass es nicht gerade auch aus der Gruppe selbst heraus einzelne Versuche gegeben hätte, ein solches Narrativ zu stiften – Christian Graf von Krockows Motiv der adeligen Treckführerin etwa, die ihre „Leute" aufopferungsvoll in der Abwesenheit ihres Militärdienst leistenden Mannes in Sicherheit führt.[22] Die universelle erinnerungspolitische Deutungsmacht des dämonisierenden Narrativs vom Überdauern feudaler Strukturen und ihrer Bedeutung für das Ende der Weimarer Republik aber,[23] oder auch das Narrativ vom heroischen Scheitern im Widerstand und dem gleichzeitigen großen Opfergang des deutschen Adels an der Ostfront,[24] vermochten derartige Erzählungen nie zu erreichen.

Hinzu kommt für den Fall des schlesischen Adels noch, dass es eine erkennbare Differenz in der Intensität der öffentlichen Wahrnehmung und des Gedächtnisses an den Adel im Nordosten (Ostpreußen, Pommern) und in Schlesien gab. Kaum ein Schlesier erreichte eine ähnliche öffentliche Präsenz wie der WDR-Intendant Klaus von Bismarck (1912–1997), die *Zeit*-Herausgeberin Marion Gräfin

---

19 Überblicksmäßig für die Zeit nach 1918: Dipper 2007.
20 Conze 2006b, S. 50f. Vgl. etwa Baranowski 1996; Baranowski 1995. Als paradigmatisch können gelten: Malinowski 2003a sowie Malinowski 2003b und Malinowski 2005. Vgl. außerdem Funck 2001; Gerstner 2008; komparativ angelegt: Urbach 2007.
21 Hobsbawm 2007; im Original: Hobsbawm 1995.
22 Ein ähnliches Motiv etwa über die Flucht der Gutsherrin Gräfin Reitzenstein-Pawlowitz mit einem Gutstreck nach Oberfranken (Heimatgruppe Pless 1988, nicht paginiert).
23 Mayer 1984, S. 11; im englischen Original: Mayer 1981.
24 Der Historiker Hans Rothfels trat etwa 1967 an, um zu prüfen, „ob im Gesamtbild der deutschen Opposition gegen Hitler der Osten einen erheblichen, vielleicht einen überdurchschnittlichen Beitrag geleistet hat. Und wenn das der Fall ist, was verhältnismäßig leicht zu zeigen sein dürfte, so stellt sich die weitere Frage, [...] ob sie [diese Tatsache, S. D.] mit besonderen Traditionen oder besonderen sozialen und politischen Verhältnissen des Ostens zusammenhängt." In einer langen Kette sorgfältig gewichteter adeliger, bürgerlicher und der organisierten Arbeiterschaft entstammender Namen „treten", so Rothfels, „nicht zuletzt [...] schlesische und west- und ostpreußische Grafen hervor [...]. [...] Sie alle starben den Opfertod." Rothfels 1967, S. 314f. Um die Rolle von Rothfels selbst, der nach seiner Rückkehr aus dem Exil in den USA einen Lehrstuhl in Tübingen bekleidete, hat sich in den letzten Jahren bekanntlich eine Kontroverse entsponnen, die sich um den Anteil des Historikers in seiner Königsberger Zeit an der geistigen Förderung einer Politik dreht, welche sich nahtlos in die Weltanschauungspolitik der NS-Zeit einfügte. Vgl. u. a. Cornelißen 2009, S. 223; Eckel 2005; Hürter/Woller 2005.

Dönhoff (1909–2002) oder der Politikwissenschaftler und Historiker Christian Graf von Krockow (1927–2002), die als moralische Instanzen an zentraler Stelle den Versöhnungsdiskurs in der Bundesrepublik mitgestalteten und es verstanden, adelige Verlusterfahrungen zu generalisieren und ihnen durch ihr Versöhnungsstreben eine gesamtgesellschaftliche Bedeutung zu verleihen.[25] Verglichen mit dieser gesellschaftlichen Breitenwirkung ist der schlesische Adel immer ein relativ geschlossenes Milieu geblieben, für das Zwangsmigration und Verlust vorwiegend in der Binnenkommunikation der sozialen Gruppe, nicht aber in der Kommunikation mit anderen Teilen der Gesellschaft eine bedeutende Rolle gespielt haben. Dies hat zugleich auch eine Bedeutung für die wissenschaftliche Beschäftigung mit dem Gegenstand, die vielleicht auch aus diesen Gründen lange Zeit ausgeblieben ist.

Der Typus des adeligen Zwangsmigranten – beziehungsweise grundlegender die Frage danach, ob es sich um einen sozialgeschichtlich fassbaren Typus handelt – ist von der Forschung bis vor kurzem nicht untersucht worden.[26] Das Erinnern und Erzählen von Menschen aus adeligen Familien hat erstmals der Volkskundler Albrecht Lehmann in den Mittelpunkt gestellt, der den bereits länger existierenden Begriff der „Grafenerzählungen" neu analytisch fruchtbar gemacht hat und damit ein Wegbereiter der jüngeren historischen Adelsforschung überhaupt wurde.[27] Die alltagsgeschichtliche Dimension, eine Mikrohistorie von unten, wie sie für Flüchtlinge allgemein schon seit längerem existiert,[28] die insbesondere das Gedächtnis innerhalb der Gruppe thematisiert, hat für adelige Zwangsmigranten lange Zeit nicht existiert.

Mit Michael Seeligs Studie zum vertriebenen ostelbischen Adel in der Bundesrepublik liegt seit kurzem nun eine wichtige Monografie vor, die in Teilen eine wichtige Vergleichsfolie für diese Studie aufspannt.[29] Die Ausstellung „Adel in Schlesien

---

25 Borzyszkowska-Szewczyk 2009a; die Germanistin hat auch mehrere weitere, in diesem Zusammenhang wichtige Beiträge auf Deutsch veröffentlicht, darunter Borzyszkowska-Szewczyk 2009b; Borzyszkowska-Szewczyk 2004; Borzyszkowska-Szewczyk 2005.

26 Wilfried von Bredow und Hans-Friedrich Foltin näherten sich 1981 an das Forschungsproblem an, als Sie bei der Analyse der medialen Repräsentation eines Flüchtlings im Heimatfilm den Begriff des „Edelflüchtlings" ins Spiel brachten, um eine besonders privilegierte Gruppe innerhalb der Gruppe der Flüchtlinge zu charakterisieren (Bredow/Foltin 1981, S. 111). Bezeichnenderweise handelt es sich in dem von den beiden untersuchten Heimatfilm aber um die Figur eines bürgerlichen Gutsbesitzers, dessen Lebensumstände nach der Flucht zwar gesichert sind, der auch reibungslos in den Kreis der lokalen Honoratioren integriert zu sein scheint, der aber dem Verlust von Gut und Jagd nachtrauert. Demgegenüber wird in dem Film eine ebenfalls entwurzelte Adelige als Mensch dargestellt, die ihr Schicksal mit Tugenden wie Disziplin und Charme meistert (Ebd. S. 114f.). Die konzeptionelle Anregung, die in dem Begriff steckt, ebenso wie die Idee, diese Gruppe könne spezifische „Integrationsprobleme" gehabt haben, ist allerdings von der Forschung später kaum aufgegriffen worden.

27 Lehmann 1995; Lehmann gehört auch zu den wenigen, die früh adeligen Erzählenden Raum unter den Flüchtlingsnarrativen gegeben haben (Lehmann 1991); von herausragender Bedeutung ist zudem die germanistische Arbeit von Borzyszkowska-Szewczyk 2009a. Zu „Grafenerzählungen" jüngst auch Halicka 2015, S. 94f.

28 Beispielsweise Lehmann 1991; Hirsch 2004.

29 Seelig 2015. Interessante Vergleichsperspektiven eröffnen zudem die Prolegomena von Alexander

und in der Oberlausitz" und der nachfolgend publizierte Katalogband, zu dem ich die Einleitung beigetragen habe, stellen hier eine weitere Ausnahme dar.[30] In Exponaten und einem Katalogteil, der den Titel meiner hier vorliegenden Monografie schon vorab aufgriff,[31] hat das Unterfangen etwa die Bedeutung des Einschnitts 1945 für den schlesischen Adel bereits deutlich gemacht. Dass überhaupt die zweite Hälfte des 20. Jahrhunderts – mit Ausnahme der Studie Seeligs – bislang von der Forschung eher wenig in den Blick genommen worden ist, hat seine Gründe nicht nur in der erwähnten, häufig stark politikgeschichtlichen Ausrichtung der deutschen Adelsforschung, sondern auch in ganz praktischen Problemen des Zugangs zu geeigneten Quellenkorpora sowie dem Umstand, dass die Frage danach, was eigentlich der Gegenstand einer Adelsgeschichte der zweiten Hälfte des 20. Jahrhunderts sein kann, bislang nur unzureichend beantwortet ist.

1.2 Erkenntnisinteressen

Fest steht, dass das von der Adelsforschung so gerne angeführte Widerspiel von Statusverlust und „Obenbleiben" eine solche Geschichte nur zum Teil motivieren kann.[32] Sie muss ihren Schwerpunkt notwendigerweise tief in den soziokulturellen Bereich verlagern, können doch gerade die Angehörigen des historischen Adels der ehemaligen deutschen Ostgebiete in einem Zeitalter, in dem sich selbst das Bürgertum – im 19. Jahrhundert scheinbar klassischer Gegenpol adeligen Seins – nicht mehr eindeutig ausmachen lässt[33] und breite Schichten in ihren sozio-ökonomischen Verhältnissen wenigstens in großen Teilen der mittelstandszentrierten Mehrheitsgesellschaft der Bonner Republik annäherten,[34] sozialen Status kaum mehr auf einer ökonomischen und schon lange nicht mehr auf einer rechtlichen Grundlage

---

von Plato 2016. In der einschlägigen Literatur zu Zwangsmigration aus den ehemaligen deutschen Ostgebieten findet der Adel dagegen kaum Beachtung, so enthält z. B. Schulz 2001 nur einen Beitrag über die „kulturelle Elite" aus dem „deutschen Osten".

30 Bauer/Harasimowicz/Richthofen/Niedzielenko 2014, darin: Donig 2014.

31 Bauer/Harasimowicz/Richthofen/Niedzielenko 2014, S. 182-191.

32 Als Klassiker sei hier Braun 1990b angeführt.

33 Lepsius 1987, S. 80; Niethammer 1990; Niethammer 1999. Hans Ulrich Wehler bescheinigt der Bundesrepublik beispielsweise eine bedeutende „Kontinuität und Lebensfähigkeit im Zeichen eines Formwandels" von „Bürgerlichkeit", für die Zeit nach 1945 verstanden als ein spezifischer Habitus, ein „Ensemble von Werten und Orientierungen, Konventionen und Sozialisationserfahrungen", die einen „distinkten neubürgerlichen Lebensstil" hervorbrachten (Wehler 2001, S. 628). Demgegenüber hat Rainer Lepsius die Ansicht vertreten, dass die „politische, wirtschaftliche und kulturelle Geltung des Bürgertums" im „20. Jahrhundert schließlich […] durch die beiden Weltkriege, die Herrschaft des Nationalsozialismus, die Inflation, die Vermögensverluste und schließlich durch den demokratischen Wohlfahrtsstaat und die Ausdehnung der höheren Bildung erschüttert und weitgehend aufgelöst" worden sei (Lepsius 1993, S. 292). Dieter Gosewinkel argumentierte ähnlich wie Wehler, dass sich „Bürgerlichkeit nach 1945 kategorial in Gehalt und sozialer Bedeutung – nicht funktional und formal – vom 19. Jahrhundert" unterschieden habe (Gosewinkel 2010, S. 36).

34 Kocka 1987, S. 34, 45–47; Lutz 2005; vgl. die Diskussion bei Rödder 2004, S. 199f.

erlangen. In „einer ‚entadelten Gesellschaft‘“, folgerten Marcus Funck und Stephan Malinowski schon 1999, werde „der Adel zu dem, was er an spezifischen Lebenswelten, Wertsystemen und kulturellen Besonderheiten bewahren und nach innen und außen vermitteln“ könne.[35] Michael Seelig hat in seiner Monografie zum vertriebenen ostelbischen Adel diese Beobachtungen konfirmiert. Er spricht von einer „‚Veralltäglichung‘ oder ‚Banalisierung‘“ adeliger Identität. „Damit ist gemeint, dass Adeligkeit nun vorrangig in der alltäglichen Privatsphäre jenseits von Öffentlichkeit und Beruf ausgelebt wurde.“ Adel, so Seelig, sei deshalb zum „Alltagsadel“ geworden. Selbst dort, wo etwa im Grundbesitz nach 1945 Kontinuitäten bestanden, ist Seelig überzeugt, „ging nach 1945 jegliche Komponente von Herrschaft, Macht oder anderem öffentlichen Einfluss verloren“.[36]

Die Feststellung, dass der Wegfall des rechtlich-politischen Rahmens 1918 und des sozio-ökonomischen Rahmens 1945 aber ganz offensichtlich nicht den Wegfall einer – wie auch immer zu fassenden – sozialen Gruppe Adel zur Folge hatte, ist dabei allenfalls ein Ausgangspunkt,[37] schließt dieser Befund doch unmittelbar an die Forschung zum 18. und 19. Jahrhundert an, die bereits darauf verwiesen hat, dass adelige Identität das „juristische und soziale Nicht-Sein“ überlebe, wie etwa Isabelle Brelot in ihrer Studie zur „noblesse réinventée“ der postrevolutionären Zeit in der Franche-Comté feststellt.[38] Wenn sich in den letzten Jahren unser Verständnis von der Beschaffenheit gesellschaftlicher Kollektive stark verändert hat,[39] dann vor allem auch deshalb, weil wir uns nach 1989 zunehmend auch im öffentlichen Diskurs des konstruierten Charakters von sozialen Gemeinschaften bewusst geworden sind, etwa der identitätsstiftenden „Erfindung von Traditionen“.[40] Folgt man diesem Verständnis sozialer Gruppen, ist auch Adel eine „imaginierte Gemeinschaft“, wie Benedict Anderson einmal die Nation beschrieben hat. Daraus, dass nicht „nur der Adel [...] an die Existenz des Adels“ glaubt, dass also die umgebende Gesellschaft bedeutenden Anteil an der „Produktion und Reproduktion von Adel“ hat, ergibt sich zugleich auch eine Antwort auf die „Relevanzfrage“ nach einer Adelsgeschichte für die Zeit nach 1945,[41] erlaubt sie doch in einer breiteren Weise die Untersuchung von „Mechanismen von sozialer Inklusion und Exklusion, von Selbst- und Fremdpositionierungen im sozialen Raum sowie von Produktion und Reproduktion von Kapital beziehungsweise von Verrechnung und Tausch unterschiedlicher Kapitalsorten“.[42] Der letzte Aspekt verweist bereits darauf, dass Adel nach 1945 zugleich doch auch im-

---

35　Funck/Malinowski 1999, S. 237.

36　Seelig 2015, S. 522.

37　Vgl. etwa Conrads 2005, S. 351. („Es scheint als müsse dieses Begräbnis [des Adels] noch immer verschoben werden.“)

38　Brelot 1990.

39　Jureit 2006a, S. 11.

40　Hobsbawm/Ranger 1992; vgl. detaillierter auch Hobsbawm 1998.

41　Anderson 1991, S. 48; die Übernahme des Konzepts der „imagined community“ auch bei Funck/Malinowski 1999, S. 244; die Zitate nach: Conze/Wienfort 2004, S. 12.

42　Conze/Wienfort 2004, S. 8, 10.

mer noch mehr als nur ein „Phänomen des Glaubens" ist:[43] eine kulturelle Praxis, die sich in der sozialen Gruppe eigentümlichen Habitusmerkmalen, Narrativen, manchmal mehr und häufig auch weniger geschlossenem Umgang sowie teilweise auch Heiratskreisen ausdrückt, um nur einige Möglichkeiten zu nennen.[44]

Diese Arbeit nähert sich der Lebenswelt von Menschen vor allem aus ihren Selbstzeugnissen. Die Eigenschaft „adelig zu sein" tritt hier somit primär als ein diskursives Konstrukt in Erscheinung, dessen Gehalt sich dialogisch mit meinen Fragen entfaltet. Aus diesem Grund habe ich das in deutschsprachigen Studien wiederholt verwendete Konzept der „Adeligkeit"[45] hier bewusst gemieden, da es mir eine Geschlossenheit des adeligen Habitus zu suggerieren scheint, die ich in meinen Gesprächen nicht habe beobachten können.[46] Umgekehrt war es jedoch weder sinnvoll noch möglich „Adeligkeit", verstanden als „eine historisch gewachsene kulturelle Praxis", die auch „Formen von Kontakt, Kommunikation und konkreter Gruppenbildung" umgreift, wie etwa Eckart Conze den Begriff gebraucht,[47] bei der Betrachtung völlig außen vor zu lassen. Alleine das in den Interviews an die Gesprächspartnerinnen und Gesprächspartner herangetragene Frageraster muss notwendigerweise auf der bestehenden Forschung aufbauen, die mal in sehr weicher Weise, mal als sehr essentialisierten Idealtypus diesen Begriff wissensbildend anwendet. Aus diesem Grund kehrt er erkenntnisleitend im achten Unterkapitel des ersten Teils dieser Arbeit wieder, in dem es ein gutes Stück darum geht, inwieweit mir im Rahmen der Untersuchung Versatzstücke einer solchen, weit verstanden, Adeligkeit entgegengetreten sind. Aus demselben Grund ziehe ich es vor, von „Menschen aus adeligen Familien" zu sprechen, da anders als mit dem Begriff „Adelige" oder „Adeliger" dadurch keine automatische Zuschreibung einer Eigenschaft verbunden ist, die sich möglicherweise mit dem Selbstverständis der Person gar nicht deckt. Vielmehr wird ein objektivierbarer Sachverhalt der Herkunft konstatiert, zu dem die betreffenden Menschen sich frei positionieren können. Gelegentlich verwende ich allerdings den Begriff „Adelige" und natürlich „Adel", um eine kollektive Charakterisierung der sozialen Gruppe als solcher vorzunehmen.

---

43 Saint Martin 2003, S. 11f.; Saint Martin 2002, S. 786 („la croyance en l'existence de nobles").

44 Michael Seeligs Bemühen, Adel als eine „Lebensform" in Anlehnung an Ludwig Wittgenstein zu begreifen, ist in diesem Sinne anschlussfähig an die hier angestellten Überlegungen. Zu Seeligs Verständnis des Konzepts Lebensform vgl. Seelig 2015, S. 25.

45 Eine ausführliche Diskussion des Konzepts und eine Begründung der Verwendung in seiner Studie bei ebd., S. 26f.

46 Auch Teile der jüngeren Forschung teilen ein Unbehagen an der großflächigen Anwendung des Konzepts der „Adeligkeit". Silke Marburg und Sophia von Kuehnheim sprechen stattdessen beispielsweise von „Projektionsflächen von Adel", diese Projektionen stellten „Relationen der Zuordnung zur Sozialformation her" während „Adeligkeit" in „klare Schwerpunkte" gefasste „Idealtypisierungen" beschreibe (Marburg 2016, S. 15).

47 Conze 2001, S. 285.

1.3　Eine Geschichte des „deklassierten" Adels

Überlegungen zu einer Geschichte der *aristocrates déclassés*, um noch einmal einen Ausdruck der Bourdieu-Schülerin Monique de Saint Martin zu bemühen,[48] sind womöglich noch rarer, als es die Studien zum 20. Jahrhundert ohnehin sind. Verlusterfahrungen und -ängste sind allerdings durchaus von der Forschung in Betracht gezogen worden – gerade die deutsche Forschung zum Verhältnis von Adel und Nationalsozialismus misst ihnen sogar große Bedeutung bei. Dennoch ist dieser Zugriff weit davon entfernt, die *„désagrégation de l'espace de la noblesse"*, wie Saint Martin unter Bezug auf ihre wegweisende Monografie formuliert, umfassend zu umschreiben – eine Auflösung, die, wie sie betont, weder unilinear noch irrevokabel gedacht werden dürfe und stets auch Bewegungen einer Rekonsolidierung mit einschließe.[49]

Eine Geschichte des geflohenen und vertriebenen Adels aus den ehemaligen deutschen Ostgebieten muss notwendigerweise die Scharnierfunktion des Jahres 1945 mit einbeziehen; und zwar gleichermaßen als lebensweltlichen Einschnitt wie als Zäsur in der Erinnerung der Individuen und der Tradition der familialen Generationen. Für die vorliegende Studie ergeben sich daraus zwei primäre Frageperspektiven: Zum einen wirft der alltagsgeschichtliche Zugang die Frage nach tatsächlichen und konkreten Brüchen und Veränderungen der Lebenswelt auf. Zum anderen stellt sich die Frage nach der Beschaffenheit der Erinnerungskultur in den Familien des geflohenen und vertriebenen Adels. Welche Wege und Formen einer solchen „Deklassierung" nach 1945 existieren,[50] erscheint dabei ebenso wichtig wie die Frage nach ihrer Rolle im familialen Gedächtnis.

Vor dem Hintergrund des Bruchs in den Lebenswelten des schlesischen Adels, den das Jahr 1945 markiert, stellt sich die Frage nach der „Veränderbarkeit adeliger Habitusformen und adeliger Selbststilisierungen" sowie nach „Strategien der Distinktion [...] in der Massengesellschaft"[51] verschärft. Welche Institutionen, Rituale, Symbole und Praktiken überdauern den Einschnitt und welche wurden adaptiert oder gar neu entwickelt? Welche Bedeutung kam bestimmten Milieus – etwa dem konfessionellen – für die Aufrechterhaltung und stete Neuerfindung adeliger Identität zu?

1.4　Eine adelige Diaspora?

Wenn ich bislang versucht habe, zwar kein fertiges Modell, jedoch immerhin einzelne Aspekte einer Theorie der adeligen Identität in der zweiten Hälfte des 20. Jahrhunderts zu umreißen, dann ging dieser Ansatz zu einem großen Teil vom Individuum aus. Dies macht die Frage nicht obsolet, ob es ein geeignetes Instrument gibt, um diese soziale Gruppe in ihrer Gesamtheit zu beschreiben, ganz gleich wo sich ihre

---

48　Saint Martin 2002, S. 785f.
49　Ebd., S. 788; nach der Monografie: Saint Martin 1993.
50　Saint Martin 2002, S. 787.
51　Conze/Wienfort 2004, S. 7.

Mitglieder zu Kriegsende aufhielten und wo sie heute leben.

Ein Teil der Antwort auf diese Frage, so scheint mir, liegt in der Beobachtung der zunächst einmal autoritativ zu bestimmenden Gruppe selbst. Schon in ersten Gesprächen zeigte sich nämlich rasch, dass das bereits eingangs zitierte dichte Netz von Individuen, Familien und Häusern, das in Schlesien existierte, nicht völlig zerstört, sondern eher geweitet wurde und in der sozialen Interaktion der Gruppenmitglieder wenigstens in Teilen fortdauert. Darüber hinaus hat Albrecht Lehmann gezeigt, dass besonders für die Gruppe der „Bauern, insbesondere Großgrundbesitzer, Hausbesitzer, Leute von ‚Familie‘, – Adelige und gehobenes Bürgertum –," der „Verlust der Heimat mehr Bedeutung" im Erzählen hat, „als im vergleichsweise mobilen städtischen Angestelltenmillieu oder unter Industriearbeitern".[52] Um sich der Gesamtheit, dieser nunmehr zerstreuten Gemeinschaft(en) anzunähern, scheint das Diaspora-Konzept einen angemessenen Zugang zu bieten. Es ist in letzter Zeit wiederholt und gerade auch im Zusammenhang mit Flüchtlingen eingesetzt worden und hat sich hier durchaus als fruchtbringend erwiesen.[53] Auch wenn der Begriff sich seinem Ursprung nach vor allem auf das Judentum bezieht und sich lange Zeit mit „Konnotationen wie Vertreibung, Exil, Verlust, Entwurzelung, Machtlosigkeit und Qualen" verband, hat die Einbindung des Konzepts in die Migrationsforschung und die *postcolonial studies* eine Umbewertung weg vom traumatischen Moment gebracht. Diese jüngeren Arbeiten haben vielmehr längerfristig wirkende Gefühle von „Zugehörigkeit und Selbstermächtigung, sowie ein positives Traditions- und Geschichtsbewusstsein" thematisiert. Aus dieser zunächst affirmativ-emanzipatorischen Stoßrichtung entwickelten sich die *diaspora studies* zunehmend zu einem analytischen Konzept, ja einer eigenen Forschungsperspektive.[54]

Die historische Adelsforschung hat dabei in den vergangenen Jahren adelige Diasporakulturen – wenn auch eher selten unter diesem Schlagwort – durchaus in den Blick genommen, seien es die russischen Exulanten nach dem Ende des Zarenreichs oder die Flüchtlinge vor der Französischen Revolution in den rechtsrheinischen Gebieten.[55]

Für die Forschung zum „deklassierten" und vertriebenen Adel scheinen mir besonders jene jüngeren Theoretisierungen von Diaspora von Interesse, welche Gruppe, Erinnerung und Raum zueinander in Bezug setzen. Kann doch Diaspora, wie Anna Lipphardt festhält, „auch als Raum-Konzept verstanden werden, das lokale, globale

---

52 Lehmann 1989, S. 194.
53 Zugleich ist der Begriff „Diaspora" allerdings auch Teil der Quellensprache, so etwa in Bezug auf die ehemaligen Ostkirchen (Hirschfeld 2009 sowie Rudolph 1984, S. 264; Bendel 2009, S. 81). Zum Teil werden auch die Gemeinschaften derer, die in den ehemaligen Ostgebieten geblieben sind, mit dem Diaspora-Begriff umfasst. Arbeiten zu den evangelischen Gemeinden sprechen deshalb etwa von der „doppelten Diaspora" (Scheller 2008, S. 197).
54 Lipphardt 2009, S. 47; vgl. etwa die Studie von Field 2012 zu Umsiedlungen im Südafrika der Apartheid.
55 Zu den Exulanten allgemein: Raeff 1990; Schlögel 1994; zum Zarenreich: Mienert 2005; Čujkina 2006; zu Revolutionsmigranten: Pestel 2009 sowie in Teilen Gersmann/Langbrandtner 2013.

und imaginierte – vergangene oder utopische – Orte miteinander verbindet."[56] Andreas Langenohl schlägt vor, Diaspora als „eine soziale Formation zu theoretisieren, die von der umgebenden (National-)Gesellschaft durch eine raumzeitliche Schwelle getrennt ist, deren Hauptmerkmal darin besteht, dass die Diaspora im Vergleich zur Aufnahmegesellschaft sich mit einer gesteigerten Legitimationsnotwendigkeit, aber auch erweiterten Legitimationsressourcen für raumzeitliche Kopräsenz konfrontiert bzw. ausgestattet sieht."[57] „Raumzeit" versteht er dabei als einen Begriff, der „die Kopräsenz von Akteuren zu einer bestimmten Zeit an einem bestimmten Ort meint und den Blick auf die Legitimationsnotwendigkeit und -möglichkeit für dieses gemeinsame Hier-und-Jetzt freigibt. Legitimationen raumzeitlicher Kopräsenz greifen auf Repräsentationen der Vergangenheit zurück."[58] Und die „Kopräsenz ergibt sich für die Diaspora nicht aus einem unilinearen Bezug auf die ‚eigene' Vergangenheit, sondern aus einem weit komplexeren Verweissystem, das in viel geringerem Maße als das der Aufnahmegesellschaft den Anschein der Selbstevidenz erwecken kann."[59] Ein derart beschaffenes Verständnis von Diaspora – als Gruppe wie als Zustand – ist durchaus an Konzepte wie Erinnerungs-, Erfahrungs- und Erzählgemeinschaften anschlussfähig, die etwa gemeinsame Herkunfts- und Generationenerzählungen, die auf die Zukunft gerichtet sind, in den Mittelpunkt stellen.[60] Es vollzieht zugleich nach, was in der jüngeren Forschung zu Gedächtnis und Raum im Anschluss an Henri Lefebvres „production de l'espace" schon seit Längerem diskutiert worden ist. Für Lefebvre legen sowohl die im Raum verorteten Dinge (choses) als auch raumbezogene Sprechakte (les discours sur l'espace) Zeugnis von diesem Produktionsprozess ab, der selbst wiederum – ohne darauf reduziert werden zu können – semiotische Prozesse (processus signifiants) einschließt.[61] Raum wird in diesem Sinn nicht als etwas Gegebenes begriffen, gleichsam als „Behälter" sozialer Interaktion, sondern selbst als Produkt sozialer Praktiken und kulturellen Wissens, als „network of references", das Menschen mit ähnlichen Hintergründen vernetzt.[62]

1.5 Erinnerungs- und Erfahrungsgemeinschaft

Wenn die Forschung in den letzten Jahren einen bereits im ausgehenden 18. Jahrhundert einsetzenden Wandel des Adels zur „Erinnerungsgruppe" herausgestellt hat,[63] dann ist es eigentlich erstaunlich, dass sie nicht schon früher einen Bezug zur Generationenforschung gesucht hat. Der Begriff der „Erfahrungs-, Erinnerungs-

---

56 Lipphardt 2009, S. 48.
57 Langenohl 2005, S. 620.
58 Ebd., S. 611.
59 Ebd., S. 622.
60 Bohnenkamp/Manning/Silies 2009, S. 23. Vgl. insbesondere auch Dahlmann 1998.
61 Lefebvre 1974, S. 46f.
62 Wünsch 2018, S. 13.
63 Marburg/Matzerath 2001.

und Erzählgemeinschaft",[64] den die Generationengeschichte in besonderem Maße als produktiv herausgestellt hat,[65] ließe sich auch für die historische Adelsforschung nutzbar machen. Er bietet sowohl die Möglichkeit der Selbstverortung von Individuen in der Zeit nachzuspüren als auch – von außen kommend – analytisch spezifische Erzählgemeinschaften zu identifizieren, die sich beide gleichermaßen durch „generationsspezifische Erfahrungsfristen und Erfahrungswerte"[66] charakterisieren lassen. Maurice Halbwachs hat mit dem Konzept eines Familiengedächtnisses einen Kommunikationsraum umschrieben, in dem die Generationen miteinander in einen Dialog treten und in dem Wissen, aber auch gruppen- und familienspezifische Ordnungsmuster weitergegeben werden.[67] Dies um so mehr angesichts der Bedeutung, die der Familie als Teil jener „zentralen Institutionen, die für jede Sinnstiftung grundlegend sind",[68] traditionell in adeligen Identitätsdiskursen zukommt, zumal, wie die Forschung verschiedentlich herausgestellt hat, das adelige Familienverständnis eine soziale Formation („Haus", „Zweig", „Linie") mit einschließt, die in ihrer vertikalen Kontinuität über die Zeiten und ihrer horizontalen Vergemeinschaftung aller kontemporären Mitglieder ein Konzept darstellt, dem der bewusst horizontal-stratifizierende Charakter der Generationenentwürfe in der Moderne zuwiderläuft.

Die Frage nach der (Re-)Konstruktion kollektiver Identität ist natürlich immer auch die Frage nach dem Verhältnis von Individuum und Gruppe. Sie ist daneben aber auch die Frage nach dem Verhältnis der Geschlechter untereinander und den ihnen von der sozialen Gruppe wie der weiteren Gesellschaft zugeschriebenen Rollen. Es ist daher unabdingbar, auch geschlechtergeschichtliche Fragen, etwa nach den Sozialisationsunterschieden von Männern und Frauen, Erziehungsleitbildern und Rollenkonzepten adeliger Männlichkeit und Weiblichkeit im 20. Jahrhundert, mit in die Betrachtung einzubeziehen.

Von Adeligkeit kann – um noch einmal Eckart Conze und Monika Wienfort zu zitieren – im Anschluss an Maurice Halbwachs' Überlegungen zum sozialen Gedächtnis auch als „einem milieubedingten Reservoir von Worten und Vorstellungen" gesprochen werden, „mit dem Identität behauptet und Erinnerung konserviert wurde und noch wird."[69] Der Zugang zu der sich hierin letztlich konkretisierenden Erfahrungsgeschichte wird in besonderem Maße durch Oral History ermöglicht.

---

64 Assmann 2006a, S. 25; Assmann/Assmann 1994, S. 118f.
65 Jureit 2006a, S. 52; Jureit/Schneider 2010, S. 26.
66 Koselleck 2000, S. 36.
67 Jureit/Schneider 2010, S. 59; vgl. dort auch den Hinweis auf das Fehlen einer durch den eher biologischen Generationsbegriff Halbwachs' bedingten Vorstellung von der Generation als einer altersspezifischen Erinnerungsgemeinschaft (ebd. Anm. 9).
68 Jureit 2006a, S. 11.
69 Conze/Wienfort 2004, S. 14.

2 Adels- und Vertriebenengeschichte als Oral History

„One of the differences between oral and written sources is that the latter are documents while the former are always acts. Oral sources are not to be thought of in terms of nouns and objects but in terms of verbs and processes; not the memory and the tale but the remembering and the telling."[70]

Der Einsatz von Oral History als Technik historischen Arbeitens hat in unserer traditionell in starkem Maße von Schriftquellen dominierten Disziplin heute einen akzeptierten Platz[71] und gerade im Zuge des Aufstiegs der Erforschung von Gedächtnis und Erinnerungskulturen noch an Legitimität gewonnen.[72]

Da es in diesem Buch an zentraler Stelle um die Bedeutung von Erinnerung geht, darum wie sich Menschen in verschiedenen Lebensaltern, familialen Generationen und sozialen Einbettungen ihrer selbst bewusst sind, welche Bezüge sie zu ihrer Herkunft und der weiteren Herkunft ihrer Familie haben, wie Erinnerung in Familien weitergegeben und geformt wird und wie sie zu Beginn des 21. Jahrhunderts ihre individuelle Erfahrung als Geschichte deuten, schien sich eine Oral-History-Studie geradezu anzubieten.

Dies gilt umso mehr, als Oral History als Technik eine feste Bedeutung für die Alltagsgeschichte hat[73] und Befragungen schon früh – wenn auch methodisch wenig verfeinert – im Zusammenhang einer Geschichte von Flucht und Vertreibung der Deutschen aus dem östlichen Europa als Instrument genutzt worden sind.[74] Mit ei-

---

70 Portelli 2003, S. 14.

71 Plato 1998. In der deutschen Geschichtswissenschaft hat die Beziehung zur Oral History lange Zeit unter einer geradezu extremen Fokussierung auf die archivalische Überlieferung als Königsweg einer „objektiven" Geschichtsschreibung gelitten. Sie hatte, wie Rebekka Göpfert zusammenfasst, mit dem Vorwurf zu kämpfen, sie führe zu „Beliebigkeit" und „Subjektivität" (Göpfert 1996, S. 101f.). Deshalb galt sie lange Zeit ausschließlich als eine Methode, die „lediglich ergänzend neben dem gesicherten Methodenbestand der Geschichtswissenschaft" stehe und die die zeithistorische Forschung nicht „von der vergleichenden Analyse jeglicher verfügbaren, quellenmäßigen Überlieferung" „entbindet" (so etwa Steinbach 1980, S. 318f.).

72 Alessandro Portellis Geschichte des Massakers in den Ardeatinischen Höhlen 1944 trägt etwa den Untertitel „history, memory and meaning of a Nazi massacre in Rome" (Portelli 2003), und in einer späteren Arbeit versucht er nicht weniger als der Geschichte einer ganzen Industrieregion als Sinnwelt in der Erinnerung der dort lebenden Menschen nachzuspüren (Portelli 2011).

73 Die Fundierung einer Forschung der lebensgeschichtlichen Erfahrung darf das von Lutz Niethammer und Detlev J. K. Peuckert geleitete Forschungsprojekt zu „Lebensgeschichte und Sozialkultur im Ruhrgebiet, 1930 bis 1960" für sich in Anspruch nehmen (als theoretisches Grundlagenwerk: Niethammer 1980a; zum Projekt vgl. Niethammer 1986; Niethammer 1983; Niethammer 1985; zu einer historischen Einordnung vgl. Jureit 2007). In jüngerer Zeit hat sich die Basis, auf der die Forschungstechnik eingesetzt wird, erheblich verbreitert, darunter etwa in der Stadtgeschichtsforschung (Henke 2007).

74 Vgl. etwa die sogenannte *Dokumentation der Vertreibung der Deutschen aus Ost-Mitteleuropa*, die von 1953 bis 1961 erschien (Schieder 1953–1961); zu einer historischen Einordnung: Kleßmann 2007, S. 43; Beer 1998; gedächtnistheoretisch und im Kontext der Produktion von Zeitgeschichte zudem Wierling 2008, S. 30. Zum Quellenwert der Erlebnisberichte für das Denken über Flucht und Vertreibung zehn Jahre nach Kriegsende vgl. Halicka 2015, S. 90–93.

nem methodisch stark verfeinerten Instrumentarium hat etwa das von Marita Krauss und Sarah Scholl-Schneider an der Universität Augsburg betriebene Projekt zur Erinnerungskultur der Sudetendeutschen gezeigt, wie Flüchtlings- und Vertriebenengeschichte von einem Zugang durch Oral History profitieren kann.[75] In der Systematik des Zugriffs, der Teilstandardisierung der Interviews und der wissenschaftlichen Auswertung unterscheiden sich derartige Projekte zugleich von den natürlich ebenfalls existierenden Erinnerungssammlungen und autobiografischen Zugängen von Zeitzeugen, unter denen adelige Autoren durchaus vorkommen.[76]

In den letzten Jahren haben zahlreiche Publikationen das Medium des wissenschaftlich angeleiteten Interviews verwendet, um sich der Erfahrungsgeschichte der Flüchtlinge und in einigen Fällen auch jener von Rückkehrern anzunehmen, darunter auch im weiteren Sinne adelsgeschichtliche Arbeiten. So hat etwa die Volkskundlerin Elisabeth Fendl die „Biografie" der Vertriebenengemeinde Neutraubling nachgezeichnet, um „die Mythen, die sich um die Gründerjahre der Gemeinde ranken", die „,blinden Flecken' des öffentlichen und privaten Erinnerns" aufzudecken und den Umgang mit dem „,kulturellen und mentalen Gepäck'" im Integrationsprozess nachzuvollziehen.[77] Die Volkskundlerin Sarah Scholl-Schneider hat mit dem Rüstzeug der Transferforschung Erfahrungen tschechischer Remigranten nach 1990 durchleuchtet[78] und ein jüngerer Band des Publizisten und Fotografen Vladimir Votýpka collagiert mehrere Texte aus tschechischen Publikationen des Autors zu Rückkehrern aus böhmischen Adelsfamilien.[79]

Zugleich zeigt sich in einem wachsenden Interesse für das, was Wolfgang Kaschuba als „Forschungsrichtung des *studying up* oder *research up*"[80] bezeichnet hat, ein gewandeltes Interesse auf dem Feld der Oral-History-Forschung, die ihre Renaissance ja vor allem als Quelle für eine „Volksgeschichte"[81] verdankt. Vor allem durch Alltagsgeschichte und *Community-History* sollte sie zunächst der sonst stimmlosen Mehrheit der „gewöhnlichen Menschen" ein anerkanntes Gedächtnis geben.[82] Früh und vor al-

---

75　Von den Ergebnissen des Projekts sei hier verwiesen auf: Krauss/Scholl-Schneider/Fassl 2013; Scholl-Schneider 2011a.

76　Für Schlesien unter anderem: Arnim 1973; Frisé 1993; Frisé 2004; Haugwitz 1982; Mutius 1980; Mutius 1988; Sallai 2006; Strachwitz 1984; Zedlitz und Neukirch/Zedlitz und Neukirch 1997; Zedlitz und Trützschler 2007; Zedlitz 2011.

77　Fendl 2006, S. 14f.

78　Scholl-Schneider 2011b. Nicht alle Arbeiten haben dabei dieselbe konzeptionelle Dichte wie die von Sarah Scholl-Schneider. Das Genre nutzt zumeist Einzelschicksale, um die Bandbreite der Erfahrungen aufzuzeigen, so beispielsweise Lorenz 2009 für die Vertriebenengeschichte.

79　Votýpka 2010.

80　Der Begriff des Research-Up Designs entspringt der ethnologischen Feldforschung (Kaschuba 2012, S. 202-204) und bietet sich als methodologische Analogie an, da sich die Interviewsituation nicht unähnlich zur Interaktion bei einer teilnehmenden Beobachtung verhält. Wolfgang Kaschuba weist zudem darauf hin, dass dieselbe Perspektive auch in der jüngeren Mikrohistorie entwickelt worden ist, die Geschichte „wieder ,auf den Boden' ihrer Bedingungen wie unserer Betrachtungen" zurückholen soll, etwa indem sie sie „,vermenschlicht' in begrenzte Erfahrungsdimensionen, individuelle Handlungsweisen und schließlich subjektive Gefühle" zerlegt (ebd. S. 223).

81　Thompson 2003, S. 21.

82　Am eingängigsten ist die Notion Paul Thompsons von 1975, durch die Existenz von Oral History

lem in den anglo-amerikanischen Ländern ist aber auch ihr Potential für die historische Elitenforschung entdeckt worden[83] – wenn auch nicht in dem Ausmaß, in dem beispielsweise die Arbeitergeschichte oder die Genozidforschung mit einem Schwerpunkt in der Traumaforschung auf sie zurückgegriffen haben.[84] Nicht allen Arbeiten mit einem elitengesellschaftlichen Interesse gelingt es dabei, ihren Zugang so transparent zu halten, wie der Studie von Scholl-Schneider. Sie befinden sich in einem besonderen Maße unter kritischer methodischer Observanz und sehen sich stärker als andere Forschungsfelder dem Verdacht ausgesetzt, mit ihrem Gegenstand außerwissenschaftliche Sympathien und erinnerungspolitische Zielsetzungen zu verbinden.[85]

„Eine sozialhistorische Forschungsmethode wie die Oral History, deren Gegenstand aus der Lebens-Praxis stammt", hat einst Frieder Stöckle geurteilt, „und die durch ihre Ergebnisse häufig auch auf die Praxis zurückwirkt, braucht ein sorgfältig geplantes, methodologisches Rüstzeug, um sich in der Praxis nicht zu verlieren."[86] Sie verlangt auch danach, dieses Rüstzeug und das daraus resultierende Vorgehen offenzulegen, das der Studie zugrunde liegt, möchte man noch hinzufügen.

„History becomes, to put it simply, more democratic" (Thompson 2003, S. 26; vgl. auch das gleichnamige Buch, das in Erstauflage 1987 erschien und schon durch sein Framing – das erste Kapitel heißt „Community" – zeigt, wie Thompson die Wirkungsmacht der Technik verstanden wissen will, Thompson 2000). Auch Lutz Niethammer stellt einige Jahre darauf in einem klassischen Sammelband fest, dass eine „demokratische Zukunft [...] einer Vergangenheit [bedarf], in der nicht nur die Oberen hörbar sind" (Niethammer 1980b, S. 7). Unter den frühen Werken sind zahllose Arbeiten zur Arbeitergeschichte, darunter etwa Klassiker wie Luisa Passerinis viel zitierte Studie über die Erinnerung an den italienischen Faschismus in Arbeiterhaushalten (Passerini 1987).

83 Einer der ersten Beiträge der neu gegründeten Zeitschrift *Oral History Review* war 1973 beispielsweise Brown 1973. Die legitimatorischen Schwierigkeiten, die ein Blick auf die Eliten gerade in der deutschen Historiographie hatte, illustriert etwa der einleitende Versuch von Herwart Vorländer, den Gegenstand der Oral History wenigstens grob zu umreißen und dabei legitime Alternativen zu einer „Geschichte von unten" zu eröffnen (Vorländer 1990, S. 8–10).

84 Jüngst hat etwa Mary Fulbrook (vgl. Fulbrook 2011) mit einem in starkem Maße auch interviewbasierten Herangehen Gewalterfahrung und Generationengeschichte verbunden und zugleich erfahren müssen, welche Fallstricke diese Methode dem Forschenden in den Weg legt, da ihr vorgeworfen worden ist, durch die Benutzung von Ego-Dokumenten „einer halbierten Geschichte beider ‚deutscher Diktaturen' Vorschub [zu leisten], welche die Erfahrungsebene privilegiert, die Seite der Herrschaft hingegen vernachlässigt". Vgl. die Rezension von Nolzen 2012 sowie die Replik von Fulbrook 2012.

85 So hat etwa Damian van Melis einer Studie von Mario Niemann zu Gutsbesitzern in Mecklenburg in der NS-Zeit bescheinigt, es gehe dem Autor ganz „offensichtlich [...] darum, den Gutsbesitzern eine besondere Leidensgeschichte zu attestieren, ohne dabei das ebenfalls gewaltgeprägte Schicksal der anderen Menschen in dieser Region wahrzunehmen" (Niemann 2000; Melis 2001). Stephan Malinowski wirft Niemann gar vor, unter „Mißachtung der etablierten analytischen Standards der Oral History [...] Aussagen [...] durch die distanzlose Wiedergabe im Rang historischer Tatsachenschilderungen" zu präsentieren, und kritisiert weiter, das „analytische Verfahren Lutz Niethammers" werde „hier zu weiten Passagen zur Karikatur" (Malinowski 2003a, S. 24). Sehr viel stärker abwägend die Rezension von Murken 2001.

86 Stöckle 1990, S. 132.

2.1 Gegenstand

In gewisser Hinsicht – und dies ist selbst unter den günstigsten soziologischen Annahmen über die Beschaffenheit der untersuchten sozialen Gruppe der Fall – konstruiert das Oral History Interview seinen Gegenstand mit. Indem der oder die Forschende voraussetzt, dass es einen Gegenstand oder eine bestimmte soziale Gruppe gibt, oder indem er Fragen nach Elementen aufwirft, die in anderen Zusammenhängen als Merkmale der Identität dieser Gruppe gelten können, ist es unvermeidlich, schon vorab den Interviewten in einem gewissen Umfang eine Identität zuzuschreiben (nämlich dahingehend, dass es aufgrund bestimmter Annahmen sinnvoll ist, eine bestimmte Person als Interviewpartner überhaupt zu kontaktieren). Durch die Frage nach bestimmten Merkmalen werden zugleich etwa vorhandene andere Identitätsmerkmale in den Hintergrund gedrängt und manchmal eher durch Zufall als wissenschaftlich kontrolliert wiederentdeckt. Die Frage danach, wie die wissenschaftlich kontrollierte Befragung ihren Gegenstand mitkonstruiert, ist – folgt man Monique de Saint Martin in ihrem wiederholt aufgegriffenen Diktum, Adel sei ein „phénomène de croyance"[87] – auch die Frage danach, wie Forschende diesen Glauben erhalten oder überhaupt erst schaffen. Tragen hierzu etwa eigene Vorannahmen, ein entsprechend abgefasstes Anschreiben und Fragen bei, die spezifische Erzählmuster und Selbstpositionierungen aktivieren? Gesprächspartnerinnen und Gesprächspartner würden dadurch in ihrem Glauben an diese soziale Rolle bestätigt und ermuntert, in diese Identität zu schlüpfen, indem ihnen wissenschaftliches Gewicht verliehen wird. Dies ist ein durchaus ernstzunehmendes Dilemma, weil noch hinzukommt, dass diejenigen, die den Glauben an die soziale Rolle, die zu erforschen ich angetreten war, nicht teilten – oder verloren hatten –, sich aus diesem Grund vielleicht dem Interviewprozess von vornherein durch Nichtrespons entziehen würden, weil sie „mit der ganzen Sache nichts mehr zu tun haben wollten" (so ein Geschwisterteil entschuldigend über den Nichtrespons eines anderen).

Zugleich tut sich ein zweites Dilemma auf, da man nicht nur zumindest indirekt voraussetzt, dass es eine sozialen Gruppe „Adel" auch heute noch gibt, sondern weiterhin den Mitgliedern dieser Gruppe auch einen gemeinsamen sinnhaften Bezug zu einem Raum zuschreibt, nämlich „schlesisch" zu sein. Wie ich überhaupt einen „schlesischen Adel" untersuchen könne, wollte etwa ein Gesprächspartner von mir wissen, das sei doch „keineswegs so einfach". Die Herausforderung liegt einmal in territorialen Umbildungsprozessen und den unterschiedlichen Konnotationen, die „schlesisch" im Laufe der Jahrhunderte und im Widerstreit nationaler Vereinnahmung durch Geschichtsforschung als „Legitimationswissenschaft" im 19. und 20. Jahrhundert angenommen hat,[88] andererseits in dem höchst unterschiedlichen Maße, in dem sich Familien mit dem Territorium verbunden haben, etwa durch ausschließlichen oder teilweisen Grunderwerb und die Länge ihrer historischen Verweildauer in diesem Raum. Die Antworten auf das

---

87 Saint Martin 1993, S. 10f.; Bourdieu 2007, S. 392.
88 Der Begriff hier entlehnt dem Titel des Sammelbandes von Schöttler 1997.

Dilemma, dessen Grundwiderspruch sich nicht einfach auflösen lässt, liegen auf mehreren Ebenen.

Erstens zeigt die Beobachtung von außen, dass es organisatorische Strukturen gibt, in denen sich Menschen aus Familien des historischen Adels aus Schlesien zusammenfinden. Vereinigungen wie die katholischer Edelleute Schlesiens, die Vereinigung des schlesischen Adels sowie die schlesischen Genossenschaften im Johanniter- und Malteserorden legten zumindest die Vermutung nahe, dass es eine Identitätsform „schlesischer Adel" nach 1945 noch gegeben hat und – weitaus wichtiger – auch heute noch gibt. Sie sagen freilich nichts über den Umfang und das Selbstverständnis dieser Gruppe aus.

Hier musste nun ein möglichst systematisches Sampling greifen, bei dem ich versucht habe, eine Auswahl so zu treffen, dass in den geführten Interviews eine möglichst große Bandbreite von sozialen Merkmalen repräsentiert war, sodass das Vorgehen methodologisch vielleicht am ehesten mit einer geschichteten Stichprobe verglichen werden kann.

Territorial konzentriert sich diese Studie auf das ehemalige preußische Herzogtum Schlesien, wie es nach der Teilung Schlesiens nach dem Siebenjährigen Krieg in ein österreichisches und ein preußisches Schlesien bestand.[89] Das damals sogenannte Österreichisch-Schlesien bleibt bei der Betrachtung ebenso außen vor wie das nach der dritten Teilung Polens 1795 geschaffene „Neu-Schlesien". Im Kern soll sich die Studie auf das historische Nieder- und Oberschlesien konzentrieren, wobei auch einzele Familien einbezogen werden, die aus der seit dem 19. Jahrhundert teilweise zu Schlesien gehörigen Lausitz stammen,[90] darunter etwa die Familie von Debschitz, die aber über Jahrhunderte Besitz in Schlesien gehalten hat.

Die Auswahl der Interviewpartner erfolgte dabei mehrstufig und war ein zu keinem Zeitpunkt abgeschlossener Prozess. Zunächst einmal erfolgte eine Kontaktaufnahme mit Angehörigen von Familien aus dem schlesischen Adel, die bereits in der einen oder anderen Weise als wissenschaftlichen beziehungsweise öffentlichen Kontakten gegenüber aufgeschlossen aufgefallen waren. Von diesen erhielt ich oftmals Privatdrucke wie Mitgliederlisten der Orden oder Vereinigungen, auf deren Grundlage weitere adelige Familien identifiziert und Anschreiben verschickt wurden. Als individuelle Voraussetzung für eine Teilnahme am Interview wurde in allen Fällen als Mindestanforderung ein schlesischer – väterlicher oder mütterlicher – Elternteil sowie in einem Fall ein Ehepartner aus dem schlesischen Adel zugrunde gelegt. Das Ausmaß der Verflechtung mit Familien des schlesischen Adels kann in der Praxis weit über vier denkbare Großelternteile hinausgehen, beispielsweise durch Verschwägerung.

Parallel dazu wurde das *Schlesische Güter-Adressbuch* von 1937 und 1912 auf die darin vorkommenden Adelsfamilien mit Grundbesitz in Schlesien ausgewertet. Die 448 hierbei identifizierten Familiennamen, die man als Indikator für die Zahl der Gesamtfamilien nehmen kann,[91] stellen zwar nur einen Teil der möglichen Grund-

---

89 Einen Überblick über die Teilungsphase vermittelt der Sammelband von Baumgart 1990.
90 Zum Lausitzer Adel vgl. den Beitrag von Dannenberg 2014.
91 Erfasst werden in dieser Zählung sowohl der ehemalige landständige Adel als auch im 20. Jahrhun-

gesamtheit dar, weil beispielsweise oft nur temporär nach Schlesien abgestellte reine Beamten- und Offiziersfamilien ohne oder nur mit kleinstem Grundbesitz auf diesem Weg nicht erfasst werden. Unrepräsentativ für die Grundgesamtheit dürfte diese Aufstellung aber nicht sein, denn in vielen Fällen waren es die jüngeren Geschwister oder auch die prospektiven Erben, deren Eltern noch im Besitz standen, die Verwaltungsaufgaben in der Provinz suchten. Kurz, es war anzunehmen, dass die Familien des schlesischen Adels sich zu einem Großteil mit den grundbesitzenden Familien decken würden und dass gerade diese Gruppe Schlesien in einem besonderen Maß in ihre Identitätsbildung einschließen würde.

Mit Hilfe des *Genealogischen Handbuchs des Adels*, dem funktionalen Nachfolger des „Gotha", wurden dann die heute lebenden Mitglieder dieser Familien identifiziert. Das *Genealogische Handbuch* enthält neben den zum Zeitpunkt der Drucklegung bekannten Adressen, die eine Kontaktaufnahme ermöglichten, auch vielfältige soziale Angaben, aus denen sich Profile für möglicherweise interessante Interviewpartnerinnen und Interviewpartner erstellen ließen. Zu diesen Variablen gehören – neben der Generation – die Konfession, Heiraten und (wenigstens teilweise) Scheidungen, Wiederheiraten, die Zahl der Kinder, Namenstraditionen in der Familie oder Angaben zu den Höfen und Häusern, auf denen die jeweilige Linie saß. Bei den ersten Kontaktaufnahmen stellten sich allerdings schnell die Nachteile dieses Ansatzes heraus, weil in zahlreichen Fällen die Aktualisierungen der Bände des Handbuchs lange zurücklagen, sodass einzelne Einträge zu Familien etwa letztmalig in den 1960er Jahren aktualisiert wurden. Dadurch waren weder die dort nachgesuchten Variablen aktuell noch überhaupt alle Familienmitglieder erfasst.

Der Sampling-Prozess wurde deshalb zusätzlich durch die Erschließung von Ego-Netzwerken bereits bekannter Akteure ergänzt. Dies ermöglichte besonders bei Gruppen mit niedriger Responsquote – etwa weiblichen Nachgeborenen der zweiten Generation – eine Kontaktaufnahme, die zugleich in stärkerem Maße vertrauensbildend war, da ich als Interviewer ja schon mit dem Vertrauensvorschuss der Empfehlung durch ein anderes Familienmitglied zu den so gewonnenen Zeitzeuginnen und Zeitzeugen kam. Dieses Vorgehen hatte zugleich den Vorteil, dass auf diese Weise sich überlappende und aneinander anknüpfende aber auch sich gegenseitig korrigierende Narrative aufgezeichnet werden konnten.[92]

---

dert zugewanderte Familien. Familien eines gemeinsamen Ursprungs werden dabei als Gesamtfamilie zusammengefasst (also die Fürsten von Pless etwa mit den Grafen von Hochberg und Freiherren von Fürstenstein, in ähnlicher Weise auch die Herzöge von Ratibor und von Ujest mit den anderen Mitgliedern der Familie von Hohenlohe), darunter auch Familien mit sehr ausgedehnten Zweigen. Regierende Häuser mit Besitz in Schlesien (etwa die Prinzen von Preußen, die Könige von Sachsen oder die Herzöge von Schleswig-Holstein) wurden miterfasst, ähnlich wie polnische Adelsfamilien mit Hauptaufenthalt im Zarenreich 1912 bzw. Polen 1937.

92 Nicht gelungen ist es im Rahmen des Sampling-Prozesses, lebende Mitglieder der verschwindend geringen, in väterlich-namensführender Linie jüdischstämmigen Adelsfamilien aus Schlesien zu identifizieren. Dies hängt einmal damit zusammen, dass bekannte Familien wie die Friedländer-Fuld in männlicher Linie erloschen sind und unter den Nachkommen der weiblichen Linie oft nur noch die dritte Generation am Leben ist. Der Umstand, dass auch Familien wie die in Schlesien

In der Summe über alle Auswahlverfahren hinweg habe ich versucht, eine möglichst breite strukturelle Varianz in meinem Sample herzustellen, das am Ende Geburtsjahrgänge von 1922 bis 1966 umfasst hat und zwei biologische Generationen um den Einschnitt 1945 herum einschließt.

Grafik 1: Anzahl der Interviewten nach Geburtsjahrgängen

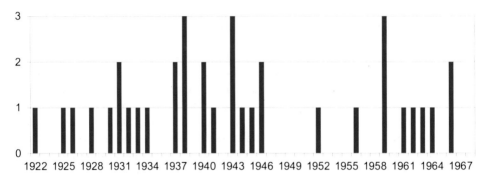

Die Kontaktaufnahme erfolgte in aller Regel durch ein standardisiertes Anschreiben, dem eine Projektbeschreibung beilag, die, ohne Details des Forschungsdesigns zu offenbaren, eine grobe Idee von den Interessen des Projekts vermittelte. Im Fall der „Schneeball"-Methode erfolgte die Kontaktaufnahme vielfach telefonisch und sogar per E-Mail, im Regelfall erhielten die Gesprächspartner dann trotzdem Anschreiben und Projektbeschreibung in elektronischer Form oder per Post. In der Summe wurden 36 Angehörige von Familien aus dem schlesischen Adel befragt, von denen im Endeffekt alle Interviews autorisiert wurden.[93]

Zugleich wurden ergänzende Ego-Dokumente (von einem Privatfilm bis zu Privatschriften) und öffentlich publizierte Erinnerungstexte hinzugezogen, um sowohl andere Zeitebenen zu erfassen als auch die Quellengrundlage möglichst breit zu halten.

2.2 Interviewprozess

Die Interviews wurden fast ausschließlich in einer Umgebung durchgeführt, mit der die Gesprächspartnerinnen und -partner vertraut waren, sei es bei ihnen zu Hause, sei es, im Fall einiger männlicher Interviewpartner, in deren Büros. Darin muss sich

---

begüterten Rothschild in den genealogischen Handbüchern des Adels nicht gelistet sind, hat eine Kontaktaufnahme zusätzlich erschwert.

93 Eine Samplegröße zwischen zwanzig und fünfzig Personen scheint in den letzten Jahren unabhängig von der Größe der Grundgesamtheit die bevorzugte Größe der von Einzelforschern (insbesondere als akademische Qualifikationsarbeiten) durchgeführten Oral-History-Studien zu werden. Die Volkskundlerinnen Sarah Scholl-Schneider und Elisabeth Fendl legen ihren Studien z. B. jeweils 22 (Scholl-Schneider 2011b, S. 73) beziehungsweise 45 Interviews (Fendl 2006, S. 15) zugrunde. Großprojekte wie die von Alessandro Portelli arbeiten dagegen durchaus auch mit Samplegrößen von über 200 Personen (Portelli 2003; Portelli 2011).

nicht unbedingt ein Versuch ausdrücken, die Dinge „professionell" und distanziert zu handhaben, wie die Offenheit der Zeitzeugen im Interview untermauert, vielmehr war es häufig auf die bessere Erreichbarkeit der Arbeitsstätten für mich als Interviewer zurückzuführen, wobei ich mir des Verlusts an möglicher Hintergrundinformation über das Lebensumfeld meiner Gesprächspartner durchaus bewusst war. In zwei Fällen haben mich aufgrund geografischer Nähe Gesprächspartner in meinem Büro aufgesucht. Die Interviews dauerten zwischen eineinhalb und knapp über drei Stunden. Mit Ausnahme eines Interviewpartners im Rahmen eines Vorprojekts fanden Gespräche mit allen Interviewpartnern nur einmal statt.

Der Interviewprozess erfolgte, wie schon angedeutet, teilstandardisiert, das heißt, es wurde – mit Variationen nach Alter, Geschlecht, Konfession oder auch Seniorität der Familie – in jedem Interview ein ähnliches Spektrum von Fragen abgedeckt. Der selbstverständlich offene Fragenkatalog der halbstrukturierten Interviews konnte in einem Vorprojekt entwickelt werden, das in der zweiten Jahreshälfte 2010 stattfand und in dem insbesondere relevante Themenbereiche eruiert und Fragetechniken entwickelt wurden. Die zwei aus diesem Vorprojekt hervorgegangenen Interviews sind deshalb strukturell mit den in den Jahren 2011 bis 2013 geführten Interviews weitgehend identisch, wenn auch vielleicht etwas explorativer angelegt, und werden deshalb hier als Teil der Gesamtheit der Interviews behandelt.

Meine eigene soziale Rolle im Rahmen der Interviews war die eines universitären Nachwuchsforschers, was in fast allen Fällen – da es sich ja im Regelfall zugleich um eine Interviewsituation handelte, die mit einem *Research-up*-Design[94] vergleichbar ist – den Zeitzeuginnen und Zeitzeugen die Autorität der, beziehungsweise des Älteren gab, ihre Erfahrungen und ihr Leben aber zugleich durch das wissenschaftliche Interesse aufwertete. In der Regel spielten sich dabei unschwer Generationenrollen ein, da die Mehrheit der Zeitzeuginnen und -zeugen aus meiner Großeltern- oder Elterngeneration stammt. Lediglich mit einigen sehr viel jüngeren Menschen musste das gegenseitige Rollenverständnis erst spürbar ausgehandelt werden. Diese „natürlich" anmutende, generationelle Rollenverteilung erleichterte auf ihre Weise die Kommunikation, da sie den Zeitzeugen erlaubt hat, bestimmte Randbedingungen wie auch Zeithorizonte als evident vorauszusetzen. In einigen wenigen Fällen fiel mir im Laufe des Interviews auf, dass Gesprächspartnerinnen und Gesprächspartner diese Rollenverteilung durchbrachen und mehr auf meine professionelle Rolle in der Interviewsituation abhoben. Im Regelfall geschah dies meiner Wahrnehmung nach dann, wenn die Sprechenden Tabus überwinden wollten und Themen aufs Tableau brachten, die in dieser Form in der intergenerationellen Kommunikation nicht hätten thematisiert werden können.

Der Grad der Öffnung mir gegenüber war unterschiedlich und musste dies aufgrund der verschiedenen Lebensalter und Lebenslagen auch sein. Gerade viele ältere Menschen haben mich in ihrem Haus willkommen geheißen und sind meiner Wissbegier und dem darum kreisenden Aufwand sehr weit und gerne entgegengekommen.

---

94 Kaschuba 2012, S. 204.

In keinem Fall eines zugesagten Interviews kam es zu Komplikationen oder einem Abbruch. In einem Fall bin ich einem Interviewpartner mit meinen Fragen nicht gerecht geworden, da sich seine Lebenssituation derart von den mir bis dahin vertrauten Situationen und Milieus unterschied, dass mir mein Fragenkatalog eher hinderlich als förderlich war, ich aber auch nur langsam und tastend mit freien Fragen in das Leben dieses Menschen hineinfand. Charakteristisch war der sinngemäße Satz: „Sie fragen so anders, als ich das gewohnt bin." Zu verhindern sind derartige Situationen nie völlig, obwohl gerade derartige zunächst alterierende Begegnungen ein bedeutendes Erkenntnispotential haben, wenn es gelingt, nicht nur eine Beziehung zum Gegenüber, sondern auch ein tieferes Verständnis für sein oder ihr Leben zu entwickeln.

Neben dem bisher Gesagten, das in der einen oder anderen Form für alle Oral-History-Interviews gelten dürfte, sieht sich eine historische Adelsforschung, die die Oral History als heuristische Technik nutzt, weiteren methodischen Herausforderungen gegenüber.[95] Zunächst einmal ist festzuhalten, dass die gesamte Gruppe vergleichsweise klein ist und ihre Mitglieder landsmannschaftlich und damit zugleich auch verwandtschaftlich eng mit einander vernetzt sind – ein Effekt sozialer Nähe, der durch die Erschließung von Ego-Netzwerken eher noch verstärkt worden ist. Wo immer ich als Interviewer erschien – die Wahrscheinlichkeit war hoch, auf eine Person angesprochen zu werden, die bereits ein Interview gegeben hatte, oder zufällig im Gespräch über „die Vettern" auf einen früheren Interviewpartner zu stoßen. Dieser Umstand hat durchaus weitreichende Folgen für die Art und Weise, wie Interviews angelegt und verwertet werden können.

Keine der hier interviewten Personen ist eine Person der Zeitgeschichte, und alle Menschen haben folglich einen Anspruch auf den Schutz ihrer persönlichen Lebenssphäre. Angesichts der Fülle der Verflechtungen würde auch bei einem anonymisierten Interview bereits eine Andeutung des Herkunftsorts – nicht einmal unbedingt dessen namentliche Nennung – ausreichen, um zumindest im weiteren Verwandtschaftskreis und unter den Mitgliedern der Gruppe eine Identifizierung zu ermöglichen.[96] Dieser Umstand hat sicherlich Einfluss auf die Art und Weise, wie Dinge erzählt werden, aber auch darauf, wie das in den Interviews und Vorgesprächen erlangte Wissen in diesem Buch verwendet werden kann.[97] Dies ist letztlich auch

---

95 Geppert 1994.

96 In mehreren Fällen bin ich in Unterhaltungen sogar bei der reinen Wiedergabe von Sachinformationen, die mir bereits bekannt waren, gefragt worden, ob mir dies der eine oder die andere Verwandte erzählt habe.

97 So haben etwa Tracy E. K'Meyer und A. Glenn Crothers vor geraumer Zeit festgehalten, dass „one downside of the negotiated relationship in the oral history process is that we believe we cannot use all the information we have and therefore can only suggest a contrasting interpretation, leaving open or unfinished that part of the story" (K'Meyer/Crothers 2007, S. 90). Ich habe versucht, in der vorliegenden Studie das Dilemma vor allem durch die Möglichkeit der synthetischen Betrachtung zu lösen. Gleich wie in archivalischen Überlieferungen Lücken bestehen können – die häufig genug systematische Ursprünge haben –, welche durch Parallelüberlieferungen und Analogieschlüsse mit ähnlich gelagerten Fällen wenigstens teilweise kompensiert werden können, kann so auch die systematische Lücke der Erzählung angegangen werden, indem durch kontrastierende und komplementierende Texte eine „sanfte" Dekonstruktion der Narrative vollzogen wird

der Grund, warum ich mich bei der Anlage der Studie trotz allem gegen ein anonymisiertes Verfahren entschieden habe, wie es etwa Éric Mension-Rigaus Studie *L'enfance au château* zugrunde liegt.[98]

Der geteilte Charakter der Autorschaft am Text der so entstandenen Quellen[99] gebietet es jedoch, den Zeitzeugen eine Möglichkeit zur Teilanonymisierung auf Wunsch anzubieten sowie ihnen eine Möglichkeit zu geben, bei der späteren Kontrolle des Protokolls Passagen, Sätze oder Ausdrücke zu streichen.[100] In Einzelfällen waren derartige Streichungen nachzuverhandeln – etwa weil ein Interviewpartner im Fluss des Erzählens von der Familie durchgängig in den Kosenamen gesprochen hatte und bei der späteren Korrektur alle diese durch die formalen Namen ersetzt hatte, was zwar Lesbarkeit herstellt, aber andererseits auch zum Verlust von authentischen Elementen der Binnenkommunikation führte. Der Regelfall in der vorliegenden Arbeit sind jedoch namentlich und regional identifizierbare Zeitzeugnisse, die aber gerade durch diese Offenheit auch ihre besondere Bedeutung erhalten.

Während es wünschenswert ist, um eine Beeinflussung der Interviewten durch den Interviewer möglichst auszuschließen, gegenüber den Beteiligten das engere Forschungsdesign und die verwendeten Konzepte nicht offenzulegen, ist es andererseits Teil der emanzipatorischen Agenda der Oral History, mit den Interviewten auf Augenhöhe zu sprechen, ihnen also keine für den Verwendungskontext der Interviews möglicherweise relevanten Informationen vorzuenthalten. Letzteres halte ich für geradezu zwingend, da Gesprächspartnerinnen und Gesprächspartner über zum Teil äußerst persönliche Inhalte Auskunft gegeben haben. Mein Vorgehen war also im Wesentlichen ein Balanceakt zwischen dem berechtigten Wunsch der Interviewpartner zu wissen, mit wem sie es zu tun hatten und wofür, in welcher Weise und in welchem Kontext ihr Zeugnis verwendet werden würde, und dem Versuch, die Gesprächspartner nicht mit Informationen zu konfrontieren, die ihr Zeugnis verzerren oder lenken würden. Nicht zuletzt gilt es sich jedoch auch bewusst zu sein, dass auch die Interviewpartnerinnen und -partner eine durchaus eigene Agenda haben, die einerseits ernst genommen werden will, aber andererseits im wissenschaftlichen Schreibprozess aus quellenkritischer Sicht auch hinterfragt werden muss.

Eine weitere Besonderheit einer mündlich basierten historischen Adelsforschung ist der Umstand, dass – wie sich relativ schnell herausgestellt hat – die enge verwandtschaftliche Verflechtung eine eigene Kommunikationskultur und eigene kulturelle Codes in der Gruppe erhalten hat. Dies erzeugt naheliegenderweise eine gewisse Vorsicht, wenn über Dritte gesprochen wird. Selbst in – für mich als Interviewer völlig harmlos erscheinenden – Zusammenhängen, wurde ich unvermittelt Dinge gefragt wie „Schreiben Sie die Namen auf?" und entsprechend meiner Antwort (die immer

---

98 Mension-Rigau 1990.

99 Eine intensivere Auseinandersetzung mit der „geteilten" Autorschaft (shared authority) fordert erstmals Michael Frisch in seiner Aufsatzsammlung Frisch 1990; vgl. auch den Überblick von Thomson 2003, S. 23f.

100 So auch ein Vorschlag von Wierling 2003, S. 114, für den Fall, dass Prominenz eine Anonymisierung des Interviews verunmöglicht.

dahin ging, dass, wenn keine Einwände bestünden, ich die Namen zum besseren Verständnis der Transkribierenden notierte) – so zumindest mein Eindruck – passte sich auch der Duktus der Antworten an. Als grundsätzlich problematisch erwiesen sich auch Fotografien, auf denen lebende Dritte mit zu sehen waren – und sei es in der Staffage. In beinahe jedem Vorgespräch zu einem Interview ist mir deutlich gemacht worden, wie wichtig den Gesprächspartnern die Möglichkeit war, die Transkripte der Interviews gegenlesen und gegebenenfalls korrigieren zu können. Mehrmals wurde dieser Umstand sogar als Bedingung für die Zusage zum Interview bezeichnet. In zwei Fällen wurden mir Schilderungen gemacht, in die Episoden vorbehaltlich der Zustimmung Dritter eingeflochten wurden, und immer wieder wurde ich gebeten, „jetzt kurz" das Aufnahmegerät anzuhalten, oder es wurden Dinge berichtet und sogleich mit dem Vermerk versehen: „Das streichen wir dann später aus dem Protokoll." Nun muss man sich einerseits hüten, derartige Muster überzuinterpretieren und alleine dem Umstand zuzuschreiben, dass meine Gesprächspartnerinnen und Gesprächspartner einen adeligen Hintergrund hatten – es gäbe keine Theorieliteratur zur Oral History, wenn derartige Kommunikationsmuster nicht in gewissem Umfang universal wären.[101] Andererseits fügt sich das grundlegende Bedürfnis, das so entstehende Bild mitzugestalten, durchaus in das ein, was Marcus Funck und Stephan Malinowski zu adeligem autobiografischen Schreiben für die erste Jahrhunderthälfte herausgearbeitet haben.[102]

2.3 Verschriftlichung

Die Transkripte wurden zu etwas weniger als einem Viertel von mir selbst, in der Mehrheit aber durch Transkribendinnen und Transkribenden gefertigt und von mir anschließend mit der Aufnahme verglichen. Der Prozess des „Erinnerns und Erzählens"[103] lässt sich nur unvollkommen in die lineare Ordnung der Schrift übertragen. Zwar wäre es möglich gewesen, durch beispielsweise eine sprachwissenschaftliche Transkriptionstechnik die dialogische Gesprächssituation noch exakter abzubilden, aber dieses Vorgehen hätte die Lesbarkeit des so entstandenen Texts für Nicht-Spezialisten gravierend eingeschränkt. Insofern folge ich auch hier Portellis Diktum, dass es darum geht, in der „Transmediatisierung" jeweils den „Regeln des Mediums" gerecht zu werden.[104]

Gerade wenn dieser Text geschlossen gelesen werden soll, werden bei der Übertragung Transpositionen und Ergänzungen erforderlich (etwa durch das Einfügen eines fehlenden Verbs, ohne das ein Gebilde mit mehreren Nebensätzen nahezu unlesbar werden würde). Zugleich sollen diese aber so methodisch und erkennbar wie möglich sein. Ich bin dabei so verfahren, dass ich Ergänzungen wie bei Schriftquellen allgemein üblich in eckige Klammern gefasst habe. Weitergehende redaktionelle Ein-

---

101 Etwa jüngst K'Meyer/Crothers 2007.
102 Funck/Malinowski 2002, S. 86.
103 Portelli 2003, S. 14.
104 Portelli 2011, S. 10.

griffe waren zudem die Auslassung von Doppelungen soweit diese nicht erkennbar einer besonderen kommunikativen Absicht folgten, von Stottern, grammatikalisch falschen und von den Sprechenden selbst nachkorrigierten Endungen und Artikeln sowie von gefüllten Pausen. Transpositionen wurden im Protokoll stellenweise verwendet, um Satzstellungen an den schriftsprachlichen Gebrauch anzupassen, wo andere Informationen fehlen, wie sie sonst beispielsweise die Intonation bietet. Alle Verschriftlichungen lagen, wie bereits erwähnt, den Interviewpartnern und -partnerinnen noch einmal vor, sodass diese Korrekturen und Präzisierungen vornehmen konnten.

An der Grenze zum Auswertungsprozess steht die Untergliederung des fließenden Spiels von Frage und Antwort in Passagen, die jeweils mit der Anfangs- und der Endzeit in der Aufnahme markiert wurden. Zum einen werden so die Sprechenden erkenn- und zitierbar. Zugleich wurden innerhalb längerer Erzählpassagen Sinneinheiten abgegrenzt, die inhaltlich oder von ihrer Erzählstruktur her weitgehend geschlossen sind. Diese Marker für die jeweiligen, zum Teil mehrere Minuten umfassenden Passagen habe ich in diese Arbeit als Fußnoten übernommen. Dieses Verfahren erleichtert nicht nur das Wiederauffinden zitierter Passagen im Protokoll eines teils mehrere Stunden langen Interviews, sondern es hilft Lesenden zusätzlich dabei, Zitatpassagen in der vorliegenden Arbeit besser einzuordnen. Kleinere Transpositionen innerhalb einer solchen Sinnpassage habe ich dagegen nicht noch einmal getrennt kenntlich gemacht. Deren Auswertung erfolgte manuell entlang eines losen Annotationsschemas.

2.4 Auswertung und Schreiben

Wenn ich hier wiederholt von Zeitzeugnissen gesprochen habe, dann soll dies keine Konzentration allein auf die alltags- und erfahrungsgeschichtliche Dimension vergangener Lebenswelt implizieren. Vielmehr steht neben dem Zeugnis (*testimony*) auch das Narrativ (*narrative*), das sich mit den Methoden der Textwissenschaften unserem Verständnis öffnet, im Mittelpunkt der Untersuchung, um erneut eine Unterscheidung von Alessandro Portelli aufzugreifen.[105] Es geht also nicht nur um die Dimension dessen, was gesagt wird, sondern auch des Wie und Warum eines Sprechakts. Die Interviews sind von mir somit nicht, wie es Anna Sheftel und Stacey Zembrzycki vor einigen Jahren ausgedrückt haben, als *fact-finding missions* betrachtet worden,[106] vielmehr war es mir wichtig, zunächst auf gleichsam ethnografische Weise ein Netz von textinhärenten Bedeutungszuschreibungen aufzudecken, das im Sinne von Clifford Geertz durch „dichte Beschreibung" verstehbar gemacht werden kann.[107]

---

105 Brinson 2001, S. 108.
106 Sheftel/Zembrzycki 2010, S. 194.
107 Geertz betrachtet den Menschen bekanntlich als ein Wesen, „das in selbstgesponnene Bedeutungsgewebe verstrickt ist, wobei ich Kultur als dieses Gewebe ansehe." Sie könne daher nicht mit den Methoden einer experimentellen Wissenschaft erschlossen werden, sondern nur durch „eine interpretierende, die nach den Bedeutungen sucht. Mir geht es um Erläuterungen, um das Deuten

„Erinnerung", so hat Jürgen Joachimsthaler es einmal umschrieben, „verwandelt sich, indem sie erzählt wird, in Erzählung – und ist anders als in der Form der Erzählung nicht mehr mitteilbar und ohne diese oft nicht einmal dem sich erinnernden Subjekt selbst greifbar. Die dazu nötige narrative Gestaltung gehorcht weniger den Gesetzen referentieller Wirklichkeitswiedergabe als ästhetischen und rhetorischen Prinzipien".[108] Im Mittelpunkt steht also einerseits, wie Erzählende ihre biografische Erfahrung und Identität in der aktuellen Erzählsituation mit narrativen Mitteln konstruieren.[109] Andererseits entfaltet diese Arbeit selbst eine historische Erzählung, die nicht ohne einen ereignisgeschichtlichen Referenzrahmen auskommt, welcher der Gestalt des ko-konstruierten kommunikativen Gedächtnisses eine Struktur gibt und der umgekehrt – wenn auch kritisch-tastend – aus dem Zeugnis als Evidenz mit hergeleitet werden kann.[110] Für ersteres lehne ich mich an Gabriele Lucius-Hoenes und Arnulf Deppermanns Methode der „Rekonstruktion narrativer Identität" an, die beispielsweise postulieren, dass „die im Interview dargestellte *Wirklichkeit des Erzählers ernst genommen werden*" müsse und „als solche in ihren immanenten Strukturen und Begründungen zu rekonstruieren" sei. Da ich weniger stark als beide auf die Erschließung „der pragmatischen und interaktiven Dimension" bei der „Herstellung von narrativer Identität im Interview" abhebe, bin ich weniger radikal, was die aufgezeigte Vielzahl von Bedeutungsdimensionen angeht, sondern kontextualisiere die mir als Erzähler wahrscheinlichen Varianten in einem breiteren Narrativ.[111] Der Sinn des Interviews als wissenschaftlicher Akt liegt also nicht darin, die Interviewten einer „falschen" oder entstellenden Aussage oder einer besonderen Auslassung zu überführen, sondern vielmehr das von ihnen perpetuierte Bedeutungssystem aufzudecken, in das sie ihr Handeln und das ihrer Eltern einordnen.

Dieser Zugang ist besonders dort relevant, wo das Interview an sensible Themen wie das Verhalten der Familie im Nationalsozialismus rührt. Das Forschungsdesign dieser Monografie zielt vorrangig auf die Nachkriegszeit. Da zugleich habitusprägende Lebensabschnitte wie die Kindheit der Interviewpartner im Interviewprozess ein Thema waren, hat sich jedoch gezeigt, dass diese gar nicht ohne den Bezug auf

---

gesellschaftlicher Ausdrucksformen, die zunächst rätselhaft erscheinen." (Geertz 1987, S. 9.)

108 Joachimsthaler 2009, S. 43f.

109 Lucius-Hoene/Deppermann 2004, S. 91.

110 Insofern weiche ich vom strengen Postulat etwa Heidemarie Uhls ab, für die klar ist, dass Oral History „keine Fakten- und Ereignisgeschichte ergeben kann" (Uhl 1992, S. 169), da ich im Medium Interview nur eine besondere Spielart von Text sehe, die, adäquate Quellenkritik vorausgesetzt, in ähnlicher Weise wirklichkeitskonstruierend ist wie andere Quellentypen auch. Weniger entschieden als Uhl, aber mit der klaren Befürchtung, dass die Spezifika des mündlichen Erzählens dieses für eine Annäherung an „Ereignisse und Abläufe" ungeeignet machen, Kalinke 2015, S. 278.

111 Zitat und Hervorhebung Lucius-Hoene/Deppermann 2004, S. 100. Dabei fühle ich mich zugleich Lucius-Hoene und Deppermanns Bemühen verpflichtet, die im Interview aufscheinenden Wirklichkeiten „*nicht* durch den Vergleich mit anderen, von der Auswerterin für wahr(er) gehaltenen Wirklichkeitssichten [...] zu delegitimieren". Ein Bemühen das notwendigerweise in einem Spannungsfeld steht, mit Notwendigkeit eine eigene Vergangenheitserzählung zu entwickeln, die letztlich eine Abwägung zwischen der Vielzahl von Interpretationsmöglichkeiten eines Zeugnisses treffen muss, um sich selbst als Narrativ zu konstituieren.

die NS-Diktatur erzählbar waren, wie auch eine Analyse von Lebenswelt und den in den Erzählungen entfalteten Sinnbezügen für die Kriegs- und Vorkriegszeit ohne diese Referenzen unmöglich ist. (Zu einer eingehenderen Reflexion gerade zu diesem besonders methodisch fordernden Teil vergleiche eingehender Teil I, Kapitel 3). Die nationalsozialistische Diktatur ist also ein Gegenstand, der eine Präsenz aus sich selbst heraus erlangt hat. Letztlich habe ich mich entschieden, genau dieses Spannungsfeld – sein Aufscheinen und Erinnertwerden – auch zum Thema der Untersuchung zu machen, jedoch mit dem klaren Verständnis, das Leben vor 1945 immer nur mit Blick auf seine Relevanz für das Vertreibungsgeschehen und die spätere Formung von Erinnerung und Habitus zum Gegenstand werden zu lassen.

Im Schreibprozess hat mich Alessandro Portellis Konzept der vielstimmigen Erzählungen[112] sehr inspiriert. Ich habe deshalb Portellis Technik übernommen, längere und kürzere Zitatpassagen – Portelli nennt sie *arias* und *choruses* – miteinander zu verflechten.[113] Die längeren „Arien" sind in diesem Buch eingerückte Blöcke, die eine Idee von diskursiven oder lebensweltlichen Zusammenhängen geben sollen. Die „Chor"-Passagen sammeln demgegenüber kurze, sehr ähnliche Aussagen und verweisen so auf die Wiederholung und Verallgemeinerbarkeit der referenzierten Sprechakte. Zugleich bin ich aber auch ein Schreiber, für den das Ordnende, das Klassifizierende, der Versuch, meine Beobachtungen zu systematisieren, immer im Vordergrund steht. Dadurch ist in meiner Arbeit die autoritative Stimme des Erzählers stärker in den Vordergrund getreten, als dies vielleicht in vergleichbaren Studien der Fall ist. Wissenschaftlicher Sinn wird so nicht nur durch die Anordnung von Erzähltem und Erfragtem, sondern auch durch Typisierung und Einordnung in den Kontext geschaffen.

---

112 Etwa Portelli 2003, S. 59–69.
113 Portelli 2011, S. 371.

3 Gedächtnisorte: Vergessen – Umdeuten – Neu-Aneignen

Bei aller Bedeutung die in diesem Buch dem familialen Gedächtnis zukommt, ist das daraus entstandene Bild im Hinblick auf die Gesamtheit adeliger Kultur vor 1945 doch notwendigerweise unvollständig. Wenn im Abschnitt über den schlesischen Adel als eine Diaspora etwa von Verweissystemen die Rede war, die unter anderem auf kontemporäre, erinnerte und sogar utopische Orte verweisen können, so stellt man bei genauerem Hinsehen zugleich auch fest, dass diese Referenzierungen eine Vielzahl von unterschiedlichen Artefakten umfassen: Herrenhäuser, Vorwerke und Höfe, Stadtpalais und Parks, Denkmale, Sammlungen aller Art, Bibliotheken, Räume und Inschriften in Kapellen, Kirchen und auf Grabsteinen, um nur einige dieser längerfristig konservierten Gegenstände solcher Verweise zu nennen. Die Betrachtung der Referenz ist aber letztendlich unvollständig, solange das Referenzierte – die materielle Kultur[114] des schlesischen Adels – außen vor bleibt.

Mit Flucht und Vertreibung bildete sich nämlich nicht nur eine schlesische adelige Diaspora. Durch die Zwangsmigration vieler Polen aus den ehemaligen polnischen Ostgebieten zum Kriegsende und den Zuzug zahlreicher Arbeitskräfte aus den Kerngebieten Polens mit dem Wirtschaftswachstum der späten 1950er und 1960er Jahre hat sich die Bevölkerungsstruktur Schlesiens in der zweiten Hälfte des 20. Jahrhunderts grundlegend verändert. Dies wirft die Frage auf, welche Beziehung die alteingesessene und die neu angesiedelte Bevölkerung zu den Spuren des schlesischen Adels hatte und ob und wie die Politik diese zu beeinflussen suchte. Denn wo der Adel wich, blieben Räume und Artefakte, die in einer ihrem Selbstverständnis nach neuen Gesellschaft der Deutung bedurften – zumal, wenn diese Gesellschaften wie jene des östlichen Europas in der stalinistischen Phase so sehr auf Sichtbarkeit und die Eindeutigkeit der kommunikativ konstruierten „öffentlichen Realität" angewiesen waren.[115] Die Artefakte selbst waren nun Fragmente in einer veränderten Umwelt, die neu gedeutet, angeeignet oder auch vergessen wurden.

Wie William Doyle jüngst in einer kleinen Einführung zur „Aristokratie" mit Blick auf den Kontinent Europa festgestellt hat, sind für jene Gemeinschaften, die heute an diesen Orten leben, diese materiellen Artefakte zugleich auch eine konstante Erinnerung an einstige Herrschaft.[116] Oder etwas abstrakter ausgedrückt: Orte – und dies schließt hier zweckmäßigerweise materielle Ensembles wie Sammlungen ein, die geographisch mobil sein mögen, in ihrem inneren Zusammenhang aber selbst wieder Räumlichkeit als eine geordnete Struktur erschaffen – sind nicht nur Träger und Projektionsfläche von Erinnerung ihrer ehemaligen Eigentümer, sondern oft genug auch von konflikthaft aufgeladener Deutung von außen.

In den letzten Jahren ist im Zuge des *spatial turn* in der Geschichtswissenschaft das

---

114 Ich verwende diesen Begriff in Anlehnung an die *Material-Culture-Studies*, die, aus der Anthropologie, Volkskunde und Archäologie kommend, eher langsam das Interesse der Geschichtswissenschaft gefunden haben. Einleitend, programmatisch Hicks 2010; einen einleitenden Überblick gibt Colloredo-Mansfeld 2003; vgl. zudem Appadurai 2011; Harvey 2013; darin besonders Riello 2013.

115 Für Schlesien siehe u. a. Bębnik 2007; der Begriff der „öffentlichen Realität" hier entlehnt von Sabrow 2000.

116 Doyle 2010, S. 101.

Schicksal der Herrenhäuser in den ehemaligen deutschen Ostgebieten durchaus thematisiert worden.[117] Auch in der polnischen Historiografie fand in den letzten Jahren eine gegenüber dem oft reiseführerhaften Stil früherer Jahre[118] auf reichhaltiger Archivarbeit beruhende Auseinandersetzung mit den Schlössern und Gutshöfen statt, die – vielleicht bezeichnenderweise – zum größten Teil aus Schlesien selbst kommt. Insbesondere die umfassende Monografie von Romuald Łuczyński wird auf absehbare Zeit ein Standardwerk für Niederschlesien bleiben.[119] Der Umstand, dass sie Oberschlesien nicht zum Gegenstand hat, hat mit dazu beigetragen, den Fokus in dieser Studie verstärkt gerade auch auf diesen Raum zu richten.

Die jüngere Literatur hat dabei vorrangig eine Verfallsgeschichte entworfen, die primär von Zerstörung und Vernachlässigung geprägt ist. Zusammenfassend charakterisiert etwa Gregor Thum dieses Bild:

> „No less dramatic were the effects on Prussia's material legacy: [...] in the countryside east of the river Elbe, Prussia's End was marked by the destruction of hundreds of mansions by arson and looting in the wake of Germany's 1945 military capitulation. The remaining estates gradually fell victim to neglect and indifference in East Germany, Poland and the Soviet Union – their Socialist economies had little use for the large number of mansions."[120]

Diese Verfallsperspektive, so zutreffend sie für einen signifikanten Teil der materiellen Adelskultur auch sein mag, verstellt allerdings leicht den Blick auf Entwicklungen unterhalb dieses Prozesses – oder jene, die ihm gar zuwiderlaufen – und bedarf deshalb einer Differenzierung. Die reine Verfallsperspektive kann nur unzureichend erklären, warum trotz des Umstands, dass diese materielle Kultur im Diskurs der kommunistischen Öffentlichkeit doppelt stigmatisiert war – als deutsch und als feudalistisch –, eine Praxis des Kulturgüterschutzes entstehen konnte und warum sich in den 1980er und 1990er Jahren eine enge Verbundenheit vieler neuer und alter Bewohner der polnischen Westgebiete mit diesem materiellen Erbe aufzeigen lässt.

Es würde zu kurz greifen, wollte man ausschließlich die „Allianz zwischen Herrschaft und Gedächtnis" beziehungsweise Vergessen,[121] also die Geschichtspolitik im kommunistischen Polen, in den Mittelpunkt stellen.[122] Vielmehr ist vor allem auch nach dem Denkmalschutz als soziale Praxis zu fragen. James C. Scott argumentiert in einer vielbeachteten jüngeren Publikation in Anlehnung an ältere Denkmuster, die bis auf Max Weber zurückgehen, dass der funktional differenzierte Staat sich konstant neue Tätigkeitsfelder durch Bürokratisierung

---

117 Vgl. etwa die transnational angelegte Arbeit von Forbrich 2008; sowie Forbrich 2006; Wipprecht 2006.

118 Łuczyński 1997; Czerner/Bździach 2001; Perzyński 2006; Franke 2008; Franke/Schulze 2009. Daneben gibt es auch in Polen eine wachsende Zahl von Erinnerungsbänden, die alte Ansichten von Schlössern in Schlesien publizieren, so etwa: Gaworski 2010.

119 Łuczyński 2010; mit Perspektiven für den Erhalt der Gutsparks befasst sich die jüngere Dissertation von Matyjewicz 2009; Makowski 2005; Czerner 2000.

120 Thum 2012, S. 261.

121 Assmann 1999, S. 70–72.

122 Die Geschichtspolitik im Bereich des Denkmalschutzes im kommunistischen Polen ist gerade in jüngerer Zeit Gegenstand mehrerer Darstellungen geworden: Zybura 2005; am Beispiel des Wiederaufbaus von Warschau: Majewski 2009; vgl. zudem Rymaszewski 2000.

und Komplexitätsreduktion (mit teils tragischen Folgen) erschließe, die anders seinem verwaltenden Zugriff entgingen, um die Komplexität der Gesellschaft beherrschbar zu machen.[123] Aus dieser Sicht stellte die Übernahme der besetzten Gebiete eine enorme verwaltungsmäßige Herausforderung dar – zumal bei Kriegsende noch keine eigenständige Fachbürokratie existierte, die sich der Aufgabe hätte annehmen können. Daraus ergeben sich eine Reihe von Fragen. Die nächstliegende ist jene danach, wer genau bei Kriegsende und in den ersten Nachkriegsjahren für die Übernahme, Verwaltung und gegebenenfalls auch Bewahrung der materiellen Adelskultur zuständig war. Ab wann lassen sich erste Ansätze eines konservatorischen Vorgehens erkennen? Nach welchen Prinzipien wurden Gebäude und materielle Kultur erfasst? Gab es spezifische politische Vorgaben für Objekte, deren Bewahrung erwünscht war, oder auch nicht? Welche Bedeutung hatten die verschiedenen politischen Einschnitte auf die Ausbildung einer Fachverwaltung – etwa Beginn und Ende der stalinistischen Phase in Polen? Entwickelten die Konservatoren einen „Eigensinn"[124] im Umgang mit dem historischen Erbe? Durch welche Prozesse war dessen Erfassung, Verwaltung und Bewahrung organisiert? Was geschah mit dem durchaus beachtlichen Teil von Objekten, die nie in den Wirkungskreis der Konservatoren aufgenommen wurden? Welche Nutzungsformen lassen sich für die verschiedenen Objekte feststellen? Welche Einstellung entwickelte die lokale Bevölkerung zu den Bauten in ihrer Mitte? Fand hier eine Aneignung statt, oder blieb eine Distanz, in der die Schlösser kaum als etwas „Eigenes" und damit Bewahrenswertes erschienen? Ich gehe an dieser Stelle davon aus, dass die räumliche Umwelt des Menschen immer mehr ist als der naturgeografische Raum, dass vielmehr Umwelt sozial gestaltet und mit Bedeutung aufgeladen wird. Der Raum selbst kann demnach mit Fabian Kessl und Christian Reutlinger als ein „sich ständig (re)produzierende[s] Gewebe sozialer Praktiken" begriffen werden.[125] Der Begriff der „Aneignung" ist folglich hier nur in einem sehr begrenzten Maße als materielle Besitzergreifung zu verstehen, obwohl dies sicher ein Bestandteil des Gesamtprozesses ist. Zentral ist vielmehr vor allem ein Prozess, in dem Alterität zu einer Form von Identität wird. Es geht also darum, wie aus einem kulturell fremden Artefakt, das sozial potentiell destruktiv ist, da es Fremdherrschaft oder Unterdrückung repräsentiert, ein Artefakt wird, das als Bestandteil der „eigenen" Kultur und damit als schützenswert begriffen wird.[126] In dieser Wahrnehmung wird das materielle Artefakt also zu einer semantischen Repräsentation, die vermittelt, gelesen und interpretiert und zum Bestandteil der „eigenen" Kultur werden kann.

---

123 Scott 1998. Die Überlegungen von Scott werden besonders gerne herangezogen, um das Versagen des real existierenden Sozialismus zu erklären.

124 Lüdtke 1998 fasst das Konzept so zusammen: „Eigensinn meint Verhaltensformen, in dem [sic] einzelne versuchen, ‚bei sich' zu sein, sich zu distanzieren von Anreizen oder Zumutungen ‚von oben' wie von ‚nebenan' (oder auch ‚von unten'). Insofern wird die Zweipoligkeit von entweder Gehorsam oder Widerständigkeit in dieser Perspektive ‚ausgehebelt': Denn sie erfasst nur einzelne Segmente des Verhaltens der Menschen und ihrer (Selbst-)Deutungen." Vgl. auch Lüdtke 1993, S. 375–382 sowie Lüdtke 1994, S. 154f.

125 Kessl/Reutlinger 2007, S. 19.

126 Monika Murzyn unterscheidet beispielsweise in einer Betrachtung des Umgangs der Bevölkerung mit dem deutschen Erbe der Kleinstadt Schömberg (Chełmska Śląskiego), die auf Mazur 2000, S. 845, aufbaut, zwischen einer Phase der Feindschaft und Zerstörung, einer Phase der Eingewöhnung und Adaption und einer Phase der Aneignung und Rekonstruktion (Murzyn 2004, S. 202).

Teil I: Adel ohne Land?

1 „Die Heimat lebt nur noch in der Erinnerung"

1.1 Erzählen

Welcher sozialen und ethnischen Gruppe, welcher Nationalität oder welchem Geschlecht sie auch angehörten – allen Menschen, die unter den Einwirkungen der Bevölkerungspolitik während oder am Ende des Zweiten Weltkriegs ein Opfer von erzwungener Migration wurden, war gemeinsam, dass sie das radikale Ende von Lebenswelten erfahren hatten.[127] „Die Heimat", hielt etwa Erika von Mutius 1961 fest, „lebt nur noch in der Erinnerung."[128] „Heimat" – ein schillernder, im Deutschen historisch missbrauchter und in der Folge häufig genug verbannter Begriff,[129] ist eine Leitvokabel des Vertreibungsdiskurses in der Bundesrepublik, in dem ihr „geradezu emphatische Bedeutung" zukam, als „Ort des Ursprungs und der Kindheit, der Geborgenheit und Harmonie, des Heilseins und Friedens".[130] Sie schuf einen „Raum der Unschuld und diente damit der Abwehr jeder Auseinandersetzung mit eigenem historischen Versagen", urteilt etwas schärfer Juliane Haubold-Stolle.[131] Die „Heimat", die nur noch in der Erinnerung lebt, ist nicht appellativ. Sie ist ein kontemplatives Konzept, ein „Erinnerungsraum",[132] in dem all das eingeschlossen werden kann, was einem lieb und teuer war – eine Welt, ein Lebensalter, eine mögliche Zukunft, die sich nie erfüllen sollte.

Diese Heimat erschien aus der Nachschau „wie ein Märchen".[133] „Meine Mutter, die älteste Tochter von ,Gustav dem Prächtigen', so wurde mein Großvater im Scherz genannt, wuchs wie im Märchen auf."[134] „Wenn ich meinen Töchtern Astrid und Isabella von meiner Kindheit auf Schloß Koppitz erzähle, sagen sie stets: ,Mutti, das klingt ja wie ein Märchen.' Ja, so empfinde auch ich die Vergangenheit – als ein wunderschönes Märchen."[135]

---

127 Borzyszkowska-Szewczyk 2009b, S. 147. Johannes-Dieter Steinert nennt das 20. Jahrhundert durchaus nicht zu Unrecht das „Jahrhundert der Zwangswanderungen" (Steinert 2001, S. 19).

128 Mutius 2009, S. 4, Skizze aus Anlass des 16. Jahrestags der Flucht aus Börnchen, 13. Februar 1945.

129 Krauss 2009, S. 33. Sie betont allerdings das Potential, das „Heimat" als Konstrukt gerade auch deshalb für die Forschung hat (ebd., S. 34–36). Vgl. Richards 2001; besonders im deutsch-polnischen Spannungsfeld Orłowski 2001. Grundlegend zum Heimatkonzept sowie besonders zu den Vertriebenen im Heimatdiskurs der BRD: Korfkamp 2006, S. 65–71.

130 Scholz 2010, S. 178f.

131 Haubold-Stolle 2008, S. 428.

132 Scholl-Schneider 2011a.

133 Michael Seelig hat in seinem Korpus, der unter anderem Familienschriftgut und Biografien umfasst, einen vergleichbaren Topos des „Paradieses" herausgearbeitet (Seelig 2015, S. 250).

134 Sallai 2006, S. 4.

135 Auszüge aus einem Interview der Frauenzeitschrift *Neue Post* mit Gabriele Gräfin Deym von Střitež (geb. Komtesse von Schaffgotsch), 1977. Abgedruckt unter dem Titel „Reminiszenz an Schwarzengrund". In: Grottkau-Falkenberger Heimatblatt 10 (1977), S. 11f. Das Narrativ beschränkt sich nicht auf die adelige Erzählgemeinschaft. Auch die Autorin einer an junge Lesende gerichteten Schrift über das Leben der Diakonisse Eva von Tiele-Winckler („Matka Ewa") fragt,

Abbildung 1: Ansicht der Feste Lähn und des Schlosses Lehnhaus, ca. 1850, nach Wilhelm Loeillot, Sammlung Duncker (oben beschnitten).

In den 1960er und 1970er Jahren waren die Betroffenen selbst an einem Punkt angekommen, an dem sie sorgfältig zwischen dem Einst und dem Jetzt schieden: „Manchmal ist mir, als lebte ich zum zweitenmal. […] Damals vor mehr als 30 Jahren in der verträumten Landschaft Schlesiens – heute in der modernen, hektischen Zeit in München."[136] Das Einst war entrückt und nur noch der Ausgangspunkt eines Narrativs mit manchmal märchenhaften Zügen, der Rahmen und die Vorahnung für eine Katastrophe, die über diese heile Welt hereinbrechen sollte.

> „Aber im Juli 1944, da ging der Sommer noch über das eigene Land. Da reiften die Felder in Börnchen und im ganzen Umkreis, da gingen die Mähmaschinen durch Roggen und Weizen und weidete das Jungvieh auf den Koppeln, scharrten die Pferde im Stall und quiekten die Schweine, klapperten die Milchkannen aus dem Kuhstall und Vater hatte den Inspektor, Herrn Seliger, entlassen und regierte nun selber."[137]

Dieses Erzählen in märchenhafter Sprache und mit ebenso angelegten Motiven[138] – wie es etwa in der Schilderung des Auswechselns des Inspektors deutlich wird[139] –

---

ob nicht der Titel „wie die Überschrift eines Romans aus lange versunkener Zeit" klinge (Kaiser 1949, S. 3).

136 Deym von Střitež 1977, S. 11. Auch dieses Motiv existiert in mehreren Variationen, darunter etwa auch von der „ersten und zweiten Hälfte des Lebens".

137 Mutius 2009, S. 4, Skizze aus Anlass des 16. Jahrestags der Flucht aus Börnchen, 13. Februar 1945.

138 Vgl. insbesondere Joachimsthaler 2001. In ähnlicher Weise wird der Umstand, dass etwa eine aus einer Patronatskirche stammende Glocke von 1542, die durch die NS-Regierung zum Einschmelzen vom Turm geholt wurde, den Krieg unbeschadet überstanden hat, wieder gefunden wurde und vom Patronatsherrn in einer neugegründeten Votiv-Kirche „Zur heiligen Familie" in Westdeutschland aufgehängt werden konnte, als ein Überstehen auf „wunderbare Weise" memoriert. (Stillfried und Rattonitz, N. 2012: 01:40:17-4 – 01:45:44-8).

139 Die NS-Agrargesetzgebung zwang die Eigentümer von Landwirtschaften, an die Spitze der Betriebe ausgebildete Verwalter zu stellen, sofern sie selbst nicht die notwendigen Kompetenzen besa-

Abbildung 2: „Da aufzuwachsen, war ein Kinderparadies – mit Gutshof, Wald und einer gut erhaltenen Burgruine als Spielwiese." Kolorierte Postkarte von Lehnhaus und Burg Lähn, gelaufen 1910.

erfüllte eine wichtige soziale Funktion. Es schuf gleichsam den Hintergrund, vor dem sich die Erzählende mit Schmerz und Verlust auseinandersetzen konnte, den Hintergrund, vor dem es möglich war, der eigenen Verlusterfahrung einen Sinn zu geben. Paradiesisch schien die Welt der Kindheit:

> „Der Ort Lehnhaus hatte vielleicht 50 Einwohner: zwei kleine Bauernwirtschaften, zwei Handwerker, Tagelöhner des Gutshofes und Rentner. Da aufzuwachsen, war ein Kinderparadies – mit Gutshof, Wald und einer gut erhaltenen Burgruine als Spielwiese. Und das Spielen, das konnte gar nicht besser und schöner sein. Wir lebten bei sehr liebevollen Eltern, die uns viele Freiheiten gaben. Ich habe mit zehn Jahren mein erstes Reitpferd bekommen und durfte allein durch die Flur reiten. Schöner, als wir es gehabt haben, kann man es gar nicht haben. Im Winter fiel spätestens ab Januar Schnee, dann fuhren wir mit Schlitten oder mit Schiern zur Schule in den Nachbarort Schiefer. Der Weg betrug knapp zwei Kilometer. Das war ganz toll."[140]

„Unser Paradies blieb das Schloß."[141] Der Kontinuitäts- und Traditionsbruch[142] war erst Flucht und Vertreibung, der sich so nahtlos in einen geläufigen Topos der

---

ßen. Die früher auf größeren Gütern selbstverständlichen Inspektoren wurden so gegenüber der „Herrschaft" aufgewertet und zugleich als potentielles Instrument von Kontrolle und Durchherrschung im Sinne des Regimes aufgebaut. Die Rückerlangung von Kontrolle ist insofern unabhängig von tatsächlichen betrieblichen (Sach-)Konflikten ein wichtiges narratologisches Motiv.

140 Haugwitz, H.-W. 2013: 00:15:24-1 – 00:20:30-0.
141 Deym von Střítež 1977, S. 12.
142 Assmann 1999, S. 32.

Vertreibungsliteratur einfügte,[143] nachdem der Verlust der Heimat wie eine Austreibung aus diesem Paradies war.[144] „Wir wurden heimatlos, mussten sie fliehend verlassen."[145]

Dieses Buch ist also vor allem auch eine Geschichte davon, wie sich Menschen aus Familien des „historischen Adels" – so die Selbstbeschreibung – als eine bestimmte Gruppe unter den Zwangsmigranten an Schlesien und an all das erinnern, was dieser Erinnerungsraum Heimat umschließt. Es kann und soll eine Geschichte des schlesischen Adels in der ersten Hälfte des 20. Jahrhunderts nicht ersetzen, auch wenn es notwendigerweise wenigstens im Ansatz Aspekte einer solchen Geschichte aufgreifen muss, um seine Befunde zu kontextualisieren. Als eine Geschichte des Erinnerns und der Erinnerung ist es zugleich geradezu notwendigerweise ungleichgewichtig in der Auswahl seiner Gegenstände, denn worauf auch immer unser Gedächtnis Licht wirft, um damit Sinn zu stiften, da lässt es ebensoviel im Schatten. In der bukolischen Landschaftsschilderung, die den Juli 1944 in eine unzerstörte Märchenwelt einbettet, hatte der 20. Juli 1944 keinen Platz; ebensowenig wie etwa die im Januar vorausgegangene Verhaftung Helmuth James von Moltkes, dessen nur dreißig Kilometer entferntes Gut Kreisau dem gleichnamigen Widerstandskreis den Namen gegeben hatte. Gedächtnis braucht, um sich manifestieren zu können, einen Rahmen, von dem aus Erinnerung erzählt werden kann,[146] und diese Erinnerungen eigneten sich für diese Erzählenden nicht als Ausgangspunkt für das Erinnern an das, was dem eigenen Verlust und Schmerz vorausging.

Bestimmte Aspekte werden so selbst über die Summe der Erinnerungserzählungen hinweg stärker betont als andere. Der Nationalsozialismus etwa (und selbstverständlich auch seine Auswirkungen in der Zeit danach) bildet konstant einen Hintergrund aller Erzählungen, die sich mit der Zeit vor 1945 befassen. Dennoch wird er nur in wenigen Zeugnissen direkt thematisiert und liegt unter vielen Erinnerungsschichten, narrativen Tabus und spezifischen Sprachformeln begraben, sodass er nur bedingt direkt erfragt werden kann. Statt diese Unterschiede auszugleichen, die Topografie dieses Gedächtnisses einzuebnen, habe ich mich entschlossen, sie zu erhalten und gerade die Zerklüftung dieses Gedächtnisses nachzuzeichnen.

---

143 Der Begriff der Vertreibungsliteratur nach Helbig 1996, S. 96; vgl. auch den monumentalen Forschungsbericht, der den späteren Publikationen zugrunde lag: Helbig 1986.

144 Etwa für Masuren: Sacha 2004.

145 Mutius 2009, S. 4, Skizze aus Anlass des 16. Jahrestags der Flucht aus Börnchen, 13. Februar 1945. Der Mutius'sche Text ist auch deshalb besonders interessant, weil er einen rein innerhalb der Kernfamilie weitergegebenen Erinnerungsbestand darstellt, der sich zunächst nicht bewusst an eine breitere Leserschaft richtet.

146 Es findet mit Hayden White eine „Erklärung durch narrative Modellierung" statt (vgl. Lorenz 1997, S. 172). White unterscheidet bekanntlich mit Northrop Frye (Frye 1957) vier Formen von Geschichte: Romanze, Satire, Komödie und Tragödie (White 1973, S. 7–9), wobei die vorliegende Erzählung sowohl Elemente der Tragödie, in welcher der Held tragisch scheitert – sprich die alte, die schlesische Identität und Welt unweigerlich untergehen muss –, als auch Elemente der Romanze enthält, in der der Held oder die Heldin über das Böse siegt und letztlich eine Selbstbefreiung eintritt (Lorenz 1997, S. 172).

Wie uns die Gedächtnisforschung gezeigt hat, verändert sich unsere Erinnerung im Laufe unseres Lebens, denn Erinnern ist – zumindest dann, wenn uns seine Spuren zugänglich werden – immer ein kommunikativer Prozess.[147] „Das Erinnerte paßt sich fortlaufend, Detail für Detail und in seinen Grundlinien den Bedürfnissen der erzählenden Gegenwart an, und wieder verrät keine Erzählung aus sich heraus, was zutrifft und was aus späterer, überschreibender Verformung resultiert."[148] Solche Verformungen sind unweigerliche Artefakte des Prozesses des Erinnerns, sie können aber auch bewusste Stilisierungen sein,[149] die sich in verschiedenen sozialen Gruppen unterscheiden. Nicht zuletzt deshalb folgern etwa Marcus Funck und Stephan Malinowski, der Adel sei nicht nur mit Heinz Reif ein „geborener' Meister der Sichtbarkeit", sondern auch ein „Meister des Gedächtnisses"[150] (*Master of Memory*), könne man ihm doch als Erinnerungsgruppe eine eigene Erinnerungskultur und besonders ausgeprägte und regulierte Mnemotechniken zuschreiben. Diese Einsicht, dass unser Erinnern einem konstanten Wandel unterliegt und dass unsere Umwelt einen sozialen Einfluss darauf hat, was und wie wir erinnern, darf jedoch nicht zu einem Nihilismus führen, in dem jeder Erkenntniswert der Erinnerung an sich negiert wird, wie Jan Assmann zuletzt nicht zu Unrecht kritisiert hat.[151] Vielmehr fordert sie uns dazu auf, die Veränderungen im Gedächtnis nachzuzeichnen: im Erinnern Einzelner über die Zeit hinweg, im kulturellen Gedächtnis und über biologische Generationen oder Erzählgemeinschaften hinweg.

1.2 Erzählgemeinschaften und biologische Generativität

„Einer ihrer [der Mutter, S. D.] Vettern [...] lag in einem Altersheim und wurde dort auf der Pflegestation versorgt. Das geistige Potential des Pflegepersonals war natürlich angestrengt und nicht sehr seelsorgerisch. Er ist in demselben Ort groß geworden wie meine Mutter, in Kauffung. Ich habe ihn dann öfters besucht und es ergab sich in den wenigen Tagen, die uns noch bis zu seinem Tod blieben, die er eigentlich sehr wach erlebt hat, dass wir einander Kauffunger Geschichten erzählten, aus seiner Jugend. Ich, weil ich sie von

---

147 Welzer 2002, S. 99, insbesondere zum Zusammenhang von Spracherwerb und Erinnerung.

148 Fried 2004, S. 78.

149 Unter Stilisierungen verstehe ich hier (auto-)biografische Erzählmuster, die stark literarisch formalisiert und selbstverständlich immer vom Erzählhorizont der Gegenwart geprägt sind (Graf 1999, S. 95).

150 „No social group relied more on the strategic deployment of memory in shaping its identity than the nobility, and no social group developed techniques as finely honed in order to recall and guide memories." Funck/Malinowski 2002, S. 86; Reif 2000, S. 14.

151 Assmann wendet sich gegen das, was er als eine „Hyperkritik" an der Zuverlässigkeit von Gedächtnis in all seinen Ausprägungen als historische Quelle versteht, und hält dem entgegen, dass damit die Gedächtnisforschung als ganze entwertet werde. Johannes Fried und Henri Bergson, der davon gesprochen hat, dass der „Ruf, auf den die Erinnerung antwortet, [...] von der Gegenwart aus[gehe]", entgegnet er, dass es eben auch einen Ruf gebe, „der von der Vergangenheit ausgeht und der fremd und störend, vielleicht sogar zerstörend in die Gegenwart einbricht. Es gibt Vergangenheiten, die sich schlechterdings weder vergessen noch verschleiern lassen" (Assmann 2005, S. 77; dort Teilzitat, aber kein Nachweis von Bergson 1991, S. 148).

meiner Mutter wusste und er, weil er sie selber erlebt hatte – sodass wir uns lachend über Dinge unterhalten haben, Anekdoten und Geschichten aus der Zeit. Er erzählte mir Sachen, die ich nicht kannte, und ich konnte ihm sogar Dinge erzählen, die er noch nicht wusste. Das war ein mir tief gehendes Ereignis, dass man durch die Vermittlung der Erzählungen meiner Mutter diesem Menschen in den letzten Tagen noch diese Freude machen konnte. Mir war es jedenfalls eine große Freude."[152]

„Hat Ihr Vater aus seiner Kindheit berichtet?" (S. D.)
„Ja, in einer Vergangenheitsform. Und immer mehr, je älter wir wurden und immer mehr, je mehr wir gefragt haben. Wir haben natürlich sehr früh angefangen Fragen zu stellen. Sehr früh. Was gab es da? Wie war das? Wir waren alle recht – alle meine Geschwister – recht wissensdurstig."[153]

Die Familie spielt als Ort der Weitergabe von Erinnerung eine wichtige Rolle. Und doch unterscheidet sich der Umgang mit Erinnerung zwischen älteren und jüngeren Familienmitgliedern und wandelt sich über die Zeit hinweg. Es steht außer Frage, dass das unmittelbare Erleben historischer und lebensweltlicher Umbrüche zutiefst prägen kann. Aber was ist mit jenen, die etwas erlebt haben, an was sie sich nach den Erkenntnissen der Entwicklungspsychologie kaum oder allenfalls sehr rudimentär erinnern können?[154] Psychologie und Neurowissenschaften haben herausgearbeitet, dass die Ausformung des autobiografischen Gedächtnisses nach dem zweiten Lebensjahr einsetzt: „Wie reich autobiographische Geschichten und das Wissen um sich selbst sind, hängt von den Dialogen ab, in denen die Bezugspersonen Erzählungen über externe Ereignisse und interne subjektive Erfahrungen der [gemeinsam entworfenen, S. D.] Geschichte co-konstruieren."[155] Durch diese auch später noch erfolgende Co-Konstruktion von Geschichtsbewusstsein zwischen den Generationen[156] lässt sich erklären, dass einige Gesprächspartner und -partnerinnen über ein reiches Detailwissen zu einem Lebensabschnitt wie etwa der frühen Kindheit unter polnischer Besatzungsverwaltung verfügen, das sie als Fakt artikulieren und in breitere Wissensbestände einordnen können. Ein Zeitzeuge berichtete mir beispielsweise über die Zeit vom Herbst 1946, als er knapp zweidreiviertel Jahre alt war: „Ich kann mich eben wirklich – wie soll man sagen – an die Abläufe erinnern, wie man sie im Film sieht."[157] In anderen Fällen artikulieren Zeitzeugen, dass sie dieses autobiografische Erinnern als „implantiert" betrachten. Sie differenzieren beispielsweise zwischen „echter", eigener, Erinnerung und der „bloßen" Erzählung: „Das sind so die ersten frühen Erinnerungen, die ich habe. Und natürlich noch davor, aber da überlagern sich manchmal Erzählung und

---

152 Seherr-Thoß, E. 2012: 00:07:21-0 – 00:09:09-8.
153 Reichenbach, A. 2013: 00:51:47-5 – 00:54:34-2.
154 Tschuggnall 2004, S. 41, führt etwa das Phänomen, dass das autobiografische Gedächtnis sich an Erlebnisse vor dem dritten Lebensjahr nicht zu erinnern vermag, mit dem Begriff der „Childhood Amnesia" an.
155 Siegel 2006, S. 29f.
156 Koch/Moller 2001, S. 216; siehe auch Welzer 2001.
157 Schoenaich-Carolath, G. 2011: 00:16:41-3 – 00:17:38-7.

Wahrheit."[158] Viele Zeitzeugen markieren dieses Wissen darum als ein erworbenes Wissen.[159]

> „Dann haben wir den nächsten Zug in diesem ganzen Chaos in Dresden bekommen. Ich bin durchs Abteilfenster gereicht worden, mit meinen anderthalb Jahren – so weiß ich das nur von Erzählungen – und [wir] sind dann Richtung Westen [weitergefahren]. Auf welchen Wegen weiß ich nicht – es war ja damals oft schon sehr unsicher."[160]

In der Kommunikation von Erleben zwischen den Generationen entstehen Erinnerungs- und Erzählgemeinschaften,[161] wobei der medialen Verstetigung von Gedächtnis durch Schrift auch hier eine zentrale Rolle zukommt. „Früh und durch Beiläufigkeit," berichtet etwa Erwin Freiherr von Seherr-Thoß, habe er die Erinnerung in der Familie aufgesogen, „mir hat sie niemand beigebracht. Ich habe ein interessiertes Gedächtnis für solche Dinge, nicht nur aus dem engeren Kreis. Und wenn so etwas erzählt wurde, über so etwas gesprochen wurde und wenn so etwas wenig Geschehenes aufgeschrieben existiert, dann habe ich es gelesen, verinnerlicht und trage es mit mir."[162] Dabei zeigen sich durchaus Unterschiede in dem Maß, in dem Erinnerung aufgenommen aber auch weitergegeben wurde. „Also unsere Eltern haben, glaube ich, also mir zumindest, relativ wenig erzählt – meine älteren Geschwister haben vermutlich noch ein bisschen mehr erzählt bekommen." (Eleonore Prinzessin von Schoenaich-Carolath, Jahrgang 1966).[163] „Und ich weiß es noch, weil ich eben die Erstgeborene bin und weil ich auch immer bei den Festen dabei war. Und mein Bruder, der ja nur eineinhalb Jahre jünger ist als ich, der weiß nichts, weil er nie dabei ist." (Benigna von Bergmann-Korn, Jahrgang 1946).[164]

Grob strukturiert lassen sich in den von mir geführten Interviews die Geburtskohorten von den 1920er Jahren bis Ende der 1940er Jahre sehr ähnlichen und verwandten Erzählmustern, Bildern und Konzepten zuordnen. Dabei sind allerdings

---

158 Eichborn, J. 2012: 00:47:17-0 – 00:48:09-3.
159 Fried 2004, S. 154, spricht von „implantierter Erinnerung". Die implantierte Erinnerung ist von der in der Psychologie gebräuchlichen induzierten Erinnerung abzugrenzen, die ein als „falsch" verstandenes „unechtes" Erinnern darstellt. Als Beispiel für induziertes Erinnern wird immer wieder der vorgebliche Auschwitz-Überlebende Binjamin Wilkomirski angeführt (Mächler 2000; Mächler 2001; Diekmann/Schoeps 2002). Schon deshalb sollte man es sich nicht ganz so einfach wie Jürgen Joachimsthaler machen, der in Missachtung jüngerer, differenzierender Forschungsergebnisse zur Arbeit des Gedächtnisses glaubt, pauschal „die nur scheinbar individuellen Erinnerungen [sic] der Mitglieder identitätspolitisch überformter Erinnerungskollektive wie der organisierten deutschen Vertriebenen" verdammen zu müssen, die „in Akten produktiver Kofabulation" mit „großer Identifikationsbereitschaft" reproduzierten, was von den jeweiligen Kollektiven „als kommunikatives Gedächtnis verbreitet" werde (Joachimsthaler 2009, S. 41; Joachimsthaler 2001). Das hier zugrunde gelegte Verständnis von kommunikativem Gedächtnis verkennt zugleich völlig den co-konstruierten Charakter kollektiven Memorierens, das keinesfalls in der Reproduktion eines zentral gesetzten Elitendiskurses aufgeht.
160 Stillfried und Rattonitz, N. 2012: 00:10:02-1 – 00:17:15-6.
161 Assmann 2006a, S. 25; Assmann/Assmann 1994, S. 118f.
162 Seherr-Thoß, E. 2012: 02:01:49-7 – 02:04:07-5.
163 Schoenaich-Carolath, E. 2013: 01:11:07-0 – 01:14:20-3.
164 Bergmann-Korn, B. 2012: 01:56:45-5 – 01:57:41-6.

noch einmal kohortenabhängige Differenzen hinsichtlich der Breite der autobiografischen Erinnerung der Erlebnisgeneration, die Schlesien noch sehr bewusst wahrnehmen konnte (also Jahrgänge bis etwa 1940), und dem eher sektoral verteilten Wissen und teils implantierten Erinnern der Jahrgänge danach zu differenzieren, die primär bestimmte, zum Teil sehr selektive Erinnerungs- und Wissensbestände aktivieren können. Diese letztere Gruppe bezeichne ich in Anlehnung an die jüngere Migrationsforschung hier als „Generation 1.5".[165] Ähnlich deutliche Gemeinsamkeiten gibt es schließlich zwischen den in den 1950er und 1960er Jahren Geborenen, deren primäre Sozialisation klar in der jungen Bundesrepublik lag.

Generationelle Selbstverortungen sind zum Teil von den Gesprächspartnerinnen und Gesprächspartnern in den von mir geführten Interviews zum Ausdruck gebracht worden, wobei vor allem die Kriegskindheit und eine Nähe zur Achtundsechziger-Bewegung explizit thematisiert wurden. Generationenkonzepte – etwa „wir Kriegskinder" – spielten vor allem dort eine Rolle, wo Zeitzeuginnen und Zeitzeugen ihre Erfahrung generalisieren und in einen breiteren Kontext einordnen wollten. Dass generationelle Konzepte in den Selbstbeschreibungen generell eine eher untergeordnete Rolle gespielt haben, kann zum einen daran liegen, dass sie nicht systematisch erfragt worden sind. Ich habe in den Interviews explizit darauf verzichtet, „Generation" als Konzept einzuführen, sondern es dort aufgegriffen, wo die Interviewten es selbst als Ordnungskonzept angewandt haben. Zum anderen war die Studie darauf ausgelegt, Spuren des Adels als soziale Gruppe zu finden, was indirekt generationelle Selbstverortungen gegenüber einer gruppenzentrierten, generationenübergreifenden Verortung in den Hintergrund gedrängt haben könnte. So läuft, wie bereits angedeutet, das adelige Generationenbild einer langen Kontinuität der Familie bis in die ferne Vergangenheit dem stratifizierenden Generationenverständnis der Moderne zum Teil zuwider, mit dem sich Menschen über verschiedene soziale Gruppen hinweg als nach oben und unten in der Zeit abgegrenzte Sinngruppen konstituieren, sodass in vielen Fällen ein bewusster Akt notwendig war, um eine Verbindung zur Generation als Ordnungsmuster zu suchen. Das Erfragen bestimmter adelsbezogener Inhalte könnte also mithin bestimmte damit assoziierte Ordungsmuster besonders stark aktiviert haben.

1.3 Traumatische Erinnerung

Die angeblich nahtlose Integration der ca. zwölf Millionen Flüchtlinge und Vertriebenen in die Bundesrepublik hat Volker Ackermann einmal als einen der „zentralen

---

165 Der Begriff bezeichnet in der Migrationsforschung eine Generation im Übergang, Chan 2006, S. XIV. Er definiert die Generation beispielsweise über die Fähigkeit, die Sprache des Mutterlandes noch zu sprechen und eventuell zu schreiben. In der Holocaust-Forschung ist der Begriff auf Erinnerungsgruppen angewendet worden, darunter die überlebenden Kinder aus den Vernichtungslagern (etwa Suleiman 2002), sodass es nicht unberechtigt erscheint, jeder generationellen Lagerung, die ein einschneidendes Moment des Wechsels in ihren Biografien hat, diese Bezeichnung zuzuschreiben.

Gründungsmythen der Bundesrepublik Deutschland" bezeichnet.[166] Die Integration der deutschen Zwangsmigranten aus dem östlichen Europa wurde lange als Erfolgsgeschichte geschrieben, und erst seit Mitte der 1980er Jahre wurde zunehmend „die fehlende Akzeptanz des Leidens durch die Deutschen selbst" thematisiert.[167] Dabei beschränkt sich dieses Narrativ nicht etwa nur auf äußere Zuschreibungen, sondern es ist auch eine Form der Selbststilisierung. Albrecht Lehmann verweist darauf, dass die typische Flüchtlingserzählung eine „teleologische Erfolgsgeschichte" sei, die mit dem Auftritt als „Habenichts" begonnen und mit dem Besitz eines Eigenheims beendet werde, ein Topos, der auch in den dieser Studie zugrunde liegenden Interviews reichlich anzutreffen ist. („Und dazu muss man sagen, dass meine Eltern ihre Ehe mit einem Bügeleisen begonnen haben, also das war das einzige, was sie besessen haben – und auf dem haben sie auch gekocht [lacht]."[168]) Erst eine Erinnerungsschicht darunter, so Lehmann weiter, würden in den Selbstbeschreibungen, die einem narrativen Tabu gehorchend der Meistererzählung von der Integration folgen, Schmerz- und Verlusterfahrungen thematisiert.[169] Diese Diskrepanz ist bei Interviewpartnerinnen und -partnern aus Familien, die dem historischen Adel angehören augenfällig ausgeprägt, vielleicht auch weil die sozioökonomische „Fallhöhe" des Jahres 1945 ausgeprägter war als in vielen bürgerlichen Familien. Hinzu mögen noch speziell in der Narrationskultur adeliger Familien angelegte Tabus und Gebote kommen, darunter etwa Contenance-Orientierung – und damit etwa die Vermeidung des Eindrucks, „sich zu beklagen", oder das Gebot, nichts Schlechtes über andere Standesangehörige zu sagen, oder es doch zumindest so pointiert zu tun, dass man nicht lästerhaft erscheint. Konfrontiert mit einer Gesellschaft, die die Personengruppe romantisiert und exotisiert und gerade deshalb zugleich bei den Individuen, denen sie begegnet, zuerst nach Zeichen sozialer Alterität sucht, schließen viele adelige Flüchtlinge negative Erfahrungen und Erinnerungen weg, erklären sie für nicht repräsentativ, tabuisieren das Sprechen über Schmerz und Gewalt und lassen die Kommunikation von Verlust nur innerhalb von sehr spezifischen, vorformierten Bahnen des Diskurses und an spezifische Rezipienten gerichtet zu.

Insbesondere für viele Angehörige der ersten Generation galt dies auch für die Kommunikation innerhalb der Familie und zwischen den Generationen (die hier nicht notwendigerweise rein biologisch, sondern vielmehr durch eine Nähe von Erfahrungshorizonten zu verstehen sind). In der Familie von Websky vermied man es nach der Rückkehr des Vaters aus der sowjetischen Kriegsgefangenschaft lange Zeit, vom Schicksal des elterlichen Guts nach 1945 zu sprechen:

> „Es war auch tabu. Es war ein echtes Tabu, über das man nicht spricht, weil es so gefährlich und so schmerzhaft ist. Das habe ich auch gut verstanden für meine Eltern. [...] Dieser Verlust war so schmerzhaft und so unwiederbringlich, dass sie damit nicht neu konfrontiert werden wollten. [Sie haben, im Gegensatz zu uns Kindern, deshalb die frühere

---

166 Ackermann 2004, S. 434.
167 Ebd.; Lehmann 1991, S. 68f.
168 Schoenaich-Carolath, E. 2013: 00:25:28-4 – 00:27:14-8.
169 Lehmann 1991, S. 69; Lehmann 2007, S. 63.

Heimat niemals besucht. Sie fühlten wohl:] ‚Schwengfeld zu besuchen, rührt nur zusätzlich die Schmerzen auf und bringt uns kein neues Glücksgefühl, keine Segnungen, also lassen wir es lieber.‘"[170]

Vielen Erzählungen ist gemein, dass sie lückenhaft sind, gerade auch wenn sie an traumatische Momente rühren. Eine Zeitzeugin berichtet ihren Kindern in einem später erweiterten und kommentierten Tagebuch etwa über „Schreckenstage im Jagdhäuschen", nachdem ihr Treck im Erzgebirge vorläufig geendet hatte. Mit einem jungen Mädchen, das in seiner Rolle als angehende BDM-Führerin im Herrenhaus als Hausmädchen gearbeitet hatte, und ihrem Mann war sie in einem Jagdhäuschen untergekommen, das zunächst von Rotarmisten nicht entdeckt worden war. Die Schilderung ist geprägt von anhaltender Angst („Abends flüchteten Irmgard und ich in den Wald, eine kleine Schonung, krochen unter unsere Mäntel, einmal bei strömendem Gewitterregen, lagen, bis man keine Russenfahrzeuge mehr hörte."). Und obwohl das Erinnern der dominante Modus des Texts ist, schweigt es stellenweise und wird lückenhaft, spiegelt allenfalls die gehetzte Angst der Zeitzeugin aus der Nachschau.

> „Einmal kamen mehrere bei Tage. Einer ergriff die Irmgard und verschwand mit ihr im Schlafzimmer. Ein anderer, etwas Älterer, wollte mich auch dazu kriegen, ließ sich nicht abwimmeln. Ich stand auf, ging zur Tür, der Terrasse. Helle Sonne flutete rein. Ich ging langsam aus der Tür heraus ums Haus herum, sah Bernhard im Gespräch [mit] einem anderen jungen Russen stehen, sagte, ‚ach, unterhältst du dich wohl‘, ging langsam weiter zum Törchen hinaus, als ob nichts wäre, dann Galopp in den Wald hinein, in kleiner Fichtenschonung hingeworfen, zusammengekrümmt gelegen, bis es Nacht geworden war. Gelauscht, gelauscht, nur die Wetterfahne klappte, endlich Stimmen. Ich kroch vor, Bernhard und Irmgard, Gott sei Dank."[171]

Erzählen, das hier klar einen vorwiegend nach innen gerichteten Charakter hat, zunächst als Tagebuch, dann als Zeugnis an die Kinder, ist inhärent unvollständig.[172] Hier ist jedoch besonders deutlich, wie sehr es sich auf das angstgetriebene, reizhafte Erleben reduziert hat. Einen Kontext – etwa was in der Zeit der Abwesenheit der Verfasserin geschehen ist – vermag sie nicht mehr zu vermitteln. Stattdessen erleben die Lesenden das dramatische Moment der Unsicherheit, das Verlassen des Hauses und das damit verbundene Risiko einer weiteren Eskalation der Situation auf entschleunigte Weise nach. Auch wenn Erzählen notwendigerweise erlernten Erzählmustern gehorcht, ist es das Schweigen des nicht Erzählbaren, das das Traumatische kennzeichnet.

---

170 Websky, M. 2013: 02:19:23-6 – 02:22:42-9 und 02:23:42-3 – 02:27:02-1. In Klammern: spätere Erläuterung.

171 Mutius 2009, S. 15f., Eintrag ohne Datierung. Spätere(?) Überschrift „Ankunft ins Sachsen – Schreckenstage im Jagdhäuschen".

172 Auch in einem anderen Fall belässt es eine Zeitzeugin bei der Andeutung, dass die Russen die „im Schloß wohnenden Frauen und Kinder in einen Raum zusammen[trieben] und […] sich unter ihnen ihre Opfer aus[suchten]." Marie-Eva von Wallenberg Pachaly, geb. v. Waldenburg: Nicht mehr in Kentschkau geboren. In: Wallenberg Pachaly 1984, S. 19–31, hier S. 27.

Dass sich Erfahrungen von Tod und sexueller Gewalt, Kriegsgefangenschaft, Wohnungsnot und Deprivation tief in die einzelne Psyche eingraben, liegt nahe. Die Frage ist also eher, in welcher Weise diese schmerzhaften Erfahrungen den späteren Umgang mit Schlesien und seinen heutigen Bewohnern geformt haben, wie adelige Kommunikationskultur den Umgang mit diesen Erfahrungen geprägt hat und wie sie eventuell über die unmittelbare Erlebnisgeneration hinaus weitergegeben werden beziehungsweise nachfolgende Generationen beeinflussen.[173]

Eine sehr dominante Reaktion auf die Verlusterfahrungen war vor allem in der Vorkriegsgeneration das vollständige Abschließen mit der Vergangenheit. Mit dem Einschnitt von 1945 endete nach dieser Logik ein Kapitel im eigenen Leben, und die Vergangenheit konnte nun im Herzen bewahrt werden. Die schlesische Gegenwart mit ihren Verfallsprozessen der Überreste der materiellen Adelskultur, das Wiedererleben von Schmerz und Verlust konnten so ausgeschlossen werden.

> „Nein, er lehnte es immer ab [nach Schlesien zu reisen, S. D.]. Es gibt einige Schlesier, die da nicht mehr hin können, weil sie sagen: ,Das Leben früher und das Leben jetzt – es sind Ruinen. Es ist keiner mehr da.' [...] Und als dann hier, dieser Bürgermeister von Dobrau zweimal mit seiner Frau erschienen ist, uns besucht hat und dann meinem Mann ein holzgeschnitztes Wappen, ein Seherr-Wappen, überreicht hat, da hat mein Mann gesagt: ,Das nutzt alles nichts. Ich fahre da nicht hinüber.'"[174]

> „Und ich sage ja, er hat immer gesagt: ,Nein, da fahre ich nicht hin.' Auch als der Bürgermeister da war, wollten die ihn groß einladen. Aber er hat das immer irgendwie geschickt abgewendet. Er wollte nicht hin. Er sagte: ,Es ist so traurig. Das mache ich nicht.' Ich verstehe es auch."[175]

Dieses Selbstbeobachtungsverhältnis wird gerade auch in intergenerationeller Perspektive wiederholt:

> „An sich gibt's ja Leute, die behaupten, man leidet – ein Vetter von mir hat mal einen Vortrag gehalten. Er sagt, wir leiden alle – diese Generation, die praktisch die östliche Heimat ja nicht mitbekommen hat –, weil im Unterbewusstsein (da gibt's auch ein bestimmtes Wort dafür, habe ich jetzt leider vergessen) diese Brüche, die da stattgefunden haben, also in negativer Form weiter – einen belasten, sagen wir mal so. [...] Ich habe mich dann lange gefragt, ob das wirklich der Fall ist oder ob das vielleicht alles billige Ausrede ist, für die Leute, die dann scheitern. Ich weiß es nicht."[176]

Für einige meiner Gesprächspartner und -partnerinnen vor allem aus der zweiten Generation hatte das Geschehen von Flucht und Vertreibung als eine Form der induzierten Erinnerung, die dennoch nach Bekunden einer Zeitzeugin für sie als Kind ein reales Leiden bedeutete, durchaus große Bedeutung.

> „Ich frage jetzt häufiger Freunde – ungefähr die gleiche Altersklasse, gleiche Generation mit diesem historischen Hintergrund: ein Elternteil vertrieben, oder zwei Elternteile ver-

---

173 Ackermann 2004, S. 437–439.
174 Seherr-Thoß, Th. 2011: 00:37:16-9 – 00:39:48-8.
175 Seherr-Thoß, Th. 2011: 00:43:40-5 – 00:44:34-4.
176 Strachwitz von Groß-Zauche und Camminetz, J. & L. 2012: 02:11:30-6 – 02:14:10-7.

trieben, ob sie mit Fluchtträumen groß geworden sind. […] Ich hatte als Kind Fluchtträume – das klingt jetzt vielleicht witzig, aber ich meine das durchaus ernst – die konnten
letztendlich erst aufgehoben werden, als für meinen ältesten Neffen ein Bollerwagen angeschafft wurde. Der stand dann bei meinen Eltern, zu Hause und das gab mir irgendwie das
Gefühl, also rein theoretisch, wenn man jetzt mal wieder vertrieben würde, dann hätte ich
auch die Möglichkeit die wichtigsten Sachen mitziehen zu können. Das habe ich einem
meiner Vettern erzählt, der meinte, dass er das aus seiner Jugend auch kennt und er sich
mit seinen Geschwistern in frühester Kindheit schon überlegt hat, was sie in ihren Rucksack packen würden, erst mal welcher Teddy mitmüsse und Ähnliches."[177]

Das Bild dieser Flucht wird dabei nicht alleine durch die Erzählungen in der Familie geprägt – die in diesem Fall gar nicht einmal besonders intensiv waren –, sondern
in nicht unerheblichem Maße auch von der medialen Repräsentation in der Gesellschaft selbst. So erinnert sich die Zeitzeugin an die Erzählungen ihrer böhmischen
Mutter, die noch mehrmals über die Grenze hin und her gewechselt war:

„da gab es natürlich ein paar wenige Geschichten, die erzählt wurden und sehr aufregend
klangen und die sicher auch diese Angst [vor einer möglichen Flucht] in mir geschürt
haben. Aber es stand natürlich eigentlich nicht dieses Bild vom Bollerwagen im Vordergrund, das hat sich vielleicht eher durch Bilder aus dem Fernsehen eingebrannt. Ich wusste eben als Kind, dass die Eltern geflohen sind und sofort hatte man dieses Bild vom Bollerwagen vor sich."[178]

Dieser Modus des Adaptierens gesellschaftlicher Repräsentationen durch das Gedächtnis bezieht sich dabei nicht alleine auf ikonografische Repräsentationen wie
den Bollerwagen. Auch andere zentrale Elemente von Vergangenheitsrepräsentationen werden auf diese Weise angeeignet. Dieselbe Zeitzeugin erinnert beispielsweise
die dominante Rolle die „der Russe" in ihren Erinnerungen spielt, und kontrastiert
sie mit dem Wissen, das die Eltern an sie weitergegeben haben:

„Mir ist es wirklich wie Schuppen von den Augen gefallen, als meine Mutter und ihre Geschwister mir auf einer Tschechienreise plötzlich klar machten, dass sie nie Angst vor ‚dem
Russen' oder den Russen hatten, mit denen sie wirklich auch teilweise, vermuten wir Kinder, traumatische Erlebnisse hatten, sondern, dass sie eigentlich vor den Tschechen Angst
hatten. Und das war mir bis zu dieser Reise überhaupt nie in den Sinn gekommen".[179]

Zugleich konkretisierte sich für die Zeitzeugin dieses Bedrohungsgefühl nicht. Vielmehr blieb das induzierte Bild diffus: „so diffus meine Fluchtträume waren, so diffus
ist auch das Bild über die Flucht meiner Eltern und ist vermutlich sehr viel weniger
durch Erzählungen der Eltern zu begründen, als vielmehr von Bildern, die ich aus
Büchern oder dem Fernsehen hatte."[180]

177 Schoenaich-Carolath, E. 2013: 01:11:24-8 – 01:14:20-3.
178 Schoenaich-Carolath, E. 2013: 01:15:00-4 – 01:17:27-9.
179 Schoenaich-Carolath, E. 2013: 01:39:16-8 – 01:41:53-3.
180 Schoenaich-Carolath, E. 2013: 01:42:56-6 – 01:43:26-6.

1.4 Aus „den Schüben und Schubladen meiner Erinnerung" – Triebkräfte des Erinnerns

> „Also beginne ich mit der Familiengeschichte, die mich, ähnlich wie meine Kinder und Enkel, jahrzehntelang nicht interessiert hat."[181]

> „Nur die Erinnerung ist uns geblieben an das, was wir verloren haben, sie ist unser kostbarster unverlierbarer Besitz."[182]

Zu den wichtigsten „Generatoren" autobiografischen Erinnerns gehört die krisenhafte Erfahrung von Umbrüchen.[183] In gleich welcher Rolle sich die Mitglieder adeliger Familien aus Schlesien 1945/46 befanden – die Flucht vorwiegend im Januar und Februar 1945 und die Zwangsmigration der noch verbliebenen Familienangehörigen überwiegend bis zum Sommer 1946 bildeten einen traumatischen Einschnitt in ihrem Leben. So kann man mit Peter Sloterdijk annehmen, dass existenzielle Umbruchssituationen, wie sie das Jahr 1945 zweifellos für die Lebenswelten der Deutschen im Osten darstellte, das allgemein für die Moderne zu konstatierende Auseinanderklaffen von „Erfahrungsraum" und „Erwartungshorizont"[184] und damit das Erleben von Zeitlichkeit krisenhaft verstärkt haben. Diese exzeptionelle Stellung im Gedächtnis wird durch den Umstand unterstrichen, dass man in nahezu jeder Familie Tagebücher – oder wenn nicht Tagebücher, dann zumindest detaillierte nachträgliche Aufzeichnungen des Fluchtgeschehens findet. Ebenso bezeichnend ist, dass, so detailliert das Fluchtgeschehen in Erinnerung blieb, so angestrengt viele aus der Rückschau die Wege und Stationen ihres Gangs in den Westen nachzuvollziehen suchten, so spärlich sich dagegen Erinnerung an die unmittelbare Nachkriegszeit erhalten hat. Der Einschnitt wird so zu einem Motor von Sinnstiftung, einem Geschehen, das sich Menschen durch Tagebücher, Briefe und Autobiografien, innerfamiliäre Tradition und typische Erzählungen stets neu vergegenwärtigten.

Diese Medien tragen auch dazu bei, die Vergangenheitserzählungen zu verstetigen und angesichts des steten Wandels des Alltags abrufbar zu halten. So sind veränderte Kommunikationssituationen – etwa im Interview mit mir – Herausforderungen, die vielfach zunächst in die Bahnen eines vertrauten Narrativs überführt werden mussten. Auf meine Bitte, mir etwas über den Ort zu erzählen, an dem sie aufgewachsen war, fiel einer Zeitzeugin zunächst die naheliegende Antwort des elterlichen Guts ein. Daran anschließend versuchte sie, die Fülle an Assoziationen, die sie damit verband, zu verbalisieren, indem sie darauf verwies, dass sie ihre (ungedruckte) Biografie verfasst hatte. Die Erinnerung hieran etablierte offenbar einen Erzählrahmen, denn von da tastete sie sich zu dem nächstrelevanten Erzählstrang durch, den Familienverhältnissen: „Aufgewachsen sind wir natürlich in diesem Haus. Also geschrieben habe ich eine lange Biographie, aber mit der will ich Sie jetzt – wenn sie Sie in-

---

181 Frisé 2004, S. 6.
182 Reichenbach-Goschütz 1974, S. 114–128.
183 Sloterdijk 1978, S. 11.
184 Koselleck 1988; vgl. auch: Koselleck 1985.

teressiert, können Sie sie irgendwann mal haben. Aufgewachsen sind wir zunächst – also, meine ersten Erinnerungen sind die an meine ältesten vier Geschwister."[185]

Zwischen 1945 und heute lassen sich mehrere Wellen der Veränderung von Gedächtnis nachzeichnen, von denen eine erste bestimmend für die unmittelbare Nachkriegszeit war. Unsicherheit und ein Schicksal in der Schwebe prägten das Leben der Flüchtlinge. In der sowjetischen Besatzungszone, die, wie sich bald herausstellte, kaum eine neue Heimat werden würde, lebten Flüchtlinge wie Erika von Mutius ganz aus der Erinnerung:

> „Die Gedanken gehen immer in die Vergangenheit. Hier lebt man ein eigenartiges Leben des Abwartens. Wie lange? Schon stehen die ersten Felder, schon geht wieder der Schälpflug über die Stoppel und es bangt das Herz bei dem Gedanken, auch im Winter noch heimatlos zu sein, geduldet als Flüchtling, aber ungern, kein Zuhause mehr zu haben. Ach, ungezählten Tausenden geht es so, Wanderern zwischen den Welten."[186]

Erinnerung war fast noch kontemporäres Wissen, das beständig aufgefrischt werden musste. Durchreisende Flüchtlinge und Ausgewiesene wurden auf die Zustände der alten Heimat und die Veränderungen des Vertrauten befragt. Briefe wurden an die zerstreute Verwandtschaft abgefasst, in denen das eigene Wissen und Erinnern mitgeteilt wurde, Briefe empfangen, mit denen die eigenen Wissensbestände aktualisiert werden konnten. Und nicht zuletzt wurden Tagebücher geführt, in denen das, was als einziges blieb – die Erinnerung – konserviert und an die eigenen Kinder weitergegeben werden sollte. Erika von Mutius etwa schrieb gleichzeitig über und für ihren Sohn Franz, den sie in amerikanischer Kriegsgefangenschaft hoffte, nachdem die Wehrmacht ihr zunächst nur eine Vermisstmeldung überbracht hatte.[187]

Mit der fortschreitenden Integration im Westen, mit den Lasten des Wiederaufbaus, der wiedergefundenen oder sich vergrößernden Familie veränderte sich das Erinnern. Es zog sich zurück. Einerseits war es noch alltagspräsent, andererseits wurde es zunehmend von einem Alltag mit ganz anderen Erfordernissen abgelöst: „Es war immer selbstverständlich: ‚Wir sind Schlesier'. Es wurde darüber erzählt, es wurde auch erzählt, wie schön es doch dort gewesen war. Aber es war nun halt so – man konnte nicht mehr nicht hin. Und deshalb redete man nicht ständig davon. Es war selbstverständlich, dass man seine Aufgaben hier wahrzunehmen hat."[188] Besonders

---

185 Bomhard, E. (2012): 00:03:54-0 – 00:07:33-0.
186 Mutius 2009, S. 19, Ausgewählte Tagebucheintragungen, hier Reinhardtsgrimma 18. Juli 1945. Der Topos des „Wanderers zwischen den Welten" umschreibt hier wohl ein Schweben zwischen Erde und Himmel, Leben und Tod, wie es die autobiografische Novelle von Walter Flex *Der Wanderer zwischen beiden Welten* für den Frontsoldaten des Ersten Weltkriegs tut. Der *Wanderer* war ein Bestseller der Zwischenkriegszeit und ist aufgrund der vergleichsweise heroischen Ästhetisierung des Kriegsgeschehens und der darin angelegten Idee einer „Volksgemeinschaft" frühzeitig von der völkischen Bewegung und vom Nationalsozialismus vereinnahmt worden. Vgl. Reulecke 2011; Koch 2006a, S. 143–155.
187 Mutius 2009, S. 6, Skizze aus Anlass des 16. Jahrestags der Flucht aus Börnchen, 13. Februar 1945.
188 Mutius, H.-R. 2012: 00:14:09-0 – 00:14:40-7. Der Zeitzeuge ergänzt bei der Autorisierung seines Zeugnisses noch: „So wurde bei uns die Ostdenkschrift der EKD schließlich für richtig angesehen.

intensiv wurde Erinnerung da bewahrt, wo gleich mehrere Verwandte in unmittelbarer Nachbarschaft wohnten. Vereinzelt lebende Familien, die sich vielleicht zudem noch im Ausland aufhielten, taten sich auch in den 1950er Jahren schon deutlich schwerer damit, Erinnerung in vergleichbarer Weise zu aktualisieren. Hinzu kam, dass mit dem Fortschreiten des Wiederaufbaus – so erschien es zumindest einigen Flüchtlingen wie der Mutter der beiden Kampfpiloten des Ersten Weltkriegs Manfred und Lothar Freiherr von Richthofen, Kunigunde Freifrau von Richthofen – das Interesse der Gesellschaft an ihrem Schicksal nicht besonders ausgeprägt war. „Man steht alledem hier noch recht gleichgültig gegenüber!", schrieb sie etwa 1951 an Gotthard von Witzendorff-Rehdiger.[189]

In den biografischen Texten wichen im Laufe der Zeit lange kontemplative Passagen zunehmend kürzeren Sätzen in Briefen oder Tagebüchern, die in wachsendem Maße formelhafter wurden. Viele Texte umschrieben nur, was sich auch unter den nicht-adeligen Vertriebenen vollzog, mittels adeligen Codes, sodass adelige Binnen- und Außenkommunikation nicht immer scharf getrennt waren. Der ehemalige Landrat Detlev von Reinersdorff-Paczensky und Tenczin schrieb etwa dem Groß Wartenberger Heimatblatt in der ersten Ausgabe 1955 ins Stammbuch, dass „Gestalten, Ereignisse und Landschaftsbilder, [...] in unserer Erinnerung vielleicht hier und da schon zu verblassen drohen" und es deshalb „noch viel wesentlicher" sei

> „für die Jugend, die nur noch eine schwache oder gar keine Erinnerung mehr an die Heimat hat, diese in ihrer landschaftlichen Schönheit und im Leben ihrer Bevölkerung in der Vergangenheit so lebendig zu gestalten, daß ihr die Heimat der Ahnen zu einem geistigen Besitz wird. Daraus soll der Wunsch und das Ziel entstehen, die Heimat wieder zu erlangen, um die Arbeit der Vorfahren auf der heimatlichen Scholle fortzusetzen."[190]

Von Reinersdorff beteiligte sich deshalb auch als Beiträger an der Zeitschrift, indem er über mehrere Ausgaben gehende Erinnerungen an das Dorf Obergläsersdorf, auf dessen Schloss er aufgewachsen war, veröffentlichte.[191]

Gegen Ende der 1950er Jahre verdichtete sich schließlich die Erkenntnis, dass eine Rückkehr in die alte Heimat auf absehbare Zeit nicht möglich sein würde. Und in den 1960er Jahren wich die intensive Kommunikation der Nachkriegszeit einem zunehmenden Schweigen nach außen, aber immer wieder auch den eigenen Kindern gegenüber.

> „Es wurde [...] die Zeit aus Schlesien, die Zeit der Flucht und die unmittelbare Zeit nach der Flucht, ich würde nicht sagen, totgeschwiegen – aus heutiger Sicht war sie ziemlich peinlich. Man wollte da nicht so gerne darüber reden, weil die Erinnerungen auch nicht so positiv waren. Es gab immer wieder einzelne Erlebnisse, [...] aber ich habe von meinem Vater nie etwas – er ist Jahrgang 1927, Flucht war, glaube ich, 1943 oder '44 – aus

---

Schlesien war ja nun inzwischen Teil Polens, als Folge des Krieges, der von Deutschland begonnen und verloren wurde."

189 Schreiben von Kunigunde Freifrau von Richthofen an Gotthard von Witzendorff-Rehdiger. Wiesbaden, Hotel Albany, 3. Dezember 1951. BArch LAA Ostdok 2 / 203, Blatt 276f., hier Bl. 276.
190 Reinersdorff-Paczensky 1955, S. 1.
191 Reinersdorff-Paczensky 1957b, S. 2f.

seiner Jugend habe ich nie irgendetwas von meinem Vater gehört. Da hat er nie drüber erzählt. Und über seinen Einsatz bei der Reichswehr – Flakhelfer oder Ähnliches war er dann, glaube ich – hat er auch nie gesprochen. Also für mich fängt im Prinzip die Erzählung eigentlich erst unmittelbar an, als sie in Hannover angekommen sind. Alles, was davor war, ist erst viel später und mir eigentlich auch erst nach dem Tod meines Vaters zur Kenntnis gekommen."[192]

Das bewusste Erinnern wurde nun zunehmend mit Jahrestagen verknüpft. Auch die Art des Schreibens veränderte sich nun – aus den eher kontemplativen Passagen der Nachkriegszeit wurde zunehmend eine Erzählung, die sich auf die nächste Generation richtete.

„In diesem Monat in diesem Jahr jährt sich so vieles, so vieles, das Eine zum 50. Mal, das Andere zum 20. Mal. Und das gibt mir den Anstoß, Bilder aus der Erinnerung herauszuholen. Für wen wohl? Wer wird sich später einmal die Zeit nehmen und das Interesse dafür haben in diesen Blättern nachzulesen, wie es damals war? Du Franzi? Ich weiß es nicht. Du lebst jetzt so stark, so intensiv in der Gegenwart und all ihren Verwicklungen, Verwirrungen. Vielleicht wirst du später einmal daran gehen wollen, oder Matthias? Ich schreibe am besten, meine ich, als ob ich dies für dich und auch das andere aus den Schüben und Schubladen meiner Erinnerung heraufholte."[193]

Dieser Umstand steht durchaus in der Tradition autobiografischen Erzählens Adeliger, von dem Marcus Funck und Stephan Malinowski beobachtet haben, dass der „seit der Jahrhundertwende nunmehr schriftlich und öffentlich vermittelte Wertekanon dazu bei[trug], die einzelnen Mitglieder einer Gruppe generationsübergreifend miteinander zu verbinden und die Abgrenzungen von anderen Gruppen zu klären".[194] Ein solcher Diskurs erfuhr jedoch im Laufe der 1960er Jahre einen Bruch. Denn so einschneidend das Erleben war und so sehr die erste Generation der Vergangenheit verbunden blieb – die nächste Generation lebte bereits in einer völlig anderen Umwelt. „[Es war nicht so, dass] man sich ständig nur am Vergangenen aufhängte, sondern es war da, die Eltern waren stolz drauf, aber das tägliche Leben ging weiter. Das heißt, es wurde nicht immer rückwärts geguckt."[195]

Das heißt auch: Es waren häufig nicht die Eltern und Großeltern, die gegenüber ihren Kindern und Enkeln schwiegen, sondern es waren vielfach die Kinder, die nicht mehr hören konnten und wollten. Das Schweigen über einen Kern von Dingen, über den die Kinder gerne mehr gewusst hätten, traf auf der anderen Seite auf eine unterschwellige Präsenz Schlesiens in der kulturellen Umwelt, die die Familien umgab, und spielte dort für die Kinder eine greif- und erlebbare Rolle.

---

192 Stillfried und Rattonitz, I. 2012: 00:19:25-0 – 00:21:36-1.
193 Mutius 2009, S. 3, Skizze aus Anlass des 16. Jahrestags der Flucht aus Börnchen am 13. Februar 1945.
194 Funck/Malinowski 1999, S. 241.
195 Mutius, H.-R. 2012: 00:10:56-3 – 00:12:07-9. In diesem Fall bezieht sich das „es" auf ein materielles Ensemble von Möbeln, Gemälden und Ähnlichem, das die Familie sich über den Umweg über die Sowjetische Besatzungszone hatte erhalten können, da der Vater als Berufsoffizier seine Wohnung in seinem Heimatstandort Gotha hatte und diese von der Familie bis 1947 genutzt werden konnte.

„Das, was mir auch noch sehr bewusst ist, war, dass meine Großmutter uns oft Geschichten vorgelesen hat, also die väterliche, die Stillfriedsche Großmutter. Und ein Buch – ich kann mich momentan nur an ein Buch erinnern, was sie mal vorgelesen hat, und zwar waren das – ich weiß jetzt nicht genau, wie das Buch heißt – es waren aber Geschichten aus dem Riesengebirge, wo die verschiedenen Berge personifizierte Gestalten angenommen haben. Mir fällt noch ein, die Schneekoppe war die Olle Gaake. Und es gab da irgendwelche Gespräche zwischen den Berggipfeln. Das hat sie, ich glaube sogar mehrmals, gelesen."[196]

In der Familie des Geodäten Ingo Freiherr von Stillfried und Rattonitz spielte Räumlichkeit überhaupt eine bedeutende Rolle. An einer Ausstellung zu Schlesien in der Gemeinde beteiligte sich der Drittklässler, indem er eine Karte Schlesiens kopierte.

„Es gibt eine große Karte von Schlesien, eine Wandkarte, mit den verschiedenen Wappen der Städte und Zeichnungen von repräsentativen Gebäuden von Städten. Dieses ist von mir dann eben in der kindlichen Manier eines Achtjährigen abgezeichnet worden. Da mein Vater, Geodät, natürlich auch über Maßhaltigkeit genau Bescheid wusste, wie man so etwas macht, ist dann von mir auch so Manches mit Pauspapier und Schwammkohlepapier übertragen worden."[197]

Die Karte wanderte in den Flur der stolzen Eltern, wo sie neben dem Familienwappen an die Heimat der Familie erinnerte: „Das Familienwappen ist ein Aquarell gewesen, das von meiner Großmutter gemacht worden ist. Sie war selber Hobby-Aquarellmalerin und hat auch sehr schöne Aquarellbilder gemacht."[198] Auch in anderen Familien spielte die Praxis der Hängung von Karten eine Rolle: „Ich erinnere mich auch, dass bei meinen Großeltern immer eine Karte von Schlesien im Eingang hing, so diese typische Schlesienkarte mit den Wappen. Also das wurde gepflegt."[199] In ähnlicher Weise gibt es kaum einen Fluchtbericht, der nicht ohne Illustration auskommt, sei es die handgezeichnete Fluchtroute in einer fotokopierten topografischen Karte, sei es die Skizze eines Fluchtwegs „maßstabsgetreu 1:4000000", in der jedes Fortbewegungsmittel auf andere Weise verzeichnet war.[200]

Mit der Zeit verankerten derartige Praktiken eine virtuelle Geografie im Gedächtnis der nachkommenden Generation. Ob derartige Identifikationsangebote angenommen wurden oder nicht, hing einerseits stark vom Gegenstand und andererseits von dem mit der Vermittlung verbundenen Anspruch ab. Während der spätere Geodät Ingo Freiherr von Stillfried und Rattonitz an der Aufgabe, die Karte zu übertragen, durchaus Gefallen fand, konnte er sich mit den Versuchen seiner Großmutter ihm die Herkunft der verschiedenen schlesischen Gerichte beizubringen nicht anfreunden.[201] Auch die im Zusammenhang mit der Ausstellung von den Großeltern an ihn herangetragenen Ansprüche stießen eher auf Ablehnung. So sollte der Acht-

---

196 Stillfried und Rattonitz, I. 2012: 00:08:29-4 – 00:10:46-4.
197 Stillfried und Rattonitz, I. 2012: 00:16:05-5 – 00:17:17-9.
198 Stillfried und Rattonitz, I. 2012: 00:40:42-6 – 00:41:20-3.
199 Eichborn, J. 2012: 03:34:06-6 – 03:36:22-3.
200 Wallenberg Pachaly 1984, S. 19.
201 Stillfried und Rattonitz, I. 2012: 00:17:17-9 – 00:19:08-1.

jährige zur Eröffnung der Ausstellung auf dem Klavier eine Sarabande von Händel spielen. „Wir haben mit meinem Klavierlehrer Monate vorher geübt bis zum Umfallen, bis ich es also nicht mehr sehen konnte. Übrigens dieses Stück, was ich damals gespielt habe, habe ich nie wieder gespielt, das ist irgendwie doch ein rotes Tuch für mich geworden."[202] Eine „diasporische" Gesamtidentität – vor allem wenn sie wie in Einzelfällen allzu ostentativ und politisch an die Kinder und Enkel herangetragen wurde – stieß unter den Mitgliedern der zweiten Generation auf Ablehnung. Es drohte ein generationeller Konflikt:

> „Aber sie [die Großmutter, S. D.] hat eigentlich versucht, uns Enkel schon sehr früh in eine – aus heutiger Sicht – Ecke zu treiben, dass wir doch auch die schlesische Kultur etwas bewahren sollen, was ja nicht schlecht ist. Nur die Art und Weise, wie sie es gemacht hat, hat letztendlich dazu geführt, dass wir – meine Geschwister genauso – überhaupt nichts damit zu tun hatten. Es gipfelte dann in die Sache, die auch der Vorsitzende der schlesischen Landsmannschaft hatte, Hupka: ,Der Status des Flüchtlings ist vererbbar'. In der Richtung ging das dann immer weiter: Wir sollten doch auch in die Jugendgruppe der Landsmannschaft eintreten und da Volkstänze machen und Ähnliches, das haben wir dann nie gemacht. Wir haben uns dann immer erfolgreich wehren können. Aber es war schon ein Versuch meiner Großeltern, dieses Stück Kultur weiter zu pflegen."[203]

Die „Generation 1.5" fand sich dabei in einer Schlüsselrolle, was die Bewahrung von Erinnerung anbelangt. Viele Menschen aus dieser Gruppe betonen die bewusste Entscheidung, sich dieses Wissen anzueignen. „Ich habe mir das ja auch letztendlich alles selber beigebracht und eigentlich jetzt im Alter erst so richtig, weil vorher war das nicht so."[204] Die Notwendigkeit, sich selbst in die Familiengeschichte zu vertiefen, ergab sich in vielen Fällen aus dem Schweigen der Eltern, wie der Ehemann einer Interviewpartnerin anmerkt. „Ja, weil dein Vater euch ja auch nicht so sehr familiengeschichtlich unterrichtet hat."[205] Der Umgang mit, vor allem aber die Weitergabe und Bewahrung von Gedächtnis hängen stark vom Lebensalter ab. Nachdem sie lange Zeit durch familiäre berufliche Bindungen davon abgehalten wurden, fühlen sich viele Mitglieder der zweiten Generation nun geradezu in die Rolle des Bewahrers hineingewachsen, die zuvor der Generation ihrer Eltern (wenn gerade auch nicht immer den Eltern selbst) zugekommen war: „Aber jetzt so in meinem Rentenstand finde ich zunehmend Zeit, auch etwas in die Tiefe zu dringen".[206] Diese Erzählenden übernehmen nun die Autorität über die Vergangenheitserzählung in der Familie. Sie rücken sozusagen, nachdem die älteren Familienmitglieder verstorben sind, in die Rolle des Erzählenden vor:

> „Beim letzten Familienfest hat die Ulrike, die Frau von Philipp, zu mir gesagt: ,Du bist jetzt diejenige, die demnächst meinen Kindern erklären kann, wie das mal war.' Da war ich total geschockt, weil ich gemerkt hab': jetzt bist du alt, wenn *du* jetzt deinen kleinen

---

202 Stillfried und Rattonitz, I. 2012: 00:14:17-5 – 00:15:27-4.
203 Stillfried und Rattonitz, I. 2012: 00:17:17-9 – 00:19:08-1.
204 Bergmann-Korn, B. 2012: 01:07:36-2 – 01:07:48-6.
205 Bergmann-Korn, B. 2012: 01:07:30-6 – 01:07:36-2.
206 Seherr-Thoß, E. 2012: 02:01:49-7 – 02:04:07-5.

Nichten und Neffen erklären musst, das war der und der und das war der und der. So ist das. Und ich weiß es eben noch, weil ich eben die Erstgeborene bin und weil ich auch immer bei den Festen dabei war."[207]

Dabei unterscheidet sich ihr Erzählen jedoch durchaus substanziell von dem der ersten Generation. Mit dem Ende des Ost-West-Gegensatzes, wachsenden Möglichkeiten nach Schlesien zu fahren und dem allmählichen Erlöschen der Erlebnisgeneration veränderte sich nämlich seit den 1990er Jahren das Erinnern erneut.

> „Sie müssen sich das so vorstellen: das ist für alle erledigt, dass man da noch ewig hinterher hängt. Es nützt ja nichts. Man kann mal darüber reden, und die jüngere Generation, also wir jetzt, wir reden ja eigentlich kaum noch davon, und die Alten sind ja nicht mehr da. Meine Mutter, die kann natürlich noch eine Menge erzählen. Und das tut sie auch – wenn man sie fragt. Das macht sie, und neulich war eben mein Vetter Erwin [von Seherr-Thoß, S. D.] da, der hat sie auch lange nicht gesehen, und da haben die beiden herrlich … – hat sie ihm erzählt, das fand er toll, hat sie ihm erzählt, wie das früher war, und das ist wirklich toll, dass noch jemand erzählen kann. Ich kann das ja gar nicht, weil das ist einfach –, ich kriege es gerade mal so zusammen."[208]

Sein okkasioneller Charakter blieb wie in den Jahren zuvor erhalten, aber in wachsendem Maße erschien nun nur jenes Erinnern legitim, das *sine ira et studio* aus dem Wert des Erinnerten legitimiert und wiedergegeben wurde. Dazu gehört auch, dass sich in vielen Fällen eine Scheu davor zeigt, das eigene Schicksal allzu sehr in den Mittelpunkt zu rücken und als zentralen Anstoß des Erzählens zu nehmen. Viele Gesprächspartner betonten im Vorgespräch oder im Interview mit mir, in verschiedenen Formeln (die keineswegs adelsspezifisch sind),[209] dass „sie doch nichts Besonderes gemacht" hätten und ihr Schicksal eigentlich daher auch historisch eher uninteressant sei.

> „Nein, ich habe immer gefunden, es gibt [schon so viel]. Gerade in den letzten Jahren ist soviel derartiger Literatur entstanden. Also, ich lese immer wieder auch gerne, aber es gibt Menschen, die also noch irgendwie für die Allgemeinheit interessante Schicksale erlebt haben. Wenn ich jetzt so an die Stauffenbergs, an die Schulenburgs und Moltkes oder solche Menschen denke, Dönhoffs oder – und die auch noch Menschen begegnet sind, die also in dieser Bundesrepublik noch sehr viel mehr an Einfluss hatten oder bekannt[er] sind als mein kleines Leben hier."[210]

Anders verhält es sich dagegen mit ihrem Wissen, denn das Risiko eines Verlusts dieses Wissens kann durchaus das Bedürfnis nach Konservierung und Aufzeichnung legitim begründen. Das Individuum ist nicht der Fixpunkt und der Gegenstand der Erzählung, sondern es wird so zum Chronisten: „Dadurch habe ich sehr viele Erinnerungen, auch von der Landwirtschaft. Es gab damals auch so für die Landwirtschaft sehr viel schöne Sachen, die es heute nicht mehr gibt. [...] Deswegen wollten

---

207 Bergmann-Korn, B. 2012: 01:56:45-5 – 01:57:41-6.
208 Bergmann-Korn, B. 2012: 01:12:39-4 – 01:13:33-1.
209 Insbesondere unter einem geschlechtergeschichtlichen Gesichtspunkt: Ryan 2009.
210 Bomhard, E. 2011: 03:10:48-6 – 03:13:13-0.

wir eigentlich noch ein Buch schreiben, aber das müssen wir erst sehen."[211] Nicht nur Sachwissen aus der vergangenen Lebenswelt, sondern auch die Niederschrift und das fixierte Erinnern für die Familie können diese Funktion haben: „Ich habe das eigentlich mehr für die Familie, für die Kinder aufgeschrieben und weil mir es auch Freude gemacht hat."[212]

Der zweiten Generation fällt es weniger schwer, zu akzeptieren, dass ihre Eltern Teil eines historischen Umbruchs waren und ihr Leben daher durchaus dokumentierens- und erforschenswert war. Ihr Sprechen folgt vielfach dem Bemühen, sich von dem so wahrgenommenen „Stigma" der Subjektivität ihrer Erzählung zu befreien, was etwa im häufigen Gebrauch des „Man" statt des „Wir" und des „Ich" deutlich wird.[213] Als ähnliche Mittel einer Distanzierung dienen die explizite Abstrahierung der eigenen Wahrnehmung und die Korrektur des *Framings* einer Situation, die einen potentiell problematischen Begriff durch eine Historisierung seines Verständnisses „richtig" verstehbar zu machen sucht.[214] „Sie haben von den Erfahrungen gesprochen, die Ihre Eltern gemacht haben. Haben sie Ihnen, den Kindern, davon erzählt?" (S. D.). „Ja, das ist auch ganz interessant. Da würde ich gerne eine wissenschaftliche Studie darüber machen."[215] Erzählende der zweiten Generation – gleich ob im Interview oder in ihren eigenen Publikationen – pflegen deshalb auch häufig ein distanzierteres Verhältnis zur überkommenen Erinnerung. Ihr Erzählen sucht manchmal nachgerade wissenschaftliche Legitimität. Zugleich ist dies auch eine Form der Anpassung von Erinnerung an eine wachsende Wertschätzung der wissenschaftlichen Deutung von Gedächtnis in der Gesamtgesellschaft überhaupt, die als einzig legitime und „richtige" Form des Erinnerns begriffen wird. In diesem Sinne achten auch die Familien verstärkt darauf, dass das in Familienschriften geschaffene Gedächtnis wissenschaftlichem Anspruch genügt.[216] So hat etwa der Strachwitz'sche Familienverband vor einigen Jahren einen Historiker mit der Abfassung einer Familiengeschichte beauftragt: „Wir haben keine richtige Familiengeschichte, immer nur Fragmente.

---

211 Kulmiz, I. 2011: 00:00:30-9 – 00:01:26-2.

212 Bomhard, E. 2011: 03:10:48-6 – 03:13:13-0.

213 Ähnliche Beobachtungen macht Sarah Scholl-Schneider für die von ihr als „Expertenantworten" beschriebenen Äußerungen in ihren Interviews. Scholl-Schneider 2011b, S. 76–79.

214 Websky, M. 2013: 02:32:42-5 – 02:36:32-4: „Sie haben vorhin gesagt, Sie haben noch bis Anfang der 50er Jahre jede Nacht gebetet ,und bring uns zurück in unsere Heimat'. Hat dieser Begriff ,Heimat' für Sie heute noch eine Bedeutung und, wenn ja, in welchem Verhältnis steht er zu Schlesien?" (S. D.) „Also da müssen Sie einen Schritt zurückgehen. Der Begriff ,Heimat' war in der Bundesrepublik Deutschland genauso wie das Singen von Volksliedern verpönt. Der Begriff ,Heimat' war negativ besetzt mit Revanchismus, mit Deutschtümelei, am Ende gar mit Nationalsozialismus, und er war deswegen praktisch aus dem deutschen Sprachschatz verschwunden. Und eigentlich erst seit zehn, höchstens zwanzig Jahren, höchstens ist der Begriff ,Heimat' wieder ein ehrenhafter Begriff der deutschen Sprache, und insofern ist der Begriff ,Heimat' heute wieder unverdächtig. Und wenn man mich persönlich fragt, ,Wo ist deine Heimat?', dann muss ich ehrlicherweise sagen, ja, das ist das Rheinland."

215 Schoenaich-Carolath, E. 2013: 01:11:07-0 – 01:14:20-3.

216 Eine abweichende Beobachtung macht Seelig 2015, S. 437–446, der vor allem die Selektivität von Gedächtnis in den Mittelpunkt stellt.

Wir müssen einmal darstellen, was historisch belegt ist und was Märchen ist oder Sage ist.' Und das versucht man modern, aus der heutigen Sicht, einmal aufzuschreiben von einem Historiker."[217] Die Unschärfe der noch nicht „professionalisierten" Erinnerung der Nachkriegsaufzeichnungen, ihre Uneindeutigkeit und Emotionalisierungen, ihre politischen Untertöne gelten adeligen Erzählenden nun als defizitär. Es ist also ein Erzählen, das sich mit einem neuen, möglichst objektiven Anspruch dem Gegenstand nähert, den es nun nur noch aus wachsender Ferne fassen kann:

> „Sie [die vorgefundenen Aufzeichnungen] sind lückenhaft und widersprechen sich auch zum Teil, vor allem verklären sie vieles. Ich habe mich in solchen Fällen meistens auf die sachliche Darstellung meines Vetters Achim von Loesch gestützt, der als Volkswirt eine Studie über ‚Kammerswaldau – Die Geschichte eines schlesischen Dorfes, seines Schlosses und Rittergutes' veröffentlicht hat. Er konnte das schmale Buch kürzlich auch in Breslau im Historischen Institut der Universität vorstellen."[218]

Die Vorstellung des Buches vor einem polnischen Publikum ist hier mehr als eine bloße Episode am Rand: Sie verleiht der neuen „objektiven" Lesart der Vergangenheit durch ihre unterstellte beiderseitige Akzeptanz Legitimität und vor allem Autorität. Die so scheinbar objektivierte und verwissenschaftlichte Geschichte bettet sich zugleich in einen Aussöhnungsdiskurs ein, der freilich auch die Anerkennung der eigenen Herkunft sucht, denn die „Zeiten da die jetzigen Bewohner Schlesiens die siebenhundert Jahre deutsche Geschichte in diesem Land ignorieren wollen, sind glücklicherweise vorbei."[219]

1.5 Modi der Erinnerung

> „Ich konnte mich auf verschiedene Aufzeichnungen stützen, welche meine beiden Großmütter, mein Onkel Christian von Loesch und andere Verwandte nach dem Krieg gemacht haben."[220]

Aufzeichnungen über das Geschehen im Jahre 1945 und Versuche sich an das zu erinnern, was die Familie mit dem Land verband, das nun unerreichbar weit weg zu sein schien, gab es in beinahe jeder Familie. Während in der ersten Generation der Erfahrungshorizont und der Deutungshorizont noch weitgehend zusammenfielen, klafften diese später jedoch immer weiter auseinander. Die „Speicher der Erinnerung" waren nämlich keineswegs zeitneutrale, ja geradezu „außerzeitliche" Medien. Erinnerung musste, selbst wenn sie einmal schriftlich fixiert war, beständig aktualisiert werden, um sie für die Nachkommen verständlich zu halten.

---

217 Strachwitz von Groß-Zauche und Camminetz, J. H. 2011: 02:34:23-5 – 02:35:01-9.
218 Frisé 2004, S. 6; vgl. Loesch 2001.
219 Ebd.
220 Frisé 2004, S. 6.

Dies machte eine regelrechte Übersetzungsleistung erforderlich. Zunächst einmal hielt sich der Aufwand solcher Übersetzungen in Grenzen. Die Kinder waren mit den wichtigsten Konzepten vertraut, die die Lebenswelt der Eltern konstituierten. Sie kannten die Kosenamen der Onkel und Tanten, der Vettern und Nichten noch oder erlebten diese gar in ihrer eigenen Umwelt. Viele von ihnen lasen und schrieben noch die Kurrentschrift, sodass ihnen die Korrespondenz und die Tagebuchaufzeichnungen der Eltern, die wichtigsten Speicher des familialen Gedächtnisses, unkompliziert zugänglich waren. Die Papiere, auf denen in der Kriegs- und Nachkriegszeit Aufzeichnungen angefertigt worden waren, waren noch relativ jung – aber schon nach einigen Jahren begannen die ersten Papiere zu vergilben, zerfraßen schlechte Tinten das Papier oder verwischten und verschmierten zunehmend die eng mit Bleistift geschriebenen Notizen.

Die Erinnerungsspeicher wurden in den Familien deshalb wiederholt aktualisiert und den Erfordernissen einer sich verändernden sozialen Umwelt angepasst. Die Erinnerungssammlung der Familie von Wallenberg Pachaly etwa beruht auf Briefen und Aufzeichnungen, die kurz nach dem Krieg entstanden sind. In den 1970er Jahren wurden sie zunächst auf Anregung des damaligen Vorsitzenden der Wallenberg'schen Familienstiftung gesammelt. In den 1980er Jahren hat dann Adele (Adi) Mallmann, eine geborene von Wallenberg Pachaly, die meist handschriftlichen Originale übertragen und zu einem Sammelband zusammengestellt. Unter dem Titel „Und sie verließen das Land ihrer Väter" wurde später eine überarbeitete Fassung dieser Sammlung von Thora von Wallenberg erstellt. 1984 publizierte sie einen Teil der Berichte „stilistisch leicht überarbeitet" und unter Weglassung von „Namen von Personen, die keine Rolle spielen", wobei der Fokus weiterhin auf der Familie als Publikum lag.[221] 2005 unternahm es schließlich Gotthardt von Wallenberg Pachaly, die ursprüngliche Sammlung unter dem späteren Titel und mit einer neuen Einleitung und redaktionellen Anmerkungen versehen der Familie als digitales Dokument zur Verfügung zu stellen.[222]

Der Verlauf kann in mancher Hinsicht als geradezu mustergültig auf andere Familien übertragen werden. Mit einem Abstand von zwanzig bis dreißig Jahren zum Geschehen scheint ein erster Zeithorizont erreicht worden zu sein, der die Sammlung von Erinnerung zu dem großen Einschnitt von 1945/46 notwendig erscheinen ließ. Die Gründe dafür mögen vielfältig sein – das fortgeschrittene Lebensalter der Verfasser oder das Problem der Übertragung der Kurrentschrift, die es der jüngeren Generation erschwerte, mit den Texten der älteren in einen unmittelbaren Bezug zu treten, sind etwa Motive die in Vorworten öfter anzutreffen sind. Daneben mögen aber auch die Ostverträge und damit das Gefühl, dass Schlesien nun historischer und endgültig ferner war denn je, eine Rolle gespielt haben. Thora von Wallenberg hoffte im Vorwort der gedruckten Zusammenstellung, diese möge helfen, wenn „irgendwann einmal die Frage gestellt werden [wird]: ‚Wie kam es eigentlich, daß unsere Familie, die 400 Jahre in Schlesien ansässig war, ihre Heimat verlassen mußte?'"[223]

---

221 Wallenberg Pachaly 1984.
222 Wallenberg Pachaly 2005.
223 Wallenberg Pachaly 1984, S. 6.

Noch waren diese Sammlungen der Familie aber nicht in einer bequemen Weise zugänglich, es fehlte die Möglichkeit, das individuelle Gedächtnis der Individuen und der Kernfamilien schnell aus dem Gedächtnis der Gesamtfamilie zu aktualisieren. Häufig lagen die Umschriften als Schreibmaschinen-Durchschläge vor, später auch als Xerokopien. Die neuen digitalen Verbreitungsmöglichkeiten Ende der 1990er Jahre ließen es angesagt erscheinen, der Familie auf diesem sehr viel einfacheren Weg Erinnerungssammlungen zugänglich zu machen, so wie in der Familie Wallenberg Pachaly im Jahre 2005. Grenzen der Druckauflage oder der Papierkosten beim Kopieren gab es nun nicht mehr. Die neue Fassung beruhte deshalb auf der ursprünglichen, ausführlicheren Zusammenstellung, die nie in den Druck gegangen war. Da in der jüngeren Generation und vor allem Lesern von außerhalb des engen Kreises der Familie die Schreiber unbekannt waren, wurden die Briefe nunmehr mit Kurzbiografie sowie Fotos der Personen und Orte versehen. Als editorische Technik der jüngsten Zusammenstellung gibt der Herausgeber an, „die einzelnen Briefe und Berichte unverändert gelassen" zu haben, „von einzelnen unwesentlichen redaktionellen Veränderungen und Erläuterungen abgesehen, die das Lesen erleichtern."[224]

Neben den großen Erinnerungssammlungen der Familien steht häufig auch das Bemühen Einzelner, eine biografische Erzählung für ihre Nachkommen zu hinterlassen. Geprägt ist es von dem Gefühl, Teil eines historischen Umbruchs gewesen zu sein, dessen Ablauf und Spuren sich in die eigene Biografie eingegraben haben. Nicht immer aber will dieses Erinnern so gelingen, wie man sich dies gewünscht hat: „Jetzt weiß ich nicht, wie ich da anfangen soll."[225] Autobiografisches Erzählen ist sicher ein wichtiger Motor für Erinnerung und Verarbeitung des Erlebten. Unter den schlesischen Zwangsmigranten haben einige Wenige sich zugleich auch schriftstellerisch betätigt und dabei ihre Motive in der Kindheit, beziehungsweise in den Jahren 1945/46 gefunden, wie Dagmar von Mutius (1919–2008). Für ihren Roman *Wetterleuchten* (1961),[226] der das Leben einer Gruppe von zurückgebliebenen Deutschen in der Grafschaft Glatz nach 1945 beschreibt, erhielt sie 1963 den Eichendorff-Literaturpreis und für ihr Lebenswerk 1988 den Sonderpreis zum Kulturpreis Schlesien des Landes Niedersachsen. Weitere Werke, die die Vorkriegszeit zum Gegenstand haben, sind *Grenzwege* (1964), eine Liebeserklärung an das Glatzer Land, und *Einladung in ein altes Haus* (1980).[227] Nach diesen literarischen Verarbeitungen schien es offenbar nicht ganz angemessen, einen Erlebnisbericht, der durchaus anderen medialen Möglichkeiten und Zwängen unterlag und andere Erzählweisen hervorbrachte, unter dem Namen der Autorin zu publizieren, weshalb die Erinnerungserzählung schließlich mit dem schlichten Titel *1945/46 auf einem Gutshof in der Grafschaft Glatz* unter einem Pseudonym erschien.[228] Erst eine veränderte Version des Berichts, die gemeinsam mit jenen von Mutter und Schwester in einem Buch über Frauen-

224 Wallenberg Pachaly 2005, S. 1.
225 Kulmiz, I. 2011: 00:00:30-9 – 00:01:26-2.
226 Mutius 1961.
227 Mutius 1964; Mutius 1980.
228 Haugwitz 1982.

schicksale unter den Bedingungen von sowjetischer Besatzung und Zwangsmigration erschien, wurde unter dem echten Namen der Verfasserin publiziert.[229]

Neben dem geschriebenen Erinnerungsbericht und den klassischen Memoiren oder gar der literarischen Transformation bestand natürlich weiter eine aktive mündliche Erinnerungskultur in den Familien, die sich zudem häufig mit „geretteten" – so der Terminus der Quellensprache – Artefakten verband, die dadurch zu Kristallisationskernen von Erinnerung werden konnten.[230] Stephan Malinowski und Marcus Funck verweisen für die Zeit nach dem Ende des Kaiserreichs auf eine ganze Reihe solcher Artefakte, die nicht „curiosities", sondern „the insignia of noble rule and greatness" seien.[231] Wie und welche Artefakte dabei jeweils zu Erinnerungsträgern werden können, ist natürlich sehr individuell. Das Spektrum reicht von eher profanen Gegenständen wie dem sprichwörtlichen silbernen Zigarettenetui bis hin zu komplexen spirituell aufgeladenen Artefakten wie einem Papstbrief. In einer Familie bewahrt man beispielsweise eine Südtiroler Krippe:

> „Etwas, was mich jedes Jahr von Neuem mit Schlesien verbindet, ist ein Hochzeitsgeschenk eines Kriegskameraden meines Vaters an meine Eltern, und zwar ist das eine wunderschön geschnitzte Krippe aus Südtirol, die in einer richtigen Zeremonie jedes Jahr ausgepackt wird, aufgestellt wird – dann die ganze Weihnachtszeit und auch schon Adventszeit begleitet und dann natürlich auch nach dem sechsten Januar wieder in altes Papier und in alte Kisten, Kartons eingepackt wird."[232]

Die Pflege religiösen Brauchtums und die Erinnerung an Schlesien fallen in diesem Artefakt also zusammen, und durch das regelmäßige Herausholen der Krippe wird auch die Erinnerung an Schlesien jedes Jahr aufs Neue aktualisiert. Andere Artefakte reichen weiter in die Familiengeschichte zurück:

> „Ich habe ein wunderbares Fabergé-Zigarettenetui mit einer, wie meine Großmutter sehr schön aufgeschrieben hat, zweifachen Geschichtswendung. 1910 starb der Onkel des letzten Zaren, der russischer Großadmiral und der Ehren-Regimentskommandeur der Grünen Husaren in Schlesien war, in dem Regiment, in dem mein Großvater bis zum Ende des Ersten Weltkrieges stand. Mein Großvater reiste zu der Beerdigung dieses Kommandeurs mit seinem tatsächlichen Kommandeur und dem ersten Offizier des Regimentes, eingeladen von der russischen Regierung, ab der Grenze nach St. Petersburg zur Beerdigung. Die drei Herren, die nun aus einem Garderegiment kamen, was ja dem Verstorbenen sozusagen als Ehrenbezeugung angedient worden war, wurden sehr groß von der russischen Regierung empfangen und kriegten ein Gastgeschenk. Mein Großvater, als der rangmäßig Kleinste unter den Dreien, der war ja erst Adjutant, kriegte dieses Fabergé-Zigarettenetui mit einem großen Anker und dem ‚A' für Alexandrowitsch. Er brachte das als Gastgeschenk mit nach Hause, das habe ich."[233]

---

229 Mutius 2005a; Mutius 2005b; Scharffenorth 2005.
230 Diese Praxis betrifft gleichermaßen nicht-adelige Flüchtinge, wie Albrecht Lehmann am Beispiel einer regen materiellen Memorialkultur gezeigt hat. Lehmann 1989, S. 190-193.
231 Funck/Malinowski 2002, S. 89. Auch Funck und Malinowski beobachten, dass diese symbolische Aufladung vor allem „gerettete" Artefakte wie Silberlöffel oder Zigarettenetuis betrifft.
232 Uechtritz, H. 2012: 00:31:57-5 – 00:34:07-5.
233 Seherr-Thoß, E. 2012: 01:58:39-6 – 02:01:36-0.

Mit dem Etui verbindet sich also einerseits die Erinnerung an die Bedeutung der Familie, und es gereicht dem „rangmäßig Kleinsten" sicher nicht zum Nachteil, dass er bereits in so jungen Jahren einen Teil der Delegation gebildet hat. Noch bemerkenswerter ist allerdings, dass das Etui familienintern bereits zu einer Chiffre geworden ist, hat doch die Großmutter des Sprechers selbst eine Deutung vorgegeben, nach der es eine „zweifache Geschichtswendung" repräsentiert. Denn das Etui ist zugleich einer von jenen Gegenständen, mit denen sich ein sehr charakteristisches Motiv verbindet, sich zwar nicht ausschließlich, wohl aber in besonderer Dichte in den Erzählungen adeliger Familien findet: jenes des verlorenen und wiedergefundenen Erinnerungsortes.

> „Dieses Etui hat meine Großmutter 1946 in Packpapier und Zeitung gepackt, mit irgendwelchen anderen Sachen zusammen einer Rotkreuzschwester mitgegeben, auf einen der Transporte, kurz bevor sie selber raus musste. Das hatte sie im Rosenbeet vergraben, ohne dass es die Russen gefunden hatten, die ja alles systematisch abgesucht haben. Unter abenteuerlichen Verhältnissen war es eben dieses Jahr da in der Familie geblieben, dann wurde die Tasche dieser Krankenschwester geplündert, und dieses Etui fiel im Zug in dem Zeitungswust, in den es gewickelt war, runter, und die Polen haben alles aus der Tasche mitgenommen. Die Schwester hatte noch die Größe, dieses Zeitungsding da wieder aufzugabeln und es in die Tasche zu stecken. Dann brachte sie es irgendwann meiner Großmutter, und dadurch ist es ein zweites Mal quasi an sie gekommen [lacht]."[234]

Durch sein Schicksal erhält das Etui eine zusätzliche Bedeutungsdimension, die über das Individuum und die Familie hinausweist, es wird zu einem Muster, entlang dessen sich die Veränderungen in Zeit und Raum deuten lassen: „Das sind so Dinge, die mögen materiell – na ja, es ist schon ein sehr prächtiges Stück – zweitrangig sein, sie sind einfach signifikant für die Verworrenheit der Zeit."[235] Allerdings wäre auch hier ohne die schriftliche Fixierung ein Teil der Bedeutungsweitergabe über die Generationen hinweg weniger wahrscheinlich gewesen.

Das Motiv von Verlust und Wiederfinden muss sich dabei nicht auf profane Gegenstände wie das Zigarettenetui erstrecken. Besondere Bedeutung erhält es dort, wo in der Erinnerung die Bedeutung der Familie – wiederum durch den Kontakt zu hochgestellten Persönlichkeiten –, Verlust und Wiederfinden sowie eine spirituelle Dimension zusammenkommen. Nachdem – so Andreas Graf Henckel von Donnersmarck – die sowjetischen Soldaten in der Schlosskapelle eine Latrine eingerichtet hatten, warfen sie die sakralen Gegenstände in den Park.

> „Dazu gehörte ein Kelch und auch ein Brief des heiliggesprochenen Papstes Pius X. Dieser war ein großer Verfechter der sogenannten Früh-Kommunion, also dass schon Kinder mit acht oder neun, wenn sie es verstehen können, zur Hl. Kommunion zugelassen werden sollen, nicht erst mit fünfzehn oder sechzehn. Dies war der Fall bei meinem Großvater, in einer Zeit, wo das noch nicht so üblich war. Papst Piux X. schrieb ihm einen persönlichen Brief, in dem er seiner Freude darüber Ausdruck gibt, dass er [der Großvater, S. D.] eben schon zur Kommunion gegangen war. Dieser Brief hing in der Kapelle und wurde

---

234 Ebd..
235 Ebd.

auf einen Misthaufen geschmissen und verbrannte teilweise. Dort fand ihn eine Kloster-schwester aus dem nahen Borromäerinnenkloster. Der Brief wurde in ein Kuvert gesteckt und an meinen Großvater geschickt, der das kommentierte mit den Worten: er sei viel-leicht der einzige Mensch, der in seinem Leben zwei Mal einen Brief von einem Heiligen bekommen hat."[236]

Anders als andere soziale Gruppen verfügten adelige Familien über mehrere Mo-mente, die ihnen die Erinnerungsarbeit erheblich erleichterten. Dass adelige Famili-en in vielen Fällen eine ausgeprägte Erinnerungskultur pflegen, ist bereits angedeu-tet worden, und natürlich erleichterte dies ein Konservieren der Erinnerung, wenn auch nicht notwendigerweise den Umgang mit diesem „sperrigen Gepäck". Adelige Familien pflegen darüber hinaus viel häufiger institutionalisierte Strukturen von Fa-miliengedächtnis, etwa in Form der Familienverbände oder von Familienarchiven. Letztere mussten nach dem Krieg zwar erst wieder aufgebaut werden – kaum einer Familie war es gelungen, in nennenswertem Umfang Archivalien nach Westen zu verlagern –, aber diese (und weniger abstrakt vor allem die sie tragenden Familienar-chivare) wurden schnell wieder zu wichtigen Trägern des familiären Gedächtnisses.

> „Wobei ich im Augenblick seit zehn oder zwölf Jahren formal Vorsitzender des Familien-vereines bin, der 1883 in Breslau gegründet worden ist. Schon alleine deswegen habe ich mich mit der Dokumentation und dem Rettbaren an dieser Dokumentation beschäftigt. Ich stand auch immer in Kontakt mit diversen Menschen aus unserer weitverzweigten Fa-milie, wie mit dem Hans-Christoph [Graf von Seherr-Thoß, S. D.], der jetzt im Sommer gestorben ist, der ja ein ganz großer Archivar und Dokumentarist war. Insofern habe ich vielleicht mehr als alle anderen, außer gewiss Hans-Christoph, Überblick über die Familie, auch über den amerikanischen Teil."[237]

Eine letzte Besonderheit ist schließlich noch, dass gerade die adeligen Schlesier hin-sichtlich der Bewahrung des Gedächtnisses an ihr Schicksal das besondere Glück hatten, einen gewissenhaften Chronisten in Gestalt von Gotthard von Witzendorff-Rehdiger zu finden. Dieser sammelte im Rahmen seiner Arbeit beim Bund der Ver-triebenen und bei der Erstellung der dann sogenannten „Ostdokumentation"[238] gerade auch die Zeugnisse adeliger Schlesier beziehungsweise derjenigen, die wie Gutssekretäre oder -verwalter in deren unmittelbarer Nähe tätig waren und Auskunft über das Schicksal von Gütern und Schlössern, von deren Bewohnern und deren frü-herem Zustand geben konnten.

---

236 Henckel-Donnersmarck, A. 2013: 01:22:48-2 – 01:27:05-5.
237 Seherr-Thoß, E. 2012: 02:01:49-7 – 02:04:07-5.
238 Vgl. Spieler 1989, S. 109.

2 Ursprungserzählungen

„Die Familie stammt ursprünglich aus dem Böhmischen. Sie geht zurück bis ins 12. Jahrhundert. Die Stammburg in der historischen Zeit ab dem 16. Jahrhundert ist Neurode in der Grafschaft Glatz. Die Familie ist seitdem also eine schlesische Familie."[239]

„Die ist eine sehr alte schlesische Familie. Ich glaube, Ende des 14. Jahrhunderts wurde die schon erwähnt und dokumentiert. Inzwischen gibt es natürlich mehrere Linien. Ich entstamme aus der Hohenfriedeberger Linie in Schlesien. Aber da sowohl mein Großvater, als auch mein Vater immer die nachgeborenen Söhne waren, erbten sie natürlich, sofern es vorhanden war, den Besitz nicht, weil es so üblich war, dass es immer der älteste Sohn bekam. Also mein Vater studierte Jura und war schließlich, bis Anfang der 20er Jahre als Regierungsrat im preußischen Innenministerium in Berlin tätig."[240]

„Meine Familie ist im Vergleich zu anderen deutschen Adelsfamilien eine junge Familie. Wir führen uns zurück auf eine Person, die Mitte des 18. Jahrhunderts aus Italien nach damals Preußen gekommen ist [Giovanni Battista Angelo Ballestrero (1709–1757)]. Um die 1750er Jahre ist er nach Preußen gekommen, erst an den Weimarer Hof und dann unter Friedrich II. als Offizier im Heer gewesen. Er hat an den schlesischen Kriegen teilgenommen, ist dort dann auch gefallen. Vorher hat er aber noch eine Frau geheiratet, die dort ansässig war, eine Freiin von Stechow [Maria Elisabeth Freiin von Stechow (1723–1794)], und ist damit dann in Schlesien ansässig geworden."[241]

Das Wissen um die eigenen Ursprünge verortet das Individuum, aber auch die Familie in Zeit und Raum. Es befähigt noch heute, in wenigen Sätzen die fast schon mythischen Ursprünge an den Anfängen einer historischen Überlieferung mit der eigenen Lebenswelt zu verbinden und diese Verbindung stets zu aktualisieren und mit Bedeutung aufzuladen. Seine zentralen Kategorien sind „Familie" und „Haus" oder „Linie". Es wird fixiert in Genealogien und Artefakten, in Gemälden, Fotografien, Tagebüchern, Memoiren und besonderen Geschichten, die in der Familie weitergegeben werden. Es wird mediatisiert in Genealogien und familiären Artefakten, in Gemälden, Fotografien, Tagebüchern, Memoiren und in besonderen Geschichten, die in der Familie weitergegeben werden sowie in den Praktiken, die sich mit diesen Gedächtnismedien verknüpfen.[242]

„Wir hatten zum Beispiel immer noch Ahnenbilder, soweit sie noch vorhanden waren. Zumindest von der großmütterlichen Seite waren sie vorhanden und irgendwie präsent. [...] Aber diese Präsenz, diese Familiengeschichte in Form von Ahnenbildern, in Form von Geschichten, die eigentlich immer vorhanden waren, bildete den Unterschied [zur nichtadeligen Umgebung, S. D.], als die Schulzeit begonnen hat."[243]

---

239 Stillfried und Rattonitz, N. 2012: 00:00:15-6 – 00:01:02-8.
240 Seherr-Thoss, R. 2011: 00:00:35-0 – 00:03:00-0.
241 Ballestrem, N. 2010a: 00:00:17-3 – 00:03:11-0.
242 Zu Gedächtnismedien vgl. Erll 2005, S. 135-137, die insbesondere die hier relevante Scharnierfunktion von Medien „Vermittlungsinstanzen und Transformatoren" zwischen individuellem und (kollektivem) Gruppen-Gedächtnis betont.
243 Ballestrem, N. 2010b: 00:02:23-8 – 00:05:15-6.

Der Pflege einer bewusst aus der Bandbreite der Vorfahren selektierenden Erinnerung kommt dabei eine besondere Bedeutung zu, wobei die Auswahl des Memorierenswerten sich durchaus mit dem Wandel der Lebenswelt verändern kann.[244]

> „Und wenn man das dann auch noch mit einigen wenigen großartigen Vorfahren in Verbindung bringt, die die Familie nennen könnte – ehrlicherweise gibt es ja immer nur einige wenige Persönlichkeiten in der Familie – mit denen man in Verbindung gebracht werden möchte. Es gab natürlich im Laufe der Zeit auch jene, die man vielleicht nicht so gerne als seine Verwandten oder gar Vorfahren betrachten würde."[245]

Obwohl solche Praktiken einer familiären Memoria keineswegs ausschließlich in adeligen Familien vorkommen, sagt die Forschung Adel und Gedächtnis doch eine besondere Beziehung nach. Für einige entsteht Adel überhaupt erst in bestimmten Praktiken des Memorierens, wird „durch die Qualität und vor allem Dauer der Erinnerung geschaffen".[246] Adelige Erinnerungspflege ist so gleichermaßen Erbe und Ideal für die Zukunft, es schützt gegen die beständige Gefahr des Vergessens, gegen das Zerreißen des Fadens, der Familie und das Individuum mit der Vergangenheit verknüpft, und damit den Verlust der Identität.[247] Das Wissen um die Herkunft, eine in die Vergangenheit projizierte Kette von Vätern und Müttern, die abweichend von vielen „bürgerlichen" Genealogien aber in die Tiefe und in die Breite geht, gilt nicht zuletzt deshalb als ein zentrales Merkmal des adeligen Habitus,[248] es begründet geradezu die adelige Identität selbst: Kurz, Adelig-Sein erwächst auch aus der Einbettung in ein verwandtschaftliches Beziehungsgeflecht mit anderen Familien, die als adelig beschrieben werden können:

> „Also, der schlesische Adel ist durch die Bank miteinander verbunden und verwandt. Selbst wenn die Familie im ersten Moment eine andere Familie ist, aber wenn ich dann höre, die Großmutter war wieder eine Zedlitz oder so was, dann entdeckt man: Mensch, wir sind ja Vettern zweiten Grades, soweit man's nicht vorher schon wusste."[249]

> „Erst nachdem wir [von Brasilien, wo der Zeitzeuge aufwuchs, S. D.] nach Deutschland kamen, haben wir erfahren und erlebt, wie groß diese Familie Mutius ist, wie viele Verwandte wir haben – Onkel, Tanten, Cousinen, Cousins und so weiter – und erst hier die Bedeutung oder den Stellenwert, den Adel in einer Gesellschaft hat, kennengelernt."[250]

---

244 Funck/Malinowski 2002, S. 89.
245 Schoenaich-Carolath, E. 2013: 02:01:27-5 – 02:06:46-0.
246 Oexle 1995, S. 38.
247 Mension-Rigau 1990, S. 193.
248 Marcus Funck und Stephan Malinowski vertreten die Ansicht, dass sich die adelige Erinnerungskultur erstens durch die „einzigartige" historische Tiefe des adeligen Familiengedächtnisses auszeichne, zweitens durch die große Bandbreite der Erinnerungstechniken, die „speziell dem Adel" zur Verfügung stünden, und drittens durch die „bewusst kontrollierte" Selektivität dessen, was erinnert wird (Funck/Malinowski 2002, S. 86f).
249 Zedlitz und Neukirch, S. 2012: 02:52:51-4 – 02:53:49-8.
250 Mutius, W. P. 2012: 00:06:15-1 – 00:09:17-3.

„Wir sind alle ein Glied in einer langen Kette von Generationen. Beim Rückblick über die uns vorangegangenen und hier in Lebensbildern skizzierten 12 Generationen wurde mir dies besonders bewusst. Ich empfand dabei große Hochachtung für die Lebensleistungen vieler unserer Vorfahren und ihren Lebensmut."[251]

„Was meines Erachtens nach den Adel noch ausmacht, ist ein Netzwerk. Das kann man nicht abstellen – es ist einfach da. Und das trägt den Adel – und das trägt ihn auch vermutlich weiterhin immer nach oben, egal was man jetzt oben nennt."
„Dieses Netzwerk existiert auch trotz Flucht und Vertreibung weiter?" (S. D.)
„Ja. Und das ist vielleicht der wichtigste Aspekt, der meiner Meinung nach den Adel heute noch ausmacht. Also den Adel auch nach der Vertreibung. Ein ähnliches Netzwerk gibt es in anderen Gesellschaftsschichten, z. B. auch noch bei bäuerlichen Strukturen. Das liegt unter anderem daran, dass man seine Vorfahren kennt und auch relativ leicht über sie forschen und daraufhin Verbindungen knüpfen kann."[252]

Pierre Bourdieu schreibt dem Adel nicht zuletzt deshalb eine *connaissance généalogique* zu. Werden die adeligen Familien doch durch Beziehungen des Wissens von- und übereinander und die Befähigung des gegenseitigen Sich-Kennens und -Wiedererkennens (*des relations d'interconnaissance et d'inter-reconnaissance*) vereint.[253] Eckart Conze schreibt diese Befähigung treffend einem „horizontalen und vertikalen Familienbewusstsein" zu, das sich gleichermaßen in die kontemporäre Breite wie in die zeitliche Tiefe erstreckt.[254] Bei den Schlesiern spürt man die Gegenwart dieser Stammreihen. Und während viele Menschen mit einer adeligen Abstammung in der einen oder anderen Weise das Wissen um die Herkunft ihrer Ahnen bewahren, finden sich in beinahe allen Familien Menschen, die ein ganz besonders ausgeprägtes Interesse an der Vergangenheit entwickeln.

Die wenigsten von ihnen besitzen irgendeine formale Ausbildung, die sie in einer professionalisierten Weise für diese Aufgabe qualifizieren würde. Vielmehr sind sie begabte Autodidakten – Dilettanten im wahren Sinn des Wortes –, die oft erstaunliche paläografische Kenntnisse entwickeln und ein enzyklopädisches Wissen akkumulieren. „Vor einigen Jahren", erzählte mir mein Sitznachbar bei einem Tischgespräch, das ich hier aus dem Gedächtnis wiedergebe, „habe ich einen Vortrag über [frühneuzeitliche, S. D.] Grabdenkmäler in der Grafschaft Glatz besucht. Und während er [der Vortragende, S. D.] so erzählt, ich: ‚Aha, ja, das kenne ich. Das auch. Und das. Und das auch, er gehörte zur Familie meiner Frau.'" Der besondere Stolz meines Tischnachbarn galt dem fast erschöpfenden Überblick, den er als Laie über eine Gruppe von Grabdenkmalen des 16. und frühen 17. Jahrhunderts besaß, die er dabei anders als der Wissenschaftler in Kategorien der Nähe und Ferne zum eigenen Stammbaum klassifizierte. Bürgerliche, die in adelige Familien einheiraten, können sich durch den Erwerb der *connaissance généalogique* in den Familienverband integrieren.

---

251 Vorwort zu Wallenberg Pachaly 2003/2004: o. S.
252 Schoenaich-Carolath, E. 2013: 02:10:31-4 – 02:14:50-7.
253 Bourdieu 2007, S. 391. Hervorhebungen im Original.
254 Conze 2000, S. 444, 447.

„Wie ich da die Urkunden durchgearbeitet habe, habe ich dann festgestellt, dass zum Beispiel der Henry, der jetzt in Amerika lebt, am 31.10. geboren ist, wie ich, im Oktober.
Und dann gibt es zwei Seherrs, zwei Vorfahren, der eine am 30.10. und der andere auch
am 31.10. Und die sagten immer zu mir: ‚Also, Roysy' [Betonung], haben sie immer gesagt [Lachen], ‚du passt fabelhaft [in die Familie, S. D.], dir liegen die Seherrs alle zu Füßen.' Ich muss wirklich sagen, ich mag die Familie sehr."[255]

Wenn am Anfang dieses Mension-Rigauschen „Fadens" ein Schöpfungsereignis
steht, ein fernes Geschehnis, mit dem sich die Familie auf der Bühne der Geschichte etabliert hat, so kann man zwei Arten von idealtypischen Ursprungserzählungen
unterscheiden. Die eine verweist auf eine konkrete Person wie beispielsweise jenen
Giovanni Battista Angelo Grafen Ballestrero, der eine Freiin von Stechow heiratete
und deren Kinder das von Franz Wolfgang Freiherr von Stechow gestiftete Majorat
Plawniowitz erben sollten.[256] Die andere Art von Erzählung verweist auf eine Vergangenheit, die so fern ist, dass sie an der Grenze zwischen Mythos und Geschichtsschreibung einsetzt. „Wir [die Familie von Debschitz] sind auch Uradel. Wir dürfen deshalb eine siebenzackige Krone tragen, was man sonst – als schlichter Adel hat
man nur eine fünfzackige Krone. Wir haben also diese Krone, weil das Uradel ist.
Wir sind ungefähr 1210 geadelt worden, also die Vorfahren."[257]

Gerade im letzten Jahrzehnt fand erneut ein massiver Wandel des Umgangs mit
der Vergangenheit in den Familien statt. Zurückzuführen ist dies einerseits auf das
langsame Aussterben der Erlebnisgeneration und das vorgerückte Alter der „Generation 1.5", andererseits aber auch auf einen anderen Umgang mit der Vergangenheit in der Gesamtgesellschaft. Dass Repräsentationen der Vergangenheit letztlich
konstruierte Erzählungen sind, ist eine Wahrnehmung, die sich längst nicht mehr
auf die Wissenschaft beschränkt, sondern auch in die Lebenswelt vordringt und im
Selbstverständnis der Akteure verankert wird. Auf nationaler Ebene, so hat Andreas
Langenohl am Beispiel des postsowjetischen Raums beobachtet, verliefen dabei die Pluralisierung von Vergangenheitsrepräsentationen und die Essentialisierung
von Identität parallel[258] – eine Beobachtung, die durchaus übertragbar erscheint.
Vergangenheitsrepräsentationen sind zunehmend von wissenschaftlichen Narrativen
als Legitimierungsmacht für Vergangenheitserzählungen abhängig. Noch zu Beginn
des 20. Jahrhunderts brach manche adelige Familie auf, um nach ihren mythischen
Wurzeln zu suchen. „Die Loeschs", berichtet etwa Maria Frisé, „stammen ursprünglich aus Magdeburg. [...] Meine Ahnen waren Vollbürger, das heißt, sie besaßen alle
Stadtrechte. Meinem Vater genügte das offenbar nicht. Er hatte bei seinen Forschungen einen fränkischen Ritter gleichen Namens [...] ausgemacht":[259]

„Ein Ritter in voller Rüstung, das wäre natürlich eindrucksvoller gewesen als die Abstammung von Gerbern und Bierbrauern, und seien sie noch so tüchtig gewesen. Der Ritter

---

255 Seherr-Thoß, Th. 2011: 00:16:18-1 – 00:17:18-8.
256 Ballestrem 1985, besonders S. 8–10.
257 Kulmiz, I. 2011: 00:03:59-8 – 00:04:27-6.
258 Langenohl 2000, S. 57f.
259 Frisé 2004, S. 9

hätte auch besser zu den heroischen Zedlitz-Vorfahren meiner Mutter gepaßt, von denen einige in Schlesien zusammen mit polnischen Rittern und Bauern im Heer des Piastenfürsten Heinrich II. [...] schon 1241 bei Wahlstatt gegen die Mongolen gekämpft haben."[260]

Die Schlacht auf der Wahlstatt (Legnickie Pole), in der ein Heer unter Herzog Heinrich II. von der nach Mitteleuropa vorrückenden Mongolen-Armee fast vollständig aufgerieben worden war, ist in der Tat einer der wirkmächtigsten schlesischen Geschichtserzählungen, die nicht nur nationale Identität für Polen und Deutsche, sondern in besonderer Weise auch die mythischen Anfänge eines „schlesischen" Adels begründet haben. Norbert Conrads nennt sie deshalb nicht zu Unrecht ein „Urereignis der schlesischen Geschichte".[261] Erste historiografische Spuren hat sie bereits im 14. und 15. Jahrhundert hinterlassen, und bereits damals ist eine spezifische Legendenbildung zu beobachten, die den führenden Liegnitzer Familien Gemeinschaft stiftete.[262] Mitte des 19. Jahrhunderts, als sich adelige Familien in wachsendem Maße in Familienverbänden institutionalisierten, schlossen sich so mehrere schlesische Geschlechter, nämlich die Nostitz, Prittwitz, Rothkirch, Seydlitz, Strachwitz und Zedlitz, zu einem Verband der „Vetternfamilien von der Wahlstatt" zusammen.

> „Die Schlacht haben die Schlesier *verloren*. Da sollen eben in einer Sektion oder einem Segment diese schlesischen Familien in einem Haufen, irgendwie in einer Formation zusammen gekämpft haben. Da gab's eben eine Familie, die wohl im Mannesstamm bei dieser Schlacht ausgelöscht worden ist, bis auf ein kleines Baby – die Familie der Grafen Rothkirch. Dann geht die Sage: damals ist diese Vetternschaft begründet worden, mit dem Ziel, eben diese Familien zu erhalten oder dieses Baby zu erhalten, durch die Familien [der Vetternschaft, S. D.] mit diesem Stammbaum, und um sich eben auch ab und zu zu treffen. Das ist dann, glaube ich, jahrelang in der Versenkung verschwunden und irgendwann wieder belebt worden. Da gibt es eben fünf oder sechs Familien, glaube ich, die diese Vetternschaft betreiben und auch Familienverbände haben."[263]

Das Narrativ von der fast vollständigen Auslöschung der Familie von Rothkirch datiert bis ins 14. Jahrhundert zurück.[264] Einen ersten Nachweis für einen gemeinsamen Ursprungsmythos dieser sechs Geschlechter liefert dagegen erst ein Artikel von Christian Moritz von Prittwitz und Gaffron in der *Schlesischen Zeitung* vom Herbst 1860, während in der Zeit davor wie danach auch andere Geschlechter eine Teilnahme an der Schlacht für sich beansprucht haben, darunter etwa die Rechenberg und die Schoenaich, ohne allerdings jemals in die Deutungsgemeinschaft der sechs Familien eingeschlossen worden zu sein.[265] Wo im 19. Jahrhundert gelegentlich mythische Ursprünge bis in die Zeit der Völkerwanderung gesucht wurden, gehen familiäre Narrative heute vorrangig von den ersten urkundlichen Zeugnissen aus, die

---

260 Ebd.
261 Conrads 2009, S. 329f.
262 Ebd., 329.
263 Strachwitz von Groß-Zauche und Camminetz, J. & L. 2012: 02:19:37-3 – 02:23:23-0.
264 Humeńczuk 2003, S. 34f.
265 Conrads 2009, S. 300.

für eine Familie vorliegen, und treten außerhistorische Narrative in Hintergrund. Die Erzählung der Vettern von der Wahlstatt basiere, vermerkt etwa Johannes Graf Strachwitz, „auf dem grundsätzlichen Verständnis, dass diese Vetternschaft seit der Schlacht an der Wahlstatt tatsächlich existiert. Was natürlich sicherlich mit Brüchen war, denn es gibt ja kaum Dokumente, die irgendetwas belegen, was passiert ist, vor dem Dreißigjährigen Krieg, sage ich mal.“[266] Und Sigismund von Zedlitz hält für den familiären Kreis seiner Lesenden fest:

> „Da wir wie dargelegt unsere ‚schlesische Familiengeschichte‘ erst 1275 beginnen, stellt sich die berechtigte Frage, wieso wir Zedlitze dann zu den sechs ‚Vetternfamilien von der Wahlstatt‘ gehören, wieso wir also bereits 1241 gegen die Mongolen haben kämpfen können. Nun gibt es darüber bekanntlich keine einzige Urkunde, es handelt sich vielmehr bei der ganzen Vettern-Geschichte um eine Legende, um eine, wenn auch sehr alte und sehr ehrwürdige Überlieferung. Völlig aus der Luft gegriffen sind derartige Dinge jedoch meistens nicht [...] und man sollte nicht jede, urkundlich nicht belegbare Tradition als Märchen abtun.“[267]

Aus genau dieser Lesart heraus können die Vetternfamilien von der Wahlstatt jedoch als erneut substantialisierter Bund und als Zeugen für andere Bedeutungen der Schlacht in Erscheinung treten. Sei es etwa auf polnische Einladung hin als Teilnehmer der Jubiläumsfeierlichkeiten 1991 oder im Zuge des 1994 gedrehten Dokumentarfilms *Die Vettern von der Wahlstatt*, indem Vertreter der Familien gleichsam als Zeugen einer deutsch-polnischen Gemeinschaftlichkeit in der Vergangenheit fungieren und so erfolgreich zum Mahner einer Aussöhnung zwischen beiden Völkern werden können.[268]

Häufig steht am Anfang adeliger Ursprungserzählungen das Zusammenkommen von Ort und Stammreihe in der Form eines Familienguts. In der Erinnerung aller Generationen kommt dem Schloss als Sitz der Familie eine besondere Rolle zu.

> „Ein ganzes Buch könnte ich vollschreiben, wenn ich alle Erinnerungen niederlegen wollte, die mich mit diesem [Ort, S. D.] verbinden. [...] Familienglück, Liebe, Frieden. Kinderseligkeit. Gott bin ich von Herzen dankbar; daß er meinem Leben erst unter dem Schirm meiner unvergeßlichen Eltern und später an der Seite meiner Frau eine solche Gnade hat zuteil werden lassen. Der Segen, den dieses Haus barg, gibt auch unserem heutigen Leben noch einen Glanz.“[269]

Mit Stolz feierte man in der ersten Hälfte des 20. Jahrhundert Besitzkontinuitäten: seit 1350 für Schammersdorf in der Familie von Radziesty, seit 1440 für Struse in der Familie von Ploetz, seit 1446 für Nilbau in der von Nachrischen Familie, seit 1533 für Heidersdorf und Schedlau in der Familie der Grafen Pückler, seit 1587 für den Erbhof in Struse in der Familie der Freiherren Saurma von der Jeltsch, seit 1598 für

---

266 Strachwitz von Groß-Zauche und Camminetz, J. & L. 2012: 02:23:34-5 – 02:25:07-5.
267 Zedlitz und Neukirch 1997b, S. 24.
268 Leonija Wuss-Mundeciema (Regie), Hans E. Leupold (Kamera): „Die Vettern von Wahlstatt“. Deutschland 1994, Dokumentarfilm, Beta SP, Farbe, 60 Min.; vgl. auch Humeńczuk 2003, S. 35.
269 Reinersdorff-Paczensky 1957b, S. 2f.

Neudorf in der Familie der Grafen Pfeil-Burghaus, um ganz unsystematisch nur einige der älteren zu nennen.[270]

Diese glänzenden Momente in der Erinnerung dieser Familien dürfen allerdings nicht darüber hinwegtäuschen, dass ein Großteil der Besitzungen erst in deutlich jüngerer Zeit durch Erbschaft oder Kauf in jene Familien gekommen war, die sie 1945 verlassen mussten. Umgekehrt hinterließen einige der älteren Familien wie die Zedlitz oder die Reichenbach durch häufige Gutswechsel ihre Spuren in ganz Schlesien, was es wiederum erleichtert, den Raum in seiner Gesamtheit als Teil der eigenen Vergangenheit zu begreifen. In der Familie der Herren, Freiherren und Grafen von Zedlitz muss es etwa als problematisch empfunden worden sein, dass eine ihrer jüngeren Besitzungen erst 1852 beziehungsweise 1855 ins Eigentum der von Zedlitz'schen Familie kam. Zu diesem Zeitpunkt hatte die Ehefrau von Friedrich Konrad Freiherr von Zedlitz und Neukirch, Emilie, geb. von Arnim, die Kynsburg (Zamek Grodno) von dem passionierten Altertumswissenschaftler Johann G. G. Büsching erworben, der die Anlage selbst 1823 gekauft, renoviert und zu einem Museum umgestaltet hatte. Klafften Erwerbszeitpunkte und familiäre Gedächtnishorizonte derart weit auseinander, bedurfte es einer Angleichungsleistung, um Gut und Familie in der Erinnerung adäquat miteinander in Bezug zu setzen. „Die Zedlitz'sche Familienhistorie wie auch die Historie der Kynsburg haben in etwa gleiche über 800 Jahre alte nachweisbare Gründungszeiten",[271] referierte etwa ein Familienmitglied in einer jüngeren Chronik. Die reine Parallelisierung der beiden Geschichten war jedoch nicht genug. Um den historischen Anspruch der Zedlitze – gerade im Licht des Verlusts von 1945 – zu unterstreichen, bedurfte es eben nicht nur der Aktivierung familiärer Tiefe, sondern auch ihrer Breite. Die enorme Tiefe, die Marcus Funck und Stephan Malinowski dem adeligen Familiengedächtnis attestieren,[272] gestattet es dabei gerade, dass nicht nur Verbindungen in der salisch-rechtlich relevanten agnatischen Linie, sondern auch cognatische Verbindungen zu Zeit und Raum im Gedächtnis besonders aktiviert werden können. „Aus der Stammtafel [...] ist zu entnehmen, daß Karl Sigismund von Zedlitz [...] am 16. Juni 1728 in Landeshut Eva Eleonore Elisabeth Freiin von Czettritz heiratete [...]. Mit dieser Heirat wurde eine verwandtschaftliche Familienverbindung zur Kynsburg gezogen."[273] Texte wie dieser erfüllen natürlich mehr als nur eine innerfamiliäre Funktion. Indem sie publiziert oder öffentlich zugänglich gemacht werden, versuchen sie, eine Akzeptanz, ja eine Würdigung, des Verlusts durch die umgebende Gesellschaft zu schaffen. „Der für andere unsichtbare Verlust muss, soll er als solcher von diesen akzeptiert werden, verständlich dargestellt werden. Seine Repräsentation bedarf einer Materialität, die mit Bedeutung befrachtet wird und so aus dem Gewöhnlichen heraussticht. Aus dem erklärenden Zeigen und dem zustimmenden Schauen entsteht ein Dialog."[274]

---

270 Alle Angaben nach Güteradressbuch 1937.
271 Zedlitz und Neukirch 1997a, S. 104.
272 Funck/Malinowski 2002, S. 87.
273 Zedlitz und Neukirch 1997a, S. 87.
274 Köstlin 2010, S. 9.

Der Einschnitt von 1945 ist daher in vielerlei Hinsicht ein Gegenpol zu den Ursprungserzählungen, er ist aber gleichsam auch eine Last, ein Gepäck, das beim Erzählen gar nicht vermieden werden kann. Vielfach referenzieren die Ursprungserzählungen nämlich verlorene oder der Familie zumindest gegenwärtig nicht zugängliche Artefakte. Die Zedlitze vermissen so etwa die ältesten erhaltenen Darstellungen des Zedlitz-Wappens, die sich als Siegel zweier Brüder auf einer Urkunde Herzog Bolkos von 1335 finden. „Ob dieses Dokument das Chaos des Jahres 1945 überstand, ist nicht bekannt."[275]

Andere Artefakte von großer Bedeutung für die familiäre Memoria wie ein Feldaltar aus dem 15. Jahrhundert, der geradezu die physische Inkarnation der ritterlichen Anciennität der Familie ist, befinden sich heute im Museum des Zamek Grodno. Dieser Teil der Ursprünge wird jedoch nicht einfach verloren gegeben; vielmehr bemühen sich die als nächste Erben in Frage kommenden Mitglieder seit Jahren um einen Rückerhalt – und wenn nicht mehr, so bekräftigen sie doch zumindest ihre Ansprüche. Der Umstand, dass diese Ansprüche geltend gemacht worden sind, wird den Nachkommen und der weiteren, kontemporären Verwandtschaft wiederum sinnstiftend vermittelt, indem er in einen historischen und narrativen Rahmen eingebettet wird. Anfangs des 19. Jahrhunderts sei der Altar der Familie nämlich schon einmal durch einen Verkauf aus Geldnot verloren gegangen. Von den uneinigen Erben des damaligen Besitzers habe dann der Vater des Autors den Altar wieder zurückgekauft.[276] In dieser *Narratio* wird der Anspruch also gleichsam doppelt legitimiert: Zum einen wird der Altar zu einem Artefakt, das Alter und Herkommen der Familie repräsentiert, und umgekehrt wird er in seiner Qualität als Eigentum aus dem langen Besitzzeitraum legitimiert. Zum anderen gibt es aber auch noch ein viel kurzfristigeres, der kapitalistischen Verfasstheit von Eigentumsstrukturen in modernen Gesellschaften entsprechendes Motiv: den Kauf. Das Eigentum am Artefakt ist so ein doppelt erworbenes – durch Tradition und (Rück-)Kauf. Das Motiv, in der Eltern- oder Großelterngeneration noch einmal „neu" ein unmittelbares Eigentum erworben zu haben – sei es an materiellen Artefakten, sei es an Grund, Bodenschätzen oder Immobilien –, ist dabei, wie im Folgenden noch deutlich werden wird, eine zentrale Erzählfigur, wann immer der Aspekt des Verlusts berührt wird. Dabei ist diese Erzählfigur jedoch keineswegs als „künstlich" oder „ausgedacht" und damit „falsch" zu verstehen. Sie wird vielmehr möglich durch die enorme Bandbreite und zeitliche Tiefe des adeligen Gedächtnisses und ist mithin tatsächlich nur eine bewusste oder unbewusste Auswahl aus bestimmten Erinnerungsbeständen.

---

275 Zedlitz und Neukirch 1997a, S. 89.
276 Zedlitz und Neukirch 1997a, S. 120.

2.1 Landwirtschaft und befestigter Grundbesitz

„Mein Vater stammte aus einer Familie mit zehn Kindern. Der Großvater hatte zwei Besitze geerbt von seinem Urgroßvater, dem preußischen Oberhofzeremonienmeister Rudolf Graf Stillfried. Der eine Besitz war Silbitz, das heißt heute Żelowice und der zweite Besitz war Buchwald [Bukowiec] – das heißt heute, glaube ich, Bukowina –, Nieder Buchwald [Bukowina Bobrzańska Dolna] bei Sagan [Żagań]. Mein Vater hat diesen zweiten Besitz in jungen Jahren übernehmen dürfen."[277]

„Das Gut Lehnhaus ist 1804 durch ein Losverfahren in die Familie Haugwitz gekommen. Die Familie [von Grunfeld-Guttenstädten], die bis dahin dort gelebt hatte, war mit uns verwandt. Da sie keine Kinder hatten, wurde die Nachfolge zwischen vier Neffen ausgelost. Das Los fiel auf Maximilian von Haugwitz, der aus Rosenthal bei Breslau stammte und der das Gut zusammen mit seinem Bruder Wilhelm übernahm. Er ist kurze Zeit danach bei einem Aufenthalt auf dem elterlichen Besitz ertrunken, der genau an der Oder lag; daraufhin hat es sein Bruder übernommen, der ebenfalls kinderlos starb. Schließlich hat es dann mein Ururgroßvater [Heinrich, ebenfalls aus Rosenthal,] geerbt."[278]

„Meine Eltern sind die Generation, die noch nicht anstand, in diese Fußstapfen zu treten. Der Vater meines Vaters lebte auf einem Grundbesitz in der Grafschaft Glatz, im Ort Kamnitz. Das war ein kleines Landschlösschen und eine, ich glaube, 300 Hektar große Wald- und Feldwirtschaft mit ertragreichen, aber sehr schwer zu bewirtschaftenden, nämlich sehr schweren, Böden. Die hatte er von einem Vetter seines Vaters geerbt, der kinderlos geblieben war und der sich selber als Breslauer Kürassier zwanzig Jahre in Schlesien umgeschaut hat, wo es schön ist, und sich dann diesen Besitz gekauft hatte. Dieser Onkel war kinderlos geblieben und war mit einer Schwester Wallenberg verheiratet, von meiner Urgroßmutter Seherr. Das waren zwei Schwestern Wallenberg, und dadurch war auch meinem Großvater als Zweitgeborenem nicht der Stammsitz in Schollwitz bei Hohenfriedeberg zugekommen, den hat mein Großonkel Friedrich geerbt. Mein Großvater als Zweitgeborener wurde dann glücklicherweise von diesem Onkel, der mit seiner Tante Wallenberg verheiratet war, mit diesem Besitz beerbt. Den hat mein Großvater in den 20er Jahren in schwieriger Zeit wieder auf Vordermann gebracht."[279]

„Mein Vater war damals Beamter an der Regierung in Liegnitz, und wir lebten dort. Wir, das sind meine Eltern und meine vier älteren Geschwister. Ich bin ein Nachkömmling. Ich bin 1931, wie gesagt, dort geboren, aber mein jüngster älterer Bruder war schon elf Jahre auf der Welt. Wir sind dann zwei Jahre später nach dem Gut Eichholz gezogen, was das Erbe meiner Mutter war, etwa zehn Kilometer südlich von Liegnitz. Dort residierte noch meine Großmutter, die nach dem Tode meines Großvaters das Gut leitete. Dort bin ich praktisch bis zum Jahre '45 aufgewachsen."[280]

---

277 Stillfried und Rattonitz, N. 2012: 00:01:02-8 – 00:03:53-6.
278 Haugwitz, H.-W. 2013: 00:13:36-0 – 00:15:18-0.
279 Seherr-Thoß, E. 2012: 00:14:22-6 – 00:19:07-7.
280 Zedlitz und Neukirch, S. 2012: 00:00:16.5 – 00:02:25.8.

Abbildung 3: Schloss Silbitz – Chromolithografie nach Winckelmann aus der Sammlung von Stichen von Alexander Duncker (Bild beschnitten). Die Duncker'schen Stiche gehörten in der Bundesrepublik zu den begehrten Gedächtnismedien, mit denen adelige Zwangsmigranten Vergangenheit reimaginierten.

Wer Schlesien vor 1945 als eine Adelslandschaft beschreiben will, der muss das Grundwort „-landschaft" wörtlich nehmen. Kaum ein anderer Teil Preußens hatte eine derartige Dichte von adeligen Besitzungen aufzuweisen. Wohin man auch kam, „in Schlesien hatte fast jedes Dorf so ein Schloss",[281] und wie sich die Naturgeografie verändert, so vielgestaltig war auch die Adelslandschaft Schlesien. In der reichen und fruchtbaren Tiefebene Niederschlesiens herrschten andere Bedingungen und Erwerbsmöglichkeiten als im weiter südlich gelegenen Waldenburger Bergland. Der waldreiche Ratiborer Kreis hatte andere Merkmale als das dicht besiedelte oberschlesische Industriegebiet.

Das schlesische Güteradressbuch von 1937 – das letzte vor Ausbruch des Zweiten Weltkriegs – identifiziert etwas weniger als 450 (Gesamt-)Familien adeliger Abkunft mit zum Teil verschiedenen Zweigen, die größeren Grundbesitz in Schlesien hielten.[282] Im Mittel befanden sich die Höfe adeliger Eigentümer seit 1797 im Familien-

---

281 Kulmiz, I. 2011: 00:45:55-7 – 00:47:01-6.

282 Gemeint sind hier nicht Kernfamilien im bürgerlichen Verständnis, sondern Großfamilien, die auf zum Teil weit zurückliegende gemeinsame Vorfahren oder Wappengemeinschaften rekurrieren. Die Gesamtzahl der gelisteten adeligen Eigentümer (inklusive Erbengemeinschaften wie die der Grafen von Ballestrem auf Deutsch-Jägel) liegt für das Jahr 1937 im Bereich von etwas mehr als 2000. Hinzugefügt sei zudem, dass das Güteradressbuch in der Fassung von 1937 nur den Grundbesitz mit einem Grundsteuerreinertrag von mehr als 500 Reichsmark erfasst.

besitz.[283] Für viele Familien markiert der Übergang vom 18. in das 19. Jahrhundert somit den Beginn der engeren Besitzgeschichte jener Güter, von denen sie 1945 fliehen, oder bis Ende 1946 zwangsmigrieren mussten. Der Zeitabschnitt, den die Geschichtswissenschaft gerne als die „Sattelzeit" bezeichnet,[284] ist auch deshalb so etwas wie ein gemeinsamer zeitlicher Tiefenhorizont, der nach Flucht und Vertreibung der schlesischen Adelsgesellschaft als Referenz geblieben ist. In der Sattelzeit formierte sich eine Eigentumsordnung, die mit Transformationen über alle Einschnitte hinweg bis 1945 nachwirken sollte. In diesem Sinn ist für Schlesien durchaus Jürgen Osterhammels globalgeschichtliche Beobachtung einschlägig, dass nicht das (in diesem Fall von der deutschen Adelsforschung besonders betonte) Jahr 1918, sondern das Jahr 1945 „in seinen Nahwirkungen" auf fundamentale Weise von der gesamten Gruppe gespürt wurde.[285] Es ist deshalb auch jenes Ereignis, aus dem heraus sich seitdem ein diasporisches Bewusstsein innerhalb der sozialen Formation speisen kann, ein Einschnitt, der von allen unterschiedlichen Teilgruppen in der sozialen Formation gleichermaßen als einschneidend wahrgenommen wurde.

Der heute aktive Horizont des generativen Gedächtnisses liegt in den 1920er und 1930er Jahren. Zu diesem Zeitpunkt prägte die Weltwirtschaftskrise die Entwicklungsmöglichkeiten der Güter.

> „Und dann kam noch die große Inflation in den 20er Jahren und da sind die Güter oft verkauft worden."[286]

> „Den [Betrieb] hat mein Großvater in den 20er Jahren in schwieriger Zeit wieder auf Vordermann gebracht."[287]

> „Dieser Besitz war lange verpachtet gewesen. Der Vater hat ihn hochverschuldet übernommen und hat ihn im Laufe der Zeit – durch die Währungskrise 1929 hindurch – langsam aufgebaut, bis er ihn 1939 wirklich schuldenfrei und ertragreich hatte – und dann musste er in den Krieg einrücken."[288]

Die Schwierigkeiten, mit denen viele Betriebe zu kämpfen hatten, lagen zum Teil aber auch schon weiter zurück:

> „Das Gut, was meine Mutter hatte, war sehr verschuldet, weil mein Großvater schlecht gewirtschaftet hat. Er war Adoptivgroßvater. Gott sei Dank, haben wir das nicht geerbt [Lachen]. Da waren viele Schulden drauf, und die Schulden mussten weg. Als es zur Flucht ging, waren alle Schulden abgearbeitet. Und die [Eltern] wollten das Gut eben nicht verlieren, also nicht Konkurs machen."[289]

---

283 Alle Angaben nach Handbuch 1937 (das Mittel umfasst alle angegebenen Daten). Bei einem nicht unerheblichen Teil war der Besitzzeitraum allerdings nicht angegeben.
284 Koselleck 1979, S. XV.
285 Osterhammel 2009, S. 96f.
286 Kulmiz, I. 2011: 00:04:39-3 – 00:05:18-7.
287 Seherr-Thoß, E. 2012: 00:14:22-6 – 00:19:07-7.
288 Stillfried und Rattonitz, N. 2012: 00:01:02-8 – 00:03:53-6.
289 Kulmiz, I. 2011: 00:07:35-3 – 00:08:15-8.

„Lehnhaus geriet Anfang der 1930er Jahre, als die Weltwirtschaftskrise war, in eine wirtschaftliche Schieflage. Mein Großvater hatte die Bewirtschaftung der Betriebe einem Verwalter anvertraut, diesen aber nicht ausreichend kontrolliert. Er selbst wäre lieber Theolo-
ge geworden, er kümmerte sich mehr um arme und kranke Menschen und seine Kirchen
in der Umgebung. Er war Patronatsherr mehrerer Kirchen und nahm diese Funktion sehr
ernst. Der Verwalter hat ihn regelrecht ausgenommen. Als die Schwierigkeiten offensichtlich
wurden, musste mein 1898 geborener Vater einspringen. Er wollte eigentlich Forstwirtschaft
studieren, begann nun aber unverzüglich eine landwirtschaftliche Lehre. [Die Banken wollten seinen Einsatz als Generalbevollmächtigten von Lehnhaus sehen. Großvater stimmte
dieser Forderung zu. 1931 übergab er das Gut Mauer als Eigentum an meinen Vater. Mauer
war das landwirtschaftliche Kernstück der Betriebe, mit dem sehr fruchtbaren Ackerland in
der Boberaue.] Er hat es geschafft, dass der Betrieb nicht unter den Hammer kam.“[290]

Der Stolz darauf, mühevoll die Schuldenfreiheit des Gutes erreicht zu haben, ist vielen Zeugnissen anzumerken. Auch wenn längst nicht alle Teile einer adeligen Familie in die landwirtschaftliche Produktion eingebunden waren, waren Anstrengungen
auch jenseits der engeren Eigentümer zu spüren, bei Kindern, die erst noch in der
Landwirtschaft nachfolgen sollten, bei Geschwistern, die nur potentiell einmal die
Nachfolge antreten würden oder die in anderen Rollen, z. B. im gutseigenen Kindergarten, tätig waren,[291] und sogar bei Cousins und Cousinen, die längst in der Stadt
lebten und nur in den Ferien auf die Güter der Verwandten kamen. Im Erzählen
über den Bruch von 1945 ist das Motiv, den Betrieb schuldenfrei gemacht zu haben,
mehr als nur eine Leistung der Eltern oder Großeltern, auf die man stolz sein konnte
– es bildet einen Gegenpol zum Motiv der Vertreibung, eine moralische Bestätigung
der Wahrhaftigkeit des Verlusts; den Beleg dafür, durch die eigene Arbeit noch einmal wahrhaft Eigentum am Gut erworben zu haben.

Dieses Vergangenheitsbild konnte unschwer an das Bild vom Kulturträgertum der
Deutschen im Osten anknüpfen, das noch bis weit in die 1970er Jahre eine dominante Figur im westdeutschen Vertreibungsdiskurs war.[292] Die Geschichte der Vorfahren ließ sich in gleicher Weise als eine Geschichte des Aufbaus lesen. „Auf allen
acht Loesch-Gütern – später kamen noch vier weitere hinzu –, so verschieden sie
auch waren, wurden Sümpfe oder nasse Wiesen trockengelegt, Feldwege und neue
Ställe für Pferde, Rinder, Schafe und Schweine und für damalige Verhältnisse kom-
fortable Häuser für die Gutsarbeiter gebaut“,[293] berichtet Maria Frisé über die Zeit
ihrer Urgroßeltern. Von den landwirtschaftlichen Meliorationen des 19. Jahrhunderts – Drainagen, neuen Verfahren des Fruchtwechsels, Importen und Kreuzungen
neuer Tierrassen – war es ein leichtes, den Bogen zur eigenen Kindheit zu schlagen,
in der die Intensivierung der Landwirtschaft weiter fortschritt.

---

290 Haugwitz, H.-W. 2013: 00:15:24-1 – 00:20:30-0, spätere Ergänzung zum gesprochenen Wort in
    Klammern.
291 So beispielsweise Frieda von Roeder (1859–1945), eine Tochter des Gutsbesitzer Albrecht von Ro-
    eder auf Groß Gohlau. Schutte 2013, S. 7f.
292 Für eine ausführliche Erörterung siehe unten Teil II, Kap. 2.1.
293 Frisé 2004, S. 23. Der Aufbau-Topos findet sich in ähnlicher Weise in den Berichten nichtadeliger
    Flüchtlinge. Vgl. Demshuk 2012, S. 100.

Für die landwirtschaftliche Intensivierung fanden sich in Schlesien besonders gute Bedingungen vor, denn Schlesien war nicht nur eine Adelslandschaft, die ganz wörtlich von Gütern und Herrensitzen geprägt war, sondern ein Raum, der in besonderem Maße vom Großgrundbesitz gestaltet wurde. Die Zahl der Latifundien in Schlesien war enorm. Bei den Gütern über 5.000 Hektar belegte es mit 37 Stück einen einsamen Spitzenplatz in Preußen – gefolgt von Brandenburg mit 24, Posen mit 21 und Pommern mit 17. Auch in der Gesamtzahl der Großgüter lag Schlesien mit weitem Abstand vor Pommern und Posen und hatte beinahe doppelt so viele Güter aufzuweisen wie Sachsen oder Brandenburg.[294]

Hinzu kam, dass dieser Großgrundbesitz fast immer den Wechselfällen des freien Bodenmarktes entzogen war, denn bis in die letzten Tage des Kaiserreichs hatten zahlreiche schlesische Familien eine Politik der Befestigung ihres Besitzes durch die Errichtung von Fideikommissen verfolgt. 1912 fanden sich in ganz Preußen nur fünf Regierungsbezirke, bei denen der Anteil des gebundenen Besitzes an der Gesamtfläche über zehn Prozent betrug; davon waren drei die schlesischen Regierungsbezirke Oppeln (etwa 22%), Breslau (etwa 18%) und Liegnitz (etwa 12%). Die beiden anderen Bezirke waren Stralsund (ca. 21%) und Sigmaringen (ca. 16%).[295] Bezogen auf die Kreise fallen diese Zahlen sogar noch dramatischer aus: 1907 waren zum Beispiel in den Kreisen Tarnowitz, Pless, Tost-Gleiwitz mehr als 40 Prozent und in den Kreisen Lublinitz, Ratibor, Cosel und Rosenberg etwa 25 bis 30 Prozent der Kreisfläche fideikommissarisch gebunden – eine gewaltige Zahl, selbst wenn man in Rechnung stellt, dass davon im Schnitt 75 Prozent auf Waldfläche entfielen.[296]

Das gesellschaftliche Klima für diese Art von Rechtsinstitut wurde jedoch bereits in den 1900er Jahren immer ablehnender, und in der Weimarer Republik wurde bekanntlich schließlich deren Auflösung beschlossen.[297] Ähnlich wie bereits bei der Ablösung der Erbuntertänigkeit im 19. Jahrhundert dauerten derartige grundlegende Prozesse der Umgestaltung von Verfügungsrechten jedoch relativ lange und stießen sogar auf Gegenbewegungen.[298] Gerade die NS-Diktatur bot in ihrem Bemühen, die marktliche Fluidität von Eigentum an Grund und Boden einzuschränken, bewusst an die Vorbilder der Monarchie angelehnte Konzepte der Bindung von Ackerflächen und Wäldern durch die Errichtung von Erbhöfen und Schutzforsten

---

294 Schiller 2002, S. 291.
295 Höpker 1914, S. 2.
296 Abschrift eines Berichts des Regierungspräsidenten zu Oppeln, von Schwerin, an den Oberpräsidenten von Schlesien. Oppeln, 9. Februar 1910. Geheimes Staatsarchiv, Stiftung Preußischer Kulturbesitz (GStA PK), I HA Rep. 84 a, Justizministerium, Nr. 45787, Blatt 26r–29v.
297 Eckert 1992, S. 698–701; 712–717.
298 So hat Ulrich Rau etwa am den Grafen Bismarck gehörigen pommerschen Gut Varzin (Warcino) gezeigt, dass es bereits unmittelbar nach Verordnung der offiziellen Auflösung der Fideikommisse Bestrebungen staatlicherseits gab, das Gut und besonders seinen Waldanteil „im öffentlichen Interesse" in einer Hand zu erhalten. Rau 2017, S. 1014. Zum öffentlichen Interesse vgl. auch Eckert 1992, S. 708–711.

an. Ähnlich wie andernorts auch[299] nahmen zahlreiche schlesische Familien diese Angebote des neuen Regimes an.[300]

Diese spezifische Struktur des fortbestehenden Großgrundbesitzes hatte natürlich einen Einfluss auf die Agrarverfassung. Nimmt man beispielsweise den 1919 formierten Verband der schlesischen Waldbesitzervereine als Indikator,[301] zeigt sich nachhaltig der fortdauernde Einfluss des Adels. Der Verbandsvorstand lag 1919 völlig in adeliger Hand,[302] und auch die Vorsitzenden der einzelnen Waldbesitzervereine waren ausschließlich Adelige beziehungsweise die Vertreter von Städten (etwa Neustadt und Glogau) – mit der einzigen Ausnahme eines bürgerlichen Rittergutsbesitzers im Kreis Goldberg-Haynau. Noch deutlicher wird diese Tendenz in der Mitgliederstruktur. (Da der Verband allerdings eine Interessenvertretung ohne Pflichtmitgliedschaft war, war er gezwungen, vor allem um die kleinen Waldbesitzer aktiv zu werben.[303]) So waren in Mittel- und Niederschlesien etwa 69 Prozent der Verbandsmitglieder Adelige und in Oberschlesien sogar 76 Prozent. Der Anteil von privaten bürgerlichen Grundeigentümern lag dagegen bei 20 Prozent (Niederschlesien), beinahe einem Viertel (Mittelschlesien) und knapp 15 Prozent (Oberschlesien). Der Rest entfiel auf zwei Industriebetriebe (in Oberschlesien, die einen adeligen „Schattenanteil" durch die dortigen Magnaten bildeten), Städte, eine Starostei und die Kirche.

Die Zahlen spiegeln zugleich auch die Naturgeografie wider. Dominierte in Oberschlesien die Waldwirtschaft, waren es in Niederschlesien der Feldbau – Getreide und Zuckerrüben – und die Viehzucht. Die Geographie förderte so in besonderem Maße eine mechanisierte Landwirtschaft, die den Einsatz von Dampfpflügen und Traktoren mit ihren hohen Anfangsinvestitionen erst realistisch machte. Die Landwirtschaft beschäftigte zugleich aber auch ein Heer von Wander- und in der NS-Zeit dann auch Fremd- und Zwangsarbeitern. Das Gut Rogau-Rosenau (Grafen von Pückler-Burghaus) unterhielt zum Zeitpunkt der Flucht etwa eine Hühnerei, die auf 2.000 bis 9.000 Eier eingerichtet war, das benachbarte Wernersdorf (Grafen von Moltke) 350 Schafe, 120 Schweine, 75 Kühe erster Leistung, drei Zuchtbullen,

---

299 Conze 2013, S. 41f.

300 Die Grafen Schaffgotsch-Koppitz etwa lösten das 1909 mühevoll der Monarchie abgerungene Fideikommiss Anfang der 1930er Jahre auf und strebten die Errichtung eines Schutzforsts in Koppitz an. GStA PK 1 HA Rep. 84a Justizministerium 45787 betreffend das Fideikommiss 1909–1933 und 45788–45789 betreffend den Schutzforst Schwarzengrund (Koppitz) 1930–1941.

301 Eine Übersicht über die Zusammensetzung des Verbands geben die konstituierenden Unterlagen in APK 384 Hohenlohe Kosz. 14928, Blatt 339–346.

302 So fungierten der Herzog von Ratibor, Rauden (Vorsitzender); Herzog Ernst Günther von Schleswig-Holstein, Primkenau (1. stellvertretender Vorsitzender); Graf Tiele-Winckler, Moschen (2. stellvertretender Vorsitzender); Graf Maltzan, Militsch; Graf Reichenbach-Goschütz, Goschütz; Graf Garnier-Turawa, Turawa; Reichsgraf Schaffgotsch, Warmbrunn (alle 3. stellvertretende Vorsitzende). Geschäftsführer waren ein Major von Schwartzkopf, Ratibor, und ein Regierungsassessor a.D. von Garnier, Zellin OS. Der Syndikus des Verbands war ein Rechtsanwalt von Hauenschild, Breslau, und der Schatzmeister der Breslauer Bankier Ernst von Wallenberg Pachaly.

303 Etwa: Zirkular der „Nachrichtenstelle für die Waldbesitzervereine Schlesiens", Klitschdorf Januar 1921. APK 384 Hohenlohe Kosz. 14928, Blatt 424.

zwanzig tragende Färsen, zwanzig jährige Färsen, 25 Kuhkälber, zehn Jungbullen, zwanzig Bullkälber, 22 Pferde und einen Hengst.[304] Es sei ein ausgesprochener Zuckerrübenbetrieb gewesen, berichtet der letzte leitende Beamte des Gutes.[305]

Darüber hinaus, einfach nur ein Ort des Broterwerbs zu sein, war Natur für adeliges autobiografisches Schreiben ein vielfältiges Bedeutungsgeflecht und bot ein Deutungsrepertoire, welches sie ebenso mit den mythischen (oder wohldokumentierten) Anfängen der Familie auf einem Gut verband wie mit dem eigenen Abschied angesichts der Zwangsmigration. Die Natur lieferte, so haben bereits Marcus Funck und Stephan Malinowski beobachtet, den adeligen Schreibenden „zentrale Erinnerungsorte", mit denen sie die „eigene Kindheit, Höhepunkte des Erwachsenenlebens und am Lebensende wichtige Symbole der Einkehr und Selbstbesinnung" verbanden.[306] So wird der Tod des Vaters sinnstiftend in Gestalt des Grabes bei der „riesigen Eiche" im Wald, das diesen im Heimgehen gleichsam mit dem Boden des Gutes verschmelzen lässt; die Aufbahrung „des letzten Herren auf Groß-Marchwitz" im Saal unter den Blicken der „alten Kastanien" zum Fenster herein in einem mit goldgelben Schwertlinien bedeckten Sarg[307] wird dagegen zum Vorboten des eigenen Weggangs. Das Land bietet in solchen Erzählungen etwa den mit einer Schweinehälfte in den Ackerfurchen versteckten Frauen Schutz vor den polnischen Wachposten, die auf dem Gut installiert worden sind: „Ich habe die Gewissheit, daß die Bäume, Wege und Felder es sind, die uns helfen, die uns tragen und verbergen, weil wir jede ihrer Furchen in früh gewachsener Vertrautheit lieben und wissen, daß in dem guten alten Wald unserer Kindheit und den Feldern unserer Mühe, uns kein Schaden treffen kann."[308]

Für adeliges Erinnern ist zugleich auch die Formung der Landschaft durch die Landwirtschaft ein zentraler Topos.

> „Uns Kindern gefiel der Turm [des elterlichen Schlosses, S. D.] und die weite Aussicht über das flache Land. [...] man sah auch, wie groß die Felder im Westen und Süden waren. Bis zu je zwei- oder dreihundert Morgen Weizen, Flachs oder Rüben dehnten sich da bis zum Horizont aus, Flächen, wie sie erst nach dem Zweiten Weltkrieg in der industrialisierten Landwirtschaft üblich wurden. Lorzendorf war entsprechend fortschrittlich mit den neuesten landwirtschaftlichen Maschinen ausgestattet; sogar Dampfpflüge gab es. Schnurgerade von Obstbäumen und Ebereschen gesäumte und mit Feldsteinen gepflasterte Wege durchschnitten die Äcker."[309]

---

304 Walter: Zobtenlandschaft. BArch. LAA Ostdok 2 / 174, Blatt 95. Besitzverhältnisse nach dem Schlesischen Güteradressbuch 1937, S. 36; wo hier von Färsen gesprochen wird, spricht die Quelle von Kalben.

305 Walter: Zobtenlandschaft. BArch. LAA Ostdok 2 / 174, Blatt 114. Die Zuordnung zu den Grafen Pückler anhand des Schlesischen Güteradressbuchs 1937, S. 29.

306 Funck/Malinowski 1999, S. 249.

307 Zitate nach Arnim ²1973, S. 106–108. Funck/Malinowski 1999, S. 249, bieten fast identische Bilder, nur bezogen auf einen Zeitraum, der 50 bis 75 Jahre weiter zurückliegt.

308 Mutius 2005a, S. 109.

309 Frisé 2004, S. 26.

„Fortschritt" war ein Zauberwort, das den zeitgenössischen Diskurs der 1920er und 1930er Jahre ebenso geprägt hat wie schließlich die Erinnerung an Schlesien.[310] Urgroßvater und Großvater drückten der Landschaft mit Drainagen und Wegebau, der Anlage von Waldstücken und Fasanerien regelrecht ihren Stempel auf.[311] „Fortschritt" war noch in einem weiteren Bereich eine herausragende Leitvokabel, nämlich im Bereich der Industrie. Auch hier kam dem schlesischen Adel – mehr als in vielen anderen Gebieten des Reichs – aufgrund der besonderen Eigentumsverhältnisse eine bedeutende Rolle zu.

2.2 Industrie und Großgrundbesitz

> „Zu der Zeit [um 1780, S. D.] beruhte es [das Einkommen der Familie, S. D.] wirtschaftlich eigentlich eher auf Landwirtschaft und vielleicht so ein bisschen Bergbau, soweit man das zu der Zeit betreiben konnte, ohne eine Dampfmaschine zu haben und ohne dass man Wasserhaltung beziehungsweise Luft (oder wie man das fachmännisch ausdrückt: Wetter) produzieren konnte. Da wurde ein bisschen geschürft, aber das war keine große, wirtschaftlich erfolgreiche und zu Reichtümern führende Tätigkeit. Mit der Industrialisierung also Anfang, Mitte des 19. Jahrhunderts kam dann auch die Dampfmaschine auf, und damit konnte man dann beginnen, die immensen oberschlesischen Kohlevorkommen auszubeuten [weil dadurch eine effektivere Wasserhaltung im Bergwerk möglich wurde, S. D.]. Damit kam Wohlstand in die Familie – wohl noch nicht unter Carl-Ludwig, aber unter dessen Sohn Carl-Wolfgang mit seinem Generaldirektor Godulla. [...] Der Erfolg steigerte sich dann. Der [nächste] Sohn, Franz, ist sozusagen unser Vorzeigeahne, weil er nicht nur wirtschaftlich, sondern auch politisch tätig war und als Mitbegründer der Zentrumspartei, dann in Berlin im Reichstag gelandet ist und es dort für knappe zwei Legislaturperioden bis zum Reichstagspräsidenten geschafft hat, gleichzeitig Mitglied des preußischen Herrenhauses war und für seine Tätigkeit und für seinen Kontakt mit dem Kaiser, der ja nicht immer ganz einfach war – als katholischer Politiker und Großindustrieller in einem protestantischen Staat, von einem protestantischen Kaiser geleitet, gab es natürlich zwangsläufig Reibungspunkte, aber man hat versucht, das produktiv zu gestalten und das ist – würde ich jetzt in der Nachsicht sagen – auch weitgehend gelungen."[312]

Neben der Landwirtschaft prägte der Großgrundbesitz auch die industrielle Entwicklung Schlesiens mit. Viele der industriellen Unternehmungen entstanden zunächst als landwirtschaftliche Nebengewerbe.

---

310 Funck/Malinowski 1999, S. 245, erscheint „Fortschritt" als primär bürgerlicher Begriff. Die Stärke des Topos im Schlesiendiskurs der 1920er und 1930er Jahre und erst recht in der Zeit nach 1945 scheint ihm aber eine nicht unbedeutende Legitimität auch für adelige Autoren gegeben zu haben, zumal, wie die Beispiele zeigen, er sich unschwer in traditionellen Bildern akkommodieren ließ.

311 Die beiden hatten „überhaupt das Landschaftsbild gründlich verändert" (Frisé 2004, S. 26). Zu einem ähnlichen Topos der Formung der Landschaft durch die Vorfahren vgl. Funck/Malinowski 2002, S. 87f.

312 Ballestrem, N. 2011: 00:03:11-0 – 00:05:04-0; 00:07:04-8 – 00:09:31-6.

„Und meine Großmutter musste sich um den Besitz in Goschütz kümmern. Das war ein großer Besitz, mit sehr sehr vielen Aufgaben für meine Großmutter. Es war einer der großen schlesischen landwirtschaftlichen, forstwirtschaftlichen Betriebe [mit einer bedeutenden Teichwirtschaft], mit den entsprechenden Betriebsteilen, die auch noch so dazugehören, die industrienah sind. Also das Übliche für die Landwirtschaft ist natürlich eine Brennerei und eine Brauerei. Aber hier war mehr an Verarbeiten, was auch für Schlesien nicht so ganz untypisch ist, aber auch eine Industrie, die auf der Verwertung von Rohstoffen aufbaut. Papiermühlen, alle möglichen Sachen gab es, die dazugehörten. Dieser Betrieb hatte ungefähr zehntausend Hektar, bisschen mehr."[313]

Im Waldenburger Bergland und im oberschlesischen Industriegebiet fanden sich zudem Steinkohle-, Eisen- und, überwiegend in Oberschlesien, daneben auch Galmei- und Silbererzvorkommen, die von den Grundherrschaften seit dem ausgehenden 18. Jahrhundert in wachsendem Maße industriell abgebaut wurden. Grundbesitz wurde so zu einer wichtigen Vorbedingung für industrielles Unternehmertum und erleichterte umgekehrt auch die Annäherung einiger Industrieller an den Adel, darunter etwa die briefadeligen Familien von Kulmiz, von Ruffer, von Kramsta, von Winckler, oder von Bergwelt-Baildon.[314] Daneben näherten sich durch den gezielten Erwerb von Großgrundbesitz, der in Preußen eine der Eintrittskarten in den Adel blieb, auch zahlreiche Familien aus dem städtischen Patriziat wie die v. Bergmann-Korn (Verlagswesen) oder v. Eichborn (Bankwesen) der Sozialformation an.

Umgekehrt profitierten aber auch zahlreiche altadelige Familien von immensen Einkünften, die ihnen die Industrialisierung bescherte, darunter in zwei gräflichen und einer gefürsteten Linie die Familie Henckel von Donnersmarck, die Grafen von Hochberg (Fürsten von Pless) oder die Grafen Ballestrem sowie durch Heirat die Grafen Schaffgotsch-Koppitz, so dass der Wirtschafts- und Sozialhistoriker Rudolf Vierhaus schon in den 1960er Jahren dem leistungszentrierten Typus des bürgerlichen „rheinischen Industriellen" jenen des adeligen „schlesischen Magnaten" an die Seite stellte.[315] Bergrechtliche Privilegien, die die Magnaten in den Jahren zwischen 1780 und 1840 in langjährigen Ausgleichsverhandlungen mit dem Staat erlangt hatten, aber auch die verfügungsrechtlichen Strukturen des schlesischen Bergrechts für bestimmte Minerale beziehungsweise Kohlegesteine, die allgemein für das (Ober-)Eigentum an Boden galten, förderten in Kombination mit dem Großgrundbesitz (und einer beachtlichen Staatsquote) die Herausbildung einer zunehmend vertrusteten Industrie.[316] Im Lauf des 20. Jahrhunderts sind vor allem die Kohlevor-

---

313 Reichenbach, A. 2013: 00:13:01-4 – 00:18:41-3.
314 Zur Nobilitierung von Unternehmern vergleiche jüngst Kučera 2012, zur fortdauernden Trennung zwischen bürgerschaftlichem Engagement und Unternehmertum einerseits und Großgrundbesitz andererseits bei der Begründung der Beantragung der Standeserhebung am Beispiel von von Kulmiz insb. ebd., S. 240-243.
315 Vierhaus 1965, S. 174.
316 Donig 2014, S. 23–25.

Abbildung 4: Magnatenkonzerne prägten den Raum in den beiden schlesischen Industriegebieten. In den Benennungen der Industrieanlagen schrieben sich zugleich die Eigentümerfamilien der Landschaft ein. Hier die Schachtanlage „Valentin" (nach Valentin von Ballestrem [1860–1920]) auf der Wolfgang-grube (nach Carl Wolfgang von Ballestrem [1801–1879]), Ruda vor 1925.

kommen von Bedeutung geblieben,[317] während die Zinkerzeugung und der Abbau von Silbererz an Bedeutung verloren.

Wenn andernorts Adel und industrielles Engagement lange Zeit als Widerspruch galten,[318] dann nicht so in Schlesien. Der Glaube, dass der auf Müßiggang abstellen-de adelige Dilettant nicht zu zweckrationalem Wirtschaften fähig sei, ist, wie bereits erste Vorexplorationen des bislang noch unzureichend erkundeten Themas gezeigt haben, primär ein ephemeres Bild bürgerlicher Selbstvergewisserung.[319] Der Glaube, dass Schlesien damit zumindest hinsichtlich der beteiligten sozialen Gruppe einen „Sonderfall" der Industrialisierung bildet, ist daher ebensowenig zu halten.[320]

---

317 Von allen wirtschaftsgeschichtlichen Studien reicht Skibicki 2002 zum Konzern der Fürsten Pless am weitesten ins 20. Jahrhundert hinein. Fundamentale Desiderate bestehen für Schlesien vor al-lem zum Schaffgotsch- und Ballestrem-Konzern nach 1918 sowie zu den Henckel von Donners-marck- und Hohenloheschen Unternehmen nach dem Ende des Kaiserreichs bis 1945, obwohl Manfred Rasch mit seiner Analyse zu Guido Henckel von Donnersmarck als Unternehmer eine wichtige Lücke zum Kaiserreich in Teilen geschlossen hat (Rasch 2016).

318 Zu einer guten Zusammenfassung des Diskurses vom adeligen Wirtschaften vgl. die einleitenden Bemerkungen von Jacob 2000; sehr viel grundsätzlicher adressiert das Problem Berghoff 2000.

319 Rasch 2006, S. 18f. Vgl. auch Rasch 2017 für ein weitgreifendes Herausarbeiten erster Befunde, die bedeutende Desiderate in der Unternehmertumsforschung zu Adeligen aufscheinen lassen.

320 Kiesewetter 1989, S. 187; kritisch dazu Długoborski 1992. Der Einwand Długoborskis hat in der jüngeren Literatur Berücksichtigung gefunden: Berghoff 2000, S. 254, Anm. 50; Wienfort 2006,

Bei aller Nähe zur Finanzwelt bewahrte der schlesische Adel dabei spürbar stän-
disches Sonderbewusstsein, wie es sich bis heute etwa auch in der Kommunikation
über *nouveau-riches* wie „den Herrn Krupp" niederschlug.

> „Der Wohlstand selbst war zur Zeiten der Gründerjahre 1871 bis 1914 einer der größten
> in Deutschland. Es wurde oft gesagt, dieser Guido Henckel v. Donnersmarck, also mein
> Urgroßvater sei der zweitreichste Mann nach Krupp gewesen, weil er nämlich nach Krupp
> der größte Steuerzahler im Deutschen Reich war."[321]

> „In meiner Familie gab es den Spruch, kann ich sogar mich erinnern: ‚Wer ist der Herr
> Krupp?' Dieser Guido war der zweitreichste Mann nach Krupp, und wenn sie die evange-
> lische und katholische Linie zusammennähmen, da waren wir mit Abstand – da war der
> Herr Krupp ein Würstchen."[322]

Ein Teil der durch das industrielle Engagement erwirtschafteten Mittel floss in die
adelige Lebensführung zurück. Einige der Familien wie die Grafen Henckel von
Donnersmarck pflegten seit Ende des 19. Jahrhunderts – eher erzwungenermaßen,
da die Erben ihre Klagen bis vor das Reichsgericht getragen hatten – einen innerfamiliären „Finanzausgleich", der beispielsweise der jüngeren Grambschützer Linie,
die sich gegen Ende des 18. Jahrhunderts von der älteren Neudecker Linie getrennt
hatte, Ausgleichszahlungen in Millionenhöhe einbrachte. Diese Zahlungen wurden
häufig für Modernisierungsmaßnahmen oder den Zukauf neuer Güter für die Kinder verwendet – die Grafen Henckel auf Grambschütz etwa legten einen kompletten Flügel des alten Schlosses still, der nur noch für repräsentative Anlässe genutzt
wurde; man lebte im neuen Flügel, der sich besser heizen ließ, Strom und sanitäre
Anlagen bot, wie man sie für eine neue Zeit für angemessen hielt.[323] „1910 hat mein
Großvater das Gut Reichen, das zwischen Kaulwitz und Grambschütz lag, gekauft.
Das war ein angenehmer Quell, der uns hier verwöhnt hat. [Lachen] Von der landwirtschaftlichen Klitsche – die rein rechnerisch nicht klein war – hätte man das nie
machen können. Das war völlig ausgeschlossen."[324]
Bei allen Umbrüchen und Herausforderungen, die die Industrialisierung mit sich
brachte, diente sie doch – und vor allem in den Magnatenfamilien und einem Netz
der mit ihnen verwandten Geschlechter – der Konservierung einer adeligen Lebensweise und damit verbunden auch traditioneller Hierarchien.

S. 81f.

321 Guidotto Graf Henckel Fürst von Donnersmarck im Interview mit Andrzej Klamt 2013 für den
im Rahmen des Projekts „Schlesischer Adel im 20. Jahrhundert" realisierten Dokumentarfilm
Gloria und Exodus: Die Geschichte des schlesischen Adels, Deutschland, Polen 2014. In der Filmfassung: Gloria & Exodus 2014: 00:18:27–00:18:57.

322 Peter Graf Henckel von Donnersmarck im Interview mit Andrzej Klamt 2013. In der Filmfassung: Gloria & Exodus 2014: 00:18:58–00:19:17.

323 Henckel-Donnersmarck, P. 2011: 00:05:26-1 – 00:07:03-3.

324 Ebd.

3 Dorf und Gut im Zeichen ehemaliger Herrschaft

„Ja, da spielte ich auf einer Wiese. Und neben dieser Wiese ging ein langer Weg, der ging
von Konradswaldau, wo wir wohnten, bis Ingramsdorf. Ingramsdorf war auch ein Gut
von uns. Das war ungefähr fünf Kilometer weg, etwa. Der war aber gesperrt. Ich nehme
an aus Versicherungsgründen – das waren alte Bäume –, also damit da nichts passierte.
Aber Samstag-Sonntag wurde er aufgemacht, für die evangelischen Kirchgänger aus Ingramsdorf, damit die in Konradswaldau in die Kirche konnten. Und eines schönen Tages spielte ich auf der Wiese, und da kam eine alte Frau an, für mich damals uralt. Wahrscheinlich sehr viel jünger als ich heut' bin. Da bin ich irgendwie frech zu ihr gewesen und
habe wohl gesagt: ‚Ach, der Weg ist doch gesperrt.‘ Ich weiß es nicht, aber es könnte sein,
dass ich gesagt habe: ‚Da dürfen Sie halt nicht gehen‘ oder irgendeine ganz freche Bemer-
kung. Das hörte mein Vater, der in der Nähe stand, und hat mich rangewinkt und hat mir
eine Standpauke gehalten, hat gesagt: ‚Du dumme Kleine! Als Kind hast du die alten Leute zuerst zu grüßen und darfst nicht so frech sein. Und jetzt gehst du hin und entschul-
digst dich.‘ Und da bin ich hingegangen, habe mein Knickschen gemacht und habe mich
entschuldigt."[325]

Die Lebenswelt auf dem Land wies bis in die 1940er Jahre hinein bemerkenswerte
Kontinuitäten auf. Elisabeth von Arnim, geborene von Busse, erschienen im Rückblick die Güter Mittelschlesiens an der Wende vom 19. zum 20. Jahrhundert „noch
ein einheitlicher, lebender Organismus, wo nichts aus Willkür geschah, sondern aus
Notwendigkeit, wo jeder Mensch an seinem Platze wichtig war und geachtet wurde".
Das Gut als Institution gab „all seinen Bewohnern das Leben [...], das jedem nach
seiner Stellung zukam, aber kaum etwas darüber hinaus."[326] Einer meiner Interviewpartner charakterisierte diese Lebenswelt im Vorinterview mit den Worten, er sei
in einem „Zipfel der Welt vor der Französischen Revolution" groß geworden. „Mit
manchem, was einfach in diesen Häusern an Inventar da war und worüber man gesprochen hat, und wenn man über Vorfahren und Ahnen gesprochen hat, tauchte
das eben noch auf. Manches war eben noch so."[327] Eigentumsverhältnisse und Ver-
fügungsrechte (wie das hier thematisierte Wegerecht), Praktiken sozialer Fürsorge,
Kirchen- und Schulpatronat, konfirmierten stets aufs Neue die soziale Ordnung von
Gut und Dorf als eine hierarchisierte Gemeinschaft. Nicht zuletzt trug dazu bei, dass
Schloss und Gut nicht unerhebliche Arbeitgeber auf dem Land waren. Die Gemeinschaft, deren hierarchische Ordnung selbstverständlich schien, bildete zugleich auch
den Ausgangspunkt der meisten Erinnerungen vom Leben auf dem Land, die in der
Zwischenkriegszeit einsetzten. Ein Interviewpartner erschloss sich die Lebenswelt
auf dem mütterlichen Gut etwa, indem er wie in konzentrischen Kreisen die nähere

---

325 Kulmiz, B. 2011: 00:08:19-0 – 00:09:54-0.

326 Arnim 1973, S. 9.

327 Im Interviewprozess fand er diesen Ausdruck jedoch missverständlich und wollte ihn lieber revi-
diert wissen (Schweinitz, H.-C. 2011: 00:00:17-1 – 00:00:58-9). Der Topos des Zusammenfallens
von ehemaligen Herrschaftsstrukturen, Eigentumsverhältnissen und Organisation von Lebenswelt
bestätigt sich auch in anderen autobiografischen Texten als ein charakteristisches Perzeptionsmuster der Zeit vor 1945. Vgl. Seelig 2015, S. 251.

Familie und dann das Personal abarbeitete: die Kinderfrau, die zugleich die „Witwe von unserem Förster war"; „sehr wichtig – unsere Köchin, Emma Urban, eine Einwohnerin des Dorfes (es war für die jungen Mädchen im Dorf immer der Traum, Dienstmädchen im Schloss zu werden, das hatte jetzt die Frau Urban geschafft), also sie hat in der Küche regiert"; die Dienstmädchen im Schloss; „und natürlich kam dann nun die ganze Belegschaft des Rittergutes mit dazu, vom Inspektor mit seiner Familie über die ganzen Kutscher oder Treckerfahrer, Melker, Ober- und Unterschweizer, Gespannführer; ein Vogt war da, der unter dem Inspektor stand und die eigentliche Arbeit regelte und so weiter."[328]

Auch die oben begonnene Erzählung hat einen Kulminationspunkt in dem die erste engere Berührung des jungen Mädchens mit der Welt der Gutsbewohner zu einer Aussöhnung zwischen beiden Welten wird.

> „Und ein paar Tage später oder eine Zeit später habe ich die Frau getroffen, wie sie vor ihrer kleinen Hütte an einem Weg saß – und die mich rein rief. Und wir haben uns unterhalten. Sie war sehr nett und wir haben uns prächtig unterhalten. Plötzlich stand sie auf, ging an eine Kommode, wo sie ihre Wäsche drin hatte. Es war ein kleines Häuschen, vielleicht mit zwei Zimmerchen oder so. Sie nahm aus dieser Kommode, von ganz unten hervorgeholt, ein Marzipanherz. Und das Marzipanherz war bunt, schmeckte nach Seife, aber es war bunt und hübsch. Und sie hat es mir geschenkt. Und da behaupte ich heute, das Geschenk war ein ganz, ganz großes Geschenk, was sie gemacht hat, denn das hat sie ganz bestimmt auch von irgend jemandem Lieben geschenkt bekommen. Denn selber hätte sie es ganz bestimmt nicht gekauft. Und so hatte ich damals ein Marzipanherz. Und das ist heute für mich ein Riesengeschenk, was ich bekommen habe. Und sie freute sich, dass ich mich gefreut habe. Ich habe sie dann nie wieder gesehen, leider."[329]

Die relative Kontinuität der Lebensverhältnisse zeigt sich nicht zuletzt auch in der Sprache. Adelige und bürgerliche Rittergutsbesitzer und ihre Beamten etwa, aber auch zahlreiche Dorfleute bedienten sich bis lange nach dem Zweiten Weltkrieg weiter des Begriffs „Dominium", um das ehemalige Herrengut zu umreißen, wie etwa zahlreiche in der Ostdokumentation enthaltene Berichte aus dieser Gruppe belegen. (Dabei spielt sicherlich auch eine Rolle, dass vielerorts auch von den Verwaltungseinheiten her zwischen der Gemeinde und dem Dominialanteil gleichen Namens unterschieden wurde, der häufig eine eigenständige Verwaltungseinheit bildete.) Auch der Begriff der „freien Standesherrschaft" ist zumindest in der familialen Kommunikation als selbstverständliches räumliches Ordnungskriterium erhalten geblieben.[330] Im Laufe der Zeit traten andere Begriffe hinzu, die klar vom Führerdenken der Zwischenkriegszeit und den Strukturen der NS-Diktatur geprägt waren, so etwa der Begriff der Gefolgschaft für die Angestellten und Landarbeiter auf den Gütern.[331]

---

328 Zedlitz und Neukirch, S. 2012: 00:17:27-4 – 00:22:26-8.

329 Kulmiz, B. 2011: 00:09:54-0 – 00:11:09-1.

330 Reichenbach, A. 2013: 00:27:04-1 – 00:29:08-3 („es gibt ja also ganz ergreifende Beschreibungen von der Vertreibung von Leuten, die aus der freien Standesherrschaft stammen").

331 Als Beispiel der Erinnerungsbericht des ehemaligen Gutsinspektors Alfred Hitze für die Gra-

In einigen Fällen fanden Adelige in die Leitungspositionen der funktional differenzierten Gesellschaft der Moderne. Neben Landräten waren dies vor allem Bürgermeister wie Georg Henckel von Donnersmarck, der von 1929 bis zu seiner Absetzung 1933 Bürgermeister von Grambschütz war sowie Leitungspositionen in den landwirtschaftlichen Arbeitgeberverbänden oder in Genossenschaften innehatte. Georg Henckel von Donnersmarck musste beispielsweise 1934 den Vorsitz des Kreisverbands Namslau des landwirtschaftlichen Arbeitgeberverbandes zwangsweise wieder abgeben.[332]

Christlich-soziale Verantwortung bildet einen Kernbereich adeliger Selbstbeschreibungen und adeligen Selbstverständnisses im 19. und 20. Jahrhundert. In der intakten Welt der schlesischen Güter konfirmierte sozialfürsorgendes Handeln aber zugleich auch die bestehenden Hierarchien und Ordnungen, die sich zudem noch nach Geschlechterrollen unterschieden. „Meine Mutter hatte dem Haus vorzustehen und hatte andauernd Kinder gekriegt und war da sehr beschäftigt. Sie hat sich auch um, sagen wir mal, die Notleidenden oder Kranken oder so des Dorfes gekümmert. Sie hat gestrickt und gesammelt."[333] Bereits in der ersten Hälfte des 19. Jahrhunderts hatten etwa zahlreiche schlesische Gutsbesitzer teils alleine, teils koordiniert in den Kreistagen damit begonnen, Waisenhäuser zu errichten. Ebenso wie Krankenhäuser, Blindenanstalten, Schwesternstationen, Patronatsschulen und -kirchen bildeten sie das soziale Netz in einer Welt, in der der Staat diese Aufgaben überhaupt erst zum Ziel staatlichen Handelns zu erheben begann. Der Verweis darauf, dass dies gemeinhin lange vor der Einführung der Bismarck'schen Kranken- und Rentenversicherung erfolgte, bildet deshalb eine zentrale Erinnerungsfigur an diesen Aspekt des ländlichen Lebens. In der Erinnerung vermengen sich jene Elemente, die für ihre Zeit durchaus nicht ungewöhnlich waren mit jenen, die tatsächlich ein außergewöhnliches Engagement darstellten: „Solche praktische Fürsorge für Landarbeiter war damals nicht üblich", urteilt etwa Maria Frisé über ihre Vorfahren, nur um gleich im Anschluss zu rügen: „Die Loeschs hielten sich deshalb für vorbildlich. Sie waren stolz auf ihren Gemeinsinn, und gewiß kam auch eine Portion Selbstgefälligkeit hinzu."[334]

Die Beziehung zwischen der ehemaligen Gutsherrschaft und den Menschen auf dem Land wurde nach dem Wegfall einer juridischen Hierarchisierung in wirtschaftlichen Abhängigkeiten, Praktiken sozialer Fürsorge, vor allem aber auch in Ritualen und symbolischem Handeln konserviert und tradiert. Eckart Conze verweist am Beispiel der Grafen von Bernstorff darauf, dass nach 1918 vor allem auch „diejenigen Bräuche weiter gepflegt wurden, die zwar auf der einen Seite die Gutsgemeinschaft

---

fen Althann, mehrere gräfliche Unternehmen sowie Hitze'sche Verwandte und Freunde, Rheydt-Odenkirchen, November 1950. BArch. LAA Ostdok 2 / 187, Blatt 71–88, der ausführt, er hätte sich hinsichtlich eines Trecks „den Wünschen der Gefolgschaft untergeordnet, die in dieser Lage nicht ohne Führer sein konnten". „Sowohl die deutsche wie die ukrainische und polnische Gefolgschaft des Dominiums" hätten jedoch erklärt das tun zu wollen, was auch Hitze tat (ebd., Bl. 73). Hier ein bürgerlicher Sprecher. Vgl. Malinowski 2003a, S. 488–492.

332 Fischer 2010, S. 426. Henckel trat nicht zuletzt deshalb 1937 der NSDAP bei.

333 Ballestrem, G. 2012: 00:23:06-1 – 00:24:00-4.

334 Frisé 2004, S. 24.

betonten, auf der anderen Seite jedoch auch soziale Hierarchien und die soziale Position des Gutsherren und seiner Familie klar hervortreten ließen."[335] Dies gelte zuvörderst auch für die Erntebräuche. Auch in Schlesien wurde auf vielen Gütern zum Erntedankfest dem Gutsherrn „die kniehohe, blumengeschmückte [Ernte-]Krone aus Eichenlaub und Ähren" übergeben, „ein Symbol der gesegneten Arbeit auf den Feldern und für die Verbundenheit zwischen den Gutsleuten und dem Besitzer."[336] In Radyne ging der Übergabe der Erntekrone eine Dankesansprache des Gutsherrn voraus. Das Erntefest wurde mit einem gemeinsamen Choral und anschließendem Umzug durch das Dorf sowie Festessen und Tanzveranstaltung begangen.[337] Das ganze Jahr hindurch gab es immer wieder formale Anlässe, so übergaben im Frühsommer die Radyner Gutsarbeiter und Vögte dem Gutsherrn ein „Buckett aus Halmfrüchten", wobei sie einen Reim aufsagten, der die Hierarchie des Gutes abbildete: „Wir dienen Grafen und Fürsten // und trinken wenn wir dürsten // sei es Bier oder Wein // es soll unserem Herrn zur Ehre sein."[338] Als „repräsentative Öffentlichkeit" und „Theater der Herrschaft" beschreibt Conze folgerichtig das performative Handeln in den Strukturen des Guts,[339] in dem auf symbolische Weise die patriarchalen Herrschaftsstrukturen des Kaiserreichs reproduziert und konserviert wurden.

Dazu gehörte die Wechselbeziehung patriarchaler Fürsorge, die ihren Ausdruck beispielsweise in einer Weihnachtsfeier und Bescherung der Gutskinder durch die Herrschaft fand, die dafür vom Lehrer mit einem dreistimmigen Chor und den „schönen alten Weihnachtsliedern" erfreut wurde.[340] So hatte auch das soziale Engagement einen Anteil an diesem Reproduktionsprozess gesellschaftlicher Stratifizierung:

> „Die dreißig Zöglinge aus dem Waisenhaus [in Namslau, S. D.] kamen regelmäßig an den Feiertagen nach dem Gottesdienst im Beetsaal über der Gärtnerei ins Schloß. Sie stellten sich in der unteren Halle auf und leierten lustlos ein oder zwei fromme Lieder herunter, wobei einige aufmüpfige Sänger hinter dem Rücken der Braven freche Grimassen schnitten."[341]

Die Kinder des Gutes waren derart in die performative Handlung eingebunden, dass sie „anschließend herum[gingen] und [...] verlegen Bonbons und Kekse an[boten]. Mutter fragte unterdessen die leitende Diakonisse [...] nach ihren Sorgen und Wünschen aus." Aus der Nachschau erschien Maria Frisé diese Szene vor allem peinlich: „Wen diese sonntägliche Szene mehr genierte, die Waisenkinder oder uns beide ‚vom Schloß', weiß ich nicht." Sie empfand das Ritual als „symptomatisch für das soziale Gefälle zwischen den Bewohnern des Schlosses und dem Waisenhaus, das ganz und gar von den mildtätigen Zuschüssen meiner Familie abhängig war." Für

---

335 Conze 2000, S. 369f.
336 Frisé 2004, S. 11.
337 Eine ähnliche Schilderung bei Korn 1974, S. 157.
338 Ebd.
339 Conze 2000, S. 369.
340 Korn 1974, S. 158.
341 Dieses und die folgenden Zitate nach Frisé 2004, S. 24f.

die Autorin erschien die „längst unzeitgemäße und peinliche Zeremonie" das Erbe einer bigotten Herrnhuter Vorfahrin vom Anfang des 19. Jahrhunderts zu sein.

Die besondere Fürsorgebeziehung zwischen ehemaliger Gutsherrschaft und Landbevölkerung drückte sich auch in einem spezifischen Verhältnis von Intimität aus, das letztlich auf der Akzeptanz sozialer Hierarchie beruhte. „Meine Mutter hieß eigentlich, nachdem jedermann sie als Mutter kannte, immer die ‚Schloss-Mutti'. Also, erst mal nicht die ‚gnädige Frau', sondern das war die ‚Schloss-Mutti'." Die „Schloss-Mutti" übernahm eine soziale Fürsorge- und gleichzeitig eben auch eine Kontrollfunktion gegenüber der Landarbeiterschaft:

> „Die Frauen hatten also großes Zutrauen zu ihr. Wenn Kinder geboren wurden, ging sie hin und hat die Frauen versorgt in ihren ersten Wochen. Und [die] kriegten also, aus der Küche natürlich, kräftige Brühe, damit sie wieder zu [Kräften kamen.] Meine Mutter schaute nach, dass die Kinder also nicht bis über die Stirn eingewickelt waren und dass die Kinder sich auch bewegen konnten und auch mal an die frische Luft kamen."[342]

Jene Mischung aus Nähe und Respekt drückt sich etwa auch darin aus, dass Dorfbewohner und Angestellte die Fürstenkinder und später in deren Abwesenheit auch die erwachsenen Fürsten von Pless und Grafen von Hochberg mit deren Vornamen referenzierten.[343] Manche der engen Verbindungen zwischen Dorf und Schloss wirkten bis in die Nachkriegszeit nach, etwa wenn die Flüchtlinge aus dem Dorf Kontakt zu den Schlossbewohnern aufnahmen. „Etliche Goschützer schrieben meinen Großeltern nach Woltersteich, wohin sie geflohen waren, Briefe und meldeten, wo sie sind und was man machen kann. Das ist schon so ein bisschen ein Netzwerk vielleicht gewesen, wobei natürlich: hilflos."[344]

Wo im Westen noch Gutsbesitz vorhanden war, reproduzierten sich solche Hierarchisierungen sogar bis weit in die Nachkriegszeit:

> „Ich bin eigentlich aufgrund der Verhältnisse, die in der Familie meiner Mutter herrschten, von dem Erleben bestimmter Sachen eine Generation früher anzusiedeln. Denn in dem Haushalt meiner Mutter (eigentlich meiner Großeltern) wurde selbstverständlich vom Personal in dritter Person angeredet. Nie hätte es jemand gewagt, meine Großmutter mit ‚Sie' anzureden. Entweder man gehörte dazu und hat sie mit ‚du' angeredet, sagte ‚Tante Isi', oder aber das war ‚Frau Baronin', und die wurde in dritter Person angeredet. Und zwar war das bei meiner Großmutter so, dass [es] auch in Hannover in vielen x-beliebigen Laden natürlich nicht [hieß]: ‚Die nächste!', sondern: ‚Haben Frau Gräfin' – so wurde sie genannt aus der Zeit, als sie noch nicht verheiratet war, oder wenn die Leute sie erst später kannten, ‚Frau Baronin' – ‚irgendeinen Wunsch?'."[345]

Das Dorf teilte die Feste, Glücks- und Trauermomente des Gutes bis ins Jahr 1945 relativ ungebrochen. Die Glocken des Gutes und der Kirche verkündeten beispielsweise noch in den 1930er Jahren die Geburt eines Kindes im Herrenhaus:

---

342 Bomhard, E. 2011: 00:07:35-3 – 00:09:36-1.
343 Koch 2006, S. 94f.
344 Reichenbach, A. 2013: 00:27:04-1 – 00:29:08-3.
345 Reichenbach, A. 2013: 02:02:27-1 – 02:05:43-4.

„Da haben wieder mal die Glocken geläutet: ,Ja, die Frau Gräfin – jetzt hat s' wieder ein Kind gekriegt. Dann haben die Glocken geläutet, geläutet,' hat sie [eine ehemalige Gutsbewohnerin, S. D.] gesagt, ,eine Stunde lang, und dann haben wir gewusst: endlich ein Sohn! Das vierte Kind – endlich ein Sohn!' [Lachen] Das war für mich sehr berührend, mir das erzählen zu lassen."[346]

Der Raum des Gutes blieb dabei vom Raum des Dorfes klar getrennt. Das Herrenhaus war vorwiegend dem Personal zugänglich und der Park im Regelfall den Dorfbewohnern verschlossen, auch wenn in einigen Fällen „Spielkameraden aus dem Dorf" dort mit dem Sohn des Hausherrn spielen konnten: „Wir hatten ja einen großen Park, in dem man herrlich spielen konnte."[347]

„Unsere Spielkameraden waren die Kinder im Dorf. Wir durften mit allen spielen: den Kindern vom Melkermeister, vom Verwalter, vom Förster. Bei unseren Geburtstagsfeiern wurden sie natürlich auch mit eingeladen. Auch die Eltern haben hier bewusst keine Unterschiede gemacht. In meinem Elternhaus mussten wir Hochdeutsch sprechen. Manche der Kinder hatten, sagen wir mal, schon ein anderes Vokabular – das durften wir zu Hause nicht verwenden [Lachen]."[348]

Auch wenn die „Schlosskinder" mit den Kindern der „Leute" spielten – deshalb durften diese noch lange nicht allerorten ins Haus.[349] Transgressionen zwischen beiden Bereichen blieben problematisch und wurden häufig genug sanktioniert: etwa wenn der Gutsbesitzer mit der Büchse das Feuer auf durch den Schlosspark streunende Katzen eröffnete. „Im Schloss lag an einem Fenster oder zwei, mehr oder weniger stets ein Gewehr, und wenn eine Katze zu sehen war und der Vater war zufällig da, hat es gekracht. Dann haben die im Dorf wieder gemeutert. Der Herr Graf hat gesagt [Lachen]: ,Lasst eure Katzen nicht in meinen Park und meinen Garten rein. Ende der Durchsage.'"[350]

Solche konflikthafteren Momente werden eher selten erinnert, es überwiegt eine Wahrnehmung, nach der Gut und Dorf, die Bewohner des Herrenhauses, die Bauern und die Landarbeiterschaft eine Gemeinschaft bildeten. Dieses Muster kann mehrere Gründe haben. Diese beginnen beim Alter der Berichtenden, die im Regelfall Kinder waren, sodass man schon deshalb in ihrer Anwesenheit bestimmte Friktionslinien nicht in den Mittelpunkt gerückt haben mag. Weiterhin zielte nach der Etablierung der NS-Diktatur eben auch die Politik des Regimes auf die Herstellung einer nach dem Prinzip von Führer und Gefolgschaft hierarchisierten Gemeinschaft ab und war darin keineswegs ein natürlicher Gegner der Gutsbesitzer.[351] Drittens

---

346 Henckel-Donnersmarck, P. 2011: 00:07:08-4 – 00:07:51-4.
347 Zedlitz und Neukirch, S. 2012: 00:22:34-9 – 00:28:27-1.
348 Haugwitz, H.-W. 2013: 01:09:34-6 - 01:11:51-9.
349 Wobei die Gründe hierfür heute nicht notwendigerweise als hierarchisch begründet gedeutet werden; Zedlitz und Neukirch, S. 2012: 00:28:56-5 – 00:29:19-7 führt als Rationalisierung vor allem an, „weil die Möbel zu wertvoll waren. Was da alles rumstand, also, da sind wir lieber – auch im Winter haben wir draußen gespielt".
350 Henckel-Donnersmarck, P. 2011: 00:08:19-1 – 00:10:09-8.
351 Malinowski 2003a, S. 488–495.

darf schließlich nicht übersehen werden, dass die Lebenswelt der alten Heimat von den Erzählenden aus der Perspektive der Zäsur von 1945 wahrgenommen wird, die auf noch ganz andere Weise ein neues gemeinschaftsstiftendes Narrativ angestoßen hat. Nach diesem Narrativ wurden Konflikte – wenn sie denn memoriert wurden – vor allem von außen in die Gemeinschaft von Gut und Dorf hineingetragen.

Tatsächlich war das Verhältnis zwischen den verschiedenen Teilen der Landbevölkerung in der ersten Jahrhunderthälfte durchaus konflikthaft aufgeladen. Prinz Karl Gottfried zu Hohenlohe-Ingelfingen beispielsweise sah sich angesichts des aufgeheizten Klimas 1919 mehrmals gezwungen, seine Beamten aufgrund rücksichtsloser Behandlung der Landbevölkerung zurechtzuweisen, ja er drohte schließlich sogar damit, dass für diejenigen, „die dem berechtigten Selbstgefühl derselben und dem bei unserer Bevölkerung stark entwickelten Sinn für Gerechtigkeit" nicht Rechnung trügen, „in meiner Verwaltung [...] kein Platz ist."[352] Diese zunächst sozialen Spannungen verschärften sich in Oberschlesien zusätzlich durch den Nationalitätenkonflikt erheblich und sind wie im Fall von Koschentin (Koszęcin), das nach der Volksabstimmung ein Teil Polens wurde, hier im Hintergrund immer mitzulesen. Aber auch in Niederschlesien und auf den eher kleinen Gütern kam es zu wachsenden Reibungen zwischen Gutseigentümer und der Landarbeiterschaft, die ihren Ursprung sowohl in wachsender Profitorientierung des Gutsbetriebs und im Desinteresse der Gutseigentümer an ihren ehemaligen Hintersassen gehabt haben mögen, als auch in deren Möglichkeit, sich nunmehr politisch zu organisieren.[353] Die Folge waren gerade in Schlesien mehrere, oft verbittert ausgetragene Landarbeiterstreiks, wie der von 1923.[354]

Im Erinnerungshorizont der von mir befragten Zeitzeuginnen und Zeitzeugen markieren diese Ereignisse schon rein generationsmäßig den äußeren Rand des kommunikativen Gedächtnisses. Umso bemerkenswerter ist es, dass sie stellenweise stärker memoriert oder zumindest kommuniziert werden als die späteren Ereignisse im Nationalsozialismus. Vielfach sind es kleine Cluster von miteinander eng verwobenen Erinnerungen, die im Laufe des Interviewprozesses aktivier- und erzählbar wurden. Häufig kontextlos, sind sie nur patchworkartig zugänglich, stehen unverbunden neben anderen, geschlosseneren Narrativen, die erkennbar häufiger wiederholt und narriert worden sind und deshalb einem „Drehbuch" im Sinne von Anthony Appiah folgen können.[355] Es sind zugleich bezeichnenderweise jene Erinnerungen, die an

352 Befehl des Prinzen. Koschentin, 12. August 1919 (Generaldirektor-Journal Nr. 334 APK 384 Hohenlohe Kosz 1, Blatt 150). Der Vorfall betraf das Vorgehen eines Beamten gegen eine alte Frau beim Beerensammeln. Vorausgegangene Vorfälle hatten eine Konferenz der Beamtenschaft mit dem Prinzen im Februar des Jahres zur Folge gehabt.

353 Pyta 1996, S. 63–65; Hempe 2002, S. 304f.

354 Zum Streik 1923 vgl. etwa die unkritische Ausgabe der Tagebücher des ehemaligen Gutsinspektors und späteren Gutsbesitzers Walter Kahl: Mit dem Ofenrohr unterm Arm. Kriegsende auf einem schlesischen Gut – Tagebuchaufzeichnungen 1945. Norderstedt: Books on Demand 2013, S. 9.

355 Nach Wierling 2008, S. 32, haben die Drehbücher „der biographischen Erzählung [...] die doppelte Funktion, biographischen Sinn und soziale Zugehörigkeit festzuschreiben. Sie sind besonders wichtig für Mitglieder solcher Gruppen, die auf Grund gemeinsamen Leidens oder eines gemein-

besonders heiklen Stellen des Gedächtnisses rühren, an der Einstellung der Familie zum Nationalsozialismus etwa. Aus der Sicht der oder des Forschenden stellt sich die Frage, ob diese Erinnerungscluster überhaupt ausgewertet sollen und dürfen. Hätte ein anderer methodischer Zugriff, beispielsweise ein Folgeinterview, eine für eine wissenschaftliche Auswertung besser zugängliche Erzählung schaffen können? Vieles von dem Erzählten entzieht sich einer einfachen oder auch nur mit vertretbarem Zeitaufwand durchführbaren Verifizierung, ja hat vielleicht nicht einmal Niederschlag in anderen Quellen als den mir dargebotenen Erzählpassagen gefunden. Ist es angemessen und wird es dem Charakter des Zeugnisses gerecht, auf Inkonsistenzen eines Gedächtnisses zu verweisen, das vielleicht auch noch ganz am Anfang eines Erinnerns liegt? Gegen ein einfaches Weglassen dieses also in vielerlei Hinsicht problematischen Gedächtnisses habe ich mich schon deshalb entschieden, weil es erstens in seiner ganzen Problematik bewusst mit mir geteilt worden ist und weil es zweitens die Narrative von Zwangsmigration in einen weiteren – wenn auch häufig nur erahnbaren – Kontext einbettet. Im Rahmen des gegebenen Forschungsdesigns scheint es folglich akzeptabel, mit ihrer Ambivalenz zu leben, sie als dieses vage Andere zu bezeugen, das häufig vom Erleben der letzten Kriegsmonate und der unmittelbaren Nachkriegszeit überlagert und verdrängt worden ist. Es ist – mehr als jede andere Form des mündlichen Erinnerns – unscharf und offen für vielfältige Deutungen. Aber darin öffnet es vielleicht einen Zugriff auf verschüttete Wahrnehmungen und ihren Wandel.

Eine Zeitzeugin erinnert sich beispielsweise: „Wir hatten mehr Angst 1932, bevor der Hitler an die Macht kam, vor den Kommunisten, den deutschen. Das war schlimm."[356] Der Zusatz „den deutschen" deutet darauf hin, dass dies eine eher selten kommunizierte Erinnerung ist, für die es keine etablierte Erzählform gibt, da das Konzept „der Kommunisten" sonst offenbar vorrangig die polnischen Kommunisten nach 1945 beschreibt. Das von „den Kommunisten" ausgehende Bedrohungsgefühl grub sich bei der gerade dem Kleinkindalter entwachsenen Zeitzeugin tief ein:

„Und die haben dann bei uns das Oberlicht der Tür eingeschmissen – da waren an den Türen erst die Scheiben und da war außen ein schönes schmiedeeisernes Gitter – und an der Tür gerüttelt. Das weiß ich noch als Kind, da war die Großmutter im Haus, und da saß ich oben und habe gezittert, weil ich damals noch ganz klein war. Und da haben sie sich bei dem Tür-Einschmeißen verletzt. Dann haben sie dann behauptet, mein Vater hätte ihnen das angetan. Das war ja alles nicht so."[357]

Auf meine Frage, ob diese Kommunisten denn aus der eigenen Arbeiterschaft des Gutes gekommen seien, antwortete sie mir: „Eigentlich unsere Arbeiter nicht. Wir waren ja nur ein Dorf und dann war neben dem Dorf, wo wir auch zur Schule gegangen sind, eine Kreisstadt. Und von dort kamen die Kommunisten. Nein, nein –

---

samen Zukunftsprojekts auf die Ähnlichkeit mit und Zugehörigkeit zu einer Gruppe angewiesen sind"; vgl. auch den ursprünglichen Beitrag von Appiah 1994.

356 Kulmiz, I. 2011: 00:23:09-0 – 00:23:50-7.
357 Ebd.: 00:24:25-2 – 00:25:08-5.

unsere Arbeiter nicht. Die sind dann mit uns – also die Frauen – geflohen."[358] Die Bedrohung kam nach diesem Narrativ von außen, während die Dorf- und Gutsbewohner im Moment von Flucht und Vertreibung noch einmal ihre Gemeinschaft konfirmierten. Dass diese Wahrnehmung im Nachhinein in einer spezifischen Weise memoriert wurde und dass diese Erinnerung zugleich die repressive Dimension der damaligen Situation ausblendet, soll nicht in Abrede stellen, dass das Bedrohungsgefühl durchaus real war und sich mit konkreten Erlebnissen verband, die die zu dieser Zeit oft noch sehr jungen Gesprächspartnerinnen und -partner als sehr einschneidend empfanden:

> „Und eines Tages [1931, S. D.] brannte die Scheune ab. [...] Da brannte die Scheune ab, und zwar waren das Kommunisten, die uns gehasst haben. Und die haben das angezündet. Am Abend stand der Wind vom Feld her in Richtung Hof, und zwar in Richtung Schüttboden. In dem Schüttboden – das war ein Riesenspeicher, den der Alte Fritz noch gebaut hat – war eben das ganze Getreide gelagert. Wenn das gebrannt hätte, wären wir alle abgebrannt. Und in der Nacht, das ist jetzt, wie ich immer behaupte, das große Wunder, hat sich der Wind gedreht und ging hofauswärts. Es ist also – in Anführungszeichen – ‚nur' die Scheune abgebrannt. Das Inspektorhaus, das angebaut war, nicht, und unten der Pferdestall war auch noch in Ordnung.[359]

Der Beginn der NS-Diktatur wurde deshalb von einer Zeitzeugin vor allem als ein Ende der Bedrohung durch die Kommunisten memoriert: „Die schlimmste Zeit war vor der Machtübernahme. Dann war Ruhe. Wie der Hitler die Macht übernommen hat, da hatten wir Ruhe. Einerseits. Andererseits nicht, weil meine Eltern nicht Nazi waren."[360]

---

358 Ebd.: 00:23:55-0 – 00:24:19-1.
359 Kulmiz, B. 2011: 00:13:07-2 – 00:11:16-5. Die Familien der beiden späteren Schwägerinnen kannten sich zu diesem Zeitpunkt nicht und hätten sich nach eigenem Bekunden ohne die Umstände von Flucht und Vertreibung kaum kennengelernt, da die jeweiligen Milieus in Schlesien zu unterschiedlich waren. Daher dürfen beide Zeitzeugnisse hier als relativ unabhängig voneinander gelten.
360 Kulmiz, I. 2011: 00:25:11-5 – 00:26:17-9. Von einem ganz ähnlich konstruierten Feindbild „der Kommunisten" berichtet Bomhard 2014, S. 96f., die dabei dem narratologischen Typus der „Läuterungsgeschichte" folgt. Ausführlicher weiter unten in dieser Arbeit.

4 Nationalsozialismus

Speziell für diese Zeitzeugin ersetzte somit eine Bedrohung die andere. Deren Anwesenheit schlug sich in der Wahrnehmung des Teenagers etwa im Streit der Eltern über den Umgang mit den Symbolen der NS-Diktatur nieder. Als Mitglied des deutsch-nationalen Stahlhelms trug der Vater nach dessen Gleichschaltung und Integration in die SA Mitte der 1930er Jahre auch eine SA-Uniform:

> „Da musste mein Vater – der war ja im Stahlhelm – in die SA und deshalb musste er immer Uniform tragen. Es fanden immer Tagungen statt. Meine Mutter sagte immer: ,Die Uniform kommt mir nicht ins Haus!'. Sie war *sehr* konsequent. Mein Vater erwiderte: ,Wenn wir die Uniform nicht nehmen, dann sitzen wir in irgendeinem Lager.' (Also Konzentrations-), oder: ,Sie gucken schon auf uns.' Sie haben uns auch immer beobachtet. Mein Vater schlug dann vor: ,Weißt du was, ich werde sie nehmen, in den Schrank hängen und nicht anziehen.' So musste man sich durchlavieren."[361]

„Sie", das war an erster Stelle der Hof, denn gerade auf dem Gut ergab sich ein Spannungsverhältnis, das aus dem Gegensatz zwischen dem Durchherrschungsanspruch der NS-Diktatur und jenen Resten alltäglicher Machtbeziehungen resultierte, die die Lebenswelt des Gutes bis dahin geprägt hatten. Seine Bewohner wie auch die Arbeiterschaft in den Gutsbetrieben fanden nunmehr in den Strukturen des Regimes Wege der Emanzipation von der ehemaligen Herrschaft.[362] In Lehnhaus wurde deshalb „über diese [regimekritischen, Anm. S.D.] Dinge [...] nur nachts oder auf Spaziergängen diskutiert, wenn die Eltern wussten, dass wir Kinder und die Angestellten in ihrem Bereich waren und nichts hören konnten."[363] Einige der Familien berichten von Praktiken der öffentlichen Bekundung der Regimetreue, die wohl primär der eigenen Absicherung dienten. In der Familie der Grafen von Ballestrem-Friedrichswalde lief deshalb einmal etwa der „Volksempfänger" auf voller Lautstärke: „Mein Vater hörte ja nicht, [er war gehörlos, S. D.] insofern kann ich mir das nur so erklären, dass man verpflichtet war, das einzuschalten, und dass das so laut gestellt wurde, damit man auf dem Hof hörte: der Graf ist also treu und hört das [lacht]."[364]
Das Auseinanderklaffen zwischen alter Herrschaft, die sich nunmehr vorrangig noch in einem gegenüber der Bevölkerungsmehrheit geweiteten Besitz ausdrückte, und den Begehrlichkeiten der Vertreter des Regimes vor Ort führte zu Konflikten, die sich zum Teil ganz ähnlich gewalttätig entluden wie die sozialen Konflikte Mitte der 1920er Jahre, nur dass in diesen Konflikten die adeligen Gutsbesitzer nunmehr die Staatsmacht fürchten mussten. Elisabeth Bomhard berichtet davon, wie sie als

---

361 Kulmiz, I. 2011: 00:25:11-5 – 00:26:17-9. Für eine eingehendere Analyse des Erzählens vom Alltag im Nationalsozialismus in der Gruppe vgl. weiter unten in diesem Kapitel.
362 Vgl. etwa die Denunziationsberichte gegen mehrere Angehörige der Familie von Ballestrem in BArch R 58 RSHA 380 sowie 1190.
363 Haugwitz, H.-W. 2013: 01:20:08-5 – 01:21:23-0. Daneben stellt die Erzählung auch einen charakteristischen Topos dar, der einen entlastenden Charakter für die Erzählenden haben kann, da das Vermeiden einer Selbstgefährdung aufgrund von Denunziation als rationale Handlungsweise in der gegebenen Situation erscheint.
364 Ballestrem, G. 2012: 00:24:19-0 – 00:27:26-3.

Achtjährige zunächst von der Angst vor „den Kommunisten" erfüllt gewesen sei und ihr fackelmarschierende SA-Züge als Sieg der „Guten" erschienen seien – ein Verständnis, das zerbrach, als ihr eigener Vater aufgrund eines Konflikts mit der Ortsparteileitung wegen „antisozialer Gesinnung" kurzfristig in „Schutzhaft" genommen wurde. Ernst von Schaubert hatte sich geweigert, der Partei ein Feld am Ortseingang von Obernigk zu überlassen, auf dem diese ein Neubauviertel für parteinahe Bauwillige plante. Auf diesen Konflikt, der später die Errichtung der dann unter der Hand sogenannten „SA-Siedlung" auf einem weit außerhalb des Orts gelegenen Flurstück zur Folge hatte, führt seine Tochter jedenfalls die Verhaftung zurück. Die Rückkehr von Schauberts aus Breslau wurde dieser Schilderung nach zu einer Demonstration der funktionierenden sozialen Strukturen des Hofs. Die Kinder, die den Vater mit einer Kutsche vom Bahnhof holen sollten, trafen auf dem Weg dorthin auf „einen langen Zug mit allen unseren Mitarbeitern und dem Inspektor an der Spitze, der einen großen Rosenstrauß trug". Am Bahnhof hatte sich eine Gruppe von SA-Angehörigen versammelt, die den Moment, als der Inspektor die Blumen an den Heimgekehrten übergab, nutze, um über die Versammelten herzufallen. Die Kinder, darunter die Zeitzeugin, flohen ihrer Erinnerung nach vor der entbrennenden Schlägerei in die wartende Kutsche. Die größere Masse der Gutsbewohner scheint letztlich den Ausschlag gegeben zu haben, so dass Ernst von Schaubert schließlich zusammen mit seiner Frau „an der Spitze eines langen Zuges, den Umweg über die Mitte des Dorfes nehmend" und damit die Beherrschung des öffentlichen Raums demonstrierend zum Schloss zurückkehrte. Dort fand er ein „Blumenmeer" mit Glückwunschkarten in der Halle, die sich die den Zug verfolgenden SA-Leute anzueignen versuchten, was zu einer neuen Rangelei führte. Die Familie von Schaubert feierte die Rückkehr des Hausherrn mit einem Dinner, zu dem unter anderem der Ortspfarrer und andere Menschen kamen, die der bekennenden Kirche nahe standen. In der Nacht setzten sich allerdings die Einschüchterungsversuche fort, da es zu mehreren Schüssen auf das Haus und der Detonation eines Sprengkörpers (nach der Erzählung von Elisabeth Bomhard einer Handgranate) vor dem Schloss kam.[365]

Lange Zeit boten die Güter dennoch Rückzugsräume, die deutlich weniger durchherrschbar waren als die kleinteilige Umgebung in den Städten. In Oberschlesien kam bis 1939 noch hinzu, dass Besitzungen einiger Familien – darunter auch von Magnatenfamilien wie den Fürsten von Pless, den Grafen Henckel von Donnersmarck und den Grafen Ballestrem – seit der Teilung auf der polnischen Seite lagen und dass die davon betroffenen Familienmitglieder häufig die polnische Staatsbürgerschaft erworben hatten. Dadurch schienen sie sich einige Freiheiten leisten zu können, die über die Möglichkeiten der stärkerem Konformitätsdruck ausgesetzten deutschen Verwandten hinausgingen. Episoden, die diesen Sachverhalt schildern, werden of als charakteristische Anekdoten erzählt, bei denen am Ende die einfältig-

---

365 Bomhard 2014, S. 96-99; der geschilderte Vorgang kann als faktisch durch weitere Zeitzeugenberichte belegt gelten. Im von mir geführten Interview erscheint er nur episodenhaft und als Beleg der liberalen Haltung der Eltern auch in Erziehungsfragen. Bomhard, E. 2011: 00:09:50-4 – 00:12:03-1.

anmaßenden Vertreter der Partei auf ihren Platz verwiesen werden und adelige Charakterstärke, Selbstsicherheit und Nonchalance den Sieg davontrugen.

> „Die Eltern erzählten, wir mussten auch Naziversammlungen besuchen. Wobei die schöne Geschichte passierte: Ein Großonkel von mir [...] besuchte also meine Großmutter und so auch meinen Vater und meine Mutter. Er kam also ins Schloss, und es hieß: keiner da, die sind zur Parteiversammlung [...]. Also ging er in die kleine Dorfschule, wo die Naziversammlung war. Er war zwei Meter und etwas groß, ein kräftiger Kerl mit so großen Schuhen, Junggeselle, ein witziger Mann. Und der kam also, muss nicht ganz leise gewesen sein, in den kleinen Saal in der Dorfschule – die war nur einklassig, steht heute noch – und der Redner in Parteiuniform unterbrach seine Rede. Mein Großonkel ging durch den Gang nach vorne, wo seine Familienangehörigen in der ersten Reihe saßen, und setzte sich da hin. Daraufhin sagte der Redner mit scharfer Stimme: ‚Ich erwarte Ihren deutschen Gruß.‘ Und daraufhin sagte mein Großonkel: ‚Ich brauche nicht Heil Hitler zu sagen – *ich bin Pole!*‘ [lacht]. Dem blieb der Mund offen, und er hat sich dann so weit beruhigt, dass er seine Rede fortgesetzt hat."[366]

Wie andere Gruppen auch, suchte und fand der Adel Wege des eigensinnigen „Durchlavierens", des Ausnutzens, der Anpassung, aber auch des Widerstandes in der Diktatur. So schien es dem Vater einer Zeitzeugin akzeptabel, in der SA zu sein und dort wiederholt Tagungen zu besuchen, er vermied aber nach diesem Narrativ die Mitgliedschaft in der NSDAP. „Oder wir wären in die Partei eingetreten. Das gab's auch. Manche Adlige sind dann eingetreten und die hatten dann natürlich Ruhe. Aber meine Eltern nicht."[367]

Ein guter Teil gerade der älteren Adeligen sah sich als Monarchisten und erinnert daher weniger die Gemeinsamkeit als die Differenzen mit dem Nationalsozialismus. Im Gespräch mit sowjetischen Offizieren will etwa Christian-Friedrich Graf zu Stolberg-Wernigerode 1945 angegeben haben, „dass unsere Familie stets zum Königshaus und zur Kirche gehalten" habe. „Wir haben niemals der Partei angehört und waren bekannt als Gegner des Hitlersystems."[368]

Für viele war die Distanz zum System allerdings allenfalls eine bedingte. Schon die weitgehende Kontinuität sozialer Hierarchien in der alltäglichen Lebenswelt des Gutes, traditionelle Verwaltungs- und Militärkarrieren der nachgeborenen Söhne und der Umstand, dass sich die politischen und sozialen Aktivitäten der Gutsbesitzer traditionell auch auf den Kreis erstreckten, in dem das Gut lag (etwa weil sich damit im Kaiserreich die Möglichkeit verband, sich für den Wahlverband der Rittergüter aufstellen zu lassen), führten dazu, sich in vielfältiger Weise mit dem Regime zu arrangieren – sei es, dass Adelige wie bereits im 18. und 19. Jahrhundert lokale Verwaltungsämter wie das des Landrats anstrebten, sei es, dass sie sich in den anderen Ämtern engagierten, die vor allem die Kriegsverwaltung mit sich brachte. Allerdings ist zu

---

366 Ballestrem, G. 2012: 00:33:04-9 – 00:35:03-6. Die Anekdote gewinnt einen Teil ihres Witzes daraus, dass man weiß, wie unwillkommen für viele Familien zunächst einmal die Idee eines Wechsels der Staatsbürgerschaft gewesen war.

367 Ebd.: 00:26:35-2 – 00:27:10-3.

368 Abschrift eines Berichts von Christian-Friedrich Graf zu Stolberg-Wernigerode vom Mai 1946. BArch LAA Ostdok 2 /188, Blatt 269–276.

betonen, dass gegenüber den 1920er Jahren die Zahl adeliger Landräte in den 1930er und 1940er Jahren stark abnahm und dass einige dieser Landräte mit der Macht-erlangung der Nationalsozialisten weiter im Amt blieben, etwa Detlev von Reiners-dorff-Paczensky und Tenczin im Landkreis Groß Wartenberg (1918–1944). Ande-re wurden zum Teil sehr kurzfristig neu besetzt, darunter Dr. Hans F. Le Tanneux von Saint Paul im Kreis Militsch (1934–1.1.1945), Mark von Wietersheim im Kreis Löwenberg (1933–1.1.1945) und Bernhard von Derschau in den Kreisen Oppeln-Land (1937 vertr.), Grottkau (1938–1940) und Pless (1940–1942 und dann wie-der 1943–1945). Weitere adelige Landräte waren Friedrich Kurt von Alten in den Kreisen Groß Strehlitz (1933–1934), Hirschberg-Land (1934–1936) sowie Georg von Schellwitz in den Kreisen Breslau (1931–1935), Neumarkt (1935–1942) und Hirschberg-Land (1942–1.5.1945), Karl-Christian Prinz zur Lippe im Kreis Jau-er (1934–17.9.1942, verst.), Walrab Frhr. v. Wangenheim im Kreis Beuthen-Land (1937, 1938–1.2.1945) und Tarnowitz (1939–1945) und Herbert Eduard Adolf v. Oelffen im Kreis Kreuzburg (1934–1.12.1945).[369] Über die Motive und Freiräume dieser adeligen Beamten gibt es bislang keine Forschung.[370] Einige von ihnen, wie Karl-Christian Prinz zur Lippe, scheinen frühe Sympathie für den Nationalsozia-lismus gezeigt zu haben, jedenfalls war er seit 1931 Mitglied der NSDAP und stieg später in der SS bis zum Obersturmbannführer auf.[371] Allerdings ist Vorsicht dabei angebracht, aus den Besetzungsdaten der Ämter vorschnelle Rückschlüsse auf poli-tische Affiliation oder den Eigensinn des sozialen Handelns zu ziehen. So wurde der 1942 als Regierungsdirektor zum Leiter des Landeswirtschaftsamts und der Treu-handstelle in Kattowitz eingesetzte Michael Graf von Matuschka, der zuvor schon aus mehreren früheren Positionen entfernt worden war, schließlich im Zuge des 20. Juli 1944 in Berlin-Plötzensee ermordet, weil ihn Fritz-Dietlof von der Schulenburg nach einem gelungenen Putsch als Oberpräsidenten von Niederschlesien vorgesehen hatte.[372]

Insbesondere im katholischen Umfeld formierten sich, wie Brigitte Lob gezeigt hat, nach einem gescheiterten Versuch, die NS-Bewegung rechtskonservativ zu do-minieren, 1934 widerständige Regungen. So hatte Fritz Günther von Tschirschky 1933 die Gründung eines jungkonservativen Kreises bzw. Klubs angeregt, der von

---

369 Stüttgen/Neubach/Hubatsch 1976, S. 52, 70, 77, 109, 151, 156, 169, 201, 221, 239, 242, 254, 257; Stelbrink 1998, S. 80, 112 sowie generell zu den Strukturveränderungen im Landratskorps S. 87-100. Zur Biografie von Reinersdorffs vgl. den Nachruf: o. A.: Otto Emil Georg Detlev von Rei-nersdorff-Paczensky und Tenczin. In: Heimatkreisorganisation Groß Wartenberg 1974, S. 9–10. Daneben existierten noch weitere adelige Karrierebeamte, die aber soweit feststellbar keinen nen-nenswerten Grundbesitz in Schlesien hatten (bspw. Horst Karl Ferdinand Edler v. der Planitz im Kreis Schweidnitz-Land (1935–1938); Stüttgen/Neubach/Hubatsch 1976, S. 93). Nicht genannt sind außerdem alle bis 1934 amtierenden Beamten die schon früher eingesetzt waren und die nur interimistischen Einsetzungen der Jahre 1933/34.

370 Von Wietersheim wird seitens von Stelbrink 1998, S. 122 als ein „Außenseiter" unter den Landrä-ten charakterisiert.

371 Zur Person vgl. Klee 2007, S. 371.

372 Der bislang umfassendste Beitrag: Abmeier 1972; vgl. außerdem die Kurzbiografien in Steinbach/ Tuchel 1998, S. 136.

Papen in diesem Sinn beeinflussen sollte, worin er von Nikolaus von Ballestrem rege unterstützt wurde, der neben dem Abt Albert Schmitt in Grüssau auch Georg Graf Henckel von Donnersmarck und Michael Graf Matuschka um Vorschläge für geeignete Kandidaten bat. Nach Gewaltaktionen des NS-Regimes im Zuge der sogenannten Niederschlagung des „Röhm-Putsches", bei der auch zahlreiche Konservative verhaftet, zeitweilig ins KZ gesperrt und im Fall Edgar Jungs, jenes Mitarbeiters Papens, der die Jungkonservativen in der Vizekanzlei organisiert hatte, sogar ermordet worden waren, stellte der konservative Katholizismus seine politische Betätigung allerdings weitgehend ein.[373]

Die Alltagspraxis war eine Spur weniger dramatisch und die „funktionale Anpassung" gerade auch von Adeligen erklärt in weiten Teilen das Funktionieren der Diktatur, wenn sich die konstante Vorsicht, die das Regime erforderlich machte, auch tief in die Erinnerung eingegraben hat.

> „[Mein Vater war als Hauptmann der Reserve im Polenfeldzug. Er litt unter Asthma und wurde nach dem Einsatz an der Front nicht mehr in einen neuen Einsatz geschickt. Er wurde für die Leitung seiner Betriebe freigestellt. Neben seinen eigenen Betrieben hatte er auch die Aufsicht über Betriebe in der Nachbarschaft, deren Männer am Krieg teilnehmen mussten, übernommen.] Er hatte schon eine wichtige Funktion im Kreis. Er hat sich gegen ideologische Verklemmungen gewendet, sonst aber schon gemacht, was notwendig war. Und da es wenige Männer gab, die noch zu Hause waren und einfach etwas darstellten, war seine Stellung offenbar so schlecht nicht. So hat er das auch selber interpretiert: ,Ich konnte mir schon Einiges erlauben.' Schwierig war es immer, wenn das Gespräch mit einflussreichen Parteimitgliedern oder hohen Polizeibeamten sehr konkret wurde. ,Das war ja furchtbar, mit denen konnte man ja gar nichts bereden.' Er kannte viele Menschen wie zum Beispiel den Landrat; der war ein sogenannter Standesgenosse, aber ein ganz brauner."[374]

Für die Erinnerung der Kinder und Enkel aber sind diese Arrangements eine Last, die vielfach vor allem aus dem guten Wollen der Eltern und Großeltern erklärt werden. Die Teilanpassung an das Regime erscheint aus dieser Erzählung heraus gerechtfertigt, etwa um soziales Engagement fortsetzen zu können oder sogar den durch das Regime Benachteiligten zu helfen.

Den Ansprüchen des Regimes, und hier vor allem seinen Forderungen nach sozial egalitärer Gemeinschaft wie etwa in Jungvolk beziehungsweise HJ und BDM, suchten Viele ihre Kinder zu entziehen – sei es aus adeligem Sonderbewusstsein, sei es, weil man gerade im katholischen Milieu einen Konflikt zwischen Diktatur und Kirche sah.

> „Das war so und den [Familiennamen, S. D.] hatte man eben und man hatte schon das Gefühl, dass daraus gewisse Verpflichtungen erwachsen, sicherlich, aber sonst war das nicht von großer Bedeutung."
>
> „Was gehörte zum Beispiel zu diesen Verpflichtungen?" (S. D.)
>
> „Ja, dass man also ein treuer Sohn der Kirche war, das gehörte absolut dazu, weil das ein-

---

373 Lob (2000), S. 123 und 257f.

374 Haugwitz, H.-W. 2013: 01:24:00-0 – 01:25:56-5. Die eckige Klammer umschließt eine nachträgliche, inhaltliche Ergänzung zum Interview.

fach zur Tradition der Familie gehörte, und das äußerte sich dann auch später darin, dass man sich vor dem Jungvolk drückte, so gut es ging."[375]

„Und als dann am Wochenende der Vater kam, ging ich zu ihm oben in das Stübchen, in sein Arbeitsstübchen, ganz stolz, mit diesem Braunhemd und sagte: ,Schau Papa, jetzt bin ich im Jungvolk.' Da wurde er blass. Er wurde richtig blass, nahm mich an der Schulter und drehte mich so weg zur Tür und sagte: ,Ja, ist gut mein Junge.' Und sagte weiter kein Wort. Das war für ihn offenbar ein Schock, also ein – ein sehr unangenehmer Anblick, dass sein Sohn jetzt in dieser Uniform da auftauchte. Und da dämmerte mir schon so ein bisschen: ,Also was hat denn der Papa?' Und so weiter."[376]

Die vielfältige regionale Verankerung des Adels ließ es dabei zu, sich bevorzugt in den ländlichen Raum in der Nähe der eigenen Güter zurückzuziehen, wo der Zugriff des Regimes und der Elan seiner Vertreter weniger ausgeprägt erschienen als in städtischen Räumen. „Auf dem Dorf war das alles nicht so tragisch, da waren auch meine Jungvolkführer – die haben sich nicht so rangetraut an den ,Schlossjungen', aber in der Stadt, in Breslau, wo ich dann ja in den Wintermonaten auch Dienst machen musste, da hat man das also schon mehr gespürt, dass hier auch die Ideologie mitspielte."[377] Dort traf der Teenager auf ein Milieu rund um die Arbeits- und Wohnstätte des Vaters, das ihm wenig vertraut oder gar bedrohlich schien, sowie auf Kinder aus der Arbeiterschaft, die die sozialen Abstufungen des Gutslebens nicht kannten und achteten.

„Aber die eigentlichen Wohnbezirke dann so um den Ring herum und so weiter, was da lebte, das war also, ja das war eine Bevölkerungsschicht, die doch ziemlich raue Umgangsformen hatte. Wenn wir da irgendwie Geländespiele machten, dann ging das über die Hinterhöfe, dann kam's auch vor, dass da irgendwie mit Fahrtenmesser gearbeitet wurde und so weiter."[378]

Deshalb versuchte Sigismund Freiherr von Zedlitz und Neukirch erfolgreich, sich einer Schar außerhalb von Breslau zuteilen zu lassen:

„An sich war ich zuständig bei diesem Innenstadtferienlager vom Jungvolk, aber das war so widerlich und solche Grobiane da, das war nichts für Mutters Jüngsten. Und da habe ich mich ummelden lassen und bin dann in das Ferienlager draußen in Gräbchen [Gut der Grafen von Matuschka, S. D.], wo die Matuschkas wohnten. Da bin ich dann hingekommen, das war sehr viel angenehmer."[379]

Er sei „gerne im Jungvolk gewesen, aber ich habe mich damals sehr gegen diesen Kadaver-Gehorsam gewehrt", erinnert sich ein anderer Zeitzeuge.

„Anfangs fühlte ich mich sehr wohl in der Gruppe. Wir sind ausschließlich in der Natur unterwegs gewesen. Nach einiger Zeit bekam ich mit dem Fähnleinführer Schwierigkei-

---

375 Matuschka, M. 2013: 00:25:35-9 – 00:26:52-2.
376 Matuschka, M. 2013: 00:27:57-8 – 00:35:19-3.
377 Zedlitz und Neukirch, S. 2012: 00:49:09-6 – 01:02:46-7.
378 Ebd.
379 Ebd.

Abbildung 5: Ein letztes Familienbild in Obernigk, Herbst 1944. V.l.n.r stehend: Christian-Friedrich, Elisabeth, Karl-Wolfgang, Jobst-Günther, Hans-Heinrich, Ursula; sitzend v.l.n.r: Ruth-Gerda mit Anne-Dorothea und Ernst mit Hermann von Schaubert. Auffällig ist die Abwesenheit von Uniformierung im Haushalt des im Juni 1934 kurzfristig inhaftierten Ernst von Schaubert. Lediglich Christian-Friedrich scheint einen Gürtel mit HJ-Koppelschloss zu tragen.

ten. Er gab vor, was getan werden sollte, und duldete keine Einwände oder gar Wider-sprüche. Ich habe ihn sehr herausgefordert. Wir gifteten uns schließlich nur noch an. Ich fühlte mich stark, weil ich bei den Mitgliedern der Gruppe gut ankam. Die wagten nur nicht, mich offen zu unterstützen."[380]

Die Erinnerungen gerade der Generation 1.5 sind angefüllt mit Erlebnissen, die ei-nerseits eine Abneigung der jungen Menschen gegen die Vereinnahmung durch die Dikatur und andererseits die kleinen, oft harmlosen Siege beschreiben, mit denen man sich der Durchherrschung der Gesellschaft ein Stück weit entzog. Begegnungen mit Parteigrößen, erinnert sich etwa Elisabeth Bomhard, seien ihr immer „bewusst unangenehm" gewesen. Wenn die BDM-Mädel etwa den Ortsgruppenleiter beim Erntedank „im Kreise seiner Genossen auf dem Gemeindeplatz mit Volkstänzen er-freuen mussten, die er zufrieden und breit lächelnd zur Kenntnis nahm," habe sie sich immer gefragt, „was er wohl zur Ernte beigetragen habe. Ob er sich wohl nach einer einzigen Kartoffel gebückt hätte?".

Die Verfügung des Regimes und seiner Vertreter vor Ort über den Körper, die den Erzählungen dieser Generation innewohnt, fand äußerlich ihren Ausdruck in dessen

---

380 Nachträgliche Erläuterung zu: Haugwitz, II.-W. 2013: 01:21:35-8 - 01:23:29-0.

Uniformierung. Die Zeitzeugin erinnert sich etwa daran, dass zur BDM-Ausstattung die Anschaffung trachtenähnlicher Jäckchen gehörte, die die Mutter, die bereits Rock und Bluse aus dem Kleiderbestand der Familie genommen hatte, nicht leisten wollte. Überraschend bot die Großmutter an, die Strickjacken zu Weihnachten zu schenken – sie habe genug davon gesehen, um sie nachstricken zu können. „Nur dass unsere Großmutter auf einmal ‚farbenblind' geworden war", schildert die Zeitzeugin die Episode weiter. „Statt der Grundfarbe Schwarz hatte sie blaue Wolle gekauft. Und da, wo grüner und roter Einsatz hätte sitzen müssen, hatte sie ihn mit einer Vielfalt von bunten Farben versehen. Von da an zogen wir wie bunte Paradiesvögel in einem uniformierten Einerlei marschierend durch die Straßen. Ein Narr, wer Böses von ihr denkt!"[381]

Auch die Geschichte von Hans-Wilhelm von Haugwitz' Begegnung mit dem Jungvolk, kennt diese kleinen, thriumphierenden Momente, etwa wenn der Scharführer die Autorität des Vaters und die der Kirche, auf der sie ruhte, akzeptieren musste:

> „Ich hatte unglaublichen Rückhalt bei meinen Eltern. Sonntag vormittags, zehn Uhr versammelten sich die [vom Jungvolk] auf dem Kirchplatz. Und ich ging an der Hand eines Eltern- oder Großelternteils zusammen in die Kirche. Da wurde ich von dem Fähnleinführer aufgefordert: ‚Du musst zu uns kommen!' Dann musste ich gar nicht antworten, sondern Vater antwortete: ‚Wir gehen jetzt zur Kirche und wenn die vorbei ist, kommt Hans-Wilhelm.' Nach der Kirche waren die natürlich weg – dadurch bin ich nicht mitgekommen [lacht]." [382]

Besonders für die Jahrgänge, die im Laufe des Krieges ins wehrfähige Alter kamen, stellte sich verschärft die Frage, inwieweit man sich auf die Strukturen des Regimes einlassen sollte oder ihnen entgehen konnte.

> „Und irgendwann spitzte sich natürlich auch die Gefahr zu, dass er [der Vater, S. D.] einberufen wird. Das war nicht zu verhindern. Also hat er sich freiwillig gemeldet, um sich wenigstens auszusuchen, wo man hinkommt. Und er hat sich entschieden, dass er die Laufbahn als Berufsoffizier in der Wehrmacht einschlagen möchte, um nicht zur Waffen-SS zu müssen. Er hat dadurch auch einen kleinen Aufschub gehabt, denn da war das Mindestalter siebzehn. Und es kam nicht mehr zur Einberufung."[383]

Trotz seines Anspruchs einer totalen Durchdringung der Gesellschaft zog das nationalsozialistische Regime bekanntlich weibliche Personen erst in der letzten Kriegsphase zum Dienst heran, unter anderem als eines von etwa 500.000 „Blitzmädeln",[384] uniformierten Helferinnen der Wehrmacht, oder als Flakhelferin, da solche Einsätze dem traditionellen Rollenbild der Frau in der NS-Ideologie nicht entsprachen.[385]

---

381 Alle Zitatstellen Bomhard 2014, S. 102f.

382 Haugwitz, H.-W. 2013: 01:21:35-8 - 01:23:29-0.

383 Reichenbach, A. 2013: 00:13:01-4 – 00:18:41-3.

384 Müller 2012, S. 86; Kater 2006, S. 234f., verweist auf die Doppeldeutigkeit des Begriffs „Blitzmädel", der einerseits eine sachliche Ableitung (etwa von „Blitzkrieg") gehabt, andererseits schnell auch eine Konnotation sexueller Freizügigkeit angenommen habe.

385 Die jüngere Forschung hat allerdings herausgestellt, dass solchen ostentativen Propagandafiguren zum Trotz das NS-Regime vor allem zu einer weitergehenderen Angleichung der Geschlechterver-

Ähnlich wie sich die Männer durch die Dienststellung bei der Wehrmacht und die Verbundenheit der Familien mit Traditionsregimentern begrenzte Freiräume erhalten konnten, trug die Weite adeliger Netzwerke in vielen Fällen auch hier dazu bei, eine Lösung zu finden, um sich den unmittelbaren Anforderungen des Regimes zu entziehen:

> „Dann wollte der Ortsbauernführer, dieses Miststück, mich zur Flak einziehen. Ich hätte ja nichts zu tun – ich müsste zur Flak. Das haben wir durch ein Stubenmädel spitzgekriegt, mit der wir also quasi befreundet waren. Die war richtig prima. Und die hat uns das gesagt. Da hat die Mutti die Oberste vom Roten Kreuz aus dem Kreis angerufen, Frau von Heugel, und hat ihr das erzählt. Und da sagte Frau von Heugel: ‚Haben Sie keine Angst. Von der Sekunde an – jetzt – ist Ihre Tochter beim Roten Kreuz und kann nicht mehr rangeholt werden.‘"[386]

Die Erinnerung an den Nationalsozialismus in adeligen Familien aus Schlesien ist durch eine Reihe von Besonderheiten geprägt, die besonders in der Weite des adeligen Familienbegriffs liegt.[387] Während der enge Begriff der Kernfamilie, den wahrscheinlich die Mehrheit der Deutschen ihrem Verständnis von Familie zugrunde legt, eine Entlastung bedeuten kann, da ein Urgroßonkel oder ähnlich weiter Verwandter nicht als Familienmitglied begriffen werden muss und es deshalb möglich ist, sich von einem Täter zu „entkuppeln", haben adelige Familien dieses „Privileg" im Umgang mit Schuld und Verantwortung nicht. Das Herausragen des adeligen Namens kann eine Belastung darstellen, wenn historische Figuren erst einmal in einer bestimmten Weise im Gedächtnis präsent sind. Während der Sohn eines bürgerlichen Generals, der sich beispielsweise Kriegsverbrechen schuldig gemacht hat, sich wegen der Gleichheit einer Vielzahl von Namen nicht immer sofort mit dieser Vergangenheit konfrontiert sieht, kann ein Mitglied der Familie von Richthofen oder der Familie Strachwitz dem vermeintlichen oder tatsächlichen Wissen der Menschen über den Vater oder einen Angehörigen kaum entgehen. Er wird geradezu automatisch mit ihm in Verbindung gebracht. So berichtet der Enkel des Kommandeurs der „Legion Condor" Wolfram Freiherr von Richthofen:

> „In Guernica zum Beispiel gibt es eine ganz aktive Überlebendenvereinigung, die gerne – als eine Art Sühnezeichen – jemanden mit diesem Nachnamen [einladen wollte]. Das ist ja auch so ein Aspekt: Was habe ich mit den Taten meines Großvaters eigentlich zu tun? Habe ich dafür Verantwortung, nur weil ich denselben Namen trage? Muss ich mich damit identifizieren? Bei Guernica war das eine schwierige Sache, denn die Gruppe [namens Gernika Gogoratuz] hatte mich angefragt, ob ich nicht gewissermaßen in Vertretung meines Großvaters, dort auftreten könnte. Das habe ich mir sehr reiflich überlegt und ich fand das für mich persönlich unpassend. Ich wurde unmittelbar in Verbindung mit den dann wie auch immer historisch einzuordnenden Taten meines Großvaters gebracht. Ich fühlte mich in dieser Rolle unwohl, da ich mich persönlich nicht mit den Handlungen

---

hältnisse geführt hat (Kundrus 2003, S. 21).

386 Kulmiz, B. 2011: 00:19:15-7 – 00:21:14-3.

387 Zur jüngeren Erinnerungsforschung vgl. allgemein: Eckstaedt 1992; Welzer/Montau/Plaß 1997; Rosenthal 1997; Bar-On 2004; überblicksartig der Sammelband von Gassert/Steinweis 2006.

meines Großvaters – den ich nie kennengelernt habe – identifizieren kann und nicht bereit bin, dafür Verantwortung zu übernehmen."[388]

Während Fragen zur Rolle des eigenen Großvaters in der NS-Zeit durchaus auch einem bürgerlichen Zeitzeugen hätten gestellt werden können, musste mein Interviewpartner – beispielsweise in der Unterhaltung mit mir – auch auf Fragen zu sehr viel weitläufigeren Verwandten, wie dem Erbe des „Roten Barons" Manfred Freiherr von Richthofen oder nach dem Einfluss des Prähistorikers Bolko Freiherr von Richthofen rechnen, Fragen, die dem Zeitzeugen absolut erwartbar waren: „[Lacht] Ich habe es gewusst."[389]

> „Es gibt beispielsweise Herbert von Richthofen, Diplomat, der jüngst erst rehabilitiert wurde. Er wirkte als Diplomat, bereits in der Vorkriegszeit, aber eben dann auch während der Nazizeit, worüber jetzt ein Vetter von mir geforscht hat. Die Frage ist, inwiefern eine Verstrickung [mit dem NS-Regime] vorliegt. Das Schicksal von Herbert war eben das – ich könnte jetzt spontan gar nicht sagen, wie ich mit ihm verwandt bin, im Übrigen –, dass er in die Sowjetunion verschleppt und abgeurteilt wurde und schließlich dort starb. Erst nach Öffnung der russischen Archive ist eine Rehabilitation überhaupt denkbar. Sie sehen, ich komme gar nicht umhin, mich mit dem Thema zu beschäftigen. Der Name taucht also allenthalben in solchen Kontexten auf, und dann muss ich irgendwie Stellung dazu beziehen."[390]

Zugleich aber eröffnet der weite Familienbegriff auch Chancen für Identifizierungen, die sich nicht-adeligen Menschen selten bieten: Selektives Erinnern eröffnet die Möglichkeit, Täter zu übergehen und die Beziehungen zu Verwandten in den Mittelpunkt zu rücken, die in der einen oder anderen Weise widerständiges oder auch nur eigensinniges Handeln in der Diktatur gezeigt haben. Marcus Funck und Stephan Malinowski beschreiben diese Art des Erinnerns als eine besondere Mnemotechnik des adeligen Gedächtnisses, die es erlaube, sich auf herausragende Gestalten der Familiengeschichte zu konzentrieren, „especially when respect for such achievement keeps questions about the rest of the family from coming up."[391] Die Geschichte von Kammerswaldau von Achim von Loesch spart beispielsweise jeden Hinweis auf den Nationalsozialismus vor Ort aus. Auch die durchaus kritisch zu betrachtende Rolle Karl Christian von Loeschs, der mit fünf mageren Zeilen Erwähnung findet, nach denen er „Mitbegründer und langjähriger Präsident des ‚Schutzbundes für das Grenz- und Auslandsdeutschtum' und Leiter des ‚Instituts für Grenz- und Auslandsdeutschtum'" war, und der in seinen Publikationen völkische Neuordnungskonzepte in Mitteleuropa be-

---

388 Richthofen, J. 2013: 01:54:38-8 – 01:59:09-8.
389 Richthofen, J. 2013: 01:05:05-9 – 01:05:22-8. Zur Person Bolkos vgl. Weger 2009. Von Richthofen lehrte unter anderem an der Universität Königsberg und war vor und während des Zweiten Weltkriegs einer der wichtigsten Apologeten einer regimenahen Ur- und Frühgeschichte. Nach dem Krieg publizierte er mehrere geschichtsrevisionistische Arbeiten und wurde 1972 wegen seiner Unterstützung für die NPD aus der CDU ausgeschlossen.
390 Richthofen, J. 2013: 00:41:36-3 – 00:45:24-0.
391 Funck/Malinowski 2002, S. 89f.

fürwortete, wird nicht diskutiert.[392] Gemeinsam mit seinem Bruder, dem Rechtshistoriker Heinrich von Loesch, habe er sich, „was damals im Adel ebenfalls nicht häufig war, als Wissenschaftler einen Namen" gemacht. Im Vergleich zu dem Raum, den Karl C. von Loesch einnimmt, widmet das Erinnerungsbüchlein der Malerin Sabine von Loesch, einer Liebermann-Schülerin, der widerständiges Verhalten zugeschrieben wird, weil sie dem NS-Kulturbund aus Abneigung wegen der Behandlung ihres Lehrers nicht beigetreten sei, dreißig Zeilen.[393] Eine Selektivität des Erinnerns, wie sie Funck und Malinowski beschreiben, ist allerdings aufgrund der besonderen Rolle der Jahre zwischen 1933 und 1945 in der deutschen Erinnerungskultur heute deutlich schwieriger geworden. Schon gar nicht mehr ist eine Erinnerung an Flucht und Vertreibung wirklich von der Erinnerung an die NS-Diktatur zu lösen. Vielfach nehmen Erinnerungsfiguren deshalb mehrere Bezüge in der Weite der Familie, indem die belasteten ebenso wie die unbelasteten oder sogar widerständigen Familienmitglieder in den entsprechenden Narrativen thematisiert werden.

Dabei gibt es naheliegenderweise Unterschiede darin, wie verschiedene Generationen ihr Erleben im Nationalsozialismus erinnerten, die aber – außer durch die hohe Dichte von Berufs- und Reserveoffizieren in der gesamten sozialen Gruppe – zunächst wenig von dem abweichen, was wir aus anderen gesellschaftlichen Gruppen kennen. Auch unter den Adeligen gab es eine „Generation des Unbedingten", wie Michael Wildt die generationelle Lagerung des Führungskorps des Reichssicherheitshauptamtes umreißt.[394] Der für die Bombardierung Guernicas verantwortliche Wolfram Freiherr von Richthofen,[395] Jahrgang 1895, hatte etwa seine prägende Zeit im Ersten Weltkrieg erlebt. Es waren zugleich die „abwesenden Väter" für die Generation der Kriegskinder, die – so zumindest die Interpretation der Enkel – vielleicht aus diesem Grund das Gedächtnis der Väter besonders in Schutz nahmen.

> „Auch bei meinem eigenen Vater ist das natürlich so. Es ist ganz schlicht psychologisch zu erklären, dass er in seiner Spätzeit – er ist jetzt vor einem Jahr gestorben – sich ganz intensiv mit seinem eigenen Vater beschäftigt hat, letztlich mit der Intention, dessen Unschuld zu unterstreichen. Es war ihm also ein ganz tiefes Anliegen, die Geschichte seines Vaters als Soldat durch die Nachgeborenen in die richtige Richtung interpretiert zu wissen. Psychologisch zu erklären deswegen, da er von seinem Vater nie was gehabt hat. Der war ja als führender Wehrmachtsoffizier und leuchtendes Vorbild immer weg und niemals greifbar [...]."[396]

---

392 Loesch 2001, S. 189. Zum 1919 gegründeten „Schutzbund" als Dachverband reichsdeutscher Volkstumsorganisationen vgl. Luther 2004, S. 45f.; materialreich, jedoch mit marxistischer Interpretation: Fensch 1984. Zu Loesch: Mohler 1999, S. 60, 409; Jürgen Elvert betrachtet Loesch als einen „Jungkonservativen": Elvert 1999, S. 210–212, 306; jüngst: Malinowski/Reichardt 2004; Matthias Weber sieht in von Loesch einen „Vordenker ,völkischer' Konzeptionen" (Weber 2005, S. 76). Von Loesch war unter anderem Autor von Monografien wie *Die Verlustliste des Deutschtums in Polen* (Loesch 1940) und Herausgeber von Sammelschriften wie *Das Deutsche Volk. Sein Boden und seine Verteidigung* (Loesch/Vogt 1937).

393 Loesch 2001, S. 189f.

394 Wildt 2002.

395 Patterson 2007, S. 50, 54f.

396 Richthofen, J. 2013: 00:37:54-5 – 00:41:26-4.

Die Jahrgänge der zwischen 1910 und 1930 Geborenen bildeten die eigentliche Sol-
datengeneration des Zweiten Weltkriegs, von denen viele, wie der 1923 geborene
Ernst-Günther von Küster, durchaus bereit waren, ihren Kindern in den 1970er und
1980er Jahren von ihrer Rolle und ihren Überzeugungen im Nationalsozialismus zu
berichten.

> „Und er hat auch ganz offen gesagt, dass er eigentlich damals begeistert dabei war. Er woll-
> te auch in den Krieg und den Krieg gewinnen für sein Land. Er sah es als bedroht an und
> hat sich sogar für so ein Todeskommando gemeldet, also wo man ziemlich sicher bald drauf
> gehen würde. Da wurde er [zu seiner Eignung] für solche Kommandoaktionen gefragt und
> hatte dann auch riesiges Glück, dass ihn der Offizier, der dann diese Truppe übernahm, die
> der Freiwilligen, gleich wieder aussortiert hat, weil er meine Großmutter gut kannte. Und er
> ist dann nicht verheizt worden, Gott sei Dank [lacht]. Ja, das hat er erzählt."[397]

Wie von Küster mögen sie gehofft haben, dass Hitler ihnen tatsächlich den Weg in
eine bessere Zukunft wies:

> „alleine schon durch diese Geschichte,[398] dass die da begeistert zum Obersalzberg gefahren
> sind, 1937 oder so war das, um den ‚Führer' zu bewundern, und er sie dann auch noch da
> aufrief, und dann wurden sie ihm vorgestellt, mein Vater [1937 vierzehn Jahre alt, S. D.]
> und meine Tante, die ich nicht mehr erlebt habe. Die ist schon 59 an Krebs gestorben,
> aber die war jedenfalls da auch mit dabei, und die waren halt glühende Anhänger. Die ha-
> ben in dem den Retter Deutschlands gesehen, nicht?"[399]

Andere fühlten sich durch den Verlust Ostoberschlesiens in die Partei getrieben:

> „Man war in Breslau eben auch an der Frontlinie nach Polen und hatte allgemein gesell-
> schaftlich diese Ressentiments gegen Polen, aufgrund der Korridorfrage und der Volksab-
> stimmung in Oberschlesien."[400]

Für manchen – so erinnern sich heute die Kinder – sei der Eintritt in die Partei und
weitere Organisationen eher eine Jugendsünde gewesen:

> „[Meine Eltern] waren keine wilden Nazis. Mein Vater war als Student dummerweise
> 1932 in die NSDAP eingetreten und in die SA und danach war er nach England zur Aus-
> bildung gegangen, und da hatten ihm die Verwandten und Freunde nachhaltig die Augen
> geöffnet. Als er wieder zurückkam, war er also, was den Nationalsozialismus anbelangte,
> geheilt. Aber die Möglichkeit, wieder auszutreten, gab es in dem Sinne nicht, und Wider-
> stand oder irgendwas dergleichen war auch alles nicht denkbar."[401]

Mit den Bildern der Nachkriegszeit gesprochen, waren diese Kohorten die „Verführ-
ten" und „Geläuterten"; die auch als „skeptische Generation" bezeichnete Alterskо-

---

397 Küster, U. 2013: 00:44:36-5 – 00:46:15-1.
398 Der Zeitzeuge war einige Wochen zuvor von einem Fernsehteam interviewt worden, dem er „diese
 Geschichte" offenbar bereits erzählt hatte. Da das Fernsehteam und ich eine gemeinsame institutionelle Anbindung besaßen, ging der Zeitzeuge offenbar wie selbstverständlich davon aus, dass ich
 über die groben Inhalte seiner früheren Erzählung orientiert war.
399 Küster, U. 2013: 00:46:21-3 – 00:47:02-8.
400 Eichborn, J. 2012: 00:15:37-5 – 00:18:14-9.
401 Eichborn, J. 2012: 00:15:37-5 – 00:18:14-9.

horte, die dann in der Bundesrepublik „die ‚Identifikationsscheu' zum politischen Programm erhoben" hat[402] und die nicht umhin kam, zu bemerken, wie das Regime um sie herum eine Politik der rassistisch motivierten Massenvernichtung und ethnischen Säuberungen umsetzte, auch wenn viele es lange nicht – oder vielleicht auch nur später nicht mehr – wahrhaben wollten.

> „Ich kann mich ganz dunkel erinnern, dass ich mal meinen Vater gefragt habe, was er davon wusste, von den Morden und so. Da hatte er dann gesagt, dass er schon nichts richtig wusste, aber gerüchteweise von den großen Lagern im Osten gehört hatte. [...] Aber natürlich das ganze Ausmaß ist einem auch erst hinterher bekannt geworden und das hat man ja schon von vielen so gehört."[403]

Wieder andere memorieren die Begegnung mit denjenigen, die als „willige Vollstrecker" den nationalsozialistischen Massenmord vorantrieben, als einschneidendes Erlebnis. Die junge Brigitte von Kulmiz etwa brachte der Bahnhofsdienst beim Roten Kreuz 1942 in Kontakt mit umgruppierten Verbänden, die an Mordaktionen im Osten beteiligt waren.

> „Ich ging neben einem Landser her und fragte: ‚Wohin? Woher?' Und dann sagte ich: ‚Bei welcher Einheit?', wie man sich so unterhält. Und da sagte er: ‚Ich bin beim Erschießungskommando.' Da habe ich ihn ganz entsetzt angeguckt. Man musste vorsichtig sein, auch mit den Blicken, denn man war sofort eingesperrt. Und ich sagte: ‚Ja ...', da sagte er: ‚Ja, und am schwersten krepierten die 17-jährigen Mädchen', wörtlich. Das habe ich meinem Vater erzählt. Mir ist richtig schlecht geworden. Ich wusste nicht, was ich für ein Gesicht machen sollte. Ich glaube, ich habe so gemacht [spielt die Miene nach]. Und das war eigentlich das Schlimmste, was ich gehört habe. Und ich weiß nicht, ob es SS oder Wehrmacht war. Ich fürchte Wehrmacht. Ich weiß es aber nicht."[404]

Die Opfer waren „Juden natürlich, alles was jüdisch war, und es hieß aber in manchen Orten auch, es soll alles dem Boden gleich gemacht werden und alles hingerichtet. Und das war eben einer von diesem Kommando. Also es spielten sich schon Dinge ab, von denen wir überhaupt sonst nichts gehört hätten."[405]

Angesichts der Vernichtungspolitik der NS-Diktatur wurde die Frage, ob ein anderes Verhalten möglich gewesen wäre, Bestandteil biografischen Erzählens nach 1945. Die Frage danach, warum man nicht mehr hatte tun können etwa, formte feste Erzählweisen, „Rechtfertigungsgeschichten",[406] mit denen Adelige ihre Situa-

---

402 Bude 1992, S. 81f. Für Schelsky 1960, S. 24, umfasst die „skeptische Generation" die Jahrgänge 1920 bis 1941. Zum Kontext der erstmals 1957 erschienenen Studie Schelskys siehe Berg 2013, S. 375.

403 Küster, U. 2013: 00:44:36-5 – 00:46:15-1.

404 Kulmiz, B. 2011: 00:19:15-7 – 00:21:14-3.

405 Kulmiz, B. 2011: 00:21:34-2 – 00:22:04-4.

406 Zum Konzept der „familialen Rechtfertigungsgeschichte" vgl. Lehmann 1980, S. 66. Diese Form der Narration hilft bei der Verarbeitung von Ereignissen, welche „bei der Reflexion und Interpretation" des „bisher zurückgelegten Lebensganges schmerzlich empfunden" werden bzw. die dem einzelnen „unangenehm" sind (Ebd., S. 57). Lehmann geht in Anlehnung an Erving Goffmann davon aus, dass die Erzählungen immer präventiv etwas erklären sollen, das von den Erzählenden als sozialer Makel empfunden wird (Ebd. 58f., 63) – die Mitgliedschaft in der Partei oder einer anderen Organisation etwa. Ich verwende den Begriff hier nicht normativ, sondern als Beobachtung

tion und ihr Verhalten in der Diktatur im Nachhinein zu verstehen und zu deuten versuchten, und die sich hier kaum vom Erzählen der Mehrheit der Bevölkerung unterschieden.[407]

In ihren Lebenserinnerungen schildert Gerda von Haugwitz etwa in einer längeren Passage ihr Erleben nach der Reichsprogromnacht am 9. November 1938. Sie erinnert sich dabei an auf der Straße von Hirschberg verstreute Waren aus den Auslagen der Geschäfte, Fensterscheiben, die noch in ihrer Gegenwart „von Hitlerjungen" eingeworfen wurden, die dabei „Heil Hitler" geschrien hätten. Sie selbst habe „wie gelähmt" einen langen Zug „elender, total verängstigter jüdischer Menschen" an sich vorbeiziehen sehen,

> „die zum Transport ins Konzentrationslager abgeführt wurden. Plötzlich erkannte ich eine jüdische Familie, bei der ich immer eingekauft hatte und spontan wollte ich hingehen und sie mit nach Lehnhaus nehmen. Da kam ein Bauer aus unserer Gegend auf mich zu, packte mich mit eisernem Griff und sagte zu mir: ‚Hier können Sie nicht helfen, oder wollen Sie auch totgeschlagen werden?! Und was wird aus ihren Kindern und ihrem Mann?' Er setzte mich in mein Auto und ich fuhr heulend nach Hause." Dort angekommen, ließ die Erzählerin ihrer „Wut und Verzweiflung freien Lauf. Da kam unsere Sekretärin, eine überzeugte Nazi, und sagte zu mir: ‚Wissen Sie, was Sie da sagen? Ich werde Sie anzeigen!' Ich sagte: ‚Tun Sie, was Sie nicht lassen können!' und ging nach oben. Sie hat es nicht getan, und das Leben ging weiter."[408]

Derartige Episoden zeigen spezifische Wege der Evidenzbildung und der Etablierung von Bedeutung. Die schwere Entscheidung, sich in das Geschehen einzumischen – gleich ob nun als konkreter Vorgang oder als symbolisch aufgeladene, stellvertretende Erzählung für den gesamten Abschnitt der NS-Diktatur – wird der Verfasserin etwa wenigstens zum Teil durch den befreundeten Bauern abgenommen, der sie „eisern" hält. Sogar die „Wut und Verzweiflung" über das Gesehene, sind nur begrenzt artikulierbar, da sie immer unter der Bedrohung des Verrats stehen. Das „Leben" geht schließlich „weiter", wenn die Erzählerin auch bleibende, schmerzhafte Selbstbefragung führt: „Es war sicher feige von mir, doch wie sollte ich handeln? Ich kann nur Gott um Vergebung bitten."[409]

Wo die breite Masse freilich immer darauf verweisen konnte, nur ein kleines Rädchen im Getriebe gewesen zu sein, fühlten sich adelige Menschen häufig stärker exponiert und damit größerem Rechtfertigungsdruck ausgesetzt. Dass Mitglieder der sozialen Gruppe besonders prominent für widerständiges Verhalten stehen, belastet so zunächst alle Diejenigen, die sich nicht prominent am Widerstand beteiligt haben. Umgekehrt können die Widerständigen aber in der Erzählung durch ihre her-

---

einer charakteristischen Erzählform, die einem von Zeitzeugen so wahrgenommenen Rechtfertigungs- bzw. Erklärungsbedarf entspringt, ohne über die ohnehin kaum nachweisbare Faktizität der Schilderungen zu urteilen.

407 Etwa Peitsch 1990; Lehmann 2011, S. 34 insbesondere auch zur narrativen Funktion der Reichsprogromnacht, die auch in den nachfolgenden beispielhaften Erzählungen zentral ist.

408 Haugwitz 1996, S. 23. Dieselbe Episode schilderte mein Interviewpartner intergenerationell aus dem kommunikativen Gedächtnis: Haugwitz, H.-W. 2013: 01:14:54-7 - 01:20:03-1.

409 Haugwitz 1996, S. 23.

ausragende Rolle zugleich zu Gewährsleuten der Aufrichtigkeit und Menschlichkeit der Anderen werden. Der Sohn der oben zitierten Zeitzeugin etwa bietet zunächst eine ganz ähnliche Erzählung für Mutter und Vater dar. „‚Und auch die Kristallnacht‘, sagte Vater, ‚hat uns allen einen Schock gegeben, aber wir haben einfach nicht glauben können, dass das von der Führung oben wirklich so gewollt war. In dem Moment, wo wir aber erkannt haben, dass es vorsätzlich und gezielt geschah, da hätten wir das Leben riskiert, wenn wir dagegen angegangen wären‘.“[410] Anders als in der Erzählung der Mutter wird das grundlegende Erzählmuster in diesem Narrativ aber variiert:

> „Die Eltern kannten Helmut James Graf von Moltke aus Kreisau und seine Ehefrau Freya. Mein Vater ist von Moltke gefragt worden, ob er sich nicht dem Kreisauer Kreis anschließen wolle. Er habe damals mit Moltke ausführlich das Risiko des Kreisauer Kreises erörtert. Und Moltke habe deutlich formuliert: ‚Du musst davon ausgehen, dass das auch schiefgehen kann, dass sie uns entdecken und dann hat unser Leben ein Ende – aber nicht nur unseres. Das hat dann auch Auswirkungen auf Deine Frau und Deine Kinder.‘“[411]

Erst nach dieser abwägenden Rationalisierung schließt sich dann die narrative Klammer: „Und Vater hat dann gesagt: ‚Wir haben sieben kleine Kinder, das kann ich nicht‘. Das hat Moltke auch akzeptiert – das müsse jeder für sich entscheiden und er könne die Entscheidung meines Vaters voll akzeptieren.“[412]

In scharfem Kontrast zur prononcierten Selbstkritik und den wiederholt hervorgehobenen Selbstbeschränkungen etwa aufgrund des mit dem Nationalsozialismus sympathisierenden Personals scheinen eigensinnige Handlungen (wie die Konsultation eines jüdischen Arztes) bis hin zu nonkonformem, resistentem und in diesem Sinn sogar widerständig zu nennendem Verhalten (die ebenfalls geschilderte verdeckte Versorgung jüdischer Geschäftsleute mit Lebensmittelmarken)[413] eher am Rand dieser Erzählung auf. Gerda von Haugwitz erinnert sich etwa, dass mit der fortschreitenden Etablierung der Diktatur zunehmend jüdische Ehepaare und Einzelpersonen „zur Erholung nach Lehnhaus“ gekommen seien. Geschickt wurden sie ihren Erinnerungen nach von ihrer Schwägerin Charlotte (Lotte), einer geborenen von Haugwitz, die mit dem Berliner Pfarrer Jochen Wilde (1902-1956) verheiratet war, der zeitweise als „Verbindungsmann zwischen Kirche und Gestapo“ agiert habe. Da die jüdischen Besucher weder Judenstern getragen noch ihre Pässe oder Lebensmittelkarten hätten vorweisen müssen, blieb dies der Umgebung verborgen. Zugleich habe sie der Schwägerin auch Lebensmittel geschickt, die diese dann heimlich an Juden verteilen konnte, da jene vom Regime gezielt zu wenig Lebensmittelkarten

---

410 Haugwitz, H.-W. 2013: 01:14:54-7 - 01:20:03-1.
411 Ebd.
412 Ebd. Die beiden Episoden stehen im Interview allerdings in umgekehrter Reihenfolge (zunächst die Erfahrungen des Vaters, dann die der Mutter) und sind von mir invertiert worden.
413 Für andere deutsche Städte ist eine gestaffelte Zurückdrängung der Juden überliefert, bei der diese zunächst normale, aber weniger Lebensmittelmarken als die Bevölkerungsmehrheit erhielten, dann aber ab 1940 gesonderte Lebensmittelkarten vorweisen mussten. (Benz 2008, S. 35). Dies datiert die zeitlich nicht verortete Schilderung in die Zeit um 1939/40.

erhielten. „Auch Wilhelm [von Haugwitz, Ehemann der Verfasserin] hat mehrere Male nachts Juden über die tschechische Grenze gebracht."[414]

Ein Gegengedächtnis, das die Erinnerung an Verfolgung und Ausgrenzung im Nationalsozialismus wachhielt, etablierte sich natürlich vor allem da, wo Angehörige adeliger Familien sich von der Politik des Nationalsozialismus selbst bedroht gesehen hatten. Der ähnlich wie von Richthofen 1895 geborene Künstler und Offizier Wolfgang von Websky etwa spürte frühzeitig diese Seite des Regimes. Das betraf Webskys spätimpressionistische Malweise ebenso wie seine Heirat. Sein Sohn, Michael von Websky, Jahrgang 1938, berichtet:

> „Die Situation meiner Familie in dem kleinen Ort Schwengfeld, Kreis Schweidnitz, war durchaus bemerkenswert. Erstens war das Nachbargut Kreisau das geheime Zentrum des Widerstandskreises um James von Moltke, von dessen Aktivitäten meine Eltern tatsächlich nichts wussten. Mein Vater war als Künstler und Reserveoffizier in Belgien offenbar während des Krieges weder anwesend noch belastbarer Gesprächspartner für die explosiven Themen Moltkes. Seine (Wolfgangs) Mutter, als geborene Gräfin v. Moltke-Hvitfeldt mit Kreisau verwandt, seit 1916 Witwe und Herrin des Rittergutes Schwengfeld, hatte sich ab 1933 für die NS-Ideologie erwärmt und damit vollkommen außerhalb der Familie positioniert. Zu allem Überfluss brachte sie in Erfahrung, dass ihre ab 1930 in Schwengfeld wohnhafte Schwiegertochter Wita v. Websky, geb. v. Nimptsch, höchstwahrscheinlich nicht 100% ‚arisch' sei. Infolge dessen strich sie sämtliche Nahrungsmitteldeputate für unsere kleine Familie und wir haben tatsächlich, neben dem intakten landwirtschaftlichen Großbetrieb wohnend, von Essensmarken gelebt. Um seine kleine Familie gegenüber dem SD zu schützen, lief mein Vater während der Fronturlaube ostentativ in Uniform im Dorf herum. Wir Kinder hatten also im Dorf keinerlei adlige Privilegien und liefen barfuß herum wie die Dorfbuben. Im Nachhinein war all dies ein recht bitteres Thema."[415]

Die komplexen Gemengelagen innerhalb der Familie, in denen Mütter sich etwa aus rassistischen Motiven von ihren Schwiegertöchtern abwandten, während Verwandte nur ein Gut weiter, wie die Familie von Moltke auf Kreisau, widerständiges Denken formierten, mögen entscheidend dazu beigetragen haben, dass es nach 1945 in den meisten Familien zu keiner breiteren Auseinandersetzung mit der jüngeren Vergangenheit kam. In dem den Kindern gegenüber memorierten Gedächtnis in der Familie von Websky etwa spielten Zwischenkriegszeit und Nationalsozialismus kaum eine Rolle.

> „Aus seinem sehr farbigen, erlebnisreichen Leben – wie gesagt Kunst und Zeit Erster Weltkrieg – wurde breit und farbig erzählt. Die Not und Bedrängung auf dem Gut in der Zwischenkriegszeit, das heißt genau genommen mit dem Aufstieg des Nationalsozialismus und den Schwierigkeiten mit seiner Mutter, die sich, wie gesagt, sehr für den Nationalsozialismus begeistert hatte – da gab es bei uns zu Hause praktisch keine Erzählungen. Das war ihm so schmerzhaft und so peinlich, dass darüber praktisch nicht gesprochen wurde. Ich habe da ab und zu Informationen bekommen, aber die ganze Härte, die meine Mutter in Schwengfeld zu ertragen hatte, kam uns eigentlich erst im Nachhinein zu Bewusstsein."[416]

---

414 Haugwitz 1996, S. 22f.
415 Websky, M. 2013: 00:15:17-7 – 00:26:49-4. Nachträgliche Überarbeitung des gesprochenen Worts.
416 Websky, M. 2013: 01:15:06-2 – 01:20:47-1.

Dies gilt, was zunächst ein etwas überraschender Befund sein mag, auch für jene Familien, die sich als klar unbelastet begreifen konnten, weil ein Angehöriger von den Nationalsozialisten ermordet worden war, wie etwa Emanuel Graf von Matuschka, der infolge des 20. Juli 1944 verhaftet worden war, während sein Schwager zu einer Luftwaffeneinheit gehörte, die bereitgehalten wurde, um möglichen militärischen Widerstand niederzuschlagen. Zu sehen, wie sehr einige Familienmitglieder das Regime unterstützt hatten – wenn nicht als glühende Anhänger der Ideologie, dann aus dem Willen heraus, alles für ihr Land und den Sieg zu tun –, ließ nicht zu, ein vorschnelles Urteil über sie zu fällen: „Also da muss ich immer wieder daran denken, dass der gute Onkel [mütterlicherseits, S. D.] Dominik, gesagt hat: ‚Wir waren so fanatisiert, dass wir sogar auf unseren Schwager oder einen Bruder geschossen hätten, als Verräter, nicht? Der hätte nichts anderes verdient.‘"[417]

Nicht zuletzt überlagerten Flucht und Vertreibung die Beschäftigung mit dem Nationalsozialismus: „Eine Aufarbeitung habe ich persönlich sozusagen nicht erlebt. Was ich erlebt habe, ist ein sehr solidarischer, sehr guter Zusammenhalt zwischen dem noch besitzenden Adel und dem, der alles verloren hatte."[418] Gerade der katholische süddeutsche und der katholische schlesische Adel konnten sich nach dem Zweiten Weltkrieg als ähnlich widerständige Gruppierungen begreifen.

> „Diese Art Leute waren keine Nazis. Es gab aber eine Tagung, an die erinnere ich mich, die war entweder in Stotzingen – war das ein Schloss, wo wir [die Vereinigung Katholische Edelleute Schlesiens, S. D.] eine sehr schöne Tagung hatten, in Stotzingen? – oder in einem anderen [denkt nach], wo über die Nazizeit und den Widerstand gesprochen wurde. Da kamen also auch Referenten und es war auch alles immer begleitet von einem Jesuitenpater, dem Pater Löwenstein, und dann wurde das in dem Sinne aufgearbeitet oder wurde darüber informiert, – und das gab es natürlich: die Tagungen der Hinterbliebenen des 20. Juli, die gab es auch. Dahin kam da so jemand wie der Herr von Schlabrendorff, der später Verfassungsrichter wurde. Und dann kam Dr. Fritzsche, der also auch überlebt hatte, obwohl er direkt involviert war".[419]

Für den Umgang mit den NS-Belasteten und Tätern wurden innerhalb der sozialen Gruppe eigene Lösungen gesucht und gefunden. Der Berliner Union-Club hatte lange diskutiert, ob Franz von Papen aus der Vereinigung ausgeschlossen werden sollte. Nachdem einige Mitglieder dagegen optiert hatten, einigte man sich schließlich darauf, diesem nahezulegen, seine Mitgliedschaft selbst ruhen zu lassen.

> „Da ist der Papen nach dem Krieg erschienen. Und die Seherrs waren dort in dem Club immer Vizepräsidenten und haben sich also um sehr viel in dem Club gekümmert, auch sonst ums Essen, ums Personal und so, dass die Sache läuft. Und dann sind die anderen Adligen aufgestanden, wie der Papen zur Tür rein kam, und haben gesagt, sie verlassen den Raum, denn er hätte ja den Steigbügelhalter von Hitler gemacht. Und da hat der Onkel Theo gesagt: Nein, er bürgt für den Papen. Das hat er auch beim Nürnberger Prozess

---

417 Matuschka, M. 2013: 01:29:53-2 – 01:33:47-3.
418 Matuschka, M. 2013: 01:24:48-2 – 01:29:53-2.
419 Ebd.; die genannten Personen sind Felix zu Löwenstein-Wertheim-Rosenberg (1907–1986); Fabian von Schlabrendorff (1907–1980); Hans Karl Fritzsche (1914–1999).

gesagt – er ist als Zeuge aufgetreten.[420] Der Papen ist mehr oder weniger von diesen ganzen Leuten, diesen Stabsoffizieren und so weiter, Generalstäbler, ist er so eingelullt worden von denen, dass er dann immer wieder erschienen ist, aber er war an und für sich kein Nazi und nichts, sondern er war eben der Papen."[421]

„Und als dann der Kriegsverbrecherprozess in Nürnberg stattfand und man über das Radio und so weiter davon hörte und ich im Schülerheim in Fulda war, habe ich meinen Mitschülern dort gesagt: ‚Wenn einer gehängt wird, dann der Papen, denn der war der Steigbügelhalter.' Und dann war der Prozess, und der Papen ist – zwar nicht freigesprochen worden, aber nur zu einer geringen Gefängnisstrafe verurteilt worden. Er hat sich sehr geschickt herausgeredet und er war eben auch nicht so direkt in diese Verbrechen involviert, um die es ja ging, um Kriegsverbrechen, da war er nicht involviert. Er hatte in der Tat dem Hitler zur Macht verholfen, das ist schon richtig, aber der hätte sich auch anderweitig an die Macht geboxt. Jedenfalls hatte ich mich dann eher blamiert vor meinen Mitschülern mit meiner Prognose und bin später dem Papen auch noch begegnet, habe allerdings nicht mit ihm gesprochen, aber der ist also auch noch in so gewissen Adelskreisen nach dem Krieg aufgetaucht. Hat dann allerdings bedeutet bekommen, er möge doch nicht mehr kommen, zu dem Treffen der schlesischen Edelleute. Das wurde ihm dann gesagt, also er möge bitte nicht mehr kommen. Er ist dann noch einmal erschienen, ich habe ihn dort gesehen."[422]

Wie andere Teile der Gesellschaft auch entwickelten Adelige nach dem Zweiten Weltkrieg Narrative, die bei der Bewältigung der von der Diktatur bestimmten Kontingenz halfen – Erzählungen, die dabei halfen, die Frage nach individueller Verantwortung, eigener oder der der Eltern, weniger radikal zu stellen. Ein charakteristischer Topos ist die Konfrontation mit dem Regime, in der es gelingt, eigensinniges Handeln oder sogar oppositionelle Haltungen durchzusetzen. Die Erzählweise dieser Topoi ist oft anekdotenhaft, wie sie eingangs an der polnischen Option eines Ballestrem'schen Großonkels dargestellt worden ist. Die Erzählenden können dabei auf etablierte Erzählweisen adeliger Erinnerungspraxis zurückgreifen, mit denen früher etwa Militärgeschichten über den Umgang mit Vorgesetzten weitergegeben wurden. Diese Narrative sind als Erzähltyp hoch flexibel, reproduzieren aber ein Grundmuster adeliger Überlegenheit aus dem Habitus heraus (als Offizier oder Gutsherr etwa) und können so von harmlosen Alltagsmomenten in der Diktatur bis hin zum Umfeld der Verhaftungen des 20. Juli 1944 eine Vielzahl von Momenten Gestalt geben.

„Und nun kam der 20. Juli, mein Vater war in Breslau, da wurde er telefonisch zur Geheimen Staatspolizei bestellt. Das war dieses große [Gebäude (am Anger Nr. 10), S. D.], besteht heute noch – Sie kennen das – ist hinter Staatsanwaltschaft und dahinter ist Gefängnis. Da musste er hin. Das war kurz nach dem Bekanntwerden des Attentats, und

---

420 Theobald Graf von Seherr-Thoß hatte sich in Form eines Affidavits zugunsten von von Papen geäußert, insbesondere dahingehend, dass dieser einen Einmarsch in Österreich abgelehnt habe. Vgl. Internationaler Militärgerichtshof Nürnberg (Hg.): Der Nürnberger Prozess gegen die Hauptkriegsverbrecher vom 14. November 1945 – 1. Oktober 1946. Bd. XIX, S. 193 sowie Bd. XVI, S. 355.
421 Seherr-Thoß, R. 2011: 00:23:53-8 – 00:25:17-6.
422 Matuschka, M. 2013: 01:29:53-2 – 01:33:47-3.

wenn man da also zur Gestapo bestellt wurde, war das doch eine sehr unangenehme Sache. Mein Vater hat irgendwann mal ehrenhalber einen Dienstgrad – ich weiß gar nicht mehr, was er eigentlich war – bei der SA bekommen. Er hat dann auch diese Uniform angezogen und ist mit der Uniform bei der Gestapo erschienen. Er hat berichtet, nachher natürlich, und hat sich gesagt: So, hier musst du richtig auftreten, hier darfst du nicht irgendwie Angst zeigen oder irgend so was."[423]

Dass nach dem Zweiten Weltkrieg Adelige, die Opfer des NS-Regimes geworden waren, gegen adelige Täter vorgingen, war eine Ausnahme. Sie manifestierte sich vor allem dann, wenn anders als im Fall Papen besonders schwere, persönliche Verletzungen vorlagen und diese sich vielleicht noch dazu mit Verletzungen adeliger Verhaltenskodizes verbanden. Als beispielsweise Ende Januar 1945 die ersten Flüchtlingstrecks durch das Dörfchen Kolzig im Kreis Grünberg kamen, nahm der dortige Gutsherr, ein 1897 geborener, unverheirateter Rittmeister a. D. Joachim von Klitzing, die adeligen Flüchtlinge auf. Darunter fand sich auch ein Ehepaar von Kaminietz aus Roggern im Kreis Kosten.[424] Mit diesen muss es zu mehreren politischen Diskussionen gekommen sein, bei denen von Klitzing die Ansicht vertrat, dass Amerikaner und Sowjets dem Reich zahlenmäßig klar überlegen seien und das Kriegsende absehbar sei. Dabei bezeichnete er Hitler angeblich einmal als „Phantasten", einmal als „Narr[en] und Stümper".[425] Die Gäste setzten daraufhin vor ihrer Abreise den Ortsgruppenleiter der NSDAP von den Äußerungen in Kenntnis und hielten sich noch einige Zeit im benachbarten Neusalz auf. Von Klitzing vertrat gegenüber dem Gericht die Position, wohl die grundsätzlichen strategischen Überlegungen angestellt zu haben, verneinte aber aus taktischen Gründen alle beleidigenden Äußerungen. Er erklärte vielmehr, dass es sich bei der Anzeige um einen Racheakt der Flüchtlinge handle, da sie ihm zwei Anzüge und Wäsche gestohlen hätten und er diesen Umstand zur Anzeige gebracht habe. Sie hätten nunmehr darauf spekuliert, als Verwalter seines Gutes eingesetzt zu werden, nachdem sie ihn erfolgreich entfernt hätten.[426]

Das Gericht schätzte, ideologisch motiviert, die Glaubwürdigkeit des Ehepaars höher ein als die Klitzings, stufte ihn als „Volksschädling" ein und verurteilte ihn unter mildernden Umständen wegen seiner dekorierten Teilnahme am Ersten Weltkrieg zu vier Jahren Zuchthaus.[427] Klitzing befand sich nur kurze Zeit in Haft, denn die Strafanstalt im brandenburgischen Göhrde wurde kurz darauf von sowjetischen Soldaten befreit, und Klitzing, der zu Beginn des NS-Regimes für kurze Zeit Mitglied der Reiter-SA gewesen war, galt nunmehr als Opfer des Faschismus.[428]

---

423 Zedlitz und Neukirch, S. 2012: 01:08:17.3 – 01:18:06.0.

424 Alle sachlichen Angaben nach einer beglaubigten Abschrift des Sondergerichtsurteils in Sagan vom 7. Februar 1945 (Sg. K. Ls. 1/45) gegen Joachim von Klitzing. BArch. LAA Ostdok 2 / 185, Blatt 34–36.

425 Ebd., Blatt 35.

426 Ebd.

427 Ebd., Blatt 36.

428 Schreiben Joachim von Klitzings an von Witzendorff-Rehdiger. Kettenburg, 15. Juni 1951. BArch. LAA Ostdok 2 / 185, Blatt 32f.

Nachdem sich die Nachkriegsgesellschaft stabilisiert hatte, zog von Klitzing aus, um für sich wieder ein Stück Gerechtigkeit herzustellen. Dabei stellte er fest, dass der lange Aufenthalt der von Kaminietz in Neusalz dazu geführt hatte, dass diese von der Front überrollt und Herr von Kaminietz schließlich von sowjetischen Soldaten verschleppt worden war; deshalb „bleibt es mir erspart, ihn jetzt zur Rechenschaft zu ziehen", wie er in einem Brief an Frau von Kaminietz 1946 schrieb. Klitzing erneuerte darin seine Vorwürfe und ergänzte sie besonders dahingehend, dass das Ehepaar versucht habe, die Bekanntschaft des Kreisbauernführers in Neusalz zu machen, um als Treuhänder des Klitzing'schen Gutes eingesetzt zu werden. Klitzing deutete darin den Verlauf der Ereignisse als „schicksalhaft", womit er besonders die nachgerade selbstgewählte Bestrafung des Ehepaars durch das Überrolltwerden und die anschließende Verschleppung des Mannes, aber auch den Umstand begriff, dass er selbst vorgehabt hatte, auf seinem Gut zu bleiben, wo er „wahrscheinlich sofort erschossen worden" wäre. „Nur meiner damaligen Verhaftung verdanke ich heute Leben und Freiheit."[429] Klitzing sah jedoch nicht nur in den schicksalhaften Mächten eine gebührende Sühne für das Verhalten des Ehepaars. Weil sie „Ihren Mann an seiner üblen Handlungsweise" gegen Klitzing nicht gehindert hätte, sondern beide stattdessen „ruhig weiter als Gäste in meinem Haus geblieben" seien, könne er „Ihnen gnädige Frau, diese Zeilen nicht ersparen." „Eine Abschrift dieses Briefes geht an einen Ihrer Verwandten, eine weitere an die Deutsche Adelsgenossenschaft",[430] die damit klar das Sanktionspotential der Statusgruppe insgesamt gegen das Ehepaar von Kaminietz freisetzen sollte.

Wie als Klimax der Anklage – die gleichzeitig auch Richtspruch und Bestrafung in einem war – fügte Klitzing als eine Art Postscriptum noch hinzu: „Ihre lederne Aktenmappe (Schulmappe), welche in der Eile Ihrer Abreise aus Kolzig dort zurückgelassen wurde, steht Ihnen hier zur Verfügung. Mein Dienstmädchen, Elisabeth Stempel, fand sie in dem von Ihnen bewohnten Gästezimmer angefüllt mit meinen Hemden und Strümpfen!!"[431]

Dass ein Schicksal derart öffentlich publik gemacht und gar die Ächtung durch Verwandtschaft und Standesorganisationen zur Herstellung von Gerechtigkeit gesucht wurde, ist allerdings eine große Ausnahme. In der Mehrheit überdeckten gerade bei den Schlesiern Flucht und Vertreibung derartige Konflikte. Auch von Klitzing schreibt an Gotthard von Witzendorff-Rehdiger, dass er „gegen Herrn von Kaminietz, einen der übelsten Leute, die ich in meinem Leben getroffen habe, nichts unternommen" habe, außer den besagten Brief zu schreiben.[432]

Dass die Rolle der Eltern und Großeltern im Nationalsozialismus seit einiger Zeit

429　Beglaubigte Abschrift eines Schreibens von Joachim von Klitzing an Frau von Kaminietz. Beelitz, 23. August 1946. BArch. LAA Ostdok 2 / 185, Blatt 37.

430　Ebd.

431　Ebd.

432　Schreiben Joachim von Klitzings an von Witzendorff-Rehdiger. Kettenburg, 15. Juni 1951. BArch. LAA Ostdok 2 / 185, Blatt 32f., hier Bl. 33.

in der Gesamtfamilie diskutiert werden kann, hängt sicher auch mit dem Erlöschen der Erlebnis- und der Tätergeneration zusammen.

> „Es ist eine relativ junge Entwicklung in der Familie, dass das überhaupt thematisiert wird. [...] Inwiefern die Familie selbst dazu Stellung nimmt? Es wird kaum unmittelbar kontrovers diskutiert, aber es gibt da natürlich Vertreter in der Familie, die – vielleicht auch vor dem Hintergrund der persönlichen Erfahrung in der eigenen Kleinfamilie – die Schuld oder Mitschuld jener Familienmitglieder unterstreichen und im Namen der Gesamtfamilie aktiv Sühne leisten wollen und es gibt andere, die wenigstens versuchen, das Thema vielschichtiger zu betrachten. In jedem Fall wird damit aber in unserem Familienverband aktiv umgegangen und es wird nicht ausgeblendet. Das war in vergangenen Zeit aber zweifellos anders."[433]

Besonders schwer wiegt die Erinnerung dort, wo sie an den Holocaust anknüpft und wo der Eindruck entstehen könnte, dass Familienangehörige Nutznießer der nationalsozialistischen Vernichtungspolitik waren, so wie im Fall der Errichtung des Konzentrationslagers Groß-Rosen, das in wesentlichen Teilen auf einem Steinbruch des gleichnamigen Gutes des Georg Freiherrn von Richthofen entstand, der weiterhin im Eigentum des Gutsherrn verblieb. Familienintern fand eine Auseinandersetzung mit diesem Thema erst seit einer Reise des Familienverbandes mit etwa 150 Teilnehmern nach Schlesien im Jahr 1992 statt, was sicher auch damit zusammenhängt, dass die Rolle der Familie bei der Errichtung des KZs bislang nicht ausreichend untersucht worden ist. Betrieben wurde der Steinbruch von der Gesellschaft „Deutsche Erden und Steine" (DESt), die der SS gehörte. Nach Andrea Rudorff „erwarb [die DESt] die Anlage [den Steinbruch, S. D.] im Mai 1940 und pachtete das dazugehörige Gelände vom Eigentümer Georg Freiherr von Richthofen."[434] Demgegenüber führt Isabell Sprenger in ihrer Monografie über das Lager aus, dass Richthofen den Steinbruch bereits im Jahre 1938 der niederschlesischen Betreibergesellschaft „Granitwerke Alfons Hay" verpachtet habe. Diese wiederum sei am 11. Mai 1940 von der Familie Hay an die DESt verkauft worden, womit der neue Eigentümer in den bis 1957 geltenden Verpachtungsvertrag für den Steinbruch eingetreten sei.[435]

> „Wie das rechtlich funktioniert, ob die SS den Verpächter fragen musste, weiß ich nicht genau. In jedem Fall wurde wohl auch Land zugepachtet, auf dem dann das eigentliche Lager errichtet wurde. Und das ist natürlich etwas, was nur mit Unterschrift des Eigentümers geschehen kann, also wissentlich. Ich kenne allerdings nicht die Aktenlage. Man kann dennoch heute nicht sagen, dass die Rosener Richthofens nicht gewusst haben, was sie taten."[436]

Der Vertrag mit den Hay-Werken jedenfalls war für die Familie von Richthofen durchaus günstig ausgestellt. Neben einer Pacht von 7.500 RM jährlich wurde das Gut zusätzlich auch an den Gewinnen des Vertragspartners beteiligt – und war da-

433 Richthofen, J. 2013: 00:37:54-5 – 00:41:26-4.
434 Rudorff 2006, S. 197, unter Bezug auf BArch Berlin NS 3 / 1168 und NS 3 / 1346 sowie die Akten der Bauleitung Groß-Rosen im Zentralen Staatlichen Archiv (GARF), Moskau 1372-5-124.
435 Sprenger 1996, S. 41f.
436 Richthofen, J. 2013: 00:37:54-5 – 00:41:26-4.

mit nach den Änderungen der Eigentumsverhältnisse der Hay-Werke unmittelbar an den Gewinnen des KZs beteiligt.[437] Die Familie von Richthofen gab im Lastenausgleichsantrag von 1953 allerdings an, dass die Pacht sogar 15.000 RM betragen habe, aber in den viereinhalb Jahren zwischen der Übernahme durch die DESt und der Vertreibung 1945 nicht gezahlt worden sei und ihr daher Schäden in Höhe von 67.000 RM entstanden seien. Die Höhe der Gewinnbeteiligung konnte damals nicht spezifiziert werden, da der Eigentümer zum Zeitpunkt der Vertreibung, Georg Freiherr von Richthofen, bereits 1950 verstorben war.[438]

„Die großen Fragen natürlich – ‚Hatte er wirklich eine Alternative? Was wären die Konsequenzen einer Weigerung gewesen?‘ – entziehen sich jetzt meiner Beurteilung."[439] Jedenfalls könne, folgert Jasper Freiherr von Richthofen, der unter anderem vertriebene Groß Rosener aufgesucht hat, nicht davon die Rede sein, dass man im Dorf und auf dem Gut nicht gewusst habe, was dort vor sich ging:

> „[...] der KZ-Arzt war der Dorfarzt; vom Gut wurden Gemüse und ähnliches ins KZ zu deren Verpflegung gefahren; KZ-Insassen waren nach Aussage meines Gesprächspartners auch mit in der Ernte als Helfer dabei unter Bewachung von SS-Leuten. Inwieweit das auch noch [auf] andere Richthofen'sche Güter, von denen ja viele unmittelbar benachbart liegen, zugetroffen hat, kann ich nicht beurteilen, ist aber zumindest denkbar. Lange Rede kurzer Sinn: Man wusste damals sehr wohl – und das hat mir eben jener Zeitzeuge aus dem Dorf bestätigt –, die wussten ganz genau, was sich oben in dem Lager abspielte. Das liegt so ein bisschen erhöht von der Ortschaft. Auch die Todesmärsche sind durch das Dorf gegangen und so weiter. Also, dass es niemand gewusst habe, das ist Unfug."[440]

Gerade dies habe, so noch einmal von Richthofen, für den Familienverband eine große Bedeutung:

> „Also gerade aktuell ist das im Vorstand des Familienverbandes ein großes Thema, speziell Groß Rosen. Wir sind vor jetzt ein paar Wochen in einer kleinen Delegation beim Museum Groß Rosen gewesen und haben uns das Lager und die Ausstellung noch einmal zeigen lassen. Ich selbst kenne das natürlich schon sehr gut. Ich bin häufiger unter anderem mit meinen Kindern dort gewesen. [...] Und ich bin ja nun auch selber Museumsmann, insofern blicke ich natürlich auch anders darauf und habe selber auch schon Exkursionen, Familienexkursionen dort in die Gegend veranstaltet, als ein wenig Polnisch Sprechender versuche ich gute Verbindungen herzustellen".[441]

437 Sprenger 1996, S. 41f.
438 Vgl. Beiblatt „Schäden und Verlust von Grundvermögen" zum Hauptantrag auf Feststellung von Vertreibungsschäden der Gertrud Freifrau von Richthofen, 10. Juni 1953. BArch LAA ZLA 1 5 607 434, Blatt 31r–32v. Als Pachtnehmer wird die „Erden- und Steinwerke A.G.", Berlin, zu einer Pacht von 15.000 RM pro Jahr genannt. Gesamtschaden durch Nichtzahlung: Hauptantrag auf Feststellung von Vertreibungsschäden der Gertrud Freifrau von Richthofen, 10. Juni 1953. BArch LAA ZLA 1 5 607 434, Blatt 4r–6v, hier Bl. 6v. Ein ergänzendes Schreiben vom 15. Juni 1956 weist zudem ausdrücklich darauf hin, dass das komplette Inventar des Steinbruchs dem Pächter gehörte. Getrud Freifrau von Richthofen an das Ausgleichsamt Detmold, 15. Juni 1956.
439 Richthofen, J. 2013: 00:37:54-5 – 00:41:26-4.
440 Richthofen, J. 2013: 00:33:10-5 – 00:37:46-3. Sprenger/Kumpmann 2007, S. 199 bestätigen den Einsatz von Häftlingen in der Landwirtschaft nur vom Hörensagen.
441 Richthofen, J. 2013: 00:37:54-5 – 00:41:26-4.

Aber sogar eine derart einschneidende Erinnerung wie die an das KZ Groß Rosen konnte durch die konkurrierende Erinnerung an das eigene Erleben am Kriegsende ausgelöscht werden. „Das war wirklich so, dass im Grunde durch dieses Trauma von Flucht und Vertreibung waren diese Schattenseiten komplett ausgeblendet."[442] Dieses Verdrängungsmuster zeigt sich ganz allgemein im Bereich der Ablösung der bisherigen Saisonarbeiter in der von chronischem Arbeitskräftemangel geprägten Landwirtschaft durch Fremd- und Zwangsarbeiter.[443] In Schlesien waren naheliegenderweise viele Polen, aber Zeitzeugenberichten nach auch russischsprachige Menschen (mit ungenauer Referenz auf deren Herkunft) eingesetzt. Michel Hubert verweist darauf, dass sich seit 1933 sogenannte Fremdarbeiter vor allem auf die östlichen Regionen des Reichs, besonders Ostpreußen, Mecklenburg und Schlesien, konzentriert hätten, und erst mit dem Kriegsausbruch die Zahl im Reich insgesamt eklatant gestiegen sei: von einem Prozent im Jahre 1939 auf 20 Prozent 1944, viele davon Zwangsarbeiter.[444] Die Situation der Fremdarbeiter hing in der Landwirtschaft in hohem Maße mit der Situation vor Ort zusammen, da sich die strikte Einhaltung der NS-Ausländergesetzgebung vielfach schwerer kontrollieren ließ als in der Industrie und weil wirtschaftliche Interessen hier zugleich mehr Spielräume ließen als anderswo. Im Laufe des Krieges kamen zudem noch zahlreiche Kriegsgefangene hinzu, von denen insbesondere Franzosen und schließlich auch Italiener in der schlesischen Landwirtschaft eingesetzt wurden. Dass sie sich besonders mit den gefangenen französischen Offizieren verbunden fühlten, ist dabei ein fester Topos in zahlreichen Berichten von adeligen Schlesiern, ebenso wie das Bemühen, die Zwangsarbeiter „gut", „anständig" oder „menschlich" zu behandeln.

> „Meine Mutter war ja auch zuständig für die Hauswirtschaft, den Geflügelhof und den Gemüse- und Blumengarten. Alles, was im Schloss an Gemüse, Eiern und Geflügelfleisch war, kam aus eigener Produktion. Wir hatten sehr viel Besuch von Verwandten und Freunden. Hinzu kamen die Kriegsgefangenen, ich erinnere mich an sechs Franzosen und eine polnische Familie, die ebenfalls mit Lebensmitteln aus der Schlossküche versorgt wurden."[445]

Der Zeitzeuge schildert die Situation einerseits als bedrohlich, da in dieser Erzählung immer ein Verrat eines allzu menschlichen Umgangs mit den Zwangsarbeitern durch besonders aktive Nationalsozialisten unter dem Personal drohte:

> „Ein schwieriges Problem war unsere Köchin, eine sehr tüchtige Frau, die aber dem Nationalsozialismus sehr verbunden war. Sie war außerdem katholisch, unser Haus war evangelisch. Sie war den Nazis sehr hörig [und wollte deren Vorgaben für die Versorgung der Gefangenen entgegen den Weisungen meiner Mutter umsetzen]."[446]

---

442 Richthofen, J. 2013: 00:33:10-5 – 00:37:46-3.
443 Herbert 1999, S. 78; vgl. auch Münkel 1996; sowie die ältere Arbeit von Eichholtz 1969–1996.
444 Hubert 1998, S. 256f. Dies erklärt sich natürlich nicht nur durch ein Wachstum in absoluten Zahlen, sondern auch durch den massiven Abzug von männlichen deutschen Arbeitskräften durch Einberufung.
445 Haugwitz, H.-W. 2013: 00:24:59-5 – 00:30:39-0.
446 Ebd. Spätere erläuternde Ergänzung zum gesprochenen Wort in Klammern.

Andererseits gelang es diesem Narrativ nach der Familie sogar, sich gegen die bewaffneten Aufpasser durchzusetzen:

> „Und die Nazis, also die Wachleute, bestanden drauf, dass die Franzosen oder Polen nur ein Minimum an Essen bekommen sollten. Das haben die Eltern überhaupt nicht akzeptiert. Darin waren sich unsere Eltern mit dem Großvater und seiner Tochter völlig einig. Dessen moralisches Koordinatensystem [als Herrnhuter Christ, Anm. S.D.] wäre völlig durcheinandergekommen. Da gab es erhebliche Spannungen, aber die Eltern haben sich gemeinsam mit Großvater strikt durchgesetzt. Auch uns Kindern wurde erklärt, dass wir den Gefangenen freundlich begegnen sollten und sie nicht etwa als minderwertig begriffen. Großvater wurde sehr böse, wenn er den Eindruck hatte, dass wir sie nicht grüßten. Wir hätten ihnen ‚Guten Tag‘ zu sagen. Und die Wachleute – da war ja ständig bewaffnetes Personal –, haben geschluckt, dass es bei uns ein bisschen anders lief.“[447]

Die Fremd- und Zwangsarbeiter auf dem Hof waren jener Punkt, an dem alle – selbst Kinder und Jugendliche – mit den Auswirkungen der Politik des Nationalsozialismus in Berührung kamen, und doch waren diese unterschwellig, verdeckt und eine leicht zu verdrängende Normalität, da der Übergang zur Diktatur hier besonders fließend war: von Saisonarbeitern über freiwillige Fremdarbeiter vor 1939 bis zu gepressten, aber geringfügig entlohnten Arbeitern und schließlich Zwangsarbeitern – Kriegsgefangenen, sogenannten „Ostarbeitern" und KZ-Häftlingen – war ein gradueller Abstieg, mit dem sich die Einzelnen zunehmend an diese Praxis der Ausbeutung von Arbeitskraft gewöhnten und, auch ohne sich dabei besonders zu ideologisieren, Schuld auf sich laden konnten.

Umgekehrt eröffneten die Spielräume durch die fehlenden Kontrollkapazitäten des Regimes und das Angewiesensein auf die Arbeitskraft Möglichkeiten, das Verhältnis zu Fremdarbeitern und Kriegsgefangenen selbst auszugestalten. Zwar sei der Landrat ein „ganz brauner" Standesgenosse gewesen, erzählte etwa der Vater von Hans-Wilhelm von Haugwitz, der, weil dienstuntauglich, während des Kriegs mehrere Güter für deren im Feld stehende Eigentümer verwaltet hatte, seinem Sohn:

> „‚Aber‘, erzählte er, ‚dem konnte man klar machen, wenn es auch um Gefangene geht, dass sie vernünftig ernährt werden müssen‘. Mein Vater sagte zu ihm: ‚Pass mal auf‘ – mit denen duzte er sich auch allen –, ‚wenn wir produzieren wollen – und es ist doch wichtig, dass wir genug Kartoffeln, genug Getreide produzieren –, und dann müssen wir eben auch Leute haben, die in der Lage sind, diese Arbeiten zu machen. Und dazu muss man sie vernünftig ernähren.‘ Er meinte auch: ‚Also mit solchen Leuten konnte man schon zurechtkommen‘. Am schlimmsten waren für ihn die Menschen, die von außen in den Kreis kamen, alles besser wussten und von dem, was tatsächlich im Kreis vor sich ging, keine Ahnung hatten: ‚mit denen konnte man gar nicht darüber reden.‘"[448]

Dass längst nicht alle Gutsherren ihre Fremd- und Zwangsarbeiter oder die Kriegsgefangenen relativ human behandelten, zeigt alleine der Umstand, dass nach der Flucht der Staatsgewalt in einer Reihe von Fällen die Gefangenen gewaltsam gegen

---

447 Ebd. Spätere stellenweise Glättungen am gesprochenen Wort.
448 Haugwitz, H.-W. 2013: 01:24:00-0 – 01:25:56-5.

die Gutsherren und ihre Familien vorgingen, sie schwer verletzten oder sogar töteten. Hinzu kommt noch, dass die polnische Miliz, als sie im Frühsommer 1945 in Schlesien einrückte, offenbar auch gezielt den Anzeigen früherer Arbeiter folgte und Güter aufsuchte, um die Eigentümer vor Ort zu befragen oder zu verhaften.[449] Vor diesem Hintergrund wird deutlich, warum dem guten Einvernehmen mit den eigenen Fremd- und Zwangsarbeitern so eine enorme Bedeutung in der Erinnerung zukam: Ihre Reaktionen den heranrückenden sowjetischen Truppen oder der polnischen Miliz gegenüber wurden so zum Beweis für den Charakter der Erzählenden oder ihrer Eltern, der in besonderem Maße deren Unbelastetheit durch das Regime belegte. In vielen Fällen werden diese entlastenden Narrative in klassische, adelige Topoi wie jenen des sozialen Handelns im Adel gekleidet:

> „[...] mein Vater wurde im Krieg eingezogen und ging ja mit nach Polen, am ersten Tag. Mein Vater war auch sozial eingestellt. Und die Polen dort waren so arm, dass sie gebettelt haben, sie möchten bei uns arbeiten – trotz Krieg. Und da brachte mein Vater acht Polen mit, im Urlaub. Acht Polen.“[450]

Dass es sich dabei nicht um ein ausbeuterisches Verhältnis gehandelt habe, war der Interviewpartnerin wichtig und sie konfirmierte dies aus dem unmittelbaren Erleben: „Und wir haben sie genauso wie die anderen *bezahlt*, [ich weiß das] weil ich als Älteste die Lohntüten ausgeteilt habe. Da gab es noch die Lohntüten. Die Arbeiter wurden jede Woche bezahlt, denn wenn man sie ganz bezahlt hätte, vier Wochen, dann wäre das Geld vertrunken worden und das sollte nicht sein. Das war so.“[451]

Der Topos der gemeinsamen Flucht der Fremdarbeiter mit den Gutsbesitzern und ihrer gegenseitigen Hilfe bestätigt schließlich erneut die Menschlichkeit letzterer und weitet den Mythos der Gemeinschaft von Dorf und Gut auch auf diese Gruppen aus. Albrecht Lehmann verweist darauf, dass der Topos der fast zwangsläufigen Nähe zwischen Bauern und Gutsherren einerseits und ihren westlichen Zwangsarbeitern andererseits, die aus kulturellen Gemeinsamkeiten, geteilter Angst vor dem Kommunismus und der menschlichen Behandlung der Gefangenen durch ihre Dienstherren erwachsen sei, generell in der ländlichen Gesellschaft nach dem Krieg weit verbreitet war.[452] Adele von Wallenberg Pachaly, zum Zeitpunkt der Flucht sechzehn

---

449 Ein Beispiel mit Todesfolge: „Auszugweise Abschrift Erlebnisbericht des Pfarrer Wilhelm Bufe früher Rankau, Schlesien [...]“. Walstedde-Drensteinfurt, Sommer 1949. BArch LAA Ostdok 2 / 174, Blatt 24–29, hier Bl. 25; vgl. ausführlich unten in Kap. 5.2. Ein Richard Nowak aus Saarau berichtet etwa über die Misshandlungen an Gutsbesitzern im Sommer 1945 und hält zugleich fest: „Jedoch ist meines erachtens auch vielfach eine gewisse Zurückhaltung am Platze. Es ist nicht von der Hand zu weisen, daß vielfach die Polen bei Deutschen, welche zuvor ihre ausländischen Arbeitskräfte schlecht behandelt hatten, dann Repressalien durchführten.“ Zeitzeugenbericht von Richard Nowak. Sandersdorf, Opf., 9. Februar 1951. BArch LAA Ostdok 2 / 174, Blatt 247f., hier Bl. 248.

450 Kulmiz, I. 2011: 00:20:56-0 – 00:21:50-0.

451 Ebd.

452 Lehmann 1991, S. 197 sowie ebd. 195 für die unterschiedliche Darstellung von Polen und westlichen Gefangenen.

Jahre alt, berichtet beispielsweise, wie der „gute Louis", ein französischer Kriegsge-
fangener, während des Trecks eine „ganze Nacht" damit beschäftigt gewesen war, den
Treckwagen der Familie mit einem Traktor einen kleinen Berg vor Wernersdorf hin-
aufzuziehen. Damit er nicht erfror, „liehen wir ihm Papas Waschbärpelz."[453]

Auch auf Lehnhaus flohen die beiden 1945 noch auf dem Hof befindlichen
Kriegsgefangenen mit dem Gutstreck.

> „Die Gefangenen wohnten im Wirtschaftsgebäude in einem Raum mit sechs Doppelbet-
> ten. Es waren in meiner Erinnerung sechs junge Männer, Hilfsgefangene, wie es damals
> hieß. Das Verhältnis zwischen ihnen und unserer Familie war so gut, dass zwei – zum
> Schluss waren es nur noch zwei – mit uns 1945 als Gespannführer nach Westen treck-
> ten. Auf dem Weg über das Riesengebirge nach Sachsen kamen uns die Russen entgegen.
> Sie nahmen uns Pferde und separierten die französischen Kriegsgefangenen. Diese durf-
> ten nicht mit uns weiterreisen, zu deren großem Bedauern. Sie trauten den Russen nicht.
> Nach Jahren meldete sich der französische Gärtner bei meiner Mutter. Gemeinsam mit
> einem anderen Gefangenen hat er uns besucht, [es besteht] also ein sehr gutes Verhältnis.
> Ein Bruder von mir hat bis heute noch Kontakt mit einem der Franzosen, der auch im
> Garten tätig war. Sie besuchen sich mindestens einmal im Jahr."[454]

Diese besondere Beziehung galt allerdings nicht in gleichem Maße für die Fremd- und
Zwangsarbeiter. Das oben geschilderte positive Narrativ für den von Debschitz'schen
Hof wurde beispielsweise schnell von einer dunkleren Erzählung überschattet, die
die Fremdarbeiter, die sich eben noch durch nichts von den anderen Landarbeitern
auf dem Gut zu unterscheiden schienen, als bedrohlich schildert.

> „Die haben bei uns auf dem Hof gelebt. Wir hatten zum Hof noch eine Ziegelei, und in
> deren Gebäude haben sie gelebt. Wir waren auch sehr zufrieden. Im Krieg ist dann bei
> uns eingebrochen worden. Mein Großvater war Jäger. Wir hatten also Jagdsachen, und
> in der großen Diele stand ein großer Jagdschrank mit Gewehr und Munition. Es hat sich
> dann rausgestellt, dass es einer der Polen war. Er wollte sich aber mit dem Einbruch nicht
> bereichern. Er ist nur eingebrochen und hat die Gewehre und die Munition mitgenom-
> men, weil er Angst hatte, wenn der Krieg gut ausginge – sie hatten ja kaum Informatio-
> nen [...] –, dass wir sie dann erschießen. Da haben sie aus Vorsicht die Gewehre mit der
> Munition mitgenommen. Das war für meine Mutter nicht ganz einfach, weil sie immer
> gedacht hat, die [Polen] würden uns erschießen, aber das haben sie nicht. Sie müssen das
> vergraben haben."
> „Wie haben Sie das dann geregelt?" (S. D.)
> „Gar nicht."
> „Das kam also auch nicht in die Öffentlichkeit, oder so was?" (S. D.)
> „Nein, nein. Aber es waren schon die Polen, weil das haben sie dann [festgestellt], die Po-
> lizei – Wir hatten auch Fußspuren, aber wir haben das nicht weiter verfolgt, weil wir uns
> einfach auf den Polen auch verlassen konnten. Er hat ja schon ein paar Jahre bei uns ge-

---

453 Wallenberg Pachaly 1984, S. 11.
454 Haugwitz, H.-W. 2013: 00:30:44-9 – 00:33:01-4. Spätere stellenweise Glättungen und kleine Ergänzungen am gesprochenen Wort. Im Kontext der Erzählung belegt der wieder bestehende heutige Kontakt zwischen der Familie und dem ehemaligen Kriegsgefangenen hier die Wahrhaftigkeit
 der geschilderten Vergangenheiterzählung.

arbeitet. Aber für meine Mutter war das nicht einfach. Sie hat sich dann im Schloss oben das Telefon hinlegen lassen, weil sie Angst hatte, dass wieder etwas passiert."[455]

Dieser Ambivalenz entsprechend, durchbricht die Zeitzeugin dann auch das Motiv der gemeinsamen Flucht, da die Fremdarbeiter in dieser Erzählung aufgrund von nicht explizierten Zwängen zurückgelassen werden:

> „Und diese Polen wollten dann mit uns fliehen, weil sie gesagt haben, wenn jetzt die Polen kommen – das war ja klar –, dann bringen sie uns um, weil wir nach Deutschland gegangen sind und dort in der Ernte geholfen haben und dadurch der Krieg länger gewesen ist. Die hatten vor ihren Landsleuten nachher Angst. Wir konnten sie aber nicht mitnehmen. Oh, das war ein Geschrei."[456]

Auch in anderen Berichten spiegeln sich – häufig eher unterschwellig – die Differenzen zwischen den Fremdarbeitern und der Gutsherrschaft. Bei der Abfahrt ihres Trecks in Lauban hielt etwa eine der Berichterstatterinnen für die Ostdokumentation 2 fest, habe man „die Traktoren stehen lassen" müssen, „weil die Fahrer (Russe u. Pole) nicht fähig waren, die Fahrzeuge weiter zu lenken", sprich sich offenbar lieber von der heranrückenden Front überrollen lassen wollten. Noch mehr Fremdarbeiter des Gutes scheinen den Treck begleitet zu haben, jedenfalls beklagt sich dieselbe Berichterstatterin darüber, dass „ein großer Teil unseres im Luftschutzkeller [in Heinrichsgrün, Sudetenland, S. D.] deponierten Gepäcks eines Nachts von Ostarbeitern des Gutes gestohlen wurde. Irgendeine polizeiliche Nachforschung unmöglich, da wir Deutschen sämtliche Waffen hatten abliefern müßen."[457]

---

455 Kulmiz, I. 2011: 00:21:55-0 – 00:23:01-8. Die Deutungsbreite des Berichts und die Unmöglichkeit, das Potential zur Überformung und Selektion von Erinnerung aufgrund einer fehlenden korrespondierenden archivalischen Überlieferung auszuloten, machen es sehr schwer, im Bericht mehr als das unterschwellige Unbehagen zu konstatieren, das die Situation auslöste.

456 Kulmiz, I. 2011: 00:20:56-0 – 00:21:50-0.

457 Erlebnisbericht Hildegard von Eggeling aus Gießmannsdorf b. Bunzlau, N/S. Escheberg, 8. März 1950. BArch LAA Ostdok 2 / 176, Blatt 8–10, hier Bl. 9.

5 „Und sie verließen das Land ihrer Väter" – Flucht und Vertreibung

5.1 Fluchtmöglichkeiten und Fluchtwege

Wie in den anderen östlichen Gebieten des Deutschen Reichs versuchten auch in Schlesien die Gauleitung und die Kreisleitungen der NSDAP, die Menschen mit Durchhalteparolen und Gewaltandrohung vor Ort zu halten. Räumungsmaßnahmen waren bei Strafandrohung untersagt.[458] Zumindest in groben Zügen kennen wir auch die Auswirkungen der Entscheidung, Räumungsmaßnahmen buchstäblich im allerletzten Moment anzuordnen.[459] Da Truppentransporte Vorrang genossen, galt zudem ein generelles Verbot, alleine zu trecken, um Chaos auf den Fluchtstraßen zu vermeiden.[460]

Obwohl manche Adelige mit den regulären Trecks der Gemeinden aufbrachen, gab es daneben vor allem die sogenannten „Guts-" oder „Dominialtrecks", die nur das Personal, die Eigentümer, kaum Vieh und einige wenige Wertgegenstände der Güter in den Westen bringen sollten. Wie für die meisten anderen Trecks gilt auch für sie, dass sie erst durch den offiziellen Befehl der Kreisleitung der NSDAP, durch einen beherzten Bürgermeister oder nach der Flucht derjenigen, die die Autorität des Regimes repräsentierten, aus der Entscheidung der Treckführer heraus möglich waren. Der Kochelsdorfer Gutstreck der Familie von Jordan (Kreis Kreuzburg, Oberschlesien) wurde zum Beispiel am 18. Januar 1945 durch Anordnung des Bürgermeisters möglich,[461] einen Tag bevor am 19. Januar 1945 die Front die alte Reichsgrenze bei Guttentag und Kreuzburg erreichte.[462]

Einige – so zumindest die Wahrnehmung im Nachhinein – waren auf diese Entwicklung in keiner Weise vorbereitet: „Alles kam ganz überraschend, und die Panik war zum Teil schrecklich", berichtet etwa Maria von Loesch, die mitten in ihrer Hochzeitsfeier den Treckbefehl erhielt, Anfang 1947 in einem Kettenbrief an ihre Schulfreundinnen.[463] Eine andere Zeitzeugin erinnert sich dagegen an Vorahnungen und eine stetig beklemmendere Atmosphäre: „Die Nachrichten von der Front klangen immer schlimmer. Das unheimliche Gefühl hatte schon im Winter angefangen bei den Nachrichten von Stalingrad. Nun folgte eins aufs andere: Anordnungen, Verbote, um Weihnachten hörten wir in der Ferne Kanonendonner."[464] Besonders in den Kreisen östlich der Oder war die Bevölkerung durch Flüchtlinge lange vor dem eigentlichen Räumungsbefehl vorgewarnt.[465]

---

458 Rogall 2006, S. 69.
459 Hofmann 2000, S. 19–21.
460 Wallenberg Pachaly 1984, S. 44.
461 Gertrud Weiß: „Bericht über meine Erlebnisse in Oberschlesien in den Jahren 1945–1947".
   Schmeilsdorf über Kulmbach, Ofr., 6. Mai 1954. BArch LAA Ostdok 2 / 224, Blatt 82–85, hier
   Bl. 82.
462 Fuchs 1994, S. 683.
463 Braun 2002, S. 61, Nr. 30: Maria von Loesch, Dahmsdorf, 23. April 1947.
464 Zeitzeugenbericht von Gabriele Freifrau v. Thüngen, (geb. Freiin von Zedlitz zu Gut Einholtz)
   1944/45. In: Zedlitz 2011, S. 33f.
465 Rogall 2006, S. 70.

Auch in Niederschlesien setzten sich zahlreiche Trecks bereits am 18. Januar in Bewegung, obwohl erst einen Tag darauf ein Räumungsbefehl des Gauleiters und Reichsverteidigungskommissars Karl Hanke erging.[466] Auch in Oberschlesien versuchte der Gauleiter und Oberpräsident Fritz Bracht Evakuierungsmaßnahmen zu unterbinden, um die kriegswichtige Produktion so lange wie möglich aufrechtzuerhalten.[467] Im Kreis Namslau erließ die Kreisleitung der NSDAP noch am Mittag des 19. Januars ein Räumungsverbot, das schließlich am Spätnachmittag vom Landrat übergangen wurde. Die in Hennersdorf lebende Schwiegermutter des Generalfeldmarschalls Erich von Manstein war von ihrem Schwiegersohn, der in Liegnitz lag, per Kurier benachrichtigt worden, dass die Front nicht zu halten sei und sie fliehen solle. Diese hatte daraufhin versucht, die Bürgermeister der Nachbargemeinden und die Führer der Schanzarbeiter vor Ort zur Evakuierung zu bewegen, was diese aufgrund des fehlenden Befehls der Partei aber abgelehnt hatten, ehe sie schließlich den Landrat erreichte, der aber schon selbst die Evakuierung angeordnet hatte. Der Hennersdorfer Gutstreck fuhr eine halbe Stunde vor dem Erscheinen der ersten sowjetischen Panzer ab.[468] Ebenfalls am 19. Januar ging Christine Gräfin von Richthofen noch ganz regulär zu einer Teegesellschaft aus Anlass des Geburtstags ihrer Mutter – und das obwohl das Familiengut Ludwigsdorf im Kreis Oels nur 30 Kilometer von der polnischen Grenze entfernt lag. „Die wenigsten glaubten ernstlich an eine Flucht, keiner wollte die Heimat freiwillig verlassen und aufgeben."[469] Auf dem Heimweg erfuhr sie davon, dass das Gut noch in der Nacht evakuiert werden sollte. Die ersten sowjetischen Truppen kamen zwei Tage darauf in Ludwigsdorf an.[470] Im niederschlesischen Goschütz erging die Treckerlaubnis erst am 20. Januar: „Also, Trecken war verboten und ziemlich tödlich das zu machen. Am 20. Januar 1945 kam die Erlaubnis, und am 21. sind die Russen gekommen."[471] Zu diesem Zeitpunkt waren bereits zwei Drittel des Kreises Kreuzburg, die Hälfte des Kreises Rosenberg und nahezu die ganzen Kreise Lublinitz und Guttentag unter Kontrolle der Roten Armee.[472] Von Rybnik bis Pless wurde eine Front bis zum 15. März 1945 gehalten, die sicherstellen sollte, dass der dahinterliegende Industrieraum Mährisch-Ostrau weiterhin mit Steinkohlen versorgt wurde.[473]

---

466 Hofmann 2000, S. 21.

467 Fuchs 1994, S. 688.

468 „Das Schicksal des Kreises Namslau aufgrund der ausgewerteten Fragebogenantworten." Hamburg, 23. Februar 1954. BArch LAA Ostdok 2 / 197, Blatt 1–6, hier Bl. 2f.; Reitzenstein, Johann Gottlieb Freiherr von: Bericht an Witzendorff-Rehdiger. Landshut, 15. November 1952. (Manuskript) BArch LAA Ostdok 2 / 232, Blatt 61–73; Anlage 3 zum Kreisbericht: Bericht des Landrats des Kreises Namslau, Heinrich. o. O. o. D. BArch LAA Ostdok 2 / 197, Blatt 14–21, hier Bl. 17.

469 Christine Gräfin von Richthofen: „Bericht über unsere Flucht aus dem Osten im Januar 45 und unsere Rückkehr nach der Heimat." BArch LAA Ostdok 2 / 199, Blatt 63–76, hier Bl. 63.

470 Ebd., Blatt 64.

471 Reichenbach, A. 2013: 00:32:12-5 – 00:34:03-5. Auch Fuchs 1994, S. 685f., führt ohne Bezug auf einen konkreten Kreis einen Räumungsbefehl vom 20. Januar an.

472 Ebd., 686.

473 Ebd., 684.

In der falschen Hoffnung, dass die Oder und die zur Festung erklärte Stadt Breslau den sowjetischen Vormarsch aufhalten würden, hatten zahlreiche Gutsbezirke und Gemeinden beschlossen, den extrem harten Januar zunächst einmal noch abzuwarten, ehe sie dann – wie das Rittergut Groß Gohlau der Familie von Roeder am 11. Februar 1945 – von der Roten Armee besetzt wurden. Die sowjetischen Soldaten internierten unter anderem den Gutsbesitzer Georg von Roeder.[474] Im Raum Breslau konnten viele Trecks ebenfalls erst ein bis zwei Tage, bevor die Stadt am 15. Februar vollständig eingeschlossen wurde, aufbrechen. In Börnchen (Bronów), im Landkreis Landeshut (bis 1932: Kreis Bolkenhain), Regierungsbezirk Liegnitz, erfuhr die Familie von Mutius durch Telefonate mit Fritz (Friedrich) Graf Schweinitz-Hausdorf in der Nacht zum 13. Februar, dass die Treckerlaubnis vom Kreisleiter erteilt worden sei. Zuvor hatten einquartierte Offiziere davon berichtet, dass Breslau ganz eingeschlossen, Oberschlesien besetzt und die Rote Armee zum Teil schon bis an die Oder vorgestoßen sei.[475] Auch das Richthofen'sche Gut Groß Rosen, Kreis Schweidnitz, brach an diesem Tag zum Treck auf.[476] Der Zeitraum von beinahe einem Monat zwischen der Eröffnung der Front bei Kreuzburg und dem Einschluss Breslaus erklärt zugleich auch, warum in den Erzählungen und Erinnerungen der Gutsbewohner die Zeit vor der Flucht wie eine endlos entschleunigte Zeit erscheint.

In der Familie von Ballestrem informierte das Familienoberhaupt seine Geschwister von der bevorstehenden Flucht und den daraus erwachsenden Notwendigkeiten:

> „[...] also zum Beispiel, als es hieß, wir werden vielleicht flüchten müssen, kam der älteste Bruder meines Vaters, und das Haus wurde versammelt. Er hielt eine Ansprache, dass er, der viele Möglichkeiten hatte [...], dafür sorgen würde, dass wir rechtzeitig da raus kämen. Und da haben die Erwachsenen geweint. Und ich dachte [als Siebenjähriger, S. D.]: ‚Also, ich hab' gehört, dass der was irre Gutes für uns tun würde, und da weinen die Erwachsenen, also muss es was Schlechtes sein.‘ Das hab' ich dann nachher versucht zu klären, und da wurde mir gesagt: ‚Man kann auch aus Freude weinen.‘"[477]

Dass eine Flucht notwendig war, kündigte sich dabei zum Teil schon länger an, und gerade die Schlösser und Gutshäuser leisteten hier eine wichtige Auffangfunktion, boten sie doch Raum und Nahrungsmittel für Flüchtlinge und Soldaten:

> „Die Mutter musste mit den ganzen rückflüchtenden Wehrmachtsteilen, die durch Nieder Buchwald kamen und einquartiert wurden, und mit den ganzen Flüchtlingen, die sonst das Schloss stürmten, um überhaupt eine Unterkunft zu finden, zurechtkommen. Sie hat mir mal erzählt, dass es zeitweise so war, dass sie sich ein einzelnes Zimmer – ihr Schlafzimmer – reserviert hat. Das ganze Schloss war sonst voll belegt. Um in ihr Schlafzimmer zu kommen, hat sie zum Teil nicht mal mehr einen Platz gefunden, wo sie auftreten konnte. Sie musste auf die Leute treten, um in ihr Schlafzimmer zu kommen – so voll war das

---

474 Schutte 2013, S. 58f. und 63.
475 Mutius 2009, S. 6f., Skizze aus Anlass des 16. Jahrestags der Flucht aus Börnchen am 13. Februar 1945.
476 Antrag auf Feststellung von Vertreibungsschäden der Gertrud Freifrau von Richthofen. Detmold, 10. Juni 1953. BArch LAA ZLA 1 5 607 434, Blatt 4r–6v.
477 Ballestrem, G. 2012: 00:24:19-0 – 00:27:26-3.

ganze Haus. Es wurde alles aus Küchen und Kellern – was man noch hatte – verwendet, um die Leute zu ernähren und zu versorgen."[478]

Dessen ungeachtet hatten viele der Häuser bereits seit Beginn des Bombenkriegs in West- und Mitteldeutschland zahlreiche Evakuierungen aufgenommen. Auf den gräflich von Althann'schen Gütern war zum Beispiel 1942 ein Altersheim von Kölner Franziskanerinnen untergebracht. Die rheinischen Schwestern seien auch geblieben, nachdem das Altersheim nach Bayern weiterverlegt worden sei, berichtete der ehemalige Gutsinspektor von Mittelwalde an seine Herrschaft. Die Räume hätten sich nun schnell mit sudetendeutschen und schlesischen Flüchtlingen gefüllt, sodass das „Schloß bald [...] voll" gewesen sei.[479]

Auf dem Gut Börnchen der Familie von Mutius trafen „erste Sturmvögel von der östlichen Grenze Schlesiens her" ein, darunter eine ehemalige Hauslehrerin und deren Bekannte „und dann Tag für Tag Treck auf Treck". Die Börnchener lagerten sie in der oberen Halle ein und „kochten Suppe und Kaffee in unendlichen Mengen".[480] Noch trug die Hoffnung, dass die Front vielleicht halten würde, die von der Propaganda weiter angefacht wurde. „Alle Trecks sagten beim Weiterziehen, ,wir wünschen Ihnen, dass sie nicht auch fort müssen'. Und noch hofften wir ja, noch war der Zugang nach Breslau offen, obwohl der Russe von den meisten Seiten bis dicht davor stand." Als die Front bis auf 18 Kilometer an das Gut herangerückt und der Geschützdonner zu hören war, beschlossen nach Telefonaten mit Friedrich Graf von Schweinitz auf Hausdorf, der begonnen hatte für den Treck zu richten, auch die Bewohner von Börnchen, zwei gummibereifte Planwagen zu befüllen. Neben Lebensmitteln, in denen sich die viel bessere Versorgungslage der Gutsherren gegenüber der Stadtbevölkerung zeigt („Speck, Wurst, Mehl, Graupen, Zucker, Schmalz, alles durch sorgsamste Einteilung bevorratet"),[481] mussten die Hausbewohner entscheiden, ob und welche Wertgegenstände sie mit auf die Flucht nehmen wollten.

> „Den Schmuck? Wobei ich nicht einmal an Mutters Sachen und der Kinder Tauf- und Patengeschenke dachte. Man ahnte ja nicht, welcher Zukunft man entgegenging. Man musste ja doch Haus und Hof im Stich lassen. Was sollte einem dieses oder jenes Stück noch? Ich nahm mein kleines Neues Testament mit, die Briefe von den Kindern, Fotos von ihnen".[482]

Die unterschiedlichen Abstände zwischen Treckzeitpunkt und dem Heranrücken der Front ließen einigen mehr Zeit für Vorbereitungen als anderen.

> „Es gab den Weggang aus Plawniowitz, was ja sehr viel weiter im Osten war, und der war ja sehr abrupt. Eher wie eine Abreise mit einem Koffer in der Hand. [...] Da sind sie dann

---

478 Stillfried und Rattonitz, N. 2012: 00:07:18-6 – 00:10:00-7.
479 Erinnerungsbericht des ehemaligen Gutsinspektors Alfred Hitze für die Grafen Althann, mehrere gräfliche Unternehmen sowie Hitzesche Verwandte und Freunde. Rheydt-Oberkirchen, November 1950. BArch. LAA Ostdok 2 / 187, Blatt 71–88, hier Bl. 74.
480 Mutius 2009, S. 4, Skizze aus Anlass des 16. Jahrestags der Flucht aus Börnchen am 13. Februar 1945.
481 Ebd., S. 5.
482 Ebd., S. 6.

– im Gegensatz zu meiner Großmutter, die mit der Bahn abgereist ist und halt das mitgenommen hat, was man in der Bahn so mitnehmen kann – aus den westlicheren Teilen, zum Beispiel aus Obergläsersdorf oder aus anderen Schlössern mit einem Treck abgereist und haben da durchaus dann schon Sachen mitgenommen, wie zum Beispiel Silberbesteck oder so etwas."[483]

Die Ludwigsdorfer Familie von Richthofen (Kreis Oels) brach in der Nacht vom 19. auf den 20. Januar ebenfalls von jetzt auf gleich auf.

> „Nachts um 12 Uhr wurde Alarm geblasen und der Abmarschbefehl bekannt gegeben. Die Kinder lagen ahnungslos in ihren Bettchen, und ich durchlebte furchtbare Stunden. Es war unwiderrufliche Tatsache geworden, dass ich unser Heim und die Heimat verlassen sollte. Ich rannte von einem Zimmer ins andre, nahm von allen Dingen Abschied und weinte bitterlich."[484]

Immerhin gelang der Familie, was aufgrund der Rationierungen und Beschlagnahmen zu Wehrzwecken sonst kaum einem Flüchtling möglich war: sie verfügte über Benzin und bekam ihr Automobil in Schuss, nachdem dieses zuvor ein halbes Jahr stillgelegen hatte.[485]

Auf Silbitz hielten die Familien von Stillfried und von Matuschka verdeckt einen Treckwagen über mehrere Tage in einer Scheune bereit, bis Bürgermeister und Ortsgruppenführer geflohen waren.

> „Man musste abwarten, bis also die Erlaubnis erteilt wurde oder bis der Ortsgruppenleiter selbst verschwunden war. Da waren also entsprechende Informationen: ‚der ist jetzt weg', und dann wurde eben eines Nachts dieser Planwagen aus der Scheune gezogen, beladen mit vor allen Dingen Bettzeug, warmen Sachen und einer Kiste mit ein paar Kostbarkeiten, aber nicht viel, denn die eigentlichen Kostbarkeiten waren ja vergraben worden, weil man dachte, unterwegs wird man ausgeplündert und dann ist es eh verloren."[486]

Die Grafen Reichenbach in Schlesien traf es am 20. Januar dagegen kaum vorbereitet,

> „weil keinerlei Organisationszeit vorher möglich gewesen ist, das ist sozusagen eine Zwei-Stunden-Entscheidung gewesen. Meine Großmutter hatte [zuvor schon] ein paar Kisten gepackt – das war alles lebensgefährlich, das muss man einfach wissen. Und da etliche Angehörige am 20. Juli beteiligt gewesen waren, war es sowieso schon gar nicht möglich, dass man irgendwie sich herausbewegt. Meine Urgroßmutter war eine Dohna. Ein Onkel Dohna ist hingerichtet worden, nach dem 20. Juli. Scheliha war ein befreundeter Nachbar von uns. In Zessel lebend, das ist vorher ein reichenbacherischer Betrieb gewesen. Die engere und weitere Familie war mit Moltkes befreundet. Da war überhaupt kein Freiraum, sich irgendwie aus dem Fenster zu lehnen, weil es genug Nazis gegeben hat, die dafür gesorgt hätten, dass man gleich an die nächste Wand gestellt worden wäre. […] Vorbereitungen konnte man, wenn, nur im Allergeheimsten treffen, und dann kam es wie's kam."[487]

483 Ballestrem, N. 2010a: 01:09:59-2 – 01:11:39-1.
484 Christine Gräfin von Richthofen: „Bericht über unsere Flucht aus dem Osten im Januar 45 und unsere Rückkehr nach der Heimat." BArch LAA Ostdok 2 / 199, Blatt 63–76, hier Bl. 63.
485 Ebd.
486 Matuschka, M. 2013: 00:53:17-0 – 01:00:47-4.
487 Reichenbach, A. 2013: 00:34:55-4 – 00:38:23-6; Rudolf von Scheliha war Dissident und Wider-

Gänzlich unbegründet waren derartige Ängste, die sich zum Teil gerade auch auf die im Bereich des Schlosses einquartierten Wehrmachtsteile erstreckten, nicht. Das NS-Regime hatte im Zuge der Etablierung des Führerkults nicht nur neuaristokratische Vorstellungen gefördert, sondern stellenweise auch ein durchaus klassenkämpferisches Pathos gegenüber dem Adel verfolgt, das sich etwa noch in den letzten Kriegstagen im oberschlesischen Pless manifestierte. Der letzte Eintrag, den Wehrmachtsangehörige im Gästebuch des Schlosses zurückließen, war ein Schwur der „treuen Soldaten" auf den „geliebten Führer", der offenbar zugleich auch eine symbolische Reaktion auf den Eindruck war, den das umgebende Schloss hinterließ. „Keine Riviera und kein Erholungsort!!", die es für sie erst „nach dem Sieg" gebe, verkündete der Eintrag. Einerseits sollte dies vielleicht die Leidensbereitschaft und hohe Moral der kleinen Truppe unterstreichen, andererseits kann es aber auch als eine Spekulation über den Aufenthalt der abwesenden Eigentümer gelesen werden.[488] Denn, so verkündet der Eintrag weiter, die Anwesenden seien „*keine Fürsten*, und *keine Barone*", sondern „nur einfache, schlichte [unleserlich, S. D.] Soldaten unseres heiß geliebten Führers, mit ihm zum Sieg!". Der Eintrag schloss mit der rhetorischen Frage: „Wo sind denn die ‚Herren Fürsten'? jetzt [sic] in dieser Stunde (6/2 45.), wo reihen sie sich ein? Wir kämpfen *nicht* für sie, aber für unseren Führer". Dieser Ton fand übrigens die ironische Billigung der nachrückenden Rotarmisten, die offenbar nicht nur den deutschen Eintrag lesen konnten, sondern das Gästebuch auch bewahrten. Sie fügten ihm nämlich einen weiteren Eintrag hinzu, nach dem auch sie weder Fürsten noch Barone seien noch einen Führer hätten, aber jetzt weiter in Richtung Westen marschierten.[489]

Viele der Fliehenden konnten sich zunächst kaum vorstellen, dass es ein Abschied für immer werden würde. Sie hofften, nach kürzerer oder etwas längerer Zeit im Zuge eines Friedensschlusses wieder zurückkehren zu können, auch wenn dies bedeutete, eventuell für die polnische Staatsbürgerschaft optieren zu müssen, wie dies einige Familien mit Gütern in Ost-Oberschlesien ja bereits nach dem Ersten Weltkrieg getan hatten, und sich dann an den Wiederaufbau machen zu können. Deshalb versteckten viele wie die Familie von Haugwitz in Lehnhaus (Kreis Löwenberg) ihre Wertsachen vor Ort:

> „Im Schloss gab es einen sehr schönen Keller, eine Art kleinen, ganz kurzen Gang. Ich weiß nicht, wozu er da war, jedenfalls haben wir dort alle unsere Sachen reingestellt und es so zugemauert, dass man nicht sehen konnte, dass sich da ein Leerraum dahinter verbarg."[490]

---

standskämpfer. Im Zuge des Vorgehens gegen die „Rote Kapelle" wurde auch er verhaftet und am 22. Dezember 1942 in Berlin-Plötzensee ermordet. Zur Person von Schelihas: Sahm 1990.

488 Der Umstand, dass der damalige Fürst von Pless als polnischer Staatsbürger im Exil bereits 1939 enteignet worden war, scheint den Verfassern nicht bekannt gewesen zu sein.

489 Eintrag von Wehrmachtsangehörigen ins Erinnerungsbuch des Schlosses Pless, Pless, 6. Februar 1945, und Eintrag von Angehörigen der sowjetischen Streitkräfte, Pless, 17. Februar 1945. Beide Einträge in Reproduktion in Orlik 2012, S. 97f. Hervorhebungen im Original durch einfache („Fürsten", „Barone"), sonst doppelte Unterstreichung.

490 Haugwitz, H.-W. 2013: 00:33:17-9 – 00:37:20-9.

„Wir haben aber sozusagen den Kücheneingang benutzt. Wenn man aus diesem Eingang herausgehen wollte, war vor der Tür, natürlich innerhalb des Hauses, der Abgang zum Keller. Gleich links im Keller, wo oben ein Regal für Gießkannen war, hat mein Vater drunter das wertvolle Gut, was man nicht mitnehmen konnte [...], Silber und – ich weiß nicht, ob auch mehr tolles Porzellan, kann ich nicht sagen – aber hauptsächlich eben Silber vergraben lassen. Er hat das wohl nicht selber nachts heimlich gemacht, hat durch die Angestellten, durch die Arbeiter vom Hof, vielleicht den Kutscher – also Personen, von denen man nie im Leben geglaubt hätte, dass die es vielleicht ausgraben würden (vielleicht haben sie es ausgegraben, ich weiß es nicht) – vergraben.“[491]

„In dem Haus in Kauffung wurden im Januar 1945 im Erdgeschoss die Böden aufgerissen. Dieses Schloss ist von meinem Urgroßvater Korn gekauft und renoviert worden im Stil der deutschen Renaissance und steht auf Kellern mit großem Gewölbe. Da hat man also die Böden aufgerissen und hat in die Hohlräume der Gewölbe, die sich über den Bögen ergeben, Dinge reingepackt, die man für den Alltag brauchte, wenn man nach einem halben Jahr in ein devastiertes Schloss zurückkehrt. Fahrpelze, Silber, Tischdecken, Bettwäsche, Dinge des täglichen Gebrauches, Dokumente, all solche Dinge. Nicht unter dem Gesichtspunkt, Werte zu verstecken, sondern unter dem Gesichtspunkt, man kommt in ein kaputtes und leer geräumtes Haus und muss wieder neu anfangen – im Januar ’45, in einer Situation, die an Kriegsgeschehen und auch selbst dort schon durchsickernden Informationen ihnen dramatisch genug war. Aber die Idee, länger als ein Vierteljahr weg zu müssen, bis sich die Dinge beruhigt haben, selbst wenn man im Lande überrollt wurde, war unvorstellbar.“[492]

Anders als in anderen Gebieten im Osten Preußens, wie etwa Pommern, scheint es in Schlesien kaum gemeinsame Trecks ganzer Dörfer geschlossen mit ihren ehemaligen Herrschaften gegeben zu haben. Aus Gießmannsdorf (Gościszów) bei Bunzlau (Bolesławiec) in Niederschlesien brachen am 20. Januar 1945 etwa drei Trecks auf: Zwei Trecks der Gemeinde und ein Treck des Dominiums. Der Gutstreck alleine bestand aus 130 Personen, 23 Pferden und 10 Wagen, geführt vom Inspektor auf einem Motorrad und zunächst begleitet von landwirtschaftlichem Gerät wie Traktoren.[493] Selbst wenn Guts- und Dorftreck gemeinsam aufbrachen, trennten sie sich zumeist in der späteren Sowjetischen Besatzungszone oder der Tschechoslowakei. In einigen Fällen kehrten Wagen aus beiden Trecks gemeinsam zurück. In Goschütz etwa war es ein Treck allenfalls

„des Dominiums. Ich glaube, das war eine wilde Flucht. Es gab einen Tag, bis die Russen kamen. Es sind nur wenige mitgekommen nach Woltersteich [dem Ziel der Grafen Reichenbach in Schleswig-Holstein, S. D.]. Also anders, als es in der Familie meiner Mutter gewesen ist, die ein gesamtes Dorf in Hinterpommern von Beßwitz [Biesowice] aus nach Pattensen bei Hannover weggebracht haben. Da sind fast 300 Leute zusammengekommen, viele sind auch heute noch da.“[494]

---

491 Ballestrem, G. 2012: 03:20:16-4 – 03:23:05-7. Vergrabenes Silber in einer Eisenkiste ebenfalls bei Christine Gräfin von Richthofen: „Bericht über unsere Flucht aus dem Osten im Januar 45 und unsere Rückkehr nach der Heimat.“ BArch LAA Ostdok 2 / 199, Blatt 63–76, hier Bl. 63.

492 Seherr-Thoß, E.: 01:43:12-1 – 01:47:00-9.

493 Erlebnisbericht Hildegard von Eggeling aus Gießmannsdorf b. Bunzlau, N/S. Escheberg, 8. März 1950. BArch LAA Ostdok 2 / 176, Blatt 8–10, hier Bl. 8.

494 Reichenbach, A. 2013: 00:34:55-4 – 00:38:23-6.

Dass aber, wie im Fall der Grafen von Reichenbach, die ehemalige Herrschaft quasi die Umsiedlung eines ganzen Dorfes auf einen Besitz weiter im Westen organisierte, war für schlesische Verhältnisse kaum denkbar und ist so auch nicht belegt.

Wo es aufgrund der noch fehlenden Treckbefehle oder fehlender materieller Voraussetzungen nicht möglich war, einen Treck zusammenzustellen, unternahmen Eltern – und angesichts der Abwesenheit der Väter hier vor allem die Mütter – alles, um wenigstens die Kinder in Sicherheit zu bringen. Wo immer irgend möglich, waren vor allem Mütter und Kinder bereits mit der Bahn vorausgeschickt worden.[495] Da durch die Anordnungen des NS-Staates an eine organisierte Flucht nicht zu denken war, mussten Ausflüchte gefunden werden – etwa Verwandtenbesuche im Westen, ausgedehnte Ferienaufenthalte oder bevorstehende Einschulungen auf Internaten –, die die Ab- beziehungsweise Anwesenheit plausibel machten.

In der Familie von Schweinitz auf Krain fuhren die Kinder mit einer in Berlin ansässigen Tante, die mit ihren Kindern eigentlich vor dem Bombenkrieg aufs Land geflohen war, zurück in die Hauptstadt. „Die hat dann gesagt: ‚Ja, dann nehme ich auch drei Kinder' – also mich und meine beiden kleineren Schwestern – ‚mit zu Besuch. Da könntet ihr mich in Berlin besuchen.' Das ließ sich also in dieser Form nur einigermaßen drehen, und wir sind dann auch heil nach Berlin gekommen".[496] Von dort fuhr dann am folgenden Tag die Tante mit allen Kindern nach Mecklenburg zu Verwandten, wo sie eine Zeitlang zur Schule gingen, ehe sich eine Mitfahrgelegenheit im Auto nach Holstein fand, „zu Leuten, die wir eigentlich bis dahin gar nicht kannten."[497] Die Familie der Grafen von Stillfried-Silbitz, zu diesem Zeitpunkt auf Gut Buchwald, vereinbarte Anfang Februar 1945, dass eine Funkeinheit der Wehrmacht die Kinder mitnehmen sollte.

> „Gleichzeitig waren verschiedene Einheiten immer wieder einquartiert, insbesondere auch Funkeinheiten, und mit solch einer Funkeinheit, für die sie [die Mutter Veronika Gräfin von Stillfried, geb. Comtesse von Rechberg] ja auch gesorgt hatte – also mit der Ernährung und allem – hat sie vereinbart, dass, wenn die Front anrückt und die Funkeinheit abziehen muss, dass sie dann die Kinder mitnehmen."[498]

Die Einheit habe dann, erinnert sich Norbert Graf Stillfried, abziehen wollen, ohne sich an dieses Versprechen zu halten, sei aber von einer resoluten Gutssekretärin daran gehindert worden:

> „Die Front kam also schon deutlich näher. Der großväterliche Besitz in Silbitz war schon eingenommen, und die dortige Gutssekretärin, eine Frau Kowolik, die sowohl Polnisch wie Deutsch fließend sprach, hat sich nach Buchwald durchgeschlagen. Ich muss dazu sagen, Silbitz liegt im Südwesten von Breslau, und Buchwald liegt in der Nähe von Sagan, also im Nordwesten von Breslau. Diese Gutssekretärin – eine sehr mutige Frau – hat in Buchwald mit die Verwaltung übernommen und hat gemerkt, dass in einer Nacht die Funkeinheit abzieht. Alles wurde auf Lastwagen aufgeladen. Auch die ganzen Funkhelfe-

495 Weiß: Bericht 1954. BArch LAA Ostdok 2 / 224, Blatt 82–85, hier Bl. 82.
496 Schweinitz, H. C. 2011: 00:26:49-5 – 00:28:41-0.
497 Schweinitz, H. C. 2011: 00:26:49-5 – 00:28:41-0.
498 Stillfried und Rattonitz, N. 2012: 00:07:18-6 – 00:10:00-7.

rinnen sollten hinten auf die offenen Lastwagen, bei einer Eiseskälte von etwa minus 15
Grad, so wurde mir erzählt. Sie wären wahrscheinlich alle erfroren. Als sie abfahren wollten, hat diese Gutssekretärin mit ihrer Pistole den Offizier gestellt und hat ihn festgehalten – also hat Kopf und Kragen riskiert. Sie hätte ja standrechtlich erschossen werden können. Dann wurde meine Mutter alarmiert und kam herunter. Sie hat versucht, in dieser
Situation zu vermitteln, und hat dem Offizier gesagt: ‚Sie haben mir das Ehrenwort gegeben und das Ehrenwort eines deutschen Offiziers sollte gelten, auch wenn es nicht den
Dienstvorschriften entspricht, dass sie meine Kinder mitnehmen.‘ Das hat dann tatsächlich dazu geführt, dass wir dann aus den Betten geholt und mit Matratzen und Plumeaus
und allem Möglichen auf diese Lastwagen verladen werden sollten. Diese hatten Gestelle
für Planen, aber keine Planen drauf. Meine Mutter hat angeordnet, dass diese Gestelle mit
allen möglichen Wolldecken – was eben im Haus zu finden war – überzogen wurden, damit nicht alle Leute hinten drauf erfrieren. Das war für die Wehrmachtsleute natürlich irgendwie ein furchtbares Aussehen [lacht], entsprach nicht dem Stil eines Militärs, aber es
hat letztlich den Funkhelferinnen – und uns auch – das Leben gerettet. Es wurden dann
also die ganzen Funkgeräte hintendrauf gestellt, außen an der Ladepritsche entlang und
in der Mitte blieb ein kleiner freier Raum. Da wurden wir Kinder versteckt, unter vielen
Decken, und auf diese Weise wurden wir und unsere Kinderschwester und eine Bekannte,
eine Freundin der Familie, dann Richtung Dresden geschafft, irgendwo auf die Bahn und
dann nach Dresden."[499]

Es war in gewissem Sinn tatsächlich „die Stunde der Frauen"[500] – resoluter Gutsse-
kretärinnen etwa, die nicht davor zurückschreckten, zur Waffe zu greifen, adeliger
Damen, die – in den Begriffen der Zeit – nun das Dominium repäsentierten, das
zwar seine herkömmliche soziale Ordnungsfunktion verloren hatte, aber nun im Zusammenbruch der nationalsozialistischen Ordnung von neuem die „Führung" seiner „Gefolgschaft" übernahm[501] – sie alle bevölkern die Fluchtgeschichten. Albrecht
Lehmann sieht darin das Gegenstück zu den männlichen „Kriegserzählungen".[502]

   In der sich spürbar verschlechternden Situation des Spätjahrs 1944 wurden alle Ressourcen mobilisiert, deren man habhaft werden konnte. Adeligen half nun in
vielen Fällen der Offiziersrang. Der neuangetraute Ehemann von Maria von Loesch
etwa war Kommandant des Generalstabs in Stettin. Getraut am Tag der Flucht aus
Schlesien – und „unter dem Feuer der Russen", so die Stilisierung –, trat das Paar
seine Hochzeitsreise an den Dienstort des Mannes an. Schon nach vierzehn Tagen
schickte ihr Mann seine Frau, deren Cousine und vier Hunde per Wagen auf das
Gut eines weiteren Cousins bei Hannover. Maria von Loesch kehrte allerdings noch

---

499 Stillfried und Rattonitz, N. 2012: 00:10:02-1 – 00:17:15-6.
500 Krockow 1988. Vgl. auch: Sauermann 2001, passim.
501 Die Begriffe „Führung" und „Gefolgschaft" kehren in zahlreichen Zeitzeugenberichten noch Mitte
     und Ende der 1950er Jahre wieder, die für die Ostdokumentation gesammelt wurden (starken Ge-
     brauch des Topos macht etwa der Bericht von Joachim von Prittwitz und Gaffron über Sitzmann-
     sdorf, Kreis Ohlau. Barch LAA Ostdok 2 / 200, Blatt 153); sie zeigen die sprachliche Persistenz des
     von den Nationalsozialisten geförderten Konzeptpaares, in dem sich adelige Führungsansprüche
     mit der Ideologie der neuen Rechten vereinen konnten. Vgl. Malinowski 2003a, S. 488–492.
502 Lehmann 1991, S. 191 und 213 sowie Lehmann 1983, S. 26 zu geschlechterdifferenziert unter-
     schiedlichen Erlebnisräumen.

mehrmals ins evakuierte Stettin zurück und verbrachte 14 Tage mit ihrem Mann im „einzige[n] Zivilhaus, das Gas und Licht hatte und Wärme". Von dort reiste sie zu einer ihrer Cousinen nach Mecklenburg, wo sie – mit einer kurzen Unterbrechung, in der sie erneut ihren Mann im evakuierten Gebiet besuchte, der ihr dazu seinen „Burschen" geschickt hatte – bis zum April 1945 lebte. Mit der Ankunft der Roten Armee in Mecklenburg floh sie mit der Familie ihrer Cousine nach Holstein weiter. Ihrem Mann gelang es offenbar, einen LKW zu organisieren, der die Habe des Paares evakuieren sollte, allerdings unterwegs in Brand geschossen wurde.[503]

Wolfgang von Websky, zu diesem Zeitpunkt Offizier an der Westfront, beantragte seine Versetzung in die Heimat und wurde in der Tat als Stadtkommandant von Schweidnitz eingeteilt. Durch die Möglichkeiten, die sich ihm hier boten, gelang es, zumindest Frau und Kinder in einem nach Westen gehenden Truppentransport unterzubringen.

> „Er hatte sich, wie gesagt, im Februar 1945 quer durch Deutschland nach Schweidnitz versetzen lassen. Natürlich mit dem Ziel, dort seine Familie rauszuholen, und er hat tatsächlich auch seine schützende Hand über uns gehalten in dem Moment, als wir etwa am 10. oder 12. Februar in Schweidnitz diesen letzten Rot-Kreuz-Zug bestiegen. Daran habe ich auch noch eine gewisse Erinnerung, dass mein Vater auf dem Bahnsteig zurückblieb und wir in einem Abteil mit den ganzen Soldaten dort Platz nahmen, wobei nur meine Mutter einen Sitzplatz hatte, und wir drei Kinder mussten irgendwo stehen oder uns auf die Erde setzen. Und dann fuhr der Zug los, und es begann das Flüchtlingsdasein. [Er hat dies allerdings mit fünf Jahren russischer Kriegsgefangenschaft bezahlt.]"[504]

Das einzige bewegliche Kapital, das die Flüchtlinge mit sich nehmen konnten, war in der Landwirtschaft das Vieh, sodass es zahlreiche Versuche gab, wenigstens einen Teil des Viehbestandes in den Westen zu treiben. In Rogau-Rosenau (Landkreis Schweidnitz) hatte das Dominium (Graf Pückler-Schedlau O/S) bereits einen Tag vor der Abreise des Dorftrecks „seine hundert Stück Rinder und Jungvieh schon abgetrieben."[505] Viele oberschlesische Herden waren zunächst nach Niederschlesien abgetrieben worden; „die ganze Gegend", erinnert sich ein Inspektor, „strotzte vor Vieh und Pferden". Die Herden brachten allerdings die Maul- und Klauenseuche mit sich.[506] Während zahlreiche dieser Versuche scheiterten – etwa weil Rinder die Strapazen des Triebs nicht aushielten und schon nach kurzer Zeit lahmten – gelang es Flüchtlingen in einigen Fällen tatsächlich, mit einem Großteil der Tiere die amerikanische Besatzungszone zu erreichen.

> „Meine Mutter ist aus Schlesien, aus der Nähe von Bunzlau losgetreckt, mit 500 Schafen. Diese Schafe hat sie ohne große Verluste bis nach Oberau in der Nähe von Staffelstein ge-

---

503 Braun 2002, S. 61f., Nr. 30: Maria von Loesch, Dahmsdorf, 23. April 1947.

504 Websky, M. 2013: 00:26:59-9 – 00:31:41-8, in Klammern Ergänzung zum gesprochenen Wort.

505 Walter, Gerhard: „Die Zobtenlandschaft – das Herz von Schlesien". BArch. LAA Ostdok 2 / 174, Blatt 91–156, hier Bl. 95. Die Zuordnung zu den Grafen Pückler anhand des Schlesischen Güteradressbuchs 1937, S. 29.

506 Erinnerungsbericht des ehemaligen Gutsinspektors Alfred Hitze für die Grafen Althann, mehrere gräfliche Unternehmen sowie Hitzesche Verwandte und Freunde. Rheydt-Oberkirchen, November 1950. BArch. LAA Ostdok 2 / 187, Blatt 71–88.

bracht. Und das war eine Gegend, wo sowjetische und amerikanische Besatzungszone sich unmittelbar berührten und es da auch immer wieder Grenzverschiebungen gab und ohne dass die Schafe sich über Nacht bewegt hatten, waren sie plötzlich nicht mehr in der amerikanischen, sondern in der sowjetischen Besatzungszone. Und da halfen alle Bestechungen, die meine Mutter mit den Soldaten der Roten Armee versuchte, nichts mehr – die Schafe waren weg, denn sie waren ja auch schließlich ein guter Fundus, um ihn aufzuessen. Von daher standen meine Eltern in dem Moment wirklich mittellos da."[507]

Viele adelige Flüchtlinge berichten davon, dass sie von Schloss zu Schloss beziehungsweise Gutshof getreckt sind. Dies funktionierte besonders dann, wenn der Gutsreck nur sehr klein war und deshalb besser beherbergt werden konnte als die umfangreicheren Flüchtlingstrecks. Im Fall der Familie von Debschitz bestand er etwa aus nur zwei Wagen, „und dadurch ist meine Mutter immer auf den adligen Höfen [untergekommen] – in Schlesien hatte fast jedes Dorf ein Schloss. Und die haben uns immer herzlich aufgenommen."[508]

> „Mein Vater erzählt, dass die Idee, sozusagen von Schloss zu Schloss [zu trecken], um da Unterkunft zu haben, sich nicht so durchführen ließ – aus ganz unterschiedlichen Gründen. Die empörendsten Gründe, nachträglich, waren – es waren ja also auch für uns fremde Schlossbesitzer. Man sagt immer, der Adel ist alles verwandt, stimmt natürlich nicht, auch besonders im Schlesischen, wo ja die Konfessionen sehr getrennt waren. Also diese evangelischen Schlossbesitzer, mit denen war man nicht verwandt, hat man ja auch keine gesellschaftlichen – dass also die Schlossbesitzerinnen, meistens, sagten: ‚Graf Ballestrem, tut uns furchtbar leid, wir haben kein Personal mehr.' Das war also zum Beispiel ein häufiger Grund, weshalb man nicht aufgenommen wurde und weshalb mein Vater sagte: ‚Bei Bauern bin ich besser untergekommen als unter den Adeligen.' Was auch nicht stimmte – manche waren rührend und sind also echt zusammengerückt und so weiter."[509]

In vielen Fällen waren nicht Gebiete der späteren Bundesrepublik, sondern Thüringen und Sachsen das nächstliegende Ziel für die Flüchtlinge. Dies galt besonders auch deshalb, weil sich nach einiger Zeit abzuzeichnen begann, dass diese Gebiete von den Westalliierten besetzt werden würden.

> „Aber diese Leute, die Flüchtlinge und die Offiziere, mit denen die Mütter [in Neisse, S. D.] sprachen, sagten: ‚Um Gottes willen – bleiben Sie nicht hier, die Russen sind auf dem Vormarsch und die kommen auch hierher und die ziehen noch weiter, das ist eine Sache von Tagen, fahren Sie weiter.' Daraufhin hat meine Mutter mit ihrem Vater telefoniert und gesagt: ‚Lieber Vatel', so wurde er auf gut Schlesisch genannt, ‚gibst du uns den Trecker noch zur Weiterfahrt? Wir müssen weiterziehen.' [...] Und dann wurde wieder telefoniert, und dann besann meine Mutter sich darauf, dass eine Gräfin Münster, geborene Richthofen, eine Schlesierin, in der Nähe von Dresden auf einem Schloss saß mit ihrem Mann, dem Grafen Alexander Münster. Da wurde angerufen, dann hieß es: „Ja wir haben das Haus zwar schon ziemlich voll, aber kommt natürlich, kommt!' [...] Und das war dann unser nächster Aufenthalt von Januar bis die Amerikaner kamen."[510]

---

507 Uechtritz, H. 2012: 00:08:38-6 – 00:11:27-5.
508 Kulmiz, I. 2011: 00:45:55-7 – 00:47:01-6.
509 Ballestrem G. 2012: 00:43:24-7 – 00:44:43-4.
510 Matuschka, M. 2013: 00:53:17-0 – 01:00:47-4.

Mit dem Wechsel der Besatzungsverwaltung in Thüringen fanden sich von einem Tag auf den anderen plötzlich viele Adelige, die zuvor gehofft hatten, bei Verwandten in Thüringen in Sicherheit zu sein, auf der sowjetischen Seite der Grenze wieder, wenn ihnen nicht Briten und Amerikaner vorab Hinweise auf den bevorstehenden Abzug gegeben hatten, sodass sie sogar mit der Überführung von Besitz in den Westen beginnen und auch sich selbst rechtzeitig in Sicherheit bringen konnten.

> „Und noch schlimmer wurde es dann, als die russische Zone aufmachte, das war am 1. Juli [1945, S. D.] sowas, da rückten ja die Russen ein in die Teile der späteren DDR, die von den Amerikanern besetzt worden waren. Also die beiden Schlösser Wildprechtroda und Dietlas der Familie Butler, die wechselten jetzt von der amerikanischen Zone zur russischen. Und wie man das vorher spitz bekam, da hat man nachts Transporte gemacht, also mein Vater war ja im Juni schon in Heldritt [an der bayerisch-thüringischen Grenze, S. D.]. Der ist dann mit anderen zusammen nachts mit dem Pferdewagen nach Dietlas gefahren und hat da Möbel eingepackt. Mein Vater sprach sehr gut Englisch, weil er neun Monate in London gewesen war, und konnte dann mit den Posten – er wurde ja dauernd kontrolliert – Gespräche führen und denen irgendwie klar machen, dass das jetzt von A nach B geschafft werden musste. Das war ja eigentlich sonst gar nicht möglich, aber da das alles noch amerikanische Zone war, ging das."[511]

Auch wenn die Flüchtlinge eine der westlichen Zonen erreicht hatten, hinterließen die Nachwirkungen der Strapazen des Trecks tiefe Spuren. In einigen Fällen gab es noch einige Jahre später Todesfälle: „Und mein Bruder Karl-Wolfgang ist '47 verstorben, auf dem Abspann noch. Sehr schwer mit einer Tetanusinfektion, die er sich wahrscheinlich bei seinen Pferden geholt hat."[512]

5.2 Zurückbleiben und Umkehren

Wie andere Teile der schlesischen Bevölkerung auch floh ein Teil des schlesischen Adels zunächst nicht allzu weit. Die Familie von Aulock-Althammer blieb etwa bis zum 17. März 1945 in der Gegend von Neisse und bewegte sich dann noch immer mit dem größten Teil ihrer Habe nach Hinterhaid (Zadní Bor) am Andreasberg in Böhmen. Aus dem amerikanisch besetzten Gebiet begaben sie sich dann jedoch zurück nach Schlesien, nachdem „durch Rundfunk bekannt gegeben" worden war, dass „die Schlesier unter Zusicherung von 100-prozentigem Geleitschutz der Russen und Tschechen zur Frühjahrsbestellung in die Heimat zurückfahren sollten".[513] Einige, wie Woldemar Graf von Pfeil, treckten mit ihrer Familie dorthin, wo sie sich mit der Umgebung verbunden fühlten, nämlich in die Gegend von Friedland (Mieroszów) bei Waldenburg, um dann „den Russeneinfall bewußt und zum Verbleiben entschlossen" zu erleben, „da wir unsere Leute in und bei Waldenburg nicht im Stich lassen wollten."[514]

---

511 Eichborn, J. 2012: 00:42:22-4 – 00:45:10-9.
512 Bomhard, E. 2011: 02:15:43-3 – 02:16:49-2.
513 Alfred von Aulock & Marie von Aulock, geb. Freiin v. Fürstenstein: Bericht über Oberschlesien. Unterweilbach, 10. April 1951. BArch LAA Ostdok 2 / 229 Blatt 3f.
514 Schreiben von Woldemar Graf von Pfeil an Gotthard von Witzendorff-Rehdiger. München, 28.

Einige Angehörige adeliger Familien aus Schlesien, wie Christian-Friedrich Graf zu Stolberg-Wernigerode, flohen zunächst gar nicht, weil sie sich als politisch unbelastet einstuften („Wir haben niemals der Partei angehört und waren bekannt als Gegner des Hitlersystems")[515] und hofften, so auf ihren Gütern bleiben zu können. Die sowjetischen Truppen erlaubten dem Ehepaar Grafen Stolberg und ihrem minderjährigen Sohn daher auch zunächst, in zwei Räumen ihres Schlosses Jannowitz im Kreis Hirschberg wohnen zu bleiben, während sie den Rest des Gebäudes requirierten.

Und schließlich gab es noch eine Gruppe derjenigen, die es nicht geschafft hatten, ihren Aufenthaltsort zu verlassen, oder die dazu auch physisch nicht in der Lage waren, weil sie zu alt, krank oder gebrechlich waren. Die Bedingungen für diese Zurückbleibenden waren natürlich sehr unterschiedlich. In Oberschlesien verfügten die Häuser häufig über Hausangestellte, die muttersprachlich Polnisch sprachen oder Autochthone waren. Die zu diesem Zeitpunkt seit 28 Jahren bettlägerige Frau von Jordan (geb. v. Seydelitz) blieb etwa unter der Betreuung der „polnischen [Haus-]Mädchen" zurück. Ihr Mann treckte nur bis Rengersdorf im Kreis Glatz, da er so schnell wie möglich zu seiner Frau zurück wollte. Die Beschäftigten des Gutes treckten dagegen bis Leitmeritz (Litoměřice) weiter, wo auch der größte Teil der Kreuzburger Behörden sich versammelt hatte.[516] Der zum Volkssturm eingezogene, weil zuvor aus gesundheitlichen Gründen vom Militärdienst befreite 52-jährige Major d. Res. a. D. Ernst Leopold von Schickfuß (1892–3. Juli 1945) kehrte nach seiner Entlassung auf sein Gut Rankau im Landkreis Breslau zurück, während es ihm gelungen war, seine Familie vorher nach Tirol in Sicherheit zu bringen.[517]

> „Mitte Februar 1945 besetzte die Rote Armee auch den Landkreis Schweidnitz und somit auch das Gut Schwengfeld. Frau Olga v. Websky (geb. Gräfin v. Moltke-Hvitfeldt), die letzte Eigentümerin des Gutes, versuchte vergeblich mit einigen Verbliebenen, mit einem Treck das Dorf zu verlassen. Dies scheiterte und sie und ihr körperbehinderter Sohn Egmont wurden angewiesen, in das Dorf zurückzukehren. Sie blieben dort, in einer Kammer in einem Nachbarhaus, bis zu ihrer endgültigen Vertreibung etwa Ende 1945."[518]

Einige der Zurückbleibenden wollten auf keinen Fall der Roten Armee lebend in die Hände fallen. Erich Graf von Schweinitz, der Bruder des Gutsherrn auf Hausdorf, beschloss etwa, seinem Leben mit Gift ein Ende zu setzen, als die sowjetischen Truppen auf das Gut vorrückten, da er „kränklich [war] und wohl nicht zur Last fallen"

Dezember 1950. In: BArch LAA Ostdok 2 / 188, Blatt 120–121.

515 Abschrift eines Berichts von Christian-Friedrich Graf zu Stolberg-Wernigerode vom Mai 1946. BArch LAA Ostdok 2 /188, Blatt 269–276.

516 Weiß: Bericht 1954. BArch LAA Ostdok 2 / 224, Blatt 82r–84v, hier Bl. 82. Unklar bleibt, ob es sich bei den Hausmädchen um reguläre Angestellte oder zwangsverpflichtete Arbeitskräfte handelte.

517 „Auszugweise Abschrift Erlebnisbericht des Pfarrer Wilhelm Bufe früher Rankau, Schlesien [...]". Walstedde-Drensteinfurt, Sommer 1949. BArch LAA Ostdok 2 / 174, Blatt 24–29, hier Bl. 25.

518 Websky, M. 2013: 00:46:48-3 – 00:57:33-3.

wollte.[519] Auf Hausdorf bei Neurode wählte das Ehepaar von Koch, sie eine geborene von Kalckreuth, am 8. Mai 1945 ebenfalls den Freitod.[520] Nachdem sie ihrer Habe beraubt und aus dem Haus geworfen worden war, brachte sich die Prinzessin Feodora Reuß, geb. von Sachsen Meiningen, durch eine Gasvergiftung um.[521] Wieder andere wurden auf der Flucht von Soldaten oder Partisanen gestellt und aus unterschiedlichen Gründen hingerichtet, so etwa Robert von Wallenberg Pachaly, der nach Aussage seiner Frau rein zufällig Opfer einer Erschießung am 22. April 1945 geworden zu sein scheint,[522] oder die Franziskanerschwester Monika von Ballestrem, die am 1. April 1945 „in den Wirren zwischen den Fronten [...] von einem russischen Soldaten" erschossen worden war. In der Familie kam der Ordensschwester, die ihr ganzes Erbteil in das Kloster Katscher „gesteckt" hatte, deshalb eine besondere Rolle in der Memorialkultur zu: „Von uns wird sie als Familienheilige verehrt und ihr Andenken im Kloster hochgehalten."[523]

Die vorrückenden sowjetischen Truppen versuchten aktiv, hochgestellter Persönlichkeiten habhaft zu werden, um sie zu internieren. Die auf ihrem schlesischen Gut von der Roten Armee festgesetzte geborene Prinzessin Hermine Reuß, in erster Ehe verheiratete Fürstin von Schoenaich-Carolath, in zweiter Ehe verheiratet auf Haus Doorn mit dem ehemaligen Kaiser Wilhelm II., war eine solche Persönlichkeit. Sie war damit eine der wenigen Angehörigen von Familien des schlesischen Adels, denen es aus politischen Gründen nie gelang, die sowjetische Besatzungszone, in die sie dann überführt wurde, zu verlassen.[524]

Zahlreiche Flüchtlingstrecks befanden sich auf dem Gebiet der Tschechoslowakei, dem damaligen Sudetenland, als sich die Fronten stabilisierten. Einige Trecks folgten den Aufforderungen, in die Herkunftsorte zurückzukehren, andere Flüchtlinge versuchten, wo irgend möglich noch die bayerische Grenze zu passieren, oder falls das nicht ging, wenigstens nach Sachsen zu kommen, wohin ohnehin ein großer Flüchtlingsstrom aus Niederschlesien gelangt war. Die Mutter eines Zeitzeugen entschied sich so etwa eine Tagesreise vor dem behördlichen Ziel des Gutstrecks in Tetschen-Bodenbach, nicht vor Ort auszuharren, sondern gleich weiter nach Mecklenburg zu trecken, wo sie ihre drei Kinder und ihre Schwester vermutete.

---

519 Mutius 2009, S. 8, Skizze aus Anlass des 16. Jahrestags der Flucht aus Börnchen am 13. Februar 1945.

520 Schreiben von Woldemar Graf von Pfeil an Gotthard von Witzendorff-Rehdiger. München, 28. Dezember 1950. In: BArch LAA Ostdok 2 / 188, Blatt 120–121.

521 Beglaubigte Abschrift einer Aussage der Margarethe von Ploetz-Struse, geb. von Kulmiz. Hoya/Weser, 10. Dezember 1950. BArch LAA Ostdok 2 / 174, Blatt 250.

522 Bericht der Elisabeth von Wallenberg Pachaly (geb. v. Loebenstein). Halchter, 26. November 1950. BArch LAA Ostdok 2 / 174, Blatt 282f.

523 Reisebericht von Valentin Graf Ballestrem. Straubing Oktober 1985. Ballestremsches Firmen- und Familienarchiv, Berlin, Loseblattsammlung noch ohne Signatur, 23 S., hier S. 15; nach Carl-Ludwig Graf von Ballestrem: Meine erste Reise nach Polen, die ich mit meinem Vater machte. Oberviechtach, 14. Juli 1978, 6 S., hier, S. 4, war die Tante des Verfassers in einem Raum im Kloster erschossen worden.

524 „Eine tolle story // Sehr, sehr minderbemittelt". In: Der Spiegel, 33, 1947, S. 3f.

„Und da hat also die Kreisleitung, die damals da noch funktionierte, dann alles geregelt, wer wo unterkam und untergebracht wurde. Dann hat sie gesagt: ‚Da kann ich euch auch nicht mehr viel helfen, da kenne ich mich nicht aus, da habe ich auch nichts zu sagen, da hört auch keiner auf mich. Da seid ihr ohne mich genauso gut aufgehoben – oder genauso schlecht – wie mit mir.‘ Dann ist sie mit dem Ponywagen, mit dem sie am Treck teilgenommen hat – so ein Ponywagen mit Gummireifen –, und ihrem Reitpferd davor gespannt, also Einspänner, dann von der Tschechei nach Mecklenburg gefahren – immer in Hörweite der Artillerie von der russischen Front – und zwischen Berlin und der russischen Front durch nach Mecklenburg. Wenn die früher losgegangen wären, wäre sie mitten in die Schlacht reingefahren."[525]

Wer die spätere Tschechoslowakei schnell durchquerte, gehörte zu den Glücklichen, die es in den Westen geschafft hatten, ehe sich der Eiserne Vorhang zu senken begann. Die Unglücklichen waren jene, denen die NS-Behörden zunächst keine Erlaubnis erteilten, weiter zu trecken. Vielfach wurden Benzinfahrzeuge, soweit noch vorhanden, und später dann teils auch Pferde und sogar Fuhrwerke von der Wehrmacht beschlagnahmt. Nach dem Übergang unter sowjetische Kontrolle konfiszierte im Regelfall die Besatzungsmacht oder die tschechische Verwaltung die Pferde und verbliebenen Fahrzeuge, in einigen Fällen tauschte die Rote Armee wohl auch schlechtere gegen bessere Pferde ein, wobei die schlechten bald darauf von den tschechischen Behörden enteignet wurden.[526] Vielen Flüchtlingen blieb nun nichts als zu versuchen, zu Fuß über die Grenze zu kommen. Viele Berichte schildern hier weitere Enteignungen durch Polizei und Grenzbeamte:

„[...] mein Vater, der durch die Sudeten gekommen war, der kam Ende Mai zu Fuß nach Heldritt, wobei er dann wirklich praktisch nichts mehr am Leibe hatte. Barfuß kam er da an, weil er so nachhaltig geplündert worden war. Von Waffenkontrolle zu Waffenkontrolle wurde sein Rucksack immer leichter und bei der letzten Kontrolle wurde er ihm dann ganz abgenommen. Mein Vater kam also mit dem Leben davon und allen Gliedern, das muss man ja mal sagen, das war keine Selbstverständlichkeit."[527]

Da im August 1945 die amerikanische Zone geschlossen war, flohen einige Flüchtlinge schließlich über die grüne Grenze.[528]

Auch aus Sachsen und Mecklenburg wurden die Flüchtlinge nach Schlesien zwangsrückgeführt. Christine Gräfin von Richthofen etwa gelang es – im siebten Monat schwanger und mit zwei Kindern , von Verwandten im PKW bis nach Plau am Plauer See mitgenommen zu werden. Hier erlebte sie zwei Wochen nach der Geburt ihrer Tochter den sowjetischen Einmarsch und wurde, nachdem die Familie allen Besitz zurücklassen musste, wie viele andere Flüchtende auch von der Militärkommandantur zu Fuß mit dem Handwagen, ihrem Bruder, drei Töchtern und ihrer Mutter

525 Schweinitz, H.-C. 2011: 00:30:01-8 – 00:33:23-6.
526 Erlebnisbericht Hildegard von Eggeling aus Gießmannsdorf b. Bunzlau, N/S. Escheberg, 8. März 1950. BArch LAA Ostdok 2 / 176, Blatt 8–10, hier Bl. 9.
527 Eichborn, J. 2012: 00:32:15-2 – 00:33:29-3.
528 Erlebnisbericht Hildegard von Eggeling aus Gießmannsdorf b. Bunzlau, N/S. Escheberg, 8. März 1950. BArch LAA Ostdok 2 / 176, Blatt 8–10, hier Bl. 9f.

wieder zurück nach Schlesien geschickt. Durch Mangelernährung starb das Neugeborene nach fünf Tagen und musste von der Familie ohne Sarg auf einem Friedhof bei Wurstermark beigesetzt werden.[529]

Die Flüchtlinge schlossen sich zu kleinen Gruppen zusammen und hofften, auf dem Weg zurück nach Schlesien möglichst der Aufmerksamkeit des Militärs zu entgehen. Besonders die Frauen und Mädchen unter den zurücktreckenden Flüchtlingen litten unter Übergriffen oder doch zumindest der beständigen Angst, Opfer von sexueller Gewalt durch die Besatzungssoldaten zu werden. „Oft wurden aus unserem kleinen Treck Frauen von den Russen herausgeholt und vergewaltigt. Die ständige Angst, die ich dabei hatte, war furchtbar, Gottlob, dass ich und meine Mutter verschont blieben."[530]

5.3 Unter Besatzungsverwaltung

Im Laufe des Rücktrecks begegneten die Flüchtlinge erstmals auch polnischen Verbänden und trafen auf Flüchtlinge aus den polnischen Ostgebieten, die nun bereits in Schlesien angesiedelt worden waren. Abgesehen von großen Flüchtlingstrecks scheint es eine effektive zentrale Koordination dieser Bevölkerungsströme nicht gegeben zu haben. Einzelne Flüchtlingsfamilien wie die von Christine Gräfin von Richthofen bewegten sich relativ frei durch die „Zusammenbruchsgesellschaft"[531] und mussten sehen, wo sie eine dauerhafte Bleibe fanden.

Schwere Misshandlungen der Rückkehrenden scheinen besonders in der ersten Jahreshälfte 1945 sehr verbreitet gewesen zu sein. Das zugrundeliegende Muster war jedoch im Wesentlichen ein nationales und erst in zweiter Linie an der falschen „Klassenzugehörigkeit" der Rückkehrer orientiert. Die Hausdame der Familie von Jordan, die die Misshandlung des 75-jährigen Familienoberhauptes durch polnische Milizionäre bezeugte, überliefert etwa den Ausruf „Du deutsches Schwein, Du deutsche Gestapo, wir polnische Gestapo!", aber kein Moment, das auf einen Klassenbezug der Gewalt schließen lässt.[532] Gewalt gegenüber den Männern scheint häufig eher von der einrückenden polnischen Miliz als von den sowjetischen Einheiten ausgegangen zu sein, die eher gefürchtet waren, weil sie nach der Erinnerung der Geflüchteten „täglich Jagden [...] nach Mädchen und Frauen" veranstalteten. So gab sich Huberta von Rudzinski-Rudno, deren Mann im September 1945 im Lager Myslowitz (Myslowice) starb, überzeugt: „Für die Männer wurde es erst schlimm als die russischen Truppen abzogen."[533]

Christian-Friedrich Graf zu Stolberg-Wernigerode berichtet davon, dass sich nach

---

529 Christine Gräfin von Richthofen: „Bericht über unsere Flucht aus dem Osten im Januar 45 und unsere Rückkehr nach der Heimat." BArch LAA Ostdok 2 / 199, Blatt 63–76, hier Bl. 64f.

530 Ebd. 65.

531 Winkler 2000, S. 121.

532 Weiß: Bericht 1954. BArch LAA Ostdok 2 / 224, Blatt 82r–84v, hier Bl. 82.

533 Rudzinski-Rudno, Huberta v.: unbetitelter Kurzbericht. Nesselwang, 23. Juli 1951. BArch LAA Ostdok 2 / 228, Blatt 109.

der Übergabe der Verwaltung an Polen die Situation im Sommer 1945 graduell ver-schlechtert habe. Aus dem Schloss in Jannowitz, in dem sie bis dahin hatte wohnen können, vertrieben, habe sich die Familie in den Nachbarort Fischbach (Karpniki) zu einem Fleischermeister flüchten können. In der Nacht vom 24. auf den 25. Juli seien bei diesem Polen eingedrungen. Als zu Stolberg die Frage „bist Du Graf" be-jaht habe, sei er von zehn Männern mit Gewehrkolben, Stöcken und Fäusten zusam-mengeschlagen worden. Kaum bekleidet habe man ihn die Treppe hinuntergeschleift und mit dem Auto ins Kommissariat der polnischen Miliz in Jannowitz (Janowice Wielkie) gebracht. Dort traf er vier weitere Deutsche, die in der NS-Zeit Parteige-nossen gewesen waren. Als er in der Hoffnung auf eine Erleichterung darauf hinwies, dass er Gegner des Nationalsozialismus gewesen sei, habe man ihm geantwortet: „Du Graf und Kapitalist". Zu Stolberg musste drei Monate im Keller einer früheren Frauenklinik in Hirschberg zubringen, die in ein improvisiertes Verhörzentrum um-gewandelt worden war, ehe er aufgrund eines Kommandowechsels im Verhörzent-rum und seiner Verletzungen in ein Krankenhaus eingeliefert wurde.[534] Auch dort sah sich zu Stolberg vor allem aufgrund seiner Klassenzugehörigkeit verfolgt: „Ich war für die bolschewistisch eingestellten Polen ein Subjekt, was ausgerottet werden muss." So habe ihm ein vorübergehend gemeinsam mit ihm eingesperrter „polni-scher Kommissar" gesagt:

> „Sie sind nur hier eingesperrt, weil Sie Graf sind und Gutsbesitzer.' Dies war mir auch eine Bestätigung für das Verhalten der Polen mir gegenüber. Immer wurde mir vorgehal-ten: ,Du bist Graf, Kapitalist, in Russland gibt es auch keinen Adel mehr'. Auch als mir von zwei polnischen Kommissaren im Keller gesagt wurde, ich sei zum Tode verurteilt, oder als ich auf einen Stuhl steigen musste, mir die Hände auf dem Rücken zusammenge-bunden wurden, und meine Fingerkuppen mit glühenden Streichholzkappen bearbeitet wurden, wurde mir meine Familienabstammung vorgehalten."[535]

Der oben erwähnte Major von Schickfuß bewohnte bis zum Juni 1945 ein Gärtner-häuschen auf dem Grund seines Gutes in Rankau. Am 30. Juni 1945 suchte ihn die Miliz auf, da er angeklagt wurde, während der Kriegszeit einen polnischen Zwangs-arbeiter misshandelt zu haben. Die verbliebenen deutschen Einwohner Rankaus fan-den ihn vier Tage darauf nach „bestialischer Mißhandlung [...] ohne Untersuchung des Falles auf dem Abtransport hinterrücks auf einer Wiese unfern Rankau erschos-sen", wie der Rankauer Pfarrer Wilhelm Bufe später berichtete. Allerdings ist eben-so festzuhalten, dass es dennoch möglich war, den Erschossenen „bei zahlreicher Be-teiligung der Gemeinde" in einem Behelfssarg auf dem Erbbegräbnis der Familie beizusetzen,[536] ohne dass die Publizität der Beisetzung Repressionen ausgelöst hätte.

Zahlreiche ältere Menschen und junge Frauen, die gerade aus dem Kindbett kamen, weisen in den Jahren 1945/46 auch ohne direkte Gewalteinwirkung eine stark erhöh-te Sterblichkeit auf. Grund waren die in vielen Gebieten katastrophale Versorgungs-

---

534 Abschrift eines Berichts von Christian-Friedrich Graf zu Stolberg-Wernigerode vom Mai 1946. BArch LAA Ostdok 2 /188, Blatt 269–276, hier Bl. 271–273.
535 Ebd.
536 Erlebnisbericht Bufe 1949. BArch LAA Ostdok 2 / 174, Blatt 25.

lage der Zivilbevölkerung und sich rasch ausbreitende Krankheiten. Felder wurden 1945 häufig nur unzureichend bestellt,[537] Vieh starb durch treckbedingte Abtriebe, Notschlachtungen oder Unterversorgung mit Futter vorzeitig, beziehungsweise wurde nach Osten weggetrieben[538] und stand daher auch für die Ernährung der Bewohner der nunmehr sowjetisch beziehungsweise polnisch verwalteten Gebiete nicht mehr zur Verfügung. Auch wurde gerade in der Übergangszeit ohne wirksame Zentralkontrolle Saatgut wie z. B. Kartoffeln zu Alkohol gebrannt.[539] Wie in großen Teilen Europas waren Nahrungsmittel nur mit Lebensmittelmarken zu bekommen und immer wieder erfuhren die zurückgebliebenen auch nationalistische Diskriminierung bei der faktischen Zuteilung von Lebensmitteln.[540] In der Erinnerung wird diese allerdings häufig überstilisiert, was aber mit Sicherheit auch daran liegt, dass gerade in dieser Gruppe der Anteil der kaum arbeitsfähigen Menschen hoch und damit der Anteil derer, die effektiv am Gabentauschsystem der „Zusammenbruchsgesellschaft" teilnehmen konnten, besonders gering war. Als sie nach ihrer Rückkehr nach Ludwigsdorf aufgrund der Strapazen des Rücktrecks und der unmittelbar vorausgegangenen Geburt einer Tochter erkrankte und arbeitsunfähig wurde, erhielt etwa Christine Gräfin von Richthofen keine Lebensmittelzuteilung mehr. In den Überresten der Mobilien des Ludwigsdorfer Schlosses fand sie allerdings eine Armbanduhr ihres Mannes, die sie „dem [sowjetischen, S. D.] Kommandanten versetzte und gut bezahlt bekam".[541] Vorhandenes ökonomisches Kapital, besonders ungeplünderte Sachwerte wie die Uhr, stellte also auch in der Umbruchssituation noch eine wichtige Ressource da. Hinzu kam, dass die sowjetische Kommandantur in Ludwigsdorf den Charakter des Schlosses als Eigentum, als separaten Raum, zunächst faktisch akzeptierte, indem sie den Eigentümer dort frei walten ließ, sodass Christine Gräfin von Richthofen sogar eine Bekannte aus Oels bei sich aufnehmen konnte, „die fast am Verhungern war" und die dann für die Familie Kleider aus den Stoffen nähte, die sich noch im Schloss fanden.[542] Als besonders wichtig für die Versorgung der arbeitsunfähigen älteren Adeligen erwiesen sich Zuwendungen aus dem sozialen Netz der oberschlesischen Angestellten, ob es nun die Hausmädchen waren, die die bettlägerige Frau von Jordan versorgten (im Bericht der Hausdame Gertrude Weiß einmal als „polnische Mädchen", einmal als „deutsche Frauen die polnisch optiert hatten" bezeichnet), oder ob es ehemalige Land- und Gutsarbeiter aus dem Bezirk Wielun (Wieluń) waren, die von jenseits der alten Grenze Lebensmittel für das Ehepaar von Jordan schmuggelten.[543]

---

537 Aulock: Bericht 1951. BArch LAA Ostdok 2 / 229 Blatt 3.

538 Zusammenstellung: „Das Schicksal des Kreises Breslau-Land aufgrund der ausgewerteten Fragebogenantworten." Hamburg 13. Februar 1952. BArch LAA Ostdok 2 / 174, Blatt 1–5, hier Bl. 4, vgl. auch Aulock: Bericht 1951. BArch LAA Ostdok 2 / 229 Blatt 3; Walter: Zobtenlandschaft. BArch. LAA Ostdok 2 / 174, Blatt 95f.

539 Aulock: Bericht 1951. BArch LAA Ostdok 2 / 229 Blatt 3.

540 Ebd.

541 Christine Gräfin von Richthofen: „Bericht über unsere Flucht aus dem Osten im Januar 45 und unsere Rückkehr nach der Heimat." BArch LAA Ostdok 2 / 199, Blatt 63–76, hier Bl. 69.

542 Ebd.

543 Weiß: Bericht 1954. BArch LAA Ostdok 2 / 224, Blatt 82–85, hier Bl. 83, 84f.

Die Schlösser und Gutshäuser waren zumeist bald nach dem Weggang der Eigentümer geplündert worden. In Oberschlesien scheinen diese Plünderungen auch von der lokalen Bevölkerung ausgegangen zu sein. „Am 6. Juni kamen wir auf unserem früheren Besitz in Althammer [Trachy] an. Das Haus war natürlich von den Umwohnern ausgeplündert. Wir erhielten aber einige Möbel von der Bevölkerung wieder."[544] „Die Schlösser selbst wurden zu Ende des Krieges geplündert, teilweise durch russische Truppen aber doch auch von der umliegend wohnenden notleidenden Bevölkerung."[545] In Niederschlesien, wo in weiten Bereichen ganze Dörfer sich auf den Treck machten, waren es dagegen eher sowjetische Truppenteile und dann die polnischen Neuansiedler auf der Suche nach dem Notwendigsten, die sich zahlreiche Objekte aus den Häusern aneigneten. Als Christine Gräfin von Richthofen im Mai 1945 zwangsweise aus Mecklenburg nach Schlesien zurücktreckte, kam sie auch durch die Gegend hinter Liegnitz, in der viele Richthofen'sche Besitzungen lagen, darunter auch Groß-Rosen. „Aber wie sah es hier aus. Alles total verwüstet, die Möbel zerschlagen, die seidenen Bezüge der Sessel und Sofas völlig zerfetzt, Bücher, Geschirr und Photos auf die Erde geworfen und sehr zerschmutzt und zerschlagen."[546] Auch als sie schließlich auf dem eigenen Gut, Ludwigsdorf, ankam, bot das äußerlich unversehrte Haus innen ein ähnliches Bild: Das Mobiliar war geraubt oder zerschlagen worden, Gemälde zerschnitten „und hingen in Fetzen aus den Rahmen". Die Plünderer hatten wohl Wertgegenstände gesucht und deshalb auch die Federbetten zerschnitten und zerstreut. „Türen und Schränke waren zerhackt, überall lag Stroh und alte Fahrräder. In einer Vitrine, deren Scheiben zerschlagen waren, lag Asche und verfaulte Kartoffeln. Öfen waren herausgerissen und zur Kellertreppe hinuntergeworfen worden. In der Küche konnte man nicht treten vor Schmutz". Die Bücher der Bibliothek im Herrenzimmer waren völlig verschmutzt und um „das Haus in buntem Durcheinander Bücher, Porzellan, Hausrat, Schuhe, Schubfächer usw. alles Dinge, die aus den Fenstern geworfen worden waren. Im Garten lagen vermoderte Teppiche, kaputte Möbel." Die Bienenstöcke fanden die Schlossbewohner ausgeräuchert und die Völker tot.[547] Auch die Familie von Haugwitz-Lehnhaus fand bei ihrem Rücktreck das Haus verwüstet vor: „Als wir vom Treck bis nach Tschechien hinein zurück nach Lehnhaus kamen, war das Schloss geplündert. Das – unvorstellbar, nicht? Alles war voll Fäkalien, alles war aufgebrochen und alles war rausgerissen, die Schränke, alle Schubfächer, es lag alles wild durcheinander. Scheußlich."[548] Marie-Elisabeth von Mutius berichtet in einem sehr charakteristischen Topos davon, dass die Rotarmisten beim Einzug in das Schloss, das zu einer Kaserne werden sollte, Möbel aus dem Fenster in den Park geworfen und verbrannt hätten, da diese der Installation von Feldbetten im Weg standen. „Das historische Bett des Her-

---

544 Aulock: Bericht 1951. BArch LAA Ostdok 2 / 229 Blatt 3.
545 Henckel-Donnersmarck, A. 2013: 01:22:48-2 – 01:27:05-5.
546 Christine Gräfin von Richthofen: „Bericht über unsere Flucht aus dem Osten im Januar 45 und unsere Rückkehr nach der Heimat." BArch LAA Ostdok 2 / 199, Blatt 63–76, hier Bl. 66.
547 Ebd., Bl. 68.
548 Haugwitz, H.-W. 2013: 00:37:37-7 – 00:39:40-0. Auch von Haugwitz berichtet von „Ahnenbildern" bei denen „überall die Gesichter rausgeschnitten" gewesen seien (Haugwitz, H.-W. 2013: 01:44:47-5 – 01:45:43-1).

zogs Peter von Curland liegt, nur noch Brennholz, vor dem Haus. Ein Scheiterhaufen wird zur Bereinigung der Sache entzündet."[549]

> „Und sie [Olga von Websky, S. D.] blieb dann noch etwa ein halbes Jahr, bis zum Herbst '45 in Schwengfeld mit ihrem Sohn in diesem Nebengebäude und hat, das wissen wir vom Hörensagen, miterlebt, wie das Mobiliar aus dem Schloss zertrümmert wurde und wie die Soldaten der Roten Armee sich dort einnisteten und praktisch alles zerstört wurde, und was nicht zerstört wurde, haben sich die ärmlichen polnischen Flüchtlinge genommen, die dort auch einströmten."[550]

Von einer relativ disziplinierten Übergabe an die Soldaten der Roten Armee berichtet dagegen Christian-Friedrich Graf zu Stolberg-Wernigerode. Auch die Übergabe an eine polnische Verwaltung im Juli 1945 beschreibt er als zunächst relativ diszipliniert. Mit der polnischen Miliz kam für die Familie dann jedoch die bis dahin nicht erfolgte vollständige Enteignung: „Dann fragte der Dolmetscher: ‚Wo ist das Gold und der Schmuck?' Meine Frau sagte, dass unsere Wertsachen in Kisten verpackt in unserer Försterei im Nachbarort in Waltersdorf ständen. Dies schrieben sich die Polen auf. [...] Die Kisten sind dann einige Zeit später von den Polen geholt und alles geraubt worden."[551]

Auch jener Teil der sozialen Gruppe, der nicht mehr selbst auf Schlössern saß, sondern wie die Eltern von Christine Gräfin von Richthofen ein Haus in der Stadt – hier Oels – hatte, fand verwüstete Räume vor, die kaum noch an ihren früheren Zustand erinnerten. Sie berichtete von Kastenwagen in Blumenbeeten, zerhackten Zäunen und Zimmertüren, die wohl den 1945 im Haus einquartierten Personen zur Befeuerung gedient hatten. Im Gebäude befanden sich „nur Ukrainer und Polen", die geteilter Meinung darüber zu sein schienen, wie mit den Rückkehrern zu verfahren sei. Eine „gutmütige Ukrainerfrau" habe ihre Mutter schließlich heimlich ins Haus gelassen. Persönliches Mobiliar fand diese keines mehr vor, auch keine Bilder – an den Bildernägeln hingen Kleidungsstücke –, das Linoleum war herausgerissen worden „und alles total verschmutzt."[552]

Solche teils schubartigen Plünderungen dürfen allerdings nicht darüber hinwegtäuschen, dass der Umbruch der Eigentumsstrukturen in der Übergangsgesellschaft praktisch durchaus langsam vor sich ging. Nicht nur ließen sowjetische Offiziere die zurückgekehrten Eigentümer wie Christine Gräfin von Richthofen eine Zeit lang in ihren Häusern schalten und walten. Sondern auch nach dem Übergang in polnische Verwaltung blieb Eigentum vielerorts praktisch erhalten und eröffnete gerade adeligen Gutsbesitzern andere Möglichkeitsräume als weniger begüterten Menschen. So konnten sie etwa auf eine Vertreibung aus dem Wohnraum in einigen Fällen durch ein Ausweichen in andere Gebäude reagieren:

---

549 Mutius 2005b, S. 95.
550 Websky, M. 2013: 00:46:48-3 – 00:57:33-3.
551 Abschrift eines Berichts von Christian-Friedrich Graf zu Stolberg-Wernigerode vom Mai 1946. BArch LAA Ostdok 2 /188, Blatt 269–276, hier Bl. 270.
552 Christine Gräfin von Richthofen: „Bericht über unsere Flucht aus dem Osten im Januar 45 und unsere Rückkehr nach der Heimat." BArch LAA Ostdok 2 / 199, Blatt 63–76, hier Bl. 68.

„Ich erinnere mich nur lückenhaft, aber etwa im Juni oder Juli [1945] haben die Polen die Verwaltung übernommen, und dann sind wir bis 1946 sieben Mal umgezogen. Wir mussten immer wieder den Wohnort wechseln, einmal in ein anderes Dorf. Es waren zwar in der Regel immer Häuser, die uns gehörten, aber wir mussten jedes Mal wieder umziehen, und wenn ich abends nach Hause kam, dann wohnte meine Mutter wieder irgendwo anders [ironisch, S. D.].“[553]

Auf den Gütern wurden direkt nach der Besetzung vielfach von der sowjetischen Verwaltung Kolchosen eingerichtet, die von deutschen Arbeitskommandos bewirtschaftet wurden und häufig auch nach der Übergabe der Verwaltung an Polen als Staatsgüter erhalten blieben.[554] Neben der Nutzung als Staatsgut und der Ansiedlung von Flüchtlingen aus den polnischen Ostgebieten wurden einige Häuser bereits in der Übergangszeit auch anderweitig genutzt, so etwa Lorzendorf (Woskowice Małe) im Kreis Namslau (Namysłów), in dem im Sommer 1945 ein Lager für etwa 100 deutsche Kriegsgefangene eingerichtet wurde.[555] Schloss Ludwigsdorf wurde für einige Wochen im Sommer 1945 von der sowjetischen Kommandantur ganz für Kampfverbände in Anspruch genommen, die aus Berlin in die Sowjetunion zurückkehren sollten.[556] In einigen Fällen wurden formelle Übergabeprotokolle zwischen den Alteigentümern und der polnischen Verwaltung unterschrieben, mit denen diese aufgrund der Verfügung des polnischen Komitees für nationale Befreiung vom 6. September 1944 über die Bodenreform das jeweilige Gut übernahm.[557] Mit einer Übernahme war jedoch noch keineswegs eine sachgerechte Bewirtschaftung sichergestellt. Christian-Friedrich Graf zu Stolberg-Wernigerode beobachtete in der Zeit bis zu seiner Ausreise im März 1946 ein Wirtschaften, das wenig Wert auf Nachhaltigkeit legte: Felder blieben brach, und in Wäldern herrschte planloser Raubbau, da es akut an Fachpersonal mangelte und die Ideologie Anreize sowohl hinsichtlich der ungestraften Ausbeutung des „deutschen" Eigentums als auch hinsichtlich möglichst großer Bruttoerträge im Interesse der Planerfüllung schuf.[558]

In der Zusammenbruchsökonomie fehlte es am Notwendigsten, um die geplanten Großstrukturen des sozialistischen Aufbaus zu unterstützen: Die Kolchose in Ludwigsdorf etwa hatte Anfang Juni 1945 allein 300 Ziegen, die aber von nur zwei deutschen Frauen gehütet wurden. Bald stellten sich erste Schwierigkeiten ein. Angeblich auf Befehl durften daher nur noch 75 Tiere täglich gemolken werden, sodass

---

553 Haugwitz, H.-W. 2013: 00:39:43-7 – 00:44:47-1.

554 Z. B. „Das Schicksal des Kreises Breslau-Land [...]" 1952. BArch LAA Ostdok 2 / 174, Blatt 1–5, hier Bl. 4.

555 „Das Schicksal des Kreises Namslau aufgrund der ausgewerteten Fragebogenantworten." Hamburg, 23. Februar 1954. BArch LAA Ostdok 2 / 197, Blatt 1–6, hier Bl. 6.

556 Christine Gräfin von Richthofen: „Bericht über unsere Flucht aus dem Osten im Januar 45 und unsere Rückkehr nach der Heimat." BArch LAA Ostdok 2 / 199, Blatt 63–76, hier Bl. 70.

557 Vgl. das Übergabeprotokoll für das Gut Buchwald durch Friedrich Freiherrn von Rotenhan. Buchwald, 25. Dezember 1945. BArch LAA Ostdok 2 / 188, Blatt 154–161.

558 Abschrift eines Berichts von Christian-Friedrich Graf zu Stolberg-Wernigerode vom Mai 1946. BArch LAA Ostdok 2 /188, Blatt 269–276, hier Bl. 274.

eine beachtliche Anzahl von Tieren verendete.[559] Die Räume der Schlösser wurden nun umgenutzt, besonders die Kapellen und Kirchengebäude auf dem Grund der Schlösser waren davon betroffen. Einige der Kirchen wurden einfach in katholische Kirchen umgewandelt, soweit sie dies nicht ohnehin schon waren, so etwa die Patronatskirche in Ludwigsdorf.[560] Vor allem die sowjetischen Soldaten säkularisierten die geistlichen Bauwerke auch – die Kirche in Klein Öls wurde zum Beispiel als Lagerraum für landwirtschaftliche Produkte umgenutzt.[561]

Nachdem einmal eine Meldung und „Neuansiedlung" erfolgt war, erwies sich das Leben der Rückkehrer schnell als komplexer als die oft stereotypengeprägten angstvollen Erwartungshaltungen. Die Möglichkeiten, die sich den zurückgebliebenen und zurückkehrenden Adeligen boten, waren jedoch in starkem Maße von der Haltung der sowjetischen Militärbehörden beziehungsweise später der polnischen Verwalter abhängig. In einigen Fällen stießen die Flüchtlinge auf einen – im Duktus der Zeit – „deutschfreundlichen" Verwalter. Die Hausdame der Familie von Jordan-Kochelsdorf, Gertrude Weiß, berichtet etwa, dass sich bei der Registrierung der Flüchtlinge „der polnische Gutsbeamte als deutschfreundlich [erwies], indem er mich als Arbeiterin für Herrn und Frau v. Jordan einstellte", die beide über siebzig Jahre alt waren und von denen Herr von Jordan durch schwere Misshandlungen und seine Frau bereits seit 28 Jahren bettlägerig waren. Dadurch erhielt sie „etwas Deputat und ein paar Slotys".[562] Auch die bettlägerige Frau von Jordan (geb. v. Seydlitz) war von den sowjetischen Behörden den Umständen entsprechend gut behandelt worden. Die ehemaligen Hausmädchen durften sie wie erwähnt weiterhin mit Lebensmitteln versorgen, und als diese bald darauf nicht mehr erschienen, wurde diese Rolle von einigen deutschen Frauen übernommen, die polnisch optiert hatten.[563] Während alle anderen Ahnengemälde zerstört wurden, blieben die Bilder der Seydlitz'schen Ahnen verschont.[564] Auch der sowjetische Kommandant von Ludwigsdorf erwies sich als durchaus freundlich. Nachdem die Rückkehrer sich nach ihrer Ankunft im verwüsteten Haus einen Freiraum geschaffen hatten, vernagelten sie die Türen und sicherten sie mit Balken. „Nach einigen Stunden klopfte es und der russ. Kommandant mit einer Dolmetscherin standen vor uns und forderten uns auf, Abends in die Kommandantur zu kommen. Um 8 Uhr gingen wir drei Erwachsenen mit den beiden Kindern hin, bekamen Abendessen, Brot, Suppe, Käse, Kaffee, dann wurden wir ab dem nächsten Tag ständig zur Arbeit eingeteilt."[565] In Lehnhaus, erinnert sich Hans-Wilhelm von Haugwitz, habe der sowjetische Kommandant gesagt,

559 Christine Gräfin von Richthofen: „Bericht über unsere Flucht aus dem Osten im Januar 45 und unsere Rückkehr nach der Heimat." BArch LAA Ostdok 2 / 199, Blatt 63–76, hier Bl. 69.

560 Ebd., Bl. 69.

561 Erlebnisbericht Herbert Larisch. „Meine Erlebnisse vom 1.1.1945 bis zum 1.5.1947." Schwerte, 17. Mai 1952 (handschr.). BArch LAA Ostdok 2/200, Bl. 123r–129v, hier Bl. 129r.

562 Weiß: Bericht 1954. BArch LAA Ostdok 2 / 224, Blatt 82r–84v, hier Bl. 83.

563 Ebd., Bl. 84f.

564 Ebd., Bl. 84.

565 Christine Gräfin von Richthofen: „Bericht über unsere Flucht aus dem Osten im Januar 45 und unsere Rückkehr nach der Heimat." BArch LAA Ostdok 2 / 199, Blatt 63–76, hier Bl. 69.

„wenn wir Probleme haben, sollten wir ihm das melden. Er wird sofort kommen. Er kam auch sofort und jagte seine Leute davon. Es hat mich beeindruckt, dass er uns sagte: ‚Nein, wir schützen euch, euch passiert nichts. Bewirtschaftet das Gut weiter.‘ Wie es langfristig weiter geht, wusste er auch nicht. Aber auf den konnten wir uns verlassen.“[566]

Auf dem im Glatzer Land, nahe der tschechischen Grenze gelegenen Gut Gellenau, das zu diesem Zeitpunkt von drei weiblichen Angehörigen der Familie von Mutius – Mutter und zwei Töchtern –, so gut es ging, weiterbewirtschaftet wurde, erschien eines „Tages, inmitten des Russenbetriebs, […] ein Pole“. „Sein Anzug ist abgeschabt, seine Schuhe zerrissen, aber er scheint sachverständig auf dem Gebiet der Landwirtschaft zu sein und unterhält sich freundlich mit unseren Arbeitern.“ Bei einem vor den Russen geheimgehaltenen Spaziergang erfahren die Frauen, dass er „ein polnischer Graf und Großgrundbesitzer“ sei, dessen Güter durch die Bodenreform parzelliert worden seien und der zu diesem Zeitpunkt für die Kreislandwirtschaft in Glatz tätig war.[567] Auch der dann von polnischer Seite eingesetzte Verwalter „stammt[e] aus den Kreisen des polnischen Landadels, der wohl unter deutscher wie russischer Besetzung gleich viel zu leiden hatte. Er ist drei Jahre in deutschen KZs gewesen.“ Und obwohl manchmal nach den „Martern“ der „SS-Leute“ in „seinen launischen Stunden der Haß des einst wehrlosen Polen“ durchkomme, „bringt [er] uns persönlich auch, aus der Parallele unserer Schicksale heraus, ein gewisses Verständnis entgegen.“[568]

Die Wahrnehmung der sowjetischen Kommandeure und polnischen Verwalter ist in den Erinnerungen charakteristischerweise gespalten. Auf der einen Seite unterstreichen die Berichte vielfach „korrektes“ oder „menschliches“ Verhalten aus diesem Personenkreis. Andererseits existiert neben konkreten Gewalterfahrungen, so empfundenen „Demütigungen und täglichen Qualen“[569] ein tiefverwurzeltes Misstrauen und eine begreifliche Abneigung, zu der auch das permanente Bedrohungsgefühl der ersten Monate und die Sprachbarriere beigetragen haben mögen. Hinzu mag ein Gefühl der Erniedrigung gekommen sein, das aber weniger in der sozialen Gruppe selbst als von den eng mit ihr verbundenen Menschen kommuniziert wurde. Die Hausdame der Familie von Jordan-Kochelsdorf, Gertrude Weiß berichtet etwa, dass die Tochter der Familie von Jordan, verheiratete Schwarzkopf, nach ihrer Rückkehr aus dem Sudetenland „in Hofarbeit gehen“ musste, „um sich und ihre Kinder zu ernähren“, wobei die Unangemessenheit dieser Betätigung für eine entkräftete Frau von Stand deutlich herauszuhören ist.[570]

---

566 Haugwitz, H.-W. 2013: 00:39:43-7 – 00:44:47-1.

567 Mutius 2005b, S. 103. In der unmittelbaren Nachkriegszeit waren zahlreiche Funktionsstellen tatsächlich mit Angehörigen des polnischen Bildungsbürgertums und der Szlachta besetzt worden, darunter auch im Bereich der Kulturverwaltung bzw. bei der Erfassung deutschen Alteigentums (Diskussionsbeitrag von Sławomir Oxenius auf der Konferenz *Schlesischer Adel im 20. Jahrhundert. Krisenerfahrung, Elitentransformation und Selbstverständnis im „Zeitalter der Extreme“* am 19.12.2009 in Passau).

568 Mutius 2005a, S. 106f.

569 Weiß: Bericht 1954. BArch LAA Ostdok 2 / 224, Blatt 82r–84v, hier Bl. 84v.

570 Ebd., hier Bl. 83v.

Vor allem Menschen, die dem semantischen Feld „polnisch" zugeordnet werden
– ganz gleich was ihr oft genug prekärer und uneindeutiger nationaler Status gewesen sein mag –, werden häufig mit Eigenschaften wie Unzuverlässigkeit, Falschheit,
Gehässigkeit oder Eigennutz in Verbindung gebracht. Gertrude Weiß hält etwa fest,
dass „die polnischen Mädchen [...] Frau von Jordan gleich verlassen" hätten, und
suggeriert damit einen Verstoß gegen das anfangs gegebene Versprechen, bei ihrer
Brotgeberin zu bleiben – eine „Treue", die die Verfasserin sich selbst durchaus zugeschrieben hat, wie zwischen den Zeilen anklingt. Auch die Auslagerung der Frau
von Jordan aus dem Schloss, das vom Lazarett zum Fliegerhorst umgenutzt werden sollte, wird ähnlich gespalten dargestellt, denn einerseits durfte sie ihr fahrbares
Bett behalten, andererseits wurde sie „über den Hof in die schlechteste Wohnung
gefahren".[571] In ähnlicher Weise erscheint die Situation der in „Hofearbeit" gegan-
genen Tochter, durfte sie doch „wenigstens in Kochelsdorfer ehemaligen Gutsgärten
arbeiten, auf Veranlassung des polnischen Beamten, der uns auch weiter heimlich
mit Lebensmitteln unterstützte."[572] Auch für Ludwigsdorf urteilt Christine Gräfin
von Richthofen summa summarum: „Die Kommandanten wechselten drei Mal,
aber alle waren nicht gut zu uns Deutschen."[573] Im Kontrast dazu schildert sie ein
unter diesen Umständen erstaunlich entgegenkommendes Verhalten sowjetischer
Offiziere, das bis zur Behandlung der Gräfin durch einen Stabsarzt und der zeitweise erfolgten Entlassung aus der Arbeitspflicht wegen körperlicher Schwäche reichte.

Die vergleichsweise „deutschfreundliche" Haltung einiger Verwalter mag ganz
verschiedene Ursachen gehabt haben. In einem Fall wird der eingesetzte Verwalter
zwar als Alkoholiker mit gewalttätigen Aussetzern beschrieben, er scheint sich jedoch ausgerechnet zu haben, dass er seine Quoten am besten unter Ausnutzung des
Wissens der Alteigentümer erfüllen konnte.[574] Anderswo trafen Adelige auf polnische Offiziere oder Verwaltungsbeamte, die sich den ehemaligen deutschen Eigentümern offenbar intellektuell und sozial näher fühlten als der stalinistischen politischen Führung, der sie folgten. Joachim von Klitzing berichtet in einem Schreiben
an von Witzendorff-Rehdiger etwa davon, der „polnische Vicestarost in Wollstein
[Wolsztyn]" (wo er sich nach seiner Entlassung aus dem Gefängnis zunächst auf-
hielt) habe ihn in einem Gespräch über die Bodenreform „offenbar contre coeur"
darauf hingewiesen, „dass ja auch die polnischen Grossgrundbesitzer ihres Landes
verwiesen worden seien. Als Deutscher könne ich nicht erwarten, dass ich irgendetwas behalten würde".[575]

---

571 Ebd., hier Bl. 84rf.
572 Ebd., hier Bl. 83v.
573 Christine Gräfin von Richthofen: „Bericht über unsere Flucht aus dem Osten im Januar 45 und
   unsere Rückkehr nach der Heimat." BArch LAA Ostdok 2 / 199, Blatt 63–76, hier Bl. 69.
574 Haugwitz, H.-W. 2013: 01:40:47-8 – 01:43:32-1.
575 Schreiben Joachim von Klitzings an von Witzendorff-Rehdiger. Kettenburg, 15. Juni 1951.
   BArch. LAA Ostdok 2 / 185, Blatt 32f., hier Bl. 33.

5.4 Vertreibung

„Nomaden ohne Wagen, Zelt und Pferde
Ziehn wir umher, zerrissen und verstaubt,
Verbombt die Staedte un[s]rer Heimaterde,
Das Zufluchtsdorf im Osten ausgeraubt!"[576]

Kurz nach der Übergabe der Verwaltung in Schlesien durch die sowjetischen Streit-kräfte an die polnische Verwaltung begann in Schlesien eine Phase der „wilden Aussiedlung".[577] Weitgehend einig ist sich die Forschung darin, dass die Regierungs-beauftragten in den neuen polnischen Westgebieten dem Drang zur Herstellung ei-nes ethnisch homogenen Nationalstaats in diesem Abschnitt einen Vorzug vor der „Kontinuität des Wirtschaftslebens" und „dem Schutz der dort vorhandenen ma-teriellen Werte" gaben, nachdem die sowjetische Militärverwaltung vor allem wirt-schaftliche Kontinuität herstellen und unkontrollierte Zuwanderung in ihre Besat-zungszone hatte verhindern wollen.[578] Bis in den September 1945 hing der Druck, sich für eine Aussiedlung zu melden, allerdings stark von den jeweiligen Starostei-en ab; danach wurde die Ausweisungspraxis in Form einer Anweisung des General-bevollmächtigten für die Wiedergewonnenen Gebiete zunehmend zentral geregelt. Vielfach, hält Hofmann fest, entstehe der Eindruck, dass die zentralen Vorgaben für diese erste Phase vor allem dazu gedient hätten, den Aktivitäten der lokalen Ver-waltungen Richtung und Legitimität zu geben.[579] Vom 22. Juni bis Mitte Juli 1945 fand in Schlesien eine organisierte Ausweisung durch das polnische Militär statt, die häufig chaotisch und unorganisiert ablief. Sie wurden von wilden Vertreibungen begleitet, zu denen sich zivile Stellen, darunter die Landräte von Groß Wartenberg (Syców), Neumarkt (Środa Śląska), Schweidnitz (Świdnica) und Breslau (Wrocław), durch das Vorgehen des Militärs berufen fühlten;[580] dabei kam es zu den vor allem von deutscher Seite sogenannten „Hitlermärschen". Mit minimalem Gepäck wur-den dabei die Deutschen – von lokaler Seite häufig unter Unkenntnis oder Missach-tung interner Vorschriften, die eigentlich eine Nichtaussiedlung von deutschen Spe-zialisten vorsahen – aus ihren Wohnungen geholt und mussten in einem häufig von unkontrollierten Gewalttaten begleiteten Marsch das jeweilige Verwaltungsgebiet verlassen. In vielen Fällen konnten dabei jüngere Menschen den schlecht bewachten Konvois entkommen. Häufig endeten die Märsche im nächsten Kreis oder wurden

---

576 „Auf Schlesiens Strassen // Greiffenberg=Lauban=Kohlfurt 30./31. Juli 1945". BArch LAA Ostdok 2 / 188, Blatt 48. Vgl. auch den Erfassungsbogen ebenda Blatt 47. Ilse von Hülsen-Reicke (1893–1989), die bürgerlich als Ilse Reicke geboren wurde, war eine Frauenrechtlerin und Redakteurin, deren Werk *Die Frauenbewegung* 1933 von der NS-Zensur verboten worden war (Hering 2003).
577 Hofmann 2000, S. 189.
578 Hofmann 2000, S. 190, Anm. 10, gibt einen summarischen Überblick über den deutsch-polni-schen Forschungsstand zu dieser Phase, den er als veraltet, „faktografisch lückenhaft und politisch tendenziös" umschreibt.
579 Ebd., 94f.
580 Rogall 2006, S. 129f.

von sowjetischem Militär gestoppt, das die dringend notwendigen Spezialisten vor Ort halten wollte. Im Endeffekt mussten die Vertriebenen dann in ihre inzwischen von Marodeuren geplünderten Behausungen zurückkehren.[581]

Die Situation der adeligen Familien unterschied sich hier wenig von jener der durchschnittlichen Bevölkerung, allerdings verfügten einige auch in der „Zusammenbruchsgesellschaft" noch über Ressourcen an materiellem, sozialem und symbolischem Kapital, die ihnen größere Handlungsfreiräume ließen. Die Familie zu Stolberg-Wernigerode, die sich bis in den Frühsommer 1945 mit den sowjetischen Besatzungssoldaten gut arrangiert hatte – was unter anderem seinen Ausdruck darin fand, dass der Graf sich zu diesem Zeitpunkt noch im Besitz mehrerer Uhren und anderer persönlicher Wertgegenstände befand, sowie darin, dass die sowjetischen Soldaten offenbar keine aktive Suche nach den im Nachbarort eingelagerten Wertgegenständen des Schlosses betrieben hatten –, verlor nun mit einem Schlag ihr Hab und Gut. „Eines Morgens zwischen 6 und 7 Uhr erschien bei uns im Haus in der Küche der polnische Bürgermeister mit einigen Miliz-Soldaten und liess durch den Dolmetscher [...] sagen, wir müssten alle bis um 7 Uhr auf der Strasse sein, um einen Marsch bis hinter die Görlitzer-Neisse zu machen, um nie wieder zurückzukommen."[582] Der Graf wurde von Bewaffneten eines Teils der Kleider, die er am Leib trug, beraubt und musste mit seiner Familie und einem Handwagen zum Marsch aufbrechen. Unterwegs sei die Gruppe aus den Orten Jannowitz, Waltersdorf und Rohrlach von den begleitenden Polen unmotiviert beschossen worden, sodass zwei tote Männer zu beklagen gewesen seien. „Am Nachmittag erschien ein russisches Überfallkommando aus Schmiedeberg, Kreis Hirschberg, entwaffnete die Polen und schickte uns wieder alle zurück." In der Zwischenzeit seien die Wohnräume im Schloss geplündert worden. „Derselbe Vorgang wiederholte sich 14 Tage später nochmals." Da der Trupp aber diesmal nicht von sowjetischen Soldaten gestoppt wurde, musste die Gruppe tatsächlich bis hinter die Neiße marschieren. Dieser zweiten Vertreibung entgingen die Grafen zu Stolberg durch die bereits erwähnte Flucht in den Nachbarort Fischbach.[583]

Auch wenn die Schilderung der wilden Vertreibungen in ihrem Gesamtablauf relativ repräsentativ ist, beschreibt sie doch eine bis zu diesem Zeitpunkt privilegierte Situation, die hauptsächlich daraus resultierte, dass die Grafen erfolgreich glaubhaft machen konnten, zum antifaschistischen Widerstand gezählt zu haben, und lange Zeit in relativ geschützten Räumen bleiben konnten. Adelige, die über weniger Ressourcen verfügten, auf dem Treck von der Front überrollt worden waren oder –

---

581 Hofmann 2000, S. 195–98.

582 Abschrift eines Berichts von Christian-Friedrich Graf zu Stolberg-Wernigerode vom Mai 1946. BArch LAA Ostdok 2 / 188, Blatt 269–276, hier Bl. 270. Der Aussiedlungsversuch gehört wohl zu den ersten und am dramatischsten verlaufenden Aussiedlungsaktionen von Mitte Juni bis Mitte Juli 1945, bei denen besonders die Bevölkerung im unmittelbaren Grenzgebiet zur SBZ über die Grenze der polnischen Verwaltungszone vertrieben werden sollte (vgl. ausführlicher Hoffmann 2000, S. 192).

583 Abschrift eines Berichts von Christian-Friedrich Graf zu Stolberg-Wernigerode vom Mai 1946. BArch LAA Ostdok 2 /188, Blatt 269–276, hier Bl. 270.

wie in vielen Fällen weibliche oder ältere Familienmitglieder – von den sie stützenden Netzwerken abgeschnitten wurden, waren weitaus stärker Gewalterfahrungen bis hin zu sexueller Gewalt ausgesetzt.[584] Besonders alleinstehende ältere Frauen und Frauen mit Kindern gehörten zu jener Gruppe, die meist unfreiwillig am längsten in Schlesien zurückbleiben musste. Selma von Streit etwa harrte nach dem Tode ihres Mannes von 1945 bis 1949 in ihrer Villa in Hermsdorf (Sobieszów) aus und musste miterleben, wie ihr Haus von Menschen aus Großpolen und Galizien mehr und mehr in Anspruch genommen wurde und wie man ihr alle Möbel und persönlichen Wertgegenstände Stück für Stück wegnahm. Sie überlebte in der Zusammenbruchsökonomie als Zugehfrau und Näherin eines polnischen Arztes, der sie kostenlos behandelte.[585]

Einige Adelige hielten lange aus, ehe sie selbst an eine Flucht dachten, da sie bis in den Spätherbst 1945 auf eine Übergabe Schlesiens an die Westalliierten hofften. Nach mehreren Zwischenstationen und der oben geschilderten Verbringung des Grafen Christian-Friedrich zu Stolberg-Wernigerode in ein Verhörzentrum in Hirschberg, brachte die gräfliche Familie den Winter 1945/46 schließlich in der Küche des Schlosses in Rohrlach zu, einem Nachbarort von Jannowitz, in dem sie ebenfalls ein Haus und einen Hof besaß. Da der polnische Administrator von Jannowitz verboten habe, dass sich die Familie aus dem Gut versorgte – dabei dürfte es sich um die Durchsetzung der allgemeinen Rationierungen gehandelt haben, die vom Hungerwinter 1945/46 auch andernorts bekannt sind, und nicht um eine spezifische Diskriminierung, die die freiwillige Meldung zur Ausreise beschleunigen sollte und die ebenfalls dokumentiert sind –, habe die Familie nur von den Deputatkartoffeln leben können, die der minderjährige Sohn zu Stolbergs erwirtschaftete.[586]

Den drei Mitgliedern der Familie von Mutius auf Gellenau gelang es durch geschicktes Taktieren zwischen allen Gruppen, nicht nur ihre Ausweisung bis zum Herbst 1947 zu verhindern – immer getrieben von der Hoffnung, dass die polnische Verwaltung, die auf der Potsdamer Konferenz beschlossen worden war, eine temporäre wäre –, sondern ihrem eigenen Erzählen nach in einer Zeit des wirtschaftlichen Zusammenbruchs das Gut zu einem regelrechten Musterbetrieb auszubauen.[587] Von

---

584 Beglaubigte Abschrift einer Aussage der Margarethe von Ploetz-Struse, geb. von Kulmiz. Hoya/ Weser, 10. Dezember 1950. BArch LAA Ostdok 2 / 174, Blatt 250.

585 Selma von Streit: „Bericht über mein Leben in Hermsdorf und Kynast in Schlesien unter Herrschaft der Polen 1945 bis 1949". Maas, Oberhessen o. D. [Anfang der 1950er Jahre]. Barch LAA Ostdok 2 / 188, Blatt 277–283. Der sehr detaillierte Bericht stellt eine enorme Herausforderung für die Quellenkritik dar, weil sich die geschilderten Ereignisse hinter einem Schleier aus doppeltem sprachlichen Unverständnis, hochkochenden Emotionen wie Angst und Hass sowie in der NS-Zeit besonders geförderten negativen Stereotypen verbergen (einer der Einquartierten war „faul", die Zugereisten „Lumpenpack", „Gesindel" und „Banditen", ein Zollbeamter, der „wie eine Wühlratte" alles durchwühlte usw.). Dennoch deutet die Schilderung stark darauf hin, dass die Berichterstatterin wenigstens teilweise mit einem „Schiebermilieu" zu tun hatte, das Hausrat und Wertgegenstände aus den besetzten Gebieten nach Zentralpolen verschob.

586 Abschrift eines Berichts von Christian-Friedrich Graf zu Stolberg-Wernigerode vom Mai 1946. BArch LAA Ostdok 2 /188, Blatt 269–276, hier Bl. 273.

587 Mutius 2005a, S. 114.

Bedeutung für das Ausharren der Gellenauer Mutius waren die nahe tschechische Grenze und der Umstand, dass zahlreiche Bauern dem Gellenauer Gut lange Zeit robotpflichtig gewesen waren und auch später noch eng verbunden blieben. In der Zeit nach dem unmittelbaren Einmarsch der Roten Armee 1945 hatten die Frauen bereits einige dieser Bauern gegen Lebensmittel nachts einen Teil der Ernte auf Gellenauer Grund abfahren lassen. Bei mehreren Gelegenheiten, darunter im Winter 1945/46, zu Ostern 1946 und vor allem auch im Hungerwinter 1946/47, erbaten die Frauen bei diesen Bauern Brot und Lebensmittel, stets konfrontiert mit dem Risiko, wegen der Grenzverletzung von polnischer Seite standrechtlich erschossen zu werden.[588]

Auch die reguläre „Aussiedlung" verlief je nach Beziehung zu den Behörden durchaus unterschiedlich. Die Ausreise der Familie zu Stolberg im März 1946 organisierte der Graf offenbar recht selbständig, denn er „suchte" sich „eine Fahrgelegenheit bis nach Kohlfurt [Węgliniec], von wo wir mit einem Flüchtlingstransport bis Rheine in Westfelan [sic] fuhren". Im Zug wurden 3–5 Mark pro Person gesammelt, ein Bestechungsgeld, durch das der Zug angeblich vor Plünderungen geschützt werden sollte.[589] Dem Ehepaar von Aulock-Althammer war es gelungen, das Wohlwollen des Starosten in Oppeln (Opole) zu erlangen, „der uns [am 4. September 1945, S. D.] anriet, lieber vor dem 30. 9. O/S zu verlassen, weil von da an energischere Massnahmen zur Vertreibung der Deutschen ergriffen werden sollten."[590] Allerdings musste das Paar den Beamten, der die Ausweispapiere erstellen sollte, mit einer silbernen Teekanne bestechen, damit dieser Frau von Aulock nicht noch mehrere Tage als Arbeitskraft für das Landratsamt beschäftigte. Nach Erhalt der Papiere konnten sich beide dann relativ ungehindert und vor allem individuell bewegen. Am 16. September fuhren sie auf dem rechten Oderufer mit einem regulären Personenzug über Kreuzburg und Oels nach Breslau. „Im Zug waren lauter Polen, ein deutsches Wort durfte nicht laut werden."[591] Wegen Kriegsschäden durchquerten sie die Stadt vom rechten Odertorbahnhof zum Hauptbahnhof zu Fuß und entgingen so einer Leibesvisitation. Dadurch kamen sie mit dem verbliebenen Besitz unbeschadet in einen Zug nach Sagan, in den in Liegnitz zufällig eine sowjetische Militärkapelle einstieg.

> „Dadurch entgingen wir der Ausplünderung durch die Polen, die während des Haltens des Zuges in der Nacht stattfand. In Sagan durften wir mit einem russischen Transportzug fahren und kamen so ungehindert bei Forst über die Grenze. Die polnischen fahrplanmässigen Züge in Richtung Forst wurden nämlich in Teplitz angehalten. Die Flüchtlinge mussten bis Forst zu Fuss gehen, wobei sie durch die Polen beraubt wurden."[592]

---

588 Ebd., S. 108f.
589 Abschrift eines Berichts von Christian-Friedrich Graf zu Stolberg-Wernigerode vom Mai 1946. BArch LAA Ostdok 2 /188, Blatt 269–276, hier Bl. 274.
590 Aulock: Bericht 1951. BArch LAA Ostdok 2 / 229 Blatt 4. Gemeint könnte die allgemeine Instruktion vom 4. September 1945 sein, die den Starosteien erstmals umfassendere Vorgaben über die Aussiedlungspolitik machten (Hofmann 2000, S. 191).
591 Aulock: Bericht 1951. BArch LAA Ostdok 2 / 229 Blatt 4.
592 Ebd.

Bei weitem nicht alle Zwangsmigranten erreichten dabei zunächst die westlichen Be-
satzungszonen. Vielmehr kamen gerade diejenigen, die ein Opfer der ersten, wilden
Aussiedlungswellen wurden, vor allem in die Sowjetische Besatzungszone (SBZ). Bis
in den Sommer 1946 hielt sich hier, wenn die biografischen Zeugnisse in der „Ostdokumentation" und die von mir geführten Interviews als Indikatoren gelten können, eine durchaus beachtliche Zahl adeliger Flüchtlinge auf, die besonders in Mecklenburg und zum Teil auch in Sachsen Zuflucht gefunden hatten.

Mit der zunehmenden Gleichschaltung aller Bereiche des öffentlichen Lebens, der
Zurückdrängung von Nichtkadern in den offiziellen Stellen veränderte sich jedoch auch
die Situation für die in der SBZ lebenden schlesischen Adeligen. Dazu gehörte auch, dass
sich im Laufe des Spätjahrs 1945 die Suche nach Personen verstärkt zu haben scheint, die
man zu Recht oder zu Unrecht der Sympathie mit dem NS-Regime verdächtigte. Nach
der Verhaftung ihres Mannes floh etwa Davida von Zepelin, geb. von Heydebrand und
der Lasa, mit ihrer Tochter über die Zonengrenze, da „uns vom Ortssowjet der Transport
in ein Lager angedroht worden war."[593] In ähnlicher Weise verließ auch Ulrich von Klitzing die SBZ, nachdem es offenbar zu Konflikten mit lokalen Parteikadern gekommen
war. Nachdem er zunächst in der Tschechoslowakei interniert worden war, war er mit seiner Familie bei einem Schwager nahe Dessau untergekommen. Es gelang ihm zunächst,
eine Konzession als Großhändler von Haushaltswaren zu erlangen, was der Familie einige
Zeit das Überleben ermöglichte. Angeblich im Streit mit einem Ortsbürgermeister um
ein Haus mit Grund, in dem ein weiterer Schwager wohnte, drohte ihm im Mai 1946 die
Verhaftung. Von einem Onkel gewarnt, überschritt er die Zonengrenze und setzte sich
nach einem Aufenthalt im Grenzdurchgangslager Friedland zu einer weiteren Schwägerin nach Homburg (evtl. Schloss Homburg im Oberbergischen Kreis) in der britischen
Zone ab. Seine Frau durfte die Wohnung zunächst nicht verlassen. Unter der Vorspie-
gelung, einen Waldspaziergang zu machen, gelang es ihr jedoch 14 Tage später, über die
grüne Grenze ebenfalls in die britische Zone zu fliehen.[594]

5.5 Erste Anlaufstellen – Unterkünfte – „Zufallsheimaten"?

Der Unterschied zwischen den Bedingungen auf der Flucht und der relativ intakten
sozialen Welt des Westens muss für die Flüchtlinge eine elementare Erfahrung gewesen sein und hat sich so tief ins Gedächtnis eingegraben, dass die Erzählungen davon
auch an die zweite Generation noch weitergegeben wurden. Nach der Flucht erreichte beispielsweise Veronika Gräfin von Stillfried, geborene Komtesse von Rechberg

---

593 Eidesstattliche Versicherung von Davida von Zepelin für Gotthard von Witzendorff-Rehdiger. Le-
veste, 10. Mai 1951. Barch LAA Ostdok 2 / 197, Blatt 99. Zepelin, dem man offenbar seine Zeit
bei der Berliner Schutzpolizei vorhielt – wo er zuletzt 1934 zum Generalmajor der Landespolizei
befördert worden war, aus der er allerdings schon im selben Jahr wegen Differenzen mit Kurt Dal-
luege austrat, um fortan für die Wehrmacht tätig zu sein –, wurde später in die Sowjetunion verbracht und durfte 1955 in die Bundesrepublik zurückkehren. Unbetitelter und undatierter Nach-
trag von Davida von Zepelin. Barch LAA Ostdok 2 / 197, Blatt 100.
594 Bericht Ulrich von Klitzing. Neermoor 2. März 1951. Barch LAA Ostdok 2 / 199, Blatt 33–35.

und Rothlöwen, endlich den ersehnten Bahnhof bei ihren Eltern im Westen. „Das frappierende war, dass in Göppingen – das erzählte mir mein Bruder – der Chauffeur mit dem polierten Wagen am Bahnhof wartete. [...] Das war so diese ganz andere Welt, das war noch die heile Welt, die auch noch nicht von Bombardierungen oder irgend so etwas berührt worden war."[595]

Wer wie die Gräfin Stillfried das Glück hatte, Familie im Westen zu haben, verfügte so über einen Notanker, mit dem zum Teil ein ganzes Geflecht schlesischer Familien eine Anlaufstelle im Westen gewann.

> „Mein Großvater Bergmann – das waren neun Geschwister, acht davon verheiratet, mit 45 Kindern, also Vettern und Cousinen meiner Mutter. Davon sind fünf gefallen. Es hatten zwei Schwestern meines Großvaters schon vor dem Ersten Weltkrieg in den Westen geheiratet. Das eine war eben Johanna von Butler, geborene von Bergmann, und das andere Dorothee von Bergmann, die einen Herrn von Consbruch aus Hiddenhausen geheiratet hat. Beide Schwiegersöhne, beide Ehemänner waren als Regierungsassessoren in Breslau und kamen dadurch mit der Familie Bergmann in Berührung und damit wurden sie nun zu Schwiegersöhnen."[596]

> „Es gab zwei Pole, wo man als Flüchtling aus Schlesien ankommen konnte. Einmal Heldritt, weil da ja die Tante Hansel [Johanna, geb. von Bergmann-Korn, verh. von Butler, S. D.] war, die da eingeheiratet hatte, und einmal Hiddenhausen, wo wir dann waren, bei Herford. Das waren die Punkte und da traf sich alles."[597]

> „Nach dem Ersten Weltkrieg wurde [...] Sachsen-Coburg getrennt, da gab es eine Volksabstimmung, die Coburger entschieden sich für Bayern [...]. Das war nun das große Glück, weil auf die Weise dieses Heldritt, das zu Coburg gehörte, zu Bayern kam und deswegen zur amerikanischen Zone. Wie also nun 1945 die Flucht aus Schlesien ergriffen werden musste, zog sich die Familie zurück. Einmal nach Westfalen, nach Hiddenhausen, zu Consbruchs, und nach Heldritt zu Butlers."[598]

> „Diese beiden Häuser waren dann 1945 der große Anlaufpunkt für die gesamte Großfamilie. Der Punkt, an dem man sich verabredete, weil man, Ende '44 beginnend, merkte, dass das Risiko, in Schlesien zu bleiben, das Risiko, dass Schlesien überrollt wird, doch täglich wuchs."[599]

> „Meiner Mutter gelang es schon im Herbst 1944, mich und meinen jüngeren Bruder nach Heldritt zu schicken, offiziell als Landverschickung, ich war damals drei und mein jüngerer Bruder war zwei Jahre alt. Und Mitte Januar '45 gelang es ihr, selber mit ihren übrigen Kindern und den Kindern ihrer Schwester auch noch eine Fahrkarte zu kriegen und auch nach Heldritt zu kommen, kurz bevor Breslau von den Russen eingeschlossen wurde."[600]

---

595 Stillfried und Rattonitz, N. 2012: 00:10:02-1 – 00:17:40-8.
596 Seherr-Thoß, E. 2012: 00:33:22-9 – 00:35:04-2.
597 Bergmann-Korn, B. 2012: 01:04:05-5 – 01:05:37-8.
598 Eichborn, J. 2012: 00:28:19-6 – 00:32:15-2.
599 Seherr-Thoß, E. 2012: 00:35:04-2 – 00:37:11-0.
600 Eichborn, J. 2012: 00:28:19-6 – 00:32:15-2.

„Und die [Consbruch, S. D.] hatten ein Gut. Landwirtschaft, sehr viel Landwirtschaft, da hat sie eingeheiratet und da sind wir alle hin, da kam auch ein Vetter meines Vaters, Richard Silvius von Bergmann, der kam auch dorthin. Damals war er noch nicht verheiratet. Es trafen sich sämtliche Vettern und Cousinen da und die mussten alle irgendwie untergebracht werden. Und es war wohl, trotz allem, eine ganz spannende Zeit. Weil keiner auch wusste, wie's weitergeht. Ich kann es ja nur aus Erzählungen berichten."[601]

„Alle Flüchtlinge aus dem Osten versuchten, im Westen bei irgendwelchen Verwandten unterzukommen. Und wenn man keine Verwandte hatte, hatte man vielleicht Nachbarn, die Verwandte hatten. Und so kam zum Beispiel eine Familie von Kettler aus Ostpreußen an, es kam an eine Familie von Richthofen, die waren Nachbarn von Gut Wilkau gewesen. Manche kamen nur auf der Durchreise und manche blieben dort hängen, wie die Familie von Seherr-Thoß."[602]

„Das war dann das Segensreiche, dass es diese beiden Großtanten und die Besitze ihrer Männer gab. Und an denen fand sich dann natürlich ein Großteil der Familie ein, das waren ja für die damals aktive Generation, also die Generation meiner Eltern, Tanten und damit nahe Verwandte. Meine Mutter zum Beispiel war an beiden Orten auch als Kind öfter gewesen, also das waren naheliegende Treffpunkte, weil man sich da auskannte."[603]

„Ja, so landeten sie also nun in Heldritt, und mein Vater, der durch die Sudeten gekommen war, der kam Ende Mai zu Fuß nach Heldritt, wobei er dann wirklich praktisch nichts mehr am Leibe hatte."[604]

„In Heldritt waren wir ungefähr 28 oder 29 Kinder meiner Generation, also aus der Generation der Vettern und Cousinen zweiten Grades, die ganz unterschiedlich lange dort waren, und ich nehme mal an, dass die dort ansässige Verwandtschaft nichts dagegen hatte, dass lieber aus der Verwandtschaft jemand einquartiert wurde, in dem großen Haus."[605]

Die Kinder der Familie von Schweinitz-Krain hatten zwar Schlesien verlassen können und waren danach den Luftangriffen auf Berlin entgangen, mussten aber schon bald von Mecklenburg nach Holstein weiterfliehen, wo sie gut eineinhalb Jahre bis zum Herbst 1946 blieben.

„Aber da man sich ausrechnen konnte, dass Mecklenburg also auch nicht der sicherste Ort war, hat meine Tante, als sich zufällig die Möglichkeit zu einer Autofahrt ergab, gesagt: ‚Dann fahre ich mit meinem eigenen und drei fremden Kindern lieber noch ein Stück weiter nach Westen', zu Leuten, die sie kannte, die aber die Hände über den Kopf zusammenschlugen, weil sie sagten: ‚Wir haben zwar ein großes Haus, aber in buchstäblich jedem Zimmer ist eine andere Flüchtlingsfamilie. Ihr könnt also die eine Nacht hier in der Besenkammer schlafen, aber dann müsst ihr woanders hin.' Und da hat sie uns auf einem anderen holsteinischen Schloss ein Zimmer besorgt, wo wir dann hingefahren sind."[606]

---

601 Bergmann-Korn, B. 2012: 00:04:17-8 – 00:05:12-4.
602 Eichborn, J. 2012: 00:42:22-4 – 00:45:10-9.
603 Seherr-Thoß, E. 2012: 00:35:04-2 – 00:37:11-0.
604 Eichborn, J. 2012: 00:32:15-2 – 00:33:29-3.
605 Seherr-Thoß, E. 2012: 00:35:04-2 – 00:37:11-0.
606 Schweinitz, H. C. 2011: 00:28:45-0 – 00:29:47-6.

Abbildung 6: Erste Unterkünfte führten adelige Zwangsmigranten oft zu nah- oder weitläufigen Verwandten im Westen Deutschlands. Hier Schloss Crollage der Familie von Ledebur in Ostwestfalen, auf dem die Familie von Haugwitz Anfang 1947 wieder zusammenkam.

Die Familie von Haugwitz-Lehnhaus wurde zunächst im Dezember 1946 in die sowjetische Besatzungszone vertrieben und organisierte sich von dort eine Weiterreise und schließlich durch Schlepper einen Grenzübertritt in eine westliche Besatzungszone:

> „Dann sind wir am nächsten Tag nach Lübbecke in Ostwestfalen gefahren – genauer nach Holzhausen-Heddinghausen, so hieß der kleine Ort. Von dort gingen wir dann zu Fuß in das Schloss Crollage, wo wir bei Ledeburs empfangen wurden. Das war Verwandtschaft, und sie haben uns sehr nett aufgenommen. Da wohnten auch der Bruder meines Vaters und die Schwester meines Vaters, jeweils mit sechs Kindern. Weil auch Ledeburs selbst sechs Kinder hatten, waren wir insgesamt 24 – also da war was los [lacht]."[607]

Einige wenige, wie der Herzog von Ratibor, verfügten über ein eigenes Haus im Westen und wurden so selbst zu einer Anlaufstelle für Verwandte. In Corvey fanden sich so über 50 Personen ein, darunter aus den Familien Praschma, Strachwitz, Wolkenstein, Sierstorpff und Croÿ, von denen viele wiederum Personal mitbrachten. „Ich erinnere, dass der Mittagstisch riesig war. Später haben sich dann eigene Familiengrüppchen gebildet."[608]

Familien, die nicht von Verwandten oder Freunden aufgenommen wurden, fanden häufig bei Freunden oder Glaubensgenossen im Westen Unterkunft.[609] Vor allem der katholische schlesische Adel erhielt die Unterstützung gleichkonfessioneller süddeutscher Standesherren:

---

607 Haugwitz, H.-W. 2013: 01:00:13-9 – 01:02:12-8.
608 Dammermann, E. 2011: 00:27:22-5 – 00:29:33-1.
609 Aulock: Bericht 1951. BArch LAA Ostdok 2 / 229 Blatt 4. Unterkunft erhielt das Paar bei den Grafen Spreti-Weilbach in Unterweilbach, Bayern.

„Die Fürsten Waldburg-Zeil haben auch ein sehr starkes soziales Engagement und eine sehr große Offenheit in dieser Richtung, bis heute. Sie haben beispielsweise auch den Eltern meines Vaters Unterschlupf gewährt, zunächst in Ratzenried im Schloss. Als der Großvater durch einen Schlaganfall gelähmt war und nicht mehr die Treppen hinaufkam, haben sie ihm dann im eigenen Schloss in Zeil eine kleine Wohnung eingeräumt, wo die Großeltern leben konnten. Diese lag im Parterre, sodass er mit seinem Rollstuhl direkt in den Garten rausgefahren werden konnte. Er hat da noch mehrere Jahre gelebt, gepflegt von seiner Frau.“[610]

Erleichtert wurde dieses erste Ankommen in vielen Fällen durch adelige Unterstützer-netzwerke, die Spenden für die geflohenen oder entwurzelten Standesgenossen sammelten und die sich zum Teil als Hilfswerke bis heute erhalten haben.[611] Längst nicht alle Zeitzeugen erinnern sich aber an solidarisches Handeln des Adels im Westen:

„Vor allem die katholischen Schlesier, die waren verwandt und verschwägert mit dem katholischen Adel, hauptsächlich in Bayern und in Baden-Württemberg. Und da gab es Solidarität. Ansonsten habe ich Solidarität nicht wahrgenommen. Oder nicht gespürt. […] Ich kann nicht sagen, dass ein Hahn danach gekräht hätte, wer mein Schuldgeld bezahlt oder wer meine Schulspeise bezahlt. Niemand. Also Solidarität in dem Sinn, des Adels als Adel, würde ich sagen, habe ich weder gespürt noch gesehen, noch habe ich davon erfahren.“[612]

Als wesentlich schwieriger erwies sich die Wohnungssuche auf dem freien Markt, der zudem noch von Animositäten gegen die Flüchtlinge aus dem Osten geprägt war, die regional auch als konfessionelle Ablehnung codiert wurden. „Meine Eltern bekamen ja hier keine Wohnung in Bamberg, weil wir evangelisch waren. Das war alles mühsam.“[613] „In dem Dorf waren natürlich auch Flüchtlinge, die Spannungen waren zum Teil sehr groß. Das waren Flüchtlinge und die waren lästig und die sollten wegbleiben.“[614] Wieder andere wie die 1947 aus Gotha über die Zonengrenze geflohene Familie von Mutius wurden in Heidelberg-Wieblingen zwangseinquartiert, wo der Vater nach der Entlassung aus der amerikanischen Gefangenschaft Theologie studieren wollte.

„Wir waren in der ganzen Siedlung wohl die einzigen Einquartierten. Das heißt, die eigentlichen Inhaber der Wohnung waren die einzige Familie, die da sozusagen zusammenrücken musste, um fünf Leute aufzunehmen. Meine Eltern versuchten immer – soweit ich das mitgekriegt habe oder aus den Erzählungen weiß – ein vernünftiges Verhältnis hinzukriegen, aber er [der Vermieter, S. D.] – dass ihm so was passierte, Flüchtlinge bei ihm in der Wohnung, damit kam er nicht klar.“[615]

Auch unter den Adeligen selbst gab es Fälle der Ablehnung der nunmehr „armen Verwandten“.

---

610 Stillfried und Rattonitz, N. 2012: 00:48:28-7 – 00:49:51-0.
611 Strachwitz von Groß-Zauche und Camminetz, J. & L. 2012: 09:48:13-2 – 10:22:05-0.
612 Bolko Graf von Hochberg, Fürst von Pless im Interview mit Andrzej Klamt 2013. In der Filmfassung: Gloria & Exodus 2014: 00:55:11 – 00:55:58
613 Kulmiz, I. 2011: 00:50:52-2 – 00:50:00-9.
614 Henckel-Donnersmarck, P. 2011: 00:30:28-7 – 00:31:31-6.
615 Mutius, H.-R. 2012: 00:05:03-5 – 00:05:37-0.

Abbildung 7: Im Laufe des Jahres 1947 hatten viele der zerstreuten Familien eine Zufallsheimat gefunden. Die Familie von Schaubert fand Unterkunft auf einer ehemaligen Fuhrstation im Hessereuther Wald, die heute aufgelassen und vom Wald überwuchert ist.

Abbildung 8: Ruth-Gerda von Schaubert, geborene von Scheliha „als Bäuerin" [so der Bildtitel] auf dem Abspann 1947.

„Ja, das haben wir zu spüren gekriegt. Ich weiß, ich kann es nicht vergessen, es war im Herbst '45 – wobei, mein Vater war halt schon ‚a Preiß' und mein Großvater war ein echter bayrischer Büffel, ‚a gscheada', muss man so sagen. (Bitte den Dialekt zu entschuldigen). Wie er meinem Vater scharf – nicht angeschrien, aber sehr scharf (ich stand daneben) – gesagt hat: ‚Ihr Hurer-Flüchtling, gehts doch wieder hoam, wo ihr herkommen seids, wir können euch hier nicht brauchen.' Aber der gleiche – Gästebuch liegt vor – hat bis zu sechs Böcke bei Besuchen abgeknallt in Grambschütz, und dann ging er wieder."[616]

Ähnlich wie geografische und soziale Faktoren die Hauptfluchtrouten des schlesischen Adels vorgaben, waren so auch die ersten Anlaufstellen in den Westzonen durch Verwandtschaftsnetzwerke und konfessionelle Verbundenheit vorgeprägt. Insofern ist Albrecht Lehmanns Überlegung, die Flüchtlingkinder seien letztlich in „Zufallsheimaten" groß geworden,[617] für die adeligen Flüchtlinge nur bedingt zutreffend. In fast allen Fällen fand sich – hatte eine Flüchtlingsgruppe die späteren Westzonen erst einmal erreicht – ein entfernterer verwandtschaftlicher Bezug, durch den zumindest für einige Zeit die Aufnahme gewährleistet war. Adelige Flüchtlin-

---

616 Henckel-Donnersmarck, P. 2011: 00:31:35-4 – 00:32:47-6.
617 Lehmann 1991, S. 20.

ge, die zunächst in ein Auffanglager mussten, bildeten eine, wenn auch nicht verschwindend geringe, so doch sehr kleine Minderheit. Diese Minderheit bestand vor allem aus Frauen und ihren Töchtern oder Müttern, Teilfamilien also, bei denen der Mann im Krieg gefallen war und denen es nicht oder nur sehr schwer gelungen war, ihre Flucht noch in den letzten Kriegstagen zu organisieren. In ihrem Erleben und Erzählen unterscheidet sich diese Gruppe durchaus von der großen Gruppe derjenigen, die Verwandte in Sachsen, Thüringen oder den Westzonen aufgesucht hatten. In den gesamten von mir geführten Interviews fand sich – einmal abgesehen von einem von seiner Familie durch den Bombenangriff auf Dresden getrennten Kleinkind und dem Fall der Prinzessin Hermine Reuß – kein Hinweis darauf, dass Interviewpartner oder deren Familienangehörige gezwungenermaßen oder freiwillig länger in der Sowjetischen Besatzungszone geblieben wären. Fast alle verließen in den ersten drei Jahren nach 1945 die SBZ und gelangten in den Westen.

6 Brüche und Neuanfänge

Der Einschnitt von 1945 spielt eine zentrale Rolle im bundesdeutschen Vergangenheitsdiskurs. Mit der „Stunde Null" hat er eine Sprachformel gefunden, die wie kaum eine andere die Absolutheit des Bruchs und der damit verbundenen Umbruchserfahrungen zu unterstreichen scheint.[618] Insofern ist es nicht verwunderlich, dass auch die schlesischen Zwangsmigranten ihr Schicksal im Rahmen dieser Deutungsangebote verorten können. „Es war die Stunde Null, ein stilles Leiden."[619] Mit dem Umbruch mussten Hierarchien zwischen Außen und Innen, Adel und Nichtadel und selbst innerhalb der Familie neu geordnet werden. Es zerbrachen Gewissheiten, darunter an erster Stelle Zukunftsperspektiven und wirtschaftliche Sicherheit. Besonders in der Erwachsenengeneration bedeutete dies eine enorme psychische Belastung. „Also der Tod meines Schwiegervaters war auch ein bisschen dadurch bedingt. Er hat das nicht so gut bewältigt wie mein Vater."[620] Der Bruch führte zum Abstieg in Depressionen, bis hin zum Freitod. „Der tiefste Grund des Todes meines Mannes war die Verzweiflung über den Verlust seiner Heimat und seiner *Arbeit*. Er war nur Landwirt – und sah sich – aller äußeren Güter beraubt – nicht in der Lage, sein Leben weiter leben zu können."[621]

Besonders schwer traf es die Kohorte der Frontsoldaten, die in sowjetische Kriegsgefangenschaft geraten war:

> „Er ist dann in russische Gefangenschaft gekommen und ganz grauenvoll gequält worden. Er hat darüber nicht gesprochen, oder sehr wenig. Das was man so weiß, muss entsetzlich gewesen sein. Und er ist dann auch erst – nicht so wahnsinnig spät im Vergleich zu anderen, die ja dann noch zehn Jahre da waren – aber sagen wir, ungefähr Ende '46 aus der Gefangenschaft entlassen worden, in Lübeck angekommen."[622]

Auch die „Generation der Kriegskinder" zeigt zum Teil tiefe Verletzungen, die sie manchmal erst in den letzten Jahren artikuliert hat und die sich unter anderem etwa in den Erfahrungen von Flucht und Vertreibung oder der langen Abwesenheit der Väter ausdrückten.[623]

6.1 Überleben und Sich-Ernähren

Die letzten Monate des Krieges und die ersten Nachkriegsmonate waren für die Flüchtlinge schon deshalb einschneidend, weil alle bis dahin auf dem Land beste-

---

618 Für eine erfahrungsgeschichtliche Zäsur, die Epochenbewusstsein strukturiert, spricht sich etwa Depkat 2007, S. 189, aus. Eine Überlegung dazu, wie grundlegend der Umbruch von 1945 auf verschiedenen Feldern war, stellt Hockerts 1996 an.

619 Zedlitz und Neukirch 1997a, S. 133.

620 Kulmiz, I. 2011: 00:53:03-7 – 00:53:13-6.

621 Schreiben von Sigrid Gräfin von Richthofen an Gotthard von Witzendorff-Rehdiger. Wiesbaden, 18. Dezember 1951. BArch LAA Ostdok 2 / 189, Blatt 89–92, hier Bl. 90. Hervorhebung im Original.

622 Reichenbach, A. 2013: 00:18:54-7 – 00:18:41-3.

623 Reulecke 2004, S. 55f.

henden Versorgungsmöglichkeiten wegbrachen und sie sich generell in einer Mangelgesellschaft bewegten. Wie die Debatte um Götz Alys „Volksstaat" letztlich bilanzieren lässt,[624] hat das „Dritte Reich" und haben die Deutschen lange Zeit in erheblichem Maße von der Ausbeutung des übrigen Europa profitiert und waren die vom Regime geschaffenen sozialen und ökonomischen Sicherheitsversprechen durchaus für dessen relative Stabilität mitverantwortlich. Im Fall Schlesiens kam zu der stabilen Versorgungslage noch hinzu, dass es lange Zeit weit hinter den Frontlinien und hinter der Grenze des Bombenkriegs lag, sodass die Versorgung der Menschen auf dem Land bis zum Kriegsende ausgesprochen gut war.

Viele Flüchtlinge erinnern sich, dass zur Flucht und zur Versorgung der Trecks in den Schlössern volle Speisekammern und Keller geöffnet wurden: „Da ich im Keller noch so viele herrliche Weck-Gläser (‚Weck-Krausen') mit Kompott gesehen hatte, luden wir die Waschkörbe voll, ließen alle Treckwagen über die Vorfahrt des Schlosses fahren, dort halten, und verteilten die Krausen in die Wagen", erinnert sich etwa Gabriele Freifrau von Thüngen an ein irreales, letztes Defilee auf dem Gut ihrer Eltern.[625] Andere wieder öffneten, als die Flucht näherrückte, die Keller für einquartierte verletzte Soldaten: „[...] ich erinnere mich noch, dass meine Mutter damals dem zuständigen Offizier sagte: ‚Hier nehmen Sie den Schlüssel, das ist unser Weinkeller, das können Sie jetzt alles verbrauchen. Ich glaube, wir brauchen es in diesem Winter nicht mehr.'"[626]

Der Ausschluss vom Gutsbetrieb bedeutete dagegen in der Kriegszeit fühlbare Einschränkungen. Die Mutter eines Zeitzeugen etwa wurde aufgrund eines jüdischen Großelternteils von ihrer Schwiegermutter geschnitten und konnte mit ihrem Mann nur in einem ehemaligen Gasthof im Dorf wohnen.

> „Eigentümlicherweise hat meine Mutter in dieser Zeit, während des Krieges, von den Segnungen des Gutes praktisch nicht profitiert, das heißt, das Deputat an Milch, Fleisch und Obst, was man sich eigentlich hätte vorstellen können, blieb tatsächlich aus, und es ist kein Ruhmesblatt in der Familie, dass meine Mutter in dieser Kriegszeit von Lebensmittelmarken leben musste, obwohl nebenan der große Gutsbetrieb lief."[627]

Umgekehrt eröffnete der Zugang zum Gutsbetrieb sogar denjenigen Ressourcen, die sich während des Kriegs – beispielsweise als Beamte oder Offiziere – in den späteren Westzonen aufhielten. Sie profitierten von Lieferungen aus Schlesien, beispielsweise einem halben Schwein, das beinahe das komplette Jahr 1945 habe ausreichen müssen, wie sich ein Zeitzeuge im Vorgespräch erinnert. Seine Familie erlebte daher erst das Kriegsende als den eigentlichen materiellen Einschnitt: „Nach dem Krieg, für uns fing da eigentlich die harte Zeit an. Vorher bekamen wir ja Verpflegung aus Oberschlesien, Schlesien, je nachdem, mal von dort, mal von hier. Also wir haben im Kriege keinen Hunger gelitten."[628]

---

624 Aly 2006; zur Einordnung: Cornelißen 2009, S. 234–236.
625 Thüngen 2001, S. 34.
626 Websky, M. 2013: 00:26:59-9 – 00:31:41-8.
627 Websky, M. 2013: 00:15:17-7 – 00:26:49-4.
628 Strachwitz von Groß-Zauche und Camminetz, J. & L. 2012: 00:00:00-0 – 00:00:24-8.

Zu den wichtigsten Voraussetzungen, um nach Flucht und Vertreibung überhaupt irgendwie anzukommen, zählten ein „Dach über dem Kopf" und eine Einkunftsquelle. Bei der Art dieser Einkünfte muss unterschieden werden zwischen den kreativen Lösungen, mit denen sich Flüchtlinge in der „Zusammenbruchsgesellschaft" der unmittelbaren Nachkriegszeit Ressourcen erschlossen, und zwischen den längerfristigen Berufsentscheidungen, die oft langfristige Rehierarchisierungen mit sich brachten, etwa zwischen älteren und jüngeren Familienangehörigen, zwischen den Geschlechtern, zwischen den Zweigen einer Familie oder zwischen verwandten Familien sowie zwischen adeligen Flüchtlingen und dem Rest der Gesellschaft, um nur einige zu nennen.

Mit dem Zusammenbruch des Regimes mussten zunächst Mittel mobilisiert werden, die eigentlich nur in Sachwerten liegen konnten, da in vielen Fällen niemand mehr die Reichsmark annahm.

> „Sie wissen auch, dass die Russen jedem die Uhr abnahmen. Wenn man heute in ein Auktionshaus geht, hier in Bamberg sagen wir mal, da kriegen sie solche Schachteln, ohne Limit sind da dreißig Uhren drin. Dass die Menschen damals zum Teil ihr Leben riskiert haben für irgendeine goldene Taschenuhr, dass sie sich die Arbeit gemacht haben, die schwarz anzumalen – heute lacht man darüber, heute kann man es eigentlich gar nicht fassen, aber die Menschen hingen halt damals an diesen Dingen. Und als Flüchtling waren Schmuck, Uhren oder Handtücher und solche Dinge die einzige Währung, mit denen man irgendwas beim Bauern lockermachen konnte."[629]

Nunmehr rückte das tägliche Überleben auch ins Zentrum der Aufmerksamkeit der Kriegskinder.

> „Dann erinnere ich mich [noch], dass ich mit dem Milchkanndl in der Hand zum Bauern geschickt wurde, um Milch zu holen – das war eine Art Bettelei. Wir konnten es bezahlen, aber darauf kam es nicht an, sondern ob man was kriegte oder nicht. Das Geld spielte für die Bauern eigentlich keine Rolle."[630]

> „Die Flüchtlinge mussten sich irgendwie durchschlagen. Wir haben in Steingaden – auch als Kinder – mit den Bauern Feldarbeit gemacht, und ich weiß noch, wie gut dann zwei Mohrrüben geschmeckt haben, die man als Belohnung bekam, wenn man zwei Stunden mit auf dem Feld geholfen hatte. Und wenn es vier Stunden waren, bekam man vom Bauern sogar eine Brotzeit, eine Mahlzeit in diesen schlechten Jahren. Das war gegen den Hunger immer ein großer Lichtblick."[631]

> „Mein Vater hat [als jugendlicher Flüchtling, S. D.] Pferdebürsten, also Schuhbürsten aus Pferdehaar, hergestellt. Dafür sind sie nachts auf die Koppel gegangen und haben bei den Pferden die Schweife abgeschnitten, das Pferdehaar geklaut, damit sie Bürsten binden können. Das klingt jetzt komisch, ist aber ganz furchtbar. Außerdem haben sie kleine Holzaschenbecher geschnitzt. Mit so einem Vögelchen drauf, das so am Rand saß, wir haben noch einen oder zwei zuhause, glaube ich, die wurden irgendwo in Lübeck verkauft, damit man was zu essen hat."[632]

---

629 Eichborn, J. 2012: 00:40:24-4 – 00:42:22-4.
630 Ballestrem, G. 2012: 00:59:15-6 – 01:03:05-4.
631 Websky, M. 2013: 00:58:47-2 – 01:04:17-3.
632 Reichenbach, A. 2013: 00:39:50-4 – 00:44:12-4.

Vielfach mussten kreative Lösungen gefunden werden, von denen sich Geschäfte mit den Besatzungssoldaten als besonders einträglich erwiesen. Wer schließlich gar keine andere Möglichkeit fand, konnte sich bei stattlicher Erscheinung und entsprechendem Auftreten für einige Zeit etwa als Portier verdingen.[633]

Auch wenn Flüchtlinge in traditionellen Milieus ankamen wie die Bergmann-Verwandtschaft auf Heldritt, war die Situation alles andere als ideal:

> „Meine Mutter musste dort auf dem Feld arbeiten, um Milch zu bekommen für ihre Kinder, das war auch klar. Die Verwandten konnten nicht sagen: ‚Ach, jetzt seid ihr hier, wie schön, aus Schlesien! Hier ist die heile Welt‘, denn es war eben nicht die heile Welt. [...] Ich hatte ja gesagt, meine Mutter musste auf dem Feld arbeiten, man konnte sonst die Menschen gar nicht ernähren. Das Haus war vollkommen überfüllt."[634]

Vielerorts allerdings waren die Flüchtlinge nicht willkommen, und besonders bitter erinnern sich einige daran, auch in der eigenen Familie zurückgesetzt worden zu sein: „Ja, das haben wir zu spüren gekriegt. [...] Meine Mutter hat mich geschickt, Eier stehlen, Gemüse stehlen, Obst stehlen im Garten von den Großeltern, weil sie uns einfach zu wenig gegeben haben. Es war so."[635] „Und ich wurde ausgelacht, weil ich Pferdeäpfel auf der Straße sammeln musste, damit mein Vater ein paar Tomaten im Gärtchen pflanzen konnte, weil kein Geld da war. Dann brauchte man das. Das sind so die ersten Erinnerungen."[636]

Die Mangelwirtschaft zwang zu allerlei Improvisationen:

> „Die letzten deutschen Truppen, die durchzogen, da hatte die Wehrmacht irgendwie einen Lastwagen stehen lassen, der war nicht mehr weitergefahren, der nur mit Salz voll war. Von diesem Salz lebte man also lange Zeit, das ganze Dorf, alle tankten da Salz. Und meine Großmutter, die kaufte irgendwann Kalender von 1945. Im Herbst 1945 kaufte sie so Abrisskalender mit einem Blatt für jeden Tag billig auf – als Klopapier. Also, man musste schlau sein, um sich so durchzuschlagen."[637]

6.2 Arbeitsmöglichkeiten, Geschlechterverhältnisse und Berufsbiografien

Ob die Bundesrepublik zu einer persönlichen Erfolgsgeschichte oder einer Geschichte des Scheiterns wurde, hing ganz entscheidend davon ab, ob es den Flüchtlingen gelang, in einem der früher eher geschmähten „Brotberufe" Fuß zu fassen. Besonders hart traf es diejenigen, die meist als die ältesten Söhne dazu auserkoren waren, das Erbe des elterlichen Guts anzutreten, und die deshalb ohne höhere Ausbildung gleich als landwirtschaftliche Eleven begonnen hatten.

---

633 Kulmiz, I. 2011: 00:51:37-2 – 00:52:21-2.
634 Eichborn, J. 2012: 00:32:15-2 – 00:33:29-3 u. 00:42:22-4 – 00:45:10-9.
635 Henckel-Donnersmarck, P. 2012: 00:31:35-4 – 00:32:47-6.
636 Mutius, H.-R. 2012: 00:03:40-3 – 00:04:52-9.
637 Eichborn, J. 2012: 00:47:17-0 – 00:48:09-3.

„Das war ganz, ganz schwierig, weil die Landwirte eben alles verloren hatten. Ganz schlimm war das. Wogegen, wenn man Jurist war – Vater hatte einen guten Freund, der wurde gleich in Bonn beschäftigt. Die Männer waren alle weg, und er hatte gleich in Bonn eine Bombenstellung. Oder Ärzte zum Beispiel – aber die Landwirte waren – also es haben sich auch einige Gutsbesitzer das Leben genommen. Das war dramatisch."[638]

Von Glück konnte sagen, wer wie Friedrich Leopold Graf von Ballestrem eine Schwester hatte, die durch eine Heirat mit einem Grafen Westerholt über Eigentum in Hessen verfügte und so dem Bruder eine Stelle als Verwalter eines Forstbesitzes anbieten konnte, „weil der Revierförster, der dort gesessen hatte, sehr alt war und dann auch inzwischen gestorben war. Das hat mein Vater bis zu seiner Pensionierung gemacht und wohnt auch heute noch in diesem Ort."[639] Wer eine Stelle als Verwalter oder Güterdirektor einnehmen konnte, dem gelang es damit wenigstens teilweise, an die alte Lebenswelt anzuknüpfen: „mein Vater ,regierte‘ (in Anführungsstrichen) ja so wie ein Grundbesitzer da."[640] Über diese Rolle bekam die Familie – anders als die große Mehrheit der Vertriebenen – im Lauf der ersten Jahre auch wieder Zugang zur Jagd. Graf Franz Friedrich von Stillfried vertrat den Fürsten Waldburg-Zeil auf Leutkirch nicht nur in geschäftlichen Belangen, sondern beispielsweise auch in Angelegenheiten des Kirchenpatronats.[641] Kurz, Funktionen dieser Art erlaubten es, traditionelles Rollenverhalten und traditionelle Hierarchiemuster in der Bundesrepublik fortzusetzen.[642] Dennoch: Besonders für den Hochadel war der Fall häufig tief und mussten soziale Schranken überwunden werden, deren Überschreitung vorher als undenkbar gegolten hatte. So fanden sich Prinzen aus fürstlichem Haus in der Rolle eines Versicherungsmaklers wieder, oder es wurden aus ehemals zum österreichischen Herrenstand zählenden Grafen Möbelrestauratoren.[643]

Wie in den ersten Jahren galt auch später häufig genug, dass Improvisation Trumpf und vorgezeichnete Lebenswege nichts waren. Wer Fremdsprachenkenntnisse und eine gewisse Weltläufigkeit mitbrachte und vielleicht auch über Kontakte im Westen verfügte, fand allerdings leichter ein Unterkommen, als diejenigen, die sich in einer völlig fremden Lebenswelt zurechtfinden mussten. Und in vielen Fällen erwiesen sich erneut verwandt- und bekanntschaftliche Netzwerke als außerordentlich stabilisierend.[644]

---

638 Kulmiz, I. 2011: 00:52:30-8 – 00:53:01-3.
639 Ballestrem, G. 2012: 00:56:57-5 – 00:57:43-3.
640 Ballestrem, G. 2012: 01:04:47-5 – 01:06:09-7.
641 Stillfried und Rattonitz, N. 2012: 02:02:23-5 – 02:05:05-3.
642 Als Güterverwalter des Fürsten etwa setzte Graf Franz von Stillfried traditionelle Standeskonventionen in seiner Rolle insoweit fort, als er sich „als adeliger Freund des Fürsten – Freund ist vielleicht schon zu viel gesagt – also bei allen Unterschieden doch als zugehörig betrachtete" und insofern auch eine gewisse Fürsorge seitens des Fürsten erwarten durfte. Stillfried und Rattonitz, N. 2012: 00:44:40-2 – 00:47:47-3.
643 Versicherungskaufmann: Sieghard Prinz von Schoenaich-Carolath – Schatzmeister der Stiftung Schlesien. In: Der Schlesier 18, 7. Mai 1982; Möbelrestaurator: Schoenaich-Carolath, E. 2013: 00:05:27-8 – 00:05:54-7.
644 Eine ähnliche Beobachtung macht Plato 2016, S. 190 zur Aufnahme der von ihm interviewten adeligen Stabsoffiziere in Industrievorstände.

„Als mein Vater aus der Gefangenschaft zurückkam, hat er sich dann einen Job gesucht, der zuerst im Landratsamt in Warburg war. Das liegt auch in Westfalen. [...] Er hat ja studiert und war Dr. rer. pol. und noch irgendwas, sodass er eigentlich eine ganz solide Ausbildung hatte, die ihm wohl dann auch später ganz gut geholfen hat, in den Job zu kommen. [...] Später, als die Sachen mit den Essensmarken und so etwas nicht mehr so wichtig war, [...] hat er einen Job im Rheinland bekommen, bei einer deutsch-spanischen Stahlfirma und später dann bei Thyssen. Entsprechend sind wir ihm ins Rheinland nachgezogen und lebten dann in der Nähe von Krefeld. Mein Vater arbeitete in Duisburg bei Thyssen sozusagen als – man nannte es damals ,Frühstücksgraf'. Heute würde man sagen, er war Chef des Besucherwesens. Und nachdem das also eine große Firma war, war das eigentlich ein ganz guter Job. Wie gesagt, dort hat er auch bis zu seinem Berufsende gearbeitet."[645]

Wer sich erneut in die Landwirtschaft begeben konnte, musste allerdings damit rechnen, in einer ganz anderen Umwelt zu wirtschaften, als er dies von Schlesien her gewohnt war. Die Familie von Uechtritz und Steinkirch hatte mit einem alten Traktor und gummibereiften Anhängern fliehen können, die sich allerdings schnell als für das neue Gelände untauglich erwiesen.[646]

„Ich bin Jahrgang 1946, in Bamberg kurz nach der Flucht geboren [...], bin aufgewachsen zunächst einmal innerhalb der Landwirtschaft, [...] eines kleinen Betriebes, den meine Eltern kurz nach dem Kriege dort in der Nähe von Bamberg gepachtet hatten. Sowohl mein Vater als auch meine Mutter kamen aus der Landwirtschaft, und man dachte, dass man zunächst mal auch sein Brot wieder mit der Landwirtschaft verdienen könne. Wer aber aus einem schlesischen Umfeld kommt, in die Fränkische Schweiz, in den Fränkischen Jura umzieht und dort Landwirtschaft machen möchte, der wird da schnell eines Besseren belehrt."[647]

Entscheidend für die Wahl der Landwirtschaft war auch, dass sie eine relativ gute Versorgung der Flüchtlinge versprach, die in den Städten keineswegs gewährleistet war.

„Die ganzen Umstände, die ganzen Strukturen dort waren natürlich nicht vergleichbar mit dem Umfeld, was man in Schlesien hatte. Für meine Eltern war es besonders hart, mit diesen Schwierigkeiten zurechtzukommen. Aber man hatte zumindest ein Dach überm Kopf und man hatte etwas zu essen, denn die Landwirtschaft war der Ort, wo es eben immer wieder was gab: wo geschlachtet wurde, wo Milch vorhanden war, also alle wichtigen Dinge, die – sagen wir mal – auch ein kleines Kind braucht, um groß zu werden. Das führte – nur so am Rande – mit dazu, dass aus der Familie Mitglieder, die nach der Flucht in irgendwelchen Städten, zum Beispiel Frankfurt, gelandet waren, im Sommer immer ihre Kinder zu uns aufs Dorf schickten, weil man wusste: ,Aha, dort werden sie gut ernährt'. Das führte dann auch dazu, dass mein Vater dann immer ein Bild machte. Da wurde ein Schwein geschlachtet und dann wurden die ganzen Kinder neben dieses geschlachtete Schwein gestellt, um gegenüber den Eltern der Kinder zu dokumentieren, dass ihre Kinder, die hier jetzt in der Fränkischen Schweiz in den Ferien sind, keinen Hunger leiden müssen."[648]

---

645 Dammermann, M. 2012: 00:00:19-8 – 00:02:48-1, 00:06:04-6 – 00:07:09-1 u. 00:00:19-8 – 00:02:48-1.
646 Uechtritz, H. 2012: 00:06:10-8 – 00:07:17-0.
647 Uechtritz, H. 2012: 00:00:17-9 – 00:02:21-0.
648 Uechtritz, H. 2012: 00:02:26-0 – 00:06:00-0.

Dennoch führten die Karrierewege vielfach aus der Landwirtschaft wieder heraus, zumal als das Wirtschaftswunder auch Quereinsteigern ein Unterkommen bot.

„Und von daher waren das zehn harte Jahre für meine Eltern. Mein Vater, der schwerst kriegsversehrt war, hat das dann eben aufgeben müssen (und es ist auch besser, dass es so gekommen ist) und ist dann nach Erlangen umgezogen. Dort ist er dank seiner vielen Sprachen, die er konnte, zu Siemens gegangen und ist dort dann im internationalen Bereich tätig geworden."[649]

Vor allem aber brachte das Kriegsende einen enormen Umbruch für die Arbeitswelt der Frauen. Bereits in der Gutswirtschaft der Kriegszeit hatten Frauen in der Abwesenheit der Männer eine wachsende Rolle gespielt.

„Die Mutter musste ja uns alleine versorgen, musste also auch das Gut Buchwald versorgen. Sie hatte einen Verwalter, der mitgeholfen hat. Sie hat, so gut sie eben konnte, das Gut während der Kriegszeit weitergeführt. Wenn der Vater vom Militär Urlaub bekam, hat er seinerseits versucht, notwendige Anweisungen zu geben oder die Bestellungspläne zu machen und so weiter. Bei Ende des Krieges war er nicht zu Hause, sondern, wie ich gerade erzählt habe, im Gefangenenlager beziehungsweise auf der Flucht."[650]

Frauen entwickelten so häufig genug ein nicht unbedeutendes Maß an Selbstbestimmtheit, die sie dann auch in der Nachkriegszeit auslebten.

„Also die [Großmutter] war eben immer mit ihrem Mann unterwegs, bis ’41, und als er dann gestorben war, ist sie als Witwe wieder nach Lomnitz gezogen. Lebte dann dort. Sie hatte noch richtig da die Hefte in der Hand gehabt, war die Gutsherrin, das hat man ihr bis an ihr Lebensende angemerkt, dass sie gewohnt war, sich um alles selbst zu kümmern. Die hat sich ungern von anderen reinreden lassen. Es war ganz witzig, [sie] hatte ihr ganzes Haus alleine gebaut, wenn dann mein Vater zu viel helfen wollte, das war ihr gar nicht recht [lacht]."[651]

Im seltenen Fall, dass in den Familien Besitzungen im Westen vorhanden waren oder sie auf andere Weise in die Landwirtschaft kamen, blieben allerdings alte Rollenmuster weitgehend intakt. Die Dame des Hauses repräsentierte und hielt den Gutsbetrieb in der Abwesenheit des Mannes aufrecht. Aber selbst hier mussten sich adelige Männer und Frauen, die bislang etwa einen „grandseigneuralen" Lebensstil geführt hatten, auf neue ökonomische Realitäten einstellen. Häuser schrumpften zu Wohnungen, das Personal verschwand vollständig oder doch wenigstens zum größten Teil, der Respekt, den ihnen eine anderskonfessionelle und sozial unabhängige Umgebung entgegenbrachte, war nicht länger selbstverständlich. Für die Mehrheit der Frauen allerdings brachte das Kriegsende vor allem die Suche nach einem Brotberuf, denn die Mütter waren geradezu notwendig darauf angewiesen, der Familie selbstständig Einkünfte zu erschließen.

„Ja, meine Mutter ist eine sehr intelligente und wohlerzogene junge Dame aus besten Kreisen gewesen, aber sie war auch immer schon eine sehr selbstständig denkende Person

---

649 Uechtritz, H. 2012: 00:00:17-9 – 00:02:21-0.
650 Stillfried und Rattonitz, N. 2012: 00:07:18-6 – 00:10:00-7.
651 Küster, U. 2013: 00:53:59-7 – 00:54:32-8.

Abbildung 9: „Da wurde ein Schwein geschlachtet und dann wurden die ganzen Kinder neben dieses geschlachtete Schwein gestellt".

und hat – die ist geboren 1901 – in der Zeit vor ihrer Eheschließung, das muss also irgendwann in den Zwanzigerjahren gewesen sein, das Handwerk des Fotografen erlernt. [...]
Sie hat aus Schlesien eine große, zweiäugige Rolleiflex-Kamera mit gerettet, eine, ja, diese zweiäugige Spiegelreflexkamera, berühmtes Modell, und konnte sich dann mit einem
persönlichen Kredit eines Freundes schon 1946 einen Vergrößerungsapparat kaufen – den
Kredit hat sie auch brav zurückgezahlt – und hat dann in ihrer Wohnküche ein Fotolabor
aufgemacht. [...] Und mit diesen Fotos konnte sie dann tatsächlich so viel Geld verdienen, dass man über die Runden kam und dieses Kunststück, die Kinder und sich selbst in
diesen Nachkriegsjahren, ab 1945 bis 1950, über die Runden zu bringen, ist eigentlich –
und das ganz Erstaunliche ist eben, dass diese wohlbehütete, höhere Tochter, die eigentlich
französische und englische Gedichte zitieren konnte, fehlerfrei und akzentfrei, und sehr
gut Klavier spielte, dass die sich mit dem Fotohandwerk durchschlagen konnte. Sie hat
auch Nachhilfestunden gegeben in Steingaden, erinnere ich mich, für die Oberschüler, für
die Fahrschüler, die nach Füssen oder Hohenschwangau fuhren und die in Englisch und
Französisch schlecht waren."[652]

Auch für die Frauen war es zunächst nicht einfach, eine Anstellung zu finden, besonders wenn sie sich in klassischen Frauenberufen umsahen. So kam beispielsweise Brigitte von Kulmiz nach einer Zeit als Kälberschwester auf einem Gut und als Tierarzt-
helferin schließlich auf einem Gestüt ihres Schwagers unter: „Weil ich keine Arbeit

---

652 Websky, M. 2013: 00:58:47-2 – 01:04:17-3.

fand und ich nicht wusste, was ich machen sollte. Ich wollte irgendwo Haustochter sein. Einiges ist fehlgeschlagen, wo ich mich vorgestellt habe."[653] Letztlich füllte sie auf dem Gestüt eine „Männerstelle" aus, wobei ihr ihre landwirtschaftlichen Vorkenntnisse zustattenkamen.

> „Zunächst mal habe ich also immer nur bei Pferden gearbeitet. In Kreuzpullach hatte ich eben die Kälber und ein Gespann, war Gespannführer für so Arbeiten, die so draußen zu machen waren, hatte also ein Pferdegespann, das ich so mit Füttern, Beschlagen und allem machen musste. [...] Und da habe ich auch das ganze Vollblutgestüt gemacht. Das waren Pensionspferde, die mein Schwager da hatte. Die sollten wieder in ein anderes Gestüt und da waren die ganzen Männer weg. Und ich machte die Arbeit von vier Männern. [Lachen]"[654]

Es folgten weitere Stationen als Sprechstundenhilfe, eine Ausbildung zur Masseurin und Arbeit im Bäderbetrieb von Wiessee, ehe sich Brigitte von Kulmiz schließlich in Erlangen als Masseurin mit einer eigenen Praxis selbständig machte, die sie erst 1994 aufgab, als sie in den Ruhestand ging.[655]

Mit der zum Teil sehr schlechten Arbeitssituation kam die damit verbundene existenzielle Unsicherheit. „Wir hatten nie Geld. Also bei uns war das Thema Sparen – es war schon sehr stark ausgeprägt, kann man sagen."[656] Da kaum Bargeld im Umlauf war, die Familie der Grafen von Praschma aber über einen großen Garten verfügte, belieferte sie das benachbarte Kreisstädtchen Höxter mit Gemüse. Damit konnten dann Notwendigkeiten des Haushalts und sogar ein Kühlschrank angeschafft werden.[657] Dass die alte Welt mit ihren Versorgungsversprechen so plötzlich zusammengebrochen war, warf viele in eine andere Realität. „Meine Schwiegermutter – Sie müssen sich das mal vorstellen – als sie heiratete, hatte sie eine Zofe, die sie an- und ausgekleidet und gekämmt hat. [...] Und nach der Flucht, in Tutzing, musste sie auf die Straße gehen und Eis verkaufen."[658]

Wer wie die junge Thekla von Enckevort aus bescheidenen Verhältnissen im Westen nach Schlesien geheiratet hatte, musste sich seinerzeit erheblich umstellen: „[...] sie selber war ja nicht so gut begütert und hatte dann plötzlich Personal. Meine Mutter hat das immer erzählt, dass sie da am Anfang schon Schwierigkeiten hatte, plötzlich so viel um sie herum zu haben. Das war sie nicht gewöhnt."[659] Dafür – so erinnert sich ihre Tochter – sei ihr umgekehrt die Umstellung auf die veränderte Situation nach der Flucht sehr viel leichter gefallen als anderen. Vielfach allerdings waren adelige Frauen nicht auf die Realitäten eines Familienhaushalts vorbereitet.

> „Meine Mutter konnte außer dem, was man als Dame auf der Jagdhütte bei der Hirschbrunft und so, um die Herren zu versorgen, kochen konnte, gar nichts im Haushalt. Und

---

653 Kulmiz, B. 2011: 00:54:46-6 – 00:57:36-1.
654 Kulmiz, B. 2011: 00:53:14-0 – 00:54:11-0.
655 Kulmiz, B. 2011: 00:54:46-6 – 00:57:36-1.
656 Bergmann-Korn, B. 2012: 00:12:20-9 – 00:14:39-7.
657 Dammermann, M. 2012: 00:07:16-2 – 00:11:53-8.
658 Kulmiz, I. 2011: 00:56:59-8 – 00:57:44-7.
659 Bergmann-Korn, B. 2012: 00:10:01-1 – 00:12:20-9.

wir hatten ja dann mit der Landwirtschaft schon allmählich angefangen, jedenfalls hatten wir eine Hausangestellte. Und die hat meiner Mutter kochen beigebracht. Dadurch
sind mein Bruder und ich recht gute Köche geworden, weil die einzige Stube, die wirklich warm war, war die Küche. Und meine Mutter hat dann alles gefragt, wie man das
macht, ob man die Kartoffeln kalt oder warm aufsetzt und wie man Nudeln kocht und
so weiter."[660]

In vielen Zeugnissen spürt man die Sehnsucht nach den alten Routinen und einer
anderen Art des Arbeitens: Da „eine Dame, die hier lebt, verreiste, hat sie mir ihre
Maschine [Schreibmaschine, S. D.] geborgt," berichtet etwa eine adelige Dame 1950
an Adelheid von Velsen, „ich bin so glücklich darüber u. komme mir in ‚alte Zeiten' hinein versetzt vor. – Da all die tägliche Hausarbeit auf meinen Schultern liegt,
u. ich nicht die geringste Hilfe habe, komme ich leider zu so vielen Dingen, die mir
lieb sind nicht".[661]

Die Voraussetzung dafür, um nach dem Zweiten Weltkrieg wieder die vom Adel
lange Zeit favorisierten Stellen im Staats- und Verwaltungsdienst anzutreten, war ein
abgeschlossenes Entnazifizierungsverfahren.

> „Mein Vater hat sich also erst mit Vorträgen durchgeschlagen, das war nicht leicht, da er
> auch erst noch entnazifiziert werden musste, denn er war ja NSDAP-Mitglied, offiziell,
> hatte Mitgliedsnummer so und so viel. Gut, das ging dann durch, und erst danach, wenn
> man entnazifiziert war, eingestuft war als Mitläufer, konnte man sich eigentlich auf die Su-
> che nach einer neuen Tätigkeit machen."[662]

Frühere Bindungen an Partei und NS-Organisationen in der sozialen Gruppe er-
schwerten es Adeligen offenbar kaum, neue Anstellungen zu finden. So fanden sich
für viele entlastende Momente, die das Ausmaß der eigenen Mitverantwortung ein
Stück weit relativierten. Gerade Offiziere profitierten nicht nur von einem generell
„unbefleckten" Bild der Wehrmacht, sondern durch den prominent auch adeligen
Widerstand gegen das Regime gelang es vielen, ihr Verhalten als widerständig zu beschreiben.[663]

Sogar relativ exponierte Persönlichkeiten wie der während des Weltkriegs als „Pan-
zergraf" bekannt gewordene Generalmajor a. D. Hyacinth Strachwitz schlossen so
erfolgreich ihr Entnazifizierungsverfahren ab. Strachwitz vollzog nicht nur eine bei-
spiellose militärische Karriere und erfreute sich unter den einfachen Soldaten großer
Beliebtheit, weil er seine Truppe „von vorne" führte und deshalb mehrfach schwerst
verwundet wurde, sondern ließ zugleich öffentlich keine Distanz zum Nationalsozialismus erkennen. Bereits 1931 – als andere Angehörige des katholischen Adels
sich noch mit der Frage auseinandersetzten, ob sich NS-Weltanschauung und ein
katholischer Standpunkt überhaupt vereinen ließen[664] – stellte er einen Mitglieds-

---

660 Ballestrem, G. 2012: 01:12:02-1 – 01:13:14-1.
661 Brief von Hildegard von Eggeling an Dr. Adelheid von Velsen. Escheberg, 8. März 1950. BArch
     LAA Ostdok 2 / 176 Blatt 7.
662 Eichborn, J. 2012: 00:49:22-4 – 00:54:28-6.
663 Zu einer Neuordnung des adeligen Widerstandes vgl. Conze 2001.
664 Marco Graf von Ballestrem bemühte sich in einer vergeblichen Abwehr der Positionierung Franz

Ueberblick über die Massenkundgebung in Gleiwitz. — Gespannt lauscht alles den Worten des Panzergrafen.

Abbildung 10: Der längere Fronturlaub von Hyacinth Graf Strachwitz 1944 wurde für Propagandazwecke genutzt. Hier eine Massenkundgebung in Gleiwitz.

antrag zur NSDAP, dem 1932 stattgegegben wurde. 1933 wurde er Mitglied der SS, in der er bis 1943 in den Rang eines SS-Standartenführers aufstieg. Nach Ernst Klee befand er sich zeitweilig zudem im persönlichen Stab des Reichsführers SS.[665] Für das Regime eignete er sich deshalb wie kaum ein anderer als eine charismatische Integrationsfigur, als „Verkörperung des soldatischen Menschen in Oberschlesien schlechthin".[666] Auf Front- und Genesungsurlauben wurde Strachwitz deshalb für Propagandazwecke eingespannt – Massenkundgebungen, Empfänge, Werksbesuche oder Bildberichterstattung wie aus Anlass der Verleihung der Brillianten zum Ritterkreuz des Eisernen Kreuzes mit Eichenlaub und Schwertern 1944. Strachwitz gelang es zu Kriegsende, sich von Bad Kudowa aus bis nach Bayern durchzuschlagen, wo er sich den amerikanischen Streitkräften ergab.

> „Die Entnazifizierung hat er dann wohl relativ leicht überstanden, weil es auch Statements von irgendwelchen Leuten gab, die ihm bestätigt haben (nicht nachgewiesen, sondern bestätigt haben), dass er wohl an einem geplanten Umsturzversuch beteiligt war, der sogenannte Plan Lanz. Das war ein General, um den offensichtlich herum ein Versuch gestartet worden ist, Hitler noch mal an die Front zu holen, 1943 – das hat aber nicht funktioniert, der flog dann woanders hin. Dafür gibt es nicht so allzu viele Bestätigungen, aber ich sage mal, zumindest gibt es Aussagen, damals Aussagen, die meinem Vater das bestätigten. Dadurch wurde er relativ leicht entnazifiziert, hatte dann natürlich auch keine berufliche Perspektive und nahm dann wohl ein Angebot an, das syrische Militär zu beraten."[667]

---

von Papens, den Verband auf eine Unvereinbarkeit beider Ansichten hin auzurichten. Vgl. Vereinigung Katholischer Edelleute Schlesiens 2016, S. 13.

665 Klee 2007, S. 597; Röll 2011, S. 49.

666 Das Zitat aus der Rede des Gauleiters Fritz Bracht zu Ehren Strachwitz'. OS feiert seinen ersten Brillantenträger – Generalmajor Pg. Graf Strachwitz bei unserem Gauleiter […]. In: Der oberschlesische Wanderer 117/129, Donnerstag 11. Mai 1944, S. 3.

667 Strachwitz von Groß-Zauche und Camminetz, J. H. 2011: 00:07:50-6 – 00:13:40-9. Zum Konstrukt des sogenannten „Planes Lanz" vgl. die affirmative Darstellung von Hoffmann 1979. Dem-

Immer wieder drängten sich die Pimpfe ganz nahe an „ihren" Panzergrafen. Alle wollen ihm die Hand drücken.

Abbildung 11: Der General als Heldenfigur: Gezielt suchte das Regime mit populären Frontkämpfern die Jugend anzusprechen. Graf Strachwitz in der Mitte rechts, im Mantel.

Aufgrund der sich verschlechternden Sicherheitslage in Syrien 1949 kehrte Strachwitz über eine Zwischenstation in Italien schließlich 1951 in die Bundesrepublik zurück, wo seine junge Familie von einer Erbschaft von der Seite seiner zweiten Frau leben konnte.

Wieder andere wie der Ingenieur Karl Heinrich von Mutius, der während des Krieges für die Organisation Todt in Griechenland und Italien tätig war, kehrten erst gar nicht in den deutschen Weststaat zurück, sondern wanderten gleich ganz aus.[668]

6.3 Wohnen

Die Wohnungsnot der Flüchtlinge war eines der drängendsten Probleme der unmittelbaren Nachkriegszeit. Sie wurde durch die Zerstörungen des Bombenkriegs, die auch viele westdeutsche Familien getroffen hatten, noch verstärkt. Viele Familien verließen die ersten Anlaufstellen deshalb erst nach wenigen Jahren, sobald sich mit einiger Sicherheit eine Arbeitsstelle gefunden hatte. Die Familie von Eichborn etwa

---

entgegen eine kritische Bewertung in der sonst sehr wohlwollenden Biografie von Röll 2011. Eine ältere, stark hagiografische Biografie Strachwitz': Fraschka 1962.
668 Mutius, W. P. 2012: 00:00:17-5 – 00:03:14-9.

zog 1948 nach Stuttgart, nachdem der Vater eine Stelle im Lektorat der Deutschen Verlagsanstalt bekommen hatte, die, als sie noch Hallberger-Verlag hieß, im Besitz von Verwandten der Familie gewesen war.

> „Dann fand er im auch stark kriegszerstörten Stuttgart eine Wohnung in der Reinsburgstraße. Das war ein Haus, da war gegenüber eine Fabrik gewesen, die war in die Luft geflogen oder abgebrannt. Das Haus selber hatte oben auch gebrannt und hatte nun ein Notdach, und ich glaube, von den fünf Stockwerken waren die ersten drei oder vier wieder bewohnbar. Da waren wir also im obersten Stockwerk [...]. Man hatte keine Türen, man hatte nur so ehemalige Türen, wo die Farbe abgeblättert war, weil es gebrannt hatte. Man sah die Brandspuren und die Türen konnte man nur so vorlehnen. Das einzige Klo, was es gab, das war im Stockwerk drüber, da unter diesem Notdach. Man stand auf weiter Flur. Irgendwann wurde es dann besser, dann konnte mein Vater so eine Wanne auftreiben, wie sie eigentlich die Metzger haben, wenn sie ein Schwein schlachten. So eine Wanne wurde dann in irgendeinen Raum gestellt, das war dann die Badewanne. So fing das eben langsam an. Aber es war eine wunderbare Existenz."[669]

Einige – vor allem ältere – Flüchtlinge vermochten die ersten Anlaufstellen überhaupt nicht mehr aus eigener Kraft zu verlassen und blieben auf das Wohlwollen von Verwandten und die Hilfe von Konfessions- und Standesgenossen angewiesen. Der Herzog von Ratibor, dem mit Schloss Corvey als einem von nur wenigen schlesischen Flüchtlingen ein Haus im Westen zur Verfügung stand, nahm nicht nur eine Vielzahl anderer geflohener Adeliger vorübergehend auf, sondern ließ auch eine ganze Reihe bis zu ihrem Tod bei sich wohnen.[670] Als besonders großzügig erwies sich der Fürst Löwenstein-Wertheim, der „allen seinen Flüchtlingsverwandten ein kleines Gut oder irgendwie so eine kleine Existenz geschenkt" hatte.[671] Derartige Möglichkeiten, wieder sesshaft zu werden, waren die absolute Ausnahme. Glücklich konnte sich im Regelfall schätzen, wer wie die Familie von Stillfried nicht nur eine Anstellung fand, sondern auch eine Dienstwohnung erhielt:

> „Wir wohnten in Ratzenried, da bekamen wir eine Dienstwohnung bei einem der Höfe. Das war ein Vorgebäude, ein ursprüngliches Zugangsgebäude zum Schloss Ratzenried. Es war etwa 250 Jahre alt, hatte Klinkerböden in den Fluren, durchgetretene Dielenböden, in den Zimmern Ofenheizung und kein WC. Es gab einen Wasserhahn im ersten Stock und einen Wasserhahn im Erdgeschoss in der Küche und einen im Bad. Das Bad war eigentlich Waschküche. Da zog dann eben der Vater mit der Familie mit damals erst noch vier Buben ein, aber schon 1946 kam eine Tochter, 1948 die zweite und 1951 noch ein Sohn, sodass wir dann sieben Kinder waren. Es waren alles sehr, sehr einfache Umstände, aber trotz allem glaube ich, dass es uns im Verhältnis zu anderen Flüchtlingen noch sehr gut ging, weil wir eben im ländlichen Bereich lebten, weil wir überhaupt ein Dach über dem Kopf hatten, weil wir überhaupt heizen konnten – es gab zwar hauptsächlich nassen Torf und nasses Holz, aber irgendwie haben die Eltern das Feuer angekriegt und irgendwie ist es dann auch erträglich geworden."[672]

---

669 Eichborn, J. 2012: 01:01:33-2 – 01:03:10-7.
670 Dammermann, E. 2011: 00:27:22-5 – 00:29:33-1. Ähnliches berichtet Stillfried und Rattonitz, N. 2012: 00:48:28-7 – 00:49:51-0 für den Fürsten Waldburg-Zeil.
671 Ballestrem, G. 2012: 01:39:32-2 – 01:40:38-5.
672 Stillfried und Rattonitz, N. 2012: 01:07:06-3 – 01:14:21-4.

Die Lebensumstände der Familie von Stillfried waren zwar deutlich schlechter, als sie auf Gut Silbitz in Schlesien gewesen wären – so mussten die Söhne zu fünft in einem Zimmer schlafen –, aber der neunköpfigen Familie blieb eine Kinderschwester, „die in rührender Weise sozusagen als zweite Mutter da war, um diese sieben Kinder großzukriegen. Sie hatte die Flucht mitgemacht und ist insgesamt 35 Jahre bei uns gewesen, bis zu ihrem Tode. Sie war also Teil der Familie".[673] Maria von Loesch hatte das Glück, dass ihr Mann sofort eine Anstellung fand. Zunächst bei „Bekannten von Bekannten" untergekommen, konnte sie schon im November 1945 einen „selbständigen Haushalt" gründen. „Wir haben unsere kleine, nette Wohnung, inzwischen [1947] sehr gemütlich, vor allem mit nur eigenen neuerworbenen Sachen und Möbeln eingerichtet. Mein Mann ist ein Organisationstalent, und ich habe inzwischen Nähen gelernt und damit etwas Schönheit gezaubert." Für ein halbes Jahr nahm das junge Paar allerdings noch die Mutter von Maria von Loesch sowie ihre zwölfjährige Schwester auf, beide waren „von den Russen aus Österreich ausgewiesen worden". Die Mutter konnte allerdings ausziehen, sobald sich „eine sie sehr befriedigende Stelle als Flüchtlingsfürsorgerin und kirchliche Helferin in einem Lübecker Lager fand."[674]

Einige der Familien flohen zusammen mit Dienstpersonal, das zunächst auch nach dem Kriegsende und unter den völlig veränderten Bedingungen der neuen Unterkunft bei der alten Herrschaft blieb. Die Familie des Grafen Valentin von Ballestrem wandte sich zunächst nach Thüringen, dann aber nach Bayern, da dessen Mutter, eine geborene Gräfin Walderdorff, von dort stammte. Unterkunft fand sie schließlich bei der Familie der Grafen Lerchenfeld, „die einem erstmal ein Haus [gemeint sein dürfte das Schloss in Sankt Gilla, Anm. S.D.] zur Verfügung stellen konnte, was aber wirklich sehr primitiv war. Da gab es kein fließend Wasser, da gab es keinen Strom, das war also wirklich nur ein Dach über dem Kopf". Zumindest aber war das Gebäude groß genug „für eine Mutter mit acht Kindern und entsprechendem Personal, was die Flucht mitgemacht hatte".[675] In der Familie wurde diese erste Unterkunft als eine absurde Situation memoriert:

> „Zum Beispiel [hat] auch die Köchin aus dem Schloss in Plawniowitz [...] noch in, wie dann der erste Ort hieß, Sankt Gilla, [...] gekocht. Und die Diener sind auch noch in diesem Haus rumgelaufen. Also, das war wohl teilweise eine sehr skurrile Situation, weil man eben in einem Haus lebte, in dem es zwar kein Wasser und keinen Strom gab, aber einen Diener, der mit weißen Handschuhen serviert hat."[676]

Mit den Veränderungen verbanden sich allerdings auch nie wirklich artikulierte Verlusterfahrungen, die besonders im hochadeligen Milieu als schmerzhafter Statusverlust empfunden wurden: „Für diese Familien hat es natürlich einen Unterschied gemacht, ob man in einem Schloss wohnt oder in einem Gutshaus und eine intakte Umgebung hat. Und sicherlich hat sich mancher schwer damit getan, sich damit abfinden zu müssen, plötzlich vielleicht in einer kleinen Wohnung oder in einer mo-

673 Ebd.
674 Braun 2002, S. 62, Nr. 30: Maria von Loesch, Dahmsdorf, 23. April 1947.
675 Beide Zitate nach Ballestrem, N. 2010a: 00:16:39-6 – 00:19:20-2.
676 Ballestrem, N. 2010a: 00:48:40-0 – 00:50:23-3.

dernen Reihenhaussiedlung – was eher verpönt ist – zu leben."[677] „Man musste sich natürlich auch erst an dieses neue Leben gewöhnen, weil das Leben in Schlesien war schon sehr opulent. Da musste man sich nicht unbedingt zurücknehmen und musste sich ja auch in den Kriegsjahren nicht zurücknehmen, weil bis die Kriegsauswirkungen in Schlesien ankamen, das hat ja sehr lange gedauert".[678]

Diese Verluste trafen nicht nur die Wohnsituation nach dem Krieg, sondern viel breiter die gesamte Lebensführung. Dem Maler Wolfgang von Websky (1895–1992) beispielsweise gelang es nicht mehr wirklich, in der Bundesrepublik wirtschaftlich Fuß zu fassen. Sein früheres Leben hatte er zwischen einem Brotberuf, der Offizierslaufbahn, und einer Berufung, der Malerei, verbracht. Nach seiner Rückkehr aus russischer Kriegsgefangenschaft 1950 wollte ihm ein Neuanfang in Steingaden in Oberbayern als Künstler nur schwer gelingen. Von Websky war im doppelten Sinn Teil einer „verschollenen Generation", wie Rainer Zimmermann einmal über die deutsche Malerei des expressiven Realismus getitelt hat,[679] da sein Frühwerk in Schlesien zurückblieb und wohl größtenteils zerstört worden ist und zugleich das Interesse der Zeit über seine Art zu malen hinwegzog. Auch nach einem Umzug in eine in Wangen im Allgäu[680] neu geschaffene Künstlerkolonie blieb er durch den Wegfall des Gutes in starkem Maße von Gönnern und einer kleinen Offizierspension abhängig, die aus seiner aktiven Dienstzeit von 1915 bis 1921 herrührte.

Wie im Falle Webskys brachten vielen Adeligen frühere Stellen in Verwaltung und Militär schließlich eine Rente ein, die in einigen Fällen sogar recht beachtlich sein konnte.

> „Mein Vater ist 1893 geboren, war also im Grunde genommen eigentlich schon im Rentenalter, als ich 1952 geboren wurde. Er hatte in Düsseldorf noch mal versucht, ein Handelsgeschäft aufzubauen, dann ist aber 1954 mein Großvater mütterlicherseits gestorben, und seitdem kam – ich sage mal – etwas Geld in die Familie. Dadurch war es dann nicht mehr notwendig, dass er arbeiten musste. Er kümmerte sich sozusagen um die Verwaltung dieses kleinen Vermögens, das meine Mutter geerbt hatte, und hatte dann keinen – er kriegte natürlich eine Rente aufgrund seiner Generalsposition".[681]

6.4 Lebensweltliche Brüche

> „Mei, der Vater war gebrochen. Der ist auch nie, nie mehr nach Hause. Der war kaputt."[682]

Der Umbruch von 1945 traf viele Adelige nicht nur existenziell. Sie sahen sich in eine völlig neue Rolle geworfen, in der alte Hierarchien vielfach nichts mehr galten,

---

677 Schoenaich-Carolath, E. 2013: 00:23:30-9 – 00:25:12-8.
678 Ballestrem, N. 2010a: 00:48:40-0 – 00:50:23-3.
679 Zimmermann 1980; die Biografie Webskys ebd., S. 394.
680 Eine Abbildung der Häuschen bei Kossert 2008a, S. 121.
681 Strachwitz von Groß-Zauche und Camminetz, J. H. 2011: 00:06:10-0 – 00:07:33-3.
682 Peter Graf Henckel von Donnersmarck im Interview mit Andrzej Klamt 2013. In der Filmfassung: Gloria & Exodus 2014: 00:47:20 – 00:47:33.

alte Hoffnungen und Gewissheiten zerstört waren. „Ich glaube er hat nach dem verlorenen Krieg und der Flucht am meisten gelitten", berichtet etwa Melitta Sallai über
ihren Vater Hans Christoph von Wallenberg Pachaly. „Seine Ideale waren dahin,
sein nationales Denken nicht mehr gefragt und durch die Ausartungen des Nationalsozialismus verpönt."[683] Jenseits existenzieller Bedrohungen von Kriegsgeschehen,
Flucht und Vertreibung war es ein bleibender, auf ganz eigene Weise traumatisieren-
der Einschnitt, mit dem einige besser – oder zumindest nach außen hin besser – und
andere weit weniger gut zurechtkamen.

> „Es ist immer so amüsant, wenn ich auf einem Familienfest bin und dann erzählen immer
> alle, wie fröhlich und wie locker mein Vater war. Und wenn ich dann sage, er ist aber ganz
> anders zu Hause gewesen, dann gucken die mit großen Augen und können das nicht glau-
> ben. Bis heute nicht. Weil er so ein toller Schauspieler war, wenn er in der Familie war. Oder
> überhaupt konnte er sehr fröhlich sein und sehr – ja, sich so ganz locker geben, aber zu Hau-
> se war er sehr schwierig. [...] Ich glaube – das hat er nicht *mir* gesagt, aber er hat es meinem
> Mann gesagt – dass er es letztendlich nicht verwunden hat, dass er das [den Bergmann'schen
> Besitz, S. D.] nicht übernehmen [konnte], dass er praktisch nichts mehr hatte. Er hatte ja
> eine Frau und schon Kinder und konnte seiner Frau nichts mehr bieten, den Kindern schon
> gar nicht. Er hatte praktisch nichts mehr. Ich glaube – er hat es nie zugegeben, aber ich glau-
> be, dass er das nicht verarbeitet hat. Den Verlust der Heimat und auch alles andere."[684]

Während sich die einen zurückzogen, weil sie mit den Veränderungen in der Welt
nicht wirklich umgehen konnten, beschlossen andere gar, ihrem Leben ein Ende zu
setzen. Gefördert wurde die Radikalität, mit der der Bruch erfahren wurde, auch
durch die Aufnahmesituation im Westen. So sei ihr Neffe Manfred Graf von Richt-
hofen-Seichau „unglücklich an seinem neuen Wohnort" gewesen, berichtet etwa
Kunigunde Freifrau von Richthofen, und habe deshalb den Weg des Freitods ge-
wählt.[685] Dessen Witwe Sigrid Gräfin von Richthofen beklagte sich über die „völlig lieblose – das ist gelinde gesagt – Unterbringung bei Bekannten von früher" und
fehlendes „menschliches Verstehen und Ansprache", die sie für den Freitod ihres
Mannes mitverantwortlich machte.[686] Aber auch dort, wo eine eher freundliche Umgebung existierte, beschlossen Angehörige von Adelsfamilien wie die frühere Gutsherrin auf Schwengfeld, Olga von Websky, geborene Moltke-Hvitfeldt, Anfang der
1950er Jahre ihrem Leben ein Ende zu setzen.[687]
   So schwer das eigene emotionale Gepäck war, so sehr verstärkte dies ein veränderter
Umgang alter Freunde oder sogar von Verwandten. Früher bestehende Beziehungen
zu Familien im Westen brachen mit einem Mal ab; zu groß waren die sozialen Gegen-

---

683 Sallai 2006, S. 4.
684 Bergmann-Korn, B. 2012: 00:58:53-4 – 01:00:18-4 u. 01:01:42-2 – 01:02:18-6.
685 Schreiben von Kunigunde Freifrau von Richthofen an Gotthard von Witzendorff-Rehdiger. Wies-
    baden, Hotel Albany 3. Dezember 1951. BArch LAA Ostdok 2 / 203, Blatt 276f., hier Bl. 276.
686 Schreiben von Sigrid Gräfin von Richthofen an Gotthard von Witzendorff-Rehdiger. Wiesbaden
    18. Dezember 1951. BArch LAA Ostdok 2 / 189, Blatt 89–92, hier Bl. 90.
687 Websky, M. 2013: 00:57:47-4 – 00:58:33-0, mit dem allerdings durchaus relevanten Hinweis,
    dass eine direkte Verbindung mit dem Zusammenbruch der alten Lebenswelt natürlich nicht klar
    nachgewiesen ist.

sätze geworden. Gerade in den Kreisen der Magnatengeschlechter, wo der soziale Fall besonders tief war, ist die Verletzung darüber, dass Teile des früheren Umfelds aus dem Westen nun fast umgehend den Kontakt einstellten, noch heute spürbar.

> „Es gab Adelige, wo ich erst später festgestellt habe, dass mein Vater sehr beleidigt war, weil er sagt, als wir noch in Schlesien saßen, in unseren Schlössern, die großen Wälder und die großen Jagden, da kam dieser Adelige jedes Jahr und schoss bei uns kapitale Böcke, und nachdem ich als Flüchtling in Herbstein saß, hat er uns nie besucht. Und bis zu seinem Lebensende nicht, er hat die Eltern nie besucht."[688]

Auch in den Dorfgemeinschaften im Westen, in die Adelige nun hereinkamen, fühlten sie sich häufig genug isoliert. Adelig-Sein und Flüchtling-Sein vermengten sich dabei in ein schwer zu separierendes Amalgam. „Daran [dass man bei den Bauern um Milch betteln gehen musste, S. D.] hat man das schon gemerkt, aber wir haben also den Außenseiterstatus immer darauf bezogen, dass wir Grafen sind, und das war auch sicher so der Fall."[689] Der Zusammenbruch der Lebenswelt auf den schlesischen Gütern war dabei nicht nur für die Erwachsenen, sondern auch für die Kinder ein nachhaltiges Ereignis. Die zuvor sehr isoliert lebenden Kinder des Grafen Friedrich Leopold Ballestrem etwa gerieten höchst unsanft mit den Kindern der Dorfschule aneinander.

> „In einer der ersten großen Pausen in dieser Schule wurden sowohl mein Bruder, der also natürlich ein Jahr älter und überhaupt kräftiger als ich [war], wir wurden beide an die Wand, vor so eine Häuserwand, gestellt und dann haben die mit Steinen auf uns geworfen, weil wir eben Grafen sind – und das sollten wir eben auch spüren. Wir sollten uns nicht einbilden, wir wären was Besseres. Und ein Lackel, der dreimal sitzengeblieben war, der nahm mich in den Schwitzkasten. Und er wohnte schräg gegenüber von der Schule, und da war so ein Gänsestall eingebaut, ohne Fenster und ohne alles mit so hoch Mist drin. Er hat mich also in den Schwitzkasten genommen und hat gesagt, so, ich wäre jetzt gefangen und dann müssten die Eltern Lösegeld bezahlen und ich käme in den Gänsestall eingesperrt, total lichtlos in den Schlamm. Ich war neun Jahre alt und dachte: ‚Ob du hier jemals wieder rauskommst?' Ich war vielleicht acht – ja, mit neun Jahren kam ich ja schon ins Gymnasium. Also ich war sieben oder acht. Ich saß also da im Gänsestall, und dann hat er gesagt: ‚Ja, deine Eltern werden ja wahrscheinlich nicht für dich – und ich trau mich auch gar nicht, deinen Eltern zu sagen, dass du Gefangener bist, du verhungerst jetzt hier!' Und dann hab' ich gedacht: ‚Naja, gut, wenn dein letztes Stündchen geschlagen ist' – das war mir schon von Kindheit an aus religiösen Gründen beigebracht worden, dann hat man immer brav sein müssen, weil man könnte jederzeit sterben, damit man dann in den Himmel kommt. Und da dachte ich: ‚Nun gut, dann ist das eben jetzt. Hoffentlich war ich brav gewesen und komme in den Himmel.' Aber ich wurde dann wieder rausgelassen [lacht]."[690]

Auf die Idee, sich gegenüber solchen Zumutungen der Umgebung zu behaupten, so erinnert sich der Zeitzeuge, seien die Geschwister zunächst gar nicht gekommen,

---

688 Ballestrem, G. 2012: 01:36:27-3 – 01:38:34-9, Passage anonymisiert.
689 Ballestrem, G. 2012: 00:59:15-6 – 01:03:05-4.
690 Ballestrem, G. 2012: 01:03:05-4 – 01:04:46-6.

weil beispielsweise ein Einschalten der Eltern den eigenen Ehrvorstellungen zuwidergelaufen sei.

> „Wobei dieser Lackel mir dann beigebracht hat – und hat gesagt: ‚Ihr seid ja blöd.‘ Dann haben wir gesagt: ‚Wieso?‘ Er hat gesagt: ‚Ja, ihr könnt euch ja doch wehren.‘ Und da hab' ich gesagt: ‚Du bist doch viel stärker als ich. Ich kann mich überhaupt nicht wehren.‘ Und da hat er gesagt: ‚Du bräuchtest doch nur zu sagen: Wehe du tust mir irgendetwas, dann kriegen deine Eltern nächsten Winter oder nächstes Mal kein Holz mehr!‘, nicht? Also das wäre uns nie in die Idee gekommen. Weil, mein Vater ‚regierte‘ (in Anführungsstrichen) [als Forstverwalter, S. D.] ja so wie ein Grundbesitzer da. Dies und Holz spielte damals eine große Rolle. Es war ja Brennholzknappheit und überhaupt, Kohle und so weiter. Öl war ja noch nicht. Und es war ein Wirtschaftsfaktor und spielte eine Rolle. Und da dachten wir: ‚Mensch, was sind wir doch blöd, das hätten wir doch machen können.‘ Aber in Wirklichkeit hätten wir uns das nie getraut, weil wir hätten ja nie in den Vater eingegriffen. Wir haben auch nie den Eltern gesagt, dass wir da unter Repressalien litten und so. Da war unsere Ehre dagegen, das mussten wir selber meistern."[691]

Auch andere Kinder mussten den völligen Bruch in den Hierarchieverhältnissen erleben.

> „Man war bei den wohlgenährten katholischen Dorfbuben Freiwild für relativ rücksichtslose Knabenspiele [...]. Und ich erinnere mich schon, dass ich sehr, sehr oft von den einheimischen Dorfbuben verhauen wurde und auf der Flucht war und das Dasein eines Parias in dieser Schulklasse führte, und auch auf dem Schulhof musste ich mich immer sorgfältig hüten, nicht in die Nähe von gewissen Burschen zu gelangen [...]. Das ist unwichtig, aber wichtig ist doch die Erfahrung, als Außenseiter, als Paria, als Nobody, als missachteter Saupreuße, mit der falschen Religion, als Habenichts und arm, so arm, wie sich das die Bauernbuben natürlich nicht vorstellen konnten. Diese Erfahrung hat mich in meiner Jugend sehr beeindruckt und auch geprägt."[692]

Dabei codiert der Zeitzeuge das Erleben primär über seine Identität als Flüchtling, sei es doch ein „Phänomen, was damals viele kleine Flüchtlingskinder betraf", während er aufgrund der jüdischen Abstammung der Mutter schon in Schlesien „nicht ‚zur Herrschaft'" gehört habe, sondern im Dorf ein „gleichberechtigter Lausbub, ohne besondere Kenntnisse, Fähigkeiten oder Rechte" gewesen sei.[693]

Die scheinbare Geschlossenheit adeliger Lebenswelten vor 1945 brach nach dem Einschnitt in teils radikaler Weise auf. Nicht nur nahmen Heiraten mit Nichtadeligen in vielen Familien zu, es galten nun auch die früher geradezu unüberbrückbaren Gegensätze von Armut und Reichtum zwischen den schlesischen Familien nicht mehr. Konfessionelle Gegensätze und frühere herrschaftsräumliche Trennungen verloren an Bedeutung. Der Wirbel des Vertriebenenschicksals brachte nun plötzlich Familien und Ehen zusammen, die in den gesicherten Verhältnissen der Vorkriegszeit nahezu unmöglich gewesen wären. Die Kinder erlebten so durchaus verschiedene Kulturen ihrer Eltern:

---

691 Ballestrem, G. 2012: 01:04:47-5 – 01:06:09-7.
692 Websky, M. 2013: 00:31:57-3 – 00:37:32-0.
693 Websky, M. 2013: 00:37:56-0 – 00:38:50-2.

„Spaßeshalber sagen wir Geschwister gerne: ‚Wir sind Deutsche mit doppeltem Migrationshintergrund'. Also meine Mutter ist Flüchtling aus Tschechien, also Böhmen, gewesen, mein Vater aus Schlesien. [Die Kindheit oder Jugend wurde vielleicht] ein bisschen von der Tatsache geprägt, dass es manchmal schwierig war, weil genau diese beiden konkurrierenden Identitäten eine Rolle gespielt haben mögen, also die katholisch-böhmische Mutter und der protestantisch-schlesisch-preußische Vater".[694]

Mit Flucht und Vertreibung zählten auch die einstmals bedeutenden Unterschiede wie Gutsgröße und Vermögen bei Heiraten kaum noch. „Die waren irgendwann sehr, sehr reich, also vermögend. Die haben drei Güter, also es war also viel vorhanden. Mein Mann ist auch etwas anders groß geworden als ich."[695] „Kennengelernt haben sich unsere beiden Familien auf der Flucht."[696] Dies trug erheblich zu einer Durchmischung und damit in gewisser Weise zu einer Homogenisierung der diasporischen sozialen Gruppe bei.

Wie unterschiedlich die Bedingungen etwa der reichen, 1867 geadelten Familie von Kulmiz und der wenig vermögenden uradeligen Familie von Debschitz waren, fing bei den kleinsten Details der Kindheit an und hat sich tief ins Bewusstsein einer meiner Gesprächspartnerinnen eingebrannt: „Die durften reiten. Die hatten zwei Kutschpferde, die ihnen gehörten. Sie haben Tennis gespielt und sind bedient worden. Sie brauchten auch nicht viel mitzuhelfen. Das war also ein ganz anderes Leben. Die wurden halt sehr elitär erzogen, was mich dann eigentlich immer ein bisschen geärgert hat, aber es war dann so." „Geärgert" hatte sich die Gesprächspartnerin vor allem deshalb, weil sie auf diese Kindheitssozialisation ein unterschiedliches Zugehen auf das Leben bei sich selbst und ihrem Mann zurückführte. „Wir wurden mehr in die Wirklichkeit eingetaucht. Und das war dort nicht so. Die wurden von vielem, was schwierig war, ferngehalten. Wogegen *wir* alles am Tisch hörten. [...] Es wurde alles besprochen, auch die Nöte. Die bekamen wir sehr mit."[697]

Sich selbst begriff und beschrieb die Zeitzeugin infolgedessen als eine zupackende Gestalterin, die sich deshalb, weil sie von Anfang an mit den harten Seiten der Wirklichkeit konfrontiert worden war, auch besonders dem Wiederaufbau zuwenden konnte:

„Ich hätte auch, wenn ich in Schlesien geblieben wäre, meinen Mann nicht heiraten wollen, weil ich dann nur hätte repräsentieren müssen. Und das wollte ich nie. Ich wollte praktisch zufassen, wie meine Mutter. Ich habe das dann auch gemacht. Ich habe das auch in die Tat umgesetzt. Das hat wahrscheinlich meinem Mann auch gefallen, denn irgendwie musste es ja losgehen. Dort [in Schlesien] hätte ich jetzt nicht so gerne rein geheiratet."[698]

Allein dass sie ihren Mann für sich hatte gewinnen können, konnte meine Gesprächspartnerin angesichts der großen Zahl von Männern innerhalb der sozialen

---

694 Schoenaich-Carolath, E. 2013: 00:00:20-5 – 00:03:49-3.
695 Kulmiz, I. 2011: 00:55:54-8 – 00:56:16-1.
696 Kulmiz, I. 2011: 00:54:00-4 – 00:55:28-1.
697 Kulmiz, I. 2011: 00:59:53-9 – 01:01:31-0.
698 Kulmiz, I. 2011: 00:56:23-6 – 00:56:57-3.

Gruppe, die gefallen waren oder sich in Kriegsgefangenschaft befanden, als einen Erfolg im Leben betrachten. „Dann lernte ich meinen Mann kennen. Und jetzt war das natürlich mit dem Studium ein bisschen schwierig, da mein Mann, als er aus dem Krieg kam, ja schon älter war – zehn Jahre älter als ich – und nun ja Familie gründen wollte. [...] Er war begehrt. Er hatte zwar keinen Beruf, aber er war ein ganz lieber Mensch". Auch über die Geschichte einer Liebesheirat hinweg spürt man die existenzielle Unsicherheit der Nachkriegszeit und ihre Auswirkungen auf die Partnerwahl. Zugleich war es doch auch eine Heirat, die einen spürbaren Verzicht auf Alternativen bedeutete, etwa die Bereitschaft, weitergehende Karrierepläne zu begraben. „Ich wusste es, ich musste meinen Mann festhalten, denn es gab kaum noch Männer. Für mich gab's überhaupt keine anderen Männer mehr. Aber ich wollte heiraten. Da wusste ich, jetzt musst du ihn festhalten. Es hat einen praktischen Sinn gehabt. [Lachen]"[699]

Die unterschiedliche Sozialisation vor dem Krieg wirkte trotzdem noch in der Ehe der Zeitzeugin nach, aber sie gab ihr zugleich auch die Möglichkeit, sich aus einer gar zu traditionellen Frauenrolle zu emanzipieren. Sie rekonfigurierte die Hierarchien zwischen den Geschlechtern in einer Weise, die der Frau die Rolle eines Motors für die Ausrichtung der Familie auf die Zukunft zuwies.

> „Ja, ich habe im Laufe der Zeit meinem Mann schon einen Schubs geben müssen. Die Familie war schon gewöhnt, bedient zu werden. [Lachen] Ich habe meinem Mann – er hat das schon durch den Krieg gelernt, aber es waren einige Sachen, die ich ihm beibringen musste. Sonst wäre das nicht gegangen, nach dieser Flucht, nach dieser Armut. Sie sind einfach etwas anders groß geworden."[700]

6.5 Verlust und Erhalt

> „Meine Großmutter Seherr hat vierzehn Koffer an ehemalige Bedienstete, die dann im jetzigen Westen wohnten, in den Harz geschickt, und irgendwo hatte sie eine Malerfreundin in Friesland. Ich habe noch die Inventarlisten dieser Koffer. Die enthalten ein bisschen Silber, auch, aber die enthalten eigentlich Haushaltsgegenstände. Wir verfügen heute noch über einen Riesenschatz an Wallenbergischen Servietten von der Schwiegermutter und der Erbtante, die ja beide Schwestern waren, von jeder ein Riesenkonvolut. Der zugehörige Vater Wallenberg war ja ganz groß im Wollhandel und ein schwerreicher Mann in Breslau und hatte die Töchter ordentlich ausgestattet. Das ist durch diesen Kofferversand heute noch auf uns überkommen. Die Inventarlisten zeigen, dass man wusste, ohne sich den Ort dazu vorstellen zu können, dass man mit dem Haushalt neu anfangen – denn wenn, wie es immer hieß, ‚die Russen', sprich die Front über das Haus weggeht, ist alles fort und muss halt neu da sein oder wieder rangeholt werden."[701]

---

699 Kulmiz, I. 2011: 00:54:00-4 – 00:55:28-1.
700 Kulmiz, I. 2011: 00:59:13-4 – 00:59:51-3.
701 Seherr-Thoß, E. 2012: 01:43:12-1 – 01:47:00-9.

„Die [Aufzeichnungen] konnte er nur retten, weil er diese Sachen, diese Bücher und diese ganzen Unterlagen, die er schon als ganz junger Mann erarbeitet hat, zum Starnberger See, nach Ammerland, in das Anwesen seiner Mutter, gebracht hat. Und da ist es gerettet worden. Wäre das in Schlesien geblieben, wäre es auch alles vernichtet worden."[702]

„Victorias [Victoria Salice-Contessas, S. D.] Tagebücher und Aquarellzeichnungen wurden in einem mit Intarsien geschmückten Sekretär aufbewahrt, den wir Kinder nicht öffnen durften. Ob da ein Geheimnis gehütet wurde? Nur einmal habe ich gewagt, einen Blick in die Schubladen zu werfen, wo Briefe und Skizzenblöcke, sorgfältig mit blauen Satinbändern zu Bündeln verschnürt, lagen. Wohin mag das alles gelangt sein? Die Papiere sind vermutlich verbrannt, aber vielleicht hängt Victorias Bildnis heute, noch immer goldgerahmt, als Beutestück in der Datscha eines pensionierten Rotarmisten. Unmittelbar nach Kriegsende wurde das gesamte Inventar des Schlosses wie auch die Geräte und schweren Maschinen des landwirtschaftlichen Betriebs in Waggons geladen und nach Rußland abtransportiert."[703]

Das Jahr 1945 markiert ohne Zweifel auch einen tiefen wirtschaftlichen Einschnitt für die meisten adeligen Familien Schlesiens, denn mit dem Zusammenbruch staatlicher Ordnung, mit Flucht und Vertreibung fand eine Lebenswelt und mit ihr eine Ökonomie ein Ende. Eigentum beschränkt sich jedoch nicht alleine darauf, Kapital in sozialen, symbolischen oder kulturellen Tauschprozessen zu sein. Eigentum bildet zugleich auch einen Teil von Gedächtnis. Wir erinnern uns mithilfe von materiellen Artefakten und laden sie mit symbolischer Bedeutung auf. Materielle Kultur hat so auch eine eigene, eine „sentimentale" Qualität, die sich nur bedingt in einen marktlichen Tauschwert übersetzen lässt. Oder anders formuliert: Ökonomische Expropriationsprozesse graben sich auch durch den Verlust materieller Kultur tief ins Gedächtnis ein und Artefakte können so zu Zeichen werden, die auf den Verlust oder das frühere Heilsein verweisen. Erhalt und Verlust bewegen sich zwischen zwei Zeitabschnitten, die fließend ineinander übergehen: einer vorrangig materiellen Dimension in der Nachkriegszeit, die sich primär in der Reproduktion eines Lebensstils – oder Stabilisierung eines neuen – erschöpfte, und einer Zeit danach, in der die symbolische Qualität dieses Eigentums zunehmend an Bedeutung gewann.

Der Erhalt von Eigentum, dessen Schutz vor Expropriation, wird innerhalb des deutschen Vertreibungsdiskurses spezifisch codiert. So wie die Menschen aus der Notsituation „gerettet" werden – mit allen auch sakralen Bedeutungen, die in diesem Begriff mitschwingen – so kann auch materielle Kultur „gerettet" werden.[704]

Da vielerorts nur wenig aus Schlesien herausgeschafft werden konnte – die vierzehn Koffer der Grafen Seherr-Thoß sind eher die Ausnahme als die Regel –, standen die meisten Familien, als sie schließlich in den Westzonen angekommen waren, vor dem Scherbenhaufen ihrer Existenz. „Die Hauptbücher von Goschütz, die gibt es. Ein Geschirr für die Kutsche, eine Kutsche und sechs Pferde. Ein bisschen Schmuck. [...] Aber, sonst, nichts. Gar nichts. Nicht ein Bild. Nicht eine Akte. Gar nichts.

---

702 Seherr-Thoß, Th. 2011: 00:18:48-6 – 00:20:57-9.
703 Frisé 2004, S. 32.
704 Etwa Seherr-Thoß, Th. 2011: 00:18:48-6 – 00:20:57-9, oben.

Nicht ein einziger silberner Löffel."[705] Dem Grafen Georg Henckel von Donnersmarck gelang es im Dezember 1944 immerhin, einige Unterlagen in den Westen zu
schaffen.[706] Ein Teil der Grafen Ballestrem kam 1945 „arm wie eine Kirchenmaus"
– so die Selbststilisierung – in der Amerikanischen Besatzungszone an. Neben der
nackten Haut hatte die Familie vor allem Textilien gerettet, die der Auspolsterung
des Wagens und dem Schutz vor der Kälte des Winters gedient hatten.

> „Aber das Flüchtlingsdasein haben wir – ja, und wir hatten natürlich auch nichts anzu-
> ziehen, nicht so richtig. Wir haben das ja bald ausgewachsen. Die Teppiche, die um den
> Wagen herum waren, die haben wir nach und nach verkauft. Da kriegte man aber auch
> nur mal ein paar Stück Butter oder ich weiß nicht was dazu. Von den geretteten Dienerli-
> vrees – was man damals alles gerettet hat – wurden uns dann merkwürdige Kleidungsstü-
> cke geschneidert [amüsiert]. Das war alles sehr bald ausgewachsen. Schuhwerk war nicht.
> Nun sind die Dorfkinder sowieso barfuß gelaufen, und unser höchstes Ziel war also auch,
> unsere Sohlen so abzuhärten, dass wir dann also auch barfuß sogar über die Stoppelfelder
> laufen konnten".[707]

Was mit den Gütern geschah, verfolgten viele Familien aus der Ferne. Ein Verwalter der Grafen von der Recke von Volmerstein etwa blieb bis Juni 1945 auf dem Gut
und konnte schließlich nur noch in die sowjetisch besetzte Zone fliehen. Obwohl
er dort wohnen blieb, kam er in den Westen, um seinem früheren Arbeitgeber „Bericht" zu erstatten.[708]

Nur wenige adelige Schlesier verfügten über Immobilien oder Eigentum im Westen, auf die sie sich nach der Flucht zurückziehen konnten. „Und mein Mann, ihr
Sohn aus der ersten Ehe, der hat sie hierher zum Starnberger See, in das Anwesen
nach Ammerland gebracht. Und da war kein Geld, nichts da. Es waren Möbel da,
Silber war da und Porzellan und alles, aber es war kein Geld da. [...] Und da hat sie
eben, wie gesagt, Silber, Möbel verkauft, um leben zu können."[709] Aber auch diesen Wenigen – häufig die schlesischen „Granden" – blieb nur ein Bruchteil ihres
ursprünglichen Vermögens, wie das Beispiel des Herzogs Viktor von Ratibor zeigt.
Von land- und forstwirtschaftlichem Vermögen in Höhe von beinahe 25 Millionen
Reichsmark zum Stichjahr 1942 blieben dem Herzog noch Besitzungen in Höxter
über weniger als fünf Millionen Reichsmark, von knapp einer Million Grundvermögen etwa 123.000 und von Dienstbetriebsvermögen in Höhe von rund zwei Millionen Reichsmark noch ein Gasthaus, eine Mühle und ein Sägewerk im Kreis Höxter im Wert von rund 57.000 Reichsmark – in der Summe gingen also mehr als vier
Fünftel des Vermögens verloren.[710]

---

705 Reichenbach, A. 2013: 00:38:34-2 – 00:39:31-1.
706 Anlage 3 zum Kreisbericht: Bericht des Landrats des Kreises Namslau, Heinrich. o. O. o. D. BArch
    LAA Ostdok 2 / 197, Blatt 14–21, hier Bl. 17.
707 Ballestrem, G. 2012: 01:08:23-8 – 01:09:17-5.
708 Schreiben eines nicht namentlich genannten Grafen von der Recke von Volmerstein an Witzen-
    dorff-Rehdiger betreffend die Situation auf Gut Kraschnitz bei Militsch. Unterbessenbach, 5. Juni
    1951. BArch LAA Ostdok 2 / 196, Blatt 35.
709 Seherr-Thoß, Th. 2011: 00:29:20-0 – 00:31:17-6; 00:31:50-3 – 00:32:02-3.
710 Die Aufstellung weist keinerlei Sparvermögen aus, sodass dieses eventuell noch hinzugerechnet

Manche Flüchtlinge sahen sich nicht nur zweimal auf der Flucht – aus Schlesien und aus der späteren Sowjetischen Besatzungszone –, sondern fanden sich dadurch auch doppelt depraviert, dass sie das Wenige, das sie von ihrem Mobiliarvermögen vor der Flucht aus Schlesien hatten herausschaffen können, gerade in die spätere SBZ geschickt hatten:

> „Meine Großmutter hatte unter größter Geheimhaltung und unter einigen Vorwänden einige Kisten gepackt. Da wurden die Gobelins aus den Sälen in Goschütz verpackt und ein paar andere Sachen. Irgendwie waren wir mit Reichenaus verwandt, und da wurden die Sachen hingeschickt. Das war allerdings irgendwo an der Elbe. Und der Reichenau, das war ein Generalfeldmarschall. Und dass sie [die Sowjets] bei dem gleich besonders gesucht haben, war klar. Von diesen Sachen haben wir nie irgendetwas je wieder gesehen. Die sind alle auf Nimmerwiedersehen verschwunden."[711]

Einige der Flüchtlinge hatten dabei Glück im Unglück. Wenn ihr Eigentum die ersten Jahre in der SBZ überstand, gelang es in einigen Fällen, diese Dinge über die Zonengrenze zu den Westalliierten zu schmuggeln.

> „'47 ist meine Mutter schwarz über die Grenze rüber, mit meiner älteren Schwester und mir. Mehrfach hin und her, siebzehn Mal, um Dinge über die Grenze zu kriegen – Dokumente, Möbel und so was. [...] Sie hat erstmal mit kleinen Sachen angefangen, und die letzte Fuhre hat sie mit einer Umzugsfirma hingekriegt, durch Bestechung von zig Leuten. Die Sachen wurde dann umgeladen in einen Güterwaggon, und der Güterwaggon – damals fuhr diese Strecke – ich weiß nicht mehr genau, wo das war – an der Grenze aus der sowjetischen Zone durch die amerikanische Zone wieder zurück in die sowjetische Zone. Und da war ein kleiner Bahnhof zwischendurch, da hat sie jemanden bestochen, diesen Waggon abzuhängen. Auf diesem Weg hat sie einen Teil der Sachen rausgekriegt, den Schrank dahinten und so ein paar andere, die Sie hier sehen, und das Esszimmer hier und so was."[712]

Zumeist waren es aber weniger die spektakulären Dinge wie Möbel, sondern Lebensnotwendiges und das, was man damals für den Kern einer standesgemäßen Haushaltsführung hielt: Tischwäsche, Silber sowie in selteneren Fällen auch Porzellan und Gemälde.[713] Dabei gewannen Dinge mit zunächst geringem Gebrauchswert über die Jahre an symbolischem Gewicht und wurden zu gehegten Schätzen, die in manchen Fällen eng mit dem geistigen und spirituellen Leben der Haushalte verknüpft waren:[714]

---

werden muss. „Herzog von Ratibor // Aufstellung des Vermögens nach dem Stande vom 1.1.1942 – Feststellung des Buch- und Betriebs-Prüfers Obersteuerinspektor Juretzka vom 14.9.1944" BArch LAA ZLA 1 5 601 084 Blatt 218.

711 Reichenbach, A. 2013: 00:34:55-4 – 00:38:23-6.

712 Mutius, H.-R. 2012: 00:00:17.0 – 00:02:44.6 u. 00:06:15.8 – 00:07:01.6.

713 Uechtritz, H. 2012: 00:31:57-5 – 00:34:07-5; Mutius, H.-R. 2012: 00:10:56.3 – 00:12:07.9.

714 Folgt man Mario Praz, wird der den Menschen umgebende Raum durch die Ordnung materieller Artefakte „a museum of the soul, an archive of its experiences: it reads in them its own history, and is perenially conscious of itself; the surroundings are the resonance chamber where its strings render their authentic vibration" (Praz 2008, S. 24).

„Es ist wirklich manchmal völlig verwunderlich, was in dem Moment alles da eingepackt wurde. Es ist nicht immer das, was man wirklich fürs Leben braucht, aber im Nachhinein kann man nur sagen: schön, dass das noch vorhanden ist."[715]

„Hinzu kam – dadurch, dass ein paar der Möbel da waren, hieß es immer, das kommt von ‚da'. Oder auch das Bild, wie der da oben, das ist mein Großvater. So gab's natürlich immer so eine Beziehung."[716]

Auch das Eigentum, von dem man lange Zeit hoffte, dass es der Plünderung und Expropriation entgangen war, spielte in den ersten Jahrzehnten und in veränderter Weise dann auch wieder nach der Etablierung von Reisemöglichkeiten sowie nach dem Fall der kommunistischen Regime in Mittel- und Osteuropa eine nicht unbedeutende Rolle. Ein Zeitzeuge musste beispielsweise die Lage des versteckten Familiensilbers genau memorieren: „Wir als Kinder wurden das auch immer abgefragt in der Ferne: ‚Weißt du noch, wo das Silber vergraben ist? Wenn ich nicht mehr dazu komme, danach zu sehen, dann müsst ihr das machen.' Und dann haben wir also immer dem Vater wiederholt, wo – ich weiß also ganz genau wo."[717] Gerade für den, der wie dieser Zeitzeuge dem Vater gegenüber die Verantwortung übernommen hat, das Silber später einmal wiederzufinden, ist die Vorstellung, es gänzlich verloren zu haben und diese übertragene Aufgabe nicht erfüllen zu können, besonders schwer zu akzeptieren. Soweit das versteckte Eigentum nicht offiziell gefunden ist, bleibt es deshalb ein enormer Motor der Imagination, hält die halb verschüttete Hoffnung wach, vielleicht doch noch etwas von dem zurückzuerlangen, was sonst verloren wäre:

„Aber ich hab' versucht, das an Ort und Stelle mal zu lokalisieren, war kaum möglich. Es gibt immer wieder Geschichten, wo Leute ihre vergrabenen Silbersachen gefunden haben, aber sehr viel mehr, fast alle Geschichten, wo sie es nicht gefunden haben. Ich habe jetzt gerade wieder eine Geschichte gehört, wo sie es gefunden haben."[718]

Zugleich entspann sich so um das verlorene Eigentum eine ganz eigene Memorialpraxis. Es wird kaum eine Familie geben, die im Laufe des 20. Jahrhunderts das Opfer von Zwangsmigration wurde und die nicht davon träumt, den „sentimentalen Wert" wiederzuerlangen, der sich mit dem verlorenen Eigentum verbindet. Anders als der größte Teil der übrigen Bevölkerung bot sich adeligen Familien diese Gelegenheit immer wieder, weil Familiensilber – erkennbar am Wappen –, monogrammierte Tischwäsche, Gemälde oder Urkunden plötzlich auf dem Kunstmarkt auftauchten. So fanden etwa die Grafen Ballestrem-Plawniowitz überraschend ein Ahnenportrait auf dem westlichen Kunstmarkt: „Das Bild der Urururgroßeltern, drei mal ur-. Das wurde irgendwo im Ruhrgebiet bei einem Antiquitätenhändler gefunden und gekauft."[719]

---

715 Uechtritz, H. 2012: 00:31:57-5 – 00:34:07-5.
716 Mutius, H.-R. 2012: 00:10:56.3 – 00:12:07.9.
717 Ballestrem, G. 2012: 03:20:16-4 – 03:23:05-7.
718 Ebd. Ähnliche Schilderungen auch bei Haugwitz, H.-W. 2013: 01:45:47-7 - 01:47:50-5.
719 Ballestrem, N. 2010b: 00:08:00-7 – 00:08:47-4.

Charakteristisch ist bei vielen dieser Erzählungen zweierlei: erstens, dass kaum noch zwischen Gegenständen, die auf anderem Weg aus der Familie gekommen waren, und Raubgut unterschieden wurde. Alles was auf dem Markt auftauchte, musste nach diesem Verständnis zwangsläufig exproprieertes Alteigentum sein. Zweitens nahmen viele dieser Geschichten von Verlust und Wiederfinden häufig sehr abenteuerliche, ja exotische Züge an.

> „Und zwar haben sie es komischerweise in Ägypten, in Kairo, gefunden. Da war ein Händler und der hat dann plötzlich die Tischdecke hochgehoben und gesagt, dass er noch europäisches Silber hat. Und da waren dann plötzlich Messer und Schalen. Und das war alles aus dem Schloss Dobrau geklaut, wie sie weg sind. Da kam die SS rein und die hat dann die Geschütze auf der Terrasse hingestellt. Und da ging der Kampf los. Da ist Dobrau mehr oder weniger zusammengeschossen worden. Aber vorher war die Bevölkerung da [Lachen] und klaute nach Strich und Faden."[720]

In einer nicht uncharakteristischen Lesart widerstehen dann die Alteigentümer der Versuchung, kriminelles Handeln indirekt dadurch zu belohnen, dass sie „ihr Eigentum" erneut kaufen.

> „Die haben ein Antiquitätengeschäft in Breslau – ein sehr schönes, das gab's schon zu deutschen Zeiten –, in Polen, also jetzt. Da hat meine Schwägerin das Silber von sich mit dem Wappen gefunden. Das war auch so eine schreckliche Erinnerung."
> „Hat Ihre Schwägerin das Familiensilber dann zurückkaufen können?" (S. D.)
> „Nein, hat sie nicht. Weil wir auf dem Standpunkt gestanden haben: ‚Was sie uns geklaut haben, müssen wir nicht noch mal kaufen.' Ja, ja, unsere D-Mark hätten sie schon genommen. Aber da waren wir stolz, das haben wir nicht gemacht. Zumal, meine Schwägerin – die sind ja genau wie wir geflohen – die hatten ihr Familiensilber zum Teil retten können. Es ist also noch ein Teil vorhanden."[721]

Die Rückerlangung materiellen Eigentums war und bleibt auch weiterhin ein sensibles Thema. „Das ging aber manchen Adligen so, wenn man so rumhört."[722]

Neben die tatsächliche Rückerlangung von Eigentum, das vielfach vor allem als vergegenständlichter Träger von Erinnerung gedient zu haben scheint, die darauf projiziert wurde, traten auch Praktiken symbolischer Wiederaneignung. Während bei seriell gefertigten materiellen Artefakten wie Besteck die vorhandene Gruppe stellvertretend für das – zum Teil auch nur imaginierte – frühere Ensemble stehen kann, ist dies bei sehr individuellen Artefakten wie Kunstwerken deutlich schwieriger. Dennoch war es auch hier möglich, sich das verlorene Eigene durch eine symbolische Repräsentation wieder neu anzueignen:

> „Es gab von den Gemälden, zumindest von einem Teil der Gemälde im Schloss Plawniowitz, eine Photodokumentation, die wir haben. Mein Vater hat einen verwandten Künstler gebeten, diese Schwarz-Weiß-Bilder in Öl zu malen. Es war natürlich ein bisschen schwierig, das abfotografierte farbige Ölgemälde von Schwarz-Weiß-Bildern in Farbe umzusetzen. Er

---

720 Seherr-Thoß, Th. 2011: 00:27:50-4 – 00:29:10-6.
721 Kulmiz, I. 2011: 00:42:33-2 – 00:44:12-6.
722 Kulmiz, I. 2011: 00:43:36-8 – 00:44:12-6.

wollte diese Ahnenporträts wieder in Öl haben und so sind sie entstanden. Das ist irgendwann in den 70ern Jahren, Ende der 70er Jahre, Anfang der 80er Jahre, passiert".[723]

Von größerer Bedeutung als diese Reimaginationen blieben für den Zeitzeugen freilich Kunstwerke aus der Zeit, die in der Familie weitergegeben worden waren:

> „Für mich selber ist eigentlich die größte Präsenz der Vergangenheit in zwei Aquarellen des Schlosses Plawniowitz, die bei uns immer im Esszimmer hingen. Das war für mich als Kind immer die Darstellung der Vergangenheit, des Familienursprungs. Immer wenn die Rede von Plawniowitz ist, und das ist bis heute noch so, kommen mir immer diese beiden Aquarelle in den Kopf."[724]

6.6 Lastenausgleich

Eine nicht zu unterschätzende Rolle bei der Ankunft in der Bundesrepublik spielten die Zahlungen von Lastenausgleich nach dem Bundeslastenausgleichsgesetz von 1953. In den Erzählungen treten sie charakterischerweise gegenüber dem Narrativ von der Überwindung von Härten beim Wiederaufbau zurück. Hinzukommen mag noch, dass, verglichen mit den Werten, die viele Familien verloren hatten, der Lastenausgleich relativ gering wirkte und zusätzlich im Regelfall auf mehrere Familienmitglieder verteilt werden musste. Verglichen mit der westdeutschen Transfergesellschaft erhielten allerdings einige unter den Flüchtlingen sehr erhebliche Vermögen.

Einige der Verfahren sprengten mit ihren Ansprüchen den Rahmen des bis dahin (auch seitens des Gesetzgebers) Vorstellbaren, so beispielsweise das Lastenausgleichsverfahren der Grafen Ballestrem-Plawniowitz. Durch die besondere Konstruktion des Ballestrem-Konzerns, der im Grunde einem Fideikommiss in der Gestalt eines Geflechts moderner Beteiligungsgesellschaften nahekam, die schließlich in den Händen des jeweiligen Seniors zusammenliefen, waren die Grafen einer der größten Entschädigungsfälle in der Geschichte des Lastenausgleichs überhaupt.[725] Der 1954 gestellte und 1957/58 erstmals entschiedene Antrag musste noch bis Anfang der 1970er Jahre nachverhandelt werden, ehe er schließlich 1975 abschließend entschieden werden konnte. Bei der Neueinschätzung der Verluste der Grafen von Ballestrem im Juli 1975 wurde ein zusätzlicher Betrag von rund 86 Milliarden Reichsmark allein aus Anteilen an Kapitalgesellschaften festgestellt. Der Verlust des Ballestrem'schen Industriebesitzes summierte sich damit auf beinahe 180 Milliarden Reichsmark, hinzu kamen zu diesem Zeitpunkt bekannte sogenannte „Vertreibungsschäden" aus land-

---

723 Ballestrem, N. 2010b: 00:10:03-4 – 00:11:02-8.
724 Ballestrem, N. 2010b: 00:08:00-7 – 00:08:47-4.
725 Zum Vorgang als solchem umfassender Schriftverkehr in BArch Koblenz B 126 (Finanzministerium) – 116886. Die Feststellungssache hatte es bis zum Finanzministerium gebracht, da die altertümliche Organisationsform der auf Kuxen beruhenden Gewerkschaft, die wiederum vollständig in der Hand einer Person vereinigt waren, eine Grundsatzentscheidung erforderlich machte. Vgl. u. a. ein Schreiben des Präsidenten des Bundesausgleichsamts an den Bundesminister der Finanzen. Bad Homburg v. d. H., 25. Juni 1968. In: BArch Koblenz B 126 (Finanzministerium) – 116886, nicht foliiert, 2 S.

und forstwirtschaftlichem Vermögen (rund 5 Millionen), Grundvermögen (mehr als 2 Millionen), Betriebsvermögen (rund 4 Millionen), private geldwerte Ansprüche (über 5 Millionen) sowie Gewerbeberechtigungen (eine halbe Million) – in der Summe ein als Schaden gemeldetes Volumen von nahezu 200 Milliarden Reichsmark.[726]

Eine nicht unbedeutende Anzahl adeliger Zwangsmigranten versuchte, sich nach dem Krieg eine unternehmerische Existenz neu aufzubauen, sei es, um an bestehende Erfahrungen anzuknüpfen, sei es, weil die veränderten Umstände sie in eine komplett neue Lage gebracht hatten. Einige von ihnen entdeckten dabei das Vertriebenen-Milieu oder sogar die eigene soziale Gruppe als Kunden. Die Schwestern Maria Hedwig und Gabriele von Schaffgotsch eröffneten auf Schloss Sandsee eine Kunstwerkstatt namens „Silesia", die aus Kupfer, Messing und Schmiedeeisen handwerkliche Kleinkunst produzierte und deren Erzeugnisse wie etwa Girandolen und Wandappliken – wie man mir abseits des Aufnahmegeräts versicherte – heute noch „in nahezu jedem südwestdeutschen Adelshaushalt" zu finden seien, da man sich schlecht *nicht* bei den beiden eindecken konnte.[727]

Natürlich betrafen solche Einzelfälle insbesondere die Magnatengeschlechter – allen voran die Grafen Ballestrem und die Grafen Schaffgotsch, aber auch Familien, die das Glück hatten, über eine Substanz im Westen zu verfügen, wie die katholische Linie der Grafen Henckel von Donnersmarck und die Familie von Hohenlohe in Gestalt der Herzöge von Ratibor und Corvey, oder auch Familien, die aus dem Breslauer Patriziat in den Adel aufgestiegen waren, wie die Familien von Eichborn und von Korn. Ihnen allen waren durchaus unterschiedliche Schicksale beschieden, aber verallgemeinernd kann man sagen, dass jene Familien, die von Anfang an über eine Substanz – Immobilien, Grund oder Rohstoffe – im Westen verfügten, in ihren ökonomischen Aktivitäten bis heute fortfahren konnten. Alle anderen – wie etwa der wiedergegründete Schaffgotsch-Konzern oder das Bankhaus Eichborn und letztlich auch die meisten neugegründeten Unternehmen der Grafen Ballestrem – sind in der einen oder anderen Weise ein Opfer mangelnder Masse geworden.

6.7 Angekommensein

Zwischen der physischen und der seelischen Ankunft in der Bundesrepublik lagen für die Flüchtlinge und Vertriebenen oft lange Jahre, und Angehörige adeliger Familien unterschieden sich hier nicht von der Mehrheit der Menschen aus den ehemaligen deutschen Ostgebieten. Für einige Jahre hielten sie die Hoffnung am Leben, dass eine Rückkehr möglich wäre, ja vielleicht sogar kurz bevorstand, war es doch die Hoffnung, mit der sie vielfach ihre Häuser verlassen hatten und die sie auf ih-

---

726 Abdruck des Nacherfassungsbogens des Lastenausgleichsamtes Straubing – Bogen für Dr. Nikolaus Graf von Ballestrem. 12. Juli 1975. In: BArch LAA ZLA 1/1 758 723, nicht mehr fortlaufend foliiert, zwei Blatt.

727 Vgl. auch Heinz Lorenz: Träger des Schlesierschildes 1979. – Gräfin Mia Schaffgotsch, Trägerin des Schlesierschildes. In: Der Schlesier 26, 29. Juni 1979, S. 4.

rem Weg in den Westen begleitet hatte. Christian Friedrich Graf zu Stolberg-Wernigerode notierte etwa noch in einem Bericht vom Mai 1946, kurz nach der Flucht
seiner Familie aus Schlesien, man habe sie, da „die Unsicherheit für uns unter den
bolschewistisch eingestellten Polen immer größer wurde [...] gezwungen, vorübergehend von zu Hause wegzugehen."[728] Die Hoffnung darauf, dass es eine Flucht auf
Zeit werden würde, mit der sich über kurz oder lang eine Rückkehr verband, resultierte in vielen Familien auch aus den Erfahrungen mit der Teilung Oberschlesiens
in der Zwischenkriegszeit oder der Erinnerung an den Zerfall der Habsburgermonarchie, die den Bewohnern der jeweiligen Regionen die Möglichkeit gegeben hatten,
national zu optieren.

> „Erstmal erinnere ich sehr gut, dass man in den ersten Jahren gedacht hat: ,Na ja, wir ge-
> hen jetzt dahin und dann gehen wir natürlich zurück. Es ist doch ganz klar. Da sind wir
> vielleicht polnisch, aber das macht ja nichts. Das war immer schon mal so.' Also die ersten
> Jahre hatten auch wir Kinder den Eindruck, es wird vielleicht das eine oder andere kaputt
> sein, aber wir sind dann wieder da."[729]

Nicht zuletzt wurde diese Hoffnung in den Anfangsjahren der Bundesrepublik auch
von den Vertriebenenverbänden massiv angefacht.

> „Das war der vordergründige Anteil, der sich natürlich [...] bis weit in die 50er Jahre
> [hinzog], in denen ja auch die politische Wahlpropaganda den Heimatvertriebenen stän-
> dig suggerierte, dass man eine Politik machen würde zur Wiedergewinnung – wenn auch
> friedlich, wenn auch mit großen Hindernissen, wenn auch in unbekannter Zeit, aber dass
> man diesen Aspekt hochhalten würde."[730]

Es war die Zeit bis in die frühen 1950er Jahre, die vor allem mit dem unmittelbaren
Ankommen einhergingen, bis sich die meisten unter den neuen Verhältnissen eingerichtet hatten, über eine geregelte Tätigkeit verfügten, einen festen neuen Wohnort
gefunden und neues Eigentum erworben hatten.

> „[...] das Zuhausesein, das In-seinem-Besitz-Sein, das Sich-so-Benehmen, wie man sich in sei-
> nem Besitz benimmt – ganz egal, wer es war, ob Arbeiter oder Fabrikbesitzer oder Fabrikant:
> das war ja alles etwas, aus dem Flüchtlinge herausgeschmissen worden waren. Man lebte nun
> dauernd in einer Welt, die Gott sei Dank nicht auch noch eben zusammengebrochen war, son-
> dern eine Stütze für die war, die nun dahin kamen. Im großen Teil eine Stütze, manchmal auch
> eine widrige Stütze, die eben besonders herausforderte, dass man sich behauptete."[731]

Die Hoffnung auf eine unmittelbare Rückkehr wich nun zunehmend der Einsicht,
dass das, was als Exil empfunden wurde, wenn es denn überhaupt zu einem Ende
kommen sollte, sich dann noch länger hinziehen würde. Aussiedler, darunter zum
Teil auch Familienangehörige, die in den ersten drei Nachkriegsjahren eine der wenigen Informationsquellen über die Verhältnisse zu Hause waren, trugen in einigen

---

728 Abschrift eines Berichts von Christian-Friedrich Graf zu Stolberg-Wernigerode vom Mai 1946.
     BArch LAA Ostdok 2 /188, Blatt 269–276, hier Bl. 274.
729 Dammermann, E. 2011: 00:23:06-5 – 00:23:42-8.
730 Seherr-Thoß, E. 2012: 01:42:44-7 – 01:47:00-9.
731 Seherr-Thoß, E. 2012: 01:52:12-8 – 01:55:05-6.

Fällen zu einer ersten Ernüchterung bei.[732] Dennoch blieb die Hoffnung lange am Leben, und das Einsickern der Erkenntnis, wie schwer oder unmöglich eine Rückkehr sein würde, zeigte sich erst allmählich in den Praktiken des Alltags:

> „Bis 1950/1952, wo wir in Armut und Abgeschiedenheit in Steingaden lebten – es war auch noch meine Kleinkinderzeit – spielte Schwengfeld [das väterliche Gut des Zeitzeugen, S. D.] insofern eine Rolle, als wir bei den Nachtgebeten immer einschlossen: ‚Und bitte, lieber Gott, bringe uns unseren Vater aus der russischen Kriegsgefangenschaft heile zurück‘, und dann kam der Zusatz: ‚und lass uns in unsere Heimat zurückkehren!‘ Das waren die Nachtgebete in den ersten Nachkriegsjahren. Und dann kam die Währungsreform, dann kam die D-Mark, dann kam die Entstehung der DDR und die Verfestigung des Status quo, und bereits 1952, als wir nach Wangen übersiedelten, war für meinen Vater auch klar, aus reinen Verstandesgründen, dass an diesen Grenzen nicht zu rütteln ist und dass seine Heimat, sein heißgeliebtes Schlesien, auf immer für ihn verloren ist."[733]

Bei weitem nicht bei allen Menschen schlug sich diese Erkenntnis so unmittelbar nieder, wie sie hier memoriert wird, sondern vielfach war sie ein schleichender, gradueller Prozess. „Die 50er waren noch geprägt davon, dass man nicht so mutig langfristig dachte. Aus zwei Gründen. Das eine, weil man sich die Abstrusität des endgültig Vertriebenseins, nicht nur von Haus und Hof, sondern auch aus dem Kulturkreis, und einer Menschenumwälzung immer noch nicht vorstellen konnte."[734]

In vielen Familien kam noch hinzu, dass Väter, die in Kriegsgefangenschaft geraten waren, manchmal erst nach Jahren zurückkehrten und ein Ankommen immer nur ein teilweises Ankommen sein konnte, solange die Familie nicht wieder vollständig vereint war. Das Motiv der Rückkehr der Väter ist – angesichts der emotionalen Besetzung nicht verwunderlich – ein sehr starker Topos in den Erzählungen vom Ankommen. Wie bei der Deutung der Vertreibung scheinen vielfach biblische Motive durch, die diesen Erzählungen eine narrative Struktur geben. Das anfängliche Nicht-Erkennen ist ein solches Motiv, das sich oft mit symbolischen Handlungen des Vaters verknüpft, die auf die untergegangene Lebenswelt im Osten verweisen und ein Wiedererkennen erst ermöglichen.

> „Mein Vater kam aus der Ostzone, zum Schaunerhof. Das war '45 [1946, S. D.], und da kam plötzlich ein fremder Mann an – *so* ein Rauschebart – und ich hatte meine Brille kaputt, muss ich dazu sagen. Er kam an, zog seinen Hut ganz tief und begrüßte mich von weitem. Ich denke: ‚Wer ist denn das? Ein alter fremder Mann. Was will denn der hier?‘ Und ich bin dann näher gekommen. Der machte so ein Zeichen vom Eichelhäher [Knacken], so ein Geräusch. Da habe ich meinen Vater erst erkannt. [Lachen] Und dann sagte ich: ‚Es darf nicht nur mir so gehen, das muss Heidi genauso gehen.‘ Ich bin also rauf, die wohnten in so einem kleinen Häuschen, da im dunklen Flur, und bin rauf und da sagte ich: ‚Da ist ein alter Mann und der will dich sehen, ob er hier irgendwie unterkommen kann. Er kann Wald machen oder er kann Hans-Christoph helfen.‘ Da guckt meine Schwester raus und sagt: ‚Ach bitte, was wünschen Sie?‘ [Lachen] Und dann mussten

---

732 Dammermann, E. 2011: 00:23:49-5 – 00:24:53-5.
733 Websky, M. 2013: 02:19:23-6 – 02:22:42-9.
734 Seherr-Thoß, E. 2012: 01:42:44-7 – 01:47:00-9.

Abbildung 12: Die Rückkehr der Väter war für die Familien nach vorausgegangenen Gewalt- und Deprivationserfahrungen emotional hochbedeutend. Hier der Einzug Wilhelm von Haugwitz ins Dorf bei seiner Rückkehr aus der sowjetischen Kriegsgefangenschaft 1950.

wir so wahnsinnig lachen, dass sie dann natürlich schon gemerkt hat, was los war. Dann habe ich meinen Schwager gerufen, der war unten auf dem Hof. Der kam drauf und sagt: ,Mensch, Vater!' [Lachen] Da hatte er *so* einen Bart. Es gibt noch ein Bild. [Zeigt auf eine Fotografie auf einer Kommode.] Da steht es, mit seinem Rauschebart. Und da sagte er: ,Wenn ich weiß, dass die Familie zusammen ist [die Mutter hielt sich zu diesem Zeitpunkt noch getrennt von der Familie in der SBZ auf, S. D.], kommt der Bart ab.' Dann hat er ihn so zusammengewickelt. Das hat er sich als Trophäe an den Hut angesteckt."[735]

Solche symbolischen Handlungen, oftmals gelübdehaft oder magisch aufgeladen, erleichterten den Prozess der geistigen Ankunft, indem sie innere Anspannungs- und Abschließungsprozesse zu externalisieren halfen, mit denen eine Kette von Ereignissen zu einem Abschnitt im Leben wurde. Mit der Ankunft im Westen verband sich nun auch ein geistiges Ankommen, die Sicherheit etwa, dass man nicht nur in der Etappe stand, sondern tatsächlich nicht erneut würde fliehen müssen.

„Hat man sich in der Bundesrepublik denn sicher gefühlt, in den ersten Jahren?" (S. D.) „Ja, vollkommen. Das war eine Frage des wirtschaftlichen und gesellschaftlichen Integrierens. Das war nicht eine Frage, dass man auf gepackten Koffern saß, um noch irgendwo hinzugehen. Natürlich auch aus dem Grund, weil man gar nicht wusste, wo man hätte hingehen sollen. [...] Als dann so diese Bedrohung des Atomkrieges kam und der Kalte

---

735 Kulmiz, B. 2011: 00:57:46-2 – 00:59:52-8.

Krieg – wirklich als solcher explizit genannt – tobte, da gab es eigentlich nicht so die Ver-
treibungssorgen. Nur bei meinen Schwiegereltern war das so ein bisschen, die hatten einen großen Besitz in der Mark Brandenburg verloren, und mein Schwiegervater hat dann
irgendwo in der [Kammer?, unverständlich] irgendwelche Koffer eben auch mit edlem
Hausrat deponiert, nach dem Motto: „Falls die Russen wirklich bis zum Rhein kommen
– einmal haben sie uns alles weggenommen, das zweite Mal bitte nicht *alles*." Aber das haben wir und auch Menschen der über uns lebenden Generation auch damals schon gewiss
belächelt, weil wir gesagt haben: ‚Also, so kommt das sowieso nicht wieder. Wenn, dann
kommt es ganz anders.‘ Insofern war die Bedrohung, unter Gewalt oder unter Fremd-
zwang nochmal umbrechen zu müssen, eigentlich nicht ein Problem."[736]

Obwohl viele Familien sich längst intensiv in neue Strukturen in der Bundesrepublik eingelebt hatten, blieb dennoch bei manchem, der die Flucht und den Zerfall
alles Vertrauten miterlebt hatte, ein ausgesprochenes Sicherheitsbedürfnis. „Also, es
war insbesondere für meinen Vater immer sehr präsent: ‚Wie kann ich meine Familie
absichern, auch wenn wieder so eine Katastrophe passiert wie die?‘"[737] Es war ein Sicherheitsbedürfnis, das sich, sofern die Mittel dafür da waren, zum Teil bis in kleinste Strukturen niederschlug, darunter etwa im Einbau einer Küche, die – obwohl die
Elektrogeräte auf dem neuesten Stand waren – mit einem Herd ausgestattet wurde,
der mit einer Gasflasche lief, „der also auch zu betreiben ist, wenn alles drumherum
zusammenbricht", oder in der Errichtung eines Bunkers, der später zu einem Obst-
lager umgewandelt wurde.[738]

Die Wege, auf denen schlesische Familien sich gegen einen Wiedereintritt der Ka-
tastrophe abzusichern versuchten, waren vielfältig und hingen in erster Linie vom
Vermögen und dem Grad der wahrgenommenen Unsicherheit ab. Wie für große
Teile der Bevölkerung der Bundesrepublik war auch für die Mehrheit des Adels eine
Westorientierung selbstverständlich.

„Dazu gehört zum Beispiel, dass es immer wichtig war, dass wir eben auch eine andere
Sprache sprechen. Dass wir Englisch gelernt haben oder andere Sprachen gelernt haben
im Zweifel, um auch in einer Situation, die uns aus Deutschland heraustreibt, überleben
zu können. Immer auch die Kontakte ins westliche Ausland zu pflegen, natürlich. Dass
man also auch über die Familienbande hinaus Kontakte nach Frankreich, nach Spanien
geknüpft hat, um einem gewissen Sicherheitsbedürfnis gerecht zu werden, falls hier doch
irgendwas passiert, dass man dann auch zumindest die Kontakte soweit hat, dann auch
fliehen zu können."[739]

Die Möglichkeit, einen Wohnsitz im Ausland ständig zu unterhalten, bot sich nur
jener verschwindend kleinen Gruppe, die das Vermögen dazu aufbrachte.

„Also, was natürlich ganz deutlich in diese Richtung ging, war das Haus in der Schweiz.
Das ging natürlich ganz deutlich in die Richtung Sicherheit, wobei einem natürlich auf
der anderen Seite ganz bewusst war, dass auch die Schweiz, wenn es drauf angekommen

---

736 Seherr-Thoß, E. 2012: 01:42:44-7 – 01:47:00-9.
737 Ballestrem, N. 2010a: 02:30:51-4 – 02:32:41-4.
738 Ballestrem, N. 2010a: 01:20:21-4 – 01:23:25-1.
739 Ballestrem, N. 2010a: 02:33:08-7 – 02:33:48-5.

wäre, einen vor die Tür gesetzt hätte. Also, große Hoffnung, dass man dann in der Schweiz bleiben könnte, wenn es denn hier eng wird, hat sich auch, glaube ich, mein Vater nicht gemacht."[740]

Einige, die sich dies leisten konnten, investierten zudem Vermögen im Ausland, fanden besonders den Weg in die USA.

> „Das war etwas Ungewöhnliches für uns. Und deshalb, vermute ich auch, hat es bei meinem Vater so lange gedauert. Weil er ja auch erst da ausbrechen musste. Ich hatte ja schon gesagt, er hat sehr in den ihm vermittelten Strukturen weitergelebt, und aus diesen Strukturen auszubrechen, das hat ihn große Anstrengung gekostet. Da musste er sich sehr – überwinden möchte ich nicht sagen, aber er musste sich einen großen Ruck geben, um da über den Teich hinauszugehen."[741]

Der Schritt in ein neues Land erforderte allerdings eine Neuausrichtung vertrauter Muster des Wirtschaftens. Die Grafen Ballestrem investierten beispielsweise in ein Bürohaus und landwirtschaftliche Flächen.

> „Also, die ursprüngliche Idee war schon, diese Landwirtschaft selber zu betreiben. Es hat sich aber sehr schnell herausgestellt, dass man *das* aus der Ferne nicht machen kann, sodass dann – das war aber schon nach zwei oder drei Jahren – klar war, das sind zwei Bereiche: das eine ist Landwirtschaft, das andere ist Forstwirtschaft. Der landwirtschaftliche Bereich ist komplett verpachtet, während wir den forstwirtschaftlichen Bereich selber betreiben. Und das kann man auch aus der Ferne, weil die Landwirtschaft eher ein kurzfristiges Betreiben ist von Jahr zu Jahr, dagegen ist Forstwirtschaft eher was von Jahrzehnt zu Jahrzehnt, und das kann man selber machen."[742]

Neben der Erlangung materiellen Wohlstands war der (Wieder-)Aufbau der familiären und weiterer Netzwerke sichtbares Zeichen des Angekommenseins. In der Bundesrepublik kam diesen Netzwerken eine andere Bedeutung zu als noch in Schlesien selbst. Die Familie von Eichborn etwa pflegte ein offenes Haus, zu dessen Jours fixes nicht alleine Verwandte und Standesgenossen aus dem Südwesten, sondern auch Intellektuelle aus dem Großraum der neuen Heimat eingeladen wurden.

> „Es gab ja auch überall die Vertriebenen aus Schlesien, überall hatte man Verbindungen. Der Professor [Günther, S. D.] Grundmann, das war *der* große Kunsthistoriker in Schlesien gewesen. Also wer da alles bei uns im Haus ein- und ausging, unglaublich. Dann die Kriegerwitwen, irgendwelche Verwandten [namens, Anm. S.D.] von Diest, wo die Männer alle gefallen waren. Die Witwen sprangen da also rum und meine Eltern machten jede Woche einen Jour fixe. Jeden Mittwochabend tauchten da die interessantesten Leute auf."[743]

Der materielle Wohlstand war nicht alleine aus dem Grund wichtig, keinen Hunger mehr leiden oder sich nicht mehr als Empfänger von Almosen fühlen zu müssen. Er ermöglichte auch das Anknüpfen an ältere Praktiken mit besonderer Bedeutung für den adeligen Habitus wie die Fürsorge für Dritte, die am Anfang besonders die Rit-

---

740 Ballestrem, N. 2010a: 02:33:08-7 – 02:33:48-5.
741 Ballestrem, N. 2010a: 02:35:11-0 – 02:36:01-7.
742 Ballestrem, N. 2010a: 02:36:49-1 – 02:37:42-6.
743 Eichborn, J. 2012: 01:05:04-3 – 01:07:29-0.

terorden – als diejenigen sozialen Institutionen, in denen sich für die Männer fürsor-
gerisches Handeln formierte – vor neue Herausforderungen stellte.

Für andere wieder war das Ankommen vor allem auch eine psychische Frage, aber
auch hier waren es die sich bessernden materiellen Umstände, die eine Verarbeitung der
Vergangenheit, ein Abschließen mit den Kriegsjahren und ihren Schrecken, zuließen.

> „Mein Vater hat im Krieg ein Gelübde, ein Versprechen, abgegeben, dass er, wenn die
> Familie heil durch den Krieg durchkommt, eine Kapelle zur heiligen Familie bauen will.
> Nach dem Krieg hatte er natürlich keinen Grund und Boden, wo er so etwas hätte tun
> können. Erst, als er sich dann 1959 hier in Saldenburg eingekauft hat, besaß er wieder
> Grund und Boden. Er hat gesehen, dass die Gemeinde keine Kirche hat, und hat als Erstes
> hier einen Kirchenbauverein gegründet. Bereits 1962 konnte dann eine Kirche eingeweiht
> werden, die entsprechend seinem Votum der heiligen Familie geweiht ist."[744]

Zwischen dem Moment, in dem die Familien allmählich realisierten, dass es eine
Rückkehr auf ihre alten Besitzungen und in ihr altes Leben nicht mehr geben würde,
und dem Moment, an dem sie sich nicht nur als isolierte, von Zuwendungen anderer abhängige Menschen begreifen konnten, sondern ihren neuen Heimaten etwas
zurückgeben konnten, lag ein langer, steiniger Weg von immerhin gut fünfzehn Jahren. Weniger lang hatte es gedauert, bis die Flüchtlinge sich nützlich machen konnten und so ein Stück Selbstwertgefühl zurückgewannen, brachten sie doch in vielen
Fällen ein Fachwissen mit, das sie zu Modernisierungsfaktoren gerade im ländlichen
Raum machte.[745] Unter den schlesischen Adeligen waren es vor allem Kenntnisse aus
der schon stark intensivierten Landwirtschaft, die nun den relativ kleinteiligen Wirtschaften im Südwesten zugute kamen.

> „Der Vater hatte Landwirtschaft gelernt, war diplomierter Landwirt und hat dann seinen
> eigenen Betrieb geführt gehabt in Schlesien. Nach Krieg und Gefangenschaft hat er die
> Gesamtverwaltung der Landwirtschaftlichen Güter [des Fürsten Waldburg-Zeil bei Leut-
> kirch] übernommen. Dabei hat er zum Beispiel im Allgäu einige Neuerungen eingeführt,
> die es bis dahin nicht gab. Zum Beispiel wurde im Allgäu das Heu auf Heinzen gehängt,
> das sind Pfähle mit Querstangen, auf die das Heu gehängt wurde. Er hat die sogenann-
> ten Schwedenreuter eingeführt – die waren praktisch wie Zäune, die man gezogen hat,
> um das Heu aufzuhängen und es trocknen zu können. Weil es dort zur Zeit der Heuern-
> te relativ oft regnete, musste man das auf diese Weise machen. Er hat im Allgäu auch die
> künstliche Besamung eingeführt und hat mehrere Herdbuch-Herden aufgebaut, für die
> er zum Teil das Vieh aus der Schweiz [und] aus Vorarlberg geholt hat. Insgesamt hat er
> eben versucht, diese Höfe, die oft auch ziemlich heruntergekommen waren, weil sie lange
> verpachtet und nicht von Eigeninteressen her geführt waren, wieder in die Ertragsfähig-
> keit zu führen."[746]

Neben den engeren Aufgaben als fürstlicher Verwalter übernahm Franz Graf von
Stillfried zusätzlich eine ganze Reihe von Ehrenämtern und verband damit vor allem
auch ein Gefühl der Verantwortung für die anderen Flüchtlingsfamilien, die in den

---

744 Stillfried und Rattonitz, N. 2012: 00:22:05-7 – 00:23:14-7.
745 Kossert 2008b, S. 121.
746 Stillfried und Rattonitz, N. 2012: 00:26:08-3 – 00:27:49-7.

Südwesten gekommen waren. So habe er „sich die Zeit genommen, um bei den Vertriebenenverbänden mitzuwirken", erinnert sich sein Sohn, sowie um einen heute noch bestehenden Eichendorff-Verein in Wangen im Allgäu mit zu begründen oder sich um die Flüchtlingslager der Umgebung zu kümmern. […] Und er schuf einen Reitverein, um „die jungen Allgäuer und die jungen Vertriebenen zusammenzuführen, um so eine Integration zu erreichen und eine wechselseitige Akzeptanz."[747]

Auch nach der Übersiedlung nach Saldenburg behielt Franz Graf Stillfried dieses Engagement bei, der Fokus verschob sich aber zunehmend von den Flüchtlingen zur neuen Heimat, so beförderte der gläubige Katholik den Aufbau des Malteser-Hilfsdienstes in der Diözese Passau und gründete an seinem Wohnort eine CSU-Ortsgruppe. „Also er war immer ein unglaublich engagierter Mensch, im Rahmen seiner Möglichkeiten."[748] Auf seine Weise war er angekommen und hatte eine Heimat gefunden.

Während lokales Engagement häufig zu beobachten ist, waren bundespolitische Karrieren wie die von Georg Graf Henckel von Donnersmarck eher die Ausnahme, der 1953 zunächst Präsident des Ostdeutschen Kulturrates, Vorsitzender des Kreisverbandes Neuburg (Donau) der Landsmannschaft Schlesien und schließlich in zwei Legislaturperioden (1953–57 und 1959–61) für die CSU Mitglied des Bundestags wurde. Gemeinsam mit Karl Graf von Spreti saß er für die CDU/CSU im Wiedergutmachungsausschuss des Deutschen Bundestages und sorgte dafür, dass das Territorialitätsprinzip für die Entschädigung von politisch Verfolgten des Nationalsozialismus auf das ganze Deutsche Reich in den Grenzen von 1937 ausgedehnt wurde.[749]

---

747 Stillfried und Rattonitz, N. 2012: 00:37:21-6 – 00:43:38-0.
748 Stillfried und Rattonitz, N. 2012: 00:43:38-0 – 00:44:40-2.
749 Fischer 2010, S. 172.

7 Kindheit in Schlesien und in der Bundesrepublik

In kaum einem Bereich ist die Herausbildung einer „Gesellschaft der Individuen"
(Norbert Elias) im 20. Jahrhundert deutlicher zu spüren als in der Beziehung zwischen Eltern und Kindern.[750] Die Jahre zwischen 1930 und 1960 waren eine erzieherische Sattelzeit, in der ältere, deutlich autoritäre Erziehungsstile, die aus den Bedingungen der Güter entstanden und auf die Anwesenheit von Personal angewiesen
waren, Erziehungsstilen wichen, bei denen Eltern und Kinder stärker miteinander
interagierten und Distanz durch Interaktion ersetzt wurde. Darin zeigt sich nicht
nur der Einschnitt, den das Jahr 1945 für den schlesischen Adel bedeutete und der
sich nachdrücklich in der unterschiedlichen Sozialisierung der Kinder in der Vor-
kriegs- und Kriegszeit sowie in der Nachkriegszeit niederschlug, die jeweils eigene Erlebnis- und Erfahrungshorizonte mit sich brachten und die wiederum eigene
Muster des Erinnerns ausgeprägt haben. Vielmehr wird darin auch ein spürbarer
Wandel der Männerrollen deutlich, den man in Anlehnung an Dominic Lievens
langsamen „Abschied von Macht und Würden"[751] als einen langsamen Abschied
vom Patriarchat – oder doch zumindest von jenen patriarchalen Machtstrukturen,
die aus den Bedingungen der Gutswirtschaft resultierten – bezeichnen könnte. Die
Unterschiede in der Sozialisierung und Erziehung vor und nach 1945 verdeutlichen
vor allem, dass ohne die wirtschaftlichen Grundlagen, auf denen sie beruhten, die
patriarchalen Ordnungsmuster in der Familie oft genug konflikthaft an Bedeutung
verloren.[752] Dieser Wandel ist in keiner Weise ein rein „adeliges" Phänomen,[753] aber
er hat sehr wohl eine spezifisch adelige Dimension, die auf mehreren Ebenen für die
größere soziale Gruppe von Bedeutung war, da dieser Wegfall einer modernen „pa-
tria potestas"[754] und die ihn begleitende unaufhaltsame Pluralisierung der Werthaltungen das Kulturmodell Adel in seiner Gesamtheit herausforderte. Insofern hängt
dieses Kapitel über die Sozialisierung eng mit dem folgenden Kapitel über adeligen
Habitus zusammen.

7.1 Erziehungsstile

Spürbare Unterschiede in den Erziehungsstilen adeliger Familien gab es bereits in den
1930er Jahren, vor allem zwischen jenen Familien in der Stadt und auf dem Land, in
denen Eltern und Kinder ganz im Sinne einer modernen Kernfamilie zusammenleb-

---

750 Elias 1987. Der Terminus wurde für die Adelsforschung von Wienfort 1996, S. 308 popularisiert;
    vgl. auch: Conze 2010, S. 315.
751 Lieven 1995.
752 Zu männlicher Herrschaft als symbolische Gewalt im Werk Bourdieus vgl. Jäger/König/Maihofer
    2015; Dölling 2004.
753 Burguière 1998; Gestrich 2010.
754 In der Tat lässt sich die Überlegung anstellen, inwieweit aristokratische Modelle der Hierarchisie-
    rung von Sozialbeziehungen auf der väterlichen Verfügungsgewalt beruhen. Zum römischen Mo-
    dell, dem ich den Begriff der *patria potestas* hier entlehnt habe, vgl. Scholz 2011, S. 106–113.

ten, und jenen Familien, die auf den großen Gütern ein eher „grandseigneurales" Erziehungsmodell verfolgten, bei dem Eltern und Kinder eine über das Personal vermittelte Distanz zueinander hielten. Ihr Vater, berichtet etwa eine Zeitzeugin,

> „war ja in Misdroy im Internat und hat da sein Unwesen getrieben. Und das war immer, sagte er, seine schönste Zeit. Das ist klar: weil er von zu Hause weg war. Zu Hause war's streng, und erzogen wurden sie praktisch von Personal, nicht von den Eltern. Meine Mutter erzählte, mein Vater wurde als Kind abends zum Gute-Nacht-Kuss vorgeführt, und dann hat die Martha ihn ins Bett gebracht. So war das damals."[755]

Stephan Malinowski hat bei der Analyse biografischer Texte der 1910er bis 1940er Jahre einen „Charakterkult" herausgearbeitet, der sich mit einem Kult der Kargheit und Härte gegen sich selbst und andere verbunden habe. Wenn, wie Malinowski hervorhebt, nach 1900 längst nicht alle adeligen Gruppen in gleicher Weise von diesem Kult durchdrungen waren und zugleich ein klares Süd-Nord- und West-Ost-Gefälle bestanden habe,[756] so ist doch auffällig, welches Gewicht einige der gerade auch ökonomisch bedeutenderen Familien Schlesiens nach wie vor auf die innerfamiliäre Hierarchisierung legten, in der Kindern ein klarer Platz zugewiesen war: Bürgerliche Rituale, die emotionale Nähe verkörperlichten, wie etwa der Gute-Nacht-Kuss, wurden beispielsweise für männliche Mitglieder in einigen dieser Haushalte durch ein hierarchiestiftendes Ritual des Handkusses ersetzt:

> „Dreiviertel acht war es, glaube ich, wo man spätestens ‚Gute Nacht' sagen durfte und in der guten Stube dann antanzte. Meine Mutter kam, wenn wir also ‚abgeküsst' haben. Meinem Vater habe ich mit 21 Jahren [1954, S. D.] das letzte Mal die Hand geküsst und da habe ich gesagt: ‚Ich glaube, es reicht!', und er sagte: ‚Ja, ich gebe dir Recht.'"[757]

Selbst vergleichsweise arme adelige Haushalte versuchten bis weit in die Zeit nach 1945, eine Kinderschwester zu unterhalten, und in den großen Haushalten der Magnaten waren eine oder mehrere Kindermädchen vollends selbstverständlich.

> „Kinderschwestern, auf Englisch Nanny, hatte man in den Familien manchmal mehrere – wir hatten zwei, zum Beispiel. Weil die Eltern gesellschaftliche Repräsentationspflichten hatten, die mussten auf Einladungen, auf Ausstellungen, zu Konzerten, zu den Monarchen, die mussten nach Berlin und nach Wien, hin und her – also da musste der Haushalt, was die Kinder betrifft, von alleine laufen. Da gab's also die Kinderschwester, und die hatte wiederum ein Fräulein für die Wäsche, und dann gab's 'ne Köchin für die Kinder, für die Kinderküche und so weiter. Es war ganz normal."[758]

In den grandseigneuralen Haushalten war das Kinderzimmer das Reich der Kinderfrauen, das die Eltern eher selten aufsuchten: „Also erstens erinnere ich mich ans Haus, Zimmer, an meine Geschwister, natürlich an unsere Kinderfrau. Das Leben

---

755 Bergmann-Korn, B. 2012: 00:02:07-8 – 00:04:08-0 u. 00:12:20-9 – 00:14:39-7.

756 Malinowski 2003a, S. 87.

757 Peter Graf Henckel von Donnersmarck im Interview mit Andrzej Klamt 2013. In der Filmfassung: Gloria & Exodus 2014: 00:15:41-00:16:04.

758 Bolko Graf von Hochberg, Fürst von Pless im Interview mit Andrzej Klamt 2013. In der Filmfassung: Gloria & Exodus 2014: 00:13:01-00:13:50.

spielte sich im Kinderzimmer ab. Mein Vater ließ sich da eigentlich selten blicken, meine Mutter kam vielleicht einmal am Tag, oder zweimal. Dann musste man immer spazieren gehen."[759] Als Konsequenz dieser physischen Abwesenheit der Eltern wurden emotionale Nahbeziehungen häufig eher zu den Kinderfrauen als zu den eigenen Eltern aufgebaut. „Also unsere Bezugsperson war diese Kinderfrau, sagen wir mal. [...] Das war die Hauptbezugsperson."[760] „Aufgrund der Kriegsereignisse wurde meine Kinderschwester zu unserer einzigen und besten – Bezugsperson, sagt man, und war für uns eigentlich wie eine Mutter. [...] Meine Mutter war für uns im weitesten Sinn eine Institution. [...], aber es gab keine Nähe. Die Nähe fehlte."[761]

Mit Flucht und Vertreibung veränderte sich allerdings selbst in diesen Familien das Verhältnis zwischen Eltern und Kindern nachhaltig, wobei diese Umstellung in vielen Fällen schmerzvoll und, wie wir noch sehen werden, mit enormem emotionalen Ballast verbunden war.

> „Mein um sieben Jahre älterer Bruder, 1935 geboren – leider schon verstorben, der hat noch diese Situation erlebt und hat darunter gelitten. Er war in einem irgendwie doch distanzierten Verhältnis zu den Eltern und hat darunter gelitten, auch im höheren Alter noch, dass er in seiner Kindheit nicht den Kontakt mit den Eltern hatte, den sich ein Kind wünscht. Ich hab' das – und das ist eine Folge des Jahres 1945 – ganz, ganz anders erlebt, meine Mutter hat mich zusammen mit einer Klosterschwester auf den Armen aus Schlesien durch Nordböhmen nach dem Westen getragen. Mein Vater war ab dem Jahr 1945 immer bei der Familie. Von Personal und Kinderfräulein und Gouvernante war überhaupt nicht die Rede. Daher habe ich zu meinen beiden Eltern [ein gutes Verhältnis]. Zu meiner Mutter hat's manchmal Spannungen gegeben, die hat mich so sehr geliebt, dass ich mich manchmal dagegen wehren musste. Mein Vater war der Intelligentere und zurückhaltender, zu ihm hatte ich eine unbelastete Beziehung, aber sie war zu beiden Eltern gut. Ich ‚verdanke' – unter Anführungszeichen – der wirtschaftlichen Katastrophe von 1945 einen sehr persönlichen und guten und direkten Kontakt zur meinen beiden Eltern, es ist paradox, aber so ist es."[762]

Andere Familien pflegten dagegen schon in den 1920er und 1930er Jahren ein Familienleben, das sich nahe am „bürgerlichen" Idealbild enger Eltern-Kind-Interaktion und emotionaler Nahbeziehungen befand. Nicht alleine Zeitzeugen aus adeligen Familien, die ein Auskommen als Beamte oder von eher mageren Gutserträgen fristeten, beschreiben häufig ein Aufwachsen, das sich deutlich von jenem Kult von Kargheit und Härte unterscheidet, den Malinowski vor allem dem ostelbischen Adel zuschreibt, wobei „liberal" eine Leitvokabel dieser Beschreibungen ist. „Es war also [in Oberschlesien, S. D.] viel regulierter, obwohl wir sicher keine sehr strengen Eltern gehabt haben. Und insofern auch unsere Nanny und so, also nicht diktatorisch,

759 Ballestrem, G. 2012: 00:16:41-7 – 00:17:36-4.
760 Ballestrem, G. 2012: 00:21:40-5 – 00:22:36-4.
761 Bolko Graf von Hochberg, Fürst von Pless, im Interview mit Andrzej Klamt 2013. In der Filmfassung: Gloria & Exodus 2014: 00:13:50-00:14:49.
762 Georg Graf Henckel von Donnersmarck im Interview mit Andrzej Klamt 2013. In der Filmfassung: Gloria & Exodus 2014: 00:16:04-00:17:22.

sondern für diese Zeit damals sehr liberal waren."[763] Liberal war auch der im Haus dominante Großvater eines anderen Zeitzeugen, der als stark religiös motiviert, aber tolerant im Umgang mit Regelverstößen beschrieben wird.

> „Ich bin in einem sehr behüteten, liebevollen Eltern- und Großelternhaus aufgewachsen. Der Großvater lebte mit im Schloss. Er war sehr religiös orientiert, Anhänger der Herrnhuter Gemeinde. Ich habe die christliche Erziehung nie als lästig empfunden, wohl weil die Eltern und der Großvater sehr liberal waren und uns ihre Glaubensregeln immer wieder eindringlich erklärt haben. Während der Karwoche musste man eben ruhig sein, und wenn wir dann doch über die Stränge schlugen, hat er uns zwar gemaßregelt, aber immer in einer sehr netten, liebevollen Form."[764]

Liberalität erscheint in diesem Zusammenhang als die Abwesenheit der strikten, sinnentleerten Regelverfolgung (und der entsprechenden Ahndung von Verstößen), als „natürliche" Autorität und als Etablierung von nachvollziehbaren Regeln, die von den Kindern eingesehen und verstanden werden konnten.

> „Nein, liberal insofern, es gab zwar Regeln, aber es gab keinen Zwang. Es gab keine Autorität. Die Autorität war ein Erwachsener. Den erkannte man als denjenigen an, der mehr wusste, der einem was zu sagen hatte, aber es wurde nicht: ‚du musst‘ oder ‚du hast‘. Das meinte ich mit liberal. Also kein Vater, wie er oft geschildert wird, der so als der Patriarch da über allem – sondern er war eher zurückgezogen, ließ meiner Mutter eigentlich freie Hand mit der Erziehung und fügte sich dann ein, wenn es zur Entscheidung ging. Zum Beispiel Zeugnisse brachten wir ihm natürlich als erstes, die wurden immer erst begutachtet. Und als ich dann von der Schule kurz vor dem Abitur die Kurve kratzen wollte, dann hat er lange mit mir gesprochen und hat gesagt: ‚Überleg es dir. Wenn die Entscheidung in 24 Stunden immer noch besteht, komm zu mir, dann besprechen wir, was wir machen können. Aber verbau dir nicht deine Zukunft‘, und solche Dinge. Also, wir wurden nie irgendwie geduckt, sondern – es gab ein Vertrauensverhältnis."
> „Entsprechend also eher Überredung und Überzeugung als Schläge oder so etwas?" (S. D.)
> „Schläge überhaupt nicht. Also, ich weiß, dass mein Bruder Heini mal eine Ohrfeige von ihm bekommen hat, weil er in die Speisekammer eingebrochen war und Eier und Speck und so was geklaut hatte, weil wir uns irgendwo eine Höhle gegraben hatten und jetzt also die wilden Ritter waren [Lachen]. Da erwischte er ihn auf frischer Tat, und da kriegte er eine. Heini kam dann und sagte, es war mehr ein Wischer. Und mein Bruder Jobst hat mal im Schloss Feuer gemacht, musste die Feuerwehr sogar kommen, und er sagte immer: ‚Ich habe keinen Schlag von meinem Vater bekommen.‘ Also Schläge waren verpönt."[765]

In der Erinnerung vieler Zeitzeugen unterschied sich der Umgang ihrer Eltern mit ihren Kindern von jenem, den sie anderswo beobachteten. Das betraf beispielsweise die Art und Weise, in der sich die Hierarchien zwischen Eltern und Kindern ausgestalteten. „Aber ich hatte mit meiner Mutter auch ein sehr vertrautes Verhältnis, Gott sei Dank. Sie hat mir als Älteste sehr viel drauf gegeben, vor allem als der Vater im Krieg war. [...] Ich war ihr Kamerad", berichtet etwa eine Zeitzeugin, die auf ei-

---

763 Dammermann, E. 2011: 00:31:44-0 – 00:32:04-7.
764 Haugwitz, H.-W. 2013: 00:00:16-3 – 00:02:39-8.
765 Bomhard, E. 2011: 00:09:50-4 – 00:12:54-9.

nem kleineren Gut groß geworden ist – wobei sie sich des für die Generation der in den 1920er Jahren Aufwachsenden charakteristischen und gerade unter den Mädchen neuen Terminus „Kamerad" bedient, um das intergenerationelle Verhältnis zu charakterisieren.[766]

Die eigene Erziehung hatte prägenden Charakter für das, was die Väter – und hier wird tatsächlich vorrangig an die Väter erinnert – wiederum an ihre Kinder weiterzugeben vermochten und wie sie ihre Rolle im Haushalt und bei der Kindererziehung definierten.

> „Also, die Ideen meines Vaters überhaupt von Kindererziehung waren [in den 1970er Jahren, S. D.] immer noch sehr geprägt von seiner eigenen Erziehung, von seiner eigenen sehr reglementierten Erziehung in Schlesien. Die muss also unheimlich rigide – ja, rigide klingt jetzt streng –, aber sehr reglementiert gewesen sein. Da war also nicht viel Zeit. Er wurde ja auch als Kronprinz erzogen, wenn man das in dieser Familie so sagen kann. Und da war nicht viel Spielraum aus einem sehr fest gefügten Rahmen, der sich also aus Schule, Reiten und was weiß ich für anderen Ausbildungen noch zusammensetzte – und dann den Tageszeiten, also den Mahlzeiten, zusammensetzte. Da hatte er wohl sehr wenig Spielraum, da auszubrechen. [...] Insgesamt waren natürlich – aber das passt natürlich auch in diese naturverbundene, reglementierte Erziehung – waren seine Erziehungsvorstellungen schon sehr geprägt von den Vorstellungen, dass der Vater eher die abwesende Person und die Mutter eher die anwesende Person ist."[767]

Die Rolle des Erstgeborenen, des „Stammhalters", war dabei nicht nur das ganze 20. Jahrhundert hindurch von besonderer Aufmerksamkeit und Erwartungshaltungen der Eltern geprägt, sondern ist dies vielfach auch noch heute: „Es ist in der Tat so, dass – ja gut – ich meine, mein Bruder war der Kronprinz [lacht], also nicht nur der Älteste, noch dazu der Einzige".[768]

Spätestens der Ausbruch des Zweiten Weltkriegs führte auch da, wo Väter einem engagierten Erziehungsstil folgten und viel Interaktion mit ihren Kindern pflegten, zu einer Entfernung zwischen Vater und Kindern. „Mein Vater war ja nicht da, der war im Krieg. Wir drei Kinder haben da [auf dem Land, S. D.] überall gespielt und unser Unwesen getrieben."[769]

> „Als er in den Krieg zog – ziehen musste – 1939, ist gerade der zweite Sohn geboren, von insgesamt sieben Kindern. Während des Krieges sind dann ein weiterer Sohn geboren, mein älterer Bruder, und ich selber, 1943, sodass im Laufe des Krieges also insgesamt vier Buben da waren. Vater ist im Einsatz gewesen, sowohl im Frankreich- wie im Russlandfeldzug. 1943 – also während meine Mutter mit mir schwanger war – hat er einen Kopfschuss erhalten, der beinahe tödlich war und den er nur mit viel Glück überlebt hat. Er wurde wiederhergestellt und kam dann wieder in den Einsatz nach Russland."[770]

---

766 Kulmiz, I. 2011: 00:28:19-1 – 00:29:08-0. Zum Begriff der „Kameradschaft" in Geschlechter- und Generationenbeziehungen dieser Zeit vgl. Kundrus 2003, S. 22.
767 Ballestrem, N. 2010a: 01:26:36-3 – 01:29:49-1.
768 Schoenaich-Carolath, E. 2013: 00:25:28-4 – 00:27:14-8.
769 Websky, M. 2013: 00:06:41-7 – 00:13:00-0.
770 Stillfried und Rattonitz, N. 2012: 00:01:02-8 – 00:03:53-6.

Die Abwesenheit der Väter beschränkte sich aber nicht allein auf die Kriegszeit, wenn deren unmittelbare Folgen für die „Kriegskinder"[771] auch noch lange zu spüren waren. In vielen Fällen befanden sich die Väter in Kriegsgefangenschaft in der Sowjetunion, und nicht wenige davon waren wiederum sogenannte „Spätheimkehrer". Aber auch die Aufbaugeneration war oft genug von einer Abwesenheit der Väter geprägt. Hauptansprechpartner der Kinder in den 1950er und 1960er Jahren waren so häufig die Mütter, waren die Väter für die Kinder durch berufliches und ehrenamtliches Engagement doch in vielen Fällen allenfalls an den Wochenenden erreichbar.

> „Was hat Ihr Vater zu dem Zeitpunkt beruflich gemacht?" (S.D.)
> „Nach dem Krieg hat er eine landwirtschaftliche Ausbildung gemacht und ist dann aber relativ schnell Versicherungsmakler geworden. Also für Großunternehmen. Er hat sich gerne als Versicherungsbroker gesehen."
> „Welche Aufgaben hatte Ihre Mutter in dem Haushalt?" (S.D.)
> „Meine Mutter war die typische Hausfrau und Mutter, die immer für uns Kinder ansprechbar war und ja, hat so das typische Bild einer für uns sehr wichtigen Mutter abgegeben." „Von der Präsenz her war Ihre Mutter stärker präsent unter der Woche?" (S.D.)
> „Ja, auf jeden Fall. Also mein Vater war sehr viel unterwegs. Nicht nur geschäftlich, sondern auch bezüglich seiner zahlreichen Ehrenämter in verschiedenen Vereinen [u.a. als langjähriger Präsident der Vereinigung des Schlesischen Adels und später als Präsident des Deutschen Adels] und da war unsere Mutter hauptsächlicher Ansprechpartner."[772]

> „Wenn man sich vorstellt, wie ihn nach dieser ganzen Kriegszeit, nach dieser ganzen Flucht, der ganze Wiederaufbau der landwirtschaftlichen Güter wirklich bis an die Grenze der Belastbarkeit gefordert hat. Er ist z. B. in der Regel früh um sieben aus dem Haus gegangen, oder früher, und in der Regel nachts um neun oder zehn nach Hause gekommen. Wir haben ihn dadurch relativ wenig gesehen, außer mal am Sonntag".[773]

> „Mein Vater war kaum zu sehen, er war immer unterwegs. [...] Er hat eigentlich immer viel gearbeitet und war nicht da. Und meine Mutter hat uns praktisch erzogen".[774]

Vielfach scheint diese Abwesenheit aber auch eine Distanz zwischen Vätern und Kindern ausgedrückt zu haben, Vätern etwa, die sich aus ihrer eigenen Sozialisation heraus nicht mit den alltäglichen Aspekten der Kindererziehung befassen wollten. „Ja. Und das hat auch dazu geführt, dass mein Vater sehr schwierig und Einzelgänger war, und später auch hatten wir doch alle – er war sehr streng mit uns, wir hatten alle echte Probleme. Wir konnten ihm nie gerecht werden."[775] Dem Vater gerecht zu werden, das hieß eine hohe schulische Leistung zu erbringen, sich aber auch für Dinge zu interessieren, für die sich die Kinder in den 1960er Jahren kaum erwärmen

---

771 Prägend besonders die Studien von Stambolis 2012; Radebold 2000; insbesondere auf die diskursive Ebene abhebend: Seegers 2009.
772 Schoenaich-Carolath, E. 2013: 00:05:54-7 – 00:06:56-5.
773 Stillfried und Rattonitz, N. 2012: 00:37:21-6 – 00:43:38-0.
774 Bergmann-Korn, B. 2012: 00:02:07-8 – 00:04:08-0 u. 00:12:20-9 – 00:14:39-7.
775 Bergmann-Korn, B. 2012: 00:10:01-1 – 00:12:20-9.

konnten – Gartenarbeit zum Beispiel, mit der der Vater die letzten verbliebenen Reste des Land- und Gutslebens zu re-imaginieren versuchte.

> „[...] und dann war er am Wochenende im Garten. Das war sein Hobby, und da durfte aber auch keiner in den Garten rein. Das war sein Gebiet und war nix. Ich sowieso nicht. Ich durfte da nie hin, weil ich auch keine Ahnung davon hatte, und das hat ihn eigentlich nur gestört. Also wir sind uns da aus dem Weg gegangen, und ich musste sehr früh selbständig werden, weil ich hab' schon gemerkt, ich muss alles alleine machen. Es gab in der Familie auch andere Väter. Zum Beispiel mein Onkel, der Bruder meines Vaters, der hat seine Kinder sehr viel mit auf Reisen genommen und hat ihnen was gezeigt, und das hat mein Vater alles nicht gemacht, nein.“[776]

Auch dort wo adelige Väter längst wieder finanziell abgesichert waren und ihre Kinder nicht hinter dem Wiederaufbau einer Existenz im Westen zurückstehen mussten, wollten alte Erziehungskonzepte vorsichtig an eine neue Zeit angepasst werden.

> „Naja, ich glaube, das ist aber ein Phänomen, mit dem sich dann, dann wiederum alle Eltern auseinandersetzen müssen, die also irgendwo einen Sprung schaffen müssen, von ihrer eigenen Erziehung, in eine dann, dann wiederum modernere Zeit. Also, einerseits war seine Vorstellung von Erziehung sehr von dem Reglement seiner Erziehung geprägt, aber andererseits hatte er schon eine Vorstellung, für seine Kinder da zu sein und mit den Kindern Zeit zu verbringen. Und in diesem Spannungsbogen hat sich das dann auch bewegt.“[777]

Die Notwendigkeit, „einen Sprung“ zu schaffen, ergab sich natürlich auch aus den Veränderungen, die der Zusammenbruch der alten Lebenswelt im Osten – und hier vorrangig jener auf den Gütern – mit sich brachte. Greifbar wurde dieser Wandel nicht zuletzt im Umgang mit Emotionalität. Dies betraf besonders die distanzierte und emotionsarme Art des Umgangs, den einige Großeltern und Eltern auch nach dem Einschnitt von 1945 weiter pflegten – oder doch zumindest eine Art des Umgangs, die von den Kindern und Enkeln so verstanden wurde. Ein Zeitzeuge berichtet etwa über seinen der Vorkriegsgeneration angehörigen Vater: „Er konnte nie sprechen, Persönliches an- oder aussprechen. Das war sein Leben.“[778] Die Erzählungen lassen dabei gelegentlich offen, ob die Distanz wirklich Ergebnis einer spezifisch adeligen Erziehungspraxis war, oder ob nicht die Kinder und Enkel das Verhalten der Eltern und Großeltern als „typisch adelig“ deuten und damit rationalisieren konnten.

> „Meine Großmutter – ich hatte ja praktisch den Vergleich, die beiden Großmütter – die eine [bürgerliche, S. D.] Großmutter war ganz kreativ und liebevoll, Pfarrfrau, hat alles für uns gemacht, und die andere war eben kühl: ,Contenance'. Wenn sie zu uns zu Besuch kam, dann mussten wir *so* [demonstriert einen durchgedrückten Rücken] sitzen, dann wurde richtig an uns gearbeitet, dass wir uns anständig benehmen.“[779]

---

776 Bergmann-Korn, B. 2012: 00:12:20-9 – 00:14:39-7.
777 Ballestrem, N. 2010a: 01:26:36-3 – 01:29:49-1.
778 Henckel-Donnersmarck, P. 2011: 01:00:01-5 – 01:01:49-7.
779 Bergmann-Korn, B. 2012: 01:02:42-7 – 01:03:51-3.

Dies begreift der Ehemann der Gesprächspartnerin, der die Großmutter ebenfalls noch kennengelernt hat, vor allem als ein sozialisationsbedingtes Verhaltensmuster: „Die Großmutter Thekla Enckevort, das ist eben die alte preußische, adelige Erziehung; das heißt also pflichtbewusst, keine Gefühle zeigen, aber andererseits auch sozial tätig sein. Sie war lange beim Roten Kreuz in Coburg, aber eben dieses ‚Keine-Gefühle-Zeigen‘, das ist so ihr –."[780]

Auch innerhalb der sozialen Gruppe fielen die Haltungen hier spürbar auseinander. Ein Zeitzeuge erinnert sich beispielsweise daran, dass das „gelebte Christentum" seiner schlesischen Großeltern nicht unbedingt mit seinen eigenen Vorstellungen von heute zusammenfiel und eng mit fehlender emotionaler Einfühlung zusammenhing. „Das gelebte Christentum meiner väterlichen Großeltern war eher ein Formalakt. Bei meinen mütterlichen Großeltern war es ein menschlicher Akt. Die Emotionalität meiner Großeltern väterlicherseits hielt sich sehr in Grenzen. Und die Wärme ist von meiner mütterlichen Großmutter gekommen."[781] Dabei habe, so vermutet der Zeitzeuge, der Umstand, dass er Erstgeborener war, durchaus eine Rolle gespielt: „Wenn man den Kontakt zwischen den beiden differenziert, war der Kontakt zu meinem Großvater ein wärmerer, innigerer Kontakt, zu meiner Großmutter ein etwas distanzierterer. Woran das lag, weiß ich nicht. Es kam immer mal wieder das Stichwort Stammhalter auf. Also von daher auch eine gewisse familientraditionelle Sichtweise."[782] Die Distanz zur offenen Kommunikation von Emotionen war dabei nicht alleine sozialgruppen-, sondern häufig auch gendercodiert und unterlag damit dem gesamtgesellschaftlichen Wandel von Geschlechterverhältnissen in der Nachkriegszeit.

> „Es ist einfach so, ich bin in einer aus heutiger Sicht klassischen, noch etwas tradierten Weise erzogen worden, in dem Sinne – ich überspitze das jetzt mal – ‚Ein Indianer weint nicht!‘, was mir immer so oft gesagt worden ist und letztendlich schon auch zu Problemen geführt hat. Was man auch sehr deutlich von meiner Großmutter väterlicherseits gesagt bekommen hat: ‚Gefühle zeigt man nicht.‘ Gefühle ist was Weibliches, und Männer machen das nicht. Und das ging teilweise so weit, dass umgekehrt meine Schwester [...] sogar regelrecht aufgefordert worden ist: ‚Ja, jetzt musst du aber weinen, das ist traurig.‘ Und ein Mädchen weint."[783]

Wie bereits angedeutet, veränderten sich mit dem Zusammenbruch der Lebenswelt im Osten auch die hierarchisierenden Praktiken in der Familie. Vielfach wurden sie – wie der Handkuss beim Vater – allerdings eher sukzessive und über die biologische Generationenfolge hinweg abgebaut als radikal abgeschnitten. So hielten sich bis

---

780 Bergmann-Korn, B. 2012: 01:06:04-1 – 01:06:28-8. Stephan Malinowski verweist im Zusammenhang mit dem von ihm postulierten „Kult der Kargheit" gerade innerhalb des ostelbischen Adels darauf, dass die „Stilisierung körperlicher und charakterlicher ‚Härte‘" zum Kernbestand des Habitus dieser Gruppe gehört habe und gegen den „bürgerlichen Kult der Empfindsamkeit und ‚Emotionalisierung‘" stehe (Malinowski 2003a, S. 98f.).
781 Stillfried und Rattonitz, I. 2012: 01:27:31-0 – 01:28:48-4.
782 Stillfried und Rattonitz, I. 2012: 01:29:08-3 – 01:31:17-9.
783 Stillfried und Rattonitz, I. 2012: 01:14:22-1 – 01:18:31-3.

weit in die 1960er Jahre hinein, die auch hier eine generationelle „Wasserscheide" darstellen, Reste der alten Lebenswelt in der Familie. Im 19. Jahrhundert war etwa die Praxis, den Senior oder die Seniorin der Familie bei Familienfesten mit kleinen Theaterstücken zu ehren, weit verbreitet. Während die Inhalte dieser Darbietungen im 19. Jahrhundert vor allem einen Bezug zur Familiengeschichte, zur familiären Identität oder zu konfessionellen Inhalten hatten, wurden diese in der Nachkriegszeit zunehmend durch rein unterhaltende Inhalte ersetzt. Entscheidend war nach wie vor die ehrende Symbolik der Aufführung.

> „Wir haben beim Geburtstag [des Großvaters], auch ein bisschen verkleidet, das Lied ‚Die Tiroler sind lustig' gesungen. Ich [...] glaube, mein Großvater hatte großen Geburtstag gehabt. [...] Ich erinnere mich, dass diese Aktionen – dass wir Enkel für unsere Großeltern zum Geburtstag irgendwas machen mussten – immer eine Qual waren."[784]

So bedeutend der Umbruch auch innerhalb der Familie in der Sozialisierung der Kinder spürbar war, dramatisch fühlbar wurde der Wandel der sozialen Stellung der Familie für die Kinder vor allem in der veränderten Art, in der ihnen ihre Umgebung begegnete.

7.2 Distanz und Nähe zur Umgebung

> „Ja, dann sind wir in die Schule gekommen, die war ungefähr drei Kilometer entfernt. [...] Mit einem von meinem Vater konstruierten Ponywagen und diesem Kutscherjungen fuhren wir da jeden Tag in die Schule, was allerdings schon für uns Kinder ein bisschen mühsam war. Dieses ganze Leben war insofern mühsam, weil, als wir mit der normalen Welt in Berührung kamen, gab es immer irgendwelche Reibungspunkte. Also, das können Sie sich ja vorstellen, wenn man sich in dem kleinen Ort Polkwitz der Schule näherte, dann rannten also die Dorfkinder hinter einem her und johlten und die Leute, daran erinnere ich mich, sprachen mich an."[785]

In jenen Familien, die am intensivsten einen „grandseigneuralen" Erziehungsstil pflegten, war die Distanz der Kinder zur Dorfjugend oft größer als in den Familien, die auf kleineren Gütern lebten und daher täglich intensiv Kontakt mit den „eigenen Leuten" und den „Hofekindern" unterhielten. Die völlige Abschottung der Kinder von der Umgebung aber, wie sie etwa Eckart Conze noch am Beispiel der Grafen von Bernstorff in den 1910er und 1920er Jahren beobachtet hat,[786] gab es in den 1930er und 1940er Jahren des Jahrhunderts nicht mehr. Selbst die Kinder der Mag-

---

784 Stillfried und Rattonitz, I. 2012: 01:23:11-6 – 01:24:27-0. Das Lied: „Die Tiroler sind lustig" stammt in der heute meist gebräuchlichen Fassung aus dem erstmals 1795 aufgeführten Singspiel *Der Tiroler Wastel* und hat in dieser Fassung einen Text von Emanuel Schikaneder zu einer Melodie von Wenzel Müller. Vgl. Emanuel Schikaneder: Der Tyroler Wastel. Leipzig: Geertz 1798, S. 43f. Für eine Einordnung in die Sehnsucht einer idealisierten Naturregion und sozialen Gemeinschaft vgl. Müns 2003, S. 68.
785 Ballestrem, G. 2012: 00:12:55-3 – 00:15:24-2.
786 Conze 2000, S. 364–368.

natenfamilien besuchten zumindest zeitweise öffentliche Schulen und kamen so mit der Welt der „Leute" in Berührung, wobei diese Beziehung zumindest anfangs oft von sehr starken Differenzerfahrungen auf beiden Seiten geprägt waren:

> „Und der größte Schock kam für mich, als ich also in diese Schule kam und da in die Klasse geführt wurde von einer sehr fürsorglichen, netten Lehrerin, die mich an der Hand nahm und nicht etwa irgendwo in eine Bank setzte, sondern – ihr Pult stand also eine Stufe höher, da war also ein Pult – und da setzte sie mich neben sich an dieses Pult, um mich da irgendwie besonders zu behüten, oder ich weiß nicht, ob sie dachte, sie müsste mich trösten oder irgendwas. Ich war aber ganz gefasst. Und das war für mich eine der schlimmsten Erfahrungen, dass so die ganze Klasse auf einen starrt und man also da neben der Lehrerin auf dem Pult sitzt. Na gut, irgendwann mal hab' ich dann irgendwie unten einen Platz bekommen, aber daran erinnere ich mich nicht mehr."[787]

Entscheidend für das Ausmaß dieser Beziehung war dabei die Haltung der Eltern. Während die einen fast schon subversiv Kontakte anbahnen mussten und dabei auf nur schwer überwindbare kulturelle Unterschiede trafen, durften andere mit den Kindern der Knechte über das Gut tollen.

> „Wir haben, wenn man so will, mit kurzen Worten ausgedrückt, ein isoliertes Schlossleben geführt. Der einzige Kontakt mit Nichtadeligen waren die Hofekinder, teilweise auch von Polnischstämmigen, aber hauptsächlich Deutsche, mit denen man also bei unbeaufsichtigten Momenten versucht hat, Kontakt aufzunehmen und zu spielen und so weiter, obwohl das ja manchmal schwierig war, weil deren Sitten uns total unbekannt waren [lacht]."[788]

> „Nein, das [gab keine Barriere, S. D.] – ach wo – wir waren ständig auf dem Hof und in den Ställen, und da liefen sie auch rum. Mit denen spielten wir und übten Fahrrad fahren. Man konnte auch viele Sachen gemeinsam viel besser machen. Wir sind dann rumgezogen und haben also alles Mögliche gemacht. Ich habe sie dann manchmal mit angestiftet, Kirschen zu klauen. [Lachen] [...] Aber solche Sachen gab es dann, dass man da als Horde irgendwohin zog und irgendwas machte, oder baden ging in der Neiße – von denen haben wir schwimmen gelernt."[789]

Bei aller Nähe gab es aber auch Momente der Distanz. Das Herrenhaus blieb als Raum für die Kinder vom Gut vielfach tabu – anders als der Wohnraum später unter den gänzlich veränderten Umständen der Bundesrepublik der 1960er und 1970er Jahre.

> „Ja, da war [mit dem Finden von Spielkameraden, S. D.] im Haus natürlich nichts, weil das fast nur weibliche Wesen waren. Im Hof der Hubert Tylla, der war genauso alt wie ich. Das war so ein Prügelkerl, jedenfalls später hat er sich dazu ausgewachsen. Mit dem hatte ich mehr Kontakt, das war ein Bub von einem der Pferdeknechte. Aber nichts Spezielles. Der durfte natürlich nicht ins Haus. So weit ging die Liebe zum Volke nicht. [Lachen] Das war halt so."[790]

---

787 Ballestrem, G. 2012: 00:12:55-3 – 00:15:24-2.
788 Ballestrem, G. 2012: 00:11:25-4 – 00:12:55-3.
789 Schweinitz, H. C. 2011: 00:11:02-0 – 00:13:47-0.
790 Henckel-Donnersmarck, P. 2011: 00:10:12-1– 00:11:23-0.

Abbildung 13: Kindheit auf dem Hof: Karl-Wolfgang von Schaubert mit Ziegengespann.

„Das [Finden von Spielkameraden auf dem Gut, S. D.] war ein bisschen schwierig. Die Eltern haben dann immer sehr lavieren müssen. Wir wollten immer mit den Hofekindern spielen, ich sage mal Hofekindern, also mit den Arbeiterkindern. Die waren damals anders als heute. Zum Teil hatten sie Läuse. Das war eine ganz andere – ich kann einen Arbeiter heute nicht mit den damaligen Arbeitern vergleichen. Das durften wir nicht. Wir wollten so wie sie sein, und da haben die Eltern eine Kompromisslösung gefunden. [...] Wir durften mit denen spielen, aber dann mussten wir ganz anders sein, wenn wir die Schwelle von unserem Gutshaus betreten haben. Wir haben das sehr zeitig gelernt."[791]

Während der Kontakt zu den Hofekindern außerhalb des Herrenhauses möglich war, wurde er durch Regeln der Nähe und Distanz reguliert, die von den Kindern dort unterlaufen werden konnten, wo sie den nicht symbolisch-sichtbaren Bereich betrafen.

„Unsere Hofekinder hatten in der Schule Margarinebrote, und das war eine andere Margarine wie heute, halb Wagenschmiere, und wir hatten Butterbrote, ganz vornehm [Lachen]. Jetzt wollten wir auch Margarinebrot, und dann haben wir in der Schule getauscht, aber den Eltern nichts erzählt. Das ist jetzt so ein kleines Beispiel. Die Hofekinder haben Schürzen getragen, wir wollten auch Schürzen tragen, durften das aber nicht. Es war ein Riesenunterschied. Es war aber nicht so, dass wir mit denen nichts zu tun haben wollten

791 Kulmiz, I. 2011: 00:13:46-3 – 00:15:59-2.

– aber es war ein Balanceakt. Und das war für mein Leben ganz, ganz wichtig. Und das ist es heute noch für mich."[792]

„Meine Eltern standen auf dem Standpunkt: ‚Wenn ihr woanders seid, dann macht – aber bei uns nicht'. Dadurch haben wir das sehr schnell unterscheiden können. Hat man sich dann nach der Flucht [auch] ein bisschen einfacher getan."[793]

Das zweite Distinktionsmoment, das mit wachsendem Alter an Bedeutung gewann, war die Beherrschung des Hochdeutschen, das den Raum des Herrenhauses dominierte, mit Gästen von außerhalb gepflegt und den Kindern gezielt vermittelt wurde.

„Was hat sich noch verändert, wenn Sie vom Hof wieder ins Schloss gekommen sind?" (S. D.)
„Da hat sich sehr viel verändert. Es ging schon mit der Sprache los. Wir haben Hochdeutsch gesprochen, die haben eine andere Sprache, also Dialekt, gesprochen. Die Sprache war ganz wichtig. Worte, so wie heute zum Beispiel ‚Scheiße', also das gab's alles nicht."[794]

„Natürlich haben wir mit denen [den anderen Kindern, S. D.] Schlesisch gesprochen, und zuhause tat das also auch jeder. Mein Vater, meine Mutter konnten auch prima Schlesisch sprechen, weil die das genauso gemacht hatten. Das geht ja auch gar nicht anders, auf so einem Gut, sich mit den Leuten zu unterhalten, mit denen man ständig zusammenarbeitet, wenn man deren Sprache nicht kann. Aber im Haus und wenn wir Besuch hatten oder so wurde natürlich Hochdeutsch gesprochen und darauf geachtet, dass wir das auch konnten. In dem Sinne sind wir dann zweisprachig aufgewachsen, mühelos."[795]

„Herrschaftssprachen" wie das durch Hauslehrer vermittelte Französisch waren dagegen schon in den 1930er Jahren die absolute Ausnahme, die nur noch in den Erzählungen der Eltern und Großeltern präsent war.[796]

„Bei meinem Mann war es sogar so – das war bei uns jetzt nicht – da war viel Personal bei meinem Mann. Das war anders. Die haben bei Tisch Französisch gesprochen, damit die Diener nicht hörten, was sie reden. Das war bei uns nicht so. Ich bin anders groß geworden."[797]

Mit der Zwangsmigration nach Westdeutschland verband sich auch hier eine Entwurzelung, denn die älteren Mitglieder der Familie fanden nicht in derselben Weise sprachlichen Anschluss an die Dorfbevölkerung wie zuvor in Schlesien.

„Sie fragten, ob wir gespürt haben, dass wir Flüchtlinge waren? Ja. Durch die Armut und durch den Dialekt natürlich auch, den musste man erst lernen, nicht. [...] der Dialekt spielte eine Rolle, aber das haben wir als Kinder sehr schnell gelernt. Mein Vater war wahnsinnig stolz darauf, dass wir diesen Dialekt beherrschten."[798]

---

792 Ebd.
793 Kulmiz, I. 2011: 00:16:03-3 – 00:17:21-9.
794 Kulmiz, I. 2011: 00:15:59-2 – 00:17:21-9.
795 Schweinitz, H. C. 2011: 00:11:02-0 – 00:13:47-0.
796 Schweinitz, H. C. 2011: 00:13:54-8 – 00:14:24-0.
797 Kulmiz, I. 2011: 00:35:56-8 – 00:37:26-0.
798 Ballestrem, G. 2012: 01:06:09-7 – 01:06:37-7.

Hinzu kam, dass sich damit auch innerhalb der Familie zwischen den noch in Schlesien geborenen Kindern beziehungsweise den Eltern und den Nachgeborenen eine Differenz auftat, wuchsen diese doch mit den Dialekten der neuen Heimat auf.

> „Ja, das war also tiefste Fränkische Schweiz, südlich von Bamberg. Ein kleiner Ort von etwa hundert Seelen [...]. Für mich war das ein Eldorado. Es gibt, glaube ich, für Kinder nichts Schöneres, als so aufwachsen zu können. Das ging so weit, dass ich praktisch so fränkisch sprach, dass meine Eltern Angst hatten, dass ich überhaupt noch richtig die deutsche Sprache erlerne. Sie haben mich dann teilweise gar nicht mehr verstanden. Das führte dann dazu, dass ich die Schule wechseln musste, denn ich war zunächst mal eingeschult worden in die erste Klasse, als Einziger, und war zusammen mit allen acht Volksschulklassen in einem Schulraum, wie das eben in vielen Dorfschulen früher der Fall war. Die ganzen Umstände, die ganzen Strukturen dort waren natürlich nicht vergleichbar mit dem Umfeld, was man in Schlesien hatte".[799]

Während die jüngeren Kinder schnell die Dialekte der Umgebung lernten, in der sie nun aufwuchsen, fiel dies den Älteren und den Eltern ausgesprochen schwer.

> „Ich sprach also auch diesen Allgäuer Dialekt, wie die Dorfbuben, und dadurch war ich dann integriert. Während meine Brüder das noch nicht konnten. Die sagten: ‚Was sprichst du für eine komische Sprache?‘ – Integration hängt sehr viel mit Sprache zusammen. [Pause] Der Vater konnte sich natürlich unmöglich in diese Sprache hineinfinden. Und war auch nicht der Typ dafür. Sondern er war immer der Herr."[800]

Auch die Kulturtechniken bei Tisch wie der Umgang mit Besteck oder die Einhaltung der Hierarchie bei Tisch gehörten zu jenen verhaltensprägenden Elementen, die einerseits den Kindern einen Unterschied zu den Dorfkindern vermittelten und andererseits die Hierarchien innerhalb der Familie zwischen Eltern und Kindern – oder globaler zwischen Erwachsenen und Kindern – vermittelten und einübten.[801]
Andere Elemente der Distinktion, die besonders für die Kinder früh fühlbar wurden, fanden mit Flucht und Vertreibung schlagartig ein Ende, so etwa das Kirchenpatronat, das durch besondere Patronatslogen oder reservierte Bankreihen ganz vorne in der Kirche die Familie des Patronatsherrn aus der Masse der Kirchbesucher hervorhob. „Und da mussten wir dort vorne sitzen [Lachen], und ob wir umkippten oder nicht, mussten wir dort sitzen, und die ganze Dorfgemeinschaft hat uns beobachtet."[802] „Sonntagvormittag ist meistens das schönste Wetter", lässt Maria Frisé in einer Verarbeitung ihrer schlesischen Kindheit ihr Alter Ego „Mucke" berichten:

> „Mucke hört die Kinder auf dem nahen Sportplatz rufen, sie spielen Völkerball oder Fußball. Die haben es gut. Mucke muss in der einzigen Reihe sitzen, die im rechten Winkel zu den anderen Bänken steht ganz dicht am Altar. Sie weiß, daß alle Leute beobachten

---

799 Uechtritz, H. 2012: 00:02:26-0 – 00:06:00-0.
800 Stillfried und Rattonitz, N. 2012: 01:07:06-3 – 01:15:21-8.
801 Kulmiz, I. 2011: 00:15:59-2 – 00:17:21-9.
802 Kulmiz, I. 2011: 00:35:56-8 – 00:37:26-0.

können, wenn sie mit den Beinen baumelt, in der Nase bohrt, einschläft oder vergisst, beim Beten aufzustehen. So sitzt sie ganz steif, bis der Rücken wehtut. Sie [...] merkt auch wenn er [der Vikar, S. D.] Angst hat, steckenzubleiben, oder etwas zu sagen, was dem Vater nicht gefallen könnte. Später, beim Mittagessen, bei Schweinebraten und Kartoffelklößen, wird ihn der Vater zur Rede stellen."[803]

Mit der Flucht brachen endgültig die letzten Reste alter Herrschaft und zum größten Teil die daraus hervorgegangenen Hierarchien zusammen. Aus den „Dorfkindern" wurden in den meisten Fällen die „Nachbarskinder", und Berührungsängste auf beiden Seiten wurden zunehmend abgebaut. Die Familie von Prinz Sieghard von Schoenaich-Carolath zum Beispiel zog in einen Münchner Vorort.

> „Wir wurden in der Großfamilie immer ein bisschen als die Eisenbahnkinder oder die Gleiskinder belächelt, weil wir direkt an der Bahnlinie gewohnt haben, in der Eisenbahnstraße 1a, in Germering. Ich bin in einem Reihenhaus aufgewachsen, also letztendlich nicht anders als die Nachbarkinder. Und ich bin auch hauptsächlich mit den Nachbarkindern aufgewachsen in einer Neubausiedlung."[804]

Hatte sich auf dem von Butlerschen Gut Heldritt zunächst ein rein adeliges Milieu zusammengefunden – „Wir waren 28 Vettern und Cousinen, wovon drei aus dem Haus stammten, die anderen waren alle aus dem Osten"[805] –, bezog die Familie von Bergmann-Korn, nachdem der Vater eine Stelle als Landwirtschaftsvertreter gefunden hatte, eine Wohnung im Obergeschoss einer norddeutschen Wäschefabrik.

> „Und unten drunter war eine Näherei, das war für uns Kinder, meinen Bruder und mich – also da hatten wir schon viele Freunde. [...] Das war eigentlich für uns Kinder eine schöne Zeit. Wir hatten viele Freunde. Vor allem die Wäschefabrik war immer schön, weil, nach Feierabend konnten wir immer da spielen. Unten drin im Keller, da waren die Stoffballen und so."[806]

Nach mehreren Zwischenstationen unter anderem in Heidelberg, wo der Großvater mütterlicherseits evangelischer Pfarrer war, kam die Familie von Bergmann-Korn schließlich in einen ländlichen Vorort von Karlsruhe.

> „Wir wohnten da oben ganz alleine, und die Nachbarn haben uns schräg angeguckt, weil wir waren die ersten, die aus der Stadt kamen, die sie nicht kannten. Das waren ja nur Einheimische da oben, das waren nur Bauern, das war für die jetzt was wirklich Neues. Mein Vater hat das aber gut geschafft, weil er ja im Grunde Landwirt gewesen ist und sehr gut mit solchen Leuten konnte, und in kurzer Zeit war das okay. Ja, da war das eine gute Gemeinschaft."[807]

Hier ging es nur noch sehr bedingt darum, „adelig" zu sein. Erst einmal war die Familie für ihre Nachbarn vor allem fremd: die Flüchtlinge und die Stadtleute, wie sie zumindest auf den ersten Blick erschienen.

---

803 Frisé 1993, S. 21.
804 Schoenaich-Carolath, E. 2013: 00:04:33-9 – 00:05:22-3.
805 Eichborn, J. 2012: 00:42:22-4 – 00:45:10-9.
806 Bergmann-Korn, B. 2012: 00:05:17-3 – 00:07:17-4.
807 Bergmann-Korn, B. 2012: 00:30:08-6 – 00:19:13-3.

Wirkliche Ausnahmen von dieser Annäherung zwischen dem vertriebenen Adel und der bürgerlichen Kultur, die die Bundesrepublik der ersten Jahrzehnte prägte, gab es kaum. Lediglich einzelne Familien vermochten einen differierenden, eher „grandseigneuralen" Lebensstil zu pflegen. Einige besaßen Güter im Westen, wie die Herzöge von Ratibor oder die Grafen von Reichenbach (von mütterlicher Seite, einer geborenen Freiin von Knigge) oder die Grafen Henckel von Donnersmarck-Tarnowitz, die aus dem Londoner Exil kommend zunächst in die Schweiz gingen und nach der Restituierung des von Graf Hugo Henckel von Donnersmarck 1846 erworbenen und von den sowjetischen Streitkräften in Österreich requirierten Schlosses in Wolfsberg, Kärnten dort wieder ansässig wurden. Sie gehörten zu jener noch kleineren Gruppe, die mit regierenden westeuropäischen Häusern verwandt war; im Fall des Grafen Karl Josef Henckel von Donnersmarck durch seine Heirat mit Prinzessin Marie-Adélaïde von Luxemburg mit dem Haus Nassau. Allerdings führten auch solche familiären Bindungen nicht dazu, dass die nachfolgende Generation nahtlos an die Vorkriegssozialisation anschloss. Karl Josef Henckel von Donnersmarck lebte beispielsweise mit seiner Familie in der Schweiz, wo adelig sein, so schildert es sein Sohn Andreas Henckel von Donnersmarck, äußerlich keine Bedeutung hatte.

> „In den alphabetischen Klassenverzeichnissen wurde ich unter H für Henckel geführt, von Donnersmarck schien nie auf. Ich war immer der Andreas Henckel, auch im Schweizer Militärdienst. Wie gesagt, später kam ich dann drauf, dass alle genau Bescheid wussten, obwohl sie es einem nicht gezeigt haben. In der Schweiz spielte die adelige Abstammung keine Rolle, in Österreich ist das etwas anders. Das habe ich vor allem entdeckt, als meine Kinder in die Schule gingen. Gleichbehandlung ist das Ziel, aber als Mitglied einer solchen Familie wird man meistens anders behandelt – entweder besser, sehr oft schlechter. Nach wie vor gibt es eine gewisse Verunsicherung im Umgang mit aristokratischen Familien"[808]

Eine prägende Erfahrung anderer Möglichkeitsräume machte er vor allem, wenn er die väterlichen Großeltern nach der Restituierung in Wolfsberg besuchte.

> „Wir liebten sie über alles und sie nahmen auch aktiv an unserer Erziehung teil, vor allem unsere Großmutter. In den Sommerferien, die wir hier in Wolfsberg verbrachten, hat dann meine Großmutter entschieden, was geschieht, viel mehr als meine Eltern. Sie hat mit uns alles Mögliche unternommen, uns z. B. ins Stadionbad begleitet, oder ist mit uns Wandern gegangen. Der Großvater nahm uns mit auf die Jagd und übernachtete mit uns Kindern auf der Hütte, was wir wahnsinnig gern hatten. So lange sie lebten, hatten diese Großeltern eine wichtige Stellung für uns […]."[809]

Verglichen mit anderen Kindern aus Haushalten der Oberschicht hat neben Landbesitz und daraus erwachsenden Praktiken wie der Jagd vor allem die Einbettung in die (hoch)adeligen Netzwerke Westeuropas noch heute prägenden Einfluss auf die mittlerweile auf Schloss Wolfsberg lebende Familie.

---

808 Henckel-Donnersmarck, A. 2013: 00:32:00-5 – 00:33:17-8.
809 Henckel-Donnersmarck, A. 2013: 00:28:22-5 – 00:30:15-2.

„Aus der international verstreuten Familie und der weiten Vernetzung ergeben sich dann wohl doch Vorteile für meine Kinder. In den Ferien und oft schon am Wochenende werden Verwandte in Deutschland, Belgien, Luxemburg oder Frankreich besucht. Ab einem gewissen Alter werden die Kinder eingeladen zu gesellschaftlichen Anlässen in ganz Europa und haben dadurch von vornherein möglicherweise eine bessere Chance sich international bewegen zu können. Dies resultiert aus den vielfältigen Verflechtungen dieser alteuropäischen Gesellschaft."[810]

Wieder andere wie die Familie des Grafen Valentin von Ballestrem erhielten einen derart umfänglichen Lastenausgleich, dass er eine Rückkehr in schlesische Verhältnisse verhieß – eine Hoffnung, die sich freilich nie erfüllen sollte und letztlich an den ganz anderen Realitäten Westdeutschlands scheiterte. Für die Kinder bedeutete dies auch in den 1970er und 1980er Jahren ein Aufwachsen in einer anderen Umgebung als die, mit der sie sich dennoch in der Schule regelmäßig konfrontiert sahen.

„Durch diese Strukturen in unserem Haus, die eben doch sehr schlossgeprägt war, hatten wir schon immer ein bisschen Hemmungen, Freunde dahin einzuladen. Wenn [Sie] jemandem [Lachen], der aus einem Bungalow stammte, sagen: ‚Komm mal zum Essen‘, und da tanzt dann jemand rum, der weiße Handschuhe anhat und das Essen serviert – das haben wir uns gut überlegt, wem wir das präsentieren können, ohne dass das in der Schule zu einem größeren Thema wird."[811]

Aber auch in jenen Familien, in denen man längst bei einem Reihenhaus angekommen war und die Kinder voller Begeisterung mit den Nachbarskindern spielten, gab es Reste einer Distanz, die diese häufig genug bei ihren Eltern zu spüren glaubten.

„Sie haben zusammen gespielt, haben Sie gesagt, heißt das, Sie haben die [Freunde] auch mit nach Hause gebracht?" (S. D.).
„Ja, oft, aber ich gebe zu, eher ungern, vor allem weil mein Vater die Unart besessen hat, die Freunde immer erst einmal auszuquetschen. So die typischen Fragen: ‚Was macht dein Vater? Was macht deine Mutter?‘ das fand ich als Kind natürlich immer sehr nervig."[812]

In vielen Fällen verschob sich mit dem Übergang in die Jugend zusätzlich die Einstellung der Eltern. Mit Tanzkursen oder gemeinsamen Veranstaltungen wie den unter dem Namen „Adel auf'm Radl" bekannt gewordenen Fahrradausflügen versuchten Eltern ihre Kinder nun an die soziale Gruppe heranzuführen, was in einigen Fällen zunächst als fremd wahrgenommen wurde.

„Also irgendwann kommt der Zeitpunkt, wo man dann gezwungen wird höhere Tochter zu sein [lacht] und muss sich damit abfinden, dass man einen Tanzkurs besuchen muss. Und das war für mich letztendlich irgendwie ein Kulturschock, so etwa im Alter von vierzehn oder fünfzehn. Da hatte ich in meinem Freundeskreis Punker und so ziemlich alles, und das war mir vertrauter als das, was ich dann im Tanzkurs erlebt habe. Aber inzwischen weiß ich das zu schätzen. Es war wirklich so, dass ich es am Anfang – also am positivsten ausgedrückt – vielleicht ambivalent, irgendwie, wahrgenommen habe, aber ich habe mich

---

810 Henckel-Donnersmarck, A. 2013: 00:33:33-1 – 00:35:23-4.
811 Ballestrem, N. 2010a: 01:52:44-9 – 01:53:41-2.
812 Schoenaich-Carolath, E. 2013: 00:33:10-0 – 00:35:19-1.

in diesem Kreis nicht wahnsinnig wohl gefühlt. Heute erkenne ich, dass sich daraus wirklich sehr gute und sehr enge Freundschaften entwickelt haben, die mir wahnsinnig wichtig sind. Und dennoch habe ich noch ein paar Freunde aus der Straßenkinder- und Eisenbahnkinderzeit [lacht], die mir auch sehr, sehr wichtig sind."[813]

Die Idee, den Zusammenhalt innerhalb der soziale Gruppe auch durch relativ „bürgerliche" Praktiken wie Radausflüge zu stärken, die schon auch ein Stück weit als eine Kontaktbörse angelegt waren, werden zu einem guten Teil der baltendeutschen Familie von Glasenapp zugeschrieben. „Diese ‚Adel auf'm Radl'-Touren sind von Patrick von Glasenapp erfunden worden, und das war unser – mehr oder weniger – direkter Nachbar in Alling, und mein Vater und mein Bruder wurden bei der ersten dieser Touren sehr involviert. Ich bin mitgefahren – ich habe es gehasst."[814]

7.3 Landleben und der Umgang mit Pferden

> „Mein Vater war ein Durch-und-durch-Landmann. Also, er war ein guter Familienvater, ein sehr liberaler Familienvater, würde ich sagen. Aber als erstes kam das Gut und nochmal das Gut und die Landwirtschaft und das Jahr in der Landwirtschaft."[815]

Was die in Schlesien geborenen Generationen von den Nachkriegsgenerationen in der Bundesrepublik am allerdeutlichsten unterschied, war vor allem die Erfahrung des Landlebens auf dem Gut. Kaum eines der nachgeborenen Kinder konnte diese enge Verflechtung mit der Landwirtschaft, aber auch die sich daraus eröffnenden Hierarchien noch erleben. Selbst wo nach dem Krieg Landwirtschaften in Pacht genommen wurden, war das Leben doch eingeschränkter als auf den eigenen Gütern vor dem Krieg. Während die Kinder der finanziell gut gestellten Familien sich in Bezug auf die Vorkriegs- und Kriegszeit vor allem an Spielzeuge, an Spiele und Ausflüge erinnern, memorieren die Kinder aus Familien, in denen die finanzielle Situation angespannt war, vor allem auch ihr eigenes Eingebundensein in die Landwirtschaft der Eltern.

> „Wir hatten einen Hof, ein Gut. Das war nicht so wie bei meinem Mann [aus der Familie von Kulmiz]. Da war alles sehr elitär. Die Kinder sind an die Hofgeschehnisse gar nicht gekommen. Das war bei uns etwas anders. Das wäre in unserem großen Gut, wenn wir dahin gezogen wären, auch anders. Das wollten wir nach dem Krieg, aber das ist ja nun nicht."

> „Ja, wir mussten alle mithelfen, aber nicht so wie unsere Arbeiter, sondern wir hatten andere Aufgaben. Zum Beispiel, wenn die Kartoffelernte war, dann ging's ja nach Deputat bei den Arbeitern, und da bekamen sie für jeden Korb, den sie aufgelesen haben, eine Marke, und danach wurden sie bezahlt. Und so haben wir zum Beispiel Marken ausgegeben, wir Kinder. [...] Oder zum Beispiel haben wir angerückt. [...] Es wurden also so Puppen beim Ernten aufgestellt, sie wurden im Garten gemacht. Es wurden Puppen auf

---

813 Ebd.
814 Schoenaich-Carolath, E. 2013: 00:48:36-8 – 00:52:00-6.
815 Bomhard, E. 2011: 00:03:54-0 – 00:06:43-4.

gestellt, und da wurde immer von Puppe zu Puppe gefahren, und dann musste jemand die Pferde vorne nehmen, und die Arbeiter haben dann den Wagen beladen. Also solche Arbeiten. Hühner mussten wir füttern. Wir mussten den Hühnerstall ausmisten. Also wir mussten auch Tauben mitversorgen. Wir haben sehr viel Tauben gehabt, weil sie viel Geld brachten. Wir mussten mithelfen, mitarbeiten."[816]

Pferden kam im adeligen Kulturmodell, wie es Stephan Malinowski entwirft, eine zentrale Rolle zu.[817] Die Kinder ländlicher Haushalte wuchsen tief verbunden mit einigen der Tiere auf und versorgten diese bevorzugt, beispielsweise als nach einem Scheunenbrand die gesamten Heuvorräte vernichtet waren: „Aber die Pferde hatten kein Stroh, und da haben wir für unser Lieblingspferd, Liese, immer das Stroh von den anderen Pferden geklaut und ihr rein geschmissen."[818] Detlev von Reinersdorff-Paczensky erinnert sich daran, dass sein Vater nicht nur ein „vorzüglicher Querfeld-Reiter" war, für den es „kein Hindernis" gegeben habe: „Gräben wurden gesprungen [sic] oder durchklettert, Stangenhölzer durchtrabt, Teiche durchwatet". Die Reitpraxis war gleichermaßen Ausdruck körperlicher Geschicklichkeit und geistiger Beherrschung wie eine Distinktionspraxis, ein Anknüpfen an Elemente vormoderner Herrschaft. „Seine täglichen Morgenritte", so von Reinersdorff-Paczensky weiter, „dienten der Kontrolle der verschiedenen Arbeitsplätze auf den Feldern und im Walde. Dazwischen wurden herrliche Galopps von 3000 bis 4000 Meter und länger eingelegt. Wir Kinder und auch Gäste mußten ihn begleiten."[819] Vielfach hatten jedoch nur die Kinder auf vermögenden Höfen tatsächlich eine Möglichkeit zu reiten oder in einer eigenen Ponykutsche zu fahren. Das galt nicht allein für die Kinder, sondern auch für die Eltern selbst, wenn die Pferde sonst in der Landwirtschaft eingesetzt wurden.

> „Das war bei uns überhaupt insofern mit der Kutsche immer schwer, weil meine Mutter am Sonntag Kutsche fahren wollte, und mein Vater das nicht erlaubte, da die Pferde am Montag in der Früh um fünf wieder arbeiten mussten. Und da gab es also immer ein bisschen – [Lachen]"
> „Damit die Pferde ihren Sonntag bekommen sozusagen?" (S. D.)
> „Ja, das war so. Wir durften auch nicht reiten, durften wir nicht."
> „Sie hätten gern geritten?" (S. D.)
> „Nicht *so* gern. Aber ja, hätte vielleicht schon. Aber das durften wir nicht, weil der Vater hat eben – Das Gut war sehr verschuldet [...]. Da mussten wir alle mitarbeiten und da gab's keine Reiterei [Lachen]."[820]

„Reiterei" gab es mit Kriegsbeginn häufig auch dort nicht mehr, wo Pferde in vergleichsweise großer Zahl verfügbar und deshalb ausgeruht waren.

> „Mein Vater hatte mir schon gleich am Anfang des Krieges das Reiten – nicht verboten, aber er hat mit mir geredet, hat gesagt: ‚Du, das geht nicht, dass du hier reitest. Du siehst es wohl ein, wenn den Bauern die Pferde weggenommen werden, und die Bauern brau-

---

816 Kulmiz, I. 2011: 00:00:30-9 – 00:01:26-2 u. 00:08:20-2 – 00:09:47-8.
817 Malinowski 2003a, S. 65f.
818 Kulmiz, B. 2011: 00:12:26-5 – 00:13:07-2.
819 Reinersdorff-Paczensky 1957b, S. 2.
820 Kulmiz, I. 2011: 00:07:09-6 – 00:08:15-8.

chen die Pferde zur Arbeit. Da kannst du nicht zum Vergnügen reiten.' Und das habe ich sofort eingesehen."[821]

Nicht jedes Kind allerdings konnte für die Reitpraxis, wie sie in vielen adeligen Familien gepflegt wurde, große Begeisterung aufbringen.

„Reiten musste er als Bub anfangen, da gibt es auch ein Bild von ihm. Da sitzt er oben: ‚Was soll ich hier?' Das war also absolut nicht seine Sache. Gar nicht."[822]

„Ich habe mich immer vor Gäulen gefürchtet, und das war ganz einfach. [...] Ich sollte, da war ich vielleicht fünf – wir hatten Ponys – und da sollte ich dieses Gerät besteigen, die ‚Flicka' hieß, eine schwarze Stute, das Aas. Wir waren im Park, und die war wohl schon gesattelt, und ich sehe es noch so ein bisschen, und da war die ‚Muttel' [schlesische Koseform für Mutter, S. D.], und noch zwei Frauen waren dabei. Das Aas dreht sich um, zack, dieses Pony, Shetland-Pony, und haut mir beide Hufe in den Bauch, ich bin durch die Luft geflogen. Später, wenn sich ein Pferd mir genähert hat, da haben sich bei mir die Haare aufgestellt. Seitdem habe ich erst Jahrzehnte später unter Qualen bei einem Vetter wieder einmal einen Gaul bestiegen."[823]

Bei den in der ersten Hälfte des 20. Jahrhunderts geborenen Alterskohorten bot sich erstmals der Motorsport als eine vergleichbar passionierte und in der sozialen Gruppe akzeptierte Freizeitaktivität an.

„Da war er so 16, 17. Und da hat er sich dann selber ein Motorrad gekauft, und da kam er fesch von Breslau aus angefahren in Knickerbockern mit dieser englischen Schiebermütze auf, mit selber gekauftem Motorrad ins Schloss Dobrau. Und die haben ihn natürlich kolossal bewundert, dass er, der Moo hieß er da, dass er mit einem eigenen Motorrad angefahren kommt. [...] Obwohl er noch auf die Schule ging. [Lachen] Er war toll."[824]

Das Pferd ist in enger Weise mit der Flucht verbunden, zum einen, weil es nach der Rationierung von Benzin und teilweise auch der Beschlagnahme von Motorfahrzeugen eine der wenigen Möglichkeiten bot, sich nicht aus eigener Kraft fortzubewegen, zum anderen, da ein gutes Reitpferd natürlich auch einen enormen Gegenwert darstellte und zugleich Gegenstand erheblicher Affektion seiner Eigentümer war. Der Abschied vom Pferd konnte, so etwa von Maria von Loesch, die im evakuierten Stettin Anfang 1945 noch einmal „sechs wundervolle Pferde" ihres Mannes reiten konnte, zum „Abschied vom Leben von einst" stilisiert werden.[825]

Die enge Verbindung mit Pferden ging in der Nachkriegszeit in dem Maße verloren, in dem sie sich generell vom Landleben entfernen musste, um ein Auskommen zu finden. Die Vorstellungen über den Sinn des Reitens gingen wohl auch aus diesem Grund zwischen Eltern und Kindern nun stärker auseinander und spiegeln zugleich auch einen grundlegenderen Generationen- und Wertekonflikt zwischen

---

821 Kulmiz, B. 2011: 00:29:33-6 – 00:31:02-0.
822 Seherr-Thoß, Th. 2011: 00:48:39-0 – 00:49:03-5.
823 Henckel-Donnersmarck, P. 2011: 01:25:30-5 – 01:28:11-5.
824 Seherr-Thoß, Th. 2011: 00:49:43-8 – 00:51:25-7.
825 Braun 2002, S. 61, Nr. 30: Maria von Loesch, Dahmsdorf, 23. April 1947.

einer auf Contenance bedachten älteren und einer an Freiheit und Emotionalität orientierten jüngeren generationellen Lagerung[826] wieder:

> „[...] was ich eben unter Reiten verstehen würde, wäre sich auf ein Pferd zu setzen und über eine Wiese zu reiten. Und seine [des Vaters, S. D.] Vorstellung von Reiten, zumindest in diesem Anfangsteil, spielte sich nur in einer Reitbahn ab, die man über eine oder zwei Stunden im Kreis durchritten hat, mit mal Trab, mal Schritt, mal mit einer Volte und mal mit einer Schleife drin, und das war es. So muss ihm wohl auch das Reiten beigebracht worden sein. [...] Das war jetzt keine Dressur im eigentlichen Sinne, aber doch eher dieses klar strukturierte Reiten als ein Reiten zum Vergnügen, oder um etwas zu sehen."[827]

Das Reiten als disziplinarische Übung, als – vor allem auch männliche – Beherrschung der Natur blieb aber in dieser symbolischen Funktion als soziales Auszeichnungs- und Distinktionsmerkmal erkenn- und lesbar:

> „Das einzige Mal, wo ich mich dran erinnern konnte, ist, dass er uns einmal gezeigt hatte, dass er reiten konnte. Er war aufgezogen [worden] mit Pferden und in Korps und Ausbildung und ich weiß nicht was. Wir hatten so einen Zossen, der so ein ausgedientes Rennpferd war, vor einem Traber, der aber auf der anderen Seite ein Vollblutpferd war. Das parierte nicht. Da setzte er sich – weiß ich noch wie heute – irgendwann drauf, und da ging das Pferd wie 'ne Eins. Und da wusste man: ‚Aha! *Der* kann reiten.'"[828]

Selbst im Wolfsberger Zweig der Familie Henckel von Donnersmarck, die dort in der Vorkriegszeit ein eigenes Gestüt unterhalten hatte und nach der mehrere Pferderennen benannt wurden, reduzierten sich Reitsport-Aktivitäten in der Nachkriegszeit.

> „Selbst mein Großvater hatte nach dem Krieg noch ein oder zwei Rennpferde, die an verschiedenen Orten (z. B. Baden-Baden oder Wien) Rennen liefen. Für meinen Vater und mich war der Reitsport nicht mehr wichtig. Zwar habe ich reiten gelernt, aber ich übe es nur im Ausnahmefall aus. Meine Töchter reiten schon und tun es auch gerne. Exklusiv ist das mittlerweile nicht mehr."[829]

Die Kinder entdeckten zudem – und das besonders im süddeutschen Raum – schnell andere Sportarten wie das Skilaufen, das in keiner Weise mehr spezifisch adelig codiert war und das gleichermaßen Körperbeherrschung und individuelles Erleben in den Mittelpunkt stellte. Darin unterschieden sie sich wiederum von den Eltern: „Wir

---

826 Für den Gebrauch durch die jüngere Generationengeschichte vgl. Jureit 2017. Die Lagerung einer Generation geht zurück auf Mannheim 1928, S. 172. Mannheim spricht hier zunächst einmal von einer „Klassenlage", in der man sich „befinde" und von der es sekundär sei, „ob man davon weiß oder nicht, ob man sich ihr zurechnet oder diese Zurechenbarkeit vor sich verhüllt." Erst auf der kommenden Seite parallelisiert er „Klassenlage und Generationslage (Zugehörigkeit zu einander verwandten Geburtsjahrgängen)", die gemeinsam hätten, „daß sie als Folge einer spezifischen Lagerung der durch sie betroffenen Individuen im gesellschaftlich-historischen Lebensraume, diese Individuen auf einen bestimmten Spielraum möglichen Geschehens beschränken und damit eine spezifische Art des Erlebens und Denkens, eine spezifische Art des Eingreifens in den historischen Prozeß nahelegen." (Ebd., S. 173 f.).

827 Ballestrem, N. 2010a: 01:33:04-3 – 01:34:22-1.

828 Strachwitz von Groß-Zauche und Camminetz, J. & L. 2012: 02:16:55-1 – 02:17:43-4.

829 Henckel-Donnersmarck, A. 2013: 00:35:41-3 – 00:37:48-2.

sind nie gemeinschaftlich zum Skilaufen gegangen, weil er gar nicht Ski laufen konnte und auch zu alt war, und Arthrose an den Beinen hatte, und ich weiß nicht was."[830]

Da die meisten der Kinder längst nicht mehr auf dem Land aufwuchsen, findet man bei vielen Erzählenden der Nachkriegszeit den besonderen narrativen Bezug von Adeligkeit und Landleben nicht. Selbst dort, wo Kinder in einer dörflichen
Umgebung aufwuchsen, codieren sie diese Kindheit und die Unterschiede zu einer
Kindheit heute vor allem als einen allgemeinen Kulturwandel, nicht als eine sozial-
gruppenspezifische Sozialisierung, wie es noch die Erzählungen einer „wilden" adeligen Kindheit aus der Zwischenkriegszeit tun.[831]

„Das war nur der Wohnsitz in diesem kleinen, winzigen Dörfchen Schwengfeld. Das war
Land und das war Wald, Feld, Wiesen, Natur, rumstreifen, mit der Steinschleuder schie-
ßen, mit Pfeil und Bogen spielen – ich durfte immer draußen sein. Ich musste natürlich
zu den Mahlzeiten brav nach Hause kommen und wurde auch gerufen oder mal mit der
Glocke gebimmelt, wenn man im Park irgendwie zu weit weg war oder in den Ställen.
[...] Natur spielte für mich immer eine große Rolle, und das urbane Leben bis zum heutigen Tag – ja, ich schätze es, mal an einem Wochenende in Paris rumzuflanieren oder in
München und, wenn die Sonne scheint, da einen Kaffee zu trinken, irgendwo in einem
schicken Café. Aber wenn ich dann nach einigen Tagen oder nach einer Woche Großstadt
wieder zurückkomme, bin ich auch froh. Ich bin kein urbaner Mensch. Aber ob das mit
dem adeligen Herkommen zu tun hat, glaube ich nicht. Das ist einfach der Zufall, wo ich
groß geworden bin."[832]

„Wir haben eigentlich in einer sehr ländlichen Umgebung gewohnt, eine Dorflage mit
mehreren Bauernhöfen noch, seinerzeit, wo dann einige wenige Neubauten gebaut worden sind, die eben nach dem Krieg wieder kamen. Wunderschön war es immer, wenn die
Schafherde vor dem Haus lang zog und wir im Sommer als Kinder dann teilweise nur mit
Badehose zwischen den Schafen lang gelaufen sind. Von daher kann ich sagen, ich bin
nicht als Großstädter groß geworden, sondern ich bin eher als städtischer Junge in der
Landwirtschaft groß geworden. [...] Das war so die Umgebung und entsprechend – heute
würde man echt mit dem Kopf schütteln – haben wir da unsere Spielplätze gehabt, nämlich durchaus auch mal auf dem Misthaufen oder haben verbotenerweise auf der Tenne
mit Heuballen gespielt oder Verstecken im Schweinestall gemacht oder solche Dinge. Da
gab es mit Hygiene – nein. Wenn mal irgendwo ein Knie offen war, das war dann normal.
Heute würde man solche Spielplätze mit rotem Flatterband absperren."[833]

7.4 Schule und Bildungswege

Die schulische Ausbildung war einer jener Bereiche, in denen sich vor allem der
ländliche Adel in Schlesien in der ersten Hälfte des 20. Jahrhunderts noch spürbar
von seiner Umgebung abhob. Die ersten vier bis fünf Klassen verbrachten alle Kin-

---

830 Strachwitz von Groß-Zauche und Camminetz, J. & L. 2012: 02:16:55-1 – 02:17:43-4.
831 Malinowski 2003a, S. 77f.
832 Websky, M. 2013: 01:41:42-4 – 01:43:41-1.
833 Stillfried und Rattonitz, I. 2012: 00:04:20-1 – 00:06:46-2.

der, die auf dem Land lebten, in der Nähe des elterlichen Wohnsitzes. Die große Mehrheit der adeligen Kinder auf dem Land besuchte zunächst eine Dorfschule, die in vielen Fällen eine Patronatsstiftung der eigenen Vorfahren war und in der häufig genug mehrere Klassen gemeinsam unterrichtet wurden.

> „In Krain war das eine Schule, die am Rande vom Park von Krain auf einem Grundstück von meinem Großvater gebaut worden war, damit in Krain auch eine Schule ist – mit einem Lehrer, der in dem Schulgebäude wohnte und der in einer Klasse, in einem Raum sechs Klassen gleichzeitig unterrichtete".[834]

> „Ich bin dann in die Volksschule gegangen, die zwei Klassenräume hatte. Vormittags waren die älteren Klassen – vier bis acht – und nachmittags die jüngeren Klassen an der Reihe – immer alle in einem Raum. [...] Der alte Lehrer hatte bereits meinen Vater unterrichtet. Er war eine Institution, auch weil er zugleich der Schreiber der Dorfgemeinde war."[835]

Die Bandbreite dieser Stiftungen war recht groß und reichte „von der Größe und von der Atmosphäre her, dass man sich den Lehrer Lämpel noch vorstellen kann",[836] bis hin zu ausdifferenzierten Schulen mit mehreren Klassen und einem professionalisierten Mitarbeiterstab. „Und dann war ich zwei Jahre auf der Privatschule in Saarau, die mein Großvater hat bauen lassen, für die Angestellten der Betriebe halt, für die Kinder der Direktoren und so weiter."[837] Manch ein Schloss oder Gut lag derart abgeschieden, dass die Kinder täglich längere Strecken zur Schule zurücklegen mussten.

> „Als mein ein Jahr älterer Bruder in die Schule kam, da bekam er so eine Art Doppelpony geschenkt, und ein polnischer Kutscherjunge fuhr ihn also dann jedes Mal in die Schule. Und als ich dazu kam, bekam ich ein zweites Pony geschenkt, und dann fuhren wir also mit Zweispänner. Mit einem von meinem Vater konstruierten Ponywagen und diesem Kutscherjungen fuhren wir da jeden Tag in die Schule, was allerdings schon für uns Kinder ein bisschen mühsam war."[838]

Die relativ flexible Ordnung der Schulen auf dem Land ermöglichte dagegen einen abwechselnden Schulbesuch an mehreren Orten, wenn etwa die Familie in der Kriegszeit in Abwesenheit des Vaters die Großeltern aufsuchte.

> „Wir waren oft so lange in Albrechtsdorf [Olbrachtowice] bei der Großmutter mütterlicherseits, dass wir da also eine Zeit lang in die Schule gegangen sind, weil man das mit den Ferien da nicht so anpassen konnte oder es sich so ergab. Das war da auf dem Lande auch gar kein Problem. Da wurde eben gesagt, wir fahren nach Albrechtsdorf, und dann gehen die Kinder da in die Schule."[839]

In einigen Fällen standen vermögenderen Familien noch wie im 19. Jahrhundert Hauslehrer zur Verfügung, die die Kinder unterrichteten, beispielsweise in den ers

---

834 Schweinitz, H.-C. 2011: 00:08:22-2 – 00:10:40-4.
835 Haugwitz, H.-W. 2013: 00:02:39-8 – 00:05:53-3.
836 Schweinitz, H.-C. 2011: 00:08:22-2 – 00:10:40-4.
837 Kulmiz, B. 2011: 00:14:23-3 – 00:16:49-0.
838 Ballestrem, G. 2012: 00:12:55-3 – 00:15:24-2.
839 Schweinitz, H.-C. 2011: 00:06:19-9 – 00:08:22-2.

ten Jahren, wenn keine Schule vor Ort war, oder die sie später auf den Wechsel auf eine höhere Bildungseinrichtung vorbereiteten.

> „Also ich ging vier Jahre Grundschule, wie das so üblich war. Dann hatte ich für weitere dreieinhalb Jahre mit zwei Mädchen, die mit mir vorher in der Klasse waren, gemeinsam eine Hauslehrerin. Dann kam ich im Oktober 1939 [...] in ein Internat nach Potsdam und war dort etwas mehr als vier Jahre. [...] Wir hätten, als wir in die höhere Schule mussten, also ab der sechsten, hätten wir in die Kreisstadt nach Lauban fahren müssen. Das wollten unsere Eltern uns ersparen. Dafür bin ich ihnen auch heutzutage dankbar, denn mir ist früher das Aufstehen furchtbar schwergefallen. Da hätte man um sieben mit der kleinen Bahn die zwölf Kilometer wegfahren müssen und wäre vor zwei Uhr nachmittags nicht zu Hause gewesen. Da hatte ich nun die Hauslehrerin. Als ich dreizehn war, kam ich ins Internat nach Potsdam."[840]

> „Dann, wie wir so weit waren, zehn Jahre, mussten wir ins Internat, weil es auf den Höfen oder auf dem Land keine Gymnasien gab. Und da bin ich nach Breslau gekommen."[841]

Zwar waren längst keine Bildungseinrichtungen mehr exklusiv dem Adel vorbehalten, sehr wohl aber war die Zahl der Bürgerlichen, die bestimmte Traditionseinrichtungen besuchten, überschaubar. „Wir kamen alle in die Internate, je nachdem. Man wusste das schon unter dem Adel, wohin man ins Internat geht."[842] Flucht und Vertreibung haben an dieser Praxis zunächst einmal nur mittelbar etwas geändert. Noch immer war der Anteil derjenigen, die zu irgendeinem Zeitpunkt ihres Bildungswegs Internatsschüler wurden, in adeligen Familien relativ hoch.

> „Ich habe schon den Eindruck, dass adelige Familien tendenziell eher gewillt sind – [ein Kind auf ein Internat zu schicken, S. D.], schon allein der Tatsache geschuldet, dass sie ja meistens in irgendwelchen ländlichen Gebieten wohnen und auf der anderen Seite aber auf eine anständige Ausbildung Wert legen. Also ist da eine gewisse Tendenz, aber ansonsten folgt das, glaube ich, Strukturen, die in anderen Familien genauso gepflegt werden."[843]

Die Konzentration des Adels auf bestimmte Bildungsstätten war eine Tradition, die zum Teil bis ins 18. Jahrhundert zurückreichte und die sich zunächst vorrangig an konfessionellen Grenzen und natürlich am Geschlecht der Kinder orientierte. Der Kirche als Träger von konfessionellen Bildungseinrichtungen kam dabei die größte Rolle zu. Traditionell war vor allem für den katholischen Adel die Zahl der höheren Bildungsanstalten in Schlesien sehr begrenzt. Noch im 19. Jahrhundert fehlte in Schlesien ein katholisches Jungengymnasium mit Internatsteil. Viele adelige Familien entschieden deshalb, ihre Kinder ins benachbarte Österreich auf das frühere Jesuitenkolleg „Stella Matutina" in Feldkirch zu senden,[844] das 1856 ein k. u. k. Staatsgymnasium wurde und ab 1891 bis in die 1930er Jahre eine Blütezeit als Ziel nicht

---

840 Seherr-Thoß, R. 2011: 00:04:09-3 – 00:08:15-4 u. 01:29:18-2 – 01:30:04-3.
841 Kulmiz, I. 2011: 00:08:20-2 – 00:09:47-8.
842 Kulmiz, I. 2011: 00:27:33-0 – 00:28:10-3.
843 Ballestrem, N. 2010a: 01:56:22-4 – 01:57:19-5.
844 Zur Geschichte der Institution vgl. Blöchlinger/Kopf/Profeld 2006.

allein des schlesischen katholischen Adels erlebte. Seit 1905 bestand das vom Bene-
diktinerorden betriebene Gymnasium im Kloster Ettal, das von zahlreichen schlesischen Jungen besucht wurde.[845] Besonderer Beliebtheit für Mädchen erfreute sich
ein Oberlyceum am damaligen Ritterplatz in Breslau und eine Mädchenoberschule
mit Hauswirtschaftsteil in Breslau-Carlowitz, die beide von den Breslauer Ursulinerinnen betrieben wurden. [846] Auch der evangelische Adel fand Bildungsstätten nur
zum Teil im Land, darunter etwa das von der Herrnhuter Brüdergemeine betriebene
Internat Niesky im Nordwesten Schlesiens.[847] Beliebt waren darüber hinaus die Fürs-
tenschulen Sachsens wie die in ihren Traditionen bis ins 16. Jahrhundert zurückreichende Schulpforta. Mädchen besuchten häufig das Internat des Klosters Stift zum
Heiligengrabe in Brandenburg.[848]

Neben dem Hausunterricht besuchten adelige Kinder auch nicht konfessionsge-
bundene Privatschulen, die häufig ihrem Ursprung nach adelige Stiftungen waren.
Trotz der egalisierenden Tendenz der Schulpolitik in der Weimarer Republik wurde diesen Einrichtungen ein Bestandsschutz gewährt,[849] und im Regelfall blieben sie
auch nach sukzessiver Gleichschaltung in der NS-Diktatur bestehen. Die Fürsten
von Pless unterhielten das von ihnen gestiftete Gymnasium („Hochbergianum" beziehungsweise „Fürstenschule") in Pless, das sich freilich zunächst an die höheren Beamten ihrer Verwaltung richtete, aber nach dem Übergang von Pless an Polen auch
zahlreichen Kindern des polnischen Hochadels als Bildungsstätte diente, die an den
Wochenenden regelmäßig die Kinder des Fürstenhauses trafen.[850]

Von Anfang an auf die Spitze der ländlichen Gesellschaft ausgerichtet war dagegen
das Mädcheninternat „von Zawadzky" in Breslau, das Anfang des 20. Jahrhunderts
auch für ein bürgerliches Publikum geöffnet war und den Ruf einer der besten Privatschulen Breslaus und darüber hinaus genoss.[851]

Beliebt waren daneben Schulen, die sich an eine staatsnahe Oberschicht – in
wachsendem Maße weniger an den Adel an sich – richteten. Dazu zählte für die Jungen ohne Zweifel die seit 1708 bestehende Ritterakademie in Liegnitz, die aufgrund
eines Konfessionsproporzes katholischen wie evangelischen Schülern die Türen öff-

---

845 Seherr-Thoß, Th. 2011: 00:10:54-6 – 00:12:18-7. Für die Rolle beider Einrichtungen bei der Aus-
       formung eines katholischen Adelshabitus allgemein vgl. Malinowski 2003a, S. 85.

846 Hitzfeld, Berhard/Hitzfeld, Margarete: Wir haben nie zu hoffen aufgehört. Lebenserinnerungen
       einer Schlesierin, Norderstedt: BoD – Books on Demand, 2003, S. 16. Zur Situation der Schul-
       orden: Mengel 1986, S. 32f. Auch hier kam es zu einer allmählichen Durchdringung des Schul-
       alltags durch das Regime, wie den obligatorischen Hitler-Gruß oder das Hissen der Hakenkreuz-
       fahne als Reichsflagge. (Ebd., S. 38) Beide Schulen wurden schließlich im Laufe der NS-Dikatur
       durch staatliche Einrichtungen übernommen. (Mengel 1986, S. 103).

847 Kulmiz, I. 2011: 00:09:47-8 – 00:10:46-8.

848 Seherr-Thoß, R. 2011: 01:21:37-7 – 01:23:32-8; zur Einrichtung vgl. Jacobi 2013, S. 213.

849 Müller 2003, S. 71.

850 Bolko Graf von Hochberg, Fürst von Pless im Interview mit Andrzej Klamt 2013. Nicht in der
       Filmfassung.

851 Müller 2003, S. 71 (selbst wieder beruhend auf einem Zeitzeugenbericht). Die Gründerin war
       Frau Sophie Schumacher, geborene von Zawadzky, zusammen mit ihrem Ehemann (ebd.).

nete.[852] Ohne dass eine direkte Vergleichbarkeit zu Einrichtungen wie der Ritterakademie gegeben wäre, wuchs doch das zunächst nur auf eine Förderung für Mädchen
aus Offiziersfamilien, deren Väter gefallen waren, angelegte Kaiserin-Augusta-Stift
in Potsdam zu einer in mancher Hinsicht ähnlich Elite bildenden Einrichtung, die
viele Mädchen aus adeligen Familien Schlesiens anzog.[853] Seit den 1920er Jahren
hatte für Jungen zudem eine konservativ-überkonfessionelle Internatsschule in Misdroy ihre Pforten geöffnet, die sogenannte „Baltenschule",[854] deren Lehrkonzepte als
wesentlich zeitgemäßer empfunden wurden und die deshalb auch eine leicht andere
Interessentengruppe ansprach als etwa die Ritterakademie.

In den Städten war der Schulzugang von Anfang an einfacher. Wer kein Internat benötigte, konnte bereits im 19. Jahrhundert die Gymnasien in den Städten wie
Glatz, Frankenstein, Breslau oder Oppeln besuchen, allerdings mit der Einschrän-
kung, dass die Zahl adeliger Schüler hier wohl deutlich geringer war als in den anderen Einrichtungen. Immer wieder nahmen die zumeist als Beamtenfamilien im städtischen Raum Lebenden verwandte oder befreundete Kinder bei sich auf, um diesen
den Zugang zu einer höheren Bildungseinrichtung zu ermöglichen.

„Michael Matuschka, der mit meinem Vater zusammen in München studiert hatte, war
in der Münchener Gesellschaft aktiv gewesen, und die Freundschaft war nachher weiter
beibehalten worden. [...] Aber die Freundschaft der Familie, der Väter hat sich dann übertragen auf die nächste Generation. Der älteste Matuschka-Sohn war etwa in meinem Alter, dann waren noch zwei weitere Brüder und eine kleine Schwester, also vier Kinder, die
in meinem Alter und etwas drunter waren. Wir haben uns viel gegenseitig eingeladen zu
Geburtstagen und so weiter. Als ich jetzt ins Gymnasium kam, da musste ich ja in Breslau irgendwo jemanden haben, der für mich sorgte. Und da mein Vater dort nur eine, wie
meine Mutter sagte, Junggesellenwirtschaft in der Generallandschaft führte,[855] brauchten
wir jemanden, der für *mich* sorgte, und eine richtige Familie, wo ich also vernünftige Unterkunft hatte. Da kamen meine Eltern auf die Idee, die Matuschkas zu fragen, ob ich bei
denen als *paying guest* sozusagen wohnen könnte. Die haben sofort ‚Ja' gesagt. Ich kriegte
dort das Arbeitszimmer vom Grafen Matuschka oben unterm Dach, bin dorthin eingezo-
gen und habe dort die ersten zwei Jahre bei der Familie gelebt."[856]

„Und es wohnte zeitweise auch ein jüngerer Bruder meiner Mutter da. Meine Mutter
stammt aus einer Familie mit zehn Kindern, sie ist die zweite, und der Zweitjüngste, der
jetzt gerade neunzig wird, Rüdiger, der wohnte auch eine Weile bei uns, wie er, glaube ich,
sein Einjähriges machen sollte oder so, und das ging nur in Breslau. Die wohnten dann
eben da, im Zweifel in diesem Arbeitszimmer meines Vaters und [ein S. D.] richtiges Gästezimmer hatten wir keines."[857]

---

852 Seherr-Thoß, Th. 2011: 00:10:54-6 – 00:12:18-7; Mainka 2009. Für die Zeit des Nationalsozia-
    lismus: Hönig 2009.
853 Seherr-Thoß, R. 2011: 01:32:07-7 – 01:34:04-5 sowie 02:03:02-5 – 02:08:47-8; zur Stiftung
    selbst vgl. Jacobi 2013, S. 212.
854 Bergmann-Korn, B. 2012: 00:10:01-1 – 00:12:20-9.
855 Der Vater war Generallandschaftsdirektor.
856 Zedlitz und Neukirch, S. 2012: 00:49:09.6 – 01:02:46.7.
857 Matuschka, M. 2013: 00:23:05-7 – 00:24:23-6.

Daneben bestand nach wie vor die im 19. Jahrhundert etablierte Praxis, Kinder als Pensionisten einzuquartieren.

> „Dann, wie wir so weit waren, zehn Jahre, mussten wir ins Internat, weil es auf den Hö-
> fen oder auf dem Land keine Gymnasien gab. Und da bin ich nach Breslau gekommen.
> [...] Ich war im Ursulinerinnen-Kloster, wollte dort aber nicht rein. Nein, erst war ich in
> Privatpension, bin in die Schule gegangen. Und dann war ich – nun, ich war ein biss-
> chen flop und habe nicht viel gemacht, bin überall in Breslau rummarschiert, und da hat
> mich meine Mutter ins Kloster gesteckt. Da wollte ich erst nicht rein, aber dann wollte
> ich nicht raus."[858]

Die Vorkriegs- und Kriegsgeneration teilt generell eine mehrfach unterbrochene Schulkarriere. Die erste Unterbrechung ergab sich in der einen oder anderen Wei- se durch die Gleichschaltung der Schulen im Nationalsozialismus. So wurde in der Diktatur der Internatsteil der Breslauer Ursulinerinnen aufgelöst, sodass etwa Inge- borg von Kulmiz auf das städtische Gymnasium wechseln musste.[859] Eine weitere Unterbrechung der Schulkarrieren bildeten dann für Jungen der Einzug zum Mili- tär oder Volkssturm und für beide Geschlechter Flucht und Vertreibung,[860] weshalb viele Angehörige dieser Generation zunächst kein Abitur machen konnten. „Ich bin dann aufs Gymnasium nach Löwenberg gekommen bis Herbst, ich glaube es war Oktober, 1944, als auch *diese* Schule zumachte. Von da an – von 1944 bis 1947 – ha- be ich keine Schule besucht; damals verlief direkt bei Löwenberg die Frontlinie".[861]

> „Ich bin jedenfalls bis zur fünften Klasse da [in Krain, S. D.] in die Schule gegangen – bis
> zur fünften Klasse wohl deswegen, weil ich sonst nach Liegnitz auf die Ritterakademie hät-
> te gehen müssen. Das war nicht weit, aber es waren sechzehn Kilometer und das hätte ich
> natürlich nicht jeden Tag hin und zurück laufen können. Öffentliche Verkehrsmittel gab's
> nicht. Und das mich jemand 1944/45 da also jeden Tag hinfährt und wieder abholt, war
> natürlich auch unmöglich, sodass ich da ins Internat oder irgendeine Pension hätte gehen
> müssen. Das war meiner Mutter im Herbst '44 wohl doch zu riskant, weil sie sagte: ‚Wenn
> wir hier mal weg müssen, dann ist die Frage, wann [es, S. D.] Treckerlaubnis für Krain gibt
> und wann es die Möglichkeit gibt, dass ein Schüler aus der Ritterakademie sich wegbewe-
> gen kann. Das fällt zeitlich sicher nicht zusammen. – Dann, in dem vorhersehbaren Cha-
> os die Familie zusammen zu halten.‘ Deswegen hat sie gesagt: ‚Dann gehst du halt nicht in
> die Ritterakademie, sondern in die fünfte Klasse der Volksschule in Krain.‘ Letzten Endes
> hat mir das auch nichts geschadet."[862]

Gerade die konfessionellen Einrichtungen sind vielen Schülern als extrem reglemen- tierter, wertorientierter Schulbetrieb in Erinnerung geblieben.

> „Und die Erziehung war sehr streng. Auch in den anderen – ich war dann noch mal im Inter-
> nat – war diese Erziehung streng. Und die hätten auch meine Brüder erhalten, also das wäre

---

858 Kulmiz, I. 2011: 00:08:20-2 – 00:09:47-8.
859 Kulmiz, I. 2011: 00:13:04-4 – 00:13:25-0, zur Übernahme durch staatliche Bildungseinrichtun-
    gen vgl. auch Mengel 1986, S. 130.
860 Explizit zur Unterbrechung der Bildungsbiografie z. B. Kulmiz, I. 2011: 00:12:59-9 – 00:13:02-5.
861 Haugwitz, H.-W. 2013: 00:02:39-8 – 00:05:53-3.
862 Schweinitz, H.-C. 2011: 00:08:22-2 – 00:10:40-4.

so weiter gegangen. [...] Das war anstrengend. Da haben wir einige Zeit verbracht. Also wir, [das heißt], bei meinem Mann war es noch etwas anders. Aber *wir* haben dann dort Zucht und Ordnung gelernt, und vor allem auch – wie soll ich das jetzt beschreiben – sehr viel fürs Leben. Werte wurden uns dort, zu Hause schon, aber auch dort noch, sehr viel vermittelt."[863]

Die vermittelten Werte waren dabei auch zu diesem Zeitpunkt kaum noch „adelige Werte" per se. Vielmehr repräsentierten sie ein konservativ-glaubensgeprägtes Denken, das auch von Teilen des Bürgertums geteilt wurde. Soziales Engagement nimmt allerdings in den Erinnerungen eine Schlüsselrolle ein. Es war einerseits eine soziale Praxis, die sich tatsächlich eng mit der adeligen Lebenswelt verband und in der auch die letzten Elemente alter Herrschaft, gewandelt in eine moderne Arbeitgeber-Arbeitnehmer-Beziehung, ihre Fortsetzung fanden, andererseits aber auch Teil einer Selbststilisierung, die heute noch in besonderem Maße Gruppenidentität prägt und die bei den Erwachsenen beispielsweise in der Zugehörigkeit zu Maltesern und Johannitern ihre Fortsetzung fand.

> „Im Adel war das so, denn der Adel war früher, also in Schlesien – ich kann immer nur von Schlesien reden, hier in Bayern mag alles ein bisschen anders sein –, in Schlesien war der Adel eigentlich das Arbeitsamt. Und da wurden wir alle schon immer sehr dazu erzogen. Das merke ich jetzt auch bei meinem Sohn. Wir haben noch ein wenig weitergeben können. Also streng und sozial, so wurden wir erzogen."[864]

Behinderungen stellten die Familie vor besondere Herausforderungen. Die Mittel, die gerade den „schlesischen Magnaten" zur Verfügung standen, erleichterten allerdings selbst den Umgang mit einem solchen Schicksal, da die Familien nicht auf öffentliche Infrastruktur zurückgreifen mussten, sondern durch Privatlehrer ein optimal auf ihre Kinder abgestimmtes Lernprogramm realisieren ließen. So wuchsen auch Kinder mit einer Behinderung im Schoß der Familie auf und durchliefen dasselbe, habitusprägende Umfeld wie ihre Geschwister.

> „Mein Vater ist teilweise in Oberschlesien und teilweise dort in Gläsersdorf (wie man so sagt, also der offizielle Name ist Ober-Gläsersdorf) aufgewachsen. Mein Vater hat eine besondere Geschichte, weil er hochgradig schwerhörig ist, also wie manche Leute sagen, taubstumm ist. Er kann aber gut sprechen und er kann auch hören, allerdings reicht es nicht aus, um menschliche Sprache zu verstehen. Meine sehr weitsichtige Großmutter, geborene Gräfin Stolberg-Stolberg, hat es damals schon verstanden, einen so Behinderten – und die Schwester meines Vaters war ebenfalls behindert, sie war allerdings total taub – für das Leben tüchtig zu erziehen, und hat meinem Vater also sehr gut sprechen und von Lippen ablesen beigebracht und hat ihn durch Hauslehrer – mein Vater ist, glaube ich, das drittletzte von neun Kindern, die anderen Geschwister waren ja auch schon durch den Hauslehrer gegangen –, hat ihn dann durch den Hauslehrer aber noch in besonderer Weise erziehen lassen, also über das Grundschulwissen hinaus. Mein Vater hat sozusagen das gesamte Schulwissen durch diesen Hauslehrer vermittelt bekommen."[865]

---

863 Kulmiz, I. 2011: 00:08:20-2 – 00:09:47-8 u. 00:10:49-3 – 00:11:32-2.
864 Kulmiz, I. 2011: 00:11:34-8 – 00:12:47-8.
865 Ballestrem, G. 2012: 00:09:01-9 – 00:09:01-9.

Nach einer Forstausbildung trat Graf von Ballestrem dann in den Familienkonzern ein, wo er einen Teil der ausgedehnten Waldungen der Familie in seine Verwaltung nahm. Die Übernahme in den Familienkonzern schuf eine dichte, zusammenhängende Lebenswelt, die der junge Mann auch nach seiner Hochzeit nicht verlassen musste, denn die Familie stellte ihm Haus Friedrichswalde zur Verfügung. „Das Haus muss man sich vorstellen als eine alte, sehr hübsche Villa [...] und was dann sozusagen ein Vorwerk von Gläsersdorf war und was vor der Heirat meines Vaters für ihn hergerichtet worden ist."[866]

Der Bildungswille einiger Töchter sprengte traditionelle Gepflogenheiten in vielen Familien, war aber unter den veränderten Bedingungen der Bundesrepublik leichter zu befriedigen, als in der alten Heimat.

> „Das war in der Familie meiner Mutter schwierig zu erkämpfen, so ein Studium. Eine ihrer Schwestern hat ein naturwissenschaftliches Studium gemacht und hat dort auch einen Doktortitel erlangt. Sie ist sogar eine ältere Schwester, [...] diese Generation von Frauen musste sich gegen ihre Eltern schon noch sehr durchsetzen, um da die akademische Laufbahn einzuschlagen."[867]

Anders als naturwissenschaftliche Bildung waren soziale Berufe der Töchter, zumal wenn sie wie eine Ausbildung zur Krankenschwester keine universitäre Bildung erforderten, traditionell durchaus akzeptiert.[868] Sozial ist hier vor allem mit pflegerisch gleichzusetzen:

> „Ja, [Berufsfelder,] die alle eher einen eben sozialen Charakter haben, nicht? Also die Haushalts-, Krankenpflege, Pflege, so was war alles angemessen. Wirklich klassisches Rollenverständnis, natürlich. Eine Frau hat für den Mann – oder, wenn sie denn nicht verheiratet war, für die alten Eltern – zu sorgen, und dafür soll sie eine Ausbildung haben und ansonsten schön im Haus bleiben. Vielleicht noch eine kulturelle Ausbildung innerhalb des Hauses haben, aber eine Verantwortung im weiteren Sinne stand ihr ja gar nicht zu und war ja auch gar nicht anzunehmen, dass sie diese annehmen sollte."[869]

Bildungsberufe etwa zählten nicht dazu: „Lehrerin, wäre in diesen Kreisen zu dieser Zeit nicht unbedingt jemand auf die Idee gekommen, dass das ein angemessener Beruf gewesen wäre."[870]

Jungen Männern stand nach dem Krieg dagegen die ganze Breite des Bildungssystems offen, wenn auch hier ein bleibender Einfluss der Väter gerade für die „Generation 1.5" nicht zu leugnen ist. Ganz ohne ein Gut im Rücken sollte beispielsweise ein Zeitzeuge eine landwirtschaftliche Ausbildung ergreifen, da dem Vater die Suche nach einer Landwirtschaft die beste Strategie für das Fortkommen der gesamten Familie schien. „Im Westen habe ich Landwirtschaft gelernt, weil mein Vater, als er dann nach Hause kam, sagte: ‚Wir müssen wieder etwas aufbauen.' Das einzige, was er wirklich gelernt hatte, war Landwirtschaft – ‚Wir werden also versuchen, etwas zu pachten und dabei müsst ihr mir helfen. Und dann macht ihr weiter.'"[871]

---

866 Ballestrem, G. 2012: 00:11:25-4 – 00:12:55-3.
867 Ballestrem, N. 2010a: 0:44:42-5 – 00:45:17-0.
868 Ballestrem, N. 2010a: 00:45:20-8 – 00:45:36-9.
869 Ballestrem, N. 2010a: 00:45:58-5 – 00:46:54-8.
870 Ballestrem, N. 2010a: 00:45:37-6 – 00:45:53-3.
871 Haugwitz, H.-W. 2013: 00:02:39-8 – 00:05:53-3.

8 Adeligkeit als kulturelle Praxis nach 1945

Folgt man Pierre Bourdieu, leben wir umgeben von „feinen Unterschieden", die wir einmal bewusst, einmal völlig unbewusst registrieren und in denen wir Gruppenzugehörigkeiten, soziale Nähe oder Hierarchien lesen können. Diese Unterschiede sind das Produkt von Sozialisationsprozessen, in denen wir die „Unterscheidung und Bewertung" von „Praxisformen und Werke[n]" – kurz „Geschmack" – erlernen und eigene Adaptionen von Lebensstilen vollziehen.[872] Inwieweit das soziale Milieu, in dem wir leben, diese alltagsästhetischen Präferenzen zu determinieren vermag und wie frei wir in der Wahl symbolischer Repräsentationsformen unserer selbst sind, bleibt eine umstrittene Frage.[873] So können Aspekte der Kleidung und des Wohnens, der Zugehörigkeit zu und des Engagements in gesellschaftlichen Organisationen, des von anderen als angemessen oder unangemessen empfundenen Verhaltens in einem bestimmten sozialen Kontext, der Kulturtechniken, die wir beherrschen und über deren regelkonforme Anwendung wir uns souverän hinwegsetzen können (etwa Tischsitten), ja sogar Formen des Sprechens und Bewegens als habitusgeprägt verstanden werden. In der Vergangenheit hat der Adel als „Meister der Sichtbarkeit"[874] gruppenprägende Habituselemente so zu stilisieren vermocht, dass ein „Erlernen" für die Aufsteiger in der Sozialformation zwar nicht unmöglich, aber kaum mit derselben Selbstverständlichkeit und friktionslosen Natürlichkeit und Sicherheit möglich war, mit der der „geborene" Adelige sich in diesen symbolischen Repräsentationsformen, bis hin zur Sozialsemiotik des Körperverhaltens zu bewegen verstand.[875] Mit dem Aufstieg der leistungszentrierten Gesellschaft der Moderne im 19. Jahrhundert und aufgrund der egalisierenden Kraft der fortschreitenden Leistungsorientierung wurden diese extrem zeitaufwändigen Praktiken notwendigerweise abgelöst, dennoch ist – für alle sozialen Milieus – die Bedeutung des „richtigen Stallgeruchs" geblieben, ja in der Abwesenheit anderer, äußerer Merkmale von Gruppenzugehörigkeit vielleicht gar noch gewachsen. Wenn, wie eingangs zitiert, Bourdieu die Auffassung vertritt, dass adelige Identität letztlich eine soziale Praxis des Sich-gegenseitig-Erkennens und -Wiedererkennens als Adelige darstellt,[876] wirft dies natürlich die unmittelbare Frage auf, woran sich in einer modernen Gesellschaft Menschen aus adeligen Familien gegenseitig als solche erkennen.

> „Das weiß ich nicht. Das hat man in sich oder hat man nicht. Die jüngere Generation tut sich schwieriger. Ich will Ihnen aber eine Geschichte erzählen, die wirklich passiert ist, aber als Witz gelten könnte: Es sind junge Adelige beim Skilaufen und die stehen an beim Lift und unterhalten sich so und flapsen. Da sehen sie, da kommt ein Mädel, löst eine Liftkarte und stellt sich an. Da sagt der zu einem: ‚Du, ich glaube, *die* ist wer.‘ Muss ich das erklären? ‚Die ist wer.‘ – Und der sagt: ‚Ja, ich weiß nicht, aber kann sein.‘

---

872 Bourdieu 2006, S. 277f.
873 Zur deutschen Rezeptionsgeschichte der Lebensstilforschung vgl. Fuchs-Heinritz/König 2011, S. 320–322.
874 Reif 1999, S. 14.
875 Linke 2004.
876 Bourdieu 2007, S. 391.

Da muss es sich offensichtlich um ein hübsches Mädchen gehandelt haben (aber auch hässliche können wer sein). Und da sagte schließlich der eine, der so ein bisschen draufgängerisch ist: ‚Ich geh mal hin, ich stelle das fest.' Und dann sagt der [andere]: ‚Traust du dich nicht.' – wie das so geht. Und dann ist der [erste] losgegangen, hat sich so neben sie gestellt. Und der [andere] hat dann gesehen, dass die sich ein bisschen unterhalten haben – eine wahre Geschichte –, und dann sieht der, dass sie ein bisschen gelacht haben. Dann kam er wieder zurück. ‚Und?' Er lachte nur. ‚Ja sag' mal, ist sie wer oder nicht?' Antwort: ‚Ich weiß es.' ‚Wie hast du das gemacht?' ‚Ich hab' mich einfach nur neben die gestellt und hab' sie gefragt: Bist du wer? Und da hat sie geantwortet: Ich nicht, aber meine Mutter.'"[877]

Die schon fast ins Metaphysische übersteigerte Form des Habitus – die Befähigung, schon auf die Entfernung lesen zu können, dass „eine jemand ist" – illustriert sehr eindrücklich, wie wenig die Frage nach Merkmalen bewusst reflektiert werden muss: „Das hat man in sich oder hat man nicht." Es erscheint als eine geradezu naturgegebene, instinktive Form des Wissens, nicht als ein rationaler Akt. Dabei ist es vor allem ein in der Kindheit einsetzender Prozess der Ausprägung sehr distinkter Habitusmerkmale, der noch immer nur schwer – und aus der Sicht einiger auch gar nicht – im fortgeschritteneren Alter nachvollzogen werden kann. Dieser Unterschied bleibt selbst in der eigenen Familie fühlbar:

> „Und meine Großmutter – das ist jetzt nicht negativ gemeint – sie ist halt auch aus bürgerlichen Verhältnissen, dann in den Adel aufgestiegen und hatte eigentlich aber ihre bürgerliche Grunderziehung nie ablegen können. Das klingt jetzt etwas rollenmäßig, aber es ist einfach so, gewisse Dinge, die passten nicht zu ihr. Also wenn man dann mal in die Kreise kam, der Herr von Soundso und der Herr von Soundso und dies und jenes, und auf der anderen Seite war sie einfach, sagen wir mal, nicht in diese Kreise geboren. Sie hat sie nicht von Anfang an erlebt."[878]

Das „In-Kreisen-Sein" ist natürlich dennoch ein Produkt von Lebensstilen (im Sinne Bourdieus), die sich wiederum wissenschaftlich fassen lassen. Angefangen von Fragen des Sich-Kleidens, Kommunizierens bis hin zu den Werthaltungen, die uns prägen.

Kleidung etwa hat gegenüber den ständischen Gesellschaften der Vormoderne in der Gegenwart klar an Distinktionskraft verloren. Bereits im ausgehenden 19. Jahrhundert war eine vestimäre Unterscheidung zwischen Adeligen und Nichtadeligen nicht mehr so einfach möglich. Modebewegungen etwa überlagerten den früher ständischen Code der Kleidung und des Auftretens, sodass schon der Journalist Hermann Robolsky, als er in der Mitte der 1880er Jahre die Mitglieder des preußischen Herrenhauses beobachtete, anmerken konnte:

> „Die Menschheit ist jetzt wirklich ihrem äußeren Erscheinen nach recht nivelliert, und die ‚schlanksten Stämme im Hain' sind noch lange keine oberschlesischen Tories. Der Universitätsprofessor ist der vollendetste Gentleman in feinem Auftreten, und nachlässige Toilette, struppige Haarfrisur verhüllen nur zu oft den Herzog oder Grafen."[879]

---

877 Ballestrem, G. 2012: 02:39:58-5 – 02:41:53-5.
878 Stillfried und Rattonitz, I. 2012: 01:29:08-3 – 01:31:17-9.
879 Robolsky 1886, S. 106.

In der ersten Hälfte des 20. Jahrhunderts gab es zunehmend weniger nach außen erkennbare Momente sozialer Distinktion, so etwa zwischen bürgerlichen und adeligen Großgrundbesitzern. Die anglisierende Populärkultur der „alten" Bundesrepublik dürfte – wozu Studien bislang noch ausstehen – das ihre dazu beigetragen haben, ein sehr generisches Bild des Grundbesitzers und landgesessenen Adeligen in den Köpfen der Menschen zu verankern, dem sich auch adelige Selbstbilder angepasst haben. Letzteres darf man zumindest vermuten, wenn importierte Kleider-Codes wie die „Sloan-Rangers"-Welle der Barbour-Jacken und Burberry-Socken, ja überhaupt ein guter Teil der „Green Welly Brigade" (wie der britische Slang abschätzig die reichen Söhne und Töchter der oberen Mittelschicht tituliert, die ihre Wochenenden in einem „Pseudo-Country Attire" auf den ländlichen Zweitwohnsitzen der Eltern zubringen)[880] oder die hochgestellten Kragen der Polo-Hemden adaptiert und nunmehr zu „adeligen" Codes umstilisiert werden.

Die Prägung dieser Codes ist naheliegenderweise ein Produkt der Kindheit. Symbole wie das eigene Wappen, das in der Wohnung hängen kann oder auch als Siegelring am Körper getragen wird, sind die sichtbarsten Merkmale, deren Verinnerlichung früh beginnt und die zugleich auch Anstoß zum Sprechen über die Familie geben.

> „Wie man so spricht, da hat meine kleine Enkeltochter, die achtjährige, schon meinen Siegelring gesehen und wir haben über den Ring gesprochen. Sehen Sie, so kommt das. Jetzt haben wir über den Siegelring gesprochen. ‚Oma', nein ‚Großmama' – das ist auch so ein Ding.[881] ‚Großmama, schau, du hast so einen schönen Ring.' Jetzt habe ich ihr erklärt, es ist ein Siegelring. Jetzt waren wir auf dem Thema – sie ist acht Jahre [...]. Jetzt sind wir dann dahin [zu den an der Wand aufgehängten Wappen der Eltern, S. D.] gegangen und haben uns das angesehen. So geht das schon los."[882]

Dieselbe Zeitzeugin bemühte sich auch, mir ihr Verständnis des Konzepts Adel mit einem Konzept des unterschiedlichen „Niveaus" zu erklären, was sie aber nicht als Hierarchisierung verstanden wissen wollte. Im Sinne eines Bourdieu'schen Wiedererkennens schilderte sie dann bestimmte kulturelle Codes als spezifisch adelig: „Schon an der Kleidung geht es los. Dann wie man isst und so. Also das merkt man schon. Ich könnte Ihnen, wenn ich jetzt so durch München gehe, die ganzen dort

---

880 Green Welly. In: Tony Thorne: Dictionary of Contemporary Slang. 4th ed. London / New Delhi / New York / Sidney: Bloomsbury Publishing, 2014, S. 197. Zur Sloane-Rangers-Bewegung: Ann Barr, Peter York: The official Sloane Ranger handbook. The first guide to what really matters in life. London: Ebury Press, 1982. Der Ausdruck, der sich am Sloan Square orientiert, existierte aber schon etwa seit 1975. Vgl. Sloane Ranger. In: John Ayto: Movers and Shakers: A Chronology of Words that Shaped Our Age. Oxford: Oxford University Press, 2006, S. 198f.
881 Die Verwendung von „Großmama" und „Großpapa" ist mir von mehreren Zeitzeugen als wenn nicht spezifisch adelige, so doch als die angemessene Sprechweise bezeichnet worden. Da alle diese Zeitzeugen einer sehr ähnlichen generationellen Lagerung mit ausgeprägter Vorkriegssozialisierung angehören, wirft dies zumindest die Frage auf, inwieweit hier kein adelsspezifischer sondern ein generationell gelagerter sprachlicher Code durchscheint.
882 Kulmiz, I. 2011: 01:50:17-3 – 01:51:38-7.

aufzählen, wer so ungefähr aus welchem Niveau kommt. Man sieht das ja. Das ist irgendwo –, an der Kleidung fängt es schon an."[883]

> „Viele behaupten, es liegt an den Klamotten. Das stimmt vielleicht auch. Es liegt auch an
> der Sprache. Ist alles heutzutage nicht mehr, aber an der Sprache konnte man viele erken-
> nen. Viele hatten auch so etwas mehr süddeutsche Ausdrücke in der Sprache, das galt viel-
> fach als vornehm. Auch schon ein bisschen österreichisch und so, die vielen aus Böhmen
> und ich weiß es nicht was. Es gibt gewisse Worte, man unterhält sich, dann kommt das
> schnell auf die Jagd zu sprechen und so, dann denkt man sich: ‚Oh.' Dann wird der ein
> oder andere Ort [erwähnt]: ‚Ach so *der*, meinst du der Soundso?' ‚Ja der Soundso.' ‚Ach,
> da bin ich verwandt.' ‚Ah, da sind wir ja *auch* verwandt und so.' Das geht sehr schnell."[884]

Bis in die 1970er Jahre hinein war gerade im Hochadel das Wissen um die Gruppenzugehörigkeit zentraler Bestandteil der Kommunikationskultur:

> „In der Familie spielte immer eine Rolle: Mit wem ist man verwandt? Dann natürlich auch
> dieser Comment, der nach wie vor in aristokratischen Familien gepflegt wird, also dass
> man ‚Du' sagt, wenn man verwandt ist, selbst wenn man sehr weit verwandt ist. Herren
> untereinander bzw. Damen untereinander sprechen sich sowieso mit ‚Du' an. ‚Sie' sagt
> man sich nur, wenn man nicht verwandt ist. Auch deshalb spielt Verwandtschaft eine Rol-
> le. Dadurch, dass man das immer wieder gehört hat, ist man ganz selbstverständlich damit
> aufgewachsen. In meiner Kindheit haben diese Regeln sicher eine größere Rolle gespielt
> als heute."[885]

8.1 Zur bleibenden Bedeutung des Konzepts Familie

Ein wesentlicher Teil des „Sich-Erkennens" liegt also wieder in der Weite des adeligen
Familienbegriffs und im Wissen um die Netzwerke der Verwandtschaft. Die adelige
Kultur ist zentriert um die Familie. Schlüsselbegriffe wie „verwandt", „Vorfahren",
„Generationen", „Haus" beziehungsweise „Linie", „Ehe" oder „Stammhalter" sind
Leitvokabeln des adeligen Familiendiskurses. Sie verbinden das Individuum und die
„Gesamtfamilie" als soziale Institution,[886] ja konstituieren diese überhaupt erst, indem sie Kontinuität in die zeitliche Tiefe und kontemporäre Breite stiften. Betrachtet man Familie unter diesem Gesichtspunkt nicht als einen evidenten Bestandteil
unserer sozialen Umwelt, sondern als eine strukturierende Ordnungsform, die gerade nicht selbstverständlich, sondern in ihren Besonderheiten wie Stabilität und Weite erklärungsbedürftig ist, wirft dies die Frage nach kontinuitätsstiftenden Elemen-

---

883 Kulmiz, I. 2011: 01:17:44-4 – 01:18:12-3.
884 Ballestrem, G. 2012: 02:41:53-5 – 02:42:38-6.
885 Henckel-Donnersmarck, A. 2013: 00:24:37-8 – 00:26:30-0
886 Zur soziologischen Theorie der Institutionalisierung vgl. Berger/Luckmann 1980, S. 84–98. Zur
    Struktur adeligen Familienbewusstseins für das ausgehende 19. und die erste Hälfte des 20. Jahr-
    hunderts: Conze 2000, S. 327–342; zu ganz ähnlichen Ergebnissen wie diese Studie kommt die
    Arbeit des Conze-Schülers Michael Seelig: Seelig 2015, S. 152–167. Das Verhältnis von Ehe, Haus
    und Familie als grundlegenden sozialen Institutionen ist für die Gesellschaft der Frühmoderne
    weitaus besser untersucht als für das 20. Jahrhundert, vgl. etwa Hohkamp 2010, S. 32f.

ten von Familienkultur auf.[887] So können wir etwa nach tradierten Handlungs- und Verhaltensmustern sowie Sanktions- und Belohnungssystemen fragen, die Familie als Institution schaffen und aufrechterhalten.[888] Diese Institution ist auch deshalb so wichtig, weil die Gesamtfamilie nach 1945 jener soziale Raum war, in dem Adel noch gelebt, diskursiv ausgehandelt und bestätigt werden konnte.[889]

Das so zentrale Wissen um diese Breite und die Tiefe verwandtschaftlicher Beziehungen wird in sozialen Institutionalisierungen wie Familienverbänden oder Laienorden und spezifischen Medialisierungen dieses Wissens wie etwa dem *Genealogischen Handbuch des Adels* bewahrt und in der beständigen Interaktion ihrer Mitglieder beispielsweise im Rahmen einer spezifischen Festkultur aufgefrischt.

> „Ja, das [Wissen] ist natürlich von den Eltern her, und das sind natürlich die Johanniter, das ist auch der schlesische Adelsverband, in dem auch mein Vater immer Mitglied war, wo wir dann auch mal auf den Ball gingen. Nun kommt es eben auch, dass meine Frau schlesische Verwandtschaft zu bieten hat, also Schaffgotsch. Das prägt halt irgendwo. Ich gebe schon zu, das setzt sich aus vielen kleinen Mosaiksteinchen zusammen, das realisiert man zunächst nicht.“[890]

Selbst wenn Menschen aus adeligen Familien im Alltag eine sehr weite Annäherung an die Mehrheitsgesellschaft betrieben haben und kaum noch Wert auf Distinktionsformen legen, bleibt das Besondere der Familiengeschichte, ihre Tiefe und Nachweisbarkeit ein prägender Teil von Identität und Selbstverständnis:

> „Inzwischen ist es eigentlich so, dass ich mich persönlich als normalen Menschen, Müller, Meier, Schulze, betrachte; ich auch gerne bitte so betrachtet werden möchte. Weswegen ich auch nichts sage, wenn mich einer nur mit Stillfried anredet oder mit vollem Vor-Zu-rück, das ist eigentlich ziemlich egal. Ich muss dazu sagen, wenn ich nicht im Ruhrgebiet leben würde, sondern woanders, wäre das sicherlich auch eine andere Situation. Das ist aber nicht damit gleichzusetzen, dass ich nicht stolz auf meine Familie bin. Denn eine Familie, die in das Jahr 800 zurückblicken kann, ein Stammbaum, der nahezu lückenlos ist, ist schon eine Seltenheit. Und, dass ich schon stolz bin, dass es eben eine so lange nachvollziehbare Familiengeschichte gibt. Aber das gibt noch lange nicht das Recht, etwas Besonderes zu sein.“[891]

Dieses Wissen konstituiert nicht nur einen inneren Zusammenhalt der Familie sondern stellt durchaus auch Distinktion zur erinnerungslosen (oder doch zumindest -armen) Mehrheitsgesellschaft her.

> „Das ist diese ganze Geschichte, diese ganze Familiengeschichte. Die weiß ich natürlich und die kenne ich. Das ist vielleicht in der heutigen Zeit nicht ganz gewöhnlich, sich mit dieser Geschichte auseinanderzusetzen und diese auch zu kennen. Aber es ist für mich eine ganze Menge Halt und Verwurzelungen, und deswegen finde ich das auch so wichtig, sich mit diesen Wurzeln auseinanderzusetzen. Nicht um rückwärtsgewandt zu sein, [...]

---

887 Götte 2013.
888 Ecarius 2013, S. 63.
889 Zum selben Ergebnis gelangt Seelig 2015, S. 523.
890 Eichborn, J. 2012: 03:36:44-6 – 03:37:20-3.
891 Stillfried und Rattonitz, I. 2012: 02:52:38-3 – 02:54:18-3.

Abbildung 14: Generationenfolge als visuelle Praxis: Die Familie nimmt Aufstellung aus Anlass des 80. Geburtstags von Wilhelm von Haugwitz sen. am 13. April 1944.

sondern um einen Halt zu haben; um mit einem Halt nach unten oder nach hinten, nach vorne schauen zu können und in die Zukunft schauen zu können. Und da ist es, meiner Meinung nach, eine gute Position, nach unten und nach hinten verwurzelt zu sein, um nicht den Halt zu verlieren."[892]

8.1.1 Familie als stabilitätsversprechendes Netzwerk

Durch die Unfähigkeit von Teilen der im Westen lebenden Verwandtschaft, die Flüchtlinge ausreichend zu versorgen, war das Vertrauen in die Tragfähigkeit des Netzwerkes „Gesamtfamilie" zwar erschüttert.[893] Trotzdem blieb es auch nach Flucht und Vertreibung zunächst einmal bestehen und erfüllte gerade in den ersten Nachkriegsjahrzehnten eine wichtige Funktion dabei, Ausbildung und Versorgung der Kinder aus verschiedenen Kernfamilien sicherzustellen. Sozial gut aufgestellte Familienmitglieder, die zudem noch ein gewisses Maß an Seniorität hatten, wurden zu neuen Kristallisationskernen familiärer Strukturen. Sie waren Fixpunkte, an die sich die anderen Familienmitglieder wenden konnten, wenn beispielsweise die Kinder ei-

---

892 Ballestrem, N. 2010a: 00:21:45-1 – 00:23:10-1.
893 Vgl. Teil I, Kap. 6.3.

ne höhere Schule besuchen sollten – und es war die Weite des adeligen Familienbegriffs, die die Selbstverständlichkeit dieses sozialen Austauschs trug.

Die Familie des Militärseelsorgers Albrecht von Mutius, die sich in den 1960er
Jahren ökonomisch bereits wieder stabilisiert hatte, nahm etwa einen Vetter aus ei-
ner bereits im 18. Jahrhundert abgetrennten Familienlinie auf, dessen verstorbener
Vater bei Kriegsende über Italien nach Brasilien ausgewandert war:

> „Eines Tages, so ist jedenfalls meine Erinnerung, kam hier ein Brief aus dem Ausland an:
> ‚Anbei die Vollmacht. Mein Sohn ist auf dem Schiff, als Tellerwäscher – verdient sich da-
> mit seine Überfahrt, kommt demnächst an. Du bist der Vormund.' Und da musste mein
> Vater erst im ‚Gotha' nachsehen – wer ist denn diese Briefeschreiberin und ihr Sohn?“[894]

> „Ich kam also per Schiff an, damals nach Deutschland, 1963 in Hamburg. Dann wurde
> ich von einer Tante abgeholt, die in Hamburg lebte. Aber es war klar, dass ich nach Bad
> Godesberg komme, wo ein Onkel beziehungsweise eine Tante und drei Kinder von ihnen
> ein relativ großes Haus hatten und bereit waren, mich aufzunehmen. Das heißt, über-
> wiegend an den Wochenenden, ansonsten war ich in dem Internat, was ja nicht weit von
> Godesberg war, ungefähr fünfzig, sechzig Kilometer. Da konnte man das gut arrangieren,
> dass ich in den Ferien beziehungsweise an den sogenannten Heimfahr-Wochenenden dort
> bleiben konnte und in den Ferien in der restlichen Familie rumgereicht wurde.“[895]

Obwohl – so zumindest die Erinnerung der neuen „Geschwister“ – die innerfamiliäre
Entfernung so groß war, dass das *Genealogische Handbuch* konsultiert werden musste,
um den Vetter eindeutig zuzuordnen, nahm man ihn wie selbstverständlich im Haushalt auf.

> „Die Verwandtschaft ist halt da, man ist verwandt. Die sucht man sich nicht aus. Und
> wenn man dann gefragt wird, zu helfen, dann ist es selbstverständlich, dass man zu helfen
> versucht. Und dadurch, dass mein Vater nun in diesen Beruf gewechselt hat, Pfarrer wur-
> de und dann Dekan war, war natürlich verständlich, dass Verwandte gesagt haben: ‚Der
> kann das!' Es war nachvollziehbar, dass man sich eher an ihn gewandt hat. Wir hatten ja
> auch zwei andere Vettern hier gehabt, sozusagen als zusätzliche Brüder.“[896]

8.1.2 Hierarchisierungen: Familienoberhäupter

Das Gewicht, das der sozioökonomische Wiederaufstieg einzelnen Familienmitgliedern
gab, war nicht ohne Einfluss auf die Hierarchisierung innerhalb der Gesamtfamilie. Wo
Familien wie im Fall der Grafen Ballestrem oder Grafen Henckel von Donnersmarck
durch Industriebesitz und aufgrund von Erbverträgen als große ökonomische Umver-
teilungssysteme gewirkt hatten, fiel diese Funktion nunmehr weg. Als soziale Institution
sah sich „Familie“ deshalb mit Flucht und Vertreibung neuen Herausforderungen und
zum Teil erheblichen inneren Rehierarchisierungsprozessen ausgesetzt. War eine Familie wie die gräflich Ballestrem'sche in Schlesien um einen zentralen Fixpunkt organisiert

---

894 Mutius, H.-R. 2012: 00:28:56-1 – 00:29:39-1.
895 Mutius, W.-P. 2012: 00:45:36-7 – 00:48:10-3.
896 Mutius, H.-R. 2012: 00:29:55-9 – 00:31:40-7.

– das ehemalige Plawniowitzer Majorat sowie der im Grunde dazu gehörige Ballestrem-Konzern in der Hand des ältesten Agnaten –, wurde sie mit dem Wegfall der faktisch zwingenden Kraft ökonomischer Abhängigkeit zunehmend multizentrischer.

> „Die Ballestrems waren ziemlich hierarchisch strukturiert, dadurch dass der Älteste, der Majoratsherr, das Familienoberhaupt, relativ viel zu bestimmen hatte und mein Vater ja auch der Angestellte bei seinem Bruder war, mein Vater sich auch nie hatte sein Erbe aus-zahlen lassen, sondern das im Familienkonzern investiert hatte, hauptsächlich in Kuxen, bergrechtliche Anteile, und so kann man sich das vielleicht erklären."[897]

In dem, was sich etwa mit der Rolle des Familienoberhaupts verband, wurde der Bruch zur Vorkriegswelt besonders nachhaltig spürbar. Hier begann auch das in-tergenerationelle Auseinanderdriften, denn schon die Angehörigen der „Generation 1.5" memorieren ein deutliches Unverständnis gegenüber Rollenbild und Konven-tionen ihrer Eltern. Dies umso mehr, als der inner- und außerfamiliäre Führungsan-spruch der Familienoberhäupter oft genug nicht mehr durchsetzbar war.

> „Und wir hatten halt überhaupt nichts mehr. Das ging also so weit, eine Schwester hat sich mal verlobt, mit einem Herrn Baron mit renommiertem Namen aus dem westfälischen Raum, Vollakademiker mit Doktortitel und so. Der hat geglaubt, dass sie die Tochter von Lazi wäre, also von dem geldigen Henckel [einer weiteren Henckel'schen Linie, die nach dem Zweiten Weltkrieg noch immer über ein beachtliches Vermögen verfügte, S. D.]. Und dann hat er erfahren, dass es die von Georg ist, der hat ja nichts. Dann hat die Sau die Ver-lobung gelöst. Tatsache. Und mein Vater, der ging. Und das waren halt so Dinge, wenn man lernt, wie das Leben so ist. Er war damals noch im Bundestag. Er schrie vor Wut – wir sind in der [Bonner, S. D.] Unterstadt spazieren gegangen, Richtung Rhein zu, irgendwie. Und er hat also vor Wut gebrüllt, dass der sie quasi entlassen hat. Dann habe ich gesagt: ,Du, was regst du dich so auf? Das ist ja deine Tochter, der das passiert ist.' – ,Das ist egal. Ich bin der Familienchef. Ich bin beleidigt.' Da habe ich angefangen zu merken, dass ich über dererlei Dinge gar nichts weiß, was in diesen alten Herren steckt und vorgeht."[898]

Auch wenn die patriarchale Ordnung der Familie zunehmend an ihre Grenzen stieß, so hat sich das Konzept des Familienoberhaupts doch grundsätzlich in sehr vielen Familien erhalten, wenn auch vielfach in modifizierter Form. Für Nikolaus Graf Bal-lestrem (Jahrgang 1966), der nach dem Tod seines Vaters und Verzicht des älteren Bruders die Funktion übernahm, war es durchaus wichtig, sich Rechenschaft darü-ber abzulegen, „warum ich diese Position des Familienoberhauptes auch übernom-men habe, warum es für meine Familie wichtig ist und warum, was man wohl heu-te nicht mehr für so selbstverständlich annehmen kann, auch innerhalb der Familie diese Position anerkannt und sehr geschätzt ist".[899]

---

897 Ballestrem, G. 2012: 00:48:39-5 – 00:51:13-6.
898 Henckel, P. 2011: 00:40:52-9 – 00:43:06-6.
899 Ballestrem, N. 2010a: 00:23:10-1 – 00:26:50-4.

8.1.3 Institutionalisierungen: Familienverbände

Die Rolle der Familienverbände für den Erhalt „adeligen Stammes und Namens" ist bereits vielfach diskutiert worden.[900] Wo sie nicht schon aus dem 19. Jahrhundert heraus existierten, sind Familienverbände häufig in der Zwischenkriegszeit geschaffen worden, um den Schutz von Eigentum durch ökonomische Expropriationsprozesse angesichts des Wegfalls der Fideikommisse als Rechtsinstitut sicherzustellen, wie auch aus den Erfahrungen des hohen Blutzolls einer ganzen Generation im Ersten Weltkrieg heraus. Angesichts einer „Verbürgerlichung" des Erbrechts mit Pflichtteilen für die nachgeborenen Kinder und eines dadurch generell sinkenden sozialen Drucks, traditionelle Erbfolgeregelungen aufrechtzuerhalten, boten Familientage ein neues Koordinationsinstrument, das im agnatischen Stamm der Familie Vererbungen zwischen weitläufigen Verwandten auf der Grundlage moderner Kriterien der individualisierten Gesellschaft wie etwa „Sympathie" ermöglichte, das aber zugleich eben sehr traditionellen Werten wie dem Erhalt eines Gutes für die Gesamtfamilie diente.

> „Es gibt einen Familienverband, der 1928 gegründet worden ist. Und dieser Familienverband hat kurz vor oder im Krieg die verschiedenen Familienzweige zusammengeführt, deren gemeinsamer Ahn etwa um 1750 lebte. Bei diesem Familientag hat er [der Vater, S. D.] sich mit einem wesentlich älteren Onkel einer anderen Linie sehr gut verstanden. Dieser Onkel hatte drei Söhne und eine Tochter, vier Kinder, und mein Vater hatte damals auch schon die ersten Söhne. Und die beiden – es muss wohl schon im Krieg oder im Bewusstsein des Krieges gewesen sein –, haben ausgemacht, dass für den Fall, dass alle Söhne einer Familie im Krieg, umkommen, ein Sohn des anderen Zweiges den Besitz erben soll, damit der Name und der Besitz verbunden bleiben. Das ist eine alte Adelstradition, die hier hineinspielt. Das haben sie wohl auch durch ein gemeinsames Testament so festgelegt."[901]

Für die Funktionsweise der engeren und weiteren Familie als ökonomische Verteilungsgemeinschaft blieben auch in der bürgerlichen Gesellschaft nach 1945 über das Instrument des Testaments traditionelle Erbfolgeregelungen relevant. Im Testament von Nikolaus Graf von Ballestrem von 1942, das durch den Tod des Grafen während der Bombardierung Dresdens am 13. Februar 1945 für das Nachkriegsschicksal des Ballestrem'schen Eigentums entscheidend war, wurde etwa zunächst dessen ältester Sohn als Haupterbe bestimmt. Für den Fall, dass dieser Vorerbe sterben würde, legte der Graf fest, dass seine übrigen „Mannesstammabkömmlinge" in der „Erstgeburtsfolge" und der „Erbfolge nach Stämmen" gemäß §1924 BGB das Erbe antreten sollten. „Beim Aussterben meines Mannesstammes" berief Nikolaus von Ballestrem dann seine Brüder „und ihren Mannesstamm" zu Nacherben.[902] Noch heute wird das Erbe als eine GbR mit einem männlichen Geschäftsführer verwaltet, an der die

---

900 Mit einem Literaturüberblick: Menning 2014, S. 174–200.

901 Stillfried und Rattonitz, N. 2012: 00:27:49-7 – 00:31:48-5.

902 Beglaubigte Abschrift einer beglaubigten Abschrift des Testaments von Nikolaus Graf von Ballestrem. Flössingen [Plawniowitz], 18. Januar 1942, §§1–3. In: BArch LAA ZLA 1/1 758 723, Blatt 17–30, hier Bl. 17.

Enkel Nikolaus' ihre Anteile haben: „Darüber hinaus gibt es in einem Erbvertrag eine Regelung, die mein Vater nach der Primogeniturregeln festgelegt hat. Es ist jetzt noch offen, ob das so auch in der nächsten Generation, bleiben soll."[903]

Demgegenüber verfügten die Familienverbände nach 1945, wie Michael Seelig für den Adel der ehemaligen deutschen Ostgebiete generell gezeigt hat, kaum noch über Aktiva, um eine Rolle bei der ökonomischen Stabilisierung der Gesamtfamilie zu übernehmen. Vielfach beschränkten sich die Möglichkeiten auch nach Jahrzehnten auf symbolische Maßnahmen wie den Druck von Familienschriften, die Organisation gelegentlicher Zusammenkünfte und den Selbsterhalt des Verbands als eingetragener Verein.[904] Auch Familienstiftungen, die für weniger vermögende Familienmitglieder ein nicht unwichtiges Versorgungsinstitut – etwa für Ausbildungszeiten der Kinder – gewesen waren, existierten nach dem ökonomischen Zusammenbruch vielfach nicht mehr oder waren durch eine Währungsreform kaum mehr in der Lage, ihrer Unterstützungsfunktion nachzukommen. Die Familie von Wallenberg hatte beispielsweise bereits 1866 eine Familienstiftung mit einem Stammkapital von 60.000 Talern gegründet, die im Kaiserreich noch einmal um 1,2 Millionen Mark erhöht wurde. Infolge der Kurskorrektur von Pfandbriefen und anderen Wertpapieren, in denen das Stiftungsvermögen bewahrt wurde, war dieses nach dem Ersten Weltkrieg schon erheblich zusammengeschmolzen.

> „Dann wurde wieder fleißig gesammelt und gespart. Bis zum Zweiten Weltkrieg war wieder ein kleines Vermögen zusammengekommen, und das war dann '45 wieder weg. Und die lieben Onkels haben doch wieder etwas ins Leben gerufen und diese Stiftung nach und nach wieder aufgebaut. Und jetzt haben wir wieder circa eine halbe Million Euro – aus den Ersparnissen oder ein bisschen mehr, aber das spielt jetzt keine Rolle. Wir unterstützen aus den Erträgen dieser Stiftung bedürftige Familienmitglieder oder können – und das ist eine Voraussetzung heute – jeden, der in Not ist, unterstützen. Nur dann bekommen wir die Steuerbefreiung. Ich verwalte diese Stiftung. Wir haben es fertiggebracht, das Stiftungsvermögen etwas zu erhöhen und gleichzeitig doch einiges zu leisten, vor allem für jüngere Menschen die Ausbildung zu bezahlen und ältere zu unterstützen. Das hat sich sehr bewährt und geht auf diese wunderbare Einrichtung aus dem Jahre 1866 zurück."[905]

Solche besonders starken Familienverbände wie etwa auch jener der Grafen und Freiherren von Stillfried waren so seit den 1950er und 1960er Jahren durchaus in der Lage, vor allem Studienbeihilfen für die Weiterqualifizierung der Nachkommen zu gewähren.[906] Eine derart vermögende Stiftung wie jene der Familie von Wallenberg ist dabei durchaus eine Ausnahme. Dennoch geht von den Strukturen der Verbände oder Stiftungen eine nicht unerhebliche Mobilisierung aus. Der von Stillfried'sche Familienverband brachte beispielsweise in jüngerer Zeit für die von einem Erdbeben in Chile betroffene Verwandtschaft einen Betrag von mehreren Tausend Euro auf.[907]

---

903 Ballestrem, N. 2010b: 00:19:15-8 – 00:20:30-2.
904 Ein ganzes Unterkapitel zur Finanzsituation bei Seelig 2015, S. 406–420.
905 Wallenberg Pachaly, G. 2012: 01:28:26-2 – 01:31:10-9.
906 Stillfried und Rattonitz, I. 2012: 02:27:58-7 – 02:28:56-4.
907 Stillfried und Rattonitz, I. 2012: 02:29:45-9 – 02:30:31-7.

In den von mir geführten Interviews – und hier könnte es einen *Bias* durch die Auswahl der Familien geben – war es zudem keineswegs so, dass mir viel von sehr finanzstarken und ausgeprägt aktiven Familienverbänden in der Vorkriegszeit berichtet worden ist. Das deutet auf die Tatsache hin, dass Familienverbände vielfach erst mit Verzögerungen von zwanzig oder gar dreißig Jahren nach Kriegsende neu gegründet wurden.[908] Auch familiären Institutionalisierungen wird in adeligen Familien ein langes Gedächtnis zugeschrieben. Meist sind es Namens- und Wappenvereinigungen, mit denen sich die Familien an der Schwelle zur Frühen Neuzeit neu positionierten, die als eigentlicher Gründungszeitpunkt eines Familienverbands gelten, obwohl das formale Rechtsinstitut, das bis 1945 das Zusammenleben der Mitglieder regelt, selten weiter als bis zur Mitte des 19. Jahrhunderts zurückreicht. Die von Zedlitz gründeten diesem Verständnis nach beispielsweise bereits 1465 einen Familienverband, die von Seydlitz (Seidlitz) 1540 (erneuert 1848) und die von Nostiz 1577, um nur einige zu nennen.[909]

In einigen Familien scheint ein Bedarf nach Verbänden sogar überhaupt erst nach 1945 spürbar geworden zu sein, als – und hier schließe ich mich der Argumentation von Michael Seelig an – ein Weg, adelige Identität in der bürgerlichen Gesellschaft zu leben. Die Familie der Grafen Ballestrem etwa war in Schlesien weitgehend um den Montankonzern zentriert, der ihr die eigentliche Lebensgrundlage und die notwendigen Subsidien für Land- und Forstwirtschaft lieferte. Familientage hatte man aufgrund der zunächst kleinen Personenzahl und der regionalen Nähe der meisten Familienmitglieder zueinander nicht nötig, und eine Institutionalisierung strebte man deshalb sogar nach dem Krieg ebensowenig an. Erst in den 2000er Jahren hielt die Familie erstmals einen Familientag ab, „weil [Pause] bei aller Unterschiedlichkeit der Personen ein großes Bedürfnis danach ist, diesen Familienzusammenhalt auch zu leben und zu erleben und mit Inhalt zu füllen".[910] Die Familientage ersetzen den Familien einen Teil der verlorenen Lebenswelt im Osten, deren beständige Interaktion ein Teil des „Sich-Kennens und -Erkennens" war.

„Und da wird es sehr gerne in Anspruch genommen, dass zum Beispiel ein Familientag, wie er in diesem Jahr zum ersten Mal stattgefunden hat, auch der Familie die Möglichkeit gibt, sich zu treffen und gemeinsame Erlebnisse zu haben. Und umso mehr, als zumindest der Generation meiner Eltern oder meines Vaters natürlich durch den Verlust der, durch den zwangsweisen Verlust der Heimat und durch das zwangsweise Weggehen aus der Heimat ein gewisser Halt verloren gegangen ist. Und insoweit ist es für uns sehr wichtig, durch einen verstärkten Familienzusammenhalt diesen – Halt zu geben."[911]

„Im Moment ist zum Glück das krasse Gegenteil [einer Auflösung, S. D.] der Fall. Es gibt viele Neueintritte. Die Familie vermehrt sich, aber es gibt auch junge Leute, die da dabei

---

908 Im Fall der Grafen von Praschma fand etwa der erste Familientag wieder Anfang der 1970er Jahre statt. Dammermann, E. 2011: 01:20:24-7 – 01:20:36-2.
909 Vgl. die Beiträge von Siegismund Freiherrn von Zedlitz und Neukirch, Joachim von Seydlitz-Kurzbach und Oswalt von Nostiz in: Schmilewski 1991, S. 248, 241, 237 respektive.
910 Ballestrem, N. 2010a: 00:23:10-1 – 00:26:50-4.
911 Ballestrem, N. 2010a: 00:23:10-1 – 00:26:50-4.

sind und die da auch gerne hingehen und da Spaß dran haben. Insofern sieht es im Moment gerade anders aus. Aber es gibt immer wieder Phasen, wo das anders sein kann und Familien sich eben nicht ständig sehen. Diesen Draht aufrechtzuerhalten, dieses übergreifende Moment der gemeinschaftlichen Familie, ist schon schwer."[912]

In vielen Familien geben die Verbände diesen Halt in drei Dimensionen: indem sie die kontemporäre Breite der Familie durch Verstetigung der Interaktion ihrer Mitglieder sichtbar machen, indem sie durch Familienschriften[913] – wie etwa die Sammlung von Vertreibungsberichten – entgleitendes Wissen zu konservieren suchen beziehungsweise den Austausch von Wissen auf Festen oder bei ähnlichen Gelegenheiten fördern und nicht zuletzt indem sie die Verankerung der Familien im christlichen Glauben angesichts einer sich rasch säkularisierenden Gesellschaft betonen. Durchaus repräsentativ in diesem Sinne ist die Satzung des von Richthofen'schen Familienverbands, der sich beispielsweise die Aufgaben gegeben hat, „die christlich-abendländische Tradition der Familie zu wahren, die Erinnerung an die schlesische Heimat zu pflegen, den Zusammenhalt seiner Mitglieder in verwandtschaftlichem Geist zu fördern, die Familiengeschichte und -matrikel fortzuführen, die Archivalien zu sammeln und zu verwalten, die Jugend zu betreuen und bedürftigen Familienangehörigen zu helfen."[914]

Nicht übersehen werden darf allerdings, dass die beiden letzten Jahrzehnte auch die Familienverbände vor die Herausforderung gestellt haben, nicht unerhebliche Modernisierungsleistungen zu erbringen, wenn sie weiterhin das Interesse und Engagement der Familienmitglieder erhalten wollen. Andernfalls droht ihnen eine Entkopplung der Lebenswelt der Mehrheit der Mitglieder der Familie von den sozialen Ordnungen, die in Gestalt der Satzungen fixiert worden sind.

> „Aber es gibt natürlich die Gefährdung, dass ein solcher Familienverband nicht weiter lebt. Dass der Verband auseinander bricht mangels Interesse, mangels Masse, sage ich mal. Immer wieder scheint es solche Tendenzen zu geben, wo Leute aussteigen. [...] Dann gibt es noch Familienzweige, auch jüngere Menschen (aber die sind so zwischen 30 und 60), die sagen: ‚Wir wollen mit diesem Verband nichts zu tun haben, aber auch gar nichts zu tun haben', und die das aufrichtig ablehnen. Sodass man sich sagt, es ist nicht ausgeschlossen, dass, wenn man diese Idee nicht irgendwie weiterträgt – deswegen war ich eigentlich bereit, diesen Vorsitz zu übernehmen, obwohl es einfach zeitlich nicht so wirklich in mein

---

912 Strachwitz von Groß-Zauche und Camminetz, J. H. 2011: 02:27:35-2 – 02:30:25-6.

913 Familienschriften: Strachwitz von Groß-Zauche und Camminetz, J. H. 2011: 02:27:35-2 – 02:30:25-6.

914 Satzung des Richthofen'schen Familienverbands e. V. in einer Fassung vom 2. Dezember 2000 im Besitz des Autors, hier § 2. Sehr ähnliche Beobachtungen wieder bei Seelig 2015, S. 166f. Die aktuelle Fassung von 2016 (Richthofen'scher Familienverband 2016 [Webseite]) weist bedeutende Änderungen dieses Paragraphen auf. So wurde der zweite Satz in „die Erinnerung an die frühere schlesische Heimat zu pflegen und die Verbindung mit ihr zu festigen" geändert, ein neuer dritter Satz eingefügt: „sich für Frieden und Aussöhnung einzusetzen," sowie der Wortlaut einiger Sätze zeitgemäß aktualisiert. Darunter etwa die Hilfe für „bedürftige" Familienangehörige, die nun „Familienangehörigen in schwierigen Situationen" gelten soll.

Konzept passte –, wenn man nichts dafür tut, dann würden diese Sachen sterben. Dann würden die Bemühungen, auch der Verband sich wahrscheinlich irgendwann auflösen."[915]

Die Selbstverständlichkeit, mit der Familienzugehörigkeit, Verpflichtung zum Erhalt formaler Institutionalisierungen, Praktiken des gemeinsamen Erlebens von Familie und die Erwartung an die Familie, wiederum die einzelnen Mitglieder zu stützen, in der Vergangenheit zusammenfielen – zumindest auf diskursiver Ebene –, ist heute eben keine Selbstverständlichkeit mehr. Im Gegenteil: Vielfach ist ein Auseinanderleben zwischen Teilen der Familie und der Organisationsform des Verbands zu beobachten:

> „Das [Einziehen der Beiträge, S. D.] wird jetzt einfach besser verwaltet, was vielleicht auch dazu führt, dass Leute, die man dann zweimal mit einer Mahnung nervt, aussteigen und sagen: ‚Ich habe das Geld nicht dafür.' Es gibt auch Familienmitglieder, muss man sagen, die *haben* das Geld nicht. Denen fällt das schwer. Das tut mir dann leid. Aber ich habe dann immer gesagt, wenn die sich dann an uns wenden würden und sagen: ‚Ich habe das Geld nicht', dann ist das kein Thema. Der kann Familienverbandsmitglied bleiben und das auch alles [Nachrichten des Familienverbands, S. D.] weiter beziehen. Die tun es nicht. Die haben den Konnex verloren irgendwie und schicken dann lapidar eine Kündigung oder einen Austritt und treten dann aus. Das ist dann ein bisschen schade, weil hier niemand ein Mitglied mangels Vermögens oder Einkommens aus dem Verband schmeißen wird. Das wäre undenkbar."[916]

Generell ist in den letzten Jahrzehnten eine Aufwertung der Rolle von Frauen – sowohl der Töchter wie der „eingeheirateten" – in den Familienverbänden zu beobachten.

> „Wir hatten früher zum Beispiel die Regel, dass nur die ältesten männlichen Mitglieder der Familie den Familienrat bilden. Wir haben das insofern geändert, als wir beschlossen haben, dass die jeweils drei ältesten Frauen und die drei ältesten Männer den Familienrat paritätisch bilden."[917]

Zugleich ist in zahlreichen Hintergrundgesprächen auch in eher traditionellen Familien die Integration der nach überliefertem Verständnis aus der Familie „ausheiratenden" weiblichen Familienmitglieder sowie jene von nachgeborenen Namensträgern, die zwar nicht adelsrechtlich, aber eben dem Namen nach ein Mitglied der Familie sind, als besondere Herausforderungen genannt worden.

Während es für viele Familien allenfalls ein adelsrechtliches Problem ist, in welchem Umfang die weibliche Aszendenz am Verband und seinen Entscheidungen beteiligt ist, stellt sich diese Frage verschärft für jene Institutionalisierungen, die wie die von Wallenberg'sche Familienstiftung zugleich noch echte Versorgungsgemeinschaften sind.

> „Also, wir haben da die Regel, dass jeder, der von Karl von Wallenberg, gestorben ungefähr 1840, abstammt, zur Familie gehört. Aber: Das kann man natürlich nicht unendlich

---

915 Strachwitz von Groß-Zauche und Camminetz, J. H. 2011: 02:27:35-2 – 02:30:25-6.
916 Strachwitz von Groß-Zauche und Camminetz, J. H. 2011: 02:31:40-6 – 02:34:03-2.
917 Wallenberg Pachaly, G. 2012: 01:35:25-2 – 01:36:24-0.

weit fortsetzen, irgendwann wird dann der Kreis zu groß. [...] Ich meine, sie ist schon jetzt etwas zu groß geworden, denn das sind jetzt schon drei, vier oder fünf Generationen, und bei ausgeheirateten Familienmitgliedern wird's dann doch problematisch nach einer Weile. Wir sind da nicht kleinlich oder eng, das nicht, aber es ist dann rein verwaltungstechnisch und so weiter irgendwo nicht mehr so zu schaffen."[918]

Neben den Familienverbänden gibt es in Schlesien noch den Sonderfall, dass mit den Vettern von der Wahlstatt eine Gruppe von Familien sich ein gemeinsames Gedächtnis – und eine darauf beruhende Organisationsform als „Vetternschaft" – gegeben hat.

> „Alle zehn Jahre versuchen wir den Familientag mit Vetternfamilien aus Schlesien abzuhalten. Ich persönlich habe das erst einmal mitgemacht. Ich glaube, stattgefunden hat es insgesamt zweimal. Mein Erlebnis war damals in Fulda [...] Das ist dann ja auch sehr lustig. Ein Riesenkreis von Leuten dann. Es ist sicherlich ganz sinnvoll vielleicht auch, um die Familie dort zusammenzubringen. Es ist schwierig auf der anderen Seite, weil man die Leute fast zu wenig kennt."[919]

Dass die Vetternschaft heute wieder aktiv betrieben wird, liegt wohl insbesondere am Jahrestag der Schlacht bei Liegnitz von 1241 im Jahre 1991, anlässlich dessen Vertreter der Familien beispielsweise jeweils einen Beitrag zu einem von Ulrich Schmilewski herausgegebenen Sammelband leisteten,[920] gemeinsam in Dokumentarfilmen auftraten oder an Gedenkveranstaltungen in Polen teilnahmen.[921]

Den mehr oder weniger fest institutionalisierten Strukturen der Verbände kam und kommt auch hier vor allem eine zentrale Rolle bei der Schaffung von Foren für die Gesamtfamilie zu, gleich ob es um die Ausrichtung von Familienfesten geht oder die Schaffung digitaler Infrastruktur wie einer Internetpräsenz oder eines geschlossenen Teils, der nur den Familienmitgliedern zugänglich ist. Insbesondere die Familientage sind ein zentraler Mechanismus, in dem „Gesamtfamilie" hergestellt und aufrechterhalten wird. Neben den formalen Punkten wie dem Rechenschaftsbericht und der Vorstandswahl, die von der Vereinssatzung diktiert werden, bieten die Familientage Zeit zum Austausch. „Dann ist da das gesellige Beisammensein, ob das nun ein gemeinsames Abendessen ist oder einfach die Zeit, die man zum Klönen und Erzählen braucht. Und dann gibt es natürlich den Punkt, kulturell, dass man irgendwas zusammen besichtigt."[922] Das Setting, innerhalb dessen sich der Familienverband trifft, kann unterschiedlich formell sein. In der Familie der Grafen und Freiherren von Seherr-Thoß folgen die Familientage etwa einem relativ festen Ritual, bei dem sich zunächst zumeist samstagnachmittags der Vorstand trifft.

---

918 Wallenberg Pachaly, G. 2012: 01:33:01-4 – 01:33:53-4.
919 Strachwitz von Groß-Zauche und Camminetz, J. H. 2011: 02:19:37-3 – 02:22:20-7 u. 02:23:34-5 – 02:25:07-5.
920 Schmilewski 1991.
921 Ausführlicher dazu oben in Teil I, Kap. 2.
922 Stillfried und Rattonitz, I. 2012: 02:26:17-3 – 02:27:41-7.

„Am Abend ist dann auch wieder in Smoking oder dunklem Anzug. Die Blumen und Bänder sind in den Farben der Seherrs grün-rot aufgelegt. Beim Abendessen ist dann auch meistens, je nachdem, eine kleine Kapelle da, dass man da tanzen kann oder so, oder man sitzt dann rum bei der, bei der und bei der Gruppe. Am Sonntag in der Früh ist dann großes Frühstück. Das geht meistens immer bis um eins, halb zwei, weil immer extra Säle angemietet werden. Und dann fahren die anderen ab, mit den Kindern und so. Da wird dann abgefahren, am frühen Nachmittag."[923]

Selbst dort, wo Lebenswege verhindern, dass einzelne „Teilfamilien" regelmäßig an den Familientagen teilnehmen, versuchen diese Kernfamilien in vielen Fällen diese Unmöglichkeit zu kompensieren, indem sie selbst stellvertretend Verwandtschaft aus der näheren Umgebung einladen.

„Bis zur Geburt unseres ersten Kindes haben wir regelmäßig an Familientagen teilgenommen. Mit dem ersten Kind ist das im Prinzip eingeschlafen. [...] Wir haben dann praktisch neunzehn Jahre oder zwanzig Jahre genau genommen an keinem Familientag teilgenommen. Den nächsten, den wir jetzt aber fest im Fokus haben, ist der nächstes Jahr in Wien, also am Ursprung der Stillfriede, im Ort Stillfried selber, dass wir da wieder dran teilnehmen. Aber es ist nicht so, dass wir uns aus der Familie herausgezogen haben, sondern wir haben dann die unmittelbare oder die Kleinfamilie immer dabei gehabt. Also alles was an Stillfrieden – ob es jetzt unmittelbare oder nicht unmittelbare Familie ist – in der Umgebung von Dortmund wohnt, die haben wir dann bei uns zu Hause gehabt."[924]

8.1.4 Festkultur

War die Familie der soziale Raum, in dem adelige Identität für die meisten Zwangsmigranten nach 1945 noch gelebt werden konnte, dann war das Fest jene soziale Praxis, der eine Schlüsselrolle bei der Vermittlung adeliger Identität zukam. Diese Rolle unterschied sich naheliegenderweise je nach Art des Anlasses und Kreis der Adressaten. Allen Ereignissen – vom Begräbnis innerhalb der engeren Familie bis zum Ball einer Adelsvereinigung – war jedoch gemein, dass sie die Angehörigen der Sozialgruppe miteinander in Kontakt brachten und bestehende Kontakte und bestehendes Wissen voneinander in der wiederholten Interaktion miteinander festigten.

„Das wäre auch eine Frage gewesen, wie Sie denn mit dieser Familiengeschichte in Berührung gekommen sind." (S. D.)
„Ich bin ja auf die Familienfeste gegangen. Immer und nachher bin ich als einzige gegangen, weil die anderen nicht mehr gegangen sind, auch meine Geschwister nicht mehr, und da hat sich das einfach so festgesetzt."[925]

Jubiläen strukturieren durch Stationen, Indikatoren und Wegmarken die Lebenswege in Familie und Arbeit ebenso wie die von Institutionen, sozialen Gruppen oder

---

923 Seherr-Thoß, Th. 2011: 01:03:10-0 – 01:05:02-5.
924 Stillfried und Rattonitz, I. 2012: 02:24:33-4 – 02:26:07-1.
925 Bergmann-Korn, B. 2012: 01:07:48-6 – 01:08:25-0.

Staaten.[926] Jan Assmann argumentiert (wenn auch primär im Hinblick auf das religiöse Fest), dass der Mensch in zwei Zeiten lebe: einer Alltags- und einer Festzeit, wobei das Fest Medium kollektiven Gedächtnisses sei.[927] Gerade in der Nachkriegszeit bauten Feste in besonderem Maße wieder den Kontakt in der adeligen Diaspora auf und pflegten das Gedächtnis.

> „Also man war ja weit zerstreut. Und als es dann anfing, dass es wieder Autos gab und so weiter, da fingen dann die ersten Verwandtenbesuche an. Und das war immer sehr herzlich, und dann war eine große Freude. Diese Bilder sind mir noch in Erinnerung, wo man sich mit großer Freude umarmte, anders als heute. Also das merkt man. Auch bei sämtlichen Treffen und wo es dann wieder mit Familienfesten [anfing], Hochzeiten nicht, aber Geburtstagen oder so, herausragenden Festen, wo man sich traf, das waren doch alles so Erinnerungen an die schlesische Heimat, standen also unter so einem besonderen Motto."[928]

Feste sind aber mehr als nur ein Strukturmerkmal, das Zeitlichkeit erfahr- und internalisierbar macht. Sie sind – und das relativ unabhängig von ihrem traurigen oder freudigen Anlass – gleichzeitig ein Medium, durch das Identitäten innerhalb der Gruppe neu ausgehandelt werden können und in dem sich die Gruppe reproduziert.[929] Auch wenn das säkulare Fest sich im Grade seiner Ritualisiertheit vom religiösen Fest unterscheiden mag, gilt das eben Gesagte doch ganz ähnlich, denn auch das säkulare Fest ist ein Ort des Gedächtnisses und des Austauschs kultureller Codes – etwa von Gabentauschsystemen. Es ist zugleich aber auch ein Forum, das Gruppenzugehörigkeit nicht nur immer wieder neu bestätigt, sondern vor allem auch ein Ort, an dem die Gruppe ganz physisch ihre Fortsetzung finden kann, weil sie ihren jungen Mitgliedern erlaubt, andere Mitglieder und damit geeignete Lebenspartner zu finden. Es sind „Feste, wo man dann schon auch, sagen wir mal, zumindest in Kauf nimmt, dass unter den jugendlichen Gästen sich auch etwas entwickeln kann, was in einer Ehe endet [Lachen]. Und das wird auch bis heute bewusst so betrieben."[930]

„Adelsbälle" (so unterschiedlich dieses Konzept mit Leben gefüllt wird) sind dabei eines der in der Öffentlichkeit am weitesten hervorstechenden Foren dieser Art. Veranstalter können ebenso Adelsvereinigungen wie Einzelpersonen oder Familien sein, für die

> „Schlösser oder größere Häuser, Gutshäuser [...] ja durchaus die Möglichkeit [bieten,] solche Feste zu veranstalten. Das beginnt dann mit irgendwelchen Tanzkursen für Vierzehn-,

---

926 Köhle-Hezinger 2004, S. 291f.
927 Assmann 1991, S. 17–20.
928 Ballestrem, G. 2012: 01:36:27-3 – 01:38:34-9.
929 Assmann 1991, S. 22f. Assmann betrachtet das Fest als einen „Schnittpunkt", in welchem „die am Fest beteiligten Felder der Zeiterfahrung und der Gemeinschaftsbildung, des Ursprungs- und Geschichtsbewußtseins, des Ästhetischen und des Heiligen konvergieren". Dies mache das Fest nicht lediglich zu einem Medium „unter beliebigen Medien kultureller Erinnerung", sondern zu ihrem ursprünglichsten (ebd., S. 13). In diesem Sinn bildet das Fest ab, was für das kulturelle Gedächtnis im Großen gilt: Dass dieses in seiner „anthropologischen Funktion" einer „basic need for identity" entspringe – so Assmann in Anlehnung an Hans Mol 1976 – und sich Systemen symbolischer Formen bediene, die den Kitt bilden, aus dem „kollektive Identität instituiert und reproduziert" werde (ebd., S. 22).
930 Ballestrem, N. 2010a: 00:37:56-7 – 00:39:59-6.

Fünfzehn-, Sechzehn-, Siebzehnjährige, und da sind jetzt keine sehr großen Komfort-Ansprüche an so eine Zusammenkunft gesetzt, sodass man, wenn man eine Bude hat oder auch eine Scheune, wo man eine Truppe mit Schlafsäcken reinlegen kann, und vielleicht noch ein größeres Wohnzimmer, was man leer räumen kann und zu einer Tanzfläche umgestalten kann, reicht das ja schon aus, um so eine Zusammenkunft zu gestalten."[931]

In einigen Fällen wurden Ballstätten gefunden, die einen durchaus exklusiven Zugang erforderten:

„Also in Hannover gibt es das alte Rathaus, da gibt es einen ehrwürdigen Ballsaal, dort hat sowas stattgefunden. Dann in Celle im Renaissanceschloss, auch da gibt es einen ehrwürdigen Ballsaal. Also es war oft ein ehrwürdiges Ambiente. Was manchmal normalen Leuten auch versperrt geblieben ist. Manchmal waren es auch ganz schnöde Neubauten, so Plastiksäle irgendwie, Beton, eckig, orangene Stühle und so, das war die Mode der Zeit dann einfach. Irgendwelche Plüschteppiche, weil das so toll war, Teppichboden, aber auf so einem Ding kann man natürlich nicht tanzen."[932]

„Es gibt ja den Adelsverband, der auch Verbandsbälle macht. Da war ich auch ein- oder zweimal in München. Da sind natürlich, wenn Sie so wollen, Kontakte. Das soll die Familie zusammenbringen. Und wenn Sie wollen, böse Zungen sagen, das sind Heiratsmärkte – oder was weiß denn ich. Aber das ist fast boshaft, nicht?"[933]

Das Finden von Partnern im sozialen Umfeld wurde begrüßt und auch gefördert, wobei oft die Mütter und Großmütter als treibende Kraft dafür genannt werden, eine standesgemäße Verbindung einzugehen. „Meine Großmutter hat schon versucht (meine Mutter eigentlich aber auch), uns da irgendwie ‚standesgemäß unter die Haube‘ zu kriegen – das war der Wortlaut."[934]

„Eine Schwester meines Vaters und meine Mutter haben in München zusammen in einer Studentenbude gewohnt. So hat man sich kennengelernt. Und im Zweifel vielleicht auch von den jeweiligen Schwiegereltern noch mal etwas gefördert. Das waren jetzt nicht mehr gestiftete Ehen, wie man das vielleicht hundert Jahre vorher gehabt hätte."[935]

Der Einschnitt von 1945 war für die Zwangsmigranten, die nun auf gefestigte Adelslandschaften im Westen trafen, nachhaltig spürbar. Er stellte sie zunächst vor die simple Frage des Zugangs zu Festen wie Bällen oder Tanztees. Auch hier spielten verwandtschaftliche Netzwerke eine wichtige Rolle als Türöffner:

„Ab 1948/49 sind wir auf die sogenannten Hausbälle bei den umliegenden Grundbesitzern gegangen. Wir kamen da hin, entweder weil wir direkte verwandtschaftliche Beziehungen hatten, oder indem wir über die Verwandtschaft gingen. Natürlich waren die Kinder der Besitzer anders gekleidet als wir. Denen ging es besser, aber sie und mich hat das überhaupt nicht gestört. Ich fand, da waren nette Mädchen, nette Jungs, und ich habe tüchtig getanzt."[936]

---

931 Ballestrem, N. 2010a: 00:40:06-1 – 00:41:26-1.
932 Stillfried und Rattonitz, I. 2012: 02:46:39-7 – 02:47:46-1.
933 Strachwitz von Groß-Zauche und Camminetz, J. H. 2011: 02:48:17-7 – 02:49:25-1.
934 Stillfried und Rattonitz, I. 2012: 02:43:26-8 – 02:46:21-4.
935 Ballestrem, N. 2010a: 00:37:56-7 – 00:39:59-6.
936 Haugwitz, H.-W. 2013: 01:09:34-6 – 01:11:51-9.

Daneben war auch das konfessionelle Milieu nicht unbedeutend, um Anschluss an die Adelsgesellschaft im Westen zu finden. Der Zeitzeuge, der seinem Bekunden nach Burschenschaften bewusst gemieden hatte, kam über seine Johanniteranwärterschaft „in bestimmte Kreise", wo er den Bruder seiner zukünftigen Frau kennen lernte. Aus diesen Kreisen heraus wurden dann Tanztees organisiert, auf denen er schließlich auch seine zukünftige Frau traf.[937]

Feste boten also den Neuankömmlingen durchaus eine Integrationsmöglichkeit. Dies verlief nicht ohne Anpassungsleistungen hinsichtlich formaler Praktiken, repräsentativer Codes – wer etwa auf einen Ball will, braucht einen Smoking – und die Akzeptanz überlieferter Hierarchisierungen insbesondere der jüngeren Generation der entwurzelten Schlesier nicht immer befolgenswert erschienen.

> „Ja, das war wie ein Viehmarkt. Da wurden die Töchter angeboten und man hatte diese Kotillons, mit dem [sic] man sich seinen ganzen mühsam zusammengesparten Smoking [am] Revers zerstochen hat. Dann waren wir mehr oder weniger, die Mädel mehr oder weniger aufgemotzt. Es gab so einige Familien, da hatten dann die Töchter solche Geräte in den Ohren oder sonst wo hängen. Ringsum saß der sogenannte Drachenfels (oder ähnliche Bezeichnungen) – das waren die ganzen Tanten und Mütter, die also hier scharf, genau beobachtet haben, und wenn du auch nur einmal mehr getanzt hast – habe ich alles miterlebt."[938]

In ihrer ganzen Form lösten etwa die oben beschriebenen Veranstaltungen bei dem jungen Zeitzeugen ein Unbehagen aus: „ich habe Angst gehabt, da hineinzugehen. Ich weiß nicht warum, es ist halt so bei mir. Mir war das irgendwo letztlich zu eng, unbewusst."[939] Auch andere Zeitzeugen berichten von einer Ablehnung des Milieus, mit dem sie auf den Bällen in Kontakt kamen. Eine Zeitzeugin berichtet über eine rebellische Phase im Alter von „siebzehn, achtzehn, neunzehn. Und das war aber meistens tödlich langweilig. Weil *die* Leute, *die* Adeligen, waren so degeneriert zum Teil, da wollte man eigentlich nicht länger mit zu tun haben. Das ist selten, dass da mal was dabei war, was irgendwie mal ein bisschen – [gepasst hätte S. D.]."[940] Wieder andere erinnern sich mit Humor an derartige Bemühungen der Familie. Ein Zeitzeuge, der sich als „Vieltänzer" charakterisiert – als „leidenschaftlicher Tänzer, ich hab' also in der Tanzschule alles an Nadeln abgeräumt, was man so als Schüler so machen konnte" –, fand anfangs Gefallen am Besuch zahlreicher Bälle:

> „Natürlich bin ich als Tanzherr für Tanzdamen in Verkupplungsabsicht der Eltern auf so manchem Ball gewesen. Ich musste dann immer alle enttäuschen, dass meine Tanzdame, meine Tischdame dann nicht unbedingt diejenige war, die mich den Rest des Lebens versorgen sollte. ‚Ja, aber du brauchst doch jemanden.' ‚Ich kann mich auch selber versorgen, ich weiß, wie man kocht.' Aber es war eigentlich oft nicht ein einseitiger Spaßfaktor, sondern umgekehrt genauso. Die Mädchen haben dann zwangsweise mitgemacht, was die Eltern so wollten. Wir haben dann auf der Tanzfläche etwas gefeixt, wir haben dann gute

937 Haugwitz, H.-W. 2013: 01:52:33-2 – 01:53:37-8.
938 Henckel-Donnersmarck, P. 2012: 01:04:54-2 – 01:07:27-1.
939 Ebd.
940 Bergmann-Korn, B. 2012: 01:13:43-5 – 01:15:50-7.

Miene zum komischen Spiel gemacht. Und irgendwann wurde mir das zu doof, da hab'
ich dann gesagt, nee, also mit mir nicht mehr."[941]

Die Komplizenschaft zwischen den beiden jungen Menschen war dabei innerhalb
weniger Augenblicke hergestellt:

> „Ich glaube, das waren immer so die ersten zwei Sätze am Tisch selber, wo man sich dann
> vorstellte, und die Art und Weise, wie man sich begrüßte. Listen lagen dann aus, wer an
> welchem Tisch saß und mit welcher Dame zur Rechten und zur Linken oder wer wen wo
> abholen muss – ich musste dann auch manchmal zu den Damen nach Hause fahren, um
> die dann eben zum Ball abzuholen. Das tut man eben als Kavalier. – Und dann braucht
> es eigentlich nur ein oder zwei Sätze, und jeder weiß Bescheid."[942]

Neben einer durchaus spezifischen Festkultur spielen in vielen Familien konfessionelle Angebote nach wie vor eine nicht unbedeutende Rolle – in katholischen Familien beispielsweise die meist von den Maltesern organisierten Lourdes-Züge:

> „[Es] sind im Grunde genommen fast ausschließlich Adlige, die da hinfahren und auch
> wahnsinnig viele Jugendliche. Meine beiden großen Kinder waren bereits in Lourdes und
> haben sich auch dort, also ‚amüsiert' ist jetzt übertrieben, aber, ich sage mal, denen hat
> es was gegeben. Die haben da auch viele Leute kennengelernt und so. Also das ist schon
> Kontakt. Es ist sicherlich *ein* Aspekt, wobei der in Lourdes natürlich nicht vordergrün-
> dig ist, aber da gibt's auch Leute, die sagen, es ist ein Heiratsmarkt: ‚Schick deine Tochter
> nach Lourdes, dann lernt sie auch jemanden adligen kennen.'"[943]

In einer Umwelt, die in hohem Maße durch eine Angleichung des Lebensstils an die
gesellschaftliche Mitte geprägt war, blieben die Feste zugleich ein entscheidendes Distinktionsmerkmal gegenüber der Umgebung. Durch sie ließ sich Adelig-Sein noch
aus einer sozialen Praxis herleiten, als andere Bereiche der Lebensführung längst keine Unterschiede mehr zu anderen Familien einer bürgerlichen Mittelstandsgesellschaft aufwiesen.

> „Also meine Kinder sind ganz bürgerlich aufgewachsen – also hier in den hiesigen Schu-
> len, wohnten zu Hause [nicht wie früher üblich im Internat, S. D.], sind in den hiesigen
> Schulen aufgewachsen. [...] Aber da hatte keine Rolle gespielt, dass irgendwie eine adelige
> Welt da im Hintergrund stand. Wir wohnten ganz bürgerlich, wir gingen unserer bürger-
> lichen Arbeit nach. Was wohl immer bei meinen Kollegen und Kolleginnen – hauptsäch-
> lich Kolleginnen interessierten sich da immer dafür – immer so aufgefallen ist, wenn die
> anderen vom Wochenende erzählt haben, dann haben sie alle immer vom Fußballspiel
> erzählt. Oder wenn ich erzählt habe – was man natürlich als Adeliger immer sehr zurück-
> haltend tut, weil man weiß immer nicht, wie man sich dann ausdrücken soll – aber dann
> waren wir also immer auf irgendwelchen Festen gewesen und haben irgendwelche Bälle
> mitgemacht oder so, [...]. Und ich musste auch mal erzählen, dass ich dann irgendwo auf
> der Jagd [gewesen] war, das war also alles ganz anders als deren Leben."[944]

---

941 Stillfried und Rattonitz, I. 2012: 02:43:26-8 – 02:46:21-4.
942 Stillfried und Rattonitz, I. 2012: 02:50:26-6 – 02:51:08-2.
943 Strachwitz von Groß-Zauche und Camminetz, J. H. 2011: 02:48:17-7 – 02:49:25-1.
944 Ballestrem, G. 2012: 02:08:25-4 – 02:11:05-8.

Formelle Anlässe wie etwa die Treffen der Adelsverbände verbinden mehrere Funktionen. Zum einen bieten sie ein gewisses Maß an Grandeur. Nach dem Vorstandstreffen und einem „Kurzvortrag von irgendeinem bekannten Politiker oder so, meistens aus der CSU" findet am „Abend [...] ein großer Empfang mit Cocktail" statt:

> „Die Damen sind alle in Cocktailkleidern, die Herren in Smoking. Dann gibt es ein sogenanntes gesetztes Essen, mit Placement. Da hängt an der Wand die Tischordnung, wer wo sitzt. Anschließend geht ein furchtbares Getobe los mit Tanz. [...] Und am nächsten Tag ist dann wieder Treffen, manchmal sogar mit Kirchgang, je nachdem, wenn eine in der Nähe ist. Die Tagung ist immer Freitag, Samstag, Sonntag, und dann läuft sie aus."[945]

8.2 Religiosität

> „In der Generation meiner Großeltern war Religion auch selbstverständlich. Dazu eine Anekdote: Ich erinnere mich noch an eine Großtante, die Schwester meiner Großmutter väterlicherseits, die oft durch Deutschland tourte, um die ganze Verwandtschaft zu besuchen, die reiste immer mit Bibel. Und weil sie jetzt einen theologischen Neffen hatte, da musste darüber diskutiert werden, das wurde dann auch zum Teil bei Tisch gemacht. Und sie holte dazu ihre Bibel raus, in die sie handschriftlich ihre Kommentare dazu geschrieben hatte. Aber gut, die reiste nicht nur mit Bibel, sondern immer auch mit einem Ploetz und mit dem Gotha – die drei Bücher waren immer dabei, alle mit Kommentaren und Ergänzungen versehen."[946]

Der christliche Glaube galt in weiten Teilen jener Familien, die sich dem deutschen Adel zurechnen, lange Zeit als ein Eckpfeiler, von dem sich adelige Identität her lesen und bestimmen ließ.[947] Er beeinflusste in entscheidender Weise das christlich geprägte Dienstideal, mit dem sich Adel und weitere Gesellschaft zueinander in Bezug setzen ließen, indem es die alte Rolle des Adels als patriarchaler Fürsorger fortschrieb. Zugleich war es aber auch ein Weg, nach dem Umbruch in die neuen, ihrer ganzen Struktur nach bürgerlichen Verhältnisse hineinzufinden und einen Bezug zu Nachbarn zu finden, der soziale Schranken überwand.

> „Also [wir lernten das] insofern, als meine Mutter vorgelebt hat – und wir das dann eben auch übernommen haben –, nicht nur für sich und die Familie da zu sein, sondern auch für andere Leute. Andere Leute aus der Nachbarschaft zum Beispiel. Mal zuzuhören, mal ausreden zu lassen – nicht unbedingt pflegen, also zumindest ist mir das so nicht bewusst – aber Kontakt, auf die Leute zuzugehen und einfach mal zu sagen: ‚Pass auf, wir sind auch Menschen.‘ Diesen Faktor, mitmenschliche Wärme einfach auch mal so in die Tat umzusetzen, durch ein nettes Wort."[948]

---

945 Seherr-Thoß, Th. 2011: 00:59:06-8 – 01:00:23-8.
946 Mutius, H.-R. 2012: 00:33:01-3 – 00:34:56-6.
947 Zuletzt etwa Seelig 2015, S. 279.
948 Stillfried und Rattonitz, I. 2012: 01:08:05-1 – 01:09:09-6.

Religiöse Praxis und religiöse Werthaltungen werden wie andere Habituselemente auch im Laufe der Sozialisierung erworben.[949]

> „Bei uns wurde gebetet, bei Tisch sowieso, machen alle meine Kinder heute noch. Dann mussten wir in die Kirche gehen. Das war ja sowieso so, diese Schlossbesitzer hatten ein Patronat.“[950]

> „Ja, das ist natürlich eine gewisse – Erziehung auch in Glaubensfragen. Also es fängt an, dass Sie am Tisch beten und solche Dinge. Und dass man in die Messe geht, wenn vielleicht nicht regelmäßig, aber doch so häufig wie möglich, und die Kinder natürlich getauft und gefirmt sind und Erstkommunion hatten und dass das immer hohe Feiertage für uns waren und man Leute eingeladen hat und so.“[951]

Neben dem Erlernen und Umsetzen religiöser Praxis wurden in der Nachkriegszeit auch korrespondierende Werthaltungen in einer Weise besetzt, die ihnen zugleich einen Ausdruck von Adeligkeit verliehen: „Ja, dass man treu bleibt. Diese ganzen Werte, die heute zum Teil fehlen: Treue, Sparsamkeit, Ordnung, dann ein Teil christlich. Das sind ja *die* Werte, mehr gibt's ja nicht. Und *sozial*, ganz sehr.“[952]Als Habituselemente unterliegen religiöse Haltungen damit auch dem Wandel breiterer Werthorizonte.

> „Es wird eine andere Bedeutung für meine Generation haben, weil die Zeit vorangeschritten ist. Und die Religion sich so ein bisschen aus dem Tagesalltag herausgezogen hat. Das gilt jetzt nicht für mich persönlich und auch nicht für meine Frau und meine Familie, aber das gilt im Allgemeinen. Also ich muss sagen, von beiden Seiten, sowohl mütterlicherseits als auch väterlicherseits, ist es religiös sehr gefestigt.“[953]

Religiosität und spirituelle Praxis schließen dabei häufig andere Dimensionen wie Herkunfts- und Heimatgefühl sowie Familienverständnis mit ein, ja konstituieren sie geradezu. Das Gefühl von „Zuhause“ umschreibt ein Interviewpartner etwa: „Das hat für mich einerseits mit Religion, also mit dem Glauben zu tun, andererseits auch mit einem Selbstverständnis als Familie. Wo sind unsere Wurzeln?“[954]

Ob eine Familie tief im religiösen Milieu verwurzelt blieb, hing auch damit zusammen, ob es ihr gelang, an andere Elemente der Lebenswelt vor 1945 anzuknüpfen. Insbesondere die Existenz eines entsprechenden Hauses erleichterte die Rückbindung an religiöse Rituale und Praktiken.

> „Aber es ist so, dass in der Familie mütterlicherseits [mit Gutsbesitz in Norddeutschland, S. D.] das noch viel stärker auch noch mit kleinen Rituale alltäglich noch gelebt wird. Und das versuche ich auch auf meine Kinder noch zu übertragen. Ich kann Ihnen ein Beispiel geben. Bei uns gibt es zum Advent – singt man Adventslieder nachmittags, und dann klopft das Christkind an. Das ganze Haus ist dunkel, und alle singen nur bei Kerzenlicht, und irgendwann [klopft sehr laut auf den Tisch] – und alle erschrecken, alle erschrecken.

---

949 Williams 2005.
950 Kulmiz, I. 2011: 00:35:56-8 – 00:37:26-0.
951 Strachwitz von Groß-Zauche und Camminetz, J. & L. 2012: 02:11:30-6 – 02:14:10-7.
952 Kulmiz, I. 2011: 00:11:34-8 – 00:12:47-8.
953 Reichenbach, A. 2013: 01:31:30-7 – 01:33:26-7.
954 Henckel-Donnersmarck, A. 2013: 00:16:09-4 – 00:18:27-7.

Es ist wirklich so, dass alle erschrecken, weil auch alle, die schon wissen, dass es kommen wird, wissen ja nicht wann, und dass es dann so laut ist, auch nicht. […] Dann gehen alle Kinder raus und suchen, was es hinterlassen hat. Und zwar im dunklen Haus irgendwo in einem Zimmer. Das macht natürlich mehr Spaß in einem Haus mit vielen, vielen Zimmern als in einem kleinen Reihenhaus. Dann geht man durch das Haus, im Dunkeln, das Licht wird nicht angemacht. Und an irgendeinem Fensterbrett ist dann am ersten Advent eine Kerze und dann, entsprechend am zweiten Advent, zwei Kerzen usw. mit einer Kleinigkeit davor liegend für jedes Kind. Also ein kleines Stückchen, es gibt diese kleinen Schokoladentäfelchen, die so übereinander gestapelt sind und zusammengebunden, ja?"[955]

Auf diese Weise wird nicht nur Glaube in einer tiefen, gerade auch physischen Dimension erfahrbar. Daneben erwerben die Kinder aber auch eine Verbundenheit mit dem Haus, in dem sie sich geradezu blind bewegen lernen. Religiöse Praxis und adelige Sozialisierung gehen so Hand in Hand. In ähnlicher Weise verbinden sich bei der „Vor-Suche" nach Ostereiern in spielerischer Weise Elemente der österlichen Erwartung und die Kenntnis von Wald und Feld des Gutes in unmittelbarer Umgebung des Hauses.[956]

Das Gut schuf so nicht allein eine lebendige Atmosphäre, in der Glaube gelebt werden konnte, sondern es bestätigte ganz nebenbei auch traditionelle Hierarchien zwischen Gut und Dorf, da etwa bei Krippenspielen die Gutsbesitzer als Veranstalter auftraten.

„Ich hab' vorhin schon, und das ist auch ganz wichtig, das Krippenspiel in Bredenbeck erwähnt, wo gemeinsam mit dem Männergesangsverein aus dem Dorf und alle der gesamten Belegschaft im Schafstall das Krippenspiel aufgeführt wurde. Am zweiten und dritten Advent. Also zehn, elf, zwölf Aufführungen, im Stall mit den Schafen, mitunter 500 Schafen und vor lauter Publikum. Das wird das ganze Jahr über eingeübt und gemacht und bestimmt, wer kann Josef sein, wer ist der Hirte, wer ist Maria? Mit den entsprechenden Texten, die man dann können muss. Alles wundervoll."[957]

Nicht zuletzt haben sich religiöse Elemente tief in die Festkultur eingegraben, sei es in der Familie („es wird kaum eine Familienfeier vergehen, die nicht irgendwo eine Messfeier mit eingebaut hat und das ist in der Familie sehr verwurzelt"),[958] sei es innerhalb von Gemeinschaften wie den „Katholischen Edelleuten Schlesiens", bei denen bereits der Eigenname auf die Doppelrolle verweist, die sie zwischen Glaubens- und Standesorganisation erfüllen.

Bei aller Bedeutung, die dieser Sozialisierung zukommen mag, muss trotzdem betont werden, dass religiöse Werthaltungen zu keinem Zeitpunkt innerhalb der sozialen Gruppe gleichermaßen und einheitlich ausgeprägt waren. Nach wie vor sind für einige Familien religiöse Werthaltungen zentral, und sie sind den jeweiligen Kirchen tief und innig verbunden – „das ist noch sehr präsent. Bei einem Familienteil ist es so, dass von den vier Kindern, die sie haben, die sich jetzt alle in dem Altersbereich zwischen zwanzig und knapp unter dreißig befinden, also drei im religiösem Bereich sind. Zwei Söhne sind Priester geworden, die Tochter ist in einer religiösen Gemein-

---

955 Reichenbach, A. 2013: 01:31:30-7 – 01:33:26-7; 01:33:28-7 – 01:37:13-3.
956 Reichenbach, A. 2013: 01:33:28-7 – 01:37:13-3.
957 Reichenbach, A. 2013: 01:33:28-7 – 01:37:13-3.
958 Ballestrem, N. 2010a: 00:28:11-7 – 00:31:06-1.

schaft untergekommen."[959] Aber selbst in Familien, die ihrer jeweiligen Kirche sehr verbunden sind, werden einzelne Lebensentscheidungen wie die Wahl von Partnern, das Leben mit oder ohne Trauschein, ja überhaupt alle von religiösen Geboten abgedeckten Formen des Seins zunehmend individuelle Entscheidungen.

> „In der Familie spielt die Religion eine sehr, sehr große Rolle. Ich würde unsere oder meine Familie immer noch als eine sehr katholisch geprägte Familie bezeichnen. Ich würde das im Prinzip auch für mich persönlich so in Anspruch nehmen, auch wenn ich vielleicht in dem einen oder anderen dann doch – im katholischen Glauben eigentlich auch sehr verwurzelt – die Gewissensfreiheit für mich in Anspruch nehme."[960]

Zu der Uneinheitlichkeit der Ausprägung religiöser Werthaltungen gehört auch, dass religiös besonders eifrige Verwandte nunmehr als „bigott",[961] „nervend" oder „anstrengend" kritisiert werden konnten, wobei häufig auch eine generationelle Dimension eine Rolle spielte.

> „Da gab es ganz fromme, pietistische, extrem anstrengende Gläubige [bei der Familie meiner Großmutter] und welche, die das dann doch relativ entschieden andersrum sahen [lacht]. Die fühlten sich durch diese starke Frömmigkeit genervt oder belästigt, die haben das dann –, da kippte das ins Gegenteil. Meine Großmutter war auch immer so eine, die da nicht so intensiv, innerlich dabei war, die lehnte das auch eher ab. Wahrscheinlich hängt es damit zusammen. Ich glaube, mein Vater ist ja auch mehr so zurückhaltend. Hab' mich aber noch nie groß mit ihm über den lieben Gott oder so unterhalten. Ich wüsste gar nicht, was er da für Vorstellungen hat [lacht]."[962]

Ähnlich wie bei den Strukturen der Familie an sich zeichnet sich auch hier ein Generationenkonflikt ab, der letztlich mit zu religiösen Biografien führte, die in einer sehr modernen, wenn nicht gar postmodernen Weise von Ernüchterung und Sinnsuche geprägt sind.

> „Mein Vater interessierte sich mal für die Johanniter, nachdem er dachte, er könnte dazu. Er wurde in seinen späteren Lebenszeiten sehr, sehr religiös, also so ab Mitte der Achtzigerjahre etwa. Wobei er vorher ein absoluter Leugner von jeglicher Religion und in Abwehr der Religiosität meiner Großmutter war. Er sagte, er hat irgendwie diesen Bruch erlebt im Krieg – ‚Was soll ich zu Gott beten, dass ich den anderen töten kann? Das ist Humbug. Das kann nicht sein. Und wenn auch die anderen beten, wie soll er dann entscheiden? Alle werden umgebracht' [...]. Da kam der erste große Bruch, und dann wurde das auch einfach in Wellen in der Nachkriegszeit immer unwichtiger für ihn. Und umso mehr Ablehnung, je mehr meine Großmutter versuchte, ihn zu bekehren und ihm zum fünften Mal zum Geburtstag wieder das gleiche religiöse Buch zu schenken, dass er's doch endlich lesen möge. Und irgendwie hat er dann plötzlich eine Rückkehr gefunden in den Glauben, in den Achtzigerjahren. Das ging dann erstmal über Pfingstler und viele nicht rein lutherische Kirchen und dann letztlich wieder zurück zur normalen Kirche."[963]

---

959 Ebd.
960 Ebd.
961 Frisé 2004, S. 25.
962 Küster, U. 2013: 00:29:58-3 – 00:31:17-2.
963 Mutius, M. 2013: 02:11:50-4 – 02:15:26-9.

Noch immer spielen solche organisatorischen Verdichtungen religiöser Praxis, wie sie in den standesbezogenen Laienorden der Malteser- und Johanniterritter gelebt und vermittelt werden, eine wichtige Rolle für adeliges Selbstverständnis.

8.2.1 Standesorientierte Institutionalisierungen des Religiösen

Institutionalisierungen von „religiös motiviertem Handeln" (Günter Schmelzer) erfüllen in komplexen Gesellschaften eine Vielzahl von Funktionen, darunter natürlich ihren originären Zweck, die Gemeinschaft der Glaubenden auf Dauer zu stellen.[964] Die nach der Zerschlagung im Nationalsozialismus wiedergegründeten Orden der Malteser- und Johanniterritter[965] zählen zu diesen Institutionalisierungen von religiösen Gemeinschaften ebenso wie im Westen noch bestehende Einrichtungen, etwa Stifte.

Viele aus der schlesischen adeligen Diaspora fanden in den Körperschaften eine Form des sozialen Engagements wieder, das ihnen aus der Vorkriegszeit vertraut war und das sie mit erheblichem Zeit- und Kraftaufwand den veränderten Umständen der Bundesrepublik anpassten. Auch Valentin Graf von Ballestrem engagierte sich im Pfarrgemeinderat, wurde Mitbegründer des Diözesanrats in Regensburg sowie Mitglied des Zentralkomitees Deutscher Katholiken,[966] ließ sich daneben aber auch in den Stadtrat seiner neuen Heimatgemeinde Straubing wählen.[967] Auch im Malteserorden und beim Aufbau des Malteser-Hilfsdiensts im Raum Regensburg habe er, erinnert sich sein Sohn, „große Aufbauarbeiten geleistet [...], um das auf die Beine zu stellen."[968] Während sich der Graf auf die vorrangig (über-)regionale und politisch-organisatorische Seite konzentrierte, nahm sich seine Frau der lokalen fürsorgerischen Dimension an – eine Aufgabenteilung zwischen den Geschlechtern, die sehr stark jene auf den Gütern widerspiegelte.

> „Also sie war natürlich auch Mitglied des Malteserordens, zum Beispiel, und sie war auch Mitglied des Malteser-Hilfsdienstes. [...] Sie war auch zum Beispiel eine ganze Weile Diözesanoberin des Malteser-Hilfsdienstes in Regensburg [...]. Sie hat sich sehr engagiert in Straubing. In einem neuen Wohngebiet sollte ein Kindergarten entstehen. Da sie das dann auch vereinsmäßig gemacht. Sie hat sich in Straubing eingesetzt für ein Frauenhaus, in dem also ledige Mütter unterkommen konnten, und das ist bis heute noch, auch wenn sie schon aus Straubing weg ist, liegt ihr noch sehr viel an diesem Haus, und wenn es darum geht, irgendwelche Spenden dafür zu besorgen, dann ist sie da mitten drin."[969]

---

964 Schmelzer 1979, S. 127f. in Anlehnung an Max Weber.

965 Zur jüngeren Geschichte der beiden Orden vgl. etwa die Darstellungen von Klimek 1986; Rödel 1989; Bradford 1996; Freller 2012, von denen allerdings ein Teil aus dem unmittelbaren Umfeld der Orden kommt sowie die Festschrift: Ballestrem 1970.

966 Ballestrem, N. 2010a: 00:28:11-7 – 0:31:06-1.

967 Ballestrem, N. 2010a: 01:44:10-2 – 01:46:03-6.

968 Ballestrem, N. 2010a: 00:28:11-7 – 0:31:06-1.

969 Ballestrem, N. 2010a: 01:42:43-8 – 01:43:51-8.

Neben der religiösen Funktion, die, um noch einmal Günter Schmelzer zu zitieren, für das jeweilige soziale System „handlungs- und strukturbestimmend" ist, haben institutionalisierte religiöse Gemeinschaften natürlich auch darüber hinausgehende Funktionen für ihre Mitglieder. Sie können so etwa – wenn auch etwas struktur-funktionalistisch – als „Organisationsformen zur Wahrnehmung der beruflichen, wirtschaftlichen, versorgungsmäßigen und psychischen Interessen der Mitglieder" verstanden werden.[970] Adelige Damenstifte wie das der rheinischen Ritterschaft gehörige auf Schloss Ehreshoven bei Köln, das noch 2013 auch prominenten Schlesierinnen wie der Gräfin Gabriele von Deym (geb. von Schaffgotsch) und der Prinzessin Marie-Aluisie von Schoenaich-Carolath Obdach bot,[971] stellen aus dieser Sicht eine Fortexistenz adeliger Versorgungseinrichtungen dar, die ihren Ursprung zum Teil noch im Mittelalter hatten.

In der (relativen) sozialen Exklusivität des Zugangs stellen diese Institutionen – außerhalb ihrer Rolle in der kirchlichen Praxis – einen wichtigen Kontinuitätsfaktor für adelige Identität in der Nachkriegszeit dar, wobei diese Rolle bislang noch nicht eingehend wissenschaftlich untersucht worden ist. Angesichts einer Reduzierung von adeliger Identität auf eine im Alltag zu lebende Praxis durch den Wegfall nahezu jeder repräsentativen und herrschaftsbezogenen Funktion boten die beiden großen Orden in dieser Hinsicht einen Rückzugsraum, in dem traditionelle Hierarchisierungen gewahrt blieben und repräsentative Praktiken weitergelebt wurden. Ein Interviewpartner erklärte etwa auf die Frage, ob der Orden wichtig war, um die zerstreuten Schlesier nach dem Krieg wieder zusammenzubringen: „Ja. Das glaube ich ganz sicher. Die evangelischen hatten ihre Johanniter, wir hatte unsere Malteser, im Orden war man noch wer. Die Ballestrems besonders, weil die kannte jeder in Rom."[972]

Anders als der Malteserorden öffnete sich der Johanniterorden 1948 für nicht-adelige Mitglieder.[973] Allerdings sollte es bis weit in die 1960er Jahre hinein dauern, ehe diese Öffnung wirklich substantiell spürbar wurde.

> „Der Johanniterorden, wie ich da eintrat, war, sagen wir mal, noch ein Adelsklüngel, der sich grade den Bürgerlichen geöffnet hatte. Inzwischen, ich müsste nachsehen, aber es ist sicher sechzig zu vierzig. Sechzig Prozent Adel, vierzig Prozent bürgerlich, wobei man natürlich sagen kann, dass bei vielen Bürgerlichen eben irgendwo auch noch die Mutter oder die Großmutter adelig ist. Aber trotzdem, man merkt das. Die Bürgerlichen, die wir dort haben, das sind manchmal die Besten. Das ist eben *auch* schön. Man sieht tatsächlich auch: Die Sache ist durchgängiger geworden."[974]

Wie die Wortwahl des Zeugnisses selbst zeigt, ist die Erwartungshaltung doch noch sehr stark, dass – wenn die Bürgerlichen eben manchmal auch zu den Besten zählen – es den adeligen Mitgliedern leichter gelingt zu reüssieren.

---

970 Schmelzer 1979, S. 137.
971 Driessen 2013a (online); Driessen 2013b (online).
972 Ballestrem, G. 2012: 02:54:22-2 – 02:54:47-0.
973 Ebd.
974 Eichborn, J. 2012: 03:24:09-1 – 03:25:17-8.

Der Zugang zur Rekrutierung neuer Mitglieder für den Malteserorden unterschied sich zwischen den Assoziationen. Während die schlesische Assoziation die Mitglieder möglichst frühzeitig an sich zu binden und so eine angemessene Lebensführung des Nachwuchses sicherzustellen suchte, setzten etwa die Westfalen stärker auf diejenigen, die bereits im Leben reüssiert hatten.

> „Es gab in Deutschland zwei verschiedene Gruppierungen des Malteserordens: die westfälische Assoziation und die schlesische Assoziation. Die unterschieden sich – wie nicht anders zu erwarten. Ich erwähne das deshalb, weil die schlesische Organisation ziemlich bald schon das Motto entwickelt hatte, in der früheren Zeit, dass die sagten: ‚Die sollen bei uns eintreten, damit sie ordentliche Menschen werden‘ (aber gemeint war: bleiben). Und die Westfalen hatten das Motto – ich überspitze jetzt alles ein bisschen, aber dadurch wird das klar: ‚Wenn der sich im Leben bewährt hat, wenn der die richtige Frau – gemeint war adelig – heiratet und eine Lebensstellung hat – also entweder seinen Besitz verwaltet oder akademische Stellung war gemeint, hat – dann kann er mal bei uns anfragen.‘ Und zu meiner Generation war das noch so.“[975]

Für den Zeitzeugen öffnete sich noch ein fundamentaler Unterschied zwischen den beiden Assoziationen. Während sich die westfälische „in Teilen noch [...] als vornehmer Club fühlte", habe die schlesische Assoziation aus der Erfahrung des Verlusts eine spirituelle Wende vollzogen: „Die Wende dann zum Religiösen hin kam ja durch die Schlesier, durch den Verlust der Heimat und der Güter. Da war nichts mehr mit vornehmer Club, da war das auf ihre Grundfesten zurückgedrängt und kamen, war also doch ein sehr echtes und überzeugendes religiöses Fundament." Ein Vorbild, dem später die westfälische Assoziation gefolgt sei.[976] Entsprechend schwierig sei die Vereinigung der beiden Assoziationen gewesen, die aber als sachliche Notwendigkeit – etwa um den neugegründeten Malteser-Hilfsdienst effektiv zu gestalten – akzeptiert wurde. Mit dem Ineinander-Aufgehen beider Assoziationen entstand schon das Gefühl: „Du hast doch, als die schlesische Assoziation aufgelöst wurde, wieder einen Teil deiner Heimat verloren."[977]

Ein aktives Bemühen um einen Ordensbeitritt galt – und gilt dabei wohl auch weiterhin – als nicht schicklich. Idealerweise war es der Orden beziehungsweise seine Vertreter, die auf würdige und dem Orden verbundene Kandidaten zukommen sollten.[978] In der Praxis bestimmten jedoch traditionelle Bindungen und der Zugang über das weitgefächerte Verwandtschaftsnetzwerk in hohem Maße die Möglichkeiten des Zugangs. „Das hat der Vater alles gemacht. Ich hatte keine Ahnung. Plötzlich hing es mir um den Hals, und das große Papier aus Rom war gekommen und ich war Malteser, Ende. Da wurde nicht gefragt, das hat er gemacht, arrangiert."[979]

> „Ich war also in jungen Jahren Malteser [...]. Und wir hatten ja gar kein Geld. Die Malteser haben als Eintritt – das nennt sich seit den Ordenskriegen, seit den Kreuzzügen, Pas-

---

975 Ballestrem, G. 2012: 02:43:20-0 – 02:44:35-2.
976 Ballestrem, G. 2012: 02:45:52-9 – 02:48:27-9.
977 Ballestrem, G. 2012: 02:53:22-9 – 02:54:16-6.
978 So auch: Mutius, M. 2013: 02:11:50-4 – 02:15:26-9.
979 Henckel-Donnersmarck, P. 2011: 01:33:49-0 – 01:34:35-5.

sage – das war das, was man bezahlen musste, um ins Heilige Land zu fahren. Also die Eintrittsgebühr heißt heute noch Passage. Ich hatte gar kein Geld. Da hat der Onkel gesagt, also die Schlesier hatten einen Dispens als Flüchtlingsvereinigung, die brauchten nur weniger zu bezahlen. Ich konnte auch gar nicht die Ordensdekoration kaufen. Mein Onkel hat mir dann ein Darlehen gegeben, war sehr geschickt pädagogisch, das konnte ich mit fünf Mark im Monat abzahlen. Und dann bin ich auch mit relativ jungen Jahren, [...] inmitten meines Studiums, bin ich sehr bewusst in den Malteserorden eingetreten.“[980]

Ebenso wie der Ruf in den Malteser- beziehungsweise Johanniterorden von ungeschriebenen sozialen Reglements bestimmt war, unterlag auch der Austritt sozialen Regulativen, die im Normalfall verhinderten, dass es überhaupt zu einem Ausschluss von Mitgliedern kommen musste. Wer Mitglied des Ordens wurde, wusste, wann er sich aus eigener Initiative aus der Gemeinschaft zurückzuziehen hatte. Auf ein reguläres Ausschlussverfahren ließen es die wenigsten ankommen.

> „Ja, ich habe in einem Fall zwei Briefe gekriegt. ,Sehr geehrter und so weiter, wir teilen Ihnen mit, und so weiter, und so weiter. Sie sind rausgewippt.‘ Und dann der zweite Brief: ,Lieber Peter, was sollen wir anders machen? Ich kann es nicht ändern.‘ Ich war aufgefordert worden, selber auszutreten. Ich habe gesagt: ,Ich lege die Satzung nicht aus. Ich könne es ertragen, so einen Typ wie mich. Ihr müsst das selber entscheiden.‘ Und dann mussten sie das auch machen. Das ist nicht üblich, man geht dann freiwillig. Aber ich habe gesagt: ,Das mache ich nicht.‘ Die Folge war natürlich eine sehr starke Trennung und Absonderung. Es war halt so. Nachdem ich eh ziemlich für mich gedacht habe, ich meine das jetzt nicht im egoistischen Sinne, hat es mich nicht ernsthaft berührt. Natürlich hat es mich getroffen, ist ganz klar. Aber die Kukulle habe ich für ein Museum gespendet und den Orden auch.“[981]

Während die Bedingungen etwa im Fall von Scheidungen für die Malteser (wie in der katholischen Kirche überhaupt) klar und strikt waren – der selbstgewählte Austritt wurde und wird erwartet –, boten die Johanniter zumindest die Möglichkeit auf besonderen Antrag aufgrund einer Ausnahmeregel im Orden zu verbleiben. Dennoch haftete auch hier dem Scheitern einer Ehe ein bleibendes Stigma des Scheiterns auf dem Lebensweg an, und ein späterer Eintritt von Geschiedenen war fast unmöglich.[982]
Die Zugehörigkeit zum Orden stellt neben einem exklusiven sozialen Zugang, der als eine Form von sozialem Kapital gedeutet werden kann, auch ein bedeutendes symbolisches Kapital dar, das seinen Träger in der „Gesellschaft“ auszeichnet.

> „Es schmückt, es schmückt. Es macht was her. Ich habe mir auch einen Frack bauen lassen, beim besten Frackschneider Münchens, war ganz schön teuer, der Scherz. Weit über 1.000 DM damals, Anfang der 60er. Das war viel Geld. Und da dann den Malteser hängen zu haben. Das war schon – das hat schon was her gemacht [Lachen].“[983]

---

980 Ballestrem, G. 2012: 02:45:52-9 – 02:48:27-9.
981 Henckel-Donnersmarck, P. 2011: 02:01:03-5 – 02:02:23-6.
982 Mutius, M. 2013: 02:11:50-4 – 02:15:26-9 „Und er wollte gerne Johanniter werden dann, nach der Pensionierung. Aber das wurde ihm verwehrt, weil er geschieden war.“
983 Henckel-Donnersmarck, P. 2011: 01:33:49-0 – 01:34:35-5.

Die enormen Kosten, die sich mit einer Vollausstattung verbanden, führten allerdings dazu, dass sich viele in der Wahl der Ordenskleidung sehr einschränkten. In der Kirche wurde nach wie vor der Schultermantel, die Kukulle, getragen.

> „Die Uniform war außer ‚Mode‘ gekommen, weil es einfach zu teuer war. Mein Vater hat in Uniform geheiratet, und ich habe noch Fotos von der Glockenweihe [in Grambschütz, S. D.] im Jahr '34. Da ist er also auch mit Uniform, auch der Ballestrem-Häuptling mit Uniform, Malteser-Uniform. Das war sehr schick. Das hat was hergemacht. Ich habe das bei meinen Recherchen von zwei oder drei alten Frauen – Damen sagt man –, Hofefrauen, gehört: ‚Das war so toll da. Ihr Papa und der andere‘ – das war der Niko Ballestrem –, ‚das war so toll‘."[984]

Mit einem etwas anderen Fokus fand sich 1947 in Bad Wimpfen auch der Verein Katholischer Edelleute in Schlesien wieder zusammen und benannte sich in die Vereinigung Katholischer Edelleute Schlesiens um. Die Wahl der Bezeichnung „Vereinigung" sei ganz bewusst erfolgt, erinnerte sich Valentin Graf von Ballestrem auf einer Tagung 1964:

> „Das Wort ‚Ver-einigung‘ hat angesichts unserer Situation eine besondere Bedeutung: eine Bedeutung, die nicht im Vordergrund stand, als wir unsere gemeinsame Heimat hatten und nicht weit voneinander entfernt wohnten. Wir werden dafür sorgen müssen, dass auch in der Verbannung gewisse Werte nicht verloren gehen, die von uns in der Heimat gepflegt worden sind. Dadurch werden wir versuchen müssen, künstlich Bindungen aufrecht zu erhalten, die früher natürlich durch unseren Sitz in Schlesien vorhanden waren."[985]

Seit 1950 finden in Bad Wimpfen am Palmsonntagwochenende die zuvor in Grüssau angesiedelten religiösen Arbeitstagungen statt.

> „Natürlich ganz primitiv, das erste Mal nur vierzehn Leute und so. Und das war also das große Wiedersehen. Und dann aber schon sehr schnell eben schon 46 Leute, und heute sind wir bis an die 200 Leute, kaum noch Schlesier, aber natürlich auch, aber die meisten also aus der Umgebung und von ganz Deutschland. Und wir sind da ganz offen, wir wollen die. Wir wollen da keine Flüchtlingsvereinigung."[986]

> „Ursprünglich ein reines Verwandtentreffen von Schlesiern, heute alles von umliegenden Gütern und von überall her. Also ich hab' eine Gästeliste, da sind mindestens 300 Namen drauf. Und von uns, ja, wir waren, glaube ich, dieses Jahr vierzig, noch echte Schlesier, nicht."[987]

Ähnlich wie bei den Orden wurden Söhne und Töchter bei der Vereinigung eingeführt. „Bei den schlesischen Edelleuten bin ich seit sechzig Jahren jetzt drin, wie ich festgestellt habe, und das war auch eine Selbstverständlichkeit, die Eltern waren drin, und mein Vater hat mich einfach mitgenommen".[988]

---

984 Henckel-Donnersmarck, P. 2011: 01:34:49-3 – 01:36:24-5.
985 Grundsatzreferat von Valtentin Graf v. Ballestrem 1964, zitiert nach: Vereinigung Katholische Edelleute Schlesiens 2015, S. 18, Anm. 25.
986 Ballestrem, G. 2012: 02:55:49-8 – 02:57:59-2.
987 Donat, M. 2012: 02:36:16-4 – 02:37:38-9.
988 Donat, M. 2012: 02:33:25-9 – 02:34:02-3.

Auch wenn die Vereinigung keine „Flüchtlingsvereinigung" sein wollte, muss-te sie es anfangs notgedrungen sein. Bereits bevor sich die Vereinigung 1950 wie-der zusammenfand, war es dem Vorsitzenden des Vereins Katholischer Edelleute in Schlesien, Marco Graf von Ballestrem, gelungen, Spenden im westdeutschen Adel zu sammeln. Im Sommer 1947 konnte er rund 28.000 Reichsmark verteilen und 28 bedürftige Familien mit Bekleidung beschenken. Nach der Konstituierung der Vereinigung fungierte dann die Caritaskommissarin Maria-Imgard Prinzessin Biron von Curland als Koordinatorin für die Hilfsleistungen westlicher Adelsverbände, die zudem bald auch erste Spenden aus den eigenen Reihen verteilen konnte.[989]

Nicht zuletzt boten sowohl Laienorden als auch Adelsvereinigungen einen Raum, in dem ein hohes Maß an sozialer Kohärenz herrschte.

> „Mein Vater war Mitglied des Johanniterordens, war Ordensdekan. Mir wurde später auch vorgeschlagen, Ordens-Mitglied zu werden. Das Inhaltliche des Johanniterordens, den Dienst am Schwachen und Kranken, konnte ich sehr unterstützen – alles wundervoll. Womit ich aber persönlich nicht klarkam, waren einige Dinge, die meines Erachtens nicht mehr zeitgemäß sind: Das Festhalten an der Tradition einen Nachfahren der Hohenzol-lern-Familie zum Herrenmeister zu bestellen, oder dass man weiterhin Frauen aus dem Orden ausschließt. Es gab noch andere Dinge – vielleicht tue ich ihnen Unrecht, aber so wirkte es auf mich – unzeitgemäß."[990]

8.3 Dienstideal, Fürsorge, soziale Verantwortung

> „Der Vater war immer geprägt auch von dem Bewusstsein, dass er aus dem Adel stammt, dass er, weil er aus dem Adel stammt, eine besondere Verantwortung hat – das war mit eine Triebfeder seines Engagements und das hat er versucht, auch uns zu vermitteln."[991]

Soziales Engagement gehört zum Kernbestand adeliger Werthaltungen und adeliger Selbststilisierung in der Moderne. Die Fürsorge gegenüber den eigenen „Leuten" war ein derart integraler Teil des adeligen Habitus, dass sie im 19. wie in der ersten Hälfte des 20. Jahrhunderts bereits frühzeitig mit den Kindern eingeübt wurde.[992] „Verantwortung" ist auch heute noch eine Leitvokabel adeliger Vergemeinschaftung, die sich unschwer aus vergangenen Herrschaftsfunktionen herleiten lässt[993] und die direkt mit anderen Konzepten wie dem „Dienst" korrespondiert. Das Dienstideal behält seine bleibende Bedeutung als semantisches Leitkonzept vor allem in den In-stitutionen der jeweiligen Konfessionen und hier besonders den Laienorden. „[Der Malteserorden] ist also eine Gemeinschaft, die sich natürlich dem *Dienst* – im We-

---

989 Vereinigung Katholische Edelleute Schlesiens 2015, S. 17f.
990 Mutius, H.-R. 2012: 00:40:56-3 – 00:42:06-1.
991 Stillfried und Rattonitz, N. 2012: 00:44:40-2 – 00:47:47-3.
992 Vgl. etwa Donig 2010, S. 237, für das systematische Einüben der Praxis im 19. Jahrhundert. Außerdem etwa Frisé 2004, S. 24f., über die Rolle der Gutskinder (siehe oben Teil I, Kap. 3).
993 Stillfried und Rattonitz, N. 2012: 02:13:24-8 – 02:16:33-1.

sentlichen an den Kranken – verschrieben hat und in mehrerer Hinsicht Gutes tut".[994]

Das Dienstideal begründete jedoch nicht nur soziales Engagement, sondern regulierte auch Erwartungshaltungen in marktlichen Tauschbeziehungen innerhalb der sozialen Gruppe auf Seiten der Gebenden wie der Nehmenden und reduzierte in diesem Sinn Transaktions- und Informationskosten, weil es Verlässlichkeit herstellte. Im Fall der aus dem Schlesischen ins Schwäbische geflüchteten Grafen Stillfried, die nun als Güterverwalter in den Dienst der Fürsten Waldburg-Zeil getreten waren, wurde etwa die Beziehung von Arbeitskraft gegen Entlohnung zusätzlich durch das Dienstideal reguliert, und zwar in einer Weise, die für beide Seiten das in der adeligen Binnenkommunikation leidige Thema Geld zunächst überhaupt nicht aufkommen zu lassen schien.

> „Er bekam als Generalverwalter der landwirtschaftlichen Güter anfangs 300 Mark. Er hat aber auch nie um eine Lohnerhöhung nachgesucht, das war ihm völlig fremd, weil er sich eben „als adeliger Freund des Fürsten – Freund ist vielleicht schon zu viel gesagt – also bei allen Unterschieden doch als zugehörig betrachtete", – und davon ausging, dass selbstverständlich der Fürst dafür sorgt und ihn so gut bezahlt, wie er es kann. Und er hätte es nicht über sich gebracht, ihn um eine Lohnerhöhung zu bitten. Das ging so weit, dass wir eben eigentlich fast nichts mehr zu essen hatten und die Mutter in ihrer Verzweiflung dann mal die Fürstin gefragt hat, ob's denn nicht möglich wäre, den Vater etwas besser zu bezahlen. Und dann wurde von einem Tag auf den anderen der Lohn von 300 auf 800 Mark hochgesetzt. Ohne überhaupt darüber zu diskutieren, weil natürlich inzwischen auch das ganze allgemeine Lohnniveau gestiegen war. Und die Reaktion war, dass der Vater wütend war – auf die Mutter, nicht auf den Fürsten –, weil sie gefragt hatte, eigentlich gegen seinen Willen. Er fühlte sich einfach da als verantwortlich, und die Bezahlung war für ihn sekundär."[995]

8.4 Wege der Individualisierung

Aufgrund der zentralen Rolle, die der Familie zukam, gab es kaum einen anderen Bereich im Kosmos adeliger Sozialisation, wo sich die zunehmende Individualisierung und Pluralisierung von Lebensstilen in der Gesellschaft der Bundesrepublik so sehr bemerkbar machte, wie den Bereich der Partner- und Namenswahl. Eine traditionell sehr endogame soziale Gruppe wie der Adel sah sich angesichts des die gesamte Gesellschaft berührenden Wandels gerade auch hier neuen Herausforderungen gegenüber. Das zweite und unmittelbar damit verbundene Feld, in dem sich in der Bundesrepublik soziale Beziehungen grundlegend veränderten, war die Konfessionalität im Code des Glaubens.

---

994 Ballestrem, N. 2010a: 00:31:27-3 – 00:34:05-8, Betonung im Original.
995 Stillfried und Rattonitz, N. 2012: 00:44:40-2 – 00:47:47-3.

8.4.1 Heiratskreise, Ebenbürtigkeit und Scheidungen

Ebensowenig wie mit dem Ende der Monarchie mit einem Schlag der Adel als Sozialformation verschwand, so wenig erodierten die alten innerständischen Unterscheidungsmerkmale zwischen den Familien. Das Alter der Familie und die Stellung bei Hof waren zumindest im Hochadel weiterhin bedeutende Wertorientierungen, die besonders bei der Partnerwahl ihren Niederschlag fanden.

> „Ja, ja, die [Mutter, S. D.] hat mir natürlich verschiedene Kandidatinnen empfohlen. Andererseits von verschiedenen Familien – ich lasse mich hier nicht auf Näheres ein – dringend abgeraten, weil die alle Stammbäume versauen. Das sind so Gespräche, die unter uns üblich sind. ‚Die oder die? Um Gottes Willen, da brauchst du dich über nichts mehr wundern.‘ Das ist heute noch so. Ich brauche nichts Näheres sagen. Die, die vom Fach sind, wissen es alle [Lachen].“[996]

Individuelle Entscheidungen waren noch in den 1920er und 1930er Jahren vor allem in Freiräumen möglich, etwa wenn der sonst dominierende väterliche Elternteil verstorben war, ein von der Familie unabhängiges Einkommen erwirtschaftet wurde oder sich schlicht alternative Handlungsweisen wie ein Bruch mit Konvention und Familie als glaubhaftes Druckmittel anboten. Dabei musste dieser nicht vollzogen, sondern nur angedroht werden, um ein eventuelles Einlenken herbeizuführen. Mehrere dieser Faktoren kamen etwa im Fall des Prinzen Hans Georg von Schoenaich-Carolath (1907–1943) aus der Linie Saabor und Mellendorf zusammen, dessen Mutter Hermine (1887–1947), eine geborene Prinzessin Reuß aus der älteren Linie, 1922 in zweiter Ehe den früheren Kaiser Wilhelm II. auf Doorn geheiratet hatte. Sein Vater, erinnert sich Georg Prinz von Schoenaich-Carolath, „hat angedroht, dass er Mellendorf [das Familiengut], auf dem er schon saß (meine Großmutter noch in Saabor), verkauft und nach Südafrika geht, wo eh viele saßen, wenn er meine Mutter nicht heiraten darf. Dann haben sie eben geheiratet.“[997] In der Entscheidung fand er Fürsprecher an höchstem Ort, denn der ehemalige Kaiser bedrängte die zukünftige Schwiegermutter, der ihre Schwiegertochter – eine geborene Freiin von Zedlitz und Leipe – kaum ebenbürtig erschien, dahin, dass man Beziehungen „nicht fördern“ und „nicht hindern“ dürfe. Dennoch „hat der Kaiser zu meiner Großmutter gesagt: ‚So pass mal auf, ich will die sehen.‘ Dann ist meine Mutter nach Doorn gefahren, und da hat er gesagt: ‚Das ist genau die richtige Frau‘, und der Kaiser war sehr weise.“[998] Dass eine Heirat massiv inneradelige Hierarchieverhältnisse durchschnitt, bedurfte einer besonderen Rechtfertigung. Im innerfamiliären Narrativ war das der

---

996 Henckel-Donnersmarck, P. 2011: 01:02:56-7 – 01:04:31-2. In die sehr genauen, manchmal geradezu biologistischen Beobachtungen wurden nicht nur potentielle Folgen für den Stammbaum, sondern sogar genetische Betrachtungen mit eingeschlossen. Der eben zitierte Gesprächspartner kommentierte unvermittelt in einer anderen Ausführung: „[Die Hand] zittert; das ist von Galen her jetzt, das [Zittern; ein] Geschenk von Galen, dass die linke Hand zittert“ (Henckel-Donnersmarck, P. 2011: 02:06:56-3 – 02:09:40-4).

997 Schoenaich-Carolath, G. 2011: 01:24:20-0 – 01:28:28-7.

998 Schoenaich-Carolath, G. 2011: 01:24:20-0 – 01:28:28-7.

Umstand, dass sie von ganz oben – quasi durch „Allerhöchsten Spruch", wie man im 19. Jahrhundert gesagt hätte – autorisiert und sogar gutgeheißen wurde.

Bürgerliche Verbindungen waren demgegenüber lange tabuisiert, und besonders Frauen bot sich – wenn sie keine solch vokale, autoritative Unterstützung genossen – nur der Rückzug aus der Familie in eine konfessionelle Einrichtung an. Ein Interviewpartner glaubte lange Zeit der erste in der Familie gewesen zu sein, der eine Bürgerliche geheiratet hatte.

> „Mir wurde aus an sich verlässlicher Quelle zugetragen, dass die Schwester meines Vaters [...], die noch unverheiratet war – das muss in den 30ern irgendwo gewesen sein (das habe ich alles nicht gewusst, das ist alles bei meinen Recherchen rausgekommen) –, die war verliebt in einen, der war von bürgerlichem Geblüte, und da hat die Großmutter gebrüllt: ‚Niemals!' Das war eine sehr strenge, herbe Frau. Dann hat sie [die Schwester, S. D.] gesagt: ‚Pfiad di Gott' und ist gegangen. Und sie ist nach Beuthen [Bytom] als Pfarrhelferin und ist nach dem Krieg – ich glaube, das war dann schon erst nach dem Krieg – ins Kloster eingetreten."[999]

Die Erwartungshaltungen an Frauen, sich zu verheiraten und eine „Familie zu gründen", waren auch nach dem Krieg groß. Weibliche Karrierewünsche und Karrierewege wurden – durchaus parallel zur Mehrheitsgesellschaft der Adenauerjahre – im Regelfall diesem Wunsch untergeordnet. „Dann lernte ich [Ende der 1940er Jahre, S. D.] meinen Mann kennen. Und jetzt war das natürlich mit dem Studium ein bisschen schwierig, da mein Mann, als er aus dem Krieg kam ja schon älter war – zehn Jahre älter als ich – und nun ja Familie gründen wollte. Das war ja für uns das Höchste, immer Familie."[1000]

Alte Orientierungen währten bei der Partnerwahl auch nach dem Zweiten Weltkrieg lange fort. „Ich glaube meine Eltern konnten gar nicht in anderen Kategorien denken. Und ich selbst konnte auch nicht in anderen Kategorien denken. Was ja bei der nächsten Generation dann zum Beispiel hätte zu Konflikten führen können, weil ich ja auch nicht in anderen Kategorien denken konnte."[1001] In vielen Familien war die Generation, die sich bei Kriegsende dem Erwachsenenalter näherte, in der Tat noch sehr viel stärker durch Differenzvorstellungen geprägt, mit denen sie in Schlesien sozialisiert worden war, als die Generation der noch nicht oder gerade einmal Teenager. „Wir haben das sehr zeitig gelernt", berichtet etwa eine Zeitzeugin über die Art und Weise, wie ihre Eltern ihr und ihren Geschwistern erlaubt hatten, mit den anderen Kindern des Guts zu spielen, aber hinter den Mauern des Schlosses ein anderes Leben zu leben. „Und das habe ich auch meinen Kindern weitergegeben. Deswegen sind sie schon – da muss ich mich vielleicht etwas loben – alle drei gut verheiratet, [...] haben so geheiratet, wie wir uns das schon vorgestellt haben."[1002]

Mit dem Wiederaufbau und der konfessionellen Durchmischung stieg aber auch die Mobilität der Alterskohorte, die als nächste zu Heiraten anstand. „Man hat ja dann, auch mit der wirtschaftlichen Entwicklung, durchaus seine Kinder schon quer

---

999 Henckel-Donnersmarck, P. 2011: 02:06:56-3 – 02:09:40-4.
1000 Kulmiz, I. 2011: 00:54:00-4 – 00:55:28-1.
1001 Ballestrem, G. 2012: 02:05:03-7 – 02:07:12-1.
1002 Kulmiz, I. 2011: 00:13:46-3 – 00:15:59-2.

durch Deutschland geschickt, zum Studium, was ein Kennenlernen [...] ermöglicht hat."[1003] Durch den Wegfall von fast allem, was früher an ökonomischen und sozialen Abhängigkeiten geeignet gewesen war, sozialen Konformitätsdruck auf die Kinder auszuüben, sowie durch die Auflösung sozialer Schranken im Umfeld löste die Individualisierung der Partnerwahl insbesondere zwischen der ersten Generation und der jüngeren „Generation 1.5" oft schwerste Konflikte aus, vor allem dann, wenn es die Erstgeborenen oder gar die einzigen Söhne der Familie betraf. „Meine Mutter hat mir da auch immer wieder diverse [adelige Mädchen, S. D.] empfohlen, der böse Bube hat aber nicht gefolgt."[1004] Als er dann seinen Eltern seine zukünftige Frau vorgestellt habe, „war [das] ganz schwierig, weil das ein bürgerliches Mädchen war", erinnert sich ein Zeitzeuge.[1005]

> „Das tat man nicht. Punkt. Aus. Ende. Ganz einfach. Und es war für meine Mutter sehr schwierig. Sie hat sie dann wirklich angenommen, und das war sehr schön. Aber da hat sie lange dran gekocht. Sie hat natürlich dieses Söhnchen abgöttisch geliebt, weil das das Einzige war, was sie zusammengebracht haben. Und nur Töchter –, ist halt so, das soll keine Abwertung sein. Dahinter standen viele, viele Gebete, dass endlich ein Sohn kommt."

Während die Mutter mit der Entscheidung des Sohnes relativ schnell zurechtkam, brach gegenüber dem Vater ein Abgrund unerfüllter Erwartungen auf, der sich nicht wieder schließen ließ.

> „Mein Vater – wir haben nie drüber geredet, aber er muss es mir ganz schlimm übelgenommen haben, wie ich sie ihm offiziell vorgestellt habe, in Bonn. Das war nicht sehr schön damals. Und auch bei der Hochzeit, gleich nach der kirchlichen Trauung, ist er verschwunden. Wir haben nie drüber geredet. Ich habe es nie verstanden."

Obwohl auch sie vielfach zunächst „gar nicht in anderen Kategorien denken" konnten, entwickelten insbesondere die jüngeren Alterskohorten der „Generation 1.5" ein offeneres Verhältnis zu derartigen Fragen als die noch im Kaiserreich und in den 1920er beziehungsweise 1930er Jahren primär sozialisierte Generation.[1006] Für einen Zeitzeugen verband sich allerdings mit solchen Heiraten noch ein gefühltes Stigma in der sozialen Gruppe, war eine solche Heirat doch „wie die Adeligen sagen, bürgerlich, was ja in den Ausdrücken meiner Generation einen ganz bestimmten Klang hat. Weshalb man es eigentlich nicht mehr sagen darf, weil das als abwertend empfunden wurde. Und was ja eigentlich ganz neutral ist. Also das Verdikt nicht, wenn man sagt: ‚Wer ist das?' – [flüstert] ‚bürgerlich'."[1007]
Außerhalb des Hochadels und einiger dem Hochadel eng verbundener Familien hat sich seit den 1960er Jahren jedoch in den meisten Familien das früher problematische Verhältnis zu Verbindungen mit Bürgerlichen in zunehmendem Maße entspannt. Insbesondere von der Großelterngeneration ging aber noch immer ein

---

1003 Ballestrem, N. 2010a: 00:36:50-2 – 00:37:44-0.
1004 Henckel-Donnersmarck, P. 2011: 01:01:52-5 – 01:02:48-9.
1005 Dies und die zwei folgenden Zitate: Henckel-Donnersmarck, P. 2011: 01:00:01-5 – 01:01:49-7.
1006 Ballestrem, G. 2012: 02:05:03-7 – 02:07:12-1.
1007 Ebd.

Abbildung 15: Gerda von Freier heiratete 1929 Wilhelm von Haugwitz. Wie damals üblich, wurde die Feier im Elternhaus der Braut, Schloss Raduhn, ausgerichtet. Erst nach den Flitterwochen reiste das Paar ins schlesische Lehnhaus, wo eine Willkommensfeier stattfand.

gewisser Druck auf die zweite Generation aus, einen als angemessen empfundenen Partner zu finden. „Wer hat denn den Begriff des standesmäßigen Heiratens [eingeführt]?" (S. D.) „Meine Großmutter."[1008]

> „Sie war natürlich immer darauf aus, dass ich auch adelig heirate. Der Stammhalter – und das war das Wichtige [...] – dass der Stammhalter natürlich dann auch die Familienehre hochhält. Das erinnert mich manchmal an so manche Diskussionen, die heute bei türkischen Familien geführt werden. Aber das war mir völlig zuwider. *Natürlich* durfte ich auch eine Bürgerliche angucken. Das war mir völlig egal."[1009]

Der Zeitzeuge thematisiert zugleich ein Unverständnis zwischen den Generationen. Während seine Großmutter immer aus den Konventionen heraus, „gesellschaftlich" argumentiert habe („muss man das eben so machen, weil das so ist"), habe er „rein biologisch, genetisch" argumentiert, man müsse doch schauen, „dass immer wieder neues genetisches Material reinpasst", wenn man vermeiden wolle, dass „plötzlich über zwei, drei, vier Generationen in Familien miteinander Inzest passiert" und am Ende „Bluterkrankheit" und Ähnliches stünden. „Wir haben auf völlig verschiedenen Ebenen diskutiert."[1010]

1008 Stillfried und Rattonitz, I. 2012: 02:47:46-1 – 02:47:51-2; 02:47:51-2 – 02:47:51-6.
1009 Stillfried und Rattonitz, I. 2012: 02:48:03-7 – 02:48:45-9.
1010 Stillfried und Rattonitz, I. 2012: 02:49:07-8 – 02:50:13-9.

Abbildung 16: Habitusprägend: Spielerisch erlernten bereits Kinder charakteristische Merkmale gruppenspezifischer Selbstrepräsentation, hier in Form einer „Kinderhochzeit" (Obernigk, Anfang der 1930er Jahre).

Für einen 1962 verheirateten Interviewpartner war die Frage seinem Bekunden nach dagegen entschieden:

„Und ich habe also keine Minute nach einem adeligen Fräulein gesucht, muss ich ehrlich zugeben, sondern das ergibt sich dann aus ganz anderen Gründen, wen man heiratet. Aber da bin ich nicht repräsentativ. Es scheint in manchen Gruppen, zu denen ich nicht gehöre, wieder üblich zu sein, gezielt nach einem adeligen Heiratspartner zu suchen."[1011]

„Also, meine Eltern haben sich sicherlich gefreut darüber [dass der Interviewpartner 1968 adelig geheiratet hatte, S. D.], zumal auch meine Schwiegermutter aus einer adeligen Familie kam. Aber, sagen wir mal so, wenn sie bürgerlich gewesen wäre, wäre es genauso gewesen. Wichtig war der Hintergrund der Familie. Man akzeptiert auch eine andere Familie, aber der Hintergrund war bei den Savignys besonders angenehm".[1012]

Eine innerständische Heirat bleibe so für viele Familien zumindest ein Ideal, beobachtet ein anderer Gesprächspartner:

„[...] aus meiner Erfahrung will jedes adeliges [sic] Elternpaar, dass die Kinder möglichst adäquat heiraten und nicht mit dem Müllmann, jetzt mal überspitzt gesagt, daherkommen [lacht], sondern mit einem vorzeigbaren Partner, den man möglichst aus dem glei

---

1011 Websky, M. 2013: 01:27:53-9 – 01:33:24-6.
1012 Eichborn, J. 2012: 03:26:57-7 – 03:32:32-2.

chen Stall hat. Aber ich meine natürlich, dass man inzwischen viel toleranter geworden, aber so das Ideal gibt es immer noch".[1013]

„Wenn ich mir eine bürgerliche Frau ausgesucht hätte, wäre es nicht zu Schwierigkeiten in der Familie gekommen. Ich glaube aber schon, dass die Tatsache, dass meine Frau auch aus einer aristokratischen Familie stammt, jedenfalls erfreut zur Kenntnis genommen wurde. Es gibt auch bürgerliche Frauen in meinem Stammbaum, in den letzten Generationen allerdings nicht. Heute entscheidend ist eine gemeinsame Basis, auf der man als Ehepaar stehen kann. Dazu gehört der Glaube aber auch beispielsweise die gemeinsame Vorstellung betreffend Kindererziehung."[1014]

Endogame Heiraten sind zugleich mehr als eine bloße Konvention. Nach dem Bekunden einiger Zeitzeugen bauen die gemeinsamen Erfahrungshorizonte und Sozialisationsweisen Hürden im gegenseitigen Umgang mit einander und der jeweiligen Umwelt ab. Gefragt, ob die Nähe zwischen den Familien der Eheleute, die der Zeitzeuge als „da ist der background eigentlich sozusagen fast spiegelgleich" beschreibt, das gemeinsame Leben erleichtere, antwortete der Befragte: „Ich finde schon. Aber wahrscheinlich können Sie auch Gegenbeispiele finden, [...]. Bei uns ist halt vieles selbstverständlich."[1015]

Nach wie vor mussten allerdings vor allem Frauen mit erheblichen Verlusten an sozialem und kulturellem Kapital rechnen, wenn sie einen Bürgerlichen ehelichten, „rausheirateten",[1016] was, wie bereits Eckart Conze für die erste Hälfte des 20. Jahrhunderts beobachtet hat, einen „sozialen Abstieg indizierte", der bereits am Namen ablesbar war.[1017] Zwar bot sich seit der Namensreform der 1970er Jahre eine Möglichkeit, dass Ehemänner nun den Namen ihrer Frau annahmen, dies wurde jedoch ein Tabu: „[...] dass man den Frauennamen nimmt, nur weil er adlig ist, also das ist – it's not done. Das ist ganz schlecht. Das sollte man nicht tun."[1018]

Heiraten der Töchter mit Bürgerlichen waren spätestens in den 1960er Jahren bei weitem kein Skandal mehr. Kulturelle Gemeinsamkeiten mit den Eltern der Erwählten ihrer Kinder halfen allerdings erheblich dabei, solche „ungleichen" Verbindungen in den Augen der Familie aufzuwerten. Genauso half, wenn die Familie des zukünftigen Partners – und zunehmend auch einer Partnerin – selbst eine traditionsreiche bürgerliche Familie war. Diese gewandelte Form der Ebenbürtigkeit, beruhend auf einer Traditionslinie, ist dabei bis heute keineswegs selbstverständlich. Sie muss als Figur stets neu bekräftigt, ja in einigen Fällen geradezu herbeigeschrieben werden. Einem Mitautor der jüngsten Ausgabe der Zedlitz'schen Familiengeschichte etwa scheint es wichtig gewesen zu sein, den Vorfahren seitens seiner „liebe[n] Frau", „die ihrerseits ebenfalls auf eine alte Vorfahrengeneration zurückblicken kann", einen eigenen Abschnitt zu widmen.[1019]

1013 Küster, U. 2013: 00:31:55-4 – 00:32:57-6.
1014 Henckel-Donnersmarck, A. 2013: 00:42:39-8 – 00:44:26-1.
1015 Henckel-Donnersmarck, A. 2013: 00:47:29-3 – 00:49:33-4.
1016 Dammermann, E. 2011: 01:23:21-9 – 01:23:58-5.
1017 Conze 2000, S. 331.
1018 Dammermann, E. 2011: 01:23:21-9 – 01:23:58-5.
1019 Zedlitz und Neukirch 1997a, S. 134f.

Für bürgerliche Partner – und hier war lange Zeit ohnehin nur an die in eine adelige Familie einheiratenden Frauen zu denken – blieb dennoch eine gewisse Schwelle
bestehen, die es zu überwinden galt, um in der weiteren Familie vollständig akzeptiert zu werden. Eine Zeitzeugin erinnert sich etwa, dass ihr die Familie „neugierig,
interessiert" begegnet sei.

> „Und dann haben sie festgestellt: ,Och, die ist ja ganz nett und patent.' Haben sie mir
> auch gesagt. ,Die stellt was auf die Beine. So eine brauchen wir jetzt.' [Lachen] Weil alle
> anfangen mussten, wieder von vorne. Und da waren sie dann begeistert. [...] Und die wa-
> ren alle sehr nett. Ja, doch. Weil s' gesehen haben, dass ich ihnen entgegenkomme."[1020]

Dieses „Entgegenkommen" verweist auf einen bewusst vollzogenen Akt der Integration und Identifikation mit der Familie, in die „man einheiratet". Praktiken der
Integration reichten von einfachen Einladungen von Verwandten über die Anteilnahme an den Gesprächsgegenständen der Familie bis hin zur Übernahme adeliger Konzepte wie etwa des generationenübergreifenden Familienverständnisses. Die
Zeitzeugin erinnert sich etwa an einen Fall, in dem eine Verwandte der Fürsorge-
norm für die Verstorbenen der Familie nicht nachgekommen war und nun mehreren Gräbern die Auflassung drohte.

> „Da sind Mordsnachzahlungen [fällig geworden], die hat die Liegegebühr und die lau-
> fenden Kosten wie Pflege und Reparatur nicht bezahlt. Dann habe ich gefragt: ,Wie viele
> Gräber sind denn das?' – ,Ja, es sind zwei Doppelgräber.' Und da sagte mein Mann: ,Ja,
> wer liegt da drin?' Und da kam dann raus: die Eltern, der Onkel und noch eine Tante.
> Und da hat mein Mann gesagt: ,Das geht nicht, wir können das nicht auflassen, das muss
> sofort gezahlt werden.' Und das haben wir gemacht. Und *da* [betont] haben die gesehen:
> Aha! Die stemmt sich nicht gegen die Familie, sondern die schaut, dass da der Familien-
> zusammenhalt wieder einigermaßen funktioniert."[1021]

Vielfach adaptierten Frauen – insbesondere in den Jahren bis zum Zweiten Weltkrieg – intensiv Teile des adeligen Habitus.

> „Komischerweise sind die Frauen, die bürgerlich sind – die verteidigen dann – und sind
> mehr adlig wie die, die immer schon adlig waren. Die haben dann in die Wiege gekriegt:
> ,Ja, das brauche ich nicht.' Und meine Mutter war adliger denn adlig. Sie hat den [Adel]
> verteidigt, obwohl sie ja gar nicht adlig geboren war."[1022]

Darüber hinaus wurden auch gemeinsame Bezugspunkte in Glaube oder Ausbildung oder der Tätigkeit der Eltern, letztlich die Herkunft aus einem ähnlichen Milieu, zu besonderen Trägern innerfamiliärer Integration.

> „Und dann bin ich ein halbes Jahr später mit ihm dann hier in Karlsruhe aufgetaucht.
> Und da war er natürlich ganz toll, weil sein Vater kommt aus Misdroy und mein Vater
> war in Misdroy im Internat. Die sind sich aber nie begegnet. Der eine hat da gelebt, der
> andere war praktisch nur an der Schule." (Benigna von Bergmann Korn)

1020 Seherr-Thoß, Th. 2011: 01:19:51-3 – 01:20:30-2.
1021 Seherr-Thoß, Th. 2011: 01:20:33-8 – 01:21:45-5.
1022 Kulmiz, I. 2011: 01:38:23-4 – 01:39:39-8.

„Und mein Vater ist dann zur Reichswehr und zur Marine gegangen, als ihr Vater nach Misdroy kam." (Jürgen von Bergmann-Korn)

„Ja, aber es war ja eine Basis." (Benigna von Bergmann-Korn)

„Sie hatten ja gemeinsame Schulfreunde." (Jürgen von Bergmann-Korn)

„Ja, gemeinsame Schulfreunde hatten sie und einen gemeinsamen Lehrer. Nicht, den hatten sie auch? Aber das war natürlich gleich eine Basis da, wo mein Vater mit ihm einen Punkt hatte, wo sie sich dann unterhalten konnten, und da war das ganz schnell ganz locker und dann hat sich das –" (Benigna von Bergmann-Korn)

„Ich wollte mal kurz richtigstellen: Ihr Vater war in Misdroy in einem Internat. [...] Und ich, ja, ich war in Eckernförde im Johanniter-Internat, und der Internatsleiter, der damals, als mein Schwiegervater nach Misdroy kam, in dem Internat anfing als Internatsleiter, den hatte ich dann auf dem Johanniter-Internat in Hemmelmark [bei Eckernförde, S. D.] in seiner letzten Phase sozusagen, und da hatte mein Schwiegervater natürlich auch eine gewisse Basis. Das war dann gut, wenn er da war, dann –" (Jürgen von Bergmann-Korn)[1023]

Anfang der 1970er Jahre einfach „einen Freund" zu einer Familienfeier mitzubringen war allerdings noch immer eine mehr als gewagte Tat.

„Ja, meine [besonders konservative, S. D.] Großmutter lebte ja noch und die fand das nicht gut, und dann stand das – war das das erste Familienfest? [– an.] Da waren wir noch nicht verheiratet. Und auf Familienfeste durfte man nur verheirateterweise kommen. Inzwischen jetzt ist es locker, aber damals war es ganz streng. Und wir waren auf einer Tour, wir haben einen Urlaub gemacht und sind da vorbeigekommen, und ich wollte auf das Familienfest und wollte ihn mitbringen, und das wurde erst mal nicht gestattet."[1024]

Das Dazustoßen des unerwarteten Gasts setzte einen differenzierten Aushandlungsprozess in Gang, in den der Vater, das Familienoberhaupt der Butler'schen Familie, die Heldritt als Haus für die Familienfeier zur Verfügung gestellt hatte, die Großmutter väterlicherseits, aber auch ihre Schwägerin als damalige Seniorin der Familie eingebunden waren.

„Das war so, dein Vater hat gesagt, das ist okay." (Jürgen von Bergmann-Korn)

„Ja, der hat gesagt, das ist okay." (Benigna von Bergmann-Korn)

„Deine Großmutter hat gesagt: ,Das kommt gar nicht in die Tüte, die sind nicht verheiratet.' So, und dann kamen wir in Heldritt an, und dann war da der Peter von Butler." (Jürgen von Bergmann-Korn)

„Mein Patenonkel." (Benigna von Bergmann-Korn)

„Mit dem wir uns dann unterhalten hatten, der hat mich dann so ein bisschen interviewt und hat gesagt: ,Das kriegen wir schon hin', und sind zu seiner Mutter gegangen, der Tante Hansel." (Jürgen von Bergmann-Korn)

„Meiner Lieblingsgroßtante." (Benigna von Bergmann-Korn)

„Tante Hansel war zu dem Zeitpunkt die Älteste, das heißt also das Familienoberhaupt. Die hat mich dann auch so ein bisschen interviewt. Hat gesagt: ,Junger Mann, was studieren Sie denn?' Gut, da war ich ja schon über dreißig. Und sie hat dann mit ihrem Sohn Peter gesagt: ,Das ist klar, die beiden sind zusammen.' ,Seid ihr denn verlobt?' – ,Nein, sind wir nicht.' ,Gut', hat sie gesagt, ,ab heute seid ihr verlobt! Aber', hat sie zu mir gesagt, ,du musst mir versprechen, dass du die Nina, oder Benigna, dann auch heiratest." (Jürgen von Bergmann-Korn)

1023 Bergmann-Korn, B. 2012: 00:54:21-8 – 00:56:06-8.
1024 Bergmann-Korn, B. 2012: 01:21: 05-4 – 01:21:48-7.

„Nina ist meine Kurzform, so werde ich immer genannt." (Benigna von Bergmann-Korn)
„So, das musste ich ihr versprechen. Das hab' ich dann auch eingehalten." (Jürgen von Bergmann-Korn)
„Ja, ja, aber das war herrlich." (Benigna von Bergmann-Korn)
„Da war ich dann da, und es gab ja in der Familie, die ja teilweise ziemlich konservativ – ."
(Jürgen von Bergmann-Korn)
„Nicht nur ziemlich, sehr sogar, sehr." (Benigna von Bergmann-Korn)
„Dann gab es da schon Animositäten." (Jürgen von Bergmann-Korn)[1025]

Der Rahmen institutionalisierter Normen konnte also – und, wie das Beispiel zeigt, durchaus dynamisch – neu ausgehandelt und veränderten Erfordernissen angepasst werden.

Heute sind es die Schwiegersöhne, auch wenn sie den Namen der Ehefrau nicht übernehmen, die in vielen Fällen vor einer Integrationsleistung stehen. „Also es ist nicht nur der Adel. Es passt auch schon bürgerlich rein."[1026] Dem hier genannten Schwiegersohn kam dabei wohl nicht unwesentlich zugute, dass er ein Schloss in die Familie mitbrachte.

Während einerseits die alten Standesgrenzen zunehmend zu verwischen begannen, brachen vielleicht gerade durch die Anpassung eines Teils des schlesischen Adels an die bürgerliche Mitte der bundesdeutschen Gesellschaft neue Konflikte auf. Insbesondere die Beziehung zu jenen Geschlechtern des Westens, die über einen großen Reichtum an symbolischem, ökonomischem und sozialem Kapital verfügten, gestalteten sich nun vielfach problematisch: „Wie gut das [mit der Suche einiger nach einem „adeligen Fräulein", S. D.] klappt und ob es passt, das ist eine andere Frage. Soweit ich inzwischen gelernt habe, gibt es ein absolutes Gefälle zwischen dem wohlhabenden westdeutschen, alteingesessenen Adel, der durch Krieg kaum gelitten hat, und dem völlig enterbten und verarmten ostdeutschen Adel."[1027]

Neben der Frage, wer einen angemessenen Partner für ein Familienmitglied darstellte, war die Frage der Auflösung einer Ehe lange Zeit nicht unerheblichem Druck durch die weitere Familie und natürlich besonders die Eltern ausgesetzt. Auch hier vollzieht sich im Laufe der 1970er Jahre ein Wandel. Ein Zeitzeuge berichtet etwa über die Scheidung seiner Eltern 1978:

„Das war [seinerzeit] eine Situation, die unüblich war, man tat das nicht und das war schon eine besondere Situation. [...] Aber es kam dann häufiger vor [dass sich Ehen aufgelöst haben], und inzwischen ist das eigentlich – wie es in der Gesellschaft halt so ist. Ja, gut, nicht unbedingt alle zwei Jahre, aber es kommt öfter vor, und niemand kräht danach."[1028]

Ein Zeitzeuge aus der „Generation 1.5" fand dagegen bereits das Verständnis seiner Eltern und weitgehend auch seiner Umgebung, als er sich scheiden ließ und alleinerziehender Vater wurde. „Da sind meine Eltern sehr gut damit umgegangen. Sie

---

1025 Bergmann-Korn, B. 2012: 01:21:48-7 – 01:23:20-8.
1026 Kulmiz, I. 2011: 01:40:12-3 – 01:40:37-4.
1027 Websky, M. 2013: 01:27:53-9 – 01:33:24-6.
1028 Stillfried und Rattonitz, I. 2012: 02:40:03-8 – 02:40:36-0 u. 02:39:36-3 – 02:39:55-2.

haben es nicht thematisiert, aber sie hatten wahrscheinlich gespürt, dass der Konflikt länger angelegt war. Sie haben dann sehr versucht, mich und meine Tochter in organisatorischen Dingen zu unterstützen."[1029] Dass die Familie evangelisch war, dürfte neben dem späteren Zeitpunkt sehr dazu beigetragen haben, denn auch gesamtgesellschaftlich war ein alleinerziehender Vater zu diesem Zeitpunkt noch ein Novum.

8.4.2 Familien- und Eigennamen

Der Familienname war relativ lange Zeit ein vergleichsweise eindeutiges Merkmal, um die Zugehörigkeit einer Person oder Familie zum Adel festzustellen. Er war ein zentraler Bestandteil des „Sich-Erkennens und -Wiedererkennens", wie Pierre Bourdieu es formuliert hat.[1030] Bedrohungen für die Qualität des adeligen Namens gingen lange eigentlich nur von Betrügern aus, die den Namen eines Geschlechts dem sie nicht angehörten, missbrauchten, sowie von Namensgleichheiten mit bürgerlichen Geschlechtern, die eine Uneindeutigkeit schufen, und schließlich noch davon, dass Angehörige eines adeligen Geschlechts in massiver Weise gegen die sozialen Normen der Statusgruppe verstoßen hatten.

Die Praktiken, die es ermöglichten, hier eine Eindeutigkeit herzustellen, sind zum großen Teil unter den kleinräumigen Bedingungen des *Ancien Régime* entstanden und mussten bereits im 18. und 19. Jahrhundert der erwachsenden Moderne angepasst werden. In dieser Phase war es der entstehende Verwaltungsstaat, der z. B. in der Form von Adelsmatrikeln die Kontrolle über den Zugang zu und Statusveränderungen innerhalb der sozialen Gruppe übernommen hatte. Das Ende des Adels als rechtliches Institut und der Monarchie als den Wandel legitimierender Autorität hat den Adel, wenn es um die Bewahrung von traditionell verstandener Identität geht, auf sich selbst verwiesen. Nach dem Zweiten Weltkrieg wurden landsmannschaftlich-konfessionelle und familiäre Verbände und ein deutscher Adelsrechtsausschuss wiedergegründet, die an frühere Formen der gruppenspezifischen Selbstorganisation anknüpften.

Andere Sozialtechniken wie die Führung genealogischer Handbücher haben nach dem Ende der Monarchie eher noch an Bedeutung gewonnen, geben sie doch nicht alleine Auskunft über die Anciennität und Titulaturen einzelner Linien, Häuser und Familien, ihre konfessionelle Zugehörigkeit, sondern auch über die anerkannten Träger des Namens. Die gemeinsamen Wurzeln von Matrikeln und Handbüchern lagen dabei im ursprünglichen Herrschaftswissen, das nun durch das Handbuch breiter und individueller zugänglich wurde und der Gruppe damit eine Form des *self-policing* hinsichtlich der Gruppenzugehörigkeit erlaubte. Gerade die seit 1951 erscheinenden *Genealogischen Handbücher des Adels* haben in Nachfolge der *Gothaischen Hofkalender* eine zentrale Stelle im Selbstverständnis der Gruppe nach 1945 eingenommen.

Das bedeutet nun nicht, dass es nicht viele andere Bereiche gibt, in denen Men-

---

1029 Mutius, H. R. 2012: 01:08:46-7 – 01:09:17-4.
1030 Bourdieu 2007, S. 391. Vgl. oben Teil I, Kap. 2. Auch Mension-Rigau 1998, S. 226, geht davon aus, dass „adelig zu sein" heutzutage zuallererst bedeute, „einen Namen zu tragen".

schen aus adeligen Familien sich und ihre Herkunft gegenseitig erkennen können –
etwa Ordenszugehörigkeiten oder die Mitgliedschaft in Adelsvereinigungen und die
entsprechenden Mitgliederlisten –, aber in seinem lexikalischen Charakter und seinem hierarchisierenden Anspruch dürfte das *Handbuch* heute universal sein.

Diese bestehenden Instrumente mussten sich dabei konstant an eine sich ver-
ändernde Gesellschaft anpassen. Neben der schon etwas länger bestehenden Möglichkeit, adelige (oder adelig klingende) Namen als Künstlernamen anzuwenden,
war eine einschneidende Änderung das bundesdeutsche Erste Eherechtsreformgesetz von
1976,[1031] mit dem das Namensrecht dahingehend novelliert worden war, dass Ehemänner nun den Namen der Frau annehmen konnten. Das Genealogische Handbuch des Adels reagierte auf diese Herausforderung beispielsweise durch die Einführung einer Sektion „Namensträger, die nicht dem Adel angehören" am Ende des
Eintrags zum jeweiligen Geschlecht.

Ein Namenswechsel des Mannes war dabei lange Zeit eine Normverletzung, die
von beiden Seiten zumindest skeptisch beäugt, schlimmstenfalls aber sanktioniert
wurde, wie eine Zeitzeugin beobachtet.

> „Man würde von beiden Seiten ein bisschen komisch [angeguckt]. Also, ich habe jemand
> im Blick, der das gemacht hat. Seine nicht adligen Freunde sagen: ‚Bist du verrückt?' Und
> eine volle Akzeptanz auf der adligen Seite gibt's auch nicht. Also man sollte es nicht tun.
> Es ist altmodisch und so, aber es ist einfach so, bisher."[1032]

Die Motive seitens der Frauen, sich dennoch für eine Übertragung des Familienna-
mens auf den Mann zu entscheiden, waren vielfältig:

> „Ich hab' nur immer gedacht, was mache ich jetzt, wenn ich einen ‚Müller' heirate, mit
> meinem Vornamen, der ist ja so außergewöhnlich und das wollte ich nicht unbedingt.
> Und ich wollte auch deshalb nicht heiraten, weil ich eben den Namen nicht aufgeben
> wollte. Ich fand den eben so wohlklingend, und ich brauchte das für meinen Job. Und das
> hab' ich ihm auch erzählt und da hab' ich dann gesagt: ‚Also, ich möchte eigentlich nicht
> heiraten.' Und dann hat er gesagt: ‚Dann machen wir es doch umgekehrt.'"[1033]

Dass sich ein Paar für diese Lösung entschied, bedeutet aber bei weitem nicht, dass
diese Praxis damit innerhalb der Familien auch akzeptiert war. Besonders in der Anfangszeit wurden sowohl der Normverletzer als auch die Frau, die die Normverletzung überhaupt erst möglich gemacht hatte, deshalb häufig geschnitten.

> „Dann gab es da schon Animositäten. Und als dann nachher mit dem Namen das noch
> kam, war das schon oft so, dass ich beim Familienfest dann schon mal die Fäuste ballen
> musste, aber ich sagte: ‚Da geh ich durch, und wer nichts mit mir zu tun haben will –'"
> (Jürgen von Bergmann-Korn)
> „Er hat sich durchgebissen und hat's geschafft und heute ist er der Liebling aller ..." (Be-
> nigna von Bergmann-Korn)
> „Nein, nicht aller." (Jürgen von Bergmann-Korn)

1031 Limbach 1988, S. 15.
1032 Dammermann, E. 2011: 01:24:11-2 – 01:25:38-2.
1033 Bergmann-Korn, B. 2012: 01:18:35-1 – 01:20:13-4.

„Und mein Schwager, von meiner Schwester der Mann, der hat eben gekniffen. Der war einmal da, und da ist das nicht so gut gelaufen, wie er sich das gedacht hat, und da sind die nie wieder aufgetaucht. Das ist schade, weil die zwei große Kinder haben, und die wären gut aufgehoben da bei den Festen. Aber, kann man nichts machen." (Benigna von Bergmann-Korn)

„Sich durchbeißen bedeutet was? Man wird geschnitten, oder?" (S. D.)

„Man wird teilweise geschnitten und man kennt ja mit der Zeit die Leute, die dann immer wieder auf einen zukommen: ‚Wie heißt du denn?‘ Nach dem vierten Familienfest ist das dann schon ein bisschen albern, und dann weiß man schon und dann gut und dann sagt ..." (Jürgen von Bergmann-Korn)

„Aber nicht nur ihn. Mich haben sie dann auch geschnitten." (Benigna von Bergmann-Korn)

„Ja, ja, das gehört ja dazu, das ist ja – das war beidseitig. Du bist ja auch diejenige, die ja sozusagen ihren Namen abgibt sozusagen, ist ja dann auch das schwarze Schaf." (Jürgen von Bergmann-Korn)

„Aber mein Vater hatte ja sein Okay gegeben, das war ja dann in Ordnung." (Benigna von Bergmann-Korn)

„Ihm war das wichtiger, dass ..." (Jürgen von Bergmann-Korn)

„... er einen netten Schwiegersohn hatte, das war ihm wichtiger." (Benigna von Bergmann-Korn)[1034]

Auch hinsichtlich der Personennamen fand spätestens seit den 1960er Jahren in wachsendem Maß ein Angleichen an ein kontemporäres Namensverständnis in der Gesellschaft statt. Namenstraditionen waren und sind ein Teil des Sich-Wiedererkennens sowohl in den langen Vornamensketten, die in einigen Fällen komplexe Patronatsnamen aufnehmen, als auch in charakteristischen Abbreviaturen, mit denen die Angehörigen einer Linie oder einer Gesamtfamilie identifiziert werden können.

„Ach, diese Seherrs, die haben alle solche Namen gehabt. Moo, Schwoo, Dodel, Zinzi, Boysy – das waren die beiden Amerikaner. Boysy heißt Bübchen. Und das blieb ihnen, bis sie gestorben sind. Und da war mal in Berlin auch so ein Granden-Empfang, lauter Adlige. Da war der Hänschen dort, und wer hat gesagt: ‚Und wer bist du?‘ Und da hat er gesagt: ‚Ich bin der Moo Seherr-Thoß.‘ Und da hat der andere gesagt: ‚Ach, ihr mit euren Namen, Moo, Schwoo, und so weiter. Da findet man sich überhaupt nicht durch.‘ [Lachen]"[1035]

In einer zunehmend verbürgerlichten Gesellschaft waren lange Ketten von Vornamen, die adelige Familien zuvor gepflegt hatten, nun nur noch ein sperriges Gepäck.

„Mein Vater hat fünf Vornamen, ganz lange Vornamen, und dann noch der lange Nachname dazu, das passte also in kein amtliches Dokument hinein. Sie wollten einfach nur, wenn man den Nachnamen schon nicht ändern kann, eigentlich einen kurzen, knackigen Vornamen, und deswegen habe ich auch nur einen einzigen, vierbuchstabigen Vornamen. Einfach als, sagen wir mal, Schadensbegrenzung."[1036]

Während die Rolle des Vornamens als Verweis auf bedeutende oder geschätzte Vorfahren oder auf Namenspatrone in einigen Kernfamilien verloren ging, wurde er zuneh-

1034 Bergmann-Korn, B. 2012: 01:23:04-9 – 01:24:26-8.
1035 Seherr-Thoß, Th. 2011: 00:51:27-1 – 00:52:21-7.
1036 Stillfried und Rattonitz, I. 2012: 00:29:24-4 – 00:30:24-1.

mend ein Ausdruck von Individualität und sollte zudem in der Begegnung mit anderen Menschen einen harmonischen klanglichen Eindruck hinterlassen. „Meine Kinder haben alle zwei Vornamen, aber nach dem Motto: welcher Vorname passt eigentlich zu dem Nachnamen. Wir haben uns da nicht an den Mainstream gehalten".[1037]

8.4.3 Konfessionalität: „Der Dreißigjährige Krieg ist beendet"

„Aber es war schon in Schlesien ein Unterschied zwischen dem evangelischen und katholischen Adel. Man kannte sich wohl, man achtete sich, man besuchte sich auch, aber man wollte möglichst nicht die Gefahr eingehen, dass man noch heiratet miteinander."[1038]

„Es war hier alles evangelisch. Niederschlesien war evangelisch und Oberschlesien war katholisch. Das war damals eben ein sehr großes Problem. Die evangelischen Niederschlesier wohnten im Breslau im Hotel Monopol und die katholischen Oberschlesier im Savoy-Favorit und wehe man ging in ein anderes Hotel. Man verkehrte nicht miteinander – wenn man sich einmal traf, das war okay – aber man verkehrte nicht miteinander, man heiratete nicht untereinander – und wenn, o Gott, dann war es ein großes Problem."[1039]

„Zum Beispiel in Breslau verkehrte man eben eigentlich privat nur mit protestantischen Familien. Breslau war absolut geteilt, es gab die katholische Seite, Bischofssitz, Kardinal, das war aber letzten Endes die alte Donau-Monarchie, die da noch fortwirkte. Dann gab es das Preußische, das Protestantische."[1040]

Mit der Entstehung der Bundesrepublik entstand erstmals in der deutschen Geschichte ein Staat, in dem sich Katholiken und Protestanten zahlenmäßig ausgeglichen gegenüberstanden. Mehr noch: Durch den Zustrom von Millionen von Flüchtlingen fand schon direkt nach 1945 ein Aufbrechen der konfessionellen Prägung der Regionen in Deutschland statt,[1041] in dessen Folge die konfessionelle Mobilität schließlich auf 50 Prozent anstieg.[1042] Von der allgemeinen Auflösung der festgefügten konfessionellen Milieus in der zweiten Hälfte des 20. Jahrhunderts[1043] blieb natürlich auch der Adel nicht unberührt. Flucht und Vertreibung beschleunigten diese Auflösungserscheinungen jedoch erheblich, weil der Einschnitt von 1945 Menschen verschiedener Konfession in einen gemeinsamen sozialen Zusammenhang brachte und so „Religionszugehörigkeit als relevantes Merkmal für die Partnerwahl weniger bedeutsam" wurde.[1044] Der Adel war hier dennoch – so

---

1037 Ebd.

1038 Zedlitz und Neukirch, S. 2012: 02:52:51.4 – 02:53:49.8.

1039 Melitta Sallai im Interview mit Andrzej Klamt 2013. In der Filmfassung: Gloria & Exodus 2014: 00:05:50–00:06:27.

1040 Eichborn, J. 2012: 00:49:22-4 – 00:54:28-6.

1041 Wehler 2009, S. 204f.

1042 Hirschfeld 2002, S. 320.

1043 Einen Überblick zum derzeitigen Forschungsstand zur These von der Auflösung der konfessionellen Milieus in der Bundesrepublik gibt: Kösters/Kullmann/Liedhegener/Tischner 2009, S. 486f., 501–506.

1044 Hendrickx/Schreuder/Ultee 1994, S. 619.

zumindest die Selbstwahrnehmung – stärker traditionsverhaftet als andere Teile der Bevölkerung:

> „In der Generation meiner Eltern, würde ich sagen, ist das im Wesentlichen noch so geblieben. Meine Eltern haben Ende der 50er Jahre geheiratet, das hat sich dann erst so in den 70er Jahren aufgeweicht, dass es dann auch mehr interkonfessionelle Ehen gab."[1045]

> „Sagen wir so: Wenn ich eine Katholische geheiratet hätte, hätte es zu Hause wahrscheinlich mehr Diskussionen gegeben. Denn ich erinnere mich noch an Heidelberg, dass da der Konflikt zwischen den Konfessionen, der unausgesprochene Konflikt, deutlich war. Also, ich höre heute noch, dass irgendeine Mutter ihrem Sohn in der Straße oder im Bus sagt: ‚Red doch nicht so katholisch!' Also, red doch nicht so falsch oder schlecht. [...] Gut, meine Eltern hätten es hingenommen, wenn ich anders geheiratet hätte. Aber spätestens die Frage: Wie werden die Kinder erzogen, wäre wahrscheinlich Thema gewesen. Obwohl ja unsere Familie historisch gesehen ursprünglich katholisch war und dann später evangelisch wurde".[1046]

Von der Hochzeit von Sieghard Prinz von Schoenaich-Carolath mit Marie Gräfin von Mensdorff-Pouilly 1955 berichtet etwa Eleonore Prinzessin von Schoenaich-Carolath:

> „Bei meinen Eltern hat das Kennenlernen sicherlich etwas mit Flucht und Vertreibung und Neumischung zu tun gehabt, weil sie nach dem Krieg eben bei einer verwandten Familie im Westen gelandet sind und sich dort – ich finde das immer sehr romantisch – sozusagen als Kindermädchen und Stallknecht [Lachen] kennen und lieben gelernt haben. [...] Wenn mein Vater der Tradition gefolgt wäre und den insistierenden Ratschlägen seiner Familie, wäre die Ehe sicher nicht zustande gekommen. Erstaunlicherweise war die katholische Familie meiner Mutter in dieser Frage viel toleranter".[1047]

In den 1950er und 1960er Jahren waren solche Verbindungen jedoch noch alles andere als unproblematisch: Zwar „gab's [die] natürlich auch früher [vor den 1970er Jahren, S. D.]. Aber das war immer mit einem Aufruhr innerhalb der Familie verbunden, wenn so was stattgefunden hat"[1048] – gerade angesichts der tief verankerten konfessionellen Kulturen des schlesischen Adels. Im Fall der Familie von Schoenaich hängt dies sicher auch mit der besonderen Identität der evangelischen Schlesier zusammen, die den Übergang Schlesiens an Preußen bis weit ins 20. Jahrhundert hinein als Befreiung einer unterdrückten Minderheit memorieren.

> „Das kommt bei uns daher, weil unsere Familie evangelisch ist, seit 1540 ungefähr, und für die Religion sehr, sehr viel gelitten hat. Die ganzen Enteignungen waren alle religionsbedingt, mit den Jesuiten gestritten. Schlesien war geteilt. Oberschlesien war ziemlich rein katholisch, Niederschlesien war trotz Habsburgrepression überwiegend evangelisch, die Adeligen ja sowieso und haben sehr unter dem Habsburger Druck gelitten."[1049]

Eine Haltung, dass man „die Opfer der Vorfahren [...] nicht vergessen" dürfe, erschwerte die Kontakte außerhalb der eigenen Konfessionsgruppe, selbst wenn man,

---

1045 Ballestrem, N. 2010a: 00:34:31-9 – 00:35:55-4.
1046 Mutius, H. R. 2012: 00:51:29-9 – 00:52:45-1.
1047 Schoenaich-Carolath, E. 2013: 00:12:15-7 – 00:13:53-3.
1048 Ballestrem, N. 2010a: 00:34:31-9 – 00:35:55-4.
1049 Schoenaich-Carolath, G. 2011: 01:20:57-1 – 01:23:05-8.

wie die Familie von Georg Prinz von Schoenaich-Carolath, dessen spätere Ehefrau seit ihrem zehnten Lebensjahr kannte.[1050] Die Akzeptanz abweichender Glaubensgrundsätze stieg im Laufe der 1970er und 1980er Jahre stark an, sodass selbst in Familien die traditionell ihre Identität in hohem Maße aus der konfessionellen Bindung zogen, konfessionsübergreifende Ehen gebilligt wurden, wenn sie nur adelig blieben.

„Meine Mutter hat das lässiger gesehen. Und dann hat meine Schwester vor mir einen Katholiken geheiratet. Es ist so gewesen, dass in der Zwischengeneration vor mir ein Vetter eine Katholikin geheiratet hat, und darauf hat sein Vater gesagt: ‚Ich will dich nicht mehr sehen! Verschwind, du bist enterbt!' Es gab gar nicht mehr so viel zu vererben. Die haben sich auch nicht mehr gesehen, zwanzig Jahre lang, bis er gestorben ist, und meine Schwester ist bei den Großtanten auch sehr verfemt gewesen."[1051]

„Meine Frau ist katholisch, ich bin evangelisch, aber es ist der gleiche Gott. [...] Konfession hatte eigentlich keine Bedeutung [für meine Eltern]. [...] Aber ich denke – meine Eltern waren christlich eingestellt. Es ging eigentlich darum, ein Leben im christlichen Sinne zu führen, also schon nicht so auf sich bezogen, egozentrisch, sondern schon auch ein Auge für den Nachbarn zu haben."[1052]

„Sie [meine Frau] ist selber evangelisch geworden, als wir schon eine Zeit lang hier wohnten. Wir haben katholisch geheiratet, aber die Kinder sind alle evangelisch aufgewachsen."[1053]

„Wenn ich jetzt Kinder hätte, wäre es mir lieber, die heiraten evangelisch, aber wenn sie katholisch heiraten, würde ich nicht mit der Wimper zucken. Wenn es nur ordentliche Leute sind".[1054]

Und obwohl also bis in unsere Tage durchaus Wunschvorstellungen von der Konfession der Partner existieren, galt für die Mehrheit des schlesischen Adels nach der Jahrhundertmitte: „Der Dreißigjährige Krieg ist beendet. Man kann es bei allen Familien sehen, in den 60er Jahren."[1055]

In einer Gesellschaft, die alte lebensweltliche Zwänge abbaute und zunehmend individuelle Lebensentwürfe ermöglichte, wurden nicht nur gemischtkonfessionelle Ehen, sondern auch Konfessionswechsel zu einer Privatsache. Konversionen aber blieben, wie Michael Hirschfeld herausstellt, bei aller Durchmischung der konfessionellen Milieus die Ausnahme.[1056] War die Entscheidung für einen Konfessions-

---

1050 Schoenaich-Carolath, G. 2011: 01:23:12-2 – 01:24:11-9 u. 01:20:57-1 – 01:23:05-8.
1051 Schoenaich-Carolath, G. 2011: 01:20:57-1 – 01:23:05-8.
1052 Stillfried und Rattonitz, I. 2012: 01:05:52-2 – 01:06:00-0 u. 01:06:08-5 – 01:07:09-5.
1053 Eichborn, J. 2012: 03:26:47-4 – 03:26:57-7.
1054 Schoenaich-Carolath, G. 2011: 01:23:12-2 – 01:24:11-9. Der letzte Teil des Satzes ist eine Stilisierung, die auf eine Glossierung Friedrichs II. zum Immediatbericht des General-Direktoriums vom 15. Juni 1740 anspielt, die gerne als Beleg für die religiöse Toleranz Preußens herangezogen wird. („alle Religionen Seindt gleich und guht wan nuhr die leüte so sie profesiren Erliche leüte seindt, und wen Türken und Heiden kähmen und wolten das Land Pöpliren, so wollen wier sie Mosqueen und Kirchen bauen.") Max Lehmann: Preussen und die katholische Kirche seit 1640. Nach den Acten des Geheimen Staatsarchives. 2. Theil: 1740–1747. Leipzig: Hirzel, 1881, S. 3.
1055 Schoenaich-Carolath, G. 2011: 01:23:12-2 – 01:24:11-9.
1056 Hirschfeld 2002, S. 320.

wechsel für Frauen gerade noch akzeptabel, stieß ein solcher Schritt bei Männern in den 1950er und 1960er Jahren in der engeren wie in der Gesamtfamilie häufig auf Ablehnung und trug manchmal sogar in einem Grad zur Entfremdung bei, dass Väter die Hochzeit ihrer Söhne nicht besuchten.

> „Also diese ganze konfessionelle Frage hat in der Familie zu schwerwiegenden Auseinandersetzungen geführt. Der protestantische Großvater ist eben nicht zur Hochzeit erschienen, wobei das unter Umständen auch nicht alleine der Konfession geschuldet war, sondern einfach auch an der familiären Struktur lag. Mein Großvater ließ sich von seiner zweiten Frau scheiden und mein Vater wollte sehr gerne, dass seine Stiefmutter zur Hochzeit kommt. Das war sehr schwierig für meinen und wiederum seinen Vater und das hat natürlich Auswirkungen gehabt auf die Familie und auch auf seine Einstellung zur Familie und zur Konfession."[1057]

Die besondere familiäre Dramatik der Hochzeit von Sieghard Prinz von Schoenaich-Carolath und Marie Komtesse von Mensdorf-Pouilly 1955 lag dann auch darin, dass damit ein Konfessionswechsel des Mannes verbunden war. Dennoch wurde in der Bundesrepublik Sinnsuche – gerade in Zeiten des Umbruchs und der sozialen Entsicherung – zunehmend zu einer privaten Angelegenheit. So war der Wechsel auch primär in der eigenen Spiritualität begründet: „Ich habe immer den Eindruck gehabt, dass unser Vater eigentlich in der Seele zeit seines Lebens eher katholisch angehaucht war, also mit einer Freude am mystischen Zeremoniell der Kirche und auch, ja auch allem Pomp, der dazu gehört."[1058]

Auch in anderen Familien gab der Umbruch von 1945, der die Flüchtlinge in eine ihnen in ihrer religiösen Praxis fremde Umgebung warf, den Anstoß für eine Konversion, wenn die Sympathien für die jeweils andere Konfession auch weitaus tiefer in die persönlichen Biografien zurückreichten. Für den damals evangelischen Sigismund Freiherrn von Zedlitz begann das Interesse am Katholizismus bereits in der schlesischen Kindheit, die zunächst einmal vor allem vom evangelischen Einfluss der Umgebung geprägt war. „Ich bin zu Hause in einem sehr bewusst evangelischen, lutherischen Klima aufgewachsen. Ich bin gerne in den Kindergottesdienst gegangen in Breslau, vor allen Dingen in die Magdalenenkirche."[1059] In einem Lebensabschnitt, in dem er im Haus des katholischen Michael Graf von Matuschka in Breslau untergebracht wurde, besuchte er zusammen mit seinen Gasteltern auch die Messe. „Vorher habe ich meine Eltern gefragt, ob sie was dagegen haben", erinnert er sich heute, „und sie hatten nichts dagegen. So habe ich da bei den Matuschkas eigentlich die ersten Eindrücke einer katholischen Familie bekommen. Und das gab's hier [auf dem elterlichen Gut Eichholz, S. D.] nicht – die meisten unserer Freunde waren evangelisch, außer meiner Kinderfrau, die Frau Rohrbach, die war auch katholisch."[1060] Die Kinderfrau habe ihn dann „immer in die Corpus-Chris-

---

1057 Schoenaich-Carolath, E. 2013: 00:08:44-9 – 00:10:12-6.

1058 Schoenaich-Carolath, E. 2013: 00:07:07-9 – 00:08:37-1; 00:08:44-9 – 00:10:12-6 („am Ende seines Lebens ist er [der Vater] einfach noch einmal auf die Suche gegangen").

1059 Zedlitz und Neukirch, S. 2012: 01:56:44.8 – 02:03:28.6.

1060 Zedlitz und Neukirch, S. 2012: 00:49:09.6 – 01:02:46.7.

ti-Kirche mitgenommen, hat mir dann mit Weihwasser ein Kreuz auf die Stirn gemacht, und das war so geheimnisvoll, das ewige Lämpchen da vorne, und das roch so schön nach Weihrauch. Ich fand das also sehr aufregend".[1061] Das wachsende Interesse überwand alle Reserve, die der junge Mann in seiner Umgebung gegenüber der katholischen Konfession erlebte: „[...] von dieser Zeit an hatte ich überhaupt keine Berührungsängste mit – ich war immer ganz erstaunt, dass manche: ‚Um Gottes willen, er ist katholisch, und das ist ja ganz schrecklich' [lacht]. Ich fand's also nicht so schrecklich, im Gegenteil, ich fand's eigentlich sehr schön, wie sie das machten, da."[1062]

Die frühen Erfahrungen hätten dann auch, berichtet Sigismund von Zedlitz, „dazu beigetragen, dass ich später konvertiert bin – mit Einverständnis meiner Eltern, die im Jahr später auch konvertierten."[1063] Noch auf der Zwangsmigration nach Westen war er konfirmiert worden, nachdem sich die Familie im April 1945 wieder zusammengefunden hatte; und während eines zweiwöchigen Aufenthalts in Peine hatte er sich mit zwei Pfarrerssöhnen angefreundet, mit denen er den dortigen Gottesdienst besuchte. „Das gefiel mir alles sehr schön, und ich wäre nie auf die Idee gekommen – obwohl ich also die Matuschka-Familie kannte und das also auch sehr schön fand –, aber ich wäre nie auf die Idee gekommen, katholisch zu werden."[1064] Der Auslöser für den Konfessionswechsel war der Umzug nach Württemberg, wo die konfessionelle Kultur so gar nicht mehr mit der erlebten der Heimat zusammenging:

> „da war der Gottesdienst derartig nüchtern, fast ohne Liturgie, ein oder zwei Lieder, dann die Predigt, und das war alles. Dann kam Heiliger Abend '45, da war ich dann schon bei Leutrums oben [auf dem Schloss der Grafen Leutrum von Ertingen, S. D.] untergebracht. Dann wollte ich nun gerne mit meinen Eltern am Heiligen Abend in die Kirche gehen in die dortige sehr schöne alte gotische Dorfkirche, eine Wehrkirche auch mit einer großen Mauer und so. Also, vom Äußeren her sehr anziehend. Und dann hieß es: ‚Ne, am Heiligen Abend ist hier kein Gottesdienst, des hätt' ma noch nie ghet.' [lacht] Und so haben wir uns entschlossen, nachdem wir rauskriegten, dass um Mitternacht der Kaplan aus Ludwigsburg kam und hier dann eine katholische Mitternachtsmesse hielt in der evangelischen Kirche, da haben wir gesagt: ‚Na, dann gehen wir halt dahin.'"[1065]

Entfremdung und eine Wiederankunft prägten so das Verhältnis zur evangelischen und zur katholischen Kirche im Westen:

> „Man hatte sich wohl gefühlt in der evangelischen Kirche in Schlesien und kam nun in ein Land, was so ganz anders den Gottesdienst feierte. Man fühlte sich nicht mehr zu

---

1061 Ebd.
1062 Ebd.
1063 Ebd..
1064 Zedlitz und Neukirch, S. 2012: 01:56:44.8 – 02:03:28.6.
1065 Ebd.

Hause. Im Gegensatz dazu war dann die Mitternachtsmesse – der Kaplan aus Ludwigs-
burg hat sie wirklich sehr schön zelebriert, und das war ein gewisser Ersatz."[1066]

Der Konversionsprozess zog sich noch länger hin und wurde durch ein waches Interesse an theologischen Fragen vorangetrieben. Er habe sich einen Katechismus und
andere Bücher gekauft, berichtet Sigismund von Zedlitz. „Da habe ich mich schon
informiert. Es ist nicht so, dass ich also jetzt mit Weihrauch in der Nase nun über-
geschwenkt wäre. Es hat schon eine gewisse Zeit gebraucht, bis ich dann den Entschluss gefasst habe."[1067] Das von Papst Pius XII. 1950 verkündete Dogma von der
Aufnahme Mariens in den Himmel etwa beschäftigte den jungen Mann derart, dass
er sich, mit dem Religionsunterricht im Ludwigsburger Internat unzufrieden, Informationen vom dortigen Stadtpfarrer besorgte: „[...] der Religionslehrer hat es derartig negativ dargestellt, dass ich mir gesagt habe: ‚So kann's nicht sein, sonst hätten
sie das nicht gemacht.'" In der nächsten Unterrichtsstunde habe er dann versucht,
ein paar Sachen richtigzustellen. „Und der Lehrer: ‚Ach so, ja, ja, ich weiß, Sie haben ja sonst schon immer katholisierende Tendenzen gehabt' und solche Sprüche
[lacht]."[1068] Halb durch Fremdzuschreibung, halb durch Selbstbeschreibung verortete er sich zunehmend näher am katholischen Glauben. „Aber ich wollte damals noch
nicht katholisch werden. Ich habe auch mit meinen Eltern darüber gesprochen, und
dann sagten sie: ‚Komm, mach mal erst dein Abitur, werde mal erst volljährig, und
dann kannst du machen, was du willst.'"[1069] Nach dem Abitur und der Aufnahme einer Lehrstelle im Rheinland ließ sich von Zedlitz dann dort zu Pfingsten 1952 in die
katholische Gemeinde aufnehmen. Seine Eltern zogen in der Zwischenzeit ins Allgäu
um und konvertierten dort ein Jahr nach ihrem Sohn.[1070]

Die Konversion stieß – wie in anderen Familien auch – nicht auf die ungeteilte
Zustimmung der Verwandten.

> „Es gab ziemlich viel Widerstand und Stunk damals noch in der Familie. Das heißt, mei-
> ne direkte Familie nicht, aber mein Schwager da in der Rhön und auch der andere Schwa-
> ger von meiner ältesten Schwester, die waren also gar nicht damit einverstanden. ‚Man
> kann nicht seinen Glauben wie sein Hemd wechseln!' und lauter diese Sprüche, die man
> dann zu hören bekommt. Aber das hat mich nicht gestört. Das heißt, gestört schon, aber
> das waren so ein paar damals noch unerfreuliche Dinge, die da zusammenkamen, und
> heute spielt's keine Rolle mehr."[1071]

Auch in den anderen Familien schwächte sich der Antagonismus der Konfessionen im
Laufe der Zeit ab, was aber nicht unbedingt bedeutet, dass damit die Differenzwahr-
nehmung bedeutungslos geworden wäre.

1066 Zedlitz und Neukirch, S. 2012: 02:03:32.2 – 02:05:03.5.
1067 Ebd.
1068 Zedlitz und Neukirch, S. 2012: 01:56:44.8 – 02:03:28.6.
1069 Ebd.
1070 Ebd.
1071 Zedlitz und Neukirch, S. 2012: 02:03:32.2 – 02:05:23.7.

„Innerhalb meiner direkten Familie ist also eine Schwester mit einem katholischen Mann verheiratet, die andere Schwester mit einem evangelischen Mann. Und es ist Thema und man redet darüber, und man weiß, dass man da auch unterschiedliche Ansichten hat. Aber es ist nicht mehr ein prinzipielles Hindernis miteinander umzugehen, was es ja zu anderen Zeiten durchaus war."[1072]

„Es ist schon so, dass man innerhalb der Familie, als der katholische Zweig, so ein biss-chen abgesnobbed wurde [lacht]. Auf der anderen Seite, muss man sagen, haben wir das auch zurückgegeben. Wir sind einfach gerne katholisch, wir sind auch gerne der katholi-sche Zweig und wir sehen mit einer gewissen amüsierten Genugtuung, dass viele meiner Onkels katholisch geheiratet haben".[1073]

8.4.4 Politische Einstellungen

Ähnlich wie die konfessionelle Bindung mit dem Zusammenbruch der Lebenswelt im Osten aufbrach, so haben sich in den ersten Jahrzehnten die politischen Bindun-gen gelockert, die einen Großteil der Adeligen in der ersten Hälfte des 20. Jahrhun-derts im rechten und nationalkonservativen politischen Spektrum verankert hat-ten.[1074] Jasper Freiherr von Richthofen glaubt etwa ausmachen zu können, dass man heute in der Gesellschaft Adelige politisch gemeinhin „eher im konservativen Lager und weniger bei den Sozialdemokraten, den Grünen oder den Linken, aber auch keinesfalls im rechtsextremen Bereich" verorte.[1075]

Im Unterschied zur Weimarer Demokratie fand in der Tat der geflohene und vertriebene Adel in seiner übergroßen Mehrheit nach 1945 in den demokratischen Strukturen der Bundesrepublik eine Heimat,[1076] auch wenn einzelne, vor allem der Vorkriegsgeneration angehörige Personen ins radikale Spektrum abdrifteten, wie et-wa der Prähistoriker und Publizist Bolko Freiherr von Richthofen (1899–1983), der seit 1933 Mitglied der NSDAP gewesen war, nach dem Krieg CDU-Mitglied wur-de, aber zeitweise auch die NPD unterstützte und geschichtsrevisionistische Schrif-ten zu den Ursachen des Zweiten Weltkriegs veröffentlichte.[1077]

Spätestens in den 1960er Jahren drifteten in der sozialen Gruppe die Werthori-zonte spürbar auseinander. Die generationellen Brüche, die vor allem für jene Ade-ligen besonders fühlbar wurden, die den Veränderungen der Lebenswelt sehr stark

---

1072 Ballestrem, N. 2010a: 00:34:31-9 – 00:36:28-7.
1073 Schoenaich-Carolath, E. 2013: 00:10:20-9 – 00:11:59-9.
1074 Ausführlich Seelig 2015, S. 299–330, der dem Ankommen in den demokratischen Strukturen nach 1945 viel Raum gibt. Zu individuellen Werthaltungen und ihrer Auswirkung auf die Par-teipräferenzen kann er allerdings ebenfalls nur anekdotische Belege bieten.
1075 Richthofen 2013, S. 63.
1076 Grundsätzliche Überlegungen bietet Conze 2005a. Der Vergleich, dass etwa die in Polen beob-achteten Prozesse nicht „demokratischen mitteleuropäischen Vorstellungen" gehorchten, gehört zu den Standardtopoi von Reiseberichten seit den späten 1950er Jahren. Hier: Reisebericht von Valentin Graf Ballestrem. Straubing Oktober 1985. Ballestremsches Firmen- und Familienar-chiv, Berlin, Loseblattsammlung noch ohne Signatur, 23 S., hier S. 3.
1077 Weger 2009.

ausgesetzt waren, kamen in vielen Familien gerade auch im Auseinanderklaffen der Werthaltungen zum Ausdruck. Kinder beklagten etwa das bipolare Weltbild der durch Kaiserreich und NS-Zeit geprägten Großeltern und Eltern: „Von der politischen Grundeinstellung, um das mal so gleich in die klassische Parteienlandschaft zu fügen, würde ich sagen, also meine Eltern, meine Großeltern, sind eher so der konservative CDU-Wähler gewesen", erinnert sich etwa ein Zeitzeuge.

> „Es gab nie eine offene politische Diskussion zu Hause, aber es wurde eben auch kein Hehl daraus gemacht, dass die Sozis oder wer auch immer – die SPD waren dann trotzdem immer noch ‚die Kommunisten' – da eigentlich immer nur Schlechtes wollen. Es war aus dieser Sichtweise her, unmittelbar nach dem Zweiten Weltkrieg gewesen: ‚3 geteilt? niemals!' Also dieses Plakat von der NPD – ist ja auch nicht nur von der NPD gemacht, sondern dieser Slogan auch von anderen Parteien genommen worden – das wirkte immer noch nach. [...] Aus Sicht der Eltern war das eine Schwarz-weiß-Diskussion. Und aus unserer Sicht war das eine Diskussion: ‚ihr habt eure Ansichten, wir haben unsere Ansichten; ihr habt das als richtig erkannt in euerm Weltbild, und wir haben ein anderes Weltbild, das hat sich gewandelt.' ‚Unter den Talaren der Muff von tausend Jahren' war so der Spruch der Studenten. Und das sollte rausgefegt werden. Und wir hatten einfach da eine – die Jugend, um Rudi Dutschke fing das ja an, als der Schah da Berlin besucht hatte."[1078]

In einigen Familien – und hier unterschieden sich adelige kaum von bürgerlichen Familien – schlug die intergenerationelle Auseinandersetzung in Sprachlosigkeit zwischen den Generationen um. Dass er als Schüler an einer Demonstration teilgenommen hatte, bei der die Polizei schließlich auch Wasserwerfer einsetzte, vermochte ein Zeitzeuge etwa seinen Eltern nicht wirklich zu kommunizieren. „Diese Demonstration war ein Punkt, wo wir uns in der Familie doch ziemlich auseinander diskutiert haben. Es endete dann meistens damit, dass irgendeiner weggegangen ist und die Zimmertür zugeknallt hat. Es wurde also nie zu Ende diskutiert. Letztendlich wurde immer mit der Tür geknallt."[1079] Generationalität ließ sich für viele Erzählende am ehesten auch in der Veränderung dieser Werthaltungen lesen und festmachen.

> „Und das, was dann an Äußerungen da war, muss man immer in einem Kontext sehen. Meine Großeltern, mein Vater ist während seiner Kindheit in einer völlig anderen Umgebung groß geworden. Und diese Umgebung, die man in seiner Kindheit erlebt, die prägt auch das Alter. [...] Die konnten das nie vollständig überwinden. Und diese Grundstruktur, die in ihrer Kindheit erlernt worden ist, ist eben auch in ihrem Alter immer zu spüren gewesen. Genauso kann ich mich von meiner Grundstruktur auch nicht freisprechen. Ich habe die Studentenrevolten – damals ging das ja auf die Schülerdemonstrationen, Schülerrevolten dann eben über – hab' die live miterlebt. Das war für uns großer Spaß, auf der Straße zu stehen und da den Wasserwerfer zu empfangen. Und diese Revoluzzergrundstimmung, die hat einen schon geprägt. Ohne jetzt Revoluzzer zu sein."[1080]

1078 Stillfried und Rattonitz, I. 2012: 01:49:36-9 – 01:52:48-0 u. 01:56:20-0 – 01:58:42-6; der Slogan „3 geteilt? niemals!" stammte vom überparteilichen „Kuratorium Unteilbares Deutschland", das zunächst unter dem Vorsitz des SPD Politikers Paul Löbe, später von Wilhelm Wolfgang Schütz stand.
1079 Stillfried und Rattonitz, I. 2012: 01:58:42-6 – 01:59:11-6.
1080 Stillfried und Rattonitz, I. 2012: 01:49:36-9 – 01:54:11-8.

Dort wo dagegen die Lebenswelt ein hohes Maß von Kontinuität aufwies, weil etwa Gutsbesitz im Westen vorhanden war, fiel es zugleich auch leichter, konservative oder liberale Werthaltungen aufrechtzuerhalten.

> „Ich bin ganz früh in die Schüler-Union eingetreten. Ich war da aktiv. Ich war im Landesvorstand der Schüler-Union Niedersachsen. Und ich habe Schülerzeitungen geschrieben und ich habe, ja, sozusagen Versammlungen abgehalten. […] Das war eine Zeit, in der alle eine politische Meinung hatten. Und entweder man war rechts oder links. Und wir waren rechts. Und das bedeutete damals etwas anderes, als was es heute heißt."[1081]

Und immer wieder war es auch der Umgang mit den Ansprüchen auf die sogenannten deutschen Ostgebiete, der zu dieser Polarisierung beitrug:

> „Da ging es um die Frage: Gemeinschaftsschule oder Gymnasium? Es war also ein bisschen hessischer in Niedersachsen, als es das heute ist, ja? Und es geht um Kernkraftwerke oder nicht Kernkraft. Und es geht um Wiedervereinigung oder nicht Wiedervereinigung, großes Thema. Also das nationale Thema, Ostgebiete, aber mehr noch die deutsch-deutsche Frage."[1082]

Wenn sich schon die Generation derer, die einen Teil ihrer Primärsozialisation in den 1960er Jahren erfahren hatte, deutlich von den vorausgehenden Alterskohorten unterschied, dann differierte die Generation der in den 1970er und 1980er Jahren Geborenen um so mehr in Werthaltungen, aber auch in dem, was sie überhaupt als politisch relevant wahrnahm.

> „Ich bin groß geworden mit dem Propagandaspruch, der ja großen Teilen des deutschen Volkes und der Politiker ein großes Anliegen war: ‚3 geteilt? niemals!' Wenn Sie heute meine Kinder fragen, was ‚3 geteilt? niemals!' heißt, sagen die: ‚Weiß nicht, Berlin war doch nur zweigeteilt, was soll denn das?' Das waren noch Dinge, mit denen unsere Generation selbstverständlich groß wurde und von denen sich die beiden Generationen drüber nicht abgenabelt haben."[1083]

8.5 Weitere Elemente des adeligen Habitus

8.5.1 Deklassierung und die Angleichungen an bürgerliche Werthorizonte

> „Das ist ja auch, was ich heute dem Adelsverband vorwerfe. Viele haben noch Vorstellungen, was sie da erhalten wollen –, das ist eben nicht mehr so, Feierabend. Wir haben eine Familie, die weit zurückgeht und gut dokumentiert ist. Das finde ich wichtig, das will ich auch weiter pflegen. Ich glaube aber nicht, dass mir das irgendwelche Sonderprivilegien verleiht. Wir wohnen nicht mehr in den Häusern, wo wir einen ganz bestimmten Lebensstil zelebrieren konnten. So etwas ist heute einfach nicht mehr mög-

---

1081 Reichenbach, A. 2013: 01:26:41-4 – 01:27:57-2; ähnlich Küster, U. 2013: 00:40:48-5 – 00:42:43-7 (Schüler-Union).
1082 Reichenbach, A. 2013: 01:27:58-9 – 01:30:11-6.
1083 Seherr-Thoß, E. 2012: 01:47:00-9 – 01:49:25-7.

lich. Sondern wir sind Teil der Gesellschaft – wir sind Bürgertum, wie alle anderen auch."[1084]

Eckart Conze fragt danach, wie „Standesbewusstsein" als Teil eines Fortdauerns von „Mechanismen einer bewussten Identitätswahrnehmung" zu fassen ist, als jene „Werte und Wertehorizonte", die „Eigen- wie Fremddefinitionen von Adel prägen und die adeliges Handeln als kulturelle Praxis leiten".[1085] Aber auch jenseits dieser bewussten Selbstwahrnehmung und Selbstbeschreibung als Gruppe findet sich eine Fülle von sozialem Handeln, das für adelige Identität in der ersten Jahrhunderthälfte mit konstitutiv war. Insofern ist es eine wichtige, wenn auch naheliegende Beobachtung, wenn Eckart Conze „eine Art der nachholenden Verbürgerlichung" konstatiert, mit der sich in den 1950er und 1960er Jahren „adelige und nicht-adelige Wertehorizonte einander annäherten, beziehungsweise kongruent wurden",[1086] und wenn er als eine wesentliche Triebkraft hierbei die „Konzentration auf das persönliche Fortkommen, die Bewältigung von Not und Elend und [... den] Aufbau einer neuen Existenz" ausmacht.[1087]

Wenn Eckart Conze also Recht hat und adelige und bürgerliche Werthorizonte im Laufe des 20. Jahrhunderts eine weitgehende Annäherung erfuhren, ist es eigentlich kein überraschender Befund, dass sich in den von mir geführten Interviews schon für die Generation, die in den 1920er und 1930er Jahren groß geworden ist, zumindest heute kaum Unterschiede in den Werthaltungen zu sozioökonomisch entsprechenden bürgerlichen Milieus nachweisen lassen. Bemerkenswert ist hingegen, dass ein Teil dieser Wertvorstellungen von den Gesprächspartnern und -partnerinnen bewusst als „adelig" kodiert worden ist.

Der Einschnitt von 1945 setzte, wie bereits erörtert, die Deklassierungsprozesse fort, die bereits seit dem 19. Jahrhundert für Teile des Adels eine harte ökonomische Realität waren. Mit Flucht und Vertreibung fielen zugleich aber auch die wichtigen Netzwerke zu Verwandten weg, die noch traditionelle Einkunftsquellen hatten: die gelegentlichen Unterstützungen vom Land, die die Familien in der Stadt ernähren halfen, oder die Möglichkeiten zu „standesgemäßen" Ferienaufenthalten bei zumindest irgendeinem Verwandten. Zugleich wurden die klassischen Rollen- und Erwerbsmodelle des Adels grundsätzlich in Frage gestellt. Nicht die älteren Brüder, die die Landwirtschaft erlernt hatten, sondern die Nachgeborenen mit ihren „Brotberufen", die Beamten, Juristen, Ärzte und Kaufleute der entwurzelten Familien waren es, die als erste wieder Tritt fassten und denen sich, als die Bonner Republik entstand und Fachleute dringend gesucht waren, glänzende Betätigungsfelder boten. Der Blick zurück auf die Zwischenkriegszeit, als in manchen Familien noch allein der Grundbesitz als standesgemäße Erwerbsform galt und der Bewerber um die Hand einer Tochter abgelehnt werden konnte, weil sein „Beamtengehalt" als geradezu ehrenrührig – jedenfalls aber viel zu niedrig –

1084 Haugwitz, H.-W. 2013: 01:12:28-0 - 01:14:47-3.
1085 Conze 2005a, S. 352f. und 351, Anm. 7.
1086 Ebd., S. 353 u. 370.
1087 Ebd., S. 370.

galt, löste nun allenfalls noch Befremden aus.[1088] Erwartungshaltungen an das, was ein angemessener adeliger Lebensweg war, blieben aber insbesondere in der „Generation 1.5" nach wie vor latent. Ein Zeitzeuge, der „diese Stelle bei der Bank in einem beruflich wenig abenteuerlichen Leben durchgehalten" hatte, „bis zu meiner Pensionierung", erachtete, dass er arbeiten musste, als einen erklärenswerten Umstand:

> „Die Notwendigkeit, Geld zu verdienen, ergab sich also ganz praktisch auch daraus, dass ich meine große Liebe heiraten wollte, eine rheinische Adelige, die auch in Schlesien waren, aber hier im Westen einen Besitz hatten, auf den sie fliehen konnten, und wo der Bruder meiner Frau auch heute noch sitzt, in einer schönen alten Burg."[1089]

Während der in der Zwischenkriegszeit propagierte „Kult der Kargheit", wie Stephan Malinowski unterstrichen hat, klare Züge einer antidemokratischen und autoritären Kultur trug,[1090] orientierte sich der Adel in der Bundesrepublik, selbst wenn er nur schwer ökonomischen Anschluss fand, zunehmend hin zur bürgerlichen Mitte. Anspruchslosigkeit, Genügsamkeit, Bescheidenheit der persönlichen Lebensführung waren jedoch in Teilen der sozialen Gruppe noch immer zentrale Wertorientierungen, die nun dabei halfen, Deprivationserfahrungen zu verarbeiten.

> „Das war eine Zeit – das war also 1955 etwa – wo der brummende Wirtschaftsaufschwung um meine Eltern herum Fahrt aufnahm und die Leute auf einmal Autos hatten und Italienreisen machten. Davon war natürlich im Websky-Haushalt am Atzenberg, beim Künstler Wolfgang von Websky, nichts zu spüren. Aber, wie gesagt, mit großem Anstand haben meine Eltern diese Notzeit immer ertragen und überlebt, auch weil sie persönlich sehr anspruchslos waren. Also teures Essen, teure Kleidung spielten überhaupt keine Rolle. Das wurde verachtet. Es kam vielmehr auf geistige Werte an, auf das Selbstverständnis des ehrenhaften Preußen, und wie schäbig auch immer Kleidung und Äußeres waren, das spielte wirklich keine Rolle."[1091]

Was die Deprivationserfahrungen der frühen Bundesrepublik von jenen der Zwischenkriegszeit unterschied, war die vorausgehende Erfahrung der Radikalisierung im Nationalsozialismus, die mit einer Umorientierung von Rollenbildern einherging, bei der sich Adelige zunehmend nicht mehr nur aus ihrer Identität als Adelige heraus begriffen. Wolfgang von Websky etwa wird in der kurzen Passage von seinem Sohn mehr als nur eine Identität zugeschrieben – schlesischer Adeliger, ehrenhafter Preuße und Künstler der „verlorenen Generation" –, und wer weiß, welche von diesen Identitäten welcher anderen wann übergeordnet wurde. Diese Mehrfachrolle machte es unschwer möglich, sich zugleich auch in das sehr ähnliche Wertegerüst des Bildungsbürgertums zu integrieren, mögen auch manche Bilder – Notzeiten etwa wurden „mit Anstand" ertragen und überlebt – noch an die Zwischenkriegszeit erinnern.

1088 Matuschka, M. 2013: 01:46:36-2 – 01:53:14-4.
1089 Ballestrem, G. 2012: 00:06:00-1 – 00:08:07-6; der Name der Ehefrau hier ggü. d. gesp. Wort anonymisiert.
1090 Malinowski 2003a, S. 94.
1091 Websky, M. 2013: 01:04:23-8 – 01:12:28-3.

Der Familie von Websky fiel dies vielleicht leichter als anderen, wurden ihre Vorfahren doch

> „erst 1888 [geadelt], als sie schon längst durch bürgerliche Tugenden und bürgerliche
> Tüchtigkeit an die Spitze der Gesellschaft in Schlesien gerückt waren, mit Ansehen und
> Vermögen. Da war nichts ererbt, da war alles selbst erarbeitet, durch unternehmerische
> Leistung, durch Professoren, durch Vorsitzende der schlesischen Landwirtschaftskammer,
> et cetera. Das ist das eine, das heißt, bei uns gibt es keinen tradierten sogenannten Stolz
> auf uralte Familie. Das spielt auch eine Rolle."[1092]

Dennoch finden sich das Narrativ vom (Wieder-)Aufstieg durch eigene Kraft und
Arbeit und die Erzählfiguren von Leistungsbereitschaft und Leistungsstolz als zentrale Tugenden auch in anderen Familien wieder, darunter jenen aus dem Uradel. Wie
bereits Eckart Conze beobachtet hat, fand so eine Transposition statt, durch die Werte wie vor allem Leistungsbereitschaft zu einem integralen Bestandteil adeliger Identität umgedeutet wurden.[1093] Adel wurde – durchaus analog zur jahrhundertealten
Distinktion zwischen „Adel" und „Adeligkeit"[1094] – so zum Produkt einer bewussten
Haltung und wollte erst erworben werden:

> „[…] das hat er versucht auch uns zu vermitteln. Dass Adel nicht etwas ist, was man erbt,
> sondern was man sich durch seine Haltung erwirbt. Das heißt, dass man auch Leistung
> von sich verlangt und diese Leistung auch zur Verfügung stellt. Deshalb war es für ihn
> auch wichtig, dass wir die höhere Schule besuchen konnten, was natürlich gar nicht einfach war, weil sein Einkommen natürlich bei weitem nicht dafür ausreichte."[1095]

Dass die bürgerliche Leistungsorientierung nun ganz selbstverständlich Teil adeliger
Selbststilisierungen wurde, bedeutet allerdings nicht notwendigerweise, dass andere
traditionelle Erzählmuster, gerade wenn sie Teil tradierter Rollenbilder sind, aus dem
Diskurs herausfallen. Der von Marcus Funck und Stephan Malinowski unterstrichene „Charakter",[1096] der sich in einer gewissen Sturheit und Autoritätsverweigerung
gegenüber den Lehrern und Lehrerinnen ausdrückt, etwa, der für adelige Kindheitserinnerungen geradezu klassische „Tunichtgut und Lausbub, zwar intelligent, aber
völlig disziplinlos, was Hausarbeiten und Sonstiges angeht, auch ein bisschen wild,
sehr sportbegabt", der „unregierbare Zögling", der „wenn immer irgendwo etwas in
der Klasse verbrochen worden war oder nicht gestimmt hatte", der es so bunt trieb,
dass „meine arme Mutter [...] oft sogenannte blaue Briefe aus [dem Gymnasium]
Hohenschwangau" bekam,[1097] ging ganz unschwer eine Symbiose mit dem berechtigten Stolz auf einen Lebensweg ohne ererbte Privilegien ein, dessen Karrierepfade
bis in hohe Staatsämter geführt haben.[1098]

1092 Websky, M. 2013: 01:27:53-9 – 01:33:24-6.
1093 Conze 2005a, S. 353.
1094 Bahlcke/Schmilewski/Wünsch 2010, insb. der Abschnitt: „Adel versus Adeligkeit – ein Verdrängungswettkampf", ebd. S. XIV-XVI.
1095 Stillfried und Rattonitz, N. 2012: 00:44:40-2 – 00:47:47-3.
1096 Funck/Malinowski 2000.
1097 Websky, M. 2013: 01:23:49-8 – 01:27:25-1.
1098 Websky, M. 2013: 01:20:49-0 – 01:23:23-1.

Zu diesem Leistungsethos gehörte in wachsendem Maße auch ein höherer Schulabschluss für Jungen und Mädchen, was, wie sich viele Zeitzeugen und Zeitzeuginnen erinnern, in der Nachkriegszeit angesichts von Schulgeldern und fehlenden Erwerbsmöglichkeiten der Eltern gar nicht so einfach war. In einigen Fällen fanden sich Freunde der Familie bereit, das Schulgeld der Kinder zu zahlen: „Das hat dann eigentlich meine Mutter arrangiert, über eine Schulfreundin aus ihrer Ausbildungszeit aus dem Bereich der Industrie, die dann uns das Schulgeld bezahlte. Sonst hätten wir das nicht machen können."[1099] In anderen Fällen wurde höhere Bildung durch eigene Arbeit erreicht und verfestigte dadurch noch die zentrale Rolle von Leistungsbereitschaft gegenüber dem Überkommenen: „Ich habe dieses Modell, dass man für sich selbst sorgen muss und nur durch Arbeit und nichts Vererbtes sich durchschlagen muss, natürlich übernommen und habe mein Studium auch selber verdient. Damals gab es noch keine Studienförderung. Also das war damals so üblich."[1100]

Gerade in der älteren Generation, die schon in Schlesien ein eher karges Leben gefristet hat, stellte dieses Ziel eine Anforderung dar, der sie nicht mehr entsprechen konnte. Hier wurden vielfach Bildung durch Strebsamkeit allgemeiner Art und vor allem durch das korrekte Benehmen in Gesellschaft ersetzt: „Durch den Krieg, dadurch dass wir in den Schulen kein Abitur machen konnten, fehlt mir ein Teil der Schulbildung [...], in hohem Alter würde ich sagen, dass auch andere Werte für das Leben wichtig sind."[1101]

In wachsendem Maße wurde höhere Bildung mit traditionellen adeligen Karrierewegen gleichgesetzt und von einigen Zeitzeugen zugleich von der nun dem Bürgertum zugeschriebenen eher technischen Orientierung abgegrenzt: „Ja, das ist halt ein humanistisches Gymnasium. Hat eben auch sehr viele Adelige, weil die dann aus Tradition auch eine andere Schulbildung haben."[1102] Für andere Zeitzeugen wiederum steht eher der verbindende Charakter der höheren Bildung im Vordergrund. Die hier entwickelten Narrative verweisen auf das Ankommen und die Integration des Adels in den Leistungseliten der Bundesrepublik. „Im Unterbewusstsein [...] sicherlich. Dass wir alle Abitur gemacht haben, dass wir alle studiert haben, dass man so einen gewissen Anspruch an sich stellt und den auch erfüllen will – aber das tun ja nicht nur Adelige, das tun ja auch Nichtadelige, das ist einfach, dass man zu einer gewissen höheren Bildungsschicht gehören möchte."[1103]

Die Reproduktion traditioneller Bilder adeliger Identitätsmerkmale beschränkte sich dabei keineswegs auf adelige Sprechende. Der stellvertretende Bundesvorsitzende der Landsmannschaft Schlesien, Heinz Lorenz, tränkte seine Laudatio für die Schlesierschild-Trägerin 1979, Maria Hedwig Gräfin von Schaffgotsch, geradezu mit typischen Topoi. „Knabenhafte Vorzüge" schrieb er ihr zu, glänze Sie doch

1099 Stillfried und Rattonitz, N. 2012: 00:47:47-3 – 00:48:28-7.
1100 Websky, M. 2013: 01:04:23-8 – 01:12:28-3.
1101 Kulmiz, I. 2011: 01:23:28-2 – 01:24:06-3.
1102 Stillfried und Rattonitz, I. 2012: 00:30:35-4 – 00:33:14-5.
1103 Küster, U. 2013: 00:23:57-6 – 00:25:00-2.

mit „schneidigem Autofahren [...], kühnem Reiten und solchen Spiel- und Sportarten, die mit Mut und Temperament zusammenhingen und ihre Umgebung öfter
in Schrecken versetzen." Diesen in ihrer Rollenzuteilung eher männlich konnotierten Zuschreibungen standen entsprechende weibliche Rollenmuster gegenüber, „die
man allgemein unserem schlesischen weiblichen Geschlecht zuordnen darf, wie Fa-
milienverbundenheit, Gastlichkeit, Fürsorge, Idealismus und Treue".[1104]

In der Bundesrepublik wurden aufgrund des Fehlens anderer sozialdistinktiver
Merkmale vielfach Habitusformen gepflegt, die nicht mehr als ausschließlich adelig gelten können. Insbesondere Distinktionstechniken wie das Verhalten bei Tisch
wurden nun in adelige Tugenden umstilisiert:

> „[...] bei Klassenfahrten fühlte ich mich als was Besseres, wenn ich so auf meine Manieren
> achtete und dann sah, wie die anderen aßen, so ein bisschen bäuerlicher, mit dem Ellbo-
> gen auf dem Tisch, schmatzend und so [lacht], muss ich sagen, auch aus dem Rückblick,
> waren die Tischmanieren im Durchschnitt nicht berauschend [lacht]. [...] Tischmanieren
> waren [bei der Erziehung durch die Eltern, S. D.] immer ganz wichtig, obwohl ich nicht
> behaupte, dass ich die besonders toll beherrsche, aber so ein paar Standards hat man dann
> gelernt [lacht]."[1105]

Indem diejenigen Teile des schlesischen Adels, die relativen Reichtum verglichen
mit der bundesrepublikanischen Mehrheitsgesellschaft erhalten oder wieder erlangen
konnten, sich auf Habitusmerkmale konzentrierten, die in der weiteren gesellschaftlichen Oberschicht geteilt und daher auch erkannt wurden, näherte sich adeliger Habitus zugleich jenem reicher Bürgerlichkeit an.

> „Zum Beispiel wurde bei uns von einem anständigen Geschirr immer gegessen. Es gab
> immer ein Silberbesteck, es gab eine Serviette in einem Serviettenring neben jedem Teller.
> Es wurde, allein schon das war komplett anders, also diese ganzen Tischsitten, und dieses
> Ambiente, das sich dabei vermittelte. Also es wurde nie irgendwie – ja, das war bei meinen
> Großeltern in Partenkirchen so, das war bei uns so. Das war, das ist so. Punkt. Jeder hatte
> seinen eigenen, ich hatte meinen eigenen Serviettenring und war auch stolz drauf und so.
> Das zählte und war wichtig. Wie man die zusammenlegt und zusammenrollt, lernte man
> schon als ganz Kleiner."[1106]

8.5.2 Landbesitz

Im Herbst 2012 war ich mit dem Taxi unterwegs zu einem fränkischen Barock-
schloss, um einen Interviewpartner zu treffen. Mein Fahrer war in Deutschland ge-

---

1104 Heinz Lorenz: Träger des Schlesierschildes 1979 – Gräfin Mia Schaffgotsch, Trägerin des Schlesierschildes. In: Der Schlesier 26, 29. Juni 1979, S. 4. Lorenz griff interessanterweise auch andere
  Elemente adeliger Existenz wie Titulaturbestandteile auf und nahm sie politisch in Anspruch. So
  besetzte er etwa das dem Grafentitel beigelegte „semperfrei", der Reichsgrafen Schaffgotsch, in
  einer Weise, die es zum politischen Symbol eines „freien" Schlesien werden ließ (ebd.).
1105 Küster, U. 2013: 00:22:58-2 – 00:23:32-3 u. 00:23:34-0 – 00:23:48-8 ganz ähnliche Beobachtungen bei Plato 2016, S. 191.
1106 Mutius, M. 2013: 00:15:11-9 – 00:16:04-1.

boren, aber hatte türkische Eltern. Wir unterhielten uns über seine Beziehung zur Heimat seiner Eltern und über Migration in und nach Deutschland in den letzten fünfzig Jahren überhaupt. Er wechselte fast spielerisch zwischen einer deutschen Identität und einer deutsch-türkischen Identität hin und her, die ihm eine Art von Außenblick auf die Gesellschaft zu erlauben schien. Wir alle konstruieren letztlich unsere Identitäten, die wir abhängig vom Umfeld, in dem wir uns gerade bewegen, wechseln können. Wie dieser Taxifahrer stellen wir mal einen, mal einen anderen Aspekt von uns in den Mittelpunkt. Ich hatte ihm ursprünglich eine Straße und Hausnummer genannt, um in der Region keine unnötige Aufmerksamkeit auf mein Ziel zu lenken. Nachdem sein Navigationsgerät allerdings die Straßenadresse nicht finden konnte, schlug ich vor, nach der Kirche Ausschau zu halten, weil das Schloss, das ich suchte, direkt gegenüber lag. Für meinen Begleiter war jemand, der auf einem Schloss wohnt, ungefähr so weit entfernt, wie man nur kommen konnte. Von Flucht und Vertreibung hatte er nur von fern gehört; Adel kannte er höchstens aus der Presse, und dass jemand, der heute auf einem Schloss wohnt, fast wie seine Eltern mit wenig Gepäck in der späteren Bundesrepublik angekommen sein sollte, ging an die Grenze seines Vorstellungsvermögens.

Ich überquerte die Einfahrt zum Hof und hielt nach einer Klingel Ausschau. Da ich keine finden konnte, wandte ich mich dem eigentlichen Hauptgebäude zu, einem beeindruckenden Barockbau, der gerade noch klein und wirtschaftlich genug war, um heute noch als Wohnsitz zu dienen. Zwischen zwei Sandsteinstatuen überquerte ich auf einer gemauerten Brücke die Reste eines Grabens und betrat eine halbdunkle Vorhalle, die aber weder einen Lichtschalter noch eine Klingel zu bieten schien. Auf der linken Seite schien eine Tür in Wirtschaftsräume, auf der rechten mehrere Stufen zu einem Halbstock zu führen. Ich beschloss, mich nicht auf eine ungewisse Erkundungstour zu begeben, sondern noch einmal nach draußen zu schauen – irgendeinen Weg, mich bemerkbar zu machen, würden die Hausbewohner wohl geschaffen haben.

Ich war auf dem Weg, um eine der wenigen schlesischen Familien zu besuchen, die nach dem Krieg wieder landsässig geworden waren, indem sie ein Schloss in Franken erworben hatte. Andere Angehörige von schlesischen Familien mochten in landsässige westdeutsche Familien eingeheiratet haben und deshalb wieder über Herrensitze und Gutshöfe verfügen, einige wenige andere wie die katholische Linie der Grafen Henckel von Donnersmarck mit Schloss Wolfsberg in Kärnten verfügten von alters her über einen Sitz im Westen. Sie alle unterschied von meinem Interviewpartner, dass sie im Regelfall ihre Schlösser und Höfe nicht erst nach dem Zweiten Weltkrieg erworben hatten. Sie hatten ihre Besitzungen wie die Mehrheit der Adelsfamilien in Westeuropa geerbt – ob in Großbritannien, Schweden, Dänemark, Spanien oder Italien und sogar in Frankreich, wo eine ungebrochenere Einheit von Adel und Landbesitz zu konstatieren ist –, sodass innerhalb der Gesamtfamilie wenigstens ein Senior oder eine Seniorin über ein entsprechendes Haus und die damit verbundenen Identitätsangebote verfügt.[1107] Während mitteldeutsche und böhmische Familien seit der Wende – wenn

---

1107 So ist in jüngeren Studien etwa das Bild und Selbstverständnis des Adels als Kulturwahrer in der

auch beschwerlich, nicht im alten Umfang und manchmal zu einem hohen Preis – auf ihre Landsitze zurückgekehrt sind,[1108] fehlt diese Möglichkeit dem Adel aus den ehemaligen deutschen Ostgebieten fast völlig. Die Expropriationsprozesse am Ende des Zweiten Weltkriegs hatten dieser Gruppe in der Regel effektiv die materiellen Ressourcen genommen, um landsässig zu werden.

> „Die Ackerpreise im Hannoverischen, wo ich aufgewachsen bin, lagen vor der Wende pro Hektar bei ungefähr 100.000 Mark. Das sind hundert mal hundert Meter, zehntausend Quadratmeter. Und der Ertrag pro Hektar lag vielleicht bei 1.500 Mark, nicht jedes Jahr. Wenn Sie Rüben hatten, vielleicht 2.000, aber Sie mussten eine Fruchtfolge einhalten und dann mussten Sie Gerste anbauen und dann sind Sie unter 1.000 gewesen. Das heißt, wir reden von Renditen von unter zwei Prozent in einer Zeit, in der Zinsen bei sieben oder acht Prozent oder zehn Prozent lagen. Das heißt, es war wirtschaftlich nicht darstellbar, landwirtschaftliche Flächen zu kaufen und aus der Bewirtschaftung die Zinsen oder gar die Tilgung zu finanzieren. Es war sozusagen: Wer Land hatte, hatte es, und wer es nicht hatte, konnte es nicht erwerben, um damit einen wirtschaftlichen Zweck zu erfüllen. Und insofern war das wie ein festgeschriebenes Gesetz. Natürlich gab es immer unfähige Leute, die ihren Betrieb verloren haben, aber wer hat den bekommen? Doch kein Flüchtling oder so, sondern das ist ja anderweitig verteilt worden und hat sich nach den Marktgesetzen einen neuen Eigentümer gesucht."[1109]

Die aus dieser ökonomischen Distanzierung resultierende Einbindung in ein bürgerliches Erwerbsleben und eine wachsende Pluralisierung der Lebensstile ließen das Modell des landsässigen Gutsbesitzers vielerorts weniger attraktiv oder auch einfach nicht im Rahmen des jeweiligen Lebenswegs realisierbar erscheinen.

> „Ich hab' dann mal einen [anderen Adeligen, S. D.] kennengelernt, [...] [den] hab' ich dann auch noch mal besucht. Der hatte einen Gutshof in Melle, das ist bei Bünde, der war nett, aber wenn ich mir vorstellte, ich müsste dann auf so einem Gutshof leben – mit Hühnern und Schweinen und – das war nicht meine Welt. Ich hab' gemerkt, das ist nichts für mich. Ich kam vom Land hier unten und wollte eigentlich mal in die Großstadt."[1110]

Weiter darüber rätseln, wo genau man mich erwartete, musste ich nicht. Denn als ich die Eingangstür öffnete, um erneut die Brücke zu überqueren, kam mir der Hausherr bereits aus einem der Wirtschaftsgebäude entgegen. Er hatte wohl Feuerholz gespalten oder Tiere gefüttert, denn sein grüner Wollpullover war über und über mit Strohhalmen geschmückt.

Lebensstile im Sinne Pierre Bourdieus sind auch eine Form von kommunikativer Matrix, die soziale Rollen und Positionen vermittelt. Zugleich erschöpft sich Identität aber eben nie in dem Bild, das wir bewusst oder unbewusst von uns vermitteln, sondern sie ist immer ein Konstruktionsprozess, an dem das Selbst, aber eben auch

---

„heritage"-Bewegung seit den 1970er Jahren betont worden. Vgl. etwa Mension-Rigau 2006; Doyle 2010, S. 101.

1108 Keine im engeren Sinne wissenschaftliche Darstellung: Votýpka 2010.

1109 Reichenbach, A. 2013: 02:09:10-8 – 02:15:02-7.

1110 Bergmann-Korn, B. 2012: 01:13:43-5 – 01:15:50-7.

die Umgebung beteiligt ist. Die erfolgreiche Kommunikation eines Selbstbildes setzt eine Vertrautheit der jeweils anderen mit den Codes (etwa Aspekten wie Wohnkultur, Kleidung oder Sprache) voraus, die die eigene soziale Gruppe pflegt und sie kann ebenso leicht durch stereotype Vorannahmen und Bilder derjenigen, denen wir begegnen, zunichtewerden.

Es gibt in Westdeutschland ein stark anglophil geprägtes Stereotyp vom „bodenständigen" Landadeligen, mit auch ich in starkem Maße sozialisiert worden bin und das weit vom Zerrbild des ostelbischen Junkers, aber auch von der Lodenseligkeit des bayerischen Raums entfernt ist. Es ist a-regional, um nicht zu sagen universalisiert, und in bedeutendem Maße medial geformt. Mit Wenigem lässt es sich besser zusammenfassen als mit Stroh auf einem grünen Wollpullover. Unsere Begegnung im Hof aktivierte unmittelbar dieses Stereotyp, sodass ich mich unwillkürlich fragte, ob dies der hiesige Alltag oder eine sorgfältig gewählte Selbstinszenierung von Bodenständigkeit war. Ob wir nun nach oben gingen – wie sich herausstellte, musste man tatsächlich zunächst in den Halbstock, von wo eine repräsentative Treppe ins *piano nobile* führte, ein Weg, auf dem sich der Hausherr dafür entschuldigte, dass die Heizperiode erst Ende Oktober beginnen würde – oder ob ich nach einer kurzen Begrüßung durch die Hausherrin im Saal, dessen Mitte eine lange Tafel einnahm, die an den Wänden von klassizistischen Vitrinen für das Geschirr flankiert wurde, in ein Turmzimmer geleitet wurde: immer begleitete mich die Frage danach, wie wir mit unserer Umgebung bewusst oder unbewusst Identität konstruieren.

Ich brachte meine Erwartungen, unweigerlich vorhandene Stereotype, Bilder und kulturelle Muster mit zu meinen Gastgebern, und sie hatten sicher ihre eigenen von mir als Wissenschaftler. Zugleich entwarfen sie für mich willentlich oder unwillentlich ein Bild von sich selbst. Wir alle schöpften aus einem reichhaltigen Fundus kultureller Muster, die Gemeinsamkeiten und Dialog ermöglichten, aber auch Distinktionen errichteten, die das Selbst und das Fremde voneinander schieden.

Mein Gastgeber konnte einerseits auf sehr viel verweisen, was in den besten Traditionen des Bürgertums stand, war die Familie doch erst im 19. Jahrhundert geadelt worden. Andererseits lebte sie bewusst eine neue Landsässigkeit, wie er mir im Laufe unseres Gesprächs berichtete: „Wir haben jetzt, wenn Sie so wollen, aus einer Familie, die einen bildungsbürgerlichen, kaufmännischen Hintergrund hat, eine Familie gemacht, die ausgesprochen landgesessen ist. Die in mehreren Gegenden irgendwo ein Schloss gekauft hat und jetzt auch Schloss-like zu leben versucht, das heißt, sie richtet das ein und nutzt es entsprechend."[1111]

„Die Eichborns stammen aus Landau in der Pfalz, sind um 1720 in Schlesien eingewandert und dort Kaufleute gewesen in Breslau. Sie haben dann sehr früh das Bankgeschäft eröffnet, 1728, und galten als die drittälteste Privatbank in Deutschland oder die sechstälteste in der Welt. Und sie waren insbesondere – das ist also unstrittig – Hofbankiers Friedrichs des Großen, wobei das im Wesentlichen ein Ehrentitel war. [...] Und die Firma

---

1111 Eichborn, J. 2012: 02:45:18-4 – 02:49:58-7.

reüssierte sehr schnell, deswegen reüssierte die Familie. Sie waren also stark versippt mit anderen guten Kaufmannsfamilien und auch mit dem Adel, weil die Eichborns auch gern geheiratet wurden, da sie eben eine anständige Mitgift mitbrachten."[1112]

Nachdem die Familie lange Zeit zum Breslauer Patriziat gehört hatte, war sie in einer Linie, die jedoch bald ausstarb, geadelt worden. Anfang des 20. Jahrhunderts, „1908, kurz vor Torschluss des Kaiserreiches", erhielt sie dann nochmals den preußischen Adelsstand.

> „Zu diesem Zeitpunkt heirateten auch zwei Söhne Eichborn, die beiden, Eduard und Kurt, die in der Bank nachfolgten, also die Juniorchefs. Die heirateten zwei Fräulein von Diest. Diese Familie Diest hatte gute Beziehungen zum Hof oder zum Heroldsamt. Außerdem war die Frau dieses Obersts von Diest selber eine Gräfin Roedern. Also da war es nun mehr oder weniger Zwang, dass die Familie sich wieder adeln ließ."[1113]

Diese eigentlich junge Qualität des „Adelig-Seins" ermöglichte es meinem Gesprächspartner unschwer zwischen beiden Identitätsformen zu wechseln: „Wir bilden uns zwar immer noch ein, dass wir Bildungsbürger sind, wir haben eine große Bibliothek, wir hören viel Musik, wir machen hier auch Schlosskonzerte, wir reisen auch, besichtigen Museen, wir haben allen fünf Kindern eine akademische Ausbildung verpasst – aber wir haben einen ganz merkwürdigen Lebensstil."[1114] Dieser Lebensstil – das Wort hier im alltagssprachlichen Sinn verwendet – war weniger etwas Überkommenes, sondern eine bewusste Entscheidung, sich in eine Richtung zu entwickeln, an die unter den Bedingungen der Bundesrepublik zunächst eigentlich gar nicht zu denken war.

Mehr noch, die Eichborn hatten sich, wie mein Gesprächspartner nicht ohne Stolz anmerkte, zu einem Vorbild entwickelt, sowohl für die deprivierten Adeligen aus den ehemaligen deutschen Ostgebieten als auch für den landständigen Adel, der nach dieser Erzählung teilweise bereits die Hoffnung aufgegeben hatte, die großen Häuser halten und in die nächste Generation übertragen zu können.

> „Und das hat ausgestrahlt, dass andere sich sagen: ‚Wenn ein mitteloser schlesischer Flüchtling, der nach dem Krieg wirtschaftlich betrachtet aus welchen Gründen auch immer nicht reüssiert hat, sondern sich mit wechselnden Berufen immer gerade so über Wasser gehalten hat, wenn der seinen Lebensabend in so einem Kasten verbringen kann, dann muss ich das auch können."[1115]

Es ist zudem eine Erzählung von harter persönlicher Arbeit und dem vorausgehenden Erwerb entsprechender Qualifikation, eine Erzählung, die sich in das generelle Integrationsnarrativ der Flüchtlinge einbettet, das ihr Ankommen mit dem westdeutschen Wiederaufbau parallelisiert.[1116] Zugleich eröffnete dieses Narrativ auch

---

1112 Eichborn, J. 2012: 00:00:10-8 – 00:02:14-1.
1113 Eichborn, J. 2012: 00:09:52-0 – 00:10:46-8.
1114 Eichborn, J. 2012: 02:45:18-4 – 02:49:58-7.
1115 Eichborn, J. 2012: 02:51:28-4 – 02:57:23-5.
1116 So etwa Greiter 2014, S. 267, 280, nach der auch Lebensgeschichten als Vorgeschichte der normbildenden Figur des eigenen (Wieder-)Aufstiegs in der Bundesrepublik gelesen werden.

Möglichkeiten, sich in den konservatorischen Diskurs[1117] einzufügen, mit dem landsässige Familien in ganz Westeuropa seit der Mitte der 1970er Jahre ihre Rolle als Bewahrer von Kulturerbe zu beschreiben suchen.[1118]

Neben den Gebieten im ländlichen Raum und an der Zonengrenze, die lange Zeit niedrige Immobilienpreise hatten, sind nach 1989 auch die neuen Bundesländer für einige Angehörige von adeligen Familien zu einem attraktiven Ziel geworden. Nach einer Karriere in der Entwicklungshilfe zog sich beispielsweise Gotthardt von Wallenberg Pachaly auf ein Herrenhaus nicht weit von Dresden zurück. „Solange man beruflich tätig ist, muss man ja da leben, wo man seine Arbeit hat. Die habe ich 2001 eingestellt im Alter von fast 65 Jahren. Da war ich frei, mir einen neuen Lebensmittelpunkt zu wählen. Also, es gibt natürlich ein Bündel von Motiven, das einen dahin bewegt."[1119] Für den Zeitzeugen war es eine Fortsetzung seines Lebenswerks, das er nun nach innen, für sein Land leisten konnte, denn:

> „Hinterblieben ist hier [nach dem Fall der Mauer, S. D.] ein Land, wo alles kaputt war. [...] Das war vielleicht das Hauptmotiv. Daneben war das Motiv, dass man hier noch ein schönes Anwesen erwerben konnte, was zwar in einem katastrophalen Zustand war, aber eine Perspektive hatte. Das habe ich hier in Dittmannsdorf gefunden. Es erinnert mich ein bisschen an unser Zuhause in Schlesien."[1120]

Der Zeitzeuge konnte damit an Erinnerungen anknüpfen, die er noch mit Schlesien verband. Die im Vergleich mit den schlesischen Latifundien eher bescheidenen Ausmaße seines neuen Hauses deutet er positiv:

> „Das war alles ein bisschen größer [in Schlesien, S. D.], der Hof und das Haus, aber es ist ja viel besser, heute etwas Kleineres zu haben als ein großes Anwesen, weil man ja kein Personal hat, um das zu bewirtschaften. Also muss es so sein, dass man es selber alleine bewirtschaften kann. Das ist hier gegeben, das schaffen wir noch. Größer würden wir es nicht mehr schaffen."[1121]

Das Haus und den Grund dann auch tatsächlich zusammenzuführen, war alles andere als einfach.

> „Ich habe dann dieses Haus von der Stadt gekauft, den Park von der Gemeinde Dittmannsdorf [Dziecmorowic], den Hof von der TLG [Treuhand Liegenschafts Gesellschaft, S. D.], die Wiesen drum rum von der BVVG [Bodenverwertungs- und -verwaltungs GmbH, ein Treuhandunternehmen, S. D.], die Garagen von den Mietern. Also, es war eine Reihe von Verträgen notwendig. Ich habe allen gesagt: ‚Ich kaufe, aber nur, wenn ich *alles* kriege. Nicht, wenn ich nur Teile kriege und dann mit anderen hier mich strei-

---

1117 Einen Überblick über die Genese des Heritage-Konzepts und seine Abgrenzung zu anderen Gedächtnisformen wie dem (historischen) Denkmal und Antiquarismus gibt mit Blick auf die nordischen Länder, aber durchaus übertragbar, Eriksen 2014.

1118 Peter Mandler 2011, S. 184, beschreibt die Rollen der Celebrity und des Heritage-Wahrers als neue adelige Rollen des 20. Jahrhunderts in Großbritannien; für Frankreich vgl. vor allem Mension-Rigau 1999; Mension-Rigau 2006; daneben Gourbin 2010.

1119 Wallenberg Pachaly, G. 2012: 01:38:13-6 – 01:42:11-1.

1120 Ebd.

1121 Ebd.

ten muss, ob das Haus lila oder grün sein soll. Das will ich nicht. Wenn ich das mache, dann mache ich das richtig und ganz oder ich lasse es.' Und das hat auch funktioniert."[1122]

Nachdem die verfügungsrechtliche Situation so durch ein komplexes Netz von Kaufverträgen reguliert worden war, musste zudem gewartet werden, bis die Altmieter das Haus verlassen hatten, denn wie in der DDR vielfach üblich, war auch das Gutshaus in Wohneinheiten aufgeteilt worden, die der Aufnahme deutscher Zwangsmigranten aus den ehemaligen Ostgebieten gedient hatten.[1123]

Hoffnungen, in der Oberlausitz an seine schlesischen Wurzeln anknüpfen zu können, hatte der Zeitzeuge kaum, denn er spürte schnell, dass das Land für die Menschen vor Ort „immer noch Oberlausitz" war. „Wir haben immer vom Westen aus das als Teil, als Restschlesien gesehen – sieht man hier nur in den selteneren Fällen. Ganz wenige sehen das. Die stärkere Identität, möchte ich sagen, ist die Oberlausitz. Die ältere auch."[1124]

Dort wo sich eine „Rückkehr" auf das Land, wie sie die Familien von Eichborn und von Wallenberg Pachaly leben, ausschloss, weil die Lebenssituation und die Vermögensverhältnisse dies zunächst nicht zuließen, bestand dennoch und gerade unter den „Stammhaltern" der Familie ein ausgeprägtes Interesse am Erwerb von Grundbesitz. In der Summe sind Entscheidungen in diesem Bereich jedoch so singulär, dass sich daraus keine generalisierbare Beobachtung ableiten lässt, die darüber hinausgeht, dieses grundsätzliche Interesse zu konstatieren. Das Gelingen oder Misslingen, das teilweise Zustandekommen einer Landsässigkeit, ist im höchsten Maße von singulären historischen Zeitfenstern und dem Willen abhängig, tatsächlich ganz aufs Land zu gehen oder die Landsässigkeit zumindest temporär zu leben.

Die Wende mit der Möglichkeit für Alteigentümer, zu ermäßigten Preisen ihr Eigentum zurückzuerhalten, war ein solches Zeitfenster.

> „Was ich aber nicht ahnen konnte, ist, dass unmittelbar zum Ende meines Studiums die Grundstückspreise in der Magdeburger Börde plötzlich nur noch bei 6.000 Mark oder 5.000 Mark liegen werden. Bei fünf Prozent von denen in Hannover, bei besserem Boden, aber weniger Regen. [...] Also da war ein einmaliges geschichtliches Fenster. Und das nicht genutzt zu haben ist eigentlich eine Sünde. Das haben wir leider nicht genutzt. Keines meiner Geschwister, auch die drei, die Landwirtschaft studiert haben, hat das geschafft. Das lag bei uns daran, dass wir Alteigentumsansprüche hatten."[1125]

Auch wenn sie nicht wie die Familie von Eichborn ein Schloss oder Herrenhaus erworben haben, nutzen beispielsweise die Grafen von Reichenbach

> „auch jede Gelegenheit, jeden Quadratmeter Land zu kaufen, der uns irgendwie angeboten wird. Also, wann immer kleine Waldflächen oder so da sind, die ich hier in meinem Umfeld aus Erbengemeinschaften oder so entdecke, schlage ich zu. Das führt nicht zu einem landwirtschaftlichen oder forstwirtschaftlichen Betrieb, aber es führt in der Summe

1122 Wallenberg Pachaly, G. 2012: 01:42:14-0 – 01:43:47-3.
1123 Wallenberg Pachaly, G. 2012: 01:43:54-9 – 01:45:11-6.
1124 Wallenberg Pachaly, G. 2012: 01:45:24-6 – 01:47:45-6.
1125 Reichenbach, A. 2013: 02:09:10-8 – 02:15:02-7.

zu Grundbesitz. Und irgendwann – ich habe ja gesagt, das ist eine generationenübergrei-
fende Aufgabe – kann man dann auch mal sagen: ‚Komm, wir kaufen hier mal zwanzig
Hektar und da mal zwanzig Hektar und kaufen woanders hundert Hektar.' So, und dann
ist das schon mal größer. Und irgendwann wird es dann schon mal eine Größe erreicht
haben, dass es eine wirtschaftliche Einheit hat. Weiß nicht, ob ich das noch hinkriege."[1126]

8.5.3 Wohnkultur

Adelig-Sein fand und findet seinen Niederschlag auch in Elementen der Alltags- und
hier vor allem der Wohnkultur. Adelige Wohn- und Repräsentationskultur war in
großen Teilen des Ancien Régime geschmacksbildend. Jüngere Forschungen über
die Dissipation „höfischer" Möbel (und Stilelemente) in die Ausprägungen klassischer Stile im 19. Jahrhundert – darunter vor allem das in Deutschland lange als
genuin „bürgerlich" begriffene Biedermeier – haben gezeigt, wie bedeutend adeliger und hier vor allem auch „grandseigneuraler" Einfluss noch auf die Wohnkultur des 19. Jahrhunderts gewesen ist.[1127] Im Verlauf des 20. Jahrhunderts wurde
die Zuordnung eines kulturellen Führungsanspruchs, der nicht notwendig ein (kul-
tur-)„schöpferischer" Führungsanspruch war und der sich in der Form der Einrichtung ausdrückte, jedoch gründlich aufgelöst. Ähnlich wie der politische Einfluss des
Adels als Stand weggebrochen war, veränderte sich nun auch die Wahrnehmung der
materiellen Ausformung adeligen Lebensstils. Dieser galt als rückwärtsgewandt – etwa die kolportierte Liebe Wilhelms II. zum Rokoko[1128] – und konservierend. Das
Schloss und die adelige Wohnung wurden zu einem Rückzugsraum umstilisiert,[1129]
in dem die Grandeur einer vergangenen Zeit gepflegt und erhalten wird, die nunmehr im Extremfall nur noch als ein exotisches Kuriosum mit Unterhaltungswert
wahrgenommen wird.[1130]

Mobiliar etwa wird so zu einer Chiffre, die für „Adeligkeit" stehen kann, die aber
in der zweiten Hälfte des 20. Jahrhunderts zunehmend variabel wurde, da sie weder
einheitlich innerhalb der sozialen Gruppe noch eindeutig von außerhalb bestimm-
bar war. Für manche bildeten klassizistische Möbel einen Teil neuer Landsässigkeit.

1126 Reichenbach, A. 2013: 02:09:10-8 – 02:15:02-7.

1127 So etwa Langenholt 2002, S. 1; Norbert Wichard 2014, S. 144, geht bereits ganz selbstverständlich von einer gegenseitigen Verflechtung adeliger und bürgerlicher Wohnkulturen aus; und
Charlotte Linke 2004, S. 266, beschreibt die Transformation adeliger Interieurs von körperbeto-
nender Räumlichkeit hin zu einer am Gespräch im Salon orientierten Strukturierung von Raum.

1128 So glaubt beispielsweise der Publizist Franz Herre, dass das Barock „ein universaler Stil [war], der
dem imperialen Vorhaben gemäß zu sein schien, und das Rokoko [...] war dazu geeignet". Franz
Herre: Kaiser Wilhelm II. Köln: Kiepenheuer & Witsch 1993, S. 90f.

1129 Diese fungierten also als „Projektionsflächen" im Sinne von Silke Marburg und Sophia von Kuenheim, wie Menning 2016, S. 51f. den Begriff gebrauchte. Dessen Beitrag konzentriert sich vorrangig auf die Eigentums- und Aufenthaltspraxis, nicht die Wohnkultur im engen Sinn, wie sie
in diesem Unterkapitel untersucht wird.

1130 Ein Beispiel für eine kontemporäre, geradezu polemische Stereotypisierung dieser Art ist etwa
Sprecher 2003 (online).

Sie erschienen in ihrer Schlichtheit wie eine Purifikation nach dem historistischen Überborden des Dekors vieler schlesischer Schlösser.[1131]

> „Und da haben die sich da eine schöne Woche [bei der Erbteilung, S. D.] gemacht, und wir hatten die Sorge, das werden jetzt wieder so schreckliche Möbel sein, wie wir sie in Schlesien Gott sei Dank stehen gelassen hatten. Gründerzeit, gerade diese Schlösser, die mein Vorfahre gekauft hatte, da im Kauffunger Tal, die waren zum Teil – ich weiß das noch so von Fotografien, was da für schreckliche Möbel standen. Sachen, die inzwischen vielleicht schon wieder was wert sind, so Historismus und – o Schreck, o Graus! – solche Sachen. Und dann stellte sich heraus, diese Tante hatte Geschmack gehabt."[1132]

Die Parallelisierung der neuen Lebensverhältnisse mit einem klassizistisch-schlichten, ja frugalen Möbelstil und jenem der Vergangenheit mit der überladenen, schweren und überbordenden Neorenaissance ist dabei unverkennbar. Für andere bedeutete „Geschmack haben" die Akzeptanz des Erbes, beispielsweise die Annahme der Möbel, in deren Umfeld man aufgewachsen war, etwa die Neorenaissance-Möblierung bei westdeutschen Großeltern.[1133]

Welchen Weg Angehörige von adeligen Familien aus Schlesien auch immer wählten, mit dem Ende des Krieges stand die übergroße Mehrheit vor dem Verlust der vertrauten Lebensführung, der als ein besonders einschneidendes Moment erlebt wurde. Der Wert der materiellen Artefakte wird häufig nicht durch ihren ökonomischen, vielmehr durch ihren sentimentalen Wert als physisches Bindeglied in der Kette der Generationen beschrieben. Entsprechend kann der Weggang aus Schlesien wie der Abschied von einem sterbenden lieben Verwandten codiert werden:

> „Das macht uns sehr dankbar. Nur wenige in Deutschland durften so lange Abschied nehmen. Wenn wir vorsichtig mit der Hand über das schöne Holz unserer alten Möbel streichen, wenn wir unsere Bücher und Bilder ansehen, dann wissen wir, daß uns diese Zeit gegeben ist, um aus dem, was uns an greifbarem Eigentum täglich umgibt, einen geistigen Besitz zu machen, aus dem wir später wohl werden leben müssen."[1134]

Die Möblierung einer Wohnung bildete unter den Flüchtlingen ein durchaus spezifisches materielles Arrangement, das so auch von außen wahrgenommen und gelesen werden konnte.

1131 Nicht verschwiegen werden sollte allerdings, dass zahlreiche schlesische Schlösser sehr wohl von ihrer äußeren Architektur – etwa Slawentzitz (Sławięcice), Carlsruhe (Pokój), Erdmannsdorf (Mysłakowice) oder der Pavillon von Buchwald (Bukowiec) – wie von ihrer Innenarchitektur – beispielsweise Erdmannsdorf oder Kamenz (Kamieniec Ząbkowicki) – dem klassizistischen Kanon folgten. Vgl. etwa Bauer/Harasimowicz/Niedzelenko/Richthofen 2014, S. 272, 311 (Buchwald); 320 (Erdmannsdorf).

1132 Eichborn, J. 2012: 01:22:56-8 – 01:30:35-1.

1133 Mutius, M. 2013: 00:17:20-0 – 00:17:43-2. („So unterschied sich denn auch das Interieur einfach deutlich. Da stand ein großer Barockschrank und eine Barocktruhe und da war ein Esstisch mit Biedermeier-Jugendstil – Biedermeier-Übergangsmöbeln, ja das war alles anders. Das war halt schön, das war halt unseres.")

1134 Scharffenorth 2005, S. 83f. Zur zentralen Figur des Abschiednehmens vgl. Lehmann 1991, S. 199f.

„Also das ist mir auch später einmal, während einer Autofahrt, aufgefallen, die ich mit zwei Freunden aus wohlangesehenen baden-württembergischen Adelsgeschlechtern ge-macht habe. Sie meinten, dass ich schlafen würde [lacht] und haben sich so im Allgemei-nen über Flüchtlingskinder unterhalten und sagten abschließend – gar nicht über mich, sondern über einen gemeinsamen Freund: ‚Letztendlich merkt man es ihnen eben doch auch an – und dieser Einrichtungsstil!‘"[1135]

Insofern wundert es nicht, dass sie versuchten, zumindest in Teilen die Lebenssitua-tion vor dem Krieg wiederherzustellen, sobald sie die Mittel dazu fanden.

Zum Kern dessen, was nach dem Krieg als unverzichtbarer Teil der Haushaltsfüh-rung galt, zählte „auf jeden Fall ein anständiges Silberbesteck" und „eine anständige Wäsche. Also das war, glaube ich, sehr wichtig zu der Zeit, dass man die richtigen Tischtücher hatte, dass man die richtige Bettwäsche hatte, die auch entsprechend mit Monogramm und Krone versehen war."[1136] Um Ersatz für das Porzellan zu fin-den, wurde man in manchen Haushalten kreativ, zumal die Möglichkeiten auch fi-nanziell stark eingeschränkt waren. „Wir haben [...] bis weit in die 80er Jahre von einem Geschirr gegessen, was meine Großmutter aus alten Hotelbeständen aufge-kauft hat. Die einfach günstig zu haben waren. [...] Das war nicht Meißen und nicht KPM und nichts, sondern das war ein billiges Hotelgeschirr".[1137] Selbst wenn Sie eher wenig vermögend waren, wollten viele Familien gerne an eine Ausstattung der Wohnräume anknüpfen, die ihnen vertraut war. Vergleiche sie die Wohnung ihrer Eltern mit jenen der Eltern ihrer Freunde, hält etwa Eleonore Prinzessin von Schoe-naich-Carolath fest, „da würde ich sagen, gut, meine Eltern waren relativ altmodisch eingerichtet und haben versucht, so ein altes Stück nach dem anderen zu kaufen. Das war jetzt bei meinen Freunden alles etwas ein bisschen moderner, das ist mir jetzt aber nicht als besser oder schlechter aufgefallen."[1138] Die Flüchtlinge sammelten „viele kleine Ahnenbildchen und hier mal eine – vielleicht auch eine Pseudo-Barock-kommode und ein mittelschönes Plüschsofa und so, halt das, was man sich leisten konnte und was halt auch irgendwie da war."[1139] Im Falle der Zeitzeugin „kommt dann auch noch dazu, dass mein Vater, als wir dann ins Nachbardorf umgezogen sind, plötzlich so seine Vorliebe für – so interpretiere ich das – für seine schlesischen Wurzeln entdeckt hat, und plötzlich ganz schwere, dunkle und große Möbel haben wollte und sich diese hat anfertigen lassen."[1140] Auch andere aus dieser Generation, wie ich bei diversen Besuchen beobachten durfte, entdeckten ihre Liebe zu indivi-duellen Möbeln jenseits des Massenmarkts.

Für die Kinder repräsentierte die antike Möblierung der Großeltern gerade das Großelterliche. Diese besondere Form von Geborgenheit vermittelten die schlesi-

---

1135 Schoenaich-Carolath, E. 2013: 00:38:42-6 – 00:42:36-1. Eine ähnliche Beobachtung bei Plato 2016, S. 191.
1136 Ballestrem, N. 2010a: 01:11:52-4 – 01:12:59-6.
1137 Ballestrem, N. 2010a: 01:13:05-1 – 01:13:45-7.
1138 Schoenaich-Carolath, E. 2013: 00:35:36-1 – 00:36:50-8.
1139 Schoenaich-Carolath, E. 2013: 00:38:42-6 – 00:42:36-1.
1140 Ebd.

Abbildung 17: Schloss Lehnhaus: Schlosstreppe, Aufnahme vor dem Brand von 1933.

schen Großeltern aber vielfach auch dann, wenn es an diesen Symbolisierungen von Tradition und Herkunft fehlte, erinnert sich etwa Andreas Graf Henckel von Donnersmarck, dessen Mutter eine Prinzessin des regierenden Hauses Luxemburg war und der deshalb einen direkten Vergleich zwischen den Großeltern väterlicher- und mütterlicherseits ziehen konnte.

> „Meine Großeltern [Henckel] haben nach dem Krieg und der Flucht in Lugano, in der Schweiz gelebt – nicht zwischen wunderbaren Möbeln oder gar kostbaren Antiquitäten – das gab es alles nicht oder nicht mehr. Die Verhältnisse waren einfach, aber das Besondere lag daran, dass wir Kinder auch bei den Großeltern ein Gefühl von ‚zu Hause‘ erlebt haben."[1141]

Nach dem Zweiten Weltkrieg bemühten sich viele der Familien wenigstens symbolisch an die Güter und Häuser anzuknüpfen, indem sie Drucke der mit der Familie verbundenen Orte anschafften, nachdem Ölgemälde zumeist in Schlesien zurückgeblieben waren. Dabei erfreute sich besonders die sechzehnbändige Sammlung mit Stichen von Alexander Duncker großer Beliebtheit.[1142] Auch in der zweiten Generation gehört heute noch „irgendwo ein Stich vom ehemaligen Gut und so […] dazu"[1143] und beschwört auf diese Weise symbolisch die Verbundenheit mit der Her-

---

1141 Henckel-Donnersmarck, A. 2013: 00:16:09-4 – 00:18:27-7.

1142 Alexander Duncker: Die ländlichen Wohnsitze, Schlösser und Residenzen der ritterschaftlichen Grundbesitzer in der preußischen Monarchie nebst den Königlichen Familien-, Haus-Fideikomiss- und Schatullgütern in naturgetreuen, künstlerisch ausgeführten, farbigen Darstellungen nebst begleitendem Text. Berlin: Duncker, 1857–1883. Zur Bedeutung der Publikationen Dunckers vgl. Franke 2014, S. 43.

1143 Schoenaich-Carolath, E. 2013: 00:38:42-6 – 00:42:36-1.

Abbildung 18: An „geräumige Flure und breite Treppen, die für uns Kinder ebenfalls Spielplatz waren" erinnert sich Hans-Wilhelm von Haugwitz. Hier eine Aufnahme des Treppenhauses im Erdgeschoss Anfang der 1980er Jahre.

kunft. „Also, für uns als Kinder war Schlesien natürlich immer irgendwie präsent. Wir hatten Bilder vom Schloss bei uns hängen".[1144]

Die veränderte Zahl und die anderen Dimensionen der Räume, die nun zur Verfügung standen, war der vielleicht zentrale Unterschied zur Wohnsituation der Vorkriegszeit. Die Familie von Haugwitz lebte vor 1946 auf Schloss Lehnhaus, Kreis Löwenberg:

> „Das war kein großes Schloss, es hatte genau die richtige Größe als Schloss. Im Erdgeschoss befand sich [die Eingangshalle mit Garderobe und WC], das Herrenzimmer, das Büro meines Vaters, vier Gästezimmer, Küche, Vorratsräume und das Zimmer der Köchin. Außerdem hatte mein Großvater [da] eine kleine Werkstatt. Er schnitzte sehr gerne und machte kleine Holzreparaturen, das war sein Steckenpferd. Im Obergeschoss: großer Saal, der Gartensaal – nur im Sommer nutzbar –, die Bibliothek, fünf Schlafzimmer für Eltern und Kinder, eine abgeschlossene Wohnung für den Großvater und seine älteste Tochter, die unverheiratet war und die ihn pflegte und betreute. Wir Kinder wohnten in Doppelzimmern zum Schlafen und Spielen. Wir haben sehr schön, aber nicht luxuriös gewohnt, aber nach damaligem Stand sehr gut. [In beiden Stockwerken befanden sich sehr geräumige Flure und breite Treppen, die für uns Kinder ebenfalls Spielplatz waren.]"[1145]

Wenn die Gelder aus dem Lastenausgleich ausreichten, erwarben viele Familien größere Immobilien – nicht alleine zu Repräsentationszwecken, sondern weil diese erlaubten, an die Praxis der Lebensführung vor dem Krieg anzuknüpfen. So ging etwa Valentin Graf von Ballestrem Ende der 1950er Jahre daran, für sich und seine Familie wieder ein als angemessen empfundenes Heim zu schaffen. Dazu erwarb er in Straubing eine Ziegelei, zu der auch ein Wohnhaus gehörte. Dieses Gebäude wurde bis fast auf die Grundmauern abgetragen – es durfte nicht abgerissen werden –, wo-

---

1144 Ballestrem, N. 2010a: 02:13:19-0 – 02:14:55-2.
1145 Haugwitz, H.-W. 2013: 00:22:55-7 – 00:24:54-7; sprachlich stärker geglättet und in Klammern ergänzt.

rauf ein in den Dimensionen wesentlich erweiterter Umbau errichtet wurde. „Aber man hat schon die Fläche des Hauses gut verdoppelt, um die ganze Familie dort unterbringen zu können."[1146]

> „Da war schon die Idee, als man das gebaut hat: ‚Na ja, jetzt ist das Schloss in Schlesien weg und jetzt entsteht hier wieder ein großes Haus mit Schlossdimensionen, was auch wieder der Familienmittelpunkt wird, so wie Plawniowitz immer der Mittelpunkt der Familie war, auf den sich dann immer alle bezogen haben.' [...] So wie man damals, vor dem Krieg, dann zu seinem Schloss ein Kavaliershaus gebaut hat, um die unverheirateten Geschwister, insbesondere Brüder, unterzubringen, war das dann auch. Also diese Strukturen, wie sie vor dem Krieg waren, sollten schon auch in Straubing wiederhergestellt werden oder wieder geschaffen werden. [...] Für die Wohnsituation an sich, würde ich jetzt aus der Nachsicht sagen, dass man schon versucht hat, das zu kopieren, was man hatte: nämlich ein Schloss. Ein Schloss mit entsprechenden Strukturen. Also, dass im Januar 1958 ein Haus so hingebaut wurde, dass also eine Küche im Keller ist, die wirklich nur mit Personal zu betreiben ist, mit einem Trakt für Wäsche (was natürlich sehr praktisch ist), aber dass also insgesamt ein Haus hingestellt wurde, was Schlossstrukturen hat, das rührt natürlich schon daher, dass man sich gerne wieder die Lebenssituation so schaffen wollte, wie man sie gehabt hat. [...] Aber [man] ist sich durchaus bewusst [gewesen], dass man reduzierte Mittel hat und das ein bisschen anders aufziehen muss."[1147]

Hyacinth Graf Strachwitz konnte nach einer reichen Erbschaft seiner Frau bereits in den 1950er Jahren ein Haus in Grabenstätt erwerben, das als angemessen empfunden wurde:

> „Das war ein uraltes Haus, was unter großem Aufwand umgebaut worden ist und eigentlich für eine Sechs-Personen-Familie zu groß war. Das heißt, wir nutzten es gar nicht in vollem Umfang, aber es war natürlich groß und für uns ein enormer Platz dann da, auch ein Riesengarten, der aber auch aufwendig zu halten war. Das war eigentlich nur unter Zuhilfenahme von Personal zu schaffen. Aus heutiger Sicht würde man das nie mehr so machen, sage ich mal, im fortgeschrittenen Alter meines Vaters sich so einen Kasten ans Bein zu binden".[1148]

> „So ein Haushalt ist natürlich nur mit einer großen Menge an Personal zu führen. Und die wirtschaftlichen Verhältnisse – und auch die Kosten für Personal waren nicht mehr zu bewerkstelligen. Also so ein Leben zu führen, hat sich zunehmend als nicht mehr möglich herausgestellt."[1149]

8.5.4 Personal

Das Personal bildete einen integralen Bestandteil des adeligen Lebensstils in der Vorkriegs- und Kriegszeit. Schon vor 1945 ging allerdings der Gesamtumfang und die Differenzierung des Personals zwischen den weniger vermögenden Haushalten und jenen, die einen grandseigneuralen Lebensstil pflegten, spürbar auseinander – ein

---

1146 Ballestrem, N. 2010a: 01:06:31-2 – 01:07:23-9.
1147 Ballestrem, N. 2010a: 01:03:56-8 – 01:06:19-5 u. 01:16:55-2 – 01:18:59-0.
1148 Strachwitz von Groß-Zauche und Camminetz, J. H. 2011: 00:23:40-3 – 00:24:40-2.
1149 Ballestrem, N. 2010a: 01:03:56-8 – 01:06:19-5.

Unterschied, der sich durch Flucht und Vertreibung noch intensivieren sollte. Das Personal machte natürlich einen großen Teil der Gutstrecks aus, und so schien es zunächst natürlich, dass die Angestellten auch bei ihrer „Herrschaft" blieben.

> „Gleichzeitig war da das Verantwortungsgefühl für alle Personen da, die um einen herum waren. Das waren zwar Angestellte, aber das war ja wie eine Familie. Das ist ja auch etwas, was eine Familie mit Traditionen hat – aber das ist in anderen Familien ähnlich –, dass man also für die Menschen, die bei einem angestellt sind, auch eine entsprechende Fürsorgepflicht hat, und insoweit hat man die dann nicht einfach in die Wüste geschickt und gesagt: ,Jetzt schaut mal, wo ihr bleibt', sondern die hatten genauso die Heimat verloren, wie man selber, und dann blieben die auch bei einem".[1150]

> „Dazu war ich auch erzogen, beispielsweise im Umgang mit unseren Angestellten und Arbeitern auf dem Gut, dass man die beispielsweise zuerst grüßt und solche Sachen. Mir ist immer beigebracht worden: Die sind nicht für dich da, sondern du bist für sie da. Das hätte sich dann als Erwachsener und als Gutsbesitzer natürlich fortgeführt."[1151]

Einige Flüchtlinge konnten an die vertraute landsässige Lebensweise anknüpfen, etwa die Familie von Friedrich Leopold Graf von Ballestrem, der als Forstverwalter seiner Schwester ein Auskommen fand. Seine Einkünfte betrugen nun nur noch einen Bruchteil dessen, was der Familie in Schlesien zur Verfügung gestanden hatte – Ausgaben von 10.000 Mark pro Monat in Schlesien standen nunmehr Einkünfte von zunächst 300, dann 400 Mark gegenüber –, und die Größe des Haushalts musste entsprechend schrumpfen. Nach einiger Zeit erhielt die Familie Dienstland (Deputatland) und konnte dort mit zwei auf Kredit erworbenen Kühen etwas Landwirtschaft auf eigene Rechnung betreiben. In der Landwirtschaft war zusätzliches Personal erforderlich und finanzierbar, im Haushalt brach die klassische Rolle der Köchin und Haushälterin dagegen bald weg. „Und dann durch die Landwirtschaft hatten wir also erst einmal eine Magd, dann einen Knecht. Und dann hatten wir noch lange eine Hausangestellte, also sudetendeutsche Flüchtlinge, die da nach Herbstein kamen."[1152]

In den westeuropäischen Häusern des Hochadels spielte Personal auch in der Nachkriegszeit eine wichtige Rolle. Der 1959 geborene Andreas Graf Henckel von Donnersmarck, dessen Mutter eine geborene Prinzessin von Luxemburg war, erlebte bei den mütterlichen Großeltern, was er einen „intakten Haushalt" nennt,

> „wie man ihn früher in Schlössern erleben konnte. Als Kind hat mich beeindruckt, dass es jedenfalls zwei Diener gab, zwei Chauffeure und mehrere Helfer in der Küche. Um in die Küche zu gelangen, musste man zwei Stockwerke hinunter steigen. Auch wenn wir Kinder den Koch natürlich gekannt haben, die Küche wurde nur ausnahmsweise betreten, anders als heute, wo ein Großteil des Lebens sich in der Küche abspielt. Im Schloss meiner Großeltern in Luxemburg war es noch sehr so, wie es eben früher war."[1153]

1150 Ballestrem, N. 2010a: 00:48:40-0 – 00:51:13-0.
1151 Zedlitz und Neukirch, S. 2012: 00:32:44-7 – 00:33:38-6.
1152 Ballestrem, G. 2012: 01:13:41-9 – 01:14:26-9.
1153 Henckel-Donnersmarck, A. 2013: 00:28:22-5 – 00:30:15-2.

Das Personal, das aus größeren Haushalten mit in den Westen geflohen war, verringerte sich dagegen im Laufe der ersten Nachkriegsjahre zunehmend. „Das waren dann teilweise irgendwelche Hausmädchen, die ja auch schon ursprünglich nicht unbedingt die ganze Zeit [im Schloss, S. D.] verbracht haben. Die haben dann geheiratet und waren weg."[1154] Die Haushalte schrumpften aber vor allem, weil die Arbeitskraft in der Nachkriegsgesellschaft eine veränderte Kostenstruktur hatte. Im Herbsteiner Haushalt Gotthard Graf von Ballestrems kümmerte sich bald die Mutter um Aufgaben, die zuvor dem Hauspersonal oblagen: „[...] wann das aufgehört hat, weiß ich gar nicht mal. Nach der Währungsreform. Und ab da musste meine Mutter alles alleine machen."[1155] Sogar im Haushalt Valentin Graf von Ballestrems, der als Familienoberhaupt über deutlich größere Ressourcen verfügte, fielen letztlich viele Funktionen in einer Person zusammen. „Allerdings hatten wir in unserem Haus in Straubing noch einen, wie wir das so genannt haben, Diener-Chauffeur, also jemanden, der bei uns im Haus war, dort serviert hat und als Chauffeur und gleichzeitig auch als Hausmeister fungiert hat."[1156] „Johanna Benkel, also ihre [der verwitweten Großmutter, S. D.] Bedienstete, war, wenn man so will, ihre Schutzpatronin und ihr Wachmann und ihre Köchin und Betreuerin."[1157]

Wer finanziell in der unmittelbaren Nachkriegszeit gut gestellt war, leistete sich in vielen Fällen zumindest ein Hausmädchen. Das Personal ermöglichte es, traditionelle adelige Frauenrollen aufrechtzuerhalten.

> „Also, in der Anfangsphase gab es eigentlich für alles Personal. Die Aufgabe einer Hausfrau zu der Zeit ist es eben, dieses Personal zu führen und anzuleiten. Wie stelle ich mir vor, dass ein Bett gemacht zu sein hat, und wie stelle ich mir vor, dass ein Tisch gedeckt zu sein hat, und was soll es an dem Tag zu essen geben, und die Besorgung der Lebensmittel. Das war dann die Aufgabe meiner Mutter und das Versorgen der Kinder und dann dazu parallel immer eine gewisse soziale Tätigkeit im Umfeld."[1158]

Das Personal ermöglichte der Hausherrin den Freiraum, um sich neben den Kindern auch um soziale Belange zu kümmern. „Meine Mutter war immer im Altersheim unterwegs, war immer mit Kindern unterwegs."[1159] Auch die frischvermählte Maria von Loesch freute sich, als sich 1947 endlich die Möglichkeit bot, ein „Mädchen" einzustellen, nachdem ihre Mutter aus der Wohnung des jungen Paares ausgezogen war: „Das letzte Jahr konnten wir aus Platzmangel kein Mädchen haben. Seit kurzer Zeit bin ich nun entlastet und kann wieder lesen, schreiben und nähen, wozu ich sonst bei all der nötigen alltäglichen Arbeit nicht kam."[1160]

1154 Ballestrem, N. 2010a: 00:51:16-4 – 00:52:56-0.
1155 Ballestrem, G. 2012: 01:13:41-9 – 01:14:26-9.
1156 Ballestrem, N. 2010a: 00:51:16-4 – 00:52:56-0.
1157 Websky, M. 2013: 00:46:48-3 – 00:58:33-0.
1158 Ballestrem, N. 2010a: 01:38:31-6 – 01:40:13-7.
1159 Ebd.
1160 Braun 2002, S. 62, Nr. 30: Maria von Loesch, Dahmsdorf, 23. April 1947.

Die „Mädchen" bildeten so nach wie vor den Kern des Haushalts – sei es als Kinderfrau in der Familie oder als Gesellschafterin der alleinstehenden Witwe sowie als Köchin, die die Hausfrau, wenn immer man sich dies leisten konnte, von dieser gar zu bürgerlichen Tätigkeit entband.[1161] Die Familie von Stillfried etwa lebte nach dem Krieg unter zunächst sehr einfachen Verhältnissen als Gutspächter auf dem Land, sodass sich die Mutter um den Haushalt kümmerte.

> „Wir hatten Gott sei Dank eine Kinderschwester, Theta genannt, die in rührender Weise sozusagen als zweite Mutter mit half, diese sieben Kinder großzukriegen. Sie hatte die Flucht mitgemacht und ist insgesamt 35 Jahre bei uns gewesen, bis zu ihrem Tode. Sie war also Teil der Familie – viel mehr als eine Kinderschwester."[1162]

In vielen Fällen hatte das das Personal in Schlesien zwischen den verschiedenen Familien gewechselt, wenn eine bestimmte Tätigkeit in einem Haushalt lebensabschnittsbedingt nicht mehr erforderlich war:

> „Diese Kinderfrau hatten meine Eltern schon wieder übernommen von einer anderen adeligen Familie, Fürstenberg, wo sie also auch ihre Dienste getan hatte und die Kinder groß gezogen hatte, und dann kam sie also zu uns. Das war die Hauptbezugsperson."[1163]

Die zum Teil Jahrzehnte dauernde Beziehung zwischen Hausangestellten und ihren Arbeitgebern brachte in der Tat besondere Verhältnisse hervor, deren klar hierarchisierte Struktur allerdings vielfach von der Erinnerung an gegenseitige Abhängigkeit überlagert wird.

> „Es war eine Symbiose, wie man sie, glaube ich, nur aus den alten Geschichten der guten Feudalzeit kennt, oder in diesem Fall, Herrin und Bedienstete eine lebenslange Gemeinschaft bilden, die praktisch untrennbar miteinander verwoben ist, aufeinander angewiesen ist und auch füreinander sorgt. Und ich weiß, dass meine Oma Ottilie von Nimptsch, also die Großmutter mütterlicherseits, von ihrer Rente bis zu ihrem Lebensende immer auch für Johanna Benkel Rente eingezahlt hat. Das mögen kleine Beträge sein, aber es war doch –, das entsprach ihrem Verantwortungsgefühl und ihrem Treuebegriff."[1164]

Um die geradezu sagenhafte Treue des Personals zur Herrschaft wiederum ranken sich zahllose Anekdoten:

> „Im Haushalt meines Großvaters passierte [die groteske Situation, S. D.], dass ein – ja was war er – Knecht, schätze ich, der also auch aus Schlesien mitgekommen war und dann noch in der Küche half, irgendwann mal fünfzig Jahre da war – und das war auch irgendwo notiert. Und man stellte fest, dass er nie bezahlt worden war, zumindest seit dem Krieg nicht. Er fand das irgendwie wohl ganz normal, weil zu Weihnachten kriegte man Bekleidung. Also irgendwie war er durch das Raster gefallen, was dann natürlich in Ordnung gebracht wurde. Aber es hatte sich niemand gerührt."[1165]

1161 Zur Rolle der Dienstbotinnen allgemein vgl. Friese 2008.
1162 Stillfried und Rattonitz, N. 2012: 01:07:06-3 – 01:14:21-4.
1163 Ballestrem, G. 2012: 00:21:40-5 – 00:22:36-4.
1164 Websky, M. 2013: 00:46:48-3 – 00:57:33-3.
1165 Dammermann, E. 2011: 00:09:23-6 – 00:11:53-8.

„Diese Ella, wie sie mit Vornamen heißt, kam nach ihrer Schulzeit mit vierzehn Jahren zu uns und ist – bis sie heiratete, 1939, glaube ich, da war sie also 24 ungefähr (wie alt war sie denn da?). Sie hatte immer engsten Kontakt zu meinem Elternhaus und dann nach der Flucht, der Vertreibung und so weiter, zu uns, vor allen Dingen meiner Schwester, hat sie noch den Sohn meiner Schwester versorgt. Die hat dann einmal, als sie mit meiner Schwester telefonierte, gesagt: ‚Wissen Sie, Frau Erhart, eins muss ich Ihnen doch erzählen‘, das war der 1. April Neunzehnhundert-so-und-so-viel, ‚heute bin ich seit 50 Jahren bei uns.‘ Nicht ‚bei Ihnen‘, sondern ‚bei uns‘. Sie hat sich so zugehörig zu unserer ganzen Familie gefühlt, dass sie trotz ihrer eigenen Familie sagte ‚zu uns‘.“[1166]

Besonders intensiv erinnert werden die besonderen Beziehungen, die diese oft jahrelang dauernden Verhältnisse mit sich brachten.

„Mir ist unvergesslich, wenn es bei meiner Oma, Ottilie von Nimptsch, nicht so klappte und ihre Bedienstete unzufrieden war, dann sagte Johanna mit lauter und strenger Stimme: ‚Jetzt haben gnädige Frau das schon wieder falsch gemacht, obwohl ich es schon zweimal gesagt habe. Gnädige Frau möchten das doch bitte jetzt so machen.‘ In dieser Art wurde dann die Ottilie wieder eingeordnet auf das, was aus der Sicht ihrer Haushälterin eigentlich zu tun war.“[1167]

Für die meisten Flüchtlingskinder war die Anwesenheit von Personal im Haus ein vollkommen fremder Erfahrungshorizont. Am ehesten vermochten noch diejenigen, die auf dem Land aufwuchsen, etwa wie Albrecht Graf von Reichenbach, der auf dem niedersächsischen Gut der Großeltern Freiherren von Knigge lebte, an die Vorkriegserfahrungsräume anzuknüpfen. Hier erhielten sich alte Hierarchisierungen und wurden auch gegenüber den Kindern so vermittelt:

„Ich habe in meiner Kindheit noch erlebt, dass im Haus Personal war, in der Küche oder sonst wie, die alle so als Faktoten herumliefen, wahnsinnig nett waren, auch nett behandelt wurden, also zur Familie zählten und loyal und treu und eine Einheit bildeten. Das haben so viele nicht erlebt. Ich sehe es ja an meinen Vettern und Cousinen, die nicht das Glück hatten, dass ihre Mutter aus so einem Umfeld kam. Da ist diese Erfahrung nicht so da.“[1168]

In der Landwirtschaft gab es länger als in anderen Bereichen einen Personaleinsatz, der in traditionelle Hierarchien eingebettet war. Damit erlebten hier selbst Kinder, deren Eltern nur eine land- oder forstwirtschaftliche Verwalterstellung begleiteten, wie Friedrich Leopold Graf von Ballestrem, eine Kontinuität alter Strukturen.

„Es waren Bauern, die dann im Winter als Holzhauer gehen“, erinnert sich sein Sohn, „und Kulturfrauen im Sommer. (Das waren halt Frauen, die im Sommer pflanzten und die Pflanzen freischnitten.) So sind wir immer auch, würde ich mal sagen, obwohl Flüchtlinge und Habenichtse, sehr herrschaftlich aufgewachsen, weil diese vierzehn Holzhauer, die haben uns natürlich alle als Söhne vom Chef gesehen. Wir waren sowieso immer die Grafen. Und diese ganzen Kulturfrauen, das setzt sich bis heute fort, deren Kinder und so,

1166 Seherr-Thoß, R. 2011: 01:26:30-4 – 01:28:51-9.
1167 Websky, M. 2013: 00:46:48-3 – 00:58:33-0.
1168 Reichenbach, A. 2013: 02:02:27-1 – 02:05:43-4.

die treten uns also sehr – ich weiß nicht, wie man das sagen soll – noch in alter Gefolg-schaft entgegen, wenn wir die heute sehen".[1169]

Stolz erinnert sich der Zeitzeuge an das besondere Band, das auch im Ballestrem'schen Haushalt das Personal besonders mit den adeligen Kindern verbunden habe, darun-ter etwa an eine frühere Köchin, die mit der Familie aus Schlesien geflohen war: „Das war eine treue Seele. Die hat also, wenn wir da in Thüringen und dann in Bayern mit vielen anderen waren, immer was abgeknapst und hat uns irgendeinen Leckerbissen heimlich zugesteckt. Eine ganz rührende Seele, was uns eigentlich schon beschämt hat gegenüber den anderen. Aber wir konnten sie auch nicht beleidigen."[1170] Als die Familie nach Herbstein in Hessen wechselte, um der Verwalterstellung des Vaters hinterherzuziehen, verließ sie die Köchin und heiratete.

> „Aber sie hat noch viele, viele Jahre rührende Briefe an meine Mutter geschrieben, also immer – was uns, die wir ja dann, wie soll ich sagen, fern jeden Schloss- und sonst jeden Herrschaftsdings entwöhnt, ganz übertrieben devot vorkam (aber was ich verstehe, wenn sie so lange in herrschaftlichen Diensten war und das sehr gerne war) – obwohl es immer auch Krach gab mit meiner Mutter. Also ich glaube, mindestens einmal im Jahr gab es Krach, und dann hat sie gekündigt, aber diese Kündigung hat sie dann nach ein paar Ta-gen wieder aufgehoben, weil sie sich gar nicht vorstellen konnte, wegzugehen – sie liebte uns Kinder auch über alles."[1171]

Auch hier kehrten sich durch den Expropriationsprozess am Kriegsende die wirt-schaftlichen Vorzeichen geradezu um, was den erwachsenen Mitgliedern der adeli-gen Familie den Umgang mit der ehemaligen Hausangestellten zusätzlich kompli-ziert erscheinen ließ. Die ehemalige Köchin beschloss sogar, den gräflichen Kindern das von ihrem Mann ererbte Einfamilienhaus zu vermachen, was Friedrich Leopold Graf von Ballestrem jedoch mit dem Argument ablehnte, dass dieses der weiteren männlichen Verwandtschaft des Ehemanns zustünde.[1172]

In der Bundesrepublik wurde das Personal, soweit es nicht seit schlesischer Zeit im Dienst der Familie stand, vielfach unter den Vertriebenen rekrutiert. Im Haus-halt der Grafen Ballestrem wurde beispielsweise ein Ehepaar als Chauffeur, Diener und Köchin beschäftigt.

> „Bis Anfang der 80er Jahre war das noch ein alter Schlesier mit seiner Frau, die bei uns in der Küche war, die dort ihren Dienst getan haben. Die Frau lebt heute noch, ist weit über neunzig und ist eine der treusten Seelen, die man sich nur vorstellen kann. Das ist bis heu-te so, und auch heute, als wir dann einen Nachfolger für ihn suchen mussten, wurde das wieder ein Schlesier. Das war dann zwar ein Spätaussiedler, aber es ist wieder ein Schlesier geworden, mit einem ähnlich schlesischen Attachement an die Familie."[1173]

In ähnlicher Weise suchte beispielsweise Ende der 1950er Jahre eine Anzeige in ei-

1169 Ballestrem, G. 2012: 01:19:41-0 – 01:20:37-0.
1170 Ballestrem, G. 2012: 01:09:27-4 – 01:11:13-0.
1171 Ebd.
1172 Ballestrem, G. 2012: 01:11:13-0 – 01:12:02-1.
1173 Ballestrem, N. 2010a: 00:51:16-4 – 00:52:56-0.

nem Heimatblatt nach einem Hausmeisterehepaar für ein Landhaus am Tegern-
see.[1174] Bis in die 2000er Jahre hinein wurden so in einigen Haushalten die Reste eines grandseigneuralen Lebensstils weitertradiert, der aber schon in der Vorkriegszeit
längst nicht von der ganzen sozialen Gruppe gepflegt werden konnte.

> „Also das hat sich immer weiter reduziert, aber in meiner Kindheit [in den 1970er Jahren,
> S. D.] gab es Servieren und weiße Handschuhe zu jeder Mahlzeit. Nicht zum Frühstück
> – aber das war nie so; da wurde nie serviert, auch in Schlesien nicht –, aber Mittagessen
> und Abendessen wurden zu jeder Mahlzeit an jedem Tag der Woche serviert. Und das
> wurde dann peu à peu zurückgefahren. Zuerst war es nur noch jedes zweite Wochenende,
> dann hatten die [Angestellten] also erst mal jeden zweiten Sonntag frei. Ansonsten war das
> wirklich sieben Tage die Woche. [...] Dann wurde also nur noch das Mittagessen serviert
> und das Abendessen nicht mehr und so fort. So wurde das peu à peu runtergebracht."[1175]

In dem Maße, in dem sich die Zahl des Personals reduzierte, erwiesen sich die nach
dem Krieg erworbenen repräsentativen Anwesen als zu groß oder auch nur zu un-
praktisch, um sie sinnvoll zu bewirtschaften. „Dann hatten die jeden zweiten Sonntag frei, dann mussten wir ja selber kochen, wozu ja dieses Haus überhaupt nicht
ausgelegt war, dass man selber kocht. Die Küche war im Keller. Und ein soziales Kochen, wie man das heute so gerne macht, das war überhaupt nicht möglich."[1176] Die
Verhältnisse entsprachen – genau wie die Beschäftigung von Dienstboten selbst, die
zunehmend höchstens durch Haushaltshilfen ersetzt wurden – nicht mehr der sozialen Norm in der Bundesrepublik: „Die im Haus wohnende Dienstbotin mit ihrem abhängigen Status, der an vordemokratische Verhältnisse gemahnte", folgert etwa Bärbel Maul, „erschien nicht mehr zeitgemäß. Der moderne Haushalt war um
eine durchrationalisierte Küche herum als auf die Familie bezogener privater Raum
konzipiert."[1177]

   In der übergroßen Mehrheit waren die Mitglieder adeliger Familien aus Schlesi-
en allerdings längst in Verhältnissen angekommen, die dieser Norm entsprachen. Es
war eine Anpassung an die normbildende Kraft einer Lebenswelt, deren Kern eine
zunehmende Ausrichtung der Lebensstile auf die Mittelschicht war.

8.5.5 Jagd

Landleben und Jagd galten als zentrale Elemente des adeligen Habitus an der Schwelle zum 20. Jahrhundert. Wie Charlotte Tacke herausgestellt hat, ist die Forschung im
vergangenen Jahrzehnt hier jedoch zu sehr einer adeligen Selbststilisierung gefolgt,
nach der Jagd eine spezifisch adelige und vom „Bürgertum" unterschiedene Praxis
gewesen sei, und hat zugleich gezeigt, dass Jagd in der Moderne „eine völlig neue,

---

1174 Anzeige des ehemaligen Landrats Detlev von Reinersdorff für einen Verwandten. In: Groß War-
     tenberger Heimatblatt 1, 3, März 1958, S. 8.
1175 Ballestrem, N. 2010a: 01:53:44-8 – 01:55:32-2.
1176 Ballestrem, N. 2010a: 01:53:44-8 – 01:55:32-2.
1177 Maul 2002, S. 175.

moderne Form der sozialen Strukturbildung darstellte".[1178] Die Jagd erweist sich dabei vor allem als eine besonders ressourcenintensive Sozialpraxis, die von vornherein diejenigen ausschließt, denen „das Geld und die Freizeit" dafür nicht reicht. Egal ob gemischt mit bürgerlichen Familien oder rein unter Adeligen, erweist sich Jagd noch heute als eine Distinktionspraxis, in die man eher „reinkommt", wie ein Zeitzeuge über seinen Sohn sagt. „Zwei Klassenkameraden aus vermögenden Bonner Familien, die in die Jagd hineingerutscht sind, durch elterliches Beispiel, haben ihn mitgezogen, und jetzt gehen die drei jungen Männer also hier auf die Jagd und, ja – hat aber mit Adel nichts zu tun."[1179]

So bedeutend der Umstand ist, dass Jagd, wie Charlotte Tacke gezeigt hat, in keiner Weise einen spezifisch adeligen Habitus darstellt, so sehr ist jedoch auch darauf hinzuweisen, dass Jagd auch weiterhin einen zentralen Stellenwert in der adeligen Selbststilisierung hat und das obwohl – oder vielleicht auch gerade weil – eine Mehrheit der Menschen aus adeligen Familien diesem Element eines adeligen Lebensstils nicht mehr folgt.

> „Das Beispiel, wo es sich dann wieder sehr mischt, ist die Jagd. Man jagt oder nicht, aber tendenziell gibt es bei den Adeligen einen höheren Anteil als bei den Bürgerlichen. Nicht alle Adeligen jagen und nicht alle Bürgerlichen jagen nicht, also das ist –, wahrscheinlich gibt es viel mehr bürgerliche Jäger als adlige. Aber jedenfalls ist das sozusagen eine Beschäftigung, die dazugehört."[1180]

Insbesondere für die „intakten" Adelslandschaften Südwestdeutschlands finden sich noch Perzeptionsmuster, die auf die herrschaftliche Herkunft des Jagens als soziale Praxis verweisen.

> „Ich bin auch nicht Jäger, das ist auch wichtig. Hier [auf dem Land] hat man eigentlich einen Jagdschein. Zumindest, wenn man zur Herrschaft gehört, hat man den Jagdschein und trifft sich auf den Jagden, das ist auch immer sehr nett. Wir werden zu den Jagden, also zu dem Abendessen, dann auch eingeladen. Früher sind wir auch als Treiber eingeladen worden, das habe ich aber nie gemacht. Das wird auch nicht mehr erwartet, dass man mit 70 noch auf die Treibjagd geht, als Treiber. Sondern man geht nur abends zum Essen."[1181]

Jagden haben wenn, dann vor allem den Charakter eines gesellschaftlichen Ereignisses und sind in dieser Hinsicht nur noch begrenzt mit dem passionierten Jagdsport vergleichbar, der adelige Erzählungen vom Anfang des 20. Jahrhunderts durchzieht. Auch im Umgang mit der Jagdkultur sind deutliche Tendenzen einer Individualisierung spürbar.

> „Mein Vater war zum Beispiel auch – das waren dann die Widersprüchlichkeiten, die es in ihm gab –, er war ein selten unpassionierter Jäger. [...] Und er war ein großer Liebhaber

---

1178 Tacke 2009, S. 223, Anm. 1, gibt einen Überblick über die jüngere Literatur zum Verhältnis von Adel und Jagd in der Moderne. Zitat: ebd., S. 225.
1179 Websky, M. 2013: 01:43:44-1 – 01:46:33-8.
1180 Reichenbach, A. 2013: 01:57:24-0 – 02:00:00-7.
1181 Eichborn, J. 2012: 03:11:31-5 – 03:13:25-4.

der Natur. Er ist auf Jagden gegangen, um in der Natur zu sein. Aber ich vermute, dass er
eher, um eine Blume zu sehen, einen Hasen hätte laufen lassen [Lachen]."[1182]

Am lebendigsten ist Jagd als Praxis naheliegenderweise dort geblieben, wo Familien erneut eine enge Verbindung mit der Landwirtschaft eingehen konnten, sei es, weil sie
über Besitz im Westen verfügten, sei es, weil sie als Güter- oder Forstverwalter auch
jagdliche Aufgaben erfüllten. In der Nachkriegszeit setzte die Möglichkeit zur Jagd hier
zugleich die althergebrachte Ordnung fort, übernahm doch der – in diesem Fall adelige – Jäger hier die Rolle eines Beschützers der Bauern vor Schäden durch das Wild.

> „Und mein Vater war ein fabelhafter Schütze und sehr kluger Jäger, der sich also in die Tie-
> re hineindenken kann, und hat das auch als seinen Dienst aufgefasst. Als es dann durch die
> Alliierten wieder Waffen gab, die die Deutschen führen durften – vorher konnten nur die
> Amerikaner jagen, das war eine Katastrophe – hat dann mein Vater also viele Nächte ge-
> opfert, um da auf Schwarzwildjagd zu gehen und hat dann also Schweine geschossen. [Die
> Wildsauen] waren früher wenig und dann, wie allgemein in Deutschland, haben sie sich sehr
> stark durch die verschiedenen Einflüsse vermehrt, bis sie zur Plage geworden sind. Damals
> aber in der Nachkriegszeit waren die Wildschweine auch eine Plage, obwohl längst nicht so
> zahlreich wie jetzt. Und zwar deshalb, weil sie ja echte Nahrungskonkurrenten waren. Also
> wenn ein Wildschwein nur im Kartoffelacker war, da war das für die Familie eine Katastro-
> phe, dann reichte es nicht für den Winter. Und wenn man ein Wildschwein erlegte, war man
> ein Volksheld im Dorf. Also: ‚Der Graf hat eine Sau geschossen!‘. Und dann haben alle Bau-
> ern wieder gesagt: ‚Oh, dann ist ja wieder mehr von der Ernte gerettet für nächstes Jahr.‘"[1183]

Die Kinder wuchsen ganz selbstverständlich mit der Jagd auf:

> „Schon als kleiner Bub kam ich mit Jagd in Berührung und sie hat mich von Anfang an
> fasziniert. Ich gehe gerne auf die Jagd, kann das auf meinem eigenen Grundbesitz tun und
> natürlich wenn ich irgendwo eingeladen bin."[1184]

> „Seit ich denken kann, haben wir unseren Vater begleitet auf der Jagd und geheult, wenn
> er uns nicht mitgenommen hat. [...] Es war uns immer mit dem Beruf meines Vaters ver-
> bunden. Für uns war Jagd eigentlich – obwohl wir passionierte Jäger waren – wie Pflicht.
> Das Töten von Tieren oder die Problematik oder die Jagd als Sport, wie in England zum
> Beispiel, oder wie hier, als Hobby, ist uns nie in den Sinn gekommen".[1185]

Gerade dort, wo, weil es sich um privaten Waldbesitz und private Jagd handelte,
durchgreifende staatliche Kontrollen nicht erfolgten und mit eventuellen Anzeigen
nicht zu rechnen war, gehörte es zur Sozialisierung von Jungen auf dem Land, dass
ihnen auch vor Erreichung des entsprechenden Alters und ohne einen Jugendjagd-
schein der Umgang mit der Büchse erlaubt wurde.

Besonders im Verhältnis zur Jagd machen verschiedene Zeitzeugen einen nicht
unbedeutenden Unterschied zu jenem Teil der Verwandtschaft aus, der die landsässige Lebensweise durch die Flucht völlig aufgeben musste.

1182 Ballestrem, N. 2010a: 01:35:47-5 – 01:36:27-5.
1183 Ballestrem, G. 2012: 01:15:42-3 – 01:17:34-5.
1184 Henckel-Donnersmarck, A. 2013: 00:35:41-3 – 00:37:48-2.
1185 Ballestrem, G. 2012: 01:14:53-8 – 01:15:38-4 u. 01:17:41-4 – 01:19:34-6.

„Ich sehe es ja an meinen Vettern und Cousinen, die nicht das Glück hatten, dass ihre Mutter aus so einem Umfeld kam. Da ist diese Erfahrung nicht so da. Ja, auch diese Verständigkeit, dass man die Jagd ausübt. ‚Aber es ist ja erst 15. Mai, am 16. gehen die Böcke auf, also kann man einen Rehbock schießen.‘ Ja, also wird man sich überlegen, auf welchen Hochsitz setze ich mich? Und nicht die grundsätzliche Überlegung: Gehe ich überhaupt zur Jagd? Ist jagen böse, ist jagen toll, oder mach ich das? Sondern die Frage ist: Wie mache ich es? Nicht ob.“[1186]

8.6 Differenzerfahrungen

Dass neben Selbststilisierungen und bewusst oder unbewusst im Laufe unserer Sozialisation erworbenen Habitusformen gerade auch Zuschreibungen und Erwartungshaltungen unserer sozialen Umgebung einen Einfluss darauf haben, wer wir sind und sein können, ist bereits mehrmals angeschnitten worden. Ein Zeitzeuge analysierte etwa den Umstand, dass er in der Grundschule seines Sohnes fast automatisch in die Rolle eines Streitschlichters hineingerutscht sei, wenn ein Konflikt zwischen Eltern auftrat, wie folgt: „Und da war halt ich dann der Chefdiplomat, einfach weil ich vermutlich besser sprechen und schreiben kann als alle andern. Und weil ich einen gewissen Namen habe. Weil es halt dann doch was ausmacht, wenn der Herr von Mutius daherkommt und nicht der Herr Huber.“[1187]

Soziale Unterschiede und Hierarchisierungen sind auch deshalb eine Ko-Produktion der umgebenden Gesellschaft und der durch Erwartungen und Zuschreibungen positiv oder negativ herausgehobenen Individuen oder Gruppen. Status entsteht vielfach überhaupt erst in der Perzeption und Aufladung vorhandener Chiffren – wie der zu Namensbestandteilen gewordenen adeligen Titel, aber auch der Kleidung, der Wohnstile oder sozialer Verhaltensweisen – mit Bedeutung. Ein Zeitzeuge, dessen Vater gleich nach dem Krieg als Forstverwalter in Oberhessen angestellt war und aus der in Schlesien mit – für westliche Verhältnisse – sehr ausgedehntem Waldbesitz begabten Familie der Grafen von Ballestrem stammte, erlebte etwa, wie die aus Flüchtlingsarmut und ländlicher Lebensweise geborene Kleidung von seinen Schulkameraden im städtischen Fulda der 1940er und 1950er Jahre als soziale Chiffre gelesen und so mit Bedeutung aufgeladen wurde:

„[...] es setzte sich auf einmal (das haben wir relativ spät festgestellt) das Gerücht durch, wir hätten unermessliche Waldungen. Also ich weiß nicht, wie dieses Gerücht aufkam. Und wir waren da bekannte Gestalten. Weil mein Vater hatte für uns als Universalbekleidungsstück Lodenmäntel [beschafft], weil man dachte, man muss einen Lodenmantel haben – aber dunkelgrau, waren vielfach verwendbar, selbst bei Beerdigungen. Da sind wir also mit diesen dunkelgrauen, fast schwarzen Lodenmänteln auf unserem Schulweg, und da hießen wir die ‚schwarzen Raben‘. Also wir waren irgendwie stadtbekannt in Fulda [lacht], mit Hintergrundgerücht: unermessliche Waldungen.“[1188]

1186 Reichenbach, A. 2013: 02:02:27-1 – 02:05:43-4.
1187 Mutius, M. 2013: 02:20:06-3 – 02:21:41-2.
1188 Ballestrem, G. 2012: 01:22:00-5 – 01:23:13-9.

Der immer wiederkehrende Prozess der sozialen Zuschreibung muss somit nicht notwendigerweise als natürlich und erst recht nicht als angenehm oder schmeichelhaft empfunden werden. Vielfach fühlen sich Menschen aus adeligen Familien durch die Hervorhebung des „Adelig-Seins" durch andere nämlich eher stigmatisiert als positiv herausgehoben. Es sind charakteristischerweise vor allem Geschichten des Heranwachsens, in denen die oft genug unangenehme Begegnung mit der Aufmerksamkeit der Umgebung eine Rolle spielt, stellt doch diese Zuschreibung einer Identität von außen, eine Konfrontation, ein Festgelegt-Werden auf ein Sein dar.

> „Also einmal habe ich es als sehr unangenehm empfunden, als ich eine Ehrenurkunde, im Sport, also nach den Bundesjugendspielen in der Grundschule, bekommen habe, und der Direktor hat erwähnt, dass die Ehrenurkunde und die Nadel an eine echte Prinzessin gehen, und das war unangenehm. Also ich fand das, eine komische Situation, v.a. weil mir das [der Name] auch gar nicht bewusst war. Mein Vater hat, glaube ich, schon ein bisschen Wert darauf gelegt, dass uns das bewusst ist. Aber ich bin nicht so aufgewachsen. Also ich bin, würde ich sagen, einfach normal aufgewachsen."[1189]

Gefangen sind solche Erzählungen häufig in einer doppelten Brechung, dem Beobachtet-Werden und der Erinnerung an das Beobachtet-Werden:

> „Ich war im Ballett, wobei das eher so rhythmische Gymnastik war, vielleicht, und ich muss wirklich ziemlich klein gewesen sein. Es war halt Fasching, und da sind wir verkleidet hingegangen und ich als Froschkönig. Jede Gruppe durfte irgendwie tanzen. Also es durften die Indianer tanzen und es durften die Cowboys tanzen und es durften die Clowns tanzen und irgendwann durften die Prinzessinnen tanzen. Ich würde behaupten, ich war mir nicht so ganz –, also ich hatte ja eine Krone auf und ich wollte auch mal tanzen [lacht]. Ich habe aber mitgekriegt, dass die anderen furchtbar gegrinst haben, als ich auch zum Tanzen gegangen bin [lacht], weil also die ganzen Eltern halt schon wussten, dass ich halt auch Prinzessin heiße, und die haben das also anders bewertet. Und das war mir im Nachhinein ziemlich unangenehm."[1190]

Ein weiterer Zeitzeuge erinnert sich daran, wie die spontane Hilfe für eine Klassenkameradin auf dem Schulhof von außen sozial aufgeladen wurde:

> „Ritterlichkeit – so stand das dann in der Zeitung – von meiner Person schlechthin. In irgendeiner Pause ist beim Spielen eine Klassenkameradin von einem anderen Jungen irgendwie umgerannt worden. Sie landete dann plötzlich irgendwo in einer Pfütze und war ganz dreckig, und ich habe sie dann in die nächste Schulstunde bei einer Lehrerin mitgenommen und sagte mir, also du musst da mal helfen, die sieht ganz dreckig aus und war auch etwas verletzt. Ich hatte mich dann um diese Klassenkameradin gekümmert, und das wurde dann so als die Ritterlichkeit des Adels mir gutgetan."[1191]

Der positiven – manchmal zu positiven – Aufmerksamkeit der erwachsenen Umgebung standen stete Reibungen mit den Gleichaltrigen gegenüber, die sich häufig genug an der Andersartigkeit adeliger Namen entzündeten.

1189 Schoenaich-Carolath, E. 2013: 00:28:31-8 – 00:32:18-1.
1190 Ebd.
1191 Stillfried und Rattonitz, I. 2012: 00:26:03-6 – 00:27:57-5.

„Das was schon Thema – und da habe ich schon manchmal etwas drunter gelitten. (Kinder sind manchmal ziemlich grausam). Es sind dann einfach gewisse Hänseleien aufgrund des Namens gewesen, die man irgendwie ertragen musste. Also das war teilweise schon etwas schwierig."[1192]

„Ich weiß nicht, ob es in Sexta oder Quinta war, bin ich mal gestürzt im Turnunterricht in der Turnhalle und habe mich verletzt und blutete. Und da war ein oberschlesischer Junge, der Familie Ballestrem kannte, durch Erzählungen seines Vaters. [...] Und der wusste also, dass ich adelig bin, sah, dass ich blutete, und rief: ‚Leute gucken, gucken, gucken, hier! Blaues Blut! Blaues Blut.' Und als ich hinguckte, sah ich tatsächlich – also was hat man, Venen und Arterien im Fuß – eine Vene [lacht], und das Blut bisschen dunkler. Er hat also tatsächlich behauptet, das wäre anders als andere."[1193]

In der Auseinandersetzung mit der sozialen Umwelt konstruierten sich bestimmte Selbstbeschreibungen, die ihren Ausgang häufig wiederum im Namen fanden und die sich über mehrere Generationen verfolgen lassen. Verbreitet ist etwa das Konzept der „Von-schen". Besonders häufig scheint es zur Selbstidentifizierung im Kontext stark egalisierender gesellschaftlicher Bereiche wie der Schulzeit oder bei Männern des Militärdienstes aktiviert zu werden.

„In der Klasse waren, ich weiß jetzt nicht genau, sieben, acht Adelige, also der Prozentsatz war schon relativ hoch, und die Leute, die Klassenkameraden, waren also – von den Titellosen bis zu Grafen war also alles dann vertreten. Es war schon von vornherein ein gewisser anderer Umgang der Lehrer mit uns ‚Vonschen' zu spüren."[1194]

Gerade dann, wenn adelige Identität ihren Ausdruck in materiellen Ensembles und spezifischen, zum Teil alltäglich gelebten Praktiken findet – etwa wenn sie sich mit einem intensiven konfessionellen Leben verbindet –, kann sie Züge einer Kryptoidentität erlangen. Für Menschen adeliger Herkunft wird es in diesem Moment wichtig, einen abgestuften Kreis an Wissenden um sich zu haben, denen graduell größerer Zugang zum Kern dieser Identitätsform gewährt wird. Der eigenen „Adeligkeit" sei er sich erst in der Auseinandersetzung mit der Umgebung wirklich bewusst geworden, berichtet etwa ein Zeitzeuge:

„Wenn man mit Freunden nach Hause geht und feststellt, dass verschiedene Dinge anders dargestellt werden, dass verschiedene Dinge anders ablaufen, als das bei mir ist. [...] Diese Unterschiede wurden dann in der Schulzeit deutlich, und wir haben gelernt damit umzugehen: Was erzählt man, was erzählt man nicht? Wen kann man mit nach Hause nehmen, wen kann man vielleicht nicht nach Hause mitnehmen, weil das komisch ankommen würde? Das ist eine Sache, die uns seitdem immer beschäftigt: Wem erzählt man was? Das hat uns in der Schulzeit – und mich auch heute noch – immer beschäftigt: Wem kann ich was erzählen?"[1195]

1192 Ebd.
1193 Ballestrem, G. 2012: 01:23:13-9 – 01:24:21-3.
1194 Stillfried und Rattonitz, I. 2012: 00:30:35-4 – 00:33:14-5.
1195 Ballestrem, N. 2010b: 00:02:23-8 – 00:05:15-6.

Die Zurückhaltung adeliger Identität in ihren Ausdrucksformen gewann vor allem in den 1960er und 1970er Jahren an Bedeutung. Konnten Menschen aus adeligen Familien in der Nachkriegszeit eher noch damit rechnen, dass Adelig-Sein eine Form von – wenn auch gelegentlich schrullig bestauntem – sozialem Kapital war, kam mit den 1960er Jahren „der Klassenkampf ins Klassenzimmer", und adelige Schüler fanden sich unabhängig von ihrer politischen Selbstverortung mit Negativstereotypen von Lehrern und Mitschülern konfrontiert.

> „Das ist so auch ja die Studentenrevolutionen- und -revoltenzeit, Rudi Dutschke und Ähnliches. Dann war diese Richtung auch bei den Lehrern nicht ganz verborgen geblieben, und wir Vonschen haben dann schon den Klassenfeind herhalten müssen. Die Revoluzzer waren dann auf der anderen Seite, und wir mussten dann schon mal so manches Übel ausstehen. Aber letztendlich war immer noch ein Schulleiter dabei, der dann umgekehrt auf der anderen Seite natürlich noch sehr naziverwurzelt war. [...] Es gab dann ständig Ärger mit dem einen Lehrer. [...] Also wir konnten schreiben, was wir wollten – das war ein Deutschlehrer – immer schlechte Zensuren. Und zwar durch die Bank, egal was wir gemacht hatten, es gab in der Richtung eigentlich immer Ärger. [...] Ein Jahr war dieser Lehrer dann unser Traktator. Es war deutlich zu spüren, dass die Vonschen da auf der einen Seite standen und der Rest der Klasse eben auf der anderen Seite."[1196]

Nach dem Wechsel auf ein neusprachliches Gymnasium fühlte sich der Zeitzeuge allerdings weniger herausgefordert als auf dem altsprachlichen Gymnasium, das er zuvor besucht hatte.

> „Die [Zusammensetzung] war vollständig anders. Auch von der Sozialstruktur der Elternhäuser. Ich war der einzige in der Klasse dort. Hatte mit den Klassenkameraden bezüglich des Namens eigentlich keine Probleme. Bei einem Lehrer gab es schon, sagen wir mal, so ein bisschen Psychostress. Das war ein ganz alter Lehrer, ganz alter Schule noch, aus dieser Überzeugung wohl heraus, die Vonschen müssten bessere Leute sein, also müssen sie das wissen. Und wenn man dann etwas genauso wenig wusste wie der Rest der Klasse, dann wurde man eben schon ziemlich angegriffen. [...] ,Ein von Stillfried muss das wissen, streng dich an!' Wenn man sowas einmal hört, ist das ja okay, aber wenn man sowas ständig hört, dann ist schon so ein gewisser Psychostress einfach da."[1197]

In Schilderungen der Zeit nach der Adoleszenz spielen für viele Zeitzeugen und -zeuginnen Differenzerfahrungen eine eher untergeordnete Rolle. Dies mag einmal daran liegen, dass Identitäten nach der Jugend in zunehmendem Maße gefestigt sind und Menschen sich Strategien des Umgangs damit, aber auch der Verdrängung von Differenz erarbeitet haben.

> „Ich denke, es gibt eigentlich nur ganz wenige Momente, wo man sagen muss: ,Ja, das zollt dein Name.' [...] Mir ist das eigentlich auch ziemlich egal. Ich fühle mich da auch nicht als irgendwas Besonderes, sondern als Mensch wie du und ich und dann – wie gesagt, also die Momente, wo ich sagen muss, merken muss oder merken durfte, dass der Name doch

---

1196 Stillfried und Rattonitz, I. 2012: 00:30:35-4 – 00:33:14-5; 00:33:20-4 – 00:33:34-0; 00:33:38-0 – 00:34:28-9.
1197 Stillfried und Rattonitz, I. 2012: 00:46:21-0 – 00:48:09-3.

bei anderen Leuten anders ankommt als nur das biologische Wesen Mensch, die sind relativ selten."[1198]

Der Rekurs auf eine adelige Sonderrolle bietet sich dort an, wo gerne in Kauf genommen wird, die Grenzen zwischen funktionalen Hierarchien der Gesellschaft zu überschreiten. Die relativ starre Ordnung des Militärdiensts wurde – so zumindest die Wahrnehmung eines Zeitzeugen – von ranghöheren, bürgerlichen Offizieren selbst aufgebrochen.

„In meiner Bundeswehrzeit waren da zwei Leute, die mich als Mannschaftsdienstgrad – ich war Hauptgefreiter, glaube ich – sagen wir mal, hofierten. Der eine war Major, der andere war schon Generalität [...]. Die haben mich letztendlich sogar dazu animiert, diese Spielchen mitzumachen, und ich hab' mir dann eben meinen Spaß draus gemacht, das auch auszureizen."[1199]

So konnte der mit einem Adelstitel angeredete „Herr Baron" das Grüßen der Vorgesetzten einstellen oder wurde bei Abwesenheit unter Umgehung des Kompaniechefs von diesen gedeckt. „Auf die Art und Weise hab' ich mal so den einen oder anderen Tag dann freigekriegt. Aber das war wirklich das einzige Mal, wo ich das auch ausgenutzt habe und selber meinen Spaß dabei gehabt hatte und gesagt habe: ‚Gut, wenn das dein Name wert ist, dann mach das einfach, Punkt.'"[1200] Ebenso wie der Name zu einem Instrument werden konnte, das eine vielleicht nicht begehrte, aber akzeptierte Sonderrolle ermöglichte, konnte er unter Umständen in bestimmten beruflichen Situationen wieder zur Last werden. Ein Zeitzeuge machte etwa

„die Erfahrung, dass der Adel auch von Nachteil sein kann, wenn es nämlich zu viele werden. Also ich hatte Glück, ich war einer von den Vieren aus adeligen Familien, die sie dann [in den auswärtigen Dienst, S. D.] genommen haben. Einen haben sie nicht genommen, obwohl er der Sohn eines Botschafters war, und der konnte Sprachen, der hatte eine amerikanische Mutter. Der war dann sehr verbittert natürlich. Er ist nachher ein erfolgreicher Banker geworden. Aber das war ganz interessant, dass sie also aussieben mussten, und sie siebten dann nach dem Examensergebnis aus. Gut, also der hat das da nicht so gut gemacht, hat er Pech gehabt. Also das war schon, also für ihn, ein Adels-Malus. Sonst hätten sie ihn genommen, weil er sehr geeignet war. ‚Aber wir wollen nicht so viele Barone hier haben!', hat es geheißen."[1201]

8.7 Soziale Nähe und Freundeskreis

Differenzerfahrung und soziale Nähe sind die zwei Seiten einer Medaille. Soziale Nähe wird überhaupt erst aus der Beobachtung von Ähnlichkeit konstituiert, und Ähnlichkeit (oder auch nur gewünschte Ähnlichkeit) wird erst durch die Erfahrung von Differenzen wirklich rationalisierbar. Eine andere Erklärung für die oben ange-

---

1198 Stillfried und Rattonitz, I. 2012: 00:58:29-2 – 00:59:54-2.
1199 Stillfried und Rattonitz, I. 2012: 00:59:59-4 – 01:02:34-2.
1200 Ebd.
1201 Matuschka, M. 2013: 02:43:52-5 – 02:52:08-1.

führte weitgehende Absenz der Erinnerung an starke Differenzerfahrungen nach der Adoleszenz ist nämlich eine simple – dass man sich ab diesem Zeitpunkt seinen Umgang besser aussuchen konnte. Wo zuvor nach einer westdeutschen Mittelschichtsozialisation einen Zeitzeugen aus der Nachkriegsgeneration ein kurioses Gefühl der Unvollständigkeit plagte, fand er an der Universität, im Corps ein überraschendes Gefühl von Verbundenheit und Nähe.

> „Ich habe in meiner Kindheit wenige adelige Kinder erlebt. Das muss ich sagen, das war nicht so. In Wiesbaden bin ich ziemlich nicht-adelig groß geworden und durch die Schule schon und so. [...] Ja, ich bin dann in Tübingen – da habe ich Jura studiert, mit achtzehn, und dort bin ich in einer Verbindung aktiv geworden, und da habe ich dann ganz andere gesellschaftliche Kreise kennengelernt. Das war für mich wie so ein Erwachen, also das war schon, das war ein anderes Niveau – gute und niveauvolle neue Kontakte, muss ich sagen. [...] Dann hatte ich mich da relativ wohlgefühlt, und das hat mich eigentlich viel mehr geprägt als alles bisher."[1202]

Fragt man nach, was dieses Erwachen, was diese Gemeinsamkeit ausmacht, stellt man schnell fest, dass es emotionale Bezüge sind, die an der unteren Schwelle der Wahrnehmung angesiedelt sind. „Man hat also den gleichen Sinn für vieles".[1203]

Insbesondere für die erste Generation war dieser Sinn prägend. Ob Millionär oder kleiner Angestellter – viele vollzogen eine spürbare Trennung zwischen dem Freundeskreis und weiten Teilen ihrer „bürgerlichen" Umgebung.

> „Auch wenn es auf der einen Seite zwar diese vereinsmäßige und diese Verbindung mit dem Ort auf einem sozialen Gebiet, also auf einem fürsorglichen Gebiet gab – zum Beispiel war mein Vater auch lange Mitglied im Stadtrat in Straubing; er war dort in verschiedenen Ausschüssen –, waren wir gesellschaftlich in Straubing nie präsent. Also insoweit, dass meine Eltern *in* Straubing Freunde gehabt hätten, die sich gegenseitig zum Essen eingeladen haben oder mit denen man zusammen ins Theater gegangen wäre. Das hat nie stattgefunden, das gab es so gut wie nicht. Auch da hat sich eine gesellschaftliche Struktur von vor dem Kriege mit übertragen, weil auch in Plawniowitz haben diese adeligen Familien, die in einem Ort vorhanden sind, ja immer ein von dem Rest der Bevölkerung losgelöstes Leben [geführt]. Und das hat sich übertragen. Meine Eltern waren zwar Mitglied in diesen Vereinen und haben auch diese Tätigkeiten vollbracht, aber dass sich das auf ein gesellschaftliches Leben in anderen Bereichen übertragen hätte – das gab es nicht."[1204]

Valentin Graf von Ballestrem fand die Freunde seiner Familie vor allem unter den landsässigen bayerischen Nachbarn.

> „Also, da hat sich ein gewisser Nachbarschaftsbegriff aus den anderen Zeiten übertragen. Der Nachbar war also nicht derjenige, der im nächsten Haus gewohnt hat, sondern die Nachbarn sind die adeligen Familien im nächsten Ort. Das sind die Nachbarn, mit denen man dann auch verkehrt hat und die man zum Tee eingeladen hat. Das hat dann schon stattgefunden, aber nicht in Straubing als Ort, sondern dann gab es eben die Familie Po-

---

1202 Küster, U. 2013: 00:33:13-7 – 00:35:26-5.
1203 Küster, U. 2013: 00:35:31-1 – 00:35:44-1.
1204 Ballestrem, N. 2010a: 01:44:10-2 – 01:46:03-6.

schinger und die Familie Hoenning und die Familie Walderdorff, die ja da in dem Umfeld saß, und mit denen hatte man dann sozusagen nachbarschaftlichen Verkehr."[1205]

Zugleich hielt die Familie aber auch Kontakte zu anderen schlesischen Flüchtlingen wie den Fürsten beziehungsweise Prinzen von Schoenaich-Carolath oder den Grafen Henckel von Donnersmarck aufrecht, die sich im benachbarten Deggendorf und bei München angesiedelt hatten: „Man lädt sich gegenseitig auf Hochzeiten ein, man geht zu den Beerdigungen von dem einen und dem anderen."[1206]

Auch in einem anderen Familienzweig fand eine weitgehende Trennung zwischen dem Berufsleben auf der einen und dem Privatleben auf der anderen Seite statt, wobei sich die sozialen Netzwerke zwischen beiden Bereichen kaum überlappten.

> „Wir haben uns dann geschworen, damals nach meiner Frühpensionierung, ich bin etwas früher in Pension gegangen, dass wir uns dann regelmäßig sehen würden und treffen würden und dass wir dann irgendwie dann – nie mehr stattgefunden. Ich habe es auch nicht vermisst. [...] Sonst, außer bei diesen Feiern habe ich nie mehr – also es sind doch andere Welten."[1207]

> „Ich kann das jetzt so schlecht beschreiben. Man muss schon ein bisschen zusammenpassen, sonst gibt es Schwierigkeiten. Wenn der eine jetzt ganz anders ist wie der andere – ich will jetzt nicht sagen, dass wir das beste Niveau haben, aber es ist egal. Ein Arbeiter –, ich schätze das alles. Aber das ist eben, man fühlt sich dann nicht so wohl. Da gibt's halt Schwierigkeiten. Das ist ja logisch."[1208]

> „Der Freundeskreis kommt [überlegt] ja, aus den wenigen Schulfreunden, die es noch gibt, aus der Studentenverbindung [...] und aus meinen zahlreichen Verwandten. Also die Adeligen pflegen ja diese Verwandtschaft zu kennen und dann noch bis Vettern dritten, vierten Grades. Wobei ich besonders geprägt bin – beziehungsweise mein Vater, dessen Mutter ja eine Stolberg war. Und diese Stolberg-Familie hat noch mal ein ganz besonderes Zusammengehörigkeitsgefühl, was – für Adelige erstaunlich, die ja immer sehr konfessionell getrennt sind – bei den Stolbergs auch die evangelischen mit einbezieht."[1209]

Freunde und Verwandte fielen so ab einem gewissen Entfernungsgrad zusammen. In der zweiten Generation führte diese Konzentration auf einen ausgesuchten Kreis von Verwandten und Freunden und in diesem Sinne standesgemäße Aktivitäten in einigen Fällen zu Trotz und Ablehnungsreaktionen.[1210]

1205 Ballestrem, N. 2010a: 01:46:07-8 – 01:47:00-2.
1206 Ballestrem, N. 2010a: 01:48:32-8 – 01:49:04-9.
1207 Ballestrem, G. 2012: 02:27:50-3 – 02:29:24-8.
1208 Kulmiz, I. 2011: 01:16:46-9 – 01:17:40-9.
1209 Ballestrem, G. 2012: 02:29:27-7 – 02:32:05-9.
1210 Ballestrem, G. 2012: 02:29:27-7 – 02:32:05-9.

9 Die Deutung des Verlusts

9.1 Aus dem Umbruch Sinn machen

Existenzielle Umbrüche, die sich über Generationen hinweg ins Gedächtnis einschreiben, stellen eine besondere Herausforderung für die Sinnstiftung dar. Auch wenn der Titel dieses Kapitels einer Arbeit über die erinnerungspolitischen Kontroversen der beiden deutschen Staaten und Polens entlehnt ist,[1211] beschreibt er doch das, was auf einer sehr individuellen Ebene Menschen, Familien und Gruppen nach 1945 leisten mussten: Lesarten für die jüngere Vergangenheit finden, die deren Singularität bewältigbar machten. Welche Sinnstiftungen waren angesichts enormer menschlicher und materieller Verluste, von Gewalterfahrungen, dem Untergang einer ganzen Lebenswelt, angesichts von Deprivation und Neuanfang überhaupt möglich? Fast notwendigerweise sind die Narrative, die in adeligen Familien weitergegeben werden, hier nicht wesentlich anders als in anderen Teilen der Gesellschaft und hier besonders der Gesellschaft auf dem Land. Dennoch lassen sich diese Muster der Sinnstiftung einigen spezifisch adeligen Topoi zuordnen.

Adeliges Gedächtnis hatte wie das Nachkriegsgedächtnis in der jungen Bundesrepublik überhaupt die wesentlichen Züge eines Tätergedächtnisses, mit vergleichbaren Mechanismen der Rechtfertigung, aber auch Verdrängung.[1212] Hier wirkte sich auch der hohe Anteil an Offizieren und Beamten nachhaltig auf das Repertoire adeligen Erinnerns aus. Wie in anderen sozialen Gruppen auch war der primäre Modus der Erinnerung jener an die eigenen Opfer – an den Tod von Angehörigen an der Front, an ihre Ermordung durch das Regime, an Gefangenschaft, Flucht und Vertreibung. Der Einschnitt, als der das Jahr 1945 memoriert wurde, markierte also in erster Linie eine Bewältigung schmerzhafter Kontingenz. Warum hatte der Tod gerade die eigenen geliebten Personen getroffen, warum hatte man alles verloren, was einem jemals an Orten und Dingen bedeutsam gewesen war? Wie würde das Leben weitergehen? Dieser Schmerz und die Unsicherheit der Überlebenden verlangten nach Wegen der Kontingenzbewältigung, die einem Weiterleben Sinn gaben. Dabei gelang es insbesondere der Religiosität in den letzten Kriegsjahren und der unmittelbaren Nachkriegszeit noch einmal einen weitreichenden, von breiten Kreisen der Gesellschaft geteilten Deutungshorizont zu eröffnen.[1213]

1211 Lotz 2007.

1212 Assmann/Frevert 1999, S. 47, zum Verhältnis Täter-Opfergedächtnis in der Bundesrepublik.

1213 Andrea Thurnwald 2010, S. 303 weist etwa darauf hin, dass insbesondere die männliche Frömmigkeit einer ganzen Generation zutiefst durch die Erlebnisse des Krieges geprägt wurde. Ein Verständnis von Religion, das primär der Kontingenzbewältigung dient, ist, wie Hans-Jürg Braun 1990a zeigt, in diesem Sinne ein Kind der Moderne.

9.2 Magische Zeichen und eschatologische Gewissheit

„1939 saß meine Mutter bei der Großmutter in Silbitz beim Tee – es muss noch vor Kriegsbeginn gewesen sein, aber es drohten wohl schon diese starken Spannungen, und meine Großmutter trank eine Tasse Tee. Während der Unterhaltung, setzte sie die Tasse ab und sagte: ‚Ich sehe mich auf einem Berg vor einem Häuschen unter einem blühenden Apfelbaum bei einem Kloster und ich schaue ins Tal hinaus und ich sehe meine Söhne aus dem Krieg kommen und einer fehlt.‘ Dann hat sie die Tasse wieder weitergetrunken und die Unterhaltung von vorher wieder aufgenommen. Sie hat wohl öfters mal so ein ‚zweites Gesicht‘ gehabt, aber dies ist der einzige Fall, den meine Mutter persönlich erlebt hat und von dem sie als sehr nüchterne Person gesagt hat: ‚Ich kann das nicht erklären.‘ Meine Großeltern landeten nach dem Krieg in Vilshofen in einem kleinen Häuschen vor dem Kloster Schwaikelberg. Es war im Mai-Juni, der Apfelbaum blühte, und [sie] bekam nach und nach die Nachrichten von ihren Kindern, und einer fehlte. Ein Sohn war in Russland gefallen.“[1214]

Nationalsozialismus und Krieg, Niederlage und Besatzung, Flucht und Vertreibung waren einschneidende Momente jedweder Biografie. „Das Leid,“ fasst Albrecht Lehmann zusammen, „die Verbrechen und die Schuld schienen sich einer rationalen Erklärung zu entziehen.“[1215] Bereits in der Umbruchssituation selbst suchten die Menschen angesichts des radikalen Verlusts von Sicherheit in ihrer Welt nach einem Halt. Welche Sicherheit und Gewissheit konnte es aber in einer Zeit des dramatischen Umbruchs aller Dinge, die einmal als fest und verlässlich galten, geben? Was vermochte körperlicher Bedrohung, Schmerz und Gewalterfahrung, Angst und Verlust einen Sinn zu verleihen?

Es wird kaum verwundern, dass sowohl die katholisch als auch die evangelisch-lutherisch geprägten Schlesier in diesen Tagen einen besonderen Trost im Glauben fanden.[1216] Die Rogau-Rosenauer Gemeinde etwa besann sich auf den Auszug des Volkes Israel, um ihrem Schicksal Sinn zu verleihen:

„Die Losung der Brüdergemeinde am 11. Februar 1945, dem Tage unserer Austreibung aus der Heimat, ist 1. Chronika 29,15 ‚Wir sind Fremdlinge und Gäste vor Dir, wie unsre Väter alle. – Unser Leben auf Erden ist wie ein Schatten, und ist kein Aufhalten.‘ Dazu das Lied: ‚Himmelan geht unsre Bahn, wir sind Gäste nur auf Erden, bis wir dort nach Kanaan durch die Wüste kommen werden. Hier ist unser Pilgrimstand, droben unser Vaterland.‘“[1217]

Die Lösung der unaussprechlichen Widersprüche der Vertreibung liege, so der Rosenauer Pfarrer Walter, letztlich in der christlichen Eschatologie: „Ganz nah vor Augen haben die Vertriebenen das Geheimnis ewigen Heils und sehen es nicht! Auch heu-

---

1214 Stillfried und Rattonitz, N. 2012: 00:51:01-7 – 00:52:52-2.

1215 Lehmann 1991, S. 188.

1216 Glauben wird hier als eine Form von kulturellem Wissen im Sinn von Titzmann 1989, S. 49, verstanden. Mit der Beschreibung glaubensbezogener Narrative in diesem Text verbindet sich also keine Wertung ihrer theologischen Wahrhaftigkeit. Vielmehr liegt der Fokus allein auf ihrer kommunikativen und semiotischen Funktion als Wissensformen.

1217 Gerhard Walter: „Die Zobtenlandschaft – das Herz von Schlesien“. BArch. LAA Ostdok 2 / 174, Blatt 91–156, hier Bl. 93.

te kommt in unsere Welt der Mann, welcher unter Marter für uns alles hingegeben: sich selbst. Dessen Anspruch geht allem voran."[1218]

Genau wie die Rosenauer Gemeinde parallelisierten viele Flüchtlinge die Flucht mit einer Wallfahrt. Gerade katholische Vertriebene fanden Zuflucht und Sicherheit in der Marienverehrung, war die „Muttergottes" doch bereits im Krieg gerne um Beistand angerufen worden. Viele der Zwangsmigranten legten Gelübde ab. Hierin unterschieden sich Adelige kaum von der Mehrheit der Gesellschaft, vielleicht mit der Ausnahme, dass Ansprüche und Realisierungsmöglichkeiten für diese Gelübde höher lagen. Graf Franz Friedrich Stillfried etwa hatte noch im Krieg gelobt, der heiligen Familie eine Kapelle zu errichten, wenn seine Familie den Krieg unbeschadet überstehen sollte, was ihm schließlich auch nach dem Erwerb von Grund und Boden im Westen im Jahre 1962 möglich wurde.[1219]

Zunächst einmal aber fanden auch die adeligen Flüchtlinge und Rückkehrer ihr Schicksal in der Schwebe, so etwa auch Erika von Mutius, die im sächsischen Reinhardtsgrimma bei Glashütte Zuflucht gefunden hatte. „In Dresden sollen 300.000 Menschen unter den Trümmern begraben liegen", schrieb sie im Juli 1945 in ihr Tagebuch:

> „Und immer suchen die Gedanken die liebsten Menschen, Mutter, die Geschwister, alle Verwandten und immer dieselben Fragen, die nur der Himmel beantworten kann. Und immer gehen die Gedanken zurück in diese Wochen voriges Jahr, als ich meine beiden Jungen zum letzten Mal bei mir hatte. [Einer der Söhne war zu diesem Zeitpunkt gefallen, der andere, als vermisst gemeldete befand sich in amerikanischer Kriegsgefangenschaft, S. D.] Immer mehr richtet man sich aus nach der ewigen Heimat. Eines gibt es, darauf ich mich freuen darf, das wird nicht trügen."[1220]

Die „unverlierbare Gewähr",[1221] die das referenzierte Gedicht Morgensterns hier verspricht, muss der Geflüchteten als ein besonderes Versprechen erschienen sein, etwas, das Orientierung und Halt in einer Welt im Zusammen- und Umbruch verlieh. Zugleich zeigt das Beispiel, in welch dichtem Netz von biblischen und literarischen Referenzen diese Textgattung konstruiert wurde. Versteht man sie als Sprechakt, als eine Manifestation von Glaubensgewissheit im Schreibakt, kann sie zugleich als eine Form performativer Handlung im weitesten Sinn verstanden werden.[1222]

1218 Walter: Zobtenlandschaft. BArch. LAA Ostdok 2 / 174, Blatt 110.

1219 Stillfried und Rattonitz, N. 2012: 00:22:05-7 – 00:23:14-7.

1220 Mutius 2009, S.17, Tagebucheintrag vom 15. Juli 1945, Reinhardtsgrimma.

1221 Der Schlusssatz des vorangehenden Textes etwa entstammt einem Gedicht von Christian Morgenstern: Unverlierbare Gewähr. In: Christian Morgenstern: Gesammelte Werke in einem Band. 11. Aufl. München: Piper, 2011 [1. Aufl.1965], o. S.: „[1.] Eines gibts, darauf ich mich // freuen darf. Das wird nicht trügen. // Eines Abends sicherlich // ruht dies Herz von allen Flügeln // aus. [2.] Schlafen darf dann dieser Wandrer. // Denn – was etwas weiter wacht, // wird ein andres, // Dieser hat sein Werk vollbracht – // dann. [3.] Es kommt der Schmerz gegangen // und streicht mir über die Wangen // wie seinem liebsten Kind. // Da tönt mein' Stimm' gebrochen. // Doch meines Herzens Pochen // verzagt nicht so geschwind. [4.] Und gäb die böse Stunde // noch gerner von sich Kunde: // mein Herz ist fromm und fest. Ich bin ein guter Helde; mein Lachen zieht zu Felde, // und Siegen ist der Rest." Auch Mutius bemüht zur Charakterisierung der Vertriebenen extensiv die Wanderer-Semantik.

1222 Im engeren Sinn wird nach Austin 1975, S. 4–12, aus dem Akt des Aussprechens eine Handlung.

Auch die Erinnerung an die Heimkehr nach einem Rücktreck kann in diesem Sinne szenisch überliefert und im Kontext der Erzählsituation Zeugnis von einer universalen Wahrheit ablegen.

> „Und unser Porzellan hatten wir in unseren sogenannten Obstkeller, das war ein Gebäude auf dem Hof, getan. Es war alles rausgerissen. Es umfasste zwei Meißner Garnituren, glaube ich, für mindestens je dreißig Personen, wirklich umfangreich. Alles lag auf einem Haufen, rausgeholt und kaputt geschmissen. Ich sehe noch diesen Berg von Scherben, der mich damals nicht sehr berührt hatte, weil ich gar nicht einschätzen konnte, was das bedeutete. Meine Mutter, die das natürlich konnte, sagte: ,Das schöne Porzellan!'. Aber sie war zum Glück niemand, der zurückschaute. Sie schüttelte den Verlust ab: ,Irdisch´ Tand. Komm, vergessen wir es. Wir sind noch am Leben.'"[1223]

Wie viele Flüchtlingstrecks musste auch der Rogau-Rosenauer Dorftreck schließlich in die alten Dörfer und Gehöfte zurückkehren. Für über ein Jahr lebten die meisten unter zunächst sowjetischer und dann polnischer Verwaltung. Kontakte nach Westen waren kaum möglich, Radiogeräte gestohlen oder durften nicht benutzt werden; Zeitungen wurden nicht gedruckt.[1224] Information fehlte, und die Menschen fühlten sich isoliert. Pfarrer Walter beobachtete, dass deshalb in der Abgeschlossenheit der zweiten Jahreshälfte 1945 und des Jahres 1946 die Bedeutung magischer Momente zunahm. In der „einfachen Bevölkerung", so Walter, „suchen [manche] Gewissheit über Angehörige bei einer Kartenlegerin oder in sonstiger Zauberei."[1225] In der bedrückenden Abgeschiedenheit des Jahres 1945, nach dem Ende jeder bekannten Ordnung und unterworfen unter eine neue, als sprunghaft und nicht verlässlich, vor allem aber als feindlich und fremd empfundene Ordnung, verband sich die Suche nach Sinn für das Geschehene mit der Suche nach Wissen um die näheren und weiteren Angehörigen. Eingeteilt in Arbeitskollektive zogen vielerorts auch die zurückgeblieben und zurückgekehrten Angehörigen adeliger Familien morgens auf das Feld und kehrten abends ermattet zurück. In Kochelsdorf (Kochłowice) erlebte die Familie von Jordan nach den Schilderungen ihrer Hausdame Gertrude Weiß im Herbst 1946 bei der Feldarbeit

> „eine merkwürdige Naturerscheinung, die uns tief beeindruckte: In der Art der Fata Morgana sahen wir plötzlich am Himmel rechts seitlich vom Schloss, über der Feldscheune das Schloss am Himmel in Naturgröße stehn. Es war in seinen Konturen deutlich und scharf abgegrenzt und in den Farben noch leuchtender wie in Wirklichkeit. Am Seiteneingang stand auf dem Treppenpodest ein Mensch, der die Türlinke des Hauses, wie es schien, vergeblich zu öffnen versuchte. Die Figur ähnelte dem einzigen Sohn des Hauses, Erdmann. Das Schloss stand mindestens zehn Minuten circa am Himmel und verblasste dann allmählich. Zeugen waren: [...] – Bald darauf bekamen wir die Nachricht, dass sich Erdmann Jordan, der den ganzen Krieg im Fel-

---

Diesem Verständnis folgend sind beispielsweise Rituale wie der Kirchgang, die Taufe oder theologische Prozesse bereits als performative Handlungen beschrieben worden.

1223 Haugwitz, H.-W. 2013: 00:37:37-7 – 00:39:40-0.

1224 Hofmann 2000, S. 232.

1225 Walter: Zobtenlandschaft. BArch. LAA Ostdok 2 / 174, Blatt 107.

de mitgemacht hatte und nach Münstereifel entlassen worden war, das Leben genommen hatte!"[1226]

Das ganze Land schien in solchen Erzählungen stellenweise auf eine geradezu magische Weise mit seinen adeligen Eigentümern verbunden zu sein. Dagmar von Mutius memoriert beispielsweise eine Episode, bei der sie mit einer Hälfte von einem illegal geschlachteten Schwein, das der polnische Administrator des Gutes Gellenau für sich beiseitegeschafft hatte, in den Furchen eines Rübenackers lag, während die Wachposten des Hofs an ihr vorübergezogen seien.

> „Aber ich weiß, daß ich kaum je einen Sternenhimmel so friedvoll betrachtete, als in den Minuten [...]. Ich habe die Gewissheit, dass die Bäume, Wege und Felder es sind, die uns helfen, die uns tragen und verbergen, weil wir jede ihrer Furchen in früh gewachsener Vertrautheit lieben, und wissen, daß in dem guten alten Wald unserer Kindheit und den Feldern unserer Mühe uns kein Schaden treffen kann."[1227]

Die mystische Erfahrung trug so dazu bei, Ahnungen und Befürchtungen im Nachhinein zu angekündigten Gewissheiten zu rationalisieren. Sie half – ähnlich wie die Erinnerung an Visionen der Vorkriegszeit – bei der Verarbeitung der einschneidenden Erfahrung des Todes eines nahen Angehörigen. Als Frau von Jordan schließlich im Winter 1946 starb, hielt Gertrude Weiß fest, habe „Gott [...] es gut mir ihr gemeint, denn diesmal wäre sie der Zwangsevakuierung nicht am 26. Dezember entgangen".[1228] Die „Heimkehr" in das „ewige Reich" war in dieser Perspektive ein gnädigeres Schicksal, als wenn die Bettlägerige die Ausweisung im Dezember 1946 hätte erleben müssen und dann womöglich auf dem Weg nach Westen gestorben wäre.

9.2.1 Die Sakralisierung der Erfahrung

Im Muster der Sakralisierung von Erfahrung fielen zugleich die Deutung des eigenen Schicksals und die der globaleren jüngeren Vergangenheit zusammen. Bildeten doch, wie Hans Günter Hockerts betont, die Kirchen einen wichtigen Integrationskern für die Herausbildung der Nachkriegsgesellschaft.[1229] Adelige Schlesier unterschieden sich in diesen Deutungen zunächst kaum von der übrigen Gesellschaft, allerdings gehörten sie auch in großer Zahl zu einem traditionell kirchennahen Sozialmilieu. Wie andere Flüchtlinge auch konnten sie im Nationalsozialismus so einen verhängnisvollen Irrweg und Abfall von Gott sehen und auf die positive Auswirkung einer Rechristianisierung dieser Gesellschaft hoffen.[1230] Gerade für die Angehörigen des

---

1226 Weiß: Bericht 1954. BArch LAA Ostdok 2 / 224, Blatt 82r–84v, hier Bl. 83rf. Die Hausdame muss wohl befürchtet haben, dass diese Naherfahrung den Lesenden ihres Berichts nicht mehr zugänglich war, sie benennt jedenfalls explizit alle Anwesenden als Zeugen des mystischen Erlebens.

1227 Mutius 2005a, S. 108f.

1228 Gemeint ist wohl: „wäre sie der Zwangsevakuierung am 26. Dezember nicht entgangen". Weiß: Bericht 1954. BArch LAA Ostdok 2 / 224, Blatt 82r–84v, hier Bl. 84v.

1229 ockerts 1996, S. 137f.

1230 Ebd., S. 142.

Widerstands wurde es dadurch möglich, das Scheitern als Martyrium zu begreifen und auf diese Weise dem Schmerz der Kontingenz ein wenig Sinn abzuringen. Der Breslauer Erzpriester Pelz hatte beispielsweise bereits im September 1944 die Totenmesse für den am 14. September in Berlin-Plötzensee ermordeten Michael Graf von Matuschka im roten Messgewand für die Märtyrer gelesen.[1231] Die Verfolgung im Nationalsozialismus sowie der Verlust der deutschen Gebiete im Osten Europas, aber auch die Endgültigkeit der Niederlage ließen sich nun als Schicksal und Sühne deuten. So habe beispielsweise der Vater von Michael Graf von Matuschka der Tochter eines Bekannten der Familie gesagt:

> „Ja, es ist schrecklich, es geschieht ungeheuer viel Unrecht in deutschem Namen, und dafür wird noch viel gutes Blut fließen müssen.' Das hat sie damals sehr beeindruckt, weil er das in so einem großen Ernst gesagt hat und weil sie das schon, vielleicht auch erst nachher, aber doch gedanklich auch auf ihn bezogen hat, dass er das also auch selber auch so empfunden hat, dass dafür Opfer gebracht werden müssen, Sühneopfer. Es gibt unter den Widerständlern eindeutige Bekenner, die aus diesem Grund gesagt haben, wir nehmen diesen Tod, diesen sehr grausamen Tod ganz bewusst als Sühne auf uns. Und so interpretiere ich also auch schon diese –, und so hat auch damals diese junge Frau das interpretiert, dass er manches gewusst oder geahnt hat und darunter sehr gelitten hat."[1232]

Prozesse der Sakralisierung von Verlusterfahrungen umfassten nicht nur die Verluste von Angehörigen oder der Heimat als einer Form emotionaler Geborgenheit. Vielmehr konnten alle Verlusterfahrungen – beispielsweise auch der Verlust von Eigentum – auf diese Weise sakral umgedeutet werden. Derartige Prozesse beschränkten und beschränken sich nicht auf Adelige, jedoch war es im Kontext adeliger Sprecher oder Adressaten ein Deutungsmuster, das besonders gut an klassische Topoi adeliger Mildtätigkeit und Fürsorge sowie an jene von Dienst und Aufopferung anknüpfen konnte. Auf Gut Mittelwalde, zuletzt im Eigentum der Grafen von Althann, kümmerte sich eine Gruppe rheinischer Schwestern, die zunächst aus dem Kölner Raum vor dem Bombenkrieg mit einem von ihnen geleiteten Altersheim nach Mittelwalde verlegt worden waren, nach dessen (Weiter-)Evakuierung nach Bayern um schlesische und böhmische Flüchtlinge. „Schwester Daretia", die Leitende der rheinischen Schwestern, „war in der Korrektheit dem gräflichen Privateigentum gegenüber nicht zu überbieten", berichtete der ehemalige Gutsinspektor 1950 seiner früheren Herrschaft,

> „und wenn Sie, gnädigste Gräfin, manchmal voller Sehnsucht an Ihre Mittelwalder Wohnung gedacht haben mögen, so sei es Ihnen nachträglich eine Genugtuung, daß die dar-

---

1231 Matuschka, M. 2013: 01:37:59-9 – 01:44:00-1. („Und er hat eben dann nach dem Ereignis, nach dieser Tragödie mit meinem Vater, ganz offen gesagt: ‚Das war ein Märtyrer.'") Auch in der Festschrift zum Zentenar der Vereinigung Katholischer Edelleute Schlesiens werden der Tod des Grafen neben dem der Franziskanerin Monika Gräfin von Ballestrem, Ordensname Maria Gabrielis, die von sowjetischen Soldaten im April 1945 in ihrem Kloster getötet wurde, als „Blutzeugen" gedeutet, die „stellvertretend für alle Opfer" unter den Mitgliedern stehen, derer in der Festschrift gedacht wird (Ballestrem/Hatzfeld 1993, S. 9).
1232 Matuschka, M. 2013: 00:45:48-5 – 00:49:07-4.

in wohnenden Schwestern all die Jahre hindurch viel Kummer zwar nicht beseitigen, aber lindern konnten, und daß Ihre schönen Räume manches Dankgebet gehört haben."[1233]

Religiöse Muster waren zugleich aber mehr als nur eine Sprache, um mit Erleben und Erwarten umzugehen – sie nahmen zunehmend die Gestalt von spezifischen Codes an, mit denen der Umbruch auf einer grundlegenderen Ebene gedeutet werden konnte. Dabei war der Blick zunächst einmal introspektiv und weitgehend blind für die Opfer der anderen. Vielfach blendeten die Menschen den nationalsozialistischen Chauvinismus und die von Deutschland ausgegangene Gewalt aus.[1234]

Erika von Mutius etwa sehnte sich im Juli 1945 im sächsischen Reinhardtsgrimma danach, endlich eine Nachricht von ihrem Sohn Franz zu erhalten, von dem sie ahnte und hoffte, dass er in Kriegsgefangenschaft war.

> „Gottes Wille hat kein Warum. Wenn er noch am Leben ist, was muss er im inneren durchleiden wenn er von dem unaussprechlichen Elend Deutschlands hört? Dieser unvorstellbare Zusammenbruch und die Millionen heimatloser Menschen, der Hunger im Anzuge, die Gewalttaten des Feindes, keine deutsche Führung mehr, kein Freundesland in der ganzen weiten Welt."[1235]

Mit dem Untergang des Reichs, dem „unvorstellbare[n] Zusammenbruch" einer kompletten Lebenswelt im Osten Europas und der empfundenen völligen Isolation verbanden sich in der letzten Kriegsphase, der Übergangsgesellschaft und in der unmittelbaren Nachkriegszeit fast unweigerlich Naherwartungen. So wurde diskutiert, ob die Endzeit nicht schon angebrochen und Hitler eine Inkarnation Satans war und ob nicht die stalinistischen Regime Osteuropas dieses „Satansreich" fortsetzen.[1236] Das „Böse" erschien dadurch weniger menschengemacht, die Frage nach individueller Schuld und Verantwortung stellte sich vor dem Hintergrund einer umfassenden eschatologischen Deutung weniger radikal. Es war im Zweifelsfall eine dämonische Verführung, der erst die Deutschen und nun andere Völker erlegen waren. Lange war diese Naherwartung allerdings nicht aufrechtzuerhalten, und so findet sich dieses diskursive Muster schnell auch in entsakralisierter Form. Beiden Narrativen gemein ist jedoch eine Entkoppelung vom und eine Abstrahierung des Nationalsozialismus. Ebenfalls im Sommer 1945 dichtete etwa die Schriftstellerin Ilse von Hülsen über die Flucht:

> „Den Glauben an das Recht nur, den wir suchen,
> Die Lippen kennen Brot nur im Gebet,
> Und ‚Hitler' heisst das Wort, mit dem sie fluchen
> Weh, wenn sein Geist heut zu den Siegern geht!"[1237]

1233 Erinnerungsbericht des ehemaligen Gutsinspektors Alfred Hitze für die Grafen Althann, mehrere gräfliche Unternehmen sowie Hitzesche Verwandte und Freunde. Rheydt-Oberkirchen. November 1950. BArch. LAA Ostdok 2 / 187, Blatt 71–88, hier Bl. 74.
1234 Hockerts 1996, S. 139f.
1235 Mutius 2009, S. 19, Tagebucheintrag vom 20. Juli 1945.
1236 Lehmann 1991, S. 188f.
1237 „Auf Schlesiens Strassen // Greiffenberg=Lauban=Kohlfurt 30./31. Juli 1945". Handschriftlich korrigiertes Typoskript in BArch LAA Ostdok 2 / 188, Blatt 48. Vgl. auch den Erfassungsbo-

Schließlich bot die Sakralisierung der Verlusterfahrung auch eine Deutung, die es ermöglichte, dem Narrativ von dämonischer Verführung und kollektiver Schuld und Unschuld der Nachkriegszeit zu entkommen,[1238] wie es noch im „Geist Hitlers", der nun womöglich zu „den Siegern ging", seinen prägnanten Ausdruck fand. In einem Brief an Gotthard von Witzendorff-Rehdiger leistete etwa Woldemar Graf von Pfeil 1950 diesen Zweisprung, indem er zunächst eine nur halb explizierte Parallelisierung des schlesischen Wahlstatt-Mythos und der aktuellen Situation vornahm; könne man seiner Auffassung nach doch die „asiatische Welle, die uns zunächst wegschwemmte, niemals mit Waffengewalt aufhalten", vielmehr „nur aus dem Geistigen heraus, mit den Waffen der Liebe, wie sie im Christentum verankert sind."[1239] Er legte damit erste gedanklich Bausteine für die spätere Versöhnungsarbeit vor allem der beiden großen Kirchen. Graf Pfeil entwarf dann auch im weiteren Verlauf des Schreibens einen kompletten Gegenentwurf zur von ihm wahrgenommenen Stoßrichtung der Dokumentationsbemühungen von Witzendorff-Rehdigers:

> „An Ihrem Vorhaben möchte ich keine Kritik üben: Sie müssen selbst wissen was Sie tun. Offengesagt aber würde ich lieber meine Hand dazu reichen, das Gegenteil [der Konzentration auf deutsche Opfer, wie sie sich in der Sammlung der Erinnerungsberichte Witzendorffs niederschlug, S. D.] zu tun, nämlich Dokumente der Menschlichkeit zu sammeln."[1240]

Die Öffnung nach Osten im Sinne der christlichen Nächstenliebe war dabei zweischneidig. Einerseits konnte sie als ein später moralischer Sieg der Flüchtlinge und Vertriebenen gelesen werden, erschien sie als eine Position neuer moralischer Überlegenheit und Läuterung, aus der ein Zugehen auf die andere Seite möglich wurde. Andererseits war sie aber auch der nicht zu verleugnende Ausdruck einer Überwindung der Angst- und Hassstarre, die die Zwangsmigranten so lange gelähmt hatte – einer Überwindung, die eine Sicherheit im Glauben voraussetzte, die sich unmittelbar auch mit ihrem Ankommen in der Aufnahmegesellschaft verband. Wann der Zeitpunkt dieses Ankommens erreicht war, unterschied sich je nach Person sehr stark. Für den Grafen Franz Friedrich von Stillfried fand es seinen spirituellen Aus-

---

gen ebd., Blatt 47. Hülsen (1893–1989), die bürgerlich als Ilse Reicke geboren wurde, war eine Frauenrechtlerin und Redakteurin, deren Werk *Die Frauenbewegung* 1933 von der NS-Zensur verboten worden war. Sie gehörte wie auch ihr Mann allerdings zu den Mitunterzeichnern des „Gelöbnisses treuester Gefolgschaft" gegenüber Hitler von 86 deutschen Schriftstellerinnen und Schriftstellern (Klee 2007, S. 272, 477). Sabine Hering attestiert ihr eine „bedingte Distanz" zum Nationalsozialismus (Hering 2003, S. 324).

1238 Lehmann 1991, S. 189f.

1239 Schreiben von Woldemar Graf von Pfeil an Gotthard von Witzendorff-Rehdiger, München, 28. Dezember 1950. In: BArch LAA Ostdok 2 / 188, Blatt 120–121.

1240 Ebd. Graf Pfeil knüpft damit eventuell an die gleichnamige Publikation des Göttinger Arbeitskreises aus demselben Jahr an: Kurth 1950; frz. erschienen als Kurth 1953 unter dem Titel „Zeugnisse 1945–1946". Lehmann 1991, S. 194 kritisiert allerdings, dass die „Dokumente" aus heutiger Sicht ihrem eigentlichen Ziel, keine „Kollektivschuld der ‚Vertreiberstaaten'" festzuhalten nicht wirklich gerecht geworden seien, da sie der „Bestätigung ungebrochener Vorurteile, der Heuchelei und Propaganda" gedient hätten.

Abbildung 19: „Bitte schaut nicht zurück" – Wilhelm von Haugwitz (mit Hut, davor Sohn Christoph) und ein Haugwitz-Neffe auf dem von der Familie gepachteten Nebenerwerbshof Obermehnen bei der Reparatur einer Mauer 1953.

druck etwa in der Errichtung der Kirche in Saldenburg, für die er sich so sehr eingesetzt hatte, oder auch in der Ankunft jener schlesischen Glocke aus Buchwald dort, die vor dem Zugriff der nationalsozialistischen Kriegsverwertungsmaschinerie gerettet worden war.[1241] Dieses Ankommen war damit die unmittelbare Voraussetzung für die Versöhnungsarbeit der Kirchen in den 1960er und 1970er Jahren.

Wie an anderer Stelle bereits erwähnt, ist das „Ankommen" in der Aufnahmegesellschaft aber zugleich auch ein normbildender Erzählgegenstand, dem geflohene und vertriebene Menschen mit ihren persönlichen Wiederaufstiegsgeschichten Rechnung tragen.[1242] Im Sinne von Rechtfertigungsgeschichten (A. Lehmann) kann auch hier die Sakralisierung von Erfahrungen dazu beitragen, den von den Erzählenden so empfundenen Bruch zwischen ihrer Liebe zu ihren Heimaten und einem vorausgesetzten normengerechten Verhalten (versöhnungsbereites Ankommen) zu rationalisieren. Zugleich stellt es auch für die Erzählenden eine Form der Kontingenzbewältigung da.

> „Nach ewigem Warten haben wir einen Brief von ihm [vom Vater aus der Kriegsgefangenschaft] bekommen. In nahezu jedem Brief stand: ‚Bitte schaut nicht zurück, das ist Geschichte. Als gläubige Christen schauen wir nach vorne. Uns ist etwas genommen worden,

---

1241 Stillfried und Rattonitz, N. 2012: 01:40:17-4 – 01:45:44-8.
1242 Vgl. oben Teil I, Kap. 6.7.

aber das ist jetzt Vergangenheit. Es kommt nicht zurück. Bittet den Herren darum, dass er uns Kraft gibt, neu anzufangen. Zurückzuschauen ist dabei eine Bremse.' Da war mein Vater sehr konsequent. Das war auch für mich unheimlich wichtig."[1243]

Das gegenteilige Verhalten, das nicht-Abschließen mit der Vergangenheit wird dagegen als Negativfolie memoriert und kommuniziert:

> „Ich habe das bei den Kindern des Bruders meines Vaters gesehen. Jeden Tag kam die Frau an und sagte etwa: ‚Sieh mal, Hans-Wilhelm,' und damit kriegte man ein kleines Honigbrot, ‚hier ist der letzte Honig aus Beerberg [Baworowo]!' (so hieß der Besitz in der Nähe von Marklissa). Oder: ‚Du trinkst aus der Tasse aus Beerberg.' Sie lebte immerzu noch in der Vergangenheit. Ich habe so etwas gehasst."[1244]

Auch Andreas Graf Henckel von Donnersmarck schreibt seinem Großvater eine besondere Abgeklärtheit zu, die er aus dessen tief katholischer Glaubensruhe herleitet:

> „Deutlich ist mir in Erinnerung, dass mein Großvater – im Gegensatz zu anderen Menschen dieser Generation, die ich kennengelernt habe – nie gehadert hat. Er hat vielleicht einmal irgendwie angemerkt, dass dies oder jenes anders hätte entschieden werden müssen, aber er hat nicht ständig zurückgeschaut, sondern nach vorne geblickt. Dadurch war er dann auch nicht traurig oder frustriert. Geholfen hat ihm dabei sicher auch sein großes Vertrauen als erlöster Christ bzw. sein tiefer Glaube. Vieles konnte ihn einfach nicht mehr so erschüttern."[1245]

Je weiter man sich vom unmittelbaren Erlebnishorizont entfernte, desto mehr warfen Flüchtlinge die Frage auf, ob man sein „Schicksal" nicht hätte erahnen können, ob man nicht hätte wissen können, welche Gefahr für alles, was man war und hatte, von den desaströsen Dynamiken von Regime und Krieg ausging. Ein wichtiger Teil dieser Sinnsuche sind Narrative, die das Schicksalhafte der Umbrüche unterstreichen, die auf mystische Zeichen verweisen, die das nahe Unglück ankündigten, welche von den Lebenden nur nicht verstanden und gedeutet werden konnten. Sie alle leisten ein erhebliches Maß an Kontingenzreduktion.

> „[Die Großmutter] selber hatte das zweite Gesicht, wie man das so schön nennt. Also in Westfalen spricht man von ‚Spökenkiekern'. Und das hatte sie. Sie hat also erstaunliche Sachen gewusst und gesehen und sie hat auch gewusst, dass eines Tages Schlesien überrollt werden würde von merkwürdigen Truppen mit roten Kappen – das war also ihre Vision, dass unendliche Scharen von eindringendem Militär, Soldatentruppen mit roten Kappen auch über Silbitz hereinfluten würden –, und deswegen hat sie, weil der Großvater, der dann auch an diese Dinge zum Teil ja glauben musste, weil sich bestätigte, was sie vorher gesagt hatte, sich hat überzeugen lassen, eben Silbitz zu verlassen, nicht?"[1246]

Erzählungen, in denen Vorahnungen zu zum Teil sehr frühen Zeitpunkten verortet werden, finden sich zahlreich, darunter auch in Varianten, die keinen religiös konnotierten Deutungsmustern unterliegen.

1243 Haugwitz, H.-W. 2013: 01:32:21-8 – 01:35:04-7.
1244 Ebd.
1245 Henckel-Donnersmarck, A. 2013: 00:24:37-8 – 00:26:30-0.
1246 Matuschka, M. 2013: 01:53:14-4 – 01:57:51-2.

„[Ich habe] nachher von meinem Vater erfahren, dass mein Vater schon sehr früh, ich weiß
nicht wann, sagte: ‚Hitler kommt an die Regierung, Hitler wird Krieg machen, wir werden den Krieg verlieren.‘"

„[...] mein Vater erzählte dann, dass er einen Baron Durant de Sénégas besucht hat [...],
der in Schlesien auch zwei Besitze hatte. Zu dem ist er also gegangen, und irgendwie tran-
ken sie eine sehr gute Flasche Rotwein. Mein Vater sagte: ‚Ja, was hältst du von Hitler?‘
Und der sagte: ‚Ja, es wird Krieg geben‘ – es war also gerade noch bevor Polen – ‚und wir
werden den Krieg verlieren und Schlesien wird verloren gehen.‘ Das war aber so theoretisch, dass dann nach der Flucht auch mein Vater glaubte, nach wenigen Wochen werden
wir vielleicht wieder zurück können. Und dieser ältere Freiherr Durant sagte: ‚Ja, das wird
so kommen.‘ Und [er hat es so geglaubt, dass] der der Einzige ist, den ich kenne – aber ich
habe das nicht weiter erforscht –, der die Konsequenz daraus gezogen hat und eines seiner
zwei Rittergüter verkauft hat und sich in der Schweiz eine Etage in einem schönen Hotel
am Vierwaldstätter See gemietet hat und dort also tatsächlich den Krieg abgewartet hat.
Und er hat sich eine Jagd in der Steiermark gepachtet und führte dort ein beschauliches
Leben in der Schweiz. Also er ist der einzige, von dem ich weiß, der wirklich die Konsequenzen daraus gezogen hat."[1247]

So begünstigte, wie Albrecht Lehmann festgestellt hat, der Umbruch im Milieu der
Flüchtlinge und Vertriebenen eine Erzählwelt, „zu der neben Gerüchten, Parolen
und Schreckensmeldungen auch Prophezeiungen, Zukunftsvisionen, Legenden und
sagenhafte Erzählungen gehörten", durch die „traditionelle Erzählstoffe und Erzähl-
formen" erneut einen Teil des Lebens im Europa der Gegenwart bildeten.[1248] All diesen Geschichten ist gemein, dass sie eine Verarbeitung der unumkehrbaren Scheide-
kraft der Zeit sind, die die Fragenden letztlich doch darin bestätigt, dass sie wenige
Handlungsalternativen zu dem hatten, was sie dann tatsächlich taten. Dieses Wahrnehmungsmuster kann auch mit genau dem Gegenteil der Vorahnungen gefüllt werden, die Formen der Sakralisierung von Erfahrung begründen, nämlich dann, wenn
aus der Perspektive des Westens die Frage aufkommt, warum man die existenzielle
Katastrophe nicht vorausgesehen und entsprechend reagiert habe. „Und das habe
ich auch diesem einen Vetter von ihm [dem Ehemann, S. D.] gesagt, der in Amerika lebt, Hans-Christoph. Er sagte: ‚Aber, was hätten wir denn machen sollen?‘ Da
habe ich gesagt: ‚Ja, dann hätte ich es nach Österreich gebracht.‘" Dass die Familie
derartige Vorsichtsmaßnahmen unterlassen hatte, erklärt sich im Nachhinein nur
noch aus dem überraschenden Charakter der Ereignisse: „Es war nichts ausgelagert.
Und die dachten gar nicht dran, dass der Russe kommt. Das konnten die sich nicht
vorstellen."[1249]

Ein weiteres Motiv schließlich erhob das Haus und das es umgebende Land zu
etwas, das mit sakralisierender Sprache gefasst werden kann. So charakterisiert etwa
Dagmar von Mutius den Moment des Verlassens des Guts im Herbst 1947 mit sakral aufgeladener Semantik:

1247 Ballestrem, G. 2012: 00:25:41-9 – 00:29:36-4.
1248 Lehmann 1991, S. 229.
1249 Seherr-Thoß, Th. 2011: 00:21:20-6 – 00:22:28-7 und 00:22:35-3 – 00:23:50-2.

„Unbemerkt gleitet noch einmal das alte Gellenauer Haus, der Teich, das Tor, der Turm an uns vorbei. Und erst, als es schon weit hinter uns liegt, wissen wir, daß keiner von uns mehr hinsah. Denn nicht dies ist es, was wir verlassen, das verfallene Haus mit den jammernden, offenen Fenstern, den leeren Räumen, in denen Wind und Regen wohnen, und dem geschändeten Park. Das Unverlierbare von Gellenau ist bei uns, stärker als wir es je besitzen konnten."[1250]

Dieser Kunstgriff der Entkopplung des materiellen Eigentums vom fast schon spirituellen Wesen des Ortes, das die Menschen begleitet, erlaubte es, die Erinnerung tatsächlich ins Herz aufzunehmen und damit auch mit der Vergangenheit abzuschließen. Sie war damit zugleich ein wichtiger Baustein des Ankommens im Westen.

9.3 „Es war eine ungeheure Freiheit"

„Und ich sagte ja, meine Eltern, meine Mutter vor allen Dingen, aber auch mein Vater, fühlten sich wie befreit. Die fanden es einfach fantastisch. Man war da auf dem Land, es war ärmlich, aber es waren lauter nette Verwandte da, und der Krieg war vorbei. Man lebte noch. Und man war diesen ganzen Krempel los. Die Firma, die Besitzungen, die Ansprüche, es war einfach nichts mehr da, überhaupt nichts. Und man konnte also neue Pläne machen. Man kann sich das heute gar nicht mehr vorstellen, aber für diese Eichborns in Breslau, man trug ja – wahrscheinlich ohne es zu merken – wie einen schweren Rucksack diesen Familiennamen mit sich rum. Es wurde einem schon als Kind klar gemacht: Nicht die Firma hat deinen Namen, sondern du hast den Namen der Firma. Bedeutend ist die Firma, du bist gar nichts. Aber du darfst die Firma nicht blamieren. Also du musst repräsentieren, das geht ja bis ins Kleinste, wenn man im Turnen nur eine mittelmäßige Note hat. ,Du kannst doch nicht als Eichborn eine Drei haben!' Das potenziert sich dann. Wenn man erwachsen ist, muss man die und die Examina schaffen und man muss so und so viel Geld verdienen. Auch wenn man das Geld eigentlich gar nicht verdient, weil man zum Beispiel in einer preußischen Familie sehr knapp gehalten wurde."[1251]

Neben der Sakralisierung der Verlusterfahrung gibt es noch weitere Erzählmuster, mit denen Flüchtlinge und Vertriebene aus adeligen Familien das Hereinbrechen des Einschnitts 1945/46 zu bewältigen suchen. Dabei versuchen diese Erzählungen vor allem der enormen Fallhöhe des Zusammenbruchs etwas Positives abzugewinnen. Idealtypisch stehen sich zwei Erzählweisen gegenüber: einerseits eine Deprivationsgeschichte, die betont, wie es den hart arbeitenden Eltern trotz aller Verluste und Rückschläge gelungen sei, ihren Kindern eine harmonische Kindheit und angemessene Ausbildung zu ermöglichen, deren Referenzfläche aber ganz klar die unerreichbaren Vorkriegsverhältnisse in Schlesien bilden, und andererseits eine positive Umdeutung des Bruchs, der als das schmerzhafte Abschneiden überkommener Belastungen gedeutet wird.

1250 Mutius 2005a, S. 118.
1251 Eichborn, J. 2012: 00:49:22-4 – 00:54:28-6.

„Sie [die Großmutter mütterlicherseits, S. D.] hat in ihren Memoiren geschrieben, dass sie, wenn sie ganz ehrlich ist, gestehen muss, dass das Leben nach dem Krieg im Grunde um einiges reicher war als vorher, obwohl sie wirklich alles verloren hatten."[1252]

„Es war eine ungeheure Freiheit, die wir im Grunde in Oberschlesien nicht hatten. Da waren wir die Schlosskinder und die Schlosskinder hatten –, zum Geburtstag kamen dann die Hofekinder (ich glaube, das muss man streichen), aber jedenfalls die Kinder vom Hof, während dort [in Corvey, S. D.] war man einfach, tja – frei, wirklich frei."[1253]

„So fing das eben langsam an. Aber es war eine wunderbare Existenz."[1254]

Diese positive Umdeutung des Einschnitts geht vor allem in der „Generation 1.5" häufig mit einer sehr positiven Gewichtung der eigenen Kindheit zusammen, die ebenfalls als Aufbruch und aufregendes Abenteuer begriffen wird:

„Es war ein total anderes Leben. Wir waren also dem Kinderzimmer entwachsen, wir waren den Kinderfrauen entwachsen, wir kamen mit dem normalen Leben – ziemlich hart, aber – in Berührung, es war alles anders. Es war alles anders."[1255]

„Also, heute würden mir als Mutter die Haare zu Berge stehen. Wir haben auf der gesprengten Brücke über der Weser Räuber-Schanditz[1256] gespielt, wobei jeder jeden gesehen hat, aber man musste ja über die Träger balancieren [Lachen]. [...] Aber es war einfach sehr spannend, sehr spannend. Wesentlich spannender als eben unser [früheres Leben] – also für uns war es eigentlich eine herrliche Zeit."[1257]

In der zweiten Generation schließlich mussten Lesarten gefunden werden, die der Gesamtheit des Geschehens eine Deutung gaben. Häufig ist dies ein Verfalls- oder doch zumindest Transformationsnarrativ, das den Umbruch generationell codiert. Seine Großmutter, berichtet etwa ein Zeitzeuge, habe „noch so richtig das adelige idyllische Leben erlebt, so mit von Schloss zu Schloss fahren, zu Freunden, zu Festen. Die hat noch diese Glanzzeiten erlebt, nicht? Da ist ja natürlich bei meinem Vater schon – die Nähe zu diesen schwierigen Zeiten da dominant gewesen."[1258]

1252 Schoenaich-Carolath, E. 2013: 00:21:02-8 – 00:23:20-1.
1253 Dammermann, E. 2011: 00:29:42-2 – 00:31:32-3.
1254 Eichborn, J. 2012: 01:01:33-2 – 01:03:10-7.
1255 Ballestrem, G. 2012: 01:21:13-3 – 01:21:42-7.
1256 Polizist; Ableitung von „Gendarm" im Kölner Dialekt.
1257 Dammermann, E. 2011: 00:29:42-2 – 00:31:32-3.
1258 Küster, U. 2013: 00:17:05-5 – 00:18:42-9.

Teil II: Land ohne Adel?

1 Konservierung – Vernachlässigung – Zerstörung

„Die doppelte Zerstörung –", schreibt Maria Popczyk über die Stadträume Oberschlesiens, „einerseits die der Bodenschätze und andererseits die des menschlichen
und urbanen Stadtgewebes – kommt durch die Abwesenheit und Leere zum Vor-
schein." In Anlehnung an Richard Shustermans Metapher der „Abwesenheit" im
Berlin nach dem Mauerfall folgert sie: „Es betrifft das, was gewesen war und nicht
mehr vorhanden ist; es weist auf die Lücken sowie Unterbrechung in der Stadtbe-
bauung hin und erinnert an die unabwendbare Abwesenheit, deren Anwesenheit
nicht mehr wiederherzustellen ist. [...] Für jede Stadt kann man eine Liste mit vergleichbaren Orten anfertigen."[1259]

Die Zerstörung des sozialen Gewebes, so mag man in Analogie folgern, drückt
sich im Fall der Schlösser und Herrenhäuser durch die Abwesenheit ihrer Eigentümer aus. Ganz in diesem Sinn hat Karl Schlögel in einer jüngeren Darstellung von
einem „Unort" Kreisau (Krzyżowa) gesprochen, nachdem Freya von Moltke das Gut
im Herbst 1945 mit der Hilfe englischer Freunde verlassen hatte.[1260]

Orte der Abwesenheit, die auf die Zerstörung der gewachsenen Raumstrukturen
verweisen, findet man in den Städten wie beispielsweise in Groß Wartenberg (Syców), wo städtische Grünanlagen an die Stelle des Prinz Biron von Curland'schen
Schlosses und des Rathauses traten, die beide in den letzten Kriegstagen ausbrannten
und später abgetragen worden sind,[1261] ebenso wie auf dem Land, in den Dörfern
Ober- und Niederschlesiens.[1262] Wer noch vor drei oder vier Jahren an einen abge-
schiedenen Ort wie Koppitz (Kopice) kam, der schon in seinen besten Tagen aus wenig mehr als einem Schloss und einer kleinen Siedlung bestanden hatte, die zu ihrem
Überleben stark auf das Gut angewiesen gewesen war, der fand hier einen verfallenden neogotischen Prachtbau vor. Dessen Park glich einem Moor in dem man zwischen wild wuchernden Pflanzen auf versteckte Gärtchen mit zwei oder drei Reihen
Kartoffeln und Möhren stoßen konnte, die die Bewohner der ehemaligen Angestell-
tenhäuser angelegt hatten. Graffiti überzogen Wände, auf denen kaum noch Putz

1259 Popczyk 2004, S. 209 unter Verweis auf Shusterman 1998.
1260 Schlögel 2013, S. 310f. „Aus einem Ort, der einmal an die Welt angeschlossen war – und das
    gesellschaftliche Leben von Vorkriegskreisau reichte von London bis Kapstadt, von den Salons
    der Eugenie Schwarzwald in Wien bis Brüssel – war ein Unort geworden, kurz hinter der neu-
    en Grenze, ein Ort, von dem nur noch ganz wenige wussten, was es mit ihm auf sich hatte." Al-
    lerdings dürften Zweifel daran angebracht sein, ob der Ort ohne das Exil seiner Bewohner den
    Menschen im Westen als Geschichtsort präsenter gewesen wäre oder ob es nicht dieselben zwan-
    zig bis dreißig Jahre gedauert hätte, ehe er aus dem Schatten des Vergessens und Verdrängens he-
    rausgetreten wäre.
1261 Waetzmann 1974, S. 61–64, hier S. 64.
1262 So spricht etwa Forbrich 2008, S. 73, in Bezug auf die abgerissenen Herrenhäuser von „Löchern
    in Dörfern" in Anlehnung an den Ausdruck „holes in cities" von Smithson/Smithson 2005,
    S. 172.

hielt. Die Struktur des Hauses war schwach geworden; in der Kapelle war der Boden zur darunterliegenden Krypta durchgebrochen, und an vielen Stellen waren mehrere Stockwerke ineinandergestürzt. Gekauft hatte das Schloss von der Gemeinde direkt nach der Wende ein Investor, der aber die anstehende Grundsanierung nicht mehr finanzieren konnte oder wollte.[1263] Bei meinem letzten Besuch vor einigen Jahren erzählte mir eine der damals am Gebäude arbeitenden Konservatorinnen, eine Investorengruppe habe das Gebäude mit dem Versprechen übernommen, es wie Phönix aus der Asche als luxuriöses Tagungshotel wiederauferstehen zu lassen. Seit diesem Besuch sind einige Jahre ins Land gegangen, und inzwischen haben die damaligen Hoffnungsträger die Immobilie an einen holländisch-polnischen Investor verkauft, der die Errichtung eines deutsch-polnischen Museums in den Räumen des wiederhergestellten Schlosses verspricht.[1264]

Koppitz (Kopice) ist in mancher Hinsicht ein sehr repräsentatives Beispiel für ein Schicksal – Zerstörung und Verfall –, das fast alle schlesischen Schlösser und Gutshäuser, Orangerien, Kapellen und Grablegen oder auch Wirtschaftsgebäude und Vorwerke nach 1945 ereilte. Im Krieg zunächst kaum beschädigt, wurde das Schloss zuerst geplündert und im Oktober 1956 sowie im Frühjahr 1958 unter nicht völlig geklärten Umständen von einem Feuer so weit devastiert, dass es mehr einer Ruine als einem Bauwerk glich.[1265]

Tatsächlich ist der Verfall aber nur die eine Seite des Schicksals der schlesischen Schlösser, wenn auch angesichts der enormen Verluste an historischer Bausubstanz jene, die lange Zeit die Wahrnehmung in Deutschland dominiert hat. Ob nun das Hirschberger Tal mit seinen Schlössern, das benachbarte Lomnitz (Łomnica), das nach der Wende sogar wieder von den Alteigentümern, der Familie von Küster, betrieben wird, die Kynsburg (Zamek Grodno), Schloss Moschen (Moszna) in Oberschlesien, das heute eine touristische Attraktion ersten Ranges für das ganze ehemalige Industriegebiet ist, oder schließlich das Schloss in Pless (Pszczyna), das eines der vielleicht aktivsten Museen besitzt, die sich des Erbes der adeligen Alteigentümer angenommen haben – es gibt eine Geschichte der Schlösser und Herrenhäuser nach 1945, die zu vielfältig ist, um sie allein in das Schema der lange Zeit dominanten Verfallsgeschichte adeligen und deutschen Kulturerbes in den ehemaligen Ostgebieten zu pressen.

Hier geht es mir darum – ohne die Dimension von Zerstörung, Verfall und Verschwinden zu verdrängen –, Grundsätzliches im Umgang mit dem kulturellen Erbe des schlesischen Adels in der Zeit der Volksrepublik besser zu verstehen; angefangen bei der Übernahme in polnische Verwaltung über die Institutionalisierung und Praxis denkmalschützerischen Handelns und die Vielgestaltigkeit der Schicksale dieser Orte bis hin zur Frage nach deren Aneignung durch die Menschen in Schlesien.

1263 Inzwischen werfen Kulturaktivisten dem Investor vor, den in den 1950er Jahren begonnenen Raubbau am Gebäude vollendet zu haben, indem er, statt zu konservieren, architektonische Elemente und gut verkäufliche historische Bausubstanz gezielt entfernt habe. Vgl. Skop 2019 (online).

1264 Misztal 2017 (online).

1265 Zum Brand von Kopice vgl. Weczerka 2003a, S. 242.

1.1 Rahmenbedingungen konservatorischen Handelns

Bereits während des Krieges war im Oktober 1944 als Teil des Kulturministeriums des Polnischen Komitees für nationale Befreiung (PKWN, auch Lubliner Komitee) ein Referat für Museen und Denkmalpflege geschaffen worden.[1266] Dieses Referat befasste sich unter anderem mit Fragen des Transfers von Kulturgütern bei der Westverschiebung Polens, aber auch der physischen Übernahme der Kulturgüter in den neuen Westgebieten. Die organisatorischen Strukturen des polnischen Denkmalschutzes im eigentlichen Sinn bildeten sich jedoch erst im Laufe des Jahres 1945 heraus. Als oberste Behörde des Denkmalschutzes wurde im Ministerium für Kultur und Kunst (Ministerstwo Kultury i Sztuki, MKiS) das Hauptdirektorat für Museen und Denkmalschutz (Naczelna Dyrekcja Muzeów i Ochrony Zabytków) institutionalisiert.[1267] Die Leitung dieses Hauptdirektorats beziehungsweise später der Zentralverwaltung oblag einem Direktor, der in Personalunion der Generalkonservator Polens (Generalny Konserwator Zabytków, GKZ) war. Diesem unterstanden territorial verteilt die Kulturverwaltung (für Mobilien und Museen) und die Konservatoren (für Baudenkmäler). Beide waren auf Woiwodschaftsebene als Teil der Abteilungen für Kultur und Kunst in den Woiwodschaftsämtern sowie durch Referenten in den Starosteien (Landkreisebene) beziehungsweise in den Stadtämtern institutionalisiert worden.[1268] Auf Woiwodschaftsebene agierte so etwa der Woiwodschaftskonservator (Wojewódzki Konserwator Zabytków, WKZ) für Denkmäler oder ein Referent für Kultur und Kunst beziehungsweise Regionalkonservatoren auf Landkreisebene.[1269] Diese Instituti-

---

1266 Pruszyński 1989, S. 118.

1267 Ich werde im Folgenden entweder von der jeweils zuständigen Fachbehörde oder vom Ministerium selbst sprechen, da die Benennung des Hauptdirektorats sich im Laufe der Jahrzehnte mehrfach geändert hat, darunter Centralny Zarząd Muzeów i Ochrony Zabytków (Zentralverwaltung für Museen und Denkmalschutz) in den 1950er Jahren und Zarząd Muzeów i Ochrony Zabytków (Verwaltung für Museen und Denkmalschutz) in den 1960er bis 1980er Jahren.

1268 Zum besseren Verständnis muss an dieser Stelle kurz erwähnt werden, dass das preußische Schlesien nach 1945 auf mehrmals wechselnde Verwaltungseinheiten aufgeteilt wurde. 1946, 1950, 1975 und in postkommunistischer Zeit 1998 fanden jeweils Gebietsreformen statt, die den Zuschnitt dieser Strukturen veränderten. Bis in den Juni 1946 war die Verwaltungsstruktur an den von der Sowjetischen Militäradministration geschaffenen Regionen orientiert, darunter für Schlesien die Region Oppelner Schlesien (Śląsk Opolski) und Niederschlesien (Dolny Śląsk). (Vgl. Rozporządzenie Rady Ministrów z dnia 29 maja 1946 r. w sprawie tymczasowego podziału administracyjnego Ziem Odzyskanych. Dz. U. 1946 nr 28 poz. 177, S. 329 sowie Łuczyński 2010, S. 45). Von 1946 bis 1950 lag der größte Teil des preußischen Schlesien innerhalb der Grenzen von drei Woiwodschaften: den Woiwodschaften Posen (Poznań) und Breslau (Wrocław) im Westen sowie der Woiwodschaft Schlesien (oder Schlesien-Dombrowa) im Osten. Aus jeweils einem Teil der Woiwodschaften Breslau und Posen wurde im Nordwesten 1950 die Woiwodschaft Grünberg (Zielona Góra) neu geschaffen, zugleich wurde die Woiwodschaft Schlesien-Dombrowa in die Woiwodschaften Oppeln (Opole) und Kattowitz (Katowice, 1953–1956 Stalinogród) aufgespalten. Mit der Gebietsreform von 1975 wurden schließlich die 17 relativ großen Woiwodschaften der Nachkriegszeit aufgebrochen und in 49 kleinere Verwaltungseinheiten aufgeteilt. In der Gebietsreform von 1998 schließlich wurde deren Zahl wieder auf 16 verkleinert (vgl. für Schlesien ebd., S. 46, mit einer Übersicht über die zugrundeliegenden Rechtsakte).

1269 Weinberg 1984, S. 49, sowie eigene Beobachtungen an diversen Quellen im Schriftgang des

onen grenzten ihre Zuständigkeiten in Konkurrenz zu anderen Behörden ab, die ebenfalls die Kompetenz zur Sicherung des deutschen Alteigentums für sich in Anspruch nahmen, darunter zeitweise das Bildungsministerium (Ministerstwo Oświaty, MO) und längerfristig das Ministerium für die Wiedergewonnenen Gebiete (Ministerstwo Ziem Odzyskanych, MZO) sowie situativ gegenüber spezifischen lokalen Akteuren wie etwa der staatlichen Forstverwaltung in Oberschlesien.

Die Rechtsgrundlage für die Arbeit des Denkmalschutzes bildete im Wesentlichen das Denkmalschutzgesetz der Zweiten Republik, das in seiner ergänzten Fassung vom 6. März 1928 als geltendes Recht übernommen wurde.[1270] Für die Kulturgüter in den Westgebieten war dies insofern nicht unrelevant, als das Gesetz sehr stark von der nationalen Engführung des multinationalen Kulturerbes Polens in der Zeit nach dem Ersten Weltkrieg geprägt war. Zugleich verengte das dem Gesetz zugrunde liegende Konzept des „Denkmals" (*zabytek*) den offiziellen Fokus konservatorischer Tätigkeit sehr stark auf Bauwerke.[1271] In diesem Fokus entsprach das Gesetz durchaus zahlreichen anderen Gesetzeswerken ähnlicher Art, die zwischen 1918 und 1930 in Europa verabschiedet worden sind.[1272] In der Praxis scheint der Denkmalsbegriff aber durchaus weit gehandhabt worden zu sein. So informierte beispielsweise die Starostei Lublinitz (Lubliniec) im Oktober 1945 das Woiwodschaftsamt in Kattowitz (Katowice) auf der Grundlage von Art. 5 und 6 dieses Gesetzes über das Vorhandensein von Möbeln im den Grafen Ballestrem gehörigen Schloss Kochtschütz (Kochcice) und bat die Behörden, entsprechende Schritte zu deren Sicherung einzuleiten.[1273]

Von einem anderen Gedanken des Gesetzes jedoch haben die Baudenkmäler der Westgebiete unzweifelhaft profitiert, dem Umstand nämlich, dass es bereits erste Ansätze eines Ensembleschutzes barg,[1274] was schon bald nach dem Krieg zum Schutz erster Ensembles etwa aus Schlössern und Parks geführt hat. Erst in nachstalinistischer Zeit wurde mit dem Gesetz vom 15. Februar 1962 über den Schutz der Kulturgüter und die Museen eine grundsätzliche Neuregelung angestrebt, die einem sich zunehmend differenzierenden Aufgabenfeld der Konservatoren Rechnung trug. Durch die Novellierung des Gesetzes wurde ein umfassenderer Begriff für den Gegenstand denkmalschützerischen Arbeitens, der des „Kulturguts" (*dobro kultury*), eingeführt und im Gesetz verankert.[1275]

MKiS.

1270 Rozporządzenie Prezydenta Rzeczypospolitej z dnia 6 marca 1928 r. o opiece nad zabytkami. Dz. U. 1928 nr 29 poz. 265.

1271 Weinberg 1984, S. 45f.

1272 Eine Ausnahme ist beispielsweise Österreich, das 1918 Ausfuhrbeschränkungen für bewegliche Kulturgüter erließ. Die Jahre zwischen 1918 und 1930 sahen in ganz Europa Versuche, nationale Kulturgüter zu definieren und mit den Mitteln des Rechts die Verfügung darüber zu kontrollieren. Eine Übersicht bei Odendahl 2005, S. 57.

1273 Information der Starostei Lublinitz an das Woiwodschaftsamt Kattowitz. Lubliniec, 30. Oktober 1945. APK 185 - Kult. 193, Blatt 22.

1274 Niessner 1985, S. 11.

1275 Gesetz vom 15. Februar 1962 über den Schutz der Kulturgüter und die Museen. Abdruck in

1.2 „[...] der polnischen Kultur erhalten". Übergangsgesellschaft und Nachkriegssituation

Als die polnische Zivilverwaltung im Frühjahr 1945 an den meisten Orten in Schlesien die sowjetische Militärverwaltung ablöste, gab es theoretische Vorstellungen und Regulative, wie mit dem deutschen Kulturerbe in den nunmehrigen polnischen West- und Nordgebieten zu verfahren sei. Bereits am 23. März 1945 erließ der Generalkonservator Jan Zachwatowicz eine „Unterweisung für die in die an Polen zurückgegebenen Gebiete einrückenden Formationen der polnischen Streitkräfte", in der diese aufgefordert wurden, „Herrenhäusern, Schlössern und Landgütern" besondere Aufmerksamkeit zukommen zu lassen, um „alte Gemälde, Bibliotheken, alte Waffen, antike Möbel, Teppiche, altes Silber, Glas und Porzellan" zu schützen.[1276] Dass zwischen dem Zusammenbruch der politischen Ordnung im Januar und Februar 1945 und der Herstellung einer neuen öffentlichen Ordnung teils erhebliche Zeit verging, in der Besitztümer geplündert wurden, konnte dieses Regulativ freilich nicht verhindern.

1.2.1 Bildersturm, Plünderungen und anfängliche Zerstörung

Vor allem im Februar und März 1945 gab es – unterschiedlich für verschiedene Räume – eine Zeit des Übergangs, in der von einer Zentralgewalt, die in irgendeiner Form das Eigentum oder die Integrität der Ensembles hätte wahren können, nicht gesprochen werden kann. So kam es zu wilden Enteignungen durch die verschiedensten Akteure. Im relativ frühzeitig kontrollierten Oberschlesien an der früheren preußisch-polnischen Grenze, wo die Bedingungen für die Aufrechterhaltung einer öffentlichen Ordnung wohl relativ gut waren, findet sich erstes Verwaltungsschriftgut zu Versuchen, eine Kontrolle über die Kulturgüter herzustellen, für die Zeit nach der März-Instruktion 1945. Die vorausgehende Phase war aber durchaus entscheidend, denn wo sich keine wie auch immer geartete Form von Autorität fand

---

deutscher Übersetzung in: Hans Hingst, Anton Lipowschek (Hg.): Europäische Denkmalschutzgesetze in deutscher Übersetzung. Neumünster: Wachholtz 1975, S. 361–386, sowie die polnische Fassung: Ustawa z dnia 15 lutego 1962 r. o ochronie dóbr kultury. Dz. U. 1962 nr 10 poz. 48.

1276 Instrukcję dla formacyj Wojsk Polskich wkraczających na tereny przywrócone Polsce [...]. AAN MAP 2401 o. Bl., hier zitiert nach Łuczyński 2010, S. 59. Seitens des Bildungsministeriums erging bereits am 9. Juli 1945 eine Verordnung zur Übernahme höfischer Büchersammlungen durch die Bevollmächtigen für die Durchführung der Bodenreform (Dz. Urz. Min. Osw. nr. 4 poz. 110) sowie am 4. August 1945 eine allgemeiner gehaltene „Verordnung [...] über Sicherstellung und Verwertung verlassener oder aufgegebener Büchersammlungen" (Dz. Urz. Min. Osw. nr. 4 poz. 115), die allerdings primär auf öffentliche Bibliotheken und vergleichbare Einrichtungen abstellte (Letztere abgedruckt in deutscher Fassung im Urkundenteil von Voigt 1995, S. 146f.). Die Verordnungen wurden mehrmals aktualisiert, u. a. zusammenfassend am 25. Januar 1946 durch eine Instruktion über die Behandlung der sichergestellten Büchersammlungen (abgedruckt in deutscher Fassung ebd., S. 152–157).

– ausharrende deutsche Alteigentümer, Geistliche, sowjetische Kommandeure und später polnische Verwalter, um nur einige zu nennen –, die ein Ensemble in ihre Obhut nahm, oder wo Kulturgüter in ihrem Wert erst gar nicht erkannt wurden, waren sie teilweise auf Jahre hinaus dem Verfall preisgegeben. Ein Zeitzeuge etwa, der im Sommer 1947 Schlesien verließ, besuchte zu Ostern jenes Jahres den gräflich Yorck von Wartenburgschen Park in Klein Öls (Oleśnica Mała). „In der Nähe des Wintergartens am Schloß lagen wertvolle Bücher der Gräflichen Bibliothek im Straßenkot. Unter anderem fand ich die Werke von Immanuel Kant dort im Dreck liegen."[1277]

Nicht allein sowjetische Soldaten, sondern auch allerlei in Schlesien gebliebene Deutsche nutzten die unklare Situation, um sich zu bereichern. „Wie Aasgeier kommen sie von überall her und zanken sich um die Beute. Wir finden später in vielen Häusern uns bekannte Gegenstände." Die Verfasserin, Marie-Elisabeth von Mutius, erklärt sich die Plünderungen daraus, dass „[d]amals […] noch nicht jener geschlossene Abwehrgeist den Fremden gegenüber [herrschte] wie später in der Polenzeit. Der Schock des Zusammenbruchs hat sogar über anständige und ehrliche Menschen Verwirrung und Haltlosigkeit gebracht."[1278] In ähnlicher Weise berichtete Adele (Adi) von Wallenberg Pachaly, wie sie zusammen mit ihrer Tante auf Gut Schmolz Fensterläden und Haustür verschloss, da niemand in ihrer Abwesenheit das Hab und Gut der Familie stehlen sollte. Nach fünfzehn Tagen Treck traf sie wieder auf ihren Vater, der auf der Suche nach der Familie zuvor bereits das Gut aufgesucht hatte. Das Haus war von Plünderern aufgebrochen worden, die vor allem auch Einweckgläser mit Lebensmitteln zertrümmert und Kleidungsstücke zerschnitten hätten, offensichtlich um dringendsten Bedarf zu decken.[1279]

Wo Ensembles zunächst unter die Kontrolle der sowjetischen Streitkräfte kamen, waren sie damit jedoch nicht automatisch gesichert. Die Sowjetunion pflegte eine uneinheitliche Praxis der Entnahme von Kulturgütern für Reparationen. Die in Klein Öls im Schlamm liegenden Bücher etwa können nur ein Überrest der Yorck von Wartenburg'schen Bibliothek gewesen sein, denn deren Hauptteil war bereits in die Sowjetunion verbracht worden.[1280] Gleiches gilt für große Teile der Bibliothek der Grafen von Schweinitz, die so ins heutige Dnipro (Ukraine) gelangten.[1281] In ähnlicher Weise wurden noch im Juli 1945 Möbel und Gemälde aus Schloss Kamenz (Kamieniec Ząbkowicki) durch sowjetische Einheiten abtransportiert.[1282] Dass dies keineswegs der Fall sein musste, zeigt der Umstand, dass beispielsweise das Eigentum der Grafen zu Stolberg-Wernigerode zur selben Zeit bereits von der polnischen Bür-

---

1277 Erlebnisbericht Herbert Larisch: „Meine Erlebnisse vom 1.1.1945 bis zum 1.5.1947." Schwerte, 17. Mai 1952 (handschr.). BArch LAA Ostdok 2/200, Blatt 123r–129v, hier Bl. 129r; auch bei diesem Bericht ist allerdings ein hohes Maß an innerer Stilisierung anzunehmen (etwa im Spannungsverhältnis „Kant" – „Straßenkot").
1278 Mutius 2005b, S. 95.
1279 Wallenberg Pachaly 1984, S. 9f., 12.
1280 Zu einer Übersicht vgl. Zubkov 2012.
1281 Vgl. die Katalogeinträge in Saminskij 2007.
1282 Schmidt 2007, S. 121.

germiliz konfisziert wurde.[1283] Vielfach fanden auch noch im Zuge der Herstellung einer vollständigen Kontrolle durch polnische Zivilbehörden weitere wilde Enteignungen kleinerer Wertgegenstände statt, die der persönlichen Bereicherung der Beteiligten dienten.

Dass materielle Ensembles wie im Fall der Grafen Stolberg die Anwesenheit der sowjetischen Soldaten fast vollständig unbeschadet überstanden, war bei weitem kein Einzelfall. Als Gundula von Rohrscheidt im Juli 1945 das seit 1812 im Familienbesitz befindliche Schloss in Deutsch Steine (Ścinawa) wieder betrat, fand sie das Mobiliar fast vollständig vor, „und die Aufräumfrauen sagten, beim Abzug der Russen am 24.6. hätten sogar die Kronleuchter und die Spiegel noch gehangen."[1284] In Deutsch Steine, wie häufig an anderen Orten, waren es die Zwangsmigranten aus den polnischen Ostgebieten, die im Rahmen der Bodenreform angesiedelt wurden und die als Kleinbauern oder Arbeiter auf Staatsgütern ein Auskommen finden sollten, die nunmehr die Ensembles zerstreuten: Sie „schleppten nun systematisch alles weg, auch was niet- und nagelfest war, ganze Fensterrahmen, Türen, Öfen, eingemauerte Waschkessel." Von der „polnischen Polizei, die die allerschlimmsten Räuber sind" und die im Schloss Quartier genommen hatte, das deshalb auch immer offen stand, fühlte sich von Rohrscheidt im Stich gelassen.[1285]

1.2.2 Erste Sicherungsmaßnahmen

Die polnische Verwaltung versuchte, so gut es ging, der Vielzahl an Objekten Herr zu werden, die ihr nun oblagen. So kam im Laufe des Jahres 1945 langsam eine systematische Erfassung des deutschen Alteigentums in Gang. Vorrangig in Niederschlesien wurden mehrere provisorische Sammelstellen für Kunstgegenstände und Buchbestände eingerichtet, die größten davon in Eckersdorf (Bożków) bei Glatz (Kłodzko), Eckstein (Narożnik), Krummhübel (Karpacz), im Paulinenschloss in Hirschberg (Jelenia Góra), Heinrichau (Henryków) und Glogau (Głogów).[1286] Über die reine Sicherung vor Ort hinausgehende Bergungs- und Magazinierungsmaßnahmen begannen in Oberschlesien im Allgemeinen im April 1945, zogen sich den Mai hindurch und reichten noch bis in den Spätherbst hinein.[1287]

1283 Abschrift eines Berichts von Christian-Friedrich Graf zu Stolberg-Wernigerode vom Mai 1946. BArch LAA Ostdok 2 /188, Blatt 269–276, hier Bl. 270.

1284 Berichte und Sammlung von Zugetragenem der Gundula von Rohrscheidt (geb. v. Quitzow). Soest, 13. Februar 1952. BArch LAA Ostdok 2 / 200, Blatt 159–172, hier Bl. 163.

1285 Ebd.

1286 Rutowska 2000, S. 181.

1287 Exemplarisch die Magazinierungsmaßnahmen zu einigen oberschlesischen Schlössern, die von der Abteilung für Kultur und Kunst im Woiwodschaftsamt der Woiwodschaft Schlesien-Dombrowa angeleitet wurden: Koschentin (Koszęcin) am 7., 8. und 16. Mai 1945, Tworog (Tworóg) am 23. und 24. Mai 1945, Knurrow (Knurów) am 26. Mai 1945, Slawentzitz (Sławięcice) am 17., 18., 21. und 26. April sowie am 9., 10., 15., 18. und 30. Mai 1945, Pless (Pszczyna) am 14., 17., 19. und 28. Mai sowie am 2. und 4. Juni 1945 oder Plawniowitz (Pławniowice) am 30. April, 2. und 9. Mai 1945. Vgl. Übersichten in APK 185 - Kult. 193, Blatt 47–52 sowie bezüglich

Bereits bei den Bemühungen zur unmittelbaren Sicherung von Bauwerken und Sammlungen zeigte sich allerdings früh eine Tendenz der sozialistischen Gesellschaft, dass aktive Schutzmaßnahmen vor allem für jene Kulturgüter ergriffen wurden, für die sich ein Zweck und eine Bedeutung in der neuen Gesellschaft fand, so etwa für Bauten mit gotischer Architektur als Beleg eines polnisch-piastischen Anspruchs auf die Westgebiete wie das Piastenschloss in Brieg (Brzeg) und die Kynsburg (Zamek Grodno) oder auch für jene Gebäude in Oberschlesien, die bereits in der Zwischenkriegszeit auf dem Gebiet der Zweiten Republik gelegen hatten.

So verließ beispielsweise die Wehrmacht am 10. Februar 1945 das Schloss in Pless (Pszczyna), das anschließend bis zum 17. Februar von der vorrückenden Roten Armee als Kommandostelle und Militärlazarett genutzt wurde.[1288] Darüber, was in dieser Zeit und bis Mitte März geschah, ist keine schriftliche Überlieferung erhalten, aber man darf aus späteren Dokumenten folgern, dass es zu einer ersten unkontrollierten Plünderungswelle kam.

Mit dem Einzug der polnischen Zivilverwaltung in Pless waren es besonders die Starostei und der Magistrat, die das Schloss früh als etwas Eigenes und Erhaltenswertes begriffen. Als Ende März 1945 die Rote Armee beschloss, in dem Gebäude erneut ein Militärlazarett zu errichten, wandte sich deshalb die Stadtverwaltung an die Abteilung für Denkmalschutz im Woiwodschaftsamt in Kattowitz und ersuchte um deren Hilfe. Am 5. April traf ein führender Mitarbeiter des Amts in Pless mit dem Auftrag ein, die mobilen Kulturgüter vor einer möglichen Zerstörung zu sichern – nur um festzustellen, dass man ihm den Zutritt zum Schloss verwehrte, weil inzwischen das Lazarett bereits eingerichtet worden war. Dem Mitarbeiter blieb nichts, als mit Angestellten wie dem Hausverwalter zu sprechen, die für den Betrieb des Palastes wichtig waren und deshalb teils schon die ganze Vorkriegs- und Kriegszeit hindurch weiterbeschäftigt worden waren. Von dem Hausverwalter war etwa zu erfahren, dass das Mobiliar teilweise bereits zerstört war und dass man das Haus- und Majoratsarchiv der Fürsten von seinem alten Standort in einen anderen Saal verlagert hatte.[1289]

Als am 1. Mai 1945 die Rote Armee ihr Militärlazarett erneut auflöste, kam es zu einer weiteren Welle von Plünderungen und Zerstörungen, die die von den Soldaten eingeschüchterte polnische Verwaltung vor Ort nicht verhindern konnte oder wollte. Zufällig führte einen Tag nach dem Abzug aus dem Schloss der Leiter (*Kierownik*) der Abteilung für Politische Bildung des Woiwodschaftsamts Kattowitz, ein Bürger Pająk, eine Inspektion des Bezirksdepartements für Information und Propaganda in Pless durch, wobei er des Zustands des Schlosses gewahr wurde. Nachdem er das Gebäude „unbewacht und wertvolle Zeugnisse von Kultur und Kunst geplündert und zerstreut" vorfand, begab sich Pająk umgehend ins dortige Sicherheitsamt

---

Plawniowitz einen Bericht des Amtes für Kultur und Kunst im Stadtamt Gleiwitz an die Abteilung für Kultur und Kunst im Woiwodschaftsamt Kattowitz für die Zeit vom 21. April bis 10. Mai 1945. Gliwice, 10. Mai 1945. APK 185 - Kult. 165, Blatt 13–15.

1288 Orlik 2012, S. 96–98.

1289 Tätigkeitsbericht der Abteilung Museen und Denkmalschutz im Woiwodschaftsamt Kattowitz vom 30. März bis 9. April 1945. Katowice, 9. April 1945. APK 185 - Kult. 165, Blatt 4.

(*Urząd Bezpieczeństwa*) und veranlasste, dass die Bürgermiliz Schutzmaßnahmen für den Palast ergriff. Im Rahmen einer Konferenz legte Pająk dann nicht nur die Aufgaben des Bezirksdepartements für Information und Propaganda dar, sondern bat alle Anwesenden um ihre Kooperation, indem er „die Notwendigkeit von Schutz und Fürsorge für den Palast hervorhob", der für kulturelle und erzieherische Zwecke genutzt werden solle. Dabei kritisierte er, die lokalen Autoritäten hätten „nicht genügend Schritte unternommen, um Objekte mit äußerst hohem kulturellen Wert vor einer Zerstörung" zu schützen.[1290]

Die Sicherung des Gebäudes fiel in keiner Weise in den Kompetenzbereich der dem Bildungsministerium unterstehenden Abteilung, weshalb wohl auch ein Bericht an die eigentlich dafür zuständigen Stellen in Kattowitz unterblieb. Von der Auflösung des Lazaretts erfuhr man in der Abteilung für Kultur und Kunst im Woiwodschaftsamt deshalb erst auf eine Nachfrage an die Stadtverwaltung am 5. Mai.[1291] Eine daraufhin am 12. Mai durchgeführte Inspektion fand das Schloss in der Verwaltung des staatlichen Forstamts, das in seinen Ansprüchen mit jenen der Stadtverwaltung und Starostei im Konflikt stand. Ein bereits in deutscher Zeit angestellter Hausverwalter Achtelik (nach einer anderen Quelle: Auchinek), der wohl primär aus Eigeninitiative handelte, und der erste Sekretär der Forstverwaltung sicherten das Gebäude sowie die Mobilien. Am Archiv der Fürsten von Pless hatte die Starostei ein besonderes Interesse, nicht zuletzt weil darunter auch viele Dokumente zu den politischen Aktivitäten der Fürsten in der Zweiten Republik waren, weshalb sie auch einen Mitarbeiter mit dessen Sichtung und Sicherung beauftragt hatte. Die Forstverwaltung verwehrte diesem aber aufgrund des Konflikts zwischen beiden Einrichtungen den Zugang zum Gebäude.[1292]

Die Situation vor Ort blieb dramatisch, unter anderem weil auch weiterhin sowjetische Soldaten in Gruppen durch die Stadt zogen und wiederholt versuchten, in das Gebäude einzudringen. In einigen Fällen gelang dies sogar, woraufhin die Soldaten sich Teppiche und Wandteppiche aneigneten. Herr der Situation wurden die polnischen Behörden nur, indem sie eine bewaffnete Patrouille der Roten Armee herbeiriefen. Um derartige Zwischenfälle künftig zu verhindern, erließ der Vizestarost Szafarczyk deshalb eine Weisung an die Bürgermiliz, verschärft Patrouillen in den Abendstunden durchzuführen.[1293] Die Bewachung hinderte aber noch Anfang Juni kleine Gruppen von Rotarmisten nicht daran, wiederholt ins Gebäude einzudringen, da sie sich letztlich auf einen einzelnen Torwächter beschränkte.[1294]

1290 Bericht einer Inspektionsreise am 2. Mai, die der Leiter der Abteilung für Politische Bildung, Bürger Pająk, gemeinsam mit dem Protokollführer Bürger Kowalczyk nach Pszczyna unternommen hat. Katowice, o. D. (2./3.? Mai 1945). AAN 168 MIP 88, Blatt 3–4.

1291 Erkundigung der Abteilung für Museen und Denkmalschutz im Woiwodschaftsamt Kattowitz bei der Stadtverwaltung Pless. Katowice, 5. Mai 1945. APK 185 - Kult. 193, Blatt 36.

1292 Bericht des Abteilungsleiters für Museen und Denkmalschutz im Woiwodschaftsamt Kattowitz Józef Matuszczak über eine Dienstreise nach Pless am 12. Mai 1945. Katowice, 13. Mai 1945. APK 185 - Kult. 165, Blatt 44–46.

1293 Ebd.

1294 Schreiben des Direktors des Hauptdirektorats für Museen und Denkmalschutz im Kulturminis-

Die Inspektion des zum Teil geplünderten Palasts war ernüchternd: Denkmalwürdiges Mobiliar war wenig auszumachen. Erhalten waren mehrere Schränke und Kommoden aus dem 18. Jahrhundert sowie diverse Sitzmöbel, bei denen wohl Schatzsucher durchgängig die Polsterung aufgeschlitzt hatten. Weiterhin fanden sich deutsche Keramiken und japanische Satsuma in der Funktion von Lampenfüßen. Dagegen musste man feststellen, dass acht chinesische Tapeten von der Roten Armee weggeführt worden waren und dass von den Gemälden, von denen man wusste, dass bei Kriegsausbruch 1939 noch wertvolle Objekte wie ein Rembrandt vorhanden gewesen waren, lediglich einige Porträts der Fürsten von Pless übrig geblieben waren. Mit Teilen der Bibliothek war offenbar das Lazarett befeuert worden, sodass relativ wenige Bücher zu diesem Zeitpunkt überhaupt noch im Schloss waren.[1295]

Das Archiv der Fürsten von Pless war vom Hausverwalter in einem der größeren Toilettenräume gesichert worden.[1296] Die Archivalien waren zuvor aus ihrer früheren Ordnung herausgerissen und wenigstens zum Teil auch von der Roten Armee weggeführt worden. Der Vizestarost erklärte sich bereit, unabhängig davon, wie über die weitere Verwendung des Hauses entschieden werde, durch seine Mitarbeiter eine Ordnung der verbliebenen Archivalien vornehmen zu lassen. Das Forstamt schlug demgegenüber einen früheren Angestellten des Archivs vor, dem wiederum das Woiwodschaftsamt aber die Kompetenz absprach, dieses Unternehmen zu leiten. Vielmehr wünschte man sich aufgrund des „hohen wissenschaftlichen Werts" des Bestands eine „Person mit Hochschulabschluss" auf diese Stelle, wollte aber einer Hilfe durch den früheren Angestellten nicht im Weg stehen. Zu einer abschließenden Entscheidung sah man sich jedoch nicht in der Lage, weil die Kontrolle über die Archive dem Bildungsministerium oblag, weshalb man lediglich beim Woiwoden anregte, dort ein „Interesse" am Archiv „zu wecken". Für das der eigenen Kompetenz unterstehende Mobiliar entschied man dagegen, es in das Museum nach Beuthen (Bytom) zu geben und die Naturkunde- und Trophäensammlung des Fürsten in ein Museum zu transferieren, das bei der Direktion der Staatlichen Forstverwaltung in Beuthen entstehen sollte.[1297]

Bei einer Inspektionsreise Anfang Juli 1945 drang der oberste polnische Denkmalschützer, Stanisław Lorentz, beim Woiwoden darauf, möglichst bald eine endgültige Entscheidung über die Nutzung des Plesser Schlosses zu treffen.[1298] Tatsächlich

---

terium Stanisław Lorentz an den Woiwoden. Katowice, 5. Juni 1945. APK 185 - Kult. 193, Blatt 39. Lorentz war von der Situation offenbar so beunruhigt, dass er noch vor Abschluss der Inspektionsreise direkt vor Ort an den Woiwoden schrieb.

1295 Bericht des Abteilungsleiters für Museen und Denkmalschutz im Woiwodschaftsamt Kattowitz Józef Matuszak über eine Dienstreise nach Pless am 12. Mai 1945. Katowice, 13. Mai 1945. APK 185 - Kult. 165, Blatt 44–46.

1296 Bericht der Stadtverwaltung Pless an das Woiwodschaftsamt in Kattowitz. Pszczyna, 5. Mai 1945. APK 185 - Kult. 193, Blatt 37.

1297 Bericht des Abteilungsleiters für Museen und Denkmalschutz im Woiwodschaftsamt Kattowitz Józef Matuszak über eine Dienstreise nach Pless am 12. Mai 1945. Katowice, 13. Mai 1945. APK 185 - Kult. 165, Blatt 44–46.

1298 Schreiben des Direktors des Hauptdirektorats für Museen und Denkmalschutz im Kulturminis-

wurde das Gebäude im September 1945 vom Bevollmächtigen der provisorischen Regierung für Schlesien und das Dombrowaer Gebiet (und späteren Woidwoden), Aleksander Zawadzki (1899–1964), per Dekret zum Museum bestimmt.[1299] Zuvor hatte die Stadtverwaltung von Pless (Pszczyna) ein Nutzungskonzept vorgelegt, das die Schaffung eines Museums in den Räumen des Schlosses vorsah.[1300] Im initialen Konzept war angeregt worden – ganz im Sinne der Kompensationsidee, nach der das deutsche Alteigentum der Kompensation von Schäden der NS-Herrschaft dienen sollte –, das von den Nationalsozialisten 1939 zerstörte Prestigeprojekt des Schlesischen Museums in Kattowitz in den Räumen des Palastes neu erstehen zu lassen. Das Ziel der Neugründung sollte wie schon beim Kattowitzer Schlesischen Museum in der Identitätsbildung liegen.[1301] Zu einem späteren Zeitpunkt wurde dieser Plan allerdings verworfen, sodass das Museum Anfang 1946, getragen von einer neugegründeten Stiftung, der Gesellschaft für die Förderung der Wissenschaft und Künste in Pszczyna, als Museumszentrum (Ośrodek Muzealnego) seine Türen öffnete und dabei auch bereits einige Räume mit Ausstattung aus dem Schloss den Besuchenden zugänglich machte.[1302]

Vorangetrieben wurde die Musealisierung des Palastes vor allem von Aktivisten vor Ort, die jedoch schon bald in das Zwangskorsett des stalinistischen Staates gepresst werden sollten. In Pless waren dies etwa der Vizebürgermeister Jan Czober, der Starost Emil Kwaśny und der Gründungsdirektor des Museums Dr. Józef Kluss (1890–1967), der den Posten von 1946 bis 1949 und erneut von 1958 bis 1962 innehatte. Der in der Zwischenkriegszeit unter anderem an der École de Louvre künst-

---

terium Stanisław Lorentz an den Woiwoden. Katowice, 5. Juni 1945. APK 185 - Kult. 193, Blatt 39.

1299 Polak 1984, S. 146.

1300 Denkschrift der Stadt Pless über die Errichtung eines schlesischen Museums im Schloss Pless und einer Erholungssiedlung für Künstler, Schriftsteller und Bildhauer. Pszczyna, 27. August 1945. APK 185 - Kult. 193, Blatt 56–58. Nach anfänglicher Skepsis – der Leiter der Abteilung Kunst und Kultur im Woiwodschaftsamt, Hutka, kritzelte in Rotstift über einen Durchschlag der Denkschrift: „Wie stellen Sie sich vor, das zu finanzieren?" (ebd.) – fand das Konzept jedoch schnell Fürsprecher. So signalisierte im September des Jahres das Präsidialbüro des Woiwodschaftsnationalrats dem Woiwoden Zawadzki seine Unterstützung für das Projekt. Schreiben des Direktors des Präsidialbüros an den Woiwoden Zawadzki. Katowice, 25. September 1945. Ebd., Blatt 133.

1301 Vgl. Antwort der Stadt Pless auf eine Anfrage der Abteilung Kultur und Kunst betreffend die Unterhaltung des Museums. 20. September 1945. APK 185 - Kult. 193, Blatt 67–70.

1302 Polak 1984, S. 146f. Erste Überlegungen dieser Art waren bereits im Herbst 1945 durch einen Pressebericht laut geworden und hatten für erhebliche Irritation seitens des Ministers für Kultur gesorgt, der durch das Vorgehen seine Prärogative in Frage gestellt sah. Damals hatte man diesem aber seitens der Kulturabteilung des Woiwodschaftsamts versichert, am Konzept des Schlesischen Museums festzuhalten. Vgl. Abschrift einer Pressenotiz: „Museum der bildenden Künste im Schloss der Fürsten von Pless" o. D. [15. September 1946] APK 185 Kult. - 193, Blatt 142, sowie Schreiben des Ministers für Kultur und Kunst an den Woiwoden in Kattowitz. Warszawa, 26. Oktober 1945. APK 185 Kult. - 193, Blatt 141 und Antwortschreiben des Vizewoiwoden, Zietek, an die Abteilung für Museen und Denkmalschutz im Kulturministerium. Pszczyna, 13. November 1945. APK 185 Kult. - 193, Blatt 143.

lerisch ausgebildete Kluss brachte eine reiche Erfahrung als Konservator aus der Vorkriegszeit mit und war auch deshalb eine besonders einflussreiche Persönlichkeit, weil er zugleich von 1946 bis 1954 als Konservator der Kattowitzer und Oppelner Region tätig gewesen war.[1303] Abgelöst als Museumsleiter wurde er im August 1949 für beinahe zehn Jahre von Leon Leszczyński (1894–1967), einem früheren Geschichtslehrer und Nationalitäten-Aktivisten der Zwischenkriegszeit.[1304]

Dass das Museum für Raumkunst nun ausgerechnet daran ging, die Spuren der Alteigentümer zu konservieren, und durch die Einrichtung eines Salons sowie die Rekonstruktion eines Schlafzimmers der Fürstin im Sinne von *period rooms* eine Vergangenheit reimaginierte, stieß keineswegs überall auf Gegenliebe. Insbesondere von kommunistischer Seite wurde bald nach der Gründung kritisiert, dass das Museum überhaupt kein Konzept erkennen lasse, wie die Sammlung genutzt werden solle, und dass es deshalb sinnvoller gewesen wäre, die Artefakte auf verschiedene Sammlungen zu verteilen, die bereits ähnliches Sammelgut besäßen. Man hätte besser daran getan, das Schloss, das architektonisch ja ohnehin nicht bedeutend sei, kritisierte etwa ein Artikel in der *Gazeta Robotnicza* vom Mai 1946, den Kulturzirkeln der Industriewerke zur Verfügung zu stellen, um dort ein Areal für schöpferisches polnisches Gedankengut und Kunst zu schaffen. Ein Naturkundemuseum, klassisches oder experimentelles Theater oder ein Regionalmuseum kämen ebenso in Frage wie viele andere Aktivitäten, die die deutsche Spur von der schlesischen Erde löschen könnten. Stattdessen werde, insinuiert der Verfasser, ein „versteckter Kult um die Fürsten von Anhalt" (gemeint ist Pless, die Herzöge Anhalt-Köthen-Pless sind ein zu Beginn des 19. Jahrhunderts in männlicher Linie erloschenes Geschlecht) getrieben.[1305] Der Artikel war ein erster Vorbote einer Verengung des schlesischen Geschichtsdiskurses in der stalinistischen Phase nach 1948, der insbesondere in Oberschlesien auf eine Delegitimierung des Adels abstellte (vgl. unten Kap. 2.2.2).

In der Kriegs- und unmittelbaren Nachkriegszeit war es zunächst aber lokales Geschichtsbewusstsein, dass in Oberschlesien wie andernorts zur Rettung von Schlössern und Palästen entscheidend beitrug. Das Schloss Plawniowitz (Pławniowice) der Grafen von Ballestrem beispielsweise wurde nicht von einer übergeordneten Behörde, sondern auf eine Initiative der Lokalverwaltung in Gleiwitz (Gliwice) hin gesichert. Bei mehreren Besuchen – dreimal am 30. April, am 2. und am 9. Mai 1945 – wurden vorrangig Keramiken und Majolika sichergestellt und ins Stadtmuseum von Gleiwitz verbracht (wo sie sich heute noch befinden), darunter eine weithin bekannte Sammlung antiker Teekannen (342 Stück), aber auch Gemälde aus dem 18. Jahrhundert. Die Lokalverwaltung war mit dieser Aufgabe jedoch letztlich überfor-

---

1303 Zur Biografie Muzeum Zamkowe w Pszczynie 2015a (online) sowie Polak 1984, S. 147.

1304 Zur Biografie Muzeum Zamkowe w Pszczynie 2015b (online); Polak 1984, S. 146; Kluss 2010, S. 9–13. Zum Schicksal des Schlesischen Museums vgl. etwa Haubold-Stolle 2008, S. 229, 248, 366; Michalczyk 2010, S. 86 (zu Gründung, Funktion und Konkurrenzverhältnis).

1305 Żywi ludzie i twórcza praca czy utajony kult princów Anhalt [Lebendige Menschen und schöpferische Arbeit oder ein verborgener Kult um die Fürsten von Anhalt]. In: Gazeta Robotnicza 11. Mai 1946. In: APK OP 332 Zarzad Miejski i Miejska Rada Narodowa w Pszczynie 195, nicht foliiert.

dert, sodass sie gar nicht alles, was an Kulturgütern vorhanden war, sinnvoll in das Museum überführen konnte. Das Mobiliar aus dem 18. und vom Anfang des 19. Jahrhunderts sowie die Bibliothek, die sich als zu diesem Zeitpunkt nicht transportabel erwiesen hatten, blieben deshalb unter der Obhut der örtlichen Miliz und eines Priesters, des früheren Ballestrem'schen Schlosskaplans, Franciszek Pawlar, zurück.[1306] Für die adeligen Familien waren solche Persönlichkeiten, die bereit waren, durch ihr Zurückbleiben ihre körperliche Unversehrtheit, wenn nicht gar ihr Leben zu riskieren, von enormer Bedeutung. Wenige Familien allerdings hatten wie die Grafen Ballestrem zweisprachige Vertraute. Diese stellten die Integrität des Hauses als materielles Gesamtensemble sicher, bis die neue Ordnung etabliert war. „Im Februar '45 war immer noch der Schlosskaplan da und der hat viele Dinge gerettet und hat aber im Schloss, als letzter Bewohner, bevor dann die Russen kamen, den Schlüssel umgedreht. Und der war immer noch da und hat viele Dinge bewegt, die wir nicht mehr bewegen konnten."[1307] Letztlich blieb Pławniowice vor allem auch aufgrund dieser Initiative von einem Schicksal verschont, wie es die benachbarten fürstlich Henckel von Donnersmarck'schen Schlösser in Neudeck (Świerklaniec) erleiden mussten, die massiv geplündert wurden, in Flammen aufgingen und von denen das neue Schloss kurz nach dem Krieg abgetragen und die Reste des alten Schlosses im August 1962 gesprengt wurden. Im niederschlesischen Fürstenstein (Książ) wurde das 1797 als Ruine erbaute Alte Schloss mit seinen Sammlungen in der Nacht vom 7. auf den 8. Juli 1945 geplündert und anschließend in Brand gesetzt.[1308]

Wo wie in Pławniowice und Pszczyna ein Kulturgüterschutz der ersten Stunde gelang, verdankt sich dies häufig Einzelpersonen wie Pawlar oder Achtelik/Auchinek, die mit ihrem Handeln entscheidenden Einfluss auf die Bewahrung der materiellen Ensembles nehmen konnten. In ähnlicher Weise harrte ein Dr. Hohbaum, früherer Bibliothekar der Grafen von Hochberg, auf Fürstenstein aus, der die historisch hochbedeutende Bibliothek so gut wie möglich vor den Plünderungen sowjetischer Soldaten zu schützen versuchte.[1309] Hier war die Situation insofern verschieden, als das Schloss bereits unter den Nationalsozialisten sequestriert worden war und zu einem Quartier für die Spitze der nationalsozialistischen Diktatur umgestaltet werden sollte.[1310] Ein „Weggehen und Den-Schlüssel-Umdrehen" wie im Fall der Grafen Ballestrem blieb dem im Exil befindlichen Fürsten, der in der Zwischenkriegszeit die polnische Staatsbürgerschaft angenommen hatte und als polnischer Offizier in

---

1306 Bericht des Amtes für Kultur und Kunst im Stadtamt Gleiwitz an die Abteilung für Kultur und Kunst im Woiwodschaftsamt Kattowitz für die Zeit vom 21. April bis 10. Mai 1945. Gliwice, 10. Mai 1945. APK 185 - Kult. 165, Blatt 13–15.

1307 Ballestrem, N. 2010a: 02:00:16-2 – 02:01:12-5.

1308 Referentenaufzeichnungen (mgr. Jozef Klimczyk) im Bezirksamt für Kultur und Kunst, Waldenburg: Bericht Nr. 7 über eine Dienstreise nach Niedersalzbrunn und Liebichau. Wałbrzych 20. September 1945. APW OKZ 784 / 104, Blatt 7.

1309 Ebd. sowie Bericht Nr. 5 betr. eine Dienstfahrt am 15. August dieses Jahres nach Schloss Fürstenstein. Wałbrzych 16. August 1945. APW OKZ 784 / 104, Blatt 1.

1310 Fürstenstein, in: Weczerka 2003, S. 112f.

Abbildung 20: Fürstenstein. Blick zum
Hauptgebäude, Ende der 1960er Jahre.

London diente, verwehrt.[1311] Das Bezirksamt für Kultur und Kunst in Waldenburg (Wałbrzych) erhielt erstmals im Sommer 1945 Zutritt zum Objekt, wie ein Bericht nahelegt, der zunächst generell die Zugangsbedingungen beschreibt, beispielsweise dass zum Betreten der Anlage die Einwilligung der sowjetischen Militäradministration erforderlich war, oder dass zu diesem Zeitpunkt keine Einheiten auf der Anlage stationiert waren. Der zuständige Referent, Jozef Klimczyk, befand allerdings besonders die Majoratsbibliothek für ungenügend gesichert, obwohl der Starost Pyszyński extra eine Sicherung für den Raum angeordnet hatte. Von „dem deutschen Bibliothekar" Dr. Hohbaum erhielt Klimczyk, Informationen über den Zustand der Bibliothek, wie etwa, dass zwei wertvolle historische Globen zerstört und dass von einem Bestand von etwa 60.000 Büchern und Handschriften über 10.000 geraubt worden waren. Er regte in dem Bericht an seine Vorgesetzten deshalb dringend an, „Anstrengungen bei den sowjetischen Militärbehörden" zu unternehmen, um die verbliebene Bibliothek der Kontrolle des Landratsamts zu unterstellen.[1312] Bis September 1945 ließen die sowjetischen Streitkräfte tatsächlich erste Sicherungsmaßnahmen für die

---

1311 Einen Einblick in die Familiengeschichte gibt W. John Koch: Schloss Fürstenstein. Erinnerungen an einen schlesischen Adelssitz. Eine Bilddokumentation. Edmonton, Alberta 2006, insbes. S. 20–24 und S. 94, 97, 99, teils unter ausgewiesener Verwendung fremder Textfragmente.
1312 Referentenaufzeichnungen (mgr. Jozef Klimczyk) im Bezirksamt für Kultur und Kunst, Waldenburg: Bericht Nr. 5 betr. eine Dienstfahrt am 15. August dieses Jahres nach Schloss Fürstenstein. Wałbrzych 16. August 1945. APW OKZ 784 / 104, Blatt 1.

Bibliothek durch das polnische Sicherheitsamt (Urząd Bezpieczeństwa) zu, die allerdings wenig geholfen zu haben scheinen, denn noch immer kam es Verwüstungen.[1313]

Ähnlich wie die musealen Sammlungen des Adels stellten somit auch die Adelsbibliotheken eine besondere konservatorische Herausforderung dar. Anfänglich wurden sie von den verschiedensten Akteuren wie den regionalen Abteilungen für Kultur und Kunst mitgesichert, wenn diese Mobiliar und Kunstwerke der Schlösser magazinierten. So hatten sich beim Referenten für Kultur und Kunst in Königshütte (Chorzów) bis zum Sommer 1945 bereits mehrere 10.000 Bücher unterschiedlichster Herkunft angesammelt.[1314] Vielfach befanden sich wichtige Bibliotheken aber noch zur Jahresmitte 1945 vor Ort in teilzerstörten Schlössern und Herrenhäusern, unbewacht und oft unter schlimmsten Bedingungen. Am 9. Juli 1945 erließ deshalb das Bildungsministerium eine Instruktion zur Sicherung insbesondere der Adelsbibliotheken. „Es war allerhöchste Zeit", berichtete einer der Beteiligten 1955, hatten Plünderer doch bereits begonnen, sich die wertvollsten Stücke anzueignen, und waren Teile der Bevölkerung davon überzeugt, dass mit dem Ende des Krieges nun alle „germanischen Bücher" zerstört werden sollten.[1315]

Wilde Aneignungen dieser Art stießen vielfach auf wenig Unrechtsbewusstsein, selbst Intellektuelle wie das literarische Alter Ego des Schriftstellers Wilhelm Szewczyk im 1956 erschienenen Roman *Skarb Donnersmarcków* („Der Schatz der Donnersmarck") ließen viel Sympathie für diejenigen erkennen, die – so die ideologische Lesart – letztlich unterdrückte und ihrer Arbeit entfremdete Menschen waren, die nun durch Plünderungen, wilde Enteignungen, ja sogar Grabräuberei nach Jahrhunderten der Ausbeutung ihren Teil dieses „Schatzes" wiederzuerlangen suchten.[1316]

Angesichts der schieren Menge von Akteuren und der unscharf zwischen ihnen abgesteckten Kompetenzen fiel es Einzelpersonen, aber auch organisierten Gruppen sehr leicht, sich persönlich an der Ausstattung der Schlösser und Herrenhäuser zu bereichern. Im Juni 1945 meldete etwa die Abteilung für Kultur und Kunst im Woiwodschaftsamt Kattowitz den Sicherheitsbehörden den Diebstahl einer Sammlung von niederländischen und französischen Gemälden aus dem Gebäude der ehemaligen gräflich Ballestrem'schen Grubenverwaltung in Gleiwitz. Als Täter konnte

---

1313 Referentenaufzeichnungen (mgr. Jozef Klimczyk) im Bezirksamt für Kultur und Kunst, Waldenburg: Bericht Nr. 7 über eine Dienstreise nach Niedersalzbrunn und Liebichau. Wałbrzych 20. September 1945. APW OKZ 784 / 104, Blatt 7.

1314 Schreiben des Referenten für Kultur und Kunst in Königshütte an den schlesischen Konservator Józef Kluss. Chorzów, 1. Dezember 1946. APK 185 - Kult. 174, Blatt 44.

1315 Tätigkeitsbericht des Sicherungsdepots für Bücher in Kattowitz für die Jahre 1947–1955. AAN 366 - MKIS CZB / 154, nicht foliiert, 21 S., hier S. 1 und 5.

1316 Im Schlusskapitel des Buches schildert der Ich-Erzähler mehrere Besuche in Neudeck (Świerklaniec) Anfang der 1950er Jahre, darunter auch, wie er am modrig riechenden Mausoleum der Fürsten Henckel von Donnersmarck vorbeigekommen sei und die geöffneten Särge des ersten Fürstenpaares, Guido Henckel von Donnersmarcks und seiner zweiten Frau Katharina von Slepzow, angetroffen habe. „Vielleicht", so folgert er, habe ja auch hier „irgendein Optimist nach dem Schatz der Donnersmarck gesucht" (Szewczyk 1956, S. 279). Zum Roman und seiner Bedeutung eingehender unten, Kapitel 2.2.7.

der frühere Bevollmächtigte für die Wirtschaftsangelegenheiten des Kreises Gleiwitz identifiziert werden.[1317]

Einen deutlich höheren Grad an Organisation wiesen zwei Gruppen von Dieben auf, die einmal im Juni und einmal im Juli 1945 mit Lastkraftwagen vor dem vormals von Haugwitz'schen Schloss Krappitz (Krapkowice) vorfuhren und dabei der Stadtverwaltung mündlich mitteilten, dass sie aufgrund einer speziellen Direktive der „Woiwodschaft Schlesien" Mobiliar und Kunstgegenstände abzutransportieren hätten. In beiden Fällen scheinen die Täter keinen besonderen Hehl aus ihrer Identität gemacht zu haben, führte sich der erste doch als ein Kapitän der Volksarmee W. P. Michniewski aus Krakau ein, während der zweite als ein Dr. med. Pruchnicki aus Warschau auftrat. Ihren Fehler erkannte die Stadtverwaltung erst, als aufgrund von derlei schlechten Erfahrungen die Behörden im September 1945 dazu übergingen, eine zentrale Liste der für die Umlagerung von Kulturgütern zugelassenen Einrichtungen und ihrer Vertreter zu führen, in der beide nicht aufgelistet waren. Offenbar war es jedoch nicht allzu schwer, die entsprechenden Personen ausfindig zu machen, denn bis zum Dezember des Jahres war zumindest die Wohnadresse des Kapitäns bekannt geworden, und für den Warschauer Arzt regte die Verwaltung an, sich doch an die Ärztekammer zu wenden.[1318] Die Offenheit des gesamten Vorgangs legt zumindest die Frage nahe, inwieweit es sich überhaupt um eine Form der persönlichen Bereicherung handelte oder ob hier nicht Funktionäre oder andere Persönlichkeiten als Auftraggeber hinter diesen wilden Entnahmen von Kulturgütern standen.

Eine Verfolgung solcher Vorgänge scheiterte oft ebenso sehr an der Natur der Täter wie an deren Rechtfertigung, es habe sich um eine Form der Nothilfe gehandelt. So befasste sich die Kulturverwaltung in Frankenstein (Ząbkowice) im Januar 1947 beispielsweise mit dem Fall des früheren Kreiskommandanten der Miliz (MO) in Frankenstein. Dieser hatte 1946 eine Vase bestehend aus einer großen Glasschale, einer Metallfassung und einem Holzsockel von insgesamt rund 80cm Höhe aus Schloss Kamenz entwendet. Er erklärte, dass er die Vase auf dem Gelände des Schlosses „gefunden" und dafür bei dem damals zuständigen Wächter eine Quittung für das Objekt hinterlassen habe. Solange er in Frankenstein gelebt habe, habe er diese Vase in seiner Wohnung gehabt. Eine Übergabe der Vase an die Denkmalsbehörden sei ihm nicht möglich, da er sie zusammen mit seinem Mobiliar bei einem berufsbedingten Umzug nach Breslau mitgeführt habe. Beim Transport der Möbel sei die Vase nämlich zusammen mit einem Bett „vom nicht abgedeckten Lastwagen gefallen" und er habe die Trümmer vor Ort am Straßenrand gelassen. Er unterzeichnete dann ein Protokoll über den Verlust der Vase. Weitere Folgen scheint der Vorfall für ihn nicht gehabt zu haben.[1319]

1317 Bericht der Abteilung Kunst und Kultur über eine Dienstreise nach Gleiwitz am 1. Juli 1945. Katowice, 1. Juli 1945. APK 185 - Kult. 165, Blatt 50, sowie Bericht der Abteilung Kunst und Kultur. Katowice, 19. Juli 1945. Ebd., Blatt 51.

1318 Bericht des Referats für Kultur und Kunst in der Kreisverwaltung Oppeln. Opole, 12. Dezember 1945. APK 185 - Kult. 193, Blatt 32.

1319 Protokol. Ząbkowice Śląskie Januar 1947. Handschriftl. APW OKZ 784 / 161, Blatt 43r/v.

Im Ministerium für Kultur und Kunst blickte man voller Sorge auf diese Entwicklungen in den Westgebieten, und der Minister erinnerte deshalb mit einem Rundschreiben im September 1945 daran, dass sich Personen strafbar machten, die ohne Genehmigung des Ministeriums versuchten, aus Eigeninitiative heraus geschützte Objekte der Kultur und Kunst, die beispielsweise von den Nationalsozialisten gestohlen worden waren oder die die Rote Armee unter ihre Kontrolle gebracht hatte, zu sichern oder sie gar ihren früheren Eigentümern zu revindizieren. Auch wenn das Rundschreiben formal nur ermahnte und diejenigen betraf, die ein moralisch gerechtfertigtes Interesse für ihr Handeln hatten, stellte es doch praktisch alles Handeln unter Strafe, das nicht durch die Organe der Kulturverwaltung oder schriftlich von dieser autorisierte Personen erfolgte.[1320] In der Folge wurden den legal operierenden Inventarisierungs-, Magazinierungs- und Bergungsteams entsprechende Vollmachten ausgestellt. Im November 1945 erhielt beispielsweise das Regionalmuseum des Beuthener Landes (Muzeum Ziemi Bytomskiej) in Königshütte (Chorzów) eine Vollmacht, die es dazu ermächtige, mit der Bergung von Mobiliar aus den ausgebrannten Ruinen von Schloss Neudeck fortzufahren.[1321]

Es ist auffällig, wie wenig scharf die offensichtlichen Missstände benannt werden konnten, was als Hinweis darauf gewertet werden kann, dass es bereits unter den Bedingungen eines noch relativ freien Diskurses in der Zeit vor 1948 schwierig wurde, polnische Täter zu benennen, weshalb man sich solcher Hilfskonstruktionen bediente. Ähnlich kann man eine Verfügung vom 11. Oktober des Jahres 1945 interpretieren, in der Jan Zachwatowicz in seiner Eigenschaft als Generalkonservator die Abteilung für Kultur und Kunst in Kattowitz instruierte, alle natürlichen und juristischen Personen, die Besitzer von denkmalgeschützten Immobilien auf dem Gebiet der Woiwodschaft Schlesien-Dombrowa waren, per Einschreiben mit Rückschein erstens darüber zu informieren, dass das Denkmalschutzgesetz von 1928 weiterhin gültig sei, und zweitens darzulegen, welche Maßnahmen im Umgang mit Denkmälern deshalb der vorherigen Zustimmung der Woiwodschaftskonservatoren bedurften oder gänzlich verboten waren. Als Motivation für das Rundschreiben führte er an, dass „Listen der denkmalgeschützen Objekte in vielen Behörden verloren" worden seien und dass die Besitzer Veränderungen der Immobilien herbeiführen könnten, weil sie vielleicht nicht wüssten, dass dies verboten sei.[1322] Wiederum legt die vorsichtige Ausdrucksweise nahe, dass mit der Instruktion beziehungsweise der darauf beruhenden Praxis, alle Besitzer zu informieren, überhaupt erst ein Rahmen geschaffen wurde, mit dem die Handlungsfähigkeit der Regionalbehörde hergestellt wurde, ohne den fragilen Diskurs in der neuen, sozialistischen, Gesellschaft zu verletzen.

1320 Rundschreiben Nr. 15 des Ministers für Kultur und Kunst [Warszawa, September 1945]. APK 185 - Kult. 193, Blatt 28.

1321 Vollmacht der Abteilung für Kultur und Kunst im Woiwodschaftsamt Kattowitz an das Museum des Beuthener Landes in Königshütte. Katowice, 28. November 1945. APK 185 - Kult. 193, Blatt 74.

1322 Instruktion des Generalkonservators Jan Zachwatowicz an die Abteilung für Kultur und Kunst in Kattowitz. Warszawa, 10. Oktober 1945. APK 185 - Kult. 195, Blatt 28.

Die Notwendigkeit, die Vielzahl von Akteuren besser zu koordinieren, veranlasste die Verantwortlichen der Woiwodschaft Schlesien-Dombrowa, verstärkt darüber
nachzudenken, wie die verschiedenen Teile der Verwaltung effektiver vernetzt werden konnten. Bereits im April 1945 stellte man in der Kulturabteilung des Woiwodschaftsamts deshalb Überlegungen an, eine Art interdepartementale Taskforce
einzurichten, eine „Woiwodschaftskommission zum Schutz der Kulturgüter", die allerdings wohl nicht realisiert worden ist. Geplant war zu diesem Zeitpunkt, dass der
Kommission der Woiwode und sein Stellvertreter, ein Gesandter der römisch-katho-
lischen Kurie, der Schulkurator, die Leiter der Informations- und Propagandaabtei-
lung, des Bodenamtes und der Kommission für das ehemalige deutsche Eigentum
sowie der Direktor der staatlichen Bibliothek und der Leiter der Verkehrsabteilung
angehören sollten.[1323]
    Wie das Beispiel der staatlichen Forstverwaltung zeigt, gab es aber noch weitere
institutionelle Akteure, die überraschend zu Konkurrenten bei der Sicherung und
Verteilung von Kulturgütern wurden. Konflikte wie zwischen Starostei und Forstamt
in Pless gab es bezeichnenderweise auch andernorts, und im Frühsommer gerieten
die Kulturabteilung des Woiwodschaftsamts und die Direktion der staatlichen Forstverwaltung in Beuthen sogar in einen unmittelbaren Kompetenzkonflikt.
    Die Inspektionsreise des Leiters des Hauptdirektorats Museen und Denkmal-
schutz im Kulturministerium, Stanisław Lorentz, hatte bereits im Juni erbracht, dass
nicht nur in Pless, sondern auch in zahlreichen anderen oberschlesischen Schlössern
Mobiliar, naturkundliche und Trophäensammlungen von der Forstverwaltung ent-
nommen worden waren.[1324] In der Museumsverwaltung vertrat man die Ansicht,
dass alle mobilen Kulturdenkmäler in den eigenen Kompetenzbereich fielen, während sich die Forstverwaltung völlig im Recht glaubte, da sie sich auf ein Dekret des
PKWN vom 12. Dezember 1944 berufen konnte, das sie ermächtigte, Immobilien
samt deren Mobiliar sicherzustellen, die in Waldgebieten gelegen waren. Letztlich
erklärte man sich aber zähneknirschend bereit, mit der Kulturabteilung zu koope-
rieren, da man sich seiner „Bürgerpflicht" und der „Anforderungen, die die Sorge" für diese Objekte stelle, wohl bewusst sei.[1325] Zuvor hatte die Kulturabteilung
zweimal ultimativ die Übergabe einer Evidenz der entnommenen Artefakte und deren Zugänglichmachung für eine Inspektion durch Experten gefordert.[1326] Wie tief

---

1323 Entwurf: Woiwodschaftskommission zum Schutz der Kulturgüter. Katowice, [April 1945]. APK
     185 - Kult. 165, Blatt 12.
1324 Schreiben des Direktors des Hauptdirektorats für Museen und Denkmalschutz im Kulturminis-
     terium Stanisław Lorentz an den Woiwoden. Katowice, 5. Juni 1945. APK 185 - Kult. 193, Blatt
     39.
1325 Mitteilung der Direktion der Forstverwaltung in Beuthen an das Woiwodschaftsamt in Katto-
     witz. Bytom, 7. August 1945. APK 185 - Kult. 193, Blatt 46.
1326 Fristsetzung der Abteilung Kultur und Kunst im Woiwodschaftsamt, innerhalb von 14 Tagen ei-
     ne Evidenz der Entnahmen zu übergeben. Katowice, 9. Juli 1945. APK 185 - Kult. 193, Blatt
     42, und nach deren Nichteinhaltung: Erinnerungsschreiben der Abteilung Kultur und Kunst im
     Woiwodschaftsamt an die Direktion der Forstverwaltung in Beuthen. Bytom, 7. August 1945.
     Ebd., Blatt 45.

das Misstrauen war, das zwischen beiden Organisationen nach diesem Austausch herrschte, zeigt sich daran, dass die Direktion der Forstverwaltung darauf bestand, die Begehung durch einen eigenen Experten zu begleiten. Mit der Forderung, Teile des Mobiliars nach der Inspektion ins Landesmuseum nach Beuthen zu überführen, konnte sich die Kulturabteilung offenbar gegen alle Widerstände durchsetzen.[1327]

Im Laufe des Jahres 1945 wurde in der Praxis vor Ort also eine Vielzahl von Akteuren tätig, die einer jeweils eigenen Agenda folgend spezifische Sicherungsmaß-nahmen und materielle Aneignungsprozesse einleiteten. Ein systematischer insti-tutioneller Kulturgüterschutz war angesichts der schieren Masse an zu sichernden Bauwerken und deutschem Alteigentum notwendigerweise überfordert. Vielfach existierten die organisatorischen Rahmenbedingungen noch gar nicht, die ihn hät-ten leisten können. Wo sie bestanden, konzentrierte er sich häufig auf die aus ideo-logischer Sicht besonders wertvollen Bauwerke und Kulturgüter.

1.3 Zerstörung, Umnutzung, Verwertung? (1946–1948)

1.3.1 Entgermanisierung und Polonisierung

Dass eine solche Vielzahl von Akteuren und Interessen im Spiel war, mag mit dafür verantwortlich sein, dass sich die Falken in der polnischen Politik, die wie der Mi-nister für Wiederaufbau, Michał Kaczorowski, in einer Rede 1947 am liebsten „die Beseitigung der uns fremden Relikte der deutschen Kultur" beim Wiederaufbau der West- und Nordgebiete gesehen hätten,[1328] letztlich nicht vollständig durchsetzen konnten. Anders als in der SBZ, wo der SMAD-Befehl Nr. 209 direkt gegen die Schlösser und Herrenhäuser gerichtet war[1329] und wo gerade Herrenhäuser als Bau-körper von Anfang an ideologisch kontestiert waren und deshalb auch dem symboli-schen Verfall überlassen oder bewusst zerstört wurden, fehlte diese Dimension in der Volksrepublik nach der bilderstürmerischen Anfangszeit weitgehend.

Sogar Entscheidungen wie die des Ministeriums für die Wiedergewonnenen Ge-biete von 1947, den Abbruch kriegsbeschädigter historischer Bausubstanz zu erlau-ben, der unter anderem die Grundlage für die „Aktion Wiedergewinnung" (*Akcja odzyskowa*) bildete, mit der Baumaterial für den Wiederaufbau in Warschau (Wars-zawa), aber auch von Breslau (Wrocław) und Danzig (Gdańsk) gewonnen werden sollte, können eher als Teil einer allgemeinen Politik der „Entgermanisierung" denn als eine Materialisierung von Klassenkampf gesehen werden.[1330] Vielfach beschränk-

---

1327 Mitteilung der Direktion der Forstverwaltung in Beuthen an das Woiwodschaftsamt in Katto-witz. Bytom, 7. August 1945. APK 185 - Kult. 193, Blatt 46.
1328 Forbrich 2008, S. 81, nach Thum 2003, S. 476.
1329 Forbrich 2008, S. 79f.
1330 Die Literatur unterscheidet im Allgemeinen zwischen Entgermanisierung und (Re-)Polonisie-rung in den Westgebieten. Nach Świder 2014, S. 66, bezeichnet das Konzept der Entgermani-sierung alle „destruktiven Maßnahmen", die der Verdrängung deutscher Kultur im öffentlichen

Abbildung 21: Bildersturm: In den Jahren zwischen 1946 und 1950 wurden zahlreiche Zeugnisse deutscher Anwesenheit in Schlesien zerstört. In Lehnhaus wurde ein beliebtes Touristenziel – das Grunfeld'sche Denkmal, das von Johann G. Schadow geschaffen worden war, – fast völlig zerstört. Errichten lassen hatte es die Ehefrau des letzten Herrn von Lehnhaus aus der Familie Grunfeld von Guttenstädten, eine geborene von Haugwitz, zum Gedächtnis an die in männlicher Linie erloschene Familie ihres Mannes. Das Monument wurde zu einem späteren Zeitpunkt teilrekonstruiert.

te man sich darauf, bei Schlössern oder Grabkapellen angebrachte deutsche Inschriften zu entfernen oder Grabsteine in den hintersten Friedhofswinkeln verschwinden zu lassen beziehungsweise sie in Teiche zu werfen, um nur einige Beispiele zu nennen. Bemerkenswert ist daher die, verglichen mit den Inschriften, große Zahl an Stuckaturen wie Kartuschen mit Wappendarstellungen, die die ersten Jahre des neuen Systems unbeschädigt überstanden haben, was nahelegt, dass der Fokus in erster Linie auf nationale Zugehörigkeit und erst in zweiter Linie auf die Zuschreibung einer Klassenzugehörigkeit gerichtet war. Es ging in Polen also weniger darum, Gedächtnisorte einer spezifischen Klasse zu entfernen,[1331] als darum – gerade in Oberschlesien – das deutsche Gedächtnis nachhaltig zu verdrängen.[1332]

Als Anfang 1946 in einer letzten großen Welle Deutsche Schlesien verlassen mussten, darunter immer noch zahlreiche Alteigentümer (insbesondere ältere Menschen und Frauen mit Kindern, die von der Front überrollt worden waren), schien das Schicksal vieler Gebäude und Güter mehr als nur ungewiss. Die Erhaltung von Schlössern, Burgen und Herrenhäusern hing ganz wesentlich von einer Umnutzung

---

Raum dienten, wohingegen Repolonisierung alle Maßnahmen umschrieb „die etwas schaffen sollten", also etwa die Ansiedlung von Menschen. Umfassend Linek 1997; zur Einordnung Mazur 2003, S. 125f.

1331 Forbrich 2008, S. 73.

1332 Linek 2000, S. 235–245; vgl. auch Linek 1997.

Abbildung 22: Hochgradig ikonisch: Aneignungsprozesse zeigen sich etwa auch in der Dokumentarfotografie, beispielsweise in der Form ästhetischer Verkörperung. So wurde hier die 1978 dokumentierte Situation um das Grundfeld'sche Denkmal bewusst und unter ästhetischen Gesichtspunkten hergestellt. Die 33 Jahre nach Kriegsende sicherlich liegende Figur wurde aufgerichtet, eine Inschriftenplatte von hinten dagegen gestützt, das zerschlagene Schild wieder zusammengefügt und ein weiterer zerschlagener Schild im Bildvordergrund arrangiert, um das Auge zum Gegenstand hinzuführen. Durch die Wahl einer langen Brennweite wurde eine Stauchung der Perspektive und durch die offene Blende eine entsprechende Separierung des Körpers vom Hintergrund bewirkt. Die bewusste Gestaltung weist so unweigerlich Bedeutung zu, die über das Zeigen des Vorgefundenen hinausgeht.

ab, davon also, ob sie innerhalb der neuen, sozialistischen Gesellschaft einen Platz fanden. Ein Wille zu einer solchen Umnutzung war klar erkennbar, hatte doch bereits am 2. März 1945 ein Dekret des Ministerrats festgelegt, dass sich gesellschaftliche, karitative und kulturelle Einrichtungen um die Verwaltung und Nutzung der Herrenhäuser und ihrer Wirtschaftsgebäude bewerben konnten.[1333] Bis allerdings an eine Übertragung von Kulturdenkmälern an neue Träger auch nur zu denken war, gingen noch Monate ins Land. In der Woiwodschaft Schlesien-Dombrowa etwa lud Anfang Juni 1945 die Woiwodschaftsverwaltung für die staatlichen Liegenschaften die Kulturabteilung im Woiwodschaftsamt von Kattowitz zu einem Treffen ein, um die Nutzbarmachung der „Magnatenpaläste" Oberschlesiens zu untersuchen, die als nunmehr zugänglich charakterisiert wurden.[1334]

In der Zeit bis 1948 suchten die Behörden noch ganz aktiv nach solchen Nutzern. So warb im Mai 1947 etwa eine Zeitungsanzeige offen und geradezu im Stil eines typischen Immobilieninserats um mögliche Investoren für die Residenz der Grafen Reichenbach in Goschütz, die in den Weihnachtstagen desselben Jahres fast komplett ein Raub der Flammen werden sollte. Goszcz, so konnte man lesen, sei verkehrsgünstig gelegen und beherberge eine Residenz, die „einstmals [*niegdyś*] den

---

1333 Forbrich 2008, S. 61f.
1334 Woiwodschaftsverwaltung für die staatlichen Liegenschaften an die Kulturabteilung im Woiwodschaftsamt Kattowitz. Katowice, 7. Juni 1945. APK 185 - Kult. 1, Blatt 88.

Grafen Reichenbach gehört hat". Der in einem Park gelegene „prächtige Palast" erinnere „in seiner äußeren Struktur an den Palast in Wilanów"[1335] und verfüge über
„375 große Zimmer", 100 Hektar Ackerland und zehn zugehörige Betriebe. Derzeit
stehe die „Residenz [...] leer" und warte „auf jemanden, der sich für dieses wunderbare Objekt interessiert."[1336]

Wie weit das Schicksal der einzelnen Häuser im Lauf der zweiten Hälfte des 20. Jahrhunderts auseinandergehen konnte, illustriert das Beispiel der sechs Schlösser, von denen
der in Plawniowitz (Pławniowice) ansässige Franz Graf von Ballestrem (1834–1910) im
ausgehenden 19. Jahrhundert je eines für jeden seiner sechs Söhne gekauft hatte. Aus dem
für den ältesten Sohn vorgesehenen Schloss Obergläsersdorf (Szklary Górne) ist zu Beginn
des 21. Jahrhunderts eine Sonderschule mit Internat geworden, in Kochtschütz (Kochcice) hatte der zweitälteste Sohn, Ludwig-Karl, ein neobarockes Schloss errichten lassen,
das ebenfalls erhalten blieb, weil darin ein Sanatorium beziehungsweise Krankenhaus errichtet wurde. Schloss Kostau (Kostów), vorgesehen für den dritten Sohn, wurde in Wohnungen unterteilt, blieb dadurch aber erhalten. Die Schlösser Zirkwitz (Cerkwica) und
Puschine (Puszyna) wurden dagegen vollständig zerstört und zur Gewinnung von Baumaterial geschleift, während von Deutsch-Jägel (Jagielno) noch eine Ruine erhalten blieb.[1337]

Auch wenn es eine Vielzahl von Nutzungsformen gab, die oft schon in den unmittelbaren Nachkriegsmonaten einsetzten, so hat Herle Forbrich doch länderspezi-
fische Besonderheiten nachgewiesen. Während in der DDR die Unterbringung von
Flüchtlingen dominierte, in Estland und Lettland Schulen in den ehemaligen Gutshäusern eingerichtet wurden, waren es in Polen vor allem die Staatsgüter, die als
neue Nutzungsform überwogen.[1338] Diese führten die traditionellen Strukturen der
Gutsbetriebe fort, blieben also die Verwaltungszentren der Güter, die zudem häufig
auch als Wohnraum genutzt wurden.[1339] Forbrich errechnet insgesamt eine Wohnnutzung von etwa 35 Prozent für die Schlösser in ganz Polen und etwa 41 Prozent in
den West- und Nordgebieten (verglichen mit etwa 55 Prozent in der DDR bei regional bis zu 90 Prozent).[1340]

Die Staatlichen landwirtschaftlichen Betriebe (Państwowe Gospodarstwa Rolne,
PGR) wurden allerdings erst zum 1. Januar 1949 geschaffen. Zuvor bewirtschafte-

---

1335 Der für König Jan III. Sobieski errichtete zweiflügelige Barockbau in Warschau war im Laufe
    der Zeit von mehreren Magnatenfamilien, die sich als Eigentümer ablösten, im jeweiligen Zeit-
    geschmack umgestaltet und schließlich während des Warschauer Aufstandes von deutschen Ver-
    bänden geplündert worden. Der Plan, das Gebäude vollständig zu zerstören, konnte aufgrund
    des Vorrückens der Roten Armee nicht mehr ausgeführt werden. Nach dem Krieg wurde der Pa-
    last als nationales Symbol in seiner ursprünglichen, barocken Form wiederhergestellt. Zur älteren
    Geschichte des Hauses vgl. den Katalog von Jaroszewski/Jaskanis 2009; zur deutschen Besatzung
    Niemierowska-Szczepańczyk 1992. Der Beitrag richtete sich deshalb offenbar an einen in Groß-
    polen sozialisierten Interessentenkreis.
1336 Goszcz. In: Trybuna Robotnicza – Organ KW Polskiej Zjednoczonej Partii Robotniczej 123
    (794), 6. Mai 1947, S. 5. Zur Baugeschichte von Goschütz vgl. Grundmann 2003, S. 144f.
1337 Ballestrem, N. 2010a: 02:24:36-7 – 02:27:10-7.
1338 Forbrich 2008, S. 95.
1339 Ebd., S. 99.
1340 Ebd., S. 97.

Abbildung 23: Das teilzerstörte Schloss Goschütz von der Parkseite um 1985. Gut erkennbar sind vom Staatlichen landwirtschaftlichen Betrieb (PGR) errichtete Abzäunungen, geparkte landwirtschaftliche Maschinen und sogar Autowracks.

te die deutschen Altbetriebe die Verwaltung der staatlichen Liegenschaften (Zarząd Państwowych Nieruchomości Ziemskich, ZPNZ). In der Woiwodschaft Schlesien-Dombrowa hatten beispielsweise Ende Mai 1949 26 neugegründete PGR die Nutzung und damit die Verantwortung für ein Schloss oder Herrenhaus übernommen. Weitere 21 Gebäude wurden noch immer von der Verwaltung der staatlichen Liegenschaften betreut, was einiges über das schleppende Fortschreiten der Etablierung der neuen Wirtschaftsstruktur auf dem Land besagt. Über die Art der Nutzung seitens der PGR lässt sich auf der Grundlage der insgesamt 178 zu diesem Zeitpunkt in der Woiwodschaft Schlesien-Dombrowa erfassten Schlösser, Guts- und Herrenhäuser übrigens wenig sagen, sie konnte von günstigstenfalls als Verwaltungszentrum bis zu zum Teil unsachgemäßen Nutzungen etwa als Kornspeicher oder Materiallager reichen. Explizit für Wohnzwecke waren 1949 lediglich drei Gebäude angezeigt worden (wobei etwa bei den 47 landwirtschaftlich genutzten Gebäuden nichts über die Art der Nutzung ausgesagt ist, sodass die Zahl der wohngenutzten Gebäude vermutlich deutlich höher lag), eine erhebliche Zahl wurde daneben von höheren Bildungseinrichtungen (zumeist staatlichen Lyzeen) sowie von betrieblichen Sozialeinrichtungen (z. B. als Kindergärten und Vorschulen) betrieben. Eine vergleichsweise kleine Zahl war in lokale öffentliche Gebäude (z. B. Bürgermeisterämter oder Museen) umgewandelt worden oder diente regionalen und nationalen Behörden als

Sitz.[1341] Einige Schlösser gehörten zu Industrieunternehmen, die dort beispielsweise Sanatorien und Erholungsheime betrieben, wie das niederschlesische Gellenau (Jeleniów), das zu einer Kuranstalt der kommunistischen Partei umgestaltet wurde.[1342] Weitere Objekte wurden als Jagdgüter oder Sommersitze für die kommunistische Führung und deren Gäste genutzt, so etwa das Schloss in Bad Warmbrunn (Cieplice Zdrój), das Sommersitz des polnischen Präsidenten Bolesław Bierut wurde, ehe es zunächst zum Jugendheim und dann zu einer Außenstelle der Technischen Universität in Breslau wurde.[1343]

Neben den Schlössern gab es eine große Zahl von Wirtschafts- und Wohngebäuden auf den Gütern sowie insbesondere im Waldenburger Land und im oberschlesischen Industriegebiet eine Unzahl von Arbeiterhäusern, die zu den Industriebetrieben adeliger Alteigentümer gehörten. Nach der Ausweisung großer Teile der deutschen Bevölkerung wurden diese bevorzugt genutzt, um Zwangsumsiedlern aus den ehemaligen polnischen Ostgebieten eine Unterkunft zu bieten.[1344] Viele dieser Menschen wurden auch auf den Gütern selbst angesiedelt und erhielten im Zuge der Bodenreform Parzellen zugeteilt. Allerdings scheiterten die Versuche, hier nachhaltig Landwirtschaft zu betreiben, vielfach daran, dass viele der „Repatrianten" weder das Interesse noch das notwendige Wissen für eine Bewirtschaftung der Güter mitbrachten. In zahlreichen Fällen arbeiteten bis zu ihrer Ausweisung 1946/47 nur Deutsche auf den kollektivierten Gütern.[1345] Wo eine Parzellierung erfolgte, zerschlug diese oftmals ein System einer bereits hochmechanisierten Landwirtschaft, die ihre Erträge gerade auf eher armen Böden in Teilen Schlesiens vor allem aufgrund der großen Flächen erzielte.[1346]

Bereits in den ersten Jahren zeichnete sich ab, was die ganze Zeit der Volksrepublik hindurch ein konstantes Problem bleiben sollte: Mittel, um ein Objekt zu erhalten, waren in der Planwirtschaft außerhalb einiger Prestigeprojekte wie der Teilrekonstruktion des Piastenschlosses von Brieg nahezu nicht vorhanden. Im Fall des Piastenschlosses verknüpfte sich das konservatorische Ziel eng mit nationalpolitischen Motiven. Noch 1945 wurde in dem teilweise zerstörten Bau ein Piastenmu-

---

1341 Verzeichnis der Burgen und Schlösser auf dem Gebiet der Woiwodschaft Schlesien-Dombrowa. Katowice, 28. Mai 1949. AAN 366 MKiS 3/77, Blatt 25–33 (s. den Abdruck im Anhang). Einschränkend muss gesagt werden, dass die Liste offensichtlich weitgehend unzerstörte und auch hier nicht alle existierenden Objekte erfasst. Für den Kreis Falkenberg (Niemodlin) wird beispielsweise nur ein einziges Objekt gelistet.

1342 Mutius, M. 2013: 02:35:44-3 – 02:36:22-7.

1343 Franke 2002, S. 223f.

1344 So wurden beispielsweise im Zuge der allgemeinen Liquidation der „ehemals deutschen" Immobilien auch zahlreiche Gebäude aus dem Besitz der Fürsten von Pless an polnische Bewohner übergeben. Biuro Obwodowe OUL w Pszczynie: Aufstellung über Privatbesitz, der unter Artikel 12 des Dekrets vom 8. März 1946 transferiert worden ist. APK 201 OUL 69, Blatt 14f.

1345 Forbrich 2008, S. 61.

1346 Schreiben des Bundes für bäuerliche Selbsthilfe, Kreisverwaltung Waldenburg, an die Landesversammlung des Bundes für bäuerliche Selbsthilfe in Warschau. Wałbrzych, 26. Februar 1946. AAN 196 MZO 67, Blatt 19–21. Der Bund plädierte deshalb für eine konsequente Umsetzung der Bodenreform.

seum eingerichtet (Muzeum Piastowskie, seit 1966 Muzeum Piastów Śląskich).[1347]

1947 wurden erstmals Maßnahmen für den Wiederaufbau im Staatswirt-schaftsplan berücksichtigt.[1348] Betrachtet man die staatlichen Aufwendungen für konservatorische Maßnahmen von immerhin 379 Millionen Złoty im Jahr 1948, dann floss ein erheblicher Anteil der Investitionsmittel in die polnischen Westgebiete. Die Woiwodschaft Breslau beispielsweise erhielt nach der Stadt Warschau (104 Mio. Złoty) mit 47 Millionen Złoty die nächstgroße Mittelzu-teilung, direkt vor der Woiwodschaft Danzig (46 Mio. Złoty). Die Oberschle-sien umfassende Woiwodschaft Schlesien-Dombrowa (21 Mio. Złoty) lag im-merhin noch auf dem sechsten Platz der fünfzehn Woiwodschaften.[1349] In der weit überwiegenden Mehrheit waren die in den ersten Jahren in Schlesien ge-förderten Denkmäler Kirchen und Kapellen. In der Woiwodschaft Breslau wur-den beispielsweise 36 Mio. Złoty für geistliche Einrichtungen ausgegeben, acht Mio. Złoty für denkmalwürdige Gebäude und das Arsenal in der Stadt Breslau. Die Schlösser Brieg und Carolath wurden mit Aufwendungen von vier und einer Million Złoty bedacht. Ähnlich in der Woiwodschaft Schlesien-Dombrowa, wo 11,5 Mio. Złoty für geistliche Einrichtungen (einschließlich des Neisser Fürst-bischöflichen Schlosses) aufgewendet wurden, aber kein weltliches Schloss oder Gutshaus eine Förderung erhielt.[1350]

Diese konnten also ausschließlich dann bewahrt werden, wenn sich ein Nutzer fand, dem die Erhaltung finanziell auferlegt werden konnte. Im oberschlesischen Pless, wo der Erhalt des Schlosses nach der Errichtung des Museumszentrums gesi-chert schien, unternahm beispielsweise der damalige Bürgermeister Czober im Mai 1948 einen Vorstoß, um auch das Teehaus auf der Insel im Parkweiher zu erhal-ten.[1351] In einem Schreiben an das Staatliche Museum Pszczyna, dem die Verwaltung von Schloss und Park oblag, regte er an, das Teehaus in einen Kiosk zu verwandeln und so die „Zerstörung und Verschmutzung, wie sie derzeit stattfindet", einzudäm-men. In der ganzen Stadt, so Czober, würden Stimmen laut, die den „Mangel an einem ästhetischen Kiosk" und einiger Tische und Bänke im Park beklagten, „wo Urlauber alkoholfreie Getränke, Zeitungen, Postkarten, Souvenirs usw. erhalten könnten." Mit der Zulassung eines Kiosks in den Räumen des „Tee-Tempels" kön-ne man zwei Fliegen mit einer Klappe schlagen: Der Mieter müsse sich verpflichten, den Kiosk auf eigene Kosten zu renovieren und sei zugleich für die Ordnung und das ganze Inselchen verantwortlich.

Gelegentlich schossen derartige Initiativen allerdings auch über das Ziel hinaus und bedrohten ihrerseits die Geschlossenheit und den Charakter des Ensembles. Zwar er-

---

1347 Łuczyński 2010, S. 442.

1348 Niessner 1985, S. 12.

1349 Staatlicher Investitionsplan für 1948. AAN 366 MKiS 3/6, Blatt 181–217, hier Bl. 184. Für das Jahr 1947 konnte keine vergleichbare Statistik gefunden werden.

1350 Staatlicher Investitionsplan für 1948 – Aufstellung vorläufiger Kredite. AAN 366 MKiS 3/6, Blatt 240–242.

1351 Abschrift eines Schreibens der Stadt an das Staatliche Museum Pszczyna betreffend das Teehaus im Schlosspark. Pszczyna, 4. Mai 1948. APK 185 UWS-K Kult. 174, Blatt 115.

öffneten sie durch die den Mietern auferlegte Pflicht, das Gebäude zu erhalten, Chancen für ein Überleben dieser Denkmäler, andererseits waren viele dieser Nutzungen nicht sachgemäß und dem Erhalt daher eher ab- als zuträglich. Dem Versuch im Mai 1948, im Schloss Pless Büros für verschiedene Ämter, Vereine und Organisationen einzurichten, trat etwa die Kulturabteilung des Woiwodschaftsamts entschieden entgegen, weil die Museen „Schatzkammern der polnischen Kultur und Kunst" seien und deshalb auch deren räumliche Anlage und Ausdehnung von Bedeutung sei.[1352]

1.3.2 Konkurrenz, Verflechtung und Umdeutung von Gedächtnisorten

In ganz Schlesien blieben die materiellen Fragmente der Adelskultur zunächst mal mehr, mal weniger lesbare Fremdkörper in der neuen, sozialistischen Gesellschaft. Gerade in Oberschlesien, wo weiterhin ein Wissen um die Andersartigkeit früherer Verhältnisse bestand, bargen sie zudem das Risiko, eigen-sinniges Verhalten zu fördern, und waren damit sozial potentiell disruptiv, weil sie sich der Vorstellung von der „Natürlichkeit" der gegenwärtig herrschenden Verhältnisse verschlossen.

Was geschah also, wenn sich Reste materieller Kultur, insbesondere jene ästhetischen Artefakte wie Gräber oder Denkmale aufgrund ihres zeichenhaften Charakters einer einfachen Umdeutung entzogen? Was, wenn sie zu sperrig, weil zu persönlich mit einzelnen Personen oder sozialen Gruppen verbunden waren? Was, wenn Sie in der Vergangenheit mit gegenläufigen Diskursen aufgeladen worden waren?

Eine stete Möglichkeit war die Zerstörung und Entfernung solcher Gedächtnisorte aus dem öffentlichen Raum. Dass unter neuen politischen Verhältnissen in bilderstürmerischem Eifer Denkmale, die sich mit dem alten politischen System verbanden, häufig genug gestürzt werden, ist keine neue Erscheinung.[1353] In Kattowitz wurde beispielsweise das von dem Bildhauer Theodor Erdmann Kalide für den Industriepionier und früheren Grundherrn von Kattowitz und Myslowitz (Mysłowice) Franz von Winckler geschaffene Denkmal auf dem ehemaligen Schlossgrund 1945 zerstört.[1354]

Die Entfernung von Gedächtnisorten aus dem öffentlichen Raum war wie im Falle des Winckler-Denkmals vor allem da möglich, wo sich einfache Zuschreibungen wie die Gleichsetzung von Adeligen und Industriellen mit Ausbeutertum anboten. Anders verhielt es sich bei Orten, in denen deutsche und polnische Erinnerungen sich miteinander vermengten und fast unentwirrbar aufeinander bezogen, sodass eine völlige Verbannung des Objekts auch eine Verbannung der polnischen Erinnerung bedeutet hätte.

In der früheren Standesherrschaft Pless etwa gab es solche verflochtenen Ensembles. Architektonischer Mittelpunkt der alten Standesherrschaft und der Residenzstadt war

---

1352 Entwurf eines Bescheids der Abteilung für Kultur und Kunst des Woiwodschaftsamts an das Staatliche Museum Pszczyna. [Katowice,] 19. Mai 1948. APK 185 UWS-K Kult. 174, Blatt 117.

1353 Bis in die Antike zurückgreifend, vor allem aber am Beispiel der Bastille und des Heidelberger Schlosses Wildenotter 2005.

1354 Moskal/Gadomski 1993, S. 139; Grundmann 1964, S. 66.

das am Marktplatz von Pless gelegene gleichnamige Schloss, an das auch heute noch ein ausgedehnter Landschaftspark anschließt. Dieser war Mitte des 19. Jahrhunderts zum englischen Garten umgestaltet und stark erweitert worden, sodass er etwa 78 Hektar umfasste. Im Anschluss an den eigentlichen „engeren" Park waren im Zuge der Erweiterung nach Norden und Westen hin weitere Waldflächen zum Park hinzugezogen worden.

Neben dem Schloss selbst, in das, wie bereits erwähnt, 1946 ein Museum einzog, in dem der Löwenanteil des verbliebenen mobilen Alteigentums musealisiert wurde, hatten die früheren Herren des Landes dort noch in anderen Artefakten ihre Spuren hinterlassen. Im Garten befanden sich etwa der Familienfriedhof der Herzöge von Anhalt-Pless und einige Gräber der Hochbergschen Familie.[1355] An einer durch eine Straße und eine ehemalige Meierei herbeigeführten Verengung im Westen des Parks, in der der engere in den weiteren Park übergeht, findet sich darüber hinaus eine Stätte, die im Volksmund damals wie heute als *Trzy Dęby* (Drei Eichen) bezeichnet wird. Dort errichtete man 1905 einen Gedenkstein für die Übernahme des Fideikommisses durch Hans Heinrich XI. Fürsten von Pless und Grafen von Hochberg-Fürstenstein.[1356] Der von der Beamtenschaft gestiftete Huldigungstext schien in dem der Öffentlichkeit zugänglichen Park jedoch offenbar erklärungsbedürftig, sodass der Findling durch drei kleinere Findlinge ergänzt wurde, von denen einer mit einer weiteren Inschrift versehen war, die der Bevölkerung einen positiven Bezug zum Monument vermitteln sollte. Die Inschrift griff einleitend und am Schluss auf antike Motive der Memoria zurück. Der „Wanderer", der zu diesem Stein komme, hieß es etwa eingangs, solle wissen, „daß dieser Fürst voll Milde viele tausend Tränen armer Menschen mitleidsvoll getrocknet" habe, weshalb in ihren Herzen „ein Denkmal steht, viel dauernder als Stein", wie es unter Anspielung auf Horaz hieß.[1357] Bereits hier wird deutlich, dass die Memoria an den Fürsten und späteren Herzog (ab 1905) nicht unkontestiert war. Der Gedenkstein war, mehr als das neutrale Bauwerk des Schlosses, dessen Ursprünge sich wieder auf die Piasten zurückführen ließen und das damit in sozialistischer Lesart polnisch wurde, ein Kulminationspunkt fremder Macht im als polnisch verstandenen Raum.

Wie andere herausgehobene Punkte auch wurde der Gedenkstein im Laufe der Zeit ein beliebtes Motiv für Gruppenfotos aus der Bevölkerung. Während des Ersten Weltkrieges avancierte er zu einer Pilgerstätte für die in Pless stationierten deutschen Offiziere. Umgekehrt versammelte sich am 16. August 1919 das polnische Freicorps „Bojówka Polska" unter Wojciech Korfanty hier, um symbolisch gemeinsam den Kampfeid abzulegen.[1358] Einerseits entsprach diese Erinnerung genau einer nationalpolnischen Geschichtserzählung, andererseits überlagerten sich dadurch deutsche

---

1355 Eine gute Übersicht über die allein im Gartenraum um das Schloss der Fürsten von Pless existierenden Gedächtnisorte gibt Nyga 2010.

1356 Eine undatierte Abbildung aus den 1920er bis 1940er Jahren und eine Wiedergabe der Widmungsinschrift findet sich in: Bundesheimatgruppe Pleß 1978, S. 32, Abb. 52. Heute trennt den engeren Park von der Gedenkstätte ein Golfclub.

1357 Ebd.

1358 Für die deutschen Offiziere vgl. die Abbildung einer Fotografie von 1916 in: Bundesheimatgruppe Pleß 1978, S. 48, Abb. 80. Zur Gruppe selbst vgl. die ältere Darstellung Dobrowolski 1972, S. 108; zur Situation in Oberschlesien 1919/20 vgl. auch Bergien 2012, S. 111.

Abbildung 24: Gedenkstein für die Teilnehmer des polnischen Aufstands 1919 im Park von Pless (Aufnahme um 1975).

und polnische Gedächtnisorte im Park. Es war nicht einfach möglich, die Erinnerung an das eine zurückzudrängen, ohne auch die Erinnerung an das andere zu treffen. Das genehme Gedächtnis barg immer auch Elemente eines Gegengedächtnisses. Dies scheint ausschlaggebend dafür gewesen zu sein, dass nach 1945 der Gedenkstein nicht einfach geschleift wurde. Vielmehr versuchte man, die Hochberg'sche Memoria durch die Erinnerung an den oberschlesischen Aufstand zu ersetzen.

Die Spuren des deutschen Texts wurden von den Steinen getilgt und diese später durch eine Text- und zwei Wappentafeln (Polens und der Stadt Pless) ergänzt, die nunmehr an den Kampfschwur erinnerten. Außerdem wurde im ansonsten weichen Waldboden ein befestigter Sockel geschaffen, auf dem etwa Kränze niedergelegt werden konnten, was auf die Einbeziehung in verstetigte, regelmäßige Erinnerungspraktiken hinweist. Eng damit verbunden war gleich nach dem Krieg die Anlage eines Waldfriedhofs für die 1939 von den Nationalsozialisten ermordeten Freiheitskämpfer und Pfadfinder (harcerzy), denen bereits 1946 hier ein Denkmal errichtet wurde.[1359]

Dieses Doppelensemble wurde 1952 noch zusätzlich durch die Anlage eines Soldatenfriedhofs für die Gefallenen der Kämpfe bei Cwiklitz (Ćwiklice) erweitert,[1360]

1359 Die Bedeutung der Erinnerung an die Pfadfinder lag auch darin, dass die kommunistische Pfadfinderbewegung ZHP die Autochthonen für die neue Gesellschaft und die Rückkehr der polnischen Westgebiete gewinnen sollte. Vgl. Polak-Springer 2015, S. 214f.
1360 Ein Plan des Friedhofs findet sich in Orlik 2012, S. 91.

Abbildung 25: Denkmal für die im Jahre 1939 im Park von Pless ermordeten Freiheitskämpfer von 1946 (Aufnahme um 1975).

der im Nordosten an den Park anschloss.[1361] Um Akzeptanz für den neuen Gedächtnisort herzustellen, wurde dieser von Anfang an publizistisch begleitet. Bereits in den Jahren unmittelbar nach dem Krieg finden sich Ausflugshinweise in der Tagespresse. 1947 etwa empfahl man den Touristen eine Besichtigung des Schlosses und „des Parks mit alten Eichen, Ahornbäumen und Eschen, wo sich das Grab der 1939 von den Deutschen ermordeten polnischen Aktivisten" befand.[1362] Zugleich musste aber auch die Verbindung zwischen dem Geschehen und dem Ort in immer neuer Weise hergestellt werden.[1363]

1361 Vgl. auch eine Anfrage des Präsidiums des Woiwodschaftsnationalrats Kattowitz an das Präsidium des Stadtrats von Pless betreffend die Millenniarfeier des polnischen Staates. Katowice, 27. Januar 1966. APK-P 168 PMRN Pszczyna - 344, Blatt 43, und die Abschrift der Mitteilung des Präsidiums des Stadtrats von Pless an das Präsidium des Woiwodschaftsnationalrats in Kattowitz betreffend die Naturdenkmäler auf städtischem Grund. Pszczyna, 10. Februar 1966. APK-P 168 PMRN Pszczyna - 344, Blatt 45.

1362 Ze stolicy zielonego Śląska. Pszczyna – miasto przyszłości [Von der Hauptstadt des grünen Schlesien. Pless – Stadt der Zukunft]. In: Gazeta Robotnicza, 8. Oktober 1947. APK 332 Zarząd Miejski i Miejska Rada Narodowa w Pszczynie Nr. 60, Blatt 37.

1363 O rozstrzeliwaniu Polaków w parku pszczyńskim [Über Erschießungen von Polen im Plesser

1.4 Die „Kalten" Jahre (1948–1956)

1.4.1 Die bürokratische Les- und Erfassbarmachung der Welt

In vielerlei Hinsicht ist es charakteristisch, dass die Mehrzahl konservatorischer Initiativen in die Jahre bis 1949 fiel, in denen das kommunistische System noch immer ein vergleichsweise großes Maß an gesellschaftlicher Vielfalt zuließ. Als eines der wahrscheinlich letzten Häuser, die nicht vorrangig ideologisch motiviert unter Schutz gestellt wurden, wurde das ehemals gräflich Hoym'sche Schloss Dyhernfurth (Brzeg Dolny) trotz schwerer Kriegsschäden noch 1950 gemeinsam mit dem an das Vorbild Wörlitz angelehnten englischen Landschaftsgarten in das Denkmalschutzregister aufgenommen.[1364]

Allein dass es das Instrument des Denkmalschutzregisters gab, war eine nicht gering zu schätzende Verwaltungsleistung in einem Land, das nur wenige Jahre zuvor eine erhebliche Verschiebung seines Staatsgebiets und damit den Verlust und Zuwachs einer Unzahl von Denkmälern zu verkraften hatte. Einerseits knüpfte diese Verwaltungspraxis an das Denkmalregister der Zwischenkriegszeit an. Andererseits entwickelte die polnische Kulturverwaltung in den vier Jahren zwischen 1946 und 1950 in wachsendem Maße differenzierte Verfahren der Aneignung des Kulturerbes in den Westgebieten.

Im Sinn von Praktiken des Lesbarmachens und der dafür notwendigen Vereinfachung der Welt,[1365] die Verwaltungshandeln überhaupt erst ermöglichen, indem sie ihren Gegenstand gleichsam erschaffen, stand am Beginn dessen Erfassung und Klassifizierung. So ordnet das weiter oben zitierte Schreiben des Generalkonservators vom 11. Oktober 1945 unter anderem auch eine Neuregistrierung der auf dem Gebiet der Woiwodschaft Schlesien-Dombrowa liegenden Baudenkmäler an.[1366] Die ersten Jahre der Volksrepublik durchziehen so endlose und langsam wachsende Listen von Kulturdenkmälern – Kirchen, Burgen und Schlössern, Gutshöfen oder Stadthäusern – die Akten. Bereits im Spätjahr 1945 begann man eine erste Erfassung der Objekte und ihrer Merkmale in einer Form durchzuführen, die dem später formalisierten System des Denkmalschutzregisters ähnelte.[1367] Dabei sollte ein System

---

Park]. In: Dziennik Zachodni, 12. März 1948. APK 332 Zarząd Miejski i Miejska Rada Narodowa w Pszczynie Nr. 60, Blatt 41; vgl. auch W trzecią rocznicę wyzwolenia Pszczyny [Am dritten Jahrestag der Befreiung von Pless]. In: Gazeta Robotnicza, 10. Februar 1948. Ebd., Blatt 43. Dort bildet die Umbettung den Schluss des Textes.

1364 Narodowy Instytut Dziedzictwa 2019 (online), S. 202. Vgl. zur Eintragung auch Łuczyński 2010, S. 442, sowie zur Nutzung ebd., S. 195.

1365 Ich folge darin den Überlegungen von Scott 1998, S. 4–6, wonach das Verwaltungshandeln in der Moderne von Praktiken der Lesbarmachung und der Vereinfachung der natürlichen und sozialen Umwelt geprägt ist, deren Scheitern zu humanitären Katastrophen oder regelrechtem Terror (wie im Fall der stalinistischen Sowjetunion) führen kann.

1366 Instruktion des Generalkonservators Jan Zachwatowicz an die Abteilung für Kultur und Kunst in Kattowitz. Warszawa, 10. Oktober 1945. APK 185 - Kult. 195, Blatt 28.

1367 Vgl. z. B. die Anlage zum Bericht des Woiwodschaftsamts Schlesien-Dombrowa vom November

von vordefinierten Schlüsseln von a/ bis j/ die verschiedenen Merkmale der Objekte repräsentieren, darunter Lage, Typ des Objekts, Entstehungsjahr, Alteigentümer, den „gegenwärtigen Eigentümer", Zustand, Schäden (meist Kriegsschäden), anstehende Arbeiten, Entscheid über einen Denkmalschutz in deutscher Zeit und im polnischen Staat, Pläne für die weitere Verwendung des Gebäudes sowie das Vorhandensein von Baumaterial zu seiner Sicherung.[1368]

Ähnlich wie in vielen westeuropäischen Ländern wurden in den 1940er und 1950er Jahren die dem damaligen Zeithorizont nahen Schlösser des ausgehenden 19. Jahrhunderts kaum und Gebäude des 20. Jahrhunderts so gut wie überhaupt nicht registriert. Mit der Verfügbarkeit von finanziellen Mitteln für den Denkmalschutz, die aber innerhalb der Zentralplanung veranschlagt werden mussten, begann man zusätzliche Informationen zu erfassen, darunter neben der Quadratmeterzahl auch das ungefähre Volumen des Gebäudes, Angaben, die wohl für die Abschätzung von Restaurierungskosten benötigt wurden. Nach kurzer Zeit registrierte man schließlich auch den Grad der Zerstörung des Denkmals.[1369]

Es war ein langsamer und iterativer Prozess, in dem die Kulturverwaltung die Beschaffenheit ihres Gegenstands kennenlernte. Wie die Listen zeigen, kamen im Laufe der Zeit auch neue Objekte hinzu. Anfang der 1950er Jahre führten Mitarbeiter des Kulturministeriums ausgedehnte Inspektionsreisen durch, um Objekte direkt vor Ort zu begutachten. Dabei wurden detaillierte Daten in dezidierten Erfassungsbögen erhoben, in denen neben Objektdaten auch die Entfernung von wichtigen Verkehrsknoten (Bahnhöfen, Busstrecken, Ortschaften) sowie wieder Angaben zur gegenwärtigen und zu denkbaren zukünftigen Nutzungen fixiert werden sollten.[1370]

Die Bereisungsbögen waren damit der unmittelbare Vorläufer der erst in den Jahren 1959–1961 entwickelten heute noch üblichen Evidenzkarten.[1371] Diese komplexen Wissensspeicher repräsentierten die Essenz des schützenswerten Gebäudes oder Ensembles und bildeten neben der sehr viel älteren Technik der Akte die Grundlage für jedes konservatorische Handeln. Organisiert wurden die Evidenzkarten mit einem einheitlichen Bezeichner im Denkmalschutzregister sowie zusätzlich über das Jahr der Eintragung. Ein großer Teil der Karte war zunächst auf die eindeutige Identifizierung eines Objekts in Raum und Zeit gerichtet. So erfassten diese Registerkarten unter anderem den Namen des Objekts, das Entstehungsjahr, die Lage, die Postadresse, übergeordnete Verwaltungseinheiten (Gemeinde, Kreis) sowie historische

---

1945. Katowice, November 1945. AAN 366 MKiS Gabinet Ministra 129, Blatt 4–26, hier Bl. 22, 23 und 25.

1368 In der Anwendung war dieses System äußerst fehleranfällig, wie häufig dem falschen Buchstaben zugeordnete Einträge zeigen.

1369 Beispielsweise eine Übersicht über die Denkmäler in der Woiwodschaft Schlesien, 1949. AAN 366 MKiS 3 / 76, Blatt 2–30, hier Bl. 30 (Erläuterungen).

1370 In AAN 366 MKiS 6/16, Blatt 196, findet sich beispielsweise der Erfassungsbogen für Schloss Kamenz (Kamieniec Ząbkowicki). Dort wurde 1953 eine Tuberkuloseheilanstalt des Gesundheitsministeriums betrieben, aber der Gutachter konnte sich darin ebensogut eine höhere Lehranstalt vorstellen.

1371 Weinberg 1984, S. 69.

Ortsbezeichnungen. Weitere erfasste Merkmale sollten der Herstellung von Handlungsfähigkeit gegenüber dem Objekt dienen, darunter die Erfassung des Nutzers sowie des Eigentümers und deren Adressen, aber auch Angaben zu Volumen und Fläche, zu früheren Umbauten und in der Vergangenheit durchgeführten konservatorischen Maßnahmen, Angaben über die historische Nutzung in der Form eines groben Klassifikationsschemas (z. B. Mausoleum) sowie über die Art der gegenwärtigen Nutzung (z. B. des Mausoleums als Gemeindekapelle). Diesen Angaben voraus gingen im Regelfall eine materialkundliche und eine stilgeschichtliche Analyse sowie eine Objektgeschichte. Zudem konnten in die Karten die am dringlichsten erforderlichen konservatorischen Arbeiten eingetragen werden. Schließlich erfassten die Evidenzkarten noch Kopien von geografischen Karten und Bildern des Objekts sowie als Verweise bibliografische und archivalische Nachweise, mit dem Objekt verbundene Bildwerke und eine Reihe von zusätzlichen Informationen von innerbehördlicher Relevanz wie etwa die beteiligten Beamten und Angestellten.

Insbesondere in der Nachkriegszeit stand die Erfassung vor der Herausforderung, Informationen über die Kulturgüter, ihre Auftraggeber und künstlerischen Schöpfer zu ermitteln, ja in vielen Fällen sogar erst einen polnischen Namen für das Objekt zu finden. Im oberschlesischen Pless (Pszczyna), einer Region, die seit jeher durch Zweisprachigkeit geprägt war und in der Begriffe aus dem Polnischen ins Deutsche überwechselten und umgekehrt, fehlte es 1948 etwa an einer eigenständigen polnischen Bezeichnung für das Teehaus auf der Parkinsel. Ein entsprechendes Schreiben, mit dem der Bürgermeister von Pless die Museumsverwaltung des Schlosses um eine geeignete Nachnutzung ersuchte, beschrieb dieses deshalb als „Insel mit einem kleinen Gebäude, das auf den deutschen Karten als ‚Tee-Tempel' [auf Deutsch, S. D.] gekennzeichnet worden ist".[1372] Ein Mitarbeiter der Kulturverwaltung in Waldenburg (Wałbrzych) pflegte noch das ganze Jahr 1945 und das Frühjahr 1946 grundsätzlich alle Ortsangaben in seinen Berichten auf Deutsch anzugeben.[1373] Die Evidenzkarten listen akribisch die deutsche Altliteratur und Karten auf – allerdings vorrangig, soweit sie in den Grenzen des nun polnischen Schlesien und häufig sogar nur lokal verfügbar waren. Für eine darüber hinausgehende Recherche gab es anfangs keine Möglichkeiten, und auch später scheint das Unterfangen so kostspielig und zeitraubend gewesen zu sein, dass man sich lieber auf lokale Ressourcen verließ.

Dass diese Weiterentwicklung des Erfassungsbogenverfahrens der Nachkriegszeit erst 1959 begann, ist sicher kein Zufall. Denn mit der Etablierung einer Einheitspartei im Dezember 1948 begann eine etwa sieben Jahre dauernde „Eiszeit", in der sich für die breite Masse der Objekte kaum nach außen sichtbare Aktivitäten der Konservatoren nachweisen lassen. Initiativen konzentrierten sich auf ideologisch zentrale Projekte, die den Westgedanken untermauern sollten. Auch deshalb waren die Verluste an historischer Baumasse im ersten Jahrzehnt der Volksrepublik in den neuen

---

1372 Schreiben der Stadt an das Staatliche Museum Pszczyna betreffend den Tee-Tempel im Schlosspark. Pszczyna, 4. Mai 1948. APK 185 UWS-K Kult. 174, Blatt 115.
1373 Vgl. eine Serie von Reiseberichte von mgr. Jozef Klimczyk in APW OKZ 784/104.

polnischen Westgebieten immens.[1374] Herle Forbrich geht davon aus, dass sie sogar deutlich höher lagen als in der SBZ und späteren DDR mit ihren gezielten Abrissaktionen.[1375] Gerade in dieser Phase wurden allerdings auch in Polen gezielt Gebäude abgerissen, sei es im Zuge der Gewinnung von Baumaterial für den Wiederaufbau der historischen Stätten in Großpolen oder mit Begründungen wie eine Gefährdung der Bevölkerung durch die vom Einsturz bedrohten Häuser zu verhindern. Bereits 1948/49 wurde so etwa das durch Feuer 1945 zerstörte Schloss Grambschütz (Gręboszów) der Grafen Henckel-Donnersmarck abgetragen, und schon im Juli 1945 hatte die Kreisverwaltung Tarnowitz (Tarnowskie Góry) bei der Abteilung für Kultur und Kunst im Woiwodschaftsamt in Kattowitz angefragt, ob die ausgebrannten Schlösser Repten und Neudeck unter den verordneten Denkmalschutz fielen.[1376] Insbesondere in der spätstalinistischen Phase wurden gezielte Abbrüche durchgeführt, darunter das neogotische Schloss der Prinzen Biron von Curland in Groß Wartenberg (Syców), das seit 1945 als Ruine dahindämmerte und in den Jahren 1952 bis 1954 endgültig geschleift wurde.[1377] In vielen dieser Fälle stand die Gewinnung von Baumaterial aus der Abbruchmasse im Vordergrund. Allein beim Abbruch von Schloss Neudeck (Świerklaniec) 1963 sollen über eine Million Ziegel angefallen sein.[1378] Auch wenn insbesondere die spätstalinistische Phase von etwa 1952 bis 1955/56 durch wiederholte Versuche geprägt war, solche verbleibenden Fragmente von Alterität aus dem öffentlichen Raum zu entfernen, ist es primär die mehr oder weniger systematische Vernachlässigung, die noch weit bis in die 80er Jahre des 20. Jahrhunderts andauerte, welche die größten Substanzverluste bewirkt hat.

Bedroht blieb die historische Bausubstanz auch durch den akuten Mangel an Wohn- und Lagerfläche in den Anfangsjahren der kommunistischen Gesellschaft. Historische Bauwerke wie Schlösser blieben in diesem Sinn relativ große Baukörper mit geringer Nutzungsintensität, die deshalb die Begehrlichkeiten diverser Institutionen wecken mussten. Noch 1953 ließ das Ministerium für Beschaffung (Ministerstwo Skupu) im Kulturministerium nachfragen, ob dieses über Gebäude verfüge, die als Kornspeicher nutzbar wären. Seitens des Kulturministeriums erteilte man dem Ansinnen eine Abfuhr, indem man darauf verwies, dass die meisten denkmalgeschützen Objekte Decken mit einer Tragfähigkeit von nicht mehr als 200 Kilogramm pro Quadratmeter hätten und daher nicht einmal den Mindestanforderungen an einen Kornspeicher genügten.[1379]

1374 Weinberg nennt bei Herrenhäusern und Schlössern für ganz Polen eine Zerstörung von 10.000 der 36.000 registrierten Denkmalobjekte in den ersten zehn Jahren der Volksrepublik. Weinberg 1984, S. 233, Anm. 77.

1375 Forbrich 2008, S. 83.

1376 Schreiben der Kreisverwaltung Tarnowitz an die Abteilung für Kultur und Kunst im Woiwodschaftsamt Kattowitz. Tarnowice, 20. Juni 1945. APK 185 - Kult. 195, Blatt 24.

1377 Waetzmann 1974, S. 64.

1378 Rolak 2010, S. 167f.

1379 Erinnerung an die Anfrage des MS. Direktor des Ministerialkabinetts des MS Płaza an das MKiS. Vertraulich. Warszawa, 9. Juli 1953. AAN 366 MKiS 6 / 16, Blatt 6, sowie Abschrift einer Antwort des MKiS an den MS. Vertraulich. Warszawa, 9. Juli 1953. AAN 366 MKiS 6 / 16, Blatt 7.

Mehr noch als bei den Baudenkmälern folgte der Umgang mit dem mobilen Alteigentum in den Westgebieten dem Verwertungsgedanken. Mit dem Gesetz vom 6. Mai 1945 über verlassene und aufgegebene Vermögen[1380] wurde eine systematische Grundlage für die materielle Aneignung dieser Besitztümer geschaffen, die nun ähnlichen Praktiken der Erfassung unterworfen wurden wie die Kulturgüter. Auf Grundlage des Gesetzes wurde eine Temporäre Staatliche Verwaltung (Tymczasowy Zarząd Państwowy, TZP) geschaffen, die zunächst der Finanzverwaltung unterstand und der die Regulierung der Vermögensbestände oblag. In Niederschlesien kam eine erste Gruppe von zwölf TZP-Mitarbeitern am 17. Mai 1945 an. Weniger als ein Jahr darauf wurde die TZP durch das Gesetz vom 8. März 1946 durch sogenannte Liquidationsämter neu organisiert und dem neugebildeten Ministerium für die Wiedergewonnenen Gebiete unterstellt.[1381] Während Kulturgüter von den städtischen und Kreisliquidationsämtern in die verschiedenen Sammelstellen abgegeben wurden, fehlte es an einer ausdifferenzierten Struktur für die Weiterverteilung dieser Objekte.

Mit dem im Mai 1950 geschaffenen Staatsunternehmen „Kunstwerke und Antiquitäten" (Dzieła Sztuki i Antyki, DESA)[1382] erhielt deren Nutzung eine neue Qualität. Dem Unternehmen oblag es – was bereits in den Jahren zuvor gängige Praxis war –, dem Kompensationsgedanken folgend Kulturgüter an polnische Einrichtungen zu verteilen, die Kriegsverluste zu beklagen hatten beziehungsweise die im Zuge des Rekonstruktionsgedankens nach Komplettverlusten wiederhergestellt wurden. So erfassten Mitarbeiter des DESA beispielsweise im Historischen Museum von Breslau Mobiliar für den wiederaufgebauten Primatialsitz in Gnesen (Gniezno), nahmen Umlagerungen in andere Museen vor oder reservierten im Museum von Waldenburg (Wałbrzych) Möbel für die Wiederausstattung von Schloss Fürstenstein (Książ).[1383] Hinzu kam allerdings, dass das Unternehmen ziemlich bald durch den Verkauf von Kulturgütern ins kapitalistische Ausland die für die sozialistische Planwirtschaft so wichtigen Devisen generierte. Aus diesem Grund wurden die Kultureinrichtungen insbesondere in den Westgebieten aufgefordert, den Gutachtern des DESA Zutritt zu ihren Magazinen zu gewähren,[1384] eine Praxis, die auf sichtbare Missbilligung der

---

1380 Ustawa z dnia 6 maja 1945 r. o majątkach opuszczonych i porzuconych [Gesetz vom 6. Mai 1945 über verlassene und aufgegebene Vermögen]. In: Dz. U. 1945 nr 17 poz. 97, S. 126–130. In deutscher Fassung in: Borodziej/Lemberg 2000, Bd. 3, Nr. 20.

1381 Okręgowy Urząd Likwidacyjny [Kreisliquidationsamt]. In: Kuczyński 1947, S. 66–67. Vgl. auch Zirkular Nr. 5 des Vizeministers für die Wiedergewonnenen Gebiete Jan Wasilewski vom 5. Februar 1946. AAN 169 MZO 48, Blatt 8-9.

1382 Bislang existiert keine umfassende und kritische Darstellung der Geschichte des Staatsunternehmens. Einige Beobachtungen bei Forbrich 2008, S. 210; unter Bezug auf Pruszyński 1996, S. 29.

1383 Begehungsprotokoll des Magazins des Historischen Museums in Breslau. Wrocław, 29. September 1951. AAN 366 - MKIS 5 /59 Blatt 19–25, hier Bl. 22. Begehungsprotokoll des Magazins des Museums in Waldenburg. Wałbrzych 30. [sic] Februar 1951. AAN 366 - MKIS 5 /59 Blatt 39–42, hier Bl. 41.

1384 Die Weisungen ergingen wohl einzeln für jedes der Museen. Der Direktor des Historischen Museums in Breslau Dr. Jerzy Güttler nimmt in einem Antwortschreiben an das MKiS etwa Bezug auf eine Weisung vom 27. September 1951, M-IV-111/15/21, die im Zuge der Nachforschungen nicht gefunden werden konnte. Begleitschreiben zum Begehungsprotokoll des Historischen

Konservatoren traf. Insbesondere die Museumsdirektoren sperrten sich gegen den Zugriff der Mitarbeiter des DESA. „Unerklärlich sind für uns", beschwerte sich deshalb der Direktor des DESA, M. Strupiechowski, beim Kulturministerium, „der fehlende Wille zur Zusammenarbeit und die Schwierigkeiten, auf die wir ständig treffen."[1385]

Heute sind große Teile des Geschäftsgangs des DESA kassiert,[1386] sodass sich auf den ersten Blick wenige Erkenntnisse über deren Umgang mit dem adeligen Alteigentum gewinnen lassen. Durch Parallelüberlieferungen im Aktenkorpus des Kulturministeriums können jedoch zumindest einige Beobachtungen festgehalten werden. Da auch das DESA die Verwaltungstechniken der Inspektion und der Liste verwendete, geben diese der Provenienzforschung Einblick in die Magazine einzelner Einrichtungen und hier insbesondere des Depots für Kunstgegenstände in Zelasno (Żelazna). Allein eine Liste vom 16. Oktober 1953 aus Zelasno erfasst ein Porträt „von Seydewitz" (Inv.Nr. 2301), ein Porträt eines Maximilian von Schmettow (Inv.Nr. 2189), vierzehn undatierte Ölkopien von Porträts aus der von Zedlitz'schen Familie (Inv.Nr. 574), ein Porträt einer unbekannten Gräfin Magnis, ausgeführt von „Fritz 1941" (Inv.Nr. 70), oder ein Porträt Wilhelms II. (Inv.Nr. 6441). Manche der gelisteten Gemälde legen aufgrund nahe beieinanderliegender Inventarnummern und ihrer inhaltlichen Nähe auch eine gemeinsame Provenienz nahe, etwa ein „Porträt eines Mannes mit Hund (Graf Reichenbach)" (Inv.Nr. 6241) sowie eine Reihe von Porträts aus dem 18. Jahrhundert, darunter eines Andreas von Garnier (Inv.Nr. 6217), eines Grafen Strachwitz (Inv.Nr. 6216), einer Maria Josepha (Inv.Nr. 6215) und einer Josepha von Garnier (Inv.Nr. 6255) sowie eines Grafen Heinrich von Reichenbach (Inv.Nr. 6263).[1387]

Neben den Antiquitäten bildeten Buchbestände eine weitere Ausnahmegruppe im deutschen Alteigentum. Nach den Sonderaktionen zur Sicherung von Bibliotheken und Sammlungen in den neuen Westgebieten in den Jahren 1945/46 begann Polen 1947 mit dem Aufbau einer eigenen institutionellen Struktur für diesen Bereich. Hierzu wurde ein Sicherungsdepot für Bücher (Zbiornik Księgozbiorów Zabezpieczonych) in Kattowitz geschaffen. Für das Kattowitzer Depot wurde zudem das Magazin der ehemaligen Oberschlesischen Landesbibliothek in Beuthen in Dienst gestellt.[1388]

Während sich Gebrauchsgegenstände und Inventar unschwer – und bezüglich ihrer nationalen Codierung weitgehend neutral – weiternutzen ließen, stellten kleine-

Museums, Wrocław, 2. Oktober 1951. AAN 366 - MKIS 5 /59 Blatt 26.

1385 Schreiben des Direktors des DESA M. Strupiechowski an das Zentralamt für Museen im Kulturministerium. Warszawa, 5. Mai 1954. AAN 366 - MKIS 5 / 59 Blatt 240.

1386 Teile der Überlieferung DESA sind heute im Archiv für Neue Akten in Warschau, umfassen aber nur noch 260 Einheiten (ca. 15 laufende Meter) mit größtenteils organisatorischen und personalrechtlichen Unterlagen, aber nicht mehr den damaligen Geschäftsgang. AAN 1523 - DESA.

1387 Protokoll der Begehung des Sammellagers Zelasno. Zelasno, 16. Oktober 1953. AAN 366 - MKIS 5 /59 Blatt 216–228, hier Bl. 216f.

1388 Tätigkeitsbericht des Sicherungsdepots für Bücher in Kattowitz für die Jahre 1947–1955. AAN 366 - MKIS CZB / 154, nicht foliiert, 21 S., hier S. 1 und 5f.

re und größere Bibliotheken die neue Ordnung auch ideologisch vor eine Herausforderung. Im gesellschaftlichen Klima Anfang der 1950er Jahre lag es deshalb nahe, Buchbestände in derselben Weise dem Zugriff der Öffentlichkeit zu entziehen oder sie sogar ganz zu vernichten, wie dies auch mit öffentlichen Inschriften im Zuge der Entgermanisierung der Öffentlichkeit erfolgte. In Königshütte wurde zum Beispiel aus mehr als 10.000 bis zum Sommer 1945 angesammelten Büchern ein wissenschaftlicher Handapparat für das Museum des Beuthener Landes zusammengestellt. Die Kuratoren entschieden sich, neben landeskundlichen und naturgeschichtlichen Büchern auch aus ihrer Sicht aus historischen Gründen relevantes Material aufzunehmen, das aber in seiner Natur politisch war und aus Kaiserreich und Nationalsozialismus herrührte. Dieser Handapparat sollte allein dem wissenschaftlichen Personal zugänglich sein, weshalb die Bücher zunächst im Arbeitsbereich eingeschlossen wurden. Im März 1947 besuchte dann ein Delegat des Kulturministeriums das Museum und dünnte den breit aufgestellten Bestand durch Abgabe von 10.000 Büchern in das Sicherungsdepot Beuthen und die Vernichtung weiterer 6.000 Bücher erheblich aus. Was an Büchern verblieb, war nunmehr thematisch auf landeskundliche und naturgeschichtliche Publikationen verengt und musste auf einem Speicher eingeschlossen werden, zu dem nur bevollmächtigtes Personal Zugang hatte, „sodass sie [die Bücher] von außen nicht zu sehen sind".[1389]

Da durch die Übernahme gerade der Herrenhäuser und Schlösser durch die PGR seit 1949 zahlreiche Privatbibliotheken in dessen Hände kamen und dieses damit denkbar wenig anfangen konnte, weil es zumeist viel näherliegende, praktische Sorgen hatte, gab es ebenso wie die Kreisliquidationsämter im großen Maßstab Buchbestände an die Sicherungsdepots ab. Zugleich versuchten die Depots aber auch aktiv ihnen bis dahin verborgen gebliebene Buchsammlungen aufzuspüren.[1390] Sie verteilten die Bücher einerseits auf polnische Bibliotheken,[1391] wobei es derartige Übernahmen natürlich bereits vor der Bildung der Depots 1947 gegeben hatte. So wurde zum Beispiel die Bibliothek der Grafen Schaffgotsch aus Warmbrunn (Cieplice) 1946 in die Forschungsbibliothek des Schlesischen Instituts in Kattowitz transferiert.[1392] Mit der Entstehung der DDR wurden darüber hinaus seit Oktober 1950 auch Buchbestände wie deutsche Klassiker dorthin abgegeben. Andererseits führten die Depots aber auch im großen Maßstab, was sie als Makulaturstücke einstuften, der Vernichtung zu.[1393]

1389 Schreiben des Referenten für Kultur und Kunst in Königshütte Stanisław Wallis an den Leiter der Abteilung Kultur und Kunst im Woiwodschaftsamt Kattowitz Józef Kluss. Chorzów, 1. Dezember 1946. APK 185 Kult. 174, Blatt 44.

1390 So habe man etwa 1953 in Glatz drei Büchersammlungen entdeckt, die nicht registriert gewesen seien, und untersuche „Spuren von zwei weiteren". Quartalsbericht des Sicherungsdepots für Bücher in Kattowitz an das Zentralamt für Bibliothekswesen im MKiS. AZ 1/56/53. Stalinogród, 8. April 1953. AAN 366 - MKIS CZB / 156, nicht foliiert, 5S. ohne Anlagen hier S. 3.

1391 Fast jeder der in der Überlieferung des MKiS erhaltenen Berichte gibt eine Übersicht über die Abgaben an Bibliotheken in Tonnen Büchern, jedoch keine Einzelübersicht der Entnahmen.

1392 Vierteljahresbericht des Schlesischen Instituts, Kattowitz, an Minister Władysław Gomułka. Katowice AAN 196 MZO 56, Blatt 59–66.

1393 Bericht des Sicherungsdepots für Bücher in Kattowitz an das Zentralamt für Bibliothekswesen im

Abbildung 26: Fürstenstein. Kriegsschäden am Torbereich. Am schmiedeeisernen
Gitter verweist bereits ein Schild auf die
Schutzwürdigkeit der Anlage. Aufnahme
von 1962.

In den ersten zehn Monaten des Jahres 1951 waren dies 132.743 Tonnen Bücher und
noch von Januar bis März 1953 wurden etwa 15.000 Tonnen Bücher als Makulaturstücke zur Vernichtung freigegeben.[1394] Insbesondere in den Jahren 1951/52 waren
derartig viele Transporte vom Kattowitzer Depot abgegangen, dass dies sogar von der
lokalen Bevölkerung registriert worden war. Die Menschen – so suggeriert ein Bericht
von 1955, der diese als „Autochthone" beschreibt – seien durch Mitarbeiter des Depots über die Strecken und Zeiten der Transporte informiert worden und hätten daraufhin in Menschenmassen (*tłumy*) den LKWs die Fahrbahn versperrt, die Fahrer
unter Drohungen zum Aussteigen gezwungen und Teile der auf der Ladefläche befindlichen Bücher an sich gebracht. Erst eine Begleitung der Transporte durch die Bürger-

---

MKiS, AZ 1/167/52. Katowice, 12. November 1952. AAN 366 - MKIS CZB / 155, nicht foliiert, 16 S., hier S. 10.

1394 Beide Quartalsberichte des Sicherungsdepots in Kattowitz. Quartalsbericht des Sicherungsdepots für Bücher in Kattowitz an das Zentralamt für Bibliothekswesen im MKiS. AZ 1/157/52.
Katowice, 12. November 1952. AAN 366 - MKIS CZB / 155, nicht foliiert, 14 S. hier S. 8. –
Die Zusammensetzung der Bücher im Magazin war bis zum 31. März 1953 wie folgt: Sonder-
sammelgebiete (6.351 t), wissenschaftliche Schriften (39.017 t), Regionalliteratur (43.249 t),
Publizistik (1.568 t), andere (57.653 t), in summa also 147.838 t Bücher. Davon wurden im ersten Quartal 15.403 t Bücher als Makulatur freigegeben. Die Makulaturware unterteilte sich in
10.113 t Bücher für Neuzugänge in den ersten drei Monaten und 5.290 t Bücher Altbestand des
Magazins. Quartalsbericht des Sicherungsdepots für Bücher in Kattowitz an das Zentralamt für
Bibliothekswesen im MKiS. AZ 1/56/53. Stalinogród, 8. April 1953. AAN 366 - MKIS CZB /
156, nicht foliiert, 5 S. ohne Anlagen, hier S. 3.

miliz habe letztlich deren geordnete Durchführung möglich gemacht.[1395]

Eine weitere wichtige Dimension des Kulturgüterschutzes ist bis hierhin noch gar nicht angesprochen worden, denn die Volksrepublik Polen und ihre Kulturverwaltung hatten ähnlich wie die DDR auf Teile ihres Territoriums überhaupt keinen Einfluss. Mit ihrem Vormarsch hatte die Rote Armee 1945 nämlich auch Gebäudekomplexe und Grundstücke beschlagnahmt, die über Jahrzehnte unter ihrer Kontrolle verblieben und auf denen polnische Behörden nichts auszurichten vermochten.

In Fürstenstein (Książ) blieb zum Beispiel die Kontrolle über den Gesamtkomplex lange Zeit bei den sowjetischen Streitkräften, obwohl man den lokalen Behörden immerhin erlaubte, den Zugang zur historischen Bibliothek der Grafen von Hochberg zu sichern. Wie sehr die polnischen Funktionseliten diese auch symbolisch sichtbare Präsenz der sowjetischen Streitkräfte registrierten, zeigt etwa, dass der Referent im Bezirksamt für Kultur und Kunst Waldenburg (Wałbrzych), Jozef Klimczyk, es für berichtenswert hielt, dass bei einem Besuch im September 1945 über der Schlucht zwischen Altem und Neuem Schloss ausschließlich die Rote Fahne hing; „die polnische wurde, nach Angaben der Deutschen, die sich im Schloss befinden, enfernt".[1396]

Liegnitz (Legnica) ist eine der Städte, die aufgrund ihrer strategischen Lage eine massive Präsenz der sowjetischen Streitkräfte behielten. Hier hatte die Rote Armee auf ihrem Vormarsch 1945 beispielsweise auch die historischen Gebäude der Liegnitzer Ritterakademie besetzt, die zuerst als Lazarett genutzt wurden. Relativ schnell wandelten die sowjetischen Autoritäten vor Ort dieses jedoch in ein Lebensmittellager und eine Manufakturanlage um, in der Koffer für die Streitkräfte gefertigt wurden. Nach Abrissaktionen am Liegnitzer Ring in den 1960er Jahren kamen noch Schuster- und Schneiderwerkstätten hinzu. Der nunmehr „Prokombinat" getaufte Komplex nahm bis Ende der 1950er Jahre ausschließlich sowjetische und deutsche Zivilarbeiter an[1397] und grenzte sich auch so von der Stadt ab. Der sowjetische Verwalter nahm sich allerdings, anders als viele Funktionäre in vergleichbarer Situation, der Erhaltung des Gebäudes durchaus an und ließ beispielsweise das beschädigte Dach des Komplexes reparieren. Die „Tauwetterperiode" ermutigte dann die Stadtverwaltung auf eine Übergabe vieler von der Roten Armee genutzter Gebäude an die Stadt zu drängen, die nun für Kindergärten, Schulen und andere dringend benötigte öffentliche Einrichtungen genutzt werden sollten. Es sollte allerdings bis 1975 dauern, ehe die Ritterakademie Teil solcher Bemühungen wurde, die dann aber erfolgreich verliefen.[1398]

1395 Tätigkeitsbericht des Sicherungsdepots für Bücher in Kattowitz für die Jahre 1947–1955. AAN 366 - MKIS CZB / 154, nicht foliiert, 21 S., hier S. 11f. Zum korrektiven Blick des Staates auf die autochthone Bevölkerung vgl. inbesondere Strauchold 2014 sowie in umfassenderer Perspektive Polak-Springer 2015.

1396 Referentenaufzeichnungen (mgr. Jozef Klimczyk) im Bezirksamt für Kultur und Kunst, Waldenburg: Bericht Nr. 7 über eine Dienstreise nach Niedersalzbrunn und Liebichau. Wałbrzych 20. September 1945. APW OKZ 784 / 104, Blatt 7.

1397 Białek 2010, S. 65.

1398 Ebd., S. 66.

1.4.2 Konservatorisches Sprechen in der stalinistischen Öffentlichkeit

Im April 1952 erschien in der Tageszeitung *Dziennik Zachodni* ein Beitrag, der den Umgang mit zwei Gobelins im „Schloss Zagórze Śląskie" (gemeint ist die Kynsburg [Zamek Grodno]) beschrieb.[1399]

Nicht erst seit John L. Austins grundlegender Publikation *How to do things with words* wissen wir, wie eng Sprache und Handeln verknüpft sind.[1400] Semantiken haben in spezifischen Settings mehr als beschreibenden Charakter – Sprechakte stellen Wirklichkeit her. Ihr Wirken wird ermöglicht, weil sie ein „Effekt der historisch abgelagerten sprachlichen Konventionen"[1401] sind: So wie die Semantik einer Richterin beziehungsweise eines Richters durch die Verkündung eines Urteils zu einer anerkannten Zeit an einem anerkannten Ort einen Menschen vom Angeklagten zum Kriminellen macht oder die Ankündigung eines Sprechers der Zentralbank Zinssätze verändert,[1402] werden alle Gesellschaften von ritualisierten Settings durchzogen, die Sprechen in Handeln transformieren.[1403]

Ein Zeitungsartikel, der in einer „stalinistischen" Öffentlichkeit[1404] in anklagendem Ton dem „Schlesischen Museum zur Überlegung" gab, ob es genug für die Rettung von Kulturgütern tat, war solch ein spezifisches Setting. Er bewegte sich im Rahmen der zugelassenen legitimen Kritik, die der Verbesserung des Systems dienen sollte,[1405] aber er barg zugleich das Potential einer Eskalation, einer Verwandlung ins Kampagnenhafte, die allen Beteiligten gefährlich werden konnte – Kritisierten wie Kritikern.[1406]

Damit die Kritik im Legitimen blieb, musste sie in Gegenstand und Form den Erwartungshaltungen entsprechen, die Teil des Settings dieses Sprechakts waren. Sich

---

1399 „Dem Schlesischen Museum zur Überlegung. Wertvolle Wandteppiche zerfallen im mittelalterlichen Schloss in Zagórze Śląskie." In: Dziennik Zachodni, Nr. 93, 19./20. April 1952. Abschrift (Typoskript) in: AAN 366 MKiS 5/52, Blatt 5f. sowie 8.

1400 Austin 1975, S. 109, 121.

1401 Butler 1993, S. 124.

1402 Butler 2010, S. 147f.

1403 Butler 2006, S. 11.

1404 Zur Öffentlichkeit in Gesellschaften sowjetischen Typs aus vergleichender Perspektive siehe Rittersporn/Rolf/Behrends 2003; stärker aus systemtheoretischer Perspektive hebt ab auf die kommunikative Dimension: Postoutenko 2010.

1405 Ich gehe hier davon aus, dass es sich tatsächlich um eine sachorientierte Kritik handelte, die einen Missstand offenlegen sollte. Der Umstand, dass sich die Kritik nämlich gegen den falschen Träger richtete – der Verfassende nahm irrtümlich an, dass der Träger der Einrichtung das Schlesische Museum in Breslau sei –, schließt weitgehend aus, dass es sich beispielsweise um eine bloße persönliche Kampagne handelte.

1406 Der sowjetische Stalinismus der 1930er Jahre hatte beispielsweise ritualisierte Formen der „Kritik und Selbstkritik" entwickelt, die als ein zentrales inneres Disziplinierungsinstrument der stalinistischen Gesellschaft(en) beschrieben worden sind, als Techniken des kurzfristigen, ritualisierten Chaos, aus denen dann längere stabile Phasen hervorgingen, die nach außen der Herstellung eines scheinbar monolithischen Ganzen dienten. Wie Lorenz Erren betont, waren diese aber in starkem Maße auf eine ritualisierte Kommunikation unter Anwesenden angewiesen (Erren 2010, S. 43f.; vgl. auch Erren 2008).

unter den Bedingungen einer verschärften Entgermanisierung und Repolonisierung
etwa für deutsches Kulturgut einzusetzen, hätte den Sprechenden nicht nur selbst ge-
fährdet; es wäre schlicht unmöglich gewesen. Der Beitrag verwandte deshalb beachtliche Anstrengung darauf, klassenbewusste und nationalbewusste Eindeutigkeit herzustellen. Das „Schloss Zagórze Śląskie" war hier ein zulässiger Anknüpfungspunkt,
wurde die Geschichte der zuletzt in der Familie der Freiherren von Zedlitz und
Neukirch befindlichen Kynsburg doch als die einer Piastenburg gelesen. Dass nun
„wertvolle handgeknüpfte Gobelins des 16. und 17. Jahrhunderts" in ihrem Erhalt
bedroht seien, konnte den oder die Verfassende in den Verdacht rücken, den Zeugnissen der Feudalzeit hinterherzutrauern, und es war nationalpolitisch verdächtig.
Der Beitrag betonte das korrekte Klassenverständnis, indem er darauf abhob, dass es
sich um „Denkmäler der Webkunst", also von Fähigkeiten der Arbeiterschaft, handelte. National vereindeutigt wurden diese Denkmäler, indem postuliert wurde, sie
seien in „derselben Technik wie die Gobelins des Wawełschlosses" ausgeführt worden
und hätten über die Jahrhunderte „ihre natürliche Farbe" erhalten. Es ging also um
ein generisch polnisches Kulturerbe, dass sich mit den Liegnitz-Brieger Piasten wie
mit Großpolen verknüpfen ließ. Dass die Wandteppiche eine Verwandtschaft mit
den Gobelins im Waweł aufwiesen, war dabei, wie sich später erwies, ebenso konstruiert wie ihr angebliches Alter. Nun also zerfielen sie, postulierte der Artikel, weil
Fenster in dem Saal, in dem sie aufbewahrt würden, zerbrochen seien und dadurch
Insekten und Vögel in den Raum gelangt seien, die die Gobelins zerstörten.[1407]

War die Kritik gravierend genug und bestätigte sich ihr Inhalt, war es dagegen an
den Verantwortlichen, durch eine in ebenso festen Settings erfolgende Selbstkritik
weiteren Schaden abzuwenden. Für die Kritisierten bedeutete dies, zunächst einmal eine Untersuchung des Vorgangs einzuleiten. Etwa eine Woche nach dem Erscheinen des Beitrags wurde man sich seiner im Hauptdirektorat für Museen und
Denkmalschutz bewusst. Da das dem Direktorat unterstellte Schlesische Museum
betroffen schien, wurde das Hauptdirektorat als dessen vorgesetzte Behörde aktiv. In
Ermangelung eines Zentralregisters für mobile Kulturgüter konnte die Museumsverwaltung aber zunächst keine der Angaben im Artikel überprüfen, musste also annehmen, dass diese wahr waren. Gegenüber dem Schlesischen Museum erklärte sich der
Direktor der Zentralverwaltung von der Presseberichterstattung sehr „überrascht"
und forderte deshalb eine Erklärung, weshalb das Mobiliar bis heute nicht gesichert
und eingelagert worden sei.[1408]

Die eilig eingeleitete Ermittlung erbrachte allerdings erstens, dass der verantwortliche Träger der Kynsburg nicht das Schlesische Museum, sondern die Waldenburger
Abteilung der Tourismusorganisation *Polskie Towarzystwo Turystyczno-Krajoznawcze*
(PTTK) war und dass es sich zweitens bei den Wandteppichen um Erzeugnisse späterer Zeit handelte. Dazu war der Direktor des Museumsdepots in Schloss Eisers-

---

1407 „Dem Schlesischen Museum zur Überlegung [...]." AAN 366 MKiS 5/52, Blatt 5f.
1408 Schreiben des Direktors der Staatlichen Museumsverwaltung im Ministerium für Kultur an das
     Schlesische Museum in Breslau. Warszawa, 29. April 1952. AAN 366 MKiS 5/52, Blatt 1.

dorf (Zelażno) eigens zu einer Ortsbegehung auf die Kynsburg gekommen.[1409] Sein Bericht bescheinigt der Leitung kein Fehlverhalten – Letzteres wäre angesichts der Polarisierung öffentlichen Umgangs mit Fehlern auch zu riskant gewesen, zumal offenbar das Depot von Eisersdorf eine Mitverantwortung für den Verbleib einiger Kulturgüter auf der Kynsburg hatte.[1410]

Die PTTK erläuterte mit einem als Anlage beigefügten Schreiben, dass die Wandteppiche nicht wie beschrieben im Verfallszustand seien und der Saal im Gegenteil durch eine doppelte Eingangstüre und völlig intakte Fenster gesichert sei. Gobelins und mittelalterliche Epitaphien seien durch die PTTK konserviert worden. Die gegenwärtig laufenden Sanierungsarbeiten am Schloss würden von der Waldenburger Abteilung des PTTK finanziert. Einnahmen erziele man durch den Ticketverkauf, der aber hauptsächlich in den Sommermonaten und an den Wochenenden möglich sei. Darüber werde unter anderem ein Hauswart und Schlossführer bezahlt, der auch ganzjährig auf dem Gelände wohne. Man halte die Vorwürfe deshalb für unrichtig und unangemessen.[1411]

Weiter erklärte der Träger, dass alles wertvolle Mobiliar aus dem Schloss bereits entfernt worden sei (und, so der Hintergedanke, man damit nicht gegen die Vorschriften verstoßen hatte). Dabei habe es sich zumeist um Waffen gehandelt, die noch bevor die PTTK die Burg übernommen habe, an das polnische Armeemuseum in Breslau übergeben worden seien. Im Schloss verblieben seien nur Fälschungen (*falsyfikaty*, also wohl Stilwaffen späterer Jahrhunderte), die vom gegenwärtigen Schlossverwalter gut konserviert würden. Sie seien seinerzeit als wertlos für museale Zwecke eingestuft worden.[1412]

Der Leiter des Depots in Eisersdorf fügte dann die Schilderung einer Ortsbegehung an, die er aufgrund des Artikels in den letzten Tagen vorgenommen habe. Bei den vorgefundenen Wandteppichen handle es sich, anders als im Artikel behauptet, um Genreszenen aus dem 18. Jahrhundert, einer davon sei komplett, ein anderer in fünf Teile zerlegt. Da eine unmittelbare Gefahr bestehe, sie durch eine Abnahme zu beschädigen, sollten sie seiner Ansicht nach vor Ort verbleiben. Er schlug weiter vor, die Sammlungen auf der Kynsburg noch zu ergänzen, da dies der hohen Frequenz an Touristen besser Rechnung trage.[1413]

Der Artikel im *Dziennik Zachodni* – ob nun wohlmeinend oder nicht – hatte den bürokratischen Apparat in Bewegung gesetzt. Er führte dazu, dass die Museumsverwaltung intern eine Überprüfung des Sachverhalts einleitete. Zugleich alarmierte er auch den zweiten Arm der polnischen Denkmalpflege, die Abteilung für den Schutz

---

1409 Schreiben der Abteilung Waldenburg der PTTK an das Museumsdepot in Eisersdorf. Wałbrzych, 13. Mai 1952. AAN 366 MKiS 5/52, Blatt 2.

1410 Schreiben des Museumsdepots in Eisersdorf an die Staatliche Museumsverwaltung im Ministerium für Kultur. Zelażno, 15. Mai 1952. AAN 366 MKiS 5/52, Blatt 3.

1411 Schreiben der Abteilung Waldenburg [...]. Wałbrzych, 13. Mai 1952. AAN 366 MKiS 5/52, Blatt 2.

1412 Schreiben des Museumsdepots in Eisersdorf [...]. Zelażno, 15. Mai 1952. AAN 366 MKiS 5/52, Blatt 3.

1413 Ebd.

von Denkmälern im Kulturministerium. Diese wandte sich nun an die Leitung der Museumsverwaltung mit der Bitte, das Schlesische Museum anzuweisen, einen detaillierten Bericht in der Sache an den Woiwodschaftskonservator zu schicken.[1414]

Um das disruptive Potential der Kritik aufzufangen, die im Artikel des *Dziennik Zachodni* zum Ausdruck kam, beschloss man im Hauptdirektorat für Museen und Denkmalschutz, eine Gegendarstellung an die Zeitung zu senden. Darin sollten die wesentlichen Irrtümer der Darstellung aufgeklärt werden. Auf einen Gegenangriff, wie er nach einer Falschanschuldigung ja durchaus auch möglich gewesen wäre, verzichtete man zugunsten einer völlig neutral abgefassten Antwort.[1415]

Der ursprüngliche Artikel hatte damit sein Ziel erreicht – wenn es denn in einer Verbesserung der Umstände auf der Kynsburg gelegen hatte –, denn selbst wenn die Versicherung, dass der Saal verschlossen und alle Fenster repariert waren, zum Zeitpunkt der Kritik nicht der Wahrheit entsprochen hatte, musste spätestens zum Zeitpunkt der Gegendarstellung der Missstand abgeschafft sein, wenn eine weitere Eskalation mit unabsehbaren Folgen für alle Beteiligten vermieden werden sollte.

1.5 Das „Tauwetter" und die „Wasserscheide" der 1960er Jahre

Der polnische Kulturgüterschutz intensivierte sich erst Ende der 1950er Jahre wieder, wie zahlreiche Neueintragungen von Objekten in das Denkmalschutzregister in diesem Zeitraum belegen. Dieser Umstand ist auf mehreren Ebenen zu erklären. Zum einen dauerte die gesellschaftliche Eiszeit der stalinistischen Phase in Polen länger als etwa in der Sowjetunion.[1416] Die stalinistische Spätphase war noch einmal von einer Bedrohung des Gesamtbestands an historischer Bausubstanz geprägt, da mit dem Beschluss Nr. 666 des polnischen Ministerrates vom 20. August 1955, der die Beseitigung der letzten Kriegsschäden zum Ziel hatte, zu befürchten war, dass eine neue „Aktion Wiedergewinnung" bevorstand.[1417] Wie sehr sich allerdings die Zeitläufte verändert hatten, zeigt schon allein der Umstand, dass der Kulturminister noch vor Beschlussfassung eine Arbeitsgruppe bei der Zentralverwaltung für Museen und Denkmalschutz einsetzte, die etwaigen Auswüchsen entgegenwirken sollte.[1418]

Auch in Schlesien markieren die Jahre 1956/1957 ein „Tauwetter" (*odwilż*), das auf dem Gebiet des Denkmalschutzes nachhaltige Spuren hinterlassen hat. Im „polnischen Oktober" auf dem Höhepunkt der Liberalisierung des politischen Klimas, genauer am 3. Oktober 1956, wandten sich zahlreiche gesellschaftliche Organisatio-

---

1414 Schreiben der Abteilung für Denkmalschutz im MKiS an das Zentralamt für Museen. Warszawa, 6. Mai 1952. AAN 366 MKiS 5 / 52, Blatt 4, sowie die Antwort, Warszawa, 26. Mai 1952. Ebd., Blatt 7.

1415 Vgl. den Entwurf einer an die Redaktion des *Dziennik Zachodni* in Kattowitz gerichteten Gegendarstellung. O. O. [Warszawa,] o. D. AAN 366 MKiS 5 / 52, Blatt 9.

1416 Zur Geschichte der gesellschaftlichen Liberalisierung in Polen vgl. die Überblicksdarstellung von Davies 2005, S. 437–440.

1417 Pruszyński 1989, S. 175; unter Bezug auf Pruszyński auch: Forbrich 2008, S. 80f.

1418 Forbrich 2008, S. 83.

nen, darunter der Verein der Kunsthistoriker und der Verein der Architekten der Republik Polen, mit einem offenen Brief an die Kulturkommission des Sejm. Der Brief erschien in der zweiten Nummer einer neuen Wochenschrift *Nowe sygnały*, die nach 1957 wohl aus politischen Gründen nicht mehr fortgesetzt werden sollte. Darin schilderten die Organisationen dramatisch den Zustand von Baudenkmälern, allen voran der drei Schlösser Fürstenstein (Książ, noch als „Księż" geschrieben), Sagan (Żagan) und Grafenort (Gorzanów), die allesamt den Krieg unbeschadet überstanden und erst in jüngster Zeit einen rapiden Verfall erlebt hätten. Sie stünden stellvertretend für Dutzende von Beispielen in ganz Schlesien, die sinnlosen Plünderungen und Zerstörungen ausgesetzt seien. In dem offenen Schreiben brachten die Fachleute vier „Vorschläge" dar, wie der Kulturgüterschutz verbessert werden könne. Faktisch waren dies Forderungen, darunter erstens ein neues, zeitgemäßes Gesetz zum Schutz von Kulturgütern zu erlassen (was schließlich fünf Jahre später mit dem Gesetz von 1962 geschah), zweitens die Kreisnationalräte bei der Überlassung von Kulturgütern zu Wohnzwecken zu verpflichten, die Nutzer für deren Erhalt in die Pflicht zu nehmen, drittens nicht genutzte Objekte nach den Vorgaben des Gesetzes von 1928 zum Schutz von Allgemeingut zu behandeln und schließlich viertens das Zentralamt für Denkmalschutz stärker zu unterstützen.[1419]

Die „kleine Stabilisierung" (*Mała stabilizacja*, so der Teil des Titels eines Theaterstücks von Tadeusz Konwicki), die sich mit der Machtübernahme des bisherigen Ministers für die Wiedergewonnenen Gebiete, Władysław Gomułka (1905–1982), verband, half in Schlesien wie andernorts dabei, die Fragmente einer bürgerlichen, kritischen Öffentlichkeit neu zu formieren. Die Stadtväter in Warschau etwa beschlossen 1957 erste Sicherungsmaßnahmen an den weiter verfallenden Ruinen des Königsschlosses einzuleiten, obwohl sich die Parteispitze noch immer nicht festgelegt hatte, ob man eine Konservierung, einen Wiederaufbau, wie er noch einem Wettbewerb in der stalinistischen Zeit vorgeschwebt hatte, oder einen radikalen Neuanfang wollte.[1420] Die vorsichtige Entstalinisierung öffnete nicht nur Türen für denkmalschützerisches Handeln, sondern sie führte, wie Gregor Thum gezeigt hat, zugleich zu einer Auseinandersetzung mit der fortschreitenden Zerstörung von Baudenkmälern, wenn sich diese Debatte auch zunächst vor allem auf das als generisch polnisch empfundene Kulturerbe richtete.[1421]

Die offene Kritik, die sich letztlich hinter dem offenen Brief vom Oktober 1956 verbarg, steht im Umfeld zahlreicher weiterer Publikationen. So wurde etwa in der Fachzeitschrift *Ochrona Zabytków* (Denkmalschutz) die Forderung nach einer Nachbesserung des Beschlusses Nr. 666 erhoben,[1422] im *Przegląd Zachodni* erschien im selben Jahr ein Beitrag über „verfallende Denkmäler in der Woiwodschaft Grünberg [Zielona Góra]",[1423] und selbst in dem in Warschau erscheinenden *Robotnik Rolny* fand sich

---

1419 Łuczyński 2010, S. 95f.
1420 Majewski 2005, S. 111–113.
1421 Thum 2003, S. 595f.; unter Bezug auf Thum auch bei Forbrich 2008, S. 84.
1422 Forbrich 2008, S. 80.
1423 Irma Krzyżaniak: Giną zabytki w województwie zielonogórskim [Denkmäler verfallen in der

ein Beitrag über die Auswirkungen der Bodenreform und den Verfall der Herrenhäuser in Schlesien.[1424] Im in Liegnitz erscheinenden *Słowo Polskie* wurde 1958 in durchaus scharfer Form der Abriss eines Teils von Schloss Schmolz kritisiert, wobei der Eigentümerin Bereicherung und den Behörden ein Gefälligkeitsgutachten vorgeworfen wurde.[1425] Zugleich erschienen gerade in Oberschlesien wieder Artikel, die eine positive Heimatgeschichte zum Gegenstand hatten, wie etwa in der im Raum Tarnowitz (Tarnowskie Góry) erscheinenden Zeitung *Gwarek*, die im September 1957 die Ruinen des alten Schlosses in Neudeck (Świerklaniec) wie ein Wahrzeichen abbildete und so in das sich wiederentfaltende Regionalbewusstsein einbettete.[1426]

Erstmals seit den unmittelbaren Nachkriegsjahren war es wieder möglich, über die Nutzung der Vielzahl von Gebäuden in ihrer ganzen Breite nachzudenken, und wurde sogar wieder für diese Nutzungen geworben. Mit einem Programm, das darauf abzielte, die landschaftliche Schönheit Schlesiens in wachsendem Maße touristisch zu erschließen, kam nunmehr auch den schlesischen Schlössern eine Rolle zu, die sie angesichts der ideologischen Enge in den 1940er und frühen 1950er Jahren kaum hätten spielen können. Kunsthistorische Arbeiten wie die ebenfalls noch 1957 erschienene Monografie von Bohdan Guerquin zu den „schlesischen Schlössern",[1427] die erstmals seit den 1920er Jahren so etwas wie eine Bilanz der Baugeschichte und der vorhandenen Substanz in Schlesien darstellte, waren erste Zeichen einer Aneignung, die über die Wieder- und Neuentdeckung des piastischen Erbes hinausging.

Zugleich startete der niederschlesische Konservator in Breslau eine Initiative, mit der sich mehr Produktionsgenossenschaften und gesellschaftliche Organisationen der zum Teil ungenutzt stehenden Baudenkmäler annehmen sollten. Die unter dem Motto „Lasst uns Schlösser und Burgen verkaufen!" bekannt gewordene Initiative war in vielerlei Hinsicht ihrer Zeit voraus.[1428] In einer kreativen Weiterentwicklung der Gesetzeslage sah das Programm des Woiwodschaftskonservators vor, dass sich neben Institutionen auch Privatpersonen um die Übernahme von Schlössern und Denkmälern bewerben können sollten. Sogar eine kostenlose Übergabe, wenn der private Investor eine fachgerechte Restaurierung übernommen hätte, schien denkbar. Einer gesetzlichen Regelung, die derartiges erlaubte, ging der Breslauer Woiwodschaftskonservator damit 21 Jahre voraus. Die Bilanz der Aktion war allerdings mager; ingesamt wurden kaum mehr als ein Dutzend Anträge auf Übernahme eines Kulturguts gestellt, von denen keiner positiv beschieden wurde.[1429]

Woiwodschaft Grünberg]. In: Przegląd Zachodni 4 (1957), S. 473–475.

1424 Forbrich 2008, S. 80.

1425 Słowo Polskie vom 31. Juli 1958, Übersetzung in: Wallenberg Pachaly 1984, S. 18.

1426 Ziemi Tarnogórskiej. Nieco o pradziejach powiatu tarnogórskiego [Das Tarnowitzer Land. Etwas zur Geschichte des Kreises Tarnowitz]. In: Gwarek – Tygodnik ziemi Tarnogórskiej 21, 1, 15. September 1957, Doppelseite ohne Paginierung.

1427 Guerquin 1957; zur Person Guerquins vgl. Przyłęcki 2006.

1428 Das Motto nach: Mieczysław Zlat: Sprawa Opieki nad Zabytkami na Śląsku [Die Sache des Denkmalschutzes in Schlesien]. In: Przegląd Zachodni 3–4 (1957), S. 201–203, hier S. 203. Zum Hintergrund vgl. Łuczyński 2010, S. 96.

1429 Łuczyński 2010, S. 96; Forbrich 2008, S. 84f.

Für Oberschlesien und das Oppelner Land findet sich zwar kein Beleg für eine ähnliche Initiative, aber auch hier nahm die Zahl der Gutsgebäude und Herrenhäuser, die unter Denkmalschutz gestellt wurden, nach 1960 stark zu. Besonders für Wirtschaftseinheiten wie dem von einer PGR genutzten Vorwerk in Pless, das 1961 unter Denkmalschutz gestellt wurde,[1430] ließ sich unschwer ein positiver Diskurs stiften, da man hier immer damit argumentieren konnte, dass durch diese Maßnahme die Arbeitsbedingungen der Landarbeiter für die Nachwelt dokumentiert würden.

Wenn die Aktenüberlieferungen polnischer Behörden in ihrem quantitativen Umfang ein Indikator sind, dann war das Jahr 1962 die eigentliche Geburtsstunde eines aktiven Kulturgüterschutzes in Schlesien. Mit der Novellierung des Denkmalschutzgesetzes verbesserte sich die Situation der Denkmäler, da der Denkmalschutz nun mit Zwangsmitteln ausgestattet wurde, die zumindest theoretisch eine effektive Verfolgung seiner Interessen erlaubt hätten. So findet man nach 1962 zum ersten Mal in großer Zahl Anschreiben, mit denen die Woiwodschaftskonservatoren auf die Besitzer von Schlössern und Gutshäusern zugingen und diese konkret aufforderten, Maßnahmen zur Sicherung und zum Erhalt der Gebäude zu ergreifen, elektrische Anlagen und Kamine überprüfen zu lassen und für eine nutzungsangemessene Kontrolle der materiellen Substanz zu sorgen. Der Woiwodschaftskonservator nutzte allerdings das Sanktionspotential, das ihm nach dem Gesetz von 1962 zustand – dieses konnten theoretisch von der vollständigen Enteignung über Geldstrafen bis hin zur Drohung von fünf Jahren Haft reichen[1431] –, in keinem der untersuchten Fälle, sodass es den Besitzern möglich war, notwendige Erhaltungsmaßnahmen teils über Jahrzehnte zu verschleppen. Schlimmer noch, der konstante Mangel an Investitionsmitteln und das nach wie vor verführerische Potential, gerade die in Ruinen liegenden Gebäude als Rohstofflager zu begreifen, führten Mitte der 1960er Jahre zu einer neuen Welle von Abrissversuchen, die die Konservatoren nicht immer erfolgreich abzuwehren vermochten.

Insbesondere teilzerstörte Objekte wie das früher gräflich Reichenbach'sche Schloss Goschütz (Goszcz), das im Dezember 1947 durch einen Großbrand schwer beschädigt worden war, waren der neuen Gesellschaft ein sperriges Gepäck, das man vielerorts am liebsten ganz losgeworden wäre – vielleicht weniger aus politischen Gründen als deshalb, weil sich weder Nutzungskonzepte noch das nötige Kapital fanden, um den weiteren Verfall der Ruinen zu verhindern. Im Falle von Goszcz etwa forderte der Kreisnationalrat in Groß Wartenberg (Syców) im Frühsommer 1965 zum wiederholten Male die Genehmigung ein, die zerstörten Teile des Komplexes

---

1430 Registrierung des Vorwerks in Pless aus der ersten Hälfte des 19. Jahrhunderts als Denkmal durch den Woiwodschaftskonservator in Kattowitz. Katowice, 29. Juni 1961. APK-P 168 Pres. MRN Pszczyna - 344, Blatt 26.

1431 Weinberg 1984, S. 48. Selbst die Arbeit von Weinberg Mitte der 1980er Jahre, als längst die Bürger mit Eingaben die staatliche Fernsehgesellschaft bombardierten und es denkmalschutzkritische Artikel durch die Zensur schafften, gibt unreflektiert, aber vermutlich authentisch die damalige Haltung offizieller Stellen wieder, nach der „die Sanktionen [...] bisher noch nicht voll angewendet" worden seien, „da die Strafvorschriften des Gesetzes zu wenig popularisiert worden sind" (ebd.).

Abbildung 27: Schloss Goschütz. Blick auf den ausgebrannten Hauptflügel mit Mittelrisalit.

Abbildung 28: Eine Hochformataufnahme aus ungefähr derselben Position aus dem Jahr 1944.

aus Schloss, Orangerie und evangelischer Kirche abtragen zu dürfen. Als Begründung führte man aus, dass das Schloss zwischen 1945 und 1965 vollständig ungenutzt gestanden habe, deshalb bislang „ungeschützt den Unbilden des Wetters und der Zerstörung (*dewastacja*) durch die Anwohner ausgeliefert" gewesen und so „von Jahr zu Jahr weiter verfallen" sei. Da die Kosten für einen Wiederaufbau zu hoch seien, habe bislang kein Betrieb aus Schlesien oder einer anderen Woiwodschaft ein Interesse an dem Objekt angemeldet, sodass die Ruinen von Schloss und Orange-

Abbildung 29: Noch erhaltene Teile der Orangerie in Goschütz im Jahre 1957.

rie klar die Sicherheit der in der Nachbarschaft lebenden Menschen gefährdeten.[1432]
Die Reaktion des Woiwodschaftskonservators ist aus zweierlei Gründen interessant: Zum einen, weil sie eine typische Grenze des Kulturgüterschutzes offenlegt, zum anderen aber auch, weil sie ein weiteres Mal die Wirkung des bürokratischen Blicks auf die Welt und gouvernementaler Praktiken illustriert, die Segen und Fluch zugleich waren. Der Woiwodschaftskonservator, der in der ganzen Angelegenheit ungewöhnlich zurückhaltend und initiativlos agierte, konnte im Falle von Goschütz nämlich darauf verweisen, dass, weil die Schutzwürdigkeit der Anlage entsprechend hoch eingestuft war, gar nicht er selbst, sondern nur das Kulturministerium über einen möglichen Abriss entscheiden durfte. Differenziert wurde diese Schutzwürdigkeit in Klassen, die mit dem Denkmalschutzgesetz von 1962 geschaffen worden waren, wobei im Falle von Goschütz große Teile von Schloss und Orangerie in die Schutzklassen I und II fielen.[1433] Das System der Schutzklassen stufte die Objekte in Klassen von 0 (internationale Bedeutung) über I (höchste nationale Bedeutung) bis IV (niedrigste nationale Bedeutung) ein.[1434] Im Sinne der oben skizzierten Idee von Verwaltungshandeln ist dieses System als ein weiteres bürokratisches Instrument verstehbar, das den Zugriff der Verwaltung auf die Welt ermöglichte und verstetigte. Es offerierte bestimmte Facetten, unter denen Handeln sich auf zentrale Objekte konzentrierte. Wenn es also gelang, ein Kulturdenkmal entsprechend hoch einzustufen – und vor allem für größere Schlossbauten scheint dies der Fall gewesen zu sein –, waren sie vor einem allzu leichtfertigen Zugriff geschützt, war eine Veränderung des Zustands doch nur mit erheblichem Auf-

---

1432 Schreiben des Präsidiums des Kreisnationalrates in Groß Wartenberg an den Woiwodschaftskonservator in Breslau. Syców, 6. April 1965. WKZ Wrocław, 76/1029, Korrespondenz, Goszcz (1 1965 – 2008), nicht foliiert.

1433 Antwortschreiben des Woiwodschaftskonservators an das Präsidium des Kreisnationalrats in Groß Wartenberg. Wrocław, 12. April 1965. WKZ Wrocław, 76/1029, Korrespondenz, Goszcz (1 1965 – 2008), nicht foliiert.

1434 Eine Kurzübersicht gibt Łuczyński 2010, S. 61.

wand möglich. Umgekehrt erachtet Herle Forbrich das System der Schutzklassen als eher schädlich für den Gesamtbestand der Baudenkmäler, da ein unproportional großer Anteil der ländlichen Herrenhäuser in die niedrigsten Klassen eingestuft und so zu leicht dem Raubbau überlassen worden sei, da hier viele Veränderungen nicht einmal der Zustimmung eines Konservators bedurften.[1435]

Vielleicht weil es wie ein Kampf gegen Windmühlenflügel erschien, vielleicht weil ihm die Erfahrungen des schlesischen Konservators in Kattowitz vor Augen standen, dem es drei Jahre zuvor nicht gelungen war, die Sprengung des alten Schlosses in Neudeck (Świerklaniec) zu verhindern, oder aber weil er politische Konflikte scheute – jedenfalls agierte der Breslauer Woiwodschaftskonservator hier sehr zurückhaltend. Er ließ keine Gegenvorschläge erarbeiten, die den Nationalrat von seinem schädlichen Handeln abhalten sollten, sondern verwies ihn in einem höchst neutral gehaltenen Schreiben an das Kulturministerium.

Im Fall des alten Schlosses von Świerklaniec, das in seiner Substanz ins 16. Jahrhundert zurückreichte,[1436] gab es wie aus dem oben zitierten Zeitungsartikel des *Gwarek* von 1957 ersichtlich, durchaus eine positive Wahrnehmung in der Region, die aber ganz offensichtlich nicht von allen Kreisen geteilt wurde. Mit der Eintragung der Ruinen ins Denkmalschutzregister im Jahre 1957 erweckte der Woiwodschaftskonservator offenbar die Ablehnung des Bezirksnationalrats in Tarnowitz, der sich bereits damals zu einem Alleingang und der Zerstörung des Objekts entschlossen zu haben scheint. Jedenfalls sah sich der Konservator am 16. Juli 1957 gezwungen, den Bezirksnationalrat noch einmal nachdrücklich an den geschützten Status der Ruine zu erinnern, da ihm zu Ohren gekommen sei, dass man seitens des Bezirksnationalrats den Abriss der Anlage vorbereite.[1437]

Der schlesische Konservator in Kattowitz hatte bereits 1959 eine vorzügliche Dokumentation der Überreste des Schlosses aufnehmen lassen, an dessen kunsthistorischer Bedeutung also kaum ein Zweifel bestehen konnte, der 1961 noch ein Baugutachten folgte.[1438] Anfang der 1960er Jahre wurden verschiedene Optionen für den Erhalt des Schlosses diskutiert, darunter die Möglichkeit, es als eine Art Bodendenkmal im damaligen Zustand zu konservieren, die sich aber alle als zu kostspielig und damit unrealisierbar erwiesen.[1439]

1435 Forbrich 2008, S. 211.

1436 Zur Baugeschichte des Schlosses überblicksartig Weczerka 2003b, S. 339. Neben dem alten gab es in Neudeck noch das neue, vom ersten Fürsten Guido Henckel von Donnersmarck errichtete Schloss, das ebenso wie das alte wohl noch während der Kampfhandlungen ausbrannte. Während für das neue Schloss klar zu sein scheint, dass die Zerstörung auf Brandstiftung von Rotarmisten zurückzuführen ist, erklärt Rolak 2010, S. 162, dass beim alten Schloss unklar bleibe, ob es durch die Wehrmacht beim Abzug oder durch die Rote Armee in Brand gesteckt worden sei.

1437 Rolak 2010, S. 163.

1438 Maria Augustinowicz-Ciecierska: Dokumentacji Naukowa: Zamek w Świerklańcu. Kraków, 15. April 1959. Eine Kopie in: Archiv des Konservators der Woiwodschaft Schlesien in Kattowitz (Archiwum Śląskiego Wojewódzkiego Konserwatora Zabytków, Katowice) Katowice, Świerklaniec II/1213a, nicht foliiert, 20 S. masch.

1439 Rolak 2010, S. 163f.

Vielleicht waren es derartige Pläne, die den Bezirksnationalrat in Tarnowitz aufge-
schreckt hatten. Jedenfalls wandte er sich unter Umgehung des Woiwodschaftskonservators direkt an das Ministerium für Kultur und Kunst und erhielt von dort, ohne
dass zuvor die übliche Rücksprache mit dem Konservator genommen worden wäre,
im Februar 1962 eine Abrissgenehmigung.[1440] Auffällig ist, dass bald Gerüchte die
Runde machten, es handle sich bei dem Schloss nur um eine wertlose romantische
Ruine, die Ende des 19. Jahrhunderts errichtet worden sei. In den Monaten vor der
Zerstörung erschienen weitere Presseberichte, die sich in negativer Weise mit der Ruine auseinandersetzten und von denen einer gar andeutete, in den alten Mauern könne es spuken – von geisterhaftem Stöhnen, das die Passanten erschrecke, war die Rede –, um dann zu erklären, bei den „Geistern" handle es sich nur um ein paar Eulen,
die sich bald einen neuen Nistplatz suchen müssten. Die Wochenausgabe des *Gwarek*
berichtete am 11. August 1962, dass das „Schloss der Angst" in den folgenden Tagen
verschwinden werde und dass Bergleute der Andalusia-Grube hierzu bereits Spreng-
löcher in den Fundamenten angelegt hätten.[1441] Da er offensichtlich weder über die
Mittel zu einer Abtragung der Ruine noch für den Abtransport der Ziegel verfügte,
hatte der Woiwodschaftsnationalrat zwei benachbarte Gruben gebeten, die historische Bausubstanz zu sprengen. Zumindest dieser Akt überrumpelte das Kulturministerium, das im historischen Baumaterial immer eine willkommene Aufstockung der
Bestände der Restauratorenwerkstätten gesehen hatte und nun den Verlust unzähliger
originaler gotischer Ziegel beklagte. Nicht nur waren diese bei der Sprengung zum
Teil unwiederbringlich zerstört worden, sondern um den Abtransport zu sparen, hatte
der Woiwodschaftsnationalrat die private Nutzung der Ziegel gestattet. Als der Woiwodschaftskonservator erstmals von dem ganzen Vorgang Kenntnis erhielt, war bereits
über die Hälfte der mehr als eine Million Ziegel abtransportiert worden.[1442]

1962, im selben Jahr also, in dem die Novellierung des Denkmalschutzgesetzes
den Konservatoren nie zuvor gesehene Zwangsmittel bis hin zur Strafverfolgung in
die Hand gab, um einen effektiven Kulturgüterschutz durchzusetzen, scheiterte der
schlesische Woiwodschaftskonservator in Kattowitz auf ganzer Linie bei der Verfolgung der Kernaufgaben seiner Verwaltung, was sich eigentlich nur durch politische
Protektion des Woiwodschaftsnationalrats in Tarnowitz von oben erklären lässt.

Geplante Zerstörungen wie in Neudeck, Brandstiftungen wie in Kopice 1956
und 1958 oder auch nur das Bedürfnis, sich des Fremdkörpers der Ruinen endlich
zu entledigen, wie im Fall von Goschütz, blieben trotz allem Sonderfälle. Die übergroße Zahl der Bauwerke wurde vorrangig vom Verfall bedroht. Nicht nur, dass
kaum ein Träger über die Mittel verfügte, um der Verantwortung für die Erhaltung
eines historischen Gebäudes wirklich gerecht zu werden – wenn er sie hatte, steck-
te er diese häufig lieber in wichtige Infrastrukturleistungen des Betriebs als in den

---

1440 Rolak 2010, S. 164. Dass es dem Autor nicht gelungen ist, Unterlagen zum dortigen Entschei-
dungsprozess zu finden, könnte darauf hindeuten, dass es ein politischer Vorgang und Teil geziel-
ter Gedächtnispolitik war.
1441 Myśliwski 2015 (online).
1442 Rolak 2010, S. 166f.

Erhalt eines alten Schlosses, zumal wenn er – wie so manche PGR – nicht allein ein einzelnes Vorwerk oder Herrenhaus, sondern gleich mehrere dieser Objekte verwalten musste. Außerdem bestand bis zum Ende der Volksrepublik eine große Zahl von Gebäuden, die überhaupt nicht erst als denkmalschutzwürdig in die entsprechenden Rollen aufgenommen worden waren.

1.6 Funktionale und symbolische Bedeutungslosigkeit (1970–1990)

Mit der wirtschaftlichen Erholung der sozialistischen Gesellschaften Ende der 1960er und Anfang der 1970er Jahre verschlechterte sich die Situation für Baudenkmäler eher noch, als dass sie sich besserte. Noch bis weit in die 1960er Jahre hinein bildeten Schlösser und Herrenhäuser „multifunktionale Dorfzentren", die mehrere Aufgaben – Gemeindeamt, Dorfschule, öffentliche Leihbücherei usw. – in sich vereinten. Durch Investitionen in neue Wohnungen und Schulen, durch Zentralisierung der landwirtschaftlichen Betriebe oder durch Migration vom Land in die urbanen Zentren entstand in dieser Zeit eine fatale Kombination aus „funktionaler und symbolischer Bedeutungslosigkeit", aufgrund derer „bereits in den 1970er Jahren der bis heute andauernde Verfall der Herrenhäuser" begann.[1443]

Um diesen Verfall zu verstehen, muss man in einen Verwaltungs- und Nutzeralltag jenseits der übergreifenden Betrachtungen blicken, ihn „dicht lesen", wie dies im Folgenden am Beispiel eines Bündels von Einzelschicksalen geschehen soll. Im ermüdenden Wechselspiel von Eingaben und Reskripten, von An- und Aufforderungen sowie den dazu gehörenden Antworten und Ausflüchten offenbart sich ein Alltag des Umgangs mit dem Verfall, aus dem dann überraschend die Konturen gegenläufiger Tendenzen und unerfüllter Möglichkeiten hervortreten, die zugleich zeigen, dass der Verfall keinesfalls ein unaufhaltsamer, linearer, einförmiger Prozess war.

Das schiere Fehlen von Investitionsmitteln hat die Bewahrung denkmalgeschützer Objekte mindestens ebenso nachteilig betroffen wie alle politischen Widerstände. Wenn also der polnische Denkmalschutz in vielen Fällen scheiterte, dann scheiterte er vor allem an der materiellen Realität einer sozialistischen Gesellschaft. Im Regelfall verwalteten die Woiwodschaftskonservatoren den Mangel – wie so viele Einrichtungen der kommunistischen Zeit. Die Geschichte des Verfalls ist insofern auch die Geschichte fehlender Anreizsysteme, aber auch von oftmals unerwarteten, kreativen Lösungen, die in Abwesenheit marktlicher Strukturen alternative Anreize fanden und dem eigensinnigen – im Sinne von Alf Lüdtke – Handeln einzelner Konservatoren entsprangen.

1443 Forbrich 2008, S. 259.

Abbildung 30: Das „Fliederschloss" Domanze (Domanice), undatierte Aufnahme.

1.6.1 Konservatorische Praxis in der Mangelwirtschaft

Das vor 1945 den Grafen von Pückler gehörige Schloss in Domanze (Domanice) ist auf den ersten Blick typisch für das Schicksal zahlloser Häuser in der Volksrepublik Polen. Wie so viele, wurde es erst Mitte der 1960er Jahre, nämlich 1964, in das Denkmalschutzregister aufgenommen, weshalb aus der Zeit davor weder Altakten noch eine Objektdokumentation vorhanden sind.[1444] Nach dem Krieg wurde das Schloss zunächst einem verstaatlichten Betrieb zugeteilt: der früher gräflich Ballestrem'schen Grube „Wolfgang" in Ruda, die in kommunistischer Zeit das Bergwerk Walenty bildete. Die Bergbaugesellschaft Walenty nutzte das Haus als Sommerferienlager für die Kinder des Betriebs,[1445] nahm aber keine Investitionen vor, sodass es zunehmend verfiel. Anfang der 1960er Jahre fand dann ein Besitzerwechsel statt, wobei das Schloss nun an ein Staatsgut kam. Die PGR Domanice bildete einen Teil einer größeren Kombinatsstruktur des Landwirtschaftskombinats (*Kombinat Rolny*) Oporowski, Breslau. Wiederum unternahm der neue Besitzer nichts, um das Anwesen zu sichern, sodass zwei Jahre nach der Aufnahme in das Denkmalschutzregister, im August 1966, schließ-

---

1444 Evidenzkarten zum Palast, Park und den Wirtschaftsgebäuden im Archiv des Konservators der Woiwodschaft Niederschlesien in Breslau (Archiwum Dolnośląskiego Wojewódzkiego Konserwatora Zabytków we Wrocławiu, weiter ADWKZwW).
1445 Schreiben des Landfrauenbundes (KGW – Koło Gospodyń Wiejskich) Domanice an den Woiwoden in Breslau. Domanice, 7. Juli 1985. ADWKZwW – Domanice, Gmina Mietków. Zespoł pałacowy z parkiem 1966–2010, Band I, nicht foliiert, handschr., 4 S.

Abbildung 31: Die Spuren des Landschaftsgartens als konservatorischer Dokumentationsgegenstand. Das Bild aus Lehnhaus zeigt den Übergang vom Gemüsegarten in den sogenannten Buchen- oder Laubengang, der vor 1945 eine geschlossene Spalierbepflanzung bot und an dessen Ende der Aufgang zur Burg Lähn liegt.

lich der zuständige Woiwodschaftskonservator in Breslau dem Staatsgut auftrug, den Palast und die Nebengebäude zu restaurieren. Dazu sollte zunächst ein Kostenvoranschlag für eine Generalrenovierung und eine Objektdokumentation ausgearbeitet werden.[1446] Daraufhin geschah, wie die Schadensprotokolle zeigen – nichts.

Wenn auch zunächst nur auf einer formalen Ebene profitierte Domanice dann immerhin von einer anderen Veränderung in der denkmalschützerischen Praxis Polens: dem Umstand, dass seit Anfang der 1970er Jahre verstärkt Parks sowie ganze Ensembles als schutzwürdig erkannt wurden und vor Zersiedlung und Fehlnutzung geschützt werden sollten. In der Woiwodschaft Grünberg (Zielona Góra) verfünffachte sich etwa die Zahl der erfassten Parkanlagen zwischen 1976 und 1987.[1447] Die Zahl der geschützten Parks blieb allerdings, gemessen an der Gesamtzahl einstiger Herrenhäuser und Schlösser, vergleichsweise gering.[1448]

1446 Schreiben des WKZ Breslau an die PGR Domanice. Wrocław, 11. August 1966. ADWKZwW – Domanice, Gmina Mietków. Zespoł pałacowy z parkiem 1966–2010, Band I, nicht foliiert, masch. 1 S.
1447 Forbrich 2008, S. 212.
1448 Matyjewicz 2009.

Abbildung 32: Ensembleschutz. Bereits 1964 stellte der Woiwodschaftskonservator den Wirtschaftshof von Domanze unter Schutz. Auf dieser Aufnahme von 1957 (das Schloss im Rücken) erkennt man links einen Speicher, frontal die zwei Kutschhäuser sowie rechts einen Teil des Reitsaals.

In Domanice war genau dieser Ensembleschutz ein nicht unbedeutendes Moment. Zunächst wurden die Nebengebäude und dann im Juli 1976 der Park in das Denkmalschutzregister aufgenommen.[1449] Veränderungen an dem so geschützten Ensemble bedurften nunmehr der Zustimmung des Woiwodschaftskonservators. Gefährliche Tätigkeiten wie die Lagerung von Brennstoffen durch die PGR in den Außengebäuden oder Veränderungen wie die Verbreiterung eines Tors der ehemaligen Schmiede, die nun zur Garage für kleine landwirtschaftliche Fahrzeuge werden sollte, konnten so mit Auflagen genehmigt werden – etwa der, dass die klassizistischen Säulen des Schmiedegebäudes erhalten blieben, aber jeweils zwanzig Zentimeter nach außen versetzt werden durften.[1450]

Im ebenfalls in Niederschlesien gelegenen Wasserjentsch (Komorowice), das sich seit 1851 im Eigentum der Familie von Schönberg befunden hatte, war die Situation sogar noch schlimmer. Der 1524 errichtete und Mitte des 19. Jahrhunderts im historistischen Geschmack ergänzte Renaissancebaukörper verfiel seit 1945 ohne ge-

---

1449 Schreiben des WKZ Breslau an den Verband der polnischen Bühnenkünstler (ZASP) Warschau. Wrocław, 20. Dezember 1988. ADWKZwW – Domanice, Gmina Mietków. Zespoł pałacowy z parkiem 1966–2010, Band I, nicht foliiert, masch. 3 S.
1450 Antrag der PGR Domanice an den WKZ Breslau. Świdnica, 13. November 1969. ADWKZwW – Domanice, Gmina Mietków. Zespoł pałacowy z parkiem 1966–2010, Band II, nicht foliiert, masch. 1 S., und Antwortschreiben des WKZ Breslau an die PGR Domanice. Wrocław, 14. November 1969. Ebd., masch. 1 S.

nutzt zu werden und ohne, dass in nennenswerter Weise in seine Erhaltung inves-
tiert worden wäre. Die Objektkartei des Woiwodschaftskonservators erfasste das Gebäude erstmals Ende 1958 in stark devastiertem Zustand. Zu diesem Zeitpunkt war
es der gleichnamigen PGR in Komorowice überlassen.[1451] 1966 wurde das Schloss
dann unter Schutz gestellt. Aber ohne einen finanzkräftigen Investor schritt der Verfall immer rascher voran.

1.6.2 Konservierung als Herausforderung trotz Investitionskapital

Die 1970er Jahre brachten hier eine Wende. Nach dem Sturz Władysław Gomułkas
im September 1970 verwarf dessen Nachfolger Edward Gierek die Austeritätspolitik
seines Vorgängers und setzte auf eine investitionsgetriebene beschleunigte Modernisierung der Wirtschaft, die von einer moderaten Öffnung gegenüber dem Westen
befeuert wurde, der in dieser Zeit mehrere Kredite für Polen bereitstellte.[1452]
    Neben dem – wenn auch bescheidenen – Vorhandensein von Investitionsmitteln
wuchs in dieser Zeit auch das Bewusstsein, dass für die Baudenkmäler weitere Träger
gewonnen werden mussten. Das sich bereits nach der Novellierung des Denkmalschutzgesetzes abzeichnende Interesse an einer Einbindung der Betriebe fand in den
1970er Jahren erstmals in einer nationalen Kampagne seinen Niederschlag, als der
Generalkonservator 1973 die Aktion „Denkmäler für gesellschaftliche Bewirtschaftung" (*Zabytki przeznaczone do zagospodarowania społecznego*) ins Leben rief. Dazu
erstellten die Woiwodschaftskonservatoren Listen der ungenutzten Objekte, für die
dann eine Fotoausstellung gleichen Namens entstand, die wie eine Denkmalbörse
funktionierte.[1453] Im Europäischen Denkmalschutzjahr 1975 wurde dann ein jähr-
licher Wettbewerb für den besten Nutzer eines denkmalgeschützten Objekts ins Leben gerufen.[1454] Das Thema beschäftigte schließlich auch eine nationale Konferenz
im selben Jahr, die als Positivbeispiel unter anderem die Bewirtschaftung des Tiele-
Winckler'schen Schlosses Moschen (Moszna) hervorhob.[1455]
    Dass der Staatshaushalt nun über mehr Geld verfügte, wurde auch im Denkmal-
schutz spürbar. In Wasserjentsch etwa übertrug das Landwirtschaftsministerium Ende 1970 das Schloss (nicht aber Park und Wirtschaftsgebäude) von der PGR Komorowice auf eine landwirtschaftliche Versuchsanstalt für Tierzucht (*Zootechniczny*

1451 Objektkartei für Schloss Komorowice. ADWKZwW. Die Objektkartei nennt einen geradezu
     moderaten Zerstörungsgrad von 25% im Jahr 1958. Späteren Bildern nach zu urteilen, muss das
     Ausmaß des Substanzverlusts aber schon damals deutlich größer gewesen sein. Im Kreis Strehlen
     (Powiat Strzeliński) scheint das Schicksal des Schlosses eher der Regelfall als die Ausnahme gewe-
     sen zu sein. Vgl. eine Übersicht von 1960 in Łuczyński 2010, S. 202f.
1452 Heyde 2006, S. 118.
1453 Łuczyński 2010, S. 123; Forbrich 2008, S. 215.
1454 Marian Paździor: Na dziesięciolecie konkursu na najlepszego użytkownika obiektu zabytkowego
     1975–1984 [Zum zehnten Jahrestag des Wettbewerbs für den besten Nutzer eines Baudenkmals
     1975–1984]. In: Ochrona Zabytków 1 (1986), S. 54–56, die Quelle bei Forbrich 2008, S. 215;
     vgl. zudem Łuczyński 2010, S. 129.
1455 Forbrich 2008, S. 216.

Abbildung 33: Schloss Wasserjentsch mit den begonnenen Bauarbeiten Anfang der 1970er Jahre.

Zakład Doświadczalny, ZZD) in Tschechnitz (Siechnice).[1456] Diese meldete sich im April 1971 beim Woiwodschaftskonservator in Breslau, um ihm mitzuteilen, dass man auf Beschluss des Landwirtschaftsministeriums das Gebäude übernommen habe und beabsichtige, dort ein Ausbildungs- und Erholungszentrum einzurichten.[1457] Anders als in den vorausgegangenen Jahrzehnten verfügte nun auch der Woiwodschaftskonservator über einen schmalen Fonds, aus dem er einen Zuschuss von immerhin 23 Prozent des gesamten Kostenvoranschlags für eine Restaurierung des Gebäudes zusagen konnte, vorausgesetzt, dass die Baumaßnahmen durch Eigenmittel gedeckt waren und aus diesen Eigenmitteln (und nicht dem Zuschuss) begonnen wurden.[1458] Verglichen mit anderen Trägern, die geradezu konstant ermahnt werden mussten, überhaupt irgendetwas für das Gebäude zu tun, preschte die neue Besitzerin also geradezu voran. Bereits zwei Monate nach dem ersten Kontakt drängte sie auf eine Zustimmung des Woiwodschaftskonservators zu der inzwischen fertiggestellten Dokumentation für den Wiederaufbau, die sie auch prompt erhielt. Der

---

1456 Mitteilung der Landwirtschaftlichen Versuchsanstalt für Tierzucht in Siechnice an den niederschlesischen Woiwodschaftskonservator. Siechnice, 31. April 1971. ADWKZwW Komorowice 1971–2008, S. 1.
1457 Ebd.
1458 Antwortschreiben des WKZ-W an die ZZD in Siechnice. Wrocław, 27. April 1971. ADWKZwW Komorowice 1971–2008, S. 2.

Kostenvoranschlag sah das für diese Zeit beachtliche Volumen von vier Millionen Złoty als Gesamtinvestitionsvolumen vor. Auch die Verteilung der Kosten ist erhellend, ging doch der absolute Löwenanteil nicht etwa in die Ausstattung der Gebäude, sondern hauptsächlich in die Substanzsicherung. Der größte Einzelposten war mit 800.000 Złoty die Rettung der Stuckaturen, Deckengemälde, Schmiede- und Holzarbeiten.[1459]

An den Kosten sollte sich eine nicht genannte Tourismusorganisation (gemeint ist eventuell die *Polskie Towarzystwo Turystyczno-Krajoznawcze*, PTTK) mit immerhin sechzehn Prozent der Gesamtkosten beteiligen. Als Nutzung stellte man sich in der Versuchsanstalt vor, im Keller einen Speisesaal und eine Küche für siebzig Personen einzurichten, im Erdgeschoss eventuell ein Café für vierzig Gäste, in einem der Obergeschosse ein Hotel mit fünfzig Betten und im Dachgeschoss einen Schlafraum für achtzig Kinder einer Kinderkolonie in der Ferienzeit. Daneben sollten im Erdgeschoss eine Rezeption, ein Vorlesungssaal, eine Bibliothek, Arbeitsräume der Versuchsanstalt sowie Arbeitszimmer für Gastwissenschaftler entstehen.[1460]

Der Woiwodschaftskonservator genehmigte den ambitionierten Plan,[1461] der, wäre er in dieser Form zur Ausführung gekommen, sicher nicht ohne Konsequenzen für die historische Raumaufteilung im Gebäude gewesen wäre, und beauftragte zugleich das städtische Planungsbüro (*Miejskie Biuro Projektów*) in Breslau als Architekten und Bauleiter und die dortigen Werkstätten für Denkmalpflege (*Pracownie Konserwacji Zabytków*, PKZ) als ausführenden Betrieb.

Da im kommunistischen System auch dieser Markt hochgradig reguliert war, gab es essentiell nur zwei Wege, um derartige Aufgaben zu realisieren: Einmal konnten spezialisierte Dienstleister beauftragt werden, wie hier geschehen. Das Planungsbüro war zuständig, weil sich das Objekt im Einzugsbereich der Stadt befand, die PKZ waren der ausführende Betrieb für alle Arbeiten, die in irgendeiner Form historische Substanz betrafen. Die gegen Ende des Kommunismus etwa zwanzig PKZ waren 1950 als Einrichtungen geschaffen worden und existieren in veränderter Form noch heute. In den 1970er Jahren waren sie fast wie ein kapitalistisches Unternehmen angelegt, denn sie mussten sich aus den Aufträgen, die sie erhielten, finanzieren und zahlten dafür eine Steuer an den Staat.[1462]

Die andere Möglichkeit für Renovierungsarbeiten, die den historischen Gebäuden meistens weniger zuträglich war, bestand darin, dass der Antragsteller selbst über entsprechende Betriebe im Baubereich verfügte. Gerade innerhalb der größeren Kombinatsstrukturen gab es solche Einrichtungen, die eine Antwort auf die Mängel der Planwirtschaft waren. Da sie aber alle Arten von Bauaufgaben für das Kom-

---

1459 Antrag der ZZD in Siechnice auf Genehmigung des Kostenvoranschlags. Siechnice, 10 Juli 1971. Genehmigt nach Glossierung. ADWKZwW Komorowice 1971–2008, S. 4, der Kostenvoranschlag auf S. 3 und 4a.
1460 Ebd.
1461 Bescheid des WKZ-W an die ZZD in Siechnice. Wrocław 19. Juli 1971. ADWKZwW Komorowice 1971–2008, S. 5.
1462 Gąssowski 2017, S. 114.

binat übernahmen, waren sie im Allgemeinen aber für konservatorische Arbeiten nicht ausreichend qualifiziert. Im Fall der Versuchsanstalt hatte diese explizit den Konservator gebeten, entsprechende Betriebe für Bauplanung und Ausführung zu benennen.

Und genau hier lag der erste Grund dafür, warum sich das Schloss in Komorowice dem Besucher noch heute als Beinahe-Ruine präsentiert. Die Werkstätten für Denkmalpflege konnten nämlich keinen zeitnahen Termin für die Ausführung der Aufgabe finden oder – was wahrscheinlicher ist – begruben ihn unter einer alles verzögernden Routine, die sich nicht alleine aus Sacherwägungen heraus erklären lässt. So empfahl man zunächst eine Inventarisierung, dann Konstruktions- und mykologische Gutachten und verwies schließlich auf ausgeschöpfte Kapazitäten, um den Antragsteller auf einen späteren Zeitpunkt zu vertrösten.[1463]

Mit einer Vertröstung auf eine Perspektive in 1972 und 1973 wollte sich freilich die Versuchsanstalt als neue Eigentümerin nicht zufriedengeben. Fast gequält setzte man den Woiwodschaftskonservator davon in Kenntnis, dass das Dach in Komorowice dringender Rettungsarbeiten bedurfte, damit durch den Herbstregen nicht der letzte Rest der erhaltenen Substanz auch noch zerstört werden und das Haus zu einer Ruine verfallen würde. Zugleich bat man um einen Vorschlag für Material für die Dächer.[1464] Noch ehe der Konservator antworten konnte, wandte sich der Betrieb zugleich an den Kreisarchitekten und schilderte diesem den Fall. Die Versuchsanstalt bat um die Genehmigung, die substanzrettenden Dacharbeiten sofort durchzuführen, da die Werkstätten für Denkmalpflege nicht vor Ende 1973 Projektarbeiten in Angriff nehmen könnten.[1465] Wie um die Ernsthaftigkeit der eigenen Absichten zu unterstreichen, meldete sie zudem noch am selben Tag den Beginn nicht genehmigungspflichtiger Renovierungsmaßnahmen, darunter auch am Dachstuhl des Schlosses, an.[1466]

Die Versuchsanstalt machte sich also daran, die überforderten Werkstätten als Projektnehmer zu umgehen, und stellte deshalb beim Landwirtschaftsministerium den Antrag auf fünf Tonnen verzinktes Blech für die Notsanierung des Dachs,[1467] das sie auch erhielt. Dem Woiwodschaftskonservator blieb angesichts des Elans wenig übrig, als nachträglich die Verwendung des Zinkblechs und die Notsanierung zu genehmigen.[1468]

1463 Durchschlag einer Mitteilung der WKZ-W an die ZZD in Siechnice. Wrocław, 4. Oktober 1971. ADWKZwW Komorowice 1971–2008, S. 12.
1464 Mitteilung der ZZD in Siechnice an den WKZ-W. Siechnice, 6. November 1971. ADWKZwW Komorowice 1971–2008, S. 9.
1465 Kopie eines Antrags der ZZD in Siechnice an den Kreisarchitekten auf Erteilung einer Baugenehmigung. Siechnice, 9. November 1971. ADWKZwW Komorowice 1971–2008, S. 10.
1466 Kopie des Bescheids der Bauabteilung des Kreisnationalrats in Breslau. Wrocław, 9. November 1971. ADWKZwW Komorowice 1971–2008, S. 8.
1467 Durchschlag des Antrags der ZZD in Siechnice an die Abteilung für Invesititionen des Landwirtschaftsministeriums. Siechnice 10. November 1971. ADWKZwW Komorowice 1971–2008, S. 6.
1468 Kopie der Genehmigung des WKZ-wW. Wrocław, 29. November 1971. ADWKZwW Komorowice 1971–2008, S. 11.

Abbildung 34: Langsamer Verfall: In Schloss Lehnhaus wurden die Lindenbäume vor dem Schloss abgeholzt. Die Umfassungsmauer zerfiel. Zugleich wurde das Gebäude als Altenheim genutzt und erhielt so zumindest substanzrettende Investitionen. Aufnahme von 1978.

Die Rettungsmaßnahmen an Dach, Decken und Fenstern wurden auch tatsächlich ausgeführt; die weiteren Sanierungsmaßnahmen sollten dann ganz regulär von den Werkstätten für Denkmalpflege in Breslau übernommen werden. Allerdings zogen bald neue Wolken über dem Projekt zusammen. Aus der Aktenüberlieferung ersehen wir noch, dass der Dokumentationsauftrag der PKZ erweitert wurde, denn bei der Erarbeitung der Objektdokumentation hatte sich herausgestellt, dass unter dem Putz des barocken Baus gotische Strukturreste schlummerten, die nicht nur kunsthistorisch, sondern eben auch politisch – als Verweis auf die piastische Vergangenheit – hochinteressant waren. Erst diese neue Dokumentation sollte dann die Grundlage für die Planung einer Restaurierung bilden, die diese gotischen Elemente besonders herausstellen würde.[1469]

Eine große Überlieferungslücke lässt uns (wenn auch informiert) nur raten, was dann geschah. Durch die lange Verschleppung dürften schließlich die Investitionsmittel nicht mehr zur Verfügung gestanden haben, und die veränderten politischen Bedingungen Ende der 1970er Jahre taten das Ihre. Ein einmaliges Zeitfenster für

---

1469 Vgl. eine Mitteilung des Stellvertreters des WKZ an die PKZ. Wrocław, 4. Oktober 1974. ADWKZwW Komorowice 1971–2008, S. 17.

die Erhaltung des Hauses schloss sich, ohne dass es zu mehr als einer Notrettung gekommen wäre.

Auch andernorts bewegte sich Mitte der 1970er Jahre etwas. Nach der Gebietsreform war Liegnitz (Legnica) 1975 Hauptstadt der neugegründeten gleichnamigen Woiwodschaft geworden. Das Stadtparlament wandte sich daraufhin nach Warschau und suchte von dort die Nordgruppe der sowjetischen Streitkräfte dazu zu überreden, die Liegnitzer Ritterakademie an die Stadt zu übergeben. Mit dem Ersuchen waren sie überraschend schnell erfolgreich. Das inzwischen stark beschädigte Gebäude wurde Ende August 1978 auf die polnischen Zivilbehörden übertragen. Da aber offensichtlich Raumbedarf bei der Sowjetarmee bestand, errichtete die Stadt für sie einen neuen Komplex von Lagern und Werkstätten. Legnica verfügte nun über fünfeinhalbtausend Quadratmeter Raum – in bester Lage, aber faktisch kaum zu bewirtschaften. Wie bei vielen Objekten bot sich auch hier eine kulturelle Nutzung an, weshalb die Akademie 1979 provisorischer Sitz des städtischen Kulturzentrums wurde.[1470]

1.6.3 Die Verschleppung von Konservierungsarbeiten

Auch in Domanice waren es die 1970er Jahre, die substanzrettende Maßnahmen mit sich brachten. Im November 1977 wurden endlich einige der dringendsten Konservierungsarbeiten durch die PKZ Wrocław durchgeführt. Der Versuch, damit eine Generalsanierung anzustoßen, verlief aber genau wie in Komorowice im Sande. Das Kombinat, in dem es inzwischen mehrere Umbildungen gegeben hatte, sodass die zuständige PGR ihren Sitz nun in Schweidnitz (Świdnica) hatte, betrieb zu diesem Zeitpunkt weiterhin im Sommer ein Ferienlager im Schloss.[1471] Einzelne Arbeiten – wenn sie etwa die Sicherheit der Kinder betrafen, die beispielsweise an einer Selbstgefährdung durch Überklettern einer Mauer im Park gehindert werden sollten, indem man diese erhöhte[1472] – wurden zwar ausgeführt, der Verfall schritt aber besonders durch das undichte Dach unaufhaltsam voran. Der Hauptgrund für den sich weiter verschlechternden Zustand der Gebäude war somit wiederum nicht ideologischer Natur. Vielmehr fehlte es der PGR schlicht an Mitteln, und für das Wenige, was vorhanden war, hatte sie in ihren Augen sinnvollere Verwendungen, als damit das nur ein oder zwei Monate im Jahr genutzte Ferienheim zu sanieren, wie die Sicherungsmaßnahmen vom November 1977 zeigen. Denn für die eigentlichen Arbeiten hätte das Landwirtschaftskombinat eine Bau- beziehungsweise Instandsetzungsbrigade (*brygada remontowa*) abstellen müssen, die man aber nicht entbehren

---

1470 Białek 2010, S. 68.
1471 Schreiben der PKZ Wrocław an den WKZ Wrocław. Wrocław, 6. November 1977. ADWKZwW
    – Domanice, Gmina Mietków. Zespoł pałacowy z parkiem 1966–2010, Band I, nicht foliiert,
    masch. 1 S.
1472 Schreiben der PGR Domanice an den WKZ Wrocław. Świdnica 21. Juli 1974. ADWKZwW –
    Domanice, Gmina Mietków. Zespoł pałacowy z parkiem 1966–2010, Band II, nicht foliiert, masch. 1 S.

konnte oder wollte. Im März 1978 erhielt das Kombinat deshalb eine Verlängerung der Frist für die Restaurierungsarbeiten, um diese wegen fehlender Kapazitäten ausschreiben zu können.[1473]

1.6.4 Das Versagen der Zwangsmaßnahmen

Anfang der 1980er Jahre hatte sich das scheinbar ewige Spiel von Weisung, Weigerung, Verlängerung und Aufschub allmählich totgelaufen. In einigen Häusern war die Substanz derart weit heruntergekommen, dass der völlig Verfall innerhalb weniger Jahre drohte. Theoretisch bot, wie bereits weiter oben geschildert, die Novelle des Denkmalschutzgesetzes von 1962 durchaus Handhabe, um gegen Träger vorzugehen, die bewusst Konservierungsmaßnahmen unterließen. Wie sich schnell zeigte, war die Grenze zur Verschleppung notwendiger Maßnahmen fließend, denn es genügte ja, dass die Träger ihre guten Absichten bekundeten und sonst auf die Mangelwirtschaft verwiesen.

Aber selbst da, wo das Desinteresse an einem Erhalt besonders dreist deutlich wurde, waren die Möglichkeiten und vielfach auch der Wille zu einem Durchgreifen mehr als nur eingeschränkt. In Komorowice etwa gab es neben dem Haupthaus, das Mitte der 1970er Jahre gerade einer glänzenden Zukunft in der Hand der Versuchsanstalt für Tierzucht entgegenzugehen schien, auch noch das Vorwerk in der Form eines viereckigen Hofes mit klassizistischen Merkmalen und den Landschaftspark, die beide der örtlichen PGR übergeben waren, die aber vom wirtschaftlichen Boom der 1970er Jahre nichts abbekommen hatte. Ohne Mittel verfiel und verwilderte die Anlage zusehends. Das in Strehlen (Strzelin) angesiedelte Mutterkombinat der lokalen PGR wandte sich deshalb im Sommer 1975 an den Woiwodschaftskonservator mit der Bitte, die Gebäude nun endlich abreißen zu dürfen, da diese nicht für Wohnzwecke genutzt werden könnten.[1474] Der damalige Woiwodschaftskonservator in Breslau, Aleksander Kuczyński, war – vielleicht aus Gründen der anstehenden Strukturreform der Woiwodschaften, die einen Zuständigkeitsverlust mit sich brachte, vielleicht weil er die Schutzwürdigkeit der Anlage gering schätzte – wiederum überraschend willfährig. Er ersuchte um Stellungnahme des Generalkonservators in Warschau, unterstützte aber zugleich das Gesuch für einen Abriss der völlig undokumentierten Gebäude, da die visuelle Wirkung der Fassade überwiegend auf nur im Verputz angelegte Pilaster und einen zentralen Risalit zurückging, deren kunsthistorische Relevanz insgesamt „unbedeutend" sei.[1475] Hier war es nun der General-

---

1473 Bescheid des WKZ an das Kombinat. Wrocław, im April 1978. ADWKZwW – Domanice, Gmina Mietków. Zespół pałacowy z parkiem 1966–2010, Band I, nicht foliiert, masch. 1 S.; vgl. auch den Antrag des Kombinats an das Kultusministerium in Kopie an den WKZ. Wrocław, 3. Januar 1978. Ebd., masch. 1 S.

1474 Antrag des Kombinats in Strehlen. Strzelin, 18. August 1975. ADWKZwW Komorowice 1971–2008, S. 19.

1475 Schreiben des WKZ-wW an den Generalkonservator in Warschau. Wrocław, 16. September 1975 ADWKZwW Komorowice 1971–2008, S. 20.

Abbildung 35: Eine dem Gebäude angemessene Nutzung zu finden, blieb die große Herausforderung. Blick auf den 42 Meter langen klassizistischen Reitsaal in Domanze (1957), der noch 2014 als staatlicher Kindergarten genutzt wurde. Ähnlich wie in Wasserjentsch verloren die beiden Flügel die in ihrer Schlichtheit imposante Stuckatur, darunter die Fensterverdachungen und die darin eingeschlossenen Ornamente.

konservator, der die unmittelbare Bedrohung der historischen Substanz unterband, indem er eine Dokumentation mit ausreichend hoch auflösendem Bildmaterial anforderte. Die beigefügten Kontaktabzüge in 6x9 cm befand er für ungenügend und verlangte mindestens Vergrößerungen in 13x18 cm beizufügen.[1476]

Zwar teilte der Woiwodschaftskonservator diese Anforderung dem Kombinat mit, geschehen ist dann allerdings nichts. Wahrscheinlich befand man im Kombinat den Aufwand für zu groß und wartete stattdessen lieber ein Jahr, ehe man den Woiwodschaftskonservator erneut ersuchte, dem Antrag stattzugeben. Dort verwies man wiederum nur auf den Generalkonservator, den man von der erneuten Anfrage in Kenntnis setze.[1477] Hatten alle Seiten damit gerechnet, dass sich die Sache schnell erledigt haben würde, dann hatten sie ihre Rechnung klar ohne den Generalkonservator gemacht. Statt den Vorgang wie beantragt zu beschleunigen, forderte dieser erneut die Übersendung der Materialien sowie nunmehr auch eine Erklärung dafür, warum sich die Gebäude in einem derart schlechten Zustand befanden und wer

---

1476 Antwort des Generalkonservators. Warszawa, 1. Oktober 1975. ADWKZwW Komorowice 1971–2008, S. 21. Unklar bleibt, ob dies auch bedeutet hätte, die Aufnahmen noch einmal neu in 5x7" Planfilm zu realisieren, was gegenüber dem wohl zugrundeliegenden 6x9cm Rollfilm einen erheblichen (auch materiellen) Mehraufwand bedeutet hätte.

1477 Schreiben des WKZ-wW an das Kombinat in Strehlen. Wrocław, 8. September 1976. ADWK-ZwW Komorowice 1971–2008, S. 22.

dafür die Verantwortung trage.[1478] Erneut, so scheint es, spielte das Kombinat auf Zeit und ließ den Bescheid unbeantwortet, womit es die Gebäude weiter dem Verfall preisgab.

In der Zwischenzeit wurde das Amt des niederschlesischen Woiwodschaftskonservators neu besetzt, und der Nachfolger Kuczyńskis, Józef Cempa, lag in seinem Verständnis von der Schutzwürdigkeit näher am Generalkonservator als sein Vorgänger. Im Juli 1979 erging wohl auch deshalb eine strafbewehrte Weisung (*nakaz*), die Gebäude zu sanieren,[1479] für deren Erfüllungskontrolle erst im März 1981 ein Lokaltermin durchgeführt wurde. Da sich zu diesem Zeitpunkt immer noch nichts getan hatte, intervenierte der Woiwodschaftskonservator nun in für die sozialistische Gesellschaft ungewöhnlich scharfer Form bei der Direktion der PGR. Die Intervention gebraucht einige der stärksten Vokabeln, die der sozialistische Diskurs aufbieten konnte, um den Verfall zu charakterisieren, darunter das Motiv der Vernachlässigung (*zaniedbania*) und des Missmanagements (*niegospodarność*), von denen Letzteres bereits den Charakter einer strafbaren Handlung hat.[1480]

Offensichtlich rüttelte dieses Vorgehen die Direktion so weit auf, dass sie sich zumindest bemüßigt fühlte, einige Renovierungen anzugehen. Am 31. Januar 1983 ließ Cempa erneut eine Lokalinspektion durchführen, die allerdings verheerend für die ergriffenen Maßnahmen ausfiel. Aus Geldmangel oder Nachlässigkeit hatte die PGR den Beginn der Renovierungsmaßnahmen weder angemeldet noch die durchzuführenden Arbeiten in Art und Umfang abgesprochen noch einen qualifizierten Projektnehmer bestellt. Die vorgenommenen Arbeiten waren darum in keiner Weise konservatorisch. So hatte man den kompletten Putz der Fassade abgenommen und dabei sowohl die klassizistischen Pilaster als auch den Risalit und die Fensterumrahmungen zerstört. Das zu Wohnzwecken dienende Wirtschaftsgebäude hatte man dagegen überhaupt nicht in Angriff genommen, weshalb es einerseits als einziges Zeugnis der Fassadenkunst im Ensemble erhalten blieb, andererseits aber noch rascher devastierte, weil weiterhin keine Sicherungsmaßnahmen ergriffen worden waren. Durch das Fehlen von Dachrinnen an allen Gebäuden drang zunehmend das Wasser in die Wände ein und drohte den Baukörper endgültig zu ruinieren.

Der Woiwodschaftskonservator trug der Direktion der PGR deshalb auf, Kupferdachrinnen an den Gebäuden anzubringen, das Wohngebäude zu sichern und eine Rekonstruktion der entfernten Baumerkmale an den anderen Gebäuden nach den noch vorhandenen Beispielen einzuleiten. Kopien des Schreibens gingen nicht nur an die zuständigen Gemeindeämter, sondern auch an die Kreisstaatsanwaltschaft in Strzelin.[1481]

1478 Schreiben des Generalkonservators in Warschau an den Woiwodschaftskonservator. Warszawa, 30. September 1976. ADWKZwW Komorowice 1971–2008, S. 27.

1479 Die Weisung selbst ist nicht erhalten, wird aber erwähnt in einer Weisung des WKZ an die Direktion der PGR. Wrocław, 31. Januar 1983, ADWKZwW Komorowice 1971–2008, S. 43.

1480 Weisung des Woiwodschaftskonservators an die Direktion der PGR. Wrocław, 11. März 1981. ADWKZwW Komorowice 1971–2008, S. 41.

1481 Weisung des WKZ an die Direktion der PGR. Wrocław, 31. Januar 1983, ADWKZwW Komorowice 1971–2008, S. 43.

Daraufhin sah sich die Leitung des übergeordneten Kombinats genötigt, sich gegenüber den nunmehr involvierten anderen Behörden zu rechtfertigen. Sie informierte den Woiwodschaftskonservator, dass die „Arbeiten sehr wohl angemeldet" worden seien, „und zwar persönlich" durch eine beim Kombinat beschäftigte Ingenieurin. (Wie zwei dicke Fragezeichen am Rand belegen, löste diese Aussage bei Cempa eher Befremden aus.) Man versteifte sich weiter darauf, dass man den Putz gar nicht zerstört habe, sondern dass dort, wo Arbeiten durchgeführt worden waren, überhaupt kein Putz mehr existiert habe. Schließlich teilte man noch mit, dass man keine Möglichkeit sehe, Kupfer- oder Zinkblech zu bekommen, und weiter, dass man bereits vor der Intervention des Woiwodschaftskonservators die Arbeiten gestoppt habe, da die zuständige Brigade andernorts benötigt worden sei. Man sehe sich deshalb außerstande, der Weisung des Konservators nachzukommen.[1482]

Das Schreiben, das in Kopie ebenfalls der Staatsanwaltschaft zuging, blieb offenbar der folgenlose Höhepunkt der Auseinandersetzung, denn Belege dafür, dass diese tatsächlich Ermittlungen gegen das Kombinat beziehungsweise die PGR aufgenommen hätte, finden sich keine. Auch der Woiwodschaftskonservator leitete keine weiteren Schritte ein oder dokumentierte weitere Ortsbegehungen. Das letzte Zeichen in der Überlieferung, dass etwas mit dem Objekt geschah, ist eine handschriftliche Notiz des Woiwodschaftskonservators für einen Bescheid vom nächsten Tag, nach dem die PGR die Gebäude sichern und trotz allem das Blech organisieren müsse.[1483]

1.6.5 Fehlende Erfassung

Nicht genug damit, dass die Woiwodschaftskonservatoren mit unwilligen Besitzern geradezu um eine Zwangssanierung von Objekten ringen mussten – noch immer gab es daneben zahllose Objekte, die nie in das Denkmalschutzregister aufgenommen worden waren.

In Schlanz (Krzyżowice) etwa, das sich vor dem Krieg im Eigentum der Grafen Eulenburg befunden hatte, deren letzte Familienmitglieder erst 1946 zwangsumgesiedelt worden waren,[1484] befand sich eine ausgedehnte Schlossanlage mit Park, die seit 1953 als Bildungseinrichtung genutzt wurde.[1485] Dadurch scheint die Substanz gut erhalten geblieben zu sein – ein Umstand, der für viele, wenn nicht gar die meisten der zu Bildungszwecken genutzten Häuser gilt, wie Romuald Łuczyński am Beispiel von Krzyżowice betont.[1486] Ob und was an dem Ensemble eventuell schützenswert sein könnte, war dagegen offenbar nie erörtert worden. Als Anfang der 1980er Jahre das Bildungsministerium eine Erweiterung des Geländes durch einen Neubau

---

1482 Schreiben des Kombinats an den WKZwW. Strzelin, 9. Februar 1983, ADWKZwW Komorowice 1971–2008, S. 44.
1483 Ebd.
1484 Objektkarte Krzyżowice im ADWKZwW.
1485 Ebd. Als erster dokumentierter Nutzer befand sich bis 1953 eine landwirtschaftliche Versuchsanstalt der Universität Breslau in dem Gebäude.
1486 Łuczyński 2010, S. 172; Matyjewicz 2009, S. 30.

beschloss, wandte sich der Schulträger an den Woiwodschaftskonservator und bat um Auskunft darüber, ob und in welchem Umfang überhaupt ein Schutz für Teile der Anlage bestehe, da man eine Objektdokumentation für die Renovierungsarbeiten anfertigen wolle.[1487] Die Anfrage muss die Behörde völlig überrascht haben, aber sie reagierte mit einem improvisierten Husarenstück. Józef Cempa ließ dem Träger der Schulen nämlich mitteilen, dass ein „konservatorischer Komplettschutz der Gesamtanlage" durch den Konservator bestehe, der den Palast, die Korrespondenzgebäude und den Park umfasse.[1488] In einer Information zum Gelände, die mehr als ein Jahr darauf verfasst wurde, betonte man nochmals, dass das Ensemble „unter dem Schutz des Konservators" (*pod ochroną konserwatora zabytków*) stehe, und fügte hinzu, dass aus Gründen des Landschaftsschutzes die Errichtung mehrstöckiger Wohnbauten auf dem Gelände seitens des Woiwodschaftskonservators verboten sei[1489] – dies alles freilich, ohne wie sonst üblich den Zeitpunkt der Eintragung ins Denkmalschutzregister oder das zugehörige Aktenzeichen zu spezifizieren, letzteres aus dem einfachen Grund, dass es zu diesem Zeitpunkt keine Eintragung gab. Erst nach einer genaueren Erfassung wurde diese am 29. Juli 1981 nachgeholt.[1490]

Der Schulträger erwies sich als ein vergleichsweise günstiger Partner, der bereit war, weitgehend auf die Belange des Denkmalschutzes Rücksicht zu nehmen, und der anders als viele Einrichtungen durch die Priorisierung seitens des Bildungsministeriums auch über den Finanzhaushalt verfügte, um das zu tun.

1.6.6 Die Entwicklung alternativer Anreizsysteme

Andernorts war die Lage eher wie in Komorowice, wo keine Mittel zur Verfügung standen. In der Mangelökonomie blieb den Konservatoren nur das Improvisieren. So entwickelten sich Anreizsysteme und Märkte außerhalb der institutionalisierten Ordnung. Wann immer in der Zeit Cempas etwa die Zustimmung des Breslauer Woiwodschaftskonservators zu einer spezifischen, privaten oder halbprivaten Nutzung des Gebäudes erforderlich war, mussten die Antragsteller im Gegenzug etwas zu seinem Erhalt beitragen.

In Domanice hatten sich zum Beispiel im Laufe der Jahre verschiedene solcher anlassbezogenen Nutzungen etabliert, wenn sie auch alle nicht die immer noch ausstehende Generalsanierung ersetzen konnten. 1983 diente das Schloss etwa als Kulisse für den Film „Die Schatulle aus Hongkong" (*Szkatułka z Hongkongu*) von Re-

---

1487 Schreiben des landwirtschaftlichen Schulverbandes Krzyżowice an den WKZ. Krzyżowice, 25. März 1980. ADWKZwW – Krzyżowice Zespoł pałacowy z parkiem, nicht foliiert.
1488 Mitteilung des WKZ an den landwirtschaftlichen Schulverband Krzyżowice. Wrocław, 4. April 1980. ADWKZwW – Krzyżowice Zespoł pałacowy z parkiem, nicht foliiert.
1489 Mitteilung des WKZ an den landwirtschaftlichen Schulverband Krzyżowice. Wrocław, 12. Juni 1981. ADWKZwW – Krzyżowice Zespoł pałacowy z parkiem, nicht foliiert.
1490 Gleichzeitige Eintragung von Schloss, Park, Pavillons und mehreren Korrespondenzgebäuden in Krzyżowice (A/3843/499/W). Wojewódzki Urząd Ochrony Zabytków we Wrocławiu 2018 (online). Vgl. auch die Evidenzkarte in: ADWKZwW – Krzyżowice Zespoł pałacowy z parkiem, nicht foliiert (hier das Datum mit Bleistift sogar mit „1982" überschrieben).

gisseur Paweł Pitera, der in der Zwischenkriegszeit in der Freien Stadt Danzig spielt und dessen Kasino-Szenen im Haus gedreht wurden. Für die Drehgenehmigung revanchierte sich die Filmproduktionsgesellschaft, indem sie die Räume, in denen der Dreh stattfinden sollte, in der dort bereits verwendeten braunen Farbe nachstreichen ließ.[1491]

Wesentlich häufiger nutzten die Bewohner der Gemeinde Mettkau (Mietkow) und Angehörige der PGR das Schloss, um dort Hochzeiten auszurichten. Anfang Februar 1983 wandte sich beispielsweise der Traktorist Krzysztof Bazan mit der Bitte an den Woiwodschaftskonservator, ihm die Hochzeit seiner Tochter im Schloss zu genehmigen. Als Gründe führte er unter anderem an, dass er seit über zwanzig Jahren in Domanice lebe und dass er dies unter extrem beengten Verhältnissen mit sechs Familienangehörigen tue. Da in ganz Domanice kein größerer Raum zu bekommen sei, sei man auf das Schloss angewiesen. Er bat „um eine positive Erledigung meiner Bitte, weil die Organisation der Hochzeitsfeier von der positiven Antwort auf die Bitte abhängig ist".[1492]

Solche Bitten waren alles andere als unproblematisch, denn Hochzeiten hinterließen teils nicht unerhebliche Schäden. Bei einer besonders wilden Hochzeitsfeier im Januar 1983, berichtete der für das Gebäude zuständige Hausverwalter A. Pazdan, hätten die Feiernden beispielsweise einen Teil der Kante einer Holztreppe abgebrochen, zwei Scheiben im Korridor eingeschlagen, die er provisorisch mit Folie gesichert habe, das Parkett im Ballsaal und einen Kaminsockel in der Halle im ersten Stock beschädigt, vier Säulen im Ballsaal verschoben (sic!), die deshalb „unbedingt verstärkt" werden müssten, und den Kronleuchter heruntergerissen und verbogen.[1493] Pazdan erfüllte zugleich die Rolle eines ehrenamtlichen „Denkmalhüters", die ebenfalls durch das Gesetz vom 15. Februar 1962 geschaffen worden war,[1494] und hinterließ eine vernichtende Kritik der bisherigen Praxis.

Vielleicht auch, weil er vom vollen Umfang der Schäden erst später Kenntnis erlangte, ließ der Woiwodschaftskonservator Józef Cempa einen positiven Bescheid ergehen.[1495] Die Genehmigung der Hochzeit erfolgte jedoch nicht ohne Hintergedanken, hatte sich doch herausgestellt, dass der zukünftige Schwiegersohn ein Elektroinstallateur war. Er musste deshalb vor der Genehmigung durch den Konservator eine Verpflichtungserklärung unterschreiben, nach der er nicht nur für die von der Veranstaltung verursachten Schäden aufkommen würde, sondern – quasi als Naturalleistung statt einer Miete – bestimmte bestehende Schäden beseitigen würde. Da-

---

1491 Antrag der Filmproduktionsgesellschaft Zodiak an den WKZ. Wrocław, 1. Juli 1983. ADWKZwW – Domanice, Gmina Mietków. Zespoł pałacowy z parkiem 1966–2010, Band I, nicht foliiert, masch. 1 S.

1492 Gesuch des Traktoristen Krzysztof Bazan um Genehmigung einer Hochzeit im Schloss Domanice. Domanice, 23. Februar 1983. ADWKZwW – Domanice, Gmina Mietków. Zespoł pałacowy z parkiem 1966–2010, Band I, nicht foliiert, handschr. 1 S.

1493 Schadensprotokoll. Domanice, 4. März 1983. ADWKZwW – Domanice, Gmina Mietków. Zespoł pałacowy z parkiem 1966–2010, Band I, nicht foliiert, masch. 1 S.

1494 Weinberg 1984, S. 48.

1495 Aktennotiz. Wrocław, 24. Februar 1983. Ebd. handschriftlich auf der Rückseite des Gesuchs.

zu gehörte unter anderem, eine neue Leitung zum beschädigten Kronleuchter im Ballsaal zu legen und diesen zu reparieren.[1496] Zugleich mussten die Feuerwehr und die Miliz Garantieerklärungen abgeben, dass sie die Veranstaltung absichern würden. Für zukünftige Feiern wurde dann festgelegt, dass keine Veranstaltungen mehr ohne eine Genehmigung durch den Woiwodschaftskonservator stattfinden sollten.[1497]

Bereits die Genehmigungspraxis an sich missfiel Pazdan, der in einem gemeinsamen Protokoll, das die PKZ aufgenommen hatten, Cempa vorwarf, Schäden nicht konsequent genug zu verfolgen, weshalb die PGR, mittlerweile in Neumarkt (Środa Śląska), kein besonders ausgeprägtes Interesse daran habe, das Objekt zu schützen. Man höre, dass noch mehr Menschen im Schloss Feierlichkeiten abhalten wollen, hielt er fest. Abgesehen von den Zerstörungen, die dabei an den Innenräumen entstünden, sei das Objekt aber überhaupt nicht für solche Feierlichkeiten geeignet: Es fehle an einer Heizung, die Wasserleitung sei gekappt, und es sei weder eine Abtrennung anderer Teile des Gebäudes noch eine richtige Bewachung gewährleistet;[1498] die Kamine seien nie kontrolliert worden, sodass bei einer Nutzung der Küche unmittelbare Feuergefahr drohe.[1499]

Hochzeiten wurden trotzdem weiter abgehalten, wenn auch die Anforderungen stetig stiegen. Für zukünftige Hochzeiten musste zunächst einmal eine Kaution von 30.000 Złoty hinterlegt werden, die bei Schäden einbehalten werden sollte.[1500] Außerdem wurde das im Fall Bazan erprobte Modell der Naturalleistungen fortgeführt – bei einer Hochzeit im September 1983 musste so beispielsweise die Auflage erfüllt werden, die Kamine überprüfen zu lassen, eine Blechtüre vor der Kücheninstallation anzubringen und auch die Lichtinstallation in den genutzten Räumen überprüfen zu lassen.[1501] Bei der Hochzeit der Tochter des Ersten Sekretärs des Gemeindekomitees der Staatspartei PZPR in Mietków, Jan Kwiecinski, 1984 wurde zur Voraussetzung gemacht, dass der Sekretär Reparaturen bis zu 5.000 Złoty am Gebäude durchführen ließ, darunter vor allem das Einsetzen neuer Fensterscheiben.[1502] – Das Schloss

---

1496 Verpflichtungserklärung des Bräutigams. Domanice, 23. Februar 1983. ADWKZwW – Domanice, Gmina Mietków. Zespoł pałacowy z parkiem 1966–2010, Band I, nicht foliiert, handschr. 1 S.

1497 Dienstnotiz der PKZ an den WKZ. Wrocław, o. D. (März 1983?). Ebd., masch. 2 S.

1498 Ebd.

1499 Aktennotiz über Bemerkungen des Denkmalhüters A. Pazdan zum Zustand des Gebäudes. Wrocław, 10. August 1983. Ebd., masch. 1 S.

1500 Genehmigung des WKZ Cempa für die Mitarbeiterin der PGR Szczepanów Kaszimira Błasiak vom 7–13. September 1983, die Hochzeit ihrer Tochter abzuhalten. Wrocław, 17. August 1983. ADWKZwW – Domanice, Gmina Mietków. Zespoł pałacowy z parkiem 1966–2010, Band I, nicht foliiert, handschr. 1 S.

1501 Genehmigte Vorschläge des Denkmalhüters A. Pazdan für Auflagen, die der Hochzeit Błasiak zu machen sind. Domanice, 22. August 1983. ADWKZwW – Domanice, Gmina Mietków. Zespoł pałacowy z parkiem 1966–2010, Band I, nicht foliiert, handschr. 1 S. Vgl. auch den Bericht der Kaminkehrergenossenschaft. Wrocław, 5. September 1983. Ebd., masch. 2 S.

1502 Antrag des ersten Sekretärs des Gemeindekomitees der PZPR in Mietków Jan Kwiecinski auf Genehmigung einer Nutzung zur Hochzeit seiner Tochter. Mietków, 18. Oktober 1984. Ebd., masch. 1 S. sowie: Dienstnotiz zur Feier. Wrocław, 19. Oktober 1984. Ebd. masch. 1 S.

hatte zu diesem Zeitpunkt seit zehn Jahren Probleme mit fehlenden Scheiben, da die ursprünglich in Domanice vorhandenen, aus Süddeutschland stammenden mittelalterlichen Buntglasscheiben 1974 auf Anordnung des Woiwodschaftskonservators entfernt und zur bestandssichernden Einlagerung in das Nationalmuseum nach Warschau gebracht worden waren.[1503]

1.6.7 Private Trägerschaft und die Schwierigkeit, Besitz wieder zu entziehen

Es ist sicher kein Zufall, dass viele dieser kleinen Geschäfte auf Gegenseitigkeit für die 1980er Jahre und besonders die Zeit nach dem Kriegsrecht dokumentiert sind. Unter den sozialistischen Ländern ging Polen einen frühen Sonderweg, was die Nutzung von Kulturdenkmälern durch Privatpersonen betraf. Anders als in der Sowjetunion oder der DDR ermöglichte in der Volksrepublik der Beschluss Nr. 179 des Ministerrats vom 8. Dezember 1978 über die Nutzbarmachung von Denkmalobjekten einen privaten Denkmalsbesitz, der bis hin zu einer Wohnnutzung ging.[1504] Zwar finden sich in Schlesien keine Beispiele für eine so weitgehende Privatisierung der Nutzung, aber eine weitere Besonderheit des kommunistischen Polen in der zweiten Hälfte der 1980er Jahre, die Möglichkeit halbprivate Unternehmen mit ausländischer Kapitalbeteiligung zu bilden, schuf ein Klima, in dem es so etwas wie ein privates Nutzungsinteresse durchaus gab.

In Domanice beispielsweise meldete sich 1983 ein Unternehmen aus Warschau, eine Gesellschaft Chevalier s. p. o. o., und äußerte ernsthaftes Interesse daran, dort ein Hotel der gehobenen Kategorie für in- und ausländische Gäste zu errichten.[1505] Der finanzstarke Investor muss bei den Denkmalschützern große Freude ausgelöst haben, rückte damit doch eine lebensfähige Lösung für die Bewahrung des Hauses und Parks in greifbare Nähe. Jedenfalls beeilte man sich ungewöhnlich, dem potentiellen Investor alle notwendigen Informationen zukommen zu lassen und mögliche Hindernisse vorab aus dem Weg zu räumen. Unter der großen Überschrift „EILT:" notierte Józef Cempa, dass schnellstmöglich eine Zusammenstellung der Besitzverhältnisse des Komplexes angefertigt, der Stand der Dokumentation überprüft und Regeln für die Nutzungsanpassung des Objekts als Hotel ausgearbeitet werden sollten.[1506]

Die Prüfung der Besitzverhältnisse tat not, denn wie sich erwies, war das aus fünf landwirtschaftlichen Betrieben bestehende Landwirtschaftskombinat Oporowski in der Zwischenzeit aufgelöst worden. Neuer Träger des Hauptgebäudes und Parks war das Staatsgut Środa Śląska, die Außengebäude waren weiterhin bei dem Staatsgut

---

1503 Łuczyński 2010, S. 164.
1504 Forbrich 2008, S. 196.
1505 Schreiben der Warschauer Gesellschaft Chevalier, Vorstandsvorsitzender Bogusław J. Tylus, an den Breslauer Woiwodschaftskonservator Józef Cempa. Wrocław, 16. Februar 1983. ADWKZwW – Domanice, Gmina Mietków. Zespoł pałacowy z parkiem 1966–2010, Band I, nicht foliiert, masch. 1 S.
1506 Aktennotiz Cempa auf dem Anschreiben. Wrocław, 18. Februar 1983. Ebd.

in Szczepanów.[1507] Das Staatsgut in Środa Śląska signalisierte aber bald, nachdem Cempa mit ersten Forderungen nach elementaren Maßnahmen wie einer Feuerinspektion der Kamine auf den Träger zugekommen war, dass man kein Interesse daran hatte, das Gebäude zu nutzen und zu erhalten. Eine Nutzung sei nicht ohne eine Generalsanierung möglich, und diese könne man sich nicht leisten.[1508]

Damit schien die Situation für eine Übernahme durch die Gesellschaft Chevalier als neuem Träger günstig. Tatsächlich setzte das Staatsgut in Środa Śląska seine Haltung auch konsequent um: Bereits im März 1983 übergab es 4,2 Hektar Land und die Gebäude an den staatlichen Bodenfonds (*Państwowy Fundusz Ziemi*), der allen dem Staat gehörigen Boden verwaltete. Eine Kopie ging an die Gesellschaft Chevalier, was nahelegt, dass in dieser Phase tatsächlich alle Beteiligten noch an dieser Lösung interessiert waren.[1509] Zuständig für die Weitervergabe war der jeweilige Gemeinderat, in dessen Bereich das Objekt lag. Der Gemeinderat in Mietków entschied auch, das Schloss an die Gesellschaft Chevalier zu transferieren, als der Breslauer Woiwode, Janusz Owczarek, diesen Entschluss widerrief.[1510] Was immer die Gründe hierfür gewesen sein mögen – ein späteres Schreiben des Generalkonservators, Andrzej Gruszecki, aus Warschau an eine Kulturaktivistin führt an, die Gesellschaft habe „nach Meinung des Woiwoden" keine ausreichenden finanziellen Sicherheiten vorweisen können –,[1511] die Übertragung fand nicht statt, und Domanze stand vielleicht noch prekärer da als zuvor.

Dass sich ein privater Investor für die Übernahme eines Schlosses wie in Domanice interessierte, war zumindest in Schlesien Anfang der 1980er Jahre noch sehr ungewöhnlich. In der Umbruchphase 1988/89 dagegen häuften sich derartige Anfragen. Auch für das arg gebeutelte Komorowice, dessen Besitzverhältnisse sich immer noch zwischen der PGR Komorowice, das den verfallenden Wirtschaftshof sowie den Park verwaltete, und der landwirtschaftlichen Versuchsanstalt für Tierzucht aufteilten, die nach den Notmaßnahmen zur Substanzsicherung keine weiteren Konservierungsmaßnahmen mehr hatte ergreifen können, artikulierten sich in dieser Phase erste Interessenten.

Die stadtnahe Lage und die Anbindung an den öffentlichen Nahverkehr machten mit einem Mal aus dem Objekt eine begehrte Immobilie. Insbesondere in Wachs-

---

1507 Information der Direktion der PGR Środa Śląska (Neumarkt) an den WKZ. Środa Śląska, 14. Februar 1984. ADWKZwW – Domanice, Gmina Mietków. Zespoł pałacowy z parkiem 1966–2010, Band I, nicht foliiert, masch. 2 S.

1508 Ebd.

1509 Schreiben der PGR Środa Śląska an den Bürgermeister von Mietków. Środa Śląska, 26. März 1984. ADWKZwW – Domanice, Gmina Mietków. Zespoł pałacowy z parkiem 1966–2010, Band I, nicht foliiert, masch. 1 S.

1510 Zu entnehmen einer Abschrift eines Schreibens des Landfrauenbundes Domanice an den Woiwoden. Domanice, 7. Juli 1985. ADWKZwW – Domanice, Gmina Mietków. Zespoł pałacowy z parkiem 1966–2010, Band I, nicht foliiert, 2 S.

1511 Schreiben des Generalkonservators Andrzej Gruszecki an Janina Karbownik, 29. Oktober 1985. ADWKZwW – Domanice, Gmina Mietków. Zespoł pałacowy z parkiem 1966–2010, Band I, nicht foliiert, 1 S.

tumsbranchen wie Kommunikations- und Informationstechnologie scheint die notwendige Finanzkraft und Risikobereitschaft vorhanden gewesen zu sein, um sich um ein solches Objekt zu bemühen. Ein Breslauer Softwareingenieur etwa war der erste, der sich 1988 mit der Bitte an den Woiwodschaftskonservator wandte, das Schloss übernehmen zu dürfen. Die Finanzierung sei durch seine Softwarefirma gesichert, die in der ersten Phase auch ihren Sitz im Schloss haben sollte, teilte der Bewerber mit. Das Nutzungskonzept dagegen war trotz allem herkömmlichen Perzeptionsmustern der sozialistischen Gesellschaft angepasst. Das Palais solle als kulturelles Informationszentrum genutzt werden, die Dorfbibliothek samt Lesesaal, ein Regionalmuseum, ein Jugendzentrum, den Treffpunkt des Landfrauenbunds, Ausstellungsräume für Kunst, einen Klubsaal und Gästezimmer beherbergen, ließ der Investor den Woiwodschaftskonservator wissen.[1512]

Beim Konservator muss der Antrag wie ein Lichtstreif am Horizont erschienen sein, jedenfalls beeilte er sich, dem Antrag eine Zusage zu erteilen.[1513] Wie im Fall von Domanice musste das Objekt zunächst dem staatlichen Bodenfonds (*Państwowy Fundusz Ziemi*) übertragen werden. Abgewickelt sollte die Bestimmung eines neuen Besitzers durch die Gemeindeämter werden. Das für Komorowice zuständige Gemeindeamt in Rothsürben (Żórawina) beschied den Softwareingenieur allerdings bald, dass man seinem Antrag nicht entsprechen könne – da sich einer der Vorbesitzer, die Experimentalanstalt, weigere, das Palais herauszugeben.[1514] Der einstige Hoffnungsträger der 1970er Jahre für einen Erhalt des Palastes hatte sich unversehens in einen Bremser verwandelt. Besorgt um den Verlust der in den 1970er Jahren getätigten Investitionen und vielleicht auch in der Erwartung zukünftiger Wertsteigerungen der Immobilie, setzte die Versuchsanstalt nun alles daran, das Schloss in ihrem Besitz zu halten. Mochte der Woiwodschaftskonservator noch so drängen, die Vorlage eines Nutzungskonzepts beim Bodenfonds fordern, die Versuchsanstalt weigerte sich, einer Übertragung zuzustimmen.[1515]

Nach dem Scheitern dieses Privatisierungsversuchs versuchte eine Breslauer Informatikerin das Schloss zu erwerben, wobei sie ein sehr ähnliches Nutzungskonzept vorlegte,[1516] aber auch dieses Bemühen wurde abgewiesen.

Unter bestimmten Bedingungen schien die Versuchsanstalt jedoch bereit zu sein, einem Transfer zuzustimmen. Im Oktober 1989 wandte sich nämlich die Breslauer Bildungsgesellschaft (*Wrocławskie Stowarzyszenie Edukacyjne*) unter Vermittlung der Versuchsanstalt an das ihr vorgesetzte Zootechnische Institut in Krakau und ersuch-

---

1512 Antrag des Breslauer Softwareingenieurs Andrzej Ch. auf Übereignung des Schlosses in Komorowice. Wrocław, 18. März 1988. ADWKZwW Komorowice 1971–2008, S. 49.
1513 Genehmigung (*aprobacja*) der Übernahme des Schlosses durch den Woiwodschaftskonservator. Wrocław, 3. August 1988. ADWKZwW Komorowice 1971–2008, S. 50.
1514 Bescheid des Gemeindeamtes Żórawina an Andrzej Ch. Żórawina, 20. Oktober 1988. ADWKZwW Komorowice 1971–2008, S. 53.
1515 Schreiben des WKZ an die Versuchsanstalt. Wrocław, 12. Dezember 1988, Ebd. S. 55. Antwort der Versuchsanstalt 14. Februar 1989. Ebd., S. 56.
1516 Antrag der Dorota W. aus Breslau. Wrocław, 3. März 1989. Ebd., S. 57.

te um die Übertragung des Gebäudes, um dort ein Schulzentrum einzurichten,[1517] ein Übernahmeversuch, der unter den Bedingungen der Wende dann schlussendlich erfolgreich war.

Die Weigerung eines anderen Altträgers, die Nutzung aufzugeben, war auch in Domanze zunächst eine Art Todesurteil für jede weitere Übertragung der Trägerschaft an Dritte. Zunächst hatte nach dem Scheitern der Übertragung an die Gesellschaft Chevalier erneut die zähe Suche nach einem geeigneten Träger begonnen. Diesmal wurde gleich der gesamte Schlosskomplex aus Haupt- und Nebengebäuden sowie historischem Park ausgeschrieben.[1518] Die Denkmalschutzbehörde wurde in der Wendephase zunehmend zu einer Getriebenen des bürgerschaftlichen Engagements für die Denkmäler, wie weiter unten noch ausgeführt wird. Der Umstand ist hier insofern wichtig, als er die enorme Zerrissenheit der institutionellen Denkmalschützer zwischen den immer lauter und medial präsenter artikulierten Wünschen der Bevölkerung und der institutionalisierten Trägheit und Verschleppung einzelner Träger zeigt. Die PGR Szczepanów in Domanice etwa dachte gar nicht daran, die Außengebäude aufzugeben. Zwar legte man Ende 1985 einigen Aktivismus bezüglich deren Restaurierung an den Tag, ließ sich sogar Zuschüsse in Aussicht stellen, aber im Kern geschah erneut – nichts. Das ganze Jahr 1986 und 1987 hindurch zogen sich Klagen der Bürger und des Gemeindeamts in Mietków über die Untätigkeit des Direktors der PGR. Der zunehmende Druck und die Involvierung vorgesetzter Stellen veranlasste das Staatsgut schließlich Ende 1987 eine Übereinkunft mit der Hochschule der Bildenden Künste in Breslau zu erzielen, nach der diese bis 1990 schrittweise ins Gebäude hätte einrücken sollen.[1519] Noch im April 1988 sah es ganz so aus, als ob hier nun endlich die Zukunft des Schlosses bereitet würde, gaben beide Seiten doch noch einmal Absichtserklärungen ab.[1520]

Dann allerdings geschah etwas gänzlich Unerwartetes, was im kommunistischen System eben auch möglich war: Gesellschaftliche Kräfte, die über einen privilegierten Zugang zu Ressourcen verfügten, meldeten ein Interesse am Komplex in Domanice an. Im Juni 1988 wandte sich der Regisseur Kazimierz Dejmek, der zu diesem Zeitpunkt Vorsitzender des Verbands der polnischen Bühnenkünstler (*Związek Artystów Scen Polskich,* ZASP) war, an den Generalkonservator der Republik in Polen, um for-

---

1517 Schreiben der Breslauer Bildungsgesellschaft an das Zootechnische Institut. Wrocław, 28. Oktober 1989. Ebd., S. 58. Schirmherr des Unterfangens war der Breslauer Mathematiker und Senator Prof. Roman Duda, der später Rektor der Universität werden sollte.

1518 Schreiben des WKZ an das Gemeindeamt in Mietków. Wrocław, 25. Mai 1984. ADWKZwW – Domanice, Gmina Mietków. Zespoł pałacowy z parkiem 1966–2010, Band I, nicht foliiert, masch. 1 S. Die Ausschreibung erfolgte in der *Gazeta Robotnica* vom 23. Mai 1984.

1519 Kopie eines Schreibens der Staatlichen Höheren Schule für Bildende Künste in Wrocław an die Landwirtschaftsabteilung des Gemeinderates in Mietków, 1. Dezember 1987. ADWKZwW – Domanice, Gmina Mietków. Zespoł pałacowy z parkiem 1966–2010, Band I, nicht foliiert, masch. 1 S.

1520 Schreiben der PGR an die Staatliche Höhere Schule für Bildende Künste. Środa Śląska, 29. April 1988. ADWKZwW – Domanice, Gmina Mietków. Zespoł pałacowy z parkiem 1966–2010, Band I, nicht foliiert, masch. 1 S.

mell das Interesse der ZASP an einer Übernahme des Gebäudes für ein Altersheim für Schauspieler und der Einrichtung eines „Zentrums künstlerischer Tätigkeit" zu erklären. Dejmek führte aus, dass er bei Kulturminister Henryk Bednarski einen Antrag über 30 Millionen Złoty für diesen Zweck gestellt und die entsprechende Summe vom Wirtschaftsdepartement auch bereits bewilligt bekommen habe.[1521] Zu diesem Zeitpunkt hatte die Vereinigung ihre Absichten bereits mit dem Woiwoden besprochen und das Haus auch schon besichtigt. Sie hatte sogar einen Subunternehmer gefunden, der regelmäßig mit den PKZ in Warschau zusammenarbeitete und der bereit war, die notwendigen Renovierungsarbeiten durchzuführen.[1522]

Im Einzelnen, so legte er dar, wolle man das Zentrum im Hauptgebäude unterbringen, im südlichen Wirtschaftsgebäude ein Altersheim für fünfzehn Schauspieler anlegen, im nördlichen Wirtschaftsgebäude einen Laden mit Lebensmitteln und einen Stall im Erdgeschoss sowie ein Hotel mit achtzig Betten im Obergeschoss unterbringen und den Parkpavillion für touristische und rekreative Zwecke nutzen, indem dort ein Clubraum mit Bar und ein Dampfbad im Keller eingerichtet werden sollten. Weitere Korrespondenzbauten sollten als Informationszentrum und Portiersloge umfunktioniert werden.[1523]

Die ZASP investierte durchaus beachtlich. Noch in der Wendezeit wurden für den damals enormen Preis von 30.000 amerikanischen Dollar Dachbeläge angeschafft,[1524] die das Dach des Hauptgebäudes noch heute in ziegelroter Farbe erstrahlen lassen. Allerdings hatte auch die Investitionsfähigkeit der Vereinigung ihre Grenzen, und von den hochfliegenden Plänen konnte angesichts der politischen Umbrüche nur ein kleiner Teil realisiert werden, sodass sich das Schloss heute noch mit einer in großen Teilen unrestaurierten Außenfassade präsentiert.

Derartige Hoffnungen auf einen Großinvestor blieben selbst in der Wendezeit die Ausnahme von einem Alltag, der durch Verschleppung von Arbeiten und Mangel an Investitionsmitteln geprägt war. Neben den Versuchen, kleine Geschäfte auf Gegenseitigkeit zu organisieren, die den Zugang zum Objekt an einzelne Renovierungsmaßnahmen knüpften, versuchten die Woiwodschaftskonservatoren seit Anfang der 1980er Jahre wieder verstärkt mit den bürokratischen Instrumenten von Kontrolle und der Androhung von möglichem Zwang mehr schlecht als recht die Immobilienbesitzer zu substanzerhaltenden Maßnahmen zu motivieren.

1521 Schreiben des Vorsitzenden der ZASP, Kazimierz Dejmek, an den Generalkonservator in Warschau. Warszawa, 1. Juli 1988. ADWKZwW – Domanice, Gmina Mietków. Zespoł pałacowy z parkiem 1966–2010, Band I, nicht foliiert, masch. 1 S.

1522 Kopie eines Schreibens des Vorsitzenden der ZASP, Kazimierz Dejmek, an den Kultusminister A. Krawczuk. Warszawa, 20. Juli 1988. Ebd., masch. 1 S.

1523 Schreiben des Woiwodschaftskonservators an die ZASP, 20. Dezember 1988. ADWKZwW – Domanice, Gmina Mietków. Zespoł pałacowy z parkiem 1966–2010, Band I, nicht foliiert, masch. 3 S.

1524 Information des ZASP an den neuen Konservator, W. Kopczyński. Warszawa, 23. März 1989. ADWKZwW – Domanice, Gmina Mietków. Zespoł pałacowy z parkiem 1966–2010, Band I, nicht foliiert, masch. 1 S.

1.7 Die Bürgergesellschaft erwacht

Ähnlich wie in Domanice dämmerten in den 1980er Jahren vielerorts in Schlesien die Gebäude in einem Dornröschenschlaf vor sich hin, und es schien, als ob dem ständig fortschreitenden Verfall nie wirklich etwas entgegengesetzt werden würde. Unter der, aus dem Westen beobachtet, scheinbar einheitlichen Kultur des Verfalls aber gärte es längst. Vor und nach der Ausrufung des Kriegsrechts fand das sich formierende zivilgesellschaftliche Bewusstsein und Handeln seinen Niederschlag gerade auch in der Art und Weise, wie man mit der ererbten Vergangenheit umging. Mit der neuen Art von Öffentlichkeit im *„karnawał solidarności"* waren die offiziellen Stellen zunächst völlig überfordert.

Im April 1981 beispielsweise erschien in der in Breslau publizierten Tageszeitung *Słowo Polskie*, die immer einen besonderen Fokus auf Fragen der Kultur gelegt hatte, ein scharf gefasster Artikel von Jan Szczerkowski unter dem Titel „Skandal in Goschütz" (*Skandal w Goszczu*). Illustriert von drei Bildern – der Fassade des zerstörten Schlosses, von auf der Parkseite eingetriebenen Gänsen und des verwüsteten Mausoleums der Grafen Reichenbach –, wurde der Text, der die Beschreibung eines Spaziergangs über das Gelände von Goszcz hätte sein können, zu einer Generalabrechnung mit dem Zustand der Anlage und der Praxis des Denkmalschutzes fast vierzig Jahre nach Kriegsende. Schließlich, so der Autor, sei die Anlage eines der „interessantesten touristischen Objekte Niederschlesiens". Da das eigentliche Schloss bereits kurz nach dem Krieg zerstört worden war, konzentrierte sich der Beitrag vor allem auf die „sehr gut erhaltene Kapelle", die zusammen mit dem benachbarten Mausoleum einen Teil der gräflich Reichenbach'schen Grablege bildete.

Die einzige Beschreibung des Kirchleins habe man auf einer „grässlichen Tafel" gefunden, die nur mit einem „krummem Nagel befestigt" sei, so der Beitrag. Der Tafel könne man entnehmen, dass Kapelle und Mausoleum unter der Obhut der Tourismusorganisation PTTK und des Woiwodschaftskonservators stünden. „Wir glauben," attackierte nunmehr der Autor die Denkmalpflege, „dass diese Institutionen ihre Aufgabe nicht ernst nehmen. Beweis dafür ist der Innenzustand der Kirche." Überall fänden sich Schmierereien nackter Körperteile und vulgäre Gedichte. Im Mausoleum seien die Holzsärge aufgebrochen und die Leichen geschändet worden. Man habe die Toten geköpft und die Gebeine überall in der Gruft verstreut. Der Ort sei zum Treffpunkt für örtliche Hooligans (*miejscowi chuligany*) verkommen. Der Boden sei mit leeren Alkoholflaschen bedeckt gewesen und im Seitenschiff hätten sich Spuren von Lagerfeuern gefunden. „Es wundert nicht", resümiert der Autor, „dass so ein Anblick nicht nur bei inländischen Touristen und den Ortsanwohnern Erregung erweckt", und verwies damit auf das fragile positive Außenbild, das die kommunistischen Systeme mühevoll aufrechtzuerhalten suchten. Der Artikel endet in einem Aufruf zur Debatte, ja zur Rechenschaft vor der Öffentlichkeit wie er charakteristisch für den Ton der Zeit ist: Man könne noch viel darüber schreiben, wie der gegenwärtige Zustand der Anlage sei, aber dazu sollten sich zunächst die „Beschützer" (*„opiekunowie"*, Anführungzeichnen im Original) des Objektes äußern.[1525]

Dass es bis 1981 immer noch nicht gelungen war, Grabschändungen zu unterbinden, wirft ein Schlaglicht auch auf die Schwäche der Denkmalschutzbehörden, hatten diese doch bereits im Mai 1965 mit dem für Goszcz zuständigen Kreisrat in Syców ausgehandelt, dass alle Öffnungen der zweistöckigen Grablege bis auf den Haupteingang zuzumauern seien, dessen Schlüssel nur beim Gemeinderat in Goszcz lagern sollte.[1526] Die im ersten Stock gelegenen Fenster wurden, wie die um 1984 aktualisierten Evidenzkarten des Gebäudes zeigen, jedoch nicht vermauert. Dafür kann man einen zugemauerten Haupteingang erkennen, der allerdings prompt wieder gewaltsam aufgebrochen worden war, sowie einen verwahrlosten Park um das Gebäude herum, der zum Holzmachen genutzt wurde.[1527]

So wie in Goscz sah es vielerorten aus, und mit der wachsenden gesellschaftlichen Unrast in den 1980er Jahren stand der Artikel keineswegs allein da. Mit einer Unterbrechung durch Kriegsrecht und Zensur rührte es sich tatsächlich an vielen Orten Schlesiens. Dies hing auch damit zusammen, dass bis zu den 1980er Jahren tatsächlich so etwas wie eine Aneignung des historischen Raumes nicht allein in Oberschlesien durch die Bevölkerung stattgefunden hatte und dass es im Klima des gesellschaftlichen Aufbruchs nun auch möglich war, dieses Zugehörigkeitsgefühl zu artikulieren, ja dass dieses Gefühl sogar von einigen offiziellen Stellen gefördert wurde. Als der Woiwodschaftskonservator Cempa beispielsweise 1983 die Ausnahmegenehmigung für die Hochzeit der Tochter des Traktoristen Bazan auf Domanice erteilte, rechtfertigte er sie mit der Hoffnung, „den Bewohnern von Domanice [zu] zeigen, dass es [das Schloss, S. D.] ein wertvolles Objekt ist", und sah darin eine Gelegenheit für die Bewohner von Domanice und vor allem für die Neuvermählten, eine „emotionale Verbindung" mit der „Geschichte des Domanzer Landes" herzustellen.[1528]

Und tatsächlich artikulierte sich ein Bewusstsein von unten, das genau diese Aneignung vollzogen hatte, wenn es sich auch wie im Fall von Domanice gegen die Autoritäten, ja den Konservator selbst als Teil des Systems, richtete. Der Landfrauenbund in Domanice wandte sich etwa – sicher nicht ohne das Wohlwollen oder sogar die Ermutigung der Gemeindeoberen – am 7. Juli 1985 in einer längeren Beschwerde an den Woiwoden, um von diesem endlich Auskunft darüber zu erhalten, was die Behörden zu tun gedächten, um „unser Schloss" vor dem Verfall zu retten. Es treibe die Anwohner schmerzhaft um, berichteten sie, das schön gelegene Objekt nicht genutzt und von Jahr zu Jahr mehr verfallen zu sehen. Solange der Sanierungsbedarf noch nicht zu groß gewesen sei, hätten die Domanzer die Säle des Schlosses für (säkulare) Erntedankfeiern oder den Silvesterball benutzt. Dass der Woiwode 1983 dem vom Gemeindenationalrat in Mietków beschlossenen Verkauf an die

---

1525 Jan Szczerkowski: Skandal w Goszczu – czyli opiekunowie od siedmiu boleści. Słowo Polskie, 28. April 1981. ADWKZwW – Goszcz, Gmina Mietków. Zespoł pałacowy z parkiem. Nicht foliiert.

1526 Protokoll vom 12. Mai 1965. ADWKZwW – Goszcz, Gmina Mietków. Zespoł pałacowy z parkiem. Nicht foliiert. 1 S.

1527 Evidenzkarten: Kaplica grobowa von Reichenbachów. ADWKZwW, Objektkarten zu Goszcz.

1528 Aktennotiz. Wrocław, 24. Februar 1983. Ebd. handschr. auf der Rückseite des Gesuchs.

Gesellschaft Chevalier widersprochen habe, stieß dabei ganz besonders schlecht auf. Mit vollem Respekt vor den PGRs (die bislang Eigentümer des Objekts gewesen waren), so hielten die Verfasserinnen fest, habe man dennoch den Verdacht, dass diese als Institutionen nicht fähig seien, das Schloss zu erhalten – schließlich seien sie, wie der Name schon sagt, eigentlich dazu geschaffen, „Felder zu bestellen".[1529]

Das Schreiben offenbart, wie tief das Misstrauen gegenüber den staatlichen Strukturen bereits ausgeprägt war, denn im selben Atemzug sprach der Landfrauenbund auch dem Woiwodschaftskonservator Cempa das Misstrauen aus. Seine Fürsorge empfinde man als „seltsam", habe sie sich doch in der Vergangenheit darauf beschränkt, die historischen Glasfenster auszubauen und mitzunehmen. Der Ausbau und die Einlagerung der Glasfenster war, wie oben beschrieben, eine konservatorische Notmaßnahme und verbunden mit der Verbringung ins Nationalmuseum nach Warschau. Offenbar verfehlte man es in der Behörde aber völlig, der Domanzer Bevölkerung diesen Zweck zu kommunizieren. Jedenfalls beklagten sich die Frauen darüber, dass der Gemeindepräsident vom Konservator nicht über die Maßnahme informiert worden sei. 1984 habe man zudem einen Kronleuchter entfernt. In der Bevölkerung löste das Vorgehen des Woiwodschaftskonservators jedenfalls weitere Verlustängste und starken Unmut gegenüber der Politik aus, wie das Schreiben in wenigen knappen Sätzen erhellt: „Werden diese Sachen irgendwann an ihren angestammten Ort zurückkehren?", fragten die Damen rhetorisch, um sich gleich selbst die Antwort zu geben, die zum Ausdruck brachte, was sie von dem System noch erwarteten: „Sehr unwahrscheinlich."[1530]

Nirgendwo wird deutlicher, wie sehr für die Menschen in den letzten Jahren vor 1989 das gesellschaftliche System und der Nepotismus zusammenfielen und wie sehr deren Kombination für jede Misere verantwortlich gemacht wurde, als im Schlussteil des Schreibens. Die Frauen kontrastierten darin ein positives Selbstbild vom Bemühen der Bürger um Veränderung mit dem Bild eines statischen Zustands, in dem der Denkmalschutz das Gebäude halte. Sie denunzierten den Denkmalhüter des Gebäudes, der mit seiner Tochter im Schloss lebe. Er habe eine halbe und sie eine volle Stelle inne, ohne dass man im Dorf wüsste, was eigentlich ihre Pflichten seien. Dagegen sehe man das Schild, nach dem der Park denkmalgeschützt sei, ebenso wie den Umstand, dass im Park Vieh weide, wofür der Verwalter eine zusätzliche Vergütung neben kostenloser Wohnung und den Gehältern erhalte. Während es den Einwohnern durch den Konservator untersagt werde, die Räume des Schlosses zu nutzen, obwohl sie als Saalmiete kleine Reparaturen und Geldbeträge angeboten hätten, würden jene Hochzeitsfeiern, für die der Verwalter vergütet worden sei, im Schloss stattfinden. Während der Konservator jede Feier im Schloss wegen Brandgefahr untersage, seien „komischerweise" ein leckes Dach und Fenster ohne Scheiben kein Problem. Statt hier auszubessern habe er aus dem Schloss die wertvollsten Gegenstände entfernt –

1529 Abschrift eines Schreibens des Landfrauenbundes Domanice an den Woiwoden. Domanice, 7. Juli 1985. ADWKZwW – Domanice, Gmina Mietków. Zespoł pałacowy z parkiem 1966–2010, Band I, nicht foliiert 2 S.
1530 Ebd.

„hoffentlich zu Konservierungszwecken.“[1531]

Am 27. Juli 1985 gab eine Janina Karbownik eine Interpellation während des Treffens des Woiwodschaftsnationalrates ein, in der sie die Anfrage stellte: „In Domanice befindet sich ein Schloss, das zerfällt. Was wird mit ihm geschehen und was haben die Verantwortlichen in der Woiwodschaft mit ihm vor?“[1532]

Endgültig landesweite Aufmerksamkeit erreichte Domanice dann wenige Monate darauf im September 1985, als sich ein gewisser Jerzy Wiśniewski in einem Schreiben an den ersten polnischen Fernsehsender wandte, um beredt Klage über den heruntergekommenen Zustand des Schlosses zu führen. Diese Handlung, die die Situation des Schlosses erstmals in eine nationale Öffentlichkeit rückte, löste eine unmittelbare Reaktion im Kulturministerium aus, das Wiśniewski ein Dankschreiben für seinen Einsatz übersandte, welches in Kopie und wohl auch als Wink mit dem Zaunpfahl an den Breslauer Woiwodschaftskonservator weitergeleitet wurde.[1533] Die Behörden verfolgten den Vorgang dann auch weiter, so interessierte sich noch ein knappes Dreivierteljahr später das Komitee für Radio und Fernsehsender beim Woiwodschaftskonservator dafür, ob und wie die Rettungsmaßnahmen vorangekommen waren.[1534] In Domanice selbst allerdings veränderte dies eher wenig. Das rührige Gemeindeamt in Mietków beschwerte sich deshalb im August 1986 erneut beim Woiwoden darüber, dass der Direktor der PGR, das Eigentümer des Schlosses war, auf seine Forderung nach einer Generalsanierung des Anwesens nicht reagiert hatte, obwohl das Gemeindeamt gesetzlich ermächtigt gewesen sei, diese einzufordern.[1535] Durch das im vorigen Unterkapitel geschilderte Auftreten der ZASP als neuer Trägerin wurde der sich aufheizenden Debatte um die Konservierung des Gebäudes zunächst einmal die Grundlage entzogen. Sie illustriert jedoch deutlich, wie sehr in den letzten Jahren der Volksrepublik der Apparat zum Getriebenen einer immer selbstbewusster auftretenden (Gegen-)Öffentlichkeit wurde.

Mit der politischen Wende wurde es dann zum ersten Mal möglich, vor einer breiten Öffentlichkeit eine kritische Auseinandersetzung über die Fehler und das Versagen der bisherigen Praxis des Kulturgüterschutzes zu führen, die – vielleicht charakteristischerweise – vor allem auch eine von unten geführte Debatte war, die sich am konkreten Objekt orientierte.[1536]

1531 Ebd.

1532 Kopie eines Schreibens des Generalkonservators der VRP an Janina Karbownik, Warszawa, 29. Oktober 1985, ADWKZwW – Domanice, Gmina Mietków. Zespół pałacowy z parkiem 1966–2010, Band I, nicht foliiert, 1 S.

1533 Kopie eines Schreibens des Kultusministeriums an Jerzy Wiśniewski, Warszawa, 23. Oktober 1985. Ebd. 1 S.

1534 Schreiben des Büros für Prüfung und Interventionen beim Komitee für Radio und Fernsehsender an den WKZ, Warszawa, 12. Mai 1986. Ebd. 1 S.

1535 Kopie eines Schreibens des Gemeindeamts Mietków an den Woiwoden, Wałbrzych, 5. August 1986. Ebd. 1 S. Bis September 1986 war immer noch nichts geschehen: Kopie eines Schreibens des Gemeindeamts Mietków an das Bauamt, Wałbrzych, 12. September 1986, Ebd. 1 S.

1536 Etwa: K[rystian] Gałuszka: Kto ukradł zamek? [Wer stahl das Schloss?]. In: Wiadomości Rudzkie, 14. Juni 2000.

2 Geschichtsbilder

Seit 1945 und bis heute reden Polen und Deutsche sehr viel über-, aber wenig miteinander. Auch wenn sich die Kommunikation seit dem Ende des kommunistischen
Systems noch einmal verändert und intensiviert hat, galt für viele Bereiche lange Zeit
das Diktum des Literaturwissenschaftlers Walter Schmitz, dass die „doppelte, deutsche und polnische Verlusterfahrung, die mit dem Namen Schlesien verbunden ist,
[...] eine doppelte, oft genug auch disparate Kommunikation" konstituiert hat.[1537]

Diese disparate Kommunikation verband sich vor allem mit der Frage danach,
welche der beiden Seiten einen legitimen Anspruch auf Schlesien geltend machen
konnte. Die dichotome Wahrnehmung, die in diesen Diskursen zum Ausdruck kam
– und hier handelt es sich tatsächlich um eine Zweiteilung, die dritte Identifikations-
möglichkeiten wie den Wunsch nach einer schlesischen Eigenstaatlichkeit allenfalls
zu Kryptoidentitätsangeboten reduzierte –, lässt sich im Wesentlichen durch wenige
zentrale Leitvokabeln wiedergeben. Auf der einen Seite stand das Konzept der „wiedergewonnenen Gebiete", das auf die Einheit von Schlesien und Kleinpolen unter
den Piastenherzögen des Mittelalters abhob; auf der anderen Seite standen Topoi wie
„Schlesien bleibt unser", legitimiert durch die „Jahrhunderte andauernde Aufbauar-
beit" der Deutschen in Schlesien.[1538] Die beiden Diskursstränge sind auch in dem
Sinne asymmetrisch, dass sie unterschiedlichen Legitimationsmustern folgen, weshalb sie nie völlig aufeinander bezogen waren und häufig genug von jeweils nationalen Konjunkturen vorangetrieben wurden.

Hinter diesen Legitimationsmustern standen letztlich Geschichtsbilder, die die
Konfliktgeschichte des 19. und 20. Jahrhunderts schilderten oder mit einer historischen Bedeutung aufluden. In der Vergangenheit suchten und fanden beide Diskurse Legitimität sowie Momente für die Delegitimierung des jeweils anderen – in der
Schöpfung von Kultur und Wohlstand etwa und in der Art, wie den Menschen in
Schlesien Zugang zu diesen Errungenschaften gewährt oder verwehrt worden war.
Das Bedürfnis nach solchen legitimatorischen Narrativen war dort besonders ausgeprägt, wo die gesellschaftliche Realität in hohem Maße kritisch hinterfragbar wurde,
weil die Evidenz der bestehenden Ordnungen dünn war, sei es, weil Deprivationserfahrungen besonders schwer wogen – wie in der deutsch-schlesischen Diaspora –, sei
es, weil ein Wissen um frühere und veränderte Eigentumsverhältnisse und Lebenswelten bestand.

Der Adel spielte in diesen Vergangenheitserzählungen auf den ersten Blick keine
zentrale Rolle – andererseits war er aber eben auch nicht völlig peripher. Vielmehr
kam ihm ein spezifischer Ort in diesem diskursiven Ensemble zu, der aus dem Umstand herrührte, dass sich allerorten Spuren seiner Anwesenheit in die Landschaft
eingeschrieben hatten und dass auch nach 1945 in einigen Regionen wie Oberschlesien ein auf Erfahrung beruhendes Wissen um den historischen Adel fortdauerte. In
Oberschlesien war dieses Wissen ausgeprägter als in Niederschlesien, denn dort war

---

1537 Schmitz 2005, S. 461.
1538 Joachimsthaler 2007b.

der durch den Adel geprägte Raum den Menschen in einem Maße selbstverständlich, wie er den Zwangsumsiedlern aus den ehemaligen polnischen Ostgebieten und den Zuwanderern aus Großpolen fremd war.

2.1 Der Schlesiendiskurs in der Bundesrepublik

2.1.1 Das Kulturträger-Motiv und seine Ursprünge

Wenn Westdeutsche wie Polen in der Nachkriegszeit über Schlesien kommunizierten, dann ging es im Kern in diesen asymmetrisch verflochtenen Diskursen immer auch um eine Form von Eigentum.[1539] Dabei stand von Anfang an ein eher diffus gefasstes kollektives Eigentum der sozialen Großgruppe an „Schlesien" in seiner Gesamtheit neben den ganz individuell beanspruchten Eigentumsrechten einzelner Personen oder sozialer Kleingruppen an ökonomischen Gütern – also etwa Grundbesitz, Mobilien oder Immobilien.

Unmittelbar anknüpfen konnten diese Ansprüche in beiden Gesellschaften an diskursive Formationen der Zwischenkriegszeit, die sich angesichts der Teilung Oberschlesiens entwickelt hatten. Dabei begriffen beide Gruppen den Aufstieg der Moderne in Schlesien mit den damit verbundenen Gestaltungskräften wie Industrialisierung, Bevölkerungsexplosion und Urbanisierung als einen Zivilisierungsprozess, der positiv gedeutet wurde.[1540] Von deutscher Seite wurde dabei ein Kulturgefälle zwischen West und Ost, zwischen Deutschen und Slawen, behauptet,[1541] als dessen Ursache die angeblich bessere Organisation, höhere Arbeitsamkeit, Disziplin und Ordnung der Deutschen galten. Für den polnischen Diskurs war das Motiv der Kulturschöpfung naheliegenderweise sehr viel weniger bedeutend. Teilweise wurde aber das im deutschen Diskurs perpetuierte Bild von polnischer Seite appropriiert, wobei als Ursache der relativen Rückständigkeit nunmehr die Unterdrückung der polnischen Bevölkerung während der Fremdherrschaft der Teilungsmächte und das daraus resultierende Fehlen von Entwicklungsmöglichkeiten ausgemacht wurde.

1539 Eigentum unterliegt bekanntlich in allen Gesellschaften einem fortlaufenden Prozess der Konstruktion und Dekonstruktion (Siegrist/Sugarman 1999, S. 10). Eigentumsansprüche bedürfen weiter, da Eigentum konstant von verschiedensten Formen der Expropriation bedroht ist (Williamson 1991, S. 288), fortlaufender Legitimation. Eigentum kann somit als ein soziales und kulturelles Konstrukt begriffen werden, das daher keinesfalls jene evidente und vollständig transitive Qualität besitzt, die gesellschaftliche Eigentumsordnungen selbst – etwa im Medium des Rechts – für ihr Funktionieren notwendigerweise reifizieren. Bestehendes Eigentum benötigt aus dieser Sicht deshalb, um in Zeiten gesellschaftlicher Umbrüche gesichert zu werden, legitimatorischer Narrative, die auf die Vergangenheit verweisen. Sie sind somit besondere Formen von Vergangenheitserzählungen, mit denen Eigentumsansprüche institutionalisiert werden können. Fragen nationaler Zugehörigkeit können vor diesem Hintergrund auch als ein besonders emotional aufgeladener Aushandlungsprozess von Verfügungsrechten und -ansprüchen sozialer Großgruppen begriffen werden.

1540 Haubold-Stolle 2008, S. 446–449; Polak-Springer 2015, S. 89f.

1541 Lehmann 1991, S. 176.

Die eigentlichen Wurzeln zahlreicher Motive, die innerhalb dieses Diskurses legitimatorisch in Stellung gebracht wurden, reichen jedoch noch weiter zurück. In Preußen waren sie bereits im ausgehenden 18. und zu Beginn des 19. Jahrhunderts ein wichtiger diskursiver Bestandteil des Prozesses der Staatsbildung. Herausgebildet hat sich dieser Diskurs zunächst in der Abwehr möglicher historischer Ansprüche Österreichs an Schlesien, wobei die zentrale legitimatorische Figur jene war, dass Arbeit bzw. die *mission civilisatrice* des deutschen Kulturschöpfers im slawischen Grenzland preußisches Eigentum an Schlesien schuf. Dem ineffizienten *Laissez-faire*, das angeblich die Zeit der Zugehörigkeit Schlesiens zur Österreichisch-Böhmischen Krone geprägt hatte, hielt die Geschichtsschreibung des 19. Jahrhunderts den „planvollen Aufbau" der „Provinz" unter Friedrich II. entgegen[1542] und machte sich so den Aufstieg des Verwaltungsstaats als kulturelle Leistung zu eigen. Das Motiv, dass Arbeit Eigentum an einem ökonomischen Gut schafft, wurde spätestens seit den 1860er Jahren dann auch in direkter Abwehr möglicher polnischer Ansprüche an Schlesien gebraucht. Dabei wurde im weiteren Verlauf des 19. Jahrhunderts in zunehmendem Maße die Industrialisierung der beiden schlesischen Industriegebiete zur positiv bewerteten kulturschöpferischen Leistung stilisiert. Dem nunmehr deutschen Kulturschöpfer trat im preußischen Diskurs nun das ebenfalls bereits bis ins 18. Jahrhundert zurückreichende Negativstereotyp der „polnischen Wirtschaft" zur Seite.[1543] Die angebliche polnische Unfähigkeit zur Organisation rechtfertigte, mit spürbaren Parallelen zu Diskursen kolonialer Herrschaftslegitimation,[1544] die preußische Verfügung über Schlesien und insbesondere Oberschlesien.[1545] Die Geschichte der Industriestadt Kattowitz etwa, ließ sich unschwer als ein Narrativ konstruieren, bei dem die früheren Eigentümer eines Teils der mittelalterlichen Herrschaft Myslowitz-Kattowitz, die Freiherren von Miroszewski, diese aus Desinteresse hatten verfallen lassen. Erst nach einem Verkauf sei sie schließlich an den Unternehmer Franz (von) Winckler gekommen, der sie mit Schaffensfreude und zivilisatorischem Eifer zu einem neuen Kulturstand emporgehoben habe.[1546]

1542 Entsprechende Publikationen kolportierten gar Bonmots wie „Das Werk, das ‚planvoll die Piasten begonnen, vollendeten herrlich die Hohenzollern!'". Vgl. Paeschke 1903, S. 23.

1543 Orłowski 2002; sowie ausführlicher Orłowski 1996; zur historischen Tiefe vgl. insbesondere auch Kowal 1996; Bömelburg 1998.

1544 Kopp 2012, S. 32–45, unter anderem mit einer Analyse von Gustav Freytags Roman *Soll und Haben*. Vgl. auch Kienemann 2018.

1545 Das Motiv des Kulturträgers war auch in anderen Teilen der preußischen Ostprovinzen eine Form des Selbstverständnisses in Beamtenschaft und Bürgertum, wie etwa die polemische Schrift von Louis Hildenhagen: Kulturträger im finstersten Ostelbien. Skizzen aus dem letzten Reichstagswahlkampf in Ragnit-Pillkallen. Königsberg i. Pr.: Ostpreußische Druckerei- und Verlagsanstalt, 1913, S. 14, illustriert.

1546 Z. B. Georg Hoffmann: Geschichte der Stadt Kattowitz. Kattowitz O/S.: Siwinna, 1895, S. 33–37, zum Boguschützer Hammer, einem Stadtteil von Kattowitz der ein Montanzentrum war. Die lange Dauer dieser Bilder belegend: Sigmund Karski: Kattowitz bis zur Gründung. In: Helmut Kostorz (Hg.): Kattowitz. Seine Geschichte und Gegenwart. Ein Jubiläumsbuch zum 120. Gründungsjahr. Dülmen: Oberschlesischer Heimatverl., 1985, S. 15–39, hier S. 23, der diese unhinterfragt reproduziert.

Mit dem Ende des Ersten Weltkriegs sollte das Motiv des Kulturschöpfers vor allem die Überlegenheit und Attraktivität des preußisch-deutschen Kulturmodells für die binationale Bevölkerung Oberschlesiens propagieren.[1547] Angesichts der Eigenstaatlichkeit Polens, der enormen Propaganda, die beide Seiten im Umfeld der Volksabstimmung über die Zugehörigkeit Oberschlesiens entfalteten, und deren Institutionalisierung nach der Teilung der Region formierte sich der Diskurs jedoch schnell um das Gegensatzpaar von Kulturträgertum und schmarotzerhafter Vernachlässigung. Auf der polnischen Seite wurde zunehmend der dem Produkt seiner Arbeit entfremdete polnische Kleinbauer, Land- und Industriearbeiter zum eigentlicher Kulturträger im schlesischen Raum stilisiert, während auf der preußischen Seite ein „jahrhundertelanger Aufbau" ins Feld geführt wurde, als dessen zentrale Träger Bürgertum, preußischer Staat und – dann eher in Spezialdiskursen – auch Arbeiterschaft und Adel porträtiert wurden.

Weiter verstärkt hat dieses Motiv die NS-Diktatur, die hier aber überraschend wenig diskursive Neuerungen mit sich gebracht hat, welche weniger geeignet waren, um individuelle Ansprüche narrativ zu untermauern, weil sie vor allem die Übertragung des Kulturträgerkonzepts auf ein rassistisch begründetes Kollektiv, das „nordische" oder „deutsche Blut", leistete. So spann etwa Fritz Arlt 1938 den Mythos einer nordisch-deutschen Frühbesiedlung Schlesiens. Durch das Eindringen „fremder Stämme" sei es dann zu einem „Kulturverfall" gekommen, der die „nordische Führungsschicht" veranlasst habe, „von neuem nordisch-deutsches Menschentum in den schlesischen Raum zu holen". Deshalb trage auch „das Gesicht des wiedergermanisierten Schlesiens [...] die Züge nordisch-deutschen Menschentums", was im Übrigen sogar „für den Kulturaufbau Südpolens" gelte.[1548]

2.1.2 Die Kulturträgerfigur im westdeutschen Vertreibungsdiskurs und adeliges Sprechen

Umgekehrt war es dadurch Flüchtlingen und Vertriebenen in der Bundesrepublik unschwer möglich – nachdem der Diskurs von spezifisch nationalsozialistischen Konnotationen weitgehend befreit war –, an diese Grundpfeiler anzuknüpfen. Das Sprechen von Herrenhäusern und Schlössern, Bibliotheken und Sammlungen des Adels als „Kulturgut" brachte Zwangsmigranten und -migrantinnen aus adeligem Milieu und die weitere Gesellschaft zusammen. Der zunächst private Verlust von Eigentum wurde zu einem Verlust von „Kulturdenkmälern" und damit zum Verlust der Gesellschaft als Ganzes umgedeutet. Zwangsmigranten und -migrantinnen aus adeligen Familien vermochten damit nicht allein ihren individuellen Verlust in einer gesellschaftlich akzeptierten Weise auszudrücken,[1549] sondern konnten ihn re-

---

1547 Unter anderem: Janikowski 2014, S. 211.

1548 Vgl. etwa Fritz Arlt: Die rassische Struktur Schlesiens in Geschichte und Gegenwart. In: Friedrich Heiß (Hg.): Das Schlesienbuch. Ein Zeugnis ostdeutschen Schicksals. Berlin: Volk & Reich, 1938, S. 111–114, hier S. 114.

1549 Die Kommunikation der sozialen Gruppe nach außen hat bereits seit dem 19. Jahrhundert dis-

gelrecht zu einer Buße oder Sühne – des Adels stellvertretend für die anderen Teile
der Gesellschaft stilisieren. Zugleich wurde damit ein traditionelles Selbstbild von
der besonderen Verantwortung der Gruppe für Andere und das Selbstbild des Adels
als geschichtsmächtige Gruppe gepflegt.[1550] Beata Halicka argumentiert am Beispiel
der (vorrangig ostpreußischen) „Grafenerzählungen" gar, dass der Adel selbst darin
„zum Sinnbild der hohen deutschen Kultur" geworden sei und stellvertretend „für
die zivilisatorische Leistung des deutschen Ostens" stehe.[1551]

In den ersten Nachkriegsjahren wurde das Motiv des Kulturschöpfers dabei endgültig Teil einer Dichotomie, an deren anderem Ende die ordnungs- und verant-
wortungslose Vernachlässigung und die „böswillig-neidische" und „hinterhältige
Vernichtung" standen. „Der polnische Mop [sic] machte dann ganze Arbeit im Zerstören von allen Kulturgütern",[1552] erinnert sich etwa 1954 die Hausdame der Familie von Jordan-Kochelsdorf, Gertrude Weiß, an die Zerstörung der Bilder der Ah-
nengalerie. Auch die völlig ausgeplünderte Gundula von Rohrscheidt, die hilflos
hatte mit ansehen müssen, wie Zwangsmigranten aus den polnischen Ostgebieten,
der heutigen Ukraine, sich Stück für Stück ihr Haus aneigneten, vermittelt in ihrem
Bericht von 1952 ähnliche Bilder: Möbel fand sie verschwunden oder im Fall von einigen antiken Stücken gar zu Feuerholz zerhackt.

> „Dafür trieb sich viel Silberzeug, völlig verachtet, überall herum. Mit Werners [Wer-
> ner von Rohrscheidt, Ehemann der Verfasserin, S. D.] Wappensilber sah man die ed-
> len Panjes Küchenholz schnitzeln, den weißen Smyrna aus meinem Schlafzimmer fand
> ich zu Läufern als Bettvorleger zerschnitten beim Nachtwächter, die Perserbrücken la-
> gen vor ihren Küchentüren, mein schönster altrosa Kelim desgleichen zum Fußabkratzer
> zurechtgeschnippelt!"[1553]

Nicht nur die Polen, sondern auch die Rotarmisten wurden im deutschen Vertreibungsdiskurs in einer Dichotomie von Kultur auf der einen Seite – repräsentiert
durch die oftmals weiblichen Erzählenden – und von einem rohen, ungezügelten
Naturzustand andererseits geschildert. Dieses Erzählen konnte unschwer an Stereotype der nationalsozialistischen Propaganda anknüpfen, die diese Perzeptionsmuster
stark vorgeformt hatte. Zugleich aktivierten viele dieser Motive aber auch spezifisch

---

kursiv einen Gegensatz zwischen adeliger Identität und materiellem Gewinnstreben konstruiert.
Stephan Malinowski findet zum Beispiel in dem seiner Studie zugrunde liegenden Textkorpus für
die Zeit nach 1900 einen wachsenden „Antimaterialismus", der auf „ältere Muster" zurückgreifen
könne und der den zunehmend deprivierten Adel sich auf symbolische Überlegenheit gegenüber
den „Parvenüs" konzentrieren ließ (Malinowski 2003a, S. 90f.). Malinowski spricht gar von einer
„Kultur der Kargheit" (ebd., S. 94). Auch Hartmut Berghoff hat in seinem wegweisenden Aufsatz
zu Adel und Industriekapitalismus im Kaiserreich auf Diskursstränge verwiesen, die insbesondere
den mühevoll dem Boden entrissenen Gewinn etwa der eigenen Landwirtschaft gegenüber dem
„schnellen" Gewinn der Finanzmärkte wertschätzt (Berghoff 2000).

1550 Vgl dazu jüngst Seelig 2015, S. 246f.
1551 Halicka 2015, S. 94.
1552 Weiß: Bericht 1954. BArch LAA Ostdok 2 / 224, Blatt 82–85, hier Bl. 84.
1553 Berichte und Sammlung von Zugetragenem der Gundula von Rohrscheidt (geb. v. Quitzow).
Soest 13. Februar 1952. BArch LAA Ostdok 2 / 200, Blatt 159–172, hier Bl. 164.

schlesische Assoziationen. Die Gleichsetzung der vorrückenden sowjetischen Streitkräfte mit Mongolenhorden etwa weckte in Schlesiern unzweifelhaft Assoziationen
mit der „Schlacht auf der Wahlstatt" 1241. Das NS-Regime hatte den Wahlstatt-
Mythos auch propagandistisch genutzt, etwa zur Errichtung einer Verteidigungslinie
im Raum Namslau und Groß-Wartenberg, die nach einer fiktiven Romanfigur, dem
Vogt Barthold, benannt wurde.[1554] „Da rollt hinter uns in der Ferne immer lauter
und lauter werdendes Gebrüll heran: Die Russen haben uns eingeholt! Im aufblit-
zenden Licht ihrer Scheinwerfer grinsen uns ihre mongolischen Fratzen entgegen,
und die roten Fahnen schlagen uns ins Gesicht!", schildert etwa Gerta Scharffenorth
in hochstilisierter Form den Moment, in dem ihr Treckwagen von der Front überrollt wurde.[1555] Physiognomik spielt in vielen Berichten eine wichtige Rolle, wobei
in einigen Fällen den Sowjetsoldaten sowohl Eigenschaften wie Unschuld, Kind-
lichkeit und Naivität als auch Gewalt und Verbrechertum zugeschrieben wurden.
„Merkwürdig, dieses kindhaft junge, nicht häßliche Gesicht, das doch so restlos verbrecherisch wirkt", heißt es etwa bei Marie-Elisabeth von Mutius über einen 21-jäh-
rigen Rotarmisten, der die Ernteeinfuhr überwachen sollte.[1556] Die Rotarmisten sei-
en, schreibt von Mutius weiter, „Menschen aller Rassen in Rußland vereint. Fremd,
verbrecherisch und kindlich zugleich. Abstoßend in dieser Mischung und doch voll
geheimnisvoller, ungebrochener Urwüchsigkeit."[1557] Diese „Urwüchsigkeit" bildet
mit entsprechenden Raumsemantiken wie der „Weite der östlichen Steppe", der
„furchtbaren Kraft ukrainischer Ebenen", der „Düsterheit der sibirischen Taiga", die
die Verfasserin aus den Gesichtern der Verbände herauslesen zu können glaubt, ein
komplexes System von *Mental Maps* ab.[1558]
   Im Gegensatz zu den als triebhaft und sexuell zügellos geschilderten Rotarmisten stilisieren sich die Protagonistinnen als Repräsentantinnen von Kultur und
zivilisatorischer Ordnung.[1559] Mit Zerstörung und Vernachlässigung von Kultur
auf Seiten der Roten Armee und der polnischen Zivilverwaltung kontrastiert die
„deutsche einheitliche Arbeit", das zupackende Aufbauen und Pflichtbewusstsein

---

1554 Der Name Barthold geht auf einen gleichnamigen Roman von Hans Venatier aus dem Jahr 1939
     zurück (*Vogt Barthold: Der Große Zug nach Osten*), der eine bestimmte Lesart der deutschen
     Ostsiedlung glorifiziert. Alfons Hayduks Roman *Sturm über Schlesien* von 1940, aber auch ei-
     ne Arbeit von Heinrich Bartsch anlässlich der 700-Jahr-Feier der Schlacht 1941 und ein histori-
     sches Theaterstück von Max Weinert zur Feier zogen teils mehr, teils weniger deutliche Parallelen
     zwischen der aktuellen Situation und den historischen Ereignissen. Ausführlicher: Humeńczuk
     2003, S. 20f. Vgl. zudem auch Bein 1991, S. 161f.; Weber 1991, S. 141.
1555 Scharffenorth 2005, S. 87. Zum Nachwirken des Mongolen-Bildes vgl. auch Lehmann 1991, S.
     152.
1556 Mutius 2005b, S. 102.
1557 Ebd., S. 93.
1558 Ebd.
1559 Ähnliche Motive bei Pastor Alfred von Lieres und Wilkau, der auf dem zur Kolchose
     umorganisierten Rittergut Allerheiligen bis zum Ende der Ernte 1945 arbeitete: „[...] welche
     Spuren der Verwüstung hatten die kulturlosen Barbaren dort [im Pfarrhaus] wie anderwärts hin-
     terlassen! [...] Da haben wir den unberechenbaren Asiaten unsere schönen deutschen Lieder un-
     bekümmert und unermüdlich entgegengesungen" (Bülow 1996, S. 36f.).

der deutschen Arbeitenden – immer wieder auch codiert als Gegensatz zwischen der „schwachen" zurückgebliebenen Frau und dem untätig-passiven Mann als Besatzer. („Um so unfaßlicher ist es für die Polen, mit ansehen zu müssen, wie wir auch am späten Sonntagabend immer noch singend auf den Leiterwagen hinausfahren, um das letzte Fuder einzuholen. Und wie selbst das Tragen von vielen Zentnersäcken auf den obersten Boden des Speichers, uns Frauen nicht abhält, zwar keuchend, aber doch lachend den Polen einen guten Abend zu wünschen.")[1560] Demgegenüber hinterlassen die Besatzer gerade in den ersten Wochen nach dem Einmarsch Chaos und Zerstörung; Marie-Elisabeth von Mutius beschreibt beispielsweise die Rückkehr ins Schloss nach einer ersten kurzen Welle der Besetzung durch Rotarmisten mit den Worten:

> „Die Verwüstung im Haus ist furchtbar. Man watet knietief durch Papier, Scherben, Essensreste und Kleidungsstücke, die den Boden aller Zimmer bedeckten. Über allem liegt ein widerlich-süßlicher Geruch nach faulem Essen und schlechtem Parfüm. Im Zimmer unserer Mutter thronte auf einer Louis-Quinze-Kommode ein abgenagter Kalbskopf."[1561]

Derartige Kontrastpaare von einem wilden, ungezügelten, triebhaften Naturzustand und der von den Erzählenden repräsentierten Kultur sind ebenso typisch für diese Art des Kommunizierens und Erinnerns wie die Betonung, dass die sowjetischen Soldaten mit ihrem Vorgehen ihre eigene Kultur verrieten, gleichsam zu „Kulturzerstörern" wurden. „Unter den unsagbar verschmutzten Büchern, unter denen wir einiges heimlich heraussuchen, sehe ich – zerfetzt und halb verkohlt – Dostojewskis und Tolstois Werke. Bittere Ironie."[1562]

So schwer auch die Verlusterfahrung an sich wog, diesem Prozess der Zerstörung tatenlos beiwohnen zu müssen verlieh ihm eine emotional tiefschürfende, geradezu traumatische Qualität, die sich in einer entsprechend ohnmächtigen Wut niederschlug: „So etwas von Ignoranz, kultureller Ahnungslosigkeit, Gefühllosigkeit, Verlogenheit, Heimtücke, Brutalität, Unzuverlässigkeit, Launischkeit, Kleptomanie und naivster, oft geradezu kindischer Raublust auf einen Haufen, gleich bei einem ganzen Volksstamm, findet man wohl auf der Welt nicht wieder."[1563] Die polnische Bevölkerung, auf die sich dieser Ausbruch bezieht, so folgert Gundula von Rohrscheidt, habe sich ihrem Volkscharakter nach als unfähig erwiesen, die deutsche Kulturleistung zu bewahren. Darin konnte sie wiederum an Bilder anknüpfen, die – in Oberschlesien etwa für die vorwiegend polnische Arbeiterschaft – bis ins 19. Jahrhundert zurückreichten und die das Motiv einer Fürsorgeunfähigkeit dieser Bevölkerungsgruppe als

---

1560 Mutius 2005a, S. 106–119.
1561 utius 2005b, S. 94f.
1562 Ebd. Ein sehr ähnlicher Topos auch im Erlebnisbericht Herbert Larisch. „Meine Erlebnisse vom 1.1.1945 bis zum 1.5.1947." Schwerte 17. Mai 1952 (handschr.). BArch LAA Ostdok 2/200, Blatt 123r–129v, hier Bl. 129r (siehe Teil II, Kapitel 1.2.1).
1563 Berichte und Sammlung von Zugetragenem der Gundula von Rohrscheidt (geb. v. Quitzow). Soest 13. Februar 1952. BArch LAA Ostdok 2 / 200, Blatt 159–172, hier Bl. 164.

Legitimation der Notwendigkeit einer patriarchalen Anleitung durch die deutsche Beamtenschaft in Staat und Privatbetrieben bemüht hatten.[1564]

Dass nun durch die Alliierten „so einem Volk [...] die ‚Verwaltung' von landwirtschaftlich und kulturell doch ziemlich hochstehenden Provinzen anvertraut" worden sei, schien von Rohrscheidt irrationale Ungerechtigkeit zu sein: „Nicht mal meinen Hühnerstall würde ich von ihnen verwalten lassen, diesen großmäuligen Auch-Europäern!"[1565] Unter Ausblendung der der Westverschiebung vorausgehenden nationalsozialistischen Gewaltherrschaft, die durch das eigene dramatische Erleben völlig überlagert wurde, unterstrich eben dieses Erleben dann aber zumindest eine kulturelle Überlegenheit, die angesichts der fundamentalen Deprivationserfahrungen in der totalen Niederlage Trost versprach. Zugleich zeichnet sich in dem emotionalen Ausbruch auch der Aufstieg eines neuen, hegemonialen Diskurses im Westen ab, der ein Europa, das als abendländische Kulturgemeinschaft gedacht wurde, zum Fluchtpunkt und zur Antwort auf die markerschütternden Konflikte des Jahrhunderts machte;[1566] ein Europa, an dem nach Ansicht von Rohrscheidts zu diesem Zeitpunkt Polen keinen Anteil haben konnte.

2.1.3 Interdiskurse und nationale Engführung

Verlusterfahrungen und -verletzungen dieser Art belasteten über lange Zeit die gegenseitige deutsch-polnische Wahrnehmung und verwandelten, was Ansätze für eine Verständigung hätten sein können, in eine einseitige Bestätigung der eigenen Weltsicht. „‚Die Schuldigen sind unter uns' – Schloß Koppitz/Schwarzengrund O/S von den Polen zerstört", titelte beispielsweise die Sonderausgabe von *Unser Oberschlesien* zum Tag des Oberschlesiers 1958.[1567] Das Schloss war eines von vielen Häusern, die zwischen 1945 und dem Ende der 1960er Jahre ein Ende in Flammen, Sprengung oder Abriss fanden. Dass ein Feuer in einem der schlesischen Schlösser in der westdeutschen Vertriebenenpublizistik eine solche Aufmerksamkeit erfuhr, lag zunächst einmal daran, dass mit dem Ende der stalinistischen Phase in Polen die Vielfalt der Meinungen in der Publizistik wieder zugenommen hatte: Zum ersten Mal wagte eine Bürgergesellschaft, wieder ihr Haupt zu rühren. Kein anderer als der Kulturaktivist und bis Ende 1956 Mitglied des Herausgeberkomitees der seit 1952 existierenden Tageszeitung *Trybuna Opolska*, Jerzy Gałuszka, verfasste ein flammen-

---

1564 Ein typisches Beispiel für dieses Motiv etwa der Beuthener Landrat Hugo Solger, der 1860 die Auffassung vertrat, die Arbeiter seien „unartige Kinder, die in allen Lebensverhältnissen einer für sie sorgenden Vormundschaft bedürfen" (Solger 1860, S. 30).

1565 Berichte und Sammlung von Zugetragenem der Gundula von Rohrscheidt (geb. v. Quitzow). Soest 13. Februar 1952. BArch LAA Ostdok 2 / 200, Blatt 159–172, hier Bl. 164.

1566 Zum Europa-Konzept der frühen Adenauer-Ära vgl. Conze 2005b, S. 135–155, insbesondere zu abendländischen Ideen als „Erneuerung" des Reichs.

1567 H. Aschmann: „Die Schuldigen sind unter uns" – Schloß Koppitz/Schwarzengrund O/S von den Polen zerstört. In: Unser Oberschlesien, Sonderausgabe zum „Tag der Oberschlesier" (17./18. August 1958), S. 7. Zur Zeitschrift vgl. Gaida 1973, S. 186–190.

des „J'accuse!". „Die Schuldigen befinden sich unter uns!", geißelte er im etwas frei-
eren Klima des Jahres 1958 die langjährige Vernachlässigung des Gebäudes, die dem
Feuer die rasche Ausbreitung ermöglicht hatte, und scheute sogar nicht davor zurück, die Gerüchte einer bewussten Brandstiftung wiederzugeben, die im Oppelner
Land die Runde machten.[1568] Die strenge Maßregel war ganz sicher nicht Ausdruck
einer besonderen Sympathie Gałuszkas für die Grafen Schaffgotsch, die Alteigentümer des Schlosses. Vielmehr zeigte sich darin eine Form geistiger Aneignung der
Kulturgüter, die nunmehr von einigen Polen als etwas Bewahrenswertes begriffen
wurden. – Wenig von derartiger Differenzierung kam damals in Westdeutschland
an. In tiefer Verletztheit beschränkten sich die Reaktionen der schlesischen Diaspora
zumeist darauf, wie der eben zitierte Artikel einen Diskurs des polnischen Kulturzer-
störers fortzuschreiben, der seit jeher dem deutschen Kulturschöpfer gegenüberge-
standen habe, „denn wenn immer die Polen über unsere Heimat Oberschlesien her-
fielen, wurde regelmäßig geplündert und zerstört. Warum sollte das in unseren Tagen
anders sein? Vermutlich gehört dies sogar zum sogennanten ‚Aufbauprogramm' der
Polen."[1569] Wie der emotionale Stil des Beitrags zeigt, lagen Verletzung und rhetori-
sche Aggression nahe beieinander,[1570] und so nimmt es kaum wunder, dass Gałuszka
als wenig mehr wahrgenommen wurde, denn als ein bequemer Kronzeuge, der die
Richtigkeit des westdeutschen Vertreibungsdiskurses und der von ihm perpetuierten
Bilder bestätigte.

2.1.4 Veränderungen und Kontinuitäten mit der neuen Ostpolitik

Auch mit der Intensivierung der Versöhnungsarbeit der beiden großen Kirchen und
dem Beginn der bundesdeutschen Ostpolitik verloren die hier umschriebenen Wahrnehmungsmuster zunächst nicht an Bedeutung. Was sich allerdings veränderte, war
die Reichweite des Diskurses, da sich seine Wirkmächtigkeit zunehmend auf bestimmte kulturelle Milieus begrenzte.[1571] Mit diesem Rückzug wurden individuelle
Verlusterfahrungen nach außen hin zunehmend schwieriger artikulierbar. Restitutionsansprüche verbanden sich in der medialen Öffentlichkeit nunmehr mit Konzepten wie „rechtsaußen" und „revisionistisch", verstießen sie in dieser Wahrnehmung doch gegen das gesellschaftliche Interesse an einer Aussöhnung mit Polen.[1572]
Die Umcodierung von Individualeigentum zu im besten Falle treuhänderisch für
die Großgruppe gehaltenem Kulturgut gewann deshalb in dieser Phase noch mehr

---

1568 Zur Person Gałuszkas vgl. Gałuszka, Jerzy. In: Bartelski 1995, S. 109.

1569 H. Aschmann: „Die Schuldigen sind unter uns" – Schloß Koppitz/Schwarzengrund O/S von den
Polen zerstört. In: Unser Oberschlesien, Sonderausgabe zum „Tag der Oberschlesier" (17./18.
August 1958), S. 7.

1570 Gaida 1973, S. 189, spricht von einem Organ mit dem „Charakter einer Boulevardzeitung", das
sprachlich „als politisches Kampfblatt" zu werten sei.

1571 Für den Umbau der deutschen Erinnerungslandschaft in den späten 1960er und den 1970er Jahren vgl. insbesondere Kittel 2007, S. 111–130.

1572 Ebd., S. 53.

an Bedeutung. In seiner Beschränkung auf bestimmte Milieus wurde der Kulturträgerdiskurs nun gerade auch für adelige Familien ein Element der Rückversicherung. Mehr als in anderen sozialen Gruppen aus dem „deutschen Osten" vermochten sie nämlich zahlreiche positiven Auswirkungen auf die Lebensumstände der Menschen auf dem Land, die Modernisierungsprozesse auf dem Land seit dem 17. Jahrhundert mit sich gebracht hatten, für ihre Familien zu appropriieren.[1573]

Bei wem sich, wie beispielsweise bei Christoph Heinrich Graf von Reichenbach-Goschütz, Familiengeschichte auf das Engste mit der Geschichte des Territoriums verband, für den fielen auch preußische Herrschaft und *splendor familiae* nachgerade zusammen: Die Pläne für die Gründung von Koloniedörfern durch die von Reichenbach'schen Vorfahren im 18. Jahrhundert etwa erfuhren nach Reichenbach die „besondere Anerkennung des Königs [Friedrichs II., S. D.]", und das gute „Aussehen und Gedeihen" dieser Gründungen „wurde in späteren amtlichen Berichten rühmend hervorgehoben."[1574] „Auch sonst wurde für die wirtschaftliche Belebung der Dörfer manches getan", leitet die Erzählung dann unmittelbar zur Frühindustrialisierung über, indem sie die agrarnahen Folgebetriebe wie Korn- und Papiermühlen, die bald unrentablen Eisenhämmer, vor allem aber die landwirtschaftlichen Meliorationen durch Drainage, Teich- und Wegebau beschreibt.[1575]

> „So ergibt sich seit Beginn der preußischen Herrschaft ein recht erfreuliches Bild von der Entwicklung dieses Gebiets. Nach Jahrhunderten der Vernachlässigung trat nun ein deutlicher Aufschwung in den wirtschaftlichen Verhältnissen der Herrschaft und ihrer Bewohner ein – Korrespondenzen mit dem schlesischen Provinzialminister von Hoym aus diesen Jahren zeigen, mit welcher Energie und welchem Erfolg wirtschaftliche Verbesserungen auf der Herrschaft durchgeführt wurden, sie zeigen auch die Aufgeschlossenheit der preußischen Provinzialverwaltung neuen wirtschaftlichen und bevölkerungspolitischen Maßnahmen gegenüber."[1576]

Die Bedrohungen für diese Aufbauleistungen gingen nach diesem Narrativ vor allem vom Osten aus, vom Durchmarsch zarischer Truppen und von politischen Unruhen in Kongresspolen etwa.[1577]

Mindestens so wichtig wie die Legitimation des eigenen Anspruchs auf Schlesien blieb für weite Kreise die Abwehr der polnischen Ansprüche. Durch sein weit zurückreichendes Gedächtnis schien der Adel wie keine andere Gruppe dazu prädestiniert, ein Kronzeuge dieser Ansprüche zu sein. Für den ehemaligen Landrat des Kreises Groß Wartenberg, Detlev von Reinersdorff-Paczensky und Tenczin, beispielsweise belegte der Umstand, dass die Standesherrschaften Groß Wartenberg und Goschütz, auf deren

---

1573 Ganz so, wie Menschen aus adeligen Familien in der Lage waren, die Präsenz ihrer Vorfahren in der Gestalt der Landschaft selbst zu erkennen, indem sie deren Spuren etwa in Meliorationsmaßnahmen fanden. Vgl. oben, Teil I, Kap. 2.1.
1574 Reichenbach-Goschütz 1974, S. 116.
1575 Ebd.
1576 Ebd.
1577 Ebd., S. 118. Auch von Reichenbach ordnet dieses Geschichtsbild in ein Abendland-Denken ein (ebd., S. 120, zum Ausbruch der Napoleonischen Kriege).

historischem Boden der Kreis im Wesentlichen entstanden war, „über 200 Jahre" im Besitz der Familien der Prinzen Biron von Curland und der Grafen von Reichenbach gewesen waren, dass es keine polnischen Ansprüche auf den Kreis geben konnte. „Von den vorhergehenden Familien nenne ich Dohnas, Maltzans, Brauns und Haugwitz. Niemals war eine polnische Familie Inhaber einer Standesherrschaft."[1578]

Auch wenn die Aussage für sich genommen nicht faktisch falsch ist, spiegelt sie eine generell einseitige Ausrichtung adeligen Erinnerns und adeligen Selbstverständnisses in diesem Raum auf Preußen wider, die bereits im ausgehenden 19. Jahrhundert eingesetzt hat. Auch ein Detlev von Reinersdorff-Paczensky und Tenczin begriff sich zu diesem Zeitpunkt an erster Stelle als Preuße und Deutscher und wird erst in zweiter Linie die lange zurückliegenden Ursprünge seiner Familie und ihre untrennbar verflochtene deutsch-slawische Vergangenheit reflektiert haben – die von Paczenski und Tenczin beispielsweise gehören zum polnischen Wappenstamm Topór, kommen also wohl ursprünglich aus der *Szlachta* und sind erstmals durch einen Notar des Herzogs Wladislaus II. von Beuthen-Cosel zu Beginn des 14. Jahrhunderts nachgewiesen.[1579]

Ähnlich wie der polnische Diskurs die schlesischen Piasten national vereinnahmte, wurden auch im schlesischen Adel während des 19. und 20. Jahrhunderts die politischen Figurationen des ausgehenden Mittelalters mit modernen nationalen Konzepten besetzt, die man in die vornationale Vergangenheit zurückprojizierte.[1580] Auch die schlesischen Piasten wurden in dieser Wahrnehmung gänzlich für die deutsche Seite in Anspruch genommen, hätten sich diese doch – so eine verbreitete Deutung der mittelalterlichen Geschichte Schlesiens – „unter den Schutz der Krone Böhmens und damit später der Habsburger gestellt". „Nur kurze Zeit waren die Piasten den polnischen Königen tributpflichtig gewesen." Und spätestens der „siegreiche Feldzug Kaiser Barbarossas gegen Polen" habe „diese Verpflichtung aufgehoben".[1581] Die Abtretung eines Teils des Kreises an Polen „auf Grund des Diktats von Versailles" habe schon deshalb jeder historischen Grundlage entbehrt.[1582]

Die Wahrheit der simplen Dichotomie von Kulturschöpfertum und „polnischer Wirtschaft" schien sich bei den Besuchen der Zwangsmigranten in der alten Heimat, angesichts realer oder vermeintlicher polnischer Gleichgültigkeit und Verantwortungslosigkeit gegenüber dem schlesischen Kulturerbe, etwa beim Anblick von Zerfall und Zerstörung, zu bestätigen. Umgekehrt legitimierten die in Schlesien gemachten Beobachtungen wiederum das Fortdauern des Anspruchs der deutschen Zwangsmigranten auf Schlesien oder auch ganz konkret auf das jeweilige Eigentum. Dieses vielfach konstatierte Desinteresse der auf den Gütern lebenden Polen am Er-

---

1578 Reinersdorff-Paczensky 1957a, S. 315.
1579 Paczensky (Pacinsky, Paczynski) u. Tenczin (Reinersdorff-Paczensky u. Tenczin). In: GHdA 54 (1969), S. 239–254, hier 239.
1580 Opiłowska 2013, S. 246. Zur konkurrierenden nationalistischen Rezeption des Piasten-Mythos bis 1945 siehe Eiden 2012.
1581 Reinersdorff-Paczensky 1957a, S. 315.
1582 Ebd.

halt des Besitzes wurde bei Reisen in die alte Heimat auch fotografisch dokumentiert. Unzählige Bilder zeigen eingestürzte Dächer, aufgesetzte Fernsehantennen, bröckelnden Putz und zerstörte Treppen oder auch Wäsche, die in Türen und Fenstern zum Trocknen aufgehängt wurde.[1583] In der Verwandtschaft wurden Schilderungen des jeweiligen Zustands der Güter und Herrenhäuser weitergegeben, sodass selbst wer persönlich die Stätten der eigenen Kindheit oder die seiner Ehepartner nicht aufsuchen konnte, zumindest über grobe Schilderungen der Veränderungen verfügte. „Es [das Schloss, S. D.] ist jetzt wohl keine Ruine mehr in dem Sinn, aber [Pause] das ist dann auch nicht mehr schön. Diese Landschaft und alles, hat uns die Renate erzählt, ist überhaupt nicht in Ordnung gehalten und nichts gerichtet, so wie das mal früher war. Alles verschlampt und runtergewirtschaftet."[1584]

Dieser Topos verband sich nahtlos mit dem Motiv, dass die Vertreibungsgeneration oder deren Eltern in Schlesien durch Arbeit und Entbehrung in den Jahren vor dem Zweiten Weltkrieg wieder neu Eigentum am eigenen Gut erworben hatten.[1585] Bis heute ist das Kulturschöpfermotiv deshalb ein wichtiger Bestandteil von Geschichtserzählungen innerhalb der Gruppe der vertriebenen und geflohenen Schlesier. Die Rolle der Rückversicherung ist im Laufe des letzten Jahrzehnts jedoch zunehmend einer neuen Vergangenheitserzählung gewichen. Wenn heute etwa die Wallenberg'sche Familienchronik auf die mythischen Ursprünge des schlesischen Adels im 12. und 13. Jahrhundert rekurriert, dann um sie als eine europäische Vergangenheit zu deuten: „Unter Führung von zahllosen, tüchtigen Persönlichkeiten aus vielen berühmt gewordenen Familien", hält sie etwa fest, „ist das Land gerodet, urbar gemacht und im Laufe von mehr als 700 Jahren seit der ersten friedlichen Ansiedlung von deutschen Bauern, Handwerkern, Kaufleuten und Rittern zu wirtschaftlicher und kultureller Blüte gebracht worden." Über die von den Piastenherzögen ins Land gerufenen Siedler heißt es hier etwa:

> „[...] sie waren nicht kriegerisch in das Land eingedrungen. Dabei ist die ursprünglich slawische Bevölkerung mit den deutschen Zuwanderern aus Franken, Thüringen, Sachsen, aus niederdeutschen und anderen Regionen, zum Stamm der Schlesier verschmolzen. Immer wieder mussten sie das Land gegen fremde Eindringlinge, wie die Mongolen 1241, verteidigen. Dabei entwickelte sich die tiefe Verbundenheit der Schlesier mit ihrem Land zu einer ganz besonderen Heimatliebe."[1586]

Ein Topos, der im Vertreibungsdiskurs lange ausschließlich den Deutschen vorbehalten war, wird so zum Teil einer prä- oder postnationalen gesamtschlesischen Identität umstilisiert.

1583 Während die meisten dieser Bilder in familiären Sammlungen lagern, findet sich bei Zedlitz und Neukirch 1997a eine kleine Auswahl solcher Aufnahmen von der Kynsburg (Zamek Grodno).
1584 Seherr-Thoß, Th. 2011: 00:41:08-3 – 00:42:05-1.
1585 Vgl. Teil I, Kap. 2.1.
1586 Wallenberg Pachaly 2005, S. 1f.

2.2 Der polnische Diskurs über Schlesien und den deutschen Adel

Der polnische Nachkriegsdiskurs über Schlesien produzierte legitimatorische Bilder
auf mehreren Ebenen. In einer abstrakten, übergreifenden Erzählung legitimierte er
die „Rückkehr" der Westgebiete nach Polen und damit ein Polen in „den Grenzen
der Piastenzeit".[1587] Oberschlesien kam deshalb eine so zentrale Rolle bei der Herausbildung dieses neuen polnisch-schlesischen Gedächtnisses zu, weil sich hier eine
geschlossene Vergangenheitserzählung vom piastischen Mittelalter bis in die Hochmoderne entwerfen ließ. Die Anknüpfungspunkte in Niederschlesien lagen zeitlich
weiter zurück und waren nur sehr viel mittelbarer mit einem Gegengedächtnis konfrontiert. In der Hauptsache sollten Vergangenheitserzählungen hier Eindeutigkeit
herstellen, indem sie die Vielfalt von Deutungsangeboten reduzierten und konfligierende Narrative ausschlossen. Eine Publikation aus Anlass des zweiten Jahresta-
ges der Rückkehr Schlesiens zu Polen 1947 etwa thematisierte die Geschichte des
Raumes nur in einem kurzen Aufsatz von Karol Maleczyński, dessen Zeithorizont
vom Hochmittelalter bis zum Ende des 17. Jahrhunderts reichte. Die preußische
Zeit kam dagegen nur ganz am Rande vor. Ikonologisch dominierten in der Publikation Anknüpfungen an die piastische Vergangenheit, darunter Abbildungen der
Grabsteine der Liegnitz-Brieger Herzöge (übrigens unter Nennung ihrer deutschen
Titel). Schlösser oder Herrenhäuser fanden keine visuelle Repräsentation mit Ausnahme eines Luftbildes von Schloss Fürstenstein, das einen Artikel über Tourismus
illustrierte.[1588]
 In diesen Diskurs mussten insbesondere in der unmittelbaren Nachkriegszeit konkrete materielle Aneignungsprozesse eingebettet werden. Das deutsche Alteigentum
erschien dabei als legitime Kompensation für das Leiden der polnischen Zivilbevölkerung im Zweiten Weltkrieg und noch weiter zurückreichend als ein ohnehin ent-
fremdetes Eigentum, das die Schöpfung der polnischen Arbeiter- und Bauernklasse
war und daher zu Recht in deren Hand zurückkehrte. Ähnlich wie der deutsche produzierte auch der polnische Diskurs Motive der Delegitimierung, die sich besonders
gegen die „ehemaligen Herren" richteten.

2.2.1 Umdeutungsprozesse 1945

In Oberschlesien begann dieser Umdeutungsprozess unmittelbar nach dem Kriegsende: „In der ehemaligen Residenz des Grafen Ballestrem in Kochtschütz (Kochcice)
befinden sich im Augenblick 200 Kinder aus ganz Polen zu einem Sommer-Ferien-
lager", verkündete etwa ein Wochenschaubeitrag von 1946.

> „Das Blatt der Geschichte *hat sich gewendet*: Wurden damals polnische Kinder von den
> deutschen Besatzern misshandelt und dem Hunger ausgesetzt, so kommen heute die pol-

---

1587 Pacholski 2013, S. 111.
1588 Maleczyński 1947, S. 15–20, sowie o. A.: Dolnośląska Spółdzielnia Turystyczna [Niederschlesi-
  scher Tourismusverband]. In: Kuczyński 1947, S. 238–240.

nischen Kinder hierher, um Kraft und Gesundheit für Schule und Ausbildung zu sammeln. [...] Hunderte spielender Kinder – eine angemessene Nutzung des Palastes, in dem einst ein gelangweilter Aristokrat residierte."[1589]

Zwar warf man dem Grafen nicht vor, direkt in die Grausamkeiten der Besatzungsherrschaft verwickelt gewesen zu sein – er war nur „gelangweilt" und somit ein unproduktiver Nutznießer –, aber Enteignungen wie die von Kochcice rechtfertigten sich als Wiedergutmachung für jüngst begangenes Unrecht wie die direkte und indirekte Gewalt des deutschen Besatzungsregimes gegen Polen (hier: den Hunger der Zivilbevölkerung). Damit verwischte das Narrativ zugleich auch die Grenze zwischen dem historischen Groß- und Kleinpolen und den Gebieten des mittelalterlichen schlesischen Herzogtums. Es diente der unmittelbaren Verankerung der neuen Ordnung vor Ort und war damit noch weit davon entfernt, ein geschlossenes Propagandabild zu sein, das von einer ausdifferenzierten Geschichtserzählung getragen wurde.

Die Polnische Vereinigte Arbeiterpartei (PZPR) unterstütze in den Folgejahren eine Traditionsbildung, die die Geschichte Schlesiens und der schlesischen Aufstände als eine plebejische Geschichte des ewigen Kampfes gegen eine unterdrückerische deutsche Oberschicht begriff, deren Endziel in einem ethnisch homogenen polnischen Staat lag, gegründet vom und für das Proletariat.[1590] Oberschlesien spielte im doppelten Sinne eine zentrale Rolle bei der Ausprägung dieses dominanten Diskurses; nicht nur, weil die Evidenz der neuen Ordnung dort geringer war als in anderen Teilen der neuen polnischen Westgebiete, sondern weil sich hier ein neues Gedächtnis für die ganzen Westgebiete durch die selektive Hervorhebung dortiger Erinnerungsbestände und Diskursfiguren stiften ließ.

Seit 1948/49 etablierte sich in der stalinistischen Phase der Volksrepublik Polen so eine rigide öffentliche Kommunikation, in der wenig Raum für ein differenziertes Sprechen von der Vergangenheit blieb. Dazu gehörte auch die Etablierung eines autoritativen Bildes von der Vergangenheit durch Bücher und Artikel in Zeitschriften und Zeitungen. In der Wiederkehr von bestimmten Topoi und der kontrollierten Sprache, in welcher über sie kommuniziert werden konnte, schufen derartige Beiträge für die neu zugezogenen wie für die alteingesessenen Oberschlesier feste Lesarten der älteren und jüngeren Vergangenheit.[1591]

2.2.2 Delegitimierung des Adels als soziale Gruppe

Der hegemoniale Diskurs der stalinistischen Zeit baute auf zwei übergreifenden Modi der Delegitimation auf: Zum einen setze er Preußentum, Militarismus und Jun-

---

1589 Sendemittschnitt verfügbar unter <https://www.youtube.com/watch?v=90Lvk04fhlE> (letzter Zugriff: 07.05.2019).
1590 Polak-Springer 2015, S. 195.
1591 Hier einführend insbesondere Polak-Springer 2015; sowie von den etwas älteren Arbeiten: Kessler 2001.

kerherrschaft gleich; zum anderen vermengte er Feudalismus und Kapitalismus zu einem übergreifenden Feindbild. Die Frage nach Brüchen und Differenzen stellte sich hier nicht: Großgrundbesitzer, (Hoch-)Adeliger, Deutscher, Kapitalist – alle sozialen Rollen fielen in einen Typus zusammen. Besonders die schlesischen Magnaten als Großagrarier und Großindustrielle schienen deshalb zu Leitfiguren dieses Propagandabilds geeignet.

Für das Wirken des Propagandabildes war es besonders wichtig, eine Kontinuität zu den Narrativen der Zwischenkriegszeit herzustellen. Ein im Herbst 1947 erschienener Zeitungsbeitrag über Pless (Pszczyna) in der *Gazeta Robotnicza*, dem offiziellen Organ des Woiwodschaftskomitees der PZPR in Breslau, stellte deshalb besonders heraus, dass es der Stadt bereits in den 1920er Jahren gelungen sei, durch den Aufkauf von Land den sie „umgebenden Ring des fürstlichen Besitzes zu durchbrechen".[1592] Der Beitrag illustriert, wie vielfältig zu diesem Zeitpunkt die Stimmen in Schlesien noch waren, wie der Verzicht auf jede explizit klassenkämpferische Rhetorik belegt. Vielmehr hob er auf eine Zukunft ab, die allen Bewohnern ein Mehr an Lebensqualität versprach: die Zuteilung von mehr Land an die Stadt für Baumaßnahmen, die Schaffung neuer Arbeitsplätze und die Erhaltung des Altstadtkerns als Einkaufsraum oder der bereits erfolgte Neubau einer Markthalle.[1593]

Ausgangspunkt der Kritik waren wie in Pszczyna vielfach reale Missstände, die zum Teil bereits im Kaiserreich thematisiert, aber nicht gelöst worden waren – hier etwa die Schwierigkeit, eine wachsende, moderne Mittelstadt mit ihren Siedlungs- und Verkehrsbedürfnissen mit dem sie umgebenden Großgrundbesitz in Einklang zu bringen. Eine Kritik, die sich in ähnlicher Weise sogar noch extremer für Kattowitz (Katowice), Tarnowitz (Tarnowskie Góry) oder Waldenburg (Wałbrzych) wiederholen ließ und die aus sich selbst heraus bereits die Notwendigkeit einer Bodenreform legitimierte.

Auch darin konnten die neuen Erzählungen nahtlos an entsprechende Überlegungen der Zwischenkriegszeit anknüpfen. Bereits 1920 hatte etwa der Geograf und spätere Minister für Glaubensfragen und Volksaufklärung im Kabinett von Kazimierz Bartel, Antoni Sujkowski (1867–1941), in einer auf deutsch publizierten Propagandaschrift erklärt, das „alte Polen der Herren und Schlachtzitzen" sei nunmehr „in den Schatten gerückt – es ist das neue Polen, das Polen des Bauern und Arbeiters entstanden". Dieses solle nicht länger dabei helfen „die deutschen Fabrikanten und Grossagrarier" zu bereichern, sondern durch die Parzellierung der Güter an Kleinbauern mit Beihilfen der Staatsbank für „Nichtlandleute" die Arbeitslosigkeit senken. Da die Schrift vorrangig Stimmen für Polen in der anstehenden Volksabstimmung hatte sammeln sollen, standen naheliegenderweise die großen oberschlesischen Latifundien im Zentrum dieses eingeforderten Umverteilungsprozesses.[1594]

1592 W. P.: Ze stolicy zielonego śląska // Pszczyna – miasto przyszłości [Aus der Hauptstadt des grünen Schlesien // Pszczyna – Stadt der Zukunft]. Gazeta Robotnicza, 8. Oktober 1947. APP ZM Pszczyna 60, Blatt 37.

1593 Ebd.

1594 Sujkowski 1920, S. 15 und 9–11.

2.2.3 Von der Überlegenheit der neuen Ordnung

Der neue polnische Staat sollte die Fehler der Zwischenkriegsordnung nicht wiederholen, so hatte man sich in den Führungszirkeln der Polnischen Arbeiterpartei (PPR) vorgenommen: Großkapital und Großgrundbesitz wurden konsequent verstaatlicht und die Autochthonen nach 1948 und bis weit in die 1950er Jahre hinein konsequenter Zwangsassimilierung unterworfen.[1595] Die Verantwortlichen für Agitation und Propaganda machten sich deshalb daran, positive Erinnerungen, die die Grundlage für eine eventuelle Rückbesinnung auf die „alten Herren" sein könnten, auszumerzen. Dabei wurden sogar Familienleben und persönliche Schicksale wie im Fall der Fürsten von Pless zu politischen Chiffren reduziert.

„Pszczyna", heißt es etwa im Untertitel eines als Reisebericht angelegten Artikels vom Februar 1948, sei nun „auf ewig frei von Pless" – so als ob mit dem Fortfall der deutschen sprachlichen Eigenbezeichnung auch eine ganze historische Last von Stadt und Region genommen sei.[1596] Endlich gehöre der ehemalige „Staat im Staate"[1597] dem Volk. Damit, dass der Artikel das „Fürstentum Pless", das „beinahe zwei Landkreise" umfasst habe, und dessen „Hauptstadt" angriff, richtete er sich nicht allein gegen die ehemaligen Herren des Plesser Landes, sondern eben auch gegen jedes lokale Gegengedächtnis, das sich dem offiziellen Geschichtsbild entgegensetzen konnte.

„Heute", fuhr der Artikel fort, „existiert dieser Staat nicht mehr. Der Wald von Pszczyna wurde vom Forstministerium übernommen, die Bergwerke gehören zu einer Vereinigung Volkseigener Betriebe und die Güter wurden unter den Bauern aufgeteilt." Der ehemalige Palast sei nunmehr das Plesser Regionalmuseum, „in dem schöne Skulpturen und Gemälde zu bewundern sind und vor allem eine wunderbare Porzellansammlung."

Diese Aneignung legitimierte sich vor allem auch durch eine in die Vergangenheit zurückprojizierte Kontinuität der Bewohner der Region, die mit einer Deutung kontrastiert wurde, nach der die ehemaligen Plesser Herren ein nationaler und klassenmäßiger Fremdkörper waren: Die „Deutschen von Pless" hätten sich hier ganz wie „erbliche Herrscher" verhalten (*Niemców von Pless zachowujących się tutaj jak dziedziczni władcy*), eine Alterität, die sich auch im bewussten Verzicht auf eine Polonisierung des Namens ausdrückte. Sehr wohl polonisiert und damit einem emotionalen Distanzabbau dienlich wurden dagegen die Eigennamen der Familie, der sich der Beitrag nachfolgend im Ton eines Märchens näherte: „Der alte Herzog Hans Heinrich hatte drei Söhne. Der älteste von ihnen, Alexander [gemeint ist vielmehr der jüngste Sohn Bolko (1910–1936)], starb nach einem kurzen, aber zügellosen [auch: liederlichen] Leben. In seinem Liebesleben hat er es sogar geschafft, sei-

---

1595 Polak-Springer 2015, S. 195.
1596 „Jeden do Schumachera, drugi do … Andersa. // Pszczyna na zawsze wolna od Pless [abgerissen] // Żubry czują się świetnie i nie tęsknią wcale do opieki niemieckich magnatów". In: Express Wieczorny, 8. Februar 1948. APK 185 UWS-K Kult. 174, Blatt 89.
1597 Wörtlich: „halbstaatliches Gebilde" (*organizm pół państwowy*).

ne Stiefmutter zu heiraten."[1598] Dieses Vorgehen stellte erzählerische Nähe her und zeichnet das Bild einer Familie im moralischen Verfall, das dem autoritär-patriarchal-heteronormativen Konzept der Familie im Stalinismus zuwiderlief.[1599] Der moralischen Delegitimierung folgte die politische Bankrotterklärung, denn die Pless seien „kriegstreiberische Deutsche" gewesen, der zweitälteste (tatsächlich: älteste) Sohn Hans Heinrich XVII. (1900–1984) etwa „Präsident des lokalen Volksbundes, einer Nazi-Organisation" (*„organizacji hitlerowskiej"*). Daran, dass der mittlere der drei Brüder, der durchaus polonophile Alexander (1905–1984) (im Artikel fälschlich als Bolko, „der Jüngste", beschrieben), in der Zwischenkriegszeit die polnische Staatsbürgerschaft angenommen hatte,[1600] kam allerdings auch der Beitrag nicht vorbei. Die nicht explizit erwähnte Entscheidung musste deshalb als rein strategisches Handeln erklärt werden. So heißt es über ihn, er habe „sich zur Sicherheit abseits gehalten" und sogar „ein bisschen Polnisch gelernt". Als Deutschland dann den Krieg verloren habe, hätten sich beide Brüder nach London abgesetzt. Als nunmehr „guter Deutscher" („dobry Niemiec") und Demokrat habe der eine (Hans Heinrich XVII.) dort Kurt Schumacher unterstützt, der andere als Offizier unter dem polnischen Exilpolitiker und General der Exilstreitkräfte Władysław Anders gedient. Nach Ansicht des Verfassers kein Ruhmesblatt – war der zu diesem Zeitpunkt doch bereits seit über zwei Jahren als Feindbild des kommunistischen Systems ausgemacht. Der Beitrag ist entsprechend auch „Der eine für Schumacher, der andere für ... Anders" betitelt. Der Bezug zu Anders wurde in der Überschrift wie im Text durch drei Auslassungszeichen gekennzeichnet – wohl um anzudeuten, dass ein „Kriegstreiber" sich nun mit einem anderen eingelassen hatte.[1601]

Der Beitrag war offensichtlich Teil einer Kampagne, mit der im Frühjahr 1948 versucht wurde, die Fürsten von Pless und indirekt den Adel allgemein als Teil der nationalsozialistischen Unterdrückungs- und Ausbeutungsmaschinerie darzustellen. Ein anderer Presseartikel, der nur etwas mehr als einen Monat später erschien, war in dieser Hinsicht erheblich weniger differenziert. Er gab in Interviewform die wesentlichen Propagandabilder weiter. So machte er die Familie von Pless ursächlich dafür verantwortlich, dass die „Plesser Erde mit dem Blut erschossener Schlesier getränkt" sei.[1602] Einer unter den Fürsten, „ein entschiedener Schwabe [i.O.: Szwab,]", habe

---

1598 Der damals 24-jährige Bolko heiratete am 5. Juli 1934 seine zwölf Jahre ältere Stiefmutter, Clotilde de Silva y Gonzalez de Candamo (1898–1978). Deren 1925 geschlossene Ehe mit dem Vater Bolkos, Hans Heinrich XV., war vier Monate zuvor für nichtig erklärt worden. Alle Angaben nach: Genealogisches Handbuch des Adels III A 2004, S. 500f.

1599 Zum stalinistischen Familienbild vgl. Hoffmann 2003, S. 52f.

1600 Alexander verließ Polen 1939 nach Großbritannien, wo er in die Exilarmee eintrat. Sein älterer Bruder Hans Heinrich XVII. hatte zunächst in Deutschland gelebt, das er aber im Jahr 1932 vor der Machterlangung der Nationalsozialisten verließ, um sich in Großbritannien anzusiedeln, wo er bei Kriegsausbruch zunächst interniert wurde (Koch 2006b, S. 94, 97).

1601 „Jeden do Schumachera, drugi do ... Andersa. // Pszczyna na zawsze wolna od Pless[abgerissen] // Żubry czują się świetnie i nie tęsknią wcale do opieki niemieckich magnatów". In: Express Wieczorny, 8. Februar 1948. APK 185 UWS-K Kult. 174, Blatt 89.

1602 Słowo o Pszczynie. In: Trybuna Robotnicza, 20. März 1948. APK 332 Zarząd Miejski i Miejska Rada Narodowa w Pszczynie Nr. 60, Blatt 39. Ein ähnliches Narrativ wurde um die Rolle der

schon vor 1939 Polen in seinen Industriebetrieben arbeiten lassen und die „faschistische Untergrundbewegung" befürwortet, ja gedeckt. Während des Kriegs habe er den Polen das für ihn erwirtschaftete Brot mit „Unterdrückung, Denunzierung und Verfolgung seiner besten Söhne" heimgezahlt. Auch um dieses Narrativ von der Verquickung der Fürsten in die nationalsozialistischen Verbrechen zu etablieren, war es also wichtig, den Gedenkort für die bei den „Drei Eichen" ermordeten Polen (vgl. Teil II, Kap. 1.3.2) im Gedächtnis der Menschen wachzuhalten. Umgekehrt rechtfertigten diese Verbrechen nunmehr die Landreform und die Übernahme des von Hochberg'schen Besitzes durch den Staat.[1603]

Der Delegitimierung des schlesischen Adels stand komplementär eine Rhetorik zur Seite, die die Aneignung der polnischen Westgebiete fördern sollte. Es ging nicht einfach darum, in einem abstrakten Sinn das Eigentum des polnischen Staates an weiten Teilen der Produktionsmittel in den Westgebieten festzuschreiben, vielmehr sollte in der Bevölkerung auch ein Gefühl der Verantwortlichkeit für den kollektiven Besitz geschaffen werden.

Der oben zitierte Artikel über die ehemalige freie Standesherrschaft Pless beispielsweise zeichnete ein Bild, nach dem alle kulturellen Errungenschaften und Güter in deren Grenzen ein Produkt der Arbeit der als polnisch verstandenen Bevölkerung waren, während er die Fürstenfamilie als fremde Schmarotzer zu stilisieren versuchte. Das im Schloss in Pszczyna eingerichtete Museum habe viele „wertvolle Sammlungen erhalten können", wusste der Beitrag etwa zu berichten, darunter wurden Gemälde, Mobiliar, antikes und chinesisches Porzellan oder die Geweihsammlung genannt. Beim „Spaziergang durch die schönen Säle des Museums" könne man die Porzellansammlung bewundern, die „viele Millionen Złoty" wert sei. Dort könne man ebenfalls lernen, dass „einer der wenigen Polen, die vor dem Krieg im Palast der Fürsten von Pless" beschäftigt waren, ein „gewöhnlicher ungelernter Arbeiter namens Auchinek, dessen Aufgabe es war, das Funktionieren der Zentralheizung sicherzustellen", „nachdem die Fürsten selbst geflohen" seien, die Porzellansammlung in den verschachtelten Gängen des Schlosses versteckt und so „diese wertvollen Kulturgüter für Polen erhalten" habe.[1604] Die vorgebliche Rolle des einfachen Arbeiters – und eigentlichen Hausverwalters – Auchinek bei der Bewahrung dieser Kulturgüter über den Einschnitt des Krieges hinweg wurde besonders hervorgehoben und mit der angeblichen Flucht der ehemaligen Besitzer kontrastiert. Dabei musste gerade im Falle der Fürsten Pless ein hochselektives Narrativ entfaltet werden. Dass die Familie im Exil sich klar gegen die Nationalsozialisten gestellt und diese bereits nach dem Überfall auf Polen 1939 den größten Teil des Besitzes der Familie be-

---

Fürsten im Deutschen Volksbund entwickelt. Vgl. Znów o księciu budującym Volksbund [Noch einmal über den Fürsten, der den Volksbund schuf]. In: Trybuna Robotnicza, 10. Februar 1948. Ebd., Blatt 43.

1603 Ebd.

1604 „Jeden do Schumachera, drugi do … Andersa. // Pszczyna na zawsze wolna od Pless [abgerissen] // Żubry czują się świetnie i nie tęsknią wcale do opieki niemieckich magnatów". In: Express Wieczorny, 8. Februar 1948. APK 185 UWS-K Kult. 174, Blatt 89.

schlagnahmt oder unter Zwangskuratel gestellt hatten,[1605] wurde ebenso geflissentlich übergangen wie die Frage, vor wem oder warum Auchinek die Stücke verborgen hatte.

Aus dem Gegensatz zwischen der angeblichen Unfähigkeit der alten Herren zur Fürsorge für die Kulturgüter in ihrem Besitz und der selbständigen Fürsorge des neuen, sozialistischen Menschen bildete sich ein Subtext, der die materielle Aneignung moralisch legitimierte. Dieses Fürsorgemotiv kehrte etwa auch für die Plesser Wisente wieder, die im Winter nach der Flucht ihrer Eigentümer von Kleinbauern der Umgebung „vor dem Tod gerettet" worden seien. Der Beitrag gebraucht für diese Gruppe, die durch ihren Besitz von ein bis zwei Hektar Grund und einem Gärtchen am Haus charakterisiert wird, den ideologisch wohl angemessener erscheinenden Ausdruck „małorolni robotnicy", den man vielleicht mit „kleinbäuerliche Arbeiter" übersetzen kann. Es handelt sich offenbar um eine Zusammenziehung aus den Begriffen „chłopi małorolni" (Kleinbauern) und „robotnicy rolni" (Landarbeiter in einer PGR). Wiederum kehrt auch dieses Motiv in einem eigenen Untertitel des Beitrags wieder, denn, so heißt es, sogar die Wisente „fühlen sich glänzend und vermissen die Sorge der deutschen Magnaten nicht".

Die damit vollzogene Aneignung war eine doppelte: Einerseits legitimierte sie die physische Appropriation von Eigentum, andererseits vollzog sich damit auch eine tatsächliche Aneignung im weiteren Sinn, indem sie die Idee materialisierte, dass Porzellansammlung, Bibliothek, Schloss und Park, ja sogar die Wisente im Reservat zu polnischen Kulturgütern geworden waren, für die alle Menschen Verantwortung empfinden sollten. Befreite Menschen, die, sozialistischen Idealen folgend, mindestens ebenso sehr an die Gemeinschaft dachten wie an sich selbst; die wie der „Arbeiter" Auchinek bereit waren, dafür nicht unerhebliche Risiken einzugehen, und die danach, wenn man ihnen wie das Ministerium für Kunst und Kultur eine Belohnung für ihr Handeln bot, diese Belohnung großzügig ausschlugen, weil ihre Handlung doch ganz selbstverständlich – eben klassenbewusst – war.[1606]

Dem Idealbild des befreiten Menschen entsprachen freilich nur Wenige, und so war es Aufgabe der Propaganda, die Risse zu schließen, die sich bei der „Entstehung einer neuen Wirklichkeit" – so eine vielfach gebrauchte Formel – abzeichneten. Sie sollte zeigen, wie sehr Zwangsumsiedler und Alteingesessene, Arbeiter und Bauern, Kader und einfache Genossen aufeinander angewiesen waren – und wo ihr wirklicher Feind war. Die Nachkriegszeit wurde zu einer Zeit des Aufbruchs stilisiert, in der mit Hilfe der Sowjetunion das deutsch-kapitalistisch-aristokratische Joch abgeworfen worden war und der gemeinschaftliche Aufbau von etwas Neuem begonnen hatte.

So berichtete 1949 beispielsweise die Tageszeitung *Trybuna Tygodnia* über die Erfolge der Ansiedlung von sogenannten Repatrianten aus den ehemaligen Ostgebieten Polens in Koppitz (Kopice), wo auf dem 600 Hektar umfassenden Besitz der „eingedeutschten polnischen Aristokraten" Grafen von Godulla (gemeint sind die

---

1605 Koch 2006b, S. 149f.; vgl. auch Voigt 1995, S. 123.
1606 „Jeden do Schumachera, drugi do … Andersa. [...]" APK 185 UWS-K Kult. 174, Blatt 89.

Grafen von Schaffgotsch) siebzig Familien angesiedelt worden waren.[1607] Schnell hätten die Einheimischen gemerkt, wie hilfreich die Umsiedler für sie waren, zitierte der Beitrag den Vorstandsvorsitzenden der lokalen PGR, hätten sie doch gemeinsam ein Zentrum für Landmaschinen eingerichtet.

Auf den von der Verwaltung der staatlichen Liegenschaften an die Bevölkerung verteilten Ländereien stellte sich das Problem des Maschineneinsatzes in der Tat verschärft. Anders als die staatlichen landwirtschaftlichen Betriebe konnten die Kleinbauern kaum selbst Maschinen anschaffen, und die alteingesessenen Bauern besaßen im Regelfall gleichfalls keine. Ein gemeinsames Zentrum für Landmaschinen im Rahmen eines Staatsgutes zu nutzen, war also unter den gegebenen Umständen weniger ein ideologischer Schritt als eine ökonomisch rationale Entscheidung. Das Zentrum in Kopice sollte seinen Mehrwert für die Bevölkerung dadurch demonstrieren, dass es die Dienstleistung etwa beim Einsatz von Dreschmaschinen billiger anbot als die noch verbliebene private Konkurrenz, dass ein Transport der Ernte wegfiel, da die Maschine zum Neubauern gebracht wurde (der natürlich nicht über einen nennenswerten Fahrzeugpark verfügte), und dass die PGR sich mit einem Naturalanteil des Dreschguts beschied, was den Kleinbauern von einer Kapitalvorhaltung entband.

Eine besondere Herausforderung war in der Nachkriegszeit die Beschaffung von Maschinen, sodass neben den zentralen Zuweisungen auch versucht wurde, vor Ort gefundene defekte Maschinen der Schaffgotsch'schen Güter und ehemaliges Kriegsgerät wieder funktionsfähig zu bekommen. Dafür, wie für die Wartung, fehlte es in Kopice aber an Kompetenz. Diesen Umstand nutzte der Beitrag zu einer Kampagne für die Verbrüderung von Bauern und Arbeitern. Eines Tages sei, so berichtet der Artikel, ein Lkw mit einer Brigade der Huta Batory in Königshütte (Chorzów) ins Dorf gekommen.[1608]

Der Text leistete gerade damit die Aufgabe, die verschiedenen Gruppen in der polnischen Gesellschaft einander nahezubringen. Er konstruiert eine Fremdheit zwischen dem Dorf und der Welt der Arbeiterschaft, die es in dieser Form gerade in Oberschlesien kaum gegeben haben dürfte, da die Menschen auf dem Land schon lange mit der Industrie lebten – etwa durch nebenberufliche Tätigkeiten als Vekturanten (Fuhrleute) im Winter. Es waren also eher die Zwangsumsiedler aus den ehemaligen polnischen Ostgebieten, die hier zur Bevölkerung des Dorfs gemacht wurden. Dieser seien die Arbeiter fremd gewesen, die in der unverständlichen „Sprache der Ingenieure" miteinander beratschlagt hätten, wie dem Maschinenpark am besten zu helfen sei. Heute gäbe es kein Kind im Dorf und in den Nachbardörfern, das den Namen der Hütte nicht kenne, denn die Brigade habe angeboten, unent-

---

1607 Mieczysław Derbień: Sojusz robotniczo-chłopski z bliska. Braterska pomoc. Reportaż z Kopic [Das Arbeiter- und Bauernbündnis. Enge brüderliche Hilfe. Ein Bericht aus Koppitz]. In: Trybuna Tygodnia 1, 52 (1949), S. 7.

1608 Benannt nach Stephan Bátory. Die ehemalige Bismarckhütte im Besitz der Kattowitzer AG für Bergbau und Eisenhüttenbetrieb, deren Schöpfer und Großanteilseigner die Grafen von Tiele-Winckler gewesen waren.

geltlich die Maschinen zu warten, ja habe sogar die zerstörten Landmaschinen und das Kriegsgerät mitgenommen, um es in ihrem Werk zu richten. Da hätten die Menschen erkannt, dass wahr sei, was sie in den Zeitungen lesen konnten: Es gäbe eine Solidarität zwischen den Arbeitern und den Landarbeitern und Kleinbauern, weil es die politische Überzeugung der Arbeiterschaft sei.[1609]

2.2.4 Vielstimmigkeit der Vergangenheitserzählungen bis Ende 1948

Die kontrastierenden Bilder von Vergangenheit und neuer Wirklichkeit, wie sie in den Beiträgen zu Pszczyna und Kopice deutlich werden, sollten ein neues Bewusstsein schaffen und richteten sich deshalb gegen eine Vielzahl von unerwünschten Einflüssen gleichzeitig. Da war das lokale Sondergedächtnis, das durch eine dem neuen Staat positiv zugewandte Regionalidentität ersetzt werden sollte. Da war der Verweis auf ein anderes, nicht sowjetisiertes Polen, auf Rückkehrer aus dem Westen und Repatrianten aus dem Osten, die in die neue Gesellschaft eingebunden werden sollten, und schließlich auch auf Autoritäten außerhalb des sozialistischen Staates, die es um jeden Preis zu delegitimieren galt. In diesem Bild spiegelt sich also weit mehr, als eine diskursive Engführung auf das Deutsche, auch wenn diese Engführung ein probates Mittel für die Stiftung des neuen Gedächtnisses war.

Die Notwendigkeit dafür erwuchs aber gerade daraus, dass bis Vereinigung der Polnischen Arbeiterpartei (PPR) mit der Polnischen Sozialistischen Partei (PPS) im Dezember 1948 zur Einheitspartei sowjetischen Typs Vergangenheitsdiskurse noch eine überraschende Vieldeutigkeit besaßen.

Ein Beitrag von Andrzej Grodek in der Zeitschrift *Przegląd Zachodni* des Posener Instituts für Westforschung 1948 zur „Entwicklung des Kapitalismus in Oberschlesien bis zum Ende des 19. Jahrhunderts" etwa verzichtete völlig auf klassenkämpferische Zwischentöne.[1610] Präsent, aber nicht übermäßig hervorgehoben waren jene Persönlichkeiten, die bereits in der Zweiten Polnischen Republik in eine positive Vergangenheitserzählung vom polnischen Anteil am industriellen Aufbau Oberschlesiens vereinnahmt worden waren, darunter etwa der Selfmademan Karl Godulla (in den polnischen Schreibweisen Karol Godula und Goduła), der jenes Montanimperium geschaffen hatte, das durch Heirat an die Grafen Schaffgotsch gekommen war. Er wurde ganz unbekümmert mit den Worten eingeführt, er habe einen „amerikanischen" Aufstieg erfahren. Generell wurden die industrielle Aufbauleistung und das Ergebnis unternehmerischen Handelns mit positiven oder neutralen Begriffen belegt. Entsprechend positiv fiel auch die Darstellung der Grafen Ballestrem aus, als deren Amtmann Godullas Karriere begonnen und als deren Teilhaber im Zinkgeschäft sie einen vorläufigen Höhepunkt erreicht hatte. Über die Heirat seines Mündels Johanna Gryczik mit dem Grafen Hans Ulrich von Schaffgotsch merkte der Au-

---

1609 Derbień 1949, S. 7.
1610 Andrzej Grodek: Rozwój kapitalizmu na Górnym Śląsku [Entwicklung des Kapitalismus in Oberschlesien]. In: Przegląd Zachodni 3/4, 1948, S. 356–381.

tor nur an, dass so das oberschlesische Vermögen der Grafen Schaffgotsch begründet worden sei.

Was hier gegenüber Geschichtsbildern wie jenen Antoni Sujkowskis völlig fehlte, war eine Dimension der Unterdrückung – der Blick auf die Arbeiterschaft in den Industriebetrieben und auf den Latifundien Oberschlesiens etwa. Ganz im Gegenteil knüpfte der Beitrag an den großen preußischen Integrationsmythos an: den Mythos einer offenen Gesellschaft, in der alle gleiche Aufstiegschancen hatten, und eines uparteiischen Staates, vor dem alle gleich sein sollten – den „Prussian Dream" sozusagen, der seit dem Kaiserreich den polnischen Schlesiern das preußische Modell attraktiv machen sollte. Polnische Geschichtsbilder der Zwischenkriegszeit waren demgegenüber bemüht, die Diskriminierung Godullas in Preußen durch entsprechende apokryphe, mündliche Tradition nachzuweisen.

Je weiter die Gleichschaltung der polnischen Gesellschaft allerdings voranschritt, desto schärfer und weniger hinterfragbar wurden die Bilder der Vergangenheit. Die weitgehend emotionsarme Sprache Grodeks, die Superlative höchstens für die Größe von Territorien oder Vermögen gebrauchte, wurde den Forderungen dieser neuen Realität nicht mehr gerecht. Dafür, dass er dem „Newspeak" des Stalinismus nicht entsprach, wurde er jedoch nicht etwa aus dem Kanon ausgeschlossen, sondern zu einer Referenz für andere Darstellungen, die ihre Wissensbestände nunmehr in einen völlig veränderten diskursiven Rahmen stellten.

2.2.5 Die Festigung eines neuen Geschichtsbilds 1948–1956

„Die Feinde Polens" – hämmerte 1952 etwa eine Zwischenüberschrift in einem zweiteiligen Beitrag über „Ausländisches Kapital in Oberschlesien" in der *Trybuna Robotnicza*, dem offiziellen Organ der PZPR in Schlesien, den Lesenden ein – seien diejenigen gewesen, „die über die schlesische Industrie verfügt" hätten (*dysponentami śląskiego przemysłu*).[1611] Verfasser des Beitrags war kurz nach Beendigung seines Studiums der 28-jährige Jurist, spätere Rechtsgeschichtler, Politikwissenschaftler und Verfassungsrichter Franciszek Ryszka (1924–1998).[1612] Ryszkas Beitrag beruhte erklärtermaßen in großen Teilen auf einem Abschnitt über die Zwischenkriegszeit in der Publikation Grodeks, der nun theoretisch überformt und mit einer stark emotionalen Sprache aufgeladen wurde.

Das „ausländische Kapital" waren an erster Stelle Unternehmer wie Friedrich Flick, „dieser Todfeind Polens", sowie Aktiengesellschaften und Magnatenunternehmen.

1611 Franciszek Ryszka: Kapitał zagraniczny na Górnym Śląsku [Ausländisches Kapital in Oberschlesien]. In: Trybuna Robotnicza – Organ KW Polskiej Zjednoczonej Partii Robotniczej Nr. 84 (2516), 7. April 1952, S. 3 [Teil 1], hier Nr. 85 (2517), 8. April 1952, S. 3 [Teil 2], dort in diesem Zusammenhang auch die Familien Henckel von Donnersmarck, Hochberg-Pless, Ballestrem und Friedländer-Fuldt.

1612 Die umfassendste Biografie, wenn auch auf hagiografische Untertöne nicht vollständig verzichtend, dürfte der vor kurzem publizierte Beitrag eines Schülers Ryszkas sein: Maciejewski 2014; vgl. zudem auch: Baszkiewicz 1990.

Ryszka benennt explizit die Vereinigte Königs- und Laura-Hütte, an der die beiden industriell aktiven Linien der Grafen Henckel von Donnersmarck zeitweilig große Anteile gehalten hatten, oder auch die „The Henckel von Donnersmarck – Beuthen Estates Limited", eine britische Dachgesellschaft, mit der die Grafen Henckel nach der Teilung Oberschlesiens 1919/21 versucht hatten, ihren alten Fideikommissbesitz dies- und jenseits der Teilungslinie zu kontrollieren, aber auch die „Kattowitzer Aktiengesellschaft für Bergbau und Eisenhüttenbetrieb", deren Mehrheitseigner die nicht namentlich genannten Grafen von Tiele-Winckler waren, oder die Hohenlohe-Werke.[1613]

Indem er die Deutschen nunmehr zu „Ausländern" umstilisierte, zerstörte Ryszka die Kontinuität zwischen Territorium, Bewohnern und Eigentumskomplexen in der Abfolge politischer Ordnungen, die Grodek noch so selbstverständlich vorausgesetzt hatte. Die Interessen des Kapitals diktierten in dieser Wahrnehmung bekanntlich die Politik der Staaten mit kapitalistisch verfasster Gesellschaftsordnung, sodass sich unschwer eine Linie von den lokal bekannten Persönlichkeiten zur politischen Großwetterlage ziehen ließ. Dieser Logik folgend, erlangten die Adelsfamilien zugleich auch eine Mitverantwortung für die Konflikte zwischen Deutschen und Polen in der Vergangenheit.

Die 1955 erschienene „Geschichte Schlesiens" des Forscherehepaars Ewa Maleczyńska (1900–1972) und Karol Maleczyński (1897–1968) hielt fest:

> „Die schlesische Arbeiterklasse hatte eine ganz besonders hohe Rechnung für all das Unrecht zu begleichen, das sie von ihren junkerlich-kapitalistischen Machthabern erlitten hatte: Magnatengeschlechtern [„magnackich rodów"] wie den Ballestrem, Schaffgotsch, den Fürsten von Pless, Henckel von Donnersmarck und dergleichen Konsorten mehr. Es bestand aus Jahrhunderten der unbarmherzigen Ausbeutung und Unterdrückung, Jahrhunderten der gnadenlosesten [„najbezwględniejszej"] Eindeutschung und der unverhohlenen Verachtung für das polnische ‚Arbeitsvieh' [„bydła roboczego"] Schlesiens."[1614]

Das Historikerpaar war selbst aus Lemberg (L'viv/Lwów) zwangsumgesiedelt worden (auch wenn sein Selbstverständnis diesen Terminus wohl kaum zugelassen hätte). Der Mediävist Karol Maleczyński gehörte zu den Begründern der Geschichtsforschung an der Breslauer Universität in der Nachkriegszeit und war langjähriger Direktor des Historischen Instituts.[1615]

Viele der Publikationen dieser Zeit weisen dabei drei distinkte Zeithorizonte auf: eine ins Mittelalter zurückreichende *longue durée*, die der allgemeinen Legitimation einer Zugehörigkeit Schlesiens zur „Rzeczpospolita" diente, einen mittleren Zeithorizont, der vorwiegend vage und diffus die Unterdrückung von Polen in Preußen untermauern sollte, der aber mit Ausnahme der Situation von Kleinbauern und Indus-

---

1613 Ryszka 1952, S. 3.
1614 Maleczyńska/Maleczyński 1955, S. 288.
1615 Vgl. etwa: Maleczyński, Karol. In: Polski słownik biograficzny. Bd. 19. Kraków, Wrocław: Zakład Narod. im. Ossolinskich, 1974, S. 302–304, außerdem (sehr stichwortartig): Karol Maleczyński. In: Andrzej Śródka (Red.): Biogramy uczonych polskich. Wrocław: Ossolineum 1984, S. 414–416; sowie: Maleczyński, Karol. In: Polski słownik biograficzny. Bd. 40: Uzupełnienia i sprostowania do tomów I–XL. Kraków, Wrocław: Zakład Narod. im. Ossolinskich, 2002, S. 302–304.

triearbeitern Ende des 19. Jahrhunderts und der Sprach-, Schul- und Religionsfrage im Kaiserreich eher unbestimmt blieb, und schließlich einen zumeist sehr ausführlich behandelten, kürzeren Zeithorizont, der sich von der Wiedererlangung der Eigenstaatlichkeit Polens bis etwa 1939 spannte. Die allerjüngste Vergangenheit dagegen, die Zeit von 1939 bis 1945, wurde entgegen dem, was man vielleicht erwarten könnte, kaum explizit erwähnt, sondern schwang primär als eine evidente Referenz im Hintergrund mit.

Auch für Ryszka waren die zentralen Erinnerungsorte die Wiedererstehung eines polnischen Staates 1919 beziehungsweise die Volksabstimmung über die nationale Zugehörigkeit Oberschlesiens 1921. Die Volksabstimmung wurde dabei als wenn auch nicht idealer, so doch zumindest notwendiger Schritt porträtiert, der dem Willen der unterdrückten polnischen Bevölkerung entsprach. Es war die deutsche Seite, die die für den neuen polnischen Staat günstigen Ergebnisse nicht habe akzeptieren wollen, und die im Land gebliebenen monopolkapitalistischen Unternehmen – allen voran die Magnatenbetriebe –, die sich nach dieser Lesart der Vergangenheit zu einer Art von fünfter Kolonne des Deutschen Reichs gemacht hatten.[1616]

Von der Zwischenkriegszeit war es leicht, eine Parallele zur Gegenwart zu ziehen: So wie damals die mehr oder weniger austauschbar gedachten Großagrarier, Großindustriellen, der Adel, kurz das Kapital, gegen den jungen, wiedererstandenen polnischen Staat intrigiert hatten, so waren es, dieser Logik folgend, die „revisionistischen" Vertriebenenverbände der jungen Bundesrepublik, die den Ausgang des Zweiten Weltkriegs nicht akzeptieren wollten und in denen sich nunmehr diese Interessen organisiert hatten. Die Vertriebenenverbände repräsentierten folglich nicht die Interessen der deutschen „Umsiedler" (*przesiedleniec*), sondern würden von den Großgrundbesitzern (*obszarnik*) und Fabrikanten instrumentalisiert. „Wer beherrscht denn die ‚Landsmannschaften'?" fragte etwa die *Trybuna Robotnicza* 1954, um sofort zu folgern: „Die Führung besteht nur aus dieser Art von Menschen [Großgrundbesitzern und Fabrikanten]."[1617] Darunter

> „Graf Henckel von Donnersmarck, einstmals Magnat auf Świerklaniec [Neudeck], derzeit Mitglied des Bundestages, die Gräfin Annemarie von Garnier-Turawa, die unfähig ist, über den Verlust ihres Vermögens und des Schlosses in Turawa hinwegzukommen, Friedrich Graf von Praschma, der gerne nach Burg Niemodlin [Falkenberg] zurückkehren möchte, Graf Matuschka, Graf Wartenburg, Graf Strachwitz, der Magnat in Izbicko [Stubendorf] war, sowie Frau Maria Gräfin von Strachwitz geborene von Machui [sic], die Erbin von Coseler und Patschkauer Landgütern, und zahlreiche kleinere Besitzer von Fabriken und Betrieben, Bauernhöfen und Mühlen, Brennereien, Hotels und Lagerhallen."

Insgesamt, so folgert der Artikel in einer abwertend gemeinten Zwischenüberschrift, „eine schöne [d. h. zueinander passende] Gesellschaft" (*Dobrane towarzystwo*).[1618] Alles was von deutscher Seite geeignet schien, öffentlich die neue Ordnung her-

---

1616 Ryszka 1952, S. 3.
1617 (zet): Kto rządzi „ziomkostwami?" [Wer leitet die „Landsmannschaften?"] In: Trybuna Robotnicza – Organ KW Polskiej Zjednoczonej Partii Robotniczej 196 (3302), 19. August 1954, S. 4.
1618 Ebd.

auszufordern, wurde darum als Bedrohung begriffen, darunter besonders auch die häufig von Johanniter- oder Malteserrittern organisierten Weihnachtspaketaktionen, etwa die von einer Gräfin Strachwitz geleitete Aktion 1953/54. Wie bereits im ersten Teil angedeutet, entsprangen diese im Regelfall nicht allein politischen Motiven, sondern boten aus der Sicht der Beteiligten eine Möglichkeit, adeligen Fürsorgehabitus und kirchlich-soziales Engagement zu leben. Sie waren zugleich auch ein Weg, auf dem die geflohenen und zwangsausgesiedelten Adeligen mit jenen Menschen Kontakt halten konnten, die ihnen verbunden waren und noch in Schlesien lebten. Aus der Sicht des Propagandaapparats ging von diesen Handlungen also eine doppelte Gefährdung des polnischen Staates aus: Sie hinterfragten öffentlichkeitswirksam seine Fähigkeit, allen das versprochene bessere Leben zu bieten, und ließen dabei die alte Ordnung umso rosiger erscheinen; sie eröffneten aber auch Kontakte und Kommunikationswege, die schon aus diesem Grund besonders misstrauisch überwacht wurden. Delegitimierungsstrategien auf polnischer Seite richteten sich im Fall der Paketaktionen vor allem auf deren Entwertung. Der oben zitierte Artikel schlachtete dafür etwa finanzielle Unregelmäßigkeiten bei der Paketaktion für „die Hungernden in Polnisch-Schlesien" (*„głodujących w Polsce Ślązaków"*) aus. So habe diese, wurde etwa erklärt, „in jüngster Zeit" in der Bundesrepublik „erheblich an Popularität eingebüßt", nachdem einer der Teilnehmer, Werner von Thiel, Geld für eine eine halbe Million Päckchen gesammelt habe, die nie versendet wurden.[1619]

2.2.6 Delegitimierung als Muster der Krisenbewältigung bis 1989

Persönliche Angriffe dieser Art erschienen als ein probates Mittel, zumal sich diese publizistischen Aktivitäten in Jahren häuften, in denen das System innenpolitisch unter Druck zu stehen glaubte. Antideutsche Ressentiments könnten nicht zuletzt auch aus innerparteilichen Machtkämpfen zu erklären sein, so bildete sich beispielsweise Mitte der 1960er Jahre die Gruppe der sogenannten „Partisanen" mit Mieczysław Moczar (Innenminister von 1964 bis 1968) an der Spitze, die ihre Ansprüche auf innenpolitisches Gewicht aus dem Widerstand gegen den Nationalsozialismus herleitete.[1620] Innergesellschaftliche Entwicklungen, die das fragile Machtgleichgewicht zu bedrohen schienen, wie etwa die Bemühungen der polnischen Bischöfe um eine Aussöhnung mit Deutschland, gingen auch deshalb unmittelbar parallel mit einer scharf geführten Debatte über den „westdeutschen Revisionismus", ein Propagandabild, mit dem – nicht zuletzt im Rahmen der Millenniarfeier des polnischen Staates 1966 – intensiv an nationalistische Emotionen appelliert wurde.[1621]

Das Feindbild des „unbelehrbaren Revisionisten" war zwar nicht exklusiv auf Adelige zugeschnitten, aber die politisch Aktiven im Adel hatten darin einen festen Platz,

---

1619 Ebd.
1620 Madajczyk 1992, S. 224.
1621 Madajczyk 2004, S. 104; überblicksartiger zur Rolle antideutscher Figuren in der Geschichte der PRL Majewski 2007.

unter ihnen Guidotto Graf Henckel Fürst von Donnersmarck, Georg Graf Henckel von Donnersmarck, Elisabeth Gräfin von Praschma, Otto Graf von Pückler und natürlich Bolko Freiherr von Richthofen.[1622] Einige, wie Bolko von Richthofen,[1623] boten derartigen Angriffen freilich mit ihren Schriften unschwer Nahrung, beispielsweise, wenn sie nationalsozialistische Propagandafiguren wie die vom „Vernichtungskrieg gegen das deutsche Volk"[1624] perpetuierten, indem sie eine Verschwörung von außen für alle historischen Ereignisse verantwortlich machten, die seit dem Ersten Weltkrieg bis zur Flucht und Vertreibung geführt hatten. Für Christoph Heinrich Graf von Reichenbach etwa war 1974 bereits die Zwischenkriegszeit „in Wahrheit nur die Fortsetzung des Vernichtungskrieges gegen das deutsche Volk mit anderen Mitteln", denn „Inflation, Arbeitslosigkeit und Niedergang der gesamten Wirtschaft waren die Folgen dieser Politik und trafen gerade den deutschen Osten besonders schwer." Hier konzentrierte sich eine Wahrnehmung, nach der „die Vertreibung der Deutschen aus ihrer alten Heimat und die Einsetzung der ‚polnischen Verwaltung' der deutschen Ostgebiete" diese zu den wahren Opfern eines umfassenderen Konflikts gemacht hatte.[1625]

Die politische Auseinandersetzung galt von polnischer Seite deshalb als ein Imperativ, der andere Werthaltungen als weniger wichtig zurücktreten ließ. Dass Feindschaften mit dem Tod enden sollten – eine seit der Antike in der europäischen Kultur verankerte Norm – schränkte für gewöhnlich etwa das Ausmaß ein, indem Nachrufe für politische Polemik herhalten mussten. Die Verletzung dieser Norm bedurfte daher auch in kommunistischer Zeit einer besonderen Legitimation: „De mortuis [nihil nisi bene] ..." titelte etwa die *Trybuna Robotnicza* in einem Doppelnachruf anlässlich des Todes von Guidotto Graf Henckel Fürst von Donnersmarck und des ehemaligen Bundesministers Hans Lukaschek. Dieses edle Motto (*szlachetna tendencja*) gelte gemeinhin auch dann, wenn die Toten Politiker seien. Über manche von ihnen könne man jedoch nur negativ sprechen, ohne unwahr zu sein. Der Zeitungsartikel bediente sich dabei einer bestimmten, durchaus als charakteristisch zu bezeichnenden Sprechweise, die erstens sehr emotionalisiert und distanzlos, zweitens in hohem Maße ironisch und drittens durch unterschwellige in der Sprache verwobene Herabsetzungen des politischen Gegners charakterisiert ist. Die Familie Henckel-Donnersmarck wurde beispielsweise mehrmals mit pejorativ zu verstehenden Diminutiven wie *„rodzinka"*, oder „Donnersmarczątek" belegt. Auch der Nachruf im engeren Sinne diente primär dazu, eine übergreifendere Agenda der Delegitimierung zu befeuern. Rhetorisch geschickt parallelisierte der Zeitungsartikel das Leben der beiden Verstorbenen. Henckel-Donnersmarck wurde dabei zugeschrieben, die preu-

---

1622 So etwa: Henckel von Donnersmarck, Georg. In: Bartosz/Hayduk 1965, S. 65–67; Praschma, Elisabeth von. In: ebd., S. 150–151; Pückler, Otto von. In: ebd., 152–154; Richthofen, Bolko von. In: ebd., S. 158–164.

1623 Zur Biografie von Richthofens jüngst Weger 2017.

1624 Zum Ursprung der Figur in der Zeit nach der Forderung Roosevelts nach einer bedingungslosen Kapitulation des NS-Regimes vgl. Gerste 2011, S. 214.

1625 Reichenbach 1974, S. 124. Die Äußerung ist sicher auch aus dem Selbstverständnis des Freien Standesherrn als Herrscher über ein Territorium und aus dem Kontext einer vorausgehenden Diskussion des Umstands, dass etwa 100 Hektar der Standesherrschaft mit der Teilung Oberschlesiens zu polnischem Staatsgebiet wurden, zu verstehen.

ßische Kolonialidee gegenüber Schlesien zu repräsentieren und symptomatisch für die Politik der Ausbeutung der Schlesier in Preußen zu stehen. Lukaschek, so der Beitrag, repräsentiere demgegenüber die preußische Verwaltungsidee, deren unmenschliche Präzision genauso grausam gewesen sei wie der „Schuh des preußischen und später Hitler'schen Soldaten". Beide Männer seien nunmehr Teil der Geschichte des preußischen Barbarentums, sodass auf sie besser als das edle lateinische Motto das deutsche Sprichwort „Jedem das seine!" anzuwenden sei.[1626]

2.2.7 Adel und die nationale Meistererzählung von Schlesien

Das Ende der stalinistischen Phase in Polen veränderte das Bild vom schlesischen Adel zunächst kaum. Besonderen Anteil an der Festschreibung dieses Bildes hatte der erstmals 1956 aufgelegte und allein bis 1979 in fünf Auflagen nachgedruckte Roman *Skarb Donnersmarcków* („Der Schatz der Donnersmarck"),[1627] mit dem der Journalist und Schriftsteller Wilhelm Szewczyk (1916–1991) einen grundlegenden Baustein des Propagandabilds vom schlesischen Adel – und vor allem der schlesischen Magnaten – legte. Zwischen den verschiedenen Ausgaben veränderte sich der Roman leicht, wobei der Hauptkorpus aber nahezu identisch blieb. Lediglich das zu dieser Zeit bis ins Jahr 1951 reichende Schlusskapitel der ersten Auflage wurde in späteren Auflagen ersetzt. Im Fall der fünften Ausgabe von 1979 reichte das umgeschriebene und erweiterte Schlusskapitel dann bis 1977. Szewczyk schuf so ein geschlossenes Narrativ, das vom späten Mittelalter bis in die Gegenwart reichte.

Der besondere Erfolg Szewczyks war auch dadurch begründet, dass er eine Tatsachenerzählung mit einem Historienroman verband, sodass stellenweise völlig unklar blieb, in welchem der beiden Genres sich *Skarb Donnersmarcków* bewegte. Neben einer langen Reihe von damals verfügbaren wissenschaftlichen Arbeiten hatte sich Szewczyk sogar diverse Archivalien angesehen, die durch die Umbildung von Beständen und deren Transfer zwischen verschiedenen Institutionen für nachfolgende Bearbeiter des Themas manchmal nicht so einfach wieder auffindbar waren. Auch deshalb haben verschiedene Autoren späterer Werke den Roman immer wieder wie eine historische Tatsachenschilderung behandelt. Sogar heute noch bauen manche historische Arbeiten auf den literarischen Skizzen Szewczyks auf.[1628] Der Klappentext von 1979 etwa bewarb Szewczyks „Schatz" damit, dass der Roman eine „Art historische Reportage" aus der „Geschichte der bekannten schlesischen Kapitalisten-

---

1626 WISZ: De mortuis … In: Trybuna Robotnicza – Organ KW Polskiej Zjednoczonej Partii Robotniczej 33 (4998), 9. Februar 1960, S. 2.

1627 Szewczyk 1956.

1628 So führt beispielsweise ein jüngerer Beitrag von Sławomir Krupa Szewczyk unhinterfragt als ersten Titel der ersten Fußnote zu monografischen Darstellungen über die Geschichte der bedeutenden Adelsfamilien Oberschlesiens auf (Krupa 2007, S. 67). Daneben existieren auch regelrechte Apologetiken, die noch heute auf die gründliche Recherche des Romans abheben und in ihm einen wichtigen Baustein in einer gegenwärtigen Auseinandersetzung um das Gedächtnis in Schlesien sehen wollen (Karwat 2016). Weniger polemisch, aber auch ohne eine historisch-kritische Auseinandersetzung der als Einleitung zur jüngsten Ausgabe gedachte Text von Kuczyński 2002.

familie" sei. In ihr werde die Rolle der Familie bei der Entwicklung der monopolkapitalistischen Industrie in Oberschlesien ebenso wie „bei der Germanisierung dieser
Region" beleuchtet.[1629] Szewczyk, der eng in den Macht- und Propagandaapparat in
der Volksrepublik verstrickt war,[1630] erwies sich als ausgesprochen produktiv, was die
Eindringlichkeit und Nachhaltigkeit der von ihm entworfenen Bilder angeht. Er habe seine Literatur immer als einen „Dienst an der Gemeinschaft" begriffen, zitierte
ihn aus Anlass seines 50. Geburtstags 1966 etwa Bolesław Lubosz, und habe zum
Ausdruck gebracht, dass das „heiße und strahlende Wort des Journalismus doch immer vom nachhaltigen Wirken literarischer Schöpfung begleitet" werden müsse.[1631]

Die Entstehungszeit des Romans ist Anfang der 1950er Jahre zu verorten. Eine
Liste von Szewczyks Werken anlässlich des 50. Geburtstags des Autors gab als Entstehungsjahr 1954 an.[1632] Gesichert ist außerdem, dass bereits im August 1955 der
Roman von der Tageszeitung *Trybuna Robotnicza* den historisch interessierten Lesern angekündigt wurde.[1633] Der Text knüpft deshalb im Allgemeinen eng an die
Feindbilder der stalinistischen Zeit an. Das Schlusskapitel, das die Handlung bis in
die jeweilige Erzählzeit heranführt, ist allerdings in späteren Ausgaben weggefallen
und neu geschrieben worden. Die Änderungen beziehen sich dabei nicht primär auf
die Rolle der Hauptfiguren. Vielmehr sind vor allem typische Elemente der stalinistischen Gesellschaft wie die Stoßarbeitsbewegungen (Stachanovismus) ersetzt worden.

Ikonografisch erfolgte diese Anlehnung etwa, indem das Titelbild der ersten Ausgabe eine stilisierte Person mit Pickelhaube zeigt, sozusagen den Inbegriff der „deutschen Gefahr", die bereits auf dem Titel die gesamte beinahe 400-jährige Anwesenheit der Grafen Henckel von Donnersmarck in Oberschlesien zu einem einzigen
Motiv zusammenfügt.

Der Roman schildert wie ein Historiengemälde den Aufstieg der Familie Henckel
von Donnersmarck im 16. und 17. Jahrhundert und ihre Verbindung zu Oberschlesien. Lazarus I. Henckel erscheint darin als ein ausgefuchster Geschäftsmann, der
bereits im Vorfeld seiner großzügigen Unterstützung der Kriege Kaiser Rudolfs II.
wusste, dass dieser seine Schulden unmöglich würde zurückzahlen können, und der
auf das „gute Schlesien" als eine Pfandherrschaft spekuliert, in dem nach der neuesten Technik Bergbau betrieben werden kann – denn: „Was sind schon ein paar Millionen! Das Henckel'sche Geschlecht wird das ganze Land umgraben und die hundert, ja zweihundert Millionen zurückholen!"[1634]

Die erzählte Zeit nimmt dabei eine sehr spezifisch geformte Gestalt an, die klar

1629 Szewczyk 1979. Auch in der Fassung von 1956 dient „historische Reportage" der Selbstbeschrei-
     bung des Werks, vgl. das Nachwort in Szewczyk 1956, S. 281.
1630 Zur Person Szewczyks vgl. die beiden Biografien von Fic 2007; Ratajczak 2011.
1631 Bolesław Lubosz: Wilhelm Szewczyk kończy 50 lat. W centrum współczesności [Wilhelm Szew-
     czyk ist 50 Jahre alt. Im Herzen der Moderne]. In: Trybuna Robotnicza 3, 1966, S. 3.
1632 Ebd.
1633 C. Kwiecień: Nowe książki śląskich pisarzy [Neue Bücher von schlesischen Schriftstellern]. In:
     Trybuna Robotnicza 192, 13./14. August 1955, S. 3.
1634 Szewczyk 1979, S. 17f.

auf die Erzählzeit ausgerichtet ist und zu einer Schilderung der Gegenwart als Ziel des Romans hinläuft. Die Zeit von der Mitte des 14. bis in die Mitte des 17. Jahrhunderts komprimiert Szewczyk in einem etwa zwanzig Seiten umfassenden ersten Kapitel, das die Geschichte der Familie Henckel von Donnersmarck erzählt und Schlesien auch für diese Zeit eine polnische Tradition einschreibt. Mit der Übernahme der Pfandherrschaft Beuthen-Oderberg beginnt die eigentliche Erzählung, die sehr schnell auf etwa zwölf Seiten ins ausgehende 18. Jahrhundert fortschreitet. Ab da kann der Verfasser sich den engeren Themen – Nationalitätenkonflikt, Klassenkampf und religiöse Auseinandersetzung – widmen, die er in weiteren neun Kapiteln und auf etwa 200 Seiten bis zum Ende des Kaiserreichs abdeckt. Dem 20. Jahrhundert sind noch einmal etwa 100 Seiten gewidmet, die vor allem die drei schlesischen Aufstände in eine Erzählung einbetten, nach der der kommunistische Staat nun erfüllte, wofür Polen seit Jahrhunderten gekämpft hatten.

Im Bild des Adels folgte Szewczyk also im Wesentlichen der großen Meistererzählung der 1950er Jahre, stand dieser doch weiterhin für die Germanisierung der schlesischen Polen und den unterdrückerischen preußischen Staatsapparat. In einer – in diesem Sinn – Schlüsselszene des Romans sammeln sich zum Beispiel kurz nach dem gescheiterten Großpolnischen Aufstand 1848 die Lehrer aus Tarnowitz zu einer Kaffeegesellschaft bei Guido Henckel Graf von Donnersmarck, der diese in seiner Rolle als Schulpatron über die angemessene Vermittlung der jüngsten Ereignisse instruiert. Henckel wird darin als schockiert über die „schamlosen Schriften" Bettina von Arnims porträtiert, die sich zunächst mit einer anonymen Denkschrift für das polnische Volk allgemein und später mit Briefen an Friedrich Wilhelm IV. für die adeligen polnischen Aufständischen eingesetzt hatte.[1635] „Wie kann es nur sein – staunte Henckel – dass in einem gesetzestreuen Land [wie Preußen] diese Greuel gedruckt werden dürfen." Die Anwesenden müssten deshalb lernen, in ihrem Unterricht „die preußischen Tugenden des Respekts vor der Macht und der Ehrung des Adels, der als unerschütterlicher Fels beständig unseren erhabenen Thron stützt", zu vermitteln. In Schlesien sei man schließlich „an der Front". Zwar sei der Aufruhr der Menschen (in den Aufständen) erloschen, aber die „Schlangen" umfängen nun Schlesien und zischten ihm zu.[1636] Die Wirkung der Szene auf Lesende in den späten 1950er Jahren erklärt sich vor allem auch daraus, dass Szewczyk damit die von vielen noch aktiv erinnerte Angst vor einer propagandistischen Beeinflussung der Schüler durch den Staat reaktivierte, die die gesamte oberschlesische Bildungspolitik und den Sprachenstreit seit den 1870er Jahren durchzogen hatte, und noch einmal weiter in der Zeit zurückprojizierte.

Neben der nationalen Unterdrückung der Polen war die wirtschaftliche Bereicherung der herrschenden Klasse auf Kosten des einfachen Volkes das zweite große Motiv des Werks; eine Bereicherung, die natürlich auf den Widerstand der ausgebeuteten Bevölkerung treffen musste. Szewczyk schilderte ausführlich die immer

---

1635 Zum Polenschrifttum Bettina von Arnims vgl. die Einordnung in: Püschel 1954.
1636 Szewczyk 1979, S. 90f.

wiederkehrenden Streiks auf den Gruben in Kaiserreich und Weimarer Republik, die er als Ausdruck des erwachenden Klassen- wie Nationalbewusstseins der als geschlossen polnisch imaginierten Arbeiterschaft beschrieb. Die nationalsozialistische Diktatur mit ihrer Rechtlosigkeit für die Menschen der besetzten Gebiete parallelisierte Szewczyk mit der „feudalen" Vorgeschichte Oberschlesiens: Die Fürsten und Grafen Henckel stellte er als „Herren Oberschlesiens" dar, denen die Diktatur nun endlich die Möglichkeit bot, missliebigen Widerstand zu brechen.

In den Zeitungen etwa, die früher immer kritisch über die Magnaten berichtet hatten, „dienten nun die Redakteure dem Fürsten, die Nazi-Partei beugte sich dem Fürsten und für die ungehorsamen unter seinen Untertanen wurden Gefangenenlager, Krematorien, *Himmelfahrtskommandos* [deutsch im Original, S. D.] durch den Schornstein, das ganze komplexe Alphabet der Folter und des Todes geschaffen."[1637] Szewczyk war sich selbstverständlich bewusst, dass auch die Fürsten und Grafen Henckel durch die Diktatur „eingeschränkt" wurden, aber sie profitierten aus seiner Sicht weitaus mehr als sie unter diesen Einschränkungen litten.

In einer anderen Schlüsselszene des Romans stürmt beispielsweise die Fürstin 1939 aufgeregt ihrem von einer Inspektion heimkehrenden Gatten entgegen, um ihm zu berichten, dass man „den Kommunisten Robert Brzęczek" nunmehr „mit dem Beil" hingerichtet habe. Ihr Mann fragt verwirrt zurück: „Welcher Brzęczek?", nur um dann zu erfahren, dass seine Frau ihm, um ihn nicht zu belästigen, einige Jahre zuvor den Besuch eines polnischen Polizisten verschwiegen hatte, der von der Festnahme des Kommunisten und einem von diesem geplanten Attentat auf den Fürsten Guidotto berichtet habe. Daraufhin habe der Fürst laut aufgelacht und ausgerufen: „Uns? Ermorden? [...] Uns?! Die Besitzer Oberschlesiens? Und damit ... nun gut, wie war noch mal sein Name?"[1638]

Auch solche hyperbolischen Teile der Darstellung wurden – anders als das Schlusskapitel mit seinen auf den polnischen Wiederaufbau bezogenen stalinistischen Motiven – von Ausgabe zu Ausgabe weiter beibehalten und bildeten ein konstantes Reservoir delegitimierender Motive. Deren Wirksamkeit lag allerdings auch daran, dass in weiten Teilen der Gesellschaft in der Bundesrepublik über lange Zeit keine wirkliche Aufarbeitung des Nationalsozialismus stattfand und somit auch die Verstrickungen Adeliger nicht thematisiert wurden. Leicht fiel es Szewczyk deshalb, die Rolle des Grafen Lazy Henckel von Donnersmarck auf Naklo in der SS herauszustellen und zu einem Menetekel der Schuld aller Namensträger zu erheben. So lässt Szewczyk den Fürsten Henckel monologisieren: „Unser netter Verwandter auf Nackel, Graf Lazy Henckel, ist Hauptsturmführer der SS. Mit ihm ist die Tradition der Söldner unter unseren Vorfahren wiederbelebt. Mit ihm kommen wir leichter durch den Krieg. Lazy kennt ganz genau die Geheimnisse [*tajemnice*] der neuen Administration. Das kann uns noch sehr nützlich werden."[1639]

1637 Szewczyk 1956, S. 265.
1638 Ebd.
1639 Ebd., S. 266. Guidotto Fürst Henckel Graf von Donnersmarck eignete offenbar weniger zu einer solchen Figur, da er nicht Mitglied der NSDAP gewesen zu sein scheint. Kraft Graf Henckel

Abbildung 36: Paweł Stolorz: „Kulturhaus in Gieschewald". Das in der Hochphase des polnischen Stalinismus entstandene Aquarell zeigt nicht Gieschewald, sondern das Kavaliershaus in Świerklaniec und
ist charakteristisch für einen frühen Prozess der symbolischen Aneignung der Adelsresidenzen durch
das Regime.

In dieser Verstrickung in das NS-Regime liegen in Szewczyks Roman zugleich
die finale Schuld und der Grund für die Unmöglichkeit jeder Rückkehr der Familie
Henckel von Donnersmarck und mit ihr des gesamten deutschen Adels nach Schlesien. In fiktiven Tagebucheinträgen lässt der Schriftsteller den Fürsten die letzten
Kriegsmonate reflektieren:

> „In den Gruben verfluchen die Arbeiter den Namen Hitlers und den meinen. Für wie
> lange werde ich fortgehen müssen? Ich muss hierher zurückkommen! Oder kann ich blei-
> ben? Das wäre dann wieder Polen [wie in der Zwischenkriegszeit, S. D.]. In Polen habe
> ich [schon einmal] ohne Schwierigkeiten gelebt. Fliehen, fliehen! Es wird ein schreckliches
> Polen werden für uns, die Fürsten. Die Russen sind wie eine Lawine."[1640]

Das mit „Rosen und Kakteen" betitelte Schlusskapitel der ersten Auflage, das in späteren Auflagen weggelassen wurde, schließt an die Zeit nach 1945 an und schildert

---

      von Donnersmarck, der ihm als 15. Standesherr von Beuthen nachfolgte, war dagegen seit 1941
      NSDAP-Mitglied gewesen (Klee 2007, S. 233).
1640 Szewczyk 1956, S. 270.

aus der Sicht eines Ich-Erzählers, der ein Alter Ego des Verfassers ist, mehrere Besuche auf Henckel'schen Schlössern zwischen 1946 und 1954. Dabei entwirft es zugleich eine Vision der Entfaltung der kommunistischen Gesellschaft in den Ruinen der ehemaligen feudalen und kapitalistischen Unterdrücker. „„Mach Sonntagsferien in Świerklaniec‘, schrien die Zeitungen", heißt es etwa. Ein Bus bringe die Reisenden zu den grünenden und blühenden Gärten im Staatsbesitz, in deren Gewächshäusern üppige Kakteen und Rosen wucherten, erstere gäben einem das Gefühl, in Mexiko zu sein. Szewczyk schreibt den Gärten primär die Funktion eines Erholungsraums der Arbeiterklasse zu.[1641] Von der Zerstörung von Świerklaniec in der Übergangsphase erfährt der oder die Lesende in der Ausgabe von 1956 allenfalls en passant, indem der Autor das die Terrasse überwuchernde Grün (wohl ein positives Sinnbild für die Rückkehr zum Naturzustand) oder die Transparente beschreibt, die an den verbrannten Fassaden angebracht worden seien: „Das erste: ‚Der Frieden gewinnt den Krieg‘. Das zweite: ‚Ein Lied, die Waffe des Friedens‘." Und so erklingt in Szewczyks Roman dann auch aus den Mündern eines Chores in den Ruinen das Propagandalied „Alle Waisen haben sie in den Krieg geschickt" (*Wszystkie sieroty na wojna pobrali*).[1642]

Das wiederaufgebaute Kavaliershaus solle als Gastwirtschaft und Gästehaus sowie für Kunstausstellungen genutzt werden, so der Ich-Erzähler. Das Kapitel wurde mit dem Abdruck eines naiven Aquarells des Stahlarbeiter-Malers (*malarz-hutnik*) Paweł Stolorz illustriert,[1643] das in leuchtenden Farben einen blühenden Park mit altem Baumbestand rund um das alte Kavaliershaus in Świerklaniec zeigt.[1644] Davor fährt – etwas außerhalb des goldenen Schnitts – ein dunkelroter Pkw. Auf den Wiesen in Stühlen und Korbstühlen und auf Parkbänken sitzen Menschen in Festtagskleidung, Kinder tollen durch die Pflanzenrabatten oder gehen an der Hand von Erwachsenen spazieren.

Es ist eine sonntägliche Idylle, die Stolorz darbietet und die parallel dazu Szewczyk in seinem Roman beschreibt, die Verkörperung der Besitzergreifung des „Schatzes der Donnersmarck" durch das „polnische Volk". Generationenübergreifend führt

---

1641 Die Schaffung eines „grünen Schlesien" aus dem „schwarzen Schlesien" war Teil der Umgestaltung des Industriegebiets bereits in den ersten Nachkriegsjahren. Das große Tor des Neudecker Besitzes wurde zu diesem Zweck in den damaligen Zoo und späteren Volkspark nach Königshütte (Chorzów) überführt. Zur Entstehung des Volksparks und zur Vision des Regimes für die Rekreationsräume vgl. Rubacha 2014.

1642 Szewczyk 1956, S. 275. Das Lied hat einen schlesischen Text. In polnischer Hochsprache müsste der Titel sinngemäß „Wszystkie sieroty na wojnę zabrali" heißen. (Mein Dank für den Hinweis geht an Sławomir Oxenius). Im Archiv des Museums Oberschlesischer Ethnographischer Park (Muzeum Górnośląski Park Etnograficzny) in Chorzów existiert eine Tonaufnahme der ersten Strophe des Lieds, die seit kurzem durch die Digitalisierung des akademischen Nachlasses von Prof. Dr. Adolf Dygacz online verfügbar ist (Nowicka 2019, online).

1643 Zur Biografie: Wisłocki 2005.

1644 Das Aquarell ist am 15. Oktober 2016 unter dem Titel: „Dom Kultury w Giszowcu" [Das Kulturhaus in Gieschewald] versteigert worden. Vgl. Dzieła Sztuki i Antyki 2016 (online). Gieschewald ist eine frühere Werksiedlung der Firma Georg von Giesches Erben und heute eingemeindeter Stadtteil von Kattowitz. Die falsche Zuschreibung geht wohl auf den Künstler selbst zurück.

dieses das alte Kavaliershaus seiner wahren Nutzung zu: der Rekreation der Arbeiterschaft im Industriegebiet. In Gestalt des roten Wagens schließlich hält der sozialistische Fortschritt im Bild Einzug – Produkt der Arbeit im Industriegebiet und gleichermaßen ein Versprechen auf zukünftigen kleinen individuellen Wohlstand.

Was jedoch wirklich zählt, macht Szewczyk noch einmal auf den letzten Seiten des Kapitels deutlich, indem er die Worte jeweils einem Breslauer Universitätsprofessor und einem befreundeten bulgarischen Künstler in den Mund legt: die Freiheit. Denn die Menschen lernten nunmehr die Gerechtigkeit der Geschichte kennen und seien dankbar dafür, dass die „räuberischen Henckel von Donnersmarck" endlich fortgeschafft worden seien.[1645]

Die Literaturkritik in der Volksrepublik lobte das Werk. Rezensenten beeilten sich herauszustellen, dass der Roman zwar einen schlesischen Gegenstand habe, deshalb aber nicht von der Parteilinie abweiche, nach der schlesisches Regionalbewusstsein immer in der polnischen Gesamtidentität aufging. Ein Kommentator betrachtete die Herausbildung einer schlesischen Literatur mit historischem Gegenstand als logische Folge der Rückkehr der „piastischen Lande" zu Polen. Zeitgenössische Autoren wie Zdzisław Pietras (1927–1979), Bolesław Lubosz (1928–2001) oder Jan Baranowicz (1906–1983) und eben an erster Stelle Wilhelm Szewczyk stellt er explizit in die Nachfolge von Erzählern wie Józef Lompa (1797–1863) oder Karol Miarka (1825–1882), die jeweils auch Träger eines polnisch-schlesischen Nationalgedankens gewesen waren und die zeigten, so der Rezensent, dass die schlesische Literatur ein Teil der allnationalen (*ogólnonarodowe*) Literatur in der Volksrepublik Polen geworden sei.[1646]

Der Erfolg Szewczyks lässt sich allein aus der ordnenden Funktion der von ihm entworfenen Vergangenheitsbilder nicht erklären. Die nachhaltige Wirkung des Romans lag also nur einerseits darin, dass er den hegemonialen Diskurs der Volksrepublik bestärkte und mit dem lokalen Gedächtnis weitgehend versöhnte. Für die Oberschlesier, die sich persönlich an die Protagonisten des Romans erinnern konnten, weil sie in ihren Betrieben und auf deren Gütern gearbeitet, in den von ihnen gestifteten Kirchen Gottesdienst gefeiert oder die aus den Industriewerken finanzierten Kindergärten, Krankenhäuser oder Büchereien besucht hatten, transformierte er das lokale Gedächtnis. Er verknüpfte den Raum mit einer neuen Meistererzählung des erfolgreichen Widerstands gegen Unterdrückung und Ausbeutung, an die die Menschen vor Ort anknüpfen konnten.

2.2.8 Exotisierung

Szewczyks Roman *Skarb Donnersmarcków* ist in der Art und Weise, wie er den Erinnerungsort Adel – der in weiten Teilen zu einem Erinnerungsort Henckel-Donners-

---

1645 Szewczyk 1956, S. 280.
1646 Celestyn Kwiecień: Wiersze i Prosa o Śląsku. In: Trybuna Robotnicza – Magazyn Niedziela. Dziennik Polskiej Zjednoczonej Robotniczej 20 (1079), 27./28. Januar 1979, S. 6.

marck wurde – geformt hat, ausgesprochen nachhaltig, was auch an den bis heute fortdauernden Neuauflagen liegt. Dieser Umstand ist nicht allein daraus zu erklären, dass Szewczyk eine greifbare Einbettung des Erinnerungsorts in die Meistererzählung der kommunistischen Zeit leistete. Vielmehr war Szewczyk der vielleicht Erste, der auch die Faszination verstand, die von der untergegangenen Welt feudalkapitalistischen Glanzes ausging. Deshalb suchte und fand er Wege jenseits der simplifizierenden Dämonisierung, um diese Faszination nicht in eine ideologisch unerwünschte Attraktivität umschlagen zu lassen. Szewczyk verstetigte die Vergangenheit als Projektionsfläche für die Faszination der Lesenden an dieser so anderen Welt – zwischen zum Träumen einladendem Glanz und Luxus und dessen Umschlagen in Dekadenz einerseits und der immer wiederkehrenden Verdeutlichung, dass der oder die Lesende selbst zu den Unterdrückten dieser Epoche gezählt hätte. Es ist letztlich ein erzählerischer Kunstgriff, mit dem Alterität produziert und mithin Exotisierung geschaffen wird.[1647]

Dies gelingt Szewczyk vor allem, indem er zeitgenössisch mit der ersten Ehefrau Guido Henckel von Donnersmarcks, der jüdischstämmigen Therese Lachmann, nach einer späteren Ehe mit einem Marquis de Païva-Araujo benannt „La Païva", verbundene Negativstereotype instrumentalisiert.[1648] Körper und Leben der Frau sowie das Leben des Paares mussten in der französischen Tendenzpublizistik der Jahre 1900–1930 als Projektionsflächen antisemitischer und antideutscher Ausfälle herhalten. In zahlreichen in diesem Kontext entstandenen Illustrationen zeigt Szewczyk sowohl ein verschwenderisches Leben des Paares in seinem Pariser *Hôtel particulier* als auch eine Fülle von sexuellen Anspielungen auf die Beziehung der älteren Frau zu dem jungen Mann, die bereits zeitgenössisch zirkulierten.[1649]

Neben exotisierenden Motiven und der steten Erinnerung der Lesenden daran, dass sie selbst zu den Unterdrückten dieser Zeit gehört hätten, bediente sich Szewczyk noch des Stereotyps der Langeweile aristokratischen Lebens als distanzschaffendem Kunstgriff. So schildert der Ich-Erzähler in einer Szene, wie man ihm bei einem Besuch in Naklo ein dort im „Müll des Parks" gefundenes Tagebuch einer Gräfin Henckel von 1929 übergeben und wie er dies gelangweilt überflogen habe. Lediglich

---

1647 Unter Exotisierung verstehe ich hier eine Praxis, in der, ähnlich wie es Edward Saïd für die Konzepte von „Westen" und „Orient" verfolgt hat, bestimmte Werthaltungen und Zuschreibungen als „eigen" konstituiert werden (so etwa Moderne, Rationalität und Effizienz für den Westen) und von der Alterität des anderen abgegrenzt werden, das primär ästhetisiert wahrgenommen wird. Graham Huggan beschreibt Exotisierung als eine Art von semiotischem Zirkel, der zwischen den entgegengesetzten Polen von Vertrautheit und Fremde hin und her schwinge. Zur Einführung siehe Said 2009; hier Huggan 2001, S. 13.

1648 Leider existiert keine wissenschaftlich ernstzunehmende Publikation zu Lachmann. Von den jüngeren Schriften sind zumindest nicht als offene Tendenzpublikationen zu nennen: Rounding 2003, S. 75–96; Alexandre-Debray 1986; Richardson 1967, S. 71f.

1649 Vgl. etwa die zeitgenössische Karikatur „Ausbildung eines Fürsten" von 1870, die statt des damals mehr als Zwanzigjährigen einen vielleicht zehnjährigen Jungen und eine „Grande Horizontale" zeigt (Szewczyk 1979, S. 144), oder ein Gemälde aus einer Reihe „En plaine folie" von 1924 über eine Aufführung in den Folies Bergères, das mit „Ein Souper bei der Païva" überschrieben ist (ebd., S. 155), welche beide von stark sexualisierten Themen durchzogen sind.

die dort chiffrierten Liebschaften der Gräfin hätten kurz sein Interesse geweckt, ihn allerdings in der Sommerhitze nicht zu verlocken vermocht, sich eingehender damit zu befassen. Anders als die untergegangene Welt, der die Gräfin angehörte, lässt sich Szewcyks Alter Ego im Roman dagegen sofort von der als jugendlich und aufregend beschriebenen Gegenwart gefangen nehmen; denn als ein Ball über seinen Kopf geflogen sei, habe er sofort entschieden, lieber mit den jungen Menschen Volleyball zu spielen.[1650]

Wie tief die von Szewcyk entworfenen Bilder das Gedächtnis in Oberschlesien geprägt haben, lässt sich unter anderem daran erahnen, dass beispielsweise der historisch-darstellende Teil der in den 1990er Jahren erstellten Objektdokumentation zum Areal des neuen Schlosses in Świerklaniec im Archiv des Kattowitzer Woiwodschaftskonservators zu großen Teilen auf Szewcyks „Schatz" aufbaut; mehr noch, dass die dort entworfenen Bilder auch unabhängig von der Vorlage perpetuiert, angeeignet und weiterentwickelt worden sind. Gegen Ende etwa räsoniert der Text über die Flucht der Familie aus Schlesien. Vom Duktus her ganz ähnlich wie im Roman heißt es dort beispielsweise, dass im neuen kommunistischen Land kein Platz mehr für Kapitalisten gewesen sei. Man müsse die Schlussfolgerung ziehen, dass die Donnersmarck selbst nicht in einem Land hätten bleiben wollen, das nicht mehr zu Deutschland gehörte. Zugleich solle man nicht vergessen, heißt es weiter, dass sie ihre Güter durch Machenschaften, Seilschaften und Bestechung erlangt hätten. Immer hätten sie das polnische Volk unterdrückt, geringe Löhne in ihren Betrieben gezahlt und Kinderarbeit betrieben. Sie hätten mit immer neuen Abgaben das Volk ausgepresst und mit Dekreten seine Freiheit eingeschränkt. Ihr enormer Landbesitz erkläre sich durch das Bauernlegen von kleinstem und mittlerem Grundbesitz.[1651]

2.2.9 Anwesenheit in der Abwesenheit

> „Juli 1952. Ich habe das Münchner Radio [wohl Radio Free Europe, S. D.] gehört. Dort haben sie lange, barock und feierlich angekündigt, in einem Moment mit Fürst Guido Henckel von Donnersmarck zu sprechen, einem Schlesier. Einem Schlesier? Hm! Und woher überhaupt – kam dieser Fürst Guido? Der damalige mit dem Bart ist 1916 gestorben. Nach ihm kam Guidotto. Könnte Fürst Guidotto bereits krepiert sein [halbvulgär, S. D.]? Hat er die Fürstenwürde an seinen Sohn Guido weitergegeben?"[1652]

Beide Dimensionen, materielle Geschichtspolitik und die bewusste Formung des Vergangenheitsdiskurses in der Volksrepublik Polen waren lange Zeit auf eine Verdrängung des Adels aus dem kommunikativen Gedächtnis gerichtet und, soweit dies möglich war, auf eine Besetzung mit negativen Stereotypen. Wie in den beiden vorausgehenden Abschnitten ebenfalls deutlich geworden ist, stieß diese Meistererzählung lokal immer wieder an ihre Grenzen, traf auf Gegengedächtnis oder eigensinniges

---

1650 Szewcyk 1956, S. 274.
1651 Objektdokumentation zu Świerklaniec. o. D. (nach 1990). WKZ Katowice Nr. 11439, S. 37.
1652 Szewcyk 1956, S. 276.

Handeln, das der materiellen Adelskultur in anderer Weise Sinn abgewann als dies der dominante Diskurs zuließ.

Gerade weil ein Teil der sozialistischen Öffentlichkeit sich verzweifelt bemühte, das Gedächtnis des Adels zu verdrängen oder das Konzept „schlesischer Adel" negativ zu besetzen, erzeugte dies ein Paradox: Je sichtbarer dieses Bemühen war, desto sichtbarer wurde auch, was eigentlich verdrängt werden sollte. Die Anwesenheit des Adels wurde so etwa mit jeder gelesenen Wiederauflage von Szewczyks „Schatz der Donnersmarck" neu hergestellt und bekräftigt.

Die Auseinandersetzung in Abwertung wiederum erforderte es zugleich, Kenntnisse über die Familiengeschichte und die Genealogie der Familie Henckel zu pflegen und dieses Wissen regelmäßig zu aktualisieren. Für einen, der wie Szewczyks Ich-Erzähler den Adel rundheraus ablehnte, war er bemerkenswert gut informiert. Im später gestrichenen Schlusskapitel der ersten Auflage des „Schatzes" kostete er seine Überlegenheit über den unwissenden Radio-Moderator aus, der sich den pompösen Ritualen der Ankündigung unterwarf, ohne zu wissen, wen er genau ankündigte, während dem Erzähler die Genealogie der Grafen und Fürsten Donnersmarck wohlvertraut war – ein in der neuen Gesellschaft fast schon Verdacht erregender Umstand, den er aber durch eine besonders abwertende und vulgäre Sprache zu kaschieren suchte.

Ganz offensichtlich ging von diesem Radioauftritt eines Mitglieds der Familie eine Bedrohung aus, sonst wäre er nie erzählens- und deutenswert geworden. Wo lag nun die Gefahr, die davon auszugehen schien?

> „Eine männliche, etwas nervöse Stimme hat eine Rückkehr angekündigt.
> Wem hat er das angekündigt? Und zu was [will er zurückkehren]?
> Es gibt hier nichts mehr, zu was man zurückkehren könnte, gnädiger Fürst. Die Bergwerke – in den Händen des Volkes. Das Land – in den Händen des Volkes. Das Gras im Park – treten fröhlich Tausende von Füßen der Arbeiter, Mädchen und Kinder. Hörst du, wie vor dem Hintergrund der Ruinen deines pompösen Palasts [das Lied] erklingt: „Millionen von Händen ..."? Ja, ja, eine Million von Händen multipliziert deinen Schatz. Das war eine Million gefesselter Hände. Doch jetzt sind die Fesseln abgefallen. Wir haben alles zurückerobert, was du uns mit Drohung, Betrug, Peitsche und Tod weggenommen hast."[1653]

War es also allein die Gefahr einer Rückkehr, die Szewczyk so sehr beschäftigt hat und der hier als Stilmittel die etablierte Diskursfigur einer Übernahme des ganzen „Schatzes" ins Volkseigentum entgegengesetzt wird? Sicher nicht, denn jenseits der materiellen Realitäten, die – und das legt Szewczyk nahe – längst geschaffen worden sind, steht eine Welt der Gefühle, der Erinnerung, ein Gedächtnis, das letztlich wieder handlungsleitend werden kann.

> „Wir haben vor allem das volle Freiheitsgefühl zurückerlangt.
> Du bist nicht da [*Nie ma cię*; auch: Du existierst nicht].
> Schweig einfach.

1653 Szewczyk 1956, S. 276.

Du wirst niemanden dazu verführen, statt vorwärts zurück in das Dunkel der Vergangenheit zu gehen."[1654]

Wenig kann formelhafter die Ohnmacht zusammenfassen, die eine offizielle Geschichtspolitik angesichts eines vielerorts latent vorhandenen Gegengedächtnisses empfand. Mit fast spirituellen Formeln wird es gebannt – „Du bist nicht da. Schweig einfach." –, wissend und fürchtend, dass es so einfach nicht zu bannen ist. In der konstanten Negation seiner Präsenz in Schlesien allerdings erhob dieses Sprechen den Adel (zumindest einzelne Familien) überhaupt erst zu einem Erinnerungsort.

2.2.10 Die kleine Eiszeit und das Erwachen der Bürgergesellschaft in den 1980er Jahren

Die 1970er Jahre brachten, wie auch der unveränderte Nachdruck von Szewczyks „Schatz" zeigt, nur wenige diskursive Neuerungen. Durch die erweiterten Reisemöglichkeiten und die allgemeine Liberalisierung der Verhältnisse nahm lediglich die Schärfe des Diskurses etwas ab. Das Bild, das Touristen aus dem Westen vermittelt werden sollte, musste vor allem der Meistererzählung von der alles übergreifenden Klammer von Verlust und Wiedererlangung der Westgebiete gehorchen. So ist es sicher kein Zufall, dass, als Mitte der 1970er Jahre durch die polnisch-deutschen Aussöhnungsbemühen in wachsendem Maß deutsche Touristen nach Schlesien kamen, einer der ersten deutschsprachigen Reiseführer, die das Niederschlesische Informationszentrum für Tourismus herausgab, ein 26-seitiges Heft zur Südroute über die „Piasten-Burgen" war.[1655]

Bei aller Liberalisierung, die die 1970er Jahre mit sich brachten – Bilder und Leitvokabeln, die den hegemonialen Diskurs der stalinistischen Zeit getragen hatten, blieben latent und konnten, wie sich Anfang der 1980er Jahre zeigen sollte, jederzeit reaktiviert werden. Gerade in der Zeit des Kriegsrechts (Dezember 1981 bis Juli 1983) waren die 1980er Jahre durch die Ungleichzeitigkeit der erwachenden Bürgergesellschaft einerseits und eines von der Zensur überwachten, geradezu grotesk rigiden hegemonialen Diskurses andererseits geprägt. Als beispielsweise das Museum für Raumkunst in der Residenz von Pszczyna 1982 eine Publikationsreihe zur Raumkunst und Innenarchitektur startete, deren dritter Band sich 1984 explizit der Residenzarchitektur widmen sollte, schlug sich diese ambivalente Situation direkt im Inhaltsverzeichnis nieder. Auf der einen Seite enthielt der Band einen der ersten Aufsätze über das neugeordnete Archiv der Fürsten von Pless in Pszczyna, auf der anderen Seite wurde diesem ein Beitrag von Jerzy Polak unter dem Titel „Die Skandale der Fürsten von Pless in der Zwischenkriegszeit" vorangestellt, der – quellengesättigt, aber in der Interpretation einseitig – die Rolle derer von Hochberg in der Zweiten Republik beleuchtete.[1656] Polak betont in diesem Beitrag unter direkter Anknüpfung an die Perzeptionsmuster der 1950er Jahre, dass die von Hochberg trotz polnischer

1654 Ebd.
1655 Przyłęcki/Helebrandt 1970.
1656 Polak 1982.

Staatsbürgerschaft Polen gegenüber nie loyal gewesen seien und „durch Eigennutz, wirtschaftliche Sabotage und krasse Ausnutzung des Minderheitsverfahrens auf internationalem Forum" ihre „feindliche Gesinnung gegen Polen" gezeigt hätten. Die Fürsten seien damit ein Beispiel „der destruktiven Rolle, welche die preussischen Junker spielten", heißt es in direkter Übernahme des sozialistischen Junker-Diskurses. „Die Verteidigungspolitik der polnischen Regierung insbesondere des schlesischen Woiwoden [der Zweiten Republik, S. D.] Grażyński, deren Bestreben darauf gerichtet war, die preussischen Herren, die den Schweiß und das Blut des polnischen Volkes ausnutzten, des Landes zu verweisen, erwies sich als zutreffend."[1657]

Auch der zweite Band kam nicht ohne eine gegen die von Hochberg gerichtete Tirade aus, die nach der politischen im ersten Band nun vor allem auf die persönliche Dimension abhob. Wiederum war es Polak, der mit einem Beitrag über die „Versteigerung der Einrichtungen des Schlosses des Fürsten von Pszczyna im Jahre 1934" das Motiv der Fürsorgeunfähigkeit der Alteigentümer fortschrieb und einen moralisch verfallenen, zutiefst zerrütteten Familienclan präsentierte, in dem der Sohn den Vater um den Preis des Verlusts des Familieneigentums über wegen dessen Misswirtschaft ausstehenden Apanagen zu erpressen suchte.[1658]

Dass man sich in Pless eingehend mit den Hinterlassenschaften einer sozial und national als fremd verstandenen Familie überhaupt beschäftigte, ließ sich nur durch den Gedanken einer kompensierenden Verwertung legitimieren. Pless sei ein Beispiel, „welches die volle Ausnutzung einer früheren Fürstenresidenz im Sozialistischen Staat zeigt", schloss etwa Jerzy Polak 1984 die deutsche Zusammenfassung seines Beitrags zur Geschichte des Museums für Kunstdenkmäler der Innenausstattung in Pless ab;[1659] andererseits zeigen sich genau darin die Unterschiede zur Situation in den 1950er Jahren: Der Prozess der Aneignung war bereits weitgehend vollzogen, das Museum und der Bau nicht mehr fremd, sondern Teil der eigenen Aufbauleistung, für die nur aufgrund ihrer Vergangenheit der national eindeutige Charakter in Zweifel gezogen werden konnte. Dabei darf noch ein weiteres Moment nicht verkannt werden: So absolut und ideologisch aufgeladen die Beiträge aus der Zeit des Kriegsrechts und kurz danach daherkamen, so verfügten sie dennoch über eine deutsche Zusammenfassung – ein Umstand, der darauf verweist, dass anders als in

---

1657 Die Zitate hier direkt aus der deutschen Zusammenfassung, von der man zudem annehmen darf, dass sie in besonderer Dichte das gewünschte Geschichtsbild transnational kommunizieren sollte. Ebd., S. 164. Bemerkenswert ist hier allerdings die Betonung der Rolle Grażyńskis, die in dieser Form trotz der Anknüpfung an alle legitimatorischen Momente für eine polnische Westbewegung in der stalinistischen Phase unerwünscht gewesen wäre. Zur Person Grażyńskis: Lempart 1998; wie auch Haubold-Stolle 2008.

1658 Polak 1983. Polak hatte bereits zuvor durchaus kritische, aber weitgehend unpolemische Artikel zur Rolle der Fürsten in der Zwischenkriegszeit publiziert, darunter etwa: Polak 1980. In der Nachwendezeit entstanden dann zahlreiche Bei- und Vorträge sowie Monografien, die neutrale bis hin zu hagiografischen Zügen haben, darunter Polak 2000 und Polak 2007.

1659 Jerzy Polak: Museum für Kunstdenkmäler der Innenausstattung in Pszczyna im Zeitraum von 40 Jahren der Volksrepublik Polen (Dt. Zusammenfassung). In: Janusz Ziembiński (Red.): Materiały Muzeum Wnętrz Zabytkowych w Pszczynie (3). Pszczyna: Wydawn. Muzeum Wnętrz Zabytkowych w Pszczynie, 1984, S. 166.

den 1950er Jahren nun Kunsthistoriker aus beiden deutschen Staaten und aus Polen miteinander kommunizierten. Und so fand auch die Reihe zur Residenzarchitektur nach dem Ende der Zensur ganz schnell zu einem sehr sachorientierten Ton zurück.[1660]

Mit den veränderten Reisemöglichkeiten der 1980er Jahre kamen auch polnische Künstler zunehmend ins westliche Ausland. Auf diesem Weg kam etwa der Regisseur Filip Bajon in London mit den Tagebüchern der Fürstin Daisy von Pless in Berührung[1661] und fand, dass sich diese hervorragend als Vorlage für einen Film eigneten.[1662] Mit dem 1987 erschienenen Kino-Epos *Magnat* (dt. „Chronik einer Fürstenfamilie"), das mit einer gemischten Crew deutscher und polnischer Schauspielerinnen und Schauspieler gedreht wurde und in Polen 1989 auch unter dem Titel *Biała wizytówka* als erweiterte sechsteilige Fernsehserie gezeigt wurde, transformierte Bajon das Gedächtnis an den schlesischen Adel erneut.

Er verwob darin ein Sittengemälde, das die Zerstörung einer Familie aus den inneren Antagonismen ihrer Mitglieder heraus zeigt, mit dem Nationalitätenkonflikt im Oberschlesien des 20. Jahrhunderts. Die Familie wird zwar mit dem fiktiven Namen der „Fürsten von Theuss" bezeichnet, aber die Personen sind klar als die Fürsten von Pless erkennbar. Symptomatisch für den Verfall sind wiederum vor allem die quasi-ödipale[1663] Beziehung Bolkos zu seiner Stiefmutter, daneben spielt aber auch die Alexander zugeschriebene Homosexualität eine Rolle, die, wie Ewa Mazierska beobachtet hat, in den Diskurs des Polnisch-Seins eingeschrieben wird.[1664] Anders als die relativ schlichte Propaganda in Szewczyks „Schatz der Donnersmarck" differenziert Bajon seine Figuren stärker, was sowohl in der Ablehnung des Nationalsozialismus durch den alten Fürsten deutlich wird, der jedes seiner Kinder zu enterben droht, das sich mit der Bewegung einlässt, als auch darin, wie aus Tätern – der Figur Alexanders, der sich vom Nationalsozialismus vereinnahmen lässt – letztlich wieder Opfer werden, da er im Film in den Kellern der Gestapo zu Tode gefoltert wird.

Wie nachhaltig diese Perzeption das Bild der Familie von Hochberg im heutigen Schlesien mitgeprägt hat, zeigt etwa die Aussage der Verfasserin eines jüngeren Zeitungsartikels zum schlesischen Hochadel, dass „die Hochberg'sche Familie vor allem für ihre lebhafte Geschichte (*burzliwe dziej*) bekannt ist, die wunderhübsche Daisy, die man mit Prinzessin Diana verglichen hat, und durch den Film ‚Magnat' (1987), der mehr oder weniger wahre Familienskandale und Skandale aus dem Leben des Fürsten Hans Heinrich offenbarte."[1665]

1660 Hier insbesondere der dritte Band der Reihe „Schriften des Museums für historische Raumausstattungen in Pszczyna" zur Residenzarchitektur von 1984: Janusz Ziembiński (Red.): Materiały Muzeum Wnętrz Zabytkowych w Pszczynie (3). Pszczyna: Wydawn. Muzeum Wnętrz Zabytkowych w Pszczynie, 1984.

1661 Englisch: Pless 1929a; Pless 1931a; Pless 1936; deutsch: Pless 1929b; Pless 1931b.

1662 Nurczyńska-Fidelska 2003.

1663 So die Formulierung von Mazierska 2008, S. 119.

1664 Ebd., S. 195f.

1665 Pustułka 2014 (online). Der wahre Kern hinter der Regiearbeit Bajons ist zu einem festen Topos geworden, der paradoxerweise das Stereotyp hinter dem Narrativ konfirmiert. Vgl. etwa die Dar-

Der Film „Magnat" wäre ohne die Lockerung des innen- und kulturpolitischen Klimas in der Volksrepublik Mitte der 1980er Jahre undenkbar gewesen. Das Jahr 1988 war in vielerlei Hinsicht eine Wende für Polen, und diese Wende ist auch im Umgang mit der lokalen Vergangenheit in Schlesien spürbar. Nach den Einschränkungen der Zensur während des Kriegsrechts und dem langsamen Abtauen dieser intellektuellen Eiszeit in den Jahren danach brach das lange unterdrückte Gedächtnis nun in eine breitere Öffentlichkeit durch. Nicht länger selektive Beiträge in einzelnen wissenschaftlichen oder kulturellen Publikationsorganen bestimmten das Bild, sondern dieselben offiziellen Kanäle, die über Jahre bestimmte Muster des Erinnerns gepflegt hatten, öffneten sich nun für die Gegendiskurse und das unterdrückte Gedächtnis. In der *Trybuna Robotnicza* erschienen nun nicht nur systemkritische Bilderwitze, die Umweltprobleme oder – wenn auch häufig noch verdeckt – Einschränkungen der Meinungsfreiheit thematisierten, sondern z. B. auch ein Beitrag Teodor Musiołs, damals Professor am Schlesischen Institut der Wissenschaften in Oppeln (*Śląski Instytut Naukowy*, Opole), zu „Geschichte und Legenden" des Schlosses in Chudow (Chudów).[1666] Er war Vorreiter einer ganzen Reihe von Publikationen, die das bisher zugeschüttetete Gedächtnis wiederentdeckten oder vielmehr aufdeckten. Archivalien waren vielfach in den späten 1970er Jahren konservatorisch behandelt und so vor dem weiteren Verfall geschützt worden. Neugeordnet und erschlossen standen sie jetzt der Forschung zur Verfügung, die Ende der 1980er Jahre auch in der Bundesrepublik und der DDR neue Publikationen hervorbrachte. Für Oberschlesien bedeutend war etwa die ebenfalls 1988 erschienene Monografie von Jerzy Jaros über die „Geheimnisse oberschlesischer Konzerne" im Verlag des Schlesischen Instituts in Kattowitz,[1667] das über Jahre auf das Engste dem hegemonialen Diskurs der PVAP verbunden gewesen war.[1668]

Gerade Jaros war Pionier einer breiten Nach-Wende-Historiografie, die – manchmal erdrückend faktografisch – aus der Erfahrung der Diktatur heraus die Interpretation scheute. Sie entwickelten aber in der bemerkenswerten Unaufgeregtheit ihrer Texte einen neuen Vergangenheitsdiskurs, der die Aneignung nun vollends vollzogen hatte. In der neuen Meistererzählung spannte sich eine Klammer von den Piasten bis in die Gegenwart. Es war eine Klammer, die nicht zwangsweise eine klaffende Wunde der Fremdherrschaft in der Epoche dazwischen zusammenhielt, sondern vielmehr eine, die einen Zeitraum überspannte, in der eine stete Abfolge von Herren die Schlösser innehatten. Trotz ihrer nunmehr unverkennbar deutschen Namen – die Vornamen waren des angenehmeren Lesens wegen häufig polonisiert – waren sie nun nicht mehr die Fremden, zu denen sie der hegemoniale Diskurs der 1950er

---

stellung Mazierska 2014, S. 74, nach der der Film „auf der wahren Geschichte der Aristokraten-Familie von Theuss" beruhe.

1666 Teodor Musioł: Z dziejów zamku w Chudowie – historia i legenda [Aus der Geschichte der Burg Chudow - Geschichte und Legende]. In: Trybuna Robotnicza. Dziennik Polskiej Zjednoczonej Partii Robotniczej (Magazyn), 174 (14.510), 29. Juli 1988, S. 4f.

1667 Jaros 1988.

1668 Zu Rolle des Schlesischen Instituts vgl. die Monografie von Fic 2014.

Jahre gemacht hatte, sondern Teil der – wenn auch exotisch anmutenden – eigenen
Vergangenheit, auf die man mit Stolz und nicht mit Abscheu zurückblicken konnte. Nicht länger das Empfinden klassenmäßiger und nationaler Unterdrückung, sondern der Stolz auf die nunmehr als eigene und polnisch verstandene Kulturleistung
der Schöpfung dieser Bauten bestimmte das Verständnis. Nichts bringt die vollzogene Aneignung der Vergangenheit so deutlich zum Ausdruck wie die Schlusszeilen des
Beitrags von Teodor Musioł zu Chudów:

> „So viele Fakten und so viele Legenden. Was nicht als Geschichte berichtet werden konn-
> te, erdachten die Legenden. Vielleicht haben sich die authentischen Bilder der Schlosska-
> pelle nicht bis heute erhalten. Überlebt hat [jedenfalls] der Turm, in dem sie sich befand.
> Es ist der Stolz der Menschen vor Ort. Erhalten haben sich die Sagen[1669] von den Piasten
> und anderen Bewohnern des Schlosses. Sie versetzen mich in eine andere Epoche. Sie zeu-
> gen [auch: lehren] vom Denken und Fühlen des polnischen Volkes und seiner Geschichte
> in diesem Landstrich. Sie beflügeln [auch: befeuern] die Phantasie."[1670]

1669 Der Text gebraucht an dieser Stelle den Terminus *podanie*, der sich vielleicht mit Volkssage über-
     tragen lässt. Er ist gleichermaßen Ausdruck einer zeitlichen Distanz wie eine Zuschreibung zu
     bäuerlicher und später aus dem Arbeitermilieu kommender oraler Tradition.
1670 Musioł 1988, S. 5.

3 Begegnung mit der alten Heimat

Das Land der Kindheit übte auch hinter dem Eisernen Vorhang eine starke Anziehungskraft auf die deutschen Flüchtlinge und Vertriebenen in der Bundesrepublik aus. Getrieben von „Heimweh und Neugier", machten sich mit den Reiseerleichterungen, die die Ostverträge bewirkten, auch zahlreiche Menschen aus adeligen Familien auf nach Schlesien. „Erst einmal wollte ich überhaupt wieder nach Hause und zweitens wollte ich wissen, wie es da aussieht, jetzt, und was das so für Leute sind, die jetzt da leben."[1671] Erste besonders Abenteuerlustige hatten teils schon in den 1950er Jahren begonnen, das nunmehr polnische Schlesien zu besuchen. Oft fanden sie andere Gründe als Tourismus, für den Visen zu bekommen nicht ganz einfach war, um ihr Reisebegehren zu rechtfertigen:

> „Die erste Reise nach Schlesien hat mein Bruder Jobst-Günther gemacht. Der hat Bergbau studiert und wurde nach – und zwar '59 war er schon in Obernigk. [...] Der hat in einer Zeche dann in Oberschlesien, wurde er hingeschickt als Referendar oder noch als Studierender wohl. [...] Der hatte auch viel fotografiert und brachte die ersten Bilder mit".[1672]

> „Ja, das war noch ganz ungewöhnlich, dass jemand einfach dorthin fahren kann und ohne einen Begleiter im Lande herumfahren kann. [...] Die meisten machten das dann so, dass sie auf die Posener Messe fuhren und dann von dort aus auf eigene Faust losfuhren. Das war zwar auch nicht erlaubt, aber es ging. Da waren die Polen noch nicht so, die haben noch nicht hinter jedem Baum einen Stasi gehabt."[1673]

Mit den Ostverträgen wurde es Anfang der 1970er Jahre auch der breiten Masse der Flüchtlinge und Vertriebenen möglich, sich mit Reisen auf die Suche nach der Welt ihrer Kindheit zu machen.[1674] Das halb liebevoll, halb despektierlich „Heimwehtourismus" getaufte Phänomen[1675] wuchs in dem Maße, in dem die politische Entspannung des Kalten Kriegs und der Devisenbedarf Polens den Zugang erleichterten und in dem eine ganze Alterskohorte, die noch zur Erlebnisgeneration zählte, das Rentenalter erreichte. Mit dem Ende des Kommunismus 1989/90 brach schließlich dann noch einmal eine neue Dimension der Reisetätigkeit herein.

Oft waren es die Angehörigen der „Generation 1.5", die diese „Reisen in die Erinnerung" antraten.

> „Die junge Generation, mein Bruder und ich oder meine Schwester, für uns war es, ja ich würde mal sagen, biographische Neugierde, da wo man als kleine Kinder herumstolziert ist und seine ersten Kindheitsabenteuer hatte, wo man die erste verbotene Kastanien-Pfeife geraucht hat, als Sechsjähriger, da noch einmal hinzugehen, wo man die erste Forelle gefangen hat, mit der Angel, verbotenerweise, da noch einmal spazieren zu gehen."[1676]

1671 Zedlitz und Neukirch, S. 2012: 02:56:27-1 – 02:57:18-0.
1672 Bomhard, E. 2011: 01:04:07-9 – 01:05:22-5.
1673 Zedlitz und Neukirch, S. 2012: 02:58:18-6 – 03:00:35-6.
1674 Einen aktuellen Überblick über den Forschungsstand zu westdeutschen Polenreisen gibt Felsch 2015.
1675 Zum Heimwehtourismus vgl. die Beiträge von Fendl 1998 und Sauermann 1997.
1676 Websky, M. 2013: 02:23:42-3 – 02:27:02-1.

Die Suche nach etwas Verlorenem war ein starkes Moment, das Neugierde weckte und dazu einlud, einen Schritt zu gehen, den manche aus der ersten Generation nicht zu gehen vermochten. Für diese war es nämlich vielfach

> „ein Tabu [...], etwas, das so gefährlich und schmerzhaft ist, dass man es nicht –, dass man davor Angst hat, die Kiste zu öffnen. Deswegen bleibt die Kiste zu. Das Wesen des Tabus ist, dass es ein so wohl gehütetes Geheimnis ist, auch ein schmerzliches Geheimnis, über das offen besser nicht gesprochen wird, weil es so unerträglich ist."[1677]

Im Fall dieses Zeitzeugen vermieden es die Eltern, noch einmal nach Schlesien zu reisen:

> „Meine beiden Eltern haben es aber auch immer abgelehnt, da noch einmal hinzufahren; auch wenn sie es gekonnt hätten, haben sie es abgelehnt. Und sie hätten es natürlich in den 80er Jahren organisieren können, auch vor der Wende – denn bei der Wende waren sie ja beide aus Altersgründen absolut nicht mehr dazu in der Lage".[1678]

> „Wobei für meinen Vater zunächst außer Frage stand, dass er nie wieder nach Schlesien fahren würde. Das war für ihn ein Kapitel, das er sich nicht antun wollte. – Das haben wir durchbrochen. Und das hat dann dazu geführt, dass er später, als wir als Familie zusammen nach Schlesien gefahren sind[, auch mitfuhr]. So 1987, da waren aber wir Kinder alle unabhängig von einander schon dagewesen und sind dann immer gefragt worden: ‚Habt ihr das nicht gesehen und das und das nicht gesehen? Das war doch zu erkennen gewesen – ja, ihr seid ja alle viel zu doof, dass ihr das alles nicht erkennt.' Und dann war natürlich die naheliegende Aufforderung, dass man sagt: ‚Dann zeige es uns doch mal.' Meine Mutter hat dann auch ihre Rechte eingefordert, hat gesagt, wenn man zu so einer schlesischen Familie gehört, wie wir es sind, dann will sie das auch mal sehen. Und das war dann Anlass, dass wir uns einen Bus gemietet haben und dann da zusammen hingefahren sind. Das war aber vor der Wende."[1679]

Den Angehörigen der zweiten Generation wiederum boten sich ganz andere Anknüpfungspunkte. Schmerz über den Verlust von etwas, was sie nicht erlebt hatten, war ihnen fremd.

> „Aber dann sind wir '86, da hat er [der Vater, S. D.] uns dann alle überredet und die ganze Familie mitgenommen mit einem Wohnmobil nach Lomnitz. Für zehn Tage waren wir dort, und das Ganze war doch ein super Abenteuer. Mit dem Wohnmobil erst durch die DDR, das dauerte einen Tag, bis wir da waren, mit allen Grenzkontrollen und so, bei strömenden Regen angekommen – aber es hat mich trotzdem total begeistert."[1680]

Anders als die Erzählungen der Eltern oder älteren Geschwister, anders als die vorhandenen Fotos, die sozialistische Tristesse dokumentierten und kaum dazu einluden, „weiter von [Schloss] Lomnitz zu träumen",[1681] wurden so die Reisen für manche zu regelrechten Erweckungserlebnissen. „Und durch dieses Erlebnis in Polen",

---

1677 Websky, M. 2013: 02:22:48-7 – 02:23:16-3.
1678 Websky, M. 2013: 02:19:23-6 – 02:22:42-9.
1679 Reichenbach, A. 2013: 00:51:52-2 – 00:54:34-2.
1680 Küster, U. 2013: 00:54:52-5 – 01:00:01-9.
1681 Ebd.

berichtet etwa Ulrich von Küster über einen einwöchigen Campingaufenthalt 1986, „glaube ich, bin ich zu einem großen Polenfan geworden. Meine Brüder, glaube ich, auch – eigentlich sind wir alle superbegeistert gewesen. Und selbst mein doch etwas trauriger Vater hat da sehr positive Eindrücke mitgenommen."[1682]

Relativ unabhängig davon, ob es sich um Reisende mit einem adeligen oder einem nichtadeligen Hintergrund handelte, suchten sie den Daheimgebliebenen, denen, die vielleicht nicht die Kraft hatten, sich selbst noch einmal zu einer solchen Reise aufzumachen, möglichst viel von ihrem Erleben in der alten Heimat zu kommunizieren. Wie andere Heimatreisende auch setzen sie nahe und ferne Verwandte, Freundinnen und Freunde mit Briefen, Reiseberichten und Fotografien über den Reiseverlauf und die besuchten Orte, deren Zustand sowie wichtige Begegnungen in Kenntnis. Jede Kommunikation aus und nach Schlesien war freilich noch bis Ende der 1980er Jahre mit teils erheblichen Hindernissen verbunden. Abgesandte Briefe benötigten etwa zwei Wochen, um ihr Ziel zu erreichen; Telefonate wurden vorwiegend über Warschau abgewickelt und mussten etwa 48 Stunden vorher angemeldet werden. Lediglich in einigen Teilen Niederschlesiens glaubte ein Zeitzeuge eine direkte Verbindung nach Westen ausmachen zu können, da hier Gespräche fast ohne Verzögerung möglich waren. So blieben Telegramme als einzige sichere, zeitnahe Verbindung nach Westen.[1683]

Auch in diesem Kommunizieren ist im Übrigen ein deutlicher Rückzug ins Private zu beobachten. So breit beispielsweise die Reiseberichte in der weitläufigen Verwandtschaft gestreut wurden, nach außen sollten sie in der Mehrheit der Fälle nicht gelangen. Ein Reisebericht des Grafen Valentin von Ballestrem vom Oktober 1985 etwa war ausdrücklich „Nicht zur Veröffentlichung bestimmt!".[1684]

3.1 Die Reise als Erinnerungspraxis

Besonders für die Angehörigen der ersten Generation war eine Reise in die alte Heimat ein in vielerlei Hinsicht aufwühlender emotionaler Kraftakt. Neugier, Furcht, sogar Angst, Sehnsucht, Freude, Trauer und Wut waren das weite Spektrum der Emotionen, die der Aufenthalt oder auch nur die Entscheidung dafür hervorrufen konnten.[1685] Umgekehrt hat gerade die Stärke dieser Emotionen sehr spezifische Erzählmuster und Topoi verfestigt, denen im Folgenden nachgespürt werden soll.

3.1.1 Grenzüberschreitung

Als Grenzüberschreitung löste die Reise in besonderem Maße emotionales Unbehagen aus. Bereits der physische Grenzübertritt, der mit den einschüchternden

---

1682 Ebd.
1683 Reisebericht von Valentin Graf Ballestrem. Straubing Oktober 1985. Ballestremsches Firmen- und Familienarchiv, Berlin, Loseblattsammlung noch ohne Signatur, 23 S., hier S. 3.
1684 Ebd., S. 1.
1685 Lehmann 1991, S. 110, 124; Borzyszkowska-Szewczyk 2004, S. 164.

Grenzkontrollen der sozialistischen Länder begann, löste in vielen Heimatreisen-den ein diffuses Bedrohungsgefühl aus. „Erste Berührung mit einem kommunisti-schen Land. Schon bei der Paßkontrolle war mir etwas mulmig zumute", notierte Carl-Ludwig Graf von Ballestrem 1978 über seine erste Polenreise. „Ein uniformier-ter Soldat kontrollierte mich ohne ein Wort zu sagen. Kein Dank, kein Bitteschön. Nichts."[1686] Vielfach betrachtete man die „Schikanen" der DDR-Grenzer bei der häufig über Hof erfolgenden Anreise dabei aber als wesentlich schlimmer als die Be-gegnung mit den polnischen Grenzbeamten.

> „Das war eben das Schöne, dass ich das Gefühl hatte, man kann mit den Leuten reden. Im Gegensatz zu den Offiziellen von der DDR, die kannte ich sowieso keine, aber schon allein die unteren Chargen, die auf den Passämtern und so weiter, wo man so lange frü-her Sicherheitsstempel holen musste, und all diese – die waren so furchtbar Brett vorm Kopf – und [seufzt]. Ne, aber das in Polen – plötzlich ganz offen, und nett, und normal, und menschlich. Ganz was anderes. Also, dachte ich: Das hier, mit denen kannst du re-den und musst halt eben sehen, dass du dein Gesicht nicht verlierst, hier vor allen Dingen, aber ansonsten kannst du hier wahrscheinlich noch was erreichen."[1687]

Die Sprachbarriere war ein weiteres einschüchterndes Moment, zumal sie die Reak-tionen der Menschen weniger verständlich machte und so zur Befürchtung beitrug, unangenehme Erfahrungen des erneuten Verlusts und der Abweisung zu machen. Die Reisenden kamen mit einem ganzen Set von Bildern und Konzepten von den neuen Bewohnern der alten Orte, die teilweise aus den eigenen Erfahrungen der Be-satzungszeit, vor allem aber aus einem geteilten Set kultureller Muster resultierte, die in Familienbriefen, im mündlichen Austausch, aber auch in gedruckten und audio-visuellen Medien weitergegeben und stets aufs neue in ihrer Wahrhaftigkeit bestä-tigt wurden, und versuchten die Situation, die sie vorfanden, im Licht dieser Bilder zu deuten.[1688] War etwa die Aufmerksamkeit, die man auf sich zog, noch neutral-di-stanziert oder schon verhalten unfreundlich? Konnte sie in offene Ablehnung oder sogar Gewalt umschlagen? Wirklich konflikthafte Begegnungen blieben jedoch eine absolute Ausnahme und müssen aus besonderen Umständen der jeweiligen Situati-on erwachsen sein. So vermeldet in einem Reisebericht noch 1985 ein Zeitzeuge eine spontane Schimpftirade eines Passanten in Kattowitz, als dieser erkannt habe, dass die Reisgruppe aus Deutschen bestand.[1689] „Wir waren da mal in Hirschberg. Und da haben sie meine Schwägerin bespuckt. Auf dem Land war es ein bisschen besser als in den Städten."[1690] Folgendermaßen versuchte sich eine der Reisenden ihre Be-

---

1686 Carl-Ludwig Graf von Ballestrem: Meine erste Reise nach Polen, die ich mit meinem Vater mach-te. Oberviechtach, 14. Juli 1978, 6 S., hier S. 1, Kopie. Ballestremsches Firmen- und Familienar-chiv, ohne Signatur.

1687 Zedlitz und Neukirch, S. 2012: 03:00:50-1 – 03:04:35-9.

1688 Die Gräflich von Ballestremschen Reiseberichte enthalten z. B. oft noch bis Mitte der 1990er Jah-re ausführliche Analysen der politischen und wirtschaftlichen Lage. Ballestremsches Firmen- und Familienarchiv, Berlin, Loseblattsammlung mit Reiseberichten.

1689 Reisebericht von Valentin Graf Ballestrem. Straubing, Oktober 1985. Ballestremsches Firmen- und Familienarchiv, Berlin, Loseblattsammlung noch ohne Signatur, 23 S., hier S. 14.

1690 Kulmiz, I. 2011: 00:41:35-9 – 00:42:23-4.

obachtungen zu erklären: „Also, damals wurden wir noch sehr misstrauisch beguckt: ‚Und was wollt ihr denn hier? Kommt ihr jetzt? Und jetzt kommen sie wieder und jetzt müssen wir weg.' Die saßen, wie ich dann später gehört habe, auch zum Teil noch auf gepackten Koffern."[1691] Valentin Graf von Ballestrem attestierte 1985 gar einen abnehmenden „Chauvinismus", auf den man „ganz selten" treffe, und hielt ihn für „eine Krankheit", der mit „rationalen Medikamenten" nicht beizukommen sei.[1692]

3.1.2 Netzwerke

Die Reisenden bemühten sich der Unsicherheit solcher Begegnungen Herr zu werden, indem sie an allen Orten ein möglichst dichtes Netz von Kontakten pflegten, die als Führer, Übersetzer oder auch Informationsquelle in Abwesenheit in Frage kamen. Denn in fast jeder Gemeinde, selbst in den Kreisen, die einen nahezu vollständigen Austausch der Bevölkerung erlebt hatten, fanden sich auf die eine oder andere Weise deutschsprachige Ansprechpartner, die vorab kontaktiert oder von den Anwohnern dann geholt wurden, wenn Besucher aus Westdeutschland ins Dorf kamen.[1693] Adelige „Heimwehtouristen" verfügten über etwas anders beschaffene Netzwerke als die Mehrheit der Zwangsmigranten. Verwandtschaftliche Beziehungen fielen in ihrem Fall völlig weg. Dagegen konnten sie auf drei andere Beziehungstypen zurückgreifen.

Erstens suchten sie häufig Kontakte zu in Schlesien gebliebenen ehemaligen Angestellten oder deren Verwandten anzuknüpfen. Den Oberschlesiern fiel es dabei deutlich leichter als den Niederschlesiern, solche Kontakte zu finden.

> „Was mir aufgefallen ist, [...] das hat so ein bisschen auf der anderen Seite mit Identitäten zu tun. Ich nehme schon auch Unterschiede wahr, zwischen den Familien, die aus Oberschlesien kamen, denen, die aus Niederschlesien kamen und vielleicht sogar aus jenem Teil Niederschlesiens kamen, der heute zur Woiwodschaft Lubuskie gehört. Das hat auch damit zu tun, dass es in Oberschlesien mehr Möglichkeiten gab, Kontakt mit den Leuten vor Ort zu halten, weil es dort nach dem Krieg teilweise auch noch Autochthone gab – ob diese jetzt polnisch waren oder Deutsche, die sich entschlossen haben, dort zu bleiben. Von diesen gab es in Oberschlesien mehr als in Niederschlesien, wo mehr oder weniger, die Bevölkerung eins zu eins ausgetauscht wurde."[1694]

Wer wie die Grafen von Ballestrem in der Vorkriegszeit einen gigantischen Konzern besessen hatte, konnte nun auch zahlreiche Kontakte aktivieren, als wieder Reisen nach Schlesien möglich wurden. „Wie ein Trommelfeuer reihte sich für uns ein Gespräch an das andere. Wo wir waren, auf der Straße, in Häusern, auf Bauernhöfen:

1691 Bomhard, E. 2011: 01:05:22-5 – 01:06:17-3.
1692 Reisebericht von Valentin Graf Ballestrem. Straubing, Oktober 1985. Ballestremsches Firmen- und Familienarchiv, Berlin, Loseblattsammlung noch ohne Signatur, 23 S., hier S. 4.
1693 Kulmiz, I. 2011: 00:41:35-9 – 00:42:23-4, Websky, M. 2013: 01:56:59-6 – 02:08:48-9, Schoenaich-Carolath, E. 2013: 01:53:43-3 – 01:55:30-3.
1694 Schoenaich-Carolath, E. 2013: 01:49:50-0 – 01:52:20-5.

überall stürmte man auf uns ein, in unzähligen Einzelgesprächen rollten Schicksale vor uns ab, wir mussten uns manchmal trennen, um dem Ansturm gerecht zu werden", berichtet etwa Valentin Graf von Ballestrem vom Besuch in Plawniowitz 1985.[1695] Ein anderes Familienmitglied schildert gar, dass man eine fast beliebige Person in Kattowitz ansprechen konnte: „Mein Vater sprach einen der Gepäckträger [im Hotel, S. D.] auf oberschlesisch an und als wir oben in unserem Zimmer angekommen waren, wussten wir bereits, dass er früher bei Ballestrem als Schweisser gearbeitet hat, und dass seine Tochter zuckerkrank ist."[1696] Aber auch wer von einem im Vergleich dazu bescheidenen Gut wie Obernigk stammte, fand „damals noch einige Obernigker, alte Obernigker, Eingesessene." Ihr Bruder habe 1959 beim ersten Besuch, den überhaupt jemand aus der Familie nach dem Krieg wieder in Schlesien gemacht habe, „da noch zwei, drei schlesische Familien angetroffen, die da geblieben waren. Sonst war Obernigk völlig geräumt."[1697] In einigen Fällen treffen noch heute Menschen der zweiten Generation, die erst lange nach dem Krieg geboren sind und die die schlesischen Verhältnisse selbst nicht mehr kennengelernt haben, ganz überraschend auf Menschen, die vor 1945 auf den Gütern der Eltern und Großeltern gearbeitet haben. „Im Zuge meines Projektes [*Mein? Dein? Unser! Kulturerbe das verbindet – zur Vermittlung von Kulturerbe an Kinder und Jugendliche im deutsch-polnischen Grenzraum...*] habe ich eben festgestellt, dass an einem der Carolath`schen Orte eben in der Tat eine Familie geblieben ist, sogenannte Autochthone [...], von ihnen wusste ich vorher gar nicht."[1698] Dass die Interviewpartnerin nicht „von denen wusste", ist durchaus bezeichnend für einen anderen Umstand, nämlich dass in vielen adeligen Familien sich Familienmitglieder durchaus intensiv und über Jahre bemüht hatten, genau diese Kontakte nicht abreißen zu lassen. Im Falle der Zeitzeugin war es der doppelte Umstand, „dass mein Vater jetzt mit diesem Ort nicht wirklich etwas zu tun hatte" und dass die Familie, die dort Kontakt hätte halten können, [...] sich da irgendwie, glaube ich, mit den Umständen schwergetan hat."[1699]

Zweitens blieben insbesondere in den katholischen schlesischen Familien Netzwerke, die noch aus der Patronatszeit der einzelnen Familien herrührten, lebendig, zumal manche Reisenden auf dem Umweg über die Zugehörigkeit zum Malteserorden nicht einmal mit dem deutschen Pass einreisen mussten. Aber auch wenn sich adelige Exilanten entschlossen, nicht nach Polen zu reisen, sondern lieber in Westdeutschland blieben, waren kirchliche Bindungen für Protestanten wie Katholiken eine wichtige Informationsquelle über die Entwicklungen in der „alten Heimat" nach 1945. Einige Geistliche scheinen zugleich von sich aus den Kontakt zu den ehemaligen Patronatsherren gesucht zu haben.

1695 Reisebericht von Valentin Graf Ballestrem. Straubing, Oktober 1985. Ballestremsches Firmenund Familienarchiv, Berlin, Loseblattsammlung noch ohne Signatur, 23 S., hier S. 20.

1696 Carl-Ludwig Graf von Ballestrem: Meine erste Reise nach Polen, die ich mit meinem Vater machte. Oberviechtach, 14. Juli 1978, 6 S., hier S. 2, Kopie. Ballestremsches Firmen- und Familienarchiv, Berlin, Loseblattsammlung ohne Signatur.

1697 Bomhard, E. 2011: 01:04:07-9 – 01:05:22-5.

1698 Schoenaich-Carolath, E. 2013: 01:53:43-3 – 01:55:30-3.

1699 Ebd.

„Es gab [in den 1980er Jahren] einen evangelischen Pastor in der Gemeinde Groß-Wartenberg, Herrn Fober. Und die Großeltern haben wahrscheinlich auch zu den Vorgängern Kontakt gehabt. […] Auch die katholischen Geistlichen machten manchmal so eine Art Antrittsbesuch bei meinen Eltern, wobei das unterschiedlich war. Einmal haben sie uns auch den dritten Band der Familiengeschichte hier vorn übergeben."[1700]

Tatsächlich kam der Kirche nicht nur als Unterstützerin der Demokratiebewegung in Polen eine bedeutende Rolle zu. Insbesondere in der Tauwetterzeit nach dem Ende des Kriegsrechts in den 1980er Jahren trug sie dazu bei, eine Sphäre zu schaffen, die sich wenigstens teilweise staatlicher Kontrolle entzog. In dieser Sphäre konnten einige Familien wie beispielsweise die Grafen Ballestrem eine enge Beziehung zu engagierten Kirchenmännern wie dem Bischof von Oppeln, Alfons Nossol, pflegen, der es wagte, die Familie sichtbar für vergangenes Engagement zu würdigen. Als 1985 die Familie mit einer großen Zahl von Verwandten im Reisebus nach Ruda (Ruda Śląska) und Plawniowitz (Pławniowice) kam, anlässlich des hundertjährigen Jubiläums der Errichtung des Neubaus des Schlosses in Plawniowitz, zugleich des hundertjährigen Jubiläums der Schlosskapelle, die bereits damals dem Dorf zu den Sonntagsgottesdiensten offenstand und nach dem Krieg ganz offiziell in die Dorfkirche umgewandelt worden war, begrüßte er sie in damals kaum denkbarer Weise im Festgottesdienst auf Deutsch.[1701]

Die Weite adeliger Netzwerke verhalf den adeligen „Heimwehtouristen" gelegentlich zu unerwartetem symbolischen Kapital und eröffnete ungewöhnliche Zugänge zur polnischen Gesellschaft. Ein Zeitzeuge beschreibt beispielsweise die Bekanntheit seines Großvaters Alfred von Olszewski, der seine Kinder testamentarisch verpflichtet hatte, Polnisch zu lernen, und der sonst sein Gut dem polnischen Nationalschriftsteller Henryk Sienkiewicz vermachen wollte, als einen „Türöffner".[1702]

„Und da sind wir von Frankfurt erst nach Posen, und dort wurden wir schon erwartet von Herrn Mosz, der großer Sienkiewicz-Verehrer und Sammler von seinen Erinnerungsstücken war. Da haben wir also zunächst mal festgestellt, dass die Geschichte von unserem Großvater uns jedoch weiterhelfen kann und Sympathien verschafft hat. Es war durch den Herrn Mosz ein kleiner ‚Staatsempfang', den wir da hatten [lacht], wir waren selber ganz erstaunt, wie das lief, das Ganze."[1703]

Drittens schließlich kamen adelige Schlesier wie andere Reisende auch in den 1970er und 1980er Jahren häufig einzeln über kleine Vermittlungsagenturen[1704] oder mit Busgruppen nach Schlesien, die sich dann vor Ort trennten und später wie-

---

1700 Reichenbach, A. 2013: 00:54:48-8 – 00:57:53-0.

1701 Ballestrem, N. 2010a: 02:10:22-3 – 02:12:34-3.

1702 Zedlitz und Neukirch, S. 2012: 02:58:18-6 – 03:00:35-6. („eine andere Geschichte, dann die von unserem Großvater Olszewski, der ja eben durch sein Testament damals im Jahr 1909 in Polen sehr bekannt geworden ist. Das hat uns geholfen. Das hat uns manche Tür aufgemacht.")

1703 Zedlitz und Neukirch, S. 2012: 03:00:50-1 – 03:04:35-9.

1704 Reisebericht von Valentin Graf Ballestrem. Straubing, Oktober 1985. Ballestremsches Firmen- und Familienarchiv, Berlin, Loseblattsammlung noch ohne Signatur, 23 S., hier S. 3.

der zusammenfanden,[1705] um den Reisenden den Besuch einzelner Orte zu ermöglichen. In vielen Fällen fuhren etwa auch Ortsgruppen der Landsmannschaft gemeinsam in die alte Heimat. „Also, ich habe dann die erste Reise 1984 mit meinem Sohn
Joachim und einer Obernigker Gruppe gemacht, mit dem Bus."[1706] Wer dagegen in
Gruppen unterwegs war und zusätzlich einen Führer einer der staatlichen Touris-
musagenturen erhielt, hatte zwar einen Übersetzer und konnte so das Problem der
deutsch-polnischen Sprachlosigkeit vermeiden, zugleich verbanden sich damit aber
in vielen Fällen neue Ängste vor einer Ausspähung durch den Geheimdienst. Unberechtigt waren derartige Ängste nicht, denn der polnische Sicherheitsdienst versuchte die sogenannten Pilotinnen und Piloten häufig als Informelle Mitarbeiter zu gewinnen, die über die Reisegruppen, die sie begleiteten, Bericht ablegen sollten.[1707]

> „Der hatte von uns sofort den Spitznamen ‚Pupille' gekriegt, weil wir natürlich wussten,
> was seine Aufgabe war und dass natürlich eine Reise der kompletten Familie Ballestrem in
> Polen misstrauisch beäugt wurde. Das war uns schon klar. Und dass wir jemanden kriegen,
> der besonders gut auf uns aufpasst, das war schon auch klar."[1708]

Die Erfahrung eines transnationalen Raums, den die Reise eröffnete, mit seinen
ganzen Ambivalenzen forderte so auch bestehende Ordnungsvorstellungen heraus.
Durch die Herstellung von Eindeutigkeit, indem dem Reiseführer ein klarer Platz
zugewiesen wurde, schufen sich die Reisenden ein Gefühl von Sicherheit.

> „Der hat auch gleich versucht, sich anzubiedern, und kam dann also an der Grenze in den
> Bus und meinte [Lachen], er sei der Marek, und man könnte sich doch duzen, worauf
> mein Vater meinte, also er sei für ihn der Herr Graf und duzen würde man sich hier schon
> überhaupt nicht [Lachen]. Damit waren dann diese Verhältnisse klargestellt, und wir sind
> dann sehr gut mit ihm klar gekommen".[1709]

3.1.3 Gedächtnis und Raum

Adelige unterschieden sich von der Mehrheit der Reisenden aus dem Westen nicht
allein durch die Beschaffenheit ihrer Netzwerke, auch wenn diese längst nicht für alle
Mitglieder der sozialen Gruppe gleich ausgeprägt waren. Vielmehr waren die historische Tiefe und Breite der Familiengeschichte, ihre Verankerung in einer Vielzahl von
Orten, ja die Möglichkeit sie aus der Landschaft selbst abzulesen – also die Intensität
der Pflege von Gedächtnis – wichtige Distinktionsmerkmale. Eine weitere Besonderheit adeligen Reisens lag so in der Art und Weise Erinnerung neu zu stiften, die sich
dem Adel trotz aller Zerstörungen und Verluste boten. Natürlich unterschieden sich
derartige Anknüpfungsmöglichkeiten je nach Seniorität und Hierarchie einer Fami

---

1705 Seherr-Thoß, R. 2011: 02:15:25-6 – 02:22:52-5.
1706 Bomhard, E. 2011: 01:05:22-5 – 01:06:17-3.
1707 Felsch 2015, S. 18.
1708 Ballestrem, N. 2010a: 02:06:37-2 – 02:07:39-7.
1709 Ballestrem, N. 2010a: 02:06:37-2 – 02:07:39-7.

Abbildung 37: Einschreibung in den Raum: Gerade im oberschlesischen Industriebezirk prägten Unternehmen adeliger Eigner wie der Ballestrem-Konzern die Landschaft. Von den Heimatreisenden ließen sich die Spuren dieses Engagements in der Landschaft als Teil der Familiengeschichte lesen. Hier: Wohnhäuser der Siedlung „Carl Emanuel" in Biskupitz (Biskupice), Aufnahme vor 1925.

lie in der Adelsgesellschaft, zwischen einer geadelten Beamtenfamilie, einer ehemals großbürgerlichen Industriellenfamilie, einer Familie aus dem alten österreichischen Herrenstand oder den Industriemagnaten erheblich. So bot sich etwa dem Grafen Valentin von Ballestrem 1985 die Möglichkeit, die Familiengeschichte in der Stadtgeografie von Ruda (Ruda Śląska) zu lesen: „Das Dorf war damals [vor dem Krieg, S. D.] klein, war ganz durchzogen von industriellen und sozialen Bauten, die auf die Initiative unserer Familie zurückgingen."[1710] Und auch die mitfahrenden Kinder verbanden auf diesem Weg erstmals die Familiengeschichte mit greifbaren Orten:

> „Ich glaube, da haben sich alle Geschwister sehr viel intensiver mit dem Stammbaum beschäftigt. Zum Beispiel: Wer hat wann welches Gebäude gebaut? Wer hat wann welche Kirche bauen lassen? Das kam dann mit der Reise 1985. Wenn man die Gebäude vor Augen hat und es eine körperliche Repräsentanz hat, ist das natürlich auch sehr viel einfacher, sich das zu merken. Also mit den Reisen hat auch die intensivere Beschäftigung mit der Familie begonnen."[1711]

1710 Reisebericht von Valentin Graf Ballestrem. Straubing, Oktober 1985. Ballestremsches Firmen und Familienarchiv, Berlin, Loseblattsammlung noch ohne Signatur, 23 S., hier S. 12.
1711 Ballestrem, N. 2010b: 00:01:08-2 – 00:02:06-6.

Orte bedeuteten schließlich auch ein Anknüpfen an die Lebenswelt von einst, das es erlaubte, eine Ahnung von dem, wie Vergangenheit gewesen war, in der Wiederholung von Praktiken an die jüngere Generation weiterzugeben. Die Familienreise der Grafen Ballestrem vom Oktober 1985 führte sie etwa auch in das Breslauer Hotel Monopol, „um der jungen Generation diesen Ort zu zeigen, der so etwas wie die Drehscheibe des schlesischen Adels gewesen war. Es gelang das alles vorzüglich zu organisieren. Mein Neffe Rudolf," berichtet Valentin Graf von Ballestrem, „der jüngste Mann an Bord [des Reisebusses, S. D.] – wurde an diesem Tag 12 Jahre alt. Sein Geburtstagsessen im Monopol wird er so schnell nicht vergessen."[1712]

Die Besonderheiten lagen schließlich auch in den Bildern und Konzepten des Wahrnehmens und Erzählens, die wenigstens teilweise spezifisch adelig waren. Während sich den Älteren Anlass zum vielleicht sehnsuchtsvollen Erinnern bot, fanden die Jüngeren so erstmals die Möglichkeit, sich mit allen Sinnen in das frühere Leben der Familie in Schlesien zu vertiefen. „Also es ist schon so, dass diese erste Reise nach Schlesien, 1984, mir klar gemacht hat, wie schön das gewesen sein muss, und ich habe so ein ganz idyllisches Bild von Schlesien mitgenommen, was ein bisschen gemein ist, denn diese Idylle hat natürlich immer auch etwas mit Armut zu tun."[1713]

Mit dem Charakter der Reise als Suche nach verlorener Bedeutung, nach einer Verbindung zur gegenwärtigen Welt in Schlesien oder nach dem Füllen eines emotionalen Leerraums korrespondiert fast immer ein Motiv des Wiederfindens und Wiederzusammenführens in den Erzählungen.

> „Ich komme also '86 nach Schwengfeld [Makowice] mit dem polnischen Taxifahrer, und der fragt die Leute: ‚Hier wohnt eine Lucie Hofbauer, eine Deutsche, wo ist das Haus von der Deutschen?' ‚Ja, das ist da drüben. Ja, ja, ich weiß, das da drüben.' Kommen wir so rein, und da sitzt eine schwere, ältere Frau im Sessel, neben sich einen Rollstuhl, und sagt mit lauter Stimme: ‚Ne, das ist jo der kleene Michel, je, des is jo der kleene Michel!', auf Schlesisch. Der kleene Michel war es tatsächlich, sie hatte mich als Sechsjährigen, Siebenjährigen noch in Erinnerung. Und wir hatten uns nicht gesehen, und ich war auch namentlich nicht angekündigt."[1714]

Für einige verband sich mit der Reise auch ein spirituelles Erleben, etwa für den Kapuzinerpater Caspar (Ludwig Graf von Ballestrem), den die Reisen immer wieder an die wichtigsten Stätten katholischen Glaubens in Schlesien führten.

> „Vor seinem Hintergrund als Mönch hatte er natürlich noch sehr viel mehr kirchliche Ziele angefahren, als das bei anderen Reisen der Fall war. So war er offensichtlich auch in Tschenstochau und auf dem Annaberg. Natürlich ein Ziel, das auch ich immer wieder anfahre. Und natürlich auch in Plawniowitz [dem Hauptsitz der Familie, S. D.] und in Rudno, dem ursprünglichen Kirchdorf, zu dem Plawniowitz gehörte. [...] Piekar, alte

1712 Reisebericht von Valentin Graf Ballestrem. Straubing, Oktober 1985. Ballestremsches Firmen und Familienarchiv, Berlin, Loseblattsammlung noch ohne Signatur, 23 S., hier S. 7.
1713 Schoenaich-Carolath, E. 2013: 02:01:27-5 – 02:06:46-0.
1714 Websky, M. 2013: 02:08:50-8 – 02:13:28-1.

Wallfahrtsorte, Tschenstochau. Da hat er die Reisen zu den familiären Wurzeln mit kirchlichen verbunden."[1715]

Diese Verbindung kristallisiert sich geradezu in der Beschreibung der Grabstätte seiner Vorfahren durch den Grafen Valentin von Ballestrem, die als ein intimst vertrauter Teil eines Gotteshauses und gleichzeitig Spiegel der vergangenen Lebenswelt aufscheint:

„Mein Ururgroßvater hatte bereits dort eine Josephskirche gebaut, die aber zur Zeit meines Urgroßvaters bereits zu klein war. Dieser hat dann eine neue Josephskirche gebaut. Die alte blieb stehen und wurde fortan Piuskirche genannt. Die neue Josephskirche erbaute er nach dem Vorbild der römischen Kirche San Lorenzo in Campo Verano [...]. Sie ist also eine romanische Imitation [...]. Über der Vierung hängt ein riesiger schmiedeeiserner Kronleuchter, seinerzeit ein Geschenk der Grubenarbeiter, selbst gefertigt nach dem Modell des großen Leuchters im Aachener Dom. Unter dem Presbyterium liegt eine Krypta mit einer Gruft, in der meine Urgrosseltern begraben liegen, daneben in einer Nische meine Grosseltern und rechts in einer weiteren Nische mein Grossonkel Leo, der im Ersten Weltkrieg gefallen war."[1716]

3.1.4 „Die Aufgabe, Vergangenheit und Zukunft zu verbinden"

Mit den Reisen verbanden sich oft nicht nur „nostalgische Ziele", sondern auch „Fürsorgeziele, also Kontakt aufzunehmen mit Mitarbeitern und Menschen aus dem Umfeld, die drüben geblieben sind, und dafür zu sorgen, dass ihnen das Leben leichter gemacht wird".[1717] Die Reisen hatten häufig mehr als eine kontemplative Funktion – sie verbanden Vergangenheit und Zukunft. „Was sich nun anschloss, ist nicht mehr im Detail beschreibbar.", berichtete Valentin Graf von Ballestrem etwa von seinem Besuch in Plawniowitz 1985. „Darauf, dass meine Frau das zweite mal im Land ist, wird keine Rücksicht genommen. Man begegnet ihr, als sei sie immer gegenwärtig gewesen. [...] Die Aufgabe, Vergangenheit und Zukunft zu verbinden, ist oft ein Kraftakt, der Menschenkräfte zu übersteigen scheint."[1718]
Allein durch ihre Anwesenheit mobilisierten in Oberschlesien die Besuche der ehemaligen Herrschaft die dort noch lebenden älteren Menschen.

„Schon während der Messen [in Plawniowitz] hatte ich beobachtet, wie sich die Leute nach uns umdrehten und einander etwas zuflüsterten. Als wir dann nach der Messe die Kirche verliessen, bildete sich eine kleine Gruppe von älteren Menschen, die meinen Vater bereits letztes Jahr gesehen hatten, alte Erinnerungen erzählten und über ihr Elend klagten."[1719]

1715 Ballestrem, N. 2010b: 00:58:59-0 – 01:02:59-0.

1716 Reisebericht von Valentin Graf Ballestrem. Straubing, Oktober 1985. Ballestremsches Firmen und Familienarchiv, Berlin, Loseblattsammlung noch ohne Signatur, 23 S., hier S. 12.

1717 Ballestrem, N. 2010a: 02:01:25-1 – 02:02:42-6.

1718 Reisebericht von Valentin Graf Ballestrem. Straubing Oktober 1985. Ballestremsches Firmen und Familienarchiv, Berlin, Loseblattsammlung noch ohne Signatur, 23 S., hier S. 20.

1719 Carl-Ludwig Graf von Ballestrem: Meine erste Reise nach Polen, die ich mit meinem Vater

Dieses „Elend" zu lindern, führte in einigen Familien zu einer Fortsetzung adeliger Fürsorgepraxis, die sich nunmehr auf die noch in Schlesien lebenden „Leute" richtete. Valentin Graf von Ballestrem betrieb aus diesem Grund „zum Beispiel über Jahre in den 80er Jahren ein Weihnachtspaketprogramm, wo also Hunderte von standardmäßig gepackten Lebensmittelpäckchen nach Polen oder nach Schlesien geschickt wurden."[1720] Die Versandaktion war selbstorganisiert, das heißt, dass man bis hinunter zum Fahrer, der die Pakete über die Grenze brachte und verteilte, das Heft in der Hand behielt.

> „Meine Mutter hat dann ein Postpaket genommen, hat eingekauft und hat das, was sie da eingekauft hat, dann so reingepackt, dass das dann ging. Und dann wurden wir – und Freunde von uns aus der Münchner Studentenschaft, das war zu der Zeit, als meine Geschwister in München studiert haben, und dann wurde eine Packkette gemacht. Da haben wir da sicher 300, 400 solcher Pakete gepackt, die dann in einen Lkw verladen und nach Polen gefahren wurden."[1721]

3.2 Zerstörung und Verlust erleben

> „Unser blühendes Schlesierland, es wird zur Wüste. Niemand auf der ganzen Welt, der dagegen einschreitet, niemand der uns Deutschen helfen will. Die Polen sollen, wie von dort kommende Soldaten erzählen, die Getreidefelder umackern, die Obstbäume raushacken. Das Schicksal unserer geliebten Heimat – nicht zu fassen ist es. So wird man Börnchen wohl auch nicht wieder sehen oder wenn einmal, dann ist alles Wüste."[1722]

Bereits in den ersten Monaten imaginierten die geflohenen und vertriebenen Schlesier das Schicksal ihrer Heimat. Einige wie Erika von Mutius verstanden die Berichte, die ihr zugetragen wurden, geradezu aus einer Endzeiterwartung heraus, als den physischen Untergang der ihnen vertrauten Welt. Neben dem imaginierten Schicksal der Heimat stand das, das von jenen erlebt wurde, die sich zu diesem Zeitpunkt noch dort aufhielten. Die Plünderung eines Hauses oder die langsame stückweise Enteignung hinterließen tiefe Verletzungen, die anders memoriert wurden als beispielsweise der Verlust durch die unmittelbaren Kriegseinwirkungen. „Stück für Stück wird das, was uns Heimat und Zuflucht war, vernichtet", berichtete etwa Marie-Elisabeth von Mutius über Gut Gellenau.

> „Der Rahmen des Glücks unserer Kindheit und frühen Jugend: Stätte der Arbeit, Sammlung und Muße von Generationen unserer Väter. Wie gnädig ist dagegen ein Brand. Wie sauber und ehrenvoll. Damals, als in den Bombentagen von Berlin die Wohnung mit unseren vertrauten Gegenständen und Erinnerungen vor unseren Augen verbrannte, blieb nicht dieses bittere Gefühl."[1723]

---

machte. Oberviechtach, 14. Juli 1978, 6 S., hier S. 3f., Kopie. Ballestremsches Firmen- und Familienarchiv, Berlin, Loseblattsammlung ohne Signatur.
1720 Ballestrem, N. 2010a: 02:01:25-1 – 02:02:42-6.
1721 Ballestrem, N. 2010a: 02:02:51-0 – 02:03:34-4.
1722 Mutius 2009, S. 18, Tagebucheintrag Reinhardtsgrimma den 18. Juli 1945.
1723 Mutius 2005b, S. 94.

Abbildung 38: Schloss Börnchen, Aufnahme aus den 1920er Jahren.

Das „bittere Gefühl" blieb. Auch in den folgenden Jahrzehnten waren Zerstörung und Rückentwicklung die Motive, mit denen das, was an den Stätten der Herkunft geschah, umschrieben und begriffen wurde. Da für die Menschen im Westen Reisen in der Zeit vor den Grundlagenverträgen eher eine Ausnahme waren, blieb Schlesien – im Einklang mit der dämonisierenden Meistererzählung der Nachkriegsjahre[1724] – ein Land versteckt im Nebel, eine *terra quondam cognita*, von der wenig zu wissen und allenfalls zu ahnen war. Als in den späten 1960er und frühen 1970er Jahren die Möglichkeiten zu Reisen wuchsen, verbreiteten sich auch die Berichte aus erster Hand über den Zustand der Häuser und Güter oder auch nur des Einfamilienhäuschens, das man vor dem Krieg errichtet hatte. Und wer bei seinem ersten Besuch in Schlesien die Stätten seiner Kindheit aufsuchte wie Sigismund Freiherr von Zedlitz und Neukirch 1971, der wurde oft schmerzhaft mit dem Fehlen der Kontinuität an den „Nicht-Orten" konfrontiert:

„Haben Sie Neukirch gesehen bei diesem Aufenthalt?" (S. D.)
„Beim ersten Mal?"
„Ja." (S. D.)
„Ich meine, ja. Doch ja. Ja, da waren wir. Aber da war ja schon gar nichts mehr. Das war ja schon total abgerissen."[1725]

1724 Lehmann 1991, S. 190f.
1725 Zedlitz und Neukirch, S. 2012: 03:04:39-9 – 03:04:56-3.

„[...] wir sind an vielen anderen Schlössern vorbeigekommen, wo überhaupt nichts mehr war, wo nur noch ein Schutthaufen war."
„Ballestrem'sche Schlösser?" (S. D.)
„Ja, ja. Das war schlimm, teilweise. Also was ich immer gerne – und das hat mein Vater uns damals [1985, S. D.] schon gezeigt, was nicht weit weg von Plawniowitz ist, und es liegt eben auch auf dem Weg zum Beispiel nach Oppeln – ist Groß Strehlitz, was ein Castell'sches Schloss ist, und das steht halt nur noch als Ruine.[1726]

„Auch heute sieht man oben am Wald noch einen großen Berg mit dem Schutt dieses Hauses [Kauffung, S. D.] – also nicht der Baulichkeit, sondern des Inhaltes. Inzwischen sind die Disteln drüber gewachsen, und man stößt nicht immer auf Porzellan oder Möbelreste [lacht]."[1727]

Die Begegnung mit dem Verfall wurde eines von drei Erzählmustern, die man in jeder Familie finden kann, wobei auch hier die Reaktionen zwischen den Generationen durchaus auseinandergingen. Die, die die Orte noch selbst erlebt hatten, machte die Konfrontation mit dem Verlust betroffen. Die Jüngeren lehnten sich gegen den mittelbaren Verlust auf, und so finden sich auch fast überall Erzählungen vom widerständigen Eindringen, einer rebellischen Wieder-Inbesitznahme, die freilich nur kurz andauerte.

„Aber die Bausubstanz [von Schloss Lomnitz, S. D.] war dann Ende der 70er, Anfang der 80er Jahre so marode, dass es nicht mehr gehalten wurde, und dann stand es bis '86 schon leer. Und dann war also alles geplündert, aus dem Schloss heraus, wir sind dann noch eingebrochen, weil das war eigentlich verrammelt mit Brettern, aber wir wollten natürlich rein und sind dann durch alle Stockwerke, überall, und gingen so ganz vorsichtig, dass man nicht abschmiert, und mein Vater war völlig davon erschüttert und konnte es gar nicht ertragen, mitanzusehen. Für uns war es Abenteuer, berauscht hat es einen natürlich auch, nicht?"[1728]

„Das schöne alte Haus, die Numero 8 [Stadtpalais am ehemaligen Breslauer Wallgraben, S. D.] war gerade im Umbau und daher voller Handwerker. Blitzschnell konnten wir eindringen und sahen uns Treppen, Räume und Garten an, filmten und fotografierten, bis der Eigentümer kam und uns schimpfend vertreiben wollte. Als er aber feststellte, dass wir ihn nicht verstanden und ihm nur interessiert – amüsiert zuschauten, räumte er kopfschüttelnd das Feld."[1729]

Häufig verbanden sich diese Akte so auch im Fall der Ballestrem'schen Erzählung mit anderen Akten der symbolischen Aneignung wie dem Anfertigen von Foto- und Filmaufnahmen. Es waren gleichzeitig Akte der Selbstvergewisserung, mit denen die verbleibenden Spuren der eigenen Anwesenheit in der Vergangenheit – etwa das große Wappen über dem Eingang des Hauses am ehemaligen Wallgraben – bildlich konser-

---

1726 Ballestrem, N. 2010a: 02:16:41-8 – 02:20:14-6.
1727 Seherr-Thoß, E. 2012: 01:55:22-2 – 01:58:39-6.
1728 Küster, U. 2013: 01:00:05-1 – 01:02:27-8.
1729 Reisebericht von Valentin Graf Ballestrem. Straubing, Oktober 1985. Ballestremsches Firmen- und Familienarchiv, Berlin, Loseblattsammlung noch ohne Signatur, 23 S., hier S. 7.

Abbildung 39: „Da tanzen sie noch". Bild aus der Serie „Flüchtige Erinnerungen", mit der Matthias von Mutius das Schicksal des Hauses seiner Großeltern künstlerisch verarbeitet hat.

viert wurden. Ein anderer Zeitzeuge berichtete nach dem Ende des eigentlichen Interviews von einem Drang, die Ruinen des väterlichen Schlosses zu fotografieren.

> „Da sagte die Franziska, also die Tochter vom Karli: ‚Sieh hin, da tanzen sie noch!' [im eingebrochenen Piano Nobile, S. D.]. In diesen Bildern ist für mich manchmal ein Stück Erinnerung stärker als in dem, was ich dort tatsächlich noch sehe. Da taucht etwas auf in diesen Bildern, die so ein flüchtiger Blick sind. ‚Flüchtige Erinnerungen' heißen diese Bilder für mich."[1730]

Vor allem in jüngerer Zeit, in der eine Generation, die selbst das Leben in den Häusern nur mittelbar aus Erzählungen der Elterngeneration kennt, selbst wieder zum Mittler der Erinnerung wird, haben sich diese Praktiken, so wie hier geschildert, noch einmal verändert. Aus der unmittelbaren schmerzhaft-konfrontativen Erfahrung des Verlusts, die aus dem Wissen um das, was da war, resultiert, ist ein sanfteres Suchen geworden. Ein Nachspüren nach dem, was gewesen ist und wie es gewesen sein könnte, ein nahezu archäologisches Rekonstruieren, bei dem immer und immer wieder der Vergangenheit triumphierend ein Stück Stein gewordene Identität entrissen wird.

1730 Mutius, M. 2013b: 00:02:22-2 – 00:03:54-9.

„Wir haben zum Beispiel [mit den Kindern einer dreißigköpfigen Reisegruppe, S. D.] eine Erkundungstour durch die Ruine in Börnchen gemacht. Wir haben nach Spuren gesucht von den Sachen, die noch da sind. Und jeder sollte sich dann was suchen, und es gibt ja noch Stuckreste und was weiß ich, alles Mögliche, was noch im Schutt rumliegt. Und jeder war irgendwie stolz, was gefunden zu haben, und suchte was. Und hat so ein Stück mit nach Hause genommen. Und die haben alle den Zugang gekriegt. ‚Da ist was, das sind Spuren von unserer Vergangenheit.‘ Mein Vater fand es erst sehr absurd, und als er dann aber kapiert, was bei den Kindern vor sich ging, ‚Ach so, ja, hast ja Recht‘, konnte er es dann auch akzeptieren."[1731]

Praktiken der symbolischen Wiederaneignung sind dabei nicht an materielle Artefakte gebunden, auch wenn diese eine wichtige unterstützende Funktion haben. Auch Eigentumsansprüche konnten zu einem wichtigen Identitätsvehikel werden, indem sie die in die Vergangenheit zurückreichenden Kontinuitätslinien der Familie treffen, jenen – um mit Pierre Bourdieu zu sprechen – Faden, der nicht zerrissen werden werden darf, soll die Identität der Familie nicht der Vergessenheit anheimfallen. Einige Familien praktizierten deshalb eine symbolische Weitergabe der Häuser und Güter in den Testamenten: „So, wie mein Großvater es [das Gut Börnchen, S. D.] explizit meinem Vater vermacht hat. So hat es mein Vater mir vermacht, mitsamt der alten Gutskarte. Und allen Gutspapieren, die er noch besitzt, besaß. Ja."[1732]

Die Einheit von Menschen und Gütern blieb so über den Einschnitt von 1945 hinaus auch nach Jahrzehnten symbolisch gewahrt. Nicht zuletzt deshalb nehmen diejenigen, deren Häuser im Krieg oder nach 1945 völlig zerstört worden sind, diesen Verlust anders wahr als diejenigen, die noch ein Gegenstück ihres Sehnens in Schlesien finden konnten.

„Und wenn man da [Groß Strehlitz, S. D.] dann vorbeifährt –, ich frage mich manchmal, was schlimmer ist – wenn man dann hinkommt, eine Ruine zu sehen, oder zu sehen, dass nur noch ein Schutthaufen da ist. Ich kenne diese Erfahrung immer nur als Dritterfahrung. Ich war an solchen und solchen Stellen und kann dann immer nur beobachten, wie die reagieren, die zu diesem Gut gehören."[1733]

Für diejenigen, deren Häuser fortbestehen, liegt die Herausforderung darin, eine Erzählung zu finden, die es erlaubt, mit dem Schmerz abzuschließen. Für viele der Alteigentümer ist zunächst einmal der Umstand ein Trost, dass ein Haus überhaupt die Zeit des Kommunismus überstanden hat, wobei häufig auf den Topos verwiesen wird, um wieviel besser die Situation der Häuser in der Volksrepublik Polen war als die vergleichbarer Besitzungen in der Sowjetischen Besatzungszone beziehungsweise der Deutschen Demokratischen Republik. „Das [Schloss Lomnitz] ist nach dem Krieg als Schule benutzt worden. Dadurch ist es auch erhalten worden. Das ist in Polen Gott sei Dank anders als in der DDR, nicht alles [ist] ideologisch weggeräumt worden, sondern die haben, wo sie konnten, das eben weiter benutzt."[1734]

1731 Mutius, M. 2013: 02:32:27-6 – 02:35:37-6.
1732 Mutius, M. 2013: 02:15:56-6 – 02:16:35-7.
1733 Ballestrem, N. 2010a: 02:16:41-8 – 02:20:14-6.
1734 Küster, U. 2013: 01:00:05-1 – 01:02:27-8.

Abbildung 40: Sehnsuchtsorte: Aufgang von Schloss Lehnhaus zu Burg Lähn, Aquarell von 1933. Gut zu erkennen ist ein gestreiftes Zeltdach, das die platzartige Brücke abdeckt. Auf der Fläche wurden Teegesellschaften veranstaltet, da sie als einziger Ort in Lehnhaus einen Fernblick bis nach Löwenberg bot.

Abbildung 41: Derselbe Blick Ende der 1970er Jahre. Das Zeltdach ist nunmehr einem festen Ziegeldach gewichen.

Zugleich schwächt sich das Schockierende des Erlebens von Verlust und Zerstörung bei wiederholten Besuchen ab, zumal die Veränderungen, die sich für ein Haus nach der Wende ergeben haben, als ein Fortschritt empfunden werden können, der dem Schicksal des Hauses einen neuen Sinn gibt.

> „Plawniowitz war [1985], wenn man es für sich nimmt, in einem schrecklichen Zustand. Das Dach war kaputt, es hat an allen Ecken reingeregnet, und man hat sich eigentlich fast nicht mehr getraut, auf irgendwelche Böden zu treten, weil man gerade in den Bereichen, wo irgendwelche Balkontüren waren und es direkt reingeregnet hat, gedacht hat, jetzt bricht man gleich ins nächste Stockwerk runter. Es war alles, ja, kaputt – es gab eigentlich nicht *einen* Raum, in dem man sich wirklich aufhalten wollte. Das war in einem schlimmen Zustand einerseits, andererseits war es vorhanden."[1735]

Durch die Möglichkeit, über mehrere Besuche hinweg die Beziehung zu den Häusern zu aktualisieren, veränderte sich zugleich das Erinnern. So entstanden neue Narrative, die den Verlust und den Verfall zu verarbeiten halfen, etwa wenn ein Zeitzeuge in der Erinnerung den Verfall des Hauses und Parks mit einem katastrophalen Naturereignis zum Zeitpunkt seines Besuches parallelisiert.

> „[Der Besuch in Goschütz] War zu spät, muss ich sagen. Denn als wir nach Goschütz reinfuhren, war da vierzehn Tage vorher – oder vielleicht auch einen Monat vorher – ein entsetzlicher Wirbelsturm gewesen, und der hatte die gesamten uralten Eichen im Park

umgekippt. Und man kam eigentlich in so ein Schlachtfeld rein, und das Einzige, was von Goschütz noch erhalten war, war eigentlich der Park. Und der war nun auch kaputt. Da lagen umgekippt jahrhundertealte Eichen, und das war ein erbärmliches Bild."[1736]

3.3 Familiengräber und -friedhöfe

„Als ich im November 1972 zum ersten Mal nach dem Krieg die alte schlesische Heimat besuchte, fand ich auf dem evangelischen Friedhof die beiden Gräberreihen der Loesch-Familie von Schnee befreit und mit je einem Tannenzweig auf den Mamorplatten geschmückt. Eine uns unbekannte polnische Frau, so erfuhr ich später, pflegte die Gräber regelmäßig."[1737]

„Da wurden die Särge alle ausgeräumt. Da lagen Teile der Skelette unsere Großtanten auf der Erde, mit ihren Schädeln."
„Haben Sie das selbst mitbekommen oder haben Ihnen das Andere berichtet?" (S. D.)
„Nein, das haben wir gesehen."[1738]

Es gibt kaum ein Moment, das die Erfahrungen adeliger Flüchtlinge so dramatisch von der nichtadeliger Menschen aus den Ostgebieten des ehemaligen Deutschen Reichs unterscheidet, wie die Gräber ihrer Vorfahren. Das erklärt sich zum einen aus dem Vorhandensein von exponierten Grablegen – Familienfriedhöfen, Mausoleen auf dem Grund von Schlössern und Gutshäusern, Trauerkapellen auf Friedhöfen und Grüften in und um Patrimonialkirchen oder ganzer Grabreihen auf den Dorffriedhöfen. Nichtadelige Personen mögen das eine oder andere ebenfalls in ihrer Familie gepflegt haben – was ihnen demgegenüber in der Regel fehlte, war eine ähnliche Breite von Orten, an denen die eigenen Vorfahren bestattet waren. Diese wiederum bauen auf der Breite und Tiefe des adeligen Familienkonzepts auf und begründen darin zugleich familiales Gedächtnis.

Die Bedeutung des Familiengrabs liegt demnach etwa darin, dass

„es toll ist, dass du da hingehen und dich da hinsetzen kannst, zum Beispiel vor den Grabstein meines Urgroßvaters [Nachdenken], und realisieren, das ist hier wirklich jemand, der gelebt hat. Er ist da, da liegt er, das ist sein [Grab], das sind seine Lebenssprüche, und das hat er zentral gedacht und gefühlt, und das war ein – da ist ein Mensch. Es ist ein Gedenken an diese Menschen und ein Versuch, dem geschichtlichen Vergessen diese Details zu entreißen. Es ist jetzt nicht deswegen, weil sie so schön sind. Ich meine, manche, wenn sie so im Sandstein sind, unsere Wappen da sind, sind sie wunderschön. Aber es ist auch ein Moment, dass ich sage: Ja, das ist der Urgroßvater. Mensch, und das ist sein Vater, und das ist wieder sein Vater, und die liegen da alle."[1739]

1736 Reichenbach, A. 2013: 00:51:52-2 – 00:54:34-2.
1737 Frisé 2004, S. 33.
1738 Kulmiz, I. 2011: 00:38:07-3 – 00:38:41-4.
1739 Mutius, M. 2013: 02:40:49-1 – 02:42:45-1.

Abbildung 42: Das eingewachsene klassizistische Mausoleum im Goschützer Schlosspark (1985).

Abbildung 43: Das Mausoleum mit schweren Sturmschäden (1990).

Die Exponiertheit dieser Orte, die früher einmal den adeligen Führungsanspruch in der Gesellschaft unterstrich, wurde ihnen vielfach zum Verhängnis: In Abwesenheit der Adeligen, die die Propaganda als Vertreter des NS-Regimes darstellte, richtete sich die Wut von Rotarmisten oder polnischer Bevölkerung gegen das, was als Symbol deutscher Unterdrückung gedeutet werden konnte, oder trieb die einfache Gier nach Reichtümern Menschen dazu, nach Grabbeigaben zu suchen.

Als etwa Christine Gräfin von Richthofen mit ihrer Familie im Mai 1945 nach einem mehrwöchigen Treck von Mecklenburg zurück nach Schlesien kam, führte sie dies auch auf dem Gut Groß-Rosen vorbei, das der Richthofen'schen Verwandtschaft gehörte. Erschüttert fanden sie das Haupthaus geplündert, Fotografien und andere Erinnerungsstücke auf dem Boden zerstreut.

> „Dann ging ich mit meinem Bruder in die Richthofensche Familiengruft, die mir damals bei meinem Besuch besonders gefallen hatte. Als wir die Halle betraten, packte uns Grauen und Entsetzen. Nein – es konnte nicht wahr sein. Dort standen die Metallsärge, sämtlichst zerschnitten und mit Gewalt erbrochen, die Leichen teilweise herausgerissen und geschändet. Wir standen stumm und fassungslos da und werden diesen grauenvollen Anblick nie vergessen."[1740]

In ähnlicher Weise wurde die Gruft der Familie Grafen Yorck von Wartenburg auf Klein Öls geplündert. Die verwitwete Gräfin Davida von Moltke, geb. Yorck, erhielt von den polnischen Behörden im Sommer 1946 die Erlaubnis, die verwüstete Gruft schließen zu lassen,[1741] was allerdings nicht geschehen zu sein scheint. Ostern 1947 kam nämlich kurz vor seiner Ausreise der bis dahin in Schlesien zurückgebliebene frühere Mühlenbesitzer Herbert Larisch nach Klein Öls und besuchte dabei den „schönen, jedoch nun ganz verwilderten Park". Er betrat auch die Yorck'sche Familiengruft, deren Türen er „erbrochen" fand. „Aber O Grauen. Der größte Teil der steinernen Särge war erbrochen und die Knochengerüste lagen zum Teil auf dem

---

1740 Christine Gräfin von Richthofen: „Bericht über unsere Flucht aus dem Osten im Januar 45 und unsere Rückkehr nach der Heimat." BArch LAA Ostdok 2 / 199, Blatt 63–76, hier Bl. 66.
1741 Berichte und Sammlung von Zugetragenem der Gundula von Rohrscheidt (geb. v. Quitzow). Soest 13. Februar 1952. BArch LAA Ostdok 2 / 200, Blatt 159–172, hier Bl. 160f.

Fußboden herum." Zudem hielt sich das Gerücht, das die Klein Ölser Gruft längere Zeit als Schwarzbrennerei genutzt worden war.[1742] Auch der kleine Familienfriedhof der Freiherren von Zedlitz und Neukirch in Kynau (Zagórze Śląskie) auf der sogenannten Emilien-Höhe wurde „ausgeraubt, zerstört und in alle Winde zerstreut [...], nachdem wie Augenzeugen berichteten, u. a. selbst die Goldzahn-Plomben der Vorfahren herausgeschlagen worden waren".[1743] Auf Rittergut Zessel, wo am 1. Mai 1945 der Vater des von den Nationalsozialisten 1942 ermordeten Widerstandskämpfers Rudolf von Scheliha verstorben war, war nicht nur die Gruft geöffnet und die 1942 verstorbene Mutter Schelihas aus dem Sarg gezerrt worden, sondern offenbar wurden auch dem Verstorbenen die Zähne wegen der Goldkronen ausgeschlagen.[1744] Die Grablege der Grafen und Freiherren von Seherr-Thoß in Dobrau (Dobra) wurde erst nach Kriegsende aufgebrochen.

> „Das waren zwei Seherrs, zwei Männer. Da war kein Schmuck und gar nichts drinnen. Sie haben aber schon die Gebeine und die Särge aufgemacht. Die haben die Gebeine so durchwühlt. Also mein Schwager, Roger, der da umgekommen ist [verstorben am 19. Januar 1922, S. D.], war noch nicht so zerfallen. Aber der andere Seherr, da haben sie das ganze Gebeine, alles durcheinandergebracht. Das haben sie schon gemacht. Und daraufhin haben dann die Polen die Gruft zugemauert. Das hat uns der [gegenwärtige, S. D.] Bürgermeister erzählt."[1745]

Bis in unsere Tage werden immer wieder Gräber von Grabräubern aufgebrochen. Häufig sind es mündlich tradierte, lokale Legenden vom enormen Wohlstand der dort Begrabenen, Gerüchte über Grabbeigaben oder von in den Gräbern vor der Flucht versteckten Schätzen, die Menschen zu teils extremen Wagnissen treibt. Im September 2015 starb beispielsweise ein Mann, nachdem er zusammen mit zwei Freunden versucht hatte, über das Dach in das zugemauerte Mausoleum der Familie von Kramsta auf dem städtischen Friedhof in Freiburg/S. (Świebodzice) zu gelangen. Die drei Männer drangen mit bergmännischer Ausrüstung vom Dach her in das Gebäude ein. Dabei soll einer von ihnen beim Verlassen des Grabes über vier Meter in die Tiefe gestürzt sein. Nach Aussage von Rettungskräften, die die beiden überlebenden Täter herbeigerufen hatten, war er auf der Stelle tot.[1746]

Durch ihre Inschriften wurden besonders Gräber in den ersten Jahrzehnten der Volksrepublik zum Ziel einer Erinnerungspolitik, die die deutschen Spuren aus dem öffentlichen Raum zu tilgen suchte. Die Gräber der Familie von Küster auf dem Lomnitzer Dorffriedhof zum Beispiel blieben zwar bis heute bestehen, die Grabsteine allerdings sind entfernt worden. Ursächlich dafür war aber wohl primär ihr deutscher Text und nicht ihr Verweischarakter auf die aus kommunistischer Sicht falsche Klassenzugehörigkeit der dort Begrabenen, denn nicht nur die benachbarte Grab-

---

1742 Erlebnisbericht Herbert Larisch. „Meine Erlebnisse vom 1.1.1945 bis zum 1.5.1947." Schwerte, 17. Mai 1952 (handschr.). BArch LAA Ostdok 2/200, Blatt 123r–129v, hier Bl. 129r.
1743 Zedlitz und Neukirch 1997a, S. 144.
1744 Auszug aus dem Bericht der Haushälterin an die Enkeltochter von Schelihas, in: Bülow 1996, S. 48f.
1745 Seherr-Thoß, Th. 2011: 00:39:48-8 – 00:40:36-1.
1746 Blikowska 2015 (online).

Abbildung 44: Die vermauerte und aufgebrochene Grabkapelle der Grafen Reichenbach in Goschütz, Mitte der 1980er Jahre.

kapelle blieb erhalten, sondern auch ein dort angebrachtes Familienwappen wurde nicht entfernt.[1747]

Der Umgang mit den Gräbern des geflohenen und vertriebenen Adels unterschied sich in seinen grundlegenden Zügen kaum vom Umgang mit dem deutschen Kulturerbe in der neuen Gesellschaft überhaupt. Dadurch dass ein Grab jedoch ein ungemein persönlicher Ort ist, der auch eng an die Person der Lebenden anknüpft, der sich einer einfachen Umnutzung und neuen Sinnstiftung verwehrt, blieben Gräber länger als andere Orte Fremdkörper in der neuen Gesellschaft – in manchen Fällen bis heute. Im Fall des Versuchs, das von Kramsta'sche Mausoleum zu plündern, legten die Medien deshalb etwa besonderen Wert auf die fast entschuldigende Feststellung, dass die Täter nicht aus Schlesien selbst, sondern dem benachbarten Kleinpolen gekommen waren.

Dabei gibt es durchaus gewichtige regionale Unterschiede im Erhalt von Gräbern, die sich vor allem durch den Einsatz der lokalen Bevölkerung erklären lassen. Wo

---

1747 Küster, U. 2013: 01:02:32-7 – 01:03:39-6.

wie in Oberschlesien beispielsweise ehemalige Gutsleute zurückblieben, waren die Chancen für eine Pflege von Gräbern relativ gut. Nachdem etwa die Grablege der Familie von Schaffgotsch-Koppitz am Ende des Zweiten Weltkriegs völlig verwüstet worden war, soll es die lokale Bevölkerung gewesen sein, die für eine Neubestattung der Körper in Zivilgräbern außerhalb des Mausoleums Sorge getragen hat.[1748] Andernorts, wo kein Bezug zwischen Bevölkerung und Grablegen bestand oder politischer Aktivismus sich ungehindert entfalten konnte, wurden in ähnlichen Fällen wie jenem der Familie von Schaffgotsch die Toten teils in anonymen Massengräbern beigesetzt.[1749] Auch nach Ende der unmittelbaren Nachkriegszeit blieb die lokale Verwurzelung der Familie sowie daneben die Fürsorge durch, wie sie in der Sprache der Bundesrepublik hießen, „Ostgeistliche" der beste Garant dafür, dass auch dann, wenn es der Familie selbst eher wenig gelang, sich um die Gräber zu kümmern, solche Stätten erhalten blieben.[1750] So scheint etwa die Gräflich-Ballestrem'sche Krypta in Ruda, in der unter anderem der zeitweilige Reichstagspräsident und Großindustrielle Franz Graf Ballestrem ruht, nicht angetastet worden zu sein.[1751]

In der nachstalinistischen Zeit scheiterte guter Wille jedoch häufig genug an fehlenden Ressourcen. So waren etwa weder die Mittel für eine konservatorische Erhaltung der Monumente noch für einen Schutz vor Vandalismus vorhanden. In Pszczyna überlegte man deshalb eine Zeitlang, die jüngeren, stadtnah gelegenen Gräber der Fürstenfamilie zu schleifen und die dort Begrabenen in den stadtferner gelegenen Familienfriedhof der Herzöge von Anhalt zu überführen. Hier war der Druck des Woiwodschaftskonservators für die Erhaltung ausschlaggebend, der klar zum Ausdruck brachte, dass „es in unseren Augen nicht ratsam wäre, architektonische Akzente [aus dem Park zu entfernen,] von denen die Örtlichkeit [ohnehin] so wenige besitzt." Man stimme allerdings dem Vorschlag zu, die eigentlichen Gräber zu überführen und so ein kleines Ensemble zu schaffen. Zugleich schlage man vor, die gegenwärtig dorthin führende Wegachse, die zwischen den Grabsteinen verlaufe, „zu entfernen, um so weiterer Zerstörung vorzubeugen".[1752]

Für die adeligen Familien lag in der teilweise sogar wiederholten Schändung und später Vernachlässigung von Grablegen auch deshalb ein besonderer Schmerz, weil damit am körperlichen Teil jenes Gedächtnisses gerührt wurde, aus dem heraus sich adelige Identität überhaupt erst konstituiert. Die Unmöglichkeit, sich gegen diese – als eine Form von Gewalt empfundene – Verletzung des Netzes des Gedächtnisses zu wehren, da man selbst aus der Ferne ohnmächtig das Geschehen und später das Desinteresse großer Teile der polnischen Gesellschaft verfolgen musste, hat durch-

1748 Twardoch 1999, S. 45f.

1749 Beispielsweise im Fall der Familie von Haugwitz-Rosenau (vgl. Haugwitz, o. D.).

1750 So etwa im Fall der Freiherren von Reitzenstein-Pawlowitz. Vgl. Heimatgruppe Pless (Hg.): Geschichte des Dorfes Pawlowitz, Kreis Pleß und der Gutsherrschaft der Herrn v. Gusnar und Comorno und der Freiherrn von Reitzenstein, Ründeroth: Selbstverl., 1988, ohne Paginierung.

1751 Zur Person des Grafen Franz vgl. Ehren 1935.

1752 Abschrift der Mitteilung des oberschlesischen Woiwodschaftskonservators an das ehrenamtliche Komitee zur Pflege des Parks in Pszczyna betr. die fürstlich Plesser Gräber im Park. Katowice, 9. Februar 1967. APK-P 168 PMRN Pszczyna - 344, Blatt 45.

Abbildung 45: Bewegte Erdmassen und angehäufter Schutt an der Grabkapelle der Familie von Grunfeld-Guttenstädten Ende der 1970er Jahre. Das Bild zeigt den ursprünglich vergitterten Zugang zur Gruft (Abgang vor dem Epitaph nach rechts). Die beiden dort stehenden Särge des letzten Besitzerpaares von Lehnhaus aus der Grunfeld'schen Familie waren nach dem Krieg aufgebrochen und geplündert worden.

aus traumatische Qualität. Durch die sprachliche Hürde verschmolzen zudem für die, die sie nicht überwinden konnten, „die Polen" zu einem Kollektiv, für dessen Handeln unschwer stereotype Erklärungsmuster wie das Bild der „polnischen Wirtschaft" bemüht werden konnten. So berichtet etwa eine Zeitzeugin, wie sie noch bei ihrem ersten Besuch 1978 erbrochene Gräber und zerstreute Leichenteile vorfand:

> „Ja. Die Polen haben uns versprochen, sie werden das wegräumen. Wir haben immer den Polen dort erklärt, die sollen mal eine Schaufel nehmen und diese Gerippe eingraben, dass sie da nicht rumliegen. Die waren ganz erschüttert. Da haben sie gesagt, wenn wir in zwei Jahren wiederkommen, ist das weggeräumt. Und das war es eben nicht."[1753]

Diese Verletzung war ein kollektives Trauma der Gruppe, durch das auf diskursiver Ebene das Moment der Schändung zur Chiffre und gleichzeitig zum Tabu erhoben wurde. In den Interviews begnügten sich die Zeitzeuginnen und Zeitzeugen häufig mit pauschalen Verweisen auf das, was „war" und was man „weiß", und scheuten – vielleicht auch, weil sie vermeiden wollten, revisionistisch gesinnt zu erscheinen – häufig davor zurück, das Moment dieser Verletzung unaufgefordert näher auszuführen.

Das Grab als seinem Zweck nach dezidiert als solcher angelegter Gedächtnisort wurde zu einem traumatischen Ort, einem Ort also, „dessen Geschichte nicht erzählbar ist", weil die Erzählung „durch psychischen Druck des Individuums oder soziale Tabus der Gemeinschaft blockiert" wird.[1754] Diese traumatische Qualität wird vor allem dort spürbar, wo ihre Darstellung – etwa im Interview – in sprachliche Ohnmacht umschlägt, wenn es also den Befragten nicht mehr gelingt, eine Schilderung des Erlebten zu reproduzieren, die über die elementare Emotion, die das Erleben ausgelöst hat, hinausreicht. „Das […] erste Mal, als wir hinfuhren, [in den 1970er Jahren, S. D.] war es ganz, ganz schrecklich. Das wurde dann jedes Mal besser."[1755] „Bei unserem kleinen Gut war aber auch alles ausgeräumt. Furchtbar. Das kann man gar nicht beschreiben."[1756]

Ähnlich wie die Erfahrung sexueller Gewalt wurde der traumatische Ort in der Erinnerung einerseits hochtabuisiert, andererseits aber in spezifischen diskursiven Kontexten als Anklage oder auch Zeugnis des eigenen Opfers artikulierbar. Der Angriff auf die Toten war in den Augen der Zeitgenossen ein zivilisatorischer Tabubruch. Die Verletzung bestätigte zugleich Stereotype aus der Propaganda der NS-Zeit, nach der sich der Gegner „nicht menschlich" verhielt, und schrieb damit indirekt die Wahrnehmungsmuster der Kriegszeit fort oder half doch zumindest dabei, diese nicht hinterfragen zu müssen.

Zugleich war – und bleibt bis heute – die Störung der Totenruhe eine Verletzung christlichen Denkens, die von den Betroffenen immer aufs Neue schmerzlich erlebt wird.

> „Und die anderen beiden [Verstorbenen, die nun umgebettet werden sollen, S. D.] liegen in der Gruft da, in dem Park. Immer wieder wird die Gruft aufgebrochen. Die denken im-

1753 Kulmiz, I. 2011: 00:38:45-7 – 00:39:16-6.
1754 Assmann 1996, S. 18.
1755 Kulmiz, I. 2011: 00:39:19-7 – 00:39:42-3.
1756 Kulmiz, I. 2011: 00:40:10-6 – 00:40:28-8.

Abbildung 46: Aufgebrochene Särge (Bildvordergrund), Trümmer und Leichenteile in der Grabkapelle der Grafen von Reichenbach, Goschütz, Mitte der 1980er Jahre.

mer wieder, da sind irgendwie im Sarg noch wertvolle Sachen drin. Dabei haben sie jetzt die Gruft so zugemauert und zugemacht, dass die Leute da nicht mehr so rein können. Diese Leichenfledderer, muss man da schon direkt sagen."[1757]

Die Grabschändungen evozieren einerseits den Verlust der eigenen Wurzeln, eine Art der Durchtrennung des Bandes, das die Sprechenden mit ihren Vorfahren verknüpft. Andererseits können sie dadurch aber auch zu einem Auftrag werden, dieses Band wieder neu zu knüpfen, indem für eine christliche Bestattung der menschlichen Überreste gesorgt, eine Versiegelung geöffneter Grüfte erreicht oder der verschwundene Körper eines Toten wiederentdeckt wird. Soweit dies nicht erreicht ist, bleibt ein steter Prozess des Suchens und des Vergegenwärtigens von Erinnerung. Ein Privatfilm dokumentiert etwa den Gang einer Familie über einen verwilderten Bereich zwischen Kirche und Schloss Mitte der 1990er Jahre:

„Also, als wir das letzte Mal hier waren, da haben wir uns dafür interessiert, weil keiner weiß, wo der Vater damals die Särge von den Großeltern und vom Niko hingebracht hat. Er hat sie vor den Russen gerettet, weil die Russen ja Grabschänder waren, nicht?" (Sprecherin 1, Mitte 70).
„Ja." (Sprecherin 2, Mitte 70).

„Und der Pole, der uns damals hier [alles] zeigte, der hat uns erzählt, dass er glaubt, er hätte gehört, es wäre dort an dieser freien Stelle. [Zeigt auf eine verkrautete Brache.] Da haben die Russen nachher Beton gelegt und einen Spielplatz gehabt. Ich habe keine Ahnung, ob das stimmt, aber keiner weiß, wo die – wir wissen auch nicht, wo die [mit gesenkter Stimme] Silbersachen sind und das alles. Alles weg." (Sprecherin 1).
„[unverständlich] zwar markiert, aber nachher konnte man das nicht finden, weil die Bäume abgeschlagen waren." (Sprecherin 2).[1758]

1757 Seherr-Thoß, Th. 2011: 00:37:16-9 – 00:39:48-8.
1758 Filmausschnitt aus einem Privatvideo, im Besitz des Verf.

Abbildung 47: Verwildertes Grab auf dem von Mutius'schen Familienfriedhof 1983.

Abbildung 48: Die stark eingewachsene Grabplatte im Sommer 1983.

Mit dem Ende der kommunistischen Regime und der Öffnung der Gesellschaften in Ostmittel- und Osteuropa bieten sich den Familien nunmehr ganz neue, sehr viel direktere Wege der Fürsorge für die Gräber der Vorfahren. Vielfach knüpfen sie dabei an bereits bestehende Kontakte zu den Pfarreien und Geistlichen vor Ort an. Im Zuge der regionalen Aufarbeitung der Vergangenheit manifestieren sich die Begeg-

Abbildung 49: Blick auf dasselbe Grab auf dem wieder hergerichteten Friedhof 2015.

nungen zwischen Deutschen und Polen wie in kaum einem anderen Medium, sind sie doch zu Aussöhnungsorten geworden, die in ihrer Bedeutung über die einzelnen Familien hinausweisen, die stellvertretend für den Umgang der polnischen Zivilgesellschaft mit den deutschen Spuren in Schlesien stehen.

Im Fall der schon vor dem Zweiten Weltkrieg in agnatischer Linie erloschenen Familie von Haugwitz auf Rogau etwa war in den 1940er Jahren die Familiengruft geplündert worden und wurden die Särge der Toten mit einem Laster in ein anonymes Sammelgrab am Rand des Friedhofs entsorgt, das aber nicht als Grabstätte zu erkennen war. Seit 2008 liefen als zivilgesellschaftliche Initiative Bemühungen vor allem des Direktors der seit 1965 im ehemaligen Herrenhaus untergebrachten Zweigstelle der öffentlichen Woiwodschaftsbibliothek in Oppeln, Tadeusz Chrobak, dieses Sammelgrab wiederzufinden, die Toten zu exhumieren und erneut in der Grablege zu bestatten. Dazu musste die Familiengruft saniert werden. Ikonologisch bemühte man sich ebenfalls, eine Referenz zu den ehemaligen Eigentümern herzustellen, indem man ein im Schloss entferntes Wappen nunmehr über dem Eingang der Grablege anbrachte. Um weitere Plünderungen zu verhindern, wurden die Särge 2010 zudem in der Krypta der Grablege beigesetzt. Die Umbettung wurde dabei mit offizieller Anteilnahme des Oppelner Bischofs Andrzej Czaja und des geistlichen Rats Dr. Marian Niemiec, Pfarrer der evangelischen Gemeinde in Oppeln, begangen.[1759]

1759 Koćwin 2010.

Die Familie selbst empfand dies nicht zuletzt aufgrund der besonderen Anteilnahme vor allem als einen auf die Nationalität der Toten bezogenen Aussöhnungsakt. So wurden die Trauerreden etwa von Hans-Wilhelm von Haugwitz gesammelt, ins Deutsche übertragen und unter dem Titel „Polen aus der Woiwodschaft Oppeln bringen nach 65 Jahren verscharrte Deutsche zurück in ihre ursprünglichen Grabstellen" als Familienschrift publiziert.

Auch in anderen Fällen sind es die heutigen Bewohner, die auf die Vertreter der adeligen Familien zukommen und ihnen die Wiederherstellung oder Ausbesserung von Grabstätten sowie Umbettungen in als angemessener erscheinende Ruhestätten antragen. Auf diese Weise kommt es in einigen Fällen zu einer Rückkehr im Tod, die wie im Falle der Grafen Seherr-Thoß die Körper von Menschen mit vier sehr unterschiedlichen Schicksalen wieder zusammenführt.

> „Wir haben vor – weil der Bürgermeister den Vorschlag machte, dass wir, die Seherrs in Walzen an der Kirche einen Platz bekommen (den müssen wir aber auf unsere Kosten herrichten lassen) –, dass wir da vier Seherrs unterbringen, und zwar die sich auch im Leben gut verstanden haben. Das wäre sein Onkel in Berlin, der Onkel Theo, dieser General. Dann ein Bruder von dem Onkel, der Vater von meinem Mann, der in Österreich beerdigt ist. Dann liegen noch zwei. Sein Bruder, der gefallen ist. Der kam schwer verwundet aus dem Krieg zurück. Er liegt in der Gruft im Park von Dobrau. Und ein anderer Seherr, wo man aber nicht weiß, was es für ein Seherr ist. Und da sagte der Bürgermeister, das wäre doch schön, wenn man da irgendwie an der Kirche von Walzen ein Grab macht und die Seherrs unterbringt. Er würde uns unterstützen, dass wir den Platz kriegen, auch mit den Leuten, dass sie es dann ausheben, auszementieren und dass man die dann unterkriegt. Und ich habe schon geschaut, das ist eigentlich gar nicht so schwierig."[1760]

Auch in anderen Familien bemüht man sich um den Erhalt von Grablegen. Nicht alle haben dabei das Glück der von Mutius'schen Familie, deren Familienfriedhof 1984 als einer der letzten überhaupt erhaltenen Adelsfriedhöfe vom Waldenburger Konservator zum Denkmalschutz gezogen wurde. Inzwischen engagiert sich die Familie auch finanziell für den Erhalt der Stätte und hat ein eigenes Konto dafür eröffnet. Einer meiner Interviewpartner hatte es zu „seinem" Projekt gemacht: „Da muss man immer wieder rüberfahren und dann kann man dieses historische Denkmal erhalten. Find ich wichtig. Das wird mir – jedes Mal, wenn ich da bin, ist es mir vertrauter."[1761] Der vorhandene Friedhof wird dabei zu einem elysischen Sehnsuchtsort, der das zerstörte Herrenhaus und die Grablege der Vorfahren zusammenführt, symbolisch etwa, indem der bröckelnde Unterbau einer Grabplatte aus Ziegeln, die aus den Ruinen des Gutshauses stammten, neu aufgerichtet wurde.[1762]

Die wachsende Vertrautheit des Nachgeborenen mit den Orten der Familie lässt ihn die Landschaft in ihrer Gesamtheit annehmen.

> „Also es gibt für mich nicht ganz Schlesien. Ja, ich weiß, ja, es gibt Albrechtsdorf, ja, es gibt Rosenthal, ja, es gibt Gellenau. Also all diese Güter. Für mich ist aber dieses lokal

---

1760 Seherr-Thoß, Th. 2011: 00:37:16-9 – 00:39:48-8.
1761 Mutius, M. 2013: 02:37:52-3 – 02:40:41-7.
1762 Ebd.

begrenzte Gebiet, da am Fuß des Riesengebirgs, diese Hügel, Wälder, diese Ebene davor, diese kleinen Dörfer, die da in diese Landschaft irgendwie sehr lieblich eingebettet sind, das ist jetzt erst mal Schlesien, das Land. [...] Aber das wirklich mir am Herzen liegende Schlesien –, darum geht es ja eigentlich. Also dieser Teil von Schlesien liegt mir am Herzen und ist mir wichtig. Und ist mir lieb. Er ist mir lieb. Er ist mir ans Herz gewachsen."[1763]

Das zerstörte elterliche Gut, das in diese Landschaft eingebettet ist, erscheint dem Zeitzeugen mit einem Mal wie „ein großer Kristall, und ich wandere immer wieder ein Stückchen weiter und sehe eine neue Facette davon in meinem Leben. Und manchmal war es näher da und manchmal war es weiter weg, aber es war nie weg. Es war immer vorhanden, dieses komische große Bleikristall Schlesien – Börnchen, diese Heimat meines Vaters."[1764] Gleich einem „roten Faden" erscheint dieser Ort, „der mich von frühester Kindheit doch irgendwie begleitet." Auf die Frage, wohin ihn dieser rote Faden eines Tages vielleicht führen könnte, erhielt ich zur Antwort:

> „Na ja, wenn es mir gelingt, eines Tages rauszufinden, dass dieser Kaufvertrag oder Pachtvertrag auf ewige Zeiten von dem Friedhof, den man bei Börnchen mal gekauft hat, falls der noch gelten sollte, zwischen uns und der katholischen Kirche ... Ja, vielleicht werde ich da selber mal begraben [Sinnieren] bei meinen Vor-Vorvätern."[1765]

1763 Mutius, M. 2013: 02:43:04-5 – 02:44:28-7; 02:44:40-5 – 02:45:03-9.
1764 Mutius, M. 2013: 02:45:38-0 – 02:47:46-2.
1765 Mutius, M. 2013: 02:47:51-3 – 02:48:18-3.

Teil III: Eine gemeinsame Meistererzählung?

Die Lebenswelt der Vorkriegszeit ist vom gegenwärtigen Zeithorizont durch bald zwei oder mehr biologische Generationen getrennt, und die ohnehin geringe Zahl derjenigen, die Schlesien vor 1945 noch persönlich erlebt haben, wird weiter rasch abnehmen. Gedächtnis wird sich dadurch zwangsläufig verändern, in Deutschland wie in Polen, und das nicht alleine in offizieller Gedenkkultur und Geschichtspolitik.

Der Generationenwechsel, der sich in der Umformung von familiärem Gedächtnis und familiären Erinnerungspraktiken andeutet,[1766] wirft die Frage auf, ob dahinter nicht eine grundlegendere Verschiebung von „Erfahrungsräumen" und „Erwartungshorizonten" steht.[1767] Damit verbindet sich die Frage, ob man nicht die Nachkriegszeit als eine spezifische Zeitformation in Bezug auf die memorierten Geschichtsbilder und die hervorgebrachte Geschichtspolitik betrachten kann und ob wir durch diese Verschiebungen nicht langsam in eine „Nach-Nachkriegszeit" eintreten.[1768] Gerade in Bezug auf die jüngeren übergreifenderen Geschichtskontroversen, zu denen zweifelsfrei auch die Frage der Zwangsaussiedlung großer Teile der Bevölkerung der ehemaligen deutschen Ostgebiete gehört, hat Norman Naimark allerdings kritisch angemerkt, dass uns die Nachkriegszeit wohl noch lange begleiten wird.[1769] Versteht man das Begriffspaar von Nachkriegszeit und Nach-Nachkriegszeit nicht als eine normativ aufgeladene, lineare Unterscheidung zwischen Vorher-Nachher-Zuständen, sondern als kommunikative Formationen, die durch spezifische Modi der Erinnerung und mediale Praktiken geprägt sind, dann ermöglicht dies vor allem die Frage nach ihrer Gleich- oder Ungleichzeitigkeit.

Mir scheint die Unterscheidung dieser zwei Zeitabschnitte deshalb besonders fruchtbringend, weil sie erlaubt, die Frage danach neu zu stellen, ob es übergreifende Gemeinsamkeiten der Zeit zwischen 1945 und heute gibt sowie ob – und wenn ja: in welchen Bereichen und seit wann – hier eine Differenz zu beobachten ist.[1770] Da die Konstruktion von Gedächtnis – durch Erinnern, Vergessen und Verdrän-

---

1766 So glaubt etwa der Verfasser einer jüngeren Publikation zur Geschichte der Salzburger Protestanten in Ostpreußen, dass der „Heimwehtourismus mit dem Aussterben der Erlebnisgeneration [...] weitgehend erledigt sein" werde. Die Nachkommen der Vertriebenen würden vielleicht noch einmal die Heimat der Eltern und Großeltern aufsuchen, „um den eigenen Enkelkindern etwa [sic] ‚Exotisches' zu zeigen, nämlich wo ‚Opa' oder ‚Oma' geboren sind, wobei die Weitergabe dieses Wissens in Adelskreisen oder in Vereinigungen wie dem Johanniterorden noch am wahrscheinlichsten ist." Turner 2011, S. 290f.

1767 Koselleck 1985.

1768 Troebst 2006, S. 27.

1769 Naimark 2010, S. 27.

1770 Darin halte ich den Begriff für durchaus anschlussfähig an Marianne Hirschs deutlich weiter gefasste Notion des *postmemory*, die damit die Beziehung beschreibt, „that the 'generation after' bears to the personal, collective, and cultural trauma of those who came before – to experiences they 'remember' only by means of the stories, images, and behaviors among which they grew up." (Das Zitat nach Hirsch 2012, S. 5; vgl. weiterhin Hirsch 2002; Hirsch 2001.)

gen – immer auch ein auf die Zukunft gerichteter Prozess ist, also die strategische Ausrichtung von Erinnerungsbeständen in einer Erzählung, begreife ich beide als ineinandergreifende und auseinander hervorgehende Formationen, geprägt durch spezifische Erinnerungsbestände, Praktiken und Erwartbarkeiten. So kann man beispielsweise die Frage stellen, wie sich die gegenseitigen deutsch-polnischen Wahrnehmungen seit der Wende verändert haben, welche Rolle dem schlesischen Adel in den Vergangenheits- und Gegenwartsbildern des heutigen Schlesien zukommt und ob wir – was vielleicht die finale Verkörperung einer Nach-Nachkriegszeit wäre – von immer wieder aufeinander bezogenen, aber letztlich antagonistischen Geschichtserzählungen zu einer gemeinsamen Meistererzählung gelangen.

Diese Untersuchung ist notwendigerweise ein noch sehr offener Prozess, weit davon entfernt, seinerseits bereits ein geschlossenes Narrativ zu bilden, ganz wie die sich derzeit im kommunikativen Erinnern herausbildenden neuen Formen von Gedächtnis selbst. So versammelt dieses Kapitel vor allem Beobachtungen und erste Deutungen für die Zeit seit der Wende, die im Hinblick auf ihre Veränderungen und Kontinuitäten gegenüber der Nachkriegszeit befragt werden.

1 Vom Abschließen mit der Vergangenheit

Die Nachkriegszeit ist für die schlesischen Zwangsmigranten in Westdeutschland ohne Zweifel von starken diskursiven Frontstellungen geprägt gewesen. Deutlich werden diese etwa in ausschließenden Sprachformeln wie dem Gegensatzpaar von „Wir" und „Sie", von „uns Deutschen" oder „uns Schlesiern" und „den Polen", die, eingebettet in entsprechende mediale Praktiken, die öffentliche Wahrnehmung bis zur Entspannungspolitik bestimmt haben und danach vor allem für die Teilgruppe der unmittelbar Betroffenen von Bedeutung geblieben sind.

Dies verdankt sich unter anderem dem Umstand, dass bis weit in die 1980er Jahre der zunächst öffentliche, dann aber auch der gruppeninterne Diskurs von der Erlebnisgeneration und der von ihr sehr stark mitgeprägten „Generation 1.5" bestimmt worden ist. Das Erleben dieser Generationen war lange Zeit geprägt von Trauma und Verlust, der diesen Menschen wenig außer der Erinnerung und einigen symbolischen Artefakten gelassen hat, die mnemotechnisch das Verlorene zu re-evozieren in der Lage waren. Aus diesem Moment heraus erklärt sich ein Umgang gerade in dieser Teilgruppe mit Erinnerung, die wie ein Gral vorangetragen wurde und die nicht besudelt, nicht hinterfragt und nicht in alternativen, vieldeutigeren Erzählungen vermittelt werden durfte. Dieses Erinnern fand seinen Niederschlag in bestimmten, oftmals schroff und polarisierend erscheinenden Formen des Kommunizierens, die ihren Ursprung letztlich in dem Bedürfnis nach einer Eindeutigkeit der Vergangenheitserzählungen und Gegenwartsbilder hatten.

Während noch in den 1960er Jahren – und milieuspezifisch noch sehr viel später – diese Form des Kommunizierens weitgehend allgemein anerkannt war, weitet sich seitdem der Graben zwischen anerkannten Artikulationsformen und den spezifischen Diskursen, Bildern, Formeln und den dahinterstehenden Erwartungen zunehmend. Zugleich wurde es auch innerhalb der Gruppe der adeligen Zwangsmigranten in wachsendem Maße möglich, versöhnungsorientiert zu sprechen und zu handeln. So wuchs in dieser Zeit erstmals die Bereitschaft anzuerkennen, dass Schlesien nicht nur „unter polnischer Verwaltung" stand, sondern zu einem Teil Polens geworden war. Gekleidet wurden solche Überlegungen oft wieder in den Kulturerbe-Diskurs, der eine gemeinsame – wenn nun auch vorrangig polnische – Verantwortung für den Erhalt des schlesischen Kulturerbes postulierte:

> „[...] also mein Vater hat sich auch Feinde gemacht in der eigenen Familie, dadurch, dass er gesagt hat: ‚Bei aller Liebe, aber Schlesien ist verloren.' Das hat er sehr früh erkannt, und das war dann seine Reaktion: ‚Es geht überhaupt nur so. Wir müssen auf die Polen zugehen, die da jetzt sind, denn die müssen das schlesische Erbe betreuen und verwalten, und wir müssen ihnen dabei helfen.' Jetzt inzwischen ist das in aller Munde, das hören Sie sogar vom schlesischen Adelsverband, das hören Sie von den Johannitern sowieso, mit denen wir ja seit 25 oder 30 Jahren Sozialstationen in Schlesien betreiben."[1771]

Mit diesem mentalen Transfer des Kulturerbes an Polen und dem schmerzhaften Abschließen mit alten Wunden korrespondiert eine ganz ähnliche Haltung von pol-

---

1771 Eichborn, J. 2012: 03:37:22-5 – 03:38:43-7.

nischer Seite, die aber erst seit den 1990er Jahren in einer weiteren Öffentlichkeit artikuliert werden kann. Man sei nun „in eine Situation gekommen", hielt etwa der Literaturwissenschaftler und Publizist Jan Józef Lipski damals fest, in der man der Verpflichtung, die Kulturdenkmäler zu bewahren, nicht mehr nachkommen könne, schließlich sei Polen „ein sehr armes Land". Deshalb sollten sich die Polen an die besonders Interessierten, die „unvergleichlich Wohlhabenderen" wenden: die Deutschen. „Es mag manchem nicht gefallen," fuhr er fort, „dass nun also die Deutschen auf diese Weise ihren Fuß auf Gebiete setzen, die vor noch nicht allzu langer Zeit ihnen gehörten und heute ein integraler Bestandteil der Republik Polen sind. Doch die Deutschen sind dort – durch die Denkmäler ihrer Kultur."[1772]

Der Verzicht darauf, Ansprüche auf das Alteigentum geltend zu machen, fiel gerade auch dem Adel schwer, verband sich doch im Selbstbild das Land eng mit der Familie. Die Familie besaß nicht etwa ein Gut, sondern sie „gehörte zum Gut".[1773]

> „Da kann ich also sagen, dass der Vater natürlich, da er selbst auch Landbesitz in Schlesien hatte, und mit aller Energie versucht hatte, dort etwas aufzubauen, eine ganz enge und starke Beziehung hatte zum Land. Er hatte auch sehr lange noch die Hoffnung, dass er irgendwann einmal zurückkehren könnte. Das floss natürlich immer wieder auch in seine Erzählungen ein."[1774]

Land, Häuser und Mobilien in anderen Händen zu sehen, war deshalb vielfach ein schmerzhafter Prozess, der aber heute als generationell gelagerte Erfahrung rationalisiert werden kann.

> „Die ersten Male [dass die Zeitzeugin Schlesien wieder besucht hat, S. D.] waren nicht schön. Ich weiß nicht, wie es jetzt ist. Das ist für uns auch noch immer – also ich habe nichts mit den Polen, aber ich werde sie nie zu meinen Freunden [zählen], das geht nicht, das kann ich nicht. Das nehme ich mit ins Grab. Es ist gut, dass wir mal wegsterben."[1775]

Für einige lag genau in dieser Erkenntnis der Endlichkeit des eigenen Erfahrungsraums eine Chance. Ähnlich wie die Zeitzeugin erkannte Bolko Graf von Schweinitz 1979 die generative Gebundenheit seines Erlebens, erfahre die „heranwachsende Jugend [...] schon mal gern aus diesem fernen, ihr unbekannten Land [...], aber so recht verstehen können sie uns nicht". Dieses Unübersetzbare und Unüberbrückbare schienen ihm „Wunden", von denen man sage, dass die Zeit sie heile. Über viele Jahre hätten sie „die ‚Schmerzen' der Heimatlosigkeit, der Sehnsucht, Liebe und Treue zur Heimat getragen".[1776] Er begriff das Erleben transzendent, als einen Läuterungsprozess: „Dennoch, wir sind dadurch geläutert und geformt worden, was so manchem von uns nicht geschadet hat. Diese Läuterung ist für und [wohl: uns] zum Wegbegleiter geworden, die Kraft hierzu, die Wegweiser für die richtige Richtung,

---

1772 Lipski 2002, S. 244.
1773 Ballestrem, N. 2010a: 02:16:41-8 – 02:20:14-6.
1774 Stillfried und Rattonitz, N. 2012: 00:37:21-6 – 00:43:38-0.
1775 Kulmiz, I. 2011: 00:42:33-2 – 00:43:30-1.
1776 Bolko Graf zu Schweinitz: „Frohen Herzens ‚ohn' Verweilen wohlzutun und mitzuteilen!" Gedanken zur Weihnacht und zum Jahreswechsel. In: Der Schlesier 51/52, 21. Dezember 1979.

nahmen wir aus dem Glauben an Gott und seine Vaterhand". Für ihn verbarg sich darin der Auftrag, den Einsamen und Kranken zu helfen, und damit ein Stück der Annahme und positiven Transformation des eigenen Schicksals – ein Stück des Ankommens.

Die Differenzerfahrung, die beide Zeitzeugen artikulieren – zwischen sich und der Umwelt, zwischen den Generationen –, ist auch der Ausdruck eines Bewusstseins, nicht mehr an die Zeitläufte anschließen zu können. Aber selbst da, wo diese Erfahrung eine ganz andere Reaktion, einen trotzigen Ausbruch, hervorbringt, wie, wenn jemals wieder, dann „nur an Bord einer Haubitze"[1777] nach Schlesien zurückkehren zu wollen, wissen die Sprechenden nur zu gut, dass diese Form der Rückkehr, in ein altes Schlesien, wie es vor den Transformationen der letzten fünfzig Jahre war, nicht möglich ist; es ist eine andere Form des Abschließens, welche auch mit einer physischen Distanzierung, der Weigerung das nun polnische Schlesien noch einmal zu besuchen, einhergehen kann.

Die meisten meiner Gesprächspartner nahmen für sich in Anspruch, bereits mit dieser Vergangenheit abgeschlossen zu haben.

> „Nein. Wir selber haben uns – ich glaube, auch mein Vater – nie Hoffnungen gemacht. Die Gelegenheit, mehr hinzufahren, nutzen wir sehr intensiv, aber die Idee, dorthin wieder zurückzugehen, ist eigentlich bei uns nie aufgekommen, weil der Industriebesitz ja die Basis dieser Schlösser war, insbesondere von Plawniowitz."[1778]

> „Nein, das ist für uns ein geschlossenes Kapitel, und für mich war es einfach ein persönliches Interesse, den Ort meiner frühesten Kindheit zu sehen. Ihn nur zu sehen, zu erleben. Und wie gesagt, als ich '86 dort zum ersten Mal [...] aufkreuzte, war das für mich auch bewegend, weil die Kindheitserinnerungen sich blitzartig öffneten."[1779]

> „[...] für mich ist das abgeschlossen. Das ist der Tribut, den wir für diesen grausigen Krieg zahlen müssen. Da hat es eben einige mehr getroffen als andere. Das hat keinen Zweck, das zurückdrehen zu wollen, das geht nicht."[1780]

Teilweise findet sogar die Erlebnisgeneration eine positive Sinnstiftung als eine Form des Abschließens. So beschrieb eine Zeitzeugin die Neuansiedlung im Westen als ein Narrativ von Auszug und Rückkehr, da einer ihrer väterlichen Vorfahren aus dem Nürnberger Raum stammte: „Und so bin ich eigentlich, sage ich immer, als Schlesierin mit Vorfahren aus Franken, fast genau an die Stellen wieder gekommen, wo mein Urururururgroßvater in Altdorf bei Nürnberg nämlich geboren wurde. So schließt sich der Kreis."[1781] Und einer der jüngeren Interviewten empfindet gar einen Druck von der anderen Seite, einen Wunsch nach einem größeren Engagement der Familie in Schlesien: „Ich muss mich dort eigentlich eher dafür verantworten, dass ich nicht wieder zurückgehe, als dass ich mich dafür verantworten müsste, dass irgendwel-

---

1777 Seherr-Thoß, Th. 2011: 00:37:16-9 – 00:39:48-8; die Zeitzeugin zitiert eine Aussage ihres kurz vor dem Interview verstorbenen Mannes.
1778 Ballestrem, N. 2010a: 02:27:17-1 – 02:28:54-9.
1779 Websky, M. 2013: 02:19:23-6 – 02:22:42-9.
1780 Haugwitz, H.-W. 2013: 00:20:33-1 – 00:22:49-2.
1781 Bomhard, E. 2011: 01:00:15-7 – 01:02:16-3.

che obskuren Restitutionsansprüche geltend gemacht werden – was ja auch passiert, nicht?"[1782]

So tief lange Zeit von polnischer Seite die Angst vor möglichen Restitutionsansprüchen saß und auf deutscher Seite der Wunsch nach einer Wiedererlangung oder Kompensation wach war, so gab es doch früh zahlreiche unter den adeligen Zwangsmigranten, die sich vor allem auch als Versöhner begriffen. Besonders jenen unter ihnen, die den beiden großen Konfessionen nahestanden, fiel es nicht schwer, an deren Diskursen – und zum Teil auch an Ritualen und Praktiken – teilzuhaben, die Versöhnung stiften sollten. In der Schlosskapelle, die nach 1945 zur Gemeindekirche von Plawniowitz (Pławniowice) geworden war, zelebrierte beispielsweise 1977 der Pater Caspar Graf von Ballestrem gemeinsam mit einem polnischen Amtsbruder den Gottesdienst.

> „Das ist natürlich sehr früh." (S. D.)
> „Das ist, was ich jetzt als spektakulär bezeichnen würde. Ich weiß nicht, ob das irgendwie offiziell genehmigt werden musste, oder ob das genehmigt wurde, oder ob man das einfach gemacht hat. Aber das war schon –"[1783]

So finden denn viele Angehörige der „Generation 1.5" und der zweiten Generation aus Familien des schlesischen Adels die Orte ihrer Sehnsucht bereits vorrangig im Westen.

> „Und wenn man mich persönlich fragt, wo ist deine Heimat, dann muss ich ehrlicherweise sagen, ja, das ist das Rheinland. Das ist Bonn. Hier haben wir jetzt vierzig Jahre gelebt und gearbeitet, hier sind unsere Freunde, hier sind wir jetzt auch verwurzelt – und Heimat bedeutet ja Verwurzelung, das ist der Ort, wo man seine Schulkameraden trifft, wo man die Dorfkneipe kennt, wo die Straßennamen mit vielen Erinnerungen verbunden sind, wo man weiß, welche Frisöre einem die ersten abenteuerlichen Haarschnitte verpasst haben, und das ist auch ein Zeitfaktor: Wenn man meine Biografie nimmt, dann hätte ich ja theoretisch viele Heimaten."[1784]

> Ihre Großmutter „hatte 29 Enkel insgesamt", erinnert sich eine Zeitzeugin, „und sie lebte [nach dem Krieg] in Niederösterreich. Wenn ich von einem Ort wirklich sagen würde, dass ich so richtig heimatliche Gefühle habe, dann ist das eigentlich dort. Also wenn ich da hinkomme – und es geht vielen meiner Vettern und Cousinen so, wenn wir dort hin kommen, empfinden wir eine große Verbundenheit zu diesem Ort. Was mit ihr zusammenhängt, was aber vielleicht auch mit unserer Tante zusammenhängt, die dort hauptsächlich tätig war."[1785]

Orte und Menschen, Erlebtes und Erfahrenes gehen so eine Verbindung ein. Deshalb hatte sich die Zeitzeugin auch lange Zeit von ihrer Selbstwahrnehmung her primär im süddeutschen Raum verortet. Identitäten sind vielgestaltig, weshalb unter veränderten Umständen auch bestimmte Aspekte der eigenen Identität in den Vordergrund treten können:

1782 Ballestrem, N. 2010a: 02:29:07-5 – 02:29:57-2.
1783 Ballestrem, N. 2010b: 01:02:59-0 – 01:03:18-9.
1784 Websky, M. 2013: 02:33:02-0 – 02:36:32-4.
1785 Schoenaich-Carolath, E. 2013: 00:19:56-0 – 00:20:57-3.

„Ich bin in Bayern aufgewachsen, und das ist schon, würde ich sagen, eine sehr prägende Zeit gewesen. Also, ich fühle mich als Bayer und merke erst jetzt so langsam, dass es aber natürlich auch preußische Anteile gibt."[1786]

„Das ist gar nicht so leicht [etwas über den Ort seiner Kindheit zu berichten, S. D.]: Meine Kindheit habe ich im Wesentlichen in der Schweiz verbracht. Gerade weil wir dreimal in diesem Land umgezogen sind, war ‚zu Hause' da, wo sich meine Eltern niedergelassen haben. Ich habe viele gute Erinnerungen an die Schweiz, kehre immer gerne dorthin zurück, auch wenn sie mir nicht im engeren Sinn Heimat wurde. Vielleicht bin ich ein „in die Schweiz verschlagener Oberschlesier" mit einem vagen Heimatgefühl zu Schlesien, das ich ja nicht mehr erlebt habe. Selbst Österreich ist mir nur insofern Heimat geworden als ich hier mit meiner Frau und unseren Kindern seit über zwei Jahrzehnten lebe."[1787]

Ein weiterer Zeitzeuge unterscheidet zwischen dem Ort alter Wurzeln der Familie und der engeren Heimat. Die in der Familiengeschichte dokumentierten früheren Migrationen der Familie erleichtern es dabei, die jüngste Migration zu verarbeiten:

„Unter dem Begriff, wie ich Heimat verstehe, ist es [Schlesien, S. D.] das für mich auf keinen Fall. Schlesien ist der Ort alter Wurzeln, aber ich selber bin in Bayern geboren und habe in Berlin studiert und habe in Hamburg gewohnt. Genauso wenig wie nach sieben Generationen für mich Italien noch eine Heimat ist, ist für mich Schlesien eine Heimat, aber es ist ein Ort der Wurzeln. Und das merke ich bei jeder Anwesenheit, bei jeder Reise dorthin, sehr deutlich, dass eine Verwurzelung mit dem Ort oder mit den Orten mit familiärem Zusammenhang da ist, ohne für mich eine Heimat zu sein."[1788]

Viele Interviewpartnerinnen und -partner sehen darin einen grundlegenden Unterschied zu erfolgreichen Formen adelsrechtlich basierter Selbstorganisation der Diaspora wie den baltischen Ritterschaften. Der schlesische Adel hat eine vergleichbare organisatorische Verdichtung jenseits der evangelischen und katholischen Vereinigungen nie erfahren:

„Das ist auch ein bisschen ein Phänomen der schlesischen adeligen Vertriebenen, die es nicht geschafft haben – klingt jetzt so, als wäre das auf jeden Fall mit Bedauern besetzt. Aber ich selber bin sehr froh, dass ich auch – nicht immer zurückschauend – da leben kann, wo ich bin. Im Gegensatz zum Beispiel zu den Balten oder den sudetendeutschen Familien, die bis heute einen unheimlichen Zusammenhalt haben. Bis in unsere, bis in meine Generation haben die auch innerhalb der adeligen Familien einen unheimlichen Zusammenhalt. Diese Vereinigungen der baltischen Adeligen sind immens groß. Unter den schlesischen Adeligen ist das Bewusstsein des Schlesiertums sehr gering ausgeprägt. Und so zieht sich das auch durch, dass also die Familien eher da verwurzelt sind, wo sie jetzt sind, wo sie dann nach dem Krieg angekommen sind. Und sich dann eher als westfälisch oder bayerisch, oder wo auch immer sie dann sind, verstehen. Mit schlesischen Wurzeln – das ist bei den meisten schon irgendwo vorhanden, aber die sind eher da, wo sie jetzt sind."[1789]

1786 Schoenaich-Carolath, E. 2013: 00:00:20-5 – 00:03:49-3.
1787 Henckel-Donnersmarck, A. 2013: 00:16:09-4 – 00:18:27-7.
1788 Ballestrem, N. 2010a: 00:23:10-1 – 00:26:50-4.
1789 Ballestrem, N. 2010a: 01:49:11-5 – 01:51:14-4.

„Wenn Sie [hier im Sinne von: man] sagen: ‚So, kann es noch einen Schritt weiter gehen?'
[nach der Gründung eines Familienverbands, S. D.], dann sagen Sie: ‚Übergreifende Zu-
sammengehörigkeit der Schlesier ist noch schwieriger.' Da muss man schon etwas dafür
tun.“[1790]

Ins Positive gewendet könnte man daraus folgern, dass gerade der schlesische Adel
sich als integrationsfähig und -willig erwiesen hat, wenn sich die Integration in die
lokalen Adelslandschaften Westdeutschlands anbot, im katholischen Südwesten der
Bundesrepublik ebenso wie im protestantischen Nordwesten.[1791]

Dementsprechend bescheinigen sich die meisten Mitglieder adeliger Familien aus
Schlesien, mit denen ich gesprochen habe, eine Differenz ihrer Lebenswelt und der
ihrer Eltern zu den institutionalisierten Vertriebenenverbänden, die auf landsmann-
schaftlichen Prinzipien beruhen.

„Gar nicht. Die haben sich mal engagiert, mal ein bisschen, für das Vereinshaus Schlesi-
en, aber das ist kein richtiger Vertriebenenverband, sondern ist auch nur so eine kulturelle
Geschichte. War aber auch nur vorübergehend. Also dieses Vertriebenenmilieu war nicht
ganz so ihre Welt. [...] Mein Vater ist kein Funktionärstyp. Und solche Verbände mit ihren
Vereinsmeiereien, das reizt ihn nicht, und ich glaube, er hat auch nicht an die Realisierbar-
keit der Forderungen geglaubt, dass man es irgendwie zurückkriegt, oder irgend so etwas.
Ansprüche da anmelden in allen Dingen bis hin zur Zurückgabe, das war wahrscheinlich
auch nicht seine Vorstellung.“[1792]

Allerdings gab es durchaus engagierte Mitglieder vieler Familien in den Vertriebenenverbänden.[1793] Daher stellt sich die Frage, inwieweit dieses narrative Muster auf

---

1790 Strachwitz von Groß-Zauche und Camminetz, J. H. 2011: 02:27:35-2 – 02:30:25-6.
1791 Neben dem geringeren Grad an Institutionalisierung, verglichen mit anderen adeligen Migran-
tengruppen, könnte etwa auch der Zusammenschluss der Genossenschaft der Rheinisch-Westfä-
lischen Malteser Devotionsritter und des Vereins Schlesischer Malteserritter zu einer Deutschen
Assoziation des Malteserordens 1993 als Zeichen für einen solchen Integrationsprozess gewertet
werden.
1792 Küster, U. 2013: 00:28:33-2 – 00:28:58-7 u. 00:29:09-2 – 00:29:46-7.
1793 Im Rahmen der vorliegenden Untersuchung kann allenfalls anekdotische Evidenz gegeben werden. So begründete etwa Maria Hedwig Gräfin von Schaffgotsch 1948 die Landsmannschaft
Schlesien sowie später die Gruppen in Ellingen und Weißenburg mit, war Frauenreferentin in
Mittelfranken und zehn Jahre Landesfrauenreferentin und Vorstandsmitglied in Bayern. Für ihr
Engagement erhielt sie die goldene Ehrennadel und 1977 das Schlesierkreuz sowie 1979 den
Schlesierschild. (Heinz Lorenz: Träger des Schlesierschildes 1979. – Gräfin Mia Schaffgotsch,
Trägerin des Schlesierschildes. In: Der Schlesier 26, 29. Juni 1979, S. 4.) – 1974 amtierte Wil-
fried von Korn als Heimatkreisvertrauensmann (seit 1968) der Heimatgruppe Groß Wartenberg.
Als weitere prominente Mitglieder ehrte die Heimatgruppe Karl Prinz Biron von Curland und
Friedrich Franz Prinz Biron von Curland (wobei allerdings die Leitung der Heimatgruppen in
Berlin, Nürnberg, Hannover, München und Düsseldorf jeweils nicht-adeligen Personen oblag):
Heimatkreisorganisation Groß Wartenberg 1974, S. 339, 345, 346. Sieghard Prinz von Schoenaich-Carolath trat 1960 der Landsmannschaft Schlesien nach längerem Auslandsaufenthalt
bei. Er agierte über mehrere Jahre als Geschäftsführer des Landesverbands Bayern und später als
Kreisvorsitzender des Kreisverbands Fürstenfeldbruck. 1973 wurde er schließlich Schatzmeister
des Vereins Haus Schlesien und übernahm parallel 1980 den Vorsitz der Vereinigung Schlesischer Adel (Sieghard Prinz von Schoenaich-Carolath – Schatzmeister der Stiftung Schlesien. In:

tatsächliche politische Differenz, auf nachträgliche Stilisierung und Überformung von Erinnerung (etwa weil die Mitgliedschaft als stigmatisierend betrachtet werden könnte) und inwieweit sie auf lebensweltliche Distanz zurückgeht, die ihren Ursprung in Spezifika des adeligen Habitus hat – etwa dass man sich nicht mit der Masse der anderen Flüchtlinge „gemein" machen wollte.

Das teils Formelhafte des Umgangs mit der eigenen Herkunft, das sich in der Nachkriegszeit in engen Sprachregelungen und typischen Kommunikationsformen niedergeschlagen hatte, tritt heute zunehmend zurück. „Also ich habe Schwierigkeiten, mich in einem Brief ans Haus Schlesien zu verabschieden ‚mit herzlichen schlesischen Grüßen', das schaffe ich nicht. Auch schon ‚landsmannschaftliche Grüße' fallen mir schwer".[1794] Der Wandel der Sprache spiegelt hier einen Wandel der Haltungen. Der Wunsch nach einer konkreten, auch materiellen, Rückerlangung weicht zunehmend dem Wunsch nach einer symbolischen Anerkennung der historischen Verbundenheit mit dem Land, der Leistungen der Vorfahren für die Region und der Unfreiwilligkeit des Weggangs.

Möglich macht diesen veränderten Umgang die Befähigung des jeweils Einen, sich selbst ein Stück weit im Anderen zu erkennen.[1795] Indem die deutschen Flüchtlinge und Vertriebenen die heutigen polnischen Bewohner Schlesiens als ihresgleichen imaginieren, können sie den eigenen Schmerz rationalisieren und auf ihr Gegenüber zugehen. Der Blick auf die polnischen Zwangsumsiedler aus den ehemaligen polnischen Ostgebieten erleichtert der deutschen Seite die Akzeptanz eines nunmehr zu Polen gehörigen Schlesien.

> „Aber von polnischer Seite gab es ja auch lange Jahre Berührungsängste, nämlich bis zur –, mindestens bis zur formalen Anerkennung der Staatsgrenze waren die Neuschlesier, also die auch-heimatvertriebenen Polen, die in Schlesien zwangsangesiedelt worden [waren] oder die dort durch Umstellungen auf einmal Hausbesitz hatten und kleinen Landbesitz hatten –, gab es immer die Angst: ‚Huch, die Deutschen kommen zurück, wir werden wieder vertrieben!', und erst ganz allmählich hat sich ja diese Angst gelegt, durch kluge beiderseitige Politik".[1796]

Diese Perspektive überwindet zugleich auch den Topos der „polnischen Wirtschaft" im Umgang mit dem deutschen Erbe, da Verfall nunmehr der Angst vor einer erneuten Vertreibung beziehungsweise in anderen Narrativen auch fehlenden Anreizen in der Zeit des Kommunismus zugeschrieben werden kann.

Der Schlesier 18, 7. Mai 1982). Von der Gründung der Landesgruppe Saar der Landsmannschaft Schlesien bis nach 1980 bekleidete Wilhelmine von Schalscha-Ehrenfeld die Funktion einer Frauenreferentin (Wilhelmine von Schalscha-Ehrenfeld. In: Der Schlesier 21, 23. Mai 1980).

1794 Websky, M. 2013: 02:33:02-0 – 02:36:32-4.

1795 Jan M. Piskorski spricht von einer „europäischen Vertriebenengemeinschaft", die durch die „Gemeinschaft der Vertreibungserfahrung", aber auch das „gemeinsame Nichtwissen darüber" konstituiert werde (Piskorski 2014, S. 171).

1796 Websky, M. 2013: 02:23:42-3 – 02:27:02-1.

2 Die Angst vor dem Entgleiten der Vergangenheit

Der Wandel der Sprechweisen spiegelt einen Wandel von Perzeptionen und Werthaltungen. In einem Zeitfenster, in dem die Sprechweisen der Nachkriegszeit zunehmend durch andere Sprechweisen ergänzt oder sogar abgelöst werden, kann genau diese Offenheit der Zukunft und die Sichtbarkeit von Wandel aber auch Ängste auslösen.

Im Juni 1996 wandte sich etwa ein Mitglied der Freiherr von Zedlitz'schen Familie mit einem sechsseitigen Schreiben an den Kulturminister der Republik Polen, um darin Klage zu führen.[1797] Kopien des Schreibens gingen unter anderem an den damaligen Außenminister der Bundesrepublik, Klaus Kinkel, sowie den deutschen Botschafter in Polen. In dem sechsseitigen Schreiben mit fünf Anlagen beschwerte sich der Freiherr Caspar von Zedlitz und Neukirch über ein kleines Faltblatt, einen Touristenführer für die frühere Kynsburg, heute Zamek Grodno. Der auf einem handelsüblichen Haushaltsdrucker hergestellte Handzettel – immerhin in Farbe und mit Bildern – hatte den Zorn des Verfassers geweckt, weil in ihm, wie er später die Veröffentlichung des Briefes kommentierte, „keine Gelegenheit" ausgelassen worden sei, „alles was an Deutschtum als Kulturgut erinnern kann, in eine polnische Historie umzumünzen. // Diesem offensichtlichen Gebaren einer sog. Geschichtsverfälschung habe ich versucht entgegenzutreten".[1798] Im Schreiben an das Kulturministerium schildert er seine Motivation derart, dass er sich „erlaube […] auf eine Vielzahl von Aussagen hinzuweisen, die so – und zwar auch historisch gesehen – schlichtweg unwahr sind." Wobei es den Rahmen des Schreibens sprenge, auf „all die vielen kleinen Unrichtigkeiten näher einzugehen", die die Broschüre enthalte.[1799]

Auch wenn die nachträgliche Rationalisierung dieses Schreibens auf den Verlust an Identität für eine soziale Großgruppe (das „Deutschtum") verweist, wenn die „Wahrhaftigkeit" der Geschichtserzählung durch eine dem Verständnis des Verfassers nach falsche, nationale Lesart verloren ging, findet sich verdeckt und unterhalb solcher Rechtfertigung zugleich auch ein spezifisch adeliges Moment. Konstituiert sich doch adelige Identität als Familie, wie schon gezeigt, ganz wesentlich durch ein in die Tiefe und in die Breite reichendes Gedächtnis. Vergangenheit wird umgekehrt gerade auch durch das Gedächtnis und die Rolle der Vorfahren angeeignet und memoriert. Dies hat zur Folge, dass eine – manchmal für bürgerliche Begriffe durchaus ferne – Vergangenheit zu einem persönlichen, ja sehr persönlichen Moment wird.

Angesichts der Bedeutung der Kynsburg, beziehungsweise des Zamek Grodno als konfligierender deutsch-polnischer Erinnerungsort überrascht es deshalb vielleicht zunächst, dass die Klage von Zedlitz und Neukirchs sich auf den ersten Blick vor allem gegen Benennungen von Orten und Personen richtete. Denn das Faltblatt listete lediglich in chronologischer Reihenfolge die Eigentümer der Burg und wichti-

---

1797 Schreiben von Caspar Freiherrn von Zedlitz und Neukirch an den namentlich nicht genannten
    Kulturminister der Republik Polen. Ruhpolding, 5. August 1996. 6 S. In: Zedlitz und Neukirch
    1997a, S. 150–152.
1798 Zedlitz und Neukirch 1997a, S. 144.
1799 Zedlitz und Neukirch 1997a, S. 150–152.

ge Schlüsselereignisse ihrer Geschichte auf. In einer mäßig gelungenen deutschen Übersetzung, der man die polnische Vorlage und das fehlende historische Verständnis des Übersetzers deutlich anmerkt, heißt es beispielsweise, 1392 sei das „Schweidnitz-Jaworsker Fürstentum" in den Besitz der „tschechischen" (durch von Zedlitz von Hand am Rand glossiert: „böhmischen") Krone übergegangen.

Erst in zweiter Linie richtete sich von Zedlitz' Aufmerksamkeit auf die Schilderung der Vergangenheit, etwa wenn er neben dem Eintrag: „XV Jh. Das Schloß gehört Rittern die von Raub und Plünderung leben", handschriftlich anmerkt: „Nein sowas!!", was hier ironisiert die Erwartbarkeit des Topos der deutschen Raubritter (*Rozbój rycerski*) ausdrücken soll, eines, wie weiter oben ausgeführt, stehenden Topos des polnischen Schlesiendiskurses, der gleichermaßen eine antifeudalistische wie eine antideutsche Stoßrichtung hatte.

In der Mehrheit der Annotationen, die sich quer durch das ganze Faltblatt ziehen, erschienen dem Verfasser aber vor allem Fehler bei der Rückübertragung der polnischen Namen als „Geschichtsverfälschung". So korrigierte er Namen wie die der mittelalterlichen Schlossherren „Maciej" und „Jerzy von Lagow" in „Matthias" und „Georg von Logau" oder jenen des Breslauer Altertumsforschers und zeitweiligen Eigentümers der Burg „Jan Gustaw Busching" in „Gustav Büsching", oder er änderte Ortsnamen wie „Dziecmorowic" in „Dittmannsdorf". Besonders verärgert war er darüber hinaus über Fehler, die seine eigene Familie betrafen, etwa über die Bezeichnung „Emilia Zedlitz *aus* Neukirch" (Hervorhebung durch mich, S. D.), bei welcher der oder die Übersetzende den Familiennamen offenbar aus einer polnischen Form ins Deutsche übertragen hatte. Die Übersetzung beschwor offenbar die Angst, der Text spräche den Zedlitzen gar eine adelige Identität ab. Jedenfalls motivierte dies den Verfasser, seinem polnischen Adressaten einen Auszug aus dem *Genealogischen Handbuch des Adels* beizufügen, der belegen sollte, dass sein Urgroßvater „Ferdinand Maximilian Freiherr von Zedlitz *und* Neukirch (und nicht Zedlitz *aus* Neukirch)" geheißen habe (Hervorhebungen im Original durch Unterstreichung bzw. Sperrung).

Die Sprache, so glaubte er, war hier nur ein Instrument, das Besuchern aus Deutschland ein falsches Geschichtsbild vermitteln sollte, da „diese Ausführungen unwahr sind." Zwar erkannte er, dass das Faltblatt „schlecht übersetzt" sei, dass es sich dabei aber einfach um eine Unzulänglichkeit handeln könnte, wie sie in transnationalen Kommunikationssituationen eher Norm als Ausnahme sind, lag dabei offenbar nicht innerhalb der Grenzen des Erwartbaren. Offenbar konnte der 1934 in Breslau geborene von Zedlitz und Neukirch den Text überhaupt nur in einer bestimmten Weise lesen, die durch eigene und familiäre Erfahrungen als erwartbar vorgezeichnet war.

So wird in seinem Brief im Weiteren ein tiefes Misstrauen und die Angst um den Verlust der Hoheit über die Vergangenheitserzählung deutlich: „Mit diesen geschichtlichen Verfälschungen soll anscheinend der Eindruck erweckt werden[,] als seien diese Gebiet seit Jahrhunderten polnisches Hoheitsgebiet gewesen – dies ist unwahr. Diese Gebiete stehen bekanntlich seit 1945 unter polnischer Verwaltung."[1800]

Wieder stand hinter der auf die Großgruppe bezogenen Lesart auch eine familiäre Verletzung, die am Selbstverständnis von Zedlitz' rührte. Am Rande des Texts der Broschüre: „Es [Zamek Grodno] verbleibt bis zum Ende des 2. Weltkriegs im *Besitz* ihrer [d. i. der von Zedlitz'schen] Familie" glossiert er beispielsweise: „u. weiter im *Eigentum*!",[1801] womit zugleich noch einmal die Bedeutung von Eigentum als Vehikel der Identitätskonstruktion deutlich wird. Es klaffe, führte der Verfasser nämlich weiter aus, „ein riesiges und unglaublich wichtiges Loch (!)" in der Broschüre für die Zeit zwischen 1904 und 1951. „Weil diese ‚Kynsburg' erst in der Folgezeit ab ca. 1900 zu dem weit über die Grenzen Schlesiens hinaus berühmten und bekannten Kulturgut ‚Museum Kynsburg' – vor allem durch meinen *Vater Hans-Dietrich Frhr. von Zedlitz* – aus[-] und aufgebaut wurde." Deshalb bitte er höflich und eindringlich

> „darum, diese hier aufgezeigten *Unrichtigkeiten und Weglassungen* der Wahrheit entsprechend *umgehend korrigieren zu lassen*. [...] Es wäre wirklich mehr als angebracht, die historischen Erhaltungs-Aktivitäten und Investitionen speziell durch meinen Vater Hans-Dietrich Frhr. v. Zedlitz aus Kynau in Ihrer Touristen-Information nicht einfach wegzulassen oder zu übergehen sondern *gebührend zu erwähnen*. Erst durch diese Investitionen meines Vaters wurde die ‚Kynsburg' zu einem kulturhistorisch höchst wertvollen international anerkannten *Burgmuseum* ausgebaut."[1802]

Die Forderung läuft also auf eine als angemessen empfundene Teilhabe am Gedächtnis hinaus, wie es den Besuchern der Kynsburg präsentiert wurde. Die Begründungslogiken hierfür sind – und darauf legt der Text an mehreren Stellen Wert – nicht etwa egoistischer Natur. So wie der Aufbau der Burg zum „Kulturgut" seitens des Vaters als auf die allgemeine Wohlfahrt bezogener Akt erscheint, so dient auch das Handeln des Sohnes auf mehreren Ebenen utilitaristischen Zwecken. Indem er diese Beteiligung am Gedächtnis von der polnischen Seite einfordert, handelt er in seiner Pflicht als „der einzige Sohn und Alleinerbe am Nachlaß meines verstorbenen Vaters", also für die Familie und (gerichtet an deutsche Leser) für „das Deutschtum" an sich. Zu diesen Handlungen sieht er sich legitimiert sowohl durch „die ‚Kynsburg' in ihrer nahezu 800-jährigen Historie als auch meine Familienhistorie, die bis auf das Jahr 1190 zurückgeht und urkundlich erwähnt ist" und die deshalb „ein legitimes Anrecht darauf" hätte, „der wahren Geschichte gemäß historisch, sachlich und sauber zitiert zu werden – und zwar frei von politischen oder länderhoheitlichen Wünschen".[1803]

Zieht man die – von außen betrachtet – Diskrepanz zwischen einem offensichtlich ohne nähere Kenntnis des Gegenstands übersetzten Alltagstext wie der Touristeninformation auf der einen Seite und dem Aufwand, der sich mit einem elaborierten Schreiben an zwei Ministerien, eine Botschaft und mehrere weitere Empfänger in Kopie verbindet, das zudem mit mehreren Anlagen ausgestattet war, in Betracht,

---

1800 Zedlitz und Neukirch 1997a, S. 150–152.
1801 Ebd., S. 149. (Hervorhebungen im Original durch Unterstreichung)
1802 Ebd., S. 150–152. (Hervorhebungen im Original durch Unterstreichung)
1803 Ebd.

wird die beachtliche Bedeutung deutlich, die für den Verfasser der „richtigen" Lesart der Vergangenheit und einer angemessenen Präsenz der Familie in diesen Vergangenheitserzählungen zukam. Die Angst vor dem Entgleiten der Vergangenheit, die darin deutlich wird, illustriert eine spezifische Form der Kommunikation und einen dahinter stehenden Erwartungshorizont, der mir charakteristisch für eine Generationenlagerung im Sinne Karl Mannheims zu sein scheint.[1804]

„Am Anfang habe ich noch wirklich Vertriebene erlebt, die hierher kamen", berichtet etwa Melitta Sallai, die in den 1990er Jahren auf das väterliche Schloss Muhrau (Morawa) zurückgekehrt ist und dort heute einen Kindergarten betreibt, über ihre Wahrnehmung der Unterschiede zwischen den Generationen. „Das war oft belastend. Die waren sehr traurig und haben viel geweint und haben sich ein bisschen Erde mitgenommen. Dann kamen die Kinder. Die waren gar nicht so sehr interessiert. Und jetzt kommen die Enkelkinder. Und die sind wieder sehr interessiert, aber eben nicht mehr belastet."[1805]

1804 Mannheim 1928, S. 172. Zum Begriff siehe oben in Teil I, Kap. 7.3.
1805 Melitta Sallai im Interview mit Andrzej Klamt 2012. In der Filmfassung: Gloria & Exodus 2014: 00:58:36 – 00:59:01.

3 Entdämonisierung und Renaissance des Adels in Polen

Umgekehrt ist auch im polnischen Sprechen über Schlesien eine Entdämonisierung des Adels oder der Deutschen als Großgruppe zu spüren. Eingesetzt hat dieser Prozess bereits sehr viel früher mit dem Aufeinander-Zugehen zwischen der DDR und der Volksrepublik Polen etwa, das diskursiv die Unterscheidung zwischen „den Deutschen" und „den Hitleristen" entscheidend verfestigt hat.[1806]

In den letzten Jahren zeichnet sich aber in mehrfacher Hinsicht eine neue Entwicklung ab: Erstens wächst die Bereitschaft, gerade die adeligen Deutschen, bezeugt durch ihre langen Stammlinien, als „Auch-Schlesier" anzuerkennen; zweitens können sie nun, fast wie die eigene Gemeinschaft, als Opfer äußerer Einflüsse – und hier vorrangig eines von der Sowjetunion oktroyierten Kommunismus – imaginiert werden; und drittens betten sich beide Entwicklungen in eine zunehmende Verortung dieser Geschichtserzählungen in einem Europadiskurs ein. Im Einzelnen stellen sich diese Tendenzen folgendermaßen dar:

Mit dem Ende des kommunistischen Systems und der Befreiung der Vergangenheitsdiskurse von den erdrückenden Vorgaben des Regimes ist das Schrifttum zum schlesischen Adel, zur materiellen Adelskultur im heutigen Polen und zur Geschichte Schlesiens geradezu explodiert. Besonders ausgeprägt ist diese Publikationskultur natürlich im oberschlesischen Industriegebiet, wo die prägende Kraft der Industriemagnaten und deren enormer Eigentumskonzentration, die bis weit in die erste Hälfte des 20. Jahrhunderts andauerte, heute noch spürbar nachwirkt. Die Mehrzahl dieser Schriften orientiert sich in erster Linie an den Bedürfnissen der postkommunistischen Gesellschaft in Polen und hat allenfalls am Rande noch deutsche Lesende im Blick. Die Konstruktion einer solchen Erzählung setzt notwendigerweise Selektionsprozesse voraus und führt dazu, dass Teile des Gedächtnisses im Kontext einer bestimmten Erzählung weniger oder mehr betont werden als andere. Die Wahrnehmung der Vergangenheit erfolgt dabei auch weiterhin durch die diskursiven Filter des 20. Jahrhunderts. So sind es gerade in Oberschlesien vor allem jene Persönlichkeiten des 19. Jahrhunderts, die bereits am Anfang des 20. Jahrhunderts von der polnischen Nationalbewegung vereinnahmt wurden, darunter an erster Stelle Karl Godulla [Karol Godula] und dessen Universalerbin – nicht Adoptivtochter, wie häufig fälschlich kolportiert wird – Johanna [Joanna] Gryczik (nob. 1858 Gryczik von Schomberg-Godulla), verheiratete Gräfin Schaffgotsch, denen die Aufmerksamkeit des polnischen Vergangenheitsdiskurses zuteil wird.[1807] Dabei kommt es sicher nicht von ungefähr, dass ausgerechnet das „schlesische Aschenputtel" (*Śląski Kopciuszek*), dessen Geschichte nun als eine polnisch-deutsche Liebesheirat gelesen werden kann, so viel Beachtung erfährt.

Denn neben der nationalen Identitätsfrage bietet die Geschichte, in der sich historisches Faktenwissen mit mündlicher lokaler Tradition mischt, auch zahlreiche re-

---

1806 Urban 2006, S. 180.
1807 Zur Person und zur Wirkmacht des die beiden umgebenden Erinnerungsorts vgl. Donig 2010.
   In den letzten Jahren allein in der Schriftenreihe des Stadtmuseums von Ruda: Kaczmarzyk 2007;
   Lewandowski 2010; Lubina 2011.

ligiöse – gemeinsamer Katholizismus – und soziale Anknüpfungspunkte – das Tellerwäscher-zum-Millionär-Motiv des Aufsteigers Godulla, die Heirat der aus der ländlichen und eindeutig als polnischsprachig identifizierten Unterschicht mit dem Angehörigen eines der herausragenden schlesischen Grafengeschlechter –, die gerade in der kapitalistischen Anfangsphase der Nachwendezeit nicht unbedeutende Wertorientierungen bereitstellten.

Die 2001 erschienene „Geschichte des Schlosses in Chudow" etwa kommt ganz ohne eine Referenz auf eine große, nationalgeschichtliche Meistererzählung aus. Sie lebt aus dem lokalen Gedächtnis und referenziert gleichberechtigt deutsche und polnische Autorinnen und Autoren. Bezeichnend ist vielleicht, dass unter der Vielzahl früherer Eigentümer wieder ausgerechnet das prominente Ehepaar Schaffgotsch ausgewählt wurde, dessen Bilder zusammen mit einer Ansicht des Schlosses vor und nach seiner Zerstörung durch einen Brand in der ersten Hälfte des 19. Jahrhunderts nun vor dem Hintergrund einer lateinischen Karte der Herrschaft Ratibor von 1736 den Einband schmücken.[1808]

Das heißt nun nicht, dass andere Adelsfamilien nicht die Aufmerksamkeit der schlesischen Gegenwart erfahren hätten. Allein die Möglichkeiten, unmittelbar einen Bezug zu diesen Familien oder bestimmten Alteigentümern aufzubauen, sind bei jenen andere, die im Laufe des 20. Jahrhunderts einen bedeutenden Anteil am polnischen Schlesiendiskurs hatten, und dies sind wieder vor allem die oberschlesischen Magnatengeschlechter sowie zum Teil auch der Adel des Teschener Landes.

In den letzten zwei Dekaden ist so eine Fülle von Schriften entstanden, die sich zum Teil sehr detailliert mit der Geschichte einzelner Güter und Schlösser auseinandersetzen. Es ist, als ob sich ein erinnerungspolitisches Vakuum nach einem Bruch der es umschließenden Hülle angleicht, das Band zur Vergangenheit, das zerrissen schien, neu geknüpft wird. Geschrieben sind diese häufig von Laien produzierten Büchlein und Broschüren in vielen Fällen recht essentialistisch und prosopografisch als Abfolge von Eigentümern und Schilderung der mit ihnen verbundenen Veränderungen. Es wäre falsch, diese Art, Gedächtnis zu bewahren, von vornherein als defizitär zu beschreiben, denn es geht hier viel weniger um ein Bewahren als vielmehr auch um eine implizite Neukonstruktion von Gedächtnis. Dabei gilt es den Verfassenden, nicht nur die Einschränkungen des Diskurses im Kommunismus zu überwinden. Vielmehr wird gerade durch die scheinbar neutrale Faktizität eine sinnhafte Erzählung geschaffen, eine Demokratisierung von Geschichte, deren Deutungshoheit den reinen Fachhistorikern entrissen wird und die es Lesenden im heutigen Schlesien erlaubt, sich zu ihrer Umwelt in Bezug zu setzen. Die scheinbar historistisch, an die historiografische Tradition des 19. Jahrhunderts anknüpfende Konzentration auf Biografien und Eigentümerwechsel ist dabei ein wichtiges heuristisches Instrument, hilft sie doch, das nationalstaatliche Paradigma, das das Denken des 20. Jahrhunderts so nachhaltig geprägt hat, aufzubrechen. In den neuen Publikationen werden Zwischenidentitäten entdeckt, ohne sie explizit zu benennen, Identitäten,

---

1808 Adamska-Heś/Heś/Szoltysek 2001; Kucia/Głazek 1999.

die dennoch in der großen Klammer aus Piastenzeit und Gegenwart bewahrt werden können. Sie gefährden jedoch nicht die nationale Meistererzählung, indem sie sie zu zerstören drohen. Vielmehr öffnen sie sie hin zu einer zeitweiligen Mehrdeutigkeit, die dennoch sicher im Narrativ des Aufbruchs in der Piastenzeit und der Rückkehr (nach 1918 für Oberschlesien, nach 1945 für Niederschlesien) aufgehoben wird.

In dieser Ablösung von den großen Meistererzählungen, die durch eine kleinteiligere, lokalere und vornationale Darstellungsweise ersetzt worden sind, zeigt sich eine selbstbewusste Aneignung der Vergangenheit durch die heutigen Schlesier. Die Vergangenheit ist etwas geworden, das eigen und regional, zugleich auch polnisch und manchmal deutsch, preußisch oder auch böhmisch ist. Im Europadiskurs – in diesem Sinn tatsächlich so etwas wie eine neue Identitätsform nach dem Zusammenbruch der sozialistischen Ordnung – manifestiert sich eine zunehmend transnationale Lesart der schlesischen Geschichte, wobei Schlesien von Polen und Deutschen gleichermaßen als eine Region zwischen Polen, Deutschland und Tschechien verstanden wird. Fiel es in kommunistischer Zeit erzwungenermaßen zusammen, Schlesier und Pole zu sein, wird es jetzt möglich, in Bindestrich-Identitäten zu denken, das „Wir" etwa als „polnische Schlesier" zu konzeptualisieren. Das lässt den Raum offen für andere Formen des Schlesier-Seins, also etwa „deutschsprachige Schlesier", als die – so ein jüngerer Zeitungsartikel – sich die Adeligen begriffen. Ganz so, wie man Schlesien selbst nicht auf eine Schwarz-weiß-Definition festlegen könne, notiert der Beitrag, sei es oft genug auch unmöglich, klare Wurzeln für viele schlesische Familien festzuhalten. „Diese sind ein Geflecht verschiedener europäischer und manchmal auch exotischer Fäden. Einige der Aristokraten stammen in direkter Linie von schlesischen Piasten oder den Przemysliden ab."[1809]

Damit einher geht eine Aufwertung des Adels als Gruppe, die nun in wachsendem Maße als transnationale Elite und auch zum Vorbild für die Menschen in Schlesien nach 1990 stilisiert wird. In einem Interview anlässlich der Umbettung der 1945 in einem anonymen Sammelgrab verscharrten sterblichen Überreste der erloschenen Rogauer Linie der Familie von Haugwitz und der Wiederherrichtung der Rogauer Familiengruft stellte etwa der Direktor der Rogauer Zweigstelle der Staatlichen Woiwodschaftsbibliothek, Tadeusz Chrobak, fest, auch adelige Familien wie die mit Goethe verwandten und mit Byron korrespondierenden Haugwitz seien „Teil der wahren intellektuellen Elite Europas" gewesen.[1810]

Diese Umdeutung von der verfemten sozialen Gruppe zum Vorbild erfordert eine fundamentale Korrektur des Adelsbilds in der öffentlichen Historiografie. So korrigieren viele der oben genannten Publikationen – in ihrer Selbstwahrnehmung – ideologische Geschichtsbilder aus der Zeit der Volksrepublik. Vielfach knüpfen sie dabei an Darstellungen des 19. Jahrhunderts und der Zweiten Republik an oder entdecken jene Publikationen aus der vielstimmigen Anfangszeit des Nachkriegspolen wieder, die noch nicht den Regeln des hegemonialen Diskurses entsprachen.

1809 Pustułka 2014 (online).
1810 Nowa Trybuna Opolska 2010 (online).

Zugleich bemühen sie sich ganz explizit, die delegitimierenden Motive dieses Diskurses zu entwerten und richtigzustellen. Der Autor einer jüngeren populärwissenschaftlichen Darstellung etwa tritt ganz explizit an, um dem Gedächtnis der Familie von Schaffgotsch, „das so lange aus den polnischen biografischen Lexika verbannt war", Gerechtigkeit widerfahren zu lassen.[1811] Ermöglicht wird diese Überwindung der Autoritäten der marxistischen Geschichtsschreibung hier wie in vielen Fällen auch durch den Rückgriff auf die als ideologisch unbelastet empfundene Nationalgeschichtsschreibung des 19. Jahrhunderts, die nun in einer transnationalen Weise neu interpretiert wird. Der nicht länger als autoritativ akzeptierten Geschichtserzählung von Ewa Maleczyńska und Karol Maleczyński etwa hält Arkadiusz Kuzio-Podrucki ein Gegengedächtnis vor, das auf der Autorität Wincenty Pols beruhte, jenem Mit-Vater der polnischen Nationalgeschichtsschreibung, der 1847 als Entsandter des Lemberger „Ossolineums", das nach dem Zweiten Weltkrieg seine Heimat in Breslau fand,[1812] nach Schlesien kam, um dort Polonica zu finden. In der Majoratsbibliothek der Grafen Schaffgotsch in Warmbrunn (Cieplice) fertigte Pol namentlich auch Kopien der in prachtvollen Wandgemälden festgehaltenen Stammbäume der Familie an,[1813] die deren Verwandtschaft mit den Liegnitz-Brieger Piasten dokumentierten. Für ihn war dies ein Anlass, über die nationale Zugehörigkeit seiner Gastgeber zu reflektieren, denn die „in Schlesien beheimateten Ritter dieses Wappens [*klejnot*, eigentlich: Helmkleinod oder Helmzier] wurden von den Polen als Deutsche, den Deutschen indes als Polen bezeichnet, was ja eigentlich nur die Stellung eines Hauses verdeutlicht, welches in einem Grenzraum angesiedelt war".[1814] Auch sprachlich gesehen vollzieht sich zunehmend eine Aneignung des Adels in populären Geschichtsbildern. So feierte die von der *Gazeta Wrocławska* verlegte populäre Zeitschrift *Nasza Historia* 2013 mit einem großformatigen Cover die „Fürstin Daisy [von Pless] – unsere Prinzessin Diana" und markierte diese so dem heutigen Schlesien gleich doppelt als zugehörig.[1815]

1811 Kuzio-Podrucki 2007, S. 3.
1812 Thum 2003, S. 397.
1813 Zur Geschichte der Stammbäume vgl. Eiden 2010.
1814 Zitat nach Kuzio-Podrucki 2007, Frontispiz.
1815 Nasza Historia 1, 1 (2013), Cover.

4 Materielle Ensembles im Postkommunismus

Mit dem endgültigen Aufbrechen des festgefügten Vergangenheitsdiskurses wie auch der beschränkten Möglichkeiten für die Nutzung der Herrenhäuser, die die kommunistische Zeit Polens bestimmt hatten, öffneten sich in der Transformationszeit eine Fülle von neuen Chancen für den Erhalt derjenigen Häuser, die die lange Dürreperiode des kommunistischen Regimes überstanden hatten. Plötzlich waren sie von neuem Interesse, als Ausdruck von persönlichem Status für die Gewinner der Wendezeit, als Investitionsobjekte wie Tagungszentren und Luxushotels, für Abenteurer und Aussteiger aus dem Westen und nicht zuletzt für zurückkehrende Alteigentümer wie die Familie von Küster oder Melitta Sallai, geborene von Wietersheim-Kramsta.

Polen, das besonders in der Transformationszeit den einheimischen Boden- und Immobilienmarkt vor einem allzu raschen Ausbluten an Investoren aus Drittländern schützen wollte, etablierte relativ langfristige Übergangsregeln bis zur weitgehenden oder völligen Liberalisierung dieser Märkte. Der Familie von Küster gelang die Rückkehr beispielsweise nur, weil sie eine Partnerschaft mit einem polnischen Mitinvestor einging.

> „Und dann kam noch die verrückte Geschichte, ich weiß nicht mehr genau woher – aber ich wusste, dass Ausländer in Polen kein Land kaufen durften. Aus irgendeinem Grund wussten wir das schon, oder vielleicht hatte uns das schon jemand gesagt, ich weiß es nicht. Und dass man das nur mit einer Ausnahmegenehmigung kann. Und wir dachten, jetzt ist Wendezeit, jetzt ist alles so ein bisschen chaotisch, vielleicht können wir die Bürgermeisterin überreden, dass sie uns das einfach so verkauft, ohne irgendwelche Formalitäten, und ehe wir uns versehen, haben wir dann als erste Deutsche wieder ihr Schloss zurück – das war so unsere fixe Idee. Das fing dann auch sehr positiv an, die hielt uns nicht für hochstaplerisch und meinte dann: Ja gut, Sie können das Schloss kaufen, aber Sie brauchen die Genehmigung. Das war dann Mist, schade – hätte ja klappen können [lacht].
>
> Aber jetzt war irgendwie die Situation so angestochen, jetzt musste es auch versucht werden. Dann hat uns jemand den Tipp gegeben, wir müssen in Warschau die Genehmigung beantragen, also sind wir nach Warschau gefahren. Meine Brüder, die das nur mit als Idee angestoßen hatten, die waren ja dann schon in Westdeutschland, musste dann ich mich erst mal darum kümmern – aber als Referendar hat man ja Zeit, auch wenn man kurz vor dem Examen steht. Und dann bin ich mit dem neugewonnenen Freund und Dolmetscher nach Warschau gefahren, um dann dort mehr oder weniger an der Pforte des Innenministeriums, was zuständig ist, abgewimmelt zu werden. Könnt ihr vergessen, die Genehmigung hat es noch nie gegeben [lacht], wir sollen doch eine GmbH mit polnischen Mehrheitsgesellschaftern gründen, dann wäre es ohne Genehmigung möglich. Und so schob sich das Ganze dann an.
>
> Wir entwickelten die Idee, wir brauchen einen polnischen Freund, mit dem zusammen wir eine GmbH gründen können. Und da fiel mir wieder der nette Pole ein, einer der beiden, der Woitek, mit dem wir damals uns so toll verstanden haben, bei diesem ersten Besuch, und den können wir doch fragen, der macht doch bestimmt mit. Und der machte dann auch mit, das war ein so guter Kerl, der fand die Idee auch toll, dass wir das Schloss kaufen und retten."[1816]

1816 Küster, U. 2013: 01:08:13-0 – 01:15:24-3.

Andernorts waren es polnische Investoren, die verfallende Schlösser wiederentdeckten. Das Alte Schloss der Grafen Henckel von Donnersmarck in Tarnowitz beispielsweise hatte die kommunistische Zeit auch deshalb relativ unversehrt überstanden, weil sich ein Gedächtnisbogen zu den Piasten spannen ließ, der den Fremdkörper des Schlosses in eine sozialistisch-nationale Meistererzählung integrierte.

Nach der Wende setzte sich dieser Aneignungsprozess fort, der in Oberschlesien ohnehin leichter fiel als Niederschlesien. Die wirkliche Herausforderung lag wie schon in kommunistischer Zeit vor allem in der Finanzierung von Restaurierung und weiterer Erhaltung. Hier waren es die relativ liberalen polnischen Stiftungsgesetze, die den Fluss von Kapital aus der Wirtschaft in die Denkmalpflege erleichterten. Der neue Eigentümer gründete zu diesem Zweck die „Fundacja Kompleks Zamkowy Tarnowice Stare" (Stiftung Schlosskomplex Alt-Tarnowitz), die das Haus nicht nur einer angemessenen Nutzung zuführen sollte, sondern auch ein Entwicklungskonzept für die Umgebung entwarf, denn kaum einer der aktuellen Eigentümer schlesischer Schlösser konnte genug Ackerland akkumulieren, um daraus das Haus wirtschaftlich zu erhalten. Innerhalb eines Jahrzehnts wurden in der Nachbarschaft des alten Schlosses in Tarnowitz und in den früheren Stallungen ein Restaurant, ein Hotel und ein Handwerksmuseum eingerichtet. Das eigentliche Schloss wurde ebenso wie die Nebengebäude grundsaniert und mit zahlreichen historisierenden Details angereichert; der Schlosspark wurde neu gestaltet.[1817]

Insbesondere im Hirschberger Tal haben so zahlreiche Schlösser eine Nachnutzung als Tagungszentren und Hotels gefunden,[1818] was angesichts der langen Tradition der touristischen Erschließung der Region eigentlich nicht Wunder nehmen darf. Die Familie von Küster beispielsweise startete als eine der ersten 1991/92 allein mit dem Hauptgebäude des Schlosses in Lomnitz (Łomnica), ohne Park und Korrespondenzgebäude. 1995/97 kam durch Erwerb das sogenannte Witwenschloss wieder in die Familie. Das Gebäude wurde in den Folgejahren sukzessive zum Hotel ausgebaut. Darüber blieben allerdings kaum noch Investitionsmittel für das große Schloss. Dass sich der 1993 gegründete Verein zur Pflege schlesischer Kunst und Kultur e. V. an der Sanierung des Dachs und die Stiftung für deutsch-polnische Zusammenarbeit an der Restaurierung der Fassade beteiligte, war deshalb mehr als willkommen. Nach wie vor bietet die enorme Größe des Gebäudes aber auch Anlass zur Sorge, denn neben der Nutzung des Erdgeschosses als Museum und Ausstellungsfläche des Vereins und eines Teils des ersten Stocks für die Familie fehlt es noch an einem abschließenden Konzept.[1819]

Menschen aus adeligen schlesischen Familien bemühten sich daneben auch aktiv um die Erhaltung von Kulturdenkmälern, die sich eng mit der Familiengeschichte verbanden. Für den Erhalt der Friedenskirche in Jauer (Jawor), gründete sich so ein Fördererkreis mit überwiegend adeligen Mitgliedern, nachdem sich herausgestellt

---

1817 Szczech/Smolorz 2010 sowie Gespräche mit dem Eigentümer.
1818 Einen Überblick über das bedeutende Ensemble von Gebäuden und Korrespondenzbauten geben Czerner/Bździach 2001; Kapałczyński/Napierała 2005; Franke 2008.
1819 Küster, U. 2013: 01:48:06-3 – 01:51:17-4.

hatte, dass die noch nicht einmal hundert Mitglieder fassende Gemeinde in Jawor die Restaurierung des Gebäudes kaum schultern konnte.

> „Die Friedenskirche in Jauer ist ja insofern eine für die dort landansässigen Familien beson-
> dere Kirche. Diese Familien des Bezirkes oder Fürstentums Jauer haben sich natürlich auf
> diese den Evangelischen zugestandene Kirche geworfen, nachdem nun alle Patronatskir-
> chen in der Gegenreformation den evangelischen Familien weggenommen worden waren,
> und sie sozusagen in Ersatzfunktion angesehen als eine Kirche, in der auch ihre jeweiligen
> landansässigen Familien da vertreten sein sollten. Wir haben dort nicht nur durch die Er-
> weiterung der Sitzmöglichkeiten durch neue Emporen, sondern auch eben durch die ent-
> sprechende Dekoration dieser Emporen zur Gestaltung der Kirche beigetragen. Wir haben
> in dem Verein zurzeit 28 Mitglieder, mehr als zwei Drittel davon sind aus solchen Famili-
> en, die sich auch aus diesem Anlass und diesem Traditionsgedanken der Kirche besonders
> verbunden wissen."[1820]

Die Mitglieder des Fördervereins konservierten damit natürlich zugleich auch die Spuren ihrer Familien als Stifter („Und da hängt unser Wappen, sogar zwei Mal").[1821]

In Łomnica und Jawor erwies sich das Instrument des Fördervereins als ein durchaus gangbarer Weg, und vielerorts setzten auch polnische Gemeinden, die sich mit
horrenden Restaurierungskosten konfrontiert sahen, Hoffnungen auf eine ähnliche
Lösung, darauf, dass Geld aus Deutschland zu einer Rettung von Baudenkmälern
beitragen würde. Nicht immer aber gingen diese Hoffnungen in Erfüllung. Im ehemaligen Dyhernfurth (Brzeg Dolny) etwa kam es in den letzten Jahren zu der paradox anmutenden Situation, dass die versprochene Hilfe aus dem Ausland nicht nur
ausblieb, sondern die Substanz eines kunstgeschichtlich hochbedeutenden Baudenk-
mals, des klassizistisch-neugriechischen Mausoleums, das der Architekt Friedrich
Gilly von 1800 bis 1802 für den Grafen Karl Georg von Hoym errichtet hatte, zerstörte.[1822] Die Gemeinde war sich der jahrzehntelangen Vernachlässigung des Baus
Ende der 2000er Jahre sehr wohl bewusst, und weil sie fürchtete, die 2009 mit knapp
zwei Millionen Euro geschätzte Sanierung des Denkmals nicht bezahlen zu können,
ließ sie sich auf das Kooperationsangebot einer 2006 in Deutschland gegründeten
Friedrich Gilly-Gesellschaft ein. Nachdem diese versprochen hatte, durch Spenden
und einen Förderverein die notwendige Summe bereitzustellen, übertrug ihr die Gemeinde die Eigentumsrechte am Baudenkmal.[1823] Die Gesellschaft geriet in den Folgejahren jedoch in Schwierigkeiten und löste sich 2014 auf, mit einer höchst un-
klaren Situation über den weiteren Verbleib der Eigentumsrechte. Die Hoffnung
auf eine deutsch-polnische Kooperation, die zu einer fachgerechten Restaurierung
hätte beitragen sollen, wurde so zu einem Alptraum für die Gemeinde. Inzwischen
strahlt durch umfangreiche Fördergelder aus dem europäischen Regionalfonds das

---

1820 Seherr-Thoss, E. 2012: 00:11:17-6 – 00:13:53-7.
1821 Haugwitz, H.-W. 2013: 02:08:14-1 – 02:09:16-6.
1822 Zarzycki 2012. Der Beitrag enthält auf S. 64f. mehrere Abbildungen des gegenwärtigen Verfalls-
      zustands.
1823 Stich 2014 (online). Der Artikel besteht im Wesentlichen aus einer Wiedergabe der Pressemel-
      dung im Gemeindekurier anlässlich des Vertragsabschlusses.

1945 schwer beschädigte und teilweise ausgebrannte Schloss Dyhernfurth in neuem Glanz, während das Mausoleum massivste strukturelle Schäden aufweist und der Teil des an das Vorbild Wörlitz angelehnten englischen Gartens, in dem es liegt, aus denselben Ursachen zunehmend verwildert.

Wie so oft, wenn neue Nutzungsformen gefunden werden müssen, die letztlich ja zum Erhalt des Bestands des Gebäudes beitragen, sind diese immer auch ein Eingriff in die Substanz und das Gedächtnis, das der Baukörper repräsentiert. Wenn in Westeuropa gelegentlich denkmalschützerische Grabenkämpfe zwischen Investoreninteressen und konservierungsbedachten Bürgern ausgetragen werden, die sich etwa in lokalen Initiativen organisieren, dann ist die Situation in den ehemaligen deutschen Ostgebieten insofern anders, als sich solche Konflikte immer auch in einer national codierten Fernbeobachtung widerspiegeln.

Das liegt natürlich zum einen daran, dass die Zwangsmigranten die Orte ihrer Kindheit gerne so sehen möchten, wie sie sie erinnern. Andererseits haben zahlreiche Menschen aus diesem Umfeld abseits der Interviewsituation im persönlichen Gespräch mir gegenüber zum Ausdruck gebracht, wie sehr sie einige der von Kapitalgesellschaften betriebenen Häuser als „seelenlose Kommerzialisierung" betrachten. Neben dem völligen Verfall waren es Umbauten und Konservierungen, die zu viele historische Details und Spuren des Wachstums vernichtet hätten, welche besonders kritisiert wurden. Besonders zufrieden mit dem Zustand der Häuser äußerten sich dagegen insbesondere jene Gesprächspartnerinnen und Gesprächspartner, deren Häuser von karitativen, musealen und öffentlichen Einrichtungen übernommen worden waren. Das gilt besonders, wenn die gegenwärtigen Besitzer ein offenes Haus führen, das der Familie den Zugang gestattet.

> „Wenn man Plawniowitz jetzt betrachtet und sieht, in was für einem wirklich perfekten Zustand es ist und sich dann auf den Weg nach Oppeln macht und in Groß Strehlitz [einem früheren Besitz der Grafen von Castell, S. D.] vorbeikommt und dann nur noch diese Ruine sieht – das ist schon ein sehr beeindruckender Gegensatz, wie es passieren kann. Ich bin wirklich sehr dankbar für die Situation, wie sie jetzt ist. Es ist eigentlich das Beste, was mit so einem Haus passieren kann, auch unter anderen Umständen. Auch wir wären wahrscheinlich in einer Situation gewesen, uns zu überlegen, was wir mit diesem Riesenhaus machen. [...] Die kirchliche Nutzung als Begegnungsstätte ist ja die beste Nutzung, die ist uns sehr vertraut. Als kirchliche Nutzung ist uns das sehr vertraut. Wir können damit sehr gut umgehen. Wir sind dort sehr gern gesehen. Ja, das ist eine sehr glückliche Fügung, möchte ich eigentlich sagen."[1824]

Ganz ähnlich wie auf diskursiver Ebene zunehmend eine Einbettung des Adels in eine schlesisch-europäische Meistererzählung sichtbar wird, bemühen sich viele der neuen Besitzer aktiv um das Gedächtnis der Voreigentümer. Im alten Schloss in Tarnowitz etwa suchten die neuen Besitzer bewusst eine Kontinuität zu den vorherigen Eigentümern des Schlosses herzustellen – nicht nur, dass im Hof bei gutem Wetter die Wappen aller vormaligen Besitzer des Schlosses geflaggt werden, im Inneren

---

1824 Ballestrem, N. 2010a: 02:17:40-2 – 02:20:14-6.

Abbildung 50: Lieux de souvenir: Für mehrere Generationen von Menschen in Schlesien sind Schlösser und Herrenhäuser Teil ihres Alltags. Lehnhaus etwa wurde Anfang der 1980er Jahre als Altersheim genutzt. Im ehemaligen Herrenzimmer im Westflügel des Gebäudes wurde damals ein Sportsaal eingerichtet. Am Kamin wurde in kommunistischer Zeit das ursprünglich dort befindliche Einzelwappen durch ein fiktives Haugwitz'sches Allianzwappen übermalt.

wurde einer der Säle als Wappenkammer (*sala heraldyczna*) hergerichtet, an dessen Decke sämtliche Wappen der vorigen Eigentümer gemalt wurden.

Schon rein visuell ist das Anwesen eine Melange von Elementen der polnischen Geschichtskultur mit symbolischen Repräsentationen einer multinational gelesenen Vergangenheit Oberschlesiens. Der renovierte barocke Kern des Schlosses etwa erhielt eine teils neo-barocke, teils neo-antike Raumgestaltung, die beispielsweise in der Ausstattung des Hotels im Neo-Empire an den Stil des Warschauer Herzogtums anknüpfte.[1825] In den vergangenen Jahren sind in vielen touristisch erschlossenen Häusern Waffenkammern eingerichtet worden, die Elemente der altpolnisch-sarmatischen Adelskultur mit Elementen aus der Adelskultur der nunmehrigen polnischen Westgebiete zu versöhnen sucht. Die dieser Tradition zugehörigen Waffentypen, Rüstzeug und Gewänder integrieren damit Elemente einer polnischen Nationalgeschichte in die Umgebung, beispielsweise wenn Panzer der polnischen Reiter unter Jan Sobieski ausgestellt werden.[1826] Sie reimaginieren lokale Vergangenheit in einer Weise, die den heutigen Bewohnern Schlesiens ikonologisch vertrauter und deutbarer ist als andere visuelle Repräsentationen der Vergangenheit. Zugleich betten sie

---

1825 Für Bilder: Szczech/Smolorz 2010, S. 64–66.
1826 So etwa in der neuen Waffenkammer im Keller des ehemals gräflich Henckel'schen Schlosses Alt-Tarnowitz.

diese Erzählung in ein Vergangenheitsbild ein, das problemlos als europäisch gedeutet werden kann, retteten Sobieskis Panzerreiter diesem Verständnis nach doch Europa und das Abendland.

Bei allen Übersetzungsbemühungen und bei einem gleichzeitigen Import von Repräsentationen einer altpolnisch-sarmatischen Adelskultur nach Schlesien bleibt doch auch Unvermittelbares. Die Tradition mancher Orte verschließt sich einer einfachen Aneignung und Umdeutung. Exotisierung kann diese Schranken überwinden – etwa von Orten, die mit dem Nationalsozialismus verbunden sind. Diese Form der Gedächtnisstiftung bewegt sich semantisch zwischen den zwei Konzepten der „Geheimnisse" (*tajemnice*), in die es die Lesenden zu initiieren verspricht, und des verborgenen „Schatzes" (*skarb*), den es zu entdecken gilt. Die Art der Geheimnisse reicht von verborgenem Herrschaftswissen und dem Klatsch der Regenbogenpresse über den Adel an sich und einzelne Familien, über verborgene Orte wie Geheimgänge oder sonst nicht zugängliche Bauwerke bis hin zu materiellen Aspekten wie angeblich oder tatsächlich von den Deutschen 1945 versteckten Schätzen.[1827] Dieses Doppelmotiv eignet sich deshalb besonders zu einer Aneignung des sonst sperrigen Gedächtnisses von Schlesien im Nationalsozialismus, wobei vor allem der Moment unmittelbar vor der Ankunft der polnischen Verwaltung besondere Faszination ausübt.[1828]

Für die Menschen in Schlesien sind die Schlösser und Herrenhäuser zu, wie es Aleida Assmann einmal in Abgrenzung der persönlichen von den kollektiven und kulturellen Erinnerungsorten formuliert hat, *lieux de souvenir* geworden.[1829] Wer in den Räumen eines Schlosses geheiratet, ein Sommerlager oder seine Schulzeit verbracht hatte, der fühlte häufig eine tiefe Verbundenheit mit diesen Stätten seiner Kindheit und Jugend, wie etwa das Beispiel einer wohl schon etwas älteren Dame zeigt, die sich zum Austausch zwischen Gleichgesinnten in einem Internet-Forum für die „Schlösser, Paläste und Burgen Polens" einfand, um die Teilnehmer des *threads* zu fragen, ob sie nicht Informationen zu ihrer Schule, dem ehemals gräflich Reichenbach'schen Schloss in Peterwitz (Stoszowic) bei Waldenburg (Wałbrzych), hätten. Die Teilnehmer wiesen ihr freundlich den Weg zu Fotos und Informationstexten. Die Nutzerin, die ihren Namen familiär mit Ela angab, äußerte sich daraufhin völlig aufgelöst mit einem „Dankeschön" (in der in Foren üblichen Großschreibung für besonders emotionale Aussagen), sie könne eigentlich gar nichts schreiben, da sie „vor Freude weine". Andererseits sei, was sie vom Zustand des Gebäudes gesehen habe, „ein Schock" für sie gewesen. Denn als sie einst das Schloss verlassen habe, sei es noch „ganz reizend" gewesen. Mit dem Schloss verband sie besondere Erinnerungen, etwa zum „ersten und einzigen Mal" die Schule geschwänzt zu haben.[1830]

1827 Darunter etwa: Faberski 2009; Faberski 2010; Wawoczny 2011; Wrzesiński 2008 (als Geschichtserzählung über das 11.–14. Jahrhundert); Wrzesiński 2012.

1828 Um nur einige Titel für Schlesien zu nennen: Boryna 2011; Primke/Szczerepa/Szczerepa 2012; Wróbel 2014.

1829 Assmann 2006b, S. 98.

1830 Klub Senior Cafe 2009 (online), die Postings von babciaela 19-01-2009, 09:57; 19-01-2009,

5 Eine Gemeinschaft von Opfern?

Ulrike Jureit hat vor nicht allzu langer Zeit auf die Bedeutung des Bildes des Opfers für das deutsche öffentliche Erinnern seit den 1980er Jahren hingewiesen.[1831] Auch in der Neukonfiguration von Gedächtnis im Polen der Nachwendezeit spielt die Aufmerksamkeit für die Opfer eine bedeutende Rolle, ja es etabliert sich sogar eine Lesart der Vergangenheit, die etwa Heidemarie Uhl von „Mythen des Postkommunismus" sprechen lässt, von einer Externalisierung von Schuld, die nunmehr auf die Sowjetunion projiziert werde.[1832] In Bezug auf die Schlösser und Herrenhäuser werden Plünderungen und Zerstörungen so charakteristischerweise fast ausschließlich der Roten Armee zugeschrieben. Spreche man mit den Bewohnern eines beliebigen Ortes, an dem sich die Ruinen eines zerstörten oder verfallenen Palastes befänden, hält etwa Romuald Łuczyński in seiner Studie zu den niederschlesischen Schlössern und Residenzen fest, könne man fast in jedem Fall von dem Umstand hören, dass er „1945 von den Russen zerstört" worden sei, wobei diese „auf Porträts geschossen", „Möbel aus den Fenstern geworfen" oder „Porzellan und Gläser zerschlagen" hätten.[1833]

Indem Teile der postkommunistischen Gesellschaft die Vergangenheit vorrangig als ein Opfernarrativ nationalsozialistischer und sowjetischer Unterdrückung lesen, öffnet sich jedoch eine Möglichkeit, auch das Leiden der anderen wahrzunehmen. Insbesondere betrifft dies die Anerkennung des Opfercharakters etwa für die adeligen Verfolgten des Nationalsozialismus von polnischer Seite. So wurde in Oppeln

---

17:23, mimosa 19-01-2009, 12:38 und nutaDo 19-01-2009, 15:52

1831 Jureit 2006b.

1832 Uhl 2016, S. 97.

1833 Łuczyński 2010, S. 48. – In Volksnarrativen finden sich weitere Deutungen, denen allen gemein ist, Verantwortung von der Gemeinschaft der Lebenden weg zu deflektieren. Eine besonders aktive Gruppe von Gedächtnisproduzierenden innerhalb der sich deindustrialisierenden Gesellschaften sind die besonders jungen und transnationalen Gemeinschaften sogenannter Urban Explorers. Dabei handelt es sich um eine teils bewusst subversive Praxis, bei der häufig ohne Erlaubnis in verlassene Gebäude und Anlagen eingedrungen wird. Dabei dokumentieren die Urban Explorers ihre Erkundungen fotografisch (oft mit überzeichneter HDR-Ästhetik oder ausgeprägtem Instagramm-Filter-Einsatz) und teilen sie online mit Gleichgesinnten. Viele von ihnen verbindet ein genuines – wenn auch von wissenschaftlichen Kriterien weit entferntes – Interesse an den Orten. Auf der bekannten Internetplattform Reddit begegnen sich solche Gemeinschaften etwa im Subreddit „r/AbandonedPorn". Unter einem Foto des Schlosses in Koppitz informierte ein Nutzer unter dem Moniker ryguy_1 etwa seine Mitforistinnen und -foristen, dass „1945 die Nazis Schloss und Stadt [Koppitz] plünderten und das Mausoleum Johannas und ihres Ehemannes aufbrachen und die Gräber öffneten, die Särge aufrichteten und die Körper öffentlich zur Schau stellten, weil die Nazis die Mehrheit des deutschen Adels verachteten und es die Legende gab, dass Johannas biologischer Vater ein Jude gewesen sei." (TopdeBotton 2015 [online]). Ein polnischer Urban Explorer schildert auf seiner Seite unter dem Titel „Horror in Koppitz", dass nach Erzählungen der Bewohner von Koppitz das Grab zu Kriegsende geöffnet worden und die Körper des Grafenpaares auf Fahrrädern vor einer lokalen Kneipe aufgestellt sowie später im Park und dann im Wassergraben des Schlosses entsorgt worden seien, ehe man sie schließlich in einem Zivilgrab bestattet habe. Die gesamte Erzählung wird in unbestimmter Rede wiedergegeben, sodass letztlich völlig unklar bleibt, wer hierfür verantwortlich ist. (Wojciech K. 2016 [online]).

(Opole) 2009 unter Einbeziehung der Familie und des deutschen Konsulats eine Gedenktafel für den von den Nationalsozialisten ermordeten Michael Graf von Matuschka angebracht,[1834] für den bereits 1998 in Breslau (Wrocław) eine Gedenktafel am Gebäude des Ossolineums und ehemaligen Matthiasgymnasiums errichtet worden war.[1835] Die Breslauer Tafel griff die religiöse Semantik der Verlustdeutung dadurch auf, dass sie den Grafen als „Märtyrer des Nationalsozialismus" beschrieb. Zugleich erfolgte eine positive Deutung seines Handelns für die Gegenwart, indem er als „Vorkämpfer für die deutsch-polnische Verständigung" gewürdigt wurde.[1836] Der Direktor der Ossolinski-Bibliothek, Adolf Juzwenko, zog in einem Interview dann auch institutionelle Parallelen zwischen dem einst von dem Grafen besuchten Gymnasium und der nach dem Krieg aus Lemberg nach Breslau verbrachten Einrichtung, indem er von Matuschka zum „Vorboten unserer Tätigkeit" erklärte.[1837]

Auch Zerstörung und strukturelle Gewalt bei Kriegsende lassen sich auf diese Weise als etwas annehmen, das zur polnischen Nachkriegsgeschichte gehört – ein Gepäck mit dem umzugehen nicht immer leicht fällt. Die Kirchen gehen dabei im Aussöhnungsbemühen diesen Weg voran. Bei der Umbettung einiger Särge aus der Familie von Haugwitz-Rogau, die bei Kriegsende aus der geplünderten Gruft entfernt und in ein anonymes Massengrab geworfen worden waren, erklärte etwa der Oppelner Bischof Andrzej Czaja, dies sei „ein Akt der Wiedergutmachung des Bösen, das von uns und unseren Vorfahren vollbracht wurde. Es geschah zu einer Zeit, als in unserer Heimat und in diesem Teil Europas ein unmenschliches, menschenunwürdiges System herrschte."[1838]

Aber auch die deutschen Zwangsmigranten, die in Polen lange Zeit peripher und angesichts der eigenen Opferhaftigkeit emotionsarm memoriert worden sind,[1839] werden langsam ein intimerer Teil des polnischen Gedächtnisses an die Kriegszeit, wie es beispielsweise in der Übersetzung deutscher Erinnerungserzählungen um den Gedächtnisort „Flucht und Vertreibung" seinen Niederschlag findet.[1840] So ist es durchaus im Bereich des Möglichen, dass sich Deutsche und Polen als eine Gemeinschaft von Opfern begegnen, die ganz sicher nicht gleichwertig sind, zwischen denen es aber eben doch Ähnlichkeiten gibt.

1834 Matuschka 2013: 02:37:20-9 – 02:43:52-5.

1835 Sigismund Freiherr von Zedlitz: Gedenktafel für Michael Graf von Matuschka in Breslau enthüllt. In: Schlesische Nachrichten 23, 1. Dezember 1998.

1836 Ebd.

1837 Gedenken unerwünscht. Wer hat etwas gegen den Oppelner Landrat und Antifaschisten Graf Matuschka? Tygodnik Śląski/Schlesisches Wochenblatt 27 (692), 8.–14. Juli 2005.

1838 Anita Dmitruczuk: Der Abschied von der Familie von Haugwitz. Übersetzung aus der Oppelner Ausgabe der Gazeta Wyborcza, 20.–21. November 2010, in: Haugwitz 2010, S. 26f.

1839 Bonter 2001, S. 239f.

1840 Beispielsweise in der Übersetzung des Sammelwerks von Marianne Weber (Hg.): Frauen auf der Flucht. Bielefeld: Aisthesis, 2005, das auch die Erinnerungen mehrerer adeliger schlesischer Verfasserinnen enthält: Marianne Weber (Red.): Kobiety wypędzone. Opowieść o zemście zwycięzców. Zakrzewo: Replika, 2008.

Die – immer noch erklärungsbedürftige – Anwesenheit Adeliger im heutigen Schlesien kann so vor dem Hintergrund eigener Opfererfahrungen gedeutet und rationalisiert werden: Ein bekannter Lokalhistoriker erläutert in dem oben zitierten Zeitungsinterview den Lesenden etwa, dass die Besuche in Schlesien „für die schlesischen Aristokraten sentimentale Reisen sind, so wie für uns sentimentale Reisen zu den früheren östlichen Grenzgebieten, nach Wilna [Vilnius, Wilno] oder Lemberg [L'viv, Lwów]".[1841]

Der Wille zu dieser differenzierteren Wahrnehmung ermöglicht es beispielsweise im Fall des Künstlers Wolfgang von Websky, ihn in der Vielfalt seiner Rollen anzuerkennen – als Adeligen, als deutschen Wehrmachtsoffizier, aber eben auch als sicher nicht systemkonformen Künstler und als Ehepartner einer Frau, die vom NS-Regime als „Vierteljüdin" abgestempelt wurde – kurz, ihn als Getriebenen des „Zeitalters der Extreme" zu begreifen. Die Websky-Retrospektive von 2009 im Breslauer Stadtmuseum, dem ehemaligen preußischen Königsschloss, war denn auch

> „die erste große Ausstellung, noch dazu mit einem preußischen, ehemaligen preußischen Offizier, der auch in der Wehrmacht war, der aber schlesischer Künstler war, in diesem großartig renovierten, neuen Museum, im preußischen, ehemaligen Königsschloss: ,Wolfgang von Websky'. Es war also alles aufbereitet für einen Aufschrei der polnischen Nationalisten gegen diese scheinbar flagrante und für PIS-Anhänger vielleicht unerwünschte, versuchte sogenannte ,Regermanisation'. Aber dieser Aufschrei blieb komplett aus, es war eine wunderschöne Ausstellung, es war eine reich besuchte Eröffnung, es war eine sehr wohlwollende Pressearbeit über die Geschichte eines deutschen Intellektuellen, der eben durch widrige Umstände in beide Weltkriege hineingeraten war, aber der ein schlesischer Künstler war und dessen, ja, Heimkehr in die ehemals von ihm geliebte Heimat jetzt im polnischen Breslau gewürdigt wurde. Also dieser absurd schöne Kreislauf dieses Mannes, der jetzt auch geografisch wieder in seiner Heimat Kunst ausstellt, dort wo er künstlerisch schon circa 1925 begonnen hatte, das wurde durchaus gewürdigt."[1842]

Dadurch, dass beide Seiten diese Heimat lieben und – und hier lebt der Kulturerbediskurs fort – für ihre Schätze das Beste wollen sowie dadurch, dass beide Seiten die Rolle einzelner Familien oder Persönlichkeiten anerkennen, treten sie miteinander in einen Dialog, auch wenn dieser oft genug noch von Missverständnissen, Misstrauen oder politischem Kalkül behindert und überformt wird.

Jene neue Meistererzählung läuft – zumindest in Schlesien – auf eine Aneignung des preußischen Erbes hinaus, das nicht primär als preußisch, sondern vor allem als schlesisch begriffen wird. Sie verbindet sich mit einem starken Willen, eine neue Form der Kontinuität herzustellen. „Gesellschaften ohne Erinnerung, beraubt ihrer Traditionen", seien tot, leitete etwa Jan Hahn vom Zentrum für schlesische Kultur (Centrum Kultury Śląskiej), das im früher der Familie Henckel von Donnersmarck gehörenden Schloss Naklo (Nakło Śląski) untergebracht ist, seine Laudatio anlässlich der Verleihung der Ehrenbürgerschaft der Stadt Tarnowitz (Tarnowskie Góry) an Guidotto Graf Henckel Fürst zu Donnersmarck 2007 ein. Man könne „keine Zu-

---

1841 Pustułka 2014 (online).
1842 Websky, M. 2013: 01:51:04-3 – 01:56:52-2.

kunft aufbauen, indem man die Spuren der verflossenen Jahre mit Füßen tritt." Die Verleihung der Ehrenbürgerschaft an den Fürsten als Familienoberhaupt ist demnach ein „symbolischer Tribut" der Anwesenden „an die Vergangenheit". Zugleich hätten sie dadurch am „Prozess der Errichtung eines Europas ohne Grenzen und Hindernisse" Anteil, der der „wichtigste Faktor für die Zukunft" sei.[1843]

Als freie Standesherren hätten die Grafen Henckel „das Schicksal dieser Region bestimmt", lautete die Interpretation von Jan Hahn, in die er Bilder einflocht, welche vor allem aus dem integrativen Diskurs der Zwischenkriegszeit entstammen und letztlich den bundesdeutschen Diskurs über den schlesischen Adel beziehungsweise die Magnaten mitbestimmt haben: Wie andere „aristokratische" Familien hätten die Henckel-Donnersmarck Anteil an der „zivilisatorischen und wirtschaftliche Revolution Oberschlesiens". Mit ihrem riesigen Eigentum hätte die adelige Familie fürsorgerisch die Region geprägt. Die entgeltlose Bereitstellung von Baugrund und Baumaterial für die Kirchen ist hier ein ebenso fester Topos wie die Errichtung von Kindergärten und Krankenhäusern, die Übernahme von Schulpatronaten oder der Bau von Arbeiterhäusern bei den Industriewerken. Betrachte man den Glanz und die Entwicklung der Stadt Tarnowitz vom Ende des Dreißigjährigen Krieges bis zum Zweiten Weltkrieg, so folgert Hahn, „dann ist diese das Hauptverdienst der Freien Standesherren [von Beuthen]!"[1844]

1843 Hahn 2007 (online).

1844 Ebd. Die schlesischen freien Standesherrschaften waren mit landesherrlichen Rechten ausgestattete Territorien im Besitz nichtfürstlicher Familien, deren jeweiliges Familienoberhaupt als freier Standesherr fungierte. Vgl. Schmilewski 2010, S. 73.

6 „Mythisierung"?

Angesichts der hier noch einmal deutlich werdenden fundamentalen Verschiebungen im Adelsdiskurs ist es vielleicht nicht überraschend, dass inzwischen mehrere Angehörige adeliger Familien Ehrenbürgerschaften schlesischer Städte erhalten haben, unter ihnen etwa der bereits erwähnte Guidotto Graf Henckel Fürst von Donnersmarck 2007 in Tarnowitz (Tarnowskie Góry),[1845] Ernst Johann Prinz Biron von Curland ebenfalls 2007 in Groß Wartenberg (Syców),[1846] Margrit Gräfin Strachwitz von Groß Zauche und Camminetz in Stubendorf (Izbicko) 2009,[1847] Kraft Erbprinz zu Hohenlohe-Öhringen in Kandrzin-Cosel (Kędzierzyn-Koźle) 2013,[1848] Elisabeth Bomhard, geb. von Schaubert in Obernigk (Oborniki Śląskie) 2014,[1849] Bolko Fürst von Pless in Waldenburg (Wałbrzych) 2015[1850] oder Ferdinand Herzog von Württemberg 2016 in Carlsruhe (Pokój).[1851]

Durchaus bemerkenswert ist dabei, wie das Waldenburger Beispiel zeigt, dass sich diese neue Praxis nicht allein auf Oberschlesien beschränkt. Ähnlich wie in Tarnowitz wurde auch in diesem Fall der Standesherr für die Leistungen seiner Vorfahren und als Mittler zwischen den Kulturen gefeiert. So würdigte die Ehrenbürgerschaft etwa „die Verdienste des Fürsten" bei der Förderung und Popularisierung „des Waldenburger Landes, des Schlosses Fürstenstein [Książ], der europäischen Einigung und der Geschichte Waldenburgs". Die Resolution des Stadtrats hob insbesondere hervor, dass die Ehrenbürgerschaft eine „symbolische Anerkennung der Verdienste der Vorfahren" des Fürsten sei, „aber auch eine Wertschätzung des Rats für das bürgerschaftliche Engagement von Einwohnern [Waldenburgs] bei der Aufdeckung der Geschichte unseres Landes, die unter weißen Flecken verborgen war, und so der Stiftung einer noch engeren und anhaltenden Verbindung mit ihm".[1852]

Dieses neue Narrativ ist dabei durchaus in der Lage, Widerstände zu überwinden, was sich etwa an der Ehrenbürgerschaft des Prinzen Kraft zu Hohenlohe zeigen lässt, gegen die sich Widerstand in der PiS-Fraktion (*Prawo i Sprawiedliwość*) im Gemeinderat rührte. Unter anderem wurde argumentiert, dass der Onkel des Fürsten ein Kriegsgefangenenlager geleitet habe und dass die Fürsten bereitwillig Grund für die Errichtung einer Außenstelle des KZs Auschwitz überlassen hätten.[1853] Demgegenüber hoben die Befürworter einer Ehrenbürgerwürde darauf ab, dass der Fürst „aktiv die Entwicklung der internationalen sozialen, kulturellen und ökonomischen Kontakte der Stadt" fördere. Die Unterstützungsaktionen für die Bevölkerung, die

---

1845 Ebd. Vgl. Urząd Miejski w Tarnowskich Górach 2018 (online).
1846 Urząd Miasta i Gminy w Scycowie 2013 (online).
1847 Urząd Miejski w Strzelcach Opolskich 2017 (online).
1848 Urząd Miasta Kędzierzyn-Koźle 2013 (online).
1849 Urząd Miejski Oborniki Śląskie 2013 (online).
1850 Dziennik Wałbrzych 2015 (online).
1851 Vereinigung Katholischer Edelleute Schlesiens 2016, S. 15.
1852 Ebd. Der Fürst war 2014 von einer in Polen auf den Namen seiner Großmutter registrierten Stiftung, der Fundacja Książnej Daisy, für die Würde vorgeschlagen worden.
1853 Pustułka 2014 (online).

Abbildung 51: Elisabeth Bomhard, geb. von Schaubert, bei der Verleihung der Ehrenbürgerschaft in Obernigk (Oborniki Śląskie) 2006 gemeinsam mit Bürgermeister Paweł Misiorek.

in kommunistischer Zeit als Beeinflussungsversuche beargwöhnt wurden, gerieten dem Fürsten nun zur Ehre. So lobte man etwa, dass er während des Kriegsrechts Unterstützung für die Bevölkerung in der Form von Medikamenten, Nahrungsmitteln und Sanitärversorgung für die Krankenhäuser der Stadt organisiert habe und zu den Initiatoren einer Städtepartnerschaft zwischen Kędzierzyn-Koźle und Öhringen zähle.[1854]

Praktiken wie die Partnerschaften vermögen unter Umständen tatsächlich ein gemeinsames Gedächtnis zu etablieren, wenn auch häufig zunächst einmal nur ein Nebeneinander der Erinnerung steht. In einer gemeinsamen Festkultur etwa entsteht eine Gedächtnispraxis von Deutschen und Polen, bei der vor allem in ländlichen Gebieten dem mit der Landschaft verbundenen Adel eine oft relativ exponierte Stelle zukommt. Bei der Siebenhundertjahrfeier des Ortes Grambschütz (Gręboszów) 2005 etwa war – neben dem Woiwoden aus Oppeln und einem infulierten Prälaten aus Breslau – als Vertreter der deutschen Seite auch ein Mitglied aus der Familie der ehemaligen Grundherren, der Grafen Henckel von Donnersmarck, anwesend. Dabei werden wie im Fall von Grambschütz vielfach zwei zeitlich und räumlich getrennte Gemeinschaften imaginiert – die alte und die neue –, die sich aber in der gemeinsamen Liebe zu dem mit dem Ortsnamen umschriebenen Raum begegnen können und dabei zugleich Gestalt im Denken der Menschen annehmen. Bei der

---

1854 Urząd Miasta Kędzierzyn-Koźle 2013 (online).

genannten Feier etwa, berichtet ein Zeitzeuge, „war fast das ganze Dorf [anwesend], das alte Dorf war auch eingeladen."[1855]

Der zentrale Träger dieser gemeinsamen Erinnerungspraxis sind vor allem die Kirchen und ihre Geistlichen, die durch ihre Handlungen beziehungsweise durch die Einbettung von Gedächtnis in die Gottesdienste diesem gemeinsamen Gedenken Legitimität und institutionelle Kontinuität verleihen. „Nach der Kirche, sprich Gottesdienst mit bewegenden Ansprachen von beiden Seiten" etwa nahm Graf Peter Henckel ganz selbstverständlich die Rolle wahr, gemeinsam mit den beiden anderen Repräsentanten eine Gedenkeiche zu pflanzen. „Sie lebt und wächst gut. Ein paar Mal war sie bedroht, von ewig Gestrigen. Letztlich hat sich aber bisher niemand getraut sie umzuhacken."[1856]

Die mediale Präsenz, die seit einiger Zeit dem Adel aus Schlesien im heutigen Schlesien wieder zukommt, hat häufig genug unerwartete Folgen für die Mitglieder der betroffenen Familien, wenn sie nach Schlesien kommen.

> „Die Leute kamen [1985, S. D.] von selber auf uns zu und das auch ohne größere Scheu. Also, als wir in der Kirche in Ruda aufgetaucht sind, wo wir unangemeldet aufgetaucht sind, war hinterher ein – also ich möchte nicht sagen Aufruhr – aber war ein, eine Volksversammlung vor der Kirche. Da kamen wir gar nicht drum herum, wenn wir da in gewissen Orten auftauchen, dann können wir uns gar nicht verstecken."[1857]

Waren es vor 1989 vor allem die bedeutenden oberschlesischen Familien, die vielerorts von Menschen wiedererkannt wurden, erreichen heute auch in Niederschlesien Familien, deren Name in der Bundesrepublik oft wenig bekannt ist, den Status regelrechter Prominenz:

> „[…] für mich als ehemalige Bayerin, die in Bayern gar nicht irgendwie als irgendwas wahrgenommen wurde, als Frau Schoenaich-Carolath, oder Fräulein Schoenaich-Carolath, wenn ich jetzt nach Polen fahre und sage, ich heiße Schoenaich-Carolath, dann ist das etwas anderes – weil den Namen und die Geschichte erstaunlich viele Leute kennen. Und ich muss feststellen, dass ich das auch irgendwie ganz schön finde. Früher hätte ich das vielleicht abgestritten, dass ich solche Gefühle entwickeln kann."[1858]

Indem den Familien der Status einer gewissen Prominenz zukommt und insbesondere durch die Verleihung von Ehrenbürgerschaften wird die Rolle von Familienoberhäuptern als Repräsentanz der Familie neu bestärkt.

Die Verleihung der Ehrenbürgerwürde an die Oberhäupter adeliger Familien, die eng mit der Region verbunden sind, ist eine Entwicklung der jüngsten Zeit, die auf einen noch weitergehenden Umbau von Gedächtnis verweist als er sich in der reinen Rehabilitierung des Adels abzeichnet. Mit Werken wie dem sechsbändigen *Wappenbuch des schlesischen Adels* Roman Sękowskis, das an die ältere Tradition schlesischer Wappenbücher etwa von Konrad Blažek anknüpft, wird der schlesische Adel

---

1855 Henckel-Donnersmarck, P. 2011: 01:42:53-0 – 01:45:12-4.
1856 Ebd.
1857 Ballestrem, N. 2010a: 02:09:20-4 – 02:09:55-0.
1858 Schoenaich-Carolath, E. 2013: 02:01:27-5 – 02:06:46-0.

wieder zu einem positiv besetzten Teil des postkommunistischen Gedächtnisses.[1859] Wie fundamental sich die wesentlichen Koordinaten des diskursiven Ensembles verschoben hatten, illustriert beispielsweise, dass Jerzy Polak 2007 eine zweibändige „Galerie der Herren und Fürsten von Pless" (*Poczet panów i książąt pszczyńskich*) veröffentlichte.[1860] Die Einordnung in den Zusammenhang der polnischen Herrscherhistoriografie ist hier evident, knüpft der Titel doch direkt an Jan Matejkos für die polnische Nationsbildung so wichtige „Galerie polnischer Könige und Fürsten" (*Poczet królów i książąt polskich*), eine von 1890 bis 1892 entstandene Serie von Herrscherdarstellungen, an, die mit der Dritten Polnischen Teilung 1795 und der Person Stanisław August Poniatowskis abrupt endet.[1861]

Insbesondere in Oberschlesien wurde in der Nachwendezeit die Erinnerung an die populären Persönlichkeiten der oberschlesischen Familien aktiviert – Eva von Tiele-Winckler, Johanna Gryczik von Schomberg-Godulla, Franz Graf von Ballestrem oder Hans Heinrich X. Fürst von Pless, um nur einige zu nennen. Es war ein Gedächtnis, das Adel und Industriellen für die Härten des Arbeiterlebens im 19. Jahrhundert weniger Schuld zuwies als noch der kommunistische Diskurs, sondern diese zu allgemeinen – und nachrangigen Umweltbedingungen reduzierte. Als Erinnerungsorte personifizierten diese Persönlichkeiten eine gefühlte Absenz und in der Beschäftigung mit ihnen gab man zugleich den physischen Orten ein Gedächtnis zurück. Das Motiv des feudal-kapitalistischen Ausbeuters wurde so durch ein Gegengedächtnis herausgefordert, welches das soziale Engagement der Adelsfamilien in den Vordergrund stellte und Bauwerke wie Kindergärten, Krankenhäusern, Arbeitersiedlungen, Schulen und Kirchen erneut als zivilisatorische Errungenschaften semantisierte. Der Besuch der Grafen Tiele-Winckler in Oberschlesien 2006 wurde publizistisch beispielsweise durch einen Artikel von Ewa Furtak in der Kattowitzer Ausgabe der *Gazeta Wyborcza* unter dem Titel „Mutter Eva aus Miechowitz" (*Matka Ewa z Miechowic*) vorbereitet,[1862] der das Wirken der Diakonisse in den Mittelpunkt stellte, die eine eigene diakonische Einrichtung für behinderte, gebrechliche und nichtsesshafte Menschen namens „Friedenshort" geschaffen hatte.

Manche Publikation verwischte in der zeitlichen Distanz die Unterscheidung zwischen persönlicher Mildtätigkeit und zentral angeleitetem Verwaltungshandeln, trugen die Grundherrschaften als unterste Verwaltungsebene doch einen erheblichen Teil des Modernisierungsprozesses im 19. Jahrhundert. „Zudem waren", schildert etwa ein jüngerer Zeitungsartikel, „die schlesischen Aristokraten Wegbereiter vieler moderner Sozialmaßnahmen, wie sie später in ganz Europa übernommen wurden. So errichteten die [Grafen von] Ballestrem Ferienheime, Bibliotheken und Kinder-

---

1859 Blažek 1890; Blažek 1977; Roman Sękowski (Red.): Herbarz szlachty śląskiej. Informator genealogiczno-heraldyczny. Katowice: Videograf II, 2002.

1860 Polak 2007.

1861 Editorische Zusammenfassungen der Blätter existieren seit den 1960er Jahren, zu den jüngeren zählt etwa: Lipowska 2003.

1862 Furtak 2006 (online).

gärten für ihre Angestellten".[1863] Die Autorin einer anderen wissenschaftlichen Arbeit betonte gar, dass die Grafen Schaffgotsch-Koppitz durch die Industrialisierung „den Menschen nicht nur Arbeit [gaben]; sie schufen ihnen auch menschenwürdige Lebensbedingungen."[1864]

Ein Gedächtnis, das dem schlesischen Adel wenigstens in Teilen eine Opferrolle des kommunistischen Systems zugesteht, das seine Rolle bei der Herausbildung der Moderne bis ins Hagiografische überhöht und das diesen Adel als Teil einer positiven Sinnstiftung über die Vergangenheit wiederentdeckt, darf man ohne Zweifel als neu und andersartig als das Gedächtnis der Nachkriegszeit bezeichnen. Zugleich hat es aber das Potential, ein Unbehagen auszulösen, alte Gewissheiten zu zerstören und damit eine andere Form der Angst vor dem Entgleiten der Vergangenheit heraufzubeschwören. Es geht bei dem sich hier abzeichnenden Diskurs noch einmal um nicht mehr und nicht weniger als Kernfragen, die in kommunistischer Zeit stets aufs neue als Wahrheit bekräftigt worden sind: wie fremd der schlesische Adel eigentlich war und wie es für diejenigen, die doch national, religiös und ökonomisch unterdrückt gewesen seien, möglich sein soll, nunmehr stolz auf die Geschichte und die Zeichen dieser Unterdrückung zu sein.

Als vor nicht allzu langer Zeit der Stadtrat in Pszczyna einen Preis für Unternehmertum schaffen wollte, entschied er mit 19 von 23 Stimmen, ihn nach Hans Heinrich XI. Fürsten von Pless zu benennen,[1865] dessen Kohlegruben und Zinkhütten zweifellos einen prägenden Einfluss auf das Plesser Land hatten.[1866] Man bezog sogar das gegenwärtige Familienoberhaupt in die Schaffung des Preises mit ein. Die Entscheidung des Stadtrats beschwor eine offene Polemik herauf, wandte sich doch der Historiker Jerzy Polak in einem offenen Brief an die Stadt.[1867] Darin kritisierte er das städtische „Konzept zur Förderung [beziehungsweise Vermarktung] von Pszczyna" von 2012, das „offensichtlich durch die subjektive Wahrnehmung seines [Hans Heinrichs XI.] Enkels, des Ehrenbürgers von Pszczyna", geprägt sei, da es sich einzig auf die Phase der Stadtgeschichte ausrichte, in der der Fürstentitel von der „deutschen Familie von Hochberg" getragen worden sei und andere Abschnitte wie die Herrschaft der Familien von Anhalt-Köthen und von Promnitz außen vor lasse. Während Polak einerseits die Bedeutung der Fürsten für die Entwicklung des Plesser Lands anerkannte, kritisierte er „mythisierende" Argumente, die alleine den Hochberg den industriellen Aufstieg des Landes zugeschrieben hätten. So sei der „Aristokrat" weder besonders innovativ und unternehmerisch gewesen, vielmehr habe man den feudal-kapitalistischen Verbund seiner Unternehmen bereits zu seinen Lebzeiten als „Anachronismus" kritisiert – eine Einschätzung, die die spätere polnische und deutsche Fachliteratur bestätigt hätten. Diese Frage war über einige Zeit in

---

1863 Pustułka 2014 (online).
1864 Twardoch 1999, S. 8.
1865 Portal pless 2015 (online).
1866 Zum industriellen Engagement des Fürstenhauses im 19. Jahrhundert vgl. Skibicki 2002; vgl. zudem zu Hans Heinrich XI. als Unternehmer Fuchs 2001.
1867 Polak 2015 (online).

den 1970erJahren ein wichtiges Ideologem, bei dem es darum ging, einen Gegensatz zwischen dem ökonomisch aktiven und innovativen Wirtschaftsbürgertum und dem ökonomisch dilettierenden Adel zu ziehen. Hauptargument waren dabei die deutlich geringeren Investitionen, die die Grafen Hochberg in Oberschlesien im Vergleich zu ihren Waldenburger Besitzungen vornahmen. Dieser Umstand ist allerdings bereits im ausgehenden 19. Jahrhundert bemerkt worden und lässt sich unschwer durch die unterschiedliche Kostenstruktur des Bergbaus in beiden Gebieten erklären.[1868]

Den Fürsten Hans Heinrich nun explizit zum Patron eines Innovationspreises zu erklären, rührte also an einer jener historischen „Wahrheiten", die lange das Geschichtsbild von den Grafen Hochberg und vom schlesischen Adel insgesamt bestimmt hatten. Mit diesem Unbehagen an einer neuen, vielleicht in ihrem Bemühen um Differenzierung gerade auch wieder simplifizierenden Geschichtsauffassung steht Polak nicht alleine. Ein jüngerer publizistischer Aufsatz von Krzysztof Karwat zu Szewczyks „Schatz der Donnersmarck" sieht in ganz ähnlicher Weise den Kern dieses Werks bedroht. So hält er fest, dass man sich in vielen schlesischen Familien daran erinnere, in den Unternehmen der Grafen von Ballestrem oder Donnersmarck gearbeitet zu haben. Entgegen allen Bemühungen Szewczyks seien die Schlesier nun wieder dem Kontakt mit diesen Familien ausgesetzt und würden gar davon überzeugt, dass sie sich nicht dafür zu schämen hätten, aus einem Land zu kommen, das von deren Präsenz und ihren Hinterlassenschaften geprägt sei. Sie könnten jetzt vielmehr „paradoxerweise" stolz darauf sein.[1869]

Der Umbau, den das Gedächtnis in den letzten zwanzig Jahren erfahren hat, scheint Karwat defizitär:

> „Die Erinnerung hat sich überzuckert, mythologisiert und hat die politischen Vektoren umgekehrt. Oder vielleicht hat sich nur in dieser Erinnerung die Sehnsucht nach der ‚guten alten Zeit' kumuliert, die aber wahrscheinlich gar keine solche war, wie Szewczyk auf fast jeder Seite [seine Leser] zu überzeugen versucht hat, indem er die sozialen Ungleichheiten und daraus hervorgehende Konflikte akzentuierte."[1870]

Trotz seines ideologischen Ballasts sei das Buch ein „nützliches und unerwartetes Gegenmittel gegen die Mythologisierung der Vergangenheit." Denn schließlich sei es

> „doch nicht wahr, dass unter den Donnersmarcks Oberschlesien ein Land war, in dem Milch und Honig flossen und in dem allgemeines Glück geherrscht hat. Dem ist wirklich nicht so, und manchmal hat man den Eindruck, wenn man den populären Vergangenheitsdiskurs über die Geschichte der Region hört, dass deutsch- und polnischsprachige Schlesier nebeneinander in Frieden und Eintracht gelebt haben und erst die Nationalisten (charakteristisch für diese Narration ist, dass man hier nur über polnische Nationalisten spricht) sie aus diesem Glück herausgerissen haben."

1868 Skibicki 2002, S. 150–154 zeigt durchaus marktorientierte Innovation in Produktion, Verwaltung und Absatz auf.
1869 Karwat 2016.
1870 Ebd.

Den Geschichtsbildern von Karwat wie von Polak sind eine solche Reihe von Motiven gemein, die nahelegen, dass sie Teil einer übergreifenden Gedächtnisformation sind. Zum Kern dieses Erinnerungsbestands gehört, die adeligen Familien nicht als eigen, sondern als fremd zu memorieren. Damit ist eine klare Frontstellung zwischen Deutschen und Polen verbunden, die zugleich als oppressiver Klassengegensatz imaginiert wird. Ein schlesisches Eigenbewusstsein kann es nach diesen Erzählungen wie noch in kommunistischer Zeit nur als ein polnisches Bewusstsein geben.

Polak fand es etwa befremdlich, dass diejenigen als Wohltäter der Region gefeiert würden, die doch „Aristokraten vom Typ preußischer Junker, Paladine des preußischen Königs und des deutschen Kaisers aus der Familie der Hohenzollern" gewesen seien, die vielfach dessen „antipolnische" Politik implementiert hätten, wie jedem Schüler einer polnischen Schule schließlich aus den polnischen Geschichtsbüchern vertraut sei – womit der Autor andeutete, dass das „Polentum" der Stadtratsmehrheit in Zweifel gezogen werden könnte –, „ganz zu schweigen von der kontroversen Rolle, die sie in der Zweiten Polnischen Republik gespielt haben."[1871] Auch für Karwat war „ersichtlich", dass sie „treue Untertanen des preußischen Staates" gewesen seien, aber „in Latifundien und Bergbauwerken Tausende von Arbeitern" beschäftigt hätten, von denen es „Fakt" sei, dass die „Mehrheit von ihnen in ihrem Alltag" nicht deutsch gesprochen habe. Und wie Polak zieht er die Verbindung zur Zwischenkriegszeit: Zwar hätten „nach Verschiebung der Grenzen und Wiedergeburt der Zweiten Republik" die Grafen Henckel von Donnersmarck die polnische Staatsbürgerschaft angenommen – dies bedeute aber nicht, „und das ist auch wichtig, dass sie plötzlich Polen geworden sind."[1872]

Beide Autoren legen also großen Wert darauf, die beiden adeligen Familien auf eine national fremde Identität festzulegen: Karwat tut dies, indem er Szewczyks Darstellung zu einer als wahrhaftig empfundenen Geschichtserzählung erhebt, nach der es ein „unbestrittener Fakt" sei, „dass das slawische und polnische Element in diesen Gebieten unter der Herrschaft der Donnersmarck dominiert" habe. Wilhelm Szewczyk habe „keinen Zweifel gelassen, wer in diesem Land schon alteingesessen war und wer der Neuling [Ankömmling] war." Dieser sei „gierig" gewesen und „bereit, um jeden Preis die Schätze zu erringen", die er nicht mit dem „Gastgeber" teilen wollte. „Das musste zu großen Konflikten führen." Die „Fremden" (Donnersmarck) werden also „schon mit ihrem Erscheinen zum Ursprung aller sozialen Ungleichheiten und Hauptursache aller späteren Konflikte" gestempelt.[1873]

Für Polak – der selbst kein Oberschlesier ist, sondern aus der Region Bielsko-Biała stammt – verbindet sich die Herkunft der Herren zugleich mit der Frage nach der Zugehörigkeit des Plesser Landes. „In Analogie", fährt der Verfasser nämlich fort, hätte die Anwendung des Entwicklungskonzepts des Plesser Stadtrats auf Warschau oder Krakau zur Würdigung des Zarentums der Romanow und im Fall von Krakau des Kaisers Franz Joseph I. aus der „deutschen Familie der Habsburger" als

---

1871 Polak 2015 (online).
1872 Karwat 2016.
1873 Ebd.

herausragendste und würdigste Persönlichkeiten für diese Hauptstädte in der polnischen Geschichte führen müssen. „Es ist aber wohlbekannt, dass sie nichts mit dem polnischen historischen und kulturellen Erbe, dem polnischen Staatsverständnis, der polnischen Geschichtspolitik und den patriotischen Gefühlen der Polen zu tun haben."[1874] Der Verfasser parallelisiert in seiner Argumentation also die Teilungsgebiete Polens mit dem Plesser Land, das in dieser Perspektive zu einem weiteren von der *Rzeczpospolita* abgetrennten und besetzten Gebiet wird, und setzt die Grafen Hochberg als Fürsten von Pless in Analogie zu den Romanow und den Habsburgern der Teilungszeit, also zu dessen von außen kommenden Besatzern. Das Regionalgedächtnis, das auf die Eigenständigkeit der Region abhebt und die Grafen Hochberg gerne als positive Integrationsfigur bemüht – und zu dessen Formung Polak ohne Zweifel mit der „Plesser Galerie" von 2007 selbst beigetragen hat –, trifft hier also konflikthaft auf ein Nationalgedächtnis, das in der positiven Umwertung der Präsenz der Grafen Hochberg eine Verletzung des polnischen Opfergedächtnisses sieht.

Der Publizist und Essayist Krzysztof Karwat (Jahrgang 1958) wie der Historiker Jerzy Polak (Jahrgang 1954) markieren eine Alterskohorte, die in besonderem Maß durch ihre Sozialisierung und eine relativ lange Phase des Erwerbslebens in der kommunistischen Gesellschaft geprägt ist. Polak hat, wie weiter oben ausgeführt, bereits in kommunistischer Zeit zahlreiche kritische Darstellungen zu den Grafen Hochberg verfasst.[1875] Dieser Umstand berechtigt zumindest zu der Frage, ob sich eine Gruppe mit diesem Erfahrungshorizont nicht durch die jüngsten Veränderungen im kollektiven Gedächtnis in besonderer Weise herausgefordert sieht. Eine deutlich jüngere Alterskohorte muss dagegen nicht um ein Entgleiten mühsam errungener Wahrheit fürchten und reagiert auf derartige Sorgen ironisch unbefangen, wie ein 2013 im Regionalportal von Hirschberg (Jelenia Góra) „Jelonka.com" erschienener Beitrag zur Schaffgotsch'schen Majoratsbibliothek illustriert.[1876] Auf den Vorwurf eines Kommentars, der Artikel, der sich positiv über die kulturübergreifende Rolle der Grafen von Schaffgotsch äußerte, sei eine „Germanisierung auf Raten" (*germanizacja w odcinkach*), hält ein anderer Nutzer dem Kommentator vor, es gebe „nur eine [wahre] Geschichte". „Fakten unter den Teppich zu kehren", bringe niemandem etwas. Nur die Schwachen und Feiglinge fürchteten die Wahrheit und verfälschten sie. „Wir Polen haben das nicht nötig!" Und ein weiterer Nutzer rät dem Postenden gar: „Tief durchatmen, Großväterchen..." (*dziadku, oddychaj głęboko...*"), womit er den aus seiner Sicht generationell gelagerten Charakter dieses Wahrnehmungsmusters unterstreicht.[1877]

1874 Polak 2015 (online).
1875 Darunter etwa Polak 1980; Polak 1982.
1876 Jelonka 2013 (online).
1877 Ebd. Kommentare mit den Zeitstempeln: 21-10-2013 13:59, 21-10-2013 17:15, 21-10-2013 17:49.

Resümee

Diese Monografie spürt den Fäden einer Lebenswelt nach, die 1945 gewaltsam zerrissen sind. Sie fragt einerseits danach, wie Menschen, die aus adeligen Familien mit Besitz in Schlesien stammen, ihre Herkunft und das Land heute erinnern und wahrnehmen. Auf der anderen Seite untersucht sie, wie die nach 1945 in Schlesien zurückbleibenden Reste der materiellen Adelskultur im kommunistischen Polen angeeignet worden sind, oder inwieweit sie in der neuen Gesellschaft ein Fremdkörper blieben. Beiden Fragen liegt die Beziehung zwischen Individuum, Gruppe, Identität sowie Medialität und Gedächtnis zugrunde.

1 Materielle Deprivation und soziale Restratifizierung

Als soziale Gruppe ist der schlesische Adel 1945 ökonomisch radikal expropriiert worden; daran änderten auch die in einigen Fällen beachtlichen Lastenausgleichszahlungen wenig. Kaum eine Familie – sieht man von Ausnahmen mit größerem Besitz im Westen wie der Fürstlichen Familie von Hohenlohe oder den Herzögen von Württemberg einmal ab – konnte nach 1945 nahtlos an das Leben zuvor anknüpfen. Für sie alle – einschließlich bedeutender Magnatengeschlechter wie der Fürsten von Pless oder der Fürsten Henckel Grafen von Donnersmarck – bedeutete das Jahr 1945 einen Bruch der Kontinuität und eine zentrale Zäsur in ihrer Lebenswelt.

Während sich dem Hochadel und Teilen der ihm nahestehenden Familien in der europäischen verwandtschaftlichen Verflechtung Möglichkeiten für eine zumindest vorübergehende Reproduktion adeliger Lebensweise boten (etwa Wohnsituation, Finanzierung von Internatsausbildung der Kinder), galt dies für die Mehrheit der adeligen Familien, die in den von mir geführten Interviews vertreten sind, nicht. Als eine Geschichte der – damit nicht unbedingt *aristocrates déclassées* (Monique de Saint Martin), aber jedenfalls einer – *noblesse déclassée* habe ich hier Deprivationsprozesse als Teil eines breiteren Rück- beziehungsweise Umbaus sozioökonomisch basierter, traditioneller, sozialer Stratifizierung verstanden. Angesichts der lebensweltlich auch so empfundenen Dramatik der materiellen Expropriation stellte sich die Frage danach verschärft, was Adel in einer „entadelten Gesellschaft" (Eckart Conze) ausmachen konnte. Hinzu kam, dass sich auch das Wertegerüst in der sozialen Gruppe durch den Wegfall sozialer Kontrolle im Laufe der Jahrzehnte wesentlich gewandelt hat. Innerfamiliäre Hierarchisierungen in der Gesamtfamilie ließen sich angesichts gewandelter ökonomischer Realitäten nicht mehr aufrechterhalten, Zwangsinstrumente, die etwa ein standesorientiertes Heiraten hätten erzwingen können, gab es kaum noch. Heiraten über die Grenzen der Konfessionen waren nun ebenso möglich wie deren Wechsel. Mit den Worten eines Zeitzeugen: „Der Dreißigjährige Krieg ist beendet."[1878] Sogar die Weiterführung des adeligen Namens durch Frauen und deren Partner sowie Kinder ist in vielen Familienverbänden heute

---

1878 Schoenaich-Carolath, G. 2011: 01:23:12-2 – 01:24:11-9.

keine fremde Praxis mehr, wenn sie in Fragen des Stimmrechts und -gewichts in den Familiengremien auch bleibende Brisanz hat. Die zweite Hälfte des 20. Jahrhunderts setzte hier Individualisierungsprozesse fort, die bereits im langen 19. Jahrhundert ihren Anfang genommen hatten, und führte zu einer Neubestimmung des Verhältnisses von (Gesamt-)Familie und Individuum, bis hin zu einer weitgehenden Loslösung aus typischen Praktiken und Kontexten, in denen diese „Adel" noch herstellte, sei es Konnubium, Konfession oder der adelige Name selbst.

Dennoch bleiben Habitusmerkmale, die in vielen Erzählungen charakteristisch aufscheinen und die unter Menschen aus adeligen Familien als spezifisch adelig verstanden werden. Dass sich dieses Verständnis im Laufe der zweiten Jahrhunderthälfte verändert hat, scheint mir eine zentrale Beobachtung zu sein, die Eckart Conze früh als eine „nachholende Verbürgerlichung" beschrieben hat.[1879] Dies betrifft ebenso die Aneignung „neuer" Werte wie Leistungsbereitschaft, Bildungsorientierung als auch „alte" immaterielle Quellen eines positiven Selbstbilds, darunter ein gewisses „Sich-in-Gesellschaft- zu-benehmen-Wissen". Adelig zu sein ist so eine Identitätsform, die in eigentlich keinem der von mir geführten Interviews grundsätzlich in Frage gestellt wurde. Wohl aber wollte längst nicht jeder Mensch etwas mit in der Gesamtgesellschaft charakteristischerweise dem Adel zugeschriebenen Praktiken, Werthaltungen und Sprechweisen zu tun haben.

Von anderen gesellschaftlichen Gruppen unterscheiden sich Menschen aus adeligen Familien heute aufgrund der rechtlichen Angleichung seit dem 19. Jahrhundert und dann verschärft der sozioökonomischen Expropriationsprozesse mit Flucht, Vertreibung und Zwangsenteignung, die der sozialen Gruppe wesentliche Distinktionsmöglichkeiten zur Mehrheitsgesellschaft genommen haben, primär noch durch die Rolle, die Gedächtnis für die Rekonstruktion und Neuerfindung familialer Identität nach 1945 zukam. Indem sich die Gruppe nach innen wandte, bildeten Familie beziehungsweise „Gesamtfamilie" Gegenstand und Ziel der Vergangenheitserzählung, aus der sich „Adelig-Sein" noch herleiten konnte.

2 Erzählen und Erzählgemeinschaften

Die Gruppe der adeligen Zwangsmigranten lässt sich auf der Grundlage der geführten Interviews in drei hier mit dem Generationenbegriff zusammengefasste biologische Kohorten unterteilen, die spezifische Erlebnishorizonte teilen: die Kohorte der Vorkriegssozialisierten und jene der „Generation 1.5", die zum Teil noch sehr bewusst adeliges Leben und praktizierte adelige Kultur in Schlesien erlebt haben, sowie jene der zweiten Generation, der nach dem Krieg Sozialisierten. Diese Erfahrungsgemeinschaften decken sich jedoch nur teilweise mit Erzählgemeinschaften, weil insbesondere Menschen der „Generation 1.5" freier in der Wahl sind, wie sie Identität narrativ herstellen, als jene der anderen beiden Gruppen. Zum Zeitpunkt der von mir durchgeführten Interviews zeichneten sich so zwei primäre Erzählge-

---

1879 Conze 2005a, S. 353, 370.

meinschaften ab, von denen die eine narrative Legitimität aus ihrer unmittelbaren Zeitzeugenschaft gewann, die andere einem Paradigma des vermittelnden Verstehens folgte. Noch immer findet ein Transfer erzählerischer Autorität zwischen diesen Gemeinschaften statt, bei dem die bisher deutungsmächtigen Angehörigen der Erlebnisgeneration durch explizite Ermächtigung, Alter oder gar Tod die Deutung an die Nachgeborenen abgeben. Damit verbindet sich insbesondere in den letzten zwei Jahrzehnten eine Neugewichtung von Gedächtnis, das nun zunehmend objektiviert und verwissenschaftlicht wird. Die Ablösung von der Autorität des unmittelbaren Zeugnisses führt zu einer Aufwertung intersubjektiver Narrative. Ja, in den Augen der zweiten Generation entwertet wissenschaftliche Deutung stellenweise sogar das persönliche Zeugnis, das in der Vergangenheit ein steter Motor adeliger Sinnstiftung war und das nun als subjektiv gefärbt wahrgenommen wird. Die Angehörigen der von mir als „Generation 1.5" bezeichneten Alterskohorte können sich erzählsituationabhängig in Erzählweisen und Deutungsmuster beider Erzählgemeinschaften einordnen und so einmal die Rolle des unmittelbaren Zeitzeugen, einmal die eines distanzierten Beobachters wahrnehmen – ersteres sogar relativ unabhängig davon, wie weit die in der eigenen biologischen Generationalität begründeten Erinnerungen tatsächlich zurückreichen.

Wenn Michael Seelig für die von ihm untersuchte Gruppe von Adeligen aus Territorien östlich der Elbe also konstatiert, dass diesen nach 1945 alle früheren Distinktionsformen, insbesondere die herrschaftsbezogenen, abhanden gekommen sind und dass ein Rückzug ins Private stattfand,[1880] dann ist das sicherlich richtig und wird von den Erkenntnissen dieser Untersuchung gestützt. Andererseits könnte man versucht sein, aus dieser Beobachtung abzuleiten, dass eine Geschichte der sozialen Gruppe auch nach 1945 primär als Verlustgeschichte zu begreifen ist, welche „Adeligkeit" als eine Lebensform unter beständigem Beschuss durch die nivellierende Moderne begreift, deren erodierende Prozesse, die beständige Verlusterfahrungen und Verlustängste mit sich bringen, nunmehr dabei sind, ihr Werk zu vollenden. Stattdessen zeigen Beispiele wie die neue „Landsässigkeit" von Familien wie den von Eichborn, dass, wo immer die materiellen Verhältnisse dies zuließen, eine adelige Lebensführung neu erfunden werden konnte, die zum Teil eines vom Individuum bewusst gewählten Rahmens der Selbstverwirklichung in der individualisierten Gesellschaft der Jahrtausendschwelle geworden ist.

Menschen aus dieser Gruppe haben – als Täter, Mitläufer oder Opfer – in der NS-Diktatur, während der Phase der Übergangsgesellschaft und unter der sich etablierenden kommunistischen Herrschaft teils einschneidende Erfahrungen gemacht, die sie geprägt haben und die zum Teil bis in die Generation ihrer Kinder nachwirkt. Mir scheint es aber – gerade im Hinblick auf die zweite Generation – nicht angemessen, diese Geschichte ausschließlich als eine Geschichte von Schuld und Unschuld, Verantwortung, Verlust und Trauma sowie deren Nachwirkungen zu schreiben. Die Interviews mit dieser Gruppe offenbaren nämlich vielfältige positive Sinndeutun-

---

1880 Seelig 2015, S. 522.

gen der eigenen Lebensläufe, in denen „adelig zu sein" zumindest kein Stigma ist, sondern immer wieder auch einen emanzipatorischen Charakter hat; etwa indem es nach diesen Narrativen – durchaus in der Tradition adeliger Selbstbeschreibungen der vergangenen hundert Jahre – eine Verwurzelung bietet, die von der Schnelligkeit und den Wechselfällen der Zeitläufte entkoppelt ist und Orientierung in einem größeren Ganzen bietet.[1881]

Auffällig ist zumindest für die Gruppe der aus Schlesien stammenden Adeligen, dass zwar weiterhin *mémoire* in verschiedenen Medialisierungsformen produziert wurde, dass dieses Gedächtnis – selbst wenn es etwa als Autobiografie verschriftlicht wurde – aber nur in seltenen Fällen die Öffentlichkeit in einer Weise gesucht hat, wie sie für andere Adelslandschaften charakteristisch zu sein scheint. Glänzende Abgesänge an die untergegangene Adelswelt Schlesiens, wie sie für Ostpreußen oder Pommern unschwer zu finden sind, sucht man ebenso vergebens wie eine das gemeisterte Leben in der Bundesrepublik schildernde Autobiografie – sieht man von einzelnen Ausnahmen wie Elko von Krogh-Stillfried oder Maria Frisé ab, die sich vielleicht nicht ganz zufällig dem „bürgerlichen" Ideal der Entwicklungsbiografie angenähert haben[1882] und in ihren Biografieverläufen gerade keine linearen Wege von Schlesien nach Westdeutschland aufweisen. Vielmehr spiegeln sie auch für ihre Zeit eher ungewöhnliche Frauenlebensläufe, in denen etwa die sich auflösenden kolonialen Räume oder die USA eine nicht unbedeutende Rolle spielen.[1883]

Anders verhält es sich mit Berichten über Flucht und Vertreibung, in denen sich adeliges Gedächtnis ganz bewusst in die Erinnerungspraktiken, narrativen Muster und typischen Medien der Großgruppe der Zwangsmigranten aus den ehemaligen deutschen Ostgebieten einordnet. Diese Form von Gedächtnis unterscheidet sich durchaus vom „strategischen", nach außen gerichteten Gebrauch von Erinnerung, wie ihn Marcus Funck und Stephan Malinowski für einen Korpus von Selbstzeugnissen der ersten Hälfte des Jahrhunderts nachgewiesen haben,[1884] und stellt meiner Ansicht nach eine weitere Entwicklung hin zu einer Orientierung an der „verbürgerlichten" Mehrheitsgesellschaft dar.

3 Adelige Vertriebene als Diaspora?

Sieht man von Teilen des Hochadels und von hochgradig konfessionell gebundenen Gruppen ab, scheint in der Momentaufnahme der von mir geführten Interviews ein durchaus vielfältiges Verständnis davon auf, was aus einer schlesischen adeligen Familie zu stammen für die Einzelnen am Anfang des 21. Jahrhunderts bedeutet. Bei allen Prozessen sozialer Differenzierung ist aber unverkennbar, dass es in der Erleb-

---

1881 Zur emanzipatorischen Selbstidentifikation mit der Diaspora vgl. Einleitung 1.4 oben.
1882 Funck/Malinowski 1999, S. 241, schreiben der adeligen Biografik zu, ein geringeres Gewicht auf die Darstellung von individuellen Zügen und ein höheres Gewicht auf die von gruppencharakteristischen Zügen zu legen.
1883 Krogh-Stillfried 2005 sowie Frisé 2004, eher die Ausnahme: Frisé 1993.
1884 Funck/Malinowski 2002.

nisgeneration und gerade auch in der von mir „Generation 1.5" benannten Alterskohorte Schwellen gegenüber der Mehrheitsgesellschaft gab und zum Teil sogar in
der zweiten Generation noch gibt. Trotz einer weitgehenden Berührung – in Broter-
werb und Teilen der Freizeitgestaltung, hinsichtlich der Ausbildung und sogar in der
Öffnung bei der Partnerwahl und wachsender Exogamie – bleibt zu dieser Mehrheitsgesellschaft eine raumzeitliche Schwelle, die nur mit gewissen Anstrengungen
überbrückbar ist. Diese Schwelle drückt sich in sehr spezifischen Formen der Pflege
von Gedächtnis und dessen Bildern, Inhalten und Stilisierungen aus, in einer tiefen Verbundenheit zu den Häusern in Schlesien, die auch in der zweiten Generation noch anhält, obwohl deren Lebensmittelpunkt in der übergroßen Mehrheit im
Westen liegt.

In diesem Sinne ist der schlesische Adel tatsächlich so etwas wie eine Diaspora im
eingangs definierten Sinn, wenn auch eine Diaspora, die weniger als beispielsweise
der baltische Adel in dieser Diasporaexistenz eine eigene Identitätsform, ja sogar eine
positive Form der Sinnstiftung gefunden hat. Die Aufmerksamkeit, die dem schlesischen Adel seit der politischen Wende aus Polen zukommt, die Ehrenbürgerschaften, Einladungen, Ausstellungen, wissenschaftlichen Projekte wie das von 2005 bis
2009 laufende Forschungsprojekt „Adel in Schlesien / Szlachta na Śląsku", Andrzej
Klamts Film *Gloria & Exodus* oder die Ausstellung im Schlesischen Museum in Görlitz 2014 – dies alles ist mit Sicherheit nicht folgenlos für das Selbstverständnis der
Menschen aus dieser sozialen Gruppe geblieben. Die „Exilidentität" bietet in diesem
Sinn durchaus Potential für ein soziokulturelles „Empowerment" der Einzelnen.

Eine Adelsgeschichte nach 1945 muss also nicht nur die Dimension von Verlust
und Deprivation in den Mittelpunkt stellen, sondern insbesondere im Hinblick auf
die – in dieser Studie nicht untersuchte – dritte Generation der ab den 1970er Jahren Geborenen verstärkt nach dem „Adelig-Sein" als zum Teil auch lebensalterab-
hängiger Ressource der Identitätsstiftung fragen.

Dass auch nach 1945 die Reste der materiellen Adelskultur aus der adeligen Diaspora im Westen heraus vergegenwärtigt und referenziert wurden, hat hier Anlass
dazu gegeben, das Schicksal dieser Adelskultur bewusst neben dem der Gruppe zum
Untersuchungsgegenstand zu machen. Sie wurden damit sowohl Projektionsfläche
als auch Gegenstand konkreter Handlungen und eröffneten damit Wahrnehmungs-
verhältnisse über die Grenzen von Raum, politischen Blöcken, Gesellschaften und
sozialen Gruppen hinaus. Sich dem wie eingangs beschrieben geweiteten Netz von
Familien und Häusern zu nähern, bedeutet auch, die Geschichte materieller Adelskultur in Schlesien in der Zeit der Volksrepublik Polen und danach in den Blick zu
nehmen und damit notwendigerweise auch nach dem Umgang der polnischen Gesellschaft im Kommunismus mit diesem sperrigen Erbe zu fragen.

4 Gegenseitige Verflechtung von Gedächtnis

Der Titel dieser Monografie enthält ein Fragezeichen. Einer ihrer zentralen Befunde ist dann auch, dass die Trennung in einen „Adel ohne Land" und in ein „Land ohne Adel", die auf den ersten Blick evident zu sein scheint, so nie existiert hat – nicht zuletzt, weil die räumliche Trennung von Mensch und Raum nicht das Heraustreten aus Sinnstiftungsprozessen bedeutet. Für adelige Familien im Westen blieben Häuser und andere materielle Ensembles Motoren der Sinnstiftung, auf die sie in vielfältiger Weise zeichenhaft Bezug nahmen. Umgekehrt blieb der zwangsmigrierte schlesische Adel in den Diskursen der Volksrepublik ebenfalls präsent. Im Bemühen, die Spuren der Anwesenheit des Adels umzudeuten und die Befreiung der neuen Gesellschaft von alten hierarchischen Über- und Unterordnungen zu beweisen, schuf der polnische dominante Diskurs eine beständige Anwesenheit des Adels in der Abwesenheit.

5 Von der Verfallsperspektive zur Zivilgesellschaft

Die bislang vorherrschende, vor allem von der Monografie Herle Forbrichs bestimmte Perspektive auf die Geschichte der schlesischen Schlösser und Herrenhäuser, die den allgegenwärtigen Verfall in den Mittelpunkt stellt – der unzweifelhaft existiert hat und der zum Teil noch andauert –, habe ich mit einer Geschichte vieler Bemühungen von Menschen guten Willens kontrastiert, die freilich fast alle gescheitert sind oder angesichts der ökonomischen Realitäten des kommunistischen Systems wirkungslos blieben. Während die Forschung in der Vergangenheit noch sehr stark mit den institutionellen und politischen Rahmenbedingungen des Kulturgüterschutzes befasst war, habe ich hier die Aufmerksamkeit auf den sich unter enormen Informationskosten und Unwägbarkeiten vor Ort herausbildenden Kulturgüterschutz gerichtet.

Den Denkmal- und Kulturgüterschutz habe ich dabei als eine bürokratische Praxis analysiert, die spezifische Formen des Sehens, Erfassens und der Formung ihres Gegenstands entwickelt hat. Diese Praktiken waren dem bürokratischen Prozess eingeschrieben; sie präformierten ebenso die Art und Weise, wie seine Repräsentanten ihren Gegenstand denken konnten, als auch die Zwecke, auf die hin Verwaltungshandeln ausgerichtet war. Sie gaben zugleich Struktur durch Routinen.

Die enormen Verluste an Kulturgütern in den Nachkriegsjahren und der Zeit der Volksrepublik sind aus dieser Perspektive wenigstens zum Teil auch auf die Art und Weise zurückzuführen, wie das sich neu etablierende Gesellschaftssystem auf die Ausformung dieser bürokratischen Praxis einwirkte. In einem Land, dessen staatliche und zivile Strukturen durch die nationalsozialistische Gewaltherrschaft zerstört und dessen territoriale Integrität durch die Westverschiebung seines Staatsgebiets zerschlagen worden war, stellte der Umgang mit Kulturgütern in den neuen Westgebieten in vielerlei Hinsicht eine Herausforderung dar. Jenseits von bilderstürmerischem Exzess und wilder Enteignung im Laufe des ersten Jahres nach Kriegsende lässt sich dies auf drei Ebenen festmachen: erstens jener der ideologisch motivierten systematischen Entgermanisierung und der Polonisierung von Kulturgütern, die bis Ende der 1950er Jahre anhielt, zweitens einer deformierenden Sicht des Systems gegenüber allem Kulturgut, das nicht mit den Codierungen „polnisch" oder „piastisch" verbunden war, und drittens in der Kombination dieser deformierenden Perspektive auf alle Kulturgüter mit einem technizistisch-vorwärtsweisenden Paradigma (im Sinne von James C. Scott)[1885], das als weniger wertvoll angesehene Kulturgüter (ob nun Bausubstanz oder Büchersammlung) primär unter dem Aspekt ihrer Verwertbarkeit beurteilte.

Diese Kombination äußerte sich zum einen in einer systematischen Blindheit gegenüber bestimmten Stilformen (insbesondere der Neogotik des 19. Jahrhunderts) und Artefaktgruppen (etwa Herrenhäusern, Ensembles und Gruppen), die so teils über Jahrzehnte systematisch vernachlässigt wurden. Sie trug ebenfalls zur Schwierigkeit bei, wilde Entnahmen von Kulturgütern adäquat zu verfolgen. Nicht zuletzt schlug sich die deformierende Perspektive auch dort nieder, wo Mittel bereitstanden, um etwa Bauwerke zu erhalten – beispielsweise, wenn bei der Restaurierung eines Gebäudes wie Komorowice angeregt wurde, unter der klassizistischen Fassade aufscheinende gotische Elemente sichtbar zu machen und gar einen gotischen Portikus zu versetzen, um ihn dominanter hervortreten zu lassen, wodurch der gesamte Charakter des Baukörpers verändert worden wäre.[1886]

Für die Kriegs- und unmittelbare Nachkriegszeit ist deutlich geworden, dass der Erhalt von Kulturgütern in großem Maße von einzelnen Autoritäten in der Übergangsgesellschaft vor Ort abhängig war – seien es zurückgebliebene Eigentümer, denen in den ersten Monaten nach dem Zusammenbruch der alten Ordnung oft überraschend großer Raum für selbstständiges Handeln blieb, sowjetische Offiziere und polnische Zwangsverwalter landwirtschaftlicher Güter, die aufgeklärt-wohlwollend auf Artefakte und Gebäude blickten, und allen voran autochthone Personen, die in Gütern und Betrieben beschäftigt waren sowie Priester und Ordensangehörige, die sich insbesondere der Mobilia annahmen.

In der Praxis vor Ort trafen sehr unterschiedliche und teils auch konkurrierende institutionelle Akteure aufeinander, von denen einige früher (wie das Hauptdirektorat für Museen und Denkmalschutz bereits 1944) und andere mit einer Verzögerung tätig wurden (wie das Bildungsministerium, das erst im Juli 1945 eine Instruktion zur Sicherung insbesondere der Adelsbibliotheken erließ und das noch einmal bis 1947 brauchte, um mit den Sicherungsdepots für Bücher eine entsprechende Infrastruktur für Schutz und Verwertung der Bibliotheken zu schaffen). Ein Teil dieser Institutionen sah sich durchaus bewahrend. Für andere, die wie das Staatsunternehmen „Kunstwerke und Antiquitäten" (Dzieła Sztuki i Antyki, DESA) primär dem Kompensationsparadigma folgten, nach dem Kunstwerke, Mobiliar- oder Buchbestände im Zweiten Weltkrieg erlittene polnische Schäden kompensieren sollten, stand dagegen der Verwertungsgedanke im Mittelpunkt (einschließlich der Veräußerung solcher

---

1885 Scott 1998, S. 4.
1886 Vgl. eine Mitteilung des Stellvertreters des Woiwodschaftskonservators an die PKZ. Wrocław, 4. Oktober 1974. ADWKZwW Komorowice 1971–2008, S. 17.

Kulturgüter ins westliche Ausland). Entsprechende Klagen zeigen allerdings, dass die nach dem Krieg zu diesem Zweck geschaffenen Einrichtungen wie auch die musealen Depots solchen Ansinnen häufig wenig kooperativ gegenübertraten. Insbesondere in den Anfangsjahren kam es so zu zahlreichen interinstitutionellen Konkurrenzen, gerade auch mit im engeren Sinne gegenstandsfremden Institutionen wie etwa der staatlichen Forstverwaltung, die nicht nur die auf den Gütern liegenden Gebäude und deren Mobiliar, sondern auch naturkundliche und jagdliche Sammlungen unter ihre Kontrolle gebracht hatte.

Wissenschaftlichem und lokalhistorischem Interesse – wie der Übergabe der Warmbrunner Majoratsbibliothek der Grafen von Schaffgotsch an das Schlesische Institut – ist es zu verdanken, dass einige Bestände mehr oder weniger geschlossen erhalten blieben und nicht in den Bücherdepots der Stalinzeit nach rein funktionalen Verwertungskriterien aufgelöst und zerstreut wurden. Gerade das Vorgehen gegen deutsche Bücher in Oberschlesien zeigt zugleich auch das labile Gleichgewicht, in dem sich das Regime in den neuen Westgebieten befand, und wie sehr man bemüht war, auch auf dem Höhepunkt des Stalinismus öffentlich sichtbare konflikthafte Zusammenstöße mit der autochthonen Bevölkerung zu vermeiden, etwa wenn deren Angehörige gezielt Makulaturlaster geplündert hatten.

Der Zusammenbruch des politischen und gesellschaftlichen Systems der NS-Diktatur sowie Flucht und Zwangsausweisung der Alteigentümer machten Schlösser und Herrenhäuser zu „Unorten" (Karl Schlögel), die ihre Funktion und Bedeutung in der neuen Gesellschaft verloren hatten. Auf lange Frist entscheidend für das Fortbestehen von Gebäuden, Raumkunst oder Sammlungen war daher letztlich, ob sich eine positive Rolle für sie fand, sei es als Verwaltungssitz, Kulturzentrum, Bildungseinrichtung oder Wohnraum – Nutzungen, die alle spezifische Veränderungen und teils auch Schadensformen zur Folge hatten.

Der Blick auf die Vielfalt der Schicksale der Objekte – zwischen Zerstörung, Verwertung, Umnutzung und Konservierung –, und die interinstitutionellen und gesellschaftlichen Konflikte, die sich damit verbanden, ist eine wesentliche neue Perspektive dieser Arbeit. Neben die Geschichte einer langen Stagnation seit den 1960er Jahren, als die Schlösser und Herrenhäuser vielfach in die „funktionale und symbolische Bedeutungslosigkeit" (Forbrich) abglitten, habe ich hier eine Geschichte der Aneignung durch die Menschen in Schlesien gestellt – sei es als Teil eines phasenweise massiv unterdrückten und politisch überformten Regionalgedächtnisses, sei es als Ausdruck einer über Jahrzehnte gewachsenen Verbundenheit von Menschen mit dem sie umgebenden Raum. Nicht zuletzt wird dadurch deutlich, wie vielfältig die hinter der Decke des Verfalls aufscheinenden Aneignungsprozesse waren, wie früh sie einsetzten und wie eng sie mit der (Wieder-)Belebung der Bürgergesellschaft verknüpft waren.

Die lange anhaltende Phase der „Feindschaft und Zerstörung", die Monika Murzyn basierend auf Zbigniew Mazur in ihrem vierphasigen Modell des Umgangs mit dem deutschen Kulturerbe in den polnischen Westgebieten beobachtet hat,[1887] ist zumindest aus dieser Perspektive dahingehend zu relativieren, dass sie sich in bestimmten Öffentlichkeiten, vor allem dem offiziellen Sprechen und dem Umgang mit Inschriften und ähnlichen Zeugnissen der deutschen Anwesenheit, niederschlug. Das Bemühen darum, öffentliche Eindeutigkeit herzustellen, bedeutete nämlich nicht, dass sich nicht schon während der stalinistischen Phase und erst recht in der Tauwetter-Periode kurz danach Kräfte einer kritischen Öffentlichkeit zu formieren begannen, die insbesondere Bauwerke als Kulturgüter aneignen und erhalten wollte. Der offene Brief des Vereins der Kunsthistoriker und des Vereins der Architekten der Republik Polen an die Kulturkommission des Sejms vom Oktober 1956 (vgl. Teil II, Kap. 1.5) zeigt deutlich, wie weit die Zivilgesellschaft unter den Bedingungen des Tauwetters der Politik vorausging, ebenso wie die Vorwegnahme einiger Ideen durch den Breslauer Konservator 1957, die später durch die Novellierung des Denkmalschutzgesetzes von 1962 und die Ministerratsverordnung von 1978 tatsächlich in das Denkmalschutzrecht eingeführt worden sind. Dass gerade solche Bemühungen letztlich nicht umgesetzt werden konnten, weil das politische System bis Ende der 1980er Jahre nicht in der Lage war, die Impulse dieser Art anzunehmen, ist ein Teil der Tragik des Schicksals adeliger Materialkultur in der Volksrepublik.

In einigen Regionen und bestimmten sozialen Gruppen begann somit die allmähliche Gewöhnung, durch die die Kulturdenkmäler den Charakter von Fremdkörpern verloren, und die tatsächliche Aneignung der Monumente deutlich früher, als man nach dem Modell von Murzyn und Mazur vermuten könnte. In Schlesien spielte hier sicher die Bevölkerungskontinuität in Oberschlesien eine Rolle, die von Anfang an verhinderte, dass Häuser, Kulturlandschaft und Gedächtnisorte als vollständig fremd angesehen wurden. Zugleich erforderte dies aber auch Umdeutungsprozesse, durch die alternatives Gedächtnis verdrängt werden sollte, wie das Beispiel konkurrierender Erinnerungsorte im Fall der „drei Eichen" im Plesser Schlosspark illustriert, bei der Hochbergianische Memoria durch das Gedächtnis an die Aufständischen von 1921 verdrängt wurde (Teil II, Kap. 1.3.2).

Der Umgang mit Orten und materieller Kultur war so in ein Narrativ der „Rückkehr" der Westgebiete nach Polen eingebettet. Derartige Vergangenheitserzählungen sollten Eindeutigkeit herstellen, indem sie die Vielfalt von Deutungsangeboten reduzierten und konfligierende Narrative ausschlossen. Oberschlesien kam deshalb eine so zentrale Rolle bei der Herausbildung dieses neuen polnisch-schlesischen Gedächtnisses zu, weil sich hier eine geschlossene Vergangenheitserzählung vom piastischen Mittelalter bis in die Hochmoderne entwerfen ließ. Ein Gegengedächtnis, insbesondere die Selbststilisierung des Adels als Fürsorger, musste hierzu entwertet werden. Der hegemoniale Diskurs der stalinistischen Zeit baute auf zwei übergreifenden Modi der Delegitimation auf: Zum einen setzte er Preußentum, Militarismus und Junkerherrschaft gleich; zum anderen vermengte er Feudalismus und Kapitalismus zu einem übergreifenden Feindbild. Insbesondere in Oberschlesien konzen-

---

1887 Murzyn 2004, S. 222; Mazur 2000, S. 845.

trierte sich das Geschichtsbild nun auf die Unterdrückung polnischer Identität in
Kaiserreich und Zwischenkriegszeit sowie auf den Anteil, den nicht nur der Staat
und seine Beamten, sondern auch die Konzerne und Unternehmen mit adeligen
Eignern daran hatten. Die enorme Konzentration von Einfluss, die besonders die
schlesischen Magnaten mit ihren vielfältigen Industrieunternehmungen, politischen
Ämtern und ihren ausgedehnten Latifundien hatten, boten Anknüpfungspunkte für
ein Narrativ, das die Unterdrückung der Arbeiterschaft mit der Ausbeutung von
Kleinbauern und Landarbeitern parallelisierte und mit Sprachpolitik und religiöser
Differenzerfahrung verband. Die hier entstandenen Bilder, die auf bestehenden Per-
zeptionsweisen aus Kaiserreich und Zwischenkriegszeit aufbauten, erwiesen sich als
durchaus langfristig persistent und einflussreich.

Insbesondere in den Anfangsjahren der Volksrepublik verband sich diese historische Legitimierung der Westverschiebung Polens mit einer scharfen Polemik gegen die ehemaligen Herren. Namentlich für Oberschlesien finden sich zahlreiche
Publikationen, die auch der jüngsten Lokalgeschichte ein mit der neuen Meistererzählung übereinstimmendes Geschichtsbild einzuschreiben suchten. Damit verbunden war nicht nur der Versuch einer Durchsetzung der Deutungshoheit nach
innen, sondern auch die Abwehr aller Ansprüche der Alteigentümer, die nun als Teil
eines Netzwerks von bundesdeutschen Revisionisten galten, wobei undifferenziert
jedes Engagement in den Vertriebenen- und ostdeutschen Kulturorganisationen zu
dieser Einstufung führen konnte. Mit offensichtlichem Misstrauen wurden so etwa die jährlichen Weihnachtspaketaktionen für Oberschlesien verfolgt und propagandistisch begleitet. Daran, dass diese Propaganda durchaus erfolgreich darin war,
einzelne Personen als unverbesserliche Radikale zu porträtieren, hatte allerdings die
fehlende Aufarbeitung der NS-Zeit und der deutschen Besatzung Polens nicht unerheblichen Anteil, ganz zu schweigen davon, dass tatsächlich einige Mitglieder der
sozialen Gruppe durch eine tatsächliche Nähe zu rechtsradikalen Sprechweisen und
Milieus auffielen. Das Stereotyp des feudalen und kapitalistischen Unterdrückers
blieb lange wirksam und konnte so noch in den 1980er Jahren aktiviert werden,
wenn dies politisch opportun erschien.

Gleichzeitig fand eine Aneignung des adeligen Kulturerbes in den neuen polni-
schen Westgebieten statt, die nicht allein in kryptoidentitären Resten von lokalem
Geschichtsbewusstsein der Zwischenkriegszeit begründet lag. Durch Veralltägli-
chungsprozesse wie in diesen Gebäuden abgehaltene Familien- und Dorffeste, Zeiten in Ferienlagern, Schlossschulen oder Kindergärten nahmen die Menschen in
Schlesien Anteil am Schicksal der Bauwerke und an einer in beachtlichem Maß vom
Adel geprägten Kulturlandschaft, die sie nun zunehmend als ihr Eigen begriffen.
Dieser Prozess wurde sogar, wie zumindest das Beispiel eines Konservators zeigt (Teil
II, Kap. 1.6.6), bewusst durch Denkmalschützer gefördert, die eine solche Verbundenheit offensichtlich als einen Weg verstanden, die Objekte vor weiterem Verfall zu
schützen.

Wie zahlreiche Beispiele für bürgerschaftliches Engagement belegen, prägten diese Prozesse eine Öffentlichkeit, die schließlich unter den Bedingungen der zweiten
Hälfte der 1980er Jahre zunehmend bereit war, sich kritisch zu äußern, sich in Fra-

gestunden politischer Entscheidungskörper wie den Woiwodschaftsnationalräten, in Anfragen an das Fernsehen oder in Eingaben an Entscheidungsträger für diese lokalen Objekte einzusetzen, mit denen sich längst ein eigenes Gedächtnis verband. In der Phase der erwachenden Bürgergesellschaft war der Einsatz für die Kulturgüter zugleich auch ein Weg, die Partei und die staatlichen Hierarchien – einschließlich der Denkmalschutzbehörden selbst – in die Verantwortung zu nehmen und ihr Handeln kritisch zu thematisieren.

6 Ein Ende der Nachkriegszeit?

Mit dem politischen Aufbruch um 1989 kam auch eine Befreiung der Vergangenheitsdiskurse. Einerseits war es nun leicht möglich, vielfältige Vorstellungen davon zu entwickeln, was Schlesier zu sein bedeuten sollte, und das schloß in wachsendem Maß ein Verständnis dafür ein, dass es deutsch- und polnischsprachige Schlesier geben konnte. Die vielfältigen kulturellen Einflüsse auf den Raum, die wechselnde Zugehörigkeit zu Territorien in Mittelalter und Früher Neuzeit wurden so zu einem selbstverständlichen Teil von zeitgenössischem schlesischem Identitätsbewusstsein, und Schlösser und Herrenhäuser, die Sammlungen und Bibliotheken legten davon Zeugnis ab. Tatsächlich verbanden sich zunehmend Vorstellungen von sarmatischer Tradition und altpolnischer Szlachta mit den verbliebenen Resten schlesischer Adelskultur und trugen weiter zu deren Aneignung bei.

Nicht nur das politische Zwangskorsett, das bis dahin den Denkmalschutz und den Vergangenheitsdiskurs eingeengt hatte, fiel weg, sondern auch die ökonomischen Rahmenbedingungen wandelten sich. Private Investoren übernahmen einen guten Teil der Häuser, wenn sich deren Schicksal damit auch nicht schlagartig verbesserte. Das Vergangenheitsinteresse richtete sich nicht länger nur auf Baugeschichte und eine politisch angeleitete Vergangenheitsdarstellung. Unternehmertum und soziales Engagement waren zumal im oberschlesischen Industriegebiet ebenso Themen wie die wechselnden Eigentumsverhältnisse lokaler Bauwerke, allen voran die Schlösser und Herrenhäuser, und die mit ihnen verbundenen Sagen und Mythen. Die neue Regionalgeschichte entdeckte ein reiches Personenschrifttum wieder, indem sie insbesondere an die lokalhistorischen Darstellungen der Zwischenkriegszeit anknüpfte.

Adelige Familien, die bereits in kommunistischer Zeit als Reisende immer wieder nach Schlesien gekommen waren, fanden nun einfacher Ansprechpartner und wurden zunehmend auch zu gemeinsamem Gedenken eingeladen. Je nach Grad ihrer lokalen Involviertheit in der Vergangenheit stiegen sie zu regelrechter Lokal- und Regionalprominenz auf, deren Anwesenheit von einem breiten Presseecho begleitet wurde, wie etwa die der Grafen Tiele-Winckler in Katowice oder der Fürsten von Pless in Pszczyna oder Książ. Zahlreiche Orte suchten aktiv Kontakt zu den mit ihrer Geschichte verbundenen Familien, und einige Personen oder Familien engagierten sich entsprechend intensiv vor Ort, sei es sozial, historisch oder durch die Anregung von Partnerschaften. Neben gegenseitigem Interesse war es durchaus auch ein Bemühen um Ausgleich und Aussöhnung, das derartige Begegnungen vorantrieb.

Die Zeit zwischen 1945 und den 2000er Jahren war, so die Beobachtung, durch ein Denken in scharf gegeneinander abgegrenzten Kollektiven geprägt gewesen (etwa Wir – Sie, Geflüchtete – Vertreibende, Deutsche – Polen, Besatzer – Besetzte), die Zwischenidentitäten oder einem schlesischen Regionalbewusstsein kaum Raum ließen. Das Sprechen in der Zeit der Volksrepublik war lange auf die Herstellung einer eindeutigen Zuordnung von schlesischer Identität und nationaler Identität ausgerichtet und schloss damit ebenso ein regionales Eigenbewusstsein wie die Existenz einer deutschschlesischen Identität weitgehend aus. In ähnlicher Weise wurden von deutscher Seite die Autochthonen wie überhaupt diejenigen, die „Zurückbleibende" waren, für die Vertriebenen in Anspruch genommen. Hier stellten Diskurse vor allem auf die – zeitlich möglichst früh datierte – Trennung Schlesiens von Polen ab. Mit den zivilgesellschaftlichen und staatlichen Aussöhnungsbemühungen seit Anfang der 1960er Jahre etablierte sich ein übergreifender Diskurs, der aber weiterhin genau auf einer Unterteilung in nationale Großgruppen beruhte, die nun Schritte zu einer Aussöhnung unternehmen sollten.

Ich benutze Stefan Troebsts Begriff der Nach-Nachkriegszeit, um spezifische Erwartungshorizonte und Beobachtungsverhältnisse herauszuarbeiten, die meiner Beobachtung nach charakteristisch für die Nachkriegszeit waren, und ich zeige, wie wenig ein Sprechen und Handeln, das auf diesen Prämissen aufbaut, stellenweise noch in die gegenwärtigen Gesellschaften in Deutschland und Polen zu passen scheinen. Die Nach-Nachkriegszeit charakterisiert nach diesem Verständnis ein Rückbau von Ängsten vor dem Anderen durch die Individualisierung von Erfahrung, die Musealisierung der Konfliktgeschichte des 20. Jahrhunderts, die gegenseitige Anerkennung von Opfern in aller Ungleichartigkeit und ein Sprechen, in dessen Mitte Aussöhnung und die Ausrichtung auf ein gemeinsames, europäisches Kulturerbe stehen. Viele dieser Prozesse reichen bis zu den Aussöhnungsbemühungen der 1960er Jahre zurück, aber erst mit dem Zusammenbruch der kommunistischen Gesellschaft in Polen und dem langsamen Generationenwechsel Ende der 1980er Jahre gewannen sie an Gewicht.

Von polnischer Seite wuchs ein Verständnis, dass das Erleben der deutschen Zwangsmigranten bei einer Rückkehr nach Schlesien mit dem der zwangsmigrierten Polen aus den ehemaligen polnischen Ostgebieten parallelisierte. Sie erschienen nicht länger als revanchistische Bedrohung, sondern als sentimentale Sucher nach den Spuren einer untergegangenen Welt, denen man sich bei aller Ungleichartigkeit der Schicksale verbunden fühlen konnte. Zugleich erschien der Adel als in besonderer Weise legitimiert zu dieser Suche, wurde doch zusehends sichtbar, wie eng er mit der Kulturlandschaft verbunden war.

Auf deutscher Seite und gerade auch unter den schlesischen Zwangsmigranten aus adeligen Familien und ihren Nachfahren manifestierte sich ein ganz ähnliches Narrativ, nach dem Verfall und Zerstörung einerseits auf das politische Wirken des Regimes, andererseits aber auf die Unsicherheit und Ungewissheit der polnischen Zwangsmigranten über ihr Schicksal zurückzuführen war. Beide Seiten konnten sich so als eine wie auch immer ungleichartige Gemeinschaft von Opfern anerkennen, die Schuld nicht mehr gegeneinander aufrechnen musste.

Es liegt deshalb durchaus nahe, zu fragen, ob alle diese Aktivitäten nicht das Ende einer sehr spezifischen Gedächtnisformation „Nachkriegszeit" bedeuten, die durch ihre eigenen Beobachtungsverhältnisse, Erinnerungsbestände, Praktiken und Erwartbarkeiten geprägt war. Die Individualisierung, ja Atomisierung von Vergangenheitserfahrung bis hin zu einer Dekontextualisierung, die die Frage nach Verantwortung nicht aufkommen lässt, scheinen dabei durchaus charakteristisch für eine bestimmte Gedächtnispraxis, die es ermöglicht, Erfahrungsräume und Erwartungshorizonte aufeinander zu beziehen, ohne sie in ihrer Unterschiedlichkeit zu entwerten. Zugleich wird aber an Auseinandersetzungen über die Gestalt von Erinnern wie die um den Wirtschaftspreis in Pszczyna oder die Repräsentation der deutschen Alteigentümer in Touristeninformationen deutlich (vgl. Teil III, Kap. 2 und Kap. 6), dass die dominanten Modi der Erinnerung der Nachkriegszeit nach wie vor aktivierbar sind, ja dass sich sogar ganz konkrete Ängste vor einem Verlust von Wahrheiten einstellen, die den Menschen in dieser Phase Orientierung gegeben haben. Ich sehe darin – und hier schließt sich in gewisser Weise ein Kreis zu den eingangs aufgeworfenen Fragen – auch die Angst vor einer Entwertung bestimmter Erfahrungen und Erinnerungen, die letztlich die Sozialisation einer bestimmten Generation geprägt haben.

An den raren Punkten aber (um noch einmal auf einer anderen Ebene der Verbindung von Ort, Person, Gruppe und Identität anzusetzen), wo sich Lebenskreise geschlossen haben und Alteigentümer auf mit ihren Familien verbundene Häuser zurückgekehrt sind und wo sie es zudem verstanden haben – wie Melitta Sallai mit ihrer Stiftung – das Haus zum es umgebenden Dorf hin zu öffnen, da bleibt eine nachhaltige Aneignung durch die Menschen: „Heute, und das ist eigentlich das, was mir am meisten Freude macht, heute gibt es keine Erstkommunion, keine Beerdigung, wo ich nicht eingeladen werde, ins Dorf. Heute sagt das Dorf: ‚Das ist unser Haus, das ist unser Kindergarten, und das ist unsere Pani Melitta!‘ [lacht]. Also das ist heute so."[1888]

1888 Melitta Sallai im Interview mit Andrzej Klamt 2013. In der Filmfassung: Gloria & Exodus 2014: 00:58:03–00:58:27. Auf Aneignungsprozesse dieser Art verweist auch ein Exponat der Ausstellung „Adel in Schlesien und der Oberlausitz", die ein von Kindergartenkindern und Erzieherinnen gemeinsam gemaltes Bild von Schloss Muhrau und ihnen selbst ausgestellt hat. Vgl. Objekt A | 143 in Bauer/Harasimowicz/Richthofen/Niedzielenko 2014, S. 190.

Anhang

Quellen und Literatur

1 Archivalische Quellen

Archiwum Akt Nowych, Warszawa (AAN)

168 – Ministerstwo Informacji i Propagandy (MIP)	88; 90
196 – Ministerstwo Ziem Odzyskanych (MZO)	47–50; 52; 55–59; 67; 68; 73; 78; 79; 147; 162; 385; 386; 488; 765–768; 848; 926; 940; 976; 977; 983; 984; 1292; 1293; 1301; 1302; 1929; 1930; 1933
199 – Ministerstwo Administracji Publicznej (MAP)	1160; 2016; 2415; 2416; 2420; 2422; 2423; 2466; 2467; 2470; 2471; 2474
366 – Ministerstwo Kultury i Sztuki (MKiS)	3/6; 3/76; 3/77; 3/84; 3/85; 4/5; 4/11; 5/26; 5/47; 5/52; 5/59; 5/84; 5/94; 6/14; 6/16; 6/135; CZB/154; CZB/155; CZB/156; gabinet ministra/129; Paczka 2; PKPG/6

Archiwum Dolnośląskiego Wojewódzkiego Konserwatora Zabytków we Wrocławiu (ADWKZwW)

Domanice, Gmina Mietków	Zespoł pałacowy z parkiem. 1966–2010. Korrespondenz Objektkarten Mausoleum Objektkarten Schloss
m. Goszcz, Gmina Twardogóra	Zespoł pałacowo-folwarku z parkiem. 1965–2008. Korrespondenz Objektkarten
m. Komorowice, Gmina Zórawina	Zespoł dworski z parkiem. 1971–2008. Korrespondenz Objektkarten
m. Krzyżowice, Gmina Pawłowice	Zespoł pałacowy z parkiem. 1981– Korrespondenz Objektkarten

Narodowy Instytut Dziedzictwa, Oddział Terenowy we Wrocławiu

PDNH	337 Domanice; 355 Goszcz; 398 Komorowice; 420 Książ; 421 Książ; 624 Gródek Wleński; 758 Domanice
Proj.	942 (1) Gródek Wleński; 942 (11) Gródek Wleński

Archiwum Państwow w Katowicach (APK)
185 Nr. 1, 27, 165, 173, 174, 193–195
201 Nr. 1, 2, 6, 7, 9–11, 64, 152
384 Hohenlohe Kosz. Nr. 14928

Archiwum Państwowe w Katowicach Oddział w Pszczynie (APK OP)
168, 316, 332

Archiwum Państwowe w Katowicach Oddział w Gliwicach (APK OG)
63, 175, 182

Archiwum Państwowe we Wrocławiu Oddział w Kamieńcu Ząbkowickim (APW OKZ)
Nr. 2 / 161, Nr. 462 / 12, Nr. 611 / 1/19, Nr. 784 / 103-110, Nr. 784 / 138-140, Nr. 784 / 151, Nr. 784 / 398, Nr. 784 / 522

Archiwum Państwowe w Opolu (APO)
155–127, 184–35/53/61, 224, 328, 330

Bundesarchiv, St. Augustin (BArch. Koblenz)
B 122 – 2079; 4943
B 126 – 116885; 116886
B 136 – 1412; 6792; 6794

Bundesarchiv Lastenausgleichsarchiv, Bayreuth (BArch LAA)

Ostdok 2	172; 174; 176; 180; 183–190; 193; 194; 196–201; 203; 204; 207–210; 213; 215; 217; 223; 224; 226–229; 232; 235; 236
ZLA 1	1/0 283 816 (Hohenlohe, Johann, *1858)
	1/0 502 280 (Stillfried-Mettich, Franz, *1880)
	1/1 408 923 (Schaffgotsch, Hans Ulrich, * 1928)
	1/1 758 723 (Ballestrem, Nikolaus, *1900)
	1/5 015 439 (Pless, Dr. Hans-Heinrich Fürst von, *1900)
	1/5 160 354 (Henckel, Dr. Georg Graf, *1902)
	1/5 161 904 (Ballestrem, Marco, *1881)
	1/5 484 008 (Ballestrem, Franz-Georg, *1901)
	1/5 484 013 (Ballestrem, Erna, *1869)
	1/5 601 084 (Ratibor, Viktor Prinz von Hohenlohe, *1879)
	1 5 607 434 (Richthofen, Georg, *1880)

Geheimes Staatsarchiv, Stiftung Preußischer Kulturbesitz (GStA PK)
I HA Rep. 84 a, Justizministerium, Nr. 45787, 45788–45789

Herder-Institut, Marburg (HIM)
Presseausschnittsammlung

2 Liste der geführten Interviews

Ballestrem, G. 2012 = Gotthard Graf von Ballestrem, Interview Köln 2012 (Gesamtlänge: 203:47 Min.)

Ballestrem, N. 2010a = Nikolaus Graf von Ballestrem, Interview Berlin 2010 (Gesamtlänge: 161:41 Min.)

Ballestrem, N. 2010b = Nikolaus Graf von Ballestrem, Interview Berlin 2010 (Gesamtlänge: 73:22 Min.)

Bergmann-Korn, B. 2012 = Benigna von Bergmann-Korn, Interview Karlsruhe 2012 (Gesamtlänge: 139:07 Min.)

Bomhard, E. 2011 = Elisabeth Bomhard, geb. von Schaubert, Interview Schwabach 2011 (Gesamtlänge: 193:22 Min.)

Dammermann, M. 2011 = Marie Elisabeth Dammermann, Dr. med., geb. Komtesse von Praschma, Interview Lohr 2011 (Gesamtlänge: 100:40 Min.)

Donat, M. 2012 = Marie Veronika von Donat, geb. von Donat, Interview Bonn-Bad Godesberg 2012 (Gesamtlänge: 171:56 Min.)

Eichborn, J. 2012 = Johannes Moriz von Eichborn, Dr., Interview Schloss Friesenhausen 2012 (Gesamtlänge: 219:12 Min.)

Haugwitz, H.-W. 2013 = Hans-Wilhelm von Haugwitz, Dr., Interview Lüchow 2013 (Gesamtlänge: 145:35 Min.)

Henckel von Donnersmarck, A. 2013 = Andreas Graf Henckel von Donnersmarck, Interview Schloss Wolfsberg 2013 (Gesamtlänge: 99:05 Min.)

Henckel von Donnersmarck, P. 2011 = Peter Graf Henckel von Donnersmarck, Interview Villach 2011 (Gesamtlänge: 139:39 Min.)

Küster, U. 2013 = Ulrich von Küster, Interview Görlitz 2013 (Gesamtlänge: 140:33 Min.)

Kulmiz, B. 2011 = Brigitte von Kulmiz, Interview München 2011 (Gesamtlänge: 92:15 Min.)

Kulmiz, I. 2011 = Ingeborg von Kulmiz, geb. von Debschitz, Interview München 2011 (Gesamtlänge: 184:55 Min.)

Matuschka, M. 2013 = Mario Graf von Matuschka, Dr., Interview Bonn-Bad Godesberg 2013 (Gesamtlänge: 175:34 Min.)

Mutius, H.-R. 2012 = Hans-Reimar von Mutius, Interview Bonn 2012 (Gesamtlänge: 121:30 Min.)

Mutius, M. 2013 = Matthias von Mutius, Interview Ammerang 2013 (Gesamtlänge: 186:21 Min.)

Mutius, W. 2012 = Wolf Peter von Mutius, Interview Frankfurt a. M. 2012 (Gesamtlänge: 187:09 Min.)

Reichenbach, A. 2013 = Albrecht Graf von Reichenbach (jun.), Interview Berlin 2013 (Gesamtlänge: 167:53 Min.)

Richthofen, J. 2013 = Jasper Freiherr von Richthofen, Dr., Interview Görlitz 2013 (Gesamtlänge: 119:28 Min.)

Schoenaich-Carolath, E. 2013 = Eleonore Prinzessin von Schoenaich-Carolath, Interview Berlin 2013 (Gesamtlänge: 135:02 Min.)

Schoenaich-Carolath, G. 2011 = Georg-Dietrich Prinz von Schoenaich-Carolath, Interview Passau 2011 (Gesamtlänge: 143:08 Min.)

Schweinitz, H. 2011 = Hans Christoph Graf von Schweinitz, Interview Seeheim-Jugenheim 2011 (Gesamtlänge: 125:59 Min.)

Seherr-Thoß, E. 2012 = Erwin Freiherr von Seherr-Thoß, Interview Passau 2012 (Gesamtlänge: 193:52 Min.)

Seherr-Thoß, R. 2011 = Renate Freiin von Seherr-Thoß, Interview Frankfurt a. M. 2011 (Gesamtlänge: 163:40 Min.)

Seherr-Thoß, Th. 2011 = Therese Gräfin von Seherr-Thoß, geb. Kuhnath, Interview München 2011 (Gesamtlänge: 122:13 Min.)

Stillfried und Rattonitz, I. 2012 = Ingo Freiherr von Stillfried und Rattonitz, Interview Dortmund 2012 (Gesamtlänge: 190:56 Min.)

Stillfried und Rattonitz, N. 2012 = Norbert Graf von Stillfried und Rattonitz, Saldenburg 2012 (Gesamtlänge: 255:31 Min.)

Strachwitz von Groß-Zauche und Camminetz, J. H. 2011 = Johannes Hyacinth Graf Strachwitz von Groß-Zauche und Camminetz, Interview Hamburg 2011 (Gesamtlänge: 171:32 Min.)

Strachwitz von Groß-Zauche und Camminetz, J. & L. 2012 = Johannes Graf Strachwitz von Groß-Zauche und Camminetz sowie Lorenz Graf Strachwitz von Groß-Zauche und Camminetz, Doppelinterview Köln 2012 (Gesamtlänge: 90:53 Min.)

Uechtritz und Steinkirch, H. 2012 = Heinrich-Prott von Uechtritz und Steinkirch, Interview Bonn 2012 (Gesamtlänge: 185:12 Min.)

Wallenberg Pachaly, G. 2012 = Gotthardt von Wallenberg Pachaly, Interview Schloss Dittmannsdorf 2012 (Gesamtlänge: 109:41 Min.)

Websky, M. 2013 = Michael von Websky, Dr., Interview Hennef 2013 (Gesamtlänge: 156:57 Min.)

Willert, J. 2012 = Jürgen von Willert, Interview Gersthofen 2012 (Gesamtlänge: 92:27 Min.)

Zedlitz und Neukirch, S. 2012 = Konrad-Sigismund Freiherr v. Zedlitz und Neukirch, Major i.G. a.D., Interview Berlin 2012 (Gesamtlänge: 202:48 Min.)

3 Selbstzeugnisse, Privat- und Traditionsschriften

Arnim 1973 = Elisabeth von Arnim: Gross-Marchwitz. Leben auf einem Rittergut in Schlesien zu Beginn des 20. Jahrhunderts. 2. Aufl. Konstanz: Verlagsanstalt Konstanz, 1973.

Ballestrem 1985 = Wolfgang Graf von Ballestrem: Die Nachkommen des Grafen Giovanni Battista Angelo Ballestrem. Everswinkel: Selbstverl. d. Verf. 1985.

Bomhard 2014 = Elisabeth Bomhard: Powrót do mego liścianego rowu = Zurück in meinen Blättergraben. Oborniki Śląskie: Gmina Oborniki Śląskie 2014.

Braun 2002 = Juliane von Braun: Ein Teil Heimat seid Ihr für mich. Rundbriefe einer Mädchenklasse 1944–2000. Berlin: Aufbau-Verl., 2002.

Bülow 1996 = Ursula Maria von Bülow: Flucht und Vertreibung aus dem schlesischen Kreis Oels. Eine Dokumentation. Würzburg: Goldammer, 1996.

Deym von Střitež 1977 = Gabriele Gräfin Deym von Střitež (geb. von Schaffgotsch): Reminiszenz an Schwarzengrund. In: Grottkau-Falckenberger Heimatblatt 10 (1977), S. 11–12.

Frisé 1993 = Maria Frisé: Eine schlesische Kindheit. München: Knaur, 1993.

Frisé 2004 = Maria Frisé: Meine schlesische Familie und ich. Erinnerungen. Berlin: Aufbau-Verl., 2004.

Garnier 1978 = Nora von Garnier: Wir blieben in Gleiwitz. In: Oberschlesische Studienhilfe (Hg.): Vermächtnis der Lebenden. Oberschlesier erzählen. 93 preisgekrönte Beiträge des 3. Preisausschreibens der Oberschlesischen Studienhilfe „Erlebtes Oberschlesien" 1977/78. Augsburg: Oberschlesischer Heimatverl. 1978, S. 452–454.

Haugwitz 1982 = Eleonore v. Haugwitz [Pseud. von Dagmar von Mutius]: 1945/46 auf einem Gutshof in der Grafschaft Glatz. In: Herbert Hupka (Hg.): Meine Heimat Schlesien. Die letzten Tage. Tagebücher, Erinnerung und Dokumente der Vertreibung. München: Langen Müller, 1982, S. 267–289.

Haugwitz 1996 = Cäcilie Ida Else Gerda Wilde – von Haugwitz, geborene von Freier: Erinnerungen an mein langes Leben, von 1906 bis zum heutigen Tag 1996 anläßlich meines 90sten Geburtstages am 6. Februar 1996. O.O. 1996.

Haugwitz 2010 = Hans-Wilhelm v. Haugwitz: Polen aus der Woiwodschaft Oppeln bringen nach 65 Jahren verscharrte Deutsche zurück in ihre ursprünglichen Grabstellen. 19. November 2010, Schloss Rogau/Schlesien – Zamek Rogow/Opole. Beiträge gesammelt und zusammengestellt von Dr. Hans-Wilhelm von Haugwitz. Lüchow [o. D. (nach 2010)].

Korn 1974 = Wilfried von Korn: Rudelsdorf – Ein Rückblick auf Dorf und Gut. In: Heimatkreisorganisation Groß Wartenberg (Hg.): Groß Wartenberg – Stadt und Kreis. Eine Beschreibung des niederschlesischen Kreises bis zum Jahre 1945. Zusammengestellt von Karl-Heinz Eisert. Altdorf Württ.: Heimatkreisorganisation Groß Wartenberg, 1974, S. 154–167.

Krogh-Stillfried 2005 = Elko von Krogh-Stillfried: Leaves in the Wind. Thirty Years Spanning the Continents. New York: Vantage Press, 2005.

Maltzan 1986 = Maria von Maltzan: Schlage die Trommel und fürchte dich nicht. Erinnerungen. 4. Aufl. Berlin u. a.: Ullstein, 1986.

Mutius 2005a = Dagmar von Mutius: Unter polnischer Verwaltung. In: Marianne Weber (Hg.): Frauen auf der Flucht. Aus dem Nachlaß von Max und Marianne Weber hg. vom Marianne-Weber-Institut e. V. in Oerlinghausen. Bielefeld: Aisthesis, 2005, S. 106–119.

Mutius 2005b = Marie-Elisabeth von Mutius: Russenzeit. In: Marianne Weber (Hg.): Frauen auf der Flucht. Aus dem Nachlaß von Max und Marianne Weber hg. vom Marianne-Weber-Institut e. V. in Oerlinghausen. Bielefeld: Aisthesis, 2005, S. 92–105.

Mutius 2009 = Erika v. Mutius, geb. Freiin Senfft v. Pilsach: Treck und Flucht 1945/46. Von Börnchen über Liebitz, Reinhardtsgrimma, Partenkirchen

nach Kraftsolms. Tagebucheintragungen und Erinnerungen. Zusammengestellt von Franz von Mutius. [o. O.] 2009 (Typoskript).

Richthofen 2014 = Jasper Freiherr von Richthofen: Die Familie v. Richthofen zwischen
Geschichte, Traditionspflege und Gegenwart. Ein Erfahrungsbericht / Rodzina
v. Richthofen między historią, pielęgnowaniem tradycji i teraźniejszością. Relac-
ja z doświadczeń. In: Markus Bauer, Jan Harasimowicz, Andrzej Niedzelenko,
J. v. R. (Hg.): Adel in Schlesien und in der Oberlausitz. Mittelalter. Neuzeit.
Gegenwart / Szlachta na Śląsku i Górnych Łużycach. Średniowiecze. Nowożytność. Współczesność. Dresden: Sandstein, 2014, S. 58–69.

Sallai 2006 = Melitta Sallai: Von Muhrau nach Morawa. Ein ungewöhnliches Leben
in Europa und Afrika. Strzegom: Poligrafia, 2006.

Scharffenorth 2005 = Gerta Scharffenorth (geb. von Mutius): Treck [1945]. In:
Marianne Weber (Hg.): Frauen auf der Flucht. Aus dem Nachlaß von Max
und Marianne Weber hg. vom Marianne-Weber-Institut e. V. in Oerlinghausen. Bielefeld: Aisthesis, 2005, S. 82–92.

Schutte 2013 = Karl Heinz Schutte: Schlesien – Vertreibung aus der Heimat. Ein
Zeitzeugenbericht. Berlin: epubli, 2013.

Strachwitz 1984 = Artur Graf Strachwitz: Berichte über Flucht und Vertreibung einer Großfamilie aus ihrer schlesischen Heimat, in der die Familie Strachwitz
urkundlich seit 1285 ansässig war. Overijse 1984. Typoskript.

Wallenberg Pachaly 1984 = Thora von Wallenberg Pachaly: Die Flucht aus Schlesi-
en – ein Stück Familiengeschichte. München: Selbstverl., 1984.

Wallenberg Pachaly 2003/2004 = Gotthardt v. Wallenberg Pachaly: Die Familie
Ducius von Wallenberg Pachaly: Unsere Vorfahren in väterlicher Linie. Lebensbilder. Dezember 2003/Juni 2004 (Typoskript).

Wallenberg Pachaly 2005 = Und sie verließen das Land Ihrer Väter. Berichte über
Flucht und Ausweisung aus Schlesien 1945/46. Familie von Wallenberg / von
Wallenberg Pachaly. Zusammengestellt und erläutert von Gotthardt von Wal-
lenberg Pachaly. Dittmannsdorf, April 2005 (Typoskript).

Zedlitz und Neukirch 1997a = Caspar Freiherr von Zedlitz und Neukirch: Die Zedlitze und Kynsburg. In: Ingeborg Freifrau von Zedlitz und Neukirch, Caspar Freiherr von Zedlitz und Neukirch (Hg.): Die Zedlitze in Schlesien. Vom
Vogtland nach Schlesien, dem Land der unbegrenzten Möglichkeiten im hohen Mittelalter. Versuch einer Dokumentation anhand kulturhistorischer Bedeutung der Historie der Familie des deutschen Uradels, der Herren, Freiherren und Grafen von Zedlitz, der berühmten Kynsburg im Schliesertal von der
ersten urkundlichen Erwähnung 1190 über die Jahrhunderte bis zur Neuzeit.
Ruhpolding: PhS Pharma-Verl. 1997, S. 87–146.

Zedlitz und Neukirch 1997b = Sigismund Freiherr von Zedlitz und Neukirch:
Über 800-jährige Familienhistorie der Herren, Freiherren und Grafen von
Zedlitz [...]. In: Ingeborg Freifrau von Zedlitz und Neukirch, Caspar Freiherr
von Zedlitz und Neukirch (Hg.): Die Zedlitze in Schlesien. Vom Vogtland
nach Schlesien, dem Land der unbegrenzten Möglichkeiten im hohen Mittelalter. Versuch einer Dokumentation anhand kulturhistorischer Bedeutung

der Historie der Familie des deutschen Uradels, der Herren, Freiherren und Grafen von Zedlitz, der berühmten Kynsburg im Schlesiertal von der ersten urkundlichen Erwähnung 1190 über die Jahrhunderte bis zur Neuzeit. Ruhpolding: PhS Pharma-Verl. 1997, S. 21–73.

Zedlitz und Neukirch 2011 = Sigismund Freiherr von Zedlitz und Neukirch (Hg.): Liegnitz und sein Landkreis – 1944, 1945 und 1946. Zeitzeugenberichte. Hofheim/Ts.: Henske-Neumann, 2011 (Beiträge zur Liegnitzer Geschichte der Historischen Gesellschaft Liegnitz e. V. 41).

Zedlitz und Neukirch/Zedlitz und Neukirch 1997 = Ingeborg Freifrau von Zedlitz und Neukirch, Caspar Freiherr von Zedlitz und Neukirch (Hg.): Die Zedlitze in Schlesien. Vom Vogtland nach Schlesien, dem Land der unbegrenzten Möglichkeiten im hohen Mittelalter. Versuch einer Dokumentation anhand kulturhistorischer Bedeutung der Historie der Familie des deutschen Uradels, der Herren, Freiherren und Grafen von Zedlitz, der berühmten Kynsburg im Schlesiertal von der ersten urkundlichen Erwähnung 1190 über die Jahrhunderte bis zur Neuzeit. Ruhpolding: PhS, Pharma-Verl. 1997.

Zedlitz-Trützschler 2007 = Helene Gräfin von Zedlitz-Trützschler: Altmark – Berlin – Schlesien – Nachkriegsdeutschland. Erinnerungen. Hg. von Maria Frisé und Thomas Frhr. von Dellingshausen. Bad Honnef: Warlich, 2007.

4 Editionen

Borodziej/Lemberg 2000 = Włodzimierz Borodziej, Hans Lemberg (Hg.): „Unsere Heimat ist uns ein fremdes Land geworden …". Die Deutschen östlich von Oder und Neiße 1945–1950. Dokumente aus polnischen Archiven. Bde. 1–4. Marburg: Herder-Institut, 2000–2004 (Quellen zur Geschichte und Landeskunde Ostmitteleuropas 4).

Kurth 1950 = Dokumente der Menschlichkeit aus der Zeit der Massenaustreibungen. Zusammengestellt von Karl O. Kurth. Kitzingen: Holzner, 1950 (Göttinger Arbeitskreis, Veröffentlichung 18).

Kurth 1953 = Témoignages 1945–1946 [Zeugnisse 1945–1946. Zusammengestellt von Karl O. Kurth)]. Göttingen: Éd. du Cercle d'Études de Goettingen, 1953 (Göttinger Arbeitskreis, Publication 67).

5 Zeitungen und Zeitschriften

Der Schlesier (1979, 1980, 1982)
Der Spiegel (1947)
Dziennik Zachodni (1948, 1952, 2014)
Gazeta Robotnicza (1946)
Gazeta Wyborcza (2010, 2015, 2017)
Gwarek – Tygodnik ziemi Tarnogórskiej (1948, 1952, 1957)

Montes Tarnovicensis (2007)
Nasza Historia (2013)
Przegląd Zachodni (1957)
Rzeczpospolita (2015)
Schlesische Nachrichten (1998)
Trybuna Robotnicza (1947, 1948, 1952, 1954, 1955, 1960, 1966, 1979, 1988)

6 Sonstige gedruckte Quellen

Ballestrem/Hatzfeld 1993 = Wolfgang Graf von Ballestrem, Friedrich Graf von Hatzfeldt: I. Vereinigung Katholischer Edelleute Schlesiens. In: Vereinigung Katholischer Edelleute Schlesiens (Hg.): 100 Jahre Vereinigung Katholischer Edelleute Schlesiens (1890–1990). Limburg/Lahn: Starke, 1993, S. 6-32.

Bartosz/Hajduk 1965 = Julian Bartosz, Ryszard Hajduk: Rodowody rewizjonistów [Die Lebensläufe der Revisionisten]. Katowice: Śląsk, 1965.

Boryna 2011 = Maciej Boryna: Wały Śląskie – tajemnice dawnych granic [Schlesische Befestigungsanlagen – Geheimnisse der alten Grenze]. Szprotawa: Towarzystwo Bory Dolnośląskie 2011.

Bundesheimatgruppe Pleß 1978 = Bundesheimatgruppe Pleß (Hg.): Unsere Heimatstadt Pleß in Oberschlesien. [Tl.] 2. Ründeroth/Rhld.: Bundesheimatgruppe Pleß, 1978.

Faberski 2009 = Bartłomiej Faberski: Tajemnice zamku Grodno [Geheimnisse der Kynsburg]. Kraków: Wydawn. Technol., 2009 (Tajemnicza Polska 1).

Faberski 2010 = Bartłomiej Faberski: Tajemnice Pałacu Jedlinka [Geheimnisse von Schloss Tannhausen]. Kraków Technol, 2010 (Tajemnicza Polska 2).

Fraschka 1962 = Günter Fraschka: Der Panzer-Graf. General Graf Strachwitz – ein Leben für Deutschland. Rastatt: Pabel, 1962.

Höpker 1914 = H[einrich] Höpker: Die Fideikommisse in Preußen im Lichte der Statistik bis zum Ende des Jahres 1912. Berlin: Verl. des königl. statistischen Landesamtes, 1914.

Jaros 1988 = Jerzy Jaros: Tajemnice górnośląskich koncernów [Geheimnisse oberschlesischer Konzerne]. Katowice: Śląski Instytut Naukowy, 1988 (Śląskie epizody historyczne).

Kaiser 1949 = Käthe Kaiser: Eine reiche Erbin und doch eine Bettlerin. Kleine Bilder aus Eva von Tiele-Wincklers Leben. 9. Aufl. Basel: Majer 1949.

Koćwin 2010 = Mirosława Koćwin: Podróż w przeszłość. Rodzina von Haugwitz w Rogowie i Krapkowicach. Wydanie pamiątkowe z okazji ponownego pochówku w grobowcu rodzinnym 19 listopada 2010 r. [Eine Reise in die Vergangenheit. Die Familie von Haugwitz in Rogau und Krapkowitz. Erinnerungsband aus Anlass der Umbettung in das Familiengrab am 19. November 2010]. Opole: Wojewódzka Biblioteka Publiczna im. Emanuela Smołki, 2010.

Krockow 1988 = Christian Graf von Krockow: Die Stunde der Frauen. Bericht aus Pommern 1944 bis 1947. Stuttgart: Deutsche Verl.-Anstalt, 1988.

Lipowska 2003 = Maja Lipowska (Red.): Poczet królów i książąt polskich Jana Matejki [Die Galerie polnischer Könige und Fürsten des Jan Matejko]. Warszawa: Świat Książki, 2003.

Loesch/Vogt 1937 = Karl C[hristian] von Loesch, Ludwig Vogt (Hg.): Das deutsche Volk. Sein Boden und seine Verteidigung. Berlin: Volk und Reich Verl., 1937.

Loesch 1940 = Karl C[hristian] von: Die Verlustliste des Deutschtums in Polen. Berlin: Juncker und Dünnhaupt, 1940 (Forschungen des Deutschen Auslandswissenschaftlichen Instituts, Abteilung Volkstumskunde 2).

Mutius 1964 = Dagmar von Mutius: Grenzwege. Göttingen: Vandenhoeck & Ruprecht, 1964.

Mutius 1980 = Dagmar von Mutius: Einladung in ein altes Haus : Geschichten von vorgestern. Heidenheim (Brenz): Jerratsch, 1980.

Mutius 1961 = Dagmar von Mutius: Wetterleuchten. Göttingen: Vandenhoeck & Ruprecht, 1961. – 3. Aufl. unter dem Titel: Wetterleuchten. Chronik aus einer schlesischen Provinz 1945/46. Würzburg: Bergstadtverl. Korn 1988.

Paeschke 1903 = P[aul] Paeschke: Schlesische Ortsnamen. In: Schlesischer Pestalozzi-Verein (Hg.): Bunte Bilder aus dem Schlesierlande. II. Breslau: Woywod, 1903, S. 16–23.

Pless 1929a = Daisy, Princess of Pless. By herself. Ed. with an introduction by Desmond Chapman-Huston. London: Murray, [1929].

Pless 1929b = [Daisy] Fürstin von Pless: Tanz auf dem Vulkan. Erinnerungen an Deutschlands und Englands Schicksalswende. 2 Tle. Eingeleitet und hg. von Desmond Chapman-Huston. Aus dem Engl. übertr. von Maria Latzel. Dresden: Reissner 1929.

Pless 1931a = Daisy Princess of Pless: From My Private Diary. Ed. with an Introduction and Notes by Major Desmond Chapman-Huston. London: Murray, 1931.

Pless 1931b = [Daisy] Fürstin von Pless: Was ich lieber verschwiegen hätte ... Aus der Europäischen Gesellschaft vor dem Kriege. Eingeleitet und hg. von Desmond Chapman-Huston. Aus dem Engl. übertr. von Maria Latzel. 2 Tle. Dresden: Reissner, 1931.

Pless 1936 = Daisy Princess of Pless: What I left unsaid. Ed. with an introduction and notes by Major Desmond Chapman-Huston. London u. a.: Cassell & Co., 1936.

Primke/Szczerepa/Szczerepa 2012 = Robert Primke, Maciej Szczerepa, Wojciech Szczerepa: Tajemnice Kamiennej Góry i okolic. Ziemia kamiennogórska w czasie drugiej wojny światowej [Die Geheimnisse von Landeshut/Kamienna Góra und Umgebung. Die Region Landeshut in der Zeit des Zweiten Weltkriegs]. Jelenia Góra: Archiwum – System, 2012.

Przyłęcki/Helebrandt 1970 = Mirosław Przyłęcki, Kazimierz Helebrandt [Ill.]: Niederschlesische Piasten-Burgen – Südroute. Wrocław: Dolnośląski Ośrodek Informacji Turystycznej 1970.

Reichenbach-Goschütz 1974 = Christoph Heinrich Graf von Reichenbach-Goschütz: Freie Standesherrschaft Goschütz und die Herrschaft Groß-Schönwald. In: Heimatkreisorganisation Groß Wartenberg (Hg.): Groß Wartenberg – Stadt und Kreis. Eine Beschreibung des niederschlesischen Kreises bis zum Jahre 1945. Zusammengestellt von Karl-Heinz Eisert. Altdorf Württ.: Heimatkreisorganisation Groß Wartenberg, 1974, S. 114–128.

Reinersdorff-Paczensky 1955 = Detlev v. Reinersdorff-Paczensky u. Tenczin: Gruß-wort. In: Heimatblatt für den Kreis Groß Wartenberg in Schlesien 1, April 1955, S. 1.

Reinersdorff-Paczensky 1957a = Detlev v. Reinersdorff-Paczensky u. Tenczin: Die Abtretung eines Teils des Kreises an Polen auf Grund des Diktats von Versailles. In: Heimatkreisorganisation Groß Wartenberg (Hg.): Groß Wartenberg – Stadt und Kreis. Eine Beschreibung des niederschlesischen Kreises bis zum Jahre 1945. Zusammengestellt von Karl-Heinz Eisert. Altdorf Württ.: Heimatkreisorganisation Groß Wartenberg, 1974, S. 314–326 [zuerst erschienen in: Jahrbuch der Schlesischen Friedrich-Wilhelms Universität zu Breslau 2 (1957), S. 263–279].

Reinersdorff-Paczensky 1957b = Detlev v. Reinersdorff-Paczensky u. Tenczin: Ein nachdenklicher Spaziergang durch mein liebes Heimatdorf Ober-Stradam (5). In: Heimatblatt für den Kreis Groß Wartenberg in Schlesien 2, Nr. 11, 23. Febr. 1957, S. 2–3.

Solger 1860 = Hugo Solger: Der Kreis Beuthen in Oberschlesien. Mit besonderer Berücksichtigung der durch Bergbau und Hüttenbetrieb in ihm hervorgerufenen eigenthümlichen Arbeiter- und Gemeinde-Verhältnisse. Breslau: Korn, 1860.

Sujkowski 1920 = Anton[i] Sujkowski: Was Oberschlesien durch den Anschluss an Polen gewinnt. Nikolai b. Kattowitz: Karol Miarka, 1920.

Szczech/Smolorz 2010 = Bernard Szczech, Rajner Smolorz: Zamek w Tarnowicach Starych: Centrum Sztuki i dawnego Rzemiosła [Das Schloss in Alt-Tarnowitz: ein Zentrum für Kunst und altes Kunsthandwerk]. Tarnowskie Góry: Fundacja Kompleks Zamkowy Tarnowice Stary, 2010.

Szewczyk 1956 = Wilhelm Szewczyk: Skarb Donnersmarcków [Der Schatz der Donnersmarck]. Wyd. 1. Warszawa: Czytelnik, 1956.

Szewczyk 1979 = Wilhelm Szewczyk: Skarb Donnersmarcków [Der Schatz der Donnersmarck]. Wyd. 5. Katowice: Śląsk, 1979.

Vereinigung Katholischer Edelleute Schlesiens 1993 = Vereinigung Katholischer Edelleute Schlesiens: 100 Jahre Vereinigung Katholischer Edelleute Schlesiens (1890–1990). Limburg/Lahn: Starke, 1993.

Vereinigung Katholischer Edelleute Schlesiens 2015 = Vereinigung Katholischer Edelleute Schlesiens: 125 Jahre Vereinigung Katholischer Edelleute Schlesiens (1890–2015). Bad Oeynhausen: Selbstverlag, 2015.

Waetzmann 1974 = Karl Waetzmann: Groß Wartenberg bis zum Ende des Zweiten Weltkriegs. In: Heimatkreisorganisation Groß Wartenberg (Hg.): Groß Wartenberg – Stadt und Kreis. Eine Beschreibung des niederschlesischen Kreises bis zum Jahre 1945. Zusammengestellt von Karl-Heinz Eisert. Altdorf Württ.: Heimatkreisorganisation Groß Wartenberg, 1974, S. 61–64.

Wawoczny 2011 = Grzegorz Wawoczny: Tajemnice zamku i browaru w Raciborzu [Geheimnisse des Schlosses und der Brauerei in Ratibor]. Racibórz: Wydawn. i Agencja Informacyjna WAW Grzegorz Wawoczny, 2011.

Weber 2005 = Weber, Marianne (Hg. postum): Frauen auf der Flucht. Bielefeld: Aisthesis, 2005.

Weber 2008 = Weber, Marianne (Hg. postum): Kobiety wypędzone. Opowieść o zemście zwycięzców [Vertriebene Frauen. Die Geschichte der Revanche der Sieger]. Zakrzewo: Replika, 2008.

Wróbel 2014 = Bogusław Wróbel: Nieznane tajemnice III Rzeszy na Dolnym Śląsku – stacje podsłuchowe, fabryki podziemne, bunkry przeciwlotnicze, ukryte skarby [Unbekannte Geheimnisse des Dritten Reichs in Niederschlesien – Überwachungsstationen, unterirdische Fabriken, Luftschutzbunker, verborgene Schätze]. Warszawa: Agencja Wydawnicza CB, 2014.

Wrzesiński 2008 = Szymon Wrzesiński: Tajemnice rycerzy – życie codzienne śląskich feudałów [Geheimnisse der Ritter – der Alltag der schlesischen Feudalherren]. Zakrzewo: Wydawn. Replika, 2008.

Wrzesiński 2012 = Szymon Wrzesiński: Podziemne tajemnice III Rzeszy na Dolnym Śląsku. Sekrety kopalni i majątku w Niwnicach [Die unterirdischen Geheimnisse des Dritten Reichs in Niederschlesien. Die Geheimnisse der Minen und des Majorats in Kunzendorf unter dem Walde]. Warszawa: Agencja Wydawnicza CB, 2012.

7 Hilfsmittel

Bahlcke/Mrozowicz/Lambrecht/Ptak 2010 = Joachim Bahlcke, Wojciech Mrozowicz unter Mitarbeit von Karen Lambrecht, Petr Mat'a, Marian Ptak (Hg.): Adel in Schlesien. Bd. 2: Repertorium. Forschungsperspektiven – Quellenkunde – Bibliographie. München: Oldenbourg, 2010 (Schriften des Bundesinstitutes für Kultur und Geschichte der Deutschen im östlichen Europa 37).

Blažek 1890 = Otto Titan von Hefner (Hg.): J. Siebmacher's großes und allgemeines Wappenbuch. Bd. 6, Abth. 8: C[onrad] Blažek: Der Abgestorbene Adel der Preußischen Provinz Schlesien. Tl. 2. Nürnberg: Bauer & Raspe, 1890.

Blažek 1977 = J. Siebmacher's großes Wappenbuch. Bd. 17: [Conrad Blažek:] Die Wappen des schlesischen Adels. Neustadt a. d. A.: Bauer & Raspe, 1977 (Reprogr. Nachdr. von Bd. 4, Abth. 11, 1885, Bd. 6, Abth. 8, Tl. 1, 1887, Tl. 2, 1890, Tl. 3, 1894).

Genealogisches Handbuch des Adels. Genealogisches Handbuch der fürstlichen Häuser. Hg. v. Hans Friedrich von Ehrenkrook, Walter von Hueck, Christoph Franke. Glücksburg/Ostsee: Starke, 1951ff.

Genealogisches Handbuch des Adels. Genealogisches Handbuch der gräflichen Häuser. Hg. v. Hans Friedrich von Ehrenkrook, Walter von Hueck, Christoph Franke. Glücksburg/Ostsee: Starke, 1952ff.

Genealogisches Handbuch des Adels. Genealogisches Handbuch der freiherrlichen Häuser. Hg. v. Hans Friedrich von Ehrenkrook, Walter von Hueck, Christoph Franke. Glücksburg/Ostsee: Starke, 1952ff.

Genealogisches Handbuch des Adels. Genealogisches Handbuch der adeligen Häuser. Hg. v. Hans Friedrich von Ehrenkrook, Walter von Hueck, Christoph Franke. Glücksburg/Ostsee: Starke, 1951ff.

Güter-Adreßbuch 1912 = Schlesisches Güter-Adreßbuch. Verzeichnis sämtlicher Rittergüter und selbständigen Gutsbezirke, sowie solcher größeren Landgüter der Provinz Schlesien, welche innerhalb der Guts- und Gemeindebezirke mit einem Grundsteuer-Reinertrage von etwa 1500 Mark und mehr veranlagt sind. 10. Ausg. Breslau: Korn, 1912.

Güter-Adreßbuch 1937 = Schlesisches Güter-Adressbuch. Verzeichnis sämtlicher Rittergüter sowie der größeren Landgüter der Provinzen Nieder- und Oberschlesien. 15. Ausg. Breslau: Korn 1937.

Polski słownik biograficzny 1935ff. = Polski słownik biograficzny [Polnisches biografisches Wörterbuch]. Kraków u. a.: Polska Akad. Umiejętności u. a., 1935ff.

Sękowski 2002 = Roman Sękowski (Red.): Herbarz szlachty śląskiej. Informator genealogiczno-heraldyczny [Wappenbuch des schlesischen Adels. Ein genealogisch-heraldisches Informationswerk]. Katowice: Videograf II, 2002.

Georg W. Strobel: Die häufigsten Abkürzungen in der polnischen Presse. [Göttingen]: o.V. 1954 (Veröffentlichung / Göttinger Arbeitskreis).

Śródka 1984 = Andrzej Śródka (Red.): Biogramy uczonych polskich [Kurzbiografien polnischer Gelehrter]. Wrocław: Ossolineum 1984.

8 Literatur

Abmeier 1972 = Hans-Ludwig Abmeier: Michael Graf von Matuschka. In: Archiv für Schlesische Kirchengeschichte 30 (1972), S. 124–154.

Ackermann 2004 = Volker Ackermann: Das Schweigen der Flüchtlingskinder. Psychische Folgen von Krieg, Flucht und Vertreibung bei den Deutschen nach 1945. In: Geschichte und Gesellschaft 30 (2004), S. 434–464.

Adamska-Heś/Heś/Szoltysek 2001 = Dagmara Adamska-Heś, Robert Heś, Roman Szoltysek: Dzieje zamku w Chudowie [Geschichte des Schlosses Chudow]. Katowice: Videograf II, 2001 (Fundacja „Zamek Chudów", Seria monograficzna 1).

Alexandre-Debray 1986 = Janine Alexandre-Debray: La Païva. 1819–1884. Ses amants, ses maris. Paris: Perrin, 1986.

Aly 2006 = Götz Aly: Hitlers Volksstaat. Raub, Rassenkrieg und nationaler Sozialismus. Frankfurt a. M.: Fischer Taschenbuch Verl. 2006 (Fischer 15863, Die Zeit des Nationalsozialismus).

Anderson 1991 = Benedict [R. O'G.] Anderson: Imagined Communities. Reflections on the Origin and Spread of Nationalism. Rev. ed. London u. a.: Verso, 1991.

Appadurai 2011 = Arjun Appadurai: The Social Life of Things. Commodities in Cultural Perspective. 9th print. Cambridge u. a.: Cambridge Univ. Press, 2011.

Appiah 1994 = K. Anthony Appiah: Identity, Authenticity, Survival. Multicultural Societies and Social Reproduction. In: Amy Gutmann (Ed.): Multicultur-alism. Princeton N. J.: Princeton Univ. Press, 1994 (Princeton Paperbacks), S. 149–163.

Asch 2007 = Ronald Asch: Einführung: Adel in der Neuzeit. In: Geschichte und Gesellschaft 33, 3 (2007), S. 317–325.

Assmann 1996 = Aleida Assmann: Erinnerungsorte und Gedächtnislandschaften. In: Hanno Loewy, Bernhard Moltmann (Hg.): Erlebnis – Gedächtnis – Sinn. Authentische und konstruierte Erinnerung. Frankfurt a. M. u. a.: Campus, 1996 (Wissenschaftliche Reihe des Fritz-Bauer-Instituts 3), S. 13–29.

Assmann 2006a = Aleida Assmann: Der lange Schatten der Vergangenheit. Erinne-rungskultur und Geschichtspolitik, München: Beck, 2006.

Assmann 2006b = Aleida Assmann: Wie wahr sind unsere Erinnerungen? In: Ha-rald Welzer, Hans J. Markowitsch (Hg.): Warum Menschen sich erinnern können. Fortschritte in der interdisziplinären Gedächtnisforschung. Stutt-gart: Klett Cotta, 2006, S. 95–110.

Assmann/Assmann 1994 = Aleida Assmann, Jan Assmann: Das Gestern im Heu-te. Medien und soziales Gedächtnis. In: Klaus Merten, Siegfried J. Schmidt, Siegfried Weischenberg (Hg.): Die Wirklichkeit der Medien. Eine Einfüh-rung in die Kommunikationswissenschaft. Opladen: Westdeutscher Verl., 1994, S. 114–140.

Assmann/Frevert 1999 = Aleida Assmann, Ute Frevert: Geschichtsvergessenheit – Geschichtsversessenheit. Vom Umgang mit deutschen Vergangenheiten nach 1945. Stuttgart: Dt. Verl.-Anst., 1999.

Assmann 1991 = Jan Assmann: Der zweidimensionale Mensch. Das Fest als Me-dium des kollektiven Gedächtnisses. In: J. A. in Zusammenarbeit mit Theo Sundermeier (Hg.): Das Fest und das Heilige. Religiöse Kontrapunkte zur Alltagswelt. Gütersloh: Gütersloher Verl.-Haus Mohn, 1991 (Studien zum Verstehen fremder Religionen 1), S. 13–30.

Assmann 1999 = Jan Assmann: Das kulturelle Gedächtnis. Schrift, Erinnerung und politische Identität in frühen Hochkulturen. 2. Aufl. München: Beck, 1999 (Beck'sche Reihe 1307).

Assmann 2005 = Jan Assmann: Das kollektive Gedächtnis zwischen Körper und Schrift. Zur Gedächtnistheorie von Maurice Halbwachs. In: Hermann Kra-poth, Denis Laborde (Hg.): Erinnerung und Gesellschaft. Hommage à Mau-rice Halbwachs (1877–1945) = Mémoire et société. Wiesbaden: VS Verl. für Sozialwissenschaften, 2005 (Jahrbuch für Soziologiegeschichte), S. 65–80.

Austin 1975 = J[ohn] L[angshaw] Austin: How to Do Things with Words. 2. ed. Cambridge, Mass.: Harvard Univ. Press, 1975 (Harvard Paperback 88).

Bahlcke/Schmilewski/Wünsch 2010 = Joachim Bahlcke, Ulrich Schmilewski, Thomas Wünsch: Adel und Adelsforschung in Ostmitteleuropa. Einleitende Bemerkungen zu Gegenstand, Konzeption und Methodik des vorliegenden Bandes. In: Dies. (Hg.): Das Haus Schaffgotsch – Konfession, Politik und Gedächtnis eines schlesischen Adelsgeschlechts vom Mittelalter bis zur Mo-derne. Würzburg: Bergstadtverl. Korn, 2010, S. VII-XXVIII.

Bahr/König 1967 = Bahr, Ernst/König, Kurt: Niederschlesien unter polnischer Verwaltung (Ostdeutschland unter fremder Verwaltung 5), Frankfurt a. M.: Metzner, 1967.

Ballestrem 1970 = Carl Wolfgang Graf von Ballestrem: Der Johanniter-Orden – Der Malteser Orden. Der ritterliche Orden des hl. Johannes vom Spital zu Jerusalem. Seine Aufgaben, seine Geschichte. Köln: Wienand, 1970.

Baranowski 1987 = Shelley Baranowski: Continuity and Contingency. Agrarian Elites, Conservative Institutions and East Elbia in Modern German History. In: Social History 12, 3 (1987), S. 285–308.

Baranowski 1995 = Shelley Baranowski: The Sanctity of Rural Life. Nobility, Protestantism and Nazism in Weimar Prussia. New York u. a.: Oxford Univ. Press, 1995.

Baranowski 1996 = Shelley Baranowski: East Elbian Landed Elites and Germany's Turn to Fascism. The Sonderweg Controversy Revisited. In: European History Quarterly 2 (1996), S. 209–240.

Bar-On 2004 = Dan Bar-On: Die Last des Schweigens. Gespräche mit Kindern von NS-Tätern. 2. Aufl. Hamburg: Ed. Körber-Stiftung, 2004.

Bartelski 1995 = Lesław M. Bartelski: Polscy pisarze współcześni. 1939–1991. Leksykon [Zeitgenössische polnische Autoren. 1939–1991. Ein Lexikon]. Warszawa: Wydawn. Naukowe PWN, 1995.

Baszkiewicz 1990 = Jan Baszkiewicz: Franciszek Ryszka. In: J. B., Artur Bodnar, Stanisław Gebethner (Red.): Historia – prawo – polityka. Księga pamiątkowa dla Profesora Franciszka Ryszki w sześćdziesiątą piątą rocznicę urodzin. Warszawa: Państwowe Wydawn. Naukowe, 1990 (Biblioteka Nauk politycznych), S. 13–20.

Bauer/Harasimowicz/Niedzelenko/Richthofen 2014 = Markus Bauer, Jan Harasimowicz, Andrzej Niedzelenko, Jasper von Richthofen (Hg.): Adel in Schlesien und in der Oberlausitz. Mittelalter. Neuzeit. Gegenwart / Szlachta na Śląsku i Górnych Łużycach. Średniowiecze. Nowożytność. Współczesność. Dresden: Sandstein, 2014.

Baumgart 1990 = Peter Baumgart (Hg.): Kontinuität und Wandel. Schlesien zwischen Österreich und Preußen. Sigmaringen: Thorbecke, 1990 (Schlesische Forschungen 4).

Beer 1998 = Mathias Beer: Im Spannungsfeld von Politik und Zeitgeschichte: Das Großforschungsprojekt „Dokumentation der Vertreibung der Deutschen aus Ost-Mitteleuropa". In: Vierteljahreshefte für Zeitgeschichte 46, 3 (1998), S. 345–389.

Beer 2015 = Mathias Beer: Fachbücher. In: Stephan Scholz, Maren Röger, Bill Niven (Hg.): Die Erinnerung an Flucht und Vertreibung. Ein Handbuch der Medien und Praktiken. Paderborn: Schöningh, 2015, S. 100–115.

Bein 1991 = Werner Bein: „Ein großes vaterländisches Faktum". Die Schlacht von Wahlstatt in der deutschen Literatur. In: Ulrich Schmilewski (Hg.): Wahlstatt 1241. Beiträge zur Mongolenschlacht bei Liegnitz und zu ihren Nachwirkungen. Würzburg: Bergstadtverl. Korn, 1991, S. 149–171.

Bendel 2009 = Rainer Bendel: Die Aufnahme von Vertriebenen in katholischen süd- und südwestdeutschen Diasporagebieten. In: Josef Pilvousek, Elisabeth

Preuß (Hg.): Aufnahme – Integration – Beheimatung. Flüchtlinge, Vertriebene und die „Ankunftsgesellschaft". Berlin u. a.: Lit, 2009 (Studien zur kirchlichen Zeitgeschichte 3), S. 61–86.

Benz 2008 = Wolfgang Benz: Der Holocaust. 7. Aufl. München u.a.: Beck, 2008.

Berdahl 1972 = Robert M. Berdahl: Conservative Politics and Aristocratic Landholders in Bismarckian Germany. In: The Journal of Modern History 44, 1 (1972), S. 1–20.

Berdahl 1980 = Robert M. Berdahl: Preußischer Adel. Paternalismus als Herrschaftssystem. In: Hans-Jürgen Puhle, Hans-Ulrich Wehler (Hg.): Preußen im Rückblick. Göttingen: Vandenhoeck & Ruprecht, 1980 (Geschichte und Gesellschaft, Sonderheft 6), S. 123–145.

Berdahl 1988 = Robert M. Berdahl: The Politics of the Prussian Nobility. The Development of a Conservative Ideology 1770–1848. Princeton, N. J.: Princeton Univ. Press, 1988.

Berg 2013 = Nicolas Berg: Der Holocaust und die westdeutschen Historiker. Erforschung und Erinnerung. Göttingen: Wallstein, 2013 (Moderne Zeit. Neue Forschungen zur Gesellschafts- und Kulturgeschichte des 19. und 20. Jahrhunderts 3).

Berger/Luckmann 1980 = Peter L. Berger, Thomas Luckmann: Die gesellschaftliche Konstruktion der Wirklichkeit. Eine Theorie der Wissenssoziologie. 5. Aufl. Frankfurt a. M.: Fischer Taschenbuch-Verl., 1980 (Fischer 6623).

Berghoff 2000 = Hartmut Berghoff: Adel und Industriekapitalismus im Deutschen Kaiserreich – Abstoßungskräfte und Annäherungstendenzen zweier Lebenswelten. In: Heinz Reif (Hg.): Adel und Bürgertum in Deutschland. Tl. 1: Entwicklungslinien und Wendepunkte im 19. Jahrhundert. Berlin: Akademie Verl., 2000 (Elitenwandel in der Moderne 1), S. 233–271.

Bergien 2012 = Rüdiger Bergien: Die bellizistische Republik. Wehrkonsens und „Wehrhaftmachung" in Deutschland 1918–1933. München: Oldenbourg, 2012 (Ordnungssysteme. Studien zur Ideengeschichte der Neuzeit 35).

Bergson 1991 = Henri Bergson: Materie und Gedächtnis. Eine Abhandlung über die Beziehung zwischen Körper und Geist. Hamburg: Meiner, 1991 (Philosophische Bibliothek 441).

Bębnik 2007 = Grzegorz Bębnik: „Stalinizacja" jako zawłaszczenie sfery symbolicznej (na przykładzie Katowic, 1945–1956) [„Stalinisierung" als symbolische Aneignung der öffentlichen Sphäre (am Beispiel von Kattowitz 1945–1956)]. In: Adam Dziurok, Bernard Linek, Krzysztof Tarka (Red.): Stalinizm i rok 1956 na Górnym Śląsku. Katowice u. a.: Instytut Śląski. Państwowy Instytut Naukowy u. a., 2007, S. 237–258.

Białek 2010 = Edward Białek: Vom „Promkombinat" zum Kulturzentrum. Das Gebäude der Rittcrakademie in Liegnitz nach 1945. In: Silesia nova. Vierteljahresschrift für Kultur und Geschichte, Kulturgeschichte und Gegenwart Schlesiens und seiner Nachbarregionen 6/7 (2010), S. 65–75.

Birke/Kettenacker 1989 = Adolf M[atthias] Birke, Lothar Kettenacker unter Mitarbeit von Helmut Reifeld (Hg.): Bürgertum, Adel und Monarchie. Wandel der Lebensformen im Zeitalter des bürgerlichen Nationalismus = Middle Classes, Aristocracy, and Monarchy. Patterns of Change in the Age of Modern Nationalism. München u. a.: Saur, 1989 (Prinz-Albert-Studien 7).

Blöchlinger/Kopf/Profeld 2006 = Alex Blöchlinger, Roland Kopf, Dieter Profeld: 150 Jahre Kolleg Stella Matutina. Die bewegte Geschichte des Kollegs Stella Matutina von 1856 bis 1938 und 1946 bis 1979. Hohenems: Bucher, 2006.

Bohnenkamp/Manning/Silies 2009 = Björn Bohnenkamp, Till Manning, Eva-Maria Silies: Argument, Mythos, Auftrag und Konstrukt. Generationelle Erzählungen in interdisziplinärer Perspektive. In: Dies. (Hg.): Generation als Erzählung. Neue Perspektiven auf ein kulturelles Deutungsmuster. Göttingen: Wallstein, 2009 (Göttinger Studien zur Generationsforschung 1), S. 9–29.

Bömelburg 1998 = Hans-Jürgen Bömelburg: „Polnische Wirtschaft". Zur internationalen Genese und zur Realitätshaltigkeit der Stereotypie der Aufklärung. In: H.-J. B., Beate Eschment (Hg.): „Der Fremde im Dorf". Überlegungen zum Eigenen und zum Fremden in der Geschichte. Rex Rexheuser zum 65. Geburtstag. Lüneburg: Nordostdeutsches Kulturwerk, 1998, S. 231–248.

Bonter 2001 = Urszula Bonter: Der deutsche Exodus in den Augen der polnischen Repatriierten. In: Elke Mehnert (Hg.): Landschaften der Erinnerung. Flucht und Vertreibung aus deutscher, polnischer und tschechischer Sicht. Frankfurt a. M. u. a.: Lang, 2001 (Studien zur Reiseliteratur- und Imagologieforschung 5), S. 238–246.

Borzyszkowska-Szewczyk 2004 = Miłosława Borzyszkowska-Szewczyk: Erinnerung und Gegenwart. Reiseberichte aus Pommern in der „Pommerschen Zeitung" (1989–2001). In: Bernd Neumann, Dietmar Albrecht, Andrzej Talarczyk (Hg.): Literatur – Grenzen – Erinnerungsräume: Erkundungen des deutsch-polnisch-baltischen Ostseeraums als einer Literaturlandschaft. Würzburg: Königshausen & Neumann, 2004, S. 163–180.

Borzyszkowska-Szewczyk 2005 = Miłosława Borzyszkowska-Szewczyk: Zum Ethos erzogen. Das Motiv des preußischen Ethos in den autobiographischen Schriften adliger Autoren aus Ostpreußen nach 1945. In: Studia Germanica Gedanensia 13 (2005), S. 71–86.

Borzyszkowska-Szewczyk 2009a = Miłosława Borzyszkowska-Szewczyk: Pamięć dla przyszłości. Literatura wspomnieniowa potomków szlachty pruskiej z Pomorza Zachodniego i Prus Wschodnich po 1945 roku [Erinnerung für die Zukunft. Erinnerungliteratur der Nachkommen des preußischen Adels aus Hinterpommern und Ostpreußen nach 1945]. Wrocław: ATUT, 2009 (Zrozumieć Niemcy 7).

Borzyszkowska-Szewczyk 2009b = Miłosława Borzyszkowska-Szewczyk: Wanderungen zwischen Gestern – Heute – Morgen. Wiederbegegnungen mit der „alten" Heimat in den Reiseberichten des deutschen Adels aus Hinterpommern und Ostpreußen nach 1945. In: Natalia Donig, Silke Flegel, Sarah Scholl-Schneider (Hg.): Heimat als Erfahrung und Entwurf. Bochum: Lit, 2009 (Gesellschaft und Kultur – Neue Bochumer Beiträge und Studien 7), S. 147–162.

Bourdieu 2006 = Pierre Bourdieu: Die feinen Unterschiede. Kritik der gesellschaftlichen Urteilskraft. Frankfurt a. M.: Suhrkamp, 2006 (Suhrkamp-Taschenbuch Wissenschaft 658).

Bourdieu 2007 = Pierre Bourdieu: La noblesse. Capital social et capital symbolique. In: Didier Lancien, Monique de Saint Martin (Éd.): Anciennes et nouvelles aristocraties de 1880 à nos jours. Paris: Éd. Maison des Sciences de l'Homme, 2007, S. 386–397.

Bradford 1996 = Ernle Bradford: Johanniter und Malteser. Die Geschichte des Ritterordens. 3. Aufl. München: Universitas, 1996.

Bratvogel 1999 = Friedrich W. Bratvogel: Landadel und ländliches Bürgertum. Mecklenburg-Strelitz und Oberschwaben 1750–1850. In: Geschichte und Gesellschaft 25, 3 (1999), S. 404–428.

Braun 1990a = Hans-Jürg Braun: Religion im Zeitalter nach der Aufklärung. Veränderung des religiösen Bewußtseins als Kontingenzbewältigung. In: Georg Kohler, Heinz Kleger (Hg.): Diskurs und Dezision. Politische Vernunft in der wissenschaftlich-technischen Zivilisation. Hermann Lübbe in der Diskussion. Wien: Passagen, 1990, S. 315–331.

Braun 1990b = Rudolf Braun: Konzeptionelle Bemerkungen zum Obenbleiben. Adel im 19. Jahrhundert. In: Hans-Ulrich Wehler (Hg.): Europäischer Adel 1750–1950. Göttingen: Vandenhoeck & Ruprecht, 1990 (Geschichte und Gesellschaft. Zeitschrift für historische Sozialwissenschaft, Sonderheft 13), S. 87–95.

Bredow/Foltin 1981 = Wilfried von Bredow, Hans-Friedrich Foltin: Zwiespältige Zufluchten. Zur Renaissance des Heimatgefühls. Berlin u. a.: Dietz, 1981.

Brelot 1990 = Claude-Isabelle Brelot: La noblesse réinventée. Nobles de Franche-Comté de 1814 à 1870. 2 tomes. Paris: Les Belles Lettres, 1990 (Annales littéraires de l'Université de Besançon, Série historique).

Brelot 1995 = Claude-Isabelle Brelot (Éd.): Noblesses et villes (1780–1950). Tours: Éd. de la Maison des Sciences de la Ville, Univ., 1995 (Collection Sciences de la Ville 10).

Brinson 2001 = Betsy Brinson: Crossing Cultures. An Interview with Alessandro Portelli. In: Oral History Review 28, 1 (2001), S. 87–113.

Brown 1973 = Lyle Brown: Methods and Approaches in Oral History Interviewing Latin American Elites. In: Oral History Review 1, 1 (1973), S. 77–86.

Bude 1992 = Heinz Bude: Bilanz der Nachfolge. Die Bundesrepublik und der Nationalsozialismus. Frankfurt a. M. u. a.: Suhrkamp, 1992 (Suhrkamp-Taschenbuch Wissenschaft 1020).

Burguière 1998 = André Burguière: Geschichte der Familie. Bd. 4: 20. Jahrhundert. Frankfurt a. M. u. a.: Campus, 1998.

Butler 1993 = Judith Butler: Für ein sorgfältiges Lesen. In: Seyla Benhabib, J. B., Drucilla Cornell, Nancy Fraser (Hg.): Der Streit um Differenz. Feminismus und Postmoderne in der Gegenwart. Frankfurt a. M.: Fischer Taschenbuch-Verl., 1993 (Fischer 11810, Zeit-Schriften), S. 122–132.

Butler 2006 = Judith Butler: Haß spricht. Zur Politik des Performativen. Frankfurt a. M.: Suhrkamp, 2006 (Edition Suhrkamp 2414).

Butler 2010 = Judith Butler: Performative Agency. In: Journal of Cultural Economy 3, 2 (2010), S. 147–161.

Cannadine 1980 = David Cannadine: Lords and Landlords. The Aristocracy and the Towns 1774–1967. Leicester: Leicester Univ. Press, 1980.

Cannadine 1994 = David Cannadine: Aspects of Aristocracy. Grandeur and Decline in Modern Britain. New Haven, Conn. u. a.: Yale Univ. Press, 1994.

Cecil 1970 = Lamar Cecil: The Creation of Nobles in Prussia, 1871–1918. In: American Historical Review 3 (1970), S. 757–795.

Chan 2006 = Chan, Sucheng (Ed.): The Vietnamese American 1.5 Generation. Stories of War, Revolution, Flight, and New Beginnings. Philadelphia: Temple University Press, 2006.

Colloredo-Mansfeld 2003 = Rudi Colloredo-Mansfeld: Introduction. Matter Unbound. In: Journal of Material Culture 8, 3 (2003), S. 245–254.

Conrads 2005 = Norbert Conrads: Adelsgeschichte. In: Joachim Bahlcke (Hg.): Historische Schlesienforschung. Methoden, Themen und Perspektiven zwischen traditioneller Landesgeschichtsschreibung und moderner Kulturwissenschaft. Köln u. a: Böhlau, 2005 (Neue Forschungen zur schlesischen Geschichte 11), S. 347–381.

Conrads 2009 = Norbert Conrads: Schlesien in der Frühmoderne. Zur politischen und geistigen Kultur eines habsburgischen Landes. Köln u. a. 2009 (Neue Forschungen zur schlesischen Geschichte 16).

Conze 2000 = Eckart Conze: Von deutschem Adel: Die Grafen von Bernstorff im zwanzigsten Jahrhundert. Stuttgart u. a.: Deutsche Verl.-Anstalt, 2000.

Conze 2001 = Eckart Conze: Adel und Adeligkeit im Widerstand des 20. Juli 1944. In: Heinz Reif (Hg.): Adel und Bürgertum in Deutschland, Teil 2: Entwicklungslinien und Wendepunkte im 20. Jahrhundert, Berlin, Boston: De Gruyter, 2001, S. 269-295.

Conze 2005a = Eckart Conze: Der Edelmann als Bürger? Standesbewußtsein und Wertewandel im Adel der frühen Bundesrepublik. In: Manfred Hettling, Bernd Ulrich (Hg.): Bürgertum nach 1945. Hamburg: Hamburger Ed., 2005, S. 347–371.

Conze 2005b = Vanessa Conze: Das Europa der Deutschen. Ideen von Europa in Deutschland zwischen Reichstradition und Westorientierung (1920–1970). München: Oldenbourg, 2005 (Studien zur Zeitgeschichte 69).

Conze 2006a = Eckart Conze: Der Adel ist tot – es lebe der Adel! Adelsgeschichte in Deutschland im 19. und 20. Jahrhundert. In: Manfred Rasch in Verbindung mit Toni Pierenkemper, Norbert Reimann (Hg.): Adel als Unternehmer im bürgerlichen Zeitalter. Vorträge des wissenschaftlichen Kolloquiums der Vereinigten Westfälischen Adelsarchive e. V. vom 28.–30. Juli 2004 in Bad Driburg. Münster: Vereinigte Westfälische Adelsarchive, 2006 (Veröffentlichungen der Vereinigten Westfälischen Adelsarchive e. V. 17), S. 49–63.

Conze 2006b = Eckart Conze: Totgesagte leben länger. Adel in Deutschland im 19. und 20. Jahrhundert. In: Mark Hengerer, Elmar L. Kuhn in Verbindung mit Peter Blickle (Hg.): Adel im Wandel. Oberschwaben von der frühen Neuzeit bis zur Gegenwart. Bd. 1. Ostfildern: Thorbecke, 2006, S. 107–121.

Conze 2010 = Eckart Conze: Adel und Moderne in Ostmitteleuropa. Überlegungen zur Systematisierung eines adelshistorischen Feldes zwischen Region, Nation und Europa. In: Jan Harasimowicz, Matthias Weber (Hg.): Adel in Schlesien. Bd. 1: Herrschaft – Kultur – Selbstdarstellung. München: Oldenbourg, 2010 (Schriften des Bundesinstitutes für Kultur und Geschichte der Deutschen im östlichen Europa 36), S. 305–320.

Conze 2013 = Eckart Conze: Rittergüter – Erbhöfe – Hegehöfe. Neuadelsvorstellungen des Nationalsozialismus und des Widerstands. In: E. C., Wencke Meteling, Jörg Schuster, Jochen Strobel (Hg.): Aristokratismus und Moderne: Adel als politisches und kulturelles Konzept, 1890–1945. Köln u. a.: Böhlau, 2013 (Adelswelten 1), S. 339–352.

Conze/Wienfort 2004 = Eckart Conze, Monika Wienfort: Themen und Perspektiven historischer Adelsforschung zum 19. und 20. Jahrhundert. In: E. C., M. W. (Hg.): Adel und Moderne. Deutschland im europäischen Vergleich im 19. und 20. Jahrhundert. Köln u. a.: Böhlau, 2004, S. 1–16.

Cornelißen 2009 = Christoph Cornelißen: Erforschung und Erinnerung – Historiker und die zweite Geschichte. In: Peter Reichel, Harald Schmid, Peter Steinbach (Hg.): Der Nationalsozialismus. Die zweite Geschichte. Überwindung, Deutung, Erinnerung. München: Beck, 2009, S. 217–241.

Czerner 2000 = Olgierd Czerner: Zabytki Śląska w Polsce dyktatury proletariatu [Schlesische Denkmäler unter der Diktatur des Proletariats in Polen]. In: Andrzej Tomaszewski (Red.): Badania i ochrona zabytków w Polsce w XX wieku. Warszawa: Towarzystwo Opieki nad Zabytkami, 2000, S. 59–72.

Czerner/Bździach 2001 = Olgierd Czerner, Klaus Bździach (Red.): Das Tal der Schlösser und Gärten. Das Hirschberger Tal in Schlesien – ein gemeinsames Kulturerbe / Dolina zamków i ogrodów. Kotlina Jeleniogórska – wspólne dziedzictwo. Jelenia Góra: Ges. für Interregionalen Kulturaustausch, Muzeum Okręgowe 2001.

Čujkina 2006 = Sof'ja Čujkina: Dvorjanskaja pamjat'. "Byvšie" v sovetskom gorode (Leningrad, 1920–30-e gody) [Adelsgedächtnis. „Ehemalige" (Adelige) in der sowjetischen Stadt (Leningrad, 1920–30)]. Sankt Peterburg: Izdat. Evropejskogo Univ., 2006.

Dahlmann 1998 = Dittmar Dahlmann: „Als eine Welt unterging." Das Ende des Zarenreiches in den Lebenserinnerungen der russischen Aristokratie. In: Joachim Hösler, Wolfgang Kessler (Hg.): Finis mundi. Endzeiten und Weltenden im östlichen Europa. Stuttgart: Steiner, 1998 (Quellen und Studien zur Geschichte des östlichen Europa 50), S. 61–76.

Dannenberg 2014 = Lars-Arne Dannenberg: Der Oberlausitzer Adel seit dem 17. Jahrhundert = Szlachta górnołużycka od XVII wieku. In: Markus Bauer, Jan Harasimowicz, Andrzej Niedzelenko, Jasper von Richthofen (Hg.): Adel in Schlesien und in der Oberlausitz. Mittelalter, Neuzeit, Gegenwart / Szlachta na Śląsku i Górnych Łużycach. Średniowiecze, Nowożytność, Współczesność. Dresden: Sandstein, 2014, S. 32–41.

Davies 2005 = Norman Davies: God's Playground A History of Poland: Volume II: 1795 to the Present. Oxford u. a.: Oxford Univ. Press, 2005.

Demshuk 2012 = Andrew Demshuk: The Lost German East. Forced Migration and the Politics of Memory, 1945–1970. Cambridge: Cambridge Univ. Press, 2012.

Depkat 2007 = Volker Depkat: Lebenswenden und Zeitenwenden. Deutsche Politiker und die Erfahrungen des 20. Jahrhunderts. München: Oldenbourg, 2007 (Ordnungssysteme. Studien zur Ideengeschichte der Neuzeit 18).

Diekmann/Schoeps 2002 = Irene Diekmann, Julius H. Schoeps (Hg.): Das Wilkomirski-Syndrom. Eingebildete Erinnerungen oder von der Sehnsucht, Opfer zu sein. Zürich: Pendo, 2002.

Diemel 1998 = Christa Diemel: Adelige Frauen im bürgerlichen Jahrhundert. Hofdamen, Stiftsdamen, Salondamen 1800–1870. Frankfurt a. M.: Fischer Taschenbuch-Verl., 1998 (Fischer 13880, Geschichte).

Dipper 2007 = Christof Dipper: Les noblesses allemandes depuis la chute de la monarchie: état des recherches actuelles. In: Didier Lancien, Monique de Saint Martin (Éd.): Anciennes et nouvelles aristocraties de 1880 à nos jours. Paris: Éd. Maison des Sciences de l'Homme, 2007, S. 49–64.

Długoborski 1992 = Wacław Długoborski: Die schlesischen Magnaten in der frühen Phase der Industrialisierung. In: Toni Pierenkemper (Hg.): Industriegeschichte Oberschlesiens im 19. Jahrhundert. Rahmenbedingungen – gestaltende Kräfte, infrastrukturelle Voraussetzungen, regionale Diffusion. Wiesbaden: Harrasowitz, 1992 (Studien der Forschungsstelle Ostmitteleuropa an der Universität Dortmund 8), S. 107–128.

Dobrowolski 1972 = Piotr Dobrowolski: Ugrupowania i kierunki separatystyczne na Górnym Śląsku i w Cieszyńskiem w latach 1918–1939 [Separatistische Gruppierungen und Richtungen in Oberschlesien und im Teschener Land in den Jahren 1918–1939]. Kraków: Państwowe Wydawn. Naukowe, 1972.

Dölling 2004 = Irene Dölling: Männliche Herrschaft als paradigmatische Form der symbolischen Gewalt. In: Margareta Steinrücke (Hg.): Pierre Bourdieu – Politisches Forschen, Denken und Eingreifen. Hamburg: VSA-Verl., 2004, S. 74–90.

Donig 2010 = Simon Donig: Das bürgerliche Erbe einer oberschlesischen Magnatenfamilie: die Koppitzer Linie der Grafen von Schaffgotsch. In: Joachim Bahlcke, Ulrich Schmilewski, Thomas Wünsch (Hg.): Das Haus Schaffgotsch. Konfession, Politik und Gedächtnis eines schlesischen Adelsgeschlechts vom Mittelalter bis zur Moderne. Würzburg: Bergstadtverl. Korn, 2010, S. 223–265.

Donig 2014 = Simon Donig: Der schlesische Adel von 1740 bis heute. / Śląska szlachta od 1740 roku do dzisiaj. In: Markus Bauer, Jan Harasimowicz, Andrzej Niedzelenko, Jasper von Richthofen (Hg.): Adel in Schlesien und in der Oberlausitz. Mittelalter, Neuzeit, Gegenwart / Szlachta na Śląsku i Górnych Łużycach. Średniowiecze, Nowożytność, Współczesność. Dresden: Sandstein, 2014, S. 18–31.

Doyle 2010 = William Doyle: Aristocracy. A very Short Introduction. Oxford u. a.: Oxford Univ. Press, 2010 (Very Short Introductions 251).

Drewes 2013 = Kai Drewes: Jüdischer Adel. Nobilitierungen von Juden im Europa des 19. Jahrhunderts. Frankfurt a. M. u. a.: Campus, 2013.

Ecarius 2013 = Jutta Ecarius: Familie – Identität – Kultur. In: Meike Sophia Baader, Petra Götte, Carola Groppe (Hg.): Familientraditionen und Familienkulturen. Theoretische Konzeptionen, historische und aktuelle Analysen. Wiesbaden: Springer Fachmedien, 2013, S. 53–70.

Eckel 2005 = Jan Eckel: Hans Rothfels. Eine intellektuelle Biographie im 20. Jahrhundert. Göttingen: Wallstein, 2005 (Moderne Zeit. Neue Forschungen zur Gesellschafts- und Kulturgeschichte des 19. und 20. Jahrhunderts 10).

Eckert 1992 = Jörn Eckert: Der Kampf um die Familienfideikommisse in Deutschland. Studien zum Absterben eines Rechtsinstitutes. Frankfurt a. M. u. a.: Lang, 1992 (Rechtshistorische Reihe 104).

Eckstaedt 1992 = Anita Eckstaedt: Nationalsozialismus in der „zweiten Generation". Psychoanalyse von Hörigkeitsverhältnissen. Frankfurt a. M.: Suhrkamp, 1992 (Suhrkamp-Taschenbuch Wissenschaft 1026).

Ehren 1935 = Hermann Ehren: Graf Franz von Ballestrem. Ein Lebensbild. Breslau: Ostdeutsche Verlagsanstalt, 1935.

Eichholtz 1969–1996 = Dietrich Eichholtz: Geschichte der deutschen Kriegswirtschaft 1939–1945. Bd. 1–3. Berlin: Akademie-Verl. 1969, 1985, 1996 (Forschungen zur Wirtschaftsgeschichte 1).

Eiden 2010 = Maximilian Eiden: Die Piasten in der Erinnerungskultur des schlesischen Adels. Zum Selbstverständnis der Schaffgotsch als Nachkommen der polnischen Könige und schlesischen Landesfürsten (17.–19. Jahrhundert). In: Joachim Bahlcke, Ulrich Schmilewski, Thomas Wünsch (Hg.): Das Haus Schaffgotsch. Konfession, Politik und Gedächtnis eines schlesischen Adelsgeschlechts vom Mittelalter bis zur Moderne. Würzburg: Bergstadtverl. Korn, 2010, S. 141–175.

Eiden 2012 = Maximilian Eiden: Das Nachleben der schlesischen Piasten. Dynastische Tradition und moderne Erinnerungskultur vom 17. bis 20. Jahrhundert. Köln u. a.: Böhlau, 2012 (Neue Forschungen zur schlesischen Geschichte 22).

Elias 1987 = Norbert Elias: Die Gesellschaft der Individuen. Frankfurt a. M.: Suhrkamp, 1987.

Elvert 1999 = Jürgen Elvert: Mitteleuropa! Deutsche Pläne zur europäischen Neuordnung (1918–1945). Stuttgart: Steiner, 1999 (Historische Mitteilungen, Beiheft 35).

Endres 2006 = Rudolf Endres: Oberschwäbischer Adel vom 17. bis zum 20. Jahrhundert. Der Kampf ums „Oben bleiben". In: Marc Hengerer, Elmar L. Kuhn in Verbindung mit Peter Blickle (Hg.): Adel im Wandel. Oberschwaben von der frühen Neuzeit bis zur Gegenwart. Bd. 1. Ostfildern: Thorbecke, 2006, S. 31–44.

Eriksen 2014 = Anne Eriksen: From Antiquities to Heritage. Transformations of Cultural Memory. New York u. a.: Berghahn Books, 2014 (Time and the World. Interdisciplinary Studies in Cultural Transformations 1).

Erll 2005 = Erll, Astrid: Kollektives Gedächtnis und Erinnerungskulturen. Eine Einführung. Stuttgart u. a.: Metzler, 2005.

Erren 2008 = Lorenz Erren: „Selbstkritik" und Schuldbekenntnis. Kommunikation und Herrschaft unter Stalin (1917–1953). München: Oldenbourg, 2008 (Ordnungssysteme. Studien zur Ideengeschichte der Neuzeit 19).

Erren 2010 = Lorenz Erren: Stalinist Rule and its Communication Practices. In: Kirill Postoutenko (Ed.): Totalitarian Communication. Hierarchies, Codes and Messages. Bielefeld: transcript, 2010 (Cultural and Media Studies), S. 43–66.

Faulenbach/Helle 2005 = Bernd Faulenbach, Andreas Helle (Hg.): Zwangsmigration in Europa. Zur wissenschaftlichen und politischen Auseinandersetzung um die Vertreibung der Deutschen aus dem Osten. Essen: Klartext, 2005.

Fehrenbach 1994a = Elisabeth Fehrenbach: Adel und Bürgertum im deutschen Vormärz. München: Oldenbourg, 1994 (Schriften des Historischen Kollegs, Vorträge 36).

Fehrenbach 1994b = Elisabeth Fehrenbach: Adel und Bürgertum im deutschen Vormärz. In: Historische Zeitschrift 258, 1 (1994), S. 1–28.

Fehrenbach 1994c = Elisabeth Fehrenbach unter Mitarbeit von Elisabeth Müller-Luckner (Hg.): Adel und Bürgertum in Deutschland 1770–1848. München: Oldenbourg, 1994 (Schriften des Historischen Kollegs, Kolloquien 31).

Felsch 2015 = Corinna Felsch: Reisen in die Vergangenheit? Westdeutsche Fahrten nach Polen 1970–1990. Berlin u. a.: De Gruyter- Oldenbourg, 2015 (Studien zur internationalen Geschichte 38).

Fendl 1998 = Elisabeth Fendl: Reisen in die verlorene Vergangenheit. Überlegungen zum „Heimwehtourismus". In: Jahrbuch für deutsche und osteuropäische Volkskunde 41 (1998), S. 85–100.

Fendl 2006 = Elisabeth Fendl: Aufbaugeschichten: eine Biographie der Vertriebenengemeinde Neutraubling. Marburg: Elwert, 2006 (Schriftenreihe der Kommission für deutsche und osteuropäische Volkskunde in der Deutschen Gesellschaft für Volkskunde e. V. 91).

Fensch 1984 = Dorothea Fensch: Deutscher Schutzbund 1919–1936. In: Lexikon zur Parteiengeschichte. Bd. 2: Die bürgerlichen und kleinbürgerlichen Parteien und Verbände in Deutschland (1789–1945). Leipzig: VEB Bibliographisches Institut, 1984, S. 290–310.

Fic 2007 = Maciej Fic: Wilhelm Szewczyk (1916–1991). Śląski polityk i działacz społeczny [Wilhelm Szewczyk (1916–1991) – schlesischer Politiker und Sozialaktivist]. Katowice: Wydawn. Uniw. Śląskiego, 2007 (Prace naukowe Uniwersytetu Śląskiego w Katowicach 2474).

Fic 2014 = Maciej Fic: Między nauką a propagandą. Śląski Instytut Naukowy im. Jacka Koraszewskiego w Katowicach (1957–1992) [Zwischen Wissenschaft und Propaganda. Das Schlesische Wissenschaftsinstitut Jacek Koraszewski in Katowice (1957–1992)]. Katowice: Wydawn. Uniwersytetu Śląskiego, 2014 (Prace Naukowe Uniwersytetu Śląskiego w Katowicach 3202).

Field 2012 = Sean Field: Oral History, Community, and Displacement. Imagining

Memories in Post-Apartheid South Africa. New York: Palgrave Macmillan, 2012 (Palgrave Studies in Oral History).

Fischer 2010 = Wolfgang Fischer: Heimat-Politiker? Selbstverständnis und politisches Handeln von Vertriebenen als Abgeordnete im Deutschen Bundestag 1949 bis 1974. Düsseldorf: Droste, 2010 (Beiträge zur Geschichte des Parlamentarismus und der politischen Parteien 157).

Forbrich 2006 = Herle Forbrich: Die Bodenreform und ihre Folgen: Zerstörung, Verfall und Umnutzung. In: Markus Jager, Freundeskreis der Schlösser und Gärten der Mark (Hg.): Schlösser und Gärten der Mark. Festgabe für Sibylle Badstübner-Gröger. Berlin: Lukas, 2006, S. 135–144.

Forbrich 2008 = Herle Forbrich: Herrenhäuser ohne Herren. Ostelbische Geschichtsorte im 20. Jahrhundert. München: Meidenbauer, 2008 (Colloquia Baltica 17).

Franke 2002 = Arne Franke: Das Schloß in Bad Warmbrunn. In: Heinrich Trierenberg (Hg.): Niederschlesien im Wandel / Dolny Śląsk w procesie przemian. Dülmen: Laumann, 2002, S. 223f.

Franke 2008 = Arne Franke, unter Mitarbeit von Katrin Schulze: Das schlesische Elysium. Burgen, Schlösser, Herrenhäuser und Parks im Hirschberger Tal. 3., überarb. u. erw. Aufl. Potsdam: Deutsches Kulturforum östliches Europa, 2008 (Potsdamer Bibliothek östliches Europa, Kulturreisen).

Franke 2014 = Arne Franke: Schlösser und Herrenhäuser in Schlesien – eine Herausforderung für die Denkmalpflege / Pałace i dwory na Śląsku – wyzwanie dla ochrony zabytków. In: Markus Bauer, Jan Harasimowicz, Andrzej Niedzelenko, Jasper von Richthofen (Hg.): Adel in Schlesien und in der Oberlausitz. Mittelalter, Neuzeit, Gegenwart / Szlachta na Śląsku i Górnych Łużycach. Średniowiecze, Nowożytność, Współczesność. Dresden: Sandstein, 2014, S. 42–49.

Franke/Schulze 2009 = Arne Franke, Katrin Schulze: Schlösser und Herrenhäuser in der Grafschaft Glatz. Ein Architektur- und Parkreiseführer. Würzburg: Bergstadtverl. Korn, 2009.

Freller 2012 = Thomas Freller: Die Johanniter. Vom Kreuzritter zum Samariter. Die Geschichte des Malteserordens. Gernsbach: Katz, 2012.

Frie 2005a = Ewald Frie: Adel um 1800. Oben bleiben? In: Zeitenblicke 4, 3 (2005), 13.12.2005, <http://www.zeitenblicke.de/2005/3/Frie/index_html> (letzter Zugriff: 08.05.2019).

Frie 2005b = Ewald Frie: Adel und bürgerliche Werte. In: Hans-Werner Hahn, Dieter Hein (Hg.): Bürgerliche Werte um 1800. Entwurf – Vermittlung – Rezeption. Köln u. a.: Böhlau, 2005, S. 393–414.

Frie 2007 = Ewald Frie: Adelsgeschichte des 19. Jahrhunderts? Eine Skizze. In: Geschichte und Gesellschaft 33, 3 (2007), S. 398–415.

Fried 2004 = Johannes Fried: Der Schleier der Erinnerung. Grundzüge einer historischen Memorik. München: Beck, 2004.

Friese 2008 = Marianne Friese: Dienstbotin. Genese und Wandel eines Frauenberufs. In: Claudia Gather, Birgit Geissler, Maria S. Rerrich (Hg.): Weltmarkt Privathaushalt. Bezahlte Haushaltsarbeit im globalen Wandel. 2. Aufl. Münster: Westfälisches Dampfboot, 2008, S. 223–237 (Forum Frauenforschung 15).

Frisch 1990 = Michael Frisch: A Shared Authority. Essays on the Craft and Meaning of Oral and Public History. Albany, N. Y.: State Univ. of New York Pr., 1990 (SUNY Series in Oral and Public History).

Frye 1957 = Northrop Frye: Anatomy of Criticism. Four Essays. Princeton, N. J.: Princeton Univ. Press, 1957.

Fuchs 1994 = Konrad Fuchs: Vom deutschen Krieg zur deutschen Katastrophe (1866–1945). In: Norbert Conrads (Hg.): Deutsche Geschichte im Osten Europas. Schlesien. Berlin: Siedler, 1994, S. 554–692.

Fuchs 2001 = Konrad Fuchs: Hans Heinrich XI. Herzog von Pleß als Wirtschafts-förderer. In: Konrad Fuchs (Hg.): Gestaltungskräfte in der Geschichte Ober-schlesiens, Niederschlesiens und Sudetenschlesiens. Dortmund: Forschungs-stelle Ostmitteleuropa, 2001 (Veröffentlichungen der Forschungsstelle Ostmitteleuropa an der Universität Dortmund A 52), S. 113–125.

Fuchs-Heinritz/König 2011 = Werner Fuchs-Heinritz, Alexandra König: Pierre Bourdieu. Eine Einführung. 2., überarb. Aufl. Konstanz: UVK, 2011 (UTB 2649, Soziologie).

Fulbrook 2011 = Mary Fulbrook: Dissonant Lives. Generations and Violence through the German Dictatorships. Oxford u. a.: Oxford Univ. Press, 2011.

Fulbrook 2012 = Mary Fulbrook: Replik zu: Armin Nolzen: Rezension zu: Mary Fulbrook: Dissonant Lives. Generations and Violence Through the Ger-man Dictatorships. Oxford 2011. In: H-Soz-Kult, 02.07.2012, <https://www.hsozkult.de/publicationreview/id/rezbuecher-16455> (letzter Zugriff: 30.04.2019).

Funck 2001 = Marcus Funck: Der preußische Militäradel in der Weimarer Repu-blik. In: Heinz Reif (Hg.): Adel und Bürgertum in Deutschland. Tl. 2: Ent-wicklungslinien und Wendepunkte im 20. Jahrhundert. Berlin: Akademie Verl., 2001 (Elitenwandel in der Moderne 2), S. 127–171.

Funck/Malinowski 1999 = Marcus Funck, Stephan Malinowski: Geschichte von oben. Autobiographien als Quelle einer Sozial- und Kulturgeschichte des deutschen Adels in Kaiserreich und Weimarer Republik. In: Historische An-thropologie. Kultur, Gesellschaft, Alltag 7 (1999), S. 236–270.

Funck/Malinowski 2000 = Marcus Funck, Stephan Malinowski: „Charakter ist al-les!" Erziehungsideale und Erziehungspraktiken in deutschen Adelsfamilien des 19. und 20. Jahrhunderts. In: Jahrbuch für historische Bildungsforschung 6 (2000), S. 71–92.

Funck/Malinowski 2002 = Marcus Funck, Stephan Malinowski: Masters of Mem-ory. The Strategic Use of Memory in Autobiographies of the German Nobil-ity. In: Alon Confino, Peter Fritzsche (Ed.): The Work of Memory. New Di-rections in the Study of German Society and Culture. Urbana/Chicago u. a.: Univ. of Illinois Press, 2002, S. 86–103.

Gaida 1973 = Hans-Jürgen Gaida: Die offiziellen Organe der ostdeutschen Lands-mannschaften. Ein Beitrag zur Publizistik der Heimatvertriebenen in Deutschland. Berlin: Duncker & Humblot, 1973 (Beiträge zur politischen Wissenschaft 15).

Gall 1994 = Lothar Gall: Adel, Verein und städtisches Bürgertum. In: Elisabeth Fehrenbach (Hg.): Adel und Bürgertum in Deutschland 1770–1848. München: Oldenbourg, 1994 (Schriften des Historischen Kollegs, Kolloquien 31), S. 29–44.

Gassert/Steinweis 2006 = Philipp Gassert, Alan E. Steinweis (Ed.): Coping with the Nazi Past. West German Debates on Nazism and Generational Conflict, 1955–1975. New York u. a.: Berghahn, 2006 (Studies in German history 2).

Gaworski 2010 = Marek Gaworski (Red.): Śląskie zamki i pałace na starych zdjęciach i pocztówkach [Schlesische Burgen und Schlösser auf alten Fotografien und Postkarten]. Strzelce Opolskie: Matiang, 2010.

Gąssowski 2017 = Jerzy Gąssowski: Archaeology and Marxism in Poland – a Personal Account. In: Ludomir R. Lozny (Ed.): Archaeology of the Communist Era. Cham: Springer International Publishing, 2017, S. 101–122.

Geertz 1987 = Clifford Geertz: Dichte Beschreibung. Bemerkungen zu einer deutenden Theorie der Kultur. In: C. G.: Dichte Beschreibung. Beiträge zum Verstehen kultureller Systeme. Frankfurt a. M.: Suhrkamp, 1987 (Suhrkamp-Taschenbuch Wissenschaft 696), S. 7–43.

Geppert 1994 = Alexander C. T. Geppert: Forschungstechnik oder historische Disziplin? Methodische Probleme der Oral History. In: Geschichte in Wissenschaft und Unterricht 45, 5 (1994), S. 303–323.

Gersmann/Langbrandtner 2013 = Gudrun Gersmann, Hans-Werner Langbrandtner (Hg.): Im Banne Napoleons. Rheinischer Adel unter französischer Herrschaft. Ein Quellenlesebuch. Essen: Klartext, 2013 (Vereinigte Adelsarchive im Rheinland e. V., Schriften 4).

Gerste 2011 = Ronald D. Gerste: Roosevelt und Hitler. Todfeindschaft und totaler Krieg. Paderborn: Schöningh, 2011.

Gerstner 2008 = Alexandra Gerstner: Neuer Adel. Aristokratische Elitekonzeptionen zwischen Jahrhundertwende und Nationalsozialismus. Darmstadt: Wiss. Buchgesellschaft, 2008.

Gestrich 2010 = Andreas Gestrich: Geschichte der Familie im 19. und 20. Jahrhundert. 2. Aufl. München: Oldenbourg, 2010 (Enzyklopädie deutscher Geschichte 50).

Godsey Jr. 2002 = William S. Godsey Jr.: Nobles and Modernity [Review Essay]. In: German History 20, 4 (2002), S. 504-521.

Göpfert 1996 = Rebekka Göpfert: Oral History: Über die Zusammensetzung individueller Erinnerung im Interview. In: Clemens Wischermann (Hg.): Die Legitimität der Erinnerung und die Geschichtswissenschaft. Stuttgart: Steiner, 1996 (Studien zur Geschichte des Alltags 15), S. 101–112.

Götte 2013 = Petra Götte: Von der Tradition zur Erforschung von Tradierungspraxen. Überlegungen zu Tradition und Tradierung aus familienhistorischer Perspektive. In: Meike Sophia Baader, P. G., Carola Groppe (Hg.): Familientraditionen und Familienkulturen. Theoretische Konzeptionen, historische und aktuelle Analysen. Wiesbaden: Springer Fachmedien, 2013, S. 13–32.

Gosewinkel 2010 = Dieter Gosewinkel: Zivilgesellschaft – Bürgerlichkeit – Zivilität? In: Gunilla Budde, Eckart Conze, Cornelia Rauh (Hg.): Bürgertum nach dem bürgerlichen Zeitalter. Leitbilder und Praxis seit 1945. Göttingen: Vandenhoeck & Ruprecht, 2010 (Bürgertum, Neue Folge 10), S. 29–52.

Gourbin 2010 = Patrice Gourbin: Le patrimoine, une vie de château? In: Danièle Voldman (Éd.): Désirs de toit. Le logement entre désir et contrainte depuis la fin du XIXe siècle. Grâne: Créaphis éd., 2010 (Lieux habités – histoire urbaine), S. 177–196.

Graf 1999 = Werner Graf: Lektürebiografie: Unterhaltende Information und informierende Unterhaltung. In: Norbert Groeben (Hg.): Lesesozialisation in der Mediengesellschaft. Ein Schwerpunktprogramm. Tübingen: Niemeyer, 1999 (Internationales Archiv für Sozialgeschichte der deutschen Literatur, Sonderheft 10), S. 89–102.

Greiter 2014 = Susanne Greiter: Flucht und Vertreibung im Familiengedächtnis. Geschichte und Narrativ. München: Utz, 2014 (Geschichtswissenschaften 29).

Grundmann 1964 = Günther Grundmann: Stätten der Erinnerung in Schlesien. Grabmale und Denkmäler aus acht Jahrhunderten. Konstanz u. a.: Thorbecke, 1964 (Schriften des Kopernikus-Kreises 7).

Grundmann 2003 = Günther Grundmann: Goschütz. In: Hugo Weczerka (Hg.): Handbuch der Historischen Stätten. Schlesien. Stuttgart: Kröner, 2003 (Kröners Taschenausgabe 316), S. 144–145.

Guerquin 1957 = Bohdan Guerquin: Zamki Śląskie [Schlesische Burgen]. Warszawa: Wydawn. Budownictwo i Architektura, 1957.

Hahn/Hahn 2001 = Hans-Henning Hahn, Eva Hahn: Flucht und Vertreibung. In: Étienne François, Hagen Schulze (Hg.): Deutsche Erinnerungsorte. Bd. 1. München: Beck, 2001, S. 335–351.

Hahn/Hahn 2010 = Hans Henning Hahn, Eva Hahn: Die Vertreibung im deutschen Erinnern. Legenden, Mythos, Geschichte. Paderborn: Ferdinand Schöningh, 2010.

Halicka 2015 = Beata Halicka: Erinnerunsgliteratur. In: Stephan Scholz, Maren Röger, Bill Niven (Hg.): Die Erinnerung an Flucht und Vertreibung. Ein Handbuch der Medien und Praktiken. Paderborn: Schöningh, 2015, S. 89–99.

Hartmann 1998 = Anja Victorine Hartmann: Kontinuität oder revolutionärer Bruch? Eliten im Übergang von Ancien Régime zur Moderne. Eine Standortbestimmung. In: Zeitschrift für Historische Forschung 25 (1998), S. 389–420.

Harvey 2013 = Karen Harvey (Ed.): History and Material Culture. A Student's Guide to Approaching Alternative Sources. New York: Routledge, 2013 (Routledge Guides to Using Historical Sources).

Haubold-Stolle 2008 = Juliane Haubold-Stolle: Mythos Oberschlesien. Der Kampf um die Erinnerung in Deutschland und in Polen 1919–1956. Osnabrück: Fibre, 2008 (Einzelveröffentlichungen des Deutschen Historischen Instituts Warschau 14).

Haug-Moritz/Hye/Raffler 2009 = Gabriele Haug-Moritz, Hans Peter Hye, Marlies Raffler (Hg.): Adel im „langen" 18. Jahrhundert. Wien: Verl. der Österr. Akademie der Wissenschaften, 2009 (Zentraleuropa-Studien 14).

Haus der Geschichte 2007 = Haus der Geschichte Baden-Württemberg in Verbindung mit der Landeshauptstadt Stuttgart (Hg.): Adel und Nationalsozialismus im deutschen Südwesten. Mit Beiträgen von Rainer Blasius u. a. Red.: Christopher Dowe. Karlsruhe: Braun, 2007 (Stuttgarter Symposion 11).

Heimatgruppe Pleß 1988 = Heimatgruppe Pleß (Hg.): Geschichte des Dorfes Pawlowitz, Kreis Pleß und der Gutsherrschaft der Herrn v. Gusnar und Comorno und der Freiherrn von Reitzenstein. Ründeroth, 1988.

Heimatkreisorganisation Groß Wartenberg 1974 = Heimatkreisorganisation Groß Wartenberg (Hg.): Groß Wartenberg – Stadt und Kreis. Eine Beschreibung des niederschlesischen Kreises bis zum Jahre 1945. Zusammengestellt von Karl-Heinz Eisert. Altdorf Württ.: Heimatkreisorganisation Groß Wartenberg, 1974.

Heinickel 2000 = Gunther Heinickel: Adelsidentität nach der Ständegesellschaft. In: Heinz Reif (Hg.): Adel und Bürgertum in Deutschland. Tl. 1: Entwicklungslinien und Wendepunkte im 19. Jahrhundert. Berlin: Akademie Verl., 2000 (Elitenwandel in der Moderne 1), S. 51–81.

Helbig 1986 = Louis Ferdinand Helbig: Das Flucht- und Vertreibungsgeschehen in Belletristik und Literaturforschung 1945–1985. Wie Menschen Geschichte erleiden. In: Jahrbuch der Schlesischen Friedrich-Wilhelms-Universität zu Breslau 27 (1986), S. 223–278.

Helbig 1996 = Louis Ferdinand Helbig: Der ungeheure Verlust. Flucht und Vertreibung in der deutschsprachigen Belletristik der Nachkriegszeit. 3., erg. Aufl. Wiesbaden: Harrassowitz, 1996 (Studien der Forschungsstelle Ostmitteleuropa an der Universität Dortmund 3).

Hempe 2002 = Mechthild Hempe: Ländliche Gesellschaft in der Krise. Mecklenburg in der Weimarer Republik. Köln u. a.: Böhlau, 2002 (Industrielle Welt 64).

Hendrickx/Schreuder/Ultee 1994 = John Hendrickx, Osmund Schreuder, Wout C. Ultee: Die konfessionelle Mischehe in Deutschland (1901–1986) und den Niederlanden (1914–1986). In: Kölner Zeitschrift für Soziologie und Sozialpsychologie 46 (1994), S. 619–645.

Henke 2007 = Lutz Henke: Zwischen Erinnerung, Interpretation und Instrumentalisierung: Oral History als Werkzeug der Stadtgeschichtsforschung. In: L. H., Grzegorz Rossoliński, Philipp Ther (Hg.): Eine neue Gesellschaft in einer alten Stadt. Erinnerung und Geschichtspolitik in Lemberg anhand der Oral History / Nove suspil'stvo v davn'omu misti. Wrocław: ATUT, 2007, S. 41–54.

Herbert 1999 = Ulrich Herbert: Fremdarbeiter. Politik und Praxis des „Ausländer-Einsatzes" in der Kriegswirtschaft des Dritten Reiches. Berlin u. a.: Dietz, 1999.

Hering 2003 = Sabine Hering: Reicke, Ilse. In: Neue Deutsche Biographie. Bd. 21. Berlin: Duncker & Humblot, 2003, S. 324.

Hertz-Eichenrode 2006 = Dieter Hertz-Eichenrode: Wilhelminischer Neuadel? Zur Praxis der Adelsverleihung in Preußen vor 1914. In: Historische Zeitschrift 282, 2 (2006), S. 645–679.

Heyde 2006 = Jürgen Heyde: Geschichte Polens. München: Beck, 2006 (Beck'sche Reihe 2385, Wissen).

Hicks 2010 = Dan Hicks: The Material-Cultural Turn. Event and Effect. In: Dan Hicks, Mary C. Beaudry (Ed.): The Oxford Handbook of Material Culture Studies. Oxford u. a.: Oxford Univ. Press, 2010, S. 25–98.

Hirsch 2001 = Marianne Hirsch: Surviving Images. Holocaust Photographs and the Work of Postmemory. In: The Yale Journal of Criticism 14, 1 (2001), S. 5–37.

Hirsch 2002 = Marianne Hirsch: Family Frames. Photography, Narrative, and Postmemory. 2nd print. Cambridge, Mass. u. a.: Harvard Univ. Press, 2002.

Hirsch 2004 = Helga Hirsch: Schweres Gepäck. Flucht und Vertreibung als Lebensthema. Hamburg: Ed. Körber-Stiftung, 2004.

Hirsch 2012 = Marianne Hirsch: Introduction. In: Dies. (Hg.): The Generation of Postmemory: Writing and Visual Culture After the Holocaust, New York: Columbia University Press, 2012, S. 1–28.

Hirsch 2013 = Helga Hirsch: Flucht und Vertreibung in neuem Licht. In: Marita Krauss, Sarah Scholl-Schneider, Peter Fassl (Hg.): Erinnerungskultur und Lebensläufe. Vertriebene zwischen Bayern und Böhmen im 20. Jahrhundert – grenzüberschreitende Perspektiven. München: Volk, 2013, S. 29–43.

Hirschfeld 2002 = Michael Hirschfeld: Katholisches Milieu und Vertriebene. Eine Fallstudie am Beispiel des Oldenburger Landes 1945–1965. Köln u. a.: Böhlau, 2002 (Forschungen und Quellen zur Kirchen- und Kulturgeschichte Ostdeutschlands 33).

Hirschfeld 2009 = Michael Hirschfeld: SOS-Ruf aus der Diaspora. Selbst- und Fremdwahrnehmungen von ostvertriebenen Katholiken und Protestanten in Niedersachsen nach dem Zweiten Weltkrieg. In: Miriam Rürup (Hg.): Praktiken der Differenz. Diasporakulturen in der Zeitgeschichte. Göttingen: Wallstein, 2009 (Veröffentlichungen des Zeitgeschichtlichen Arbeitskreises Niedersachsen 26), S. 129–147.

Hobsbawm 1994 = Eric J. Hobsbawm: The Age of Extremes. The Short Twentieth Century. 1914–1991. London: Abacus, 1994.

Hobsbawm 1998 = Eric Hobsbawm: Das Erfinden von Traditionen. In: Christoph Conrad, Martina Kessel (Hg.): Kultur & Geschichte. Neue Einblicke in eine alte Beziehung. Stuttgart: Reclam, 1998 (Universal-Bibliothek 9638), S. 97–118.

Hobsbawm 2007 = Eric J. Hobsbawm: Das Zeitalter der Extreme. Weltgeschichte des 20. Jahrhunderts. 8. Aufl. München: Deutscher Taschenbuch-Verl., 2007 (dtv 30657).

Hobsbawm/Ranger 1992 = Eric Hobsbawm, Terence Ranger (Ed.): The Invention of Tradition. Cambridge u. a.: Cambrige University Press, 1992 (Past and Present Publications).

Hockerts 1996 = Hans Günter Hockerts: Gab es eine Stunde Null? In: Stefan Krimm, Wieland Zirbs (Hg.): Nachkriegszeiten. Die Stunde Null als Realität und Mythos in der deutschen Geschichte (Acta Hohenschwangau). München: Bayerischer Schulbuch-Verl., 1996 (Dialog Schule-Wissenschaft Deutsch und Geschichte), S. 119–156.

Hönig 2009 = Eberhard Hönig: Ende und Auflösung des Johanneums und der Ritterakademie in den Jahren des Zweiten Weltkriegs. In: Gerhard Kaske (Hg.): 300

Jahre Ritterakademie in Liegnitz. Hofheim/Ts.: Henske-Neumann, 2009 (Beiträge zur Liegnitzer Geschichte der Historischen Gesellschaft Liegnitz e.V. 39), S. 105-114.

Hoffmann 1979 = Peter Hoffmann: Widerstand, Staatsstreich, Attentat. Der Kampf der Opposition gegen Hitler. 3., neu überarb. u. erw. Aufl. München: Piper, 1979.

Hoffmann 2003 = David L[loyd] Hoffmann: Stalinist Values. The Cultural Norms of Soviet Modernity, 1917–1941. Ithaca, N. Y.: Cornell University Press, 2003.

Hofmann 2000 = Andreas R. Hofmann: Die Nachkriegszeit in Schlesien. Gesellschafts- und Bevölkerungspolitik in den polnischen Siedlungsgebieten 1945–1948. Köln u. a.: Böhlau, 2000 (Beiträge zur Geschichte Osteuropas 30).

Hohkamp 2010 = Michaela Hohkamp: Wer ist mit wem, warum und wie verheiratet? Überlegungen zu Ehe, Haus und Familie als gesellschaftliche Schlüsselbeziehungen am Beginn des 19. Jahrhunderts – samt einem Beispiel aus der Feder eines Mörders. In: Inken Schmidt-Voges (Hg.): Ehe – Haus – Familie. Soziale Institutionen im Wandel 1750–1850. Köln u. a.: Böhlau, 2010, S. 31–48.

Hubert 1998 = Michel Hubert: Deutschland im Wandel. Geschichte der deutschen Bevölkerung seit 1815. Stuttgart: Steiner, 1998 (Vierteljahrschrift für Sozial- und Wirtschaftsgeschichte 146).

Huggan 2001 = Graham Huggan: The Postcolonial Exotic. Marketing the Margins. London u. a.: Routledge, 2001.

Humeńczuk 2003 = Grażyna Humeńczuk: Zur Rezeptionsgeschichte der Schlacht bei Liegnitz (1241). In: Zbigniew Mazur (Hg.): Das deutsche Kulturerbe in den polnischen West- und Nordgebieten. Wiesbaden: Harrassowitz, 2003 (Studien der Forschungsstelle Ostmitteleuropa an der Universität Dortmund 34), S. 16–39.

Hürter/Woller 2005 = Johannes Hürter, Hans Woller (Hg.): Hans Rothfels und die deutsche Zeitgeschichte. München: Oldenbourg, 2005 (Schriftenreihe der Vierteljahrshefte für Zeitgeschichte 90).

Jacob 2000 = Thierry Jacob: Das Engagement des Adels der preußischen Provinz Sachsen in der kapitalistischen Wirtschaft 1860–1914/18. In: Heinz Reif (Hg.): Adel und Bürgertum in Deutschland. Tl. 1: Entwicklungslinien und Wendepunkte im 19. Jahrhundert. Berlin: Akademie Verl., 2000 (Elitenwandel in der Moderne 1), S. 273–330.

Jacobi 2013 = Juliane Jacobi: Mädchen- und Frauenbildung in Europa. Von 1500 bis zur Gegenwart. Frankfurt a. M. u. a.: Campus, 2013.

Jäger/König/Maihofer 2015 = Ulle Jäger, Tomke König, Andrea Maihofer: Pierre Bourdieu: Die Theorie männlicher Herrschaft als Schlussstein seiner Gesellschaftstheorie. In: Heike Kahlert, Christine Weinbach (Hg.): Zeitgenössische Gesellschaftstheorien und Genderforschung. Einladung zum Dialog. 2., aktualis. Aufl. Wiesbaden: Springer VS, 2015 (Gesellschaftstheorien und Gender), S. 15–35.

Janikowski 2014 = Tobiasz Janikowski: Die blutende Grenze. Literatur und Publizistik zur oberschlesischen Teilung (1922). Berlin: Logos, 2014.

Jaroszewski/Jaskanis 2009 = Paweł Jaroszewski [Ill.], Paweł Jaskanis: Wilanów – palace and park. Warszawa: Nobilis, 2009.

Joachimsthaler 2001 = Jürgen Joachimsthaler: Die Semantik des Erinnerns. Verlorene Heimat – mythisierte Landschaften. In: Elke Mehnert (Hg.): Landschaften der Erinnerung. Flucht und Vertreibung aus deutscher, polnischer und tschechischer Sicht, Frankfurt a. M. u. a.: Lang, 2001 (Studien zur Reiseliteratur- und Imagologieforschung 5), S. 188–227.

Joachimsthaler 2007a = Jürgen Joachimsthaler: Die Semantik des Erinnerns. In: J. J.: Philologie der Nachbarschaft. Erinnerungskultur, Literatur und Wissenschaft zwischen Deutschland und Polen. Würzburg: Königshausen & Neumann, 2007, S. 57–79.

Joachimsthaler 2007b = Jürgen Joachimsthaler: Philologie der Nachbarschaft. Erinnerungskultur, Literatur und Wissenschaft zwischen Deutschland und Polen. Würzburg: Königshausen & Neumann, 2007.

Joachimsthaler 2009 = Jürgen Joachimsthaler: Die memoriale Differenz. Erinnertes und sich erinnerndes Ich. In: Judith Klinger, Gerhard Wolf (Hg.): Gedächtnis und kultureller Wandel. Erinnerndes Schreiben – Perspektiven und Kontroversen. Tübingen: Niemeyer, 2009, S. 33–52.

Jureit 2006a = Ulrike Jureit: Generationenforschung. Göttingen: Vandenhoeck & Ruprecht, 2006 (UTB, Geschichte 2856).

Jureit 2006b = Ulrike Jureit: Alle wollen Opfer sein. Kritische Überlegungen zur kollektiven Erinnerung an den Zweiten Weltkrieg. In: Edgar Wolfrum, Cord Arendes, Jörg Zedler (Hg.): Terror nach innen. Verbrechen am Ende des Zweiten Weltkrieges. Göttingen: Wallstein, 2006 (Dachauer Symposien zur Zeitgeschichte 6), S. 247–252.

Jureit 2007 = Ulrike Jureit: Die Entdeckung des Zeitzeugen. Faschismus- und Nachkriegserfahrungen im Ruhrgebiet. In: Jürgen Danyel, Jan-Holger Kirsch, Martin Sabrow (Hg.): 50 Klassiker der Zeitgeschichte. Göttingen: Vandenhoeck & Ruprecht, 2007, S. 174–177.

Jureit/Schneider 2010 = Ulrike Jureit, Christian Schneider (Hg.): Gefühlte Opfer. Illusionen der Vergangenheitsbewältigung. Bonn: Bundeszentrale für politische Bildung (Lizenzausg.) 2010 (Bundeszentrale für politische Bildung, Schriftenreihe 1102).

Jureit 2017 = Jureit, Ulrike: Generation, Generationalität, Generationenforschung, Version: 2.0. In: Docupedia-Zeitgeschichte, 03.08.2017, <http://docupedia.de/zg/jureit_generation_v2_de_2017> (letzter Zugriff: 08.05.2019).

Kaczmarzyk 2007 = Izabela Kaczmarzyk: W cieniu mitu. Rzecz o Karolu Goduli [Im Schatten des Mythos. Über Karl Godula]. Ruda Śląska: Muzeum Miejskie im. M. Chroboka, 2007.

Kalinke 2015 = Heinke M. Kalinke: Mündliches Erzählen. In: Stephan Scholz, Maren Röger, Bill Niven (Hg.): Die Erinnerung an Flucht und Vertreibung. Ein Handbuch der Medien und Praktiken. Paderborn: Schöningh, 2015, S. 275–282.

Kapałczyński/Napierała 2005 = Wojciech Kapałczyński, Piotr Napierała: Burgen, Schlösser und Herrenhöfe im Hirschberger Tal. Warszawa: Fundacja Doliny Pałaców i Ogrodów Kotliny Jeleniogórskiej, 2005.

Karwat 2016 = Krzysztof Karwat: Jak opowiadać historię? Wokół „Skarbu Donnersmarcków" Wilhelma Szewczyka [Wie erzählt man Geschichte? Über den „Schatz der Donnersmarck" von Wilhelm Szewczyk]. In: Maciej Fic (Red.): W dialogu z historią, polityką i kulturą – w stulecie urodzin Wilhelma Szewczyka. Katowice: Wydawn. Cum Laude, 2016, S. 135–141.

Kaschuba 2012 = Wolfgang Kaschuba: Einführung in die Europäische Ethnologie. 4., aktualis. Aufl. München: Beck, 2012 (C. H. Beck Studium).

Kater 2006 = Michael H. Kater: Hitler Youth. Cambridge, Mass. u. a.: Harvard University Press, 2006.

Kessl/Reutlinger 2007 = Fabian Kessl, Christian Reutlinger: Sozialraum. Eine Einführung. Wiesbaden: VS Verl. für Sozialwissenschaften, 2007.

Kessler 2001 = Wolfgang Kessler: Zwischen Deutschland und Polen. Zu Geschichte und Geschichtsschreibung des preußischen Ostens und polnischen Westens. In: Matthias Weber (Hg.): Deutschlands Osten – Polens Westen. Studien zur vergleichenden Landeskunde. Frankfurt a. M. u. a.: Lang, 2001 (Mitteleuropa – Osteuropa. Oldenburger Beiträge zur Kultur und Geschichte Ostmitteleuropas 2), S. 31–82.

Kienemann 2018 = Christoph Kienemann: Der koloniale Blick gen Osten – Osteuropa im Diskurs des Deutschen Kaiserreiches von 1871. Paderborn: Schöningh 2018.

Kiesewetter 1989 = Hubert Kiesewetter: Industrielle Revolution in Deutschland. 1815–1914. Frankfurt a. M.: Suhrkamp, 1989 (Edition Suhrkamp, Neue Folge 539, Neue Historische Bibliothek).

Kittel 2007 = Manfred Kittel: Vertreibung der Vertriebenen? Der historische deutsche Osten in der Erinnerungskultur der Bundesrepublik (1961–1982). München: Oldenbourg, 2007 (Schriftenreihe der Vierteljahrshefte für Zeitgeschichte, Sondernummer).

Klee 2007 = Ernst Klee: Das Kulturlexikon zum Dritten Reich. Wer war was vor und nach 1945. Frankfurt a. M.: S. Fischer, 2007.

Kleßmann 2007 = Christoph Kleßmann: Vertreibung als Erfahrungsgeschichte. Ein Großprojekt zwischen Wissenschaft und Politik. In: Jürgen Danyel, Jan-Holger Kirsch, Martin Sabrow (Hg.): 50 Klassiker der Zeitgeschichte. Göttingen: Vandenhoeck & Ruprecht, 2007, S. 42–46.

Klimek 1986 = Stanislaus J. Klimek: Im Zeichen des Kreuzes. Die anerkannten geistlichen Ritterorden. Stuttgart: Lütze, 1986.

Kluss 2010 = Maciej Kluss: 60 lat Muzeum Zamkowego w Pszczynie [60 Jahre Schlossmuseum Pless/Pszczyna]. In: M. K. (Red.): Materiały z sesji naukowej z okazji 60-lecia Muzeum Zamkowego w Pszczynie, 11–12 maja 2006 r. Pszczyna: Wydawn. Muzeum Zamkowego, 2010, S. 9–22.

K'Meyer/Crothers 2007 = Tracy E. K'Meyer, A. Glenn Crothers: "If I See Some of This in Writing, I'm Going to Shoot You". Reluctant Narrators, Taboo Topics, and the Ethical Dilemmas of the Oral Historian. In: Oral History Review 34, 1 (2007), S. 71–93.

Koch 2006a = Lars Koch: Der Erste Weltkrieg als Medium der Gegenmoderne. Zu den Werken von Walter Flex und Ernst Jünger. Würzburg: Königshausen & Neumann, 2006 (Epistemata. Würzburger wissenschaftliche Studien, Reihe Literaturwissenschaft 553).

Koch 2006b = W. John Koch: Schloss Fürstenstein. Erinnerungen an einen schlesischen Adelssitz. Eine Bilddokumentation. Edmonton, Alberta: WJK Publishing, 2006.

Koch/Moller 2001 = Torsten Koch, Sabine Moller: Flucht und Vertreibung im Familiengedächtnis. In: Rainer Schulze zusammen mit Reinhard Rohde und Rainer Voss (Hg.): Zwischen Heimat und Zuhause. Deutsche Flüchtlinge und Vertriebene in (West-)Deutschland 1945–2000. Osnabrück: Secolo, 2001 (Quellen und Darstellungen zur Geschichte des Landkreises Celle 6), S. 216–228.

Kocka 1987 = Jürgen Kocka: Bürgertum und Bürgerlichkeit als Probleme der deutschen Geschichte vom späten 18. zum frühen 20. Jahrhundert. In: J. K. (Hg.): Bürger und Bürgerlichkeit im 19. Jahrhundert. Göttingen: Vandenhoeck & Ruprecht, 1987 (Sammlung Vandenhoeck), S. 21–63.

Köhle-Hezinger 2004 = Christel Köhle-Hezinger: Zeit – Ritual – Fest. Jubilarkultur im Industriezeitalter. In: Winfried Müller in Verbindung mit Wolfgang Flügel, Iris Loosen, Ulrich Rosseaux (Hg.): Das historische Jubiläum. Genese, Ordnungsleistung und Inszenierungsgeschichte eines institutionellen Mechanismus. Münster: Lit, 2004 (Geschichte. Forschung und Wissenschaft 3), S. 291–308.

Kösters/Kullmann/Liedhegener/Tischner 2009 = Christoph Kösters, Claudio Kullmann, Antonius Liedhegener, Wolfgang Tischner: Was kommt nach dem katholischen Milieu? Forschungsbericht zur Geschichte des Katholizismus in Deutschland in der zweiten Hälfte des 20. Jahrhunderts. In: Archiv für Sozialgeschichte 49 (2009), S. 485–526.

Köstlin 2010 = Konrad Köstlin: Eine Ästhetik des Verlusts. In: Elisabeth Fendl (Hg.): Zur Ästhetik des Verlusts. Bilder von Heimat, Flucht und Vertreibung. Münster u. a.: Waxmann, 2010 (Schriftenreihe des Johannes-Künzig-Instituts 12), S. 7–24.

Kopp 2012 = Kristin [Leigh] Kopp: Germany's Wild East. Constructing Poland as Colonial Space. Ann Arbor, Mich.: Univ. of Michigan Press, 2012 (Social History, Popular Culture, and Politics in Germany).

Korfkamp 2006 = Jens Korfkamp: Die Erfindung der Heimat. Zu Geschichte, Gegenwart und politischen Implikaten einer gesellschaftlichen Konstruktion. Berlin: Logos, 2006.

Koselleck 1985 = Reinhart Koselleck: ‚Erfahrungsraum‘ und ‚Erwartungshorizont‘ – zwei historische Kategorien. In: R. K. (Hg.): Vergangene Zukunft. Zur Semantik geschichtlicher Zeiten. 4. Aufl. Frankfurt a. M.: Suhrkamp, 1985, S. 349–375 (Suhrkamp Wissenschaft).

Koselleck 1988 = Reinhart Koselleck: Zum Auseinandertreten von Erfahrungsraum und Erwartungshorizont im Zeitalter der Revolution. In: R. K., Rolf Reichardt (Hg.): Die Französische Revolution als Bruch des gesellschaftlichen Bewußtseins. München: Oldenbourg, 1988 (Ancien Régime, Aufklärung und Revolution 15), S. 657–659.

Koselleck 2000 = Reinhart Koselleck: Zeitschichten. Studien zur Historik. Mit einem Beitrag von Hans-Georg Gadamer. Frankfurt a. M.: Suhrkamp, 2000.

Kossert 2008a = Andreas Kossert: Kalte Heimat. Die Geschichte der deutschen Vertriebenen nach 1945. Bonn: Bundeszentrale für politische Bildung (Lizenzausg.), 2008 (Bundeszentrale für politische Bildung, Schriftenreihe 712).

Kossert 2008b = Andreas Kossert: Kalte Heimat. Die Geschichte der deutschen Vertriebenen nach 1945. 3. Aufl. München: Siedler, 2008.

Kowal 1996 = Stefan Kowal: Das Stereotyp der „polnischen Wirtschaft" aus polnischer Sicht. In: Adelheid von Saldern (Hg.): Mythen in Geschichte und Geschichtsschreibung aus polnischer und deutscher Sicht. Münster: Lit, 1996 (Politik und Geschichte 1), S. 74–84.

Krauss 2009 = Marita Krauss: Heimat – eine multiperspektivische Annäherung. In: Natalia Donig, Silke Flegel, Sarah Scholl-Schneider (Hg.): Heimat als Erfahrung und Entwurf. Bochum: Lit, 2009 (Gesellschaft und Kultur – Neue Bochumer Beiträge und Studien 7), S. 33–49.

Krauss/Scholl-Schneider/Fassl 2013 = Marita Krauss, Sarah Scholl-Schneider, Peter Fassl (Hg.): Erinnerungskultur und Lebensläufe. Vertriebene zwischen Bayern und Böhmen im 20. Jahrhundert – grenzüberschreitende Perspektiven. München: Volk, 2013.

Kruke 2006 = Anja Kruke: Zwangsmigration und Vertreibung – Europa im 20. Jahrhundert. Bonn: Dietz, 2006.

Krupa 2007 = Sławomir Krupa: Dzieje rodziny Hohenlohe-Ingelfingen z Koszęcina w świetle dokumentów przechowywanych w Archiwum Państwowym w Katowicach [Die Geschichte der Familie Hohenlohe-Ingelfingen auf Koschentin im Lichte der Dokumente im Staatsarchiv Kattowitz/Kattowice]. In: Szkice Archiwalno-Historyczne 3 (2007), S. 67–88.

Kucia/Głazek 1999 = Roman Kucia (Ill.), Dorota Głazek, Jacek Illg (Red.): Górny Śląsk – Ziemia Nieznana [Oberschlesien – Unbekanntes Land]. Katowice: Videograf II, 1999.

Kuczyński 1947 = Stefan Kuczyński (Red.): Śląsk Dolny w drugą rocznicę powrotu do Polski, 1945–1947 [Niederschlesien am zweiten Jahrestag seiner Rückkehr zu Polen, 1945–1947]. Wrocław: Śląski Zespół Wydawn. 1947.

Kuczyński 2002 = Krzysztof A. Kuczyński: O śląskiej sadze rodziny Donnersmarcków [Über die schlesische Saga der Familie Donnersmarck]. In: K. A. K., Ernest Kuczyński (Red.): Między Renem a Wisłą. Studia i szkice o niemiecko-polskich powinowactwach kulturalnych. Wrocław: ATUT u. a., 2002 (Orbis linguarum, Special editions 15), S. 252–256.

Kučera 2011 = Rudolf Kučera: Der neue Adel. Thesen zum böhmisch-schlesischen Vergleich. In: Tatjana Tönsmeyer, Luboš Velek (Hg.): Adel und Politik in der Habsburgermonarchie und den Nachbarländern zwischen Absolutismus und Demokratie. München: Meidenbauer, 2011 (Studien zum mitteleuropäischen Adel 3), S. 75–88.

Kučera 2012 = Rudolf Kučera: Staat, Adel und Elitenwandel – die Adelsverleihungen in Schlesien und Böhmen 1806–1871 im Vergleich. Göttingen: Vandenhoeck & Ruprecht, 2012 (Kritische Studien zur Geschichtswissenschaft 205).

Kundrus 2003 = Birthe Kundrus: Handlungsräume. Zur Geschlechtergeschichte des Nationalsozialismus. In: Jana Leichsenring (Hg.): Frauen und Widerstand. Münster: Lit, 2003 (Schriftenreihe der Forschungsgemeinschaft 20. Juli 1944 e. V. 1), S. 14–35.

Kuzio-Podrucki 2007 = Kuzio-Podrucki, Arkadiusz: Schaffgotschowie – Zmienne losy śląskiej arystokracji. Bytom: Urząd Miejski w Bytomiu, 2007.

Lancien/Saint Martin 2007 = Didier Lancien, Monique de Saint Martin (Éd.): Anciennes et nouvelles aristocraties de 1880 à nos jours. Paris: Éd. Maison des Sciences de l'Homme, 2007.

Langenholt 2002 = Thomas Langenholt: Das Wittelsbacher Album. Das Interieur als kunsthistorisches Dokument am Beispiel der Münchner Residenz im ersten Drittel des 19. Jahrhunderts. Norderstedt: BoD – Books on Demand, 2002.

Langenohl 2000 = Andreas Langenohl: Erinnerung und Modernisierung. Die öffentliche Rekonstruktion politischer Kollektivität am Beispiel des Neuen Russland. Göttingen: Vandenhoeck & Ruprecht, 2000 (Formen der Erinnerung 7).

Langenohl 2005 = Andreas Langenohl: Ort und Erinnerung. Diaspora in der transnationalen Konstellation. In: Günter Oesterle (Hg.): Erinnerung, Gedächtnis, Wissen. Studien zur kulturwissenschaftlichen Gedächtnisforschung. Göttingen: Vandenhoeck & Ruprecht, 2005 (Formen der Erinnerung 26), S. 611–634.

Lehmann 1980 = Albrecht Lehmann: Rechtfertigungsgeschichten. Über eine Funktion des erzählens eigener Erlebnisse im Alltag. In: Fabula 21/1 1980, S. 56–69.

Lehmann 1989 = Albrecht Lehmann: Flüchtlingserinnerungen im Erzählen zwischen den Generationen. In: BIOS – Zeitschrift für Biographieforschung und Oral History 2 (2) 1989, S. 183–206.

Lehmann 1991 = Albrecht Lehmann: Im Fremden ungewollt zuhaus. Flüchtlinge und Vertriebene in Westdeutschland. 1945–1990. München: Beck, 1991.

Lehmann 1995 = Albrecht Lehmann: „Grafenerzählungen". Gehobene Heimat und Erinnerungsprosa für Bürger von heute. In: Carola Lipp (Hg.): Medien populärer Kultur. Erzählung, Bild und Objekt in der volkskundlichen Forschung. Frankfurt a. M. u. a.: Campus, 1995, S. 60–70.

Lehmann 2007 = Albrecht Lehmann: Reden über Erfahrung kulturwissenschaftliche Bewusstseinsanalyse des Erzählens. Berlin: Reimer, 2007.

Lehmann 2011 = Albrecht Lehmann: Individuelle und kollektive Dimensionen des Erzählens. In: Olaf Hartung, Ivo Steininger, Thorsten Fuchs (Hg.): Lernen und Erzählen interdisziplinär. Wiesbaden: VS Verlag für Sozialwissenschaften, 2011, S. 27–38.

Lempart 1998 = Matthias Lempart: Michał Grażyński – der schlesische Woiwode 1926–1939. In: Krzysztof Ruchniewicz (Red./Hg.): Dzieje Śląska w XX w. w świetle badań młodych historyków z Polski, Czech i Niemiec / Geschichte Schlesiens im 20. Jahrhundert in den Forschungen junger Nachwuchswissenschaftler aus Polen, Tschechien und Deutschland. Wrocław: GAJT, 1998 (Dyskusje w Krzyżowej = Diskussionen in Kreisau 1), S. 114–123.

Lepsius 1987 = Rainer Lepsius: Zur Soziologie des Bürgertums und der Bürgerlichkeit. In: Jürgen Kocka (Hg.): Bürger und Bürgerlichkeit im 19. Jahrhundert. Göttingen: Vandenhoeck & Ruprecht, 1987 (Sammlung Vandenhoeck), S. 79–100.

Lepsius 1993 = M[ario] Rainer Lepsius: Bürgertum als Gegenstand der Sozialgeschichte. In: M. R. L.: Demokratie in Deutschland. Soziologisch-historische Konstellationsanalysen. Ausgewählte Aufsätze. Göttingen: Vandenhoeck & Ruprecht, 1993 (Kritische Studien zur Geschichtswissenschaft 100), S. 289–313.

Lefebvre 1974 = Lefebvre, Henri: La Production de l'espace. Paris: Éd. Anthropos, 1974.

Lewandowski 2010 = Jan F. Lewandowski: Dobrodziejka Joanna [Wohltäterin Johanna]. Ruda Śląska: Muzeum Miejskie im. M. Chroboka, 2010 (Ruda Śląska. Tradycja i teraźniejszość dla przyszłości 5).

Lieven 1995 = Dominic [C. B.] Lieven: Abschied von Macht und Würden. Der europäische Adel 1815–1914. Frankfurt a. M.: Fischer, 1995.

Limbach 1988 = Jutta Limbach: Die Entwicklung des Familienrechts seit 1949. In: Rosemarie Nave-Herz (Hg.): Wandel und Kontinuität der Familie in der Bundesrepublik Deutschland. Stuttgart: Enke, 1988 (Der Mensch als soziales und personales Wesen 8), S. 11–35.

Linek 1997 = Bernard Linek: „Odniemczanie" województwa śląskiego w latach 1945–1950 (w świetle materiałów wojewódzkich) [Die „Entgermanisierung" der Woiwodschaft Schlesien in den Jahren 1945–1950 (im Lichte von Materialien der Woiwodschaft)]. Opole: Wydawn. Inst. Śląski, 1997.

Linek 2000 = Bernard Linek: Polityka antyniemiecka na Górnym Śląsku w latach 1945–1950 [Antideutsche Politik in Oberschlesien in den Jahren 1945–1950]. Opole: Stowarzyszenie Inst. Śląski, 2000.

Linke 2004 = Angelika Linke: Das Unbeschreibliche. Zur Sozialsemiotik adeligen Körperverhaltens im 18. und 19. Jahrhundert. In: Eckart Conze, Monika Wienfort (Hg.): Adel und Moderne. Deutschland im europäischen Vergleich im 19. und 20. Jahrhundert. Köln u. a.: Böhlau, 2004, S. 247–268.

Lipski 2002 = Jan J. Lipski: Deutsches kulturelles Erbe in Polen. In: Heinrich Trierenberg (Hg.): Niederschlesien im Wandel – Dolny Śląsk w procesie przemian. Dülmen: Laumann, 2002, S. 243–244.

Lipphardt 2009 = Anna Lipphardt: Diaspora. Wissenschaftsgeschichtliche Annäherungen an das Forschungskonzept. In: Miriam Rürup (Hg.): Praktiken der Differenz. Diasporakulturen in der Zeitgeschichte. Göttingen: Wallstein, 2009 (Veröffentlichungen des Zeitgeschichtlichen Arbeitskreises Niedersachsen 26), S. 43–61.

Lob 2000 = Lob, Brigitte: Albert Schmitt O.S.B., Abt in Grüssau und Wimpfen: sein kirchenpolitisches Handeln in der Weimarer Republik und im Dritten Reich, Köln u. a.: Böhlau, 2000.

Loesch 2001 = Achim von Loesch: Kammerswaldau. Die Geschichte eines schlesischen Dorfes, seines Schlosses und seines Rittergutes. Würzburg: Verein für Geschichte Schlesiens, 2001 (Einzelschriften des Vereins für Geschichte Schlesiens 3).

Lorenz 1997 = Chris Lorenz: Konstruktion der Vergangenheit. Eine Einführung in die Geschichtstheorie. Köln u. a.: Böhlau, 1997 (Beiträge zur Geschichtskultur 13).

Lorenz 2009 = Hilke Lorenz: Heimat aus dem Koffer. Vom Leben nach Flucht und Vertreibung. Berlin: Ullstein, 2009.

Lotz 2007 = Christian Lotz: Die Deutung des Verlusts. Erinnerungspolitische Kontroversen im geteilten Deutschland um Flucht, Vertreibung und die Ostgebiete (1948–1972). Köln u. a.: Böhlau, 2007 (Neue Forschungen zur schlesischen Geschichte 15).

Lubina 2011 = Michał Lubina (Red.): Karol Godula. W 160. rocznicę śmierci [Karl Godulla. Im 160. Todesjahr]. Ruda Śląska: Muzeum Miejskie im. M. Chroboka, 2011 (Ruda Śląska. Tradycja i teraźniejszość dla przyszłości 6).

Lucius-Hoene/Deppermann 2004 = Gabriele Lucius-Hoene, Arnulf Deppermann: Rekonstruktion narrativer Identität. Ein Arbeitsbuch zur Analyse narrativer Interviews. 2. Aufl. Wiesbaden: VS Verl. für Sozialwissenschaften, 2004.

Lüdtke 1993 = Alf Lüdtke: Eigen-Sinn. Fabrikalltag, Arbeitererfahrungen und Politik vom Kaiserreich bis in den Faschismus. Hamburg: Ergebnisse Verl., 1993.

Lüdtke 1994 = Alf Lüdtke: Geschichte und Eigensinn. In: Berliner Geschichtswerkstatt (Hg.), Heike Diekwisch u. a. (Red.): Alltagskultur, Subjektivität und Geschichte. Zur Theorie und Praxis von Alltagsgeschichte. Münster: Westfälisches Dampfboot, 1994, S. 139–156.

Lüdtke 1998 = Alf Lüdtke: Replik auf eine E-Mail-Anfrage zu „Subversion und Eigen-Sinn". In: H-Soz-Kult. Diskussionen. Miszellen. Anfragen, 15.04.1998, <http://hsozkult.geschichte.hu-berlin.de/beitrag/diskusio/fraenger/fraeng12.htm> (letzter Zugriff: 30.04.2019).

Luther 2004 = Tammo Luther: Volkstumspolitik des Deutschen Reiches 1933–1938. Die Auslanddeutschen im Spannungsfeld zwischen Traditionalisten und Nationalsozialisten. Stuttgart: Steiner, 2004 (Historische Mitteilungen, Beihefte, 55).

Lutz 2005 = Burkart Lutz: Integration durch Aufstieg. Überlegungen zur Verbürgerlichung der deutschen Facharbeiter in den Jahrzehnten nach dem Zweiten Weltkrieg. In: Manfred Hettling, Bernd Ulrich (Hg.): Bürgertum nach 1945. Hamburg: Hamburger Ed., 2005, S. 284–309.

Łuczyński 1997 = Romuald Mariusz Łuczyński: Zamki i pałace Dolnego Śląska, Sudety i Przedgórze Sudeckie [Burgen und Schlösser Niederschlesiens, der Sudeten und des Sudetenvorlands]. Wrocław: Oficyna Wydawn. Politechniki Wrocławskiej, 1997.

Łuczyński 2010 = Romuald M[ariusz] Łuczyński: Losy rezydencji dolnośląskich w latach 1945–1991 [Schicksale der niederschlesischen Residenzen in den Jahren 1945-1991]. Wrocław: ATUT, 2010.

Maciejewski 2014 = Marek Maciejewski: Wkład profesora Franciszka Ryszki w rozwój nauk historyczno-prawnych i politologii [Der Beitrag von Professor Franciszek Ryszka zur Entwicklung der historisch-rechtlichen Wissenschaften und der Politikwissenschaften]. In: M. M., Maciej Marszał, Mirosław Sadowski (Red.): Tendencje rozwojowe myśli politycznej i prawnej. Wrocław: Wydział Prawa, Administracji i Ekonomii Uniwersytetu Wrocławskiego, 2014, S. 89–96.

Madajczyk 1992 = Piotr Madajczyk: Annäherung durch Vergebung. Die Botschaft der polnischen Bischöfe an ihre deutschen Brüder im Hirtenamt vom 18. November 1965. In: Vierteljahrshefte für Zeitgeschichte 40 (1992), S. 223–240.

Madajczyk 2004 = Piotr Madajczyk: Die polnische Erinnerung an die deutsche und sowjetische Besatzungspolitik während des Zweiten Weltkriegs. In: Wolfgang Benz (Hg.): Wann ziehen wir endlich den Schlussstrich? Von der Notwendigkeit öffentlicher Erinnerung in Deutschland, Polen und Tschechien. Berlin: Metropol, 2004 (Horizonte und Perspektiven. Schriftenreihe der Evangelischen Akademie Görlitz 2), S. 95–112.

Mächler 2000 = Stefan Mächler: Der Fall Wilkomirski. Über die Wahrheit einer Biographie. Zürich u. a.: Pendo, 2000.

Mächler 2001 = Stefan Mächler: Wilkomirski the Victim. In: History & Memory 13, 2 (2001), S. 59–95.

Mainka 2009 = P. Johann Mainka: Die Ritterakademie in Liegnitz in preußischer Zeit. In: Gerhard Kaske (Hg.): 300 Jahre Ritterakademie in Liegnitz. Hofheim/Ts.: Henske-Neumann, 2009 (Beiträge zur Liegnitzer Geschichte der Historischen Gesellschaft Liegnitz e. V. 39), S. 49–72.

Majewski 2005 = Piotr Majewski: Ideologie und Denkmalpflege. Der Wiederaufbau des Warschauer Königsschlosses 1944–1980. In: Dieter Bingen, Hans-Martin Hinz (Hg.): Die Schleifung. Zerstörung und Wiederaufbau historischer Bauten in Deutschland und Polen. Wiesbaden: Harrassowitz, 2005 (Veröffentlichungen des Deutschen Polen-Instituts Darmstadt 20), S. 107–114.

Majewski 2007 = Piotr Majewski: Die Rolle der antideutschen Instrumentalisierungen in Polen, 1944–1989. In: Dieter Bingen, Peter Oliver Loew, Kazimierz Wóycicki (Hg.): Die Destruktion des Dialogs. Zur innenpolitischen Instrumentalisierung negativer Fremd- und Feindbilder. Polen, Tschechien, Deutschland und die Niederlande im Vergleich. Wiesbaden: Harrassowitz, 2007 (Veröfflichungen des Deutschen Polen-Instituts Darmstadt 24), S. 131–145.

Majewski 2009 = Piotr Majewski: Ideologia i konserwacja. Architektura zabytkowa w Polsce w czasach socrealizmu [Ideologie und Konservierung. Architekturdenkmäler in Polen in der Ära des Sozialistischen Realismus]. Warszawa: Trio, 2009.

Makowski 2005 = Mariusz Makowski: Šlechtická sídla na Těšínském Slezsku / Szlacheckie siedziby na Śląsku Cieszyńskim [Adelssitze im Teschener Schlesien]. Český Těšín: Regio u. a. 2005.

Maleczyńska/Maleczyński 1955 = E[wa] Maleczyńska, K[arol] Maleczyński (Red.): Dzieje Śląska [Geschichte Schlesiens]. Warszawa: Wiedza Powszechna Państwowe Wydawn. Popularno-Naukowe, 1955.

Maleczyński 1947 = Karol Maleczyński: Zarys historii Śląska [Abriss der schlesischen Geschichte]. In: Stefan Kuczyński (Red.): Śląsk Dolny w drugą rocznicę powrotu do Polski, 1945–1947 [Niederschlesien am zweiten Jahrestag seiner Rückkehr zu Polen, 1945–1947]. Wrocław: Śląski Zespół Wydawn. 1947, S. 15–20.

Malinowski 2003a = Stephan Malinowski: Vom König zum Führer. Sozialer Niedergang und politische Radikalisierung im deutschen Adel zwischen Kaiserreich und NS-Staat. Berlin: Akademie Verl., 2003 (Elitenwandel in der Moderne 4).

Malinowski 2003b = Stephan Malinowski: Vom blauen zum reinen Blut. Antisemitische Adelskritik und adliger Antisemitismus 1871–1944. In: Jahrbuch für Antisemitismusforschung 12 (2003), S. 147–168.

Malinowski 2005 = Stephan Malinowski: From King to Führer. The German Aristocracy and the Nazi Movement. In: Deutsches Historisches Institut, Bulletin 27, 1 (2005), S. 5–28.

Malinowski/Reichardt 2004 = Stephan Malinowski, Sven Reichardt: Die Reihen fest geschlossen? Adelige im Führungscorps der SA bis 1934. In: Eckart Conze, Monika Wienfort (Hg.): Adel und Moderne. Deutschland im europäischen Vergleich im 19. und 20. Jahrhundert. Köln u. a.: Böhlau, 2004, S. 119–150.

Mandler 2011 = Peter Mandler: Caste or Class? The Social and Political Identity of the British Aristocracy since 1800. In: Jörn Leonhard, Christian Wieland (Hg.): What Makes the Nobility Noble? Comparative Perspectives from the Sixteenth to the Twentieth Century. Göttingen: Vandenhoeck & Ruprecht, 2011 (Schriftenreihe der FRIAS School of History 2), S. 178–187.

Mannheim 1928 = Karl Mannheim: Das Problem der Generationen. In: Kölner Vierteljahrshefte für Soziologie 7 (1928), S. 157-185, 309-330.

Marburg/Matzerath 2001 = Silke Marburg, Josef Matzerath: Vom Stand zur Erinnerungsgruppe. Zur Adelsgeschichte des 18. und 19. Jahrhunderts. In: S. M., J. M. (Hg.): Der Schritt in die Moderne. Sächsischer Adel zwischen 1763 und 1918. Köln u. a.: Böhlau, 2001, S. 5–15.

Marburg 2016 = Silke Marburg: Vom Olymp in die Diaspora. In: Dies., Sophia von Kuenheim (Hg.): Projektionsflächen von Adel, Berlin u.a.: De Gruyter, 2016 (Historische Zeitschrift. Beihefte. Neue Folge 69), S. 9–24.

Matyjewicz 2009 = Ewa Matyjewicz: Gutsparks in Polens Westgebieten. Fragen zu ihrer Inventur und partizipative Methoden ihrer Erneuerung, untersucht am Beispiel des Kreises Bolesławiec, Niederschlesien. Diss. Technische Universität Berlin 2009.

Maul 2002 = Bärbel Maul: Akademikerinnen in der Nachkriegszeit: ein Vergleich zwischen der Bundesrepublik Deutschland und der DDR. Frankfurt a. M.: Campus, 2002 (Campus Forschung 849).

Mayer 1981 = Arno J. Mayer: The Persistence of the Old Régime. Europe to the Great War. London: Croom Helm, 1981.

Mayer 1984 = Arno J. Mayer: Adelsmacht und Bürgertum. Die Krise der europäischen Gesellschaft (1848–1914). München: Beck, 1984.

Mazierska 2008 = Ewa Mazierska: Masculinities in Polish, Czech and Slovak Cinema. Black Peters and Men of Marble. New York u. a.: Berghahn Books, 2008.

Mazierska 2014 = Ewa Mazierska: Neighbors (Almost) Like Us. Representations of Germans, Germanness, and Germany in Polish Communist and Postcommunist Cinema. In: E. M., Lars Kristensen, Eva Näripea (Ed.): Postcolonial Approaches to Eastern European Cinema. Portraying Neighbours On-screen. London u. a.: Tauris, 2014 (International Library of the Moving Image 14), S. 67–90.

Mazur 2000 = Zbigniew Mazur: Dziedzictwo wspólne, łaczne, podzielone [Das gemeinsame, vereinte, getrennte Erbe]. In: Z. M. (Red.): Wspólne dziedzictwo? Ze studiów nad stosunkiem do spuścizny kulturowej na Ziemiach Zachodnich i Północnych. Poznań: Instytut Zachodni, 2000 (Ziemie Zachodnie. Studia i materiały 22), S. 813–850.

Mazur 2003 = Zbigniew Mazur: Zwischen Rathaus, Kirche und Friedhof. In: Z. M. (Hg.): Das deutsche Kulturerbe in den polnischen West- und Nordgebieten. Wiesbaden: Harrassowitz, 2003 (Studien der Forschungsstelle Ostmitteleuropa an der Universität Dortmund 34), S. 123–183.

Melis 2001 = Damian van Melis: Mit Gutsherrnblick. In: Frankfurter Allgemeine Zeitung, 10.04.2001, S. 10.

Menning 2010 = Daniel Menning: Adlige Lebenswelten und Kulturmodelle zwischen Altem Reich und „industrieller Massengesellschaft". Ein Forschungsbericht. In: H-Soz-Kult, 23.09.2010, <https://www.hsozkult.de/literaturereview/id/forschungsberichte-1112> (letzter Zugriff: 08.05.2019).

Menning 2014 = Daniel Menning: Standesgemäße Ordnung in der Moderne. Adlige Familienstrategien und Gesellschaftsentwürfe in Deutschland 1840–1945. München: Oldenbourg, 2014 (Ordnungssysteme. Studien zur Ideengeschichte der Neuzeit 42).

Menning 2016 = Daniel Menning: Herrschaftliches Wohnen unter beengten Verhältnissen? Adel und Schloss in Südwestdeutschland 1850-1945. In: Silke Marburg, Sophia von Kuenheim (Hg.): Projektionsflächen von Adel, Berlin u.a.: De Gruyter, 2016 (Historische Zeitschrift. Beihefte. Neue Folge 69), S. 49–66.

Mension-Rigau 1990 = Eric Mension-Rigau: L'enfance au château. L'éducation familiale des élites françaises au vingtième siècle. Paris u. a.: Rivages, 1990.

Mension-Rigau 1997 = Eric Mension-Rigau: Aristocrates et grands bourgeois. Éducation, traditions, valeurs. Paris: Perrin, 1997.

Mension-Rigau 1998 = Eric Mension-Rigau: « Être noble aujourd'hui … ». In: Jean-Claude Ruano-Borbalan (Éd.): L'identité. L'individu, le groupe, la société. Auxerre: Éd. Sciences Humaines, 1998, S. 225–230.

Mension-Rigau 1999 = Eric Mension-Rigau: La vie des châteaux. Mise en valeur et exploitation des châteaux privés dans la France contemporaine. Stratégies d'adaptation et de reconversion. Paris: Perrin, 1999.

Mension-Rigau 2003 = Eric Mension-Rigau: Le donjon et le clocher. Nobles et curés de campagne de 1850 à nos jours. Paris: Perrin, 2003 (Pour l'histoire).

Mension-Rigau 2006 = Eric Mension-Rigau: Mise en valeur et stratégies de reconversion des châteaux privés de l'Europe contemporaine. L'exemple des châtelains français au XXe siècle. In: Jarosław Dumanowski, Michel Figeac (Éd.): Noblesse française et noblesse polonaise. Mémoire, identité, culture, XVIe–XXe siècles. Pessac: Maison des Sciences de l'Homme d'Aquitaine, 2006, S. 581–596.

Mension-Rigau 2015 = Eric Mension-Rigau: Singulière noblesse. L'héritage nobiliaire dans la France contemporaine. Paris: Fayard, 2015 (Histoire).

Mension-Rigau/Lefébure 2007 = Eric Mension-Rigau, Christophe Lefébure (Ill.): Châteaux de famille. Une élégance française. Paris: Chêne, 2007.

Michalczyk 2010 = Andrzej Michalczyk: Heimat, Kirche und Nation. Deutsche und polnische Nationalisierungsprozesse im geteilten Oberschlesien (1922–1939). Köln u. a.: Böhlau, 2010 (Neue Forschungen zur schlesischen Geschichte 19).

Mienert 2005 = Marion Mienert: Großfürstin Marija Pavlovna. Ein Leben in Zarenreich und Emigration. Vom Wandel aristokratischer Lebensformen im 20. Jahrhundert. Frankfurt a. M. u. a.: Lang, 2005.

Mohler 1999 = Armin Mohler: Die konservative Revolution in Deutschland 1918–1932. Ein Handbuch. 5. Aufl. Graz u. a.: Stocker, 1999.

Mol 1976 = Hans Mol: Identity and the Sacred: A Sketch for a New Social-Scientific Theory of Religion. Oxford: Blackwell, 1976.

Moskal/Gadomski 1993 = Jerzy Moskal, Stanisław Gadomski (Ill.): ... Bogucice, Załęże et nova villa Katowice. Rozwój w czasie i przestrzeni [Boguschütz, Zalenze und die nova villa Kattowitz. Entwicklungen in Zeit und Raum]. Katowice: Śląsk, 1993.

Müller 2003 = Roland B. Müller: Das Breslauer Schulwesen in der Weimarer Republik. Dresden: HATiKVA, Bildungs- und Begegnungsstätte für Jüdische Geschichte und Kultur Sachsen, 2003.

Müller 2012 = Rolf-Dieter Müller: Hitlers Wehrmacht 1935–1945. München: Oldenbourg, 2012 (Beiträge zur Militärgeschichte 4).

Münkel 1996 = Daniela Münkel: Nationalsozialistische Agrarpolitik und Bauernalltag. Frankfurt a. M. u. a.: Campus, 1996 (Campus Forschung 735).

Müns 2003 = Heike Müns: Migrationsstrategien der böhmischen Musikanten im 18. und 19. Jahrhundert. In: Klaus Roth (Hg.): Vom Wandergesellen zum „Green Card"-Spezialisten. Interkulturelle Aspekte der Arbeitsmigration im östlichen Mitteleuropa. Münster u. a.: Waxmann, 2003 (Münchener Beiträge zur interkulturellen Kommunikation 14), S. 63–82.

Murken 2000 = Jens Murken: Rezension zu: Mario Niemann: Mecklenburgischer Großgrundbesitz im Dritten Reich. Soziale Struktur, wirtschaftliche Stellung und politische Bedeutung. Köln 2000 / Ders. (Hrsg.): Mecklenburgische

Gutsherren im 20. Jahrhundert. Erinnerungen und Biographien. Rostock 2000. In: H-Soz-Kult, 20.08.2001, <https://www.hsozkult.de/publicationreview/id/reb-5458> (letzter Zugriff: 08.05.2019).

Murzyn 2004 = Monika A. Murzyn: Die Einstellung der lokalen Bevölkerung zum Kulturerbe in einer niederschlesischen Kleinstadt. Das Beispiel Schömberg. In: Andrea Langer (Hg.): Der Umgang mit dem kulturellen Erbe in Deutschland und Polen im 20. Jahrhundert / Postawy wobec dziedzictwa kulturowego w Niemczech i Polsce w XX w. Warszawa: Instytut Sztuki PAN, 2004, S. 201–220 (Das gemeinsame Kulturerbe 1).

Naimark 2010 = Norman M. Naimark: The Persistence of „the Postwar": Germany and Poland. In: Frank Biess, Robert G. Moeller (Ed.): Histories of the Aftermath. The Legacies of the Second World War in Europe. New York u. a.: Berghahn Books, 2010, S. 13–29.

Niemann 2000 = Mario Niemann: Mecklenburgischer Großgrundbesitz im Dritten Reich. Soziale Struktur, wirtschaftliche Stellung und politische Bedeutung. Köln u. a.: Böhlau, 2000 (Mitteldeutsche Forschungen 116).

Niemierowska-Szczepańczyk 1992 = Bożenna Niemierowska-Szczepańczyk: Wilanów w czasie okupacji niemieckiej (1939–1945) [Wilanów in der Zeit der deutschen Okkupation (1939–1945)]. Warszawa: Nakł. Własny Autora, 1992.

Niessner 1985 = Władysław Niessner: Probleme des Denkmalschutzes und der Denkmalpflege in Polen. In: Hans Joachim Rieseberg, Eberhard Sommer (Hg.): Wiederaufbau und Restaurierung historischer Stadtbilder in Polen. Berlin: Publica, 1985, S. 11–22.

Niethammer 1980a = Lutz Niethammer unter Mitarbeit von Werner Trapp (Hg.): Lebenserfahrung und kollektives Gedächtnis. Die Praxis der „Oral History". Frankfurt a. M.: Syndikat, 1980.

Niethammer 1980b = Lutz Niethammer: Einführung. In: L. N. unter Mitarbeit von Werner Trapp (Hg.): Lebenserfahrung und kollektives Gedächtnis. Die Praxis der „Oral History". Frankfurt a. M.: Syndikat, 1980, S. 7–26.

Niethammer 1983 = Lutz Niethammer (Hg.): Lebensgeschichte und Sozialkultur im Ruhrgebiet 1930 bis 1960. Bd. 2: „Hinterher merkt man, daß es richtig war, daß es schiefgegangen ist." Nachkriegserfahrungen im Ruhrgebiet. Berlin u. a.: Dietz, 1983.

Niethammer 1985 = Lutz Niethammer (Hg.): Lebensgeschichte und Sozialkultur im Ruhrgebiet 1930 bis 1960. Bd. 3: „Wir kriegen jetzt andere Zeiten". Auf der Suche nach der Erfahrung des Volkes in nachfaschistischen Ländern. Berlin u. a.: Dietz, 1985.

Niethammer 1986 = Lutz Niethammer (Hg.): Lebensgeschichte und Sozialkultur im Ruhrgebiet 1930 bis 1960. Bd. 1: „Die Jahre weiß man nicht, wo man die heute hinsetzen soll". Faschismuserfahrungen im Ruhrgebiet. 2. Aufl. Berlin u. a.: Dietz, 1986.

Niethammer 1990 = Lutz Niethammer: War die bürgerliche Gesellschaft in Deutschland 1945 am Ende oder am Anfang? In: L. N. u. a. (Hg.): Bürgerliche Gesellschaft in Deutschland. Historische Einblicke, Fragen, Perspektiven. Frankfurt a. M.: Fischer Taschenbuch-Verl., 1990 (Fischer Taschenbuch 4387, Geschichte), S. 515–532.

Niethammer 1999 = Lutz Niethammer: Bürgerliche Wechseljahre – zur Konjunktur erinnerter Gefühle einer Klasse. In: L. N.: Deutschland danach. Postfaschistische Gesellschaft und nationales Gedächtnis. Hg. v. Ulrich Herbert, Dirk van Laak. Bonn: Dietz, 1999, S. 498–510.

Nolzen 2012 = Armin Nolzen: Rezension zu: Mary Fulbrook: Dissonant Lives. Generations and Violence Through the German Dictatorships. Oxford u. a.: Oxford Univ. Press 2011. In: H-Soz-Kult, 21.06.2012, <https://www.hsozkult. de/publicationreview/id/rezbuecher-16455> (letzter Zugriff: 30.04.2019).

Nurczyńska-Fidelska 2003 = Ewelina Nurczyńska-Fidelska: Czas i przesłona. O Filipie Bajonie i jego twórczości [Zeit und Strahlenblende. Über Filip Bajon und sein Werk]. Kraków: Rabid, 2003.

Nyga 2010 = Marcin Nyga: Elementy architektoniczne pszczyńskiego założenia ogrodowego jako jeden z przejawów apoteozy rodziny książęcej Hochberg von Pless [Architektonische Elemente der Gartenanlage in Pless/Pszczyna als eine der Erscheinungen der Apotheose der Fürstenfamilie Hochberg von Pless]. In: Maciej Kluss (Red.): Materiały z sesji naukowej z okazji 60-lecia Muzeum Zamkowego w Pszczynie, 11–12 maja 2006 r. Pszczyna: Wydawn. Muzeum Zamkowego, 2010, S. 137–152.

Odendahl 2005 = Kerstin Odendahl: Kulturgüterschutz. Entwicklung, Struktur und Dogmatik eines ebenenübergreifenden Normensystems. Tübingen: Mohr Siebeck, 2005 (Jus publicum. Beiträge zum öffentlichen Recht 140).

Oexle 1995 = Otto Gerhard Oexle: Memoria als Kultur. In: O. G. Oe. (Hg.): Memoria als Kultur. Göttingen: Vandenhoeck & Ruprecht, 1995 (Veröffentlichungen des Max-Planck-Instituts für Geschichte 121), S. 9–78.

Opiłowska 2013 = Elżbieta Opiłowska: Die Aneignung des fremden Raums. Nationalistische Politik in den Nord- und Westgebieten nach dem zweiten Weltkrieg. In: Johannes Frackowiak (Hg.): Nationalistische Politik und Ressentiments. Deutsche und Polen von 1871 bis zur Gegenwart. Göttingen: V&R unipress GmbH, 2013 (Hannah-Arendt-Institut für Totalitarismusforschung e. V. an der TU Dresden, Berichte und Studien 64), S. 241–256.

Orlik 2012 = Zygmunt J. Orlik: Pamiętny rok 1945 na Ziemi Pszczyńskiej [Das Gedenkjahr 1945 im Plesser Land]. Pszczyna: Starostwo Powiatowe, 2012.

Orłowski 1996 = Hubert Orłowski: „Polnische Wirtschaft". Zum deutschen Polendiskurs der Neuzeit. Wiesbaden: Harrassowitz, 1996 (Studien der Forschungsstelle Ostmitteleuropa an der Universität Dortmund 21).

Orłowski 1999 = Hubert Orłowski: Et in Arcadia Ego? Heimatverlust in der deutschen und polnischen Literatur. In: Jan-Pieter Barbian, Marek Zybura (Hg.): Erlebte Nachbarschaft: Aspekte der deutsch-polnischen Beziehungen im 20. Jahrhundert. Wiesbaden: Harrassowitz, 1999 (Veröffentlichungen des Deutschen Polen-Instituts Darmstadt 12), S. 209–225.

Orłowski 2001 = Hubert Orłowski: Tabuisierte Bereiche im deutsch - polnischen Gedächtnisraum. Zur literarischen Aufarbeitung von Flucht, Zwangsaussiedlung und Vertreibung in der deutschen und polnischen Deprivationsliteratur nach 1945. In: Elke Mehnert (Hg.): Landschaften der Erinnerung. Flucht und Vertreibung aus deutscher, polnischer und tschechischer Sicht. Frankfurt a. M. u. a.: Lang, 2001 (Studien zur Reiseliteratur- und Imagologieforschung 5), S. 82–113.

Orłowski 2002 = Hubert Orłowski: Polnische Wirtschaft. Karriere eines Stereotyps. In: Andrea Rudolph, Ute Scholz (Hg.): Ein weiter Mantel. Polenbilder in Gesellschaft, Politik und Dichtung / Obszerna polska peleryna: polityczne, społeczne i literackie wizje Polski i Polaków. Dettelbach: Röll, 2002 (Kulturwissenschaftliche Beiträge 1), S. 173–194.

Osterhammel 2009 = Jürgen Osterhammel: Die Verwandlung der Welt. Eine Geschichte des 19. Jahrhunderts. 2. Aufl. München: Beck, 2009 (Historische Bibliothek der Gerda-Henkel-Stiftung).

Pacholski 2013 = Jan Pacholski: Erinnerung an Friedrich den Großen in Schlesien: Einst und Heute. In: Olga Kurilo (Hg.): Friedrich II. und das östliche Europa: Deutsch-polnisch-russische Reflexionen. Berlin: Berliner Wissenschafts-Verl., 2013, S. 103–117.

Parak 2009 = Michael Parak: Schlesier in der DDR. Berichte von Flüchtlingen, Vertriebenen und Umsiedlern. Görlitz: Schlesisches Museum zu Görlitz, 2009.

Passerini 1987 = Luisa Passerini: Fascism in Popular Memory. The Cultural Experience of the Turin Working Class. Cambridge u. a.: Cambridge Univ. Press u. a., 1987 (Studies in modern capitalism).

Patterson 2007 = Ian Patterson: Guernica and Total War. 1st publ. in Great Britain. London: Profile Books. 2007.

Peitsch 1990 = Helmut Peitsch: „Deutschlands Gedächtnis an seine dunkelste Zeit": zur Funktion der Autobiographik in den Westzonen Deutschlands und den Westsektoren von Berlin 1945 bis 1949, Berlin: Ed. Sigma, 1990 (Sigma-Medienwissenschaft Bd. 5).

Perzyński 2006 = Marek Perzyński: Zamki, twierdze i pałace Dolnego Śląska i Opolszczyzny. Przewodnik dla dociekliwych [Schlösser, Befestigungen und Paläste Niederschlesiens und des Oppelner Landes. Ein Führer für Wissbegierige]. Wrocław: Wrocławski Dom Wydawniczy, 2006.

Pestel 2009 = Friedemann Pestel: Weimar als Exil. Erfahrungsräume französischer Revolutionsemigranten 1792–1803. Leipzig: Leipziger Univ.-Verl., 2009 (Deutsch-Französische Kulturbibliothek 28, Transfer).

Piskorski 2014 = Jan M. Piskorski: Zwangsmigrationen im Kontext des Zweiten Weltkriegs. Zwölf ausgewählte Schwerpunkte. In: Matthias Stickler (Hg.): Jenseits von Aufrechnung und Verdrängung. Neue Forschungen zu Flucht, Vertreibung und Vertriebenenintegration. Stuttgart: Steiner, 2014 (Historische Mitteilungen, Beihefte 86), S. 155–176.

Plato 1998 = Alexander von Plato: Erfahrungsgeschichte – von der Etablierung der Oral History. In: Gerd Jüttemann, Hans Thomae (Hg.): Biographische Methoden in den Humanwissenschaften. Weinheim: Beltz, Psychologie Verl. Union, 1998, S. 60–74.

Plato 2016 = Plato, Alexander von: Adel auf der Flucht und das Leben danach. Vorüberlegungen zu einer Erfahrungsgeschichte einer speziellen Flüchtlingsgruppe nach 1944 im migrationsgeschichtlichen Kontext. In: Silke Marburg, Sophia von Kuenheim (Hg.): Projektionsflächen von Adel, Berlin u.a.: De Gruyter, 2016 (Historische Zeitschrift. Beihefte. Neue Folge 69), S. 175–194.

Polak 1980 = Jerzy Polak: Antypolska działalność koncernu księcia pszczyńskiego w latach 1918–1921 [Antipolnische Aktivitäten im Konzern des Fürsten Pless in den Jahren 1918–1921]. In: Zaranie Śląskie. Kwartalnik literacki 43, 4 (1980), S. 662–683.

Polak 1982 = Jerzy Polak: Afery książąt pszczyńskich w okresie między wojennym [Die Affären der Fürsten von Pless in der Zwischenkriegszeit]. In: Janusz Ziembiński (Red.): Materiały Muzeum Wnętrz Zabytkowych w Pszczynie. [Nr] 1. Pszczyna: Wydawn. Muzeum Wnętrz Zabytkowych w Pszczynie, 1982, S. 73–95.

Polak 1983 = Jerzy Polak: Licytacja wyposażenia zamków księcia pszczyńskiego w 1934 roku [Die Versteigerung von Raumausstattung aus den Schlössern der Fürsten von Pless im Jahr 1934]. In: Janusz Ziembiński (Hg.): Materiały Muzeum Wnętrz Zabytkowych w Pszczynie. [Nr] 2. Pszczyna: Wydawn. Muzeum Wnętrz Zabytkowych w Pszczynie 1983, S. 131–154.

Polak 1984 = Jerzy Polak: Muzeum Wnętrz Zabytkowych w Pszczynie w 40-leciu PRL [Das Museum für historische Innenräume am 40. Jahrestag der Volksrepublik Polen]. In: Janusz Ziembiński (Hg.): Materiały Muzeum Wnętrz Zabytkowych w Pszczynie. 3. Pszczyna: Wydawn. Muzeum Wnętrz Zabytkowych w Pszczynie 1984, S. 146–160.

Polak 2000 = Jerzy Polak: Ziemia pszczyńska – rozwój gospodarczy od Piastów do Hochbergów [Die Plesser Erde – ihre wirtschaftliche Entwicklung von den Piasten bis zu den Hochberg]. Pszczyna: Bractwo Gospodarcze Związku Górnośląskiego 2000.

Polak 2007 = Jerzy Polak (Red.): Poczet panów i książąt pszczyńskich [Galerie der Herren und Fürsten von Pless]. [Tom] 1: Od Heleny Korybutówny do Jana Erdmanna Promnitza; [Tom] 2: Od Fryderyka Erdmanna Anhalta do Jana Henryka XV Hochberga. Pszczyna: Towarzystwo Miłośników Ziemi Pszczyńskiej 2007.

Polak-Springer 2015 = Peter Polak-Springer: Recovered Territory. A German-Polish Conflict over Land and Culture, 1919–89. New York: Berghahn, 2015.

Popczyk 2004 = Maria Popczyk: Stadtgrenzen – Identitätsgrenzen. In: Arbeitskreis Ruhrgebiet – Oberschlesien [Susanne Abeck, Veronika Grabe, Nikolaus Gussone, Susanne Peters-Schildgen, Claus Stiens] (Hg.): Ruhrgebiet – Oberschlesien. Stadt, Region, Strukturwandel / Zagłębie Ruhry – Górny Śląsk. Miasto, region, przemiany strukturalne. Essen: Klartext, 2004, S. 206-210.

Portelli 2003 = Alessandro Portelli: The Order Has Been Carried Out. History, Memory, and Meaning of a Nazi Massacre in Rome. New York, NY: Palgrave Macmillan, 2003 (Palgrave Studies in Oral History).

Portelli 2011 = Alessandro Portelli: They Say in Harlan County. An Oral History. New York, NY u. a.: Oxford Univ. Press, 2011.

Postoutenko 2010 = Kirill Postoutenko: Prolegomena to the Study of Totalitarian Communication. In: Kirill Postoutenko (Ed.): Totalitarian Communication. Hierarchies, Codes and Messages. Bielefeld: transcript, 2010, S. 11–42 (Cultural and Media Studies).

Praz 2008 = Mario Praz: An Illustrated History of Interior Decoration. From Pompeii to Art Nouveau. Reprint. London: Thames & Hudson, 2008 (zuerst 1964).

Pruszyński 1989 = Jan [Piotr] Pruszyński: Ochrona zabytków w Polsce. Geneza, organizacja, prawo [Denkmalschutz in Polen. Entstehung, Organisation, Recht]. Warszawa: Państwowe Wydawn. Nauk, 1989.

Pruszyński 1996 = Jan [Piotr] Pruszyński: Prawo ochrony zabytków [Denkmalschutzrecht]. In: Andrzej Tomaszewski (Red.): Ochrona i konserwacja dóbr kultury w Polsce 1944–1989. Uwarunkowania polityczne i społeczne. Warszawa: Stowarzyszenie Konserwatorów Zabytków, 1996, S. 17–35.

Przyłęcki 2006 = Mirosław Przyłęcki: Guerquin, Bohdan. In: Polski słownik biograficzny konserwatorów zabytków. Z. 2. Poznań: Wydawn. Poznańskie, 2006, S. 83–84.

Püschel 1954 = Ursula Püschel (Hg.): Bettina von Arnims Polenbroschüre „An die aufgelöste preußische National-Versammlung". Berlin: Henschel, 1954.

Pyta 1996 = Wolfram Pyta: Dorfgemeinschaft und Parteipolitik 1918–1933. Die Verschränkung von Milieu und Parteien in den protestantischen Landgebieten Deutschlands in der Weimarer Republik. Düsseldorf: Droste, 1996 (Beiträge zur Geschichte des Parlamentarismus und der politischen Parteien 106).

Radebold 2000 = Hartmut Radebold: Abwesende Väter. Folgen der Kriegskindheit in Psychoanalysen. Göttingen: Vandenhoeck & Ruprecht, 2000.

Raeff 1990 = Marc Raeff: Russia Abroad. A Cultural History of the Russian Emigration, 1919–1939. New York u. a.: Oxford Univ. Pr., 1990.

Rasch 2006 = Manfred Rasch: Adelige Unternehmer im bürgerlichen Zeitalter: Fragen nach Spezifika unternehmerischen Handelns. In: M. R. in Verbindung mit Toni Pierenkemper, Norbert Reimann (Hg.): Adel als Unternehmer im bürgerlichen Zeitalter: Vorträge des wissenschaftlichen Kolloquiums der Vereinigten Westfälischen Adelsarchive e. V. vom 28.–30. Juli 2004 in Bad Driburg. Münster: Vereinigte Westfälische Adelsarchive, 2006 (Veröffentlichungen der Vereinigten Westfälischen Adelsarchive e. V. 17), S. 13–57.

Rasch 2016 = Manfred Rasch: Der Unternehmer Guido Henckel von Donnersmarck, Essen: Klartext Verlag, 2016.

Rasch 2017 = Manfred Rasch: Adel als Unternehmer, noch immer ein europäisches Forschungsdesiderat. In: M. R., Peter K. Weber (Hg.): Europäischer Adel als Unternehmer im Industriezeitalter. Essen: Klartext 2017, S. 35-56.

Ratajczak 2011 = Robert Ratajczak: Wilhelm Szewczyk. Czerwionka-Leszczyny: Agencja Reklamowo-Wydawnicza „Vectra", 2011.

Rau 2017 = Christian Rau: Bismarck und Varzin – Erholungstätte, Wirtschaftsbetrieb, Erinnerungsort. In: Ulrich Lappenküper (Hg.): Otto von Bismarck und das „lange 19. Jahrhundert". Lebendige Vergangenheit im Spiegel der „Friedrichsruher Beiträge" 1996–2016. Paderborn: Ferdinand Schöningh, 2017, S. 934–1028.

Reif 1999 = Heinz Reif: Adel im 19. und 20. Jahrhundert. München: Oldenbourg, 1999 (Enzyklopädie deutscher Geschichte 55).

Reulecke 2004 = Jürgen Reulecke: Blicke auf die deutsche Jugend nach Kriegsende. In: Bernd-A. Rusinek (Hg.): Kriegsende 1945. Verbrechen, Katastrophen, Befreiungen in nationaler und internationaler Perspektive. Göttingen: Wallstein, 2004 (Dachauer Symposien zur Zeitgeschichte 4), S. 54–66.

Reulecke 2011 = Jürgen Reulecke: Eine junge Generation im Schützengraben. „Der Wanderer zwischen beiden Welten" von Walter Flex. In: Dirk van Laak (Hg.): Literatur, die Geschichte schrieb. Göttingen: Vandenhoeck & Ruprecht, 2011, S. 151–164.

Richards 2001 = Earl Jeffrey Richards: Vertreibung und Flucht als imagologisches Problem. In: Elke Mehnert (Hg.): Landschaften der Erinnerung. Flucht und Vertreibung aus deutscher, polnischer und tschechischer Sicht. Frankfurt a. M. u. a.: Lang, 2001 (Studien zur Reiseliteratur- und Imagologieforschung 5), S. 41–81.

Richardson 1967 = Joanna Richardson: The Courtesans. The demi-monde in 19th century France. London: Weidenfeld and Nicolson, 1967.

Riello 2013 = Giorgio Riello: Things That Shape History. Material Culture and Historical Narratives. In: Karen Harvey (Ed.): History and Material Culture. A Student's Guide to Approaching Alternative Sources. New York: Routledge, 2013 (Routledge Guides to Using Historical Sources), S. 24–46.

Rittersporn/Rolf/Behrends 2003 = Gábor T. Rittersporn, Malte Rolf, Jan C. Behrends: Öffentliche Räume und Öffentlichkeiten in Gesellschaften sowjetischen Typs. Ein erster Blick aus komparativer Perspektive. In: G. T. R., M. R., J. C. B. (Hg.): Zwischen partei-staatlicher Selbstinszenierung und kirchlichen Gegenwelten. Sphären von Öffentlichkeit in Gesellschaften sowjetischen Typs = Between the Great Show of the Party-State and Religious Counter-Cultures. Public Spheres in Soviet-Type Societies. Frankfurt a. M. u. a.: Lang, 2003 (Komparatistische Bibliothek 11), S. 7–21.

Rödder 2004 = Andreas Rödder: Die Bundesrepublik Deutschland 1969–1990. München: Oldenbourg, 2004 (Oldenbourg Grundriss der Geschichte 19a).

Rödel 1989 = Walter G[erd] Rödel: Der Ritterliche Orden St. Johannis vom Spital zu Jerusalem. Ein Abriß seiner Geschichte. Handreichung für die Mitglieder und Freunde des Ordens und seiner Werke. 2., überarb. Aufl. Nieder-Weisel, 1989 (Schriftenreihe der Hessischen Genossenschaft des Johanniterordens 15).

Röll 2011 = Hans-Joachim Röll: Generalleutnant der Reserve Hyacinth Graf Strachwitz von Groß-Zauche und Camminetz. Vom Kavallerieoffizier zum Führer gepanzerter Verbände. Würzburg: Flechsig, 2011.

Rogall 2006 = Joachim Rogall: Leben nach dem Weltuntergang. Die Deutschen im polnischen Staat 1945–1989. Münster: Monsenstein und Vannerdat, 2006.

Rolak 2010 = Jarosław Rolak: Zamek w Świerklańcu. Historia wyburzenia w świetle materiałów archiwalnych Śląskiego Wojewódzkiego Konserwatora Zabytków w Katowicach [Das Schloß Neudeck. Die Geschichte seines Abrisses im Lichte der Archivalien des Konservators der Woiwodschaft Schlesien in Kattowitz/

Katowice]. In: Wiadomości konserwatorskie województwa śląskiego / Zamki i pałace 2 (2010), S. 161–170.

Rosenthal 1997 = Gabriele Rosenthal: Der Holocaust im Leben von drei Generationen. Familien von Überlebenden der Shoah und von Nazi-Tätern. 2., korr. Aufl. Gießen: Psychosozial-Verl., 1997 (Edition Psychosozial).

Rothfels 1967 = Hans Rothfels: Ostdeutsche im Widerstand gegen Hitler. In: Eberhard Günter Schulz (Hg.): Leistung und Schicksal. Abhandlungen und Berichte über die Deutschen im Osten. Köln u. a.: Böhlau, 1967, S. 314–322.

Rounding 2003 = Virginia Rounding: Grandes Horizontales. The Lives and Legends of Marie Duplessis, Cora Pearl, La Païva and La Présidente. London: Bloomsbury, 2003.

Rubacha 2014 = Przemysław Rubacha: Geneza, cele i budowa Wojewódzkiego Parku Kultury i Wypoczynku w Chorzowie [Entstehung, Zweck und Errichtung des Woiwodschaftsparks für Kultur und Erholung in Königshütte/Chorzów]. In: Szkice archiwalno-historyczne 11 (2014), S. 198–223.

Rudolph 1984 = Hartmut Rudolph: Evangelische Kirche und Vertriebene 1945 bis 1972. Bd. 1: Kirchen ohne Land. Die Aufnahme von Pfarrern und Gemeindegliedern aus dem Osten im westlichen Nachkriegsdeutschland. Nothilfe – Seelsorge – kirchliche Eingliederung. Göttingen: Vandenhoeck & Ruprecht, 1984 (Arbeiten zur kirchlichen Zeitgeschichte, B: Darstellungen 11).

Rudorff 2006 = Andrea Rudorff: Groß-Rosen. In: Wolfgang Benz, Barbara Distel (Hg.), Angelika Königseder (Bearb.): Der Ort des Terrors. Geschichte der nationalsozialistischen Konzentrationslager. Bd. 3: Sachsenhausen, Buchenwald. München: Beck, 2006, S. 197–200.

Rutowska 2000 = Maria Rutowska: Elementy polityki wobec niemieckiej spuścizny kulturowej na Ziemiach Zachodnich (1945–1950) [Elemente der Politik gegenüber dem deutschen Kulturerbe in den Westgebieten (1945–1950)]. In: Zbigniew Mazur (Red.): Wspólne dziedzictwo? Ze studiów nad stosunkiem do spuścizny kulturowej na Ziemiach Zachodnich i Północnych. Poznań: Instytut Zachodni, 2000 (Ziemie Zachodnie. Studia i materiały 22), S. 167–200.

Ryan 2009 = Kathleen M. Ryan: "I Didn't Do Anything Important": A Pragmatist Analysis of the Oral History Interview. In: Oral History Review 36, 1 (2009), S. 25–44.

Rymaszewski 2000 = Bohdan Rymaszewski: Motywacje polityczne i narodowe związane z zabytkami [Politische und nationale Motivationslagen im Zusammenhang mit Denkmälern]. In: Andrzej Tomaszewski (Red.): Badania i ochrona zabytków w Polsce w XX wieku. Warszawa: Wydawn. Towarzystwo Opieki nad Zabytkami, 2000, S. 81–96.

Sabrow 2000 = Martin Sabrow: Einleitung: Geschichtsdiskurs und Doktringesellschaft. In: M. S. (Hg.): Geschichte als Herrschaftsdiskurs. Der Umgang mit der Vergangenheit in der DDR. Köln u. a.: Böhlau, 2000 (Zeithistorische Studien 4, Herrschaftsstrukturen und Erfahrungsdimensionen der DDR-Geschichte 3), S. 9–36.

Sacha 2004 = Magdalena I. Sacha: Der Topos Masurens als verlorenes Paradies in der deutschsprachigen Literatur Ostpreußens. In: Bernd Neumann, Dietmar Albrecht, Andrzej Talarczyk (Hg.): Literatur – Grenzen – Erinnerungsräume: Erkundungen des deutsch-polnisch-baltischen Ostseeraums als einer Literaturlandschaft. Würzburg: Königshausen & Neumann, 2004, S. 85–107.

Sahm 1990 = Ulrich Sahm: Rudolf von Scheliha. 1897–1942. Ein deutscher Diplomat gegen Hitler. München: Beck, 1990.

Said 2009 = Edward W. Said: Orientalismus. Frankfurt a. M.: Fischer, 2009.

Saint Martin 1993 = Monique de Saint Martin: L'Espace de la noblesse. Paris: Ed. Métailié, 1993 (Collection Leçons de choses).

Saint Martin 2002 = Monique de Saint Martin: Vers une sociologie des aristocrates déclassés. In: Cahiers d'histoire 45, 4 (2002), S. 785–801.

Saint Martin 2003 = Monique de Saint Martin: Der Adel – Soziologie eines Standes. Konstanz: UVK Univ.-Verl., 2003 (Édition discours. Klassische und zeitgenössische Texte der französischsprachigen Humanwissenschaften 8).

Saminskij 2007 = Evgen M. Saminskij: Katalog staropečatnych izdanij. 3: Knigi na nemeckom jazyke [Katalog der Altdrucke. 3: Bücher in deutscher Sprache]. Dnepropetrovsk: Izdat. Dnepropetrovskogo Univ., 2007.

Sauermann 1997 = Dietmar Sauermann: Polenfahrten zwischen Heimwehtourismus und Völkerverständigung. In: Heimat Thüringen 4, 4 (1997), S. 22–30.

Sauermann 2001 = Dietmar Sauermann: Flüchtlingsgeschichten sind vor allem Frauengeschichten. Zur Rolle der Frauen bei Flucht und Vertreibung und ihre ersten Kontakte in einer fremden Umgebung nach 1945. In: Rheinisch-westfälische Zeitschrift für Volkskunde 46 (2001), S. 355–370.

Scheller 2008 = Rita Scheller: Der Konvent evangelischer Gemeinden aus Pommern. In: Christian-Erdmann Schott (Hg.): In Grenzen leben – Grenzen überwinden. Zur Kirchengeschichte des 20. Jahrhunderts in Ost-Mittel-Europa. Festschrift für Peter Maser zum 65. Geburtstag. Münster: Lit, 2008 (Beiträge zu Theologie, Kirche und Gesellschaft im 20. Jahrhundert 16), S. 189–204.

Schelsky 1960 = Helmut Schelsky: Die skeptische Generation. Eine Soziologie der deutschen Jugend. 4. Aufl. Düsseldorf u. a.: Diederichs, 1960.

Schieder 1953–1961 = Theodor Schieder (Bearb.): Dokumentation der Vertreibung der Deutschen aus Ost-Mitteleuropa. Bde. 1,1–3; 2; 3; 4,1–2; 5. Bonn: Bundesministerium für Vertriebene, 1953–1961.

Schiller 2002 = René Schiller: Vom Rittergut zum Großgrundbesitz. Ökonomische und soziale Transformationsprozesse der ländlichen Eliten Brandenburgs im 19. Jahrhundert. Berlin: Akademie Verl., 2002 (Elitenwandel in der Moderne 3).

Schlögel 1994 = Karl Schlögel (Hg.): Der große Exodus. Die russische Emigration und ihre Zentren 1917 bis 1941. München: Beck, 1994.

Schlögel 2013 = Karl Schlögel: Grenzland Europa. Unterwegs auf einem neuen Kontinent. München: Hanser, 2013.

Schmelzer 1979 = Günter Schmelzer: Religiöse Gruppen und sozialwissenschaftliche Typologie. Möglichkeiten der soziologischen Analyse religiöser Orden. Berlin: Duncker & Humblot, 1979 (Sozialwissenschaftliche Abhandlungen der Görres-Gesellschaft 3).

Schmidt 2007 = Hans-Peter Schmidt: Schlesien und Preußen. Erkrath: Schweitzer-haus, 2007.

Schmilewski 1991 = Ulrich Schmilewski (Hg.): Wahlstatt 1241. Beiträge zur Mongolenschlacht bei Liegnitz und zu ihren Nachwirkungen. Würzburg: Bergstadtverl. Korn, 1991.

Schmitz 2005 = Walter Schmitz: Neue Kulturgeschichte. In: Joachim Bahlcke (Hg.): Historische Schlesienforschung: Methoden, Themen und Perspektiven zwischen traditioneller Landesgeschichtsschreibung und moderner Kulturwissenschaft. Köln u. a.: Böhlau, 2005 (Neue Forschungen zur schlesischen Geschichte 11), S. 449–477.

Schmitz 2013 = Walter Schmitz, Jens Stüben, Matthias Weber (Hg.): Adel in Schlesien (3): Adel in Schlesien und Mitteleuropa - Literatur und Kultur von der Frühen Neuzeit bis zur Gegenwart. München: Oldenbourg, 2013 (Schriften des Bundesinstituts für Kultur und Geschichte der Deutschen im östlichen Europa 48).

Schöttler 1997 = Peter Schöttler (Hg.): Geschichtsschreibung als Legitimationswissenschaft. Frankfurt a. M.: Suhrkamp, 1997 (Suhrkamp-Taschenbuch Wissenschaft 1333).

Scholl-Schneider 2011a = Sarah Scholl-Schneider: Erinnerungsraum Heimat. Ein grenzüberschreitendes Projekt über sudetendeutsche Vertriebene in Bayern. In: Aviso. Zeitschrift für Wissenschaft und Kunst in Bayern 4 (2011), S. 32–35.

Scholl-Schneider 2011b = Sarah Scholl-Schneider: Mittler zwischen Kulturen. Biographische Erfahrungen tschechischer Remigranten nach 1989. Münster u. a.: Waxmann, 2011 (Schriftenreihe der Kommission für deutsche und osteuropäische Volkskunde in der Deutschen Gesellschaft für Volkskunde e. V. 94).

Scholz 2010 = Stephan Scholz: Schmerzens-Mutter-Liebe. Das Motiv der Mutter im bundesdeutschen Diskurs zu Flucht und Vertreibung. In: Elisabeth Fendl (Hg.): Zur Ästhetik des Verlusts. Bilder von Heimat, Flucht und Vertreibung. Münster u. a.: Waxmann, 2010 (Schriftenreihe des Johannes-Künzig-Instituts 12), S. 165–192.

Scholz 2011 = Peter Scholz: Den Vätern folgen. Sozialisation und Erziehung der republikanischen Senatsaristokratie. Berlin: Verl. Antike, 2011 (Studien zur alten Geschichte 13).

Schulz 2001 = Günther Schulz (Hg.): Vertriebene Eliten. Vertreibung und Verfolgung von Führungsschichten im 20. Jahrhundert. München: Boldt, 2001 (Deutsche Führungsschichten in der Neuzeit 24).

Scott 1998 = James C. Scott: Seeing Like a State. How Certain Schemes to Improve the Human Condition Have Failed. New Haven, Conn. u. a.: Yale Univ. Press, 1998.

Seegers 2009 = Lu Seegers: Vaterlosigkeit als kriegsbedingte Erfahrung im 20. Jahrhundert in Deutschland. In: L. S., Jürgen Reulecke (Hg.): Die „Generation der Kriegskinder". Historische Hintergründe und Deutungen. Gießen: Psychosozial-Verl., 2009, S. 59–84.

Seelig 2015 = Michael Seelig: Alltagsadel. Der ehemalige ostelbische Adel in der Bundesrepublik Deutschland 1945/49–1975. Köln u. a.: Böhlau, 2015 (Adelswelten 3).

Sheftel/Zembrzycki 2010 = Anna Sheftel, Stacey Zembrzycki: Only Human. A Reflection on the Ethical and Methodological Challenges of Working with "Difficult" Stories. In: Oral History Review 37, 2 (2010), S. 191–214.

Siegel 2006 = Daniel J. Siegel: Entwicklungspsychologische, interpersonelle und neurobiologische Dimensionen des Gedächtnisses. Ein Überblick. In: Harald Welzer, Hans J. Markowitsch (Hg.): Warum Menschen sich erinnern können. Fortschritte in der interdisziplinären Gedächtnisforschung. Stuttgart: Klett-Cotta, 2006, S. 19–49.

Siegrist/Sugarman 1999 = Hannes Siegrist, David Sugarman: Geschichte als historisch-vergleichende Eigentumswissenschaft. Rechts-, kultur- und gesellschaftsgeschichtliche Perspektiven. In: H. S., D. S. (Hg.): Eigentum im internationalen Vergleich (18.–20. Jahrhundert). Göttingen: Vandenhoeck & Ruprecht, 1999 (Kritische Studien zur Geschichtswissenschaft 130), S. 9–30.

Skibicki 2002 = Klemens Skibicki: Industrie im oberschlesischen Fürstentum Pless im 18. und 19. Jahrhundert. Zur ökonomischen Logik des Übergangs vom feudalen Magnatenwirtschaftsbetrieb zum modernen Industrieunternehmen. Stuttgart: Steiner, 2002 (Regionale Industrialisierung 2).

Sloterdijk 1978 = Peter Sloterdijk: Literatur und Organisation von Lebenserfahrung. Autobiographien der Zwanziger Jahre. München: Hanser, 1978 (Literatur als Kunst).

Smithson/Smithson 2005 = Alison [Margaret] Smithson, Peter Smithson: The Charged Void: Urbanism. New York: Monacelli Press, 2005.

Spieler 1989 = Silke Spieler (Red.): Vertreibung und Vertreibungsverbrechen 1945–1948. Bericht des Bundesarchivs vom 28. Mai 1974, Archivalien und ausgewählte Erlebnisberichte. Bonn: Kulturstiftung der deutschen Vertriebenen, 1989.

Sprenger 1996 = Isabell Sprenger: Groß-Rosen. Ein Konzentrationslager in Schlesien. Köln, Weimar, Wien: Böhlau, 1996 (Neue Forschungen zur schlesischen Geschichte 6).

Sprenger/Kumpmann 2007 = Isabell Sprenger, Walter Kumpmann: Groß-Rosen Stammlager. In: Wolfgang Benz, Barbara Distel (Hg.): Der Ort des Terrors: Geschichte der nationalsozialistischen Konzentrationslager. Bd. 6: Natzweiler, Groß-Rosen, Stutthof, München: C.H. Beck, 2007, S. 195–221.

Stambolis 2012 = Barbara Stambolis: Töchter ohne Väter. Frauen der Kriegsgeneration und ihre lebenslange Sehnsucht. Stuttgart: Klett-Cotta, 2012 (Fachbuch).

Steinbach 1980 = Lothar Steinbach: Lebenslauf, Sozialisation und „erinnerte Geschichte". In: Lutz Niethammer (Hg.): Lebenserfahrung und kollektives Gedächtnis. Die Praxis der „Oral History". Frankfurt a. M.: Syndikat, 1980, S. 291–322.

Steinbach/Tuchel 1998 = Peter Steinbach, Johannes Tuchel: Matuschka, Michael Graf von. In: P. S., J. T. (Hg.): Lexikon des Widerstandes, 1933–1945. München: Beck, 1998 (Beck'sche Reihe 1061), S. 136.

Steinert 2001 = Johannes-Dieter Steinert: Das Jahrhundert der Zwangswanderungen. In: Rainer Schulze zusammen mit Reinhard Rohde und Rainer Voss (Hg.): Zwischen Heimat und Zuhause. Deutsche Flüchtlinge und Vertriebene in (West-)Deutschland 1945–2000. Osnabrück: Secolo, 2001 (Quellen und Darstellungen zur Geschichte des Landkreises Celle 6), S. 19–28.

Stelbrink 1998 = Wolfgang Stelbrink: Der preußische Landrat im Nationalsozialismus. Studien zur nationalsozialistischen Personal- und Verwaltungspolitik auf Landkreisebene. Münster u. a.: Waxmann, 1998 (Internationale Hochschulschriften 255).

Stöckle 1990 = Frieder Stöckle: Zum praktischen Umgang mit Oral History. In: Herwart Vorländer (Hg.): Oral History. Mündlich erfragte Geschichte. Acht Beiträge. Göttingen: Vandenhoeck & Ruprecht, 1990 (Kleine Vandenhoeck-Reihe 1552), S. 131–158.

Strauchold 2014 = Grzegorz Strauchold: Pożądani i niekochani. Ludność rodzima na Śląsku w optyce władz państwowych w latach 1945–1949 [Begehrt und ungeliebt. Die Autochthonen in Schlesien im Blick der Staatsgewalt in den Jahren 1945–1949]. In: Sebastian Rosenbaum (Red.): Górny Śląsk i Górnoślązacy. Wokół problemów regionu i jego mieszkańców w XIX i XX wieku. Katowice: Instytut Pamięci Narodowej – Komisja Ścigania Zbrodni przeciwko Narodowi Polskiemu, Oddz., 2014, S. 156–172.

Stüttgen/Neubach/Hubatsch 1976 = Dieter Stüttgen, Helmut Neubach, Walther Hubatsch (Bearb.): Grundriß zur deutschen Verwaltungsgeschichte. 1815–1945. Reihe A: Preußen. Hg. v. Walther Hubatsch. Bd. 4: Schlesien. Marburg: Herder-Institut, 1976.

Suleiman 2002 = Susan Rubin Suleiman: The 1.5 Generation. Thinking about Child Survivors and the Holocaust. In: American Imago 59, 3 (2002), S. 277–295.

Świder 2014 = Małgorzata Świder: Die Entgermanisierung Oberschlesiens nach 1945. In: Matthias Stickler (Hg.): Jenseits von Aufrechnung und Verdrängung. Neue Forschungen zu Flucht, Vertreibung und Vertriebenenintegration. Stuttgart: Steiner, 2014 (Historische Mitteilungen, Beihefte 86), S. 65–87.

Tacke 2009 = Charlotte Tacke: Die „Nobilitierung" von Rehbock und Fasan. Jagd, „Adel" und „Adeligkeit" in Italien und Deutschland um 1900. In: Karsten Holste, Dietlind Hüchtker, Michael G. Müller (Hg.): Aufsteigen und Obenbleiben in europäischen Gesellschaften des 19. Jahrhunderts. Akteure – Arenen – Aushandlungsprozesse. Berlin: Akademie-Verl., 2009 (Elitenwandel in der Moderne 10), S. 223–247.

Ther 1998 = Philipp Ther: Deutsche und polnische Vertriebene. Gesellschaft und Vertriebenenpolitik in der SBZ/DDR und in Polen 1945–1956. Göttingen: Vandenhoeck & Ruprecht, 1998 (Kritische Studien zur Geschichtswissenschaft 127).

Thompson 2000 = Paul [Richard] Thompson: The Voice of the Past. Oral History. 3rd ed. Oxford u. a.: Oxford Univ. Pr., 2000.

Thompson 2003 = Paul Thompson: The Voice of the Past. Oral History [1975]. In: Robert Perks, Alistair Thomson (Ed.): The Oral History Reader. London u. a.: Routledge, 2003 [1998] (Taylor & Francis e-Library), S. 21–28.

Thomson 2003 = Alistair Thomson: Introduction – Sharing Authority. Oral History and the Collaborative Process. In: Oral History Review 30, 1 (2003), S. 23–26.

Thum 2003 = Gregor Thum: Die fremde Stadt. Breslau 1945. Berlin u. a.: Siedler, 2003.

Thum 2012 = Gregor Thum: "We are Prussia Today". Polish German Variations on a Vanished State. In: Kristin Kopp, Joanna Niżyńska (Ed.): Germany, Poland and Postmemorial Relations. In Search of a Livable Past. Basingstoke: Palgrave Macmillan, 2012 (Europe in Transition. The NYU European Studies Series), S. 259–280.

Thurnwald 2010 = Andrea K. Thurnwald: „Fromme Männer". Eine empirische Studie zum Kontext von Biographie und Religion. Stuttgart: Kohlhammer, 2010.

Titzmann 1989 = Michael Titzmann: Kulturelles Wissen – Diskurs – Denksystem. Zu einigen Grundbegriffen der Literaturgeschichtsschreibung. In: Zeitschrift für französische Sprache und Literatur 94 (1989), S. 47–61.

Troebst 2006 = Stefan Troebst (Hg.): Vertreibungsdiskurs und europäische Erinnerungskultur . Deutsch-polnische Initiativen zur Institutionalisierung. Eine Dokumentation. Osnabrück: Fibre, 2006 (Veröffentlichungen der Deutsch-Polnischen Gesellschaft Bundesverband e. V. 11).

Tschuggnall 2004 = Karoline Tschuggnall: Sprachspiele des Erinnerns. Lebensgeschichte, Gedächtnis und Kultur. Gießen: Psychosozial-Verl., 2004.

Turner 2011 = George Turner: Die Heimat nehmen wir mit. Ein Beitrag zur Auswanderung Salzburger Protestanten im Jahr 1732, ihrer Ansiedlung in Ostpreußen und der Vertreibung 1944/45 am Beispiel der Familie Hofer. 3., überarb. u. erw. Aufl. Berlin: Berliner Wiss.-Verl., 2011.

Twardoch 1999 = Irena Twardoch: Z dziejów rodu Schaffgotschów [Aus der Geschichte des Geschlechtes der Schaffgotsch]. Ruda Śląska: Muzeum Miejskie Maksymiliana Chroboka, 1999.

Uhl 1992 = Heidemarie Uhl: Zwischen Versöhnung und Verstörung: eine Kontroverse um Österreichs historische Identität fünfzig Jahre nach dem „Anschluß". Köln u.a.: Böhlau, 1992.

Uhl 2016 = Heidemarie Uhl: Universalisierung versus Relativierung, Holocaust versus GULag. Das gespaltene europäische Gedächtnis zu Beginn des 21. Jahrhunderts. In: Ljiljana Radonić, H. U. (Hg.): Gedächtnis im 21. Jahrhundert. Zur Neuverhandlung eines kulturwissenschaftlichen Leitbegriffs. Bielefeld: Transcript, 2016 (Erinnerungskulturen 5), S. 81–108.

Urbach 2007 = Karina Urbach (Ed.): European Aristocracies and the Radical Right 1918–1939. Oxford u. a.: Oxford Univ. Press, 2007 (Studies of the German Historical Institute London).

Urban 2006 = Thomas Urban: Der Verlust. Die Vertreibung der Deutschen und Polen im 20. Jahrhundert. München: Beck, 2006 (Beck'sche Reihe 1715).

Vierhaus 1965 = Rudolf Vierhaus: Preußen und die Rheinlande 1815-1915. In: Rheinische Vierteljahrsblätter, 30 (1965), S. 152-175.

Voigt 1995 = Gudrun Voigt: Die kriegsbedingte Auslagerung von Beständen der Preußischen Staatsbibliothek und ihre Rückführung. Eine historische Skizze auf der Grundlage von Archivmaterialien. Hannover: Laurentius, 1995 (Kleine historische Reihe der Zeitschrift Laurentius 8).

Vorländer 1990 = Herwart Vorländer: Mündliches Erfragen von Geschichte. In: H. V. (Hg.): Oral History. Mündlich erfragte Geschichte. Acht Beiträge. Göttingen: Vandenhoeck & Ruprecht, 1990 (Kleine Vandenhoeck-Reihe 1552), S. 131–158.

Votýpka 2010 = Vladimír Votýpka: Rückkehr des böhmischen Adels. Wien u. a.: Böhlau, 2010.

Wasson 2006 = Ellis Wasson: Aristocracy and the Modern World. Houndmills u. a.: Palgrave Macmillan, 2006.

Wasson 2010 = Ellis Wasson: The Role of Ruling Class Adaptability in the British Transition from Ancien Regime to Modern State. The Open Elite of Britain and Ireland from the Middle Ages to the Second World War. Lewiston, N. Y.: Edwin Mellen Press, 2010.

Weber 1991 = Matthias Weber: Die Schlacht von Wahlstatt und ihre Bewertung im Wandel der Zeiten. In: Ulrich Schmilewski (Hg.): Wahlstatt 1241. Beiträge zur Mongolenschlacht bei Liegnitz und zu ihren Nachwirkungen. Würzburg: Bergstadtverl. Korn, 1991, S. 129–148.

Weber 2005 = Matthias Weber: Deutsch-polnische Kooperationsprojekte zur Geschichte Schlesiens. Adel in Schlesien – Herrschaft, Kultur, Selbstdarstellung / Szlachta na Śląsku – Władza, kultura, samoreprezentacja. In: Berichte und Forschungen. Jahrbuch des Bundesinstituts für Kultur und Geschichte der Deutschen im östlichen Europa 13 (2005), S. 65–86.

Weczerka 2003a = Hugo Weczerka: Koppitz. In: H. W. (Hg.): Handbuch der historischen Stätten. Schlesien. Stuttgart: Kröner, 2003a (Kröners Taschenausgabe 316), S. 242.

Weczerka 2003b = Hugo Weczerka: Neudeck. In: H W. (Hg.): Handbuch der historischen Stätten. Schlesien. Stuttgart: Kröner, 2003b (Kröners Taschenausgabe 316), S. 339.

Weger 2009 = Tobias Weger: Bolko Freiherr von Richthofen und Helmut Preidel. Eine doppelte Fallstudie zur Rolle von Prähistorikern und Archäologen in den Vertriebenenorganisationen nach 1945. In: Judith Schachtmann, Michael Strobel, Thomas Widera (Hg.): Politik und Wissenschaft in der prähistorischen Archäologie. Perspektiven aus Sachsen, Böhmen und Schlesien. Göttingen: V&R unipress, 2009 (Hannah-Arendt-Institut für Totalitarismusforschung e. V. an der TU Dresden, Berichte und Studien 56), S. 125–148.

Weger 2017 = Tobias Weger: Bolko von Richthofen (1899–1983). In: Joachim Bahlcke (Hg.): Schlesische Lebensbilder. Bd. XII. Würzburg: Stiftung Kulturwerk Schlesien, 2017, S. 371–380.

Wehler 2001 = Hans-Ulrich Wehler: Deutsches Bürgertum nach 1945: Exitus oder Phoenix aus der Asche? In: Geschichte und Gesellschaft 27, 4 (2001), S. 617–634.

Wehler 2009 = Hans-Ulrich Wehler: Deutsche Gesellschaftsgeschichte. [Bd. 5:] Bundesrepublik und DDR 1949–1990. Bonn: Bundeszentrale für politische Bildung, 2009 (Bundeszentrale für politische Bildung, Schriftenreihe 777).

Weinberg 1984 = Georg Weinberg: Denkmalpflege in Polen. Entstehung und Entwicklung bis 1945, Struktur nach 1945, Charakteristik der durchgeführten Arbeiten und Studien. Probleme des Umbaues und der Anpassung an gewählten Beispielen. Aachen: Diss. RTWH, 1984.

Welzer/Montau/Plaß 1997 = Harald Welzer, Robert Montau, Christine Plaß, Martina Piefke (Mitarb.): „Was wir für böse Menschen sind!" Der Nationalsozialismus im Gespräch zwischen den Generationen. Tübingen: Ed. diskord, 1997 (Studien zum Nationalsozialismus in der Edition diskord 1).

Welzer 2001 = Harald Welzer: Das gemeinsame Verfertigen von Vergangenheit im Gespräch. In: H. W. (Hg.): Das soziale Gedächtnis: Geschichte, Erinnerung, Tradierung. Hamburg: Hamburger Ed., 2001, S. 160–178.

Welzer 2002 = Harald Welzer: Das kommunikative Gedächtnis. Eine Theorie der Erinnerung. München: Beck, 2002.

White 1973 = Hayden [V.] White: Metahistory. The Historical Imagination in Nineteenth-Century Europe. Baltimore u. a.: Johns Hopkins Univ. Press, 1973.

Wichard 2014 = Norbert Wichard: Erzähltes Wohnen. Literarische Fortschreibungen eines Diskurskomplexes im bürgerlichen Zeitalter. Bielefeld: transcript, 2014 (Lettre).

Wienfort 1996 = Monika Wienfort: Ostpreußischer Gutsbesitzerliberalismus und märkischer „Adelskonservatismus". Politische Perspektiven des preußischen Adels in der Lokalverwaltung im Vormärz. In: Kurt Adamy, Kristina Hübener (Hg.): Adel und Staatsverwaltung in Brandenburg im 19. und 20. Jahrhundert. Ein historischer Vergleich. Berlin: Akademie-Verl., 1996 (Potsdamer historische Studien 2), S. 305–324.

Wienfort 2006 = Monika Wienfort: Der Adel in der Moderne. Göttingen: Vandenhoeck & Ruprecht, 2006 (UTB 2857, Grundkurs Neue Geschichte).

Wienfort 2007 = Monika Wienfort: Adlige Handlungsspielräume und neue Adelstypen in der „Klassischen Moderne" (1880–1930). In: Geschichte und Gesellschaft 33, 3 (2007), S. 416–438.

Wierling 2003 = Dorothee Wierling: Oral History. In: Michael Maurer (Hg.): Aufriß der Historischen Wissenschaften. Bd. 7: Neue Themen und Methoden der Geschichtswissenschaft. Stuttgart: Reclam, 2003 (Reclams Universal-Bibliothek 17033), S. 81–151.

Wierling 2008 = Dorothee Wierling: Zeitgeschichte ohne Zeitzeugen. Vom kommunikativen zum kulturellen Gedächtnis – drei Geschichten und zwölf Thesen. In: BIOS – Zeitschrift für Biographieforschung und Oral History 21, 1 (2008), S. 28–36.

Wildenotter 2005 = Hans Wildenotter: „Kein Stein wird auf dem anderen bleiben." Zerstörung und Wiederaufbau von Architektur als symbolische Politik. In: Dieter Bingen, Hans-Martin Hinz (Hg.): Die Schleifung. Zerstörung und Wiederaufbau historischer Bauten in Deutschland und Polen. Wiesbaden: Harrassowitz, 2005 (Veröffentlichungen des Deutschen Polen-Instituts Darmstadt 20), S. 12–31.

Wildt 2002 = Michael Wildt: Generation des Unbedingten. Das Führungskorps des Reichssicherheitshauptamtes. 2. Aufl. Hamburg: Hamburger Ed., 2002.

Williams 2005 = Rhys H. Williams: „Religion as a Cultural System". Theoretical and Empirical Developments since Geertz. In: Mark D. Jacobs, Nancy Weiss Hanrahan (Ed.): The Blackwell Companion to the Sociology of Culture. Malden, Mass. u. a: Blackwell Publ., 2005 (Blackwell Companions to Sociology 12), S. 97–113.

Williamson 1991 = Oliver E. Williamson: Comparative Economic Organization. The Analysis of Discrete Structural Alternatives. In: Administrative Science Quarterly, 36, 2 (1991), S. 269–296.

Winkler 2000 = Heinrich August Winkler: Der lange Weg nach Westen. Bd. 2: Deutsche Geschichte vom „Dritten Reich" bis zur Wiedervereinigung. München: Beck, 2000.

Wipprecht 2006 = Ernst Wipprecht: Die Adelssitze als Gegenstand der Denkmalpflege nach 1945. Das Beispiel Marxwalde/Neuhardenberg. In: Markus Jager, Freundeskreis der Schlösser und Gärten der Mark (Hg.): Schlösser und Gärten der Mark. Festgabe für Sibylle Badstübner-Gröger. Berlin: Lukas, 2006, S. 145–162.

Wisłocki 2005 = Seweryn Aleksander Wisłocki: Paweł Stolorz (1894–1961). In: Kronika Katowic 10 (2005), S. 116–117.

Wünsch 2018 = Wünsch, Thomas. „Erinnerungsorte": Ein Konzept mit Abnutzungserscheinungen? In: Prague Papers on the History of International Relations 22, 1 (2018), S. 84–92.

Zarzycki 2012 = Jakub Zarzycki: Mauzoleum Karla Georga von Hoyma w Brzegu Dolnym na tle epoki [Das Mausoleum für Karl Georg von Hoym in Dyhernfurth im Kontext seiner Zeit]. In: Dzieła i Interpretacje 13 (2012), S. 45–71.

Zimmermann 1980 = Zimmermann, Rainer: Die Kunst der verschollenen Generation. Deutsche Malerei des expressiven Realismus von 1922–1975. Zürich: ECON, 1980.

Zubkov 2012 = Nikolaj Nikolaevič Zubkov: Knigi iz sobranija grafov Jork fon Vartenburg v rossijskich bibliotekach [Bücher aus der Sammlung der Grafen Yorck von Wartenburg in russischen Bibliotheken]. Moskva: Centr Kn. Rudomino, 2012.

Zybura 2005 = Marek Zybura: Der Umgang mit dem deutschen Kulturerbe in Schlesien nach 1945. Görlitz: Senfkorn, 2005 (Impressionen aus der Kulturlandschaft Schlesien 3).

9 Online-Ressourcen

Blikowska 2015 = Janina Blikowska: Okradał grobowiec, zginął na cmentarzu [Mann stirbt bei versuchtem Grabraub auf Friedhof]. In: Rzeczpospolita, 09.09.2015, <https://www.rp.pl/Spoleczenstwo/309099841-Okradal-grobowiec-zginal-na-cmentarzu.html> (letzter Zugriff: 07.05.2019).

Dobkiewicz 2015 = Agnieszka Dobkiewicz: Szukał skarbow i zginął? Spadł w głąb poniemieckiego grobowca [Gestorben auf der Schatzsuche? Er fiel in ein altes deutsches Grab]. In: Gazeta Wyborcza. Regionalausgabe Wrocław, 09.09.2015, <http://wroclaw.wyborcza.pl/wroclaw/1,35771,18741926.html> (letzter Zugriff: 07.05.2019).

Driessen 2013a = Christoph Driessen: Schlossbrunnen statt Pool im Altenheim für Adelige. In: Mannheimer Morgen, 12.10.2013, <https://www.morgenweb.de/mannheimer-morgen_artikel,-welt-und-wissen-schlossbrunnen-statt-pool-im-altenheim-fuer-adelige-_arid,517266.html> (letzter Zugriff: 08.05.2019).

Driessen 2013b = Christoph Driessen: Schwimmstunde im Schlossbrunnen. In: Der Westen, 07.10.2013, <http://www.derwesten.de/region/schwimmstunde-im-schlossbrunnen-aimp-id8532628.html> (letzter Zugriff: 08.05.2019).

Dzieła Sztuki i Antyki 2016 = Dzieła Sztuki i Antyki: Aukcja nr 155, 15.10.2016, „Dom Kultury w Giszowcu" [Kulturhaus in Gieschewald], <http://www.desakatowice.com/pl/aukcje/aukcja-nr-155-15-10-2016/-dom-kultury-w-giszowcu-,pawel-stolorz,malarstwo-i-rysunek> (letzter Zugriff: 07.05.2019).

Dziennik Wałbrzych 2015 = Bolko von Pless honorowym obywatelem Wałbrzycha. Rada miejska jednogłośnie przyznała tytuł [Bolko von Pless Ehrenbürger von Waldenburg. Stadtrat verleiht einstimmig den Titel]. In: Dziennik Wałbrzych, 26.05.2015, <http://dziennik.walbrzych.pl/ksiaze-bolko-von-pless-otrzymal-tytul-honorowego-obywatela-walbrzycha/> (letzter Zugriff: 08.05.2019).

Furtak 2006 = Ewa Furtak: Matka Ewa z Miechowic [Mutter Ewa aus Miechowitz]. In: Gazeta Wyborcza. Regionalausgabe Katowice, 28.06.2006, <http://katowice.gazeta.pl/katowice/1,72055,3322957.html> (Link nicht mehr aktiv, letzter Zugriff: 10.07.2015).

Hahn 2007 = Jan Hahn: Laudacja na uroczystość nadania honorowego obywatelstwa księciu Guidotto Henckel von Donnersmarck [Laudatio zur Feier der Verleihung der Ehrenbürgerschaft an Graf Guidotto Henckel von Donnersmarck], in: Montes Tarnovicensis 27 (2007), <http://www.montes.pl/montes27/montes_19.htm> (letzter Zugriff: 08.05.2019).

Jelonka 2013 = Biblioteka Majoracka, zwana Hrabiowską w Cieplicach [Die gräfliche Majoratsbibliothek in Bad Warmbrunn]. In: Jelonka, 23.10.2013, <https://www.jelonka.com/biblioteka-majoracka-zwana-hrabiowska-w-cieplicach-48978> (letzter Zugriff: 08.05.2019).

Klub Senior Cafe 2009 = Senior.pl: Forenthread: Zamki, pałace, dwory Polskie [Polnische Schlösser, Paläste, Herrenhöfe], <http://www.klub.senior.pl/podroze-turystyka/t-zamki-palace-dwory-polskie-3918.html> (letzter Zugriff: 07.05.2019).

Misztal 2017 = Maria Misztal: W pałacu w Kopicach powstanie polsko-niemieckie muzeum? Przekonamy się za 7 lat [Entsteht im Koppitzer Schloss ein polnisch-deutsches Museum? Wir überzeugen uns in sieben Jahren]. In: Gazeta Wyborcza. Regionalausgabe Oppeln, 28.01.2017, <http://opole.wyborcza. pl/opole/7,35086,21302511.html > (letzter Zugriff: 30.04.2019).

Muzeum Zamkowe w Pszczynie 2015a = Muzeum Zamkowe w Pszczynie: dr Jozef Kluss 1946–1949 i 1958–1962 (2015), <http://www.zamek-pszczyna.pl/o_ muzeum/kluss> (letzter Zugriff: 30.04.2019).

Muzeum Zamkowe w Pszczynie 2015b = Muzeum Zamkowe w Pszczynie: Leon Leszczyński (2015), <http://www.zamek-pszczyna.pl/o_muzeum/leszczynski> (letzter Zugriff: 30.04.2019).

Myśliwski 2015 = Jarosław Myśliwski: Zamek wysadzony w czynie społecznym [Ein Schloss gesprengt als Freiwilligendienst]. In: Gwarek, 03.11.2015, <https://gwarek.com.pl/gwarek/artykul/wysadzony-zamek> (letzter Zugriff: 30.04.2019).

Narodowy Instytut Dziedzictwa 2019 = Narodowy Instytut Dziedzictwa: Rejestr Zabytków [Denkmalregister] (Stand: 31.03.2019), <https://www.nid.pl/pl/Informacje_ ogolne/Zabytki_w_Polsce/rejestr-zabytkow/zestawienia-zabytkow-nieruchomych/ stan%20na%2031.03.2019/DLN-rej.pdf > (letzter Zugriff: 30.04.2019).

Nowa Trybuna Opolska 2010 = Powrót panów na Rogowie [Die Rückkehr der Herren von Rogau]. In: Nowa Trybuna Opolska, 20.11.2010, <https://nto. pl/powrot-panow-na-rogowie/ar/4170115> (letzter Zugriff: 07.05.2019).

Nowicka 2019 = Dorota Nowicka (Inf.): Wszystkie sieroty na wojna pobrali (melodia oryginalna). Muzeum Górnośląski Park Etnograficzny w Chorzowie, Dygacz I, <https://www.sbc.org.pl/dlibra/publication/378215/edition/356967/ content?ref=desc> (letzter Zugriff 16.07.2019)

Polak 2015 = List dr Jerzego Polaka [Brief von Dr. Jerzy Polak], 15.06.2015. In: Portal pless, <http://www.pless.pl/39769-kontrowersje-wokol-patronanagrody-pszczyna> (letzter Zugriff: 08.05.2019).

Portal pless 2015 = Kontrowersje wokoł patrona nagrody [Kontroverse um das Patronat des (Wirtschafts-)Preises], Portal pless, 24.06.2015, <http://www.pless.pl/39769-kontrowersje-wokol-patronanagrody-pszczyna> (letzter Zugriff: 08.05.2019).

Pustułka 2014 = Agata Pustułka: Hochberg, Donnersmarck i inni. Arystokraci ze Śląska rodem wciąż istnieją [Hochberg, Donnersmarck und andere. Die schlesischen Aristokraten gibt es noch]. In: Dziennik Zachodni, 10.04.2014, <https://dziennikzachodni.pl/hochberg-donnersmarck-i-inni-arystokraci-ze-slaskarodem-wciaz-istnieja-historia-dz/ar/3408413> (letzter Zugriff: 07.05.2019).

Richthofen'scher Familienverband 2016 = Richthofen'scher Familienverband e. V.: Satzung (Fassung vom 17.09.2016), <http://www.richthofen.de/fileadmin/richthofen/downloads/aktuelles/Satzung-November-2016.pdf> (letzter Zugriff: 30.04.2019).

Skop 2019 = J. M. Skop: Fakty – Najważniejsze informacje w skrócie dla turystów i fotografików [Fakten – Wichtigste Kurzinformationen für Touristen und Fotografen], 22.03.2019, <http://www.kopice.org/palac-w-kopicach-fakty> (letzter Zugriff: 30.04.2019).

Sprecher 2003 = Margit Sprecher: Deutscher Adel: „Wie viel Geld hast du eigentlich, Papa?". In: Die Weltwoche, 21.05.2003, <http://www.weltwoche.ch/ausgaben/2003-21/artikel-2003-21-wie-viel-geld-hast-du-eigentlich-papa.html> (Link nicht mehr aktiv, letzter Zugriff: 22.07.2010).

Stich 2014 = Grzegorz Stich: Renowacja mauzoleum rodu von Hoym była gorącym tematem w kampanii wyborczej [Die Restaurierung des Mausoleums der Familie von Hoym war ein heißes Wahlkampfthema]. In: Klub Radnych Dolnobrzeżanie, <http://dolnobrzezanie.pl/index.php/homepage/78-aktualnosci/143-renowacja-mauzoleum-rodu-von-hoym-byla-goracym-tematem-w-kampanii-wyborczej> (Link nicht mehr aktiv, letzter Zugriff: 20.12.2016).

TopdeBotton 2015 = TopdeBotton: The overgrown ruins of Kopice Castle, Poland, reddit, r/AbandonedPorn, 28.11.2015, <https://www.reddit.com/r/AbandonedPorn/comments/3ukwy4/the_overgrown_ruins_of_kopice_castle_poland/> (letzter Zugriff: 08.05.2019).

Urząd Miasta i Gminy w Scycowie 2013 = Urząd Miasta i Gminy w Scycowie: Honorowi obywatele: Książe Biron von Curland [Ehrenbürger: Prinz Biron von Curland], <http://www.sycow.pl/pl/422/0/ksiaze-biron-von-curland.html> (letzter Zugriff: 08.05.2019).

Urząd Miasta Kędzierzyn-Koźle 2013 = Urząd Miasta Kędzierzyn-Koźle: Honorowi Obywatele Miasta Kędzierzyn-Koźle: Książę Kraft zu Hohenlohe-Oehringen [Ehrenbürger der Stadt Kandrzin-Cosel: Prinz Kraft zu Hohenlohe-Öhringen], 28.05.2013, <http://portal.kedzierzynkozle.pl/portal/index.php?t=200&id=51054> (letzter Zugriff: 08.05.2019).

Urząd Miejski Oborniki Śląskie 2013 = Urząd Miejski Oborniki Śląskie: Honorowy Obywatel [Ehrenbürger], <http://www.oborniki-slaskie.pl/page/honorowy-obywatel> (letzter Zugriff: 08.05.2019).

Urząd Miejski w Strzelcach Opolskich 2017 = Urząd Miejski w Strzelcach Opolskich: Honorowi Obywatele Gminy Strzelce Opolskie [Ehrenbürger der Gemeinde Groß-Strehlen], <http://www.bip.strzelceopolskie.pl/gmina/honorowi_obywatele.html> (letzter Zugriff: 08.05.2019).

Urząd Miejski w Tarnowskich Górach 2018 = Urząd Miejski w Tarnowskich Górach: Honorowi Obywatele [Ehrenbürger], 09.08.2018, <https://tarnowskiegory.pl/2018/08/honorowi-obywatele/> (letzter Zugriff: 08.05.2019).

Wojciech K. 2016 = Wojciech K.: Opuszczony zamek w Kopicach: Historia, informacje [Das verlassene Schloss in Koppitz: Geschichte, Informationen], <http://intotheshadows.pl/opuszczone-miejsca/dwory-i-palace/kopice-zamek-palac> (letzter Zugriff: 08.05.2019).

Wojewódzki Urząd Ochrony Zabytków we Wrocławiu 2018 = Wojewódzki Urząd Ochrony Zabytków we Wrocławiu: Wykaz zabytków w powiecie wrocławskim – gmina Kobierzyce [Verzeichnis der Denkmäler im Kreis Breslau – Gemeinde Koberwitz]. Stand: Mai 2018, <https://wosoz.ibip.wroc.pl/public/get_file.php?id=198543> (letzter Zugriff: 07.05.2019).

Übersicht über die Burgen und Schlösser auf dem Gebiet der Woiwodschaft Schlesien-Dombrowa zum 28. Mai 1949[1889]

LNr	Objekt	Kreis	Nutzer gemäß Quelle	Auflösung der Abbreviatur	Übersetzung
1	ruiny zamku Będzin	Będzin	Tow. Opieki nad Górą Zamkową	Towarzystwo Opieki nad Gorą Zamkową	Gesellschaft zum Erhalt des Schlossbergs
2	pałac Gzichów	Będzin	Państw. Liceum Roln. Gzichów	Państwowe Liceum Rolnicze Gzichów	Staatliche höhere Landwirtschaftschule Gzichów
3	pałac Grodziec	Będzin	Państw. Liceum Ogrodnicze	Państwowe Liceum Ogrodnicze	Staatliche höhere Gartenbauschule
4	pałac Zagórze	Będzin	Państw. Szkoła ż. Gosp. Wiejsk.	Państwowa Szkoła Gospodarstwa Wiejskiego [Żeńska?]	Staatliche Landwirtschaftsschule [für Frauen?]
5	Zamek Bielsko	Bielsko	MKiS	Ministerstwo Kultury i Sztuki	Ministerium für Kultur und Kunst
6	Zamek Grodziec	Bielsko	P. Inst. Dośw. Roln. Puławy	Państwowy Instytut Doświadczalny Rolnictwa Puławy	Staatliches Forschungsinstitut für Landwirtschaft Puława
7	dwór Czechowice	Bielsko	P. Gmin. Roln. dla Dorosłych	Państwowa Gmina [Szkoła?] Rolnicza dla Dorosłych	Staatliche Gemeindeschule für Erwachsene
8	pałac Jaworze	Bielsko	Dom Dziecka. Kuratorium Okr. Szkol. Śl.	Dom Dziecka. Kuratorium Okręgu Szkolnego Śląska	Kinderheim. Kuratorium des schlesischen Schulbezirks
9	dwór Rudzica	Bielsko	Urząd Gminny i szkoła	Urząd Gminny i szkoła	Gemeindeamt und Schule
10	dwór Iłownica	Bielsko	mieszkania	mieszkania	Wohnungen
11	zamek Miedary	Bytom	Prewent. Dom Dziecka-Centr. Zj. Przem. Hutn.	Prewentorium. Dom Dziecka – Centrum Zjednoczenia Przemysłu Hutniczego	Genesungsheim, Kinderheim – Zentrum des Verbands der Eisenhüttenindustrie
12	zamek Zbrosławice	Bytom	mieszk. pryw.	mieszkanie prywatne	Privatwohnungen

---

1889 Die Tabelle gibt eine im Ministerium für Kunst und Kultur geführte Bestandsliste wider (AAN 336 MKiS 3-77 Blatt 25-33). Objekt- und Kreisnamen sowie Nutzerbezeichnung sind in den ersten drei Spalten der Quelle gemäß wiedergegeben. Es folgt eine Auflösung der Abbreviatur und Korrektur möglicher Unstimmigkeiten, wie wahrscheinlicher Tippfehler im Original. Die letzte Spalte ist eine Übertragung dieser Lesung ins Deutsche. Der Zeilenwechsel im Original, der in einigen Fällen statt eines Interpunktionszeichens verschiedene Konzepte trennt, ist in relevanten Fällen mit // wiedergegeben. Einen hervorragenden Vergleichsüberblick, der auch über die ersten Nachkriegsjahre hinausgeht, gibt für den Raum Niederschlesien Tabelle 19 in Łuczyński 2010, S. 427-624.

13	zamek Ptako-wice	Bytom	Zarz. Majątku Ptakowice	Zarząd Majątku Ptakowice	Verwaltung des Ptakowitzer Besitzes
14	zamek Bobrek	Bytom	Huta Bobrek żłobek i przedszk.	Huta Bobrek żłobek i przedszkole	Kinderkrippe und Kindergarten der Bobrek-Hütte
15	dwór Dębowiec	Cieszyn	biura przeds. Gazy Ziemne	biura przedsiębiorstwo Gazy Ziemne	Büro der Erdgasgesellschaft
16	spichlerz Dębowiec	Cieszyn	zamieniony na stajnie	zamieniony na stajnie	In Ställe umgewandelt
17	dwór Dzięgielów	Cieszyn	Zakł. Dobroczyn. // Mieszk. Pryw.	Zakład dobroczynny // Miezkanie prywatne	Wohltätigkeitsorganisation u. Privatwohnungen
18	pałac Cieszyn	Cieszyn	Muzeum M.	Muzeum Miejskie	Städtisches Museum
19	pałac Cieszyn	Cieszyn	biura i szkoła kroju	Biura i szkoła kroju	Büros und Schneiderschule
20	zamek Bycina	Gliwice	[leeres Feld]	[leeres Feld]	[leeres Feld]
21	Brynek	Gliwice	Gimn. Leśne	Gimnazjum Leśne	Forstschule
22	Czekanów	Gliwice	Polit. Śl.	Politechnika Śląska	Polytechnische Hochschule Schlesiens
23	Kamieniec	Gliwice	Prewent. Dz. Huty Bobrek	Prewentorium Dzieci Huty Bobrek	Kindergenesungsheim der Bobrekhütte
24	pałac Łabędy	Gliwice	PNZ	Państwowe Nieruchomości Ziemskie	Staatliche Liegenschaftsverwaltung
25	pałac Łubie	Gliwice	Uniw. Lud.	Uniwersytet Ludowy	Volkshochschule
26	pałac Pławniowice	Gliwice	PNZ	Państwowe Nieruchomości Ziemskie	Staatliche Liegenschaftsverwaltung
27	pałac Pniów	Gliwice	PNZ	Państwowe Nieruchomości Ziemskie	Staatliche Liegenschaftsverwaltung
28	pałac Rudziniec	Gliwice	Zarz. M. Siemiano-wice	Zarząd miejski Siemianowice	Stadtverwaltung Siemianowice
29	pałac Tworóg	Gliwice	Nadleśnictwo	Nadleśnictwo	Forstwesen
30	zamek Toszek	Gliwice	MKiS	Ministerstwo Kultury i Sztuki	Kulturministerium
31	zamek Nadlesie	Głubczyce	[leeres Feld]	[leeres Feld]	[leeres Feld]
32	zamek Stara Cerkiew	Głubczyce	Zarz. Państw.	Zarząd Państwowe	Staatliche Verwaltung
33	zamek St. Cerkiew	Głubczyce	[leeres Feld]	[leeres Feld]	[leeres Feld]
34	zamek Lubotyń	Głubczyce	[leeres Feld]	[leeres Feld]	[leeres Feld]
35	zamek Dzierżysław	Głubczyce	[leeres Feld]	[leeres Feld]	[leeres Feld]

36	zamek Kazimierz	Głubczyce	[leeres Feld]	[leeres Feld]	[leeres Feld]
37	zamek Kopice	Grodków	PNZ Opole	Państwowe Nieruchomości Ziemskie Opole	Staatliche Liegenschaftsverwaltung Opole
38	zamek Jędrzejów	Grodków	PNZ Opole	Państwowe Nieruchomości Ziemskie Opole	Staatliche Liegenschaftsverwaltung Opole
39	pałac Culichów	Grodków	Tow. Uniw. Lud. Grodków	Towarzystwo Uniwersytetu Ludowego Grodków	Verein der Volkshochschule Grodków
40	pałac Janowa	Grodków	Zw. Sam. Chłopskiej	Związek Samopomocy Chłopskiej (ZSCh)	Bund für Bäuerliche Selbsthilfe
41	pałac Starowice	Grodków	PNZ Opole	Państwowe Nieruchomości Ziemskie Opole	Staatliche Liegenschaftsverwaltung Opole
42	zamek Otmuchów	Grodków	Centr. Jedwabnicza Milanówek	Centrum Jedwabnicza Milanówek	Seidenzentrum Milanówek
43	zamek Rysiewice	Grodków	PNZ Opole	Państwowe Nieruchomości Ziemskie Opole	Staatliche Liegenschaftsverwaltung Opole
44	zamek Siedlce	Grodków	PNZ Opole	Państwowe Nieruchomości Ziemskie Opole	Staatliche Liegenschaftsverwaltung Opole
45	pałac Cieszanowice	Grodków	PNZ Opole	Państwowe Nieruchomości Ziemskie Opole	Staatliche Liegenschaftsverwaltung Opole
46	pałac Osiek	Grodków	PNZ Opole	Państwowe Nieruchomości Ziemskie Opole	Staatliche Liegenschaftsverwaltung Opole
47	pałac Skoroszyce	Grodków	PNZ Opole	Państwowe Nieruchomości Ziemskie Opole	Staatliche Liegenschaftsverwaltung Opole
48	pałac Starowice D-ne.	Grodków	PNZ Opole	Państwowe Nieruchomości Ziemskie Opole	Staatliche Liegenschaftsverwaltung Opole
49	pałac Ruda Sl.	Katowice	Rudzkie Zj. Przem. Węgl.	Rudzkie Zjednoczenie Przemysłu Węglowego	Rudaer Vereinigung der Kohlenindustrie
50	budynek rest. Siemianowice	Katowice	Chorzowskie Zj. Przem. W.	Chorzowskie Zjednoczenie Przemysłu Węglowego	Chorzówer Vereinigung der Kohlenindustrie
51	zamek Sosnowiec	Katowice	biura kopalni „Sosnowiec"	biura kopalni „Sosnowiec"	Büros der Grube „Sosnowiec"
52	pałac Sosnowiec	Katowice	Szkoła baletu i szkoła muzyczna	Szkoła baletu i szkoła muzyczna	Ballett- und Musikschule
53	pałac Wierzbica G-na	Kluczborek[1]	Izba Rolnicza	Izba Rolnicza	Landwirtschaftskammer

54	pałac Gierołcice	Kluczbo-rek	Woj. Wydz. Op. Społ.	Wojewódzki Wydział Opieki Społecznej	Woiwodschaftsabtei-lung für Sozialfürsorge
55	pałac Wąsice	Kluczbo-rek	Woj. Wydz. Op. Społ.	Wojewódzki Wydział Opieki Społecznej	Woiwodschaftsabtei-lung für Sozialfürsorge
56	pałac Wierbica D-na	Kluczbo-rek	Syndzielosz // Konstanty	Konstanty Syndzielosz	Konstanty Syndzielosz (Privatperson)
57	pałac Bąków	Kluczbo-rek	PGR	Państwowe Gospodar-stwo Rolne	Staatsgut
58	pałac Jakubo-wice	Kluczbo-rek	PGR	Państwowe Gospodar-stwo Rolne	Staatsgut
59	pałac Kochłowice	Kluczbo-rek	PGR	Państwowe Gospodar-stwo Rolne	Staatsgut
60	pałac Proślice	Kluczbo-rek	PGR	Państwowe Gospodar-stwo Rolne	Staatsgut
61	pałac Rożnow	Kluczbo-rek	PGR	Państwowe Gospodar-stwo Rolne	Staatsgut
62	pałac Smardy D-ne	Kluczbo-rek	Gmina Sp. // Sam. Chł.	Gminna Spółdzielnia „Samopomoc Chłopska"	Gemeindegenossen-schaft für Bäuerliche Selbsthilfe
63	pałac Krzywi-czyny	Kluczbo-rek	Gromada // Dom Ludowy	Gromada // Dom Ludowy	Gemeinderat u. Volks-haus
64	pałac Komorz-no	Kluczbo-rek	PGR	Państwowe Gospodar-stwo Rolne	Staatsgut
65	pałac Świniary	Kluczbo-rek	Gromada // Dom Ludowy	Gromada // Dom Ludowy	Gemeinderat u. Volks-haus
66	pałac Roszko-wice	Kluczbo-rek	PGR	Państwowe Gospodar-stwo Rolne	Staatsgut
67	pałac Kostow	Kluczbo-rek	PGR	Państwowe Gospodar-stwo Rolne	Staatsgut
68	pałac Polano-wice	Kluczbo-rek	Państw. Liceum Gospodarcze	Państwowe Liceum Gospodarcze	Staatliche höhere Wirtschaftsschule
69	pałac Miechowa	Kluczbo-rek	PZPR	Polska Zjednoczona Partia Robotnicza	Polnische Vereinigte Arbeiterpartei
70	pałac Gołkowice	Kluczbo-rek	Szk. Roln.	Szkoła Rolnicza	Landwirtschaftsschule
71	pałac Sierosławice	Kluczbo-rek	6 rodzin osadników	6 rodzin osadników	6 Neuansiedlerfa-milien
72	pałac Gosław	Kluczbo-rek	osadnicy	osadnicy	Neuansiedler
73	pałac Dobier-cice	Kluczbo-rek	PGR	Państwowe Gospodar-stwo Rolne	Staatsgut
74	pałac Maciejów	Kluczbo-rek	Państw. Fund. Ziemi	Państwowy Fundusz Ziemi	Staatlicher Boden-fonds
75	pałac Nasale	Kluczbo-rek	osadnicy	osadnicy	Neuansiedler

76	pałac Paruszo-wice	Kluczbo-rek	PGR	Państwowe Gospodar-stwo Rolne	Staatsgut
77	pałac Pszczonki	Kluczbo-rek	Szk. Roln.	Szkoła Rolnicza	Landwirtschaftsschule
78	pałac Sarnów	Kluczbo-rek	Państw. Fund. Ziemi	Państwowy Fundusz Ziemi	Staatlicher Boden-fonds
79	pałac Chudoba	Kluczbo-rek	PZPR	Polska Zjednoczona Partia Robotnicza	Polnische Vereinigte Arbeiterpartei
80	pałac Chrosty	Koźle	Min. Komunik.	Ministerstwo Komu-nikacji	Verkehrsministerium
81	pałac Dobie-szów	Koźle	PGR	Państwowe Gospodar-stwo Rolne	Staatsgut
82	pałac Grudynia Wielka	Koźle	Min. Komunik.	Ministerstwo Komu-nikacji	Verkehrsministerium
83	pałac Milicze	Koźle	PGR	Państwowe Gospodar-stwo Rolne	Staatsgut
84	pałac Borysławice	Koźle	PGR	Państwowe Gospodar-stwo Rolne	Staatsgut
85	pałac Grodzisko	Koźle	PGR	Państwowe Gospodar-stwo Rolne	Staatsgut
86	pałac Dobrosławice	Koźle	Min. Komunik.	Ministerstwo Komu-nikacji	Verkehrsministerium
87	pałac Jakubo-wice	Koźle	PGR	Państwowe Gospodar-stwo Rolne	Staatsgut
88	pałac Grudyna M.	Koźle	PGR	Państwowe Gospodar-stwo Rolne	Staatsgut
89	pałac Teśinów	Koźle	PGR	Państwowe Gospodar-stwo Rolne	Staatsgut
90	pałac Gościęcin	Koźle	PGR	Państwowe Gospodar-stwo Rolne	Staatsgut
91	pałac Łażce	Koźle	PGR	Państwowe Gospodar-stwo Rolne	Staatsgut
92	zamek Ciasna	Lubliniec	PNZ Opole	Państwowe Nieruchomości Ziem-skie Opole	Staatliche Liegen-schaftsverwaltung Opole
93	zamek Kalety	Lubliniec	Nadleśnictwo Zielona	Nadleśnictwo Zielona [Góra]	Forstinspektion Grün-berg
94	zamek Kochcice	Lubliniec	P. Maj. Doświadcz.	Państwowy Majątek Doświadczalny	Staatliches Versuchs-gelände
95	zamek Koszęcin	Lubliniec	Szk. Org. ZMP	Szkolna Organizacja Związek Młodzieży Polskiej	Schulorganisation des Polnischen Jugendver-bands
96	zamek Wierzbie	Lubliniec	Śl. Zakł. Azot. Chorzów	Śląskie Zakłady Azotowe Chorzów	Schlesische Stickstoff-werke Chorzów

97	zamek Sieraków	Lubliniec	Średnia Szk. Roln. Potoka	Średnia Szkoła Rolnicza Potoka	Mittlere Landwirtschaftsschule, Potok
98	zamek Wędzina	Lubliniec	PNZ Opole	Państwowe Nieruchomości Ziemskie Opole	Staatliche Liegenschaftsverwaltung Opole
99	pałac Wzionków	Lubliniec	PNZ Opole	Państwowe Nieruchomości Ziemskie Opole	Staatliche Liegenschaftsverwaltung Opole
100	zamek Dąmbrowa	Niemodlin	ZPNZ	Zrzeszenie Państwowych Nieruchomości Ziemskich	Vereinigung Staatliche Liegenschaften
101	pałac Biechów	Nysa	PGR	Państwowe Gospodarstwo Rolne	Staatsgut
102	pałac Jasienica	Nysa	PGR	Państwowe Gospodarstwo Rolne	Staatsgut
103	pałac Fraczków	Nysa	PGR	Państwowe Gospodarstwo Rolne	Staatsgut
104	pałac Kwiatków	Nysa	PGR	Państwowe Gospodarstwo Rolne	Staatsgut
105	pałac Piotrowice	Nysa	PGR	Państwowe Gospodarstwo Rolne	Staatsgut
106	pałac Piotrowice	Nysa	PGR	Państwowe Gospodarstwo Rolne	Staatsgut
107	pałac Zwierzyniec	Nysa	PGR	Państwowe Gospodarstwo Rolne	Staatsgut
108	stara waga Nysa	Nysa	Zarz. Miejski	Zarząd miejski	Stadtverwaltung
109	Gród Bisk.	Nysa	Spółdzielnia	Spółdzielnia	Genossenschaft
110	pałac Bisk.	Nysa	Zarz. Miejski	Zarząd miejski	Stadtverwaltung
111	zamek Sowczyce	Olesno	Uniw. Lud.	Uniwersytet Ludowy	Volkshochschule
112	zamek Szywałd	Olesno	PNZ	Państwowe Nieruchomości Ziemskie	Staatliche Liegenschaftsverwaltung
113	zamek Wędrynia	Olesno	Szk. Roln.	Szkoła Rolnicza	Landwirtschaftsschule
114	zamek Radawie	Olesno	Op. Społ.	Opieka Społeczna	Sozialfürsorge
115	zamek Tuły	Olesno	PNZ	Państwowe Nieruchomości Ziemskie	Staatliche Liegenschaftsverwaltung
116	zamek Stare Olesno	Olesno	PZHK	Polski Związek Hodowców Koni	Polnischer Verband der Pferdezüchter
117	zamek Pawłowice	Olesno	Szk. Roln.	Szkoła Rolnicza	Landwirtschaftsschule

118	zamek myśl. Szumirad	Olesno	Nadleśn. Szumirad	Nadleśnictwo Szumirad	Forstverwaltung in Szumirad
119	pałacyk Turawa	Opole	Zw. Inw. Woj. RP	Związek Inwalidów Wojennych Rzeczypospolitej Polskiej	Bund der Kriegsinvaliden Polens
120	zamek Krapkowice	Opole	Szk. Przysp. Rolniczego	Szkoła Przysposobienia Rolniczego	Schule für Landwirtschaftskunde
121	pałacyk Rogów	Opole	Zarz. N. Z.	Zarząd [nicht auflösbar]	[nicht auflösbar]
122	pałacyk Pruszkow	Opole	szpital gm.	Szpital Gminny	Gemeindekrankenhaus
123	pałacyk Dąbrówka	Opole	Z.N.Z.	Zarząd [nicht auflösbar]	[nicht auflösbar]
124	zamek Mośna [Moszczanka]	Prudnik	Zw. Inw. Woj.	Związek Inwalidów Wojennych [Rzeczypospolitej Polskiej]	Bund der Kriegsinvaliden Polens
125	zamek Głogówek	Prudnik	Min. Rol. i Ref. Rol.	Ministerstwo Rolnictwa i Reformy Rolnej	Ministerium für Landwirtschaft und Landreform
126	zamek Pszczyna	Pszczyna	Ośrodek Muz. Pszczyna	Ośrodek Muzealny Pszczyna	Museumszentrum Pszczyna
127	zameczek Paprocany	Pszczyna	Zakł. Elektro Łaziska G.	Zakład Elektro Łaziska Górne	Elektrobetrieb Ober-Lazisk
128	pałac Pawłowice	Pszczyna	Wydz. Pow. Pszczyna	Wydział Powiatowy Pszczyna	Bezirksabteilung [für Kultur und Kunst?] in Pless
129	pałac Rydułtowy	Pszczyna	Zakł. Elektro Łaziska Górne	Zakład Elektro Łaziska Górne	Elektrobetrieb Ober-Lazisk
130	resztki po zamku piast. Raciborz	Racibórz	Zarz. Państw. Przem. Przetw.	Zarząd Państowego Przemysłu Przetwórczego	Leitung der Staatlichen Verarbeitenden Industrie
131	zamek Krawarz	Racibórz	Szk. Roln.	Szkoła Rolnicza	Landwirtschaftsschule
132	zamek Sławików	Racibórz	Op. Społeczna // Ośrodek Rolny	Opieka Społeczna // Ośrodek Rolny	Sozialfürsorge // Bildungshaus
133	zamek Wojnowice	Racibórz	Wyższa Szk. // Zaw.-Techn.	Wyższa Szkoła Zawodowo-Techniczna	Höhere Schule für technische Berufe
134	Zamek Krzyżanowice	Racibórz	Dom starców	Dom starców	Seniorenheim
135	zamek Panieńczyce	Racibórz	Przem. W. Kat.	Przemysł Województwa Katowickiego	Industrie der Kattowitzer Woiwodschaft
136	zamek Jastrząb	Racibórz	Op. Społ. // Ośr. Rolny	Opieka Społeczna // Ośrodek Rolny	Sozialfürsorge // Bildungshaus
137	zamek Pawłów	Racibórz	Op. Społ. // Dom Wychow.	Opieka Społeczna // Dom Wychowawczy	Sozialfürsorge // Erziehungsheim
138	pałac Chałupki	Racibórz	--	--	--

139	pałac Jastrzębie Zdrój	Rybnik	Min. Zdrowia Warszawa	Ministerstwo Zdrowia Warszawa	Gesundheitsministerium, Warschau
140	pałac Baranowice	Rybnik	ZMNZ Katowice	[nicht auflösbar] Katowice	[nicht auflösbar] Katowice
141	pałac Gorzyce	Rybnik	Magistrat m. Katowic	Magistrat miasta Katowic	Stadtverwaltung von Kattowitz
142	pałac Godów	Rybnik	Kuratorium Okr. Szk.	Kuratorium Okręgu Szkolnego	Kuratorium des Schulkreises
143	pałac Wilcza Górna	Rybnik	Pow. Szk. Roln.	Powiatowa Szkola Rolnicza	Kreislandwirtschaftsschule
144	pałac Wilcza Dolna	Rybnik	Grzonka Wł.	Wł. Grzonka	Wł. Grzonka [Privatperson]
145	pałac Gorzyczki	Rybnik	Pow. Kom. Op. // Sp. Rybnik	Powiatowy Komitet Opieki Społecznej Rybnik	Kreiskommitee für Sozialhilfe Rybnik
146	pałac Przyszowice	Rybnik	ss. Boromeuszki	ss. Boromeuszki	Barmherzige Schwestern vom hl. Karl Borromäus
147	pałac Marklowice	Rybnik	PNZ Opole	Państwowe Nieruchomości Ziemskie Opole	Staatliche Liegenschaftsverwaltung Opole
148	pałac Leszczyny	Rybnik	Rybn. Zj. Przem. Węgl.	Rybnickie Zjednoczenie Przemysłu Węgla	Rybniker Vereinigung der Kohlenindustrie
149	pałac Kokoszyce	Rybnik	Kuria Bisk. Katowice	Kuria Biskupia Katowice	Bischhofskurie Kattowitz
150	pałac Czerwionka	Rybnik	Rybn, Zjedn. Przem. Węgl.	Rybnickie Zjednoczenia Przemysłu Węgla	Rybniker Vereinigung der Kohlenindustrie
151	pałac Czernica	Rybnik	Wydz. Ośw. Roln. K-ce	Wydział Oświaty Rolnictwa Katowice	Abteilung für landwirtschaftliche Bildung Katowice
152	pałac Łukow	Rybnik	Wydz. Ośw. Roln. K-ce	Wydział Oświaty Rolnictwa Katowice	Abteilung für landwirtschaftliche Bildung Katowice
153	pałac Dzimierz	Rybnik	PNZ Opole	Państwowe Nieruchomości Ziemskie Opole	Staatliche Liegenschaftsverwaltung Opole
154	pałac Łaziska	Rybnik	Wydz. Ośw. Roln. K-ce	Wydział Oświaty Rolnictwa Katowice	Abteilung für landwirtschaftliche Bildung Katowice
155	pałac Bełk	Rybnik	Państw. Zakł. Hodowli Roślin W-wa	Państwowe Zakład Hodowli Roślin Warszawa	Staatsbertrieb für Pflanzenzucht Warschau
156	pałac Stanowice	Rybnik	Państw. Zakł. Hodowli Roślin W-wa	Państwowe Zakład Hodowli Roślin Warszawa	Staatsbertrieb für Pflanzenzucht Warschau

157	pałac Chudow	Rybnik	Kur. Okr. Szk. Katowice	Kuratorium Okręgu Szkolnego w Kato-wicach	Kuratorium des Katto-witzer Schulkreises
158	pałac Knurów	Rybnik	Gl. Zj. Przem. Węgl.	Gliwickie Zjednocze-nie Przemysłu Węgla	Gleiwitzer Vereinigung der Kohleindustrie
159	pałac Jankowice	Rybnik	Kur. Okr. Szk. Katowice	Kuratorium Okręgu Szkolnego w Kato-wicach	Kuratorium des Katto-witzer Schulkreises
160	pałac Lubomia	Rybnik	Państw. Zakł. Hodowli Roślin Warszawa	Państwowe Zakład Hodowli Roślin War-szawa	Staatsbetrieb für Pflan-zenzucht Warschau
161	pałac Kornowac	Rybnik	PNZ Opole	Państwowe Nieruchomości Ziem-skie Opole	Staatliche Liegen-schaftsverwaltung Opole
162	pałac Pszów	Rybnik	Rybn. Zjedn. Pr-zem. Węgl.	Rybnickie Zjednocze-nia Przemysłu Węgla	Rybniker Vereinigung der Kohleindustrie
163	pałac Jedłownik	Rybnik	Wydz. Oświaty Roln. K-ce	Wydział Oświaty Rol-nictwa Katowice	Fakultät für landwirt-schaftliche Bildung Katowice
164	pałac Brzezie	Rybnik	Wydz. Oświaty Roln. K-ce	Wydział Oświaty Rol-nictwa Katowice	Fakultät für landwirt-schaftliche Bildung Katowice
165	pałac Gogołowa	Rybnik	PNZ Opole	Państwowe Nieruchomości Ziem-skie	Staatliche Liegen-schaftsverwaltung
166	pałac Zwaka k. Żor	Rybnik	Centr. Skór Sur. K-ce	Centrala Skór Surowce Katowice	Hauptverwaltung der lederverarbeitenden Betriebe Katowice
167	pałac Kamien Sl.	Strzelce	Dom Dziecka	Dom Dziecka	Kinderheim
168	zameczek Szymiszów	Strzelce	Dom wczasów dla Górników	Dom wczasów dla Górników	Erholungsheim für Bergleute
169	pałac Żyrowa	Strzelce	Prewentorium	Prewentorium	Genesungsheim
170	zamek Izibcka	Strzelce	Państw. Liceum Rolnice	Państwowe Liceum Rolnice	Staatliche höhere Landwirtschaftsschule
171	pałac Rozwada	Strzelce	Dom Starców	Dom Starców	Seniorenheim
172	zamek Płużnica	Strzelce	Adm. Majątku	Administracja Majątku	Gutsverwaltung
173	zamek i pałac Tarn. Góry	Tarnow-skie Góry	Tow. Przyj. Dziecka Robotn. Pałac – Zj. Czem. na biura i mieszk.	Towarzystwo Przyjaciół Dziecka Robotni-czego. Pałac – [nicht auflösbar] na biura i mieszkanie.	Verein der Freunde des Arbeiterkindes. Schloss [nicht auflös-bar]. Für Büros und Wohnungen
174	stary zamek Tarnowice St.	Tarnow-skie Góry	Adm. Majątku oraz Szkoła Roln.	Administracja Majątku oraz Szkoła Rolnicza	Gutsverwaltung und Landwirtschaftsschule
175	pałacyk letni Gmina Mias-teczko	Tarnow-skie Góry	Dyr. Lasów Państw. Opole	Dyrekcja Lasów Państwowych Opole	Direktion der Staats-forsten Oppeln

176	zamek Repty Śl.	Tarnowskie Góry	--	--	--
177	pałac Strzybnica	Tarnowskie Góry	Uniw. Lud.	Uniwersytet Ludowy	Volkshochschule
178	zamek Świerklaniec	Tarnowskie Góry	Gimn. [sic!] Gosp. Wiejsk.	Gminne Gospodarstwo Wiejskiej	Gemeindeeigener Landwirtschaftshof [?]

Abkürzungsverzeichnis

DESA   Dzieła Sztuki i Antyki (Kunstwerke und Antiquitäten)
GKZ   Generalny Konserwator Zabytków (Generalkonservator Polens)
KGW   Koło Gospodyń Wiejskich (Landfrauenbund)
MKiS   Ministerstwo Kultury i Sztuki (Ministerium für Kultur und Kunst)
MO   Ministerstwo Oświaty (Bildungsministerium)
MS   Ministerstwo Skupu (Ministerium für Beschaffung)
MZO   Ministerstwo Ziem Odzyskanych (Ministerium für die Wiedergewonnenen Gebiete)
PGR   Państwowe Gospodarstwo Rolne (Staatlicher landwirtschaftlicher Betrieb)
PiS   Prawo i Sprawiedliwość (Recht und Gerechtigkeit)
PKWN   Polski Komitet Wyzwolenia Narodowego (Polnisches Komitee für nationale Befreiung)
PKZ   Pracownie Konserwacji Zabytków (Werkstätten für Denkmalpflege)
PPR   Polska Partia Robotnicza (Polnische Arbeiterpartei)
PPS   Polska Partia Socjalistyczna (Polnische Sozialistische Partei)
PTTK   Polskie Towarzystwo Turystyczno-Krajoznawcze (Polnische Gesellschaft für Touristik und Landeskunde)
PZPR   Polska Zjednoczona Partia Robotnicza (Polnische Vereinigte Arbeiterpartei)
SBZ   Sowjetische Besatzungszone
SMAD   Sowjetische Militäradministration in Deutschland
TZP   Tymczasowy Zarząd Państwowy (Temporäre Staatliche Verwaltung)
WKZ   Wojewódzki Konserwator Zabytków (Woiwodschaftskonservator für Denkmäler)
ZASP   Związek Artystów Scen Polskich (Verband der polnischen Bühnenkünstler)
ZHP   Związek Harcerstwa Polskiego (Verband polnischer Pfadfinder)
ZPNZ   Zarząd Państwowych Nieruchomości Ziemskich (Verwaltung der staatlichen Liegenschaften)
ZZD   Zootechniczny Zakład Doświadczalny (Versuchsanstalt für Tierzucht)

Bildnachweis

Biblioteka Śląska, Katowice (Digitalisate)

Abb. 1: Loeillot, Wilhelm: Ansicht von Schloss Lähnhaus. Chromolithografie auf Karton, 30,2 x 40,6 cm, aus: Alexander Duncker (Hg.): Die ländlichen Wohnsitze, Schlösser und Residenzen der ritterschaftlichen Grundbesitzer in der preußischen Monarchie nebst den Königlichen Familien-, Haus-Fideikomiss- und Schatullgütern in naturgetreuen, künstlerisch ausgeführten, farbigen Darstellungen nebst begleitendem Text., Berlin: Duncker, 1857-83. oai:www.sbc.org.pl:253658

Abb. 3: Winckelmann & Söhne: Ansicht von Schloss Silbitz. Chromolithografie auf Karton, 30,2 x 40,6 cm, aus: Duncker, Die ländlichen Wohnsitze (w.o.). oai:www.sbc.org.pl:210078

Abb. 10 u. 11: Der Oberschlesische Wanderer. Amtl. Blatt der NSDAP und aller Behörden, Jg. 117, Nr. 129, 11. Mai 1944, S. 1 (Foto: Feld). oai:www.sbc.org.pl:281442

DESA – Dzieła Sztuki i Antyki Sp. z o.o., Katowice

Abb. 36: Paweł Stolorz (1894–1961): „Dom Kultury w Giszowcu", akwarela, karton, 51,5 x 69,5 cm, sygnatura i opis autorski ołówkiem na odwrocie: (skreślone Pałac). Poz. 5. Aukcja nr 155 – 15.10.2016.

Herder Institut Marburg

Abb. 4: Schachtanlage „Valentin" der Wolfgang-Grube in Ruda. Foto 18,1/24,6 cm, vor 1925. Sammlung Ballestrem. Inventarnummer: 250689

Abb. 28: Mittelrisalit von Schloss Goschütz. Foto 9,6/8,2 cm. März 1944. Niederschlesisches Bildarchiv. Inventarnummer: 78695

Abb. 37: Wohnhäuser der Siedlung „Carl Emanuel" in Biskupitz. Foto 12,6/17,9 cm, vor 1925. Sammlung Ballestrem. Inventarnummer: 250705

Miejsko-Powiatowa Biblioteka Publiczna w Pszczynie

Abb. 24: Pszczyna – Trzy Dęby – pomnik, oai:www.sbc.org.pl:17670

Abb. 25: Pszczyna – Trzy Dęby – pomnik żołnierzy polskich 1939 r. oai:www.sbc.org.pl:17669

PP Pracownie Konserwacji Zabytków, Oddział Wrocław:

sygn. PDNH 355, 1985 r.: Krzystof Eysymontt / Janusz Bochajczuk (fot.) / Kazimierz Gawinowski (fot.): Studium historyczno-stylistyczne zespołu dworsko-ogrodowego Goszcz.

Abb. 23: Il. nr 8: Goszcz, założenie dworskie – budynek rezydencki i oficyna. Negatyw nr 43301

Abb. 27: Il. nr 19: Goscz – założenie dworskie – ryzalit wejścia głównego, neg. nr 43320

Abb. 29: Il. nr XII: Goscz – założenie dworskie, oranżeria stan z 1957 r., neg. nr 8127-b

sygn. PDNH 398, 1972 r.: Zofia Bandurska / Janina Bom (fot.): Studium historyczno-architektoniczne dworu w Komorowicach.
Abb. 33: Il. nr 10: Fassada – widok od wschodu, neg. nr 11094 (Abweichend: fot. Kazimiera Gawinowska, 1967)

sygn. PDNH 421, 1962 r.: Krzystof Eysymontt / Kazimierrz Gawinowski (fot.): Książ. Studium historyczno-architektoniczne zamku.
Abb. 20: Il. nr 133: Fassada główna. Negatyw nr 1566
Abb. 26: II. nr 132: Portal budynku frontowo-bramnego. Negatyw nr 1570

sygn. PDNH 624, 1978 r.: Helena Grad / Tadeusz Stalmarki (fot.): Studium historyczno-architektoniczne założenia dworskiego w Gródku Wleńskim.
Abb. 18: Il. nr 30: Gródek Wleński, pałac, klatka schodowa w sieni. Negatyw nr 17384
Abb. 21: II. nr 82: Gródek Wleński, pomnik Schadowa w parku. Negatyw nr 17435
Abb. 22: II. nr 84: Gródek Wleński, figura z pomnika Schadowa. Negatyw nr 17437
Abb. 31: II. nr 70: Gródek Wleński, fragment ogrodu po północnej stronie. Negatyw nr 17425
Abb. 34: II. nr 8: Gródek Wleński, fasada pałacu. Negatyw nr 17361
Abb. 41: II. nr 20: Łącznik ogrodowy od strony północnej pałacu, neg. nr 17374
Abb. 45: II. nr 46: Kaplica grobowa Grunfeldów po północnej stronie kościoła, neg. nr 17400
Abb. 50: II. nr 33: Gródek Wleński, pałac. Kominek w pomieszczeniu parteru po zachodniej stronie, neg. nr 17387

Privatbesitz Elisabeth Bomhard, geb. von Schaubert
Abb. 5, 7, 8, 13, 16, 51

Privatbesitz Simon Donig
Abb. 2

Privatbesitz Hans-Wilhelm von Haugwitz
Abb. 6, 12, 14, 15, 17, 19, 40

Privatbesitz Matthias von Mutius
Abb. 38, 39, 47-49

Privatbesitz Heinrich-Prott von Uechtritz und Steinkirch
Abb. 9

Wojewódzki Urząd Ochrony Zabytków we Wrocławiu
Abb. 30, 32, 35, 42, 43: Fototeka
Abb. 44, 46: Evidenzkarte Goszcz

Personenregister

Kursiv gedruckte Seitenzahlen beziehen sich auf dortige Fußnoten.